珍藏本
纪念版

汉译世界学术名著丛书

战争史

上册

〔拜占庭〕普洛科皮乌斯 著

王以铸 崔妙因 译

商务印书馆
SINCE 1897 The Commercial Press

2017年·北京

汉译世界学术名著丛书
（120年纪念版·珍藏本）
出 版 说 明

2017年2月11日，商务印书馆迎来120岁的生日。120年前，商务印书馆前贤怀揣文化救国的理想，抱持“昌明教育，开启民智”的使命，立足本土，放眼寰宇，以出版为津梁，沟通中西，为中国、为世界提供最富智慧的思想文化成果。无论世事白云苍狗，潮流左右激荡，甚至战火硝烟弥漫，始终践行学术报国之志，无改初心。

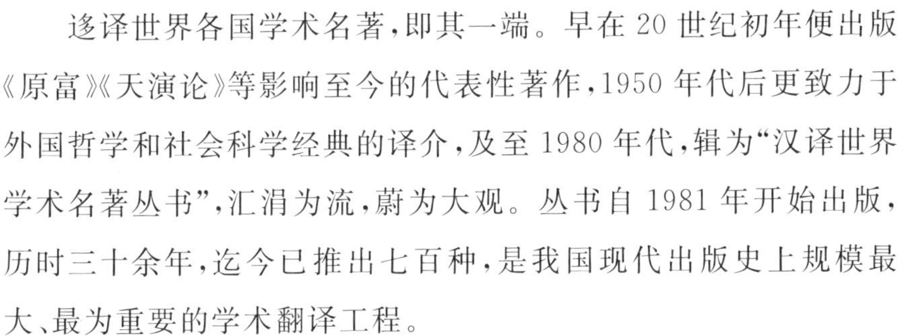

迻译世界各国学术名著，即其一端。早在20世纪初年便出版《原富》《天演论》等影响至今的代表性著作，1950年代后更致力于外国哲学和社会科学经典的译介，及至1980年代，辑为“汉译世界学术名著丛书”，汇涓为流，蔚为大观。丛书自1981年开始出版，历时三十余年，迄今已推出七百种，是我国现代出版史上规模最大、最为重要的学术翻译工程。

丛书所选之书，立场观点不囿于一派，学科领域不限于一门，皆为文明开启以来，各时代、各国家、各民族的思想与文化精粹，代表着人类已经到达过的精神境界。丛书系统译介世界学术经典，引领时代思想，为本土原创学术的发展提供丰富的文化滋养，为推动中国现代学术和现代化进程做出了突出的贡献。

为纪念商务印书馆成立120周年，我们整体推出“汉译世界学术名著丛书”120年纪念版的珍藏本，寄望既利于文化积累，又便于研读查考，同时向长期支持丛书出版的译者、编者和读者致以敬意。

两甲子后的今天，商务印书馆又站在了一个新的历史时间节点上。我们不仅要铭记先辈的身影和足迹，更须让我们的步伐充满新的时代精神。这是商务人代代相传的事业，更是与国家和民族的命运始终紧密相连的事业。我们责无旁贷，必须做好我们这代人的传承与创造，让我们的努力和成果不仅凝聚成民族文化的记忆，还能成为后来人可以接续的事业。唯此，才能不负前贤，无愧来者。

商务印书馆编辑部

2017年10月

译者赘言

本书的第五至八卷，即史学界通常所说的《哥特战争史》，这一部分早在上一世纪50年代末即已由崔妙因自俄译本译出。此书曾列入1956～1962年度人民出版社与三联书店介绍世界社会科学名著的第一批选题之中，选题初稿是编辑部综合当时北京各高校与学术机构专家学者的意见拟定的。译稿交商务印书馆编辑部时正值多事之秋，由于众所周知的原因还未来得及加工便搁浅了。

岁月不居，时节如流，无情的时光使得在建国初期还都是青年的我们这一辈不知不觉地成了老年人。现在甚至六十岁左右的人都没有过受帝国主义分子凌辱的亲身体验，而我们的一代却是在民族灾难深重的年代中出生和长大的，因此凡是良知未泯的中国人理所当然地无不具有极为强烈的民族意识和爱国之心，而人们便把收复祖国大好河山并使祖国繁荣富强的希望寄托在中国共产党身上。全国各地解放时老百姓欢迎众望所归的解放军，说其热切的程度如大旱之望云霓，一点也不过分，今天回想起来还感到兴奋不已。

当时我们都有点革命理想主义，以为党接管了全国政权，立刻就是尧天舜日，解放区的天是明朗的天，把党视为绝对不可能犯错误的真理的化身，根本没有料到建国后还要经历二十多年的艰困路程,才能走上今天改革开放的大道。对于全国解放后不久的镇反以及三五反运动中的有些做法不够慎重,伤了一些无辜,但仍认为是绝对必要的,因为旧社会多年积累下来的污泥浊水非如此不能廓清。但对于知识分子的思想改造的方式,总不免有一点担心和忧虑。今天六十岁以下的人已很难想象建国初期的青年,特别是中老年知识分子的心态和遭遇了。他们都是在受过旧社会的学校教育以后进入新社会的,他们要经过一个认识的过程(主要是事实的教育)才能跟上时代的步伐,不是听几场报告、灌输几个教条就能解决问题的。此外,对知识分子的整体也要有一个正确的估计,即他们绝大多数是爱国的,偏离了这一估计就会发生偏差乃至走向极端。在当时已露端倪的极左思想的影响下,思想改造运动实际上并没有真正从思想上解决问题,而成了一场无原则地自我作践的闹剧。当时所谓剥削阶级或资产阶级的旧知识分子只能对自己过去的一切,包括已学到的和研究多年的专业知识(特别是社会科学方面的)采取一概否定的态度,把自己贬得越是一钱不值就越是能显示自己的觉悟程度。一句话,过去的一切都是坏的,与此相连带,非社会主义国家里的一切当然也都是坏的,一切属于个人的理想、爱好、希望等等,一切人性所固有的特点,一切合乎人之常情的事物都被划入名声很不妙的个人主义的范畴,并且据说个人主义乃是万恶之源,当然非加以坚决彻底地铲除不可(到"文化大革命"这一点竟发展成有点"修炼"味道的"狠斗私字一闪念")。按照这个逻辑,所谓旧知识分子都负有"原罪",非好好整治一番才行。结果便产生了那时颇为受到赞扬的"夹着尾巴做人"的标准形象。当时比较世故或圆通一点的知识分子为了顺应时势,避免麻烦而尽量把自己搞得灰头土脑，可怜兮兮的样子，怀着“诚惶诚恐、臣罪当诛”的心情度日，以便得到大权在握的“左爷们”的认可。老实说，在当时知识分子中间常常听到的“脱裤子割尾巴”、“夹着尾巴做人”一类带有痞子气的不登大雅之堂的术语，用到政治里是很不严肃的。人进化到脱离动物的高级阶段，早已没有了尾巴，强行给知识分子安上尾巴，这是一种蔑视，也是一种侮辱。试想如果“改造好了的”知识分子只是一群夹着尾巴做人，为救过和避祸而终日苟且偷安、唯唯诺诺、没有或不敢有自己思想的人们的队伍，那将会是怎样一番情景？！人们能指望从这些人中间产生大思想家、大科学家、大诗人、大画家、大音乐家吗？

在当时极“左”思潮的影响下，可以举一个很有说服力的例子。这就是在大、中学校取消了作为第一外语的英语而代之以俄语。英语是世界上有重要影响的语言并不仅仅是因为美国曾是世界的头号强国。英语是莎士比亚和牛顿的语言，当时英国还没有成为帝国主义国家。第二次世界大战时期，特别是战后，美国是科技人才最集中又是科技水平最高的国家（美国英语和英国本土的英语虽然差别越来越大，但它基本上仍然是英语），随之英语也就成了科技方面最重要的语言，成了国际间交流的方便语言，这是历史上形成的客观事实。我国外语界也以英语的积累最厚，人才也最多。何况当时作为我们学习榜样的苏联，它的大、中学校的第一外语也是英语。可是我们没有考虑取消后的利害得失，硬是把英语取消了。理由显然是因为英语是帝国主义的、资产阶级的语言，尽管连斯大林也承认语言本身是没有阶级性的。这样一来，过去学英语和英语的书理所当然地被抛进垃圾堆，大批通晓英语的人才一夜

间成了无事可做的人。我想再幼稚的人也不会幼稚到把一边倒理解为连对做学问很有用的英语都取消的程度。为了弥补俄语教员的不足,很多英语教员只好改行,临时生吞活剥地学一点俄语以应付教学的需要。在当时的形势下,似乎连"落后的"汉字很快也保不住了,万幸的是汉字终于没有被取消,否则就会造成更大的混乱。这种极不慎重的做法不仅割断了历史,否定了文化的继承关系,而且在文化界和思想界造成了无可估量的损失。

建国初,战乱之后,百废待举,民心思定,理应有一个喘息时机,用来休养生息,恢复国力。此时我们虽然也致力于恢复与重建并且取得了显著的成果,可是在精神方面总是感到处于一种动荡不安的状态。红楼梦问题出来了,这本来只是一般的学术问题,但结果有关人员有些还受到了公开的批评与处分,一下子就提到了压制新生力量的高度,成了政治问题。对有关武训的电影的评价也出了问题,接着就兴师动众,搞调查,翻出了陈年旧账,搞得电影老导演孙瑜先生也受到牵累,从此消沉下去。一时文艺界成了是非之地,每天一觉醒来不知在什么地方又会招惹出什么事情。这期间居然还有天真到自己找上门来的勇敢者,胡风上书要向中央提出有关文艺界的意见。果然当局正好顺势挖出了以他为首的"暗藏的反革命集团"。权力者登高一呼,全国"响应"并同时动手,胡风与关系者抓的抓,关的关,一场严厉的阶级斗争展开了。原来这样做是有理论根据的,无产阶级取得政权之后,据说阶级斗争无处不在,还要持续很久很久,而且越来越激烈云云。

在这个肃杀的背景上,当局及时做了些纠偏的工作,知识分子立刻感到精神上有所缓和与松动,有一位学者把这种气氛形容为

严冬之后的早春天气。如果这时出版界也有所动作的话,那就是提出了我在本文第一段里提到的以全面介绍和继承世界文化遗产为目的的1956～1962年度世界社会科学学术名著的选题。我曾参加这一选题拟定,随后我又和几位同志代表国家出版社(人民和三联两块牌子)拿着中宣部的介绍信,携此选题初稿赴中南五省(两广、两湖与河南)广泛征求这一地区高校和有关学术机构学者专家的意见兼调查各地的外语翻译力量(另有赴华东和东北的两路),这便是今天商务印书馆已很有成绩的《汉译世界学术名著丛书》的雏形。我至今仍清楚地记得各地高校和有关学术机构的专家学者们在接受我们访问时的兴奋心情,他们无不为党对文化传统的尊重和实事求是的态度而深受感动。多么可爱可敬的知识分子!他们要求的实在不多,只要在独立的新中国不受歧视,给他们适当的工作,能贡献自己的力量,他们就要从心底里感谢共产党。

但是人们万万没有想到的是,在小小的纠偏之后随之而来的竟是一场规模巨大、使几十万善良的知识分子陷入灭顶之灾的反右运动。运动是从整风运动开始的,党为了改进同群众的关系开始是叫大家提意见,许多知识分子特别是年纪大一些的根据先前的体验早已成了惊弓之鸟,听到提意见就向后缩。于是就大会小会、会上会下反复动员,"知无不言,言无不尽,言者无罪,闻者足戒"嘛!那些先前在运动中挨过整的可能讲了些抱怨的话,本来嘛,没有问题却被整得死去活来,谁也会憋着一肚子怨气,这是人之常情。后来才清楚,动员讲话原来是为了"引蛇出洞",是准备聚而歼之的。所提的意见被夸大为"对党的猖狂进攻"。我不敢说绝对没有一个人是存心反对党的,但是我敢说绝大多数的意见(百分

之九十九点九九……)是善意的,是希望党改进自己的工作作风的。这一点后来据以为所谓右派分子平反的材料可作证明。你说这种动员人讲话然后据以定“罪”的做法是不道德的,他却说我们早已打过招呼,这是“阳谋”不是“阴谋”。反正权力在谁手里,道理也就在谁手里。

建国不过六七年反右运动就出现了,它大大地损害了曾经干出惊天动地大事业的一个党的形象。它曾使党失去信誉(不讲信用,历来是做人之大忌),留给党内外群众一个不讲道理的形象,又因为它把大批诚心拥戴自己的人一股脑儿推到敌对的一方,从而严重阻碍了革命建设的进程。后来因言路断绝,一意孤行(高产田、放卫星、大炼钢铁之类再也无人敢说一个不字),终于发展到置一切理性与道德于不顾的十年浩劫,那便一点也不奇怪了。

1957 年的悲剧已过去将近半个世纪,渐渐地退到历史的阴影之内,与之直接有关联的人,无论整人的还是受害的,多数已作古成为录鬼簿上的人物,在世的也都成了耄耋老人。血淋淋的一页虽已翻过去,但留给后人的却是无尽的反思的资料。从 1957 年到“文化大革命”的发展过程,学者们试图从各个角度作出解释。历史上的这一怪现象,其中每一个题目都可以写出几十、几百部大著作。有人试图从历史上探本溯源(中国有几千年的封建专制的传统、农民意识),有人想从体制上找原因(不受监督和制约的权力、监督和制约至多也不过是条文,根本不起作用,一言堂,官本位,他们不是直接由老百姓选出而是由上级委派的,因此当官的怕上级不怕老百姓,因为他们的命运并不掌握在老百姓手里),有人则从当权者的个人品质和经历寻求解释,还有人从更大的范围,联系国

际的影响(中国没有像西方那样经历过文艺复兴、启蒙时代、资产阶级革命,斯大林牌号的马克思主义的影响等等,等等)。总之,时间隔得越久,与这一时期有直接利害关系的人都故去了,研究者也许不再有所忌讳,那就让一百年、二百年以后的人去总结吧。就我个人而论,以劫后余生之身还能在今天全国人民同心协力建立和谐社会的日子里为这一侥幸保全下来的译稿写这篇赘言,已不禁有隔世之感!

本文开头处所说的《哥特战争史》的俄译本是 1950 年由前苏联科学院出版社出版的。译者是 С. П. 康德拉切夫,责任编辑是 Е. А. 科斯敏斯基院士。这是当时我们所能找到的仅有的一个译本。译本还有由乌达里曹娃撰写的引言。引言对俄译本作了很高的评价,认为译文不但极为准确流畅,而且保存了原著的风格和时代色彩。后来我校订译文时,个别部分曾参考了收入洛布古典丛书的希英对照本的原文(豪里编订)和杜因的英译,因此我感到俄译本引言对俄译本译文的评价确非过誉。帝俄和随后的苏联的史学界本来同拜占庭的文献有较深的渊源,而他们的古希腊语的水平一般也相当高,这当然对译文的质量有影响。

后来经过查对,我发现《哥特战争史》的俄译本 1950 年在前苏联出版后,普洛科皮乌斯的传世的最重要作品的俄译本便出齐了。原来本书的第一、二卷即《波斯战争史》和第三、四卷即《汪达尔战争史》早在帝俄时期便有了捷斯图尼斯(С. Дестунис)的译本。此外,普洛科皮乌斯的另两篇独立的作品《轶闻或秘史》(即本书第九卷)和《建筑记》在《哥特战争史》的俄译本出版前也已由同一译者译出发表。

“四人帮”垮台,摧残文化和一切美好事物的噩梦已成过去。商务印书馆在物质与精神的废墟上重整旧业,我们又有了联系。

南开和商务是我成长道路上和我有血肉联系的两个光辉的名字。解放前我曾是天津南开中学的学生又在南开中学教过英语,先君早在清末庚子前就和南开创办人严范孙先生和校长张伯苓先生相识,我家和亲戚家两代之中有不少是南开出身的。南开虽然是一个普通的私立中学(后来增办大学、女中、小学),但是它培养出了不少人才,在中国的教育界占有一席之地。南开是一所办得严肃认真的学校,从那里出来的学生都有一定的质量,特别是它十分注重培养爱国思想和民族气节,又十分重视体育,南开中学的篮球队曾经名满中国,几乎等于今天的国家队。“九·一八”之后,日寇节节进逼,华北岌岌可危,我上初中时张校长已在筹建重庆南渝中学。果然“七·七事变”后天津的南开立刻遭到日军的轰炸。记得当年站在墙子河的河岸上远望日军的飞机肆无忌惮地轰炸八里台南大,看那美丽壮观的图书馆圆顶顷刻化为瓦砾,真是欲哭无泪,悲愤到了极点!国家遭此奇祸,理由就是因为我们软弱。南开首当其冲,就是因为南开抗日。幸运的是我们南开中学 41 级的同学不久前通过联系竟然还成立了一个级会(天津部分的和重庆部分的),海内外的级友竟然还有不少活到今天的太平盛世。忘了是哪位级友在我们 41 级的级刊上说过,南开校友里有共产党也有国民党,就是没有一个汉奸!这事我虽没有调查过,但很有可能是事实。

再说商务印书馆,顾名思义,它起初只是一个经营普通印刷业务的小作坊。开头它只能依靠日本人的技术,但后来在扩大的过

程中由于坚决抵制日本人染指，所以日本人对商务也是恨之入骨，早在一·二八淞沪抗战中商务的厂房和图书馆便遭到日军的轰炸，多年搜集的珍贵典籍损失无数。商务解放前虽然也是一家私营企业，但是它对中国的文化教育事业作出了不可磨灭的贡献。1929年我入小学，用的便是商务的新学制课本（已不是“人手足刀尺”式的旧式启蒙教本）。商务被炸之后在瓦砾中重新奋起，出了一套复兴教科书，记得教科书封面上就印着商务被炸后断瓦残垣的惨状，使我们这些小学生对国难终生不忘。总之，南开和商务保住了中华民族的气节，中国不亡，南开和商务也有一份功劳。

商务编辑部把在浩劫中幸存下来的我们的两部译稿（一部译自法文，一部译自俄文，原文都是西方古典文献）捡出同我们联系，要求我们按照他们的体例据洛布丛书对照本重新译校一过，我们当然乐于配合他们的工作，决定撇开旧译，重起炉灶。其中篇幅较短的撒路斯提乌斯的著作前些年已经出版。至于普洛科皮乌斯的这部《哥特战争史》，由于编辑部提供了洛布丛书本原书，我们不但把《哥特战争史》部分据新本重译（当然参考了原来的俄译），同时把前四卷和作为附录的《轶闻或秘史》（本书仿欧洲某些译本的做法把它定为第九卷）也补译出来，俾成完璧。

普洛科皮乌斯其人和他的这部作品，这部极其重要的拜占庭历史文献在今天的我国，了解的人可能不会很多。相当于我国南北朝时期的这一文献可以弥补我国世界史教学研究的一个薄弱环节。我国对西方历史的研究比起西方发达国家对我国历史的研究来，无论就广度和深度而论都差了一大截。社会科学，特别像历史这样的学科，要有一个长期的、艰苦的积累过程才能指望有所成

就。二十多年前,一位老友的孩子在大学历史系读研究生,他为了罗马史上的一个题目曾找到我,想讨教些问题。我首先向他申明,语言方面我过去学过一点希腊语(包括新约希腊语)和拉丁语以及初步的希伯来语(不是今天通用于以色列的),还通过法语的有关专著学过一点古埃及语,我学这些语言是为了给我准备的语言学方面的一个课题作一些准备工作。至于同希腊拉丁语有连带关系的希腊、罗马的文化历史,我只算是个爱好者,不是研究者。这位青年朋友虽然以罗马史为主攻方向,但是他没有学过拉丁语,他当时的第一外语还是俄语,英语的阅读能力也很差,更没有学过德语和法语,这是他在语言方面的障碍。当然,在比如英德法等西欧发达国家,不学希腊拉丁语仍可以通过他们的已颇具规模的译本获取古典文献的知识,但作为研究者不学拉丁语而研究希腊罗马的历史文化,就好像不通古汉语,不能从原文读《左传》、《史记》、《汉书》等书而研究中国古代的历史一样,等于是隔靴搔痒,解决不了问题。早在上一世纪 50 年代,北大、武大、中山大学和历史所的一些朋友都和我谈过建立西方古典专业的问题。对这个问题我没有发言权,但据常识推断,这在可预见的未来也只能是一个设想。即使集中几位老师可以开几门课,生源又在哪里?图书资料在哪里?西方从小孩子时起便学希腊拉丁语(听说现在也免了),就和我国过去的学童学习诗云子曰一样,马克思上高中时的拉丁文课本已经是塔西佗的《编年史》,中国的学生哪里有这样的条件。况且这样专业的学生培养出来之后出路又在哪里?学术机构与高等学校学科的设置与发展同整个社会的更大的文化环境息息相关,不是一厢情愿的想法便能解决问题的,像西方古典历史文化一类的学术问题更不能一蹴而就。应当说，当前还应是介绍和普及的阶段。建国后几十年，尽管受到了极大的干扰，在介绍世界学术名著方面还是作出了远远超出解放前的重大成绩。现在由商务印书馆负责的《汉译世界学术名著丛书》，经过多年辛苦的经营，总算搭起了一个可观的框架。解放前到欧美留学学理工的，所学专业回国后大都苦于无用武之地；学社会科学的大多也只是为了寻个人出路，在所谓"镀金"，读个学位之后回国或者可以到大学教书，有后门的则"学而优则仕"进入官场。他们的眼光还不一定比得上早期的留学生严复之流。只有傻子才肯去做介绍西方名著的工作。而且说老实话，他们当中有些人在外语和中文方面还真的未必有这个能力。

我们不是一直自称是马克思主义的信徒吗？马克思主义可真正是西方的产物。"言必希腊罗马"之说曾受到过嘲笑，但是要理解马克思的学说，还非得从希腊罗马起步不可。问题在于，关于希腊罗马这个源头以及后来英法德等国在社会科学，特别是西方古典研究方面的成就，我们到底了解多少，是否作过认真的研究？只有做到这一点，我们才有可能接触到马克思学说的精髓。而正是就这一意义来说，《汉译世界学术名著丛书》的分量就重了！物有本末，事有终始，我们得好好地按照马克思学说的发展轨迹弄清它的本来面目，才能吸收它的精华以利于建设我们的社会主义国家。我们知道，马克思和恩格斯生前认真研究了资本主义社会，也亲自参加了当时的革命活动，但是他们并不曾掌握国家政权，并没有执政的实践经验。以自身的力量夺取政权的社会主义大国只有前苏联和中国。按道理两个国家都应当是按照马克思主义的原则治理国家的。然而，正如大家所看到的，前苏联建国几十年，它的许多

做法其实并不是真正马克思主义的,甚至不是列宁所理解的马克思主义的(列宁死得太早,来不及施展其抱负),而是斯大林牌号的马克思主义。斯大林在列宁去世后取得了独裁大权,杀死了列宁的许多战友,却打出了列宁的旗帜,名之为列宁主义,所以马克思列宁主义或简称为马列主义,后来成了一个常用的词语。前苏联在斯大林领导下在军事上曾经强大过,成为可以同美国相抗衡的超级大国。它曾经在第二次世界大战中打败法西斯德国,但那主要是苏联人民和苏军奋不顾身浴血奋战的结果。而老百姓在斯大林及其继任者的统治下却长时期过着既不富裕,又不愉快不自由的日子。当局欠老百姓的实在太多了,这样一旦遇到问题,终于混不下去,解体了。说到底,还是失掉了民心,老百姓不支持了。这是个深刻的教训。再看我们自己从建国以来怎样从马克思主义蜕化成文化大革命,教训便更加惊心动魄了。革命本来是因为团结了一切可以团结的人到自己方面来才取得胜利的,建国后却反而忘了这一点,甚至忘了过去多次发表的郑重诺言,不但不注意发扬民主,反而阻塞了言路,不许别人提不同的意见,更不用说相反的意见了。各种运动,名目繁多,几乎是一个接着一个,运动中又屡兴大狱,给自己的同志一批又一批地扣上各种各样的帽子,施以残酷无情的打击,这结果理所当然地最终会导向抛弃理性、灭绝人性、倒行逆施的十年浩劫,弄得遍地冤狱、怨声载道,离开国家的全面崩溃也就不远了。可以说,直到结束了极左祸害的改革开放,我们才真正开始摸索如何建立一个真正符合马克思主义精神的社会主义强国,这是前人尚未认真试过的一条艰辛而又光荣的道路,是中国共产党的历史使命。

面对着自己这部多灾多难的译稿，对比改革开放前后的两种截然不同的岁月，真是觉得不可思议，好像是在梦里！在极左势力的恐怖统治下，人们放弃了常识，否定了历史，亵渎了文化（人们视读书学文化为畏途），像是中了邪一样地说着大话、假话、昏话，以为这才是马克思主义，这才是革命。把这件事情说给今天的青年人听，他们根本没办法理解。人民一词早已被滥用成一块破烂的遮羞布，任凭狂徒们蛮横地加以蹂躏。但即使如此，中国共产党并没有被搞垮，中国并没有灭亡，中国老百姓仍然没有失去希望，并在改革开放后显示出旺盛的生机，创造了诸多骄人的业绩，这一点说是中国历史上的又一奇迹也未尝不可。这道理在哪里？大家知道，极“左”势力是从革命内部破坏革命力量的，他们是一股杀伤力极大的邪恶势力。几十年来，善良的老百姓，特别是知识分子对此有痛彻骨髓的体会。

这一号人，只要想一下在党内窃居高位的“四人帮”和康生、陈伯达之流就够了，可惜今天的青年人已无从见到他们的尊容。他们是在最最革命的外衣的掩饰下干着杀人勾当的刽子手，他们嗜血成性，以整人为乐，是罗织千奇百怪的罪名的能手，他们对革命同志心狠手辣，毫不留情，不搞运动他们每个毛孔都感到不自在。但共产党毕竟是千百万先烈为之付出了鲜血和生命的伟大的党，是有大量志士仁人、大量有正义感的爱国同胞参加进来的党，它怎么能，也绝不能容许极“左”的跳梁小丑长期以党的名义干伤天害理的事情。即使像“文革”那样，极左势力肆虐达十年之久，被人称为浩劫，但从长远的观点看，那也只能是暂时的现象，因为无论是他们的“理论”还是他们的所作所为最后必然导向灾难，因此必然最

终为老百姓所唾弃,这是历史注定的下场。

商务提供的洛布丛书希英对照本的英译者杜因(H. B. Dewing)曾任希腊雅典学院院长,他的这个译本也和俄译本一样,用的是豪里(J. Haury)的编订本(1905～1913)。英译本六册,也是经历了二十多年才出齐。我把英译同原文认真核对了几个章节,可以肯定其译文质量完全可以同俄译比美。原文是朴实无华的记叙体文字,清楚明白,不尚雕琢,完全是古典希腊史书的风格,和我学过的希罗多德的文字十分相近(修昔底德则稍重文采),并且,正如英译者指出的,只是个别地方稍稍显示出拜占庭当时的比较夸张的风格。原文的异文经过多位古典大师、特别的编订者的整理,已达到可读的程度。作者普洛科皮乌斯本人十分熟悉古典希腊的历史作品,又具有良史的品格和求实的文风,所以此书成为拜占庭时期乃至西方历史作品中极其重要也是写得相当出色的一部史学名著便不是偶然的了。

我和我的老伴崔妙因曾在介绍西方古典作品方面合作,做了一点工作,翻译了古罗马塔西佗和撒路斯提乌斯的作品。但是这部作品今天出版时她已经去世十年。为了表示纪念,我想在这里对这位合译者作一简略的介绍。她在建国那一年的夏天毕业于原北京辅仁大学英文系(辅仁原是天主教系统的私立大学,建国后不久即并入北京师范大学),随即参加了华大暑期学习团,所以她成了建国前夕由组织分配的第一批大学毕业生并享受离休干部的待遇。她在党校里除主攻的英国文学和英语外,还学了德语和法语,她的法语已达到能看小说的程度,后来为了适应当时的需要,还学了俄语(五十年代我们在学校里取消了英语,英语教员只好临时抱

佛脚改学俄语，改行为俄语教员）。她从毕业后四十多年一直在中学从事外语教学工作，先后执教于辅仁女中、北京八中和一五五中（后改为西城外语学校），任外语教研组长三十余年，又是北京西城区教育局聘任的兼职教研员、西城区外语教学研究会的负责人，多次参加高考的阅卷工作，曾先后被评为西城区教育系统先进工作者和西城区职业教育先进工作者。她认为高中是人一生中所受教育的关键阶段，所以她终生致力于这一阶段的外语教学工作，把一批批外语合格的学生送到大学里去。她的最早的学生可能已经退休，以后的学生有的在外贸部门工作，有的在高校任教，有的在国外工作。看到自己的学生能成材报效祖国，这就是对她的最大安慰。

崔妙因的中文水平使得她可以胜任一定的翻译工作。除了学校的教育以外，她从幼年时起还在家中受到过良好的、系统的中国传统教育。她的母亲能诗能画，年轻时所作诗文曾受到过南海康先生的指点，我曾见过康先生为她母亲所题画册和评点的诗文习作。她在母亲的督促下学习了经史和古典诗词，所以尽管在教会学校外文系就读，却不曾沾染任何西方习气，应当说依然是纯粹的中国的传统女性知识分子。我们合作的几部译稿大都是在知识受到蔑视、知识分子备受摧残的年代里，也就是我们心情最压抑的时期里完成的。

我们当时在灯下共同研读原文，商榷译文的快乐，使我们可以暂时摆脱来自外部环境的苦恼，或者说这也是一种自我解脱的方式。然而我们这样做时却始终抱有这样一个坚定的信念：我们的工作是有意义的，它将在文化交流方面起作用。劫难、黑暗终将过去,阴霾终将消散,正义必将战胜邪恶,真理必将战胜荒谬。也许我们年纪大了,活不到看到这个结局的一天,但肯定会有千千万万的人能看到这个结局,更何况我们竟有幸看到浩劫的结束并迎来了改革开放的日子。再者,作为生物界一个高级的物种,人类有别于其他动物的正是因为他们有历史、有文化、有知识并且懂得尊重自己的历史、文化,尊重知识。不久前"神六"的升空与收回,不是正好证明先哲所说的知识就是力量吗?那些摧残文化、蔑视知识、宣扬愚昧的人们即使不是别有用心,至少也表明他们愚蠢到何等程度。

经过漫长的几十年的风风雨雨,这部译稿终于出版,这是我深感欣慰的。译事虽属小道,但它是文化建设的不可缺少的一个部门,理应有一部分人为它付出心血。崔妙因在病重期间几次提到这部译稿,她去世后我按照她的遗愿把全稿通读并重录一过,分别作了索引。但出版后的这部书她却看不到了。这大概就是人们所常说的命运吧。希腊神话里命运女神所作的安排是最高天神宙斯也无法改变的。佛教故事里关于缘分也有类似的说法。历史发展的必然规律中交叉着无穷无尽的偶发事件,再加上高下良莠参差不齐的诸多物类,这便构成了我们这个森罗万象的大千世界。现代物理学认为,这个拥有无数星系,需要以亿万光年计算其距离的宇宙,只不过是无数宇宙之中的一个。太阳系在这个宇宙里已经是微不足道,而对太阳系来说,地球也只是飘浮在它周边的一粒微尘。地球上的人类就更是微乎其微了。拥有科技力量的人类在地球上活动了这么多年,其实连地球的真正意义的外壳都没有怎么触动,大地随便颤动一下便会使人类付出数十万生灵的代价。我们理解的大自然的秘密其实连亿万分之一、亿亿分之一也没有。比如面对人们最讨厌的苍蝇和蟑螂，我有时想了想也会怅然若失：苍蝇为什么飞得那样自由自在，蟑螂为什么爬得那样快，大自然赋予它们多么神奇的本能！现在倾全世界科技之力也未必能造出像苍蝇那样灵活飞动的飞行器吧。当然，人类并未因其微小与短促而自暴自弃。我国古时所谓三才，便是以人与天地并列，显示出人类的抱负。对于无穷无尽的宇宙奥秘，我们是唯物主义者，不是不可知论者，更不是神秘主义者，我们一直在认真地追求、探索，用得到的知识造福于人类并已取得了不少的成果。二十多年前我在我的一首旧体诗的自注里说："人的一生说到底不过是物质存在的一种形式和一个过程，到过程结束，物质回归大自然，对个人来说则一切化为乌有。如果说还有一点意义，那就在于为生者多做一点有益的事情，使后人怀念。好人和专门害人、整人的坏人，区别即在于此。""善有善报，恶有恶报，不是不报，时候未到。"我相信这句话，这不是迷信，是一条历史规律。

为了帮助读者理解本书，译者编写了一篇介绍作者及其作品的引言。译者能力有限，译文和介绍中或有错误和不当之处，恳望读者专家指正。

王以铸

2005年10月第三稿

关于普洛科皮乌斯
——人和作品

普洛科皮乌斯在生前已经是一位活跃于当时上层社会的知名人物了。像他那样既有地位又以文章知名于当时的人，在我国正史的列传里肯定会占有一席之地。不过事实并非如此。尽管拜占庭的文献存留下来的数量颇为可观，但我们却找不到他的一篇哪怕是简略的传记。就这样一位给我们留下了丰厚的文字遗产的史家来说，这是使人感到遗憾的，也是无可奈何的事情。要知道，同样身为伟大史家的李维和塔西佗也都没有一篇完整的传记留下来。

我们还注意到，虽然身居要职，所记述的又大都是本人亲历的事件，普洛科皮乌斯却完全不曾有意识地把自己摆进去，借机会来宣扬和抬高自己。正是这种比较冷静客观的态度，使得出自他笔下的八卷战史说得上是一部基本上准确、翔实可信的历史。所以说基本上，是因为他处于统治当局之一员的立场，再加上他本人出身与历史的局限性，因而不能脱离他当时的环境而写作。他能把这样一部战史留给我们，应当说，是完尽了一位良史应尽的职责的。

因此，关于他的生平经历，我们只能就他在这部史事的记述中涉及他本人的极少的材料勾画一个十分简略的轮廓。

普洛科皮乌斯大概于五世纪末或六世纪初(相当于我国南北朝时期)出生在巴勒斯坦的凯撒里亚地方。凯撒里亚(以此为名的城市不止一座)在历史上曾是一座滨海的名城,后来荒废了。据记载,它是希律一世于公元前后在古城图尔里斯·斯特拉托尼斯(意为斯特拉托之塔)的旧址上建立的,为了讨好罗马皇帝奥古斯都而起了凯撒里亚的名字,因为他正是从奥古斯都手中得到了这个地方的。这里又是一个重要的商港(港口名奥古斯都),因紫色颜料的贸易而知名。从推罗去埃及,这里是必经之地,罗马长官便驻节于此。希律曾在这里进行过大规模的营造,据说当年使徒保罗便是从这里出海的。除普洛科皮乌斯之外,有名的教会史家埃乌谢比乌斯也是这里的人,可见这里除了商业外,在文化、宗教方面也有它的地位。

普洛科皮乌斯虽然是凯撒里亚人,我们并没有材料可以肯定他的少年时代就是在这里度过的。但此地为地中海东部重要港口,为政治、商业中心,与同属于希腊文化圈的小亚细亚西岸毗邻,得风气之先是不成问题的。他青年时代便来到拜占庭并在仕途上比较顺利以及他同情元老贵族的政治立场,这些都说明他出身富裕阶层并受过良好的传统教育。他的作品本身也表明他受到希腊古典文化的熏陶很深,如果不考虑他文字中时代的痕迹,他的作品几乎可以被认成是出自古典希腊史家之手。

普洛科皮乌斯生平可以系年的最早的一件事便是他在《波斯战争史》(I—12—24)里提到他被任命为贝利撒里乌斯的顾问(ξύμβουλος)。这是公元527年的事情。按贝利撒里乌斯这时还是优斯提尼安手下刚刚被提升为将军的一位青年将领，这可能是人们把作者的生年定在五世纪末或六世纪初的依据。

从后来事态的发展来看，普洛科皮乌斯无疑是贝利撒里乌斯所倚重的一位助手（然而正是此人后来又写出了《秘史》！）。他同贝利撒里乌斯共事多年，陪他走了许多地方，也经历了不少危险和困苦，这一切都反映在他的作品之中。

从史书提供的十分有限的线索，我们大体上知道他从527年到531年随同贝利撒里乌斯出征波斯（527年他在美索不达米亚），533年他又随同贝利撒里乌斯去非洲，参加了讨伐汪达尔人的战争。贝利撒里乌斯离开非洲之后，他仍旧留在那里直到536年，这期间他对当地的情况进行了细致的观察并作了翔实的记录。这便是后来他撰述的战史的第三、四两卷，即汪达尔战争史。536年他去西西里同贝利撒里乌斯会合，参加了拜占庭当局反对东哥特人和意大利人民群众的战争。这后来成了本书从第五卷开始的哥特战争史。在这一部分里记述的事件也都是作者亲历的，所以具有特别高的史料价值。这一点也正是作者引以为自豪的：他肯定自己比任何其他人都更适于撰写这部历史。540年年底普洛科皮乌斯和贝利撒里乌斯一道返回拜占庭，然后又东去对付波斯人。542年作者返回首都，在随后的两年里他大概在这里撰写了他的《战史》。546年左右，贝利撒里乌斯再次出征东哥特人，他也再次随他来到意大利。他写完《战史》前七卷的时期是550年，而就在这同一年，他又撰写了那部史书中罕见的可以称作是补篇或第九卷的《秘史》，此书后面还要专门谈到。554年他补写了《战史》的第八卷，第八卷通常被归入《哥特战争史》，但实际上

它是前七卷的一个综合的补充和结束,事情也便记述到这一年。要知道,前面分别记述的三场战争在时间上有相互重叠的地方,所以在最后一卷作一个交代。我在本文所附的参考的系年只是为读者提供正文的一个年代的坐标,并不作正式年表之用。

过去的编者以及这个译本按惯例把八卷《战史》加上一卷《秘史》并为九卷,但从内容来看揭露性的《秘史》同前八卷还是有区别的,因为《秘史》显然是无法在他生前发表的。大概这一部分本来就是他不想立即发表而只是为后世的读者撰写的,所以《秘史》开头同第八卷文字重复的部分便保留下来未加删削和润色。

最后还要提一下他在史书之外的另一部《建筑记》。它和《秘史》同八卷的战史形成了一个奇妙的组合。作者写完了《战史》觉得还憋着一肚子怨气,所以随即又写了《秘史》发泄一通,求得内心的平衡。但是到 560 年或更后[①],他又令人吃惊地写了一部处处不忘吹捧皇帝到令人厌恶程度的《建筑记》。这又必然引起后人的许多猜测。有人认为,《战史》重点突出了贝利撒里乌斯,而冷落了优斯提尼安,然而现实的利害又使他终于不能不向皇帝卑躬屈膝,说些违心的奉承话;也有人认为他也可能又得到了皇帝的什么恩赐,使他不能不写点报答的东西,因为人们在这时的文献里发现了一位叫普洛科皮乌斯的市长官(562 年度),不知是否就是我们的历史学家(普洛科皮乌斯并不是一个生僻的姓氏)。总之,作者从一个极端又走向另一个极端,展现了一个人的无可奈何的多种侧

① 作者在《建筑记》里(V—3—10)提到皇帝优斯提尼安计划在桑伽里乌斯河上修建一座桥的事情,而据提奥法尼斯(A. M. 6052,I,234,15～18,ed,De Boor),这桥是在 559～560 年间建成的。

面。这看起来是离奇的(grotesque),但在那种专制高压的黑暗年代,人们为了生存而不得不保持两副或多副面孔,因而人性的这种扭曲又是可以理解的。

有关作者的卒年,我们没有任何材料可以作为依据,但学术界普遍认为,至少皇帝优斯提尼安的整个统治过程是他亲眼看到了的,因此可以设想,他甚至很有可能比贝利撒里乌斯活得更久。有的资料则把他的卒年干脆定在565年。

普洛科皮乌斯为什么要撰写这样一部巨著,这个问题他本人在一开头便仿照希腊古典历史学家希罗多德的笔法交代清楚了:

“凯撒里亚的普洛科皮乌斯写出了罗马人的皇帝优斯提尼安对东方与西方的蛮族所进行的战争的历史……其目的则在于不使时间的长河由于缺乏一个记录而淹没了那些格外重要的事业,不使它把这些事业引入忘却之乡,从而使它们泯灭得无影无踪。如果时间竟然再次使人们处于类似的情况下,则他认为记起这些事件会是一件十分重要的事情,而这无论对当代的人们还是对未来世世代代的人们都会有极大的帮助。

要知道,打算进行一场战争或者还在为任何一种斗争作准备的人们可以从对于历史上一种类似情况的记述得到某种好处,因为这种记述揭示了早时人们在同类斗争中取得的最后结果并且至少对最谨慎地制订计划的人们来说,它预示当前的事件也许会产生的后果。”(第一卷,第一章,第1～2节)

抛开作者所处的历史地位不谈,就他这部传世的史书而言,也足以证明他不但熟读古典希腊的历史作品(与他同时而年辈略晚的另一位兼为诗人的拜占庭历史学家阿伽提亚斯就说他通晓“极多的事情，可以说他翻遍了全部历史”〈264〉，又说他“十分精确地记述了优斯提尼安当政时期发生的大部分事件”〈11〉），而且无论从文字水平还是从驾驭材料的能力来说，都可以称得上是第一流的。他表明了要人们以史为鉴的意思，但要做到这一点，首先就要给后人留下一份诚实的、不违背自己良心的记录，这便是我们的传统所一贯推崇的信史与直笔，而不是什么为尊者讳、为亲者讳、为贤者讳，不是什么父为子隐，子为父隐，更不是什么所谓的“从政治影响上考虑”而明目张胆地篡改历史。作者指出：

“他的信念便是：聪慧伶俐的人适于搞修辞学，有创造力的人适于写诗歌，**只有实事求是的人适于写历史**。遵照这一原则，他甚至不隐瞒自己最亲密友人的失败，而是完全如实地记下在有关人物身上所发生的一切，而不论他们做的是好事还是坏事。”（第一卷，第一章，第4～5节）（重点引用者所加）

不过作为现实生活里的一个有血有肉的凡人，作者要完全实现这样的理想是有困难的。这就给后世的治史者在史料的甄别和使用上造成了极大的困难，正如一位学者所说，“国灭之后，视其史事皆非实录，莫不推过于人，引善自向”，在这方面，我们不久前还有过痛心的体验，民意受到强奸，乃至不能不默认在井冈山上同毛泽东会师的是林彪而不是朱德，不能不竟然在中央全会上通过开除“叛徒、内奸、工贼”刘少奇的决定。在历史研究中摆脱偏见，实事求是竟是如此之难！

用我们的术语来说，普洛科皮乌斯当然是一位体现了奴隶主阶级思想的历史学家。奴隶主阶级和奴隶阶级虽然就存在于他的现实生活里，但是在出生得过早而无缘碰上马克思主义的这位奴隶主史家身上，他的认识当然还不可能上升到用阶级斗争的观点观察一切的高度。对古人我们不应苛求。平心而论，作为当时现实社会的一个成员，他对那时发生的一切作了比较诚实的记录，这已经是十分难能可贵的了。

前面说过，普洛科皮乌斯的教养说明他出身富裕上层，但他是否有贵族身份我们却没有材料加以明确，单从他的作品来看，这位受过良好教育而又少年得志的史家，其贵族正统的思想是十分浓厚的。最足以表现他作为上层的一份子的立场的就是他对人民群众的态度了：

"长时期以来我早已知道，民众是一种最不可理喻的事物，就他们的本质来说，他们既不能忍受当前的处境，又不能为未来作准备，而在每一种情况下只知道如何冒失地去干那不可能的事情并且不顾一切地把他们自己毁掉。"（第六卷，第三章，第24节）

这种把群众看成洪水猛兽，看成只会横冲直撞的盲目大群，就和不把奴隶当人看的观点一样，在当时的贵族奴隶主的思想家当中毋宁说还是相当普遍的。生活在古代东方专制君主之下的中国人还懂得"民为贵……君为轻"、"天视自我民视"、"水能载舟亦能覆舟"的道理，博极群书的作者更不会不懂得这个简单的道理。但是从特定的经历来立论，他的看法又似乎有它一定的依据。比如在所谓"文化大革命"的开头时，群众在极"左"的邪恶势力的指挥下疯狂地打砸抢、烧杀劫掠、毁灭文化，像中了邪一样，虽然说他们是被坏人操纵和利用的，那时他们确实是一股可怕的破坏力量，但从历史的长河来看，这不过是一时一地的现象，违背人民根本利益，违背人性和人之常情的东西终归是站不住，终归是要灰飞烟灭

的。而普洛科皮乌斯尽管抱有蔑视群众的观点,但他对当局的指责却无一例外是以它损害百姓(当然也包括贵族阶级)的利益为出发点的,否则这部史书的价值就必然会大打折扣了。

大家知道,绵延千余年的罗马最初是从梯伯河畔一个小小的城邦发展起来的。历史上所说的共和的那一段往往被说成是理想体制,乃至到共和演变为帝国而大权集中于一人以适应当时形势时,人们仍然保留了共和的形式(共和的官制在帝国时期只不过是一种荣誉的称号而已)。从凯撒当权时起,便有人徒劳地想恢复共和。共和派杀掉凯撒,却反而促成了以屋大维为首的帝国的建立。这之后人们提起共和,有如我们提到唐虞之治,只有不识时务的书呆子昧于国内外发生的历史性变化,还在梦想老加图时期的共和国,把它看成是政治的典范。普洛科皮乌斯本人其实不是地道的罗马人,但是看来他比罗马人更像罗马人,比罗马人还要保守,还要在乎"华夷之辨"。元老们的财产受到肆意的剥夺(应当说早在共和的内战时期便已如此),他们没有任何权利,这都是几百年前的老皇历了,但这类抱怨仍旧出于有点迂阔的史家笔下:

"但是由元老院和皇帝决定的东西往往是为了另一个最后的判决才提出来的。因为元老院开会就像画片里所画的那样(意为摆摆样子,纯粹是做给人们看的——引者),对于它要表决的事情没有任何控制的力量,也始终没有任何影响,它的集会只是一项古老的法律所规定的一种形式,因为参加集会的不管任何人根本不可能甚至发表自己的意见,只是皇帝和皇后一般装作使他们要讨论的对事务有不同意见的样子,但结果哪一方占上风都是由他们在私下里安排好了的。"(《秘史》,第十四章,第7~8节)

当然，对这种尽人皆知的内幕的书生式的“揭露”本来是多余的，但所以还要不惜笔墨，无非是想用浓重的一笔点出贵族阶层对皇帝皇后的专横跋扈的极度不满而已。

不过下面作者对在罗马法史上声名赫赫的优斯提尼安的揭露虽然是人们意料之中的，但又是非常尖锐的，它给那些千百年来津津乐道优帝《新律》的谨严与公正的史家们以无法抗拒的重重的一击：

“如果违反了法律的任何人看到对胜诉没有把握的话，这个人就可以把更多的黄金抛向皇帝，这样他立刻便可以使同先前制定的一切法律抵触的一项法律得到通过。如果还有什么人怀念已经被取消的这一法律，皇帝也完全不反对再把它找回来重新加以制定，任何事物都不是固定有效的，正义的天平摇摆并向每一个方向转动，这要看是否有更多的黄金压在上面从而使它摆向一方或另一方；正义是在市场上确立的，而尽管它一度曾在皇宫里居住过情况也还是那样，在市场上人们可以找到售货室，人们可以在那里出一个价钱不仅买到法庭的判决，而且还有立法。”(同上，第 9～10 节)

这一点正好说明为什么八卷的《战史》如果没有《秘史》作补充，就绝不能说是完整的。

普洛科皮乌斯的贵族的正统立场还表现在他对奴隶，特别是对蛮族的态度上。在贵族奴隶主心目中奴隶根本不是人，这是奴隶主的共识，普洛科皮乌斯也不例外。他把托提拉的军队说成是逃跑的奴隶，这一点足以说明他对敌军的深恶痛绝和蔑视程度，更何况他们又都是蛮族。蛮族在作者(代表西方古典世界)眼里有鄙俗、无知、可耻等多种含义，所以在贬低优斯提努斯、优斯提尼安、提奥多腊的时候,指出他们的蛮族出身便不奇怪了。奇怪的却是,作者忘记了在纯粹罗马人眼里他本人其实也是蛮族,而且,就作者当时而论,不仅罗马将领,就是罗马皇帝出身蛮族的也不少,至于罗马军队里的蛮族更是铺天盖地、无孔不入。普洛科皮乌斯本人的战史就给罗马军队的蛮族化提供了坚实的证据,这可以说是极大的讽刺。

但是,也算是一种自解吧:对于亲罗马的哥特贵族上层,那个一切按罗马旧章办事的提奥多理克,普洛科皮乌斯却是欣赏的。投靠拜占庭的贵族大地主提奥达图斯则是柏拉图的研究者。

作者虽记述了优帝当政时"盛世"的武功,对皇帝本人却着墨不多,看不出有什么特别钦佩或同情之处,有时还借敌人之口对他指责几句,这就是他对皇帝的不满所能表示的最大限度了,皇帝在已经问世的战史里大概也看到了这一点并有所暗示或反应,作者也许因此便补上一卷专供吹捧之用的《建筑记》。顺便指出,《建筑记》在政治上虽然一无足取,却切切实实地提供了研究拜占庭史的一批十分宝贵的资料。

此外,受希腊罗马古典文化陶冶很深的作者也不像皇帝那样是一位基督教的纯洁性的狂热的保卫者,希腊神话这种异教信仰在他内心深处还占有巩固的地位,因此教会领地的扩充,皇帝对高级僧侣的庇护以及诸如此类的做法在作者看来都是大不以为然的。

提到拜占庭史,首先不能不想到皇帝优斯提尼安在位的这一段,而提起这一段,人们又自然会记起普洛科皮乌斯的几种作品。

普洛科皮乌斯记述的是他亲历的几场战争而不是写拜占庭史，但是作为史家，他也记述了他认为有必要叫后人知道的其他方面。用今天的标准来看，他的作品为拜占庭史，特别是对皇帝优斯提尼安的统治时期的研究提供了第一手的珍贵资料。应当说，这些资料远还未曾得到充分的利用。特别在我国，与南北朝时期相当的拜占庭帝国时期的原始史料几乎是一片空白，在中世纪的通史里这一段也大都叙述得十分简略，因此说它是有待史学工作者开发的一个富矿并不是过分的。

汉朝和罗马曾是当时世界上东西互相辉映的两大帝国，但客观条件只允许它们按照各自的发展规律活跃在自己的历史舞台上。有限的贸易往来根本谈不上什么正式的接触，因此双方对对方来说都是 terra incognita（未知的国土），而在罗马人眼里，产丝之国所谓塞里斯（Seres）是比北方的图勒与东方的印度更加神秘和不可捉摸的。有趣的是，到中国分裂为南北的时候，罗马也分成了东西，而造成这种局面的又都是来自北方的异族。由原来罗马东方行省构成的拜占庭帝国成了比蛮族入主的西方更重要的中心。

优斯提尼安当政的时期，包括他同优斯提努斯共治的时期，长达几乎半个世纪（518～565）。在史书里，他的时代被认为是一个非凡的、辉煌的时代，但是在从近处观察这一时代的人们的眼里，这其实是一个披着人皮的恶魔统治的时代。当然，看的人出身和角度不同，时间的长短不同，距离的远近不同，教养的高下不同，所得的结论自然言人人殊，这并不奇怪，但历史的真相终归是会越来越清楚的。

在一部分西方拜占庭史专家的笔下,比如像法国的沙尔·狄尔(Charles Diehl,1859～1944)那样的史家的笔下,优斯提尼安犹如蒙森笔下的恺撒,他被过分地理想化了。他成了罗马帝国的伟大复兴者,基督教正统信仰的伟大保卫者。按照他撰述的《优斯提尼安和六世纪的拜占庭文化》(*Justinian et la civilisation byzantine au Ⅵ-e Siècle*,1901 年,巴黎),则整个六世纪都是在拜占庭帝后灵光的笼罩之下。一千多年后的法国史家把优斯提尼安夫妇吹捧得神乎其神,可是就在皇帝鼻子底下活动的普洛科皮乌斯却把他们表现得完全是另一种样子。这个优斯提尼安到底是怎样一个人?对本书的读者来说,这是一个不应忽略的问题。

自从皇帝要由有军权的人担任以来,罗马帝国就出现了由外省人也就是蛮族担任皇帝的先例。鼎鼎大名的优斯提尼安就是这样一个皇帝。《秘史》里说优斯提尼安的叔父优斯提努斯是维德里安那地方的农民(Ⅵ—2),想来皇帝也是同一个地方的人了。这一点在《建筑记》(Ⅳ—1—17)里得到证实,在这里作者写道:"在居住在埃皮达姆诺斯人的边界那一边的欧洲的达尔达尼人中间,挨近被称为贝(维)德里安那的要塞,有一个名为陶里西乌姆的小村庄,这里便是文明世界的创建者皇帝优斯提尼安诞生之处。"杜因认为达尔达尼亚这地方可能就在今天保加利亚的索非亚附近。这样一个大人物在古代很容易被附会上一些神乎其神的传说,但是在优斯提尼安身上我们却没有发现这类的记述。一个山村农家出身的人怎么会有后来那样的放眼世界的眼光和魄力,我们没有足够的材料加以说明,但有一点是无可怀疑的,即优斯提努斯是由于了解自己侄子的能力才使他作为自己的共治者的,而共治的这几年反之又增强了优斯提尼安的能力。

优斯提尼安无论其功过如何都可以说是一个特殊人物，这一点无论朋友敌人都不得不承认。优斯提尼安是一个不甘寂寞的人，从当上唯一的皇帝那天起，他便从文的、武的各个方面开始"折腾"。哈洛德·麦汀利颇为中肯地说他有一种皇帝的使命感。他是一位因制定法典而名闻史册的皇帝。他首先想确立一个"法"治的国家，所以单独执政后不到一年，便发布编纂新法典（de novo codice componendo）的上谕（528 年 2 月 13 日），任命以前圣殿执法官乔万尼亚为首[①]、有著名法学家特里波尼亚努斯和提奥菲路斯参加的十人委员会主其事。新法典以过去的三部法典[②]和此后的上谕为依据加以适当的增删而成。新法典很快于 529 年 4 月 7 日公布并于 4 月 16 日生效。

随后，根据特里波尼亚努斯的建议，优斯提尼安又批准编纂了一部有五十卷之多的《法学学说汇编》（Pandectae 或 Digesta）并于 533 年 12 月 16 日以面向全民（ad omnes populos）的上谕加以公布。

就在这不久前，即同年的 11 月 21 日还公布了一部新的法学教本《法学阶梯》（*Institutiones*）。新教本是以旧的盖乌斯（Gaius）和其他学者的教本为依据的，而主要是增补了优斯提尼安的上谕，算是更新的内容。史料没有说明主持这项工作者是谁，但一般认

---

① 先前一些罗马法著作多认为特里波尼亚努斯是十人委员会的首脑，现据意大利学者近时的说法予以订正。

② 指《格列高里乌斯法典》（*Codex Gregorianus*，295）、《海尔莫盖尼乌斯法典》（*Codex Hermogenianus*，324）、《提奥多西乌斯法典》（*Codex Theodosianus*，438）。

为大概不外仍是主持《法学学说汇编》的法学者们。

《法学学说汇编》和《法学阶梯》公布之后,529 年的《法典》同它们又显得有点不合拍了。于是优斯提尼安对此又下令立即加以修订,由特里波尼亚努斯、多洛提乌斯等五位法学家主持其事并于 534 年 11 月 17 日正式颁布,这部《新优斯提尼安法典》(*Codex iustinianus repetitae praelectionis*)就是迄今我们常说的那部著名的《优帝法典》。

这些里程碑式的法学文献完成之后,优斯提尼安的名字在罗马皇帝中间有了不朽的地位。他在法学上的声名使他很自然地成为一位真正的历史人物。拜占庭帝国简直成了一座以"法"立国的圣殿。他的庞大文献千百年来成了成千上万西方罗马法专家、权威的研究对象。优斯提尼安在主持了这些文献的公布之后,依然不断地在进行他的"立法"活动。就有如他在《Cordi 上谕》里所指出的,"如果今后情况发生新的变化,朕将用新的上谕加以调节"。这些新的上谕就是所谓"新律"(Novellae constitutiones);新律不在法典的范围之内,也没有正式加以汇编(只有个别非官方的),直到提贝里乌斯二世(578～582)时才有了一个包括 168 条新律的比较完整的汇编,其中绝大多数是优斯提尼安发布的。

优斯提尼安对"法治"的异乎寻常的重视和他在主持法典编订方面的业绩的确成就了他的历史地位。这是他一生中一个重要的组成部分。而且在主持编订法典的同时,他还在进行着对外的战争。普洛科皮乌斯没有对优斯提尼安的法学活动作出估计,却对他之利用法律肆意掠夺的种种行径作了如实的报道。他要怎样做,便制定怎样的法律,如果原有的法律妨碍了他牟取私利,他便

用新的适合他的法律加以取代，总之，他就是法律！法律只是他"合法地"恣意妄为的一种手段，这使我想起"文化大革命"时期，少数人"革命地"干伤天害理的事情，而老百姓和正直的人们则被坏人以"革命"的名义加以残酷的迫害！这就是戴震所说的民"以理杀人"，杀人者不但干尽了坏事，而且一切道理都被他们垄断；骨子里他们比明目张胆的土匪、恶霸要坏上千百倍。再看看优斯提尼安在法学方面最倚重的那位法学大师特里布（波）尼亚努斯在普洛科皮亚努斯笔下是个什么货色：

> "另一方面，特里布尼亚努斯却是既有天生的才能，在因教育而取得的成就方面也绝不比与他同时代的任何人为差。但他是个极端贪财的人，他始终是一个为了得利而出卖正义的人；因此，他照例总是在取消一些法律，又提出另一些法律，根据对方的需要把随便哪种好处出卖给得到它的人们。"（Ⅰ—24—16）

从后文我们还知道，此人臭名昭著，在当时已激起众怒，绝不是作者对他怀有什么个人的私怨。可见历史上的虚名往往和一个人的作为人的实际情况相去有多么远！

再从战争方面来说，这位优斯提尼安对之好像也是蛮有兴趣的，尽管他自己不是专门的军事家。贝利撒里乌斯是他最得力的战将，随着他的指挥棒转来转去，而且对他忠心不贰，曾拒绝过哥特人想拥立他为国王的建议（士兵拥立在罗马帝国本是寻常之事)。贝利撒里乌斯同优斯提尼安的关系可以从安托尼娜和提奥多腊的关系找到答案。这一点在《秘史》中有所暗示。

优斯提尼安的“武功”基本上记录在普洛科皮乌斯的《战争史》里。战争的过程表明这位皇帝对历史,对国情、周边的形势、人民的处境和愿望以及军队的情绪都不大了解,只是凭着残暴的高压和强烈的虚荣心硬撑下去。他对自己的臣民敲骨吸髓,心狠手辣,而对外邦人则极为慷慨,一掷千金而毫不吝惜。执拗的波斯人一直在后院拖住他,他们自称是他的藩属,但是他却不得不向自己的藩属纳贡以换取和平。他的作战重点是西边,意大利毕竟是罗马帝国的发祥地,他既以恢复罗马帝国昔日的光荣为己任,自然不甘心让哥特人摆布它,但是心有余而力不足。而且不仅是在意大利北边,沿着伊斯特河以北的蛮族,任何时候都能像进入自家庭院那样地闯进来。至于在北非对汪达尔人的战争,连普洛科皮乌斯都承认这胜利带有偶然性。从战史画卷上我们看到的只是:罗马将领(其中有些本身便是蛮族)的残暴与贪婪(在战时乘人之危不放过任何发财的机会);军队对各地普通百姓的无情蹂躏弄得不少地方赤地千里,杳无人烟;皇帝征讨无度,为了把血腥的战争继续下去而不惜榨干百姓的最后一滴血;农民、隶农联合蛮族一道反击官军,官军也因得不到饷银而大批开小差投向蛮族一方,成为极不可靠的因素;教会勾结当局扩充自己的势力,同罗马当局沆瀣一气的只有蛮族的极少数上层统治者,这部分人为了私利,不惜出卖本民族的利益等等,这些事实使读者很自然地得出这样的结论:优斯提尼安的“复兴”帝国的大业,即使暂时地、局部地取得某些胜利,最终只能是一场徒劳无益的挣扎!

优斯提尼安进行的所以是一场无望的、必败的战争，说到底，因为这是一场非正义的、不得人心的、逆历史而动的战争。

《战史》的价值正是在于它为我们提供了当时的一幅真实可信的历史画卷。作为统治阶层的一名要员，作者并没有闭着眼睛把帝国描绘成莺歌燕舞的王道乐土，没有把皇帝吹捧成一位不世出的英主，甚至同他关系最密切的顶头上司贝利撒里乌斯在他八卷的战史里充其量也只不过是一位干练而又忠于职守的将领而已。他不回避国内的一切重大的麻烦，民众起义、宗教纠纷都被他如实地报道给读者。《战史》里的战争记述得平实朴素，绝不作夸张的铺陈，更不想把作为亲历者的作者本人摆进去。这一点所以极为难得，是因为出于人类好表现自己的弱点，回忆录的作者总是在自觉或不自觉地夸大或虚构自己的作用（有些人不写回忆录，原因之一就在于他们不想突出自己，尽管他们可能是最有资格写回忆录的人）。正因为这是历史，不是编故事，不是演义，所以这部《战史》里有关战争过程的记述，有时不那么引人入胜。要知道，史家不是说评书，他记述的是本来的事实，他无意于编造热闹的情节来取悦于当代和后世的读者。

作者虽然撰述战争史，但这部历史的内容却十分广泛，不限于战争本身，这说明作者的视野广阔，对当时社会很多方面都有兴趣，把它们看成是历史的有机组成部分，这样便给后世提供了多种门类的丰富史料。我们从中可以了解当时君士坦丁堡的贫民运动以及各行省爆发的广泛的人民运动，还有帝国东部地区的异教活动。而与大规模战争并行的大规模的建设活动是以无数人民的血汗与生命为代价的，它们实质上只能说明统治者的残暴与恐惧。

建设主要是针对内外敌人和以保卫统治上层的财富为目的的。这些情况都详细地反映在他的《建筑记》里。

作者特别对于540年黑死病的详细记述，不仅显示了作者精确的观察能力，而且表明作者有一定的医学素养。他已朦胧地认识到从一次广泛流行的传染病幸存下来的人的免疫现象。此外有关作者记述之精确，杜因还举了一个例子。《建筑记》第二卷第八章第8节以次提到一座名叫吉诺比亚的小城。它曾一度荒废，后来优斯提尼安把它加以重建，成为罗马帝国边境对付波斯人的要塞。后来的考古发掘证明普洛科皮乌斯所作的记录是惊人地准确，绝非单纯转抄纸上的材料，人云亦云。事见劳弗雷（J. Lauffray）的《叙利亚考古年鉴》（*Annales archéologiques de Syrie*, I, 1951, 41ff）。

普洛科皮乌斯的《战史》的前七卷当时所以得到发表并传播开来，当然首先是因为他是站在官方立场上撰史的。但是，如上所述，史家的良心使他基本上保持了公正，特别对于当时社会现状的记述也还是客观的。他是个基督教徒，但是从行文中看出他对异教不仅不存偏见，并且有一定程度的同情。他的高度的古典文化教养有时使他的文字看来竟像是希罗多德和修昔底德那个时代的人，这又使我联想到奥古斯丁和西塞罗之间文字的相似！人们还注意到，他的历史里有不少迷信的和宿命论的观点，例如在本书第三卷第十八章里他便就一次战斗而表示了我们的“谋事在人、成事在天”或“千算万算不如老天一算”的看法：

“就我来说，在整个战斗期间，我不由得对上天的做法和人的做法感到惊奇，因为我注意到从远方预见到会发生什么事情的上帝如何勾画出事情发生时他认为是最好的方式,而另一方面,人们,无论是他们受到欺骗还是提出了正确的意见,却不知道他们已经失败了,如果结果应当是这样的话,或者他们不知道他们已经胜利了,因为上帝的意旨是要给幸运开一条道路,对于注定要胜利的事物,幸运不可避免会逼临到它的头上。"(第 2 节)

这种受到历史局限的看法,并不足以使作者受到责怪。直到今天,相信命运的依然是大有人在。他当然还意识不到受物质生产条件制约的社会发展规律,不了解偶然和必然的关系,而把偶发的情况理解成天意了。

稍后,在同卷第二十一章,作者的宿命论的观点便表现得更加明确了:

"人们可以看到命运的光彩以及它展示的这样一个事实,即一切都是属于她的,任何人的私有财产则什么都不是!"(第 7 节)

这里命运用女性词,从而使我们想到希腊神话中的命运三女神克洛托(Clotho)、拉凯西丝(Lachesis)和阿特罗波丝(Atropos),荷马有时把她们说成是一个人,把说她们的决定是最高天神宙斯也无法扭转的。这便是作者遇事每到无法解释时便归之于命运的原因,如像本书第四卷第十四章在提到谋杀所罗门时所说的那样:

"……决定动手杀害此人的那些人进来了,他们用点头的动作相互激励之后,已经把手放到剑上了,但是他们依然没有任何举动……但也许有上天的某种力量阻止他们这样做。"(第 25 节)

事实是,只要人们还不能充分掌握自己的命运,只要偶然的事件必然还会不断发生,只要人类面对宇宙的奥秘的认识还处于极为幼稚的阶段,宗教、迷信和宿命思想便有它的活动余地,这又是人类本身无可奈何的一个弱点。即使在今天,相信星命的人依然到处都有,理工科的大学生仍有不少拜佛求签的,而且在发达国家,既进实验室又进教堂的科学家不是一个十分普遍的现象吗?

有趣的是,在普洛科皮乌斯发表了《战争史》之后,并没有感到自己已经完尽了一位史家的任务。他心有不平,还有不少话要说,但是作为一位身居政府官职的人,他是无论如何不能、也不敢讲出这些话的。更加符合真实情况的记载在他当时肯定没有发表的条件,而只能留给与他当时没有任何牵连,没有利害关系的后人去阅读了。对照一下第八卷和《秘史》的开头部分,我们几乎可以肯定,在发表了前七卷之后,此时(550?)他忽然有了对几个统治者发泄他心中不平之气的打算,所以随即无法自制地信笔写下了那些显然有人身攻击之嫌的东西,把前七卷的事情统统抛到脑后去了。所以在世界的史学文献里便出现了出于同一人之手,却从正反两方面着笔的《战史》与《秘史》,而正式给前七卷收尾的第八卷则是几年后(554?)才完成的。这样,作者没有意识到《秘史》开头的话和第八卷开头的话有重复之处,从而没有做适当的改动,因为这部分反正是无法发表的,作者这时已没有心思再作调整了。

从《战史》的整体来看,而且正因为是战争史,它的重点应当放到执行战争领导之重任的贝利撒里乌斯身上,它显然主要是为了宣扬作者的顶头上司贝利撒里乌斯的战功而撰写的(更何况作者也亲身经历了这些战争),这一点既符合作者的身份也符合实际情况。很自然地,皇帝优斯提尼安在这里有意或无意地被作者写成只是一名配角,时而甚至是往往还间接地受到指责的一名不高明

的配角。“事业心”和虚荣心极强的皇帝优斯提尼安对此当然不会满意，因为在作者笔下，恢复帝国大业的战争虽然酷烈地进行着，但战绩只是表面的辉煌，细心的读者稍加分析，便可以断定所有的战果都很不稳定，总之，对皇帝他并没有一味地歌功颂德，并没有无视现实而闭着眼去描绘一个“莺歌燕舞”的“伟大”的时代，而它让读者看到的却实实在在地是一个表面辉煌、骨子里危机四伏的时代。作为现实的帝国里的一个臣民，作者当然也会感到这种写法对自己不利，所以后来才违心地补写了前面已经提到的《建筑记》，借题发挥地把皇帝吹捧到令人恶心的地步。不过，顺便说一句，这比起一千多年之后“文化大革命”时期我们的“副统帅”的吹捧技巧来那又差得多了。另一方面，对于已发表的《战史》中对贝利撒里乌斯的描述，作者自己也不满意，因为他把他深切了解的统帅贝利撒里乌斯写得太好了，他把统帅有点理想化了，但这绝不是统帅作为人的本来面目，于是在这一点上他又偷偷地在《秘史》里加以均衡，以便对后世的读者负责。其实不管被吹捧得多么伟大的人物，作为一个有七情六欲的普通人，一般说来必然具有普通人的一切弱点，但人的道德品质确实又有高下之分，史家就得有掌握一个人既崇高伟大又平凡普通的分寸，才能栩栩如生地把接近历史真实的人物形象保存下来。从个人崇拜变为个人迷信，其结果是通过不负责的吹捧反而把一个人弄得很可笑！“文革”中流行过的早请示晚汇报的那一套竟然把一个严肃的政党降低到会道门的水平。我们对此是有过惨痛教训的。

刚刚写了一部为贝帅树碑立传的战史，接着又写出一部要他出尽洋相（当然还有别的人）的《秘史》，这样的史家毕竟不多。其实与其如此,还不如像太史公那样,依靠叙述事实而让读者从中作出客观的估计,无须作者本人的议论夹杂其中,这样效果岂不更好。

当然,同为知名的史书,《战史》与《史记》是无法比较的。《战史》是具体战争的记述,完全为作者所亲历;《史记》则是一部通史,对于远古以来的事件作者所依靠的主要是大量遗留下来的文献(包括口头传说)。就撰述的难易而论,类似回忆录性质的战史当然要容易得多。而在人物的刻画上,《战史》的作者由于是亲历者,当然占有极大的优势。太史公笔下的刘邦虽然是汉开国君主,但同时又是一个流氓(当然是一个相当聪明的流氓),和他一同起事的开国功臣大部分也是和他差不多的人物(大概张良算是个例外),这一点太史公并未为尊者讳而加以回护。太史公往往通过他人之口对某人作生动的描述,手法之高明令人叹为观止。比如对项羽的妇人之仁的描述,不见于《项羽本纪》而见于《淮阴侯列传》里韩信对他的评价,以此来同刘邦善于将将的风度相对照,楚汉之争的结局无形之中便有了依据。刘邦虽是流氓,但他也有别人不及的长处,而所以能暗示出这一点,这是由太史公的识见所决定的。同贝利撒里乌斯共事多年的作者如果从亲身的体验用太史公的笔法,《战史》无疑会增添更多的光彩,也不会因《秘史》的存在而引起后人众多的怀疑与争议了。

一部古色古香的《战史》之后作为续篇或附录又出现了一部给自己的作品翻案的《秘史》,这理所当然地引起后人的惊异和猜测。二者的反差实在太大了。而反差之所以太大,是因为不仅是一个

前褒后贬的问题，而是后者使用了同一位身为上层官吏的地位完全不相称的口吻。作者在这里攻讦他人的隐私而达到不惜使用不雅驯的文字的程度。故而此书引起后世的惊骇，而把优斯提尼安的统治时期视为盛世的史家们把《秘史》斥为伪作也便不足为怪了。但后世的学者对此书进行了细致的研究，把《秘史》和《战史》的文字作了认真的对照，结果竟找不出伪造的痕迹，在事实方面也没有发现任何抵牾之处。特别从文字的风格来看，学者几乎一致肯定出于同一人之手。正如国学家王国维所说，古文的伪造是最难的。他在《秦阳陵虎符跋》里便指出："古代文字极难作伪。如峄山刻石文虽不见于《史记》，然一读其文，可决其为嬴氏物也。此符虽寥寥十二言（按原文：甲兵之符，右在皇帝，左在阳陵），然如右在皇帝四字岂汉以后人所能作耶。"由于时代背景所造成的文字的语感，有时是只能意会的。两汉的古文和明清的古文绝对不会是一个味道，这是不讲自明的道理。十余字都能给人以时代的感觉，更何况长达三十章、有数万字之多的作品。因此学术界今天基本上已取得一致的意见，没有人再说《秘史》是伪作了。

为了证实《秘史》出自普洛科皮乌斯之手，H. G. 杜因具体总结出了下面四个有力的论据：

（一）在这部书的第十八、二十三、二十四章里有四处明示此书的写作年代是皇帝优斯提尼安执政的第三十二年。人们当然会认为这要从他即位的那年即 527 年算起，但实际上他从 518 年起便同优斯提努斯共同掌权了。因此豪里在有关普洛科皮乌斯的研究作品中便从 518 年起算而断定本书写于 550 年。康帕列提则是从 527 年算起的，但 550 年之说应当说更可信。

按:杜因提出这条论据并同意豪里的看法显然是因为普洛科皮乌斯完成前七卷是在550年,而从本书开头的行文来看,也顺理成章地和前七卷相衔接。只是作者在写作中由于控制不了自己的情绪而忘了开头的话,大作起翻案文章来。结果这部分当然只能暂时束之高阁,以后另行补写第八卷。

(二)《秘史》提到前七卷的地方不少(见正文有关注释),这是很自然的,这也说明它们出自同一作者之手。

(三)在事实的记述方面,《战史》和《秘史》以及《建筑记》之间并无任何直接的矛盾。如果有所不同,当然除了对人的评价来了个一百八十度的转变之外,则事实的出入是有碍于当时的客观形势,而在《秘史》里说出了真相。

(四)如前所述,古文作伪最难,因为它带有时代气息。《秘史》的文字显然和《战史》的文字是一致的,菲利克斯·达恩(Felix Dahn)在他的《凯撒里亚的普洛科皮乌斯》(*Procopius von Caesarea*, *Berlin*,1865)里对这一点讲得十分明确。杜因则另举出普洛科皮乌斯行文中也有作为当时文风的 cursus 的那种特色,而所谓 cursus ,指的就是文句运行中起伏的节奏,略略相当于我国古文所讲求的起承转合、抑扬顿挫。此外人们还注意到,两书中作者的这种技巧甚至在细微处也是一致的。这一点也可以说是《秘史》和《战史》出自同一作者的铁证。

《秘史》中对某些当事人的指责甚至攻讦,对于普洛科皮乌斯这样有地位、有教养的史家来说,确是有点过火、不相称。用我们的温柔敦厚的标准来衡量,用为尊者、亲者、贤者讳,父为子隐、子为父隐的标准来衡量,普洛科皮乌斯写作这样的作品是一种有伤大雅的失态。尤其他对提奥多腊的出身和行为的揭露，本来完全可以含蓄一些，点到为止就可以了，而现在这种露骨的咒骂，却反而使有识之士难以相信了。所以后来的译者对这部分不得不慎重处理，加以适当的删节，但这样又失去了古典名著的完整性。过去欧洲的译者对这类文字的处理办法有时是保留原文不译（如《十日谈》英译本），有时则采用其他文字的译文以示区别（如玛尔提亚利斯的讽刺诗的英译本，这类地方采用了意大利语的译文）。这样做便回避了随意删削原文的指责，同时暗示读者这些地方不雅，不懂也无妨。其文本书作为史料，和英译本一样保存了原文的完整，以供读者参考，读者可作出自己的判断。

另一方面，《秘史》作为有根有据的实录绝非都是夸大其词。公正地说，《秘史》的绝大部分是真实可信的，而且应当说是对《战史》的绝对有价值的补充。没有《秘史》里当局压榨老百姓的血淋淋的实录，对皇帝优斯提尼安的统治的认识就是不全面的。

豪里还从另一个角度肯定了《秘史》的史料价值，这就是用普洛科皮乌斯同时代作家的作品来对照他的作品以检验其可信的程度。杜因引用了豪里在他编订的《秘史》（1906 年版）的引言中所举的一些例子。

其一是与普洛科皮乌斯同时但属于晚辈的埃瓦格里乌斯（Evagrius，约 536～594）在他的《教会史》（*Ecclesiastical History*）里（ⅳ，32）对皇帝优斯提尼安的品格所作的描述：

“在优斯提尼安的品格之中还有另外一个特点，这便是超越可以想象的任何兽性的一种邪恶；这是他本性里的一个缺点，还是由怯懦与恐惧派生出来的东西，这一点我无法肯定；然而无论如何，它是由于民众的尼卡暴动而表现出来的。要知道,对于两派之中的一派,也就是蓝派,看来他是绝对忠诚的;乃至这一派的成员实际上经常在光天化日之下和市中心冷酷无情地杀害对手,而且他们为此不仅不会受到惩处,而且实际上还被认为理应受到荣誉的奖赏。他们甚至还被允许进入家宅,搜括其中值钱的东西作为战利品并且强迫里面的居民为自己的性命支付代价。而如果任何一位长官试图制止他们,那他们自己的性命便会因此而受到威胁。比如说,有一位在东方执政的长官,便因为鞭打了某个暴徒以示惩戒,结果他自己就在市中心挨了鞭打并且受到粗暴的对待。而奇利奇亚的长官卡利尼库斯,由于他依法惩处了两名谋杀者,即向他发动袭击并想谋害他的帕乌图斯和法乌斯提努斯,结果被插到木桩上处死,这样,他由于执行了正确的判决和维护了法律而自己付出了生命(参见《秘史》,第十七章,第 2～3 节)。结果反对派的成员便亡命出走,并且因为根本无人收容他们,他们便像是染上了瘟疫的人似的到处被人们所驱逐,于是他们只好打劫行路者,抢夺他们的财物并杀害他们,这样一来到处都有横死的人和劫路的事件以及其他的罪行。但他(指优斯提尼安——引者)偶尔也转到对立的一面去(指与蓝派对立的一方——引者)并开始杀害他们(指蓝派——引者),这便使得他已经废弃的法律像蛮族一样地又在各城市横行无阻。而要详述所有这类事件,有多少话有多少时间也不够;只是这些例子就足以证明其余一切了。”

此外,据杜因的介绍,历史学家阿伽提亚斯(Agathias, 530～582)在他的作品里(波恩版,252・2～255・1;284・13～285・20;305・13～306・9)也提供了许多同类的指控。

对于普洛科皮乌斯笔下的穷凶极恶的卡帕多奇亚人约翰的劣迹，杜因举出了同时代史家约翰·利杜斯（490～565）有关同一人的记述（波恩版，250，13 以次）以资对照：

“这个邪恶的卡帕多奇亚人在取得了权力之后，立刻成了制造公害的工具；首先，他经常在他的近卫军的房间里陈列镣铐枷锁，这样便为在他手下服役的那些人暗中设立一座私人监狱，就像那个没有人性的法拉里斯（传说是公元前 6 世纪西西里阿格里根图姆的僭主——引者注）一样，并且只是利用自己的奴隶来实施自己的巨大权力。他把受他迫害的人禁闭在那里，没有人能逃脱他花样繁多的拷问，他不经调查便把受到指控的人们送上拷问台，理由只是因为他们有钱，并且在放掉他们时，他们已是一丝不挂或断气了。

这些勾当乃是全体居民亲眼所见，而我之所以知道它们也是由于我曾亲眼目睹，由于干出这些勾当时我就在现场。并且我可以提供一个例子。人们向他（指卡帕多奇亚人约翰——引者）举报一个名叫安提奥库斯的上了年纪的人，说此人手里有一批黄金。于是他便把此人捉了起来，用粗绳子缚住他的双手，直到这位肩部脱臼的老人断了气，才被解除了束缚。这一暴行实际上是我亲眼所见，因为我同安提奥库斯认识。

然而卡帕多奇亚人所干的这一勾当还是他所干的一切勾当中最温和的。像他这样一直不停地干伤天害理的勾当的人但愿只有他一个人。然而事实上，正如诗人传说里的布里亚列欧斯有无数只手（指荷马史诗《伊利亚特》里的有百只手五十个头的怪物——引者注），那个复仇的恶魔在干坏事时也有无数多的帮凶，此人不仅在皇宫里干坏事,他还把和他本人一样的人派往每个地方、每个地区,把到当时为止在每一角落尚未被发觉的最后一文钱像抽水机那样吸出来……”

后面,作者又举一个例子,说明卡帕多奇亚人约翰的爪牙们的残暴(第225页19):

“但愿他是这一类的人们当中仅有的一人,并且他毁掉的只是一个行省;但愿以下的情况不是真实的,即在每一城市和地区都有像这个人一样甚至比他更坏的人到处搜刮任何地方没有被发现的最后一文钱,而跟在他们后面的则是一支吃人恶魔的大军和成群结队的卡帕多奇亚人。”

埃瓦格里乌斯(V,3)则是这样描述优斯提尼安的一个名叫埃塞里乌斯(Aetherius)的大臣的:“善于使用一切逢迎拍马手段的埃塞里乌斯在优斯提尼安当政时以皇室(他是皇室的管家)的名义掠夺无论生者和死者的财产……”

有关佛提乌斯出家为僧的事[①],杜因举出以弗索人约翰的古叙利亚文本的著作中可资对照的记述(第31页):

“从巴勒斯坦来到首都的这个佛提乌斯是贝利撒里乌斯的妻子安托尼娜的儿子。当他身在军队之中并且已经同贝利撒里乌斯一道出发去作战的时候,出于某种原因,他竟出走并削发成了僧侣。可是他又适应不了僧侣的生活方式,只在名义上是个僧侣罢了。但是不久之后,由于他无法用宗教克制自己的野性,便匆匆赶到皇帝那里去。这个人尽管完全是一副僧侣的打扮,却由于撒玛

① 参见《秘史》,第二十三章,第19节。

利亚人的一次叛乱而被派到叙利亚行省去。并且，既然他想使自己取悦于众人而伤害创造他的上帝，并以（各种）借口取得可耻的收入，于是他便一心一意地干起抢掠、打劫和勒索的勾当来毁灭百姓，他在东方的无论大小的行省的所作所为有如蛮族的强盗，乃至所有城市的主教和牧师都逃离了他。但是无论在城里还是乡下，不管是谁，只要他发现此人有一天的粮食，也要把这样的人捉起来，他劫掠他们，把他们投入监狱加以吊打。他要他们每人交出一磅黄金的份额，而不管这个人有没有；确实，即使可怜的受害人会不得不把自己、他的子女、房屋和财产都卖掉，他还是坚持自己的做法。甚至在这种情况下，他讲出的话也不可能改变一个字。要知道，他总是要得到他的份额，并且说：'拿出多磅的黄金来，因为皇帝需要钱进行战争！'他用这样的办法搜刮了成塔兰特的黄金并且把它们送上去，以便维护自己的为所欲为的授权。"

佛提乌斯这个生活在优斯提尼安和优斯提努斯时代的人一直在叫嚣："'拿出多磅的黄金来'；而皇帝为进行战争也需要金钱；并且优斯提尼安的所有高级官吏也一直向罗马公民提出同样的要求，普洛科皮乌斯在他的《秘史》里便把这事作为他抱怨的特别理由。显而易见，既然优斯提尼安进行的战争多于其他皇帝，他需要更多的钱也就很自然了。为了能以进行一场对付汪达尔人的战争，他竟然用一万一千磅黄金从波斯人手中购买和平！"（据《波斯战争史》（第一卷第二十二章第3节）则是110肯特那里乌姆）

其实即使不用别的史家的证据来证实《秘史》言之有据，单是《战史》本身已足够使人们认识到这个外强中干的大帝国的实质。《秘史》是用事实来说明这一实质的。历来中外史书除了记录统治者的相互厮杀书之外,同时又都是最下层老百姓备受压榨的历史,可以说,百姓是否丰衣足食,是否心情舒畅、活得充实,是否在受到迫害时敢于维护自己的权利正是文明程度的标志。

杜因还指出,有关提奥多腊的后人的问题,除了普洛科皮乌斯之外,任何希腊与拉丁的作家都没有触及过。只有普洛科皮乌斯在《秘史》里(第四章,第 37 节)提到她的外孙安那斯塔西乌斯。这一事实在以弗所的约翰用古叙利亚语撰述的《教会史》里(德译本第 55 页)得到了证实:"神圣的约翰出身皇帝安那斯塔西乌斯家族,他也是皇后提奥多腊的女儿的一个儿子。"同书第 196 页则提到"皇后提奥多腊的女儿的儿子阿撒那西乌斯"在以弗所的约翰的作品德译本的第 269 页上绍恩菲尔德(Schoenfelder)也指出:"在巴尔-希伯来乌斯(即阿布尔法拉吉,1226～1286,用古叙利亚语和阿拉伯语写作的犹太作家——引者)的作品里,阿撒那西乌斯是阿斯科斯那格和菲洛波努斯之间的介绍人,他说:'当时皇后提奥多腊有一个名叫阿撒那西乌斯的外孙……'"Mich. Syr. (第 197 页)中也提到:"皇后提奥多腊的外孙阿撒那西乌斯"。在这里,安那斯塔西乌斯和阿撒那西乌斯的名字虽有出入,但皇后提奥多腊有一个外孙,这一点是可以确定下来的。

关于优斯提尼安和提奥多腊夫妇在国事方面的密切配合(参见《秘史》,第十章,第 13 节以次),则可以举优斯提尼安本人的话为证。《优帝新律》(*Novellae Constitutiones Justiniani*)第八章,第一条:"在我独自考虑了所有这些问题继而又在同上帝赐予我的最忠诚的伴侣一道加以审议之后……"皇后之名竟出现在法典的条文上,由此可见,二人狼狈为奸已经达到怎样的明目张胆的

程度了！

至于提奥多腊如何对待不听话的臣民，杜因引用了西尔维里乌斯传（Vita Silverii）里的一段很有说服力的文字（蒙森编订的Gesta Pont. Rom. I. 146）：

“皇后对大主教安塞姆斯的遭遇感到不满，因为他被最神圣的教宗阿伽皮图斯撤销了职务，理由是他发现安塞姆斯是一个异教徒，并且任命上帝的仆人米那斯来取代他。对此，皇帝在同助祭维吉利乌斯协商之后，便写给罗马的教皇西尔维里乌斯一封信，对他提出如下的请求：‘立即到我们这里来，否则务必使安塞姆斯恢复原职！’圣西尔维里乌斯接到这信后恼火地说：‘我十分清楚，这事会要我的命！’但是最神圣的西尔维里乌斯对上帝和圣徒彼得深信不疑，于是写信给皇后做了如下的答复：‘奥古斯塔女主人，对于一个身为异教徒并且因自身的邪恶而被定罪的人，我是绝不会同意恢复他的职位的。’

于是激怒的皇后便通过助祭维吉利乌斯向贵族贝利撒里乌斯发布命令，作出如下的指示：‘找一些对教皇西尔维里乌斯表示不满的理由，撤掉他的主教职位或者至少迅速地把他送到我们这里来。你那里有大助祭维吉利乌斯，他是我们最亲爱的代表，他曾向我们保证把大主教安塞姆斯召回来。’随后贵族贝利撒里乌斯便接受了这项任务，他说：‘我当然会执行这一指令；但是想谋害西尔维里乌斯的那个人，他本人也必须向我主基督耶稣交代他的所作所为。’而由于命令紧迫，某些自称目击者的做假证的人便跳出来并且实际上提出这样一种说法，即他们曾发现教皇西尔维里乌斯给哥特人的国王通风报信。贵族贝利撒里乌斯听到这话并不相信，

因为他知道,这些说法是出于忌妒才散布出来的。但是,由于许多人坚持这同样的指控,他也怕起来了。

“于是他便把神圣的教皇西尔维里乌斯召到平奇乌斯宫他这里来,并且把全体神职人员安置在第一和第二入口处。当西尔维里乌斯和维吉利乌斯单独走入大厅时,贵族安托尼娜正斜卧在一张躺床上,而贵族贝利撒里乌斯就坐在她的脚旁。贵族安托尼娜一见到教皇便对他说:‘教皇西尔维里乌斯大人,告诉我,我们对你和罗马人干了什么事情,使得你竟想把我们出卖给哥特人?’而甚至当她还在讲这话的时候,第一教区的区副助祭约翰已经进来,把硬领从他的颈部摘下并且把他领进一间房屋;在那里他剥掉教皇的法衣,给他穿上僧衣并把他带走了。随后克西斯图斯……出来向全体神职人员宣布说:‘我们的主人教皇已被废黜并且被变成一名僧侣。’维吉利乌斯本人负责看管他,好像把他置于自己的保护之下,继而他便把他流放到彭图斯去,给他赎罪的面包和必需的水以维持性命。于是此人的身体便衰弱下去并且死掉了,他成了一名忏悔者。”(按作者在《秘史》第一章第14和27节里曾提到要记述如何处理西尔维里乌斯的问题,但下文并未再提及此事,这里则正好对这一点作了补充。)

普洛科皮乌斯的作品最早的印本(editio princeps)是1607年由大卫·赫舍尔(David Hoeschel)在德国南部的一个重要的工商业,特别是书籍出版中心城市奥格斯堡出版的。但这个印本没有收入作者传世的全部作品,而主要是八卷的《战争史》,《秘史》则是1623年首次由阿列曼努斯(Alemannus)在里昂单独出版的并附

有拉丁文的译文。第一部完整的全集是1661到1663年间巴黎的玛尔特列图斯(Maltretus)的版本,这个版本全部附有拉丁译文。1833到1838年间由狄恩道夫(Dindorf)在波恩出版的《拜占庭历史作家文汇》(*Corpus Scriptorum Historiae Byzantinae*)里普洛科皮乌斯部分收入的便是这个全集本。

我们用的这个英译本的原文是雅科布斯·豪里(Jacobus Haury)编订的《凯撒里亚的普洛科皮乌斯全集》(*Procopii Caesariensis Opera Omnia*),全集被收入特伊布那文库,于上世纪初(1905～1913)分三卷在莱比锡出版。豪里这个本子在1971年由维尔特(G. Wirth)重新编订,改作四卷,仍旧列入原文库。此外在意大利还有一个比豪里本更早一些的《凯撒里亚的普洛科皮乌斯:哥特战争史》(*La Guerra Gotica di Procopio di Caesarea*),原文的编订者是多明尼科·康帕列提(Domenico Comparetti),附有对原文的注释和意大利语译文,这个本子也分成三卷,于1895～1998年间在罗马出版。

最早的1607年版并不包括《秘史》,《建筑记》六卷也只有提要。最早提到这部《秘史》的,是10世纪的《苏伊达斯词典》(*Suidas*),词典里有这样的话:

“他(指普洛科皮乌斯——引者)还写了另一部题为《未发表的记事》的作品,这样两部作品合起来就是九卷了(指《战争史》八卷加上《秘史》合为九卷——引者)。

请注意,普洛科皮乌斯的以《未发表的记事》为题的这一卷包含对皇帝优斯提尼安和他的妻子提奥多腊,的确甚至还有对贝利撒里乌斯和他的妻子的批评与嘲弄。”

《秘史》曾被一些人译成现代语,但由于内容的关系,有的译本不署名。近年来为学术研究而翻译的《秘史》则是1896年雅典学会(在雅典)的也是不署名的译本和多明尼科·康帕列提的译本。意大利语言学家康帕列提于1927年去世,他的《秘史》译本(*Le Inedite, Libro Nono delle Istorie di Procopio di Caesarea*)发表于1928年。

有关普洛科皮乌斯的专著据杜因的介绍可以举出下列几种:

菲利克斯·达恩(Felix Dahn):《凯撒里亚的普洛科皮乌斯》(*Procopius von Cäesarea*),柏林,1865年。

优利乌斯·荣格(Julius Jung):《凯撒里亚的普洛科皮乌斯著作中的地理—历史问题》(*Geographisch-Historisches bei Procopius von Caesarea*),载《维也纳研究论文集》(*Wiener Studien*)第5辑(1883),第85～115页。

W.格隆德拉赫(W. Grundlach):Quaestiones Procopiannae(普洛科皮乌斯研究),Progr. 哈瑙(Hanau)1861年以及Dissert. 马堡(Marburg),1861年。

J.豪里(J. Haury):《普洛科皮乌斯研究》(*Procopiana*),Progr.奥格斯堡(Augsburg),1891年。

B.潘岑科(B. Pancenko):《关于普洛科皮乌斯的〈秘史〉》(*Ueber die Geheimgeschichte des Prokop*),Viz. Vrem. 2(1895)。

J.豪里(J. Haury):《关于历史学家凯撒里亚的普洛科皮乌斯》(*Zur Beurteilung des Geschichtschreibers Procopius von Caesarea*),慕尼黑,1896～1997。

为了使读者对这部战史的三部分里主要事件在年代上有个大概了解，后面我分别把可以系年的事件列举出来以供参考。这些年代起一种坐标作用，不作正式年表使用。

《波斯战争史》参考系年

408 年　拜占庭罗马皇帝阿尔卡狄乌斯去世（第一卷，第二章）。按阿尔卡狄乌斯 377 年（一说 383 年）生于西班牙，为提奥多西乌斯与佛拉奇拉两个儿子中之长子，395 年嗣位为罗马帝国东半之皇帝。继承皇位的提奥多西乌斯（二世）生于 401 年。

441 年　波斯国王瓦腊腊尼斯率大军进攻罗马领土，此时提奥多西乌斯已成年而担任他的监护人之波斯国王伊斯狄盖尔德斯已病死（第一卷第二章）。

按提奥多西乌斯（二世）死于 450 年，他和他父亲一样是一个懦弱的人，在政治上受他的姐姐和妻子的影响。

484 年　波斯国王佩若吉斯及其全军中计丧命，国人推选他的幼子卡巴德斯为国王（第一卷，第四章）。

486 年　卡巴德斯被民众废黜，民众选他的兄弟布拉吉斯为国王（第一卷，第五章）。

488 年　卡巴德斯入宫废掉布拉吉斯，挖掉他的双眼（第一卷，第六章）。

502 年　卡巴德斯突然对阿尔明尼亚人的土地发动进攻（第一卷，第七章）。

503 年 1 月 11 日　波斯人在围攻后的第十八天，以猛攻的方式攻陷阿米达(同上)。

503 年 8 月　卡巴德斯麾下的波斯人突然向罗马人发动进攻,但随后因得知本国有匈人入侵又率全军退却(第一卷,第八章)。

504 年　罗马人用金钱赎回阿米达(第一卷,第九章)。

506 年　波斯人因他们对匈人的战争拖而未决,故而同罗马人缔结了为时七年的停战条约(同上)。

518 年 8 月 1 日　罗马皇帝安那斯塔西乌斯(一世)去世,士兵拥戴优斯提努斯为皇帝(第一卷,第十一章)。

按安那斯塔西乌斯 430 年左右生于杜尔腊奇乌姆,491 年因同死去的前皇帝芝诺之皇后阿里阿德涅(无男性子嗣)结婚而夺取了统治大权。

527 年 4 月 1 日　罗马皇帝优斯提努斯宣布他的侄子优斯提尼安为共治者(第一卷,第十三章)。

8 月 1 日　优斯提努斯去世,优斯提尼安独掌统治大权(同上)。

按优斯提尼安大约生于 483 年,525 年与提奥多腊结婚。

在本年罗马将领利贝拉里乌斯被撤职,由贝利撒里乌斯所取代,任达腊斯地方驻军统帅。本书作者被任命为贝利撒里乌斯之顾问(第一卷,第十二章)。

530 年 7 月　贝利撒里乌斯准备迎击进攻达腊斯之波斯人(第一卷,第十三章)。

531　茹菲努斯向拜占庭皇帝报告出使卡巴德斯处情况(第一卷,第十六章)。

优斯提尼安任命阿拉伯撒拉森人之头目伽巴拉斯之子阿

列塔斯为撒拉森人各族之国王以对付阿拉木恩达腊斯(第一卷,第十七章)。

531 年 9 月 13 日　卡巴德斯去世,遗嘱科斯罗伊斯为波斯国王(第一卷,第二十一章)。

532 年　优斯提尼安同波斯人缔结所谓“永久性和约”(同上,第二十二章)。

532 年 1 月 1 日　拜占庭民众中间爆发尼卡起义(同上,第二十四章)。

539 年晚秋　波斯人决定来年开春对罗马人开战(第二卷,第三章)。

539 年　彗星出现(第二卷,第四章)。

540 年　科斯罗伊斯在初春率大军进犯罗马人,从而破坏了“永久性和约”(同上,第五章)。

540 年 6 月　科斯罗伊斯率领全军进攻拒绝把钱给他的安提奥克(同上,第八章)。

作者提到(同上,第十四章)安提奥克在优斯提努斯统治时曾遇到一次毁灭性的地震,按这一地震发生在 526 年。安市系公元前 300 年左右由塞琉古所建,直到前 65 年一直是叙利亚都城,它拥有大量雄伟的建筑,故有“东方王冠”之称。它在早期罗马帝国中地位仅次于罗马与亚历山大里亚。387 年此地曾发生骚乱。这里又是地震多发地,在 526 年之前的 115 年,341 年,507～508 年,625 年都发生过地震。

541 年　初春时罗马皇帝派从罗马召回的贝利撒里乌斯去对付波斯人(同上,第十四章)。

科斯罗伊斯攻占佩特拉(同上,第十七章)。

542 年　开春时科斯罗伊斯第三次入侵罗马领土(同上,第二十章)。

拜占庭发生几乎灭绝所有人的黑死病(同上,第二十三章)。

543年 科斯罗伊斯从亚西里亚(亚述)来到北部的阿达尔比伽农,准备通过波斯阿尔明尼亚进攻罗马领土,但因害怕黑死病而返回(同上,第二十四章)。

544年 科斯罗伊斯率军攻向美索不达米亚,第四次进攻罗马人的领土(同上,第二十六章)。

545年 罗马人同波斯人缔结为期五年的和约(同上,第二十八章)。

549年 应古巴吉斯之请求,皇帝优斯提尼安决定派兵去支援拉吉人(同上,第二十九章);波斯人离开拉吉卡,罗马人和拉吉人把大批拉吉人留下防守隘路之后返回(同上,第三十章)。

《汪达尔战争史》参考系年

395年1月17日 罗马皇帝提奥多西乌斯去世,他的长子阿尔卡狄乌斯和次子荷诺里乌斯分别继承东西方统治大权(第三卷,第一章)。

按提奥多西乌斯346年左右生于西班牙北部之卡乌卡,其父佛拉维乌斯·提奥多西乌斯在瓦伦提尼安一世(364年被军队拥戴为皇帝)麾下,为在不列颠战功卓著之将领。379年他成为东部的皇帝,曾成功地抵御了哥特人和其他蛮族的入侵,在382年之后他才使哥特人在帝国有合法的地位。383年西帝格拉提安(367～383年在位)去世后先后经历了玛克西姆斯、瓦伦提尼安二世和埃乌盖尼乌斯三人的统治。394年提奥多西乌斯在弗里吉杜斯打败阿尔波伽斯特和埃乌盖尼乌斯之后成为唯一的皇帝。在宗教方面他是安布洛西乌斯教父的信徒，对异教采取排斥态度。

395～423 年　荷诺里乌斯任西帝时蛮族占有了他的土地(同上，第二章)。

407 年　不列颠发生反罗马人的叛乱，士兵拥戴康士坦丁为国王(同上，第二章)。

408 年　东帝阿尔卡狄乌斯之子提奥多西乌斯继位(至 450 年)(同上，第二章)。

410 年 8 月 24 日　西哥特人国王阿拉里克进入罗马(同上，第二章)。

按阿拉里克(一世)生于 370 年左右，这是他第二次入侵意大利，第一次入侵时(401)曾被西罗马将领斯提利科所击退。同年(410)阿拉里克在征途中病死。

411 年　阿道尔夫斯统率下的西哥特人攻入高卢，康士坦丁及其诸子战死(同上，第二章)。

421 年　康士坦提乌斯病死(同上，第三章)。

423 年 8 月 27 日　荷诺里乌斯病死(同上，第三章)。

426 年　瓦伦提尼安执掌西部大权(同上，第三章)。

450 年　提奥多西乌斯(二世)死后因皇后之力玛尔奇安接管统治大权(同上，第四章)。

454 年 9 月 21 日　瓦伦提尼安处死埃提乌斯(同上，第四章)。

455 年　玛克西姆斯杀死瓦伦提尼安自立为僭主并强行娶了埃乌多克西亚(同上，第四章)。

457 年　玛尔奇安去世。阿斯帕尔安排列昂担任东方皇帝(同上，第五章)。

467 年　列昂任命安塞米乌斯为西部皇帝以便协助自己对付汪达尔人(同上,第六章)。

471 年　列昂因怀疑阿斯帕尔与阿尔达布里乌斯有谋杀企图而将二人处死(同上)。

472 年 8 月 11 日　西帝安塞米乌斯死于其婿列奇美尔之手,继位的欧律布里乌斯不久之后也遭到同样命运(同上,第七章)。

472 年 10 月 10 日　列昂死于拜占庭,小列昂继位,小列昂为列昂的外孙(列昂的女儿阿里亚德涅和芝诺所生的儿子),这时刚刚诞生并且不久即死去(同上)。

本章插叙西帝玛约里努斯的故事,按玛约里努斯是457年因列奇美尔之力成为西帝的。本书说他因病而死(461 年),一说他是因受到奇美尔的嫉妒而遇害的。

474 年 7 月 24 日　涅波斯任西帝,但仅数日即死(同上)。

474～475 年　格律凯里乌斯继位,但遭类似命运,随后奥古斯都取得帝国大权(同上)。

475 年　巴西利斯库斯树立自己的僭主之治(同上)。

按他后来因将领哈尔玛图斯的倒戈而败于芝诺。

477 年　吉泽里克以高龄死去(同上)。

485 年　吉泽里克之子荷诺里克死去,王位由吉泽里克之孙,根宗之子古恩达孟都斯继承(第三卷,第八章)。

496 年　古恩达孟都斯病死之后,他的弟弟特腊撒孟杜斯继位(同上)。

523 年　特拉撒孟杜斯死后,荷诺里克之子,伊尔德里克继位(第三卷,第九章)。

530 年　盖利梅尔夺取汪达尔人国王伊尔德里克的统治权。已取得皇位的优斯提尼安得知这一情况后,派使节去盖利梅尔处(同上)。

533 年　优斯提尼安帝派遣贝利撒里乌斯率舰队去征讨北非汪达尔人(第三卷,第十二章)。

533 年 9 月 15 日　贝利撒里乌斯进入迦太基(同上,第二十章)。

533 年 12 月中旬　罗马军队攻占汪达尔军队的营地(第四卷,第三章)。

535 年元旦　贝利撒里乌斯按照古代习俗举行凯旋式并被晋升为执政官(同上,第九章)(利比亚军事交由所罗门负责)。

536 年　开春时利比亚发生兵变(同上,第十四章)。

539～540 年　皇帝召回日耳玛努斯以及西姆玛库斯和多姆尼库斯并再次把整个利比亚交给了所罗门(同上,第十九章)。

543～544 年　皇帝又把利比亚的城市本塔波利斯和特里波利斯分别交给所罗门的兄弟巴库斯的两个儿子居鲁士和谢尔吉乌斯来治理(同上,第二十一章)。

544～545 年冬　阿尔塔巴尼斯要阿列欧宾都斯打起精神出击恭塔里斯(同上,第二十六章)。

545～546 年　阿尔塔巴尼斯平定利比亚后被皇帝任命为这里的统帅,不久他要求被召回拜占庭,皇帝任命帕普斯之兄弟约翰代替他(同上,第二十八章)。

《哥特战争史》参考系年

474～491 年　拜占庭东帝芝诺在位(第五卷,第一章)。

475 年 7 月 31 日　西帝奥古斯都继承统治大权(同上)。

按奥古斯都此时还是个孩子,所以罗马人通常都叫他“奥古斯图路斯”即“小奥古斯都”。他的父亲欧列斯特斯废掉原来的皇帝优利乌斯·涅波斯而立自己的儿子为帝,自任摄政。传统认为奥古斯都是罗马帝国最后一个皇帝。

476 年 7 月 23 日　皇帝卫士欧多亚克夺得帝国大权(同上)。

7 月 28 日　欧列斯特斯被蛮族杀害(同上)。

488 年　提奥德里克受芝诺之托来到意大利。

489 年　提奥德里克打败欧多亚克(同上)。

491 年　东帝安那斯塔西乌斯即位。

按安那斯塔西乌斯(一世)生于 430 年左右,芝诺死后没有男性子嗣,安那斯塔西乌斯同皇后阿里雅德涅勾结而取得皇权。他死于 518 年。

493 年 2 月 27 日　欧多亚克和提奥德里克缔约表示服从(同上)。

3 月 5 日　欧多亚克在一次宴会上被杀害。此后都灵吉人和西哥特人都极力想同提奥德里克结盟(同上)。

507 年　日耳曼人在一次战斗中杀死大部分西哥特人和他们的领袖阿拉里克(第五卷,第十二章)。

按阿拉里克史称阿拉里克二世,484 年起任西哥特人国王。当时打败他的是法兰克人国王克洛维斯,地点在波瓦蒂耶附近的乌隆。

526 年　提奥德里克去世，他的外孙阿塔拉里克继位，阿塔拉里克此时只有八岁，尚在其母阿玛拉宗塔的监护之下（第五卷，第二章）。

法兰克人征服都灵吉人，随后又征服布艮第人（同上，第十三章）。

此时守卫高卢的是以玛尔奇亚斯为首的哥特贵族。（同上）。

527 年　优斯提尼安在拜占庭取得单独统治大权（第五卷，第二章）。

531 年　皇帝优斯提尼安任命奇尔布狄乌斯为色雷斯统帅负责伊斯特河防务（第七卷，第十四章）。

日耳曼人打败西哥特人后同哥特人一道占有高卢（第五卷，第十三章）。

534 年 10 月 10 日　阿塔拉里克病死（第五卷，第四章）。

同年斯拉夫人攻入罗马帝国并在色雷斯打败奇尔布狄乌斯。奇尔布狄乌斯战死（第七卷，第十四章）。

535 年 4 月 30 日　提奥达图斯把阿玛拉宗塔监管起来并派人去皇帝处说明情况，保证绝不加害于她（第五卷，第四章）。

12 月 31 日　贝利撒里乌斯在他担任执政官的最后一日（此时他已战胜汪达尔人并占领了整个西西里）在军队和西西里人的欢呼声中进入西拉库赛（同上，第五章）。

536 年 5 月　贝利撒里乌斯登陆意大利，包围并占领了拿波利（同上，第十章）。

冬天，贝利撒里乌斯占领了全部南意大利之后向罗马推进并于 12 月 9 日占领罗马，随即把哥特人将领和罗马城的钥匙送往皇帝处(同上,第十四章)。

同年12月,被推选为哥特人国王的维提吉斯派人去杀死提奥达图斯(同上,第十一章)。

537年2月21日　维提吉斯逼近罗马,来到穆尔维乌斯桥(同上,第十七章)。

3月,十五万哥特大军包围了罗马,这次包围持续了大约一年。

538年3月　哥特人因消耗过大并因受意大利北部敌军的牵制和瘟疫的困扰而离开罗马(第六卷,第六章)。

539年年底　哥特人放回的使节阿撒那西乌斯和彼得返回拜占庭并受到皇帝的褒奖(同上,第二十二章)。

540年　贝利撒里乌斯进入哥特人的据点拉温那并在拒绝哥特人建议的国王称号之后返回拜占庭(同上,第二十八至三十章)。

541年　伊尔狄巴杜斯因谋害乌莱雅斯而死于维拉斯之手(第七卷,第一章)。

542年　哥特人托提拉接管哥特人的统治权(第七卷,第二章)。

托提拉因善待俘虏而归附者众多(同上,第五章)。

这期间他占领了几乎意大利的全部中部地区,然后又迅速出击并攻占了卡拉布里亚、阿普利亚、洛卡尼亚和布路提伊。

543年　托提拉攻陷苦于饥馑的拿波利这一意大利南部最重要的战略据点(第七卷,第七章)。

544年　尽管对波斯人的战争吃紧,皇帝还是不得不把贝利撒里乌斯再度派到意大利来对付托提拉(第七卷,第九章)。不过后来事实证明,这次出征完全失败了。

545 年　托提拉在皮凯努姆设营,开始了对费尔木姆和阿斯库路姆的围攻。(同上,第十一章)。

546 年　来自西西里的运粮船在罗马城外被托提拉劫持(同上,第十五章)。

12 月 17 日托提拉因有守城的以扫里人为内应而进入罗马(同上,第二十章)。

547 年　由于托提拉自动放弃罗马,贝利撒里乌斯才得以暂时地重新占领它,但这并没有使贝利撒里乌斯得到什么实质性的好处。

托提拉毁掉了梯伯河上几乎所有的桥并占领了提布尔(同上,第二十四章)。

斯拉夫人(斯克拉文尼人)渡过伊斯特河攻入伊利里亚直到埃皮达姆诺斯(同上,第二十九章)。

548 年　托提拉攻占北方的佩路吉亚和南方的茹斯奇亚涅,此时哥特人实际上控制了整个西部。

6 月 28 日皇后提奥多腊病死。从 527 年 4 月 1 日算起,她在位二十一年又三个月(同上,第三十章)。

贝利撒里乌斯返回拜占庭。

549 年　托提拉再次占领罗马,随后又占领了里米尼和塔伦图姆。此时他还建造了一支强大的舰队,用它征讨了达尔玛提亚。

550 年　哥特人实际上占领了整个西西里,被包围在列吉乌姆的罗马人向哥特人投降(同上,第三十九章)。

托提拉派人去肯图姆凯莱(在埃特路里亚)要狄奥根尼斯

按照约定向他投降,后者则声称因日耳曼努斯即将率军来援而自己已无法做主(同上)。

本年因罗马同波斯缔结的五年停战协定到期,皇帝优斯提尼安派使节佩特茹斯去科斯罗伊斯处商谈缔结有关东方事务的条约事(第八卷,第十一章)。

551 年　托提拉攻打了凯尔奇腊和埃皮茹斯沿岸地带,占领了科西嘉与撒地尼亚。这时留在拜占庭人手中的只有四个沿海城市(拉温那、安孔、克罗同和欧特兰特)了(第八卷,第二十二章以次)。

意大利的罗马将领因盼望在撒罗尼斯过冬的约翰(维塔利安之侄)而无所举动(同上,第二十一章)。

约三千斯拉夫人攻入色雷斯,后又攻入伊利里亚直到爱琴海地带(第七卷,第三十八章)。

552 年　年初皇帝优斯提尼安嘱约翰不要出兵进攻对方而是静候纳尔吉斯之到来,因他已任命纳尔吉斯为这次出征的统帅(第八卷,第二十一章)。

春天托提拉的军队在塔吉那伊附近战败,托提拉本人在逃跑时负伤致死,一说是在战斗中阵亡的(同上,第二十九至三十二章)。

553 年 9 月　托提拉的继承人帖亚斯战死(同上,第三十五章)。

目　录

上　册

波斯战争史第一卷

（战争史第一卷）

一

（1）凯撒里亚的普洛科皮乌斯写出了罗马人的皇帝优斯提尼安对东方与西方的蛮族所进行的战争的历史，分别记述了每一战争里的事件，其目的则在于不使时间的长河由于缺乏一个记录而淹没了那些格外重要的事业，不使它把这些事业引入忘却之乡，从而使它们泯灭得无影无踪[①]。如果时间竟然再次使人们处于类似的情况下，则他认为记起这些事件会是一件十分重要的事情，而这无论对当代的人们还是对未来世世代代的人们都会有极大的帮助。（2）要知道，打算进行一场战争或者正在为任何一种斗争作准备的人们可以从对于历史上一种类似情况的记述得到某种好处，

① 作者的遣词造句和文风在许多方面都受希腊古典历史作家，特别是有历史之父之称的希罗多德的影响。例如这里开宗明义的第一句就有明显模仿希罗多德《历史》的开篇的痕迹："在这里发表出来的，乃是哈利卡尔那索斯人希罗多德的研究成果，他所以要把这些研究成果发表出来，是为了保存人类的功业，使之不致由于年深日久而被人们遗忘，为了使希腊人和异邦人的那些值得赞叹的丰功伟绩不致失去它们的光彩，特别是为了把他们发生纷争的原因给记载下来。"（《希罗多德：历史》，1959 年商务版拙译本，1997 年第六次印刷）

因为这种记述揭示了早时人们在同类斗争中取得的最后结果并且至少对最谨慎地制订计划的人们来说,它预示当前的事件也许会产生的后果。(3)而且,作者深信,他特别有资格为这些事件撰写历史,即使没有任何其他理由,单举出如下一点也便够了,这便是,当他被任命为贝利撒里乌斯这位统帅的顾问时,他有幸成为实际上他要记述的所有事件的目击者。(4)因此他的信念便是:聪慧伶俐的人适于搞修辞学[①],有创造力的人适于写诗歌,只有实事求是的人适于写历史。(5)遵照这一原则,他甚至不隐瞒自己最亲密友人的失败,而是完全如实地记下在有关人物身上所发生的一切,而不论他们做的是好事还是坏事。

(6)显而易见,在历史上没有比在这些战争中干出的事业更重要、更伟大的了——如果人们想以真理作为自己判断的依据的话。(7)因为在这些战争中人们作出了更加出色的业绩,而这些都是我们在我们已知的其他任何战争中所不曾见过的;确实,除非这部作品的读者愿意把荣誉地位给予古人,而认为当代的成就不值得被说成是杰出的。(8)比如说,把今天的士兵说成是“弓手”的人,却愿意给远古的士兵加上这样一些崇高的称号,诸如“肉搏斗士”、“盾士”以及诸如此类的其他名称;他们认为古时的勇敢根本没有存留到当代——但这个看法既草率又完全同这些事件的实际情况不符。(9)因为他们从来没有想到荷马史诗中就不幸地被这一称呼[②](这一称呼得自他们的射术)加以嘲笑的弓手而言,他们

① 修辞学用于进行辩护的演说,在罗马共和国这是从政者的必修科目。

② 参见《伊利亚特》,第11卷,第385行。按 τοξότης(弓手)一词在荷马作品中仅见于此处。

既无马可骑，又不受长枪和盾的保护[①]。事实上他们根本没有保护自己身体的任何装备；他们徒步作战，而如果他们迫不得已要掩蔽自己，他们或是捡某个同伴的盾牌[②]或是到一个小丘上的墓碑后面去寻求安全[③]，(10)但是从这里，他们既不能在败逃时挽救自己，也不能向逃跑的敌人发动进攻。(11)他们根本无法参加堂堂正正的决战，但总好像是在偷窃属于参加战斗的人们的什么东西。除此之外，他们对于自己的射术的实践是如此漫不经心，乃至他们只把弓弦拉到齐胸的地方[④]，结果射出的箭自然软弱无力，不能给射中的人造成伤害。[⑤] (12)显然，过去的射术就是这样。但是今天的弓手参加战斗时穿着胸甲和长到膝盖的胫甲。右边带着箭，另一边挎着剑。(13)有些人还带着一支长枪，肩部还有一种无柄的小盾用来保护面部和颈部。(14)他们还精于骑术，能在全速驰骋时毫无困难地左右开弓射击，无论在追击敌人或逃跑时都能向敌射击。(15)他们拉开弓时，弓弦掠过前额直到大约同右耳相对的地方，这样射出的箭冲力极大，足以杀死中箭的任何人，盾牌和胸甲都挡不住它的力量。(16)但是仍然有尊重和崇拜古代的人们，他们根本不考虑这些情况，对今天的改进也毫不信任。但是任何这类的想法也无法阻止我们得出这样的结论，即在当今这些战争中成就的事业才是最伟大和杰出的。(17)这些战争的历史开始

---

① 《伊利亚特》，第5卷，第192行。
② 同上书，第8卷，第267行；第11卷，第371行。
③ 同上书，第4卷，第113行。
④ 同上书，第4卷，第123行。
⑤ 同上书，第11卷，第390行。

于不久之前，它述说的是罗马人和米地亚人之间战争的命运，他们的失败与成功。

二

（1）当罗马皇帝阿尔卡狄乌斯在拜占庭大限将临的时候[①]，他有一个还没有断奶的男孩子提奥多西乌斯，因此他对这个孩子本人以及他的政府的前途极为担心，不知道怎样才能明智地处理好这两件事。（2）因为他认识到，如果他在政府里为提奥多西乌斯安排一位共治者，这事实上就等于他提拔上来一个拥有王权的敌人，从而毁掉他自己的儿子。（3）而如果他要提奥多西乌斯单独执政的话，很多人又会利用小孩子的孤立无援的处境试图登上王位，这是可以料想得到的事情。这些人会起来反对政府，并在消灭提奥多西乌斯之后会不费力地使他们自己成为僭主，因为这个男孩子在拜占庭没有任何一位亲属担任他的监护人。（4）原来阿尔卡狄乌斯已不能指望这个男孩子的叔父荷诺里乌斯[②]会来帮助他，因为意大利的形势已经十分混乱了。（5）米地亚人的态度同样地使他感到不安，因为他担心这些蛮族会打倒年轻的皇帝并且给罗马人造成无法弥补的伤害。（6）面对困难局面的阿尔卡狄乌斯，虽然在其他事务上他表现得并不明智，但他却想出了这样一个办法，一个不费力地既保全了男孩子，又保全了他的王位的办法；而所以能如此，这或者是因为他同某个有学问的人谈了这件事——在一位

① 公元408年，时当我国东晋安帝义熙四年。阿尔卡狄乌斯（377～408）即位于395年，为东罗马帝国的第一位皇帝。

② 荷诺里乌斯是阿尔卡狄乌斯的弟弟，西罗马帝国最后一位皇帝。

君主的顾问当中通常会有很多这种有学问的人——或者是由于得到了来自上天的启示。(7)原来在起草有关他的遗嘱的文件时,他指定这孩子为他的王位继承人,但是任命波斯国王伊斯狄盖尔德斯为这孩子的监护人,并且在他的遗嘱里恳切地要他尽全部力量和他的先见之明为提奥多西乌斯保存帝国。(8)在私事和帝国的事务做了这样的安排之后,阿尔卡狄乌斯便去世了。但是波斯国王伊斯狄盖尔德斯,当他看到及时送到他那里去的这个文件——要知道,甚至在他担任国王以前他的崇高的品格便为他赢得了极大的声誉——之后,他确实表现了令人叹服的而又非凡的高贵德行。(9)他忠实地遵从阿尔卡狄乌斯的嘱咐,始终不断地采取同罗马人保持高度和平的一种政策,从而为提奥多西乌斯保全了帝国。(10)确实,他立刻给罗马元老院[①]写了一封信,表示他并不拒绝担任皇帝提奥多西乌斯的监护人这一职务,还表明如果有谁阴谋篡夺皇帝的皇位,他将同此人兵戎相见。

(11)当提奥多西乌斯长大成人和处于盛年而伊斯狄盖尔德斯因病去世的时候[②],波斯国王瓦腊腊尼斯率领一支庞大的军队进攻罗马的领土;但是他没有造成任何损害,而是在没有取得任何成功的情况下返回家园。(12)这一情况发生的经过是这样。东方的统帅安那托利乌斯实际上是在无人陪伴的情况下单独一个人被皇帝提奥多西乌斯作为使节派到波斯人那里去的;当他孤身一人走近米地亚的军队时,他便跳下马来,徒步向瓦腊腊尼斯走去。

① 这元老院只是形式上的元老院,与共和时期的元老院完全不同。它只是皇帝手中的工具,根本无法参与国家大计。

② 公元441年,时当我国南朝宋文帝元嘉十八年。

(13)当瓦腊腊尼斯看到他时,便问身边的人正在走来的这个人会是何许人,于是他们回答说,此人是罗马人的统帅。(14)国王对这种过度尊重的表示大为吃惊,乃至他本人立刻掉转马头向回走,他的全部大军就跟在他后面。(15)当他返回自己的国土时,他十分亲切地接待了使节并且答应按安那托利乌斯所希望的条件缔结和约;但是他增加了一个条款,这就是:双方在两国边界附近的本国地区都不应修筑任何新的工事。当这一条约得到实施时,两国的君主继续以他们认为是最好的方式治理他们各自的国家。

三

(1)后来波斯国王佩洛吉斯由于同属于匈人、而被称为白匈人的埃弗撒利塔伊人在边界问题上卷入了一场战争,而集合了一支大军,向对方展开了进攻。(2)埃弗撒利塔伊人无论事实上还是名义上都是属于匈人这个民族的;但是他们不和我们所知道的任何匈人混合起来,因为他们占据的土地同别的匈人既不邻接,甚至不是离得很近;他们的领土紧接在波斯的北面;而实际上,他们的被称为戈尔哥的城市正对着波斯的边界,因此在两个民族之间经常发生的边界纠纷中,这个城市就成了一个中心。(3)要知道,他们并不是像其他匈人那样的游牧民族,而是长时期有自己一处固定的美好的国土。(4)因此他们从不入侵罗马的国土,只有在伴随米地亚的军队时是例外。在匈人当中只有他们的身体和并不难看的面孔是白皮肤的。(5)他们的生活方式也和他们同族人们的生活方式不同,而且不过他们那样的蛮族的生活,这一点也是确实的;但他们是由一个国王所统治,并且由于他们有一个法治的体制,所

以他们无论在他们相互间还是同他们的邻人打交道时完全和罗马人与波斯人一样地遵守权利和正义的原则。(6)而且,有钱的公民习惯上他们自己身边都有一批友人,数目按情况的不同是二十人或更多的人。这些人永远是他们宴会时的同伴并且在他们的全部财产中拥有一个份额,就是在这件事上享有某种共同的权利。(7)因此当把这样一批友人集合到一处的这个人死去时,习惯上所有这一批人也要活活地同他一道被带进坟墓。

(8)向这些埃弗撒利塔伊人进攻的佩洛吉斯有一个名叫埃乌谢比乌斯的使节伴随着,此人实际上是皇帝芝诺[①]派到他的宫廷来的。而埃弗撒利塔伊人使自己的敌人看到的却是:他们已经逃掉,因为他们在敌人进攻的面前完全被吓住了,并且他们尽快退到四面有陡峭的山环绕并且到处都有大片茂密的森林作为屏障的一个地点去。(9)而当人们在高山之间行进了很长一段路之后,山谷里出现一条宽阔的路,这条路显然通向极远的地方,但是如果走到它的尽头,那里却没有任何出口,而是终止于众山环绕的中心。(10)佩洛吉斯这时根本没有想到这里会有阴谋并且忘记了自己是在敌人的国土上进军,因而毫无戒备地继续追踪敌人。(11)在他前面逃跑的是一小股匈人,而敌军的较大部分由于藏身于崎岖不平的地带,结果便留在了自己敌人的军队的后方。但是他们还不愿意被敌人看见,这是为了叫敌人深入陷阱并且尽可能远地走到山里去,从而再也无法返回。(12)当米地亚人开始看出所有这一切时(原来这时他们才开始对自己的危险处境有一点察觉),尽管

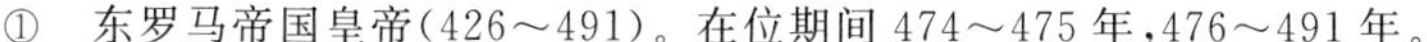

① 东罗马帝国皇帝(426～491)。在位期间474～475年,476～491年。

他们自己因为惧怕佩洛吉斯而不敢谈论当时的处境,但是他们却认真地恳求埃乌谢比乌斯,要他敦促对自己的处境一无所知的国王同人们研究一下局势,而不是不适时地一味表现蛮勇,要他好好考虑一下他们面前是否有任何求得安全的道路。(13)于是埃乌谢比乌斯便去见佩洛吉斯,可是根本没有把即将临头的灾祸向他挑明;反之,他却在开头讲了一个寓言,说一头狮子如何有一次碰见一头咩咩鸣叫的山羊被捆倒在一座根本不太高的小丘上,而这头狮子为了想饱餐一顿这头山羊,又如何冲了上去想占有它,结果却跌到极深的沟里,原来这沟里是一条既狭窄又没有尽头的圆形的小道(因为它在任何地方都没出口),这实际上是山羊的主人正是为此目的而构筑的陷阱,他们把山羊放到上面是为了作狮子的诱饵。(14)佩洛吉斯听了这个寓言之后感到一阵恐惧,他担心米地亚人这样地追踪敌人,说不定会给自己造成伤害。于是他不再继续前进,而是留在原地,开始考虑当前的形势。(15)但这时匈人却毫不隐蔽地跟在他的后面,并且正在守住这个地方的入口处,以便使自己的敌人不再能撤回到后方去。(16)波斯人最后终于清楚地看到了自己处于怎样的困境,他们感到局势已达到无可挽回的地步,因为他们已没有能以摆脱危险的任何希望。(17)于是埃弗撒利塔伊人的国王便派自己的几个随从到佩洛吉斯那里去;他对佩洛吉斯的荒唐的蛮干行为一五一十地进行了斥责,因为他的这种行为鲁莽地既毁了他本人,也毁了波斯老百姓,不过他表示,即使如此,匈人还是可以释放他们,条件是佩洛吉斯本人要同意在他面前拜倒,以证明他本人是佩洛吉斯的主人,同时还要按照波斯人的传统方式起誓,保证今后永远不再对埃弗撒利塔伊人作战。

(18)当佩洛吉斯听到这话时，便同在场的玛戈伊僧[1]会商，问他们他是不是一定要答应敌人强加给他们的条件。(19)玛戈伊僧回答说，就誓言而论，他可以按照自己的高兴自行定夺；(20)但是有关其余的问题，他可以使用计谋胜过敌人。(21)并且他们还提醒他，波斯人习惯于每天向升起的太阳俯身膜拜，因此他可以严密注意时间，选定在破晓时会见埃弗撒利塔伊人的领袖，这样他便可以向着升起的太阳行礼了。他们解释说，这样他将来便可以避开在这件事上的屈辱了。(22)佩洛吉斯于是就和平问题作了保证并且完全像玛戈伊僧所建议的那样在敌人面前匍匐行礼，然后率领完整无缺的全部米地亚军队高兴地退回本国了。

四

(1)这之后不久，佩洛吉斯完全不顾他发出的誓言，却因受到的侮辱而急于对匈人进行报复。(2)于是他立刻从全国把全体波斯人和他们的联盟者集合起来，率领他们去进攻埃弗撒利塔伊人。在所有他的儿子当中，他只留下一个名叫卡巴德斯的儿子在后方，这个儿子实际上刚刚过了少年时期；所有其他的，大约有三十名的儿子则都被他带在身边。(3)埃弗撒利塔伊人听到他攻来的消息，对于敌人对他们的背信行为十分恼火，于是便痛责他们的国王放弃他们而任凭米地亚人的处置。(4)国王笑着问他们，他到底把他们的什么放弃给了敌人，是他们的土地，还是他们的武器，还是他们的财产的任何其他部分。(5)对此他们回答说他不曾把任何事

① 波斯祆教僧侣。

物放弃给敌人,但确实有一个例外,那就是一次机会;而事实表明,所有其他一切正是有赖于这一机会!(6)于是埃弗撒利塔伊人便十分热心地要求,要他们出去迎击侵略者,但无论如何国王在当时设法制止了他们。原来他坚持认为,他还没有收到任何有关侵略的肯定的情报,因为波斯人仍旧留在他们自己的国土之上。(7)因此,虽然他留在原地未动,却干了下述的事情。在波斯人入侵埃弗撒利塔伊人的国土时所必经的平原上,他划出很大一片土地,在上面挖了相当宽的一道深沟。但是在中间他留出了一小部分的土地未动,这部分土地足够十匹马通过。(8)他把芦苇铺在沟上,再把土撒到芦苇上面,这样就把真正的表面掩盖起来了。继而他便命令匈人的队伍:当退到沟这一面的时间到来时,他们应当排成一个狭长的纵队,慢慢地走过留下的那段土地,而要注意不要掉进沟里①。(9)他把一只盐瓶挂在他的王家旗帜的竿头,而就是在这只盐瓶的上首,佩洛吉斯一度曾发过誓②,也就是他因兴兵反对匈人从而违背了的誓言。(10)只要他得知敌人还留在自己的领土上,他便静静地待着;但是当他从侦察兵那里得知敌人已经到达戈尔哥城——这座城位于最远的波斯边界处——并且从那里正在向他的军队攻来的时候,他本人便和大部分军队留在沟的后面,而把一小队人派了出去,命令他们在平原上可以使自己从远处被敌人看到,而一旦他们被看到,他们便应当全速退回后方,但是在走近沟

① 平原上这条沟大体上是一条直线。埃弗撒利塔伊人的军队在沟的后面列阵,面对进攻的波斯人,只有少数人到沟的对面去,目的在于引诱波斯人发动进攻。

② 盐瓶通常放在餐桌中间,有地位的人坐在盐瓶上首。这里是说波斯国王是有身份的人,应当遵守在郑重场合发出的誓言,挂出盐瓶有羞辱对方的意思。

时要记住他的有关这条沟的命令。(11)他们按照他的命令做了，而当他们走近沟时，他们便排成一个狭长的纵队，全部过了沟并和其余的军队会合到一起。(12)但是没有任何办法看透这一计谋的波斯人在这一十分平坦的平原上全速追击，因为他们是怀着对敌的愤怒而这样做的，结果他们便掉到沟里，一个不剩地掉了进去，不仅是前面的，还有后面跟上来的。(13)如上所述，他们是怀着巨大的愤怒开始追击的，所以他们没有注意到他们的领袖们所遇到的灾难，结果他们连马带枪又跌到前一批人的上面，因此很自然地，他们毁了下面的人，而他们自己同样无法逃脱灭亡的命运。(14)在这些人当中便有佩洛吉斯和他所有的儿子。据说，正当他要落到这个坑里去的时候，他认识到了危险，便把他戴在右耳上的珍珠抓下来抛掉，这是一件白得出奇并因其特大而极受珍视的宝物，他这样做无疑是为了在他之后没有人再能佩戴它。要知道，这是看起来极为美丽的一件宝物，在他之前任何国王都不曾拥有过。(15)但是这个故事我认为并不可信，因为发现自己处于如此危险之中的人不可能想到其他任何事物；但是我认为他的耳朵在这次灾难中被压碎，而珍珠也就在什么地方失踪了。(16)罗马皇帝后来曾尽一切努力向埃弗撒利塔伊人求购这粒珍珠，但根本未获成功。原来蛮族虽然尽力寻求但仍未能找到它。但据传埃弗撒利塔伊人后来还是找到了它并把它卖给了卡巴德斯。

(17)波斯人传述的这粒珍珠的故事却是值得细说的，因为在某些人听来，它也许是完全不可信的。(18)据说珍珠是在波斯沿海的一只蚌里，这蚌就在离海岸不远的地方游动，蚌的两只壳是张开的，那珍珠便在它们之间，它是使人难忘的一个奇异景观，在全部历史中无论就大小还是就美丽的程度而言根本没有一粒珍珠能同它相比。(19)当时有一只巨大的和凶恶可怕的鲨鱼爱上了珍珠的模样并紧追着它,日夜不离地跟着它;甚至当鲨鱼不得不考虑到食物的时候,它也只是在它所在的地点找一点可吃的东西,而当它发现某种可吃的东西时,便捉住它,赶忙把它吃掉;然后立刻追上那蚌,欣赏它所喜爱的景色从而再次感到满足。(20)据说,终于有一个渔夫注意到了正在发生的事情,但是由于害怕这个怪物而不敢冒险。不过他却把这事全都报告给了国王佩洛吉斯。(21)佩洛吉斯听了他的叙述之后,非常想得到这粒珍珠,于是他便对这个渔夫说了许多讨好的话并许给他报酬。(22)由于无法抵御国王执拗的请求,据说他对佩洛吉斯讲了这样的话:"我的主人啊,金钱对一个人来说是珍贵的,他的生命则比金钱更要珍贵,但一切事物中最受珍视的是他的孩子。(23)对孩子的爱出于天性,因此一个人也许敢为他们做任何事情。(24)现在我打算试着对付这个怪物,希望你成为这粒珍珠的主人。如果我在这场战斗中取得胜利,显而易见,从此我将置身于被认为是幸福的人们当中。因为很可能,你这位众王之王将把所有好的东西送给我作为报酬;而对我来说,即使结果我得不到任何报酬,仅仅如下一点也就足够了:我已表明我本人曾给我的主人做了好事!(25)但是如果我竟不得不牺牲在这个怪物的利齿之下,国王啊,你的任务确实就应当是对我的孩子因他们的父亲的死亡而给以回报。(26)因此,即使在我去世之后,我在我最亲近的人们中间仍然是一个靠薪水生活的人并且由于你的善意,你将获得更大的名誉——要知道,你帮助我的孩子,这也就是加恩于我,尽管我将不再有能力对你的恩惠表示感谢——慷慨大度只有施之于死者的时候，才被认为是真正的慷慨大度。”讲了这些话之后他便离开了。(27)当他来到那蚌经常游动而鲨鱼不断追踪的地点时，他便坐在那里的一块石头上，等待只能采得珍珠却又没有喜爱它的鲨鱼在场的机会。(28)一旦看到鲨鱼去捕捉某种可以作为食物的东西从而未能及时来到现场时，渔夫便离开了岸上为此事而随他前来的那些人，全力直向那蚌游去。在他已经取得了珍珠之后便全速赶忙从水中出来，但鲨鱼这时已发现了他并冲过来想挽救这粒珍珠。(29)渔夫看到鲨鱼正在过来，因此当它在离海岸不远的地方正要追上他时，他便用全力把这珍珠抛到陆地上，而他本人很快便被鲨鱼捉住并且被杀死了。(30)但是留在岸上的人们却拣起了珍珠，把它送到国王那里去并且向他报告了发生的一切。(31)这就是波斯人关于这粒珍珠所讲的故事，也正是我上面所记述下来的。但我还是回到先前记述的事情吧。

(32)佩洛吉斯便这样地死掉了，波斯的全军也随他一道灭亡了[①]。少数有幸没有掉进沟里的士兵只能任凭敌人的摆布了。(33)由于有了这次的经验，波斯人公布了一项法律，那就是：即使敌人是用武力被击退的，他们也绝不应进行任何追击。(34)于是没有随佩洛吉斯出征而是留在本国的人们便选佩洛吉斯的唯一存活的、最小的儿子卡巴德斯为国王。(35)当时波斯人成了臣服于埃弗撒利塔伊人并向他们纳贡的民族，直到卡巴德斯极为稳固地确立了自己的力量并且认为每年无须再向埃弗撒利塔伊人纳贡的时候。而这些蛮族统治波斯人的时间是两年。

① 事在公元484年。

五

(1)但是,久而久之卡巴德斯在治理国家方面变得更加专擅,又在体制方面进行了革新,就中他公布了一项法律,规定波斯人同他们的妇女应当进行杂婚①,但这一措施绝不是老百姓所喜欢的。(2)于是他们起来向他造反②,把他推翻并加上镣铐投入监狱,随后他们便选出佩洛吉斯的弟弟布拉吉斯做他们的国王,因为,如上所述,佩洛吉斯没有男性的子嗣留下来,并且在波斯人那里,生而为普通公民的任何人要做国王是不合法的,除非国王家族的人都死绝了。(3)接过了国王权力的布拉吉斯于是召集了波斯贵族的一次会议讨论卡巴德斯的问题;因为大多数人不愿意把此人处死。(4)在双方都发表了许多意见之后,站出来了波斯人当中的一位名叫古撒那斯塔德斯的知名人士,他担任的是"卡那兰吉斯"的职务(这是波斯人对将领的称呼);他负责的行省就在波斯领土的边界上,同埃弗撒利塔伊人邻接的那个地区。他举起他的小刀——就是波斯人通常用来修指甲的那种小刀,小刀大约有人的手指那样长,但宽度还不到手指宽度的三分之一——(5)说:"你们看这小刀,它真是太小了;尽管如此,它现在却可以完成一件事业,这一事业,我亲爱的波斯人,稍后却肯定不是两万名身披铠甲的士兵所能完成的!"(6)他这样说的意思是,如果他们不把卡巴德斯处死,他立刻会给波斯人制造麻烦。(7)但是他们根本不愿处死一个有王

① 类似原始社会初期的群婚制,即所有的男子可以同所有的女子发生性关系。

② 这是公元486年的事情。

族血统的人，于是决定把他囚禁在一处要塞里，而他们习惯于把这一要塞称为“忘却的监狱”。(8)因为任何人一旦被关入这个监狱，法律便规定今后不许再提到此人，而再提到此人名字的人要被处以死刑的惩罚。因此之故，这一要塞在波斯人当中有了这样的名称。(9)但是据阿尔明尼亚人的历史记述，有一次波斯人规定有关忘却的监狱的法律暂时停止生效，此事的经过有如下述。

(10)在波斯人和阿尔明尼亚人之间曾发生过一次从未停止过的、持续了三十二年的战争，当时波斯人的国王是帕库里乌斯，而阿尔明尼亚人的国王则是出身阿尔撒奇达伊族的阿尔撒凯斯。由于战争持续了很长的时期，结果双方都受到了极大的痛苦，特别是阿尔明尼亚人。(11)但是每一个民族又对另一个民族很不信任，乃至他们谁也不能向他们的敌人提出和平的建议。而就在这同时，波斯人又同另一个蛮族发生了战争，这另一个蛮族便居住在离阿尔明尼亚人不远的地方。(12)因此阿尔明尼亚人由于急于向波斯人表示自己的善意与和平的愿望而决定向这些蛮族的土地发动进攻并且在事先把他们的计划透露给波斯人。(13)继而他们出其不意地向这些蛮族发动了进攻并且杀死了对方的不分老少的几乎全部居民。对此事大喜过望的帕库里乌斯于是把自己的几名心腹派到阿尔撒凯斯那里去，给他以安全的保证并约请他同自己会晤。(14)当阿尔撒凯斯到他这里来时，他对阿尔撒凯斯表示了百般的亲切并且把他看成是和自己完全平等的兄弟。(15)继而他又要对方起了最郑重的誓言，他本人也以同样的方式起誓，即实际上波斯人和阿尔明尼亚人今后应是朋友和联盟者；随后他立即要阿尔撒凯斯回到他本国去了。

(16)在这之后不久,有一些人诽谤阿尔撒凯斯,说他正打算图谋不轨。帕库里乌斯信了这些人的话,于是再次召他前来,意思是说有关系他们双方的事务急于同他商谈。(17)于是阿尔撒凯斯根本没有半点犹豫地来到国王这里,与他同来的是阿尔明尼亚人当中最善战的几个人,其中有一个名叫巴西奇乌斯的人,此人既是他的将领又是他的顾问,因为此人既十分勇敢又非常明智。(18)帕库里乌斯马上对阿尔撒凯斯和巴西奇乌斯大加指责和咒骂,因为他们完全不顾发誓缔结的协定,却赶忙考虑起叛离的问题。但是他们否定了这一指责,并极为坚持地发誓说他们根本没有想过这样的事情。(19)于是帕库里乌斯首先不客气地把他们看管起来,但是过了一个时候他就问玛戈伊僧应当如何处置他们。(20)玛戈伊僧认为给否认自己的罪行并且没有确实罪证的人判罪是绝对不公正的,但是他们给他出一个主意,可以使阿尔撒凯斯本人不得不公开成为自己的指控者。(21)他们要他把国王帐篷的地面铺上土,但一半用波斯土地的土,而另一半用阿尔明尼亚土地的土。国王按他们所吩咐的做了。(22)随后玛戈伊僧在通过某些魔法的仪节使整个帐篷处于法力的控制下之后,便要国王在阿尔撒凯斯的陪伴下在那里散步,而在这同时又责备他破坏了发誓缔结的协定。(23)此外,玛戈伊僧还说谈话时他们也必须在场,因为这样他们才能亲自为这里所说的一切作证。于是帕库里乌斯立刻把阿尔撒凯斯召来,当着玛戈伊僧的面同他在帐篷这里走来走去;他问阿尔撒凯斯为什么不遵守发誓所作的保证,为什么他还想再次下手给波斯人和阿尔明尼亚人制造严重的麻烦。(24)只要他们之间的谈话是在铺着波斯土地的土的地面上进行的,阿尔撒凯斯便继续否认,用最可怕的誓言提出保证并坚持地表示他是帕库里乌斯的一个忠实的臣民。(25)但是在他谈话当中他来到了帐篷的中心,也就是他们踏上用阿尔明尼亚的土铺的地方,他就在某种神秘力量的指使之下,突然把他讲话的调子变成不逊的口吻,而从这时起他便不断地对帕库里乌斯和波斯人进行威胁,声称一旦他能为他自己做主的话,他将要为这种横傲的行为向他们进行报复。(26)在散步期间他一直继续讲着这些少不更事的蠢话,直到走回来,重新踏上波斯土地的土所铺地面的时候。这里就好像又收回先前的话似的,他再度变成一个恳求者,可怜兮兮地向帕库里乌斯进行解释。(27)但是当他再次踏上阿尔明尼亚的土地时,他又开始进行威胁了。他就这样多次从一方变成另一方,一点也不隐瞒自己心中的秘密[①]。(28)玛戈伊僧于是最后对他作出判决,因为他破坏了条约和誓言。帕库里乌斯剥了巴西奇乌斯的皮,用这皮做了一个袋子,装满了糠麸,然后把它挂到高高的一株树上。(29)至于阿尔撒凯斯,由于帕库里乌斯无论如何也不能使自己杀死一个有王族血统的人,于是便把他关在忘却的监狱里。

(30)过了一个时候,当波斯人向一个蛮族民族发动进攻时,和他们同行的有一个同阿尔撒凯斯特别要好的阿尔明尼亚人,此人是过去阿尔撒凯斯来到波斯时随他而来的。(31)此人在这次战争中表明自己是一位能力很强的战士,这一点是帕库里乌斯也看到了的,而波斯人所以取胜,此人是主要的原因。(32)因此帕库里乌

① 这使人想起匈牙利的电影短片《魔椅》,坐在魔椅上的人讲的都是真话。可见这样的故事一千多年前便已产生。

斯便恳求他提出他所愿意提出的任何要求,并保证他绝不会遭到拒绝。但这阿尔明尼亚人不要求别的,而只要求自己用一天的时间以他所希望的方式向阿尔撒凯斯致敬。(33)而这却使国王感到极为难办,因为这样一来他便不得不把如此古老的一项法律搁置起来。但是为了完全忠实于自己的诺言,他答应实现对方的请求。(34)当这个人遵照国王的命令来到忘却的监狱时,他向阿尔撒凯斯致意,两人相互拥抱,在一种亲切的伤感中交谈,为他们的不幸遭遇悲叹,好不容易才从抱头痛哭中相互脱身。(35)当他们哭够了而不再掉泪之后,阿尔明尼亚人便要阿尔撒凯斯沐浴,完完整整、一丝不苟地把他打扮起来,给他穿上国王的袍子并且让他斜倚在铺着灯心草的床上。(36)继而阿尔撒凯斯像他过去惯常的做法那样,用国王的盛宴款待在场的人们。(37)在宴会期间,人们在饮酒时又发表了许多讲话,这使阿尔撒凯斯十分开心,当时发生的许多事情也使他感到高兴。饮宴一直持续到夜幕降临,所有的人在他们相互交往中都深感愉快。最后他们才极不情愿地相互分手,带着极端幸福的心情告别。(38)随后据传说,阿尔撒凯斯表示在他度过了他一生中最美好的一天并且享受到同他最想念的那个人相处的幸福之后,他会不再甘愿忍受生活的苦难。(39)据说,他在说了这话之后,他便用小刀自杀了,小刀实际上是他在宴会时有意藏起来的,这样他便离开了人世。(40)在阿尔明尼亚的历史中有关阿尔撒凯斯的故事就是如此[①],这也正是我所讲述的,并且正是由于这一事件,有关忘却的监狱的法律便被搁置起来了。但是我必须回到前面岔开的

---

① 这类的传说在中欧和西亚广为流传。

地方。

六

（1）当卡巴德斯被关在监狱里时，他的妻子负责照料他。她经常去他那里，给他带去食物。但看守监狱的人开始向她求爱，因为她长得极为美丽。（2）当卡巴德斯从妻子那里得知此事时，他要她委身于那个狱守，随他怎样对待她。这样，狱守和这女人便混熟了并且对她十分钟爱。（3）而结果他竟允许她随意去她丈夫那里，从那里离开时也不受任何人的干涉。（4）有一个名叫谢奥吉斯的波斯知名人士，他是卡巴德斯的知心友人，他经常到这监狱附近来寻找机会，希望他可以找到一个什么办法把卡巴德斯救出来。（5）他通过卡巴德斯的妻子带话给卡巴德斯，说他在监狱近旁已经准备好了马匹和人员并且指定给他一个地点。（6）随后有一天天快黑时卡巴德斯要他的妻子把她自己的外衣给他并要她穿上他的衣服，让她代替他坐在监狱里他通常坐的地方。（7）因而卡巴德斯便用这个办法逃出了监狱。原来值班的守卫虽然看到了他，但他们以为他是那个女人，因而决定不去阻拦他或用别的办法打搅他。（8）天亮的时候他们才看到狱室里是他的妻子穿着丈夫的衣服，而他们完全受到了欺骗，乃至认为是卡巴德斯在那里并且这一想法持续了好几天，直到卡巴德斯已走出很远。（9）至于计谋被发现后那个女人的命运以及他们处罚她的方式，我却说不准确。因为波斯人的说法相互间并不一致，故而我在这里便不说了。

（10）卡巴德斯在谢奥吉斯的陪伴下完全避开了搜索并到达了同属于匈人的埃弗撒利塔伊人那里；那里的国王把女儿许配给他，

随后由于卡巴德斯成了国王的女婿，国王便把一支非常庞大的军队交给他指挥以便对波斯人作战。(11)波斯人根本不愿意同这支军队对抗，他们于是赶忙四下逃散了。(12)当卡巴德斯到达古撒那斯塔德斯治理的国土时，他便对他的某些友人说，对于那天里第一个到他面前来并愿意为他服务的波斯人他要任命他为卡那兰吉斯。(13)但是虽然他讲了这话，他又后悔他的话，因为他记起了波斯人的一项法律，法律规定只有生来便有权享有每一特殊荣誉的那些人才能担任波斯人的官职。(14)原来他担心会有谁第一个来到他这里，但此人却同当前的卡那兰吉斯没有亲属关系，还担心他会为了遵守自己的诺言而把这项法律放置一边。(15)而正当他在考虑这一问题时，恰好发生了这样的事情，即在尊重法律的情况下他仍然可以实现他的诺言。(16)原来第一个到他这里来的恰恰是一个名叫阿德尔古杜恩巴德斯的青年人，此人是古撒那斯塔德斯的亲属并且是一位特别能干的战士。他把卡巴德斯称为“主人”，又是第一个把他当作国王向他行礼的，他并且请求卡巴德斯把他当作一名奴隶来使用，什么工作都可以做。(17)这样，卡巴德斯没有经历任何麻烦便进入了王宫①，捉住了无人保卫的布拉吉斯。他弄瞎了布拉吉斯的双眼，用的是波斯人通常把坏人的眼睛弄瞎的办法：或是把加热至滚沸的橄榄油浇进张开的眼睛，或是把在火中加热的铁针刺进眼球。自此之后，布拉吉斯便被囚禁起来，他统治了波斯人两年。(18)古撒那斯塔德斯被处死，阿德尔古杜恩巴德斯接替他担任卡那兰吉斯的职务，而谢奥吉斯则立刻被宣布为“阿德拉

① 这是公元488年的事情，时当我国南朝齐武帝永明六年。

斯塔达兰·撒拉尼斯”[①]，拥有这个头衔的人有权统率全体高级官员和全部军队。(19)谢奥吉斯在波斯人当中是第一位，也是仅有的一位担任这一职务的人。要知道，在他之前和在他之后，这一头衔再也没有授给过任何人。卡巴德斯加强了王国的力量并安全可靠地保卫了它；因为就精明干练而论，他是无人能以超过的。

七

(1)稍后卡巴德斯欠给埃弗撒利塔伊人的国王一笔他无力偿还的款项，于是他便向罗马皇帝安那斯塔西乌斯请求借钱给他。安那斯塔西乌斯于是同他的一些友人商讨此事，问他们此事是否做得；但友人们都不同意借这笔钱。(2)他们指出，用他们的钱使他们的敌人和埃弗撒列塔伊人之间的友谊更加巩固，这种做法是使不得的。确实，罗马人更好的办法是尽可能破坏他们的关系。(3)正是为了这个理由而不是为了正义的事业，卡巴德斯才决定讨伐罗马人。但首先他进攻阿尔明尼亚人的国土[②]，他的行动如此迅速，乃至在这个消息为对方得知之前他已经到达了，他在一次迅速发动的战役中劫掠了阿尔明尼亚人的大部分国土，然后出人意料地来到了位于美索不达米亚的阿米达城，并且当时虽然是冬天，但他却包围了它。(4)不过阿米达城的公民身边并没有任何士兵，因为当时乃是一个和平繁荣的年代，他们在其他方面也没有任何准备。尽管如此，他们还是十分不愿意向敌人屈服，并且在危险和

① 意为“战士的领袖”。

② 这事发生在公元502年，时当我国南朝梁武帝天监元年。

苦难面前表现了出人意料的坚忍不拔的气概。

(5)且说在叙利亚人当中有一个名叫雅科布斯的正直的人,他在有关宗教的事务中把自己锻炼成一个一丝不苟的人。此人在多年前便把自己关闭在离阿米达有一日路程的、一个叫恩狄耶隆的地方,以便更加安全地使自己专心致志地沉浸于虔敬的冥想之中。(6)当地的人们为了助成他的这一宗教事业,在他周边树起了一道栅栏,不过木桩不是紧紧相连,而是中间有间隔,这样走近栅栏的人们便可以看到他并且同他交谈。(7)他们还为他在他头顶上盖了一间小小的顶棚,其大小仅足以遮蔽雨雪。这个人就长时期一直坐在那里,无论寒暑都不怕,靠他习惯吃的一些种子维持生命,而且确实不是每天都吃,而是经过长时期的间隔才吃一次。(8)且说正在那一带地方进行蹂躏的埃弗撒利塔伊人看到了这个雅科布斯,并急于想挽弓向他发射。但是他们每一个人的双手都变得不能移动,根本没有办法拉弓。(9)当这件事在全军当中传开并为卡巴德斯所知晓的时候,他想亲眼见识一下这件事;而当他看到这事时,他和他身边的波斯人都大为吃惊,于是他便恳求雅科布斯宽恕蛮族的罪行。于是他便用一句话宽恕了他们并使他们摆脱了困境。(10)卡巴德斯继而要这个人向他提出所希望得到的无论什么东西,以为他会要求得到大量的金钱,而且他还以其少年气盛的姿态说,他不会拒绝他所要求的任何东西。(11)但是他要求于卡巴德斯的却是,要卡巴德斯答应他接受在战争期间所有到他这里来避难的人。卡巴德斯答应了这一请求并且给了他一纸文书以保证他个人的安全。可以想见,大批的人从四面八方汇集到他这里来并且在这里得到了安全;这一事迹传遍了广大的地区。这些事情

的经过便是这样了。

(12)卡巴德斯在围攻阿米达时,在城防工事的每一方面他都使用了被称为公羊的攻城器械;但是城市居民不断用投掷木料的办法把攻城槌的头部打掉。[①] 但是卡巴德斯并不削弱进攻的努力,直到最后他才看到用这种办法进攻并不能取得成功。(13)要知道,虽然他多次用这种办法冲击城墙,但是他根本无法冲垮城墙的任何部分,甚或使它动摇;在很久以前修筑城墙的人们把它修造得便是如此坚固。(14)卡巴德斯既然不能得逞,于是他便在城前堆起一座土山对之进行威胁,意在从高度上大大地超过城墙。但是被包围者却从工事内部挖通了一条直达土山下面的隧道,并且从那里偷偷地把土运出来,直到他们把土山内部的一大部分掏空。但是外部还保持它起初的形状而不使任何人有机会发现人们在里面干的事情。(15)于是许多波斯人爬上了他们认为是安全的土山,他们驻扎在山顶上准备自上而下地向工事内部人们的头上射击。但是由于大批的人一窝蜂似地挤到山顶上,土山突然下陷,几乎把上面所有的人杀死了。(16)卡巴德斯对当前局势感到束手无策,于是决定撤去包围的军队,他向军队发布命令于第二天撤退。(17)而被包围者确实好像没有想到自己的危险,而是开始从工事上笑着嘲弄蛮族的军队。(18)在城之外,还有一些妓女无耻地撩起衣服,把一个女人的身体的不宜于向男人裸露的那些部分显示给站在近旁的卡巴德斯看。(19)这一情况被玛戈伊僧们看得清清楚楚,于是他们便来到国王面前,试图劝阻撤退,他们根据他们对

① 参见修昔底德,第二卷,第七十六章,第4节。——译者

已经发生的事所作的解释,宣称阿米达的公民不久之后将会把所有他们的秘密和隐藏的事物揭示给卡巴德斯。这样波斯军队便留在了原地。

(20)没有多日之后有一个波斯人在一座塔楼附近发现了一个旧的地下通道的出口,它只是不安全地用少数小石块掩盖起来。(21)夜间他一个人去那里,试一下那入口,结果进入了城内;随后在破晓,他便把全部情况报告给了卡巴德斯。国王本人第二天晚上也在少数人陪同下来到了现场,并带来了他已准备好的云梯。(22)他这次运气很好;原来守卫离地道最近的那个塔楼的任务因抽签而轮到最认真遵守宗教礼节而他们称之为僧侣的那些基督教徒身上。而恰好这些人在那一天又正在向上帝举行一年一度的宗教节日。(23)当夜幕降临时他们都因节日之故而感到十分疲劳[①],因而在比通常更丰富地吃饱喝足之后,便进入甜美温馨的梦乡,因而对当时发生的事情竟一无所知。(24)于是波斯人便通过这个通道进入了工事内部,每次只有少数人,而他们登上塔楼之后,发现僧侣们还在睡着,便把他们一个不留地全都杀死了。(25)当卡巴德斯得知这一情况之后,他便把云梯搭到离这个塔楼不远的城墙上。这时天已经亮了。(26)守卫邻近塔楼的那些市镇居民看到了这场灾难,便尽快赶来支援。(27)双方随即展开了一场长时间的格斗,每一方都想把另一方排挤回去,并且眼看着市镇居民就要占据上风,因为他们杀死许多爬上城墙的人并且把梯子上的人打了回去,这样他们几乎就要躲过了这次危险。(28)但是

① 参见本书*第七卷,第二十六章,第4节。——原注

* 如无特别说明,注释中"本书"即《战争史》。——译者

卡巴德斯却抽出剑来，不断地用它恐吓波斯人，并且冲到云梯那里去，不许上面的人退下来，而那些敢于转身逃走的人，则受到了被处死刑的惩罚。(29)结果波斯人由于他们的人数占了上风，在战斗中打败了敌人。(30)这样，该城在开始被围之后的第八十天，便因敌人的猛攻而被攻克了[①]。随后对市镇居民便进行了一场大屠杀，直到当卡巴德斯正在骑马进入城内时一位公民——他是一位年老的牧师——来到他近前对他说，屠杀俘虏并不是一位国王应有的行为。(31)于是心情仍十分激动的卡巴德斯回答说："但是为什么你们还决定同我作战呢？"对此老人迅速地回答说："因为上帝的意旨是这样：他把阿米达交到你的手里与其说是由于我们的决定而毋宁说是由于你的勇敢。"(32)卡巴德斯听了这话感到高兴，便答应不再继续屠杀，但他却要波斯人打劫财物并把生存者变成奴隶，他并且命令他们为他本人挑选出敌人当中的全部知名人士。

(33)在这之后不久他便离开了，只把一支卫戍部队和少数不幸的阿米达的公民留在当地；卫戍部队有一千人，他们的将领是一个名叫哥洛尼斯的波斯人，而那些公民则注定是要以仆从的身份为波斯人的日常需要服役的。他本人和所有其余的军队以及俘虏便启程回国了。(34)这些俘虏受到了卡巴德斯的符合一位国王身份的宽大对待；因为不久之后他便把他们所有的人释放回家了，但是他自称他们是从他那里偷偷逃走的[②]。罗马皇帝安那斯塔西乌斯也给了他们同他们的勇敢相称的荣誉，因为他免去了这个城市

① 这事发生在公元 503 年 1 月 11 日。时当我国南朝梁武帝天监二年。

② 参见修昔底德：《伯罗奔尼撒战争史》，第一卷，第 128 章。

七年间所有每年应缴纳的税,并且把许多好东西给予作为一个整体的他们所有的人和他们之中每一个别的人,这样他们便完全忘掉了他们曾遭到的不幸。但这是以后年代的事情了。

八

(1)当时得知阿米达正在被围攻的消息的皇帝安那斯塔西乌斯便赶忙派出了一支相当有实力的军队。但是这支军队里有统率着每一个西摩里[①]的一般军官,但最高统帅权则由下述四位将领分担:阿列欧宾都斯当时是东方的将领,不久前此人是西方的皇帝欧律弗布乌斯的女婿。(2)宫廷卫队长官凯列尔(罗马人习惯于把这位军官叫作"玛吉斯特尔"[②]);除去这两人之外还有拜占庭军队的司令官弗里吉亚人帕特里奇乌斯和皇帝的侄子叙帕提乌斯;这四个人都是将领。(3)同这些人有联系的还有后来在安那斯塔西乌斯死后成为皇帝的优斯提努斯和帕特里奇奥路斯以及他的儿子维塔利亚努斯;维塔利亚努斯不久后曾发动反对皇帝安那斯塔西乌斯的武装叛乱并自立为僭主。此外还有科尔奇斯人法列斯玛尼斯、一位极为能干的战士和哥特人哥狄狄斯克路斯与贝撒斯,这两个人是提奥德里克从色雷斯去意大利时没有随他前往的哥特人中的人员,他们二人的出身都极为高贵并且在军事方面富有经验。参加军队的还有许多地位显赫的人。(4)据说,罗马人为了对付波斯人无论在当时之前还是之后从不曾集合这样一支军队。不过所

---

① 一种没有定额不固定的编制。

② magister。

有这些人并不是集合成一个整体，在进军时也不是组成一支军队，而是每位将领本人率领着他自己的队伍分别对敌作战。(5)一位埃及人阿皮昂奉派主管军队的财务，阿皮昂在贵族中间是位知名人物并且极为干练；而皇帝在一份文书里宣布他是分享皇权的人，这是为了授他以随意处理财务的大权。

(6)这支军队是在一再拖延之后才集合起来的，并且行进得也十分迟缓。结果他们在罗马的领土上并没有发现蛮族；原来波斯人是突然发动进攻的并且立刻带着他们的全部战利品撤回到本国去了。(7)而且将领当中这时没有一个人愿意围攻留在阿米达的卫戍部队，因为他们得知对方手中有大量的食物供应。但是他们却赶忙向敌人的土地发动了进攻。(8)不过他们并不是在一起向蛮族进军，而是在进军时各自分别设营。当卡巴德斯得知这一消息后(因为他恰好在附近)，便尽快地来到罗马边界迎击他们。(9)但是罗马人却还没有得到卡巴德斯率领全军向他们攻来的消息，他们以为那里只有波斯人的一支小队伍。(10)于是阿列欧宾都斯的军队便在一个叫作阿尔扎蒙的地方设了营，这个地方离康士坦提那城[①]是两天的路程，而帕特里奇乌斯和叙帕提乌斯的队伍则在一个叫西弗里欧斯的地方设营，西弗里欧斯离开阿米达有不少于三百五十斯塔迪昂[②]的距离。至于凯列尔，则他还没有到达。

(11)当阿列欧宾都斯确知卡巴德斯正在率全军向他们攻来的

① 在美索不达米亚。

② 约合 64.75 公里。

时候,他便放弃了营地,和他的全部士兵一道逃走,一口气跑回到康士坦提那去。(12)不久之后到来的敌人占领了空无一人的营地并取得了里面的全部金钱,从那里他们又迅速地向另一支罗马军队进攻。(13)而帕特里奇乌斯和叙帕提乌斯的军队碰上的是作为波斯军队的先头部队的八百名埃弗撒利塔伊人,而他们实际上把所有这些人全都杀死了。(14)随后由于他们得不到关于卡巴德斯和波斯军队的任何消息,便以为他们已经取得了胜利,于是在行动上开始放松了警惕。总之他们把武器堆放在那里,正在准备午餐,因为那天的适当时间已然临近了。(15)且说有一条小河流经这个地方,罗马人开始在这小河里洗他们要吃的肉块。(16)还有某些苦于暑热的人正在河里洗澡;结果小河流下去的水就变成了浊流。但当卡巴德斯得知埃弗撒利塔伊人的遭遇之后,便全速向敌人推进。(17)他注意到小河的水是浑浊的并猜想到正在发生什么事情,于是他便得出结论:敌人没有准备,随即下令立刻全速向他们发动进攻。继而他们立即向正在大吃大喝、没有防备的敌人展开了进攻[①]。(18)罗马人并没有抵挡敌人的进攻,他们甚至没有想到反抗,而是每人尽自己之可能开始逃跑。一些人被俘虏并且被杀死了,而另一些人则爬到耸立在那里的山上去,结果在惊恐和巨大的混乱中从悬崖跌落下去。(19)据说没有一个人逃离那里;但是帕特里奇乌斯和叙帕提乌斯在进攻开始时却得以从那里逃脱。在这之后卡巴德斯便率领着全军回到本国去,因为敌对的匈人攻入了他的国土,这样他便同这个民族在他的王国的北部进行了一

① 事情发生在公元503年8月。

场长期的战争。(20)在这同时,另一支罗马军队也到来了,但是他们没有做出任何值得一记的事情,因为看来这次出征并没有任命任何一人负总司令的责任。但所有的将领地位同等,因此他们总是发生意见的冲突,根本不能团结起来。(21)不过凯列尔和他的部下却渡过了尼姆菲乌斯河,对阿尔扎涅涅[①]好歹算是发动了一次进攻。(22)这条河离玛尔提罗波利斯很近,玛尔提罗波利斯离阿米达是三百斯塔迪昂左右[②]的距离。这样凯列尔的军队便劫掠了那一带地区并于不久之后返回,而全部侵略行动在一个短时期里便完成了。

九

(1)在这之后阿列欧宾都斯便奉皇帝之召去了拜占庭,而其他将领则来到了阿米达,并且尽管时在冬季,却还是包围了这座城市。虽然他们进行了多次尝试,但他们仍然不能用猛攻的办法攻下要塞,可是他们通过饥饿却几乎达到了他们的目的;原来被包围者的全部食物都已耗光了。(2)但是将领对于敌人所处的困境没有任何确切的情报;不过由于他们看到自己的军队苦于围攻的辛劳和冬天的气候,同时又担心不久会有一支波斯军队向他们发动进攻,因此他们急于不管在任何条件下离开这个地方。(3)从波斯人这方面来说,在如此可怕的困境中不知道会落到怎样的下场,于是他们继续细心地掩盖他们缺乏必需食物的情况,而装作他们拥

① 阿尔明尼亚的地区。

② 约55.5公里。

有大量的一切食物的样子,希望带着体面的名声返回自己的家园。(4)于是在他们之间商讨一项建议,根据这一建议,波斯人在收到一千磅黄金之后把城市交给罗马人。继而双方高兴地执行了协定的条款,哥洛尼斯的儿子收到钱后便把阿米达交给了罗马人。因为哥洛尼斯本人这时已经死了,死亡的经过有如下述。

(5)当罗马人还没有在阿米达城前设营而只是逼近它的近郊的时候,有一个经常秘密地带着家禽和面包以及其他许多美味以高价出售给哥洛尼斯的乡下人来到帕特里奇乌斯这位将领面前,答应把哥洛尼斯和二百名波斯人交到他手里,如果将领能保证给他以某种报偿的话。(6)于是这位将领保证,他将能得他希望的一切,并且打发他回去了。于是他便可怕地撕破了自己的衣服,并且装出一直在哭泣的样子进了城。(7)来到哥洛尼斯面前气愤地说:"我的主人啊,我这次从村子里带给你的是所有好的东西,但是我碰上了一些罗马士兵(你知道,他们经常在农村这里分成小股游荡并向可怜的乡下人施加暴行),他们对我拳脚相加,简直无法忍受并且在他们离开时抢走了我的一切。他们这些强盗自古以来的习惯便是害怕波斯人和殴打乡下人。(8)但是,主人啊你一定要注意保卫你自己和我们以及波斯人。如果你要去城郊狩猎,你会得到稀罕的猎物。要知道那些可恶的流氓是三五成群地出来到各处打劫的。"(9)以上便是他讲的话。哥洛尼斯信了他的话,便问这个人他认为需要多少波斯人才足以为他完成这一事业。(10)乡下人说五十人左右就够了,因为他们绝不会遇到对方五个人以上结伴而行;不过为了预防任何意想不到的情况,甚至带上一百个人也不会有妨碍的;但如果他要把这个数目再加一倍,无论从哪个角度来看

那便更好了。要知道，人数更多的一方的人是不会受到任何伤害的。(11)哥洛尼斯于是选拔了二百名骑兵，要这个人给他们带路。(12)但是他坚持最好是先把他派出去侦察地形，如果他带话回来说他已看到罗马人仍在相同的地区游荡，那时波斯人便应在适当的时机向他们发动袭击了。因此之故，既然哥洛尼斯认为他说得有理，他便因哥洛尼斯本人的命令而被派出去了。(13)随后他便来到将领帕特里奇乌斯这里说明了一切；将领派出两名卫士和一千名士兵与他同行。(14)他要这些人躲藏在一个名叫提拉撒蒙的村庄——村庄离阿米达四十斯塔迪昂①——周边的谷地与丛林之中，要他们埋伏在那里。(15)他本人则一口气跑到城里，告诉哥洛尼斯说猎物已准备在那里，于是他便领着他和二百名骑兵到敌人埋伏的地方。而当他们走过罗马人伺伏的地点时，在没有被哥洛尼斯或任何波斯人注意到的情况下，他把罗马人从埋伏的地点引出并把敌人指给他们。(16)当波斯人看到敌人向他们攻来的时候，他们对事情的突然大为震惊并且在巨大的痛苦中不知怎样做才好。原来他们没有人能以退到后方去，因为敌人就在他们的后面，但他们在敌人的土地上也不能逃到其他任何地方去。(17)但是在当时条件下他们尽其所能，列成战阵并试图把进攻的敌人打退；可是由于在人数方面处于很大的劣势，他们被打败了，他们所有的人连同哥洛尼斯都被杀死了。(18)当哥洛尼斯的儿子得知这一消息时，他深感悲痛同时又极为愤怒，因为他未能保卫自己的父亲，于是他放火烧掉了哥洛尼斯居住的西米昂(一位虔诚的教徒)

① 约 7.4 公里。

圣堂。(19)然而应当说,除去这一座建筑之外,无论哥洛尼斯、还是卡巴德斯,确实还有任何其他波斯人无论如何也不认为用任何其他办法拆除或毁掉阿米达或它城外的任何建筑是恰当的。但我还是回到先前叙述的地方。

(20)这样,罗马人通过付钱给对方而收回了阿米达,这是阿米达被敌人攻占之后两年的事情了[①]。当他们进入城市之后,才发现他们自己的疏忽和波斯人为了维持自己的生存所经历的痛苦。(21)原来在计算了留在那里的粮食的数量和离开那里的蛮族的人数之后,他们发现城里剩下的口粮只够七天左右之用,尽管哥洛尼斯和他的儿子已经在一个长时期里只把少于实际需要的食物分配给波斯人。(22)对于和他们一道留在城里的罗马人,自从敌人开始围攻的时候起,他们便决定根本不分配给他们任何食品;因此这些罗马人开头只好吃平常不会吃的那些食物并且不放过任何不许吃的东西,而最后他们竟相互试吃对方的血了。(23)因此将领们发觉他们受到了蛮族的欺骗,于是他们谴责士兵,说他们没有自我控制的能力,因为他们表明自己在人们有可能把这样大批的波斯人和哥洛尼斯的儿子俘获并且攻占这城本身的时候,不听从将领的命令,结果他们竟使自己蒙受耻辱,因为他们把罗马的钱带给敌人,他们是用银子从波斯人手中买到阿米达的。(24)在这之后,波斯人由于同匈人的战争拖而未决,他们便同罗马人缔结了一项条约[②],条约规定为七年,签约者罗马方面是凯列尔,波斯方面是阿

① 事情发生在公元504年。

② 事在公元506年。——译者

斯佩贝德斯；双方的军队各自撤回本国，不再交锋。(25)然而如上所述，随后又开始了罗马人和波斯人的战争，并且它确实又导致了这样一个结局。但是现在我将回到有关卡斯皮亚门的事件的记述上来。

十

(1)奇利奇亚的陶茹斯山脉首先经过卡帕多奇亚和阿尔明尼亚以及所谓波斯阿尔明尼亚人的土地，然后还有阿尔巴尼亚和伊伯里亚以及这一地区既独立又臣属于波斯的所有其他国家。(2)这山脉绵亘很长一个距离，而如果一个人沿着这一山脉行进，它总是扩展到一个很大的宽度并且上升到一个惊人的高度。(3)而且一个人在走出伊伯里亚的边界之后，有一条在十分狭窄的通道里的道路，绵延有五十斯塔迪昂[①]。(4)这条道路终止在为峭壁所切断的一个地方，而那里似乎是绝对无法通过的。因为那里看不到一个出口，但确实例外的只是一个天然形成的小门，好像它是人工修造的，人们自古以来把它叫作卡斯皮亚门。(5)从这里再过去便是适于驰骋的平原和供水的情况极好、广阔而又平坦的地段，人们把这些地方当作马匹的牧场。(6)匈人的几乎所有的民族都定居在这一地区，它一直延伸到麦欧提斯湖。(7)而如果这些匈人穿过我刚才所说的卡斯皮亚门进入波斯人和罗马人的土地，他们到来时他们的马是精神饱满的，并且不走任何弯路，也碰不上任何险峻的地方，例外的只有我前面所说的，他们到伊伯里亚边境所

① 约合9.25公里。

经过的那五十斯塔迪昂的道路。(8)但是,如果他们走任何其他山路的话,要经历巨大困难才能到达目的地,而且还不再能使用原来的马。因为他们必须走的弯路不但多而且陡。(9)当腓立之子亚历山大注意到这一情况后,他便在上述地点修造城门并在那里建立了一座要塞。这一要塞随着时间的流逝曾掌握在许多人的手里,最后掌管它的是一个名叫阿姆巴祖凯斯的匈人,此人是罗马人和皇帝安那斯塔西乌斯的友人。(10)而当这个阿姆巴祖凯斯年事已高死期临近时,他派人去安那斯塔西乌斯那里,提出把要塞和卡斯皮亚门交给罗马人,但是要付钱给他。(11)但是皇帝安那斯塔西乌斯是个不经过认真的调查决不干任何事情的人,而且这种做法也不是他的习惯;因此他就此事作了如下的推论:在一个缺乏一切好东西而且在其附近没有任何一个臣服于罗马人的民族的地方,他不可能维持他的士兵,为此他对此人对他的善意深深表示感谢,可是这一建议却断然无法接受。(12)这样,不久之后阿姆巴祖凯斯便病死了,而卡巴德斯打败了他的儿子们并占有了这座门。

(13)皇帝安那斯塔西乌斯同卡巴德斯缔结了一项条约之后就在一个名叫达腊斯的地方修建了一座城市,城市极为坚固并十分重要,它以皇帝本人的名字为名。(14)且说这个地方距离尼西比斯是九十八斯塔迪昂[①],而距离罗马人和波斯人的边界只有二十八斯塔迪昂左右[②]。(15)波斯人虽然十分想阻止这座城市的修建,但是他们却根本无法做到这一点,因为这时他们正苦于对匈人

① 约18公里。

② 约5公里。

的战争。(16)而一旦卡巴德斯结束了这一战争,他立刻派人到罗马人这里来,指责他们紧挨着波斯边界修建了一座城市,而在先前米地亚人和罗马人缔结的条约里[①]是禁止这样做的。(17)因此在当时,部分地通过恫吓,部分地通过强调他同卡巴德斯的友谊,而且也通过用大笔金钱贿赂对方的办法,安那斯塔西乌斯想骗过对方并取消这一指控。(18)并且这位皇帝还在阿尔明尼亚修建了和前者类似的城,地点便在波斯阿尔明尼亚边界的近旁;自古以来这里便有一座村庄,但是由于皇帝提奥多西乌斯的恩准取得了城市的高贵地位,甚至在名字方面,因为它是以皇帝的名字命名的[②]。(19)但是安那斯塔西乌斯给它修造了一道十分坚固的城墙,因此和另一座城市一样,它同样使波斯人感到十分恼火;因为这两座城市都是对他的国家构成威胁的要塞。

十一

(1)不久之后,安那斯塔西乌斯便去世了[③],优斯提努斯排除了安那斯塔西乌斯所有的亲族而取得了帝国的统治大权,尽管这批亲族不仅人数众多而且地位也十分显赫。(2)但卡巴德斯随后也确实有了一门心事,这就是他担心一旦他死后波斯人是不是也会把他的一家推翻;因为可以肯定的是,他无论把王国传给他的哪一个儿子那也会遭到反对的。(3)要知道,虽然按照法律,他的长子卡奥吉斯因其年龄应继承王位,但是卡巴德斯根本不喜欢这个

① 参见本书第一卷,第二章,第15节。

② 今天的埃尔泽罗姆(Erzeroum)。

③ 公元518年8月1日。

儿子。父亲的决定不但破坏了自然的规律,而且破坏了习俗的规律。(4)而就年龄而论排在第二位的扎米斯因为有一只眼睛被打坏故而也为法律所禁止。因为按照法律,一个独眼的人或在任何其他方面残缺不全的人是不能成为波斯人的国王的。(5)但是他同自己的妹妹阿斯佩贝德斯所生的科斯罗伊斯却是他极端钟爱的。但是,老实说,他看到全体波斯人十分赞赏扎米斯的男子气概(因为他是一位出色的战士)并且崇拜此人的其他美德,他便担心波斯人会起来反对科斯罗伊斯并且对他一家以及王国造成无法弥补的伤害。(6)因此他认为最好的办法是同罗马人安排结束战争和战争原因的事项,条件是要使科斯罗伊斯成为皇帝优斯提努斯的继子。因为他只有用这个办法才能保持政府的稳定。于是他便派遣使节去办理此事并且带了一封信给拜占庭的皇帝优斯提努斯。(7)信里写的话是这样:"罗马人对待我们的做法确实是不公正的,这一点甚至你本人也是清楚的,但是我认为我还是应当完全放弃对你的一切指控,因为我深信这一点,即在所有的人当中真正可以说是胜利者的是虽然身居正义的一方,却仍然甘愿为他们的友人所战败和征服的人们。(8)不过,为此我要求于你作为回报的是帮忙做这样一件好事,这件好事不仅把我们自己而且还有我们的臣民通过由于这种联系而自然会产生的善意以及亲属关系而结合起来并且还有希望给我们带来充分的和平幸福。(9)我的建议便是要你把我的儿子、即将要继承我的王位的科斯罗伊斯过继为继子。"

(10)当这封信带给皇帝优斯提努斯时,皇帝本人十分高兴,优斯提尼安也是这样,此人是皇帝的侄子,并且人们确实都认为他将是帝国统治大权的继承者。(11)于是他们都赶忙按照罗马法律的规定着手起草过继的文书——而如果不是普洛克路斯出面制止，他们就会这样做了。普洛克路斯当时是皇帝的一位顾问，担任人们所说的监察官[①]之职，这是一位正直的人物，显然是人们不可能贿买的人物。(12)因此之故，他既不随便提出任何新的法律，也不愿用任何方式打乱事物既定的秩序。当时他对这个主张也持反对态度，并为此发表了如下的看法：(13)“冒险实行新的计划，这不是我的习惯，而确实，我害怕它们甚于害怕任何其他事物。要知道，凡是有革新的地方，就绝对无法保持安全。(14)据我看，即使在这件事上一个人的胆子特别大，他也会不敢轻易干这件事，而想到由此引起的风暴他会不寒而栗的。(15)因为我认为，当前我们所考虑的不是任何别的问题而恰恰是我们如何在一个体面的借口之下才可以把罗马的统治大权交给波斯人的问题。要知道，他们既不用任何遮盖物也不使用任何障眼物，而是明确地承认他们提出的目标便是不费力地夺取我们的统治大权，却设法用淳朴天真的外表来掩盖他们的明目张胆的欺骗，把一种无耻的意图隐藏在一种装出来的漫不经意的态度的背后。(16)而你们两人应当尽力拒绝蛮族的这一企图。皇帝啊，这是为了使你不致成为罗马人的最后一位皇帝，将军啊，这是为了承继王位时你不会成为自己的绊脚石！(17)要知道，通常在冠冕堂皇的言语后面隐藏的其他阴谋诡计，对很多人来说也许还需要一个人加以解释，但是这些使节从他们一开始说话就公开和直截了当地表明他们想使这个科斯罗伊斯——不管他是谁——成为罗马皇帝的过继的继承人。(18)在这

① 这些都是从共和国时期保留下来的官职，但在帝国时代都已是一种头衔而已。

件事上我希望你们作如下的推论:就自然的法则而论,父亲的财产是要归他们的儿子的;世人的法律由于它们各自不同的性质而总是相互抵触的,唯有在这件事情上,罗马人和一切蛮族的法律都是相互一致,毫无矛盾的,即他们都宣称儿子是他们父亲的遗产的主人。如果你选择了,你就要接受这第一个决定:如果你做了,你就必须同意它产生的全部后果!”

(19)以上是普洛克路斯的发言;皇帝和他的侄子倾听了他的意见并且考虑他们应当怎样做。(20)就在这同时,卡巴德斯又给皇帝优斯提努斯写了一封信,要他派知名人士前来以便同他把缔结和约之事确定下来并且要他用书信示知,他打算通过怎样的方式过继卡巴德斯的儿子。(21)随后普洛克路斯确实比先前更甚地贬斥了波斯人的这一企图并且坚持认为,他们所关心的便是尽可能安全地把罗马的权力转移到他们自己手里。(22)作为他的意见,他建议应当尽快地同他们缔结和约,而为此皇帝应当把最显贵的人士派去;他还建议:如果卡巴德斯询问应以怎样的方式过继科斯罗伊斯时,则这些人必须明白地答复卡巴德斯,方式必须是适合于蛮族的那种,他的意思是说,蛮族不是通过文书而是通过武器和甲胄[①]来过继儿子的。(23)于是皇帝优斯提努斯便把使节打发回去,答应他们说,最显贵的罗马人不久之后将会跟在他们后面前去,他们将尽可能妥善地就和约以及科斯罗伊斯之事作出安排。(24)他还写了一封回信给卡巴德斯表示了同样的意思。(25)于是从罗马人方面派出了已故皇帝安那斯塔西乌斯的侄子、还担任东

① 即通过武力。

方将领之职的贵族叙帕提乌斯，还有贵族中的知名人士并且通过他们的父亲而为卡巴德斯所知晓的西尔瓦努斯之子茹菲努斯；波斯人方面派出的是一位权力大地位高的、名叫谢奥吉斯的人，他的头衔是"阿德拉斯塔达兰·撒拉尼斯"[1]，还有担任长官[2]之职的美波德斯。(26)这些人在罗马人和波斯人领土之间的边界上的某一地点相会；他们便在那里见面并磋商如何消除他们的分歧并有效地把和约问题处理好。(27)科斯罗伊斯也来到了离开尼西比斯城大约有两天路程的底格里斯河，这是为了：如果双方都认为和约的细节已安排得尽可能地妥善，他本人便可以去拜占庭。(28)关于他们之间的分歧，双方都讲了不少的话，特别是谢奥吉斯提到了现在被称为拉吉卡的科尔奇斯，他说此地自古以来便是属于波斯人的，罗马人用武力将它从波斯人手中夺走，他们占有它并无正当的理由。(29)罗马人听到这话时感到气愤，因为他们认为甚至拉吉卡都成为同波斯人争论的对象了。因此轮到罗马人发言时，他们表示科斯罗伊斯的过继必须按照适合于蛮族的方式进行，而这对波斯人来说又是难以接受的。(30)因此双方便分手并各自返回了，科斯罗伊斯一无所获地回到他父亲那里去，他因所发生的事情而深感受到伤害，发誓要为罗马人对他的侮辱进行报复。

(31)在这之后美波德斯便开始在卡巴德斯面前讲谢奥吉斯的坏话，他说谢奥吉斯故意提出讨论拉吉卡的问题从而给和约设置了障碍，尽管他的主人并没有给他这方面的指示，他还说这之前他

① 参见本卷第六章，第18节。谢奥吉斯是唯一拥有这一头衔的人。

② magister。

同叙帕提乌斯谈过话,叙帕提乌斯对他自己的君主绝无好感并正在试图阻碍和约的缔结和过继科斯罗伊斯;此外谢奥吉斯的仇人也对他进行了其他许多指控,于是他受到了审判。(32)而整个波斯议会都集合到一起进行审判,这与其说是为了尊重法律,毋宁说是出于嫉妒。因为他们对他们看不惯的那个职位抱极端敌视态度,并且对此人的天生性格也感到讨厌。(33)原来谢奥吉斯是一个完全不能用金钱收买的人,一个最严格地尊崇正义的人,所以他身上有一股傲气,这是任何其他人的傲气无法与之相比的。确实这一品质似乎是波斯官吏所固有的,但甚至他们都认为谢奥吉斯身上这种毛病发展到了极端的程度。(34)因此指控他的人们说的便是上面指出的所有那些事情,此外还说他绝不是一个愿意在已确立的方式下过活的人或说他绝不愿意维护波斯人的体制。(35)要知道他不但崇奉外来的神,而且不久前当他的妻子去世时他埋葬了她,尽管波斯人的法律是禁止把死者遗体藏到地下的。(36)因此法官们判处他死刑,而卡巴德斯虽然作为谢奥吉斯的友人对他深表同情,却绝不愿意挽救他。(37)另一方面,他并没有让人们知道他对谢奥吉斯很恼火这件事,而是,正像他所说的,他不愿意违犯波斯人的法律,尽管此人是他的救命恩人,因为他所以还活在世上以及还担任国王,谢奥吉斯有主要的功劳。这样,谢奥吉斯便被判刑、被处死了。(38)于是由他开始的这一职位也便在他身上结束了。因为没有任何另外一个人曾担任阿德拉斯塔达兰·撒拉尼斯。茹菲努斯也在皇帝面前诽谤叙帕提乌斯。结果皇帝便撤了他的职务并且极为残酷地拷问同他有关系的某些人,但最后却发现那诽谤绝对没有根据;但除此之外,他却也没有对叙帕提乌斯有任何伤害。

十二

(1)急于想对罗马人的国土发动某种进攻的卡巴德斯紧接在这之后却根本不能这样做,因为这时恰好出现了如下的障碍。(2)居住在亚细亚的伊伯里亚人就定居在波斯人以北的卡斯皮亚门的近旁。左手朝西同他们邻接的是拉吉卡,右手朝东同他们邻接的则是波斯各民族。(3)伊伯里亚人是基督教徒,他们比我们知道的任何其他人都更加严谨地遵守这种宗教仪式,但他们实际上自古以来便是波斯人的臣民。(4)然而就在当时,卡巴德斯却想迫使他们接受他自己的宗教的仪节。他命令伊伯里亚人的国王古尔盖尼斯做一切事情都要像波斯人通常所做的那样,特别是在任何情况下都不要把他们的死者埋藏到地里,而是把所有的死者抛给鸟和狗吃。(5)因此之故,古尔盖尼斯便想转到皇帝优斯提努斯方面去,并且提出要求,即他要得到罗马人永不会把他们交给波斯人的保证。(6)皇帝十分热心地给了他这些保证并且派已故皇帝安那斯塔西乌斯的侄子普洛布斯,一个贵族等级的人带着大宗的款项去博斯普鲁斯,使他用这笔钱能以征集到匈人的一支军队并把他们作为联盟者派到伊伯里亚人那里去。(7)博斯普鲁斯是沿海的一个城市,当航行的人们进入所谓埃乌克西努斯海[①]时,这座城市位于左手,它离开作为罗马领土边界的凯尔松城是二十天路程。在这些城市之间,一切都在匈人手中。(8)在古代,博斯普鲁斯的

① 即黑海。

人民是自治的,但是近来他们却决定臣服于皇帝优斯提努斯。(9)不过普洛布斯没有完成任务便离开那里,于是皇帝又派出彼得作为将领带领一些匈人去拉吉卡,拼全力为古尔盖尼斯作战。(10)与此同时,卡巴德斯则派出了一支十分庞大的军队去攻打古尔盖尼斯和伊伯里亚人,担任将领的是一个拥有"瓦里吉斯"头衔的、名叫波伊斯的波斯人。(11)然而人们却看到,古尔盖尼斯过于软弱而无法反抗波斯人的进攻,因为罗马人方面提供的帮助有限,于是他便偕同伊伯里亚全部知名人士逃往拉吉卡,同他在一起的还有他的妻子和孩子们以及他的兄弟们,就中最年长的是佩腊尼乌斯。(12)当他们到达拉吉卡的边境时,他们便留在了那里,托庇于当地险要的地势以抗击敌人。(13)波斯人追踪而来,但由于当地险恶的自然条件对他们不利,从而没有干出任何甚至值得一记的事情。

(14)这之后伊伯里亚人便来到了拜占庭,佩特茹斯奉皇帝之召前来见他;而从那时起,皇帝便提出要求,要他帮助拉吉人守卫他们的国土,尽管这是违反他们的意愿的,他并且派去一支由埃列奈乌斯统率的军队。(15)且说在拉吉卡有两座要塞[①],如果人们从伊伯里亚的边界进入他们的国土,便立刻会遇到它们,而负责保卫它们的自古以来便是当地人,尽管在这件事上他们吃了很多苦头,因为那里既不生产粮食,也不生产葡萄酒以及任何其他好东西。(16)而且由于道路的狭窄,确实,除非使用人力输送,从外地不可能把任何东西运进去。(17)但是拉吉人却能依靠那里生产

① 参见本书第八卷,第十三章,第15节。

的一种小米生活，因为他们已经对它习惯了。(18)这些卫戍队伍被皇帝从那里调走，皇帝并且下令由罗马士兵驻守在那里担任要塞的守卫工作。(19)拉吉人起初好不容易才把粮食给这些士兵运来，但是后来他们不干了，罗马人也便放弃了这些要塞，而波斯人便轻而易举地占领了它们。这便是当时发生在拉吉卡的事情。

(20)而在西塔斯和贝利撒里乌斯率领下的罗马人攻入了属于波斯人的波斯阿尔明尼亚，他们在这里劫掠了很大一块地方，然后带领着阿尔明尼亚的大批俘虏退去了。(21)这两个人都是刚刚长出胡须来的青年人[①]，他们都是后来和叔父优斯提努斯共享统治大权的将领优斯提尼安的卫士。但是当罗马人第二次入侵阿尔明尼亚时，纳尔吉斯和阿腊提乌斯出其不意地迎击他们并同他们展开了战斗。(22)这些人不久之后便投奔到罗马人这一面来并随贝利撒里乌斯出征意大利；但是这一次，这些人同西塔斯和贝利撒里乌斯的士兵接战并打败了他们。(23)由色雷斯人利贝拉里乌斯率领的另一支罗马军队在尼西比斯城附近也发动了一次进攻。尽管没有任何人出来迎击，但这支军队却突然退却逃跑了。(24)为此皇帝撤了利贝拉里乌斯的职务并任命贝利撒里乌斯为达腊斯地方军队的统帅。正是在这个时候，这部历史的作者普洛科皮乌斯被选定为他的顾问。

① 参见《伊利亚特》，第二十四章，第348行；《奥德修记》，第十章，第279行。

十三

(1)在这之后不久，曾宣布侄子优斯提尼安同自己共享帝国统治大权[①]的这位优斯提努斯去世了[②]，这样优斯提尼安便成了唯一的皇帝。(2)这个优斯提尼安命令贝利撒里乌斯在一个叫做米恩杜欧斯的地方修筑一座要塞，米恩杜欧斯就对着波斯的边界，而人们如果去尼西比斯的话，那它便位于左手。(3)于是他赶忙着手实现皇帝的这一决定，而由于有大量工匠参加，这一要塞已经修筑到一个相当的高度。(4)但是波斯人却禁止他们再修筑下去，他们不仅以语言而且以实际行动威胁说，很快他们便会阻碍这一工作的进行。(5)皇帝得知这一情况后，由于贝利撒里乌斯手下现有的军队无法打退波斯人的进攻，于是他便派了另一支军队去那里，此外还有当时统率利巴努斯[③]的士兵的库特吉斯和布吉斯。这两个人是来自色雷斯的兄弟，不但都年轻，而且对敌作战时也都有一股蛮勇之气。(6)两军集合之后便都以全力开赴修筑工事的场地，波斯人是为了全力阻止工事的进行，罗马人则是为了保卫干活的工匠。(7)结果发生了一场激烈的战斗，罗马人在这一战斗中被打败，许多人被杀死，还有一些人被敌人俘虏。(8)在这些被俘者当中便有库特吉斯本人。波斯人把所有这些俘虏都带回本国，加上镣铐后永久囚禁在一个洞窟里；至于要塞，由于再也无人保卫，他们便把已经修筑起来的部分夷为平地。

---

① 公元527年4月1日。

② 公元527年8月1日。

③ 即黎巴嫩。

(9)这之后皇帝优斯提尼安便任命贝利撒里乌斯为东方的统帅并要他征讨波斯人。(10)于是他便集合了一支极为庞大的军队来到了达腊斯。海尔莫盖尼斯也奉皇帝之命来到他这里担任长官的职务,协助他整顿军队。此人先前在维塔利亚努斯同皇帝安那斯塔西乌斯作战时是他的顾问。(11)皇帝还把茹菲努斯作为使节派出去,命令他留在幼发拉底河畔的希耶腊波利斯,等待皇帝本人给他指示。因为关于和约,双方都已经讲了很多。(12)但是,忽然有人向贝利撒里乌斯和海尔莫盖尼斯报告说,波斯人即将进攻罗马人的土地,因为他们急于占领达腊斯城。(13)而在他们得到这一消息后,他们便对战斗做了如下的准备[①]。离开同尼西比斯城相对的城门不远的地方,大约是一次投石的距离,他们挖了一道有许多通道跨越其上的深沟。这道沟并不是挖成一道直线,而是挖成下面的样子。(14)沟的中间部分并不长,然而是直的,但在它的两端各挖一道与之形成直角的沟;而在这两道与前者形成直角的沟的尽头处,各自按照原来的方向再挖两道直线的沟到很远的地方。(15)不久之后波斯人便率大军前来,他们所有的人在一个叫阿姆莫狄欧斯的地方设营,这地方离达腊斯城是二十斯塔迪昂[②]的距离。(16)在这支军队的领导者当中就有皮图亚克西斯和独眼的巴列斯玛那斯。不过还有一位统率他们所有的人的将领,此人拥有"米尔腊尼斯"的头衔(因为波斯人对担任这一职位的人的称号便是如此),名叫佩若吉斯。(17)这个佩若吉斯立刻便派人去贝

① 时当公元530年7月。

② 约合3.7公里。

利撒里乌斯那里,要他准备浴室,因为他希望第二天在那里入浴。(18)于是罗马人便极为紧张地进行作战的准备,期待于第二天展开战斗。

(19)日出的时候,他们看到敌人向他们攻来,便列阵以待,兵力的配置则有如下述[①]。同交叉的沟相接的左侧直沟的顶端直到这里的一座小山那里,这一段是由布吉斯和他的大队骑兵以及埃茹利人法腊斯和他本族人的三百名士兵据守着。(20)在这些人的右边,沟的外边,也就是交叉的沟和从那一点延伸出去的那部分直沟形成直角的地方是由玛撒该塔伊人苏尼卡斯和阿伊干以及他们手下的六百名骑兵据守着,这些人安排在这里的目的是:如果布吉斯和法腊斯的队伍在敌人的进攻前向后退,他们在侧翼可以迅速行动,绕到敌人的后方以便容易地在那里支援罗马人。在另一翼他们也作了类似的安排。(21)直沟的右端驻守着一大队骑兵,他们的将领是尼凯塔斯之子约翰以及库里尔和玛尔凯路斯;同他们在一起的还有日耳曼努斯和多若提乌斯;而在右翼直角处的则是由玛撒该塔伊人西玛斯和阿斯坎统率下的六百名骑兵,如上所述,这些人的作用是:一旦约翰被迫后退时,他们可以从这里出动进攻波斯人的后方。(22)这样,沿着这整条沟配备的是骑兵和步兵的队伍。而在这些队伍的后面中间的地方,则是贝利撒里乌斯和海尔

① 罗马军队的战阵如图所示:

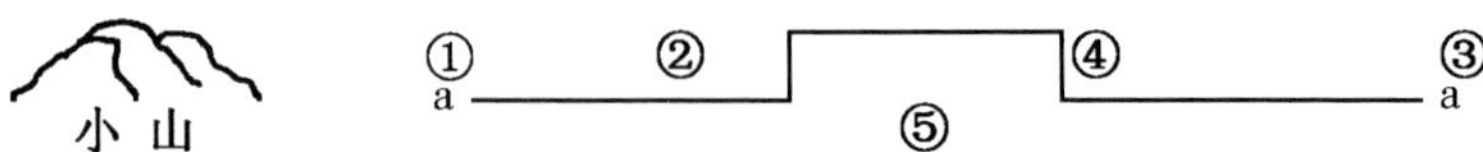

①布吉斯与法腊斯。②苏尼卡斯与阿伊干。③约翰、库里尔、玛尔凯路斯、日耳曼努斯和多若提乌斯。④西玛斯与阿斯坎。⑤贝利撒里乌斯与海尔莫盖尼斯。a—a 为沟。

莫盖尼斯的队伍。(23)这样列成战阵的罗马人总数达二万五千人;但波斯人方面的骑兵与步兵有四万人,他们面对敌人的阵线全体密集在一起,这样就使方阵的阵线尽可能地深。(24)随后在一个长时间里双方都没有同对方接战,但是波斯人似乎对罗马人的严整的队形感到惊讶,好像在当时情况下不知道应当怎样做。

(25)在下午很晚的时候,右翼里有一队骑兵离开其余的队伍走向布吉斯和法腊斯的队伍。(26)于是罗马人向后退了一小段距离。但是波斯人没有追击而是留在了原地,我想这是因为他们担心敌人方面会有人出来包围他们。随后转身逃跑的罗马人突然向他们冲去。(27)波斯人抵挡不住他们的进攻,于是退回到方阵里去,而布吉斯和法腊斯的队伍仍旧留在他们自己的阵地上。(28)在这一小的接触中,波斯人方面死了七个人,罗马人得到了他们的尸体。这之后双方的军队都静静地留在阵地上。(29)但是有一个年轻的波斯人策马驰到离罗马军队很近的地方,开始向他们所有的人挑战,问谁愿意出来同他较量。(30)全军当中没有一个人敢于面对这一危险,而只有一个名叫安德里亚斯的人是例外,此人并不是一名士兵而只是布吉斯的一名私人随从,过去他也根本没有任何从事战争的经验,而只是拜占庭一所角力学校训练青年的教练。(31)由于这一点,他竟得以随军队而行,因为在浴场中他要照顾布吉斯本人;此人是生在拜占庭的。并不是由于布吉斯或其他任何人的命令,但只有这个人有勇气自动出来同对方进行单对单的较量。正当对方的蛮族正在考虑如何进攻时他已经捉住对方并且用长枪刺到对方的右胸上。(32)波斯人经受不住特别有力气的人的这一击,便从马上跌落到地上了。继而当此人仰面倒在

地上时,安德里亚斯便用一把小刀像宰割牺牲那样地杀死了他。从城墙方面以及从罗马军队方面都发出了一声有力的呼叫。(33)但波斯人对战斗的这一结果深感恼火,为此派出了另一名骑兵,此人体格伟岸,气宇轩昂,但已不是一名青年,因为他的头发已经有了一点灰色。(34)这名骑兵沿着敌军的队列驰来,一面有力地挥舞着他通常用来抽打乘骑的鞭子,向罗马人叫阵,问谁愿意出来同他较量。(35)但仍没有人出来同他作战,于是安德里亚斯在没有任何人注意到他的情况下再次挺身而出,尽管海尔莫盖尼斯已经不许他这样做了。(36)于是双方都用长枪拼命地向对方刺去,武器刺到胸甲上便极为有力地被反弹到一边去,而马头撞到一处后战马倒下,骑手也就给摔了下来。(37)跌下来的两个人相互离得很近,但他们赶忙又站了起来,可是波斯人要这样做并不容易,因为他身材高大不便,另一方面安德里亚斯却比他占了先(因为角力学校的实地经验给了他这一优势),在对方还跪在地上未起来时刺中了他,而当对方再次倒地时便把他杀死了。(38)随之从城上以及从罗马军队发出了和前次同样大的吼叫声,如果不是比前次更大的话。于是波斯人解散了他们的方阵,退回到阿姆莫狄欧斯去了,而罗马人也高唱着凯歌返回自己的工事,(39)因为这时天色已渐渐暗了。双方便这样地度过了那一夜。

十四

(1)第二天波斯人从尼西比斯召来的一万名士兵到达了,而贝利撒里乌斯和海尔莫盖尼斯于是给米尔腊尼斯[1]写了这样一封

① 参见前章第 16 节。

信:“首要的幸福是和平,所有稍稍有一点理智的人都同意这个说法。(2)因此如果有谁破坏了和平,则这个人为了由此引起的麻烦不仅要对他身边的那些人负责,而且要对他的整个民族负责。因此最优秀的将领乃是能以把战争化为和平的人。(3)但是当罗马人和波斯人之间的事务得到妥善处理的时候,你却认为应当毫无道理地把一次战争强加给我们,尽管每位国王的意图都是要寻求和平,尽管我们的使节已经来到附近的地方,他们不久在共同讨论局势时将会解决一切有争论的问题,除非由于你们的侵略而造成的某种无法弥补的伤害表明足以使我们不再敢抱有这一希望。(4)尽快把你的军队带回波斯的国土去而不要干妨碍最大幸福的事情了,免得有朝一日,波斯人认为——而这是可能的——你要对将会发生的灾难负责。”(5)米尔腊尼斯看了带给他的这封信之后,便作了如下的回答:“老实说,如果这封信不是罗马人写来的,我本来是会相信你们写的话并且按照你们的要求去做的,可惜对罗马人来说,作出保证是容易的,而实现保证实际上却是极为困难的,根本无法指望的,特别是如果你们用任何誓言来批准这一协定的话。(6)因此,由于对你们的欺骗行为感到绝望,我们才迫不得已同你们兵戎相见,而至于你们,我亲爱的罗马人,请考虑这一点,即从今天起,你们只能同波斯人作战,而不能做其他任何事情。要知道在这里我们将被迫作出这样的选择:或者死掉,或者变老,直到你们在事实上给我们以公道。”以上便是米尔腊尼斯回信里的话。(7)于是贝利撒里乌斯和他的将领们再次写了这样一封信:“杰出的米尔腊尼斯啊,在所有的事情上依靠吹嘘是不妥当的,也不应当对邻人提出没有任何依据的指责。(8)我们要老老实实地告诉你,

茹菲努斯已经以使节的身份前来并且就在不远的地方,很快你本人便会得到消息的。(9)但是既然你急于从事战争,我们也将在上帝的帮助下严阵以待,我们知道上帝在危难时是会支援我们的,因为罗马人的和平意图会感动上帝,但是上帝会谴责波斯人的飞扬跋扈和你们这样的决定,即当我们请你们讨论和约问题时,你们却要同我们作战。(10)通过把我们每一方写的信札系到旗杆的杆头上从而为这场冲突做了准备之后,我们将列阵同你们抗衡。”(11)这封信的内容就是这样。而米尔腊尼斯也再次作了如下的答复:“我们作战时我们的神灵也来相助,我们将在他们的帮助下同你们对阵。我希望明天他们将会把波斯人带到达腊斯。(12)在要塞内部把浴场和午餐为我准备好吧。”当贝利撒里乌斯和他的将领读了这信之后,他们便对战斗做了准备。

(13)第二天米尔腊尼斯在日出时分把所有的波斯人召集到一处讲了这样的话:“波斯人在危险面前习惯于表现勇敢,并不是由于他们的领导者的言辞,而是由于他们个人的勇敢品质,由于他们相互间都有羞耻之心,这一点我不是不知道。(14)但是既然看到你们在考虑这样一个问题,即到底为什么出现这种情况,这便是在此之前罗马人一直是习惯于在混乱无秩序的状态下展开战斗的,但近来他们却列阵有秩序地迎战进攻的波斯人,而这种情况又绝不是他们的特点,为此我决定向你们讲几句激励的话,这样你们便不致由于持有错误的意见而受到欺骗了。(15)要知道,我希望你们不要认为罗马人突然变成了优秀的战士,也不要认为他们已经有了更多的任何勇气或经验,而是他们变得比先前更加胆怯了。总之他们害怕波斯人到如此程度,乃至他们不挖一道沟就不敢组成他们的方阵。(16)而即使这样他们还是不展开任何战斗,而当我们根本不同他们接战的时候,他们却高兴地认为事情进行得比他们希望的要好,而撤回到城里去了。(17)也正是因此之故,他们才没有陷入混乱,因为他们还不曾经历战争的危险。但是当战争发展到白刃战的时候,他们就会感到害怕,再加上他们没有作战的经验,这一切很可能使他们陷入他们通常的那种混乱。因此我们敌人方面的情况便是这样。(18)但是,波斯人啊,你们务必要记住众王之王所作的判断。(19)如果你们在当前的战斗中不以一种称得上是波斯人的勇气的方式表现为勇敢的人,你们将会受到不光彩的惩罚!"(20)讲了这样一番激励的话之后,他便开始率领军队向敌人展开进攻了。同样地,贝利撒里乌斯和海尔莫盖尼斯也在工事前把所有的罗马人集合起来,用下面的话加以鼓励:"(21)既然在先前的战斗中我们已经摸清了波斯人的底细,因此你们肯定知道,他们根本不是不可战胜的,而且不是强大到不能被杀死的程度;你们肯定还知道,在勇气和体力两方面都超过对方的你们罗马人,其所以吃败仗毋宁说只是由于你们忽略了你们的军官,这一点无论是谁也不能否认。(22)但现在你们毫不费力便有机会纠正这一点。要知道,厄运绝不是经过努力便可以纠正的,但是对一个人来说,理性却可以容易地医治他本人所造成的不幸。(23)因此,如果你们愿意注意下达给你们的命令的话,你们立刻会为自己赢得战斗中的优势。向我们进攻的波斯人,他们信心的依据不是别的任何事物,而恰恰是我们的混乱。(24)但这次他们的希望也将会落空,他们将会像前一次的遭遇那样离开。至于敌人的人数众多,他们的这一点比任何其他事物都更加引起人们的恐惧,但你们理

应蔑视他们。(25)要知道他们的全部步兵只不过是一群可怜的农民,他们参加战斗只是为了挖通城墙和掠夺死者,并且一般地说他们只是伺候士兵的。(26)因此之故他们根本没有任何可以给敌人制造麻烦的武器,他们只是手持巨大的盾牌使自己不受可能来自敌人方面的攻击。(27)因此,如果你们在这一斗争中表现为勇敢的人,你们不仅在当前征服波斯人,你们还将因他们的愚蠢而惩罚他们,这样他们将绝不敢再侵犯罗马的领土。"

(28)贝利撒里乌斯和海尔莫盖尼斯讲完这些激励的话之后,由于他们看到波斯人已经向他们攻来,于是他们赶忙使士兵列成方才那样的战阵。(29)而来到他们跟前的蛮族士兵却面对着罗马人停了下来。不过米尔腊尼斯并不是要全体波斯人列阵对敌作战,而只使用了他们的一半,却要另一半人留在后方。(30)这些人是准备替换作战的那些人的,这样他们可以以充沛的精力向敌人进攻,而所有的人便可以在不断的轮换中作战了。(31)但只有对于所谓不死者即亲卫军队伍,他才下令他们留下来休息,何时行动须由他本人发出信号。(32)他自己占据战线中央的位置,右翼归皮图亚克西斯指挥,左翼由巴列斯玛那斯指挥。两支军队便这样地列阵对峙。继而法腊斯便来到贝利撒里乌斯和海尔莫盖尼斯这里,说:(33)"如果我在这里和埃茹利人待在一起,我认为这将不会给敌人造成重大的伤害;但是,如果我们隐藏在山坡这里,那么在波斯人挑起战斗时,我们倘若爬上这座小山,然后突然攻击他们的后方,从后方加以射击,很可能我们会给他们造成最大的伤害。"他这样说,并由于得到了贝利撒里乌斯和他的参谋人员的赞许,他便去执行这一计划。

(34)直到中午,双方都不曾挑起战斗。但是正午刚刚过去,蛮族便开始了战斗,他们是有意把战斗推迟到这个时分的,因为他们习惯于只在傍晚时分才用餐,而罗马人是在正午之前吃饭的;因此之故,他们认为,如果他们在饥饿时向对方进攻,罗马人是绝不可能有效地坚持的。(35)开头双方都用箭互射,由于射出的箭为数众多,它们好像形成了一大片云。双方都有许多人阵亡,但是蛮族射出的箭要稠密得多。(36)原来总是有新来的人轮流上阵战斗,从而使他们的敌人没有丝毫的机会注意正在发生的事情;但即使如此,罗马人也没有被打败。因为一阵强风从他们的一方向蛮族刮过去,从而在相当程度上遏制了射出的箭的力量。(37)当双方把箭都用完时,他们便用长枪对付对方,战斗变得更加接近于肉搏战。罗马方面左翼所受的损失特别大。(38)原来在这里和皮图亚克西斯一道作战的卡狄谢尼人突然大批地向敌人冲过去,使他们溃退并且在用大群人紧紧地压向逃跑的人们时杀死了许多敌人。(39)当苏尼卡斯和阿伊干麾下的人们看到这一情况时,他们赶忙向对方发动了进攻。但是首先法腊斯手下的三百名埃茹利人从高地进入敌人的后方并且极为出色地对所有的敌人,特别是对卡狄谢尼人立下了英勇的战功。(40)波斯人看到苏尼卡斯的士兵也已经从侧翼向他们攻来,便匆忙地跑开了。(41)败逃变成了全面的,因为罗马人的军队在这里相互联合到一起,结果对蛮族进行了大量的屠杀。(42)在波斯人的右翼,在这一战斗中阵亡的不下三千人,其余的人好不容易和方阵一道逃掉并得救了。(43)罗马人并没有继续追击,双方的战线面对面地停了下来。这些事件的经过便是如此。

(44)但是米尔腊尼斯却把一支大军以及全部所谓不死者即亲卫军偷偷地派往左面。而当贝利撒里乌斯和海尔莫盖尼斯注意到这些人时,他们便下令苏尼卡斯和阿伊干手下的六百人去右角的地方,也就是西玛斯和阿斯坎的军队据守的地方,并在他们背后安排了许多贝利撒里乌斯的士兵。(45)于是左翼在巴列斯玛那斯率领之下的波斯人连同不死者(亲卫军)便跑着向他们对面的罗马人发动了进攻,罗马人未能挡住他们的进攻,便匆忙退却了。(46)于是在角那里的罗马人和所有他们后面的人便十分卖力地向追击者攻击。(47)但由于他们是从侧面攻打蛮族的,结果他们把蛮族的队伍分成两截,较大的一部分在他们右手,留在后面的一些人在他们的左手。在这些人当中恰好有巴列斯玛那斯的军标手,苏尼卡斯向此人进攻并用枪刺中了他。(48)带领波斯人进行追击的那些人已经看到他们陷入了怎样的困境,便转过身来停止了追击,并迎战攻击他们的人们,结果从两侧受到了敌人的进攻。(49)原来先前在他们面前逃跑的敌人知道了正在发生什么事情之后便又转了回来了。而波斯人从他们方面来说,他们以及不死者(亲卫军)的队伍看的军标倾斜并落到地上,便和巴列斯玛那斯一道全部向那里的罗马人冲去。但罗马人坚守在那里毫不退让。(50)首先是苏尼卡斯杀死了巴列斯玛那斯,使他从马上跌落在地。结果蛮族感到十分害怕并不再考虑反抗的事而是在一团混乱中逃跑了。(51)罗马人在他们四周好像形成了一个包围圈,杀死了他们大约五千人。这样双方的军队便全都动了起来,波斯人后退,罗马人追击。(52)在冲突的这一部分波斯军队的所有步兵都抛掉了他们的盾牌,为敌人所俘并遭到残暴的杀害。不过罗马人并没有追击一个很长的路程。(53)原来贝利撒里乌斯和海尔莫盖尼斯绝对不许罗马人再追下去,因为他们担心波斯人出于某种必需而转过身来,在对方不顾一切地追击时把他们打败。他们认为使这次胜利不受到玷污就足够了。(54)因为在那一天,波斯人是被罗马人打败了的,这样的事情很久没有发生过了。两支军队便这样地分开了。(55)波斯人不愿再同罗马人展开一场堂堂正正的战斗。不过双方都发动了一些突然进攻,在这些次进攻中罗马人并不是处于不利的地位。因此在美索不达米亚的军队的遭遇便有如上述了。

十五

(1)卡巴德斯把另一支军队派入阿尔明尼亚的属于罗马人的那一部分。这支军队包括波斯阿尔明尼亚人和苏尼塔伊人,他们的土地同阿拉尼人的土地相邻。同他们在一起的还有被称为撒比里人的匈人,这些人的人数有三千人,这是一个极为好战的民族。(2)担任全军统帅的是一个名叫美尔美罗伊斯的波斯人。当这支军队离开提奥多西奥波利斯已有三天的时候,他们设了营,留在波斯阿尔明尼亚人的土地上,为侵略做准备。(3)且说在阿尔明尼亚担任将领的实际上是谨慎而又有多次作战经验的一个名叫多若提乌斯的人。而西塔斯则在拜占庭担任将领之职,他对阿尔明尼亚的全军有统率之权。(4)这两个人得知在波斯阿尔明尼亚有一支军队正在集结,便立刻派出两名卫士,要他们侦察敌人全军的情况并向他们报告。(5)于是这两个人便溜进了蛮族的营地并且在精确地看完了一切之后才离开。(6)他们正在向着那一地区的某个地方行

进时却出其不意地遇上了敌对的匈人。这两个人当中一个名叫达伽里斯的人被俘并且给捆绑起来,但另一个人却得以逃脱并把经过的一切向将领作了报告。(7)于是他们便把全军武装起来,向敌人的营地发动了一次出其不意的进攻。(8)因突如其来的进攻而惊慌失措的蛮族根本没有想到抵抗而是每个人都尽其所能地逃掉了。于是罗马人在杀死了大量敌人并掠夺了营地之后便立刻离开了。

(9)这之后不久,美尔美罗伊斯在集合了全军之后,又攻入了罗马的领土;他们在撒塔拉城附近的地方遇到了敌人。他们在那里设营并留在一个名叫欧克塔瓦的地方休息,欧克塔瓦离开城市是五十六斯塔迪昂[①]的距离。(10)西塔斯于是带领一千名士兵出来,要他们隐藏在那里一座小山的后面。原来撒塔拉城是位于平原之上,平原四周小山是很多的。(11)他命令多若提乌斯和其余的军队留在工事的内部,因为他们认为在平原上他们是绝对无法同敌人抗衡的,要知道敌人的兵力不下三万人而他们自己的兵力至多也就是敌人的一半。(12)第二天蛮族逼近工事,赶忙着手围攻城市。但是忽然间他们看到西塔斯的士兵这时正在从高处下来攻向他们,而且他们又没有办法估计敌人的人数,因为时值夏季,大片的尘土笼罩在他们头上,故而他们以为对方人数比自己要多得多,于是他们匆匆地放弃了围攻城市的计划,赶忙把自己的士兵集合在一个小的空间。(13)但是罗马人走在了他们这一举动的前面,他们把自己的队伍分成两股,在敌人从工事那里后退时对之发起进攻;罗马全部军队看到这一情况便鼓起勇气以巨大的气势从

① 约10.35公里。

工事冲出并攻向敌人。(14)这样他们便用自己的军队对波斯人加以夹击并使之溃逃。不过，如上所述，蛮族在人数上比之他们的军队仍占很大的优势，因此他们仍然在进行反抗，战斗成了一场激烈的肉搏战。(15)双方都一直在进逼敌人并迅速后退，因为他们都是骑兵。于是统率一队骑兵的一个名叫佛洛伦提乌斯的色雷斯人便攻入敌军的中心抓住将领的军标，用力把它压到地上，然后策马返回。(16)虽然他本人被赶上，跌下马来并被砍成碎块，但他表明自己是罗马人这次取胜的主要原因。要知道，当蛮族不再能看到军标时，他们便陷入了巨大的混乱与恐怖，于是撤回自己的营地，静静地待在那里，而在战斗中他们已损失了许多士兵。(17)第二天他们便全军返回本国，但是没有任何人追踪他们，因为在罗马人看来，这实在是一件值得大书特书的盛事：这样一大群蛮族在他们本国遭遇到了我前面所记述的那些事情，并且在他们侵入敌人的领土之后，他们竟一无所成空手而归，并为较小的一支军队所击败。

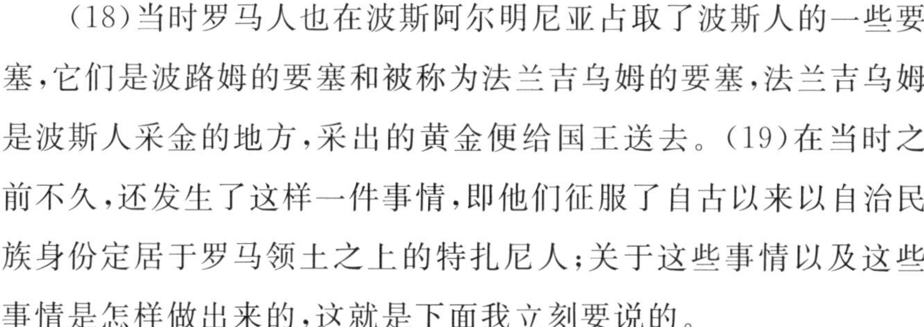

(18)当时罗马人也在波斯阿尔明尼亚占取了波斯人的一些要塞，它们是波路姆的要塞和被称为法兰吉乌姆的要塞，法兰吉乌姆是波斯人采金的地方，采出的黄金便给国王送去。(19)在当时之前不久，还发生了这样一件事情，即他们征服了自古以来以自治民族身份定居于罗马领土之上的特扎尼人；关于这些事情以及这些事情是怎样做出来的，这就是下面我立刻要说的。

(20)如果一个人从阿尔明尼亚的土地进入波斯阿尔明尼亚，那么陶茹斯山便位于他的右手，正如前不久我所说的[①]，这山一直

① 参见本卷第十章，第2节。

延伸到伊伯里亚和那里民族中间去,而在左手则是一条在很长距离上不断下降的道路,路旁则是极为陡峭的高山,终年隐藏在云雾霜雪之中,而法吉斯河便是从这里发源并流入科尔奇斯的土地的。(21)自古以来这里便居住着被称特扎尼人的蛮族,早时被称为撒尼人的这一蛮族不臣服于任何人。他们在居住于那一带的罗马人中间进行打劫活动,过着极为艰困的日子,他们始终是靠着偷来的东西为生的;因为他们的土地不给他们生产任何好吃的东西。(22)为此罗马皇帝每年也把一定数量的黄金送给他们,条件是他们绝不应再劫掠附近地区。(23)蛮族用他们民族特定的方式发誓遵守协定,但随后便不顾发誓遵守的条款,仍习惯于长时期不仅对阿尔明尼亚人而且对同阿尔明尼亚人为邻直到海边的罗马人发动突然的进攻并造成伤害;随后,在完成短时期的入侵之后他们又立刻返回自己的国土。(24)每当他们碰到一支罗马军队的时候,他们总是在战斗中被打败,但是他们表明自己是绝不会被俘的,而凭借的便是他们的能迅速奔跑的力量。在这次战争前的一次战斗中西塔斯便这样地打败了他们;但后来,通过言语与事实多次向他们表示了善意,他终于能以把他们完全争取过来。(25)原来他们把自己的生活方式变得比较文明一些,他们自己参加了罗马军队并且从那时起和其余的罗马军队一道去进攻敌人。他们还放弃了他们自己的宗教而接受了一种更加公正的信仰,他们全体成了基督教徒。特扎尼人的历史便是如此。

(26)在这个民族的边界的那边有一道峡谷,峡谷边上是既高而又极为陡峭的岩壁,一直伸展到高加索山。在峡谷内有人口众多的城镇、葡萄和其他果实产量颇丰。(27)这个峡谷占大约三日行程的空间，它是向罗马人纳贡的，而从那里便开始了波斯阿尔明尼亚的领土；这里还有金矿，而经过卡巴德斯的准许，金矿由当地的一个叫西美昂的人经营。(28)当这个西美昂看到两个民族都忙于战争的时候，他便决定不把这笔收入给予卡巴德斯。(29)于是他把他自己和法兰吉乌姆都交给了罗马人，但是他却拒绝把金矿的黄金给予任何一方。(30)至于罗马人，他们没有任何举动，因为对他们来说，敌人失去从那里取得的收入就足够了，而波斯人却不能违反罗马人的意志迫使那里的居民屈服，因为他们克服不了当地不利的自然条件。

(31)大约在这同时，在这次战争开始时，如上所述①，曾在波斯阿尔明尼亚人的土地同西塔斯和贝利撒里乌斯有过一次接战的纳尔吉斯和阿腊提乌斯和他们的母亲一道投到罗马人这一方面来。皇帝的大管家纳尔吉斯接待了他们(原来他恰好也是波斯阿尔明尼亚人)并且给了他们一大笔钱。(32)当这个消息传到他们最小的兄弟伊撒克那里去的时候，他便在暗中同罗马人开始了谈判并把离开提奥多西奥波利斯的边界很近的波路姆要塞交给了罗马人。(33)原来他要士兵们隐藏在城郊的某个地方，并且在夜间他偷偷地给他们打开了一个小门，把他们接到要塞里来。

十六

(1)罗马人方面的情况就是这样。但波斯人他们虽然在达腊斯的战斗中为贝利撒里乌斯所打败，却甚至拒绝从那里撤退，直到

① 参见本卷第十二章，第21节。

茹菲努斯来到卡巴德斯这里,讲了这样的话:“国王啊,我是被你的兄弟派来的,他对你进行了正确的谴责,因为波斯人并无正当理由便以武力侵入了他的国土。(2)对于一位不仅强大而且像你这样明智的国王来说,更加得体的做法应当是:求得和平地结束战争,而不是在事情已得到圆满处理的时候,还要给他自己和他的人民添加不必要的混乱。(3)为此我本人也带着美好的希望来到这里,为的是从今以后两国人民能以享受来自和平的幸福。”(4)以上是茹菲努斯的话。卡巴德斯则作了如下的回答:“西尔瓦努斯之子啊,千万不要试图把事情的起因弄颠倒,因为你比世界上的任何人都更清楚地懂得,全部混乱的主要原因正是你们罗马人。要知道,我们把蛮族从卡斯皮亚门赶走之后占领了它是为了波斯人和罗马人的利益,因为你肯定知道,由于罗马人的皇帝安那斯塔西乌斯当他有机会用金钱买下卡斯皮亚门时却不愿意这样做,这是为了他不致由于在那里永久维持一支队伍而被迫为两个民族浪费大宗的钱财。(5)从那时起,我们便把那支大队伍安置在那里并且把它一直维持到今天,这样在涉及那边的蛮族时,便给了你们住在那里而又不受劫掠的权利,以及不受干扰而完全自由地保有自己财产的权利。(6)然而这对你们来说似乎还不够,你们又修筑了一座大城达腊斯作为对付波斯人的一个要塞,尽管这一点在安那托利乌斯同波斯人安排的条约中是明确禁止的;而结果波斯国必然会遇到困难并且要负担两支军队的费用,一支是为了不使玛撒该塔伊人肆无忌惮地掠夺我们两国的国土,一支是为了制止你们的入侵。(7)不久前我们就这些事提出一项抗议并要求在这两件事中你们应当做一件:或者我们双方都派军队到卡斯皮亚门来,或者把达腊斯城拆掉，但那时你们不想了解我们所说的话，反而认为应当以更大的伤害来加强你们反对波斯人的阴谋，如果我们正确无误地记起米恩杜欧斯要塞的修筑的话[1]。甚至现在罗马人也可以选择和平，但也可以挑选战争，这要看他们对我们是施行正义还是反对我们的权利了。(8)除非罗马人帮助波斯人守卫城门，而这是公正合理的，或是拆掉达腊斯城，否则波斯人是不会放下武器的。”说了这些话之后，卡巴德斯便把使节打发回去，同时却又暗示，他是想从罗马人那里得到钱，而引起战争的原因就不谈了。(10)茹菲努斯回到拜占庭后便把这一切报告给皇帝。不久之后海尔莫盖尼斯也去了那里。冬天已经结束了；优斯提努斯皇帝当政的第四年[2]便这样结束了。

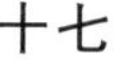

十七

(1)在开春的时候，由阿扎列特斯率领的一支波斯军队进攻罗马领土。这支军队有一万五千人，全部是骑兵。与他们同行的有撒奇凯之子阿拉木恩达腊斯率领的一支撒拉森人的十分庞大的军队。(2)但是波斯人并不是按照通常的方式发动这次进攻的；原来他们并不是像先前那样进攻美索不达米亚，而是进攻古时叫康玛盖尼、现在叫幼发拉特西亚的一个地方，在这地方，据我们所知，波斯人从来没有对罗马人发动过战争。(3)为什么这个地方叫美索不达米亚以及为什么波斯人回避在这里进攻罗马人，这便是下面

① 参见本卷第十三章，第2节。

② 公元531年。时当我国南朝梁武帝中大通三年。

我要加以说明的。

(4)阿尔明尼亚地方提奥多西奥波利斯以北四十二斯塔迪昂[①]有一座并不特别陡峭的山。发源于这座山的有两处泉水,它们立刻就形成两道河流,右手的叫幼发拉底河,另一侧的是底格里斯河。(5)其中之一的底格里斯河流下来之后直奔阿米达城,途中没有任何偏离,也没有支流而只有一些小溪流注到它中间去。(6)它继续流入这一城市以北的地区然后进入亚西里亚[②]的土地。但是幼发拉底河开始流经一段短距离之后,流着流着立刻便不见了。不过它并不是转入地下而是发生了一件十分奇怪的事情。(7)原来它的水为一片很深的沼泽所覆盖,这片沼泽长约五十斯塔迪昂、宽约二十斯塔迪昂[③],在它的泥土里生长着大量的芦苇。(8)但是沼泽的地面却非常坚硬,走在上面的人会觉得它同坚硬的土地毫无区别,因此无论步行还是骑马的人都可以完全放心地走过去。(9)更有甚者,这里每天还有许多车辆经过,它们根本不能动摇沼泽的地面或在任何地方发现不够坚硬之处。(10)当地人每年都要烧芦苇,为的是不让它堵塞道路,每当这里刮起极为强烈的风的时候,火便可以烧到根部最深的地方,于是水便在一个小的开口处出现了。(11)但是不久地面便又封闭了,结果使那里变得和先前一样。这条河从那里进入被称为凯列塞涅的地区,而陶里人

① 约合7.77公里。

② 亚述。

③ 长约9.28公里,宽约3.7公里。

的阿尔特米斯[①]的圣堂就在这里，据说阿加门农[②]的女儿伊菲盖涅娅便是带着阿尔特米斯的神像从这里和欧列斯特斯[③]与皮拉德斯一道逃走的。(12)而甚至直到我这时还存在的科玛那城的另一座神殿则不是"陶里人的"那一座。但我要说一说这座神殿是怎么来的。

(13)当欧列斯特斯和他的姊妹伊菲盖涅娅匆忙地从陶里人那里离开时，他得上了一种病。而当他就他自己的病向神请示时，据说神谕答复说，只有当他在像陶里人居住的地方那样的一个地点给阿尔特米斯修筑一座神殿，在那里割下自己的头发并以此来为城市命名时他的病才会见好。(14)于是在那里游荡的欧列斯特斯来到了彭图斯并且看到了耸立在这里的一座陡峭的山，而沿着山麓流动的是一条名叫伊里斯的河。(15)因而欧列斯特斯当时便认为这里是神谕指给他的地点，便在这里建起了一座大城和阿尔特米斯神殿并且剪下自己的头发，用它来给这一城市命名，故而直到我当时，这座城市还被称为科玛那[④]。(16)传说又说，在欧列斯特斯干完了这些事之后他的病仍和先前一样严重，如果不是更为严重的话。于是他认为做了这些事仍不能满足神谕的要求，便又去各处游历进行寻觅并在卡帕多奇亚找到了和陶里人的那个地方十分相似的一处地方。(17)我个人便多次到过这个地方并对之极为

① 希腊神话奥林帕斯十二神之一，宙斯与列托所生之女，阿波罗的孪生妹。为山野、狩猎、丰产、出生之女神，罗马神话中与之对应的是狄安娜。

② 希腊传说中迈锡尼国王，特洛伊战争中希腊远征军的统帅。因触犯阿尔特米斯神而不得不把女儿伊菲盖涅娅作为牺牲奉献。

③ 阿加门农之子，皮拉德斯是同他共患难的密友。

④ 拉丁语 Coma，源自希腊语 Κóιμη，意为"头发"。

欣赏,我曾以为我已置身于陶里人的国土了。原来这座山和另外的那一座极为相似,因为这里也有陶茹斯山,而且撒茹斯河和那里的幼发拉底河也是相似的。(18)于是欧列斯特斯便在那里修筑一座巨大的城市和两座神殿,一座献给阿尔特米斯,一座献给他的姊妹伊菲盖涅娅,而基督教徒则把这两座神殿变成他们自己的圣堂而完全不改变它们的结构。(19)这一神殿甚至到今天仍被称为黄金科玛那,这个名称来自欧列斯特斯。据说在那里剪掉的头发,而头发剪掉之后他的病也就好了。(20)但是有些人则说,他摆脱的病不是别的病,而正是他在杀死自己的母亲之后得上的疯病[①]。但我还是回到我先前的叙述上去。

(21)幼发拉底河从阿尔明尼亚的陶里人地区和凯列塞涅地区流到底格里斯河右手,然后流经一个广大的地区,并且由于有许多河流注其中——就中便有阿尔西努斯河,它的丰富的河水来自所谓波斯阿尔明尼亚人的土地——它自然就变成了一条大河并流入古时称白叙利亚人而现在被称为小阿尔明尼亚人的地区,而这里的首府美利特涅是一座十分重要的城市。(22)从那里它流经撒莫撒塔和希耶腊波利斯和那里的所有城镇直到亚西里亚(亚述),两条河便在这里相互合并成为一条名为底格里斯的河流。(23)从撒莫撒塔开始幼发拉底河以外的土地在古代叫作康玛盖尼,现在则因此河而得名[②]。但是在河以内,也就是在幼发拉底河与底格里

① 关于欧列斯特斯杀死母亲是为了给父亲报仇。

② 参见本章第 2 节,即幼发拉特西亚。

斯河之间的土地则恰当地被称为美索不达米亚[①]。不过其中的一部分不仅有这个名称，也有别的一些名称。(24)原来直到阿米达城的土地已经被某些人叫作阿尔明尼亚，而埃德撒及其周边地区则被称为欧斯罗伊涅，这是因为先前有一个名叫欧斯罗伊斯的人是那里的国王，而当时这一地区的人们是同波斯人结成联盟的。(25)因此，在波斯人从罗马人手中夺走尼西比斯城和美索不达美亚的其他某些地方之后，每当他们要向罗马人发动进攻时，他们便不去管幼发拉底河外面的土地，因为那里大多数的土地没有水所以无人居住，却可以不费力地集合在这里，因为他们是在自己的土地上并且离开敌人有人居住的土地很近，因此他们总是从这里发动进攻。

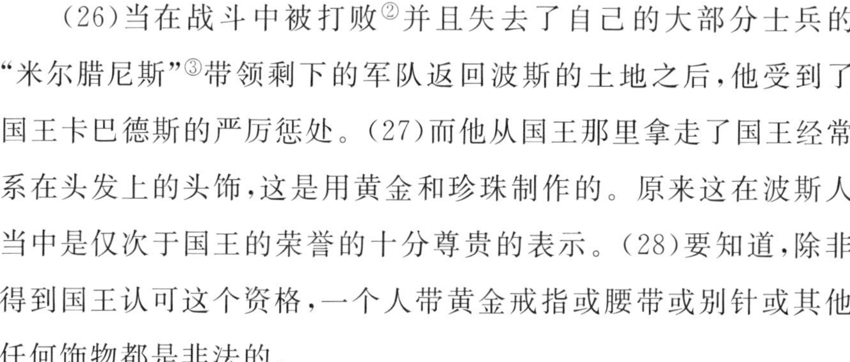

(26)当在战斗中被打败[②]并且失去了自己的大部分士兵的“米尔腊尼斯”[③]带领剩下的军队返回波斯的土地之后，他受到了国王卡巴德斯的严厉惩处。(27)而他从国王那里拿走了国王经常系在头发上的头饰，这是用黄金和珍珠制作的。原来这在波斯人当中是仅次于国王的荣誉的十分尊贵的表示。(28)要知道，除非得到国王认可这个资格，一个人带黄金戒指或腰带或别针或其他任何饰物都是非法的。

(29)这之后卡巴德斯便开始考虑他本人应当用什么方式发动

① 希腊语地名，原意为“两河之间的土地”。我国也有很多与河有关的地名，如河间、河内、河北等等。

② 参见本卷第十四章，第28～54节。

③ 参见本卷第十三章，第16节。这个词的原意为“米特拉(斯)之子”，米特拉(斯)是波斯人崇奉的阳光与智慧之神。这个词指的不是一个职位，而只表示贵族身份。

对罗马人的战争。要知道,在米尔腊尼斯以我上面所说的方式战败之后,他对任何其他人都不信任了。(30)当他对今后的做法正处于完全手足无措的状态时,撒拉森人的国王阿拉木恩达腊斯到他这里来,说:“主人啊,不应把一切都归之于命运,人们也不应当认为所有的战争都应当是成功的。要知道,事情似乎并不是这样,而且这也不符合人间事物的进程,但这种想法对于为这种想法所迷住的人们来说却是最不幸的。(31)要知道,当那些指望一切好事都会到临自己头上的人们一旦失败了,如果发生了这样的事情,则正是由于希望对他们的误导,他们的痛苦会超过应有的程度。(32)因此,既然人们并不总是相信命运,即使他们自豪地声称他们在每一方面都超过敌人,他们也不要不管不顾地去冒战争的危险,而是应当用诈术以及各种手法使自己战胜敌人。(33)要知道,冒险进行一场势均力敌的战斗的人们并没有必胜的把握。因此,众王之王啊,既不要为米尔腊尼斯所遭到的不幸而悲痛,也不要希望再次试探自己的命运了。(34)要知道,在美索不达米亚以及人们所说的欧斯罗伊涅的国土上,由于它离你的边界很近,所以这里的城市的防守比所有其他城市都更为坚固,并且现在它们拥有比先前任何时候都多的大量士兵,因而如果我们现在前往那里,这一较量将不会是稳操胜券的;但是在幼发拉底河以外的地区以及在与之相邻接的叙利亚,那里既没有一座设防的城市也没有一支比较重要的军队。(35)这是我常常从派往那里侦察的撒拉森人处听到的情况。(36)他们还说,那里还有一座安提奥克城,这座城市论财富、论规模、论人口在东罗马帝国的一切城市中均居首位。但这座城市却无人防守,也没有士兵。(37)因为这座城市的人民所关心的只是饮宴和豪奢的生活并且他们是在剧场里相互较量的。(38)因此,如果我们出其不意地向他们进犯,则我们完全有可能通过一次突然的进攻攻占这座城市,并且我们在返回波斯本国时不会遇到任何敌人的军队,而美索不达米亚的军队这时还不知道发生了什么事情呢。(39)至于缺水和任何种类的食品的问题,这些你完全无须操心,我本人会把军队带领到最合适的地方去的。”

(40)卡巴德斯听了这话后,他既不能反对这计划,也无法不相信它。原来阿拉木恩达腊斯这个人极为谨慎,对和战争有关的事务又十分有经验,他对波斯人忠贞不贰,做起事来非常干练——这是在五十年间使罗马国不得不屈膝的一个人。(41)从埃及的边界开始直到美索不达米亚,他把这全部地方都劫掠了,他一处接着一处地打劫,一路上把建筑物都烧掉,每次打劫都要俘虏数以万计的居民,但他们大多数都被他不分青红皂白地杀掉,另一些人则是因为出了大宗的金钱才得以活命。(42)原来他每次发动进攻事先都要侦察一番,并且他动作得如此突然,因此在时间的选择上他本人总是干得恰好,乃至照例总是这样的情况:当对方的将领和士兵开始得知发生了什么事情并集合起来准备对付他时,他早已带着全部战利品离开了。(43)确实,如果他们偶尔也能以发现他,那么这个蛮族会在追击的敌人还没有准备好,还没有排成战斗序列的时候进攻他们,从而能不费力地把他们打败和歼灭。有一次他竟然把追击他的全部士兵以及他们的军官加以俘虏。(44)这些军官就是茹菲努斯的兄弟提莫斯特拉图斯和路卡斯之子约翰,不过后来他确实把他们放了,却为自己取得了不菲的或绝非寻常的一笔财

富。(45)总之,这个人表明他本人是全体罗马人的最难应付,也最危险的敌人。而所以如此说,是基于下述的理由:这个阿拉木恩达腊斯位居国王,由他一个人统治波斯境内的全部撒拉森人,但他任何时候都可以率领他的全部军队侵入罗马领土的任何地方。罗马军队的被他们称为“杜凯”的任何统帅。(46)或同罗马人结盟的撒拉森人的、被称为“斐拉尔科”的任何领袖都没有足够的力量率领自己的军队来同阿拉木恩达腊斯列阵较量;因为驻屯于不同地区的军队在战争中并不是敌人的对手。(47)为此皇帝优斯提尼安任命伽巴拉斯子之阿列塔斯即阿拉伯的撒拉森人的领袖为尽可能多氏族的统帅[①],并且授以国王的尊位,这件事在罗马人当中先前从来没有做过。(48)但是阿拉木恩达腊斯和先前一样地伤害罗马人,如果不是更厉害的话,因为阿列塔斯或是由于他在每次入侵或每次战斗中极为不幸,否则就是由于他尽快地成了背叛者。要知道,对于此人我们还没有任何确切的了解。这样,结果阿拉木恩达腊斯便无人能同他抗衡,他把整个东方劫掠了极长一个时期,因为他活到了极高的年纪。

十八

(1)因此,当时这个人的建议很得卡巴德斯的欢心,于是他选拔了一万五千士兵,并任命阿扎列特斯为他们的统帅,这个波斯人是一位特别有才能的战士,此外他要阿拉木恩达腊斯领导这次出征。(2)于是他们便渡过了亚西里亚的幼发拉底河,并在经过了一

① 时当公元 531 年,即我南朝梁武帝中大通三年。

处无人居住的地区之后，突然和出人意料地把他们的兵力投向所谓康玛盖尼人的国土。(3)根据传统以及任何其他办法我们所知道的，波斯人从这个地点攻入罗马土地这还是第一次，并且这次进攻的突然性简直把所有的罗马人都吓得瘫痪了。(4)而当贝利撒里乌斯得知这一消息时，起初他不知所措，但随后他才决定尽快前去救援。于是他在每一城市里都安排了足够的卫戍兵力，这样率领另一支敌军的卡巴德斯才不至在到达那里时发现美索不达米亚的各城市完全没有设防，而贝利撒里乌斯本人则率领着其余的军队前去对付侵略；而在渡过幼发拉底河之后，便匆忙地向前推进。(5)这时罗马军队步兵与骑兵的总数约两万人，其中至少有两千伊扫里人。(6)骑兵的长官就是先前在达腊斯同米尔腊尼斯和波斯人作战的同样那些人，而步兵的统帅是皇帝优斯提尼安亲卫队的成员，名叫彼得。(7)但伊扫里人的将领则是隆吉努斯和斯提凡那奇乌斯。阿列塔斯也率领着撒拉森人的军队同他们联合到一起。(8)当他们来到卡尔奇斯城时，便设了营并留在那里，因为他们得知敌人正在一个名叫伽布隆的地方，此地离卡尔奇斯有一百一十斯塔迪昂[①]。(9)阿拉木恩达腊斯和阿扎列特斯得知这一情况之后，对这一危险感到害怕，便不再向前推进而决定立即回国。于是他们便开始向回撤，这时幼发拉底河在他们的左手，而罗马军队却跟踪在后面了。(10)而每夜波斯人设营的地方，也就永远是罗马人在第二夜逗留的地方。(11)原来贝利撒里乌斯有意地不使他的军队更远地向前推进，因为他不愿意同敌人展开战斗，而他认为波

① 约合 20.35 公里。

斯人和阿拉木恩达腊斯在入侵罗马人的国土之后以这种方式返回,即一无所获地返回本国,这对他们来说便足够了。(12)为此所有的人,无论军官还是士兵都在暗中嘲笑他,却没有一个人敢于当面谴责他。

(13)波斯人终于在幼发拉底河河岸正对着卡利尼库斯城的地方设了营。从那里他们即将穿过一个绝对无人居住的地区,这样便离开了罗马人的土地。(14)原来他们打算不再像先前那样进军,而是不离开河岸。罗马人在苏腊城过了夜,而从那里启动,正准备要离开时,他们遇到了敌人。(15)这时复活节[①]临近了,第二天即将举行复活节;较之所有其他节日,这一节日受到全体基督教徒的更大的尊重,并且在这一节日的前一日他们的习惯是不仅整个白天不吃不喝,就是夜里的一大部分仍继续是这样。(16)因而贝利撒里乌斯看到他手下的所有士兵都十分想对敌作战,所以希望说服他们放弃这个想法(原来不久前从皇帝那里奉派到这里来的使者海尔莫盖尼斯也是这个看法);于是他便把所有在场的人召集到一处讲了下面的话:(17)"罗马人啊,你们冲向什么地方?你们遇到了什么事情,竟使得你们打算为你们自己选择一条并非必须的危险道路?人们都认为只有一种胜利是真正的胜利,这就是,不受到来自敌人方面的任何伤害,而在当前情况下,由于幸运以及由于对我们的恐惧慑服了我们的敌人,我们才取得了正是这样的胜利。(18)因此,享受我们当前的幸运带给我们的好处,较之幸运过去之后我们又去寻求它,乃是更可取的办法。要知道,波斯人是

---

① 公元531年4月10日。

抱着许多希望向罗马人发动征讨的，而现在，他们失去了一切，便匆忙地退去了。(19)这样，如果我们迫使他们并非出自本意地放弃他们撤退的目的而来对我们作战，即使我们胜利了，我们也不会得到任何好处——要知道，为什么人们还要驱赶逃走的人呢——另一方面，如果我们遭到不幸，而这不是不可能的，我们既丧失了我们现在已经在握的胜利，把它让给敌人，而且是我们亲手把它抛掉，还将把皇帝的土地放弃，使它在今后任凭敌人进攻而无人守卫。(21)而且还有这件事也值得你们考虑：上帝永远是习惯于帮助那些迫不得已而陷入危险的人，而不是那些自己甘愿冒险的人。(22)除此之外，还会发生如下的情况，那就是，那些无处可逃的人会变成勇敢的人，甚至他们本不想这样做，而在进行战斗时我们遇到的障碍还是不少的；要知道你们有很多人是步兵，而且我们所有的人都正在禁食[①]。且不说有些人现在也还没有来到。”以上便是贝利撒里乌斯的发言。

(24)但是军队却开始侮辱他，不是默默地，也不是在暗中侮辱他，而是他们在他面前大喊大叫，说他懦弱并挫伤了他们的热情。甚至一些军官也和士兵一道咒骂，从而表现出他们的胆子有多么大。(25)贝利撒里乌斯对他们的这种无耻行为感到惊讶，于是改变他的劝说口气，这时他似乎在敦促他们去进攻敌人并使他们排成战斗的队列，他说先前他并不知道他们急于求战；现在他也有了勇气，愿意抱着更大的希望去进攻敌人。(26)于是他组成了只有一道前线的方阵，人员的安排有如下述：左翼沿河他安排了全部步

① 遵守基督教徒在复活节的宗教习惯。

兵,在地面高高升起的右翼,他安排了阿列塔斯和他部下的全体撒拉森人;他本人和骑兵则占据中间的地位。(27)当阿扎列特斯看到敌人正在列成战阵的时候,他便用这样的话来激励他的士兵:“既然你们是波斯人,那么就没有人会否认,你们是不会放弃你们的勇气以换取活命的,如果有人让你们在二者之中选择一种的话。(28)要知道,对于有机会避开危险并且在屈辱中生活的人们来说,如果他们愿意的话,他们会选择最舒服的而不是最好的办法,这是完全可以理解的;但是对于只有死路一条的人们来说,无论他们是光荣地战死在敌人手里,还是最后受到你们主人的惩处而可耻地死去,则不选择更好的死法以取代最可耻的死法,却是极端愚蠢的行为了。(29)因此,现在的情况既然是这样,我认为你们所有的人应当记住的不仅仅是敌人,还有你们自己的主人,这样再开始这场战斗。”

(30)在阿扎列特斯也讲了这些激励的话之后,他便把方阵安排在同敌人相对的地方,要波斯人居右翼,撒拉森人居左翼。(31)双方立即展开了战斗,战斗进行得极为酷烈。双方都射出了大量的箭,从而双方的军队都有大量阵亡的士兵,有些人则在两军之间的地面上进行英勇的战斗,特别是波斯人,他们当中中箭阵亡的人很多。(32)由于波斯人几乎都是弓手,因而他们射出的箭要多得多,而且他们射出的速度也比其他任何人要快得多。(33)但他们射出的箭力量不大,弓弦也拉得不紧,因此他们的箭射到罗马战士的胸甲上,也许还有头盔或盾牌上便反弹出去,没有力量给射中的人造成伤害。(34)罗马的弓手动作确实总是比较慢,但由于他们的弓极为坚硬,弓弦也拉得紧,并且人们还应当指出,弓手的膂力也比较强。因此比起波斯人来，他们可以轻易地给射中的敌人造成大得多的伤亡，因为任何甲胄都抵挡不住罗马人射出的箭的力量。(35)白天的三分之二的时间已经过去了，战斗仍然不分胜负。随后通过相互的约定，波斯军队的全部精锐向罗马军队的右翼发动进攻，这也就是阿列塔斯和撒拉森人列队的一翼。(36)但是撒拉森人解散了队列并分散开来，因此他们便取得了把罗马人出卖给波斯人的名声。原来他们不等到进攻的敌人过来便立刻全都匆匆撤退了。(37)这样一来，波斯人便突破了敌人的防线并立刻来到了敌军骑兵的后方。结果由于行军和战斗的劳苦已经精疲力竭的——除此之外，在白天直到当时为止他们一直都在禁食——罗马人既然已处于两军的夹击之间，便再也坚持不住，而他们的大多数便赶忙逃到附近河上的岛屿那里去了，但也有一些人留在原地，对敌人进行了惊人的、出色的搏斗。(38)在这些人中间便有阿斯坎，他在杀死波斯人中间的许多知名人士之后，他本人也逐渐被砍成碎块，最后才倒下，从而使敌人有充分的理由记起他。同他一道阵亡的还有战士八百人，他们在战斗中表明都是勇猛的斗士，而且几乎所有的伊扫里人和他们的领袖也都死掉了，他们甚至不敢拿起武器同敌人作战。(39)原来他们没有任何作战经验，因为他们是不久前才离开了农耕来经历他们先前对之一无所知的战争危险的。(40)然而就在这之前，也正是这些人由于他们对战争的无知而表现为急不可待地要求作战，他们当时曾指责贝利撒里乌斯怯懦。他们实际上并不都是伊扫里人，而他们大多数是吕卡奥尼斯人。

(41)贝利撒里乌斯和一些人留在那里，并且只要他看到阿斯

坎和他的士兵坚持在那里,他便也和他手下的士兵一道抵御敌人。(42)但是当阿斯坎的一些士兵阵亡而另一些人逃到他们所能去的任何地方时,终于他和他的士兵也逃跑到步兵的方阵这里来,虽然彼得领导的这一方阵仍在战斗,但这时人数已经不多,因为他们的大多数人也已经跑掉了。(43)他本人在那里放弃了乘骑并且下令自己的士兵也这样做,他于是便和其他人一道徒步作战,打退进攻的敌人。(44)追踪逃跑者的那些波斯人,他们只追踪了短短的一段距离便立即返回并和所有其他的人们一道冲向贝利撒里乌斯的步兵。于是罗马人转身背向着河,这样敌人便不能做出任何包围他们的举动,并且在当时情况下他们可以尽其可能在进攻者面前保卫自己。(45)虽然双方的力量并不相等,但战争变得激烈起来;要知道,同全部波斯骑兵对抗的是罗马的步兵,并且是很少的一点步兵。尽管如此,敌人却不能把他们击溃或用任何其他办法战胜他们。(46)原来他们并肩作战,一直在把自己密集于一个小的空间并且用他们的盾牌构成一道坚固不屈的屏障,这样他们向波斯人射击更便于波斯人对他们的射击。(47)波斯人多次在后退之后会再次进攻,决心打破并摧毁他们的防线,但对方总是在进攻后无功而返。(48)原来他们的乘骑受不了盾牌的撞击声而用后腿立起,结果给它们自己和上面的骑手造成混乱。因此双方把战斗一直继续到天色已晚的时候。(49)而当夜幕已经降临时,波斯人便撤回自己的营地,而在少数人陪同下的贝利撒里乌斯则找到一只货船,渡到河中的岛上去,而其他的罗马人则是泅水到岛上来的。(50)第二天,从卡利尼库斯城又有许多货船送到罗马人这里来,于是他们便坐着这些船去了那里,而波斯人在对阵亡者洗劫了一番之后,也全部离开回国去了。不过他们并不曾发现他们自己方面阵亡者比敌人少。

(51)当阿扎列特斯率领着手下的军队到达波斯时,虽然他在战斗中取得了胜利,但他发现卡巴德斯极为不快,理由有如下述。(52)原来波斯人有这样一个习惯,即每当他们要出发进攻任何敌人时,国王都坐在宝座上,在他面前放置许多篮子;准备率军出击敌人的将领也在场;随后军队便从国王面前走过,每次一人,每个人都要把一件武器抛到篮子里去;这之后,它们便要加盖国王的印记并加以保存。而当这支军队返回波斯后,每一名士兵再从篮子里取一件武器。(53)专司其职的人员算出没有被士兵取走的全部武器并把没有返回的士兵的数目报告给国王,这样在战争中阵亡的士兵有多少便清楚了。(54)波斯人自古以来便有这样一项法律。而这次当阿扎列特斯来见国王时,卡巴德斯问他是否夺取了任何罗马人的要塞,因为他和阿拉木恩达腊斯一道去进攻罗马人,目的就在于征服安提奥克。阿扎列特斯说他并没有攻占任何要塞,但是他在战斗中征服了罗马人和贝利撒里乌斯。(55)于是卡巴德斯便按照习惯要阿扎列特斯的士兵从他面前走过,每个人都从篮子里取走一件武器。(56)而由于留在篮子里的武器很多,卡巴德斯便因这一胜利而责备阿扎列特斯,从此便把他列入最不足取的人们的行列中去。阿扎列特斯的胜利反而使他落得这样的下场。

十九

(1)那时皇帝优斯提尼安忽然有了这样一个想法,这就是,他要同埃塞俄比亚人与荷美里塔伊人结成联盟,以便给波斯人造成伤害。我将首先说明一下这些人居住在大地之上的什么地方,随后我还要指出皇帝希望他们以怎样的方式来帮助罗马人。(2)巴勒斯坦的边界向东一直延伸到被称为红海的海。(3)而从印度开始的这个海终止于罗马领土内的这个地点。在这里岸上有一座被称为埃伊拉斯的城市,而如上所述,海便终止在这里并且形成一个十分狭窄的海湾。如果一个人从那里进入此海,那么埃及的山便在他的右手向南延伸;在另一侧则是一处无人居住的地区向北延伸到无限远的地方。进入这海的人直到被称为伊奥塔贝的岛的地方都可以同时看到两岸的土地,而从埃伊拉斯城算起,这一段距离至少有一千斯塔迪昂[①]。(4)希伯来人自古以来便居住在这个岛上,他们是自治的,但是在当今的皇帝优斯提尼安的统治时期,他们却成了罗马人的臣民。(5)从那里开始,这海就成了一片广阔的大海。进入这片大海的人们便不再能看到右手的土地,但是他们到夜里却总是能以沿着左岸停泊。(6)要知道,在黑暗中人们是无法在这个海上航行的,因为它到处都有浅滩。(7)但是这里却有港口而且为数众多;港口不是人工修建的,而是因土地的轮廓天然形成的。为此之故,水手无论航行到什么地方都不难找到停泊的场所。

(8)这一海岸[②]紧接在巴勒斯坦的边界之外,它是由撒拉森人所统治的,他们自古以来便定居在"棕榈林"的地方。(9)这种树林都生长在内地,并且占很大一块地方,这里除了棕榈之外,绝对没

---

① 约合 185 公里。

② 在阿拉伯。

有其他任何树木。(10)皇帝优斯提尼安曾从这里的撒拉森人的领袖阿波科腊布斯手中接受这些棕榈林作为礼物,因而皇帝任命他为巴勒斯坦地方撒拉森人的长官。(11)于是他便一直守卫着这片国土,使之不受劫掠,要知道,无论对于他所统治的蛮族还是对于敌人,阿波科腊布斯同样地看来永远都是一位可怕的人物,一位特别干练的人物。(12)因此,从形式上看,皇帝占有棕榈林,但是对他来说,要使自己真正掌握这片土地的任何部分那是根本不可能的。(13)要知道,根本无人居住并且极为干燥的一片土地横亘其间,这片土地是十天的路程。而且棕榈林本身也是一文不值,阿波科腊布斯送的这份礼物只是一种形式,而皇帝接受这份礼物时对这一情况是了解得一清二楚的。关于棕榈林就说这些了。(14)同这些人为邻的是占据海岸地带的另一部分撒拉森人,他们被称为玛德尼人,是臣属于荷美里塔伊人的。(15)而这些荷美里塔伊人住在他们的那一面的沿海土地上。再过去还住着其他许多民族,直到吃人的撒拉森人的地方。(16)再过去这些民族便是印度各民族了。但关于这些事情让每个人愿意怎样说便怎样说吧。

(17)大约同荷美里塔伊人相对而住在对岸大陆之上的埃塞俄比亚人被称为奥克索米塔伊人,因为他们的国王住在奥克索米斯城里。(18)如果刮起适当的顺风的话,则要穿越横亘其间的大海需要五天五夜的时间。(19)原来这里的人们也习惯于夜间的航行,因为在海洋的所有这些部分根本没有任何浅滩;有些人把大海的这一部分也叫作红海。要知道,人们越过这里直到海岸和埃伊拉斯城地方的这片大海通称阿拉伯湾。(20)因为从这里一直延伸到伽扎城地界的这片土地在古时被称为阿拉伯,原来阿拉伯人的

国王早时他的宫殿就是位于佩特莱城的。(21)而荷美里塔伊人习惯于出海去埃塞俄比亚的那一港口则被称为布利卡斯。(22)作为渡海航行的终点,他们总是停泊在阿杜利塔伊人的港口之内,但是阿杜利斯城离开港口还有二十斯塔迪昂[1]的一段距离(它只是在如此程度上不能成为一座临海的城市),另一方面,它离开奥克索米斯城则是十二天的路程。

(23)人们在印度以及在这个海上发现的所有的船和其他的船的制造方法不同。因为这些船并不涂抹沥青,也不涂抹任何其他物质,而实际上它们也不是用铁钉把木板条钉到一处,而是用一种绳索把它们捆绑到一处的。(24)和大多数人所设想的理由不同,即那里有某些吸引铁的石头(因为人们亲眼看到这样的事实:当罗马船只从埃伊拉斯进入这一海洋时,尽管它们上面装有许多铁具,却没有发生吸铁的事情),而毋宁是因为印度人和埃塞俄比亚人既没有铁,也没有在这方面合适的任何其他东西。(25)而且他们甚至不能从罗马人那里买到任何这类东西,因为法律明确禁止任何人这样做。(26)如果被人发现则将处以死刑。有关所谓红海[2]以及有关它的两岸土地的描述便是如此。

(27)从奥克索米斯城到罗马领土上的埃及边界(被称为埃列芳提涅的城市便在这里),对于一个轻装的旅行者来说是三十天的路程。(28)在这一地界之内居住着许多民族,其中便有人数很多的布列米耶斯人和诺巴塔伊人。但布列米耶斯人居住在这一地区

① 约合 3.7 公里。

② 毋宁应当说是“阿拉伯湾”。

的中心部分，而诺巴塔伊人的领土则在尼罗河一带。先前这里并不是罗马帝国的边界，而是越过这里直到人们经过七天的行程才能到达的地方。(29)但是罗马皇帝狄奥克列提安来到那里，并且说从这些地方取得的贡赋不可能更加无足轻重了，要知道，那里的土地极为狭窄(因为在离尼罗河绝非很远的地方便有山石耸立得极高并且遍布于此地的其余地区)，却有一支人数很多的军队自古以来便驻守在那里，而维持这支队伍却是公家的一个难以承受的重担。与此同时，先前居住在欧阿吉斯城周边的诺巴塔伊人经常劫掠整个地区；因此他便说服这些蛮族离开他们的住地，到沿尼罗河的地区定居，并答应赐给他们大的城市和广大的与较之他们先前占据的土地要无比地好的土地。(30)他以为用这个办法，他们至少不会再侵扰欧阿吉斯城周边的土地，并且他们自己将会拥有给予他们的土地，把它们认成是他们自己的土地，也许还会把布列米耶斯人和其他蛮族打跑。(31)由于这一想法使诺巴塔伊人感到高兴，于是他们按照狄奥克列提安的指示立刻迁移，并且占有了埃列芳提涅那边沿河两岸所有的罗马城市和土地。(32)随后这位皇帝又发布命令，每年都把固定数量的黄金送给这些蛮族和布列米耶斯人，条件是他们今后不应再骚扰罗马人的土地。(33)甚至直到我的那时他们仍收取这些黄金，但尽管如此，他们一如既往地蹂躏那里的土地。因此看来对于所有的蛮族，除了使用士兵的威慑力量使他们不敢轻举妄动之外，没有任何办法可以迫使他们保持对罗马人的忠诚。(34)这位皇帝甚至在尼罗河上挨近埃列芳提涅城的地方选出一个岛来，在那里修筑一座十分坚固的要塞，要塞里为罗马人和这些蛮族共同修造了一些神殿和祭坛并且在要塞里为

两个民族安排了司祭,以为由于他们有了共同的宗教信仰,从而保证他们之间的友谊。(35)因此之故,他给这个地方起了菲莱[①]的名称。现在这两个民族布列米耶斯人和诺巴塔伊人也信仰希腊人信仰的所有的神了,但他们还保存着对伊西斯[②]和欧西里斯[③]以及在相当程度上对普里亚普斯[④]的崇拜。(36)但是布列米耶斯人仍习惯于把人作为牺牲奉献给太阳。这些蛮族把这些神殿甚至保存到我的时期,但是皇帝优斯提尼安却决定把它们毁掉。(37)于是一位名叫纳尔吉斯的波斯阿尔明尼亚人——在前面我已说过,他是逃到罗马人这面来的[⑤]——是那里驻军的司令官,他便奉皇帝之命把神殿毁掉并把司祭看管起来,神像则送到拜占庭去。但是我还是回到我前面叙述的地方吧。

二十

(1)大约就在这一战争的时期,埃塞俄比亚人的国王海列斯提埃伊乌斯——此人是一基督教徒,是这一宗教极为虔诚的信仰者——发现对岸大陆上的某些荷美里塔伊人正在那里肆无忌惮地迫害基督教徒;这些流氓当中的许多人是犹太人,他们当中的许多人还信仰旧的宗教,也就是今天人们所说的希腊教。因此他集合

① 源自古希腊语 Φiλίω(爱,表示友好)一词。

② 埃及宗教中的大地女神、月亮女神,欧西里斯的妻子。罗马帝国时期罗马人对她的崇拜也相当普遍。

③ 伊西斯的丈夫,埃及人认为他生前曾是一位国王(法老),死后为冥界国王。有关他和伊西斯的密仪在罗马帝国十分流行。

④ 起源于兰普撒库斯一带的丰产之神,以男性生殖器为其象征。

⑤ 参见本卷第十五章第 31 节。

了一支船队和一支军队去讨伐他们并在战斗中把他们打败，他不但杀死了国王，还杀死了许多荷美里塔伊人。随后他树立了一位信基督教的国王来取代原来的国王，这位国王名叫埃西米法伊乌斯，也是一个荷美里塔伊人。海列斯提埃伊乌斯规定对方每年应向埃塞俄比亚人纳贡，然后便返回了家园。(2)在埃塞俄比亚人的这支军队里有许多奴隶和所有十分容易犯罪的人，他们根本不愿意随国王回去，而是被留了下来并居住在那里，原来他们向往荷美里塔伊人的土地，因为那是极为肥沃的土地。(3)这之后不久，这些人便偕同另一些人起来反抗埃西米法伊乌斯，把他囚禁在当地的一座要塞里并给荷美里塔伊人树立了另一位名叫阿布拉姆斯的国王。(4)这个阿布拉姆斯是一名基督教徒，过去曾是一个罗马公民的奴隶，他的主人在埃塞俄比亚的阿杜利斯城经营航运业。(5)当海列斯提埃伊乌斯得知这一情况之后，他迫不及待地想惩罚阿布拉姆斯和同他一道起来造反的那些人，因为他们对埃西米法伊乌斯干出了不义之行，于是他便派出了一支三千人的军队而以他的一位亲属担任司令官。(6)但这支军队到达那里之后也不再想返回，而是想留在他们所处的美好的国土上，他们并且背着他们的司令官同阿布拉姆斯展开谈判。随后，当他们同自己的对手达成一项协议之后，便在战斗一开始之际杀死了他们的司令官，加入了敌人的战斗队列并留在了那里。(7)但是海列斯提埃伊乌斯对此大为震怒，他再次派出一支军队去对付他们；这支军队同阿布拉姆斯和他的士兵展开战斗并在战斗中吃了惨痛的败仗之后立刻返回了。这之后埃塞俄比亚的国王感到害怕，不再派军队去对付阿布拉姆斯了。(8)海列斯提埃伊乌斯死后，阿布拉姆斯同意向继位的

埃塞俄比亚国王纳贡,并且他便用这种方法加强了他的统治。但这是后来发生的事情了。

(9)当海列斯提埃伊乌斯统治着埃塞俄比亚人而埃西米法伊乌斯统治着荷美里塔伊人的时候,皇帝优斯提尼安要求这两个民族由于他们有共同的宗教而应当在反对波斯人的战争中同罗马人携起手来;原来他提出的建议是:埃塞俄比亚人由于从印度购买丝织品而把它卖给罗马人,因而他们自己赚到了许多钱,但是他们只能通过一种办法才能有利于罗马人,这就是他们不再被迫把钱交给他们的敌人(这便是他们通常用来做衣服的丝织品,古时希腊人称之为"米地亚的",但现在他们称之为"赛列斯的"[①])。至于荷美里塔伊人,则希望于他们的是:他们应当任命逃亡中的卡伊苏斯为玛德尼人的长官,并应率领本民族的和作为撒拉森人的玛德尼人的一支大军入侵波斯人的国土。(10)这个卡伊苏斯生而属于长官[②]等级,是一个特别能干的战士,但由于他杀死了埃西米法伊乌斯的一名亲属而逃到根本无人居住的一个地区去。(11)每位国王都保证实现这一要求,于是便送回了使者,但是他们谁也没有做他们保证过的事情。(12)原来埃塞俄比亚人不可能从印度人那里买到丝,因为波斯商人总是到印度船只最先停泊的那些港口来(要知道,他们就居住在相邻的国土之上。),并且通常总是把全部船上的货物买断;而且要荷美里塔伊人穿越一片需要很多时日才能走完的沙漠然后再去攻打一个远比他们自己更为好战的民族,那看来

---

① 拉丁语赛列斯(Seres)意为中国人。

② 也可理解为部落酋长之类的人物。

也是一件困难的事情。(13)后来,当阿布拉姆斯终于最牢靠地确立了自己的统治的时候,他多次向皇帝优斯提尼安保证进攻波斯的国土,但是只有一次启程了,但随后立刻又返回。罗马人同埃塞俄比亚人与荷美里塔伊人的关系便是这样了。

二十一

(1)幼发拉底河河上的战斗一旦爆发,海尔莫盖尼斯便到卡巴德斯这里来同他进行磋商,但是在他为之而来的和约问题上却一无所获,因为他发现对方对罗马人仍然是满腔怒气;由于这一理由,他只能无功而返了。(2)而贝利撒里乌斯却被撤销了当时的职务,应皇帝之召来到了拜占庭,为的是要他去同汪达尔人作战。(3)但是皇帝优斯提尼安却下令西塔斯去东方以便保卫帝国的那一部分。(4)而波斯人却以在卡那兰吉斯和阿斯佩贝德斯和美尔美罗伊斯统率之下的一支大军再次入侵美索不达米亚。(5)由于没有人敢同他们接战,于是他们便在设营之后开始对玛尔提罗波利斯展开了围攻,这里的卫戍部队则是在布吉斯和贝撒斯的统率之下的。(6)这座城市位于被称为索法涅涅的土地之上,距离北方的阿米达城有二百四十斯塔迪昂①。它正好在作为罗马人的土地和波斯人的土地之间的界河的尼姆菲乌斯河河畔。(7)于是波斯人便开始向工事发动进攻,而虽然被围攻者开头对他们进行了英勇的抵抗,但看来他们似乎不能坚持很久。(8)原来城墙的大部分都是十分容易受到攻击的,波斯人的一次围攻便能很容易地把它

① 约合 44.4 公里。

攻占下来;此外他们还缺乏足够的给养,事实上他们也没有战争器械或可以保卫他们自身的有任何价值的其他任何东西。(9)就在这时,西塔斯和罗马军队来到了离玛尔提罗波利斯有一百斯塔迪昂[①]、一个叫作阿塔卡斯的地方,但是他们不敢再走下去,而是扎营留在了那里。(10)海尔莫盖尼斯也同他们在一起,他是作为拜占庭的使者再度前来的。在这里发生了下列的事件。

(11)无论罗马人还是波斯人自古以来便都有由公家出资派出间谍的习惯;这些人习惯于秘密地到敌人当中去以便准确地打探那里发生的事情,然后回来向领导人报告。(12)很多这样的人这样做乃是出于一种忠于本民族的精神,这是很自然的,但另一方面,也有一些人是把自己的机密出卖给敌人。(13)当时有从波斯人那里派到罗马人这里来的一名间谍来到皇帝优斯提尼安面前,向皇帝泄露了正在蛮族中间发生的许多事情,特别是马撒该塔伊人这个民族为了给罗马人造成伤害,即将出发去波斯人的国土,然后从那里他们准备攻入罗马人的领土并同波斯军队会合。(14)皇帝听到这一情报后,由于他已有证据可以证明此人对他讲的事情是真实的,于是给了此人一笔可观的报酬,并且说服他到围攻玛尔提罗波利斯城居民的波斯人那里去并向那里的蛮族宣布说,这些马撒该塔伊人已经被罗马皇帝用金钱争取过去,而在关键时刻他们是会起来反对波斯人的。(15)间谍执行了他的这些指示,他在来到蛮族的军队这里时,便向卡那兰吉斯和其他人报告说,同他们为敌的匈人的一支军队很快便会去罗马人那里。(16)他们听到这

① 约合18.5公里。

一消息之后感到十分害怕，完全不知道如何应付当前的局势。

(17)正在这个时候，卡巴德斯得了重病，他把同他最亲密的友人当中一个名叫美波德斯的人召了来，同这个人商谈有关科斯罗伊斯和王国的事情，并且表示他担心波斯人会毫不含糊地试图无视他已作出决定的某些事情。(18)但是美波德斯要他把他要宣布的事项写下来，并且要他相信，波斯人绝对不敢无视写下的文告。(19)于是卡巴德斯就明白无误地写下了要科斯罗伊斯成为波斯人的国王的文告。文告是由美波德斯本人起草的，卡巴德斯立刻就去世了[①]。(20)在国王的葬礼方面按法律规定的一切办完之后，卡奥吉斯自信有法律上的根据，试图提出王位的要求，但是美波德斯对此加以阻挠，坚持认为任何人也不应当由于自己自动提出便取得国王的权力，而是应当由波斯的权贵人士投票决定。(21)于是卡奥吉斯便把此事交付高级官吏们来决定，以为他们根本不会反对他担任国王。(22)但是当波斯的全体权贵要为此事集合起来开会讨论时，美波德斯当众宣读了文书，并且申明卡巴德斯就科斯罗伊斯提出的意图，所有出席的人想到卡巴德斯的美德，立刻宣布科斯罗伊斯为波斯人的国王。

(23)这样，科斯罗伊斯便取得了统治大权。但是在玛尔提罗波利斯，西塔斯和海尔莫盖尼斯却为了这座城而担心，因为在城市遭到危险时他们根本没有力量保卫它，于是他们派出一些人到敌人那里去，而在见到将领们之后便讲了下面的话：(24)“你们自己没有注意到这样一个事实，即你们正在不当地成为波斯人的国王

① 时当公元531年9月13日。

以及和平幸福还有每一个国家的绊脚石。要知道皇帝派来的使节现在甚至就在这里,他们会到波斯人的国王那里去,在那里解决我们之间的分歧并同他签订一项条约;你们应尽快离开罗马人的土地,以便要使节按照对我们两个民族都有利的方式行事。(25)而且我们还准备就这些事交出知名人士作为人质,以便证明它们在不久之后一定能够做到。”罗马人的使节所说的话便是这样。(26)这时恰好又有一名使者从皇宫来,使者带话给他们说,卡巴德斯已经去世,卡巴德斯之子科斯罗伊斯①已经成了波斯人的国王,还说这样一来局势已变得动荡起来。(27)因此之故,将领们便乐于听从罗马人的话,因为他们也害怕匈人的进攻。于是罗马人立刻交出玛尔提努斯和西塔斯的一个名叫塞涅奇乌斯的卫士作为人质;波斯人也便解除了围攻,匆忙地离开了。(28)不久之后匈人侵入罗马人的土地,但由于他们没有在那里发现波斯军队,因而只是作了一次短期的进攻,便全都回国去了。

二十二

(1)茹菲努斯和亚历山大和托玛斯同海尔莫盖尼斯一道立即作为使者来到底格里斯河上会见波斯国王。(2)科斯罗伊斯一见到他们,便把人质释放了。随后使节便讨好科斯罗伊斯并讲了许多同罗马使者的身份极不相称的献媚言辞。(3)通过这样的手法,科斯罗伊斯变得容易对付了,他同意以一百一十“肯特那里乌姆”的代价和他们缔结一项没有期限的和约,而且还要有这样一个条

① 第三子。

件，即美索不达米亚的军队的司令官不应再以达腊斯为驻地，而是应当按照先前的惯例，永远以康斯坦提那为驻地；不过他拒绝归还拉吉卡的那些要塞，可是他本人却要求把法兰吉乌姆和波路姆要塞从罗马人手中收回。(4)(且说“肯特那里乌姆”是一百磅的重量，这便是所以有这个名称的理由；因为罗马人把一百叫“肯图姆”[1])。(5)他便要求把这样多重量的黄金送给他，这样罗马人便无须被迫或是毁掉达腊斯城，或是和波斯人共同分担卡斯皮亚门卫戍部队的费用[2]。(6)使节们虽然同意了其余的条件，但是不能把要塞割让出去，除非他们就此事事先请示过皇帝。(7)因此便作出如下的决定：有关要塞的问题，应先把茹菲努斯派到拜占庭去，其余的人则要等待他回来。(8)而同茹菲努斯则约定，在他到来之前给他七十天的期限。茹菲努斯到达拜占庭并且把科斯罗伊斯关于和约的决定报告给皇帝之后，皇帝便命令他们按照这些条件缔结和约。

(9)然而，就在这同时，有一个并不真实的报道传到波斯，说皇帝优斯提尼安发了火并且把茹菲努斯处死了。科斯罗伊斯对此确实深感不安并且已经是极为愤怒了，于是他便率领全军向罗马人发动了进攻。但是茹菲努斯返回时在离尼西比斯城不远的路上遇到了他。(10)于是他们亲自到这座城市去，并且由于他们是要签订和约的，所以使节们开始把现金也运送到那里去。(11)但是皇帝优斯提尼安已经在后悔自己放弃拉吉卡的那些要塞了，于是他

① centum。

② 参见本卷第十六章，第7节。

赶忙又给使节们发了一封信,命令他们无论如何也不能把它们交给波斯人。(12)因此之故科斯罗伊斯认为缔结和约已不再是适当的;而茹菲努斯却认为,把钱带到波斯的国土上去,这想法是仓促的,但是并不安全。(13)于是他立刻俯身地上,恳求科斯罗伊斯准许他们把钱带回去并且不要立刻向罗马人进军而把战争推迟到以后的某个时候。(14)科斯罗伊斯要他从地上站起来,保证答应他提出的所有这一切。于是使节们便带着钱来到了达腊斯,波斯军队也就回去了。

(15)继而和茹菲努斯同来的使节们他们自己确实开始对茹菲努斯抱有极端怀疑的态度,他们于是向皇帝告发他,而他们所以作出这样的判断是基于如下的事实,即科斯罗伊斯经过他的说服而答应了他向他请求的一切。(16)但是皇帝并没有因此而冷淡他。这之后不久,茹菲努斯本人和海尔莫盖尼斯再次奉派去科斯罗伊斯的宫廷,而他们立刻就和约问题相互达成了协议,但条件是双方都应当把在战争中占夺的地方归还给对方,并且在达腊斯今后也不应再有任何军事据点;至于伊伯里亚人,则双方商定由他们自己作出决定,是留在拜占庭那里还是返回本国。有许多人留了下来,还有许多人返回了自己的家园。(17)双方随即缔结了所谓"无限期和约"[①],这时已是皇帝优斯提尼安当政的第六个年头了。(18)罗马人把法兰吉乌姆和波路姆要塞以及现金给予波斯人,而波斯人则把拉吉卡的那些要塞给予罗马人。波斯人还把达伽里斯送还给罗马人,为此也接回了另一个相当有地位的人。(19)这个达

① 公元532年。

伽里斯后来在匈人入侵罗马人的国土时多次在战斗中打败他们并把他们赶走。此人是一位极为能干的战士。这样双方便以上面提到的方式缔结了可靠的和约。

二十三

(1)很快地便发生了臣民阴谋反对两位统治者的事情。下面我就要说一说事情是如何发生的。卡巴德斯之子科斯罗伊斯是一个想法令人捉摸不定、说变就变的人，是一个古怪地喜欢新花样的人。(2)由于这一理由，他本人总是充满激动和惊讶，并且他永远会在所有其他人身上引起类似的感觉。(3)因此波斯人当中所有想干一番事业的人对他的统治感到头痛，而打算从卡巴德斯家族选出另一位国王来统治他们。(4)他们本来热切希望扎米斯成为他们的国王，但扎米斯因为眼睛的问题破了相，依法不得担任国王——这一点前面已经说过——所以他们经过考虑又找到这样一个办法，即他们最好是使扎米斯的孩子，与祖父同名的卡巴德斯做国王，这样扎米斯作为孩子的监护人便可以按照自己的想法处理波斯人的事务了。(5)于是他们去扎米斯那里，把自己的计划透露给他，他们极为卖力地敦促他，并试图说服他动手干这件事。由于扎米斯也喜欢这样做，于是他们计划在适当的时刻对科斯罗伊斯发动袭击。但是这个计划被发觉并传到国王那里去，这样他们的阴谋便被中止进行了。原来科斯罗伊斯把扎米斯本人和所有他本人的兄弟以及扎米斯的兄弟和所有他们的男性后裔全都杀死，此外以任何方式开始或已经参加反对他的阴谋的所有波斯知名人士也都被杀死了。在这些人当中有科斯罗伊斯的母亲的兄弟阿斯佩

贝德斯。

(6)但是他却完全无法杀死扎米斯的儿子卡巴德斯;因为他还被“卡那兰古斯”阿德尔古杜恩巴德斯抚养着。但是他送信给卡那兰吉斯,要他亲手把他所抚养的男孩子杀死;要知道他认为不应当对卡那兰吉斯表示不信任,却又没有权力强迫对方。(7)卡那兰吉斯在接到科斯罗伊斯的命令之后感到极为伤心,于是悲叹这一不幸事件的卡那兰吉斯便把国王命令他所做的一切告诉了自己的妻子和卡巴德斯的保姆。这位妇女流着泪跪在丈夫的面前,恳请他无论如何也不能把卡巴德斯杀死。(8)于是他们共同商议,计划把这孩子带到一个最安全的隐蔽场所加以抚养,并赶忙带话给科斯罗伊斯说卡巴德斯已为了他而被处死了。(9)他们给皇帝捎的话的便是这些,却把卡巴德斯藏了起来,藏得任何人都无法发觉,例外的只有他们自己的孩子瓦尔腊米斯和一名在他们看来每一方面都最为可靠的仆人。(10)但是久而久之当卡巴德斯长大成人之后,卡那兰吉斯开始担心他们干的事情会被泄露;于是他把钱给了卡巴德斯并要他离开,到他所能去的不管任何地方去逃命。(11)当时科斯罗伊斯和所有其他的人都不知道这样一个事实,即卡那兰吉斯已经办成了这件事。

(12)稍后科斯罗伊斯又率领一支大军入侵科尔奇斯的土地,这事在后面我将加以记述[①]。(13)他的随从中便有这位卡那兰吉斯的儿子瓦尔腊米斯,瓦尔腊米斯又有他自己的一些仆从,其中有一人也和他的主人一样了解有关卡巴德斯事件的内情;当瓦尔腊

① 参见本书第二卷,第十七章。

米斯在那里把有关卡巴德斯的事情原原本本地告诉国王时，他便举出这个在每一细节上都说得同他吻合的仆人为证。(14)当科斯罗伊斯得知这一情况时立刻极为震怒，在一个身为他的奴隶的男人手上他竟遭到如此的对待，他认为这是一件可怕的事情。而既然他没有任何别的办法把此人搞到手，于是他便想出了如下的计划。(15)当他即将从科尔奇斯的国土返回的时候，他写信给这位卡那兰吉斯，说他决定率领全部军队侵入罗马人的土地，不过不是用一举入侵的办法，而是把波斯军队分成两部分，从而可以从幼发拉底河两侧进攻敌人。(16)一部分军队当然由他率领攻入敌人的土地，而除了卡那兰吉斯本人因其勇敢而在这件事上有权拥有和国王相等的荣誉之外，他是不会把这特权给予其他任何臣民的。(17)因此卡那兰吉斯在国王返回时必须迅速赶来同他见面，这样国王才可以同他商议有关事项并且给他有利于军队的一切指示，而且他还应使自己的侍从随他一道上路。(18)当卡那兰吉斯接到这一信件时，对国王给予他的荣誉感到极为高兴，而完全不知道自己即将大难临头，立刻按照国王的指示办了。(19)但是在这次旅途中，由于他完全承受不了途中的劳苦(因为他的年纪已经很老了)，结果因为没有抓住缰绳而从马上跌落下来，摔断了腿。因此他只好安静地留在当地接受治疗，而国王则到那里去同他见面。(20)科斯罗伊斯对他说，既然他的腿伤是这个样子，那他是不可能同他们一道出征了；因此他必须到这一地区的一座要塞里去，在那里接受医生的治疗。(21)这样科斯罗伊斯便把这个人送上了死亡的道路，而跟随在老人后面的那些人，正是在要塞里要处死他的人们。而这位卡那兰吉斯在波斯人当中无论从事实上还是就名声上

来说都是一位不可战胜的将军,他曾对十二个蛮族民族发动进攻,使他们全都向国王卡巴德斯称臣。(22)在阿德尔古杜恩巴德斯被除掉之后,他的儿子瓦尔腊米斯担任了卡那兰吉斯之职。(23)在这之后不久,或者是这位卡巴德斯本人即扎米斯的儿子,或者是冒卡巴德斯之名的另外某个人来到了拜占庭;在外表上他确实和国王卡巴德斯十分相似。皇帝优斯提尼安虽然对他有所怀疑,却还是十分友好地接待了他并且给他以配得上卡巴德斯的孙子的礼遇。起来反对科斯罗伊斯的波斯人的遭遇便是如此。

(24)后来科斯罗伊斯基于下述的理由把美波德斯也除掉了。当国王正在处理某一重要事务时,他命令在他跟前的扎贝尔伽尼斯把美波德斯召来。恰好这个扎贝尔伽尼斯同美波德斯是有仇的。当扎贝尔伽尼斯来到美波德斯这里时,他看到美波德斯正在操练他手下的士兵,于是他便说国王要他尽快前去。(25)美波德斯答应说,他办完手头的事情立刻就去;但扎贝尔伽尼斯由于对美波德斯抱有敌意,便向科斯罗伊斯报告说,美波德斯不想立刻前来,因为他说他现在有事情要办。(26)因此而生气的科斯罗伊斯便要自己的一名侍从命令美波德斯到三脚凳①那里去。下面我就要说明一下这是什么。(27)在宫廷前面总是放着一只三脚凳;每当任何一名波斯人得知皇帝生他的气之后,这个人不应当逃避到一座神殿里去或到别的什么地方去,而他必须自己坐在这个三脚凳旁边,等候皇帝的命令,而根本没有任何人敢保护他。(28)美波德斯便在这一可怜的困境中坐了好多天,直到他最后在科斯罗伊

① 古代希腊的司祭通常坐在三脚凳上宣布神谕。这里的三脚凳当有神圣的意义。

斯的命令下被逮捕和处死。此人给科斯罗伊斯做好事的最后结果便是如此。

二十四

(1)与此同时在拜占庭出人意料地在民众当中爆发了一场叛乱[①],并且同人们所设想的相反,这一叛乱表明是一个十分严重的事件,结果它给人民造成了巨大的伤害,这一点从下面的记述可以看到。(2)在每个城市里,民众在过去的长时期里被分成蓝、绿两派;但是在较近的若干时期里,事情演变到,为了这些名义以及在观看比赛时对立两派所占的座位,他们竟要花费金钱并且不惜亲身去经受最残酷的折磨,甚至认为即使死得最可耻也是值得的。(3)他们相互战斗,但是不知道到底为了什么才冒这种生命的危险,不过他们清楚地了解的却是:即使他们在战斗中把对方打败,他们的结局也将是立刻被投入监狱,最后在经过极为残酷的拷问之后被处死。(4)于是在他们内心中便对自己的同胞产生一种无缘无故的并且任何时候也不会中止或消失的敌视情绪,因为这种情绪不能为婚姻上的联系、人际关系、友谊所取代,甚至在颜色不同的派别方面有分歧的那些人是亲兄弟或任何其他亲属时,情况也还是这个样子。(5)比起在这种斗争中取得的胜利来,任何神圣的或人间的事物都不在他们眼里;人们根本不在乎是否有人竟干出了亵渎上帝的事情,不在乎朋友或敌人是否破坏了法律或国家体制;应当说,甚至当他们也许日常生活都困难的时候,当他们的

① 公元532年元旦。

祖国处境十分危急并且受到不公正的侵略的时候,只要看来他们的“派”状况良好,他们对其他根本都不屑一顾。他们便把自己同伙的一批人称为“派”。(6)甚至妇女也参加他们的这种渎神的斗争;她们不仅跟着男人们走,而如果有机会的话甚至还同他们对抗,尽管她们根本不在有公开观览的场合出现,也没有其他任何原因迫使他们这样做。因此,从我这一方面来说,我只能把这一情况说成是灵魂得了病。每个城市里民众的情况就完全是这样。

(7)但这时拜占庭市当局的官员正在把一些闹事者带走去处死。但是两派的成员却勾结起来,相互宣布停战。他们捉住囚犯,随后立刻进入监狱,把囚禁在那里的所有的人释放出来,而不论他们是由于挑动叛乱而被定罪的,还是由于其他不法行为而被定罪的。(8)所有为市当局服务的人员都不分青红皂白地被杀死;并且在这同时,所有精神正常的公民都逃到对岸的大陆上去,城市被纵火焚烧,就好像国土已被敌人侵占一样。(9)索菲亚圣堂和泽乌克西普斯浴场以及皇帝的宫殿从门厅直到所谓阿列斯宫的那一部分都毁于大火,这之外还有一直延伸到有康士坦丁之名的市场的大柱廊,还要加上富人的许多房屋和大量的财富。(10)在这期间皇帝和皇后和元老院的一些成员闭居在皇宫之内,静静地待在那里。而闹事民众众口传递的口令则是尼卡[①],直到今天人们还用这个名字称呼这一叛乱。

(11)当时任近卫军长官[②]的是卡帕多奇亚人约翰,皇帝的顾

① 征服。

② 近卫军长官在罗马帝国的历史上往往是皇位继承的关键人物。

问则是潘菲利亚人特里布尼亚努斯；罗马人则称此人为“财务官”[①]。(12)这两个人之中的一人约翰完全没有机会受到通才的教育；他在上初等学校时除了些他认识的字母[②]——这些字母也学得很不完全——之外什么也没有学会。(13)但是凭借他天生的才能，他却成了我们所知道的权力最大的人物。原来他最善于决定什么是最需要的，最善于为困难找到一个解决的办法。但他又成了所有的人们当中最卑劣的，他利用他天生的能力助长他自私的意图；他心目中既不考虑上帝也不怕在人们面前有任何可耻的行为，而是为了私利毁掉许多人的性命，并且他经常考虑的便是如何摧毁整座整座的城市。(14)因此，确实在一个短时期中间，他搜得了巨额的财富，并且他完全沉浸于一个酗酒的恶棍的卑污生活之中；要知道，每天在午饭之前，他总是打劫他的臣民的财产，而这一天其余的时间，他就饮酒纵欲，别的什么都不干。(15)他是一个完全不能控制自己的人，原来他吃东西总要吃到呕吐[③]，并且他总是准备偷钱，并更愿意把钱拿出来花掉。约翰便是这样一个人！(16)另一方面，特里布尼亚努斯却是既有天生的才能，在因教育而取得的成就方面也绝不比与他同时代的任何人为差。但他是个极端贪财的人，他始终是一个为了利得而出卖正义的人；因此，他照例总是在取消一些法律，又提出另一些法律，根据对方的需要把随便哪种好

---

① 财务官是共和国时期所设官职，其实不限于管理财务，是青年人登上仕途(cursus honorum)的第一步。帝国时期这种职位已属荣誉性质，没有实质意义。

② 这里大概指拼成他本人的名字的几个字母。罗马皇帝优斯提努斯也是个文盲。

③ 罗马上层人物饮宴的时间极长，吃得再也吃不下去时，便服用催吐剂把食物吐出以便再吃。

处出卖给想得到它的人们。

(17)而只要以颜色的名义互相开战的民众还在继续作战,人们就根本不会注意到这些人对国家体制的破坏;但是,如上所述,当两派相互间取得谅解而叛乱开始的时候,他们便开始在整个城市里公开责骂这两个人并且到处寻找他们以便处死。因此,皇帝为了把民众争取到自己方面来,便罢免这两个人的职务。(18)他任命一个名叫佛卡斯的贵族为近卫军长官,这是一个极为谨慎的人,生来便适于成为正义的卫士;他又任命巴吉利德斯继任财务官的职务,在贵族当中,人们都知道他是一位具有随和而易于相处的品质的人,而且是一位知名人士。(19)在他们任职期间,叛乱依然进行得十分激烈。而在叛乱的第五天午后接近傍晚的时候,皇帝优斯提尼安命叙帕提乌斯和已故皇帝安那斯塔西乌斯的侄子彭佩乌斯尽快返回,这或者是因为他怀疑他们对正在他本人酝酿某个阴谋,或者也许是因为宿命使得他们如此。(20)但是他们担心的是民众会强迫他们接受王位(实际上发生了这样的事),并且他们表示,如果当他们在君主处于如此危险境地时放弃他们的君主,则他们便做了错事。(21)当皇帝优斯提尼安得知这一情况后,他便更加疑心起来,于是他命令他们立刻离开王宫。于是这两个人便返回自己的家,并且只要是在夜间,他们便安静地留在那里。

(22)但是第二天日出的时候,民众得知两个人已经离开了他们一直在停留的宫殿。于是全体民众便都奔向他们那里,把叙帕提乌斯拥戴为皇帝并准备把他带到市场上去接受统治大权。(23)但是叙帕提乌斯的妻子玛丽是一位谨慎的妇女,曾因其贤淑而享有极高的声誉,她抱住自己的丈夫不让他走开,而大声痛哭着

恳求所有她的亲属，说民众正在把她的丈夫拖向死亡的道路。(24)但是由于她无法抗拒人群的力量，她才不情愿地放开她的丈夫，而他也是并非出自本意地来到了康士坦丁广场。民众就是召他来这里接受皇位的；继而由于他们既没有王冠也没有通常可以表示一位国王身份的衣裳，他们便把一条金项链戴到他的头上并宣布他为罗马人的皇帝。(25)这时元老院的成员也正在开会——除去留在皇帝宫邸里的那些人之外都到了——而许多人发表意见，认为他们应当到皇宫去作战。(26)但是一位元老名叫欧里根尼斯的站出来讲了如下的话："罗马同胞们，我们所面临的形势除了通过战争之外不可能用任何办法加以解决。现在人们都一致同意战争和皇权是世界上一切事物中最重要的。(27)但是当行动牵涉到重大后果的时候，它不容许瞬间短暂的激变导致成功的结局，而只有通过人们在一段时期里表现出来的思想的智慧和行动的果敢，这一行动才得以完成。(28)因此，如果我们出去同皇帝作战，我们的事业便处于孤注一掷的状况，我们将要冒这样一种的危险，它将会在很短的时间里决定一切。并且，至于这种行动的后果，我们或是拜倒在命运之命面前，或是干脆责骂她。(29)要知道，后果极迅速地便可以决定的那些事件照例是要受命运的摆布的。但是如果我们比较慎重地处理当前的局势，即使非我们所愿，我们也将能在皇宫里捉住优斯提尼安，但如果允许他跑掉的话，他很快地就会表示感激的。(30)要知道，无人理睬的权威总是会失去它的力量的，因为它的力量会逐日削弱下去。而且我们还有其他的宫殿，这位皇帝可以利用为大本营的宫殿既有普拉奇利亚那伊又有以海伦命名的宫殿，他可以从那里进行战争并且可以尽可能妥善地处理所

有其他事务。”(31)以上便是欧里根尼斯的发言。但其余的人——大群的人照例是这样——却更加激奋地坚持自己的意见,他们认为当前是个好机会,特别是叙帕提乌斯(因为他注定要遭到厄运的)要他们带头去赛马场。但是也有人说他是有意去那里的,因为他对皇帝抱有好感。

(32)皇帝和他的宫廷也正在考虑怎样做更好些:是留下来还是逃到船上去。对两种意见都有许多赞同的人。皇后提奥多腊则发表了如下的看法:“人们都认为一个女人是不应当在男人们当中冒失地出头露面的,或者在因害怕而不敢出头的人们当中大胆地表明自己的看法,但是我则以为当前的危机极为肯定地不允许我们讨论这件事是应当这样看还是那样看。(33)要知道,当前的事件所涉及的是其利益遭到极大危险的那些人,因此看来最好的办法只能是立刻尽可能妥善地解决他们面临的问题。(34)因此我的意见是:特别在当前,逃跑是不适当的,尽管它可以带来安全。要知道,虽然生到世上来的人不可能不死,但是做过皇帝的人再去做一名逃亡者,那却是无法忍受的。我就绝对不想放弃这种尊贵的地位,我也不想活到有一天遇到我的人们不把我称为女主人。皇帝啊,如果现在你想自己逃命,这一点毫不困难。(35)因为我们有很多钱,并且那边是大海,这里还有船。但是请考虑一下,在你得救之后会不会出现这样的情况,即你会高兴地用那种安全去交换死亡。就我本人来说,我同意一句古老的格言,即王位是一块好的裹尸布①。”(36)当皇后讲出了这番话之后,所有的人胆子大了起

① 这话的意思是说国王只能以国王的身份而死,不能被贬为普通人。

来，他们把心思又转到抵抗上去，而开始考虑如果有任何敌对的力量进攻他们，他们将如何保卫自己了。作为一个整体的士兵，其中包括驻守在皇帝宫廷周边的那些士兵，他既不倾向于皇帝，也不愿公开地积极地参加战斗，而是等待观望未来的趋势。(37)皇帝的全部希望都寄托在贝利撒里乌斯和蒙都斯二人身上；就中前者即贝利撒里乌斯是不久前从波斯战争中返回的，他手下的军队强大而令人生畏，特别是他有许多长枪兵和卫士，这些士兵都受过战斗的锻炼，经历过战争的危险。(38)蒙都斯曾被任命为伊利里亚人的将领，他只是因偶然的机会才由于某件必要的事务奉召前来拜占庭的，随他而来的是蛮族埃茹利人的士兵。

(39)叙帕提乌斯来到赛马场后，他立刻便到通常皇帝就座的地方去坐在皇帝的宝座上，而过去皇帝通常总是从这里观看赛马与体育比赛的。(40)蒙都斯从宫廷通过以蜗牛为名的那座门出去，而所以叫蜗牛门是因为它的下坡是环形的。(41)就在这时，贝利撒里乌斯首先开始直向叙帕提乌斯本人和他的皇座那里走去，而当他来到相邻的建筑——那里自古以来便有一支卫队防守着——的时候，他高声呼叫，命令士兵尽快给他开门，以便直取篡位者。(42)但是由于士兵在明白地看到哪一方会取得胜利之前，决定不支持任何一方，所以他们装作根本没有听到他讲的话，这样便拒绝了他。(43)于是贝利撒里乌斯回到皇帝那里去并宣称他们的一方已经战败了，因为守卫宫殿的卫兵正在起来反对他。(44)于是皇帝命令他到所谓青铜门和那里的门厅地方去。(45)于是贝利撒里乌斯困难地、不无危险地、十分吃力地走过到处是废墟和一半被烧毁的建筑物的地段并上行到比赛场。(46)当他来到位于皇帝

宝座右手的蓝色柱廊时,他首先打算进攻叙帕提乌斯本人;但由于那里有一个已被关闭并有叙帕提乌斯的士兵在里面守卫着的小门,他担心如果他要在那狭窄的空间展开战斗,民众会攻打他,并且在杀死他本人和他的随从之后可以不怎么吃力和不太困难地去进攻皇帝。(47)因此,他作出决定:他必须向民众、也便是十分混乱地集结在赛马场上的一大群人进攻,于是他从鞘中抽出剑来,同时下令其他人也这样做,随着一声呼啸跑着向他们攻去。(48)结成大群乱哄哄地站在那里的民众看到以勇武而十分出名并且有作战经验的武装士兵并且看到他们毫不留情地用刀剑砍杀,于是匆忙后退了。(49)接着很自然地便是一阵高声的呼叫①,而离他们不远的蒙都斯也急于参加战斗,因为他是一个有胆量的、果敢有为的人,然而在当时的情况下,他不知道他应当怎样做。但是他看到贝利撒里乌斯正在战斗,于是他立刻通过人们称为死亡之门的入口向赛马场里攻击。(50)这样一来,叙帕提乌斯一派的人确实便从两方面受到了强力的攻击而被歼灭了。当溃败已呈全面之势并且已经出现了对民众的大屠杀的时候,波腊伊德斯和皇帝优斯提尼安的侄子波拉伊德斯优斯图斯在没有任何人敢于抵抗他们的情况下把叙帕提乌斯从宝座上拖下来,把他带入皇宫,并把他和彭佩乌斯一道交给了皇帝。(51)民众那一天死去的有三万多人。皇帝下令把这两个囚犯严厉地监禁起来。(52)继而彭佩乌斯哭着说了求饶的话(因为此人从来没有经历过这样的不幸),而叙帕提乌斯则一五一十地对他进行了谴责并且说将会不公正地死去的人是不

① 胜方的欢呼。

应当哭的。(53)要知道,在开头他们是受民众的迫胁,并非出自他的本意,后来他们来到赛马场,也根本没有伤害皇帝的意思。士兵们于是把他们两个人全都杀死了并且把他们的尸体投进大海。(54)皇帝把所有他们的财产没收入国库,还没收了站在他们一面的所有其他元老的财产。但是,后来他恢复了叙帕提乌斯和彭佩乌斯的孩子们和所有其他的人过去保有的头衔,也归还了他们的财产,只要他还没有把它们送给了自己的朋友。拜占庭的叛乱的结果便是如此。

二十五

(1)特里布尼亚努斯和约翰被撤销了职务,但是后来他们二人又都恢复了原来的地位。(2)特里布尼亚努斯又任职多年,最后病死,再也没有受过任何人的伤害。要知道他是一个圆滑的人,有各种办法讨人喜欢并且由于受到很好的教育而十分善于把他的贪得无厌的毛病掩盖起来。(3)但是约翰却是个盛气凌人的人,对所有的人都是严厉的,他殴打遇到的人们并且一点不客气地夺走他们的绝对是全部的钱财;因此在他任职的第十个年头他便以如下的方式理所当然和公正地为他的无法无天的行为作出了补偿。

(4)皇后提奥多腊恨他超过了恨所有其他的人。当他因为自己所犯的罪行而触怒了这个女人时,他无意于通过任何方式的阿谀奉承或亲切的表示去争取她,而是公然同她对立并且一直在皇帝面前说她的坏话,在她的高位面前既无所顾忌,也不因为皇帝极为爱她而感到难为情。(5)当皇后了解到发生的一切之后,她打算把此人除掉,但是却没有任何办法下手,因为皇帝优斯提尼安对他

十分倚重。(6)当约翰得知皇后对他的打算时,他简直吓坏了。(7)因此每当他进室内睡觉时,他每夜都担心会有某个蛮族向他发动进攻并把他杀死。于是他便不断地从居室向外看并且环视入口各处,从而不得安眠,尽管他手下有成千上万的长枪兵和卫士,而这是先前任何长官不曾有过的权力。(8)但是一到天亮,他便把对神圣的和人间的事物的一切畏惧抛到脑后,又成了公私两方面所有罗马人的祸害。通常他同巫师们交谈,不断地听取渎神的神谕[1],因为这些神谕都预言他将取得皇帝之位,因此他显然变得趾高气扬、忘乎所以并且由于自己有希望取得皇权而得意扬扬不知天高地厚了。(9)但是在他的流氓恶棍以及无法无天的行为方面,他根本毫无收敛或是改正的表现。(10)此人绝对不把上帝放在眼里,甚至当他去教堂祈祷并在那里过夜时,他也根本不按基督徒习惯的做法行事,而是像人们现在通常称为希腊教的旧宗教的祭司那样穿一件粗布衣服并且在那整夜之中他做的就是在嘟嘟哝哝地讲那些渎神的话,他所祈求的则是他能更进一步控制皇帝的思想,而他本人免遭所有人的伤害。

(11)这时平定了意大利的贝利撒里乌斯应皇帝之召偕同他的妻子安托尼娜来到了拜占庭以便同波斯人作战[2]。(12)虽然在所有其他人的心目中,很自然地他被尊崇为一位杰出的人物,但只有约翰一人对他抱敌视态度并且积极地进行反对他的活动,而其所以如此只是因为约翰引起人们对他本人的憎恨,而另一方面,贝利

① 以异教的、非基督教的方式。

② 参见本书第六卷,第三十章,第30节。

撒里乌斯却享有无与伦比的人望。当他把妻子留在拜占庭而再次向波斯人进军的时候,罗马人的希望便都集中到他的身上了。(13)而贝利撒里乌斯的妻子安托尼娜(在世人当中她是最有本领设想不可能的事情的人物)为了讨好皇后,她设想了如下的计划。约翰有一个女儿,名叫埃乌菲米娅,以其贤淑而十分有名,但由于她十分年轻,为此而极为多愁善感。这个女孩子极受父亲的宠爱,因为她是他唯一的孩子。(14)安托尼娜把这个女孩子亲切地款待了几天之后,得以最充分地赢得了她的友谊,并且她甚至不拒绝把自己的秘密告诉给安托尼娜。(15)有一次当安托尼娜在居室中只同埃乌菲米娅一个人在一起的时候,她便装出为自己的命运而悲叹的样子,她说虽然贝利撒里乌斯比先前更大规模地开拓了罗马帝国的疆土,虽然他把两名被俘的国王和如此巨额的财富带到拜占庭来,但是她发现优斯提尼安是忘恩负义的;而且在其他方面,她又指责政府也是不公正的。(16)埃乌菲米娅听了这些话极为高兴,因为她对皇后的恐惧,她对当局也是抱敌视态度的。于是她说:“最亲爱的朋友,这就要怪你和贝利撒里乌斯了,因为尽管你们有机会,你们却不愿利用你们手中的权力。”(17)安托尼娜迅速回答说:“我的女儿,那是因为在军营我们不可能发动兵变,除非在国内这里有人和我们一道干这件事。如果你父亲愿意的话,我们便极容易组织这一计划并实现上帝所希望的任何事情。”(18)埃乌菲米娅听了这话之后,她认真地保证把这个建议带出去,并在她离开那里以后,立刻把这件事报告给她父亲。(19)约翰听到这个消息很是高兴(因为他认为这一举措为他提供了一个办法以实现关于他的预言从而取得皇帝大权),于是他毫不犹豫地立刻表示同意,

并且要他的孩子安排在第二天,他本人将会前来同安托尼娜商谈并提出保证。(20)安托尼娜得知约翰的想法之后,希望尽可能不要对方了解真实情况,于是她表示当前还不是他来同她会见的适当时刻,因为这会引起人们的足以阻碍事件进行的怀疑;不过她打算立刻出发去东方同贝利撒里乌斯相会。(21)因此,当她离开拜占庭并到达郊区(这地方叫茹菲尼亚那伊,是属于贝利撒里乌斯的私人产业)的时候,约翰可以以仿佛向她致敬的名义前来并且护送她上路,这时他们可以就国事进行商谈并相互交换保证物。约翰认为她的这番话说得很好,于是便指定了一个日子以便实现这个计划。(22)皇后从安托尼娜那里得知全部经过之后,同意她作的安排,并且在对方的鼓动之下,她的劲头儿比先前要大多了。

(23)当指定的日子快要到临的时候,安托尼娜告别皇后,离开了拜占庭并且去茹菲尼亚那伊,好像第二天她便要开始她去东方的行程了。约翰在夜间也去了那里以便实现他们先前约定的计划。(24)就在这同时,皇后向她的丈夫揭发了约翰为篡夺皇权而干的种种事情,并且派遣宦官纳尔吉斯和宫廷卫队司令官玛尔凯路斯率领众多士兵前去茹菲尼亚那伊以便调查那里正在发生的事情,并且,如果他们发现约翰发动叛乱,他们可以就地立刻杀掉此人再返回。(25)于是这些人便出发执行命令去了。但是据说皇帝已经得到正在发生的事情的情报,于是派遣约翰的一位朋友去他那里,要他无论如何也不可同安托尼娜秘密见面。(26)但是约翰(因为他注定要遭厄运)无视皇帝的警告,在午夜时分会见了安托尼娜,而就在近旁墙壁后面,她安排了纳尔吉斯和玛尔凯路斯以及他们手下的士兵以便要他们听到所说的话。(27)当约翰在这里百无禁忌地表示同意攻击皇帝的计划并且为此起了最严厉的誓言的时候，纳尔吉斯和玛尔凯路斯突然对他发动了进攻。(28)但是，在由此很自然地引起的混乱中约翰的卫士(他们就站在近旁)立刻来到了他身边。(29)其中一个人不知道玛尔凯路斯是谁，便用剑去刺他，从而使约翰能以同他们一道逃脱，尽快来到了拜占庭。(30)如果他有勇气立刻去皇帝那里，我相信他是不会受皇帝的任何伤害的；但实际上，他却跑到教堂里去寻求庇护，从而使皇后有机会随心所欲地干出对他不利的事情。

(31)这样，他便从长官的身份变成了一介普通公民[①]，而他从这一教堂起身之后，便被解往位于库吉库斯市的郊区(库吉库斯人称这里为阿尔塔凯)的另一座教堂去。在这里他完全违背本心地穿上了牧师的袍子，不过不是主教的外袍而是人们所说的一位长老[②]的外袍。(32)但是他非常不愿意担任牧师的职务，因为他担心到了某个时候这会成为他再度担任官职的一个障碍；要知道，他在这方面根本没有放弃希望。(33)他的全部财产立刻被充公收入国库，但是皇帝还是把其中很大一部分发还给他，因为皇帝仍然有意对他加以赦免。(34)在这里约翰依然可以不必担心任何危险地生活，享用他的巨大的财富，这里面有他自己隐藏起来的，也有由于皇帝的决定而留给他的，他可以随心所欲地尽情享受豪奢的生活，并且，如果他看问题明智的话，他必须认为他当前的命运是幸福的。(35)因此之故，所有的罗马人对此人的现状感到极为气愤，

① 事在公元541年5月。

② presbyter。

因为,老实说,既然已表明此人是一切恶棍当中最卑劣的,他却完全没有得到应有的惩处,相反地还过上了比以前更加幸福的生活!但是我以为,上帝不会容许约翰的报应就是这个样子,而是为他准备下了更加严厉的惩罚。其经过有如下述。

(36)在库吉库斯有一个名叫埃乌谢比乌斯的主教,这是一个对妨碍他的所有的人都残酷无情的家伙,比起约翰来也毫无逊色。库吉库斯人向皇帝告发了此人并使此人受到了审判。(37)但埃乌谢比乌斯因手中有巨大的权力而对他们施行了计谋,从而使他们在这件事上没有取得任何结果。于是有一些年轻人便共同计议在库吉库斯的市场上把此人杀死。(38)恰好约翰对埃乌谢比乌斯也是极为仇视的,因此人们便怀疑这一阴谋是他所策划的。(39)于是从元老院便派人来调查这一渎神行为。这些来人先是把约翰关到一所监狱里,继而曾经是一个权力如此大、被列入贵族并且坐到至少在罗马国内不可能更高的执政官[①]的座位之上的这个人却被人们搞得像一个强盗或劫路的土匪那样光着身子站在那里,背部受到多次的抽打,人们还迫使他招供他一生过去的所作所为。(40)虽然没有明确的罪证证明约翰在埃乌谢比乌斯被杀害一事上有罪,但是看来上帝的正义却使他受到了世人的惩处。(41)这之后,他们便剥夺了他的全部财产并把他光着身子放到一只船上,只给他一件衣服,而且是只值几文钱的十分粗陋的衣服;而不管这船停泊到什么地方,负责管制他的那些人便命令他向他所遇到的人

① 执政官虽然从共和初期便有了,但是在帝国时期它们只是一种荣誉头衔,没有实际意义。

们乞讨面包或几文钱。这样，在沿途到处乞讨的情况下他被解送到埃及的安提努斯城。(42)这时是他们在那里把他监管起来的第三年。(43)至于约翰本人，尽管他陷入了这样的困境，他依然没有放弃夺取皇权的希望，而且他还下决心因为某些亚历山大里亚人欠国库的钱而告发他们。这个卡帕多奇亚人约翰在十年之后便因为他过去政治上的所作所为而还是受到了这样的惩罚。

二十六

(1)那时皇帝再次任命贝利撒里乌斯为东方的统帅并且派他去利比亚，把那个地方争取过来，关于此事后面我还要谈到的。(2)当科斯罗伊斯和波斯人得知这一情况之后，他们感到十分恼火，并且他们已经后悔同罗马人缔结和约，因为他们看到，他们的力量正在大大地加强。(3)于是科斯罗伊斯派遣使节到拜占庭去，说他和皇帝优斯提尼安一道感到高兴，并且笑着要求也分到一份来自利比亚的战利品，理由是：如果波斯人不是同他和平相处，则皇帝绝不可能在同汪达尔人的战争中取胜。(4)于是优斯提尼安送给科斯罗伊斯一笔钱，不久之后便把使节打发回去了。

(5)在达腊斯城发生了这样一件事情。有一个名叫约翰的，在当地的步兵的一支队伍里服役。这个人同一些士兵，但不是所有的士兵合谋，攻占了这座城市，想自立为僭主。(6)随后他便把一处有似城堡的地方当作自己的王宫，逐日加强自己的专制统治。(7)而如果波斯人不是继续同罗马人保持和平，罗马人也许会因这一事件而遭到无法弥补的伤害。但实际上，这件事是我前面提到的、已达成的协议所禁止的。(8)在这场暴政的第四天，一些士兵

共同计议,按照该城的牧师玛玛斯和一位名叫安那斯塔西乌斯的知名人士的意见,在一个正午到皇宫去,每人外袍下面都藏着一把小剑。(9)首先,在庭院的入口处他们发现一些卫士,并且立刻把他们杀死了。随后他们进入这个僭主的房间,把他捉了起来,但是有人说士兵们并没有把他捉起来,而是当他们在院子里仍然犹豫不决并且因想到危险而发抖时,是一个跟他们同来的一个卖香肠的小贩带着他的菜刀冲了出去并在碰到约翰时出其不意地向他砍去。(10)但是砍下去的这一刀并未能置对方于死地,而这个说法还指出,他高喊着跑掉,但是忽然倒在前来的这些士兵中间了。(11)于是士兵们下手干掉了他并且立刻把宫殿点火烧掉了,这是为了不使任何抱有这样企图的人们利用这里发动变乱;约翰于是被他们投入监狱,上了镣铐。(12)而其中一人,担心士兵们知道这僭主还活着从而会再次给城市制造麻烦,就把约翰杀掉了,这样便结束了混乱局面。有关僭主夺取政权事件的经过便是这样了。

波斯战争史第二卷

（战争史第二卷）

一

（1）这之后不久，科斯罗伊斯得知贝利撒里乌斯已经为皇帝优斯提尼安也争取到了意大利，便思绪起伏再也按捺不住，于是希望能找到借口以便能够以看起来似乎说得过去的某些理由来破坏和约。（2）因而他便就此事同阿拉木恩达腊斯进行商谈并且要他提供挑起战争的借口。（3）这样阿拉木恩达腊斯便向阿列塔斯提出指责，说他在边界问题上对方对他有横暴行为。于是他便在和平时期同阿列塔斯发生了冲突，并且开始以此为借口蹂躏了罗马人的国土。（4）并且他宣布说，就他来说，他并没有破坏波斯人和罗马人之间的条约，因为无论波斯人还是罗马人都不曾把他卷入此事。（5）但这话是不确实的。因为在条约里根本没有提到撒拉森人，理由是他们已被包括在波斯人和罗马人的名下。（6）原来那时被撒拉森人的两个部族[①]宣布拥有的这一地区被称为斯特拉塔，它向南延伸到帕尔米腊城；这里任何地方都没有一棵树或生产任

① 即分别属于罗马人和波斯人的撒拉森。

何有用的粮食,因为它被太阳烤烧得极为干燥,而从古以来它便专用来牧放少数某些畜群。(7)不过阿列塔斯坚持认为,这个地方属于罗马人,可以证明这一论断的是人们长期给这一地方所起的名字(原来斯特拉塔[1]在拉丁语中有“铺设的道路”的意思)并且他还举出了远古时代人们的话为证。(8)不过阿拉木恩达腊斯根本不想就名字问题进行争论,却宣称自古以来那里牧放畜群的牧主便向他纳贡。(9)于是皇帝优斯提尼安便委托一个名叫斯特拉特吉乌斯的贵族兼皇家财库的主管官员去处理争论的问题。斯特拉特吉乌斯还是一个有着古老门第和智慧的人,同他在一起的是统率巴勒斯坦的军队的苏木斯。(10)这个苏木斯是不久前作为使节到埃塞俄比亚人和荷美里塔伊人去的那个优利安的兄弟。(11)作为他们中间的一人的苏木斯坚持不应让出这一地区,但是斯特拉特吉乌斯却请求皇帝不应为了一小块土地、而且是一小块绝对没有价值而且根本生产不了东西和不适于种植粮食的土地而给波斯人以方便口实挑起早想挑起的战争。于是皇帝优斯提尼安考虑了这一问题并且用了一个长时期来处理这一问题。

(12)但是波斯人的国王科斯罗伊斯却宣称和约是由优斯提尼安破坏的,因为优斯提尼安不久前对他的家族表现了十分反对的态度,要知道,他在和平时期竟试图把阿拉木恩达腊斯拉向自己的一面。(13)他还说,不久前去撒拉森人那里的苏木斯表面上是去处理问题的,而实际上是用答应给予一大笔钱的办法笼络阿拉木恩达腊斯,条件要他同罗马人联合起来,他并且拿出据他说是皇帝

① Strata。

优斯提尼安就这些问题写给阿拉木恩达腊斯的一封信。(14)他还说他还有一封信写给一些匈人,信中敦促匈人入侵波斯人的国土并对那里一带进行广泛的破坏。他肯定地说这封信是匈人自己到他这里来亲手交给他的。(15)对罗马人提出这些指责的科斯罗伊斯正在打算废除条约。但是在这些事情上他讲的是否是真话,我便无法说了。

二

(1)就在这时,已经吃了败仗的哥特人的领袖维提吉斯派了两名使节到他这里来,要他向罗马人发动进攻;但是他派出的人并不是哥特人,为的是不使对方一下子便看出了这次出使的真正性质从而使谈判归于无效,他派出的乃是用大量的金钱吸引来担任这一任务的利古里亚牧师。(2)这些人当中有一个人身份似乎更高些,他在这次出使中冒名主教,而实际上他根本不是,而另一人则装扮成他的侍从。(3)他们在旅途中来到色雷斯的土地之后,又从当地招了一名叙利亚语和希腊语的通事,并且在完全没有被任何罗马人察觉的情况下来到了波斯的土地。要知道,当时他们还处于和平时期,所以对那一地区监视得并不严密。(4)而这一行人见到科斯罗伊斯之后,便讲了这样的话:"国王啊,确实,所有其他使节在执行他们的任务时照例都是为了他们自身的利益,但是哥特人和意大利人的国王维提吉斯把我们派出来,却是为了你的王国讲话;你知道现在就是他在你面前讲这番话的。(5)国王啊,总起来说吧,如果有任何人会说你已经把你的王国和所有各处的民众送给了优斯提尼安的话,那么他的话就说对了。(6)要知道,由

于此人生来就是一个喜欢干预根本同他无关的那些事的人,由于他又不能坚守事物既定的秩序,所以他便有了占领整个世界的愿望,并且急于想为自己攫取每个国家。(7)因此(因为他既不能单独进攻波斯人,又不能同反对他的波斯人一道去进攻其他人),他决定在和平的托词下对你进行欺骗,决定通过征服其他民族以取得反对你的国家的强大兵力。(8)故而在摧毁了汪达尔人的王国并征服了玛乌里人(摩尔人)而当时我们碍于同他们的友谊而对他采取不干涉的立场之后,他已经带着巨额的金钱和许多士兵向我们发动了进攻。(9)现在已十分明显,如果他也能把哥特人彻底打垮,他将和我们以及已被他奴役的人一道向波斯人发动进攻,他既不考虑友谊的名义,也不会在发誓而作出的保证面前感到羞愧不安。(10)因此,在你还有某种安全的希望的时候,不要再欺凌我们,也不要容忍自己受到欺凌,而是要从我们的不幸看到稍后波斯人会遭遇到的一切。要知道,罗马人绝不会对你的王国抱有好感,而当他们变得更加强大时,他们会毫不犹豫地表现出对波斯人的敌视态度。因此,趁适当的时刻利用这一好机会吧,免得机会错过去之后你还得去寻求它。(11)要知道,机会的时刻一旦过去,就其本质而论,它是不会再回来的。因此更好是占先一步而求得安全,而不要错过好时候而在敌人手上遭到不可能更加悲惨的命运。”

(12)科斯罗伊斯听了这些话之后,他感到维提吉斯的话说得有道理,而且他是更加迫切地希望摆脱条约的束缚的。由于他对皇帝优斯提尼安心怀妒意,因此他便完全没有考虑到这样一个情况,即对他讲的这些话乃是出自优斯提尼安的不共戴天的敌人之口。但由于他本来就希望干这种事，所以他便欣然同意对方提出的意见。(13)稍后在对待阿尔明尼亚人和拉吉人的发言方面——这些下面我立刻会谈到的——他的做法也完全一样。(14)而他们对优斯提尼安提出的指责，对一位有作为的君主来说很自然地却成了颂扬之词，这就是说，他致力于扩大自己的疆土，使自己的王国远比过去更加辉煌。(15)要知道，人们也可以把这些指责用之于波斯人的国王居鲁士和马其顿人亚历山大。但习惯上正义和忌妒不能共处。因此之故，科斯罗伊斯打算废除条约。

三

(1)就在这时又发生了另外一件事。事情的经过如下。曾把法兰吉乌姆交给了罗马人的那个西米昂[①]当战争还在激烈进行时说服皇帝优斯提尼安把阿尔明尼亚的一些村庄送给他。(2)在他成为这些地方的主人之后，这些地方原来的主人策划阴谋杀害了他。(3)谋杀的罪犯在犯下了这一罪行之后，逃往波斯的国土。他们是兄弟二人，佩若吉斯的儿子。皇帝得知这一情况之后，便把这些村庄给了西米昂的侄子阿玛扎斯佩斯，并任命他为阿尔明尼亚人的统治者。(4)久而久之，阿玛扎斯佩斯的一个名叫阿卡奇乌斯的友人在皇帝优斯提尼安面前揭发他，理由是他虐待阿尔明尼亚人并且想把提奥多西奥波利斯和另外一些要塞交给波斯人。(5)在作了这样的告发之后，阿卡奇乌斯便按照皇帝的意旨，背信弃义地杀死了阿玛扎斯佩斯，而他本人则取得了对阿尔明尼亚人

① 参见本书第一卷，第十五章，第27～29节。

的统治权,作为皇帝赠与的礼物。(6)这个天性卑劣的家伙于是有机会表现他本来的品质,事实证明他是所有的人当中对臣民最残酷无情的。(7)原来他掠夺了他们财产而不提出任何借口并且规定他们要缴纳前所未有的四肯特那里乌姆的税金[①]。但是对此再也忍受不下去的阿尔明尼亚人于是共同商议除掉了这个阿卡奇乌斯并且跑到法兰吉乌姆去躲避。

(8)于是皇帝便从拜占庭派西塔斯去对付他们。原来自从同波斯人缔结了和约那时起,西塔斯便一直没有去那里。(9)于是他来到了阿尔明尼亚,不过开头他并不愿展开战斗行动而是致力于安抚民众并使居民返回他们原来的住处,还保证请求皇帝免除他们应付的新税。(10)但由于皇帝因西塔斯的犹豫不决而经常不断地对他加以责备——因为他受到阿卡奇乌斯之子阿多利乌斯的诽谤——西塔斯终于为战争进行了准备。(11)首先他试图通过答应给对方许多好东西的说服办法把某些阿尔明尼亚人争取过来,使之归附于他的事业,这样要战胜另一部分便会少一些艰难困苦。(12)一个被称为阿斯佩提亚尼人的、人数众多力量强大的部族愿意同他联合。(13)他们来到西塔斯这里,请求他给他们文字上的保证,即如果他们在战斗中脱离他们的同胞而投向罗马军队,他们应当不受任何伤害并保有他们自己的财产。(14)西塔斯对此十分高兴,于是便在木板[②]上写下了他们希望他给予的保证;然后把它封好,把它送到他们那里去。(15)西塔斯由于他们

① 参见本书第一卷,第二十二章,第4节。

② 作为信函。

的帮助而有了信心，他认为在战争中可以不战而取得胜利，于是他便率领他的全军来到一个名叫厄诺卡拉孔的地方，因为阿尔明尼亚人的营地便设在这里。(16)但是事有不巧，带着信札的那些人走的是另一条小路，根本没有能够见到阿斯佩提亚尼人。(17)而且有一部分罗马军队正好碰到一些阿斯佩提亚尼人，而由于不知道他们之间已达成的协议，便把他们当敌人对待了。(18)西塔斯本人也在一个洞窟里捉住了阿斯佩提亚尼人的一些妇女儿童并且把他们杀死了，这或者是因为他不了解已经发生的事情，或者是因为阿斯佩提亚尼人没有按照约定同他联合起来而感到气愤。

(19)他们这时由于感到气愤便和所有其余的人们一道列阵准备战斗了。但是由于双方的军队是在到处都是悬崖绝壁的极为崎岖的地面上作战的，所以他们的战场不是在一个地方，而是分散在山脊上和山沟里。恰好一些阿尔明尼亚人和率领着不多人的西塔斯在距离不远的地方遇到了，在他们之间只隔有一道山沟。(20)双方都是骑兵。于是有少数人跟在后面的西塔斯便越过山沟并向敌人攻去；阿尔明尼亚人在退到后面之后便停了下来，而不再追下去的西塔斯也留在他原来的地方。(21)突然间从一直追逐敌人的罗马军队中有一个埃茹利人从他们那里风驰电掣地回到西塔斯和他手下的人们这边来。这时恰好西塔斯把他的长枪插到地上；但埃茹利人的马在猛冲时碰上它，把它踩断了。(22)为此这位统帅感到极为气恼，而一个阿尔明尼亚人这时看到了他，认出他来并告诉所有其他的人说这人就是西塔斯。因为这时他恰好没有戴头盔。因此，他只同少数人前来，这一点并没有逃过敌人的注意。

(23)而西塔斯听到阿尔明尼亚人说的这话之后,由于他的长枪如上所述已被踏断,在地上,于是他便抽出剑来并试图立即重新越过山沟。(24)但是敌人却十分急于进攻他,在山沟里追上他的一名士兵用剑削过他的头顶;结果削去了他的整个头皮,却完全没有伤及他的头骨。(25)西塔斯则比先前更快地向前逼进,但是属于阿尔撒奇达伊家族的约翰之子阿尔塔巴尼斯却从后面向他进攻并用长枪一刺而杀死了他。(26)这样西塔斯便以根本不值一提的方式,以一种同他的勇敢和对敌连续不断的战功不相称的方式被杀害了,这是一个外表极为英俊的人,一个能征善战的斗士,一个当代人无人能比的统帅。(27)但是有人说西塔斯不是死在阿尔塔巴尼斯手里,而是死在一个十分普通的阿尔明尼亚人所罗门手里。

(28)西塔斯死后,皇帝下令布吉斯去同阿尔明尼亚人作战;而此人在临近时便派人去他们那里,保证实现皇帝和所有阿尔明尼亚人之间的和解并且要他们的某些知名人士来同他就这些问题进行商谈。(29)阿尔明尼亚人总地说来是不能相信布吉斯的,他们也不愿接受他的建议。但是阿尔撒奇达伊家族里有一个人却同他特别有交情,此人是阿尔塔巴尼斯的父亲,名叫约翰。把布吉斯作为友人而加以信任的,约翰于是偕同他的女婿巴撒凯斯和另一些人来见布吉斯。但是,当这一行人来到第二天预定同布吉斯见面的地点并且在那里搭设帐篷时,他们看到自己已来到了一个被罗马军队包围的地方。(30)约翰的女婿巴撒凯斯于是恳切地请求他逃走。由于他说服不了约翰,他便把约翰一个人留在那里而偕同所有其他的人避开罗马人沿原路返回。(31)布吉斯发现只有约翰一个人在那里，就把他杀死了；既然在这之后阿尔明尼亚人再也无法指望同罗马人达成一项协议，并且既然他们又无法在战争中打败皇帝，于是他们在巴撒凯斯这个果敢有为的人物的率领之下来见波斯国王。(32)他们之中的领袖人物于是便来到科斯罗伊斯面前，讲了这样的话："主人啊，我们中间的许多人是阿尔撒奇达伊家族的人，也就是阿尔撒凯斯的后代，而当波斯的国土处于帕尔提亚人的统治之下时，那个阿尔撒凯斯同帕尔提亚的国王并不是没有关系的，并且阿尔撒凯斯也表明自己当时是一位不比任何人差的出色的国王。(33)现在我们到你这里来了，我们所有的人都变成了奴隶和逃亡者，不过并不是我们自己愿意这样，而是出于万不得已，这看起来似乎是由于罗马的力量，而实际上，国王啊，这是由于你的决定。(34)——确实，如果说一个人把力量给予想干不公道的事情的那些人，那他本人理所当然地也应当为他们的罪行而受到责难。现在我们将要从稍前一点的时候说明原由，以便使你从头到尾把事情听个清楚。(35)我们祖先的最后一位国王阿尔撒凯斯曾自愿地把王位放弃给了罗马皇帝提奥多西乌斯，条件是属于他家的一切成员在今后任何时候都应当在每一方面都不受侵犯的情况下生活，特别是无论如何也不应向他们征税。(36)我们一直遵守这一协定，直到你们波斯人缔结了这一大肆吹嘘的条约的时候，而我们则以为，人们可以明确无误地把这个条约称为一种共同的毁灭。(37)要知道，就是从那一天开始，国王啊，那个名义上是你的友人，而实际上是你的仇敌的那个人，便不顾朋友与仇敌，把世界上的一切搅翻并且造成了全面的混乱。(38)一旦此人能以把西方的人民彻底征服，你本人很快便会领教这一点的。要知道，先

前被禁止的事情哪一件他没有干?以前被安排得好好的事情哪一件没有被他搞乱?(39)他不是为我们规定了要支付一种从前没有的税收吗,他不是奴役了我们邻人、自治的特扎尼人吗,并且他不是在倒霉的拉吉人的国王的头上又安排了一个罗马的长官吗?——这一行动既不符合事物的自然秩序,也很不容易用言语加以解释。(40)他不是曾把将领派到博斯普鲁斯的人们、匈人的臣民那里去,并且使这根本不属于他的城市依附于他本人吗?他不是曾经同罗马人甚至从来没听说过的埃塞俄比亚各王国缔结一项防御联盟吗?(41)还有,他还把荷美里塔伊人以及红海变成他的私产,并且他还把棕榈林[①]并入罗马的领土。(42)我还不去提利比亚人和意大利人的遭遇。对此人来说,整个世界都不够他活动的;把整个世界全部加以征服,这对他来说都是太微不足道的一件小事。(43)他甚至环视天空,正想在大海的那边搜寻一个去处,想为自己取得另外一个世界。(44)国王啊,为什么你还在耽搁着?为什么你还尊重那该死的和约,而老实说,就是为了使他能把你作为全部食物的最后一口吞下去吗?(45)如果你想知道优斯提尼安在投降他的人们面前表现为怎样一个人,近在眼前的例子就是我们自己和可怜的拉吉人。(46)如果你想知道他怎样对待过去他不晓得的人以及对他一点坏事也没干过的人,那请你看一看汪达尔人、哥特人和玛乌里人吧。(47)但主要的事情还没有说呢。在和平时期他不是曾尽力使用欺骗的办法争取过你的奴隶阿拉木恩达腊斯吗,我最强大的国王,不是他还曾尽力使他脱离你的王国吗?

① 参见本书第一卷,第十九章,第8~9节。

不久前他不是又极力拉拢他们完全不了解的匈人以便给你制造麻烦吗？(48)而且还有任何时候都无人干过的、比这更加离奇的一个行动。既然他看到——我以为是这样——他很快便会把西方世界打倒，他已经着手对东方的你发动进攻，因为只剩下波斯这个强国是他作战的对手了。(49)因此，就他而论，他已经破坏了同你结成的和约，并且是他自己结束了这无限期的和约。(50)要知道，破坏和约的人并不是首先动武的人们，而是被发觉在和平时期阴谋反对自己邻人的人们。(51)企图犯罪的人即使未能得逞，但他依然是犯下了罪行。至于战争将会是怎样一个进程，这一点对每个人肯定是清楚的。并不是为战争提供原因的那些人，而是保卫自己以反对为战争提供原因的人们的那些人通常总是会战胜自己的敌人的。(52)而且，即使就实力这一点而论，对我们来说这一较量也不是势均力敌的。要知道，实际上大部分的罗马军队是在世界的边远地区，至于他们拥有的最优秀的两位统帅，我们到这里之前便已经把其中的一人西塔斯除掉，而优斯提尼安也永远不会再见到贝利撒里乌斯了。因为他已不把他的主人放到眼里，留在西方自己成为意大利的主人了。(53)这样，当你进攻敌人时，根本无人同你对抗，你可以有我们这些人作为你们的怀有善意——这是不言而喻的——并对这一地区了如指掌的先锋。”(54)科斯罗伊斯听了这一番话甚是高兴，于是把波斯人当中所有有贵族血统的人们召集到一处，向他们所有的人公布了维提吉斯来信的内容以及阿尔明尼亚人发表的意见，并且要他们就这一问题应采取的对策展开讨论。(55)继而人们从两方面发表了许多意见，但最后则决定他们必须在开春时分公开对罗马人开战。(56)这时正是皇帝优斯

提尼安执政第十三个年头[①]的晚秋时节。(57)但是罗马人对此并不担心,他们也不认为波斯人竟然会破坏这一所谓无限期的和约,尽管他们听说科斯罗伊斯曾因他们的皇帝在西方取得的成功而怪罪他并且他竟然会对皇帝提出我刚才谈及的那些指责。

四

(1)也是在这个时候[②],彗星出现了,起初大概有一个高大的男子那样长,但后来变得长多了。彗星的尾部是朝西的[③],它的头部则是朝东的,它是跟在太阳自身的后面的。(2)太阳这时是在摩羯座里,而彗星则是在人马座里。有人把它称为"箭鱼",因为它相当长并且头部很尖,还有人称它为"胡子星";人们在四十多天里都能看到它。(3)精于此道的人们发表的看法大相径庭;这星意味着什么,一个人这样说,另一个人那样说。但我只是记下发生的事情,我要每个人按照结果随他自己所希望的作出判断。(4)立刻有匈人的一支强大的军队渡过了多瑙河,像一场灾难似的落到了整个欧洲身上;这样的事先前发生过多次,但是欧洲的人民从来不曾有过这样大量的灾难,这样可怕的灾难。这些蛮族从伊奥尼亚湾那里开始依次劫掠了一切,直到拜占庭的郊区。(5)他们攻占了伊利里库姆的三十二座要塞并且用猛攻的办法占领了卡桑德里亚城(据我们所知,古人把这里叫波提戴亚),尽管先前他们从来没有攻过城。(6)在掠得金钱并且把十二万名俘虏劫走之后,他们便在没

① 公元539年,时当我国南朝梁武帝大同五年。

② 公元539年。

③ 彗尾照例因阳光的压力而朝西。

有遇到任何抵抗的情况下全体回到了本国。(7)后来他们又多次入侵那里，给罗马人造成无法弥补的灾难。(8)同样的这些匈人还进攻了凯尔索涅苏斯的城墙，他们在这里打败了从城上进行防御的人们，趁着冲向岸上的海浪来到城下，并在登上了面临所谓黑湾的要塞之后，从而攻入了长长的城墙的内部，出其不意地向凯尔索涅苏斯城里的罗马人发动进攻，他们杀死了其中的许多人并把几乎所有活下来的人变为战俘。(9)他们中间的少数人还渡过了赛斯图斯和阿比杜斯之间的海峡，并在掠夺了亚细亚地区之后又返回凯尔索涅苏斯，然后随着其余部分的军队和全部掳获物返回本国去了。(10)在另一次入侵里，他们劫掠了伊利里库姆和帖撒利，并试图用猛攻的办法攻打赛尔莫皮拉伊的城壁；而由于城墙的保卫者对他们进行了极为英勇的反抗，所以他们便在那一带寻找进攻的道路并出其不意地找到了通到那里山上去的一条小道[①]。(11)他们便用这个办法杀死了除伯罗奔尼撒人以外的几乎全部希腊人，然后便退走了。(12)在这之后不久波斯人便破坏了和约并给东方的罗马人造成了极大的伤害，这就是下面我立刻要谈的。

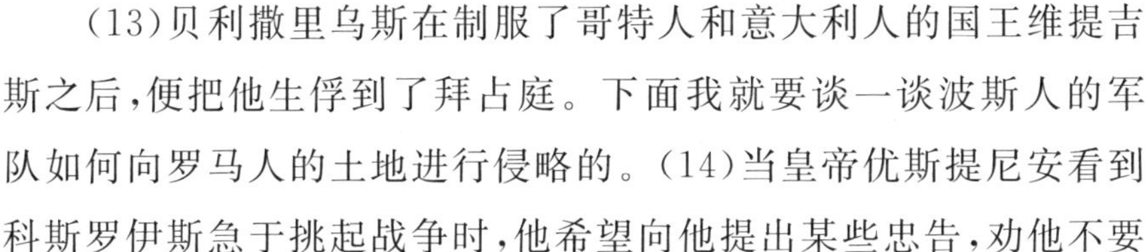

(13)贝利撒里乌斯在制服了哥特人和意大利人的国王维提吉斯之后，便把他生俘到了拜占庭。下面我就要谈一谈波斯人的军队如何向罗马人的土地进行侵略的。(14)当皇帝优斯提尼安看到科斯罗伊斯急于挑起战争时，他希望向他提出某些忠告，劝他不要

① 赛尔莫皮拉伊也有人意译为温泉关。匈人把他们的部分兵力安排在位于山海之间的这一隘路的保卫者的后方，而把他们送到那里去的道路也许正是过去薛西斯在歼灭列奥尼达斯和他的三百名斯巴达士兵时所走过的道路；参见拙译希罗多德：《历史》，第七卷，第二百一十六～二百一十八章。

干这样的事情。(15)且说有一个名叫安那斯塔西乌斯[①]的、以贤明著称的人物从达腊斯城来到了拜占庭,此人就是打倒了不久前在达腊斯树立的僭主统治的那个人。(16)于是优斯提尼安便写了一封信,由这个安那斯塔西乌斯带给科斯罗伊斯。(17)信里的话是这样:"对明智的人和适当地尊重神圣事物的人们来说,当战事发生时,特别是针对最真正意义上的友人的战争发生时,他们的本分就是尽其全力来制止它们;但是人为地制造实际上根本不存在的战争和动乱则是愚蠢的人和极为轻率地使自己受到上天的敌视的人们才会干的事情。(18)不过破坏和平并挑起战争并不是件困难的事情,因为事物的本性就是这样:它使最可耻的人易于干出最卑鄙的事情。(19)但是当他们按照自己的意图挑起战争时,则我认为人们要想再回到和平就不容易了。(20)而现在你还是写信来指责我,信里没有任何隐蔽的意图,可是你却急于专断地对这些事作出解释,不过不是按照我们写下它们时对它们的理解,而是用一种对你有利的方式,因为你急不可待想找个借口来实现你的计划。(21)但是对我们来说,我们却能以指出,是你的阿拉木恩达腊斯不久前蹂躏了我们的国土并且在和平时期干出了无法无天的勾当,这就是,攻占我们的市镇,劫夺财产,屠杀和奴役了这样多的人,对此你不但不应指责我们,而是应当向我们说明理由,作出交代。(22)要知道,干了坏事的人们的罪行对他们的邻人来说是通过他们的行动,而不是通过他们的思想表现出来的。但是甚至对于当前的这些事情,我们仍然坚持和平的立场,但是我们听说,由你急

① 此人和罗马皇帝同姓。

于想对罗马人发动战争，你正在制造根本不属于我们的罪名。(23)这是很自然的。要知道，既然力求保持事物现状的人们会拒绝甚至针对他们最激进的友人的指责，那么不满意于已经确立的友谊的那些人自然会致力于制造甚至并不存在的借口了。(24)但是这种做法看来对一般人来说都是不适宜的，更不用说对国王了。(25)但是且不说这些事情，请你务必考虑一下在战争的过程中双方会死去的人数，考虑考虑对于将会发生的那些事情那罪责按道理应当由谁来承担，思考思考你带走金钱时你发的那些誓言，并且考虑一下，在这之后，如果你用某些手法或诡辩不当地亵渎了它们，你将无法对它们加以歪曲。要知道，上天威力如此巨大，它是不能被任何人欺骗的。”

(26)科斯罗伊斯看了这信之后，他既未立即作出任何回答，也没有把安那斯塔西乌斯打发走，而是强迫他留在那里。

五

(1)当冬天已经结束而皇帝优斯提尼安当政的第十三年也正告终止的时候[①]，卡巴德斯之子科斯罗伊斯在开春率领着一支强大的军队入侵罗马人的土地并且公然破坏了所谓无限期的和约。但是他并不是从河流之间的地区进入，而是在进军时把幼发拉底河保持在自己的右侧。(2)而在河的另一侧则是被称为奇尔凯西乌姆的最后一座罗马要塞。这是一座极为坚固的地方，因为一条大河即阿波尔腊斯河的河口就在这里，它同幼发拉底河会合，而这

① 公元540年，相当我国南北朝梁武帝大同六年。

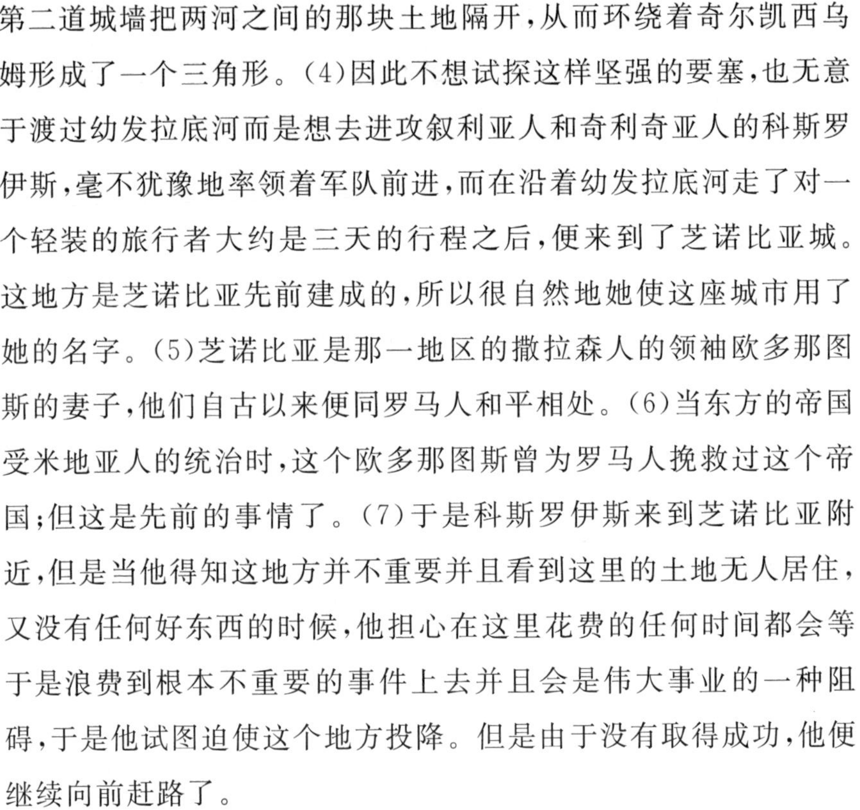

座要塞恰好位于因两条河流交汇而形成的角上。(3)要塞外面有第二道城墙把两河之间的那块土地隔开，从而环绕着奇尔凯西乌姆形成了一个三角形。(4)因此不想试探这样坚强的要塞，也无意于渡过幼发拉底河而是想去进攻叙利亚人和奇利奇亚人的科斯罗伊斯，毫不犹豫地率领着军队前进，而在沿着幼发拉底河走了对一个轻装的旅行者大约是三天的行程之后，便来到了芝诺比亚城。这地方是芝诺比亚先前建成的，所以很自然地她使这座城市用了她的名字。(5)芝诺比亚是那一地区的撒拉森人的领袖欧多那图斯的妻子，他们自古以来便同罗马人和平相处。(6)当东方的帝国受米地亚人的统治时，这个欧多那图斯曾为罗马人挽救过这个帝国；但这是先前的事情了。(7)于是科斯罗伊斯来到芝诺比亚附近，但是当他得知这地方并不重要并且看到这里的土地无人居住，又没有任何好东西的时候，他担心在这里花费的任何时间都会等于是浪费到根本不重要的事件上去并且会是伟大事业的一种阻碍，于是他试图迫使这个地方投降。但是由于没有取得成功，他便继续向前赶路了。

(8)在再度走完了同样距离的行程之后，他便来到了临幼发拉底河的苏腊城并且停在离城很近的地方。(9)恰好那时科斯罗伊斯骑的马嘶鸣起来并且用蹄子踏地。玛戈伊僧于是研究了这一事件的意义并宣布说这地方将会被攻克。(10)科斯罗伊斯于是设了营并且率领着自己的军队向要塞的城墙发动了猛攻。(11)恰好这时发生了这样一件事：一个名叫阿尔撒凯斯的出生于阿尔明尼亚的人这时是城中守军的司令官，他要士兵登上城垛，在那里极其勇敢地作战从而歼灭了许多敌人，但是他自己也中箭阵亡了。(12)随后由于天色已晚，波斯人便返回自己的营地以便第二天再向城墙发动进攻；但是罗马人却陷入绝望，因为他们的领袖死去了，他们准备向科斯罗伊斯请降。(13)因此在第二天，他们派出城中的主教为他们进行请求，并恳求对方放过这个城市；于是他便带上自己的一些侍从并由他们带着禽类和葡萄酒以及干净的面包来到科斯罗伊斯这里；他在这里匍匐在地上，带着泪请求他放过可怜的民众和这座在罗马人眼中根本不受尊重的城市，过去波斯人认为完全无足轻重而今后也是如此的城市。他还保证苏腊的民众会向他交出配得上他们身份的赎金和他们居住的城市。(14)但是科斯罗伊斯对城中居民感到恼火，因为他在所有罗马人当中最先遇到的人们竟敢拿起武器来同他对抗并且杀死了许多波斯知名人士。(15)不过他并没有把自己的愤怒显示出来，而是细心地把它隐藏在一副温和的面孔之后，这是为了通过实现对苏腊居民的惩处，他可以使自己在罗马人的眼中成为一个可怕的人，不能抗拒的人。他以为通过自己的这种做法，那些他时而会遇到的人们会乖乖地屈服于他。(16)于是他十分友好地叫那位主教起来并在接受了礼物之后给人以某种印象，好像他立即会同波斯人中的知名人士商讨有关城中居民赎金的事项并善意地处理他们的请求。(17)于是他便把主教和他的随行人员在对方根本不怀疑有什么阴谋的情况下打发回去，并且派了一些波斯的知名人士与他同行，表面上是护送的样子。(18)但他却暗中命令这些人把主教送到城墙地方，鼓励他并用美好的希望抚慰他，从而使得城里的那些人看到他和所有同他在一起的人高兴和毫无畏惧之色。(19)但是当守卫的士兵打开城门并准备把他们接入城内时，他们却要在门口和城门之间

放上一块石头或木头,而不许他们把城门关上,他们自己一时里要挡住想关上城门的那些人;因为不久之后军队便会随他们前来。

(20)科斯罗伊斯向士兵们发出了这些指令之后,便要军队做好准备,只要他一发出信号军队便要跑步向城市进发。(21)当他们走近要塞时,波斯人便告别主教而留在了外面,而市民看到那人极为高兴的样子并且受到敌人十分隆重的护送,便忘了自己所有的困难而打开了门,又拍手又欢呼地接纳主教和他的一行。(22)当所有的人都进了城之后,守卫开始推城门以便把它关上,但是波斯人抛下了他们准备好的一块石头在城门和门口之间。(23)守卫的士兵更加用力地推城门,但是根本不能把门推回门口的地方。(24)另一方面,他们又不敢再打开城门,因为他们看到城门正在敌人手中。但有人说波斯人抛到门道里面去的不是石头而是一块木头。(25)当市民几乎还没有看出这个阴谋时,科斯罗伊斯已经率领他的全军来到近前,于是蛮族用强力把城门推回、打开,城门很快便被攻克了。(26)满怀愤怒的科斯罗伊斯立刻打家劫舍,杀害大量的居民,他把所有其余的人变成奴隶,放火烧了全城后,又把它夷为平地。(27)随后他便把安那斯塔西乌斯打发回去,要他告诉皇帝优斯提尼安,他到底是在什么地方离开卡巴德斯之子科斯罗伊斯的。

(28)后来或是出于人道的动机,或是出于贪欲的动机,或是作为给予他从城里俘获的一个名叫埃乌菲米娅的妇女的恩典,科斯罗伊斯决定对苏腊的居民作某种仁慈的表示;因为他极为宠爱这个妇女(原来她看起来极为美丽),并且使她成为自己正式的妻子。(29)于是他派人去谢尔吉欧波利斯,要那里的主教坎狄杜斯出两

肯特那里乌姆的代价来购买一万二千名战俘。谢尔吉欧波利斯是属于罗马人的城市，因一位著名的圣徒谢尔吉乌斯而得名，位于被攻占的城市以南一百二十六斯塔迪昂[①]，在所谓蛮族平原之上。(30)但是主教声言他一点钱也没有，从而断然拒绝这样干。科斯罗伊斯于是要他在一份文件中把协议记下来，即他可以稍后再付钱，这样便用一小笔钱买下一大批的奴隶。(31)坎狄杜斯照他的吩咐做了，他保证在一年以内付清这笔钱并且发了最严重的誓言，誓言规定：如果在约定的时间不付出这笔钱，他将接受如下的处罚，即他要支付加倍的钱，而他本人也不再能担任牧师，因为他不遵守他起誓作出的承诺。(32)在把这些事情写下之后，坎狄杜斯便接受了苏腊的全部居民。(33)其中的少数人活了下来，但是无法承受自己身受的苦难的大多数人很快就都死了。在处理完了这一事件之后，科斯罗伊斯便率领着他的军队前进了。

六

(1)在这之前不久还发生了这样一件事，即皇帝把东方的军事统帅权分成了两部分，把直到幼发拉底河的那一部分交给以前统率整个东方军事的贝利撒里乌斯来负责，而从幼发拉底河直到波斯边界的那部分则交由布吉斯负责，他命令布吉斯在贝利撒里乌斯从意大利回来之前负责整个东方的军事。(2)因此布吉斯开头同他的全部军队一道留在了希耶腊波利斯；但是当他得知苏腊那里发生的一切时，他便把希耶腊波利斯那里的头面人物召集起来，

① 约 23.31 公里。

讲了如下的话:(3)"每当人们面临同势均力敌的进攻者的一场斗争时,他们应当同敌人进行堂堂正正的斗争,这是完全合理的;但是对就实力而论大大劣于对方的人们,那么更加有利的做法则是用某种计谋来胜过自己的敌人,而不是公开地同对方对垒从而陷入可以预见到的危险。(4)科斯罗伊斯的军队现在规模有多大,这一点你们肯定已经知道了。如果他想用这支军队通过围攻的办法来俘获我们并且如果从城内同他们作战的话,很可能我们的给养将会供应不上,而波斯人却能从我们的国土取得他们所需的一切,因为在这里没有人能反抗他们。(5)而如果围攻以这种方式持续下去的话,我也相信要塞的城墙将经受不住敌人的猛攻,因为在许多地方它最易于受到攻击,这样罗马人将会遭到无法挽回的损害。(6)但是如果我们用一部分的军队保卫城墙,而我们其余的人占据城外四周的高地,这样从那里我们时而可以进攻敌人的营地,时而可以进攻敌人为给养而派出来的士兵,这样便可以迫使科斯罗伊斯立即放弃围攻并在短时期之内退去。因为他根本无法在不害怕要塞的情况下指挥他的进攻,也不能为如此庞大的一支军队提供任何必须的给养。"(7)以上便是布吉斯的发言;而从他的发言来看,他似乎已说明了有利的行动方针,但是必须的事情他却什么也没有做。(8)原来他把罗马军队中最精锐的整个那一部分抽调出来之后便离开了。而到底他在什么地方,不但希耶腊波利斯的任何一个罗马人不知道,甚至连敌人也摸不清。当时这些事件的经过便是如此。

(9)但是皇帝优斯提尼安得知波斯人的入侵之后,立即在一团混乱中派出了他的侄子日耳曼努斯和三百名士兵,并保证随后将有一支人数众多的军队前往接应。(10)日耳曼努斯在到达安提奥克之后便巡视了那里的全部城墙;他发现大部分城墙是安全的,因为沿着位于平地之上的那一部分城墙流着的是欧隆特斯河,从而使这一部分无论哪里都是难于接近的,而位于高处的那一部分由于是在陡峭的山上,因而敌人是根本无法接近的。但是当他来到最高处——当地的人们习惯上把这里叫作欧若卡西亚斯——的时候,他才注意到城墙的这一处是容易被攻入的。(11)因为那里恰好有一块岩石,它相当宽而高度则比要塞的城墙只矮一点点。(12)于是他便下令或者沿着这里的城墙挖一道深沟,把它同岩石隔离开来,从而不使任何人试图攀上岩石,然后从那里进入要塞,或者他们在岩石上修建一座巨大的塔楼并把这一建筑同城墙连接起来。(13)但是在公共建筑的建筑师们看来,似乎这两个方案都实施不得。(14)他们说,敌人的进攻迫在眉睫,但这一工程却不是短时期所能完成的,另一方面,如果他们着手这一工程而又没有把它完成,那他们正好等于告诉敌人他们应当从城墙哪一处发动进攻。(15)无法实现这一计划的日耳曼努斯在开头还抱着某种希望,因为他指望会有一支军队从拜占庭派到他这里来。(16)但是相当长的时间过去之后,没有任何军队从皇帝那里派过来,也没有能派来的指望,他开始担心如果科斯罗伊斯得知皇帝的侄子在那里,他会认为攻占安提奥克并俘获他本人是比任何其他事都更加重要的事情,为此他会放开其他任何事并率领他的全部军队前来攻城。(17)安提奥克本地的人们也想到了这些事情,于是他们就这些事情召开了一次会议,会上人们认为最为可行的办法便是把钱给科斯罗伊斯送去以避免当前的危险。

(18)于是他们便派出贝罗亚的主教一个名叫美伽斯的人前往,向科斯罗伊斯去乞怜;此人是一个谨慎的人,当时正好留在他们中间。他离开那里之后便在离希耶腊波利斯不远的地方遇到了米地亚的军队。(19)来到科斯罗伊斯面前之后他便恳切地请求他可怜那些对他没有任何冒犯行为并且不能抵挡波斯军队的人们。(20)因为践踏和凌辱在他面前退却并且极不愿列阵同他对抗的人们,在所有的人当中,国王最不应当有这种行为。要知道他当时做的事,没有一件符合国王的身份或是可敬的行为,因为他没有给罗马皇帝提供任何考虑的时间,以便使罗马皇帝或者可以使和约变得有把握(而这看来对双方的君主都是有利的),或者按照相互的约定,使他可以进行战争的准备(而这是人们所期待的),而是唐突地对罗马人发动了武装进攻,而另一方面,罗马人的皇帝还不知道他们遇到了什么事情。(21)科斯罗伊斯听了这话之后,由于他的愚蠢,他的头脑已完全失去了理智和清醒,反而比先前更加得意忘形、忘乎所以。因此他竟威胁说要杀掉所有的叙利亚人和奇利奇亚人,他命令美伽斯跟在他后面,然后便率军向希耶腊波利斯进发了。(22)他到达那里之后,便设下了营地,而由于他看到那里的工事坚固并得知该城有一支强大的卫戍部队,于是他便派出保路斯作为通事到希耶腊波利斯人那里去,要求他们出钱。(23)这个保路斯是在罗马的土地上养大的,并且在安提奥克进过初级学校,此外据说他还是一个有罗马血统的人。(24)但无论怎样,这里的居民为要塞十分担心,因为要塞所占面积很大并一直延伸到这里附近的山丘,此外他们还希望保全他们的土地不被劫掠;于是他们便交出了两千磅银子。(25)美伽斯确实代表东方的全体居民请求科

斯罗伊斯，他一直不断地这样做，直到科斯罗伊斯答应他说，自己要取得十肯特那里乌姆的黄金，然后离开整个罗马帝国。

七

(1)于是美伽斯在那天便离开那里去了安提奥克，而另一方面，科斯罗伊斯在收到了赎金之后便向贝罗亚进发了。(2)这座城市位于安提奥克和希耶腊波利斯之间，离两座城市都是轻装的旅行者要走两天的路程。(3)偕同一小批人行路的美伽斯走得非常快，比起他每天走的路程来，波斯军队只有他的一半。(4)这样，在第四天他到达了安提奥克，另一方面，波斯人则来到了贝罗亚的郊外。(5)而科斯罗伊斯立刻派出了保路斯向贝罗亚人要钱，这钱不仅要同希耶腊波利斯人交的同样多，而且还要加上一倍，因为他看到这里城墙的许多地方是容易受到攻击的。(6)至于贝罗亚人，由于他们绝对不能信赖自己的工事，他们便乐于同意支付一切，但是在交出两千磅银子之后，他们说其余的无力支付了。(7)由于科斯罗伊斯为此而催促他们，所以第二天夜里他们全体就偕同驻扎在那里负守卫之责的士兵一道都跑到卫城的要塞里去躲避。(8)第二天科斯罗伊斯派人去城里要钱；但是在走近工事时才发现所有的城门都关着，而由于找不到任何人，他们便把情况报告给了国王。(9)于是国王命令他们把云梯搭到城墙上并试一下是否能上去。他们按照命令做了。(10)随后，由于没有人反抗他们，于是他们便进入要塞，从从容容地打开城门并且把全部军队和科斯罗伊斯本人接进了城。(11)这时国王大为震怒，就放火烧了几乎整座城市。继而他上了卫城，决定对要塞发动猛攻。(12)罗马士兵虽

然确实在那里进行了英勇的反抗并且杀死了一些敌人,但是科斯罗伊斯却幸运地大大地受益于被围攻者的愚蠢,因为他们并不是自己躲到要塞里去,而是还带上了所有他们的马和其他动物,并由于这一考虑不周的行动而自己处于十分不利的地位并开始遇到了危险。(13)原来由于那里只有一处泉水,马、骡子和其他动物都到它们本不该来的这地方饮水,结果这里的水枯竭了。贝罗亚城居民的处境就是如此。

(14)美伽斯来到安提奥克并宣布了他同科斯罗伊斯商定的条件之后,却根本不能说服他们执行这一协定。(15)原来皇帝优斯提尼安已经派了茹菲努斯之子约翰和他的私人秘书①优利安作为使节去科斯罗伊斯那里。担任私人秘书这一职务的人被罗马人称为ἀσηκρῆτις②,因为他们习惯于把秘密称为 secreta。(16)这些人到达安提奥克,便留在了那里。使节之一的优利安明白地禁止任何人把钱给敌人或购买皇帝的城市,此外他还向日耳曼努斯指控主教埃佛拉伊米乌斯,说他急于要把城市交给科斯罗伊斯。(17)为此之故美伽斯无功而返。但是安提奥克的主教埃佛拉伊米乌斯却害怕波斯人的进攻而去了奇利奇亚。(18)不久之后日耳曼努斯带着他的一些人也去了那里,不过把大多数的人留在了安提奥克。

(19)美伽斯于是匆匆地来到了贝罗亚,而由于对发生的事情感到心烦,他便指责科斯罗伊斯对待贝罗亚人太过分了;要知道,

① 即"机要秘书"。

② 拉丁语 asecretis。

看来当他派他去安提奥克安排条约事项的时候，他不但掠夺了公民的财产，尽管他们根本没有对他干任何冒犯他的事情，而且他还强迫他们把自己关闭在要塞里，然后无视正义而放火焚城并且把它夷为平地。(20)对此科斯罗伊斯作了如下的回答："老实说，我的朋友，是你自己要对这些事负责，因为是你使我们不得不耽搁在这里。要知道，实际上你并没有按约定的时间前来，而是要晚得多。(21)关于你的公民同胞的奇怪的行为，我最出色的先生，为什么人们还要长篇大论地讲？虽然同意为了自己的安全而给我们一定数量的银子，甚至现在他们也不认为必须履行约定，而是完全相信他们的工事的力量而绝对不把我们放到眼里，而我们这方面却还不得不对一座要塞进行围攻，这都肯定是你看到的。(22)但是就我这方面来说，我的希望是借着诸神的帮助，很快我将对他们进行报复，为在城下我不应当失掉的波斯人对犯罪者进行惩处。"(23)以上是科斯罗伊斯的发言，对此美伽斯又作了如下的回答："如果人们认为你作为一位国王正在指责的是那些陷入可怜而又受最大屈辱的命运的人们，他们将不得不一句反抗的话也不说并同意你所说的话；要知道，不受限制的权力正因其本质而必然还带有辩论中的优势；(24)但是如果人们被允许不考虑其他一切而维护事物的真理的话，国王啊，你就会没有任何事物可以用来公正地责备我们的了；但愿你心平气和地听我把话讲完。(25)首先，关于我本人，自从我奉派向安提奥克的人们宣布你给他们的信息以来七天已经过去了(什么事情能够做得比这更快?)，而现在来到你的面前，我发现你已经对我的祖国干出了这些事情。(26)但是这些人既然已经失去了属于他们的最珍贵的一切，今后只有进行斗

争——为了活命的斗争——的一条路可走,我想他们前来是为了成为左右局势的主人,这样他们才可以不再被迫向你交付任何金钱。(27)要知道,付出一个人没有的东西,这是一个人用任何办法也做不到的。(28)确实自古以来人们便对事物的名称作了很好的和适当的区分;在这些区分之中有这样一种:即缺乏实力和缺乏慎重考虑要区分开来。(29)当后者由于不够冷静而发展成为反抗时,人们很自然地对之持厌恶的态度,但是当前者由于不能办成一件事而被迫作出同样举动时,那却是应当受到怜悯的。(30)因此,国王啊,请允许我们在接受我们应得的一切最悲惨的不幸时,至少我们可以有这样一种安慰,即我们看来不应当由我们自己对我们遭遇到的一切负责。(31)至于金钱,请考虑你要拥有多少对你才算够,但不要用你的地位来估量,而是要考虑贝罗亚人的能力。(32)但超过这个限度,你无论如何不可强迫我们,否则看来你也许会不能完成你已着手干的事情;因为过度的做法永远会因遇到无法克服的障碍而受到惩罚,并且最好的办法就是不去尝试那不可能的东西。(33)因此,让这些话成为当前我们代表这些人的辩护词吧。但是如果我有可能同受难者交谈的话,我也许还会谈出我现在漏掉的某些东西。"(34)这就是美伽斯讲的话,科斯罗伊斯于是允许他到卫城里去。而他进入卫城并得知那里在泉水问题上发生的一切之后,便哭着再次来到科斯罗伊斯面前,匍匐在地上坚持说贝罗亚人已根本没有任何金钱,并且他请求于科斯罗伊斯的只是饶过这些人的性命。(35)科斯罗伊斯为此人含泪的恳求所感动,准许了他的请求并且自己发誓向卫城所有的人做了保证。(36)继而贝罗亚人在经历了如此巨大的危险之后,终于不受伤害地离开了卫城，每个人走他自己的路去了。（37）在士兵当中，少数人随他们去了，但是大多数人自愿地投到科斯罗伊斯麾下，而他们发出的抱怨则是，当局长期不给他们报酬；后来他们便和他一道去了波斯的国土。

八

（1）随后科斯罗伊斯（由于美伽斯说他根本不曾说服安提奥克的居民把钱带给他）便率领全军向他们发动了进攻①。（2）于是安提奥克的某些居民带着他们的钱离开并尽每人之可能跑掉，而所有其余的人同样也打算这样做，而如果不是黎巴嫩军队的司令官提奥克提斯图斯和莫拉策斯这时率领着六千名士兵前来从而加强了他们的希望并阻止了他们的离去的话，他们本来也是会离开那里的。（3）在这之后不久波斯军队也到来了。他们全都在那里设营并且使他们的营地面对离它们不很远的欧隆特斯河。（4）继而科斯罗伊斯派保路斯上到卫城旁边去，向安提奥克的人们要钱，他表示交出十肯特那里乌姆②的黄金，他就可以离开那里，而显然，如果甚至为撤退而付出的比这笔钱要少，他也可以接受。（5）而在那一天，他们的使节去会见科斯罗伊斯，并在就破坏和约问题作了详细的发言又听取了科斯罗伊斯的许多话之后他们便退去了。（6）但是在第二天安提奥克的居民（原来他们并不是性格严肃的民众，而总是喜欢开玩笑和做那些乌七八糟的表演）从城墙上讲了大

① 公元540年6月。

② 参见本书第一卷，第二十二章，第4节。

量侮辱科斯罗伊斯的话并且对他进行了不得体的嘲笑。(7)而当保路斯走近要塞并且劝他们用一小笔钱为自己和城市购买自由时,他们几乎用射出的箭把他杀死,而如果他不是及时地看到他们的意图并且做了防御的准备的话,他们真的是会把他置于死地的。为此科斯罗伊斯大为震怒,决定对城墙发动猛攻。

(8)因此在第二天他便率领全部波斯人对城墙发动了进攻,并且命令一部分军队在沿河的不同地点发动突击,而他本人和他的大部分和最精锐的队伍则向高处进攻。(9)因为,正如我在前面所说,这个地方的城墙最容易受到攻击。因此,既然这里罗马人在战斗时作为立足之处的地方很窄,所以他们想出了如下的补救办法。他们把长木板捆绑到一起悬在两座塔楼之间,这样他们便使这些战斗空间比以前宽阔得多,从而使更多的人能以抵御来自那里的进攻者。(10)因此,从各个方面进行极为猛烈的进攻的波斯人便到处射出大量的箭,特别是沿着山头一带。(11)就在这同时,罗马人也倾其全力把他们打退,参战的不仅有士兵,而且还有民众中许多极为勇敢的青年。(12)但是看来进攻城墙的那些人同敌人是在进行一场势均力敌的战斗。因为那岩石既宽且高,并且仿佛就靠在城墙上,这就使得战斗就好像在平地上进行似的。(13)如果罗马军队中的任何人有勇气率领三百人走出工事并且抢在敌人前面占有这块岩石并且从那里把进攻者打退,我相信城市是绝不会因敌人的进攻而陷入任何危险的。(14)要知道,这样蛮族便没有据以进攻的任何地点,这样他们便会暴露在来自上面的岩石以及城墙两方面的射出的箭之下;但是实际上(由于安提奥克注定要毁在米地亚人的军队的手里),他们之中的任何人都没有想到这一招。

(15)因此波斯人这方面由于有科斯罗伊斯本人和他们在一起并且大声呼叫以激励他们,从而使他们的敌人没有一瞬间可以向周边张望一下或防御他们射出的箭,另一方面,高声呼叫的大量的罗马士兵则更加努力地保卫自己,而就在这时捆绑木板的绳子承受不了上面的重量,突然断裂而木板和所有上面的士兵便轰然一声落到地上去了。(16)正在附近塔楼作战的其他罗马士兵虽然也听到了声响,但他们根本不知道发生了什么事情,却以为是这里的城墙已经被摧毁,便匆匆地撤退了。(17)而这时民众当中以前习惯于在赛马场上相互进行派别斗争的许多青年人从城墙上下来到了城里,但是他们并不逃跑而是留在原处,但另一方面提奥克提斯图斯与莫拉策斯和他们的士兵却立刻跳上正好准备在那里的马,向城门奔去,他们告诉别的人们说,布吉斯已经率领一支军队前来,他们要迅速地把他接纳入城以便与之一道抗击敌人。(18)于是安提奥克的许多男子以及所有的妇女和他们的孩子便都大量地冲向城门;但是由于地方狭小又受到马匹的压挤,他们开始跌倒。(19)但士兵是绝对不管他们前面的任何人的,而是更加凶猛地从倒下的人们身上骑过去,结果当场就死了很多人,特别是在城门本身附近的地方。

(20)但是无人与之对抗的波斯人于是把云梯搭到城墙上,毫无困难地登上来了。他们很快地来到了女墙处,一时间他们根本不想下来,就好像四下张望不知道做什么的那些人似的,因为,我以为,他们估计崎岖不平的地面上会有敌人设置的伏兵。(21)原来,要塞之内人们从高处一下来便是一大块无人居住的地段,那里既有很高的岩石,又有陡峭的处所。(22)不过有人说那是科斯罗

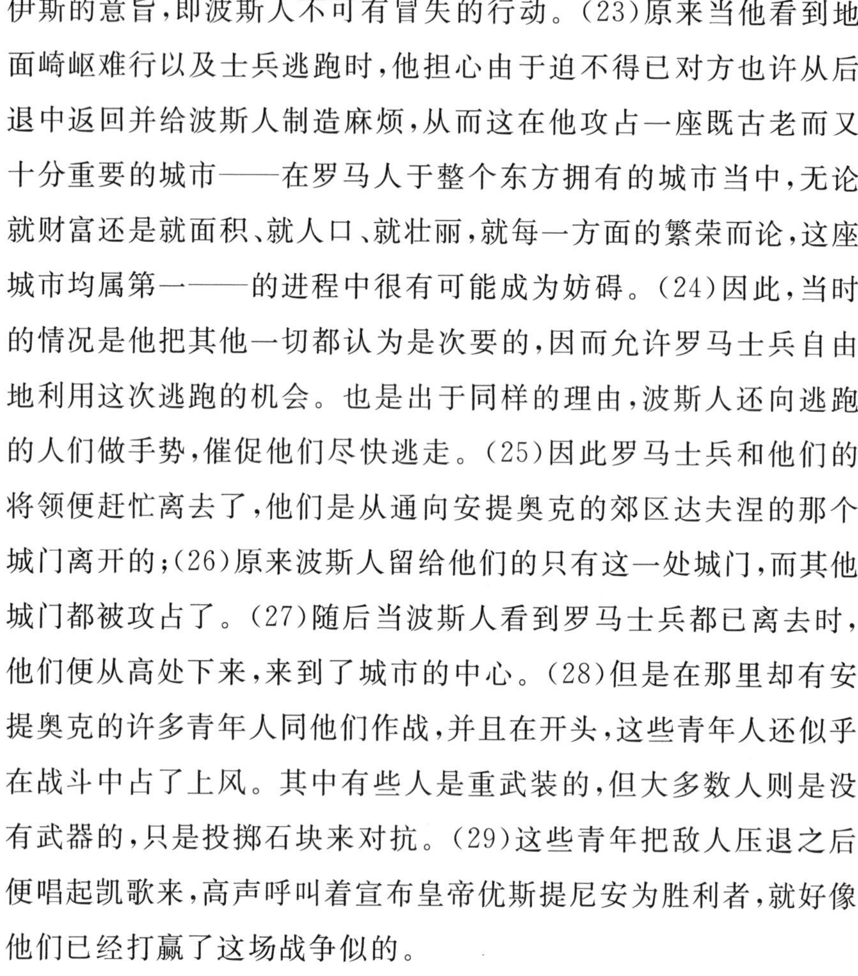

伊斯的意旨,即波斯人不可有冒失的行动。(23)原来当他看到地面崎岖难行以及士兵逃跑时,他担心由于迫不得已对方也许从后退中返回并给波斯人制造麻烦,从而这在他攻占一座既古老而又十分重要的城市——在罗马人于整个东方拥有的城市当中,无论就财富还是就面积、就人口、就壮丽,就每一方面的繁荣而论,这座城市均属第一——的进程中很有可能成为妨碍。(24)因此,当时的情况是他把其他一切都认为是次要的,因而允许罗马士兵自由地利用这次逃跑的机会。也是出于同样的理由,波斯人还向逃跑的人们做手势,催促他们尽快逃走。(25)因此罗马士兵和他们的将领便赶忙离去了,他们是从通向安提奥克的郊区达夫涅的那个城门离开的;(26)原来波斯人留给他们的只有这一处城门,而其他城门都被攻占了。(27)随后当波斯人看到罗马士兵都已离去时,他们便从高处下来,来到了城市的中心。(28)但是在那里却有安提奥克的许多青年人同他们作战,并且在开头,这些青年人还似乎在战斗中占了上风。其中有些人是重武装的,但大多数人则是没有武器的,只是投掷石块来对抗。(29)这些青年把敌人压退之后便唱起凯歌来,高声呼叫着宣布皇帝优斯提尼安为胜利者,就好像他们已经打赢了这场战争似的。

(30)这时坐在高处塔楼上的科斯罗伊斯便把使节召来,好像要说些什么。他的一名军官扎贝尔伽尼斯认为他是想同使节谈和解的问题,于是很快地来到国王面前说了这样的话:(31)“主人啊,在这些人的安全问题上,我以为你的想法和罗马人的想法有所不同。要知道,在战斗之前,他们曾辱骂你的王国,而当他们被打败之后,他们竟敢于干不可能的事情并给波斯人造成无法弥补的伤害，就好像他们担心还会留给你什么理由以便向他们表示仁慈似的。但是你却想加怜于那些不请求得救的人们，并且急于赦免那些根本不希望得到它的人们。(32)而就在这同时，这些人却在一座被攻占的城市里设下埋伏，正在设计歼灭胜利者，尽管所有的士兵早已从他们这里跑掉了。”(33)科斯罗伊斯听了这话之后，便派出了许多他的精锐部队去对付他们，这些士兵去了不多久便回来，说那里没有发生任何麻烦事。(34)原来波斯人因其人数众多而把市民们打退并使他们跑掉，那里发生了一场大屠杀。因为波斯人不论年纪一个也不放过，把遇到的人不管老少全都杀死。(35)当时据说出身安提奥克显要门第的两个妇女来到了要塞之外，她们看到自己有落入敌人之手的危险时(因为人们明显地看到她们在四处游荡)便奔赴欧隆特斯河，因为她们担心会受到波斯人的侮辱，便用面纱蒙上脸投入河里并被水流卷走不见了。安提奥克的居民便这样地遭到各种各样的不幸！

九

(1)于是科斯罗伊斯便对使节们讲了如下的话:“有一句古老的格言我以为是很有点道理的，它说:上帝不赐予纯而又纯的幸福，他把幸福和烦恼混到一处，然后送给人们。(2)为此我们甚至没有不带泪的笑，而我们的成功也总是要带上某种不幸，我们的欢乐也总是要带上痛苦，而不允许任何人享有赐予他的纯粹的好运。(3)在罗马人的国土上无论在事实上还是在名义上都具有完全突出的重要性的这座城市，我确实能以一点也不费力地把它攻克了，因为上帝一下子就把胜利给予我们，这一点你们无疑是看到了的。

(4)但是当我看见这样多的人遭到屠杀并且胜利沾满了鲜血的时候,我根本感觉不到成功之后应有的喜悦。(5)对此,安提奥克的倒霉的居民是有责任的,因为当波斯人猛攻城墙时,他们已表明并没有力量把对方击退,随后当波斯人已经胜利并且随着第一声呐喊而攻占了城市的时候,这些人却又毫无道理地壮起了胆子敢于同波斯人贴身作战以求灭亡。(6)因此,虽然所有波斯的知名人士一直不断地要我像捕鱼一样地把这城市兜在网里并杀掉全部俘虏,我却命令逃兵更快地逃走,以便使他们能以尽快地挽救自己。(7)要知道,蹂躏俘虏是渎神的行为。”科斯罗伊斯的确对使节们讲了这样一些调子很高的、动听的话,但尽管如此,他们仍然弄不明白他为什么给罗马人以逃跑的时间。

(8)要知道,在心口不一,在隐瞒真相以及在把自己干的坏事的责任推到受害者身上的所有那些人当中他是最聪明的;此外他还准备同意一切并且用誓言为协定作出保证,而且在大得多的程度上更加愿意把不久前他同意的和发誓遵守的事情全部忘掉,而且为了金钱,欣然玷污自己的灵魂去干各种卑鄙下流的勾当——脸上装作虔诚,用言语洗刷自己在行动上应负的责任,这方面他可说是一位富有经验的大师了。(9)有一次在苏腊这个人充分地表现了他自己的特殊品质;要知道,在他用一项计谋欺骗了这个城市的居民并且又用我前面所描述的方式把他们杀害(尽管他们先前对他并没有犯过任何罪行)之后,就在城市正在被攻克时,他看到一个美貌的妇女,一个有地位的妇女正在被一个蛮族拉着左手猛力地拖向前;她另一只手正在拉着一个不久前才断奶的孩子,不愿意让它离开,但那孩子实际上已经跌倒在地上,因为它跟不上那种激烈的奔跑。(10)据说,他装模作样地发出痛苦的呻吟,使当时在场的所有的人,其中包括安那斯塔西乌斯这位使节,都看到他在流泪,他请求上帝对犯了刚才发生的罪行的人进行报复。(11)而这时他希望有所了解的一个人是罗马人的皇帝优斯提尼安,尽管他知道得十分清楚,对一切事最应负责的恰恰是他本人。(12)具有这样一种独特品质的科斯罗伊斯既成了波斯人的国王(因为厄运使扎米斯失去了他的一只眼睛,就年龄而论,无论如何在卡巴德斯无缘无故地憎恶的卡奥吉斯之后,他是第一个有权利得到王国的),又毫无困难地打败了起来反抗他的那些人,而他计划加到罗马人身上的一切伤害,他也容易地做到了。(13)要知道,每当命运想使一个人成为大人物时,她就一定在适当的时刻做她决定下来的事情,谁也不能反抗她的意志力量;她既不问这个人的地位,也不打算阻止不应当发生的事件发生,也不介意由于这些事件会有许多人咒骂她,轻蔑地嘲笑她在违反接受她的恩惠的人应得下场的情况下所干出的事情;只要她完成她已作出决定的事情,她根本不考虑任何其他事情[①]。但是关于这些事情,让它们就像上帝所希望的那样吧。

(14)科斯罗伊斯下令把安提奥克居民中存活下来的人俘获并变为奴隶,掠夺全部财产,而这时他本人则连同使节从高处下到他们称为教堂的圣殿来。(15)在这里科斯罗伊斯发现了储存的如此巨额的黄金与白银,乃至即使他除去这些东西之外不拿走战利品的任何其他部分,他离开时已经拥有巨额财富了。(16)他还从那

① 这还是古希腊宗教对命运的观点,命运注定的,最高的神对之也无可奈何。

里拆下许多极为精美的大理石雕刻品,命令把它们保存在要塞之外,以便他们能以把这些东西运往波斯的国土。(17)当他做完了这些事时,他便下令波斯人把整座城烧掉。而使节们请求他只是对教堂手下留情,因为他为此已带走了大量的赎金。(18)他答应了使节们的这项请求,但是下令把所有其他一切烧掉;继而留下不多的人在那里点火烧城,他本人和所有其余的人则返回先前他们搭设帐篷的营地。

十

(1)在这场灾难之前不久,上帝曾向那个城市的居民垂示兆头,用以指出事件的未来情况。原来长时期树立在那里的士兵的军标先前一直是向着西方的,但是它们却自动地转向东方,继而在没有任何人触动的情况下又回到它们原来的位置上去。(2)当军标还在颤动时,士兵把这一情况指给近旁的许多人看,其中便有军营中掌管财务的人。这个名叫提提亚努斯的主管是莫普苏埃斯提亚地方的人,生性特别谨慎。(3)但是,即便如此,看到这一朕兆的那些人也没有认识到地方的统治权要由西方的国王转入东方的国王之手,而显然这是要表明,注定要遭到即将到来的灾难的那些人是断然无法避开的。

(4)但是当我记录下这样一场巨大的灾难并把它传给后世时,我变得糊涂了,我弄不明白的是,老实说,上帝为什么要使一个人或一个地方兴旺发达,然后又把它推倒、摧毁,而对此我们却看不到任何原因。(5)就上帝来说,所有的事情并不总是做得合理,这种说法是不对的,尽管他当时容忍看到安提奥克被一个最渎神的人物彻底摧毁，而这座城市在每一方面的美丽和壮观甚至这样也是无法完全掩盖下去的。

(6)这样，在城市被摧毁之后，由于干这件事的波斯人的活动和先见之明，只有教堂被孤零零地留下来了。(7)在所谓凯腊泰乌姆[①]的周边也留下了许多房屋，但这并不是由于任何人的先见之明，而是因为它们位于城市的最外边，同任何其他建筑都不相连，所以大火根本没有办法烧到它们。(8)蛮族还烧了要塞城外的若干部分，例外的是奉献给圣优利亚努斯的圣堂和它周边的房屋。(9)原来使节们正好住在这里。至于要塞，波斯人却完全没有触动。

(10)稍后使节们再次来到科斯罗伊斯面前讲了这样的话："国王啊，如果我们这些话不是当着你的面讲出来，我们就绝不会相信卡巴德斯之子科斯罗伊斯已经全副武装地进入了罗马人的土地，要知道，这种行动玷污了你在不久前发的誓，而这样的保证在世人的心目中被认为是人类的一切事物中保证相互间的信任与真诚的最后的，也是最可靠的保证，并且这种行动也破坏了条约，而对于因战争的灾祸而在朝不保夕的生活中过活的人们来说，留给他们的唯一事物便是寄托在条约之上的希望了。(11)对于这样一种情况，人们可以认为这正是把人的习惯变为野兽的习惯。(12)要知道，当人们根本不缔结任何条约时，肯定那只能是没完没了的战争，而没完没了的战争永远被认为会使从事战争的那些人同他们的本性疏远。(13)而且，不久前你写给你的兄弟的信里说要他负破坏条约的责任，这样做你的意图何在？那不显然是承认，破坏条

① 安提奥克城的一个区。

约是一个极大的罪恶吗？因此，如果他没有做任何错事的话，那么现在你来反对我们，这种做法便不公正了；(14)但是，如果说你的兄弟干了任何这类事情，那么你的怨气发泄到这种地步也就算了，不要再有进一步的行动了，这样你可以显示出自己的超然大度的气派来。要知道，在坏事上甘愿吃亏的人，在好事上理所当然地会成为胜利者。(15)而且我们还清楚地知道，皇帝优斯提尼安从来没有违反过条约，因此我们请求你不要给罗马人造成对波斯人也没有任何好处的伤害，并且这样做你所得到的结果只是：对于不久前同你缔结和约的那些人，你将会错误地干出造成无法弥补的伤害的事情。”以上便是使节们的话。

(16)科斯罗伊斯听了这话之后仍坚持认为，是皇帝优斯提尼安破坏了条约；他并且列举了来自皇帝一方的战争原因，其中一些确实是重要的，而另一些则是无聊的，是毫无道理地编造的；特别是他要表明，皇帝写给阿拉木恩达腊斯和匈人的信是战争的主要原因，关于这些前面我已经谈过了[①]。(17)但是谈到任何入侵波斯国土的罗马人或任何有炫耀武力的行动的罗马人，他却无法说出或指出这样一个人来。(18)但是使节们认为他提出的指责，有一部分不应归罪于优斯提尼安，而应由他手下的某些人负责，至于另一部分指责，他们对他讲的话也提出了不同意见，理由是那些事不是像他说的那样，而是根本不曾发生过。(19)最后科斯罗伊斯提出了这样的要求，即罗马人要给他一大笔钱，而且他还提醒他们，不要指望只是在当时给了钱，便能确立永久的和平。(20)他

① 参见本书第二卷，第一章，第13节；第三章，第47节。

说，以金钱为条件而形成的友谊，通常的情况是，一旦金钱用尽这友谊也就了结了。(21)因此罗马人必须每年向波斯人交付一定数量的现金。他说："这样波斯人将保证同他们和平相处，他们将独自守卫卡斯皮亚门并且不再由于达腊斯城而对他们感到愤愤不平，为此作为回报，波斯人本身将永远收取他们的报酬。"使节们说："这样波斯人是想要罗马人向他们臣服并且纳贡了。"科斯罗伊斯说："不是这样，但是罗马人今后将把波斯人看成是他们自己的士兵，为他们的服役向他们支付一定数量的报酬；因为你们每年也把一定数量的黄金给予某些匈人和撒拉森人，但你们并不是向他们纳贡的臣民，而是为了使他们保卫你们的土地永远不会受到劫掠。"(22)在科斯罗伊斯和使节们相互间作了这样的详细的交谈之后，他们终于达成协议，同意科斯罗伊斯应当立刻从罗马人手中再取得五十肯特那里乌姆[①]，并且无限期地每年再收取五肯特那里乌姆的贡金，此后他便不应再对罗马人有所伤害，而是从使节们手中接受人质以保证遵守协定，这之后，他应当率领全部军队回国，并且皇帝优斯提尼安派出的使节应当在那里在一个巩固的基础上为未来有关和平的协定作出安排。

十一

(1)随后科斯罗伊斯便去了沿海的城市塞琉奇亚，它距离安提奥克是一百三十斯塔迪昂[②]；并且在那里他既没有遇到，也没有伤

① 参见本书第一卷，第二十二章，第 4 节。

② 大约相当 24 公里。

害一个罗马人;他一个人在海水中沐浴并且在向太阳和他愿意奉祀的其他神灵奉献牺牲并且多次向诸神祈求之后便回去了。(2)在他返回营地之后,他说他希望看一看附近的阿帕美亚城,理由只是他对这个地方有兴趣。(3)于是使节们迫不得已只好也同意他这一要求,但是只有一个条件,那就是:看完这个城市并且从那里取走一千磅白银之后,他应当立刻返回而不应造成任何伤害。(4)但是无论是使节们还是所有其他人都看得很清楚,科斯罗伊斯去阿帕美亚只有一个目标,那就是他可以找到根本无关紧要的某种借口以便劫掠该城和它附近的地区。于是他首先去安提奥克的郊区达夫涅,对那里的丛林和泉水表示极为欣赏;(5)因为丛林和泉水都是十分值得一看的。(6)而他在向精灵[①]奉献了牺牲之后便离开了,而没有进行更多的破坏,只限于烧掉了天使长米哈伊尔的圣堂以及其他某些建筑物,这样做的理由如下。(7)在波斯人的军队里有一位很有名并且为国王科斯罗伊斯所熟知的波斯绅士,此人在另一些人的陪伴下骑马来到所谓特列图姆——大天使长米哈伊尔的神殿就在这里,这一建筑是埃瓦里斯的作品——附近一处陡峭的地方。(8)此人看到安提奥克的一个步行的青年,正在单独躲藏在那里,便离开其他人去追踪这个青年。这个青年是一个屠户,名叫埃伊玛库斯。(9)当他就要被赶上的时候,他突然转过身来把一块石头投向追踪他的人,石头打到对方的前额上并且伤到了耳膜。骑马的人立刻跌倒地上,那青年随即抽出刀来把他杀

① 据古人的信仰,山林、泉水都有精灵,在希腊神话中这种小精灵叫 νύμφη(英语 nymph),多为少女形象。

死了。(10)后来有了时间,这青年就剥下了他的武器和全部金饰以及他身上的其他不管任何东西,然后便跳上了马前行。(11)不知道是幸运女神对他的照顾,还是由于他对当地的熟悉,他竟做到完全避开了波斯人并使自己逃走成功。(12)科斯罗伊斯得知这一情况后,他对发生的事件深感悲痛,于是他下令他身边的一些人烧掉我上面提到的、天使长米哈伊尔的圣堂。(13)并且他们还认为达夫涅的圣堂也是成问题的一座,于是把它以及周边的建筑都烧掉了,这样他们认为科斯罗伊斯的命令已经得到执行。这些事件的经过便是如此。

(14)但是科斯罗伊斯和他的全部军队却进而登上了去阿帕美亚的道路。在阿帕美亚有一段有一肘长①的木头,人们一致认为,这是基督在耶路撒冷自愿受难时一度使用的十字架的一部分,它是古时被一个叙利亚人偷偷地带到那里去的。(15)而古时的人们认为这对他们自身以及对城市都能有一种很大的保护作用,于是便为它做了一个木匣子并把它保存在里面;他们还用许多黄金和宝石把这个匣子装饰起来并把它交给三位牧师妥为保存。他们每年都把它拿出来,供全体居民瞻仰礼拜一天。(16)而那时阿帕美亚的人民听说米地亚人的军队正在向他们发动进攻之后,开始陷入巨大的恐怖之中。而当他们得知科斯罗伊斯绝对是一个不诚实的人之后,便来到城市主教托玛斯这里,请他把十字架的木条拿出来给他们瞻仰,为的是可以在最后一次对圣物顶礼之后死去。(17)于是他按他们所要求的做了。继而确实发生了这样的事,即

① 一般在0.456公尺到0.559公尺之间。

人们在那里看到了无法形容和难以相信的景象。原来当牧师把木条带来供人们瞻仰时，在他上面有一团火焰跟着，而他头顶上的屋顶也有人们未曾见过的强光照耀着。(18)牧师在神殿中到处走动时那火焰便继续随着他移动，始终在他上面的屋顶处。(19)因此阿帕美亚的民众在因奇迹而高兴的影响下，惊叹乃至喜极而泣，而所有的人都已感到对自己的安全有了信心。(20)而托玛斯在遍历了整个神殿之后，便把十字架的木条放回匣内并把它盖上，而那光立即消失了。随后在得知敌人的军队已到城市附近时，他便赶忙去见科斯罗伊斯。(21)而当国王问牧师阿帕美亚城的居民是否想登城同米地亚人的军队对抗时，牧师回答说人们根本没有这样的想法。(22)于是科斯罗伊斯说："那么把所有的城门大开，在一些人的伴随下接我进城吧！"(23)牧师说："好的，我到这里来正是为了请你做这件事的。"于是全军便搭了帐篷，把营地设在工事的前面。

(24)于是科斯罗伊斯选出了波斯士兵的二百名精锐，然后进了城。但是当他进入城内之后，他便完全是故意地忘掉了他本人和使节们协议的事项，而命令主教交出不仅是一千磅白银，甚至不是那个数目的十倍，而是储存在这里的一切金银制造的，并且是巨大而极为精美的宝物。(25)并且我认为，除非有某种上天的征兆明白地加以阻止，否则他是不会不动手奴役和掠夺整座城市的。(26)贪婪控制他而对荣誉的渴望把他的思想搅乱到如此地步！(27)原来他认为奴役城市对他来说乃是巨大的光荣，而绝对不考虑，他对罗马人的这种做法是无视条约和协定的行为。(28)科斯罗伊斯的态度可以从这次撤退时他对达腊斯城的完全不顾协定的做法看出来，也可以从稍后在和平时期对卡利尼库斯的公民的做法看出来，关于这事后面我将会提到[①]。但是如上所述，上帝保全了阿帕美亚。(29)当科斯罗伊斯夺取了全部财物，而托玛斯看到他已经因大量的财富而洋洋自得的时候，他便把放置十字架的木条的匣子拿子出来，并且把它打开，使木条显示出来，然后说："最强大的国王啊，在所有财富中留给我的只有这件东西了。(30)至于这个匣子(因为上面有黄金和宝石的装饰)，我们不反对你把它拿去，和所有其余的东西放在一起，但是要把这木条留在这里，它使我们得救，因而对我们来说是珍贵的。这便是我的请求，我恳求你把它给我。"牧师的话便是如此。于是科斯罗伊斯让步并答应了这个请求。

(31)后来由于他非常希望民众对他欢呼致意，于是他下令民众到赛马场去并由驾车手进行他们惯常的比赛。(32)而他本人也去了那里，因为他急于观看表演。而由于他在很久以前便听说，皇帝优斯提尼安特别喜欢维内图斯色[②]也就是蓝色，所以在这里他也想反其道而行之而想使绿派取得胜利。(33)于是驾车手从栅栏处开始了比赛，而不知怎的穿蓝色衣服的人却超过他的对手取得了胜利。(34)在同样的车道上他后面才是穿绿衣服的驾车手。(35)科斯罗伊斯发怒了，因为他认为人们是有意这样安排的，于是他高声威胁说，恺撒[③]超越其他人是不对的，他命令跑在前面的马应当给拦住，以便从这时起要它们在后面比赛；而当人们按照他的

① 参见本卷第二十一章，第30—32节。

② 这是用于拜占庭和其他地方的"蓝派"的词。

③ 这里指优斯提尼安拥护的一派。

命令执行了之后,科斯罗伊斯和绿派就被认为是胜利了。(36)当时有一个阿帕美亚的公民来到科斯罗伊斯面前,指控一个波斯人闯进他的家,奸污了他的身为处女的女儿。(37)听了这话之后,科斯罗伊斯大为震怒,命令把那个人带来。当那个人来到他面前之后,他便下令把此人在营地用尖桩处死。(38)当民众听到这一消息时,他们便尽情地高呼,要求把此人从国王的怒气下解救出来。科斯罗伊斯答应说他会把此人释放交给他们,但是不久后他还是用尖桩把他秘密处死了。因此在干完了这些事之后,便离开并同他的全部军队一道回去了。

十二

(1)当他来到离贝罗亚有八十四斯塔迪昂[①]的卡尔奇斯城的时候,他再次似乎忘记了取得协议的那些事情,而在离要塞不远的地方设了营之后,便派出保路斯对卡尔奇斯的居民进行威胁,除非他们交出赎金以买得安全并且把那里所有的士兵和他们的将领交给波斯人,否则他将围攻这座城市。(2)卡尔奇斯的公民对两位君主都十分害怕,他们发誓说在城里绝对没有任何一个士兵,不过他们却把士兵的司令阿多那库斯还有其他一些人藏在一些房屋里以便不使他们为敌人看到;他们好不容易才凑足了两肯特那里乌姆的黄金,因为他们居住的城市并不十分繁华,他们把这黄金作为买命钱给了科斯罗伊斯,这样便拯救了城市和他们自己。

(3)从那里科斯罗伊斯不想按照前来的路继续他回家的路程,

① 约合 15.54 公里。

而是渡过幼发拉底河以便从美索不达米亚搜括尽可能多的金钱。(4)于是他在离巴尔巴利苏姆的要塞有四十斯塔迪昂①的一个名叫欧巴涅的地方架了一座桥。然后他本人过了桥并且下令全军也尽快地过桥,还说在第三天他将把桥毁掉,并且还定出了一个时间。(5)当规定的日子到来时,却还剩下一些军队没有过来,可是他一点也不为他们设想,便派人把桥毁掉了。(6)而留在后面的那些人便各自设法返回自己的故土去了。

继而科斯罗伊斯又有了这样一种野心,那就是想攻占埃德撒城。(7)他有此想法是因为基督徒的一句格言,这句格言一直使他感到不安,因为他们说埃德撒是不能被攻占的,理由如下。在早时有一个名叫奥伽茹斯的人是埃德撒的托帕尔克(当时不同民族的国王便称为托帕尔克)。(8)这个奥伽茹斯是他当时所有人当中最聪明的,并因此而成了皇帝奥古斯都一位特殊的朋友。由于他想同罗马人缔结一项条约,所以就去了罗马;当他同奥古斯都交谈时,他因富有智慧而使奥古斯都大为吃惊,乃至奥古斯都根本不想再放走这个朋友;原来他极喜欢同奥伽茹斯交谈,并且每当他遇到奥伽茹斯,便十分不愿意离开他了。(10)因此这次访问用去了他很长一段时间。有一天,当他想返回自己的故土并且根本无法说服奥古斯都放他走的时候,他想出了如下的办法。(11)他先是到罗马附近的乡村去打猎;原来他对这种运动的实践是很有兴趣的。他在乡村的很大一片土地上活动,活捉了那一地区的许多动物,他又从乡村的每一部分的土地上都收集并带走一些土;这样他回到

① 约合 7.4 公里。

罗马时,既带回了土,也带回了动物。(12)当时奥古斯都去了赛马场并坐在他惯常坐的地方,奥伽茹斯于是来到他面前,把土和动物展示给他,并且告诉他每一部分的土来自哪个地区以及它们又是什么动物。(13)随后他下令把土放到赛马场的不同地方并且把所有的动物集合到一个地方,然后把它们释放。侍从们也按照他的吩咐做了。(14)相互散开的动物于是各自去了从它自身被捉住的那一地区取来的那部分的土那里。(15)奥古斯都很长时间仔细地观看了这一表演,而他奇怪的是,未经训练的本性竟使动物怀念它们的故土。继而奥伽茹斯突然抱住奥古斯都的双膝,说:(16)"至于我,主人啊,我这样一个有一个妻子和子女,有一个确实小,然而是在父祖的土地上的王国的人,你以为我在想什么?"(17)为他的话的真理所征服和感动的皇帝完全不是情愿地准许他离开,此外还要他请求他希望的不管是什么东西。(18)当奥伽茹斯得到了确实的保证之后,他便请求奥古斯都在埃德撒城为他修造一座赛马场。而这一请求他也答应了。于是奥伽茹斯随后便离开罗马来到了埃德撒。(19)这里的公民问他是不是从皇帝奥古斯都那里给他们带来什么好东西。于是他回答说他给埃德撒的居民带来了不会造成损失的痛苦和不会带来收入的欢乐,而这指的便是赛马场上的胜负。

(20)后来当奥伽茹斯年纪越来越大了,他得了极为严重的痛风。由于受病痛的折磨并因而无法活动,他便就这病去请教医生,并且把全国精于此道的所有的人都集合起来。(21)但是后来他放弃了这些人(因为他们并未能找到任何使他摆脱病痛的治疗方法),并且由于发现自己已没有指望,便为自己的命运而悲叹。(22)但是大约就在这个时候,上帝之子耶稣还在世并且在巴勒斯

坦的人们中间活动，并且从下列的事实而明白地表明，他的的确确是上帝之子，而这事实便是：他根本从未犯过罪以及他正在做出甚至是不可能的事情。(23)原来他呼唤过死者，使他们像从睡梦中那样站起来；他使生来便盲目的人睁开了眼睛；他治好了全身染上麻风病的人们；他使双脚残废的人重新能够行走，并且他治好了被医生们认为是无法医治的所有其他疾病。(24)当从巴勒斯坦到埃德撒来旅行的那些人把这些事报告给奥伽茹斯时，他便鼓起勇气给耶稣写了一封信，恳求他离开犹太和那里的无知的民众并在今后同他在一起生活。(25)基督见到这封信之后，便给奥伽茹斯回信明确地表示，他不愿前往，但是在信中却保证使他恢复健康。(26)据说基督还表示，那个城市将永远不会受蛮族的占领。撰写当时历史的人们完全不知道这封信最后的部分；要知道，他们在任何地方甚至都不曾提到它；但是埃德撒的人们却说他们随着这封信而发现了它，因此他们甚至把这封信以这种形式刻到城市的各个城门上以代替任何其他防御措施。(27)后来不久，这城市确实受到米地亚的统治，不过不是被攻占而是通过如下方式。(28)在奥伽茹斯收到基督的信之后不久，他便摆脱了病痛，并在健康地活了很长一段时间之后才去世。但是继承王位的他的一个儿子却表明自己是全人类中最亵渎神明的人，他在对自己的臣民犯了其他许多罪行之外，还自动地投靠波斯人，因为他害怕罗马人对他进行报复。(29)但是在这之后很久，埃德撒的公民除掉了和他们住在一处的蛮族卫戍部队并把这城市交给了罗马人。……[1]从在我的

① 原稿在这里缺九行。

时期发生的事情(我将在适当的地方加以记述)来判断,他是很想使之归附于自己的事业的[①]。(30)有一次我就有这样的想法:如果基督不写下这个东西,正如我所说过的,由于人们对此深信不疑,他仍然愿意基于如下的理由保卫这个城市使不受攻掠,即他永远不会给他们以任何犯错误的借口。因此,关于这些事情,让它们按上帝所希望的那样,并且就这样地加以记述吧。

(31)由于这个理由,当时科斯罗伊斯便认为攻占埃德撒是件重要的事情。而当他来到巴特涅,这个离埃德撒一天路程的一个根本无关重要的小要塞时,他便在那里设营过夜,但是在第二天天刚亮,他便率领着他的全部军队向埃德撒行进了。(32)结果他们却迷失了道路,转来转去并在第二天夜里又回到原地设营;据说,这一情况他们又遇到了一次。(33)当科斯罗伊斯好不容易来到埃德撒附近时,他脸上起了脓疮,下巴也肿了。为此他根本不想再做攻城的打算,但是把保路斯派出去向市民要钱。(34)据说他们对城市的安全绝对放心,但是为了使他不会蹂躏农村地带,他们同意交出两肯特那里乌姆的黄金。科斯罗伊斯拿到了钱,便遵守协定了。

十三

(1)也是在那个时候,皇帝优斯提尼安给科斯罗伊斯写了一封信,保证履行他和使节们就和约问题所缔结的协定[②]。(2)科斯罗

① 具体指的是什么因原文残缺而未详。

② 参见本卷第十章,第 24 节。

伊斯接到这封信之后便释放了人质，为他的离去做准备，并且他想卖掉得自安提奥克的全部战俘。(3)而当埃德撒的市民得知这一情况时，他们表现了前所未有的热情。原来没有一个市民不为战俘按照本身财产的多少提供一份赎金并且把它存在圣堂里。(4)有些人在提供赎金时甚至超过了他们应缴纳的份额。娼妓取下了她们身上的所有饰物，把它抛在那里，任何没有金银器皿或金钱但是有一头驴子或一只绵羊的农民也都十分热情地把它带到圣堂去。(5)结果便收集了极大数量的黄金与白银以及其他形式的现金，但是这些财物没有一点点作为赎金送出去。(6)原来恰巧布吉斯正在那里，他插手此事以阻止这笔交易，指望这会给他带来某种巨大的利得。于是科斯罗伊斯便带上所有的俘虏继续前进了。(7)卡尔莱的市民迎接他时献给他一大笔钱；但是他说这里并不属于他，因为他们大部分人并不是基督教徒而是旧信仰的信徒。

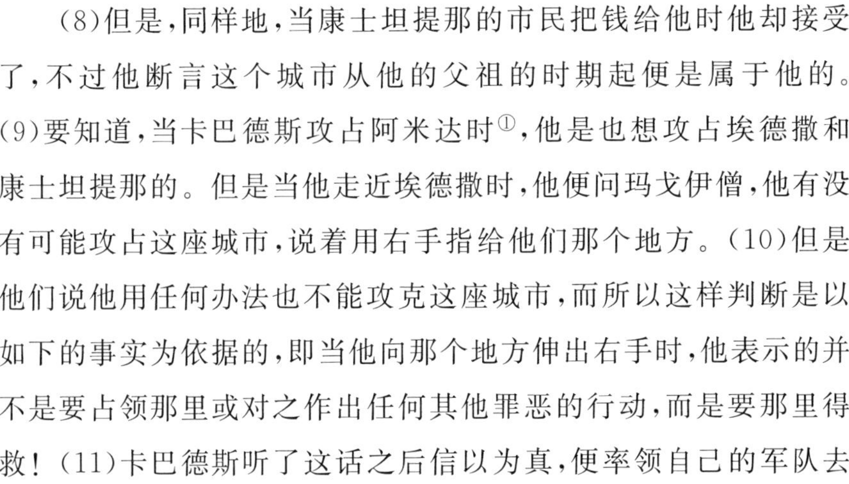

(8)但是，同样地，当康士坦提那的市民把钱给他时他却接受了，不过他断言这个城市从他的父祖的时期起便是属于他的。(9)要知道，当卡巴德斯攻占阿米达时[①]，他是也想攻占埃德撒和康士坦提那的。但是当他走近埃德撒时，他便问玛戈伊僧，他有没有可能攻占这座城市，说着用右手指给他们那个地方。(10)但是他们说他用任何办法也不能攻克这座城市，而所以这样判断是以如下的事实为依据的，即当他向那个地方伸出右手时，他表示的并不是要占领那里或对之作出任何其他罪恶的行动，而是要那里得救！(11)卡巴德斯听了这话之后信以为真，便率领自己的军队去

① 时当公元503年，相当于我国南朝梁武帝天监二年。

康士坦提那了。(12)而在到达那里之后,他便命令全军设营准备围攻。(13)且说当时康士坦提那的牧师巴腊多图斯是一个特别为上帝所眷爱的正直的人,由于这个理由他在祈祷中所希望的任何事情总是能够应验的;甚至看一看他的面容,人们都立刻能猜到,这个人是完全能为上帝接受的。(14)当时就是这个巴腊多图斯带着葡萄酒和干无花果和蜂蜜以及洁白无瑕的面包到卡巴德斯这里来,请他不要进攻这座城市,因为这是一座根本无关重要的城市,罗马人也完全不把它放到眼里,而且这里既没有卫戍的士兵也没有任何其他防御设施,而只有那些可怜的老百姓住在里面。(15)以上便是牧师的话。卡巴德斯答应把这座城市交付给他而不索取任何代价,于是他向卡巴德斯提供了各种食物,这些都是他在围攻前便为军队准备的,数量极为丰富。这样,他便离开了罗马人的国土。正是为此,科斯罗伊斯才宣称这座城市从他的父祖时期起便是属于他的。

(16)他到达达腊斯之后便开始了围攻。但是城里的罗马人和他们的将领玛尔提努斯(原来他正好在那里)却做了抵抗的准备。(17)且说这座城市有两道城墙,里面的那一层是高大的并且确实是十分壮观(因为它的每座塔楼高达一百呎,而城墙的其余部分也有六十呎高),而外面的一层则要小得多,但是在其他方面也是坚固的,因而是不能轻视的。(18)两层之间的空间不下五十呎宽;每当有敌人进攻时,达腊斯的市民通常便把他们的畜群和其他动物放到那里去。(19)因此科斯罗伊斯首先进攻要塞朝西的一面,并在以其绝对优势的射击把敌人打退之后,放火烧了小城墙的城门。(20)但是没有一个蛮族敢进去。随后他又决定在城市的东侧秘密

地挖一个隧道。因为只有这一个地方能以挖土，而要塞的其他部分是被建筑者安放到石头上的。(21)于是波斯人便开始从他们的壕沟开始掘进。而由于壕沟很深，所以敌人既看不到他们，他们也不使敌人有任何手段能以发现他们在干什么。(22)这样他们便已经来到了外面一层城墙的基础的下面并且即将进入两层城墙之间的空间，而不久之后便也可以穿过大墙下面并用强攻的办法把城市攻克了；但是由于命运注定这城市不会被波斯人攻占。科斯罗伊斯营地里的某个人在正午时分一个人来到了要塞附近，这也许是一个人也许是比人更大的其他某种东西；他要看到他的人们看来他像是在收集不久前罗马人在蛮族向他们发动进攻时从城墙上投射下来的武器。(23)而当他一面手持挡在前面的盾牌一面这样做时，他好像是在同城墙上的人们开玩笑并且笑着嘲弄他们。继而他又把一切告诉了他们并且命令他们所有的人要小心，要他们尽可能为自己的安全想办法。(24)在把这些事透露出来之后他就离开了，而这时罗马人则在一片呼号和混乱之中下令人们挖掘两道城墙之间的土地。(25)另一方面，对正在发生的事情一无所知波斯人和先前一样地进行着地下掘进的工作。(26)这样，当波斯人从地下直抵该市的城墙时，罗马人按照一位精通被称为机械学这门学问的提奥多茹斯的建议，正在挖掘一道与之交叉的沟并且使之有相当的深度，这样，当波斯人来到两道城墙之间的中心点时，他们突然进入了罗马人的沟。(27)罗马人把最先进来的人杀掉了，而后面的人则拼命向后跑回自己的营地才保全了性命。因为罗马人决定在黑暗中绝不对他们进行追击。(28)科斯罗伊斯的这一企图失败了，而且他不能指望在今后用任何办法攻占这座城

市,于是他便同被围攻者进行谈判,并在拿走一千磅白银之后返回了波斯本国。(29)皇帝优斯提尼安得知这一情况后,便不愿再履行协议,而指责科斯罗伊斯在停战期间还想攻占达腊斯城。科斯罗伊斯第一次入侵期间罗马人的遭遇便是如此;夏天就要结束了。

十四

(1)科斯罗伊斯在亚西里亚离克提西丰有一日路程的一个地方建立了一座城市,给它起名为科斯罗伊斯的安提奥克,并且把所有来自安提奥克的俘虏安置在这里,还给他们修建了一座浴场和一个赛马场,此外还规定他们可以自由享受其他奢侈的生活方式。(2)原来他从安提奥克以及从罗马的其他城市带来了驾车人和乐师。(3)除此之外,他始终用公款向安提奥克的这些市民供应粮食,其细心的程度要超过对待俘虏的做法,而且他还要求他们被称为国王的臣民,以表明他们不从属于任何高级官吏而只是从属于国王的。(4)如果其他任何一个罗马奴隶也能以逃跑并得以来到科斯罗伊斯的安提奥克并且如果此人被住在这里的人们的任何一个人称为亲属,那么这个俘虏的主人便不再能把他带走,即使奴隶的主人是波斯人当中特别知名的人物也不行。

(5)这样,在安那斯塔西乌斯统治时期安提奥克的市民所看到的兆头,对他们来说最后便这样完全应验了。原来那时有一阵强风突然袭击了达夫涅的郊区,并且那里的一些极为高大的丝柏都被连最深的根拔起,倒在了地上——而这种树按照法律是绝对不允许砍伐的。(6)因此,稍后在优斯提努斯统治罗马人时[①],这地

① 公元526年,时当我国南北朝梁武帝普通七年。

方又遇到了一次极为强烈的地震，地震摧毁了整座城市，一下子把大部分极为精美的建筑物夷为平地，而据说当时安提奥克的居民死于地震的有三十万人。(7)如上所述，在这次攻掠中，整座城最后被毁掉了。安提奥克的居民所遭到的灾难就是这样。

(8)于是贝利撒里乌斯奉皇帝之召从意大利来到了拜占庭；他在拜占庭度过了冬天之后，皇帝便在开春的时候[①]，派他为对科斯罗伊斯和波斯人作战的统帅；与他同行的有和他一道从意大利前来的军官们，其中之一的瓦列里亚努斯则接受他的命令率领阿尔明尼亚的军队。(9)因为玛尔提努斯立刻便被派到东方去了，为此，如上所述，科斯罗伊斯才在达腊斯遇到他。(10)在哥特人当中，维提吉斯留在了拜占庭，但所有其余的人都跟随贝利撒里乌斯对科斯罗伊斯作战去了。(11)当时维提吉斯的一名使节，也就是假冒主教之名的那个人死在波斯，而另一个人便留在了那里。(12)随他们一起担任通事的那个人则返回罗马，但统率美索不达米亚的军队的约翰在康士坦提那边界附近逮捕了他并把他带到城里，关进监狱。在回答约翰的审讯时，此人供出了他们所做的一切。(13)这些事件的经过便是这样了。贝利撒里乌斯和他手下的人们赶忙出发，因为他急于在科斯罗伊斯对罗马国土的任何第二次侵略之前抢先行动。

十五

(1)但是，就在这同时，科斯罗伊斯正在率领着他的军队去攻打科尔奇斯，因为拉吉人由于下述理由在那里召唤他。(2)拉吉人

① 公元 541 年，时当我国南朝梁武帝大同七年。

最初作为罗马人的臣民居住在科尔奇斯,但是还不到向罗马人纳贡或在任何方面都听命于罗马人的程度,只是有一点是例外,即每当他们的国王去世时,罗马皇帝都要把职位的标记给将要继承王位的人送去。(3)而此人以及他的臣民则要严格守卫国土的边界,不使抱敌对态度的匈人从同他们的领土相邻的高加索山区通过拉吉卡入侵罗马人的土地。(4)他们虽担负守卫之责,但是他们并不接受罗马人的金钱或军队,也从不参加罗马军队,但是他们却始终同居住在黑海沿岸的罗马人进行海上的贸易。(5)原来他们自身既没有盐,也没有谷物和任何其他好的东西,而只是通过提供皮革制品和兽皮以及奴隶以获取他们需要的食品。(6)但是当涉及伊伯里亚人的国王古尔盖尼斯的那些事件——关于这些事件前面我已谈过[①]——发生之后,罗马士兵便开始驻扎在拉吉人中间;而这些蛮族便受到了士兵的骚扰,特别是他们的将领彼得,彼得这个人对同他接触的那些人一贯横傲无礼。(7)这个彼得是尼姆菲乌斯河对岸阿尔扎涅涅地方的人,那一地区自古以来便属于波斯人,但是当他还是个孩子的时候,便被皇帝优斯提努斯捉住并被变为奴隶,因为当时优斯提努斯在攻克阿米达之后,正在和凯列尔的军队一道入侵波斯人的国土[②]。而由于主人对他表现了很大的爱心,他上了一位语法学家的学校。(8)开头他担任优斯提努斯的秘书,而后来当安那斯塔西乌斯去世而优斯提努斯取得了罗马帝国的统治大权的时候,彼得便被任命为一位将领,而他也便堕落成了一个

① 参见本书第一卷,第十二章,第 4 节以次。
② 参见本书第一卷,第八章,第 21—22 节。

前所未闻的受制于贪欲的奴隶并且在对待所有的人方面都表现得十分昏庸愚昧。

(9)后来皇帝优斯提尼安又派出各种军官去拉吉卡,其中便有约翰,人称特吉布斯,这是一个出身卑微下贱的人,但他所以爬上将领的高位并不是凭别的而就因为他是世界上最有歪才的恶棍,他最有办法发现非法收入的来源。这个人破坏和搞乱了同罗马人以及拉吉人的一切关系。(10)他还说服皇帝优斯提尼安在拉吉卡的沿海修建一座城市,起名佩特拉。而他便在那里的城塞坐镇,掠夺拉吉人的财产。(11)原来盐以及所有其他被认为是拉吉人所必需的货物,商人们都不再能运进科尔奇斯的国土,他们派人出去求购而在别的地方也不能买到它们,但是他却在佩特拉设立所谓"专卖所",而他本人就成了一个零售商和所有这类货物的交易的监督,科尔奇斯人的收购都由他包办,不过他卖给他们的东西不是按通常的价格而是尽可能地提高。(12)与此同时,即使抛开这一点不谈,蛮族还受到那里罗马驻军的骚扰,这种情况过去一直没有发生过。因此,既然他们不再能忍受这些事情,于是他们决定归附波斯人和科斯罗伊斯,并且立即把使节派到波斯去,在不为罗马人所知的情况下,由使节对此作出安排。(13)给这些使节的指令是:他们应当从科斯罗伊斯那里得到保证,即他绝不会违反拉吉人的意志而把他们交给罗马人,并且在达成这样的谅解之后,他们应当把科斯罗伊斯以及波斯军队引入自己的国土。

(14)于是使节们便去波斯人那里并且秘密地见到了科斯罗伊斯之后讲了这样的话:"如果历史上有这样一个民族,他们不管通过怎样的方式背叛了自己的朋友并且错误地依附于他们根本不了

解的人们,并且在那之后,由于命运的眷顾,他们再次极为高兴地被带回到先前是他们自己的人们那里去,最强大的国王啊,你会认为拉吉人就是这样的民族了。(15)要知道,科尔奇斯人在古时作为波斯人的联盟者曾给他们干了不少好事,而科尔奇斯人本身也受到了同样的待遇;关于这些事,书里有很多记录,我们手里有一些,而另一些直到今天还保存在你的宫廷里。(16)但是后来却发生了这样的事,即我们的祖先不知是由于被你们所忽视还是由于别的什么理由(要知道,关于此事我们无法作出任何确切的论断),成了罗马人的联盟者。(17)而现在我们和拉吉卡的国王把我们自己和我们的土地都交给波斯人随你如何处理。(18)我们请你考虑我们的情况:一方面,如果我们在罗马人手下根本没有受到任何残暴的对待,而是出于愚蠢的动机才来到你这里的,那么就立即驳回我们这一请求,因为你会认为,对你来说,科尔奇斯人同样也绝不会是可以信赖的(要知道,当一种友谊被消除之后,同其他人结成的第二个友谊因其本质而会成为应受谴责的事物)。(19)但是如果我们同罗马人名义上是朋友,而事实上是他们忠实的奴仆并且受那些对我们进行残暴统治的人们的不义对待的话,那么就通过称得上是正义的行动(保卫正义一直是波斯人的传统)来接纳我们,你们先前的联盟者,把你们习惯于当作朋友来对待的那些人作为奴隶接受下来并且对在我们的边界崛起的一种残酷暴虐的统治表示你们的憎恨吧。(20)本身不干任何坏事的人还不是主持正义的人,除非在他有这个力量时他还习惯于挽救那些被别人侮辱的那些人。(21)那些可恶的罗马人胆敢对我们犯下的罪行,我们也应当谈一些。首先,他们只留给我们的国王一个王权的形式,而真正的权力是在他们手里，他在那里是处于奴仆地位的国王，怕的是那位发号施令的将领。(22)并且他们把一大群士兵加到我们头上，然而并不是为了保卫我们的土地以反抗蹂躏我们的那些人(要知道，确实除了罗马人之外，在我们的邻人当中谁也不曾骚扰我们)，而是为了把我们禁闭在监狱之中并使他们自己成为我们的财产的主人。(23)而为了加速掠夺我们拥有的一切，国王啊，请看他们制订了怎样的一个计划吧。(24)他们那里过剩的粮食，他们强迫拉吉人违背本心地购买，而拉吉卡的产品中对他们最有用的东西，按这些家伙的说法是，要求从我们手中购买，而在两种情况下，价格都是根据较强的一方的判断加以确定。(25)这样，他们便在贸易的美名之下掠夺所有我们的黄金以及生活必需品，但实际上却是不遗余力地压迫我们。他们还在我们头上安置一个商贩，此人凭借他的职权干的就是把我们搞穷的生意。(26)因此，我们造反的原因既然是这样，所以正义是在它的一面；但是，如果你接受拉吉人的请求，下面我们立刻就告诉你本人会得到的好处。(27)在波斯的国土上将会增加一个最古老的王国，而你的统治力量将因此而加强并且你还会由于拥有我们的土地而在罗马人的海上占有一席之地，并且当你在这一海域上修造了船只之后，国王啊，你不费什么气力即将涉足于拜占庭的皇宫了。要知道这之间已没有任何障碍。(28)而且人们还可以说，蛮族每年沿着边界对罗马人的国土的掠夺也将处于你的控制之下了。(29)而且肯定你还熟悉这样一个事实，即迄今为止拉吉人的土地一直是对付高加索山区的一个堡垒。(30)因此，首先是合乎正义，再加上这样做的好处，我们认为，如果你不赞同接受我们的意见，那将是完全同正

确的判断相抵触的。”以上便是使节们的发言。

(31)科斯罗伊斯听了他们的话十分高兴,便保证保护拉吉人并且问使节他是否能够率领一支大军开进科尔奇斯的国土。(32)因为他说,先前他曾听许多人报告说,这地方甚至对一个不受阻碍的旅行者来说都是极难通过的,因为那地方极度崎岖不平并且十分广泛地被大片树木的密林覆盖着。(33)但是使节们却极力坚持说,如果波斯军队把树砍掉并且把它们抛入因有峭壁而难以通行的地方,要通过那里便容易了。(34)他们还保证,他们自己担任道路的向导并且在这件事上为波斯人带头。(35)在这一建议的鼓励之下,科斯罗伊斯便集合了一支大军准备进入,但是并不把这一计划告知波斯人,而事先得知此事的只有通常参与他的机密的那些人,他并且命令使节不把他们要做的事告诉任何人;他装作他正在出发去伊伯里亚以便处理那里的事情;因为他一直在解释说有一个匈人的部族在那里进攻波斯的领土。

十六

(1)那时贝利撒里乌斯已经到达美索不达米亚并且正在从各处征集军队,此外他还一直在把人们作为间谍派到波斯的国土去。(2)由于他希望亲自在那里对抗敌人,如果他们会再次入侵罗马人的国土的话,于是他便在当地进行了组织并且把那些大部分没有武器或甲胄、听了波斯人的名字都会害怕的士兵装备起来。(3)且说间谍回来之后便报告说当前敌人不会发动进攻;因为科斯罗伊斯在别的地方忙于对匈人的战争。(4)贝利撒里乌斯得知这一情况之后便打算率领着他的全部军队立即进攻敌人的土地。(5)阿列塔斯也率领着撒拉森人的一支大军到他这里来，此外皇帝也有一封信给他，要他尽快向敌人的土地发动进攻。(6)因此他把达腊斯这里的全体军官召集起来，作了如下的发言："我的军官朋友们，我知道你们所有的人都有身经百战的经历，因此现在我把你们集合起来并不是要向你们讲任何提醒或激励的话(因为我以为你们不需要激发你们的胆量的任何言辞)以便使你们鼓起勇气对敌进行战斗，而是为了我们能在一起商量，并选择一个对皇帝的事业来说看来是最美好，也是最可行的办法。(7)通常战争所以得到胜利，更多是出于周密的计划而不是别的任何东西。当前需要的是集会商讨的人们要完全摆脱谦抑自卑或恐惧的想法。(8)恐惧，由于它使陷入其中的人处于瘫痪状态，所以它不允许理智选择更崇高的角色，而谦抑自卑又使人们看不清楚被认为是更好的办法从而使人们的探索走入相反的方向。(9)因此，如果你们以为我们强大的皇帝或我本人就当前的局势已经有了任何目标的话，那你们绝不可这样想。(10)要知道，对皇帝来说，他完全不了解现在正在干的事情，因而他不能使他的做法适应有利的时机；(11)因此人们根本无需害怕，而是在同他的想法相抵触时，我们反而能做出有利于他的事业的事情。(12)至于我个人，由于我是一个凡人而且是在长期间隔之后从西方来的，因此应当做的事情而不被我所忽略，这是不可能的。(13)因此你们应当放弃对我的意见的这个过于谦逊的态度，直截了当地提出我们应当怎样做才有利于我们自己并有利于皇帝。(14)军官朋友们，开头我们来到这里是为了阻止敌人对我们的国土发动任何侵略，而现在由于形势比我们所希望的要好，因此我们可以考虑把敌人的土地作为目标了。(15)既然你

们是为了这一目标而集合到一处的，我认为，你们应当毫无保留地说出看来对每个人都是最好的和最有利的办法来。”

(16)以上便是贝利撒里乌斯的发言。彼得和布吉斯都催促他立刻向敌人的国土发动进攻而不要有任何犹豫。他们的意见立刻得到了到会全体人员的赞同。(17)但是黎巴嫩军队的将领列奇坦古斯和提奥克提斯图斯则表示，虽然在入侵的问题上他们也抱有和其他人相同的意见，但是他们担心，如果他们放弃了腓尼奇亚和叙利亚，阿拉木恩达腊斯将能以从容不迫地对之进行掠夺，并且皇帝将会因此而震怒，因为他们未能守住他们管理的国土使之不受攻掠，为此他们根本不愿同其余的军队一道发动这次入侵。(18)但是贝利撒里乌斯说，这两个人的看法一点也不正确；因为这时正是春分时节，而在这个季节里撒拉森人总是有两个月的时间向他们的神祭献，并且这期间他们是绝不会入侵别国的土地的。(19)因此，在同意给他们二人和他们的士兵六十天的限期以作出安排之后，他命令他们也参加军队的出征。于是贝利撒里乌斯便极为热心地为这次入侵进行准备。

十七

(1)再说科斯罗伊斯和米地亚的军队在穿越伊伯里亚之后便在使节们的指引下来到了拉吉卡的土地；由于在那里没有遇到任何反抗，他们便着手砍伐树木；树木茂密地生长在多山的地区，它们长得很高，树枝又伸展得很远，所以这种情况使得军队根本无法通行；他们把砍下的树木抛到崎岖不平的地方，这样就使道路非常便于通行了。(2)而当他们来到科尔奇斯的中心时（诗人的故事便把美狄娅和雅孙[①]的冒险经历放到这里)，拉吉人的国王古巴吉斯前来并且向卡巴德斯之子科斯罗伊斯敬礼，把他当作主人并且把自己和他的王宫以及全体拉吉人交到科斯罗伊斯手里。

(3)且说在科尔奇斯有一座面临被称为埃乌克西努斯的海洋的城市，这座沿海城市名叫佩特拉，它在先前是一个根本无足轻重的地方，但是皇帝优斯提尼安由于它的城墙和他修造的其他建筑物而使它成为强大的城市，并且在其他方面也是有名的。(4)当科斯罗伊斯确认那里有约翰率领的罗马军队驻在城内时，他便派出由将领安尼亚贝德斯统率的一支军队，以便在第一次攻击时便拿下这座城市。(5)但是约翰在得知敌人逼近之后，便下令不许任何人到要塞外面去，也不叫敌人看到自己出现在城墙上，他把全军武装起来，要他们驻扎在城门附近的地方，保持沉默，不许哪怕是最小的任何种类的音响从他们那里传出去。(6)波斯人走近要塞，由于看不到敌人的任何踪影也听不到他们的任何音响，他们便认为罗马人已经放弃了这座城市而使该城无人居住了。(7)为此他们更加缩小了对要塞的包围圈以便立即把云梯搭到城墙上去，因为那里无人防守。(8)既然看不到也听不到敌人的任何事物，于是他们派人去科斯罗伊斯那里，向他说明情况。(9)于是他派出了他的大部分军队，命令他们从各个方面进攻要塞，他并且指令他的一名军官在城门附近使用一种被称为公羊的攻城器械[②]，而他本人则坐在离城很近的小山上，成了这场战争行动的旁观者。(10)罗马

① 据希腊传说，美狄娅是科尔奇斯国王埃厄特斯的女儿，曾帮助约尔库斯国王之子，阿尔哥号船英雄约尔库斯盗取金羊毛，并嫁给了约尔库斯。

② 即包铁头的巨木，悬在可移动的塔楼中用以冲击城墙，也叫攻城槌。

人这方面却突然打开城门,出其不意地攻向敌人并杀死了他们许多人,特别是在攻城器械附近的那些人。而其余的人好不容易才和他们的将领逃掉并保全了性命。(11)大为震怒的科斯罗伊斯用尖木桩处死了安尼亚贝德斯,因为他竟然完全栽在一个商贩和同战争全不相干的人约翰手里。(12)但是有人说被尖木桩处死的并不是安尼亚贝德斯,而是操纵攻城器械的士兵们的那个指挥官。(13)于是他本人便和全军一道拔营,来到要塞近前设营并开始了一次围攻。(14)第二天,他环绕要塞走了整整一圈,并且由于他觉得对方经受不住一次十分强烈的进攻,于是他决定猛攻城墙。由于他把全军都带到了那里,所以他开始了战争行动,下令所有的士兵向城垛的地方射击。(15)就在这同时,罗马人为了保卫自己也利用了他们的战争器械和所有他们的弓。在开头,虽然波斯人射出的箭既密且快,但是他们却没有给罗马人造成什么伤害,而在这同时,他们却在罗马人手下受到了重大的伤害,因为罗马人是从上向下射击的。(16)但是后来(因为命运注定佩特拉要被科斯罗伊斯所攻占),约翰不知怎的颈部被射中而阵亡了,结果其他罗马人便对任何事情都不关心了。(17)不过随后蛮族确实退回到他们的营地;因为当时天已经黑了;但是在第二天他们却计划用如下的掘进办法进攻要塞。

(18)佩特拉城的一侧由于临海而无法接近,另一侧则由于那里到处都有的峭壁也无法接近;确实,正是由于这一情况,这座城市有了佩特拉的名称①。(19)在平地上只有一处地方可以接近它

① petra 拉丁语意为岩石。

而且不是十分宽阔的，因为在它的两旁都是高耸的石壁。(20)先前修建这座城市的人们设法使城墙在那个地点的部分不会受到攻击，因而他们沿着两面的峭壁旁修筑长长的城墙，这样便使得人们在很长的一段距离内无法接近这座城市。(21)他们还修建了两座塔楼，每道城墙有一座，不过不是按照惯常的设计，而是用如下的办法。(22)他们不使建筑物的中间空着，而是把塔楼用砌到一处的十分巨大的石块从地面修得非常之高，这样它们就绝不会被攻城槌或其他任何机械所推倒了。佩特拉要塞就是这样。(23)但是波斯人暗中却在地下挖了一个地道，来到了这两座塔楼的一座下面，并且从那里运出许多石头而又回填上木头，稍后又把这些木头燃点起来。(24)一点一点地上升的火焰减弱了石头的承载力，并在突然间剧烈地动摇了整座塔楼并立即使它坍塌了。(25)塔楼上的罗马人有充分的时间察觉到正在发生的事情，而没有随它一道摔到地面上，因而得以逃离并且回到城里面去。(26)而这时敌人能以从平地猛攻了，这样他们便可以不费力地用武力把城市拿下来了。(27)因此罗马人在恐怖中同蛮族展开了谈判，并在得到有关自己的生命财产的保证之后，把他们自己以及城市都交给了对方。这样，科斯罗伊斯便占领了佩特拉[①]。(28)他在找到了约翰的极为丰富的财宝之后便据为己有，不过除这之外，无论是他本人还是任何其他波斯人都没有触动任何事物，而保全了自己财产的罗马人便同米地亚人的军队混到一起了。

① 事在公元541年，相当我国南朝梁武帝大同七年。

十八

(1)在这同时,对那里正在发生的事情一无所知的贝利撒里乌斯和罗马军队正在秩序井然地从达腊斯城开赴尼西比斯。(2)而当他们走到这一行程的一半的时候,贝利撒里乌斯率军向右转,因为那里有丰富的泉水和全军可以设营的平地。(3)在那里他下令在离尼西比斯城大约四十二斯塔迪昂①的地方设营。(4)但是所有其他人感到大为吃惊的是,他不愿在离工事近的地方设营而且有一些人根本不愿意追随他的做法。(5)于是贝利撒里乌斯向他身边的军官讲了这样的话:“我要把我正在想的一切都告诉你们。要知道,在一个营地里传来传去的话是保守不了秘密的,因为它会一点一点地传出去,甚至传到敌人那里去。(6)既然看到你们大多数人正在使你们自己的行动陷入极大的混乱并且每个人都想使自己成为这次战争中的总司令官,所以我要在你们当中谈一些不应向外传的事情,而我要说的首先就是这样一点,即如果在一支军队里许多人都各行其是,那么必须做的任何事情便都不可能做到了。(7)现在我以为科斯罗伊斯在出发去对其他蛮族作战时绝不会不在他的国土上留下充分的守卫力量,特别这座城市是第一流的,并且是为了保卫他的全国才建立的。(8)我了解得很清楚,他在这座城市里安排的守军,其数量和勇气足以抗击我们的进攻。关于这一点的证据就在你们跟前。(9)要知道,他所任命的这支守军的司令官是纳贝德斯这个将领,此人至少在科斯罗伊斯本人之后,在波

① 约合 7.8 公里。

斯人中间无论就光荣方面还是其他各种荣誉方面而言看来都是第一人者。(10)我相信,这个人既有力量同我们的军队相抗衡,则除非我们在战斗中把他打败,否则他是不会放我们过去的。(11)因此,战斗如果在城市的近旁进行,则这场战斗对我们和波斯人来说并不是势均力敌的。(12)要知道,从要塞里出来对我们作战的波斯人,如果他们取胜,如果发生这样的事,他们会有无限的信心来进攻我们,而如果失败,他们会很容易地避开我们的进攻。(13)要知道,我们只能在短距离内追击他们,并且城市不会因此受到任何损害,而且你们肯定会看到,在有士兵进行防御的时候,用猛攻城墙的办法是攻占不了这一城市的。(14)但是如果敌人在这里同我们作战并且我们打败了他们,军官朋友们,我有很大的把握攻占这一城市。(15)因为既然我们的敌人要逃跑长长一段路,则我们或者可以同他们混到一处并和他们一道冲入城内,而这一情况是很有可能发生的,或者我们能抢在他们前面,这样便使他们转过身来逃往别的什么地方,而没有防御的尼西比斯也就易于为我们攻占了。”

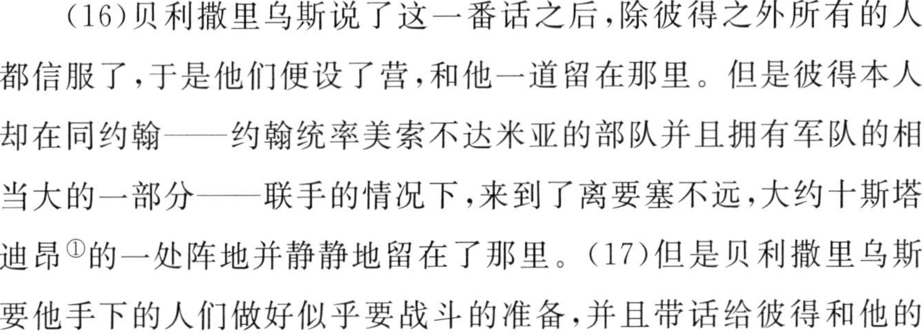

(16)贝利撒里乌斯说了这一番话之后,除彼得之外所有的人都信服了,于是他们便设了营,和他一道留在那里。但是彼得本人却在同约翰——约翰统率美索不达米亚的部队并且拥有军队的相当大的一部分——联手的情况下,来到了离要塞不远,大约十斯塔迪昂[1]的一处阵地并静静地留在了那里。(17)但是贝利撒里乌斯要他手下的人们做好似乎要战斗的准备,并且带话给彼得和他的

① 约1.85公里。

士兵要他们也列好战阵准备战斗,就等他本人发出信号;并且他说他清楚地知道,蛮族会在正午向他们发动进攻,而他们肯定会这样做,是因为他记得波斯人自己是在傍晚才吃饭,而罗马人是在正午左右吃饭的。(18)因而贝利撒里乌斯提出了这样的警告;但是彼得和他的士兵不把他的命令放到心上,并在正午时分由于被太阳晒得好苦(因为那地方极为干燥和炎热),他们便把武器架了起来,在一点也不考虑敌人的情况下开始乱糟糟地到处游荡,吃生长在那里的瓜类。(19)纳贝德斯看到这一情况之后,便率领着波斯军队全速跑过来向他们展开进攻。(20)而罗马人由于注意到了波斯人正在出城(因为在平原上可以清楚地看到他们的活动),便派人去贝利撒里乌斯那里,敦促他给他们以支援,而他们自己则拿起武器在一团混乱中去迎击敌人。(21)但是贝利撒里乌斯和他的士兵甚至在使者到达之前便已经从飞扬的尘土发现了波斯人的进攻并跑着去救援了。(22)当波斯人攻上来时,罗马人挡不住他们的冲击,很容易地便被打败了,波斯人紧追不舍,杀死了五十人,夺取并保有了彼得的军标。(23)如果不是贝利撒里乌斯和他的士兵赶到他们这里来并加以阻止的话,波斯人在追击中是会把罗马人全都杀死的,因为罗马人根本没有想到要抵抗。(24)由于首先是哥特人在近战中用长枪向对方进攻,而波斯人没有等到他们攻过来,便匆忙退却了。(25)罗马人则和哥特人一道在后面追,杀死了一百五十名敌人。追击只持续了一个短时期,其他人迅速回到工事内部去了。(26)继而实际上是所有的罗马人撤回贝利撒里乌斯的营地,第二天波斯人在一座塔楼上树起了不是战利品而是彼得的军标,还把熏肠挂在它下面,借以嘲笑敌人;不过他们却不再敢出击罗马人，而是固守城市。

十九

(1)贝利撒里乌斯看到尼西比斯的工事极为坚固并且没有希望攻占它，所以便急于前行以便可以通过一次突然的入侵而给敌人造成某种伤害。(2)于是他便拆掉营地，率全军继续前进。并在走完一日的路程之后，他们来到了波斯人称为西扫腊农的一座要塞。(3)那里除了人数众多的居民以外还有八百名骑兵担任守卫的任务，这是波斯人最精锐的队伍，他们的将领是一位名叫布列斯卡米斯的知名人士。(4)罗马人就在要塞的近旁设营并开始了围攻，但是在对要塞进行了一次突击之后，他们被击退并在战斗中损失了许多人。(5)原来这里的城墙极为坚固，而蛮族为保卫城市而对进攻者进行了极为激烈的抵抗。贝利撒里乌斯于是把全体军官召集到一处，讲了这样的话：(6)“军官朋友们，多次战争的经验使我们能以在困难的形势下预见到将会发生的事情，并且使我们能够通过选择更好的办法以避免灾难。(7)因此你们都了解，一支军队在敌人的土地上进军时，如果把许多要塞和其中的许多战士留在自己的后方，那将会是多么大的一个错误。而在当前的情况下，这恰恰是我们现在遇到的事情。(8)要知道，如果我们继续前进，这里以及尼西比斯的某些敌人将会暗中跟踪在我们后面，并且完全有可能在他们便于设置埋伏或便于进行其他某种进攻的地方给我们造成伤害。(9)如果碰巧又有一支军队同我们相遇并展开战斗，那我们便不得不对两个方面列阵战斗，这样我们将在他们手下遭到不可弥补的损害。而在说这话时我还没有提到这样一个事

实,即如果我们在战斗中失败,如果发生了这样的事情,这之后我们将绝对没有返回罗马人的国土的退路。(10)因此让我们不要由于完全未经慎重考虑的仓促行事而看来反而成了我们自己的掠夺者,也不要因为我们急于求战而给罗马人的事业造成伤害。(11)因此就让我们待在这里,试图攻克要塞,并且让阿列塔斯和他的士兵被派到亚西里亚的国土去。(12)要知道,撒拉森人就其本性来说是不能对城墙发动猛攻的,但是在打劫方面却是世界上所有人们当中最有办法的。(13)士兵中一些善于作战的人们也参加他们的侵略行动,这是为了:如果他们遇不到任何抵抗,他们便可以把他们碰上的人们加以制服,如果有任何敌人的军队同他们对抗,他们可以容易地退到我们这里来从而得救。(14)而在我们攻下要塞——如果这是上帝的意旨的话——之后,就让我们带领全军渡过底格里斯河,这时就不必担心有任何人在我们后方捣鬼,同时对亚西里亚人的情况也可以清清楚楚了。"

(15)所有的人都认为贝利撒里乌斯的话说得有理,并且他立即把计划付诸实施了。于是他命令阿列塔斯和他的军队进入亚西里亚,同他们一同被派出去的还有一千二百名士兵,其中大多选自他自己的卫队,并命令他的两名卫士担任指挥官。这两个人是图拉真和被称为大肚汉的约翰,他们都是出色的战士。(16)他命令这些人在一切事情上都要听从阿列塔斯的命令,并且他还命令阿列塔斯劫掠他遇到的一切,然后返回营地并报告亚西里亚人的军事力量的情况。(17)于是阿列塔斯和他的士兵便渡过了底格里斯河进入了亚西里亚。(18)在这里他们发现的是一片美好的土地,这里长时期没有被劫掠过而且无人防守;他们在那里迅速推进时,劫掠了许多地方并取得了大量贵重的掳获物。(19)当时贝利撒里乌斯还俘虏了一些波斯人并且从他们那里得知困在城里的人们已完全没有粮食了。(20)原来他们没有遵守达腊斯和尼西比斯两城的习惯做法,而在那里,人们通常是把每年的食品供应另外储藏在公家的库房里,现在一支敌军突然攻向他们,而他们事先却没有运进任何生活必需品。(21)并且由于一大群人突然间逃到要塞里来避难,他们自然会感到粮食十分紧张了。(22)贝利撒里乌斯得知这一情况之后,便派出一个名叫格奥尔格的极为持重并且可以参与他的秘密的人向那里的人进行试探,希望他能以安排使对方投降的某些条件,从而把这个地方拿下来。(23)格奥尔格向对方讲了许多劝告和善意邀请的话之后,竟得以说服他们接受生命安全的保证并且把他们自己以及要塞交给罗马人。(24)这样,贝利撒里乌斯便占领了西扫腊农。这里的居民全是基督教徒并且原来又都是罗马人,所以他未加伤害,全部释放了。但是他却把波斯人以及布列斯卡美斯送到拜占庭去,而这里要塞的城墙工事都被他夷为平地。(25)不久之后皇帝便把这些波斯人和布列斯卡美斯派往意大利同哥特人作战去了。同西扫腊农要塞有关的事件的经过便是这样了。

(26)但阿列塔斯由于担心他的战利品会被罗马人夺去,这时却不愿返回营地。(27)于是他派出自己手下的一些人表面上说是进行侦察,暗中却命令他们尽快地回去并向军队报告说,敌人的一支大军正在渡河。(28)为此,他建议图拉真和约翰从另一条路返回罗马人的国土。(29)这样,他们便没有再次到贝利撒里乌斯这里来,而是沿着右手的幼发拉底河最后来到了阿波尔腊斯河附近

的提奥多西奥波利斯。(30)但是贝利撒里乌斯和罗马军队因得不到这支军队的任何消息而感到不安,他们十分害怕,又怀有一种无法承受的和被夸大的疑虑。(31)由于因围攻而耗去了很多时间,结果许多士兵在那里染上了一种讨厌的热病;要知道,美索不达米亚的属于波斯人的那一部分极为干燥而又炎热。(32)罗马人,特别是来自色雷斯的那些人对此并不习惯;由于他们在夏季每日又生活在一个极热的地方和闷热的茅棚里,所以他们得病的人很多,有三分之一的军队处于半死不活的状态。(33)因此之故全军都急于离开那里,尽快返回他们自己的国土,特别是黎巴嫩军队的司令官列奇坦库斯和提奥克提斯图斯,因为他们看到撒拉森人的神圣季节事实上已经过去了。(34)他们确实常常到贝利撒里乌斯这里来,请求他立刻放他们离去,理由是他们已经把黎巴嫩和叙利亚的土地给了阿拉木恩达腊斯,并且他们待在那里是没有任何道理的。

(35)贝利撒里乌斯于是把所有的军官召集起来开会讨论。(36)当时尼凯塔斯之子约翰首先站起来,作了如下的发言:“最杰出的贝利撒里乌斯,我认为无论就幸运而言,还是就勇气而言,历史上从来还没有一位统帅可以同你相比。(37)不仅是在罗马人当中,而且在所有的蛮族当中,这种声誉都是尽人皆知的。(38)但是,如果你能够把我们活着带回罗马人的国土,你将会最可靠地保持这一美名。因为现在我们可以抱有的希望确实并不是辉煌的,因此我希望你看一下这支军队的现状。(39)撒拉森人和这支军队最能打仗的士兵已经渡过了底格里斯河,而有一天,我不知道还要多久,他们会发现自己竟处于这样一种悲惨的处境,乃至他们甚至无法派一名使者到我们这里来，并且你肯定会看到，列奇坦古斯和提奥克提斯图斯也会离开，因为他们相信，几乎就在此刻，阿拉木恩达腊斯的军队正在腓尼奇亚的中心地带，劫掠那里的全部地区。(40)而留下来的人们当中生病的人是如此之多，乃至照料他们并把他们护送回罗马人的国土的人们比他们还要少得多。(41)在这种情况下，如果有任何敌人的军队向我们发动进攻，则不管是留在这里还是回去，将不会有一个人能带话给达腊斯的罗马人，报告我们遇到的灾难。(42)至于继续前进，我认为这问题连谈都不能谈。因此，在我们还有一点希望的时候，制订返回的计划并将之付诸实施才是有利的。(43)要知道，当人们陷入危险，特别像是当前这样的危险的时候，对他们来说，把心思不用来考虑安全问题而考虑同敌人对抗，那绝对是愚蠢！”(44)以上便是约翰的发言，所有其他人都表示同意，并且在混乱中他们要求尽快撤退。(45)于是贝利撒里乌斯把病人放到车上，让他们开路，而他带领军队跟在他们后面。(46)他们刚一进入罗马人的国土，他便得知阿列塔斯所做的一切，但是他却未能给阿列塔斯以任何惩处，因为他再也没有见到此人。罗马人的入侵就此结束了。

(47)科斯罗伊斯攻克了佩特拉之后，人们向他报告说贝利撒里乌斯入侵了波斯人的领土，还报告了尼西比斯城附近的战斗以及西扫腊农要塞的陷落，还有阿列塔斯的军队在渡过底格里斯河之后所做的一切。(48)于是他立刻在佩特拉安置了一支卫戍部队，然后带领其余的军队和被俘的那些罗马人返回波斯的国土。科斯罗伊斯第二次入侵时发生的事件就是这样。贝利撒里乌斯则应皇帝之召去了拜占庭并在那里度过了冬天。

二十

(1)在春天开始的时候[1]卡巴德斯之子科斯罗伊斯第三次带领一支庞大的军队开始入侵罗马人的土地,他进军时右手便是幼发拉底河。(2)谢尔吉欧波利斯的神父坎狄杜斯得知米地亚人的军队已经迫近他们那里时,便开始为他本人以及该城市担心,因为他根本没有在规定的时间履行他缔结的协定[2];于是他便去了敌人的营地,请求科斯罗伊斯不要因此而对他发怒。(3)至于金钱,他从来没有过,为此他甚至不愿首先把苏腊的居民交出去,并且,虽然他代表他们向皇帝优斯提尼安多次恳求,但是他没有从皇帝那里得到任何帮助。(4)但是科斯罗伊斯把他看管起来,并且在对他进行了最残酷的拷问之后声称有权要求他支付原来约定的金额的一倍。(5)于是坎狄杜斯请求他派人去谢尔吉欧波利斯取得那里圣堂的全部财宝。(6)科斯罗伊斯同意了这一建议之后,坎狄杜斯便派出了与他同来的一些人和他们同去。(7)于是谢尔吉欧波利斯的居民便把科斯罗伊斯派来的人们接入城内,给了他们许多财宝,随即宣布说他们这里再没有别的财宝了。(8)但是科斯罗伊斯却说,对这些东西他一点儿也不满足并要求他应当得到这些以外的其他东西。(9)于是他便派出人去,表面上是尽力搜寻这个城市的财富,而实际上就是占领这个城市。(10)但是由于命运注定谢尔吉欧波利斯不会被波斯人所占领,有一个虽然是基督教徒、却

① 公元 542 年,即我国南朝梁武帝大同八年。

② 参见本卷第五章,第 31 节。

在阿拉木恩达腊斯手下服役的、名叫阿姆布茹斯的人夜里沿着城墙前来，把整个计划告诉了他们，嘱告他们无论如何也不可把波斯人接纳进城。(11)这样，科斯罗伊斯派出去的那些人没有完成任务又回到他这里来，于是他大为震怒而开始拟订攻占该城的计划。(12)因此他派出了一支六千人的军队，命令他们开始一次围攻并且向工事发起突击。(13)这支军队到了那里便开始了积极的军事行动，谢尔吉欧波利斯的市民开头进行了激烈的自卫战斗，但是后来他们放弃了反抗，因害怕危险而打算把城市交给敌人。(14)原来实际上他们只有不到两百名士兵。但是阿姆布茹斯夜里再次沿着工事前来，他说两天之内波斯人将要撤去包围的士兵，因为他们的水的供应完全断绝了。(15)因此之故，他们无论如何也不和敌人展开谈判，而苦于干渴的蛮族于是离开那里到科斯罗伊斯这里来。不过科斯罗伊斯始终没有释放坎狄杜斯。(16)因为，我以为，既然他不顾发誓缔结的协定，他今后也必然不再能担任神父了。(17)但是当科斯罗伊斯来到他们称之为幼发拉特西亚的康玛盖尼地方时，他不想进行劫掠也不想攻占任何要塞，因为先前直到叙利亚的地方，他拿走了他遇到的一切，部分地通过攻占，部分地通过勒索金钱，这些我前面都已经说过了。(18)而他的目标是带领军队直趋巴勒斯坦，这样他便可以掠夺他们的全部财富，特别是耶路撒冷的财富。因为他听说那里是一处特别肥美的国土，居民也是富有的。(19)而所有的罗马人，无论军官还是士兵，根本没有面对敌人或阻止他们前进的任何想法，而只是个自尽其所能装备他们的要塞，他们认为保全自己、挽救自己，这就足够了。

(20)皇帝优斯提尼安得知波斯人的入侵之后，再次派贝利撒

里乌斯去对付他们。于是他很快地来到了幼发拉特西亚,因为他手下没有军队,他骑的是官家的驿马——他们习惯于称它们为"维列地"[①]——而另一方面,皇帝的侄子优斯图斯以及布吉斯和其他一些人正在希耶腊波利斯,他们是为了躲避而逃到这里来的。(21)当这些人听到,贝利撒里乌斯正在到来并且就在不远的地方时便写了一封信给他。(22)信里是这样说的:"你肯定会知道,科斯罗伊斯再一次向罗马人发动了进攻,他带来的这支军队比以前要大得多;他打算去哪里这一点还不清楚,的确,我们只听说他离我们已经很近,并且他没给任何地方造成伤害,而是一直向前推进。(23)如果你确实能以避开敌人军队的侦察的话,就尽快到我们这里来吧,这样为了皇帝,你本人可以得到安全并且你可以同我们一道保卫希耶腊波利斯。"(24)信里的话便是这样。但是贝利撒里乌斯并不同意对方提出的意见而是来到了幼发拉底河畔一个名叫欧罗普姆的地方。(25)从那里他派人到各处去,开始集合他的军队并且在那里建立了营地。对希耶腊波利斯的军官们,他作了如下的回答:"如果现在科斯罗伊斯进攻的是任何其他民族而不是罗马人的臣民,那么你们的这个计划考虑得是很周到的,因为它保证了可能达到的最大限度的安全。(26)要知道,对于有机会安安静静地待在那里并且摆脱掉麻烦的那些人来说,冒任何不必要的险那都是莫大的愚蠢;但是,如果这个蛮族在离开这里之后,又立刻去进攻皇帝优斯提尼安的其他某一地区,而且是极为美好但是没有任何士兵防守的一个地区,则肯

① 拉丁语 veredi (单数 veredus)。

定英勇地战死从哪一方面来说也要比不战而保全性命要好。(27)因为这种做法公正地说不是得救而是背叛！还是尽快到欧罗普姆来吧，在把全军集合起来之后，我希望在这里按上帝的意旨同他们较量。”(28)军官们看了这信之后鼓起了勇气，他们留下优斯图斯和一些士兵守卫希耶腊波利斯，所有其他人和其余部分的军队于是来到了欧罗普姆。

二十一

(1) 但是科斯罗伊斯得知贝利撒里乌斯和全部罗马军队已经在欧罗普姆设了营之后，便作出了不再继续前进的决定，而是派出了王室的名叫阿班达尼斯的秘书，一位因其谨慎而十分有名的人士到贝利撒里乌斯那里去，以便经过视察而弄清楚此人到底是怎样的一位统帅，但表面上则是为了提出抗议，因为皇帝优斯提尼安根本没有派使节到波斯人那里去以便安排已经达成的和约。贝利撒里乌斯得知这一情况后采取了如下的做法。(2)他亲自选拔了体形魁梧和特别健壮的六千名士兵到离营地相当远的一个地方去狩猎。继而他又命令一名卫士狄奥根尼斯和阿卡奇乌斯之子阿多利乌斯带领一千名骑兵过河并且在那里沿岸一带活动，一直要使敌人认为，如果敌人想渡过幼发拉底河入侵他们自己的领土，他们是绝不会容许敌人这样干的。这个阿多利乌斯原来是一个阿尔明尼亚人，他过去一直在皇帝的宫廷里担任枢密顾问官(罗马人把享有这一荣誉的人称为“西伦提亚里[①]”)，但是在当时他是一些阿尔

① 拉丁语 Silentiarii(单数 Silentiarius)。

明尼亚人的将领。这些人于是按照命令去做了。

(3)而当贝利撒里乌斯确实得知使节已近在跟前的时候,他便用某种厚重的布搭起了一个帐篷,这种帐篷通常称为“帕维利昂”①,而他坐在里面就好像来到一个荒无人烟的地方似的,从而设法使人感到他来到这里是没有任何装备的。(4)对于士兵,他作了如下的安排。在帐篷的两侧分别是色雷斯人和伊利里亚人,再过去是哥特人,哥特人后边是埃茹利人,而最后是汪达尔人和玛乌路希人②。(5)他们这一列在平原上延伸了很长的一段距离。但他们并不总是停留在同一个地方,而是中间相互有间隔,并且一直在走来走去,漠不关心地张望,对科斯罗伊斯的使节一点也不加注意。(6)他们当中谁也没有一件外套或任何其他外袍之类的衣服来遮住肩部,他们只是穿着麻布的贴身衣裤,外面系上带子,就这样地逛来逛去。(7)每个人都有马鞭,但是作为武器,这个人是一把剑,那个人是一把斧头,另一个人则是没有袋子的弓。(8)所有的人给人的印象是,他们都急于去打猎,根本没有想到其他任何事情。(9)于是阿班达尼斯来到贝利撒里乌斯面前,说国王科斯罗伊斯发怒了,因为先前缔结的协定并没有被遵守:恺撒(这是波斯人对罗马人的皇帝的称呼)并没有派使节去他那里,结果科斯罗伊斯被迫带领军队进入罗马人的土地。(10)但是贝利撒里乌斯并没有被有这样大量的蛮族在附近设营这一想法所吓倒,也没有因此人的话而感到任何慌乱,而是以一种快活的、无忧无虑的表情回答

① 希腊语 Παπυλεῶν,拉丁语 Pavilion。

② 即摩尔人(Moors)。

说:“在当前情况下科斯罗伊斯采取的这种做法并不符合人类通常行动的方式。(11)要知道,其他人,在他们自己和他们的任何一个邻居之间发生争论的情况下,首先是同对方进行商谈,而只有在他们得不到合理满意的解决的时候,他们最后才同对方作战。(12)但是他首先来到罗马人这里,然后开始就和约提出建议。”他讲了这样的话之后,便把使节打发回去了。

(13)阿班达尼斯回到科斯罗伊斯这里之后,他便劝国王尽快离开。(14)因为他说他见到的这位统帅,其英武与睿智超过所有其他人,至少他从不曾见过的士兵,他们的有纪律的行为曾引起他极大的敬佩心情。并且他还说,这次较量就他以及就贝利撒里乌斯的风险而论并不是处于对等的基础之上的,因为存在着这样一种区别,即:如果他胜利了,他本人将会征服恺撒的奴隶;但如果他不知怎地被打败了,他便会给他的王国以及波斯人这个民族带来巨大的耻辱。再说罗马人,如果他们被打败,那他们可以容易地回到他们本国的要塞里面去而得救,另一方面,如果波斯人遇到任何挫折,那他们连一名使者也无法逃回波斯人的土地。(15)科斯罗伊斯相信了这一劝告并希望返回本国,但是他发现自己处于一种十分困惑的境地。(16)原来他估计渡河的行动正在敌人的看守之下,而他又无法按通过完全无人居住地区的原路返回,因为开头在入侵罗马人的国土时带来的给养已完全耗光了。(17)经过长时间的考虑,他终于认为最有利的办法是不惜进行一次战斗以到达河的对岸,然后穿过有各种好东西的土地行进。(18)而贝利撒里乌斯也知道得很清楚,即使十万人也不足以制止科斯罗伊斯的渡河。原来河的那一带有许多地方用船只可以非常容易地渡过去,并且

即使抛开这一点不谈,波斯军队也是如此强大,数量无足轻重的一支敌军是无法阻止他们渡河的。但是开头他却命令狄奥根尼斯和阿多利乌斯的军队和一千名骑兵在那里沿岸一带活动,以便用一种孤立无助的感觉来迷惑敌人。(19)但是,如上所述,在吓住了这位蛮族①之后,贝利撒里乌斯又担心在他离开罗马人的土地的道路上会有某种障碍。(20)因为他认为不冒险经过任何战斗——这会是人数甚少又卑屈地害怕米地亚军队的士兵对成千上万的蛮族大军的战斗——而把科斯罗伊斯的军队从那里赶跑,这是一个最了不起的成就。为此他命令狄奥根尼斯和阿多利乌斯静静地待在那里,不要有任何举动。

(21)于是科斯罗伊斯便十分迅速地造了一座桥并且突然间带领大军渡过了幼发拉底河。(22)要知道,波斯人是能以毫不困难地渡过一切河流的,因为在他们出征时,他们便准备好了钩形铁,而他们便用它们把长木板钉到一处并且借助于这些装置,无论在什么地方只要他们愿意,都立即可以临时造起一座桥来。(23)而他一经来到对岸,立刻派人到贝利撒里乌斯这里来,表示就他一方面来说,他因米地亚军队的撤退而对罗马人做了一件好事,还表示他期望罗马方面有使者派过来,不久就会来见他。(24)随后贝利撒里乌斯也和全部罗马军队渡过了幼发拉底河并立即派人到科斯罗伊斯那里去。(25)使者们见到国王后高度赞扬了他的撤退并且保证说,皇帝的使节很快便会到他这里来,同他一道进行安排,使先前就和约达成的条款能够得到实施。(26)他们还要求他,当他

---

① 指科斯罗伊斯。

行经罗马人的国土时，他把罗马人看作是自己的朋友。对这一点他也同意实行，如果他们为使条约得到遵守而愿意交出一位知名人士作为人质，这样他们才可以实现协议。(27)于是使节们回到贝利撒里乌斯这里来，把科斯罗伊斯的话报告给他，随后他便来到埃德撒，把这里全部居民当中出身最高贵显赫、也最富有的人物、巴西利乌斯之子约翰选出来并立即把他作为人质派到科斯罗伊斯那里去，尽管这完全违背了他本人的意愿。(28)罗马人高声称赞贝利撒里乌斯，仿佛在他们心目中，他在这件事上得到的光荣，比他在把盖利梅尔或维提吉斯生俘到拜占庭时取得的光荣更大。(29)要知道，如下的情况确实是一项十分重大的成就，一项值得大大称赞的成就：在所有的罗马人都陷入恐惧并且躲在自己的工事里而科斯罗伊斯带领着一支庞大的军队来到罗马领土的腹地的时候，一位从拜占庭火速赶来并且只有少数人在身边的一位统帅，恰恰就在这一刻，竟把自己的营地设在波斯国王营地的对面，并且科斯罗伊斯或是出于对命运的恐惧，或是因为惧怕这个人的勇气，甚或因为受到某些手法的欺骗，竟然出人意料地不再继续进军而实际上却跑掉了，尽管他装作是寻求和平的样子。

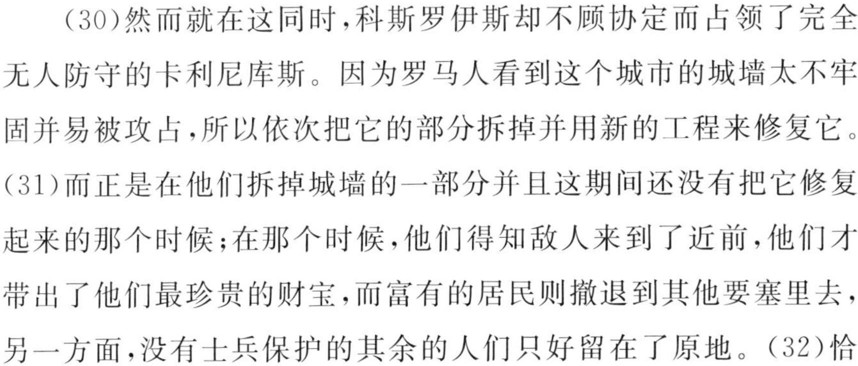

(30)然而就在这同时，科斯罗伊斯却不顾协定而占领了完全无人防守的卡利尼库斯。因为罗马人看到这个城市的城墙太不牢固并易被攻占，所以依次把它的部分拆掉并用新的工程来修复它。(31)而正是在他们拆掉城墙的一部分并且这期间还没有把它修复起来的那个时候；在那个时候，他们得知敌人来到了近前，他们才带出了他们最珍贵的财宝，而富有的居民则撤退到其他要塞里去，另一方面，没有士兵保护的其余的人们只好留在了原地。(32)恰

巧大群的农民也集合在那里。科斯罗伊斯把这些人都变成奴隶并把一切夷为平地。(33)稍后,在接纳了人质约翰之后,他便退回本国去了。(34)而已经投降了科斯罗伊斯的阿尔明尼亚人从罗马人那里得到担保,便和巴撒凯斯一道来到了拜占庭。科斯罗伊斯第三次入侵期间罗马人的遭遇便是如此。贝利撒里乌斯则应皇帝之召来到拜占庭以便再次被派往意大利,因为那里的形势对罗马人来说已充满了麻烦。

二十二

(1)就在这期间[①],发生了一场瘟疫[②],人类由于这场瘟疫几乎灭绝。就上天所降下的所有其他灾祸而言,胆子大的人们可以就其原因作出某种解释,诸如精于此道的那些人提出的许多理论,因为他们喜欢编排人们绝对不能理解的种种原因并且制造有关自然哲学的奇怪理论,尽管他们知道得很清楚,他们没有讲出任何有根有据的东西,而认为只要他们用自己的论据完全骗过他们遇到的某些人并且说服对方相信他们的看法,这对他们来说就足够了。(2)至于这场灾难,确实除了把它归之于上帝之外,人们根本无法用言语表达出或用思想设想出任何解释。(3)要知道,它不是出现于世界的一个部分,也不是降临于某些人,也并不限于一年之中的某个季节以便从这些情况人们可以对一种原因作出巧妙的解释,而它所涉及的是整个世界并加害于所有人的生命——尽管程度上

① 公元542年,即我国南朝梁武帝大同八年。

② 希腊语 Λοτμδs,特指传染性强的疾病,拉丁语为 pestilentia,实即黑死病,鼠疫(英语 pestilence)。

相互间有极大的不同——而不问性别与年龄。(4)还有如人们所住的地方有很大的不同,在日常生活的法则方面,或在天然习性方面,或在主动的追求方面,或在其他任何方面,人与人都有所不同,唯独在这一疾病上人们却没有任何区别。(5)有些人是在夏天发病,另一些人在冬天发病,还有一些人是在一年当中的其他时期发病。关于这件事,无论是诡辩学家还是占星术士,让每个人表述他自己的看法吧,至于我,我下面谈的是这病发源在哪里以及它如何把人们毁灭掉。

(6)它是从居住在佩路西乌姆的埃及人那里发生的。随后它便分两路蔓延,一路是朝着亚历山大里亚的方向以及埃及其余的地方,另一路它来到埃及边界上的巴勒斯坦;而从那里它再向全世界蔓延,它始终在向前推进,并在对它有利的时机行动。(7)看来它是按固定的安排而行动的,在每个地方先是停留特定的一段时间,这时它不对任何人逞其淫威,但继而它又向各个方面蔓延到世界各处,就好像担心大地的某个角落会逃脱它的手掌似的。(8)要知道,只要有人居住,它便不放过任何一个岛,任何一个洞窟,任何一处山脊;而如果它略过任何地方,不感染那里的人或不经意地触动他们一下,但随后它仍然会回来;这时对于住在这地方周边的人们,也就是先前受害最深的人们,它根本不再侵扰[①],但是它却不离开以前略过的地方,直到它交出一个公正适当的死者名额,这名额同周边先前死去的人们的数额是完全适应的。(9)而且这种病总是在沿岸地带开始,从那里向内地传播。第二年春天中叶,它传

① 实际上因为已有了免疫力。这一点和后面的记述说明作者的观察是深入的。

到了拜占庭，当时我正好在那里。(10)它是这样开始的。许多人看到了各种各样的人形超自然物的幻影，而看到了它们的人们实际上认为他们被他们遇到的人击中了身体的某个部位，并且在看到这一幻影之后也便立刻得了病[①]。(11)开头遇到这种幻影的人试图用念诵最神圣的名字的办法驱除它们，也有人试图用其他办法以及每个人所能找到的办法来驱除它们，但是他们绝对得不到任何实效，因为甚至在大多数人逃去避难的圣堂里，他们还是不断地送命。(12)但是后来，人们在朋友来访问他们时甚至不愿加以理睬，而是把自己关在屋子里装作没有听见，尽管他们居室的门都要给敲下来了，这显然是因为他们害怕访问者是致命的幽灵。(13)但是在某些人的情况下，疾病并不是这样出现的，而是他们梦见了一个幻影，幻影对他们所做的似乎和先前站在他们面前的幻影对他们所干的事情完全相同，否则就是听见一个声音，预言他们已被写入将死者的定数之内。(14)但大多数人得病的情况是他们不清楚得病的原因是来自醒时的幻象还是来自一个梦。(15)他们是以如下的方式染上了病的。他们突然感到发烧，有些人是在刚睡醒的时候，另一些人是在走动的时候，还有些人则是在干别的事的时候而不管他们正在干什么。(16)身体的颜色同先前的颜色相比没有任何变化，热度也不是像通常发烧时会达到的那样高，实际上也没有任何发炎的现象，而热度从一开始到傍晚也不算高，所以无论病人自己还是给他们看病的医生都不会认为有什么危险。(17)因此，得了这病的人谁也不会认为这病是致命的，这一点是很

① 幻觉可能是高热引起的，所谓击中某一部位则可能指最初出现病征的部位。

自然的。但是有些人在当天，有些人在第二天，还有些人是在不多天之后，在腹股沟[1]处长出肿块，这肿块不仅长在身体的被称为“布邦”[2]的特定部分——也就是肚子下面的部分——而且也长在腋下，而在某些情况下也长在耳朵旁和大腿的不同部位[3]。

(18)到这里，在所有得这病的人身上病情的发展都差不多。但是在这之后，病情的发展便大不相同了；我无法说清病状的这种不同的原因是在于体质的不同，还是由于如下的事实，即它遵从的是把病带到世界来的**他老人家**[4]的意愿。(19)因为有些人发生深度昏迷，另一些人则陷入强烈的精神错乱，但无论在哪一种情况下，他们都苦于这种病的有特色的症状。受昏迷影响的病人变得不认识所有同他熟识的人们，他们好像总是在睡着。(20)如果有任何人照料他们，他们会吃饭却不会醒过来，但是也有无人照料的，那他们便直接由于缺乏营养而死去。(21)然而变得精神错乱的病人却要受失眠之苦，并且受一种被扭曲的想象的折磨；因为他们总是怀疑人们正在前来毁掉他们，因此他们变得躁动不安，并且猛力跑出去，用最大的嗓音呼叫。(22)而照管他们的人们经常处于精疲力竭的状态，从始至终都极为辛苦。(23)为此人们对这些人的同情不下于对病人的同情，但不是因为他们接近这种病而有被传染的危险(要知道，人们发现无论医生还是其他人，尽管经常接触病人或死人，却没有一个人染上此病，因为经常从事于埋葬或

① 通常谓之鼠蹊，英语谓之 groin。

② 希腊语 βουβὼν(拉丁语 boubon)。

③ 有淋巴腺的地方。

④ 指上帝。

照料那些根本与他们无关的人们的许多人在干他们营生时出人意料地却能顶住疾病不受感染,而对另外许多人来说,疾病却未加警告便出现而他们也便立即送命了);他们同情这些人是因为这些人干这项工作时经历的辛苦。(24)原来当病人从床上掉下来并且在地面上滚动时,他们总是要设法把病人安放回原处,而当病人拼着命要冲出自己的住所时,他们要连推带拉地用强力迫使病人回去。(25)而在同水域接近时,他们想跳进去,这与其说是因为他们要喝水(要知道,他们大多是冲向大海的),而毋宁说原因主要在于他们那得了病的精神状态。(26)他们在吃东西方面也十分困难,因为他们无法容易地进食。许多人由于没有任何人照料他们而死去,因为他们不是饿死便是从高处跳下来摔死。(27)在没有昏迷或精神错乱情况发生的那些情况下,鼠蹊的肿块会坏死,病人会因无法忍受痛苦而死亡。(28)人们可以认为在所有的情况下这同样的事情总会是确实无疑的,但既然他们根本神志不清,有些人完全感觉不到痛苦;原来由于他们的精神不正常,他们失去了所有的知觉。

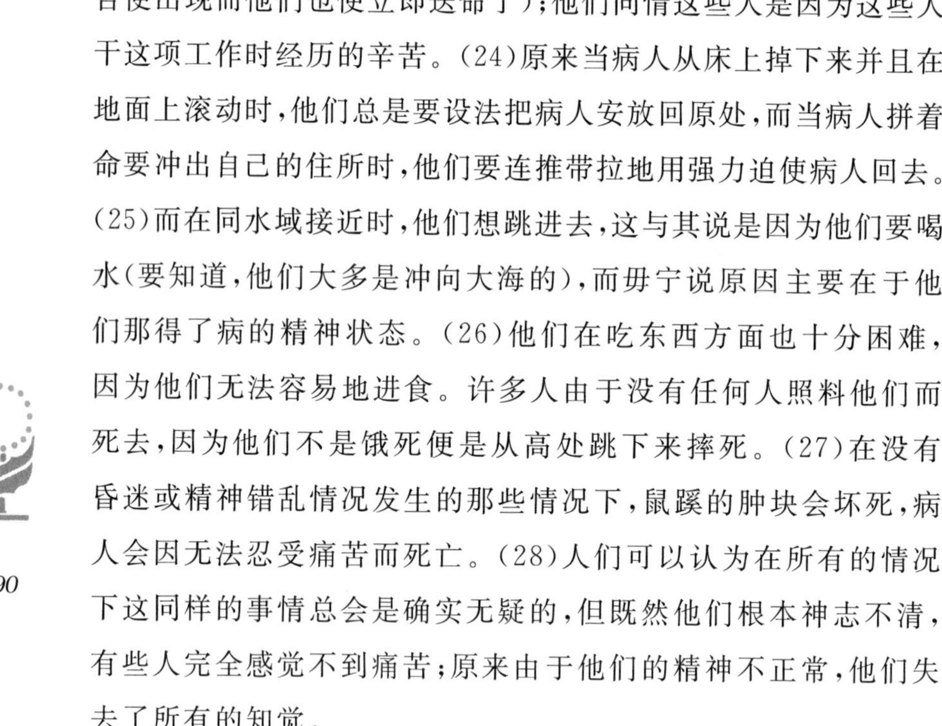

(29)由于不理解症状而手足无措的某些医生以为这病集中在鼠蹊部的肿块上,于是决定研究死者的遗体。他们在切开某些肿块之后,发现在它们里面长着一种奇怪的痈。

(30)在某些情况下死亡是立刻到来的,而在另一些情况下则是在许多天之后;有些人身上长出黑色的、大概有小扁豆那样大的脓疱,这些人也活不过甚至一天,但所有的人都是立刻死掉的。(31)还有许多人随后是在没有明显原因的情况下吐血并立即导致死亡。(32)此外我还可以指出这一点,即最有名的医生预言会死的许多人，不久之后出人意料地完全摆脱了病痛，而他们预言会得救的许多人却又注定几乎立刻便送了命。(33)因此就这种病而论，没有任何病因出现在人类推论的范围之内；要知道在所有的情况下，那结果总好像是无法加以解释的东西。比如说，沐浴对某些人有效，对另一些人却造成同样程度的伤害。在得不到任何照料的那些人当中许多人死了，而另一些人却又违反常理地得救了。(34)还有，治疗的方法在不同病人的身上结果却不一样。确实，对整个这件事可以这样说，无论是采取预防措施以避免病痛或是在发病时想办法克服它，人们都没有发现任何办法来挽救自己；这病是未经预告突然到来的，而康复也不是由于任何外部的原因。

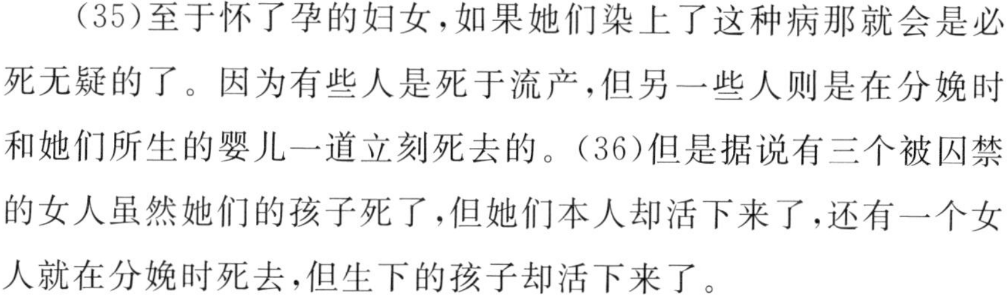

(35)至于怀了孕的妇女，如果她们染上了这种病那就会是必死无疑的了。因为有些人是死于流产，但另一些人则是在分娩时和她们所生的婴儿一道立刻死去的。(36)但是据说有三个被囚禁的女人虽然她们的孩子死了，但她们本人却活下来了，还有一个女人就在分娩时死去，但生下的孩子却活下来了。

(37)有些人的肿块发展到很大并且出了脓，结果他们却从疾病的魔爪下活了过来，因为很明显，痈的急剧恶化的状态在这方面的发展中得到了缓解，这一般表明是恢复健康的迹象；但是如果肿块和先前一样的话，那随后便会出现我上面所描述的麻烦了。(38)有些人发生大腿萎缩的情况，这时虽然肿块还在，但是它却根本不化脓。(39)有些活过来的人舌头出了毛病，他们后来变得或是说话咬舌子或是说话不连贯，说话吃力。

二十三

(1)在拜占庭这种病流行了四个月,闹得最凶的时期大约有三个月。(2)开头死的人只是比正常情况下略多一些,后来死的人增多,再到后来死者的人数每天达到五千,有时甚至达到一万或更多。(3)在开头每个人都参与自家死者的埋葬,他们把死者偷偷地或者强行抛进甚至别人的坟墓,但是后来到处都是一片混乱无序了。(4)因为奴隶变得没有了主人,而先前事业十分兴旺的人们失去了为他们服役的佣人,这些佣人不是病倒就是亡故,并且许多家庭已经死光了。(5)为此之故,城市的一些知名人士竟因为到处没有人烟而在死后多日无人掩埋。

皇帝理所当然地要对困难采取对策了。(6)于是他把士兵从皇宫派出去分发金钱,并命令提奥多茹斯负责这一工作;此人担任的是发布皇帝命令的工作,并一直向皇帝报告他的门客的请求,然后再向他们宣布皇帝的意旨。在拉丁语里,罗马人把担任这一职务的人称作“列费伦达里乌斯”①即通报官。(7)因此,在家庭事务方面还没有死绝了的那些人便一个人去参加同他有关的人们的下葬事宜。(8)但是提奥多茹斯则通过散发皇帝的钱并自己出钱应付更多的开销而一直在掩埋无人照管的死尸。(9)当先前已有的全部坟墓都埋满了尸体的时候,他们便在城市周边各处一个接着一个地挖坑以掩埋死者,力求每一个人都得到埋葬,然后再离去;但是后来挖这些沟的人再也赶不上死者的人数,于是他们便登上

---

① referendarius.

叙卡伊[①]的工事的塔楼，(10)掀掉那里的屋顶，然后把尸体乱七八糟地抛进去；他们便随着尸体掉到塔楼里的任何地方而一层层地把他们堆起来，实际上把所有的塔楼都用尸体填满，然后再把屋顶封上。(11)结果全城都弥漫着一种恶臭，给居民造成更大的痛苦，特别是每当有新的风从那边吹过来的时候。

(12)当时下葬所应遵守的全部习惯仪节都顾不得了。死者送出时已不再有通常那样的送葬行列，人们也不再为死者唱通常的挽歌，而只是把死者扛在肩上送到城市滨海的部分再把他们放下来就行了；尸体是堆放在那里的小船上，然后随便他们被冲到哪里去。(13)当时先前属于各派的居民们则把他们相互的敌视放到一旁而共同参加死者的葬礼，并且他们亲自把同自己毫不相干的人带走埋掉。(14)还有哩，过去专门喜欢干那些可耻的和下贱的勾当的人们也放弃了他们邪恶的日常生活，而勤于执行宗教义务，但并不是因为他们终于变得明智起来，也不是因为他们仿佛突然间成了美德的爱好者，(15)因为一个人的固定的品质是与生俱来的或是通过长时期的锻炼而得来的，除非确实有上天的某种向善的影响到临他们头上，否则他们是不可能如此轻易地把原来的品质丢掉的——因此可以这样说，被正在发生的事情完全吓倒的所有这些人，由于他们认为自己会立刻死掉，所以他们很自然地完全出于必要而暂时变得正派起来。(16)因此，一旦他们摆脱了疾病而得救并且已然认为自己安全了——因为这该死的东西已经传到其他民族那里去，他们立刻会来一个急转弯，再次变回为心术邪恶的

① 今天的伽拉塔(Galata)。

家伙,并且这时他们会比先前更甚地表现出他们的毫无操守的品行,从而使自己远比先前更甚地干出各种卑劣和横暴的勾当。要知道,人们可以正确无误地明确强调这一点,即这种疾病,无论是偶然发生还是出于某种天意,恰好把那些最坏的人挑选出来并放开他们的手脚。但是这些事展现到世人面前,则是后来的事情了。

(17)那期间要在拜占庭的街道上看到任何人看来绝不是一件容易的事情,但是所有有幸得到健康的人都留在自己家里,或照顾病人或为死者哀悼。(18)如果人们确实能以在拜占庭的街上遇到任何一个人,这个人一定是在扛着一个死人。各种各样的工作都停止了,手艺人放弃了所有各种营生,还有每个人手上的所有其他工作。(19)确实,在一个所有好的东西真正都十分充足的城市里,却几乎是绝对的饥馑在肆虐。有足够的面包或任何其他东西,的确这看来是一件困难和十分引人注目的事情;这样对某些病人来说,看来由于缺乏生活必需品死亡到来得比应当到来的时期要早。(20)总而言之,要想在拜占庭看到只是一个穿克拉米斯[①]的人都是不可能的,并且特别是当皇帝生病的时候(要知道,他在鼠蹊处也有一处肿块),但是在统治整个罗马帝国的一个城市里,每个人都在穿着适合于私人身份的服装并且安安静静地待在家里。(21)这一瘟疫在整个罗马帝国以及拜占庭的经过便是如此。它还波及波斯人的国土,此外还到临所有其他蛮族那里。

① 官服。

二十四

(1)再说科斯罗伊斯从亚西里亚已经来到了北边的一个名叫阿达尔比伽农的地方[①],从这里他打算通过波斯阿尔明尼亚入侵罗马的领土。(2)那里有奉祀火的一座大圣堂,因为波斯人对火的尊崇是在所有其他神之上的。玛戈伊僧在那里守卫着火使它不致熄灭,他们认真地举行大量的宗教仪式,特别是他们就那些最重要的事情请示神谕。这是罗马人古时以希斯提亚[②]的名义所崇拜的火。(3)从拜占庭派到科斯罗伊斯处的某个人在那里宣布说,康士坦提安和谢尔吉乌斯将作为使节直接到科斯罗伊斯这里来为条约作出安排。(4)这两个人都是训练有素的演说家,又是极为聪明的人物;康士坦提安是一个伊利里亚人,而谢尔吉乌斯则来自美索布达米亚的埃德撒城。(5)科斯罗伊斯静静地待着等待这些人的到来。但是在去那里的行程中,康士坦提安病了,结果耗去了很多时间;就在这同时,发生了这样的事:瘟疫也降临到波斯人头上。(6)为此当时在波斯阿尔明尼亚担任将领之职的纳贝德斯便根据国王的指示把杜比欧斯的基督教徒的牧师派到阿尔明尼亚的将领瓦列里亚努斯那里去,以便对使节的迟缓进行谴责并且全力敦促罗马人缔结和约。(7)牧师和他的兄弟于是来到了阿尔明尼亚,并在见到了瓦列里亚努斯之后便宣称,他本人作为一名基督教徒,对罗马人是抱有好感的,而科斯罗伊斯在每一件事上总是听从他的

---

① 在公元 543 年。

② 维斯塔。

意见;因此如果使节和他一道去波斯的国土,将不会有任何事物妨碍他们按照他们所希望的那样安排和约。(8)牧师说的话便是这样;但是牧师的兄弟却秘密地会见瓦列里亚努斯,并表示科斯罗伊斯正处于十分困难的境地:原来他的儿子起来反对他,想树立僭主的统治,而他本人以及全部波斯军队都染上了这场瘟疫;这就是为什么他希望就在这时同罗马人取得协议。(9)瓦列里亚努斯听到这话之后,他立即把牧师打发回去,并保证使节不久便会去科斯罗伊斯那里,而他本人则把他听到的话报告给皇帝优斯提尼安。(10)这使得皇帝立刻带话给他以及玛尔提努斯和其他将领,要他们尽快入侵敌人的国土。因为他清楚地知道,不会有任何一个敌人阻拦他们。(11)于是他命令他们全部集合在一个地方,然后进攻波斯阿尔明尼亚。将领们接到这些信之后,他们全体以及他们手下的士兵便开始向阿尔明尼亚的国土集合。

(12)由于害怕瘟疫,不久前科斯罗伊斯已经放弃了阿达尔比伽农,并且和他的全部军队去了亚西里亚,因为瘟疫在那里还没有流行。于是瓦列里亚努斯便和他手下的军队在提奥多西奥波利斯附近设营;而同他一道列队的还有纳尔吉斯,在他麾下的是阿尔明尼亚人和一些埃茹利人。(13)而东方的统帅玛尔提努斯以及伊尔狄盖尔和提奥克提斯图斯则来到了奇塔里宗要塞,并在那里设营之后留在了原地。这座要塞离提奥多西奥波利斯是四天的路程。不久之后彼得以及阿多利乌斯和其他一些将领也到了那里。(14)这时这一地区军队的将领是纳尔吉斯的兄弟伊撒克。斐列木特和贝罗斯以及他们手下的埃茹利人进入了离玛尔提努斯的营地不远的科尔吉亚涅涅地区。(15)皇帝的侄子优斯图斯和佩腊尼乌

斯以及尼凯塔斯之子约翰，还有多门提奥路斯和被称为大肚汉的约翰则在被称为斐松的地方附近设营，而斐松则是在玛尔提罗波利斯的边界附近。(16)于是罗马的将领和他们的军队便设下了营地；全军的人数多达三万。(17)不过所有这些军队既不是集合在一个地方，实际上也从没有集合起来开过会。只是将领们相互间把自己的一些人派到对方去，开始探听一下有关入侵的事情。(18)但是，彼得没有同任何人交换意见，也没有经过任何认真的思考，突然间便带领军队向敌人的土地发动了进攻。而第二天埃茹利人的领袖斐列木特和贝罗斯发现这一情况之后，他们立刻跟了上去。(19)当这事又传到玛尔提努斯和瓦列里亚努斯和他们的士兵那里去之后，他们也迅速地参加了这一入侵。(20)稍后他们便在敌人的领土上联合在一处，例外的只有优斯图斯和他的士兵，这些人，如上所述，他们的营地远离军队的其余部分，他们是后来才得知进攻的消息的。但他们确实就在他们设营的地方尽快向敌人的土地发动了入侵，不过却根本未能同其他将领会合到一处。(21)至于其他人，他们联合成一个整体直趋杜比欧斯，不过并没有以任何其他方式劫掠或伤害波斯人的土地。

二十五

(1)且说这杜比欧斯在每一方面都是一块出色的土地，特别是那里得天独厚的地方是有益于健康的气候和充分品质优良的水。它距离提奥多西奥波利斯是八天的路程。(2)那个地区有适于驰骋的平原，有许多人口众多的村庄，它们相互间离得很近，还有许多商人在那里做买卖。(3)原来他们从印度和伊伯里亚相邻各地区以及实际上从波斯的所有民族和罗马统治下某些民族那里把商品带进来并相互间在那里进行交易。(4)基督教徒的牧师在希腊语里叫"卡托利科斯"①,因为整个地区都由他一个人来主持。(5)如果一个人从罗马人的土地出发旅行,那么在杜比欧斯右手大约一百二十斯塔迪昂②的地方有一座难以攀登而且陡峭的山和一个名叫安格隆的村庄,这个村庄由于周边崎岖不平的地势而被挤到一个十分狭小的空间之内。(6)纳贝德斯得到敌人入侵的消息之后立刻把他的全部军队撤到那里去,他深信那个地方形势险要难攻,就闭守在那里了。(7)原来那村庄是位于山的尽头处,那里在山的陡峭的一侧有一座和这一村庄同名的要塞。(8)纳贝德斯用石头和车封锁了村庄的各个入口,这样就使它更加难以迫近了。(9)他在村庄前面挖掘了一道类似战壕的东西并要军队驻守在里面,这之前他在一些老旧的房舍里还设置了步兵的伏兵。波斯的军队总起来有四千人。

(10)当这些事情还在以这样的方式进行的时候,罗马人来到了离安格隆有一日路程的一个地方,并且在拿捕了敌人出来侦察的一名间谍之后,他们便向此人打听纳贝德斯当时到底在什么地方。此人则断言纳贝德斯和他的全部米地亚的军队已经从安格隆撤走。(11)纳尔吉斯得知这一情况后大为震怒,他一再责骂他的将领同僚们的犹豫不决。(12)而其他人也开始这样做,结果形成了相互辱骂的局面。而从那时起他们根本不再去考虑战斗和危

---

① Καθολικός(总领)。

② 约 22.2 公里。

险，而是急于掠夺附近地区了。(13)军队于是拆了营帐，在没有将领带领、也不保持任何固定队形的情况下一团混乱地向前走；(14)原来他们自己中间既没有通常在这种危险的情况下的任何口令，也没有按正规的编制组织起来。(15)而士兵们在前进时是和辎重车队混在一起的，就好像是有一大笔财富在那里等待他们去掠夺似的。但是当他们走近安格隆时，他们派出了探子，探子回来向他们报告了敌人列阵的情况。(16)将领因情况的突然而大为震惊，但是他们认为带领着这样大的一支军队回去太丢脸、太懦弱了，于是他们适应着当时的情况分为三个部分并径直向敌人发动了进攻。(17)彼得居右翼，瓦列里亚努斯居左翼，而玛尔提努斯和他的士兵则在中间列阵。而当他们迫近敌人时，他们停了下来，他们保持了队形，但还是有点乱。(18)而所以造成这一情况是由于地面不平的缘故——地面被破坏得很厉害，此外还由于这样一个事实，即他们作战的队形是临时组成的。(19)直到这时为止，集合在一个狭小空间的蛮族由于考虑到敌人的力量所以一直在静静地待在那里，原来纳贝德斯已经下令给他们，在任何情况下也不要首先发动战斗，如果敌人进攻他们，他们应全力自卫。

(20)首先是纳尔吉斯和埃茹利人还有他手下的那些罗马人向敌人展开了进攻，并且在一场激烈的白刃战之后把他面前的波斯人打败。(21)败逃的蛮族跑着登上了要塞，但他们在这样做时在狭窄的路上相互间造成了可怕的伤害。(22)纳尔吉斯催促自己的士兵前进，要他们更加努力地进攻敌人，其余的罗马士兵也参加了

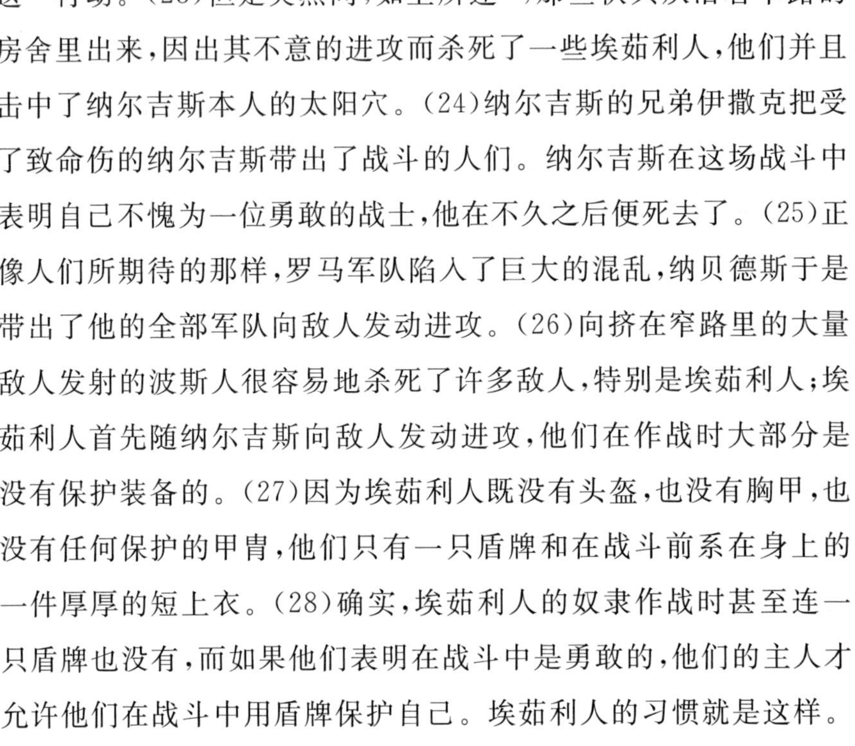

这一行动。(23)但是突然间，如上所述[①]，那些伏兵从沿着窄路的房舍里出来，因出其不意的进攻而杀死了一些埃茹利人，他们并且击中了纳尔吉斯本人的太阳穴。(24)纳尔吉斯的兄弟伊撒克把受了致命伤的纳尔吉斯带出了战斗的人们。纳尔吉斯在这场战斗中表明自己不愧为一位勇敢的战士，他在不久之后便死去了。(25)正像人们所期待的那样，罗马军队陷入了巨大的混乱，纳贝德斯于是带出了他的全部军队向敌人发动进攻。(26)向挤在窄路里的大量敌人发射的波斯人很容易地杀死了许多敌人，特别是埃茹利人；埃茹利人首先随纳尔吉斯向敌人发动进攻，他们在作战时大部分是没有保护装备的。(27)因为埃茹利人既没有头盔，也没有胸甲，也没有任何保护的甲胄，他们只有一只盾牌和在战斗前系在身上的一件厚厚的短上衣。(28)确实，埃茹利人的奴隶作战时甚至连一只盾牌也没有，而如果他们表明在战斗中是勇敢的，他们的主人才允许他们在战斗中用盾牌保护自己。埃茹利人的习惯就是这样。

(29)罗马人并没有抗击敌人，他们所有的人都是尽快地逃跑，从来不曾考虑过抵抗，也顾不得羞耻和任何其他有价值的动机了。(30)但是波斯人怀疑他们并不是无耻地逃跑，而是要对他们进行伏击，所以他们只是在崎岖的地面上追击，然后便回去了，他们不敢在平地上同人数上占优势的敌人展开决战。(31)但是罗马人，特别是所有的将领，却以为敌人正在一刻不停地追击，便逃跑得更快，一刻也不肯浪费。他们用鞭打和吆喝催促胯下的马匹快跑，并且在匆忙和混乱中把胸甲和其他装备抛到地上。(32)要

① 参见本章第9节。

知道，如果波斯人追上他们，他们已没有勇气列阵对敌人作战，而是把取得安全的全部希望寄托在马腿上，简言之，逃跑竟使得他们的马几乎没有任何一匹存活下来，而当他们不再奔驰时，马立刻倒地死掉了。(33)这一事件对罗马人来说是如此大的一次灾难，乃至超过了先前遇到过的任何一次灾难。因为他们大量的士兵阵亡了，还有更多的人落入敌人之手。(34)他们的落入敌人之手的武器和驮畜是如此之多，乃至波斯似乎由于这一事件而变得更富了。(35)而阿多利乌斯在这次败退中经过一处设防地点(在波斯阿尔明尼亚)时被那里市镇的一个居民用石头击中而当场死掉了。至于优斯图斯和佩腊尼乌斯的军队，他们入侵塔腊乌农周边的乡村地带并且在搜刮了少量的掳获物之后立刻回去了。

二十六

(1)在随后的一年里[①]，卡巴德斯之子科斯罗伊斯第四次入侵罗马人的土地，这次他是率军向美索不达美亚进发。(2)不过这个科斯罗伊斯所发动的这次侵略不是针对着罗马人的皇帝优斯提尼安，确实也不是针对着其他任何人的，而只是针对着基督教徒所崇拜的上帝的。(3)原来在第一次入侵时，在未能攻克埃德撒之后他和玛戈伊僧便退却了，因为他们被基督教徒的上帝所打败，结果感到巨大的沮丧。(4)因此科斯罗伊斯为了设法缓解这种沮丧情绪，曾在王宫中发出这样一个威胁，他要把埃德撒的全体居民都变成奴隶并且把他们带到波斯的国土来，还要把该城变成绵羊的牧场。

① 公元544年，相当于我国南朝梁武帝大同十年。

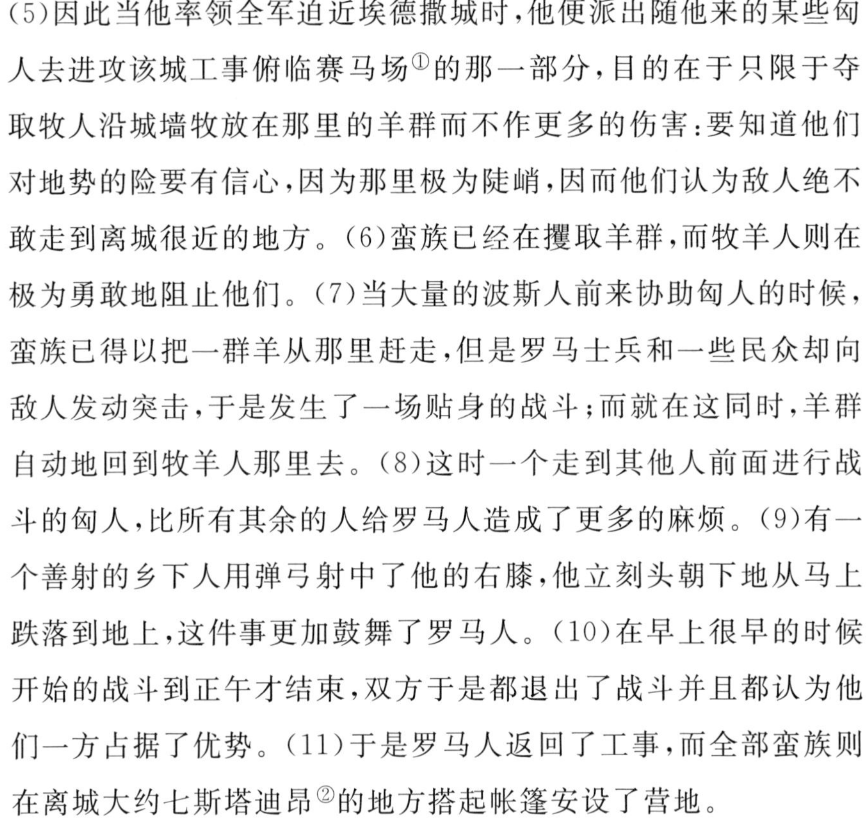

(5)因此当他率领全军迫近埃德撒城时,他便派出随他来的某些匈人去进攻该城工事俯临赛马场[①]的那一部分,目的在于只限于夺取牧人沿城墙牧放在那里的羊群而不作更多的伤害:要知道他们对地势的险要有信心,因为那里极为陡峭,因而他们认为敌人绝不敢走到离城很近的地方。(6)蛮族已经在攫取羊群,而牧羊人则在极为勇敢地阻止他们。(7)当大量的波斯人前来协助匈人的时候,蛮族已得以把一群羊从那里赶走,但是罗马士兵和一些民众却向敌人发动突击,于是发生了一场贴身的战斗;而就在这同时,羊群自动地回到牧羊人那里去。(8)这时一个走到其他人前面进行战斗的匈人,比所有其余的人给罗马人造成了更多的麻烦。(9)有一个善射的乡下人用弹弓射中了他的右膝,他立刻头朝下地从马上跌落到地上,这件事更加鼓舞了罗马人。(10)在早上很早的时候开始的战斗到正午才结束,双方于是都退出了战斗并且都认为他们一方占据了优势。(11)于是罗马人返回了工事,而全部蛮族则在离城大约七斯塔迪昂[②]的地方搭起帐篷安设了营地。

(12)随后科斯罗伊斯或是看到了什么幻象或又有了如下的想法,即在经过两次进攻之后,他还不能攻克埃德撒,这样他会因此蒙受巨大的羞耻。(13)于是他决定把他的撤退以重金出售给埃德撒的市民。(14)因此在第二天,通事保路斯便沿着城墙前来,说要一些罗马的知名人士派到科斯罗伊斯那里去。(15)于是他们赶忙选出了他们的四位显要人士并把他们派了出去。(16)这一行人到

---

① 可能是奥伽茹斯请求奥古斯都为埃德撒人修建的。

② 约 1.3 公里。

达米地亚人的营地之后，扎贝尔伽尼斯根据国王的命令会见了他们，扎贝尔伽尼斯先是对他们说了很多威胁的话，继而便问他们愿意采取怎样的解决办法，是要和平还是要战争。(17)使节们一致表示他们愿意选择和平而不愿冒战争的危险，于是扎贝尔伽尼斯便回答说："所以你们必须为此付一大笔钱。"(18)使节们表示他们愿意拿出和前次提供的同样多的钱，也就是他在攻克安提奥克之后到他们这里来的那次。(19)扎贝尔伽尼斯笑着把他们打发走，告诉他们就他们的安全问题作最慎重的考虑之后再到波斯人这里来。(20)稍后科斯罗伊斯又召见他们，而他们见到他之后，他便细数先前他奴役了多少罗马城市以及他是怎样做到这一点的；继而他又威胁说，除非埃德撒的居民把要塞之内他们拥有的全部财富交给波斯人，否则他们在波斯人手下将会遭到更加可怕的对待；他表示只有在这一条件得到满足时军队才会离去。(21)使节们听了这话之后，他们同意从科斯罗伊斯手中购买和平，只要他不向他们提出不可能实现的条件：不过他们说，任何人在战斗之前也根本不会清楚地看到一次斗争的结果。(22)要知道，从来也不曾有这样一次战争：挑起战争的人们能理所当然地确定战争的结果。于是发怒的科斯罗伊斯命令使节们赶快离去。

(23)在围攻的第八天，他想出了一个用人工堆起的土山来对付城墙的办法。于是他便把附近地区大量的树砍下来，不去掉它们的叶子而用它们在城墙前堆成一个方块。方块位于城上的任何射击物也达不到的地点。随后他便把大量的土堆放到树上，这上面再抛上大量的石块，石块不是用于建筑物的那种而是随便削成的，目的只在于使这土山尽快上升到很高的高度。(24)并且他还

不断地把长木头放到土石当中去,使它们能够把这个结构固定在一处,以便使它虽高但是结实。(25)但是罗马将领彼得(因为他正好在那里,和玛尔提努斯与佩腊尼乌斯在一起)为了制止从事这一工作的人们,于是派出了他部下的一些匈人去对付他们。(26)匈人发动了突然的进攻并杀死了许多敌人;一个名叫阿尔盖克的卫士在众人当中尤为突出,因为他一个人便杀死了二十七个敌人。(27)但是,从那时起蛮族便细心守卫,这样任何人就再也没有机会出去向他们发动进攻了。(28)不过当从事这一工作的工匠们由于向前移动而进入射击的范围以内时,罗马人便从城上进行了最猛烈的反抗,用弩石和弓箭射向敌人。对此蛮族又想出了如下的办法。(29)他们使用了被称为奇利奇亚的一种山羊毛毛布制成、有适当的厚度与高度的屏障,把它们张挂在长木头上,而在从事"阿盖斯塔"[①](罗马人在拉丁语中便把他们造的那种土山给以这样的名称)这一工作的人们前面,他们总是要把这种屏障张挂起来。(30)在它们的后面,无论带火的箭还是任何其他武器都不能触及工匠,而屏障却把它们都挡回去,停留在那里。(31)大为惶恐的罗马人于是战战兢兢地派遣使节去科斯罗伊斯那里,与使节们同行的有总之在当时学识出众的一名医生斯提凡努斯。先前佩若吉斯之子卡巴德斯生病时,此人曾治愈过他的病,为此他使此人拥有巨大的财富。(32)于是斯提凡努斯和其他人来到科斯罗伊斯面前,讲了如下的话:"自古以来所有的人一致同意如下的看法,即仁慈是一位好的国王的标志。(33)因此,最强大的国王啊,当你忙于屠

① 原文 agesta,可能来自拉丁语 agger,意为"土堆"。

杀、战斗和奴役城市的时候，也许你能够赢得另一些名声，但是用任何办法你也决不会拥有被人说‘好’的名声。(34)而在所有的城市当中，埃德撒最不应当受你的任何伤害。(35)要知道，我就诞生在那里，而我在不能预知将会发生任何事情的情况下把你从童年时期抚养大并且建议你父亲指定你做他的王位继承人，因而对你来说，我是你成为波斯国王的主要原因，但是对我的故土来说，我却成了它当前灾祸的主要原因了。(36)在一般情况下，将要降临到人们头上的不幸，大都是他们招引到自己的头上来的。(37)但是，如果你还记得为你做的任何这类好事的话，就不要再继续进行伤害，赐我以这一报答行为，这样，国王啊，你将会避开最残酷的这一恶名。”以上便是斯提凡努斯的话。(38)但是科斯罗伊斯声称，只有在罗马人把彼得和佩腊尼乌斯交给他，他才会离开，因为他们都是他的家传的奴隶，但他们过去竟敢于同他作战。(39)但是如果罗马人不喜欢这样做，那他们就必须在二者之中选择其一，或者向他们交出五百肯特那里乌姆的黄金，或者把他指定的一些人接纳入城，他们将把那里所有的现钱，无论金银，都搜寻出来带给他，但所有其他一切则容许现在的所有主留归己有。(40)这就是科斯罗伊斯抛出的话，他的打算乃是不费什么气力便占领埃德撒。于是使节们(因为对方宣布的一切条件在他们看来都是不可能接受的)失望而又十分懊恼地去了城市。(41)他们进了城之后便把科斯罗伊斯的意见报告给了大家，结果全城陷入了一片混乱与悲伤。

(42)这时人工堆起的土山已经上升到很高的高度了，并且正在匆忙地被向前推进。手足无措的罗马人再次把使节们派到科斯罗伊斯那里去。(43)他们到达敌人的营地之后，便表示他们是就

同样的事情来进行恳求的,但是波斯人甚至不肯以任何方式听取他们的意见,他们在一片喧嚣声中受到侮辱并且从那里被赶了出来。(44)因此,开头罗马人试图通过另一个建造物以高度胜过同它相对的土山。但是由于波斯人的工事已经上升得甚至比这一建造物还要高得多,所以罗马人便停止了这一工程并说服玛尔提努斯以他希望的任何方式安排有关处理当前这一问题之事。于是他来到敌人营地附近,开始同波斯方面的某些将领交谈。(45)但是他们完全欺骗了玛尔提努斯,竟说他们的国王是希望和平的,但是国王却根本未能说服罗马皇帝处理他同科斯罗伊斯的争端并最后确立同他的和平关系。(46)他们举出的可以作为这一点的证据的是这样一个事实,即在权力和地位方面远远超过玛尔提努斯的贝利撒里乌斯——这一点他本人也不否认——不久前当波斯人的国王还在罗马人领土的腹地时曾说服国王从那里撤回波斯并保证不久将有使节从拜占庭派到他那里去并可靠地确立和平关系,但是已经约定好的事情贝利撒里乌斯一件也没有做,因为他发现自己并不能制止皇帝优斯提尼安的决心。

二十七

(1)就在这同时罗马人正在忙于如下的事情:他们从城里开挖一条地道从下面来到敌人堆土的工事下,要挖土者一直挖到土山中心部分的下面。(2)但是当地道前进到大约土山中部地方时,站在上面的波斯人似乎听到了凿土的声音。(3)他们得知敌人正在做什么之后,他们也开始从上面挖掘中心的两侧,以便他们能以捉住正在那里进行破坏的罗马人。(4)但是罗马人发现了这一情况,便放弃了这一企图，把土回填到先前被挖空的地方，然后在土山挨近城墙一侧的下方开始工作，他们取出那里的木料、石块和土，造成了完全像是居室的一处空间，然后他们把最容易点燃的树木的干燥的树干抛到那里并且让它们充分吸收杉树油，此外还加上大量的硫黄和沥青。(5)他们于是准备好了这些东西；而在这同时，波斯的将领们在同玛尔提努斯的频繁会见中就我已提到的同样问题进行交谈，做出好像他们会就和约问题接受建议的样子。(6)但是当他们的土山终于完工，高高升起，接近城墙，而且还远远超出城墙的高度之后，他们便把玛尔提努斯打发走，断然拒绝就条约作出安排，并且他们打算从那时起专心从事进攻的军事行动了。

(7)于是罗马人立刻点燃起了他们为这一目标而准备好的树干。但是当大火只烧到工事的某一部分，还未能把整座工事烧透时，木材已经全部用完了 。但是他们继续把更多的木头抛到坑里去，一刻也不放松自己的努力。(8)当整个工事都燃起了熊熊大火时，夜间从土山的每一部分都冒出了一些烟，而还不愿意让波斯人知道他们正在干什么的罗马人于是使用了如下的办法：(9)他们把点着的煤炭装到容器里抛出来并且向土山所有各处射出带火的箭。在那里守卫的波斯人赶忙开始四处巡视并把火熄灭掉，他们以为烟是从这些东西散发出来的。(10)但是由于麻烦事增多，大量的蛮族都冲过来帮忙，从城墙上射击的罗马人于是杀死了许多敌人。(11)在日出之际科斯罗伊斯也带领着大部分的军队来到那里，并在登上土山之后第一个看出这麻烦是怎么一回事。(12)原来他揭露了烟的原因是在地下，而不是来自敌人投射出的东西这样一个事实，于是他下令全军尽快前来救援。(13)当蛮族在那里

干活——有人向冒烟的地方抛土,有人泼水,指望这样做可以消除麻烦——时,罗马人则鼓起勇气来,开始辱骂他们。(14)但是他们却绝对做不出任何成绩来。因为当土被抛上去时,那里的烟当然会被堵住,但是不久后它又会从另外的地方冒出来,因为下面的火迫使它有一点隙缝也会钻出来。并且水泼得最多的地方,它只会使沥青和硫黄发生更加剧烈的反应并使它们把全部力量施加到旁边的木头上去;而且它不断驱动火前进,因为水根本不能有充足的数量进入土山工事把火熄灭。(15)而到午后接近傍晚的时分,烟势大到不仅卡尔莱的居民可以看到,就是住得离他们很远的人也可以看到了。(16)并且由于大量的波斯人和罗马人都来到了这一土山工事的顶上,于是便发生了一场战斗,一场贴身的格斗,双方都想把对方从那里赶走,结果罗马人取得了胜利。(17)继而甚至火焰都起来了,土山上的火焰已很明显,波斯人只好放弃了这一工事。

(18)这之后的第六天天刚刚亮,他们便偷偷地用云梯在城墙的一个被称为堡垒[①]的地点发动了一次突击。(19)由于守卫在那里的罗马人正在睡一个安静、和平的觉——因为黑夜正在结束——所以他们便一声不响地把云梯搭在城墙上并已经在登上来了。(20)但是罗马人当中只有一个乡下人正好醒着,而他的一声叫喊和一个巨大的声响开始把他们都吵起来了。(21)于是发生了一场激烈的战斗,结果波斯人被打败并且退回了自己的营地,却把云梯留在了原处。罗马人从容地把它们拖了上来。(22)但是约当

① 原文希腊语 Φρούριον,相当法语的 place forte,英语的 Fort。

正午时分，科斯罗伊斯派出一大部分军队到所谓大门这里来，想对之加以猛攻。(23)于是罗马人出了城门迎战，他们不仅有士兵，甚至还有农民和一些市民；他们在战斗中决定性地打败了蛮族并且使之逃跑了。(24)当波斯人还在受到追击时，那位担任通事的保路斯从科斯罗伊斯那里来到罗马人中间并报告说，列奇那里乌斯已经从拜占庭前来安排和约事项了。于是两军便分开了。(25)自从列奇那里乌斯来到蛮族的营地这时已经有几天了。(26)但是波斯人根本没有把这事透露给罗马人，这显然是要等待他们计划的对工事的这次进攻的结果：如果他们能以攻占这城市，看来他们也绝不会是破坏条约，如果他们被打败——事实正是这样——那他们可以应罗马人之邀请起草条约。(27)列奇那里乌斯进了城之后，波斯人要求负责安排和约的人们应立即去科斯罗伊斯那里，不得有任何耽搁，但是罗马人表示使节要三天后才会派出去；因为正是在那个时候，他们的统帅玛尔提努斯感到不适。

(28)但是科斯罗伊斯怀疑这理由站不住脚，便为战斗做了准备。当时他只把大量的砖投到土山工事上；可是两天之后他却带领全部军队来猛攻城市的工事了。(29)在每个城门前他都安排了一些将领和一部分军队，他便用这种办法包围了城墙并且对它使用了云梯和攻城器械。(30)他把所有的撒拉森人和一些波斯人安排在后方，但不是为了攻打城墙，而是为了在城市被攻占之后，他们可以收容逃跑的人，像用拖网捕鱼似地把他们捉住。(31)科斯罗伊斯这样安排军队，其目的便在于此。战斗在早上很早的时候便开始了，起初是波斯人占上风。(32)因为他们的人多，而对方则是很小的一支队伍，原来大多数罗马人还不曾听说正在发生的是

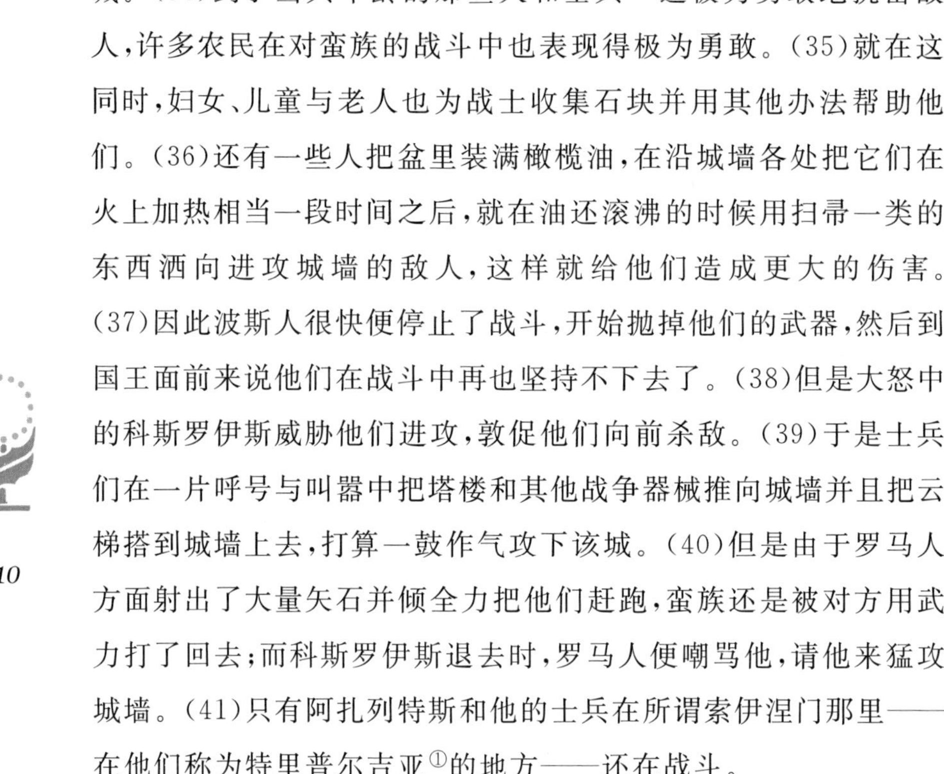

什么事情，并且一点准备也没有。(33)但是随着战斗的进行，城里变得一片混乱和喧嚣，全体居民甚至妇女和幼小的儿童也都上了城。(34)到了当兵年龄的那些人和士兵一道极为勇敢地抗击敌人，许多农民在对蛮族的战斗中也表现得极为勇敢。(35)就在这同时，妇女、儿童与老人也为战士收集石块并用其他办法帮助他们。(36)还有一些人把盆里装满橄榄油，在沿城墙各处把它们在火上加热相当一段时间之后，就在油还滚沸的时候用扫帚一类的东西洒向进攻城墙的敌人，这样就给他们造成更大的伤害。(37)因此波斯人很快便停止了战斗，开始抛掉他们的武器，然后到国王面前来说他们在战斗中再也坚持不下去了。(38)但是大怒中的科斯罗伊斯威胁他们进攻，敦促他们向前杀敌。(39)于是士兵们在一片呼号与叫嚣中把塔楼和其他战争器械推向城墙并且把云梯搭到城墙上去，打算一鼓作气攻下该城。(40)但是由于罗马人方面射出了大量矢石并倾全力把他们赶跑，蛮族还是被对方用武力打了回去；而科斯罗伊斯退去时，罗马人便嘲骂他，请他来猛攻城墙。(41)只有阿扎列特斯和他的士兵在所谓索伊涅门那里——在他们称为特里普尔吉亚①的地方——还在战斗。

(42)由于这里的罗马人不是敌人的对手，他们在敌人进攻时退却了，他们称之为外部工事的外城已经有很多地方被蛮族攻破，这时蛮族正在极其猛烈地进攻从大城墙上保卫自己的人们；但是终于佩腊尼乌斯率领着大量士兵和一些市民出城同敌人作战并在战斗中打败他们，把他们赶跑了。(43)拂晓开始的这场进攻到将

① Tripurgia 意为“三塔”。

近傍晚才告结束，在那一夜里双方都没有举动。波斯人担心会受到攻击而感到不安，罗马人方面则收集石块，把它们运到城上去并且把其他一切都做了充分的准备，以对付第二天会再来进攻城墙的敌人。(44)不过第二天没有一个蛮族向城墙发动进攻。(45)但在随后的一天，一部分军队在科斯罗伊斯的催促之下向所谓巴尔劳斯门发动了一次进攻；但是罗马人却冲出去同他们作战，结果在战斗中波斯人遭到了决定性的失败，很快地他们便退去了。(46)随后波斯人的通事保路斯沿着城墙前来，求见玛尔提努斯以便要他安排停战事宜。(47)玛尔提努斯来同波斯的将领们会商，他们于是缔结了一项协定，根据这一协定，科斯罗伊斯从埃德撒居民手中接受五肯特那里乌姆的黄金，并且用文书给他们以保证，今后不再对罗马人有任何伤害；继而在放火烧掉他的全部防御工事之后，便带领着全部军队回国去了。

二十八

(1)大约就在这时，罗马人的两位将领去世了，他们是皇帝的侄子优斯图斯和伊伯里安人佩腊尼乌斯。就中优斯图斯是病死的，而佩腊尼乌斯则是因为在狩猎时坠马，结果招来致命的破裂症。(2)皇帝于是任命其他人取代他们，他派出的是他自己的侄子、刚刚成年的玛尔凯路斯和不久前作为使节和谢尔吉乌斯一道被派到科斯罗伊斯那里去的康士坦提安。(3)随后皇帝优斯提尼安第二次把康士坦提安和谢尔吉乌斯派到科斯罗伊斯那里去以便安排停战事宜。(4)他们在亚西里亚赶上了科斯罗伊斯，那里有两个市镇塞琉奇亚和克提西丰，它们都是腓立之子亚历山大统治了那里的波斯人和其他民族以后由马其顿人建造的。(5) 这两个城镇之间只隔着一条底格里斯河,因为在它们之间再没有其他任何事物了。(6)使节们就在那里见到了科斯罗伊斯,他们提出的要求是,科斯罗伊斯应当把拉吉卡地区归还给罗马人并且在一个完全可靠的基础上同罗马人建立和平关系。(7)但是科斯罗伊斯却说,对他们来说相互间取得协议并不是一件容易的事,除非他们首先宣布停战,然后他们应当继续保持相互的往来而无须十分担惊害怕,处理他们的分歧,并缔结一项应当建立在未来的可靠基础之上的和约。(8)他说,为了这一持久的停战,罗马皇帝应当给他钱作为回报,还要派一位名叫特里布努斯的医生到他这里来,同他在一起待一段时候。(9)原来这位医生先前曾治好过他的一场重病,因此国王特别喜爱并十分想念此人。(10)皇帝优斯提尼安得知这一情况之后,他立刻把特里布努斯和多达二十肯特那里乌姆[①]的钱送了去。(11)这样,在皇帝优斯提尼安当政的第十九年罗马人和波斯人便缔结了为期五年的条约[②]。

(12)稍后撒拉森人的领袖阿列塔斯和阿拉木恩达腊斯他们自己相互间在没有得到罗马人或波斯人的帮助的情况下打起仗来。(13)阿拉木恩达腊斯在一次突然的袭击中俘虏了正在牧马的阿列塔斯的一个儿子,并且立刻把他作为牺牲奉献给阿芙洛狄特[③]。从这一点人们得知阿列塔斯并没有把罗马人出卖给波斯人。

① 肯特那里乌姆(希腊语 κεντηνάριον)约重 100 磅,这里指价值等于 2000 磅黄金的钱。

② 公元 545 年,时当我国南朝梁武帝大同十一年。

③ 希腊神话中爱、美、丰收的女神。

(14)后来他们二人各自率领全军在战场上相会,结果阿列塔斯的士兵取得了压倒的胜利,赶跑并且杀死了许多敌人。并且阿列塔斯几乎生俘了阿拉木恩达腊斯的两个儿子;不过实际上他并未做到这一点。撒拉森人中间事件的经过便是如此。

(15)但是人们却清楚地看到,波斯国王科斯罗伊斯同罗马人缔结停战协定是别有用心的,他这样做的目的是为了利用罗马人因和约而疏于戒备的空子给他们造成重大的伤害。(16)在停战协定的第三年,他想出了这样的计谋。在波斯有兄弟二人法布里祖斯和伊斯狄古斯那斯,他们在波斯都担任极为重要的官职同时又被认为是所有波斯人当中人格最卑劣的,不过他们却因其聪明和坏主意多而十分出名。(17)因此,既然科斯罗伊斯打算用突然袭击的方法攻占达腊斯城,把所有科尔奇斯人迁出拉吉卡并使波斯移民住进去,于是他便选中了这两个人要他们在这两件事上帮助他。(18)原来在他看来,为自己争取到科尔奇斯的土地并且稳稳地掌握在自己手中,这会是一大幸事和一项真正重大的成就,因为这会从许多方面有利于波斯帝国。(19)首先,今后他们将能永远安全地据有伊伯里亚,因为:如果伊伯里亚人发动叛乱,那他们不会有任何人和他们共同行动,这样波斯人便可以找到安全。(20)原来这些蛮族中最显要的人士以及他们的国王古尔盖尼斯曾有发动叛乱之意,这一点我在前面已经说过了[①],所以波斯人从那时起便不允许他们为他们自己拥立国王,而且伊伯里亚人也不是波斯人的心悦诚服的臣民,他们之间是存在着很多的怀疑和不信

① 参见本书第一卷,第十二章,第5节以次。

任的。(21)显而易见,伊伯里亚人极为不满,并且只要他们能找到某个有利的机会,他们很快便会发动叛乱的。(22)而且,波斯帝国将会永远摆脱与拉吉卡为邻的匈人的掠夺,并且只要他愿意,他可以比较容易和方便地使他们的矛头转向罗马的领土。因为他认为,就蛮族在高加索的住地而论,拉吉卡正好是对付他们的一处屏障。(23)但最主要的是:他指望通过征服拉吉卡,波斯人可以取得这样的好处,即以那里为根据地,他们可以不费力地从陆上以及从海上蹂躏人们所说的埃乌克西努斯海①的沿岸地区并争取到卡帕多奇亚人和同他们相邻的伽拉提亚人与比提尼亚人以及通过一次突然进攻占领拜占庭而无人与之抗衡。(24)因此,为此之故,科斯罗伊斯急于得到拉吉卡,可是拉吉人却一点也不信任他。(25)原来自从罗马人从拉吉卡撤走以来,那里的普通老百姓很自然地发现波斯人的全部统治是一个沉重的负担。要知道,波斯人的做法有其独特之处,和所有其他人均大不相同,并且在日常生活方式方面规定极为严格。(26)而且他们的法律也是所有的人难以理解的,他们的要求也是根本无法承受的。但是同拉吉人相比,他们在思想和生活上的差别表现得尤其突出,因为拉吉人是最彻底一类的基督教徒,而波斯人的全部宗教观点同他们的恰恰相反。(27)在此之外,拉吉卡的任何地方也不生产盐,那里实际上也不生产粮食,也没有葡萄和任何其他好的东西。(28)但是从沿岸的罗马人那里,却用船给他们运来一切东西,并且即使如此,他们付给商人的不是黄金,而是生皮、奴隶和碰巧可以在那里大量发现的任何其他东西;(29)但是在

① 黑海。

他们无法进行这种商业活动之后，他们理所当然地经常处于愤愤不平的状态。因此当科斯罗伊斯看到这种情况后，他便急于在他们起来反抗他之前有把握地抢先一步加以制止。(30)对此事加以思考之后，他认为最有利的办法就是尽快地把拉吉人的国王古巴吉斯除掉并且把全部拉吉人迁出这一地区，然后再把波斯人和其他某些民族移居进来。

(31)当科斯罗伊斯把这些计划考虑成熟之后，他便把伊斯狄古斯那斯表面上作为使节派到拜占庭去，并且选拔了五百名最勇敢的波斯士兵与他同行，他命令他们进入达腊斯城之后分散住到许多不同的房屋中去并在夜间放火焚烧所有这些房屋，并在所有罗马人理所当然地忙于救火之时立即把城门打开，把其余的波斯军队接纳入城。(32)原来事先已经给尼西比斯城的司令官捎话，要他把一支大军隐蔽在附近，准备行动。科斯罗伊斯以为用这个办法他们可以轻而易举地杀掉所有的罗马人并且在攻占达腊斯之后稳稳地占有它。(33)但是对正在进行的活动十分清楚的一个人，一个不久前作为逃兵投到波斯人这边来的罗马人把一切都告诉了当时正留在那里的格奥尔格，这个格奥尔格就是我在前面提到的那个人①，他曾说服被围在西扫腊农要塞里的波斯人投降罗马人。(34)格奥尔格于是在罗马与波斯领土的边界那里见到了这位使节，表示他这种做法不符合使团的身份，而且从来没有这样多波斯人的一个团体在罗马人的一个城市过夜。(35)他说，使节应当把所有其余的人留在阿莫狄欧斯城，并且只能是他本人和少数

① 参见本卷第十九章，第 23 节。

几个人进入达腊斯城。(36)伊斯狄古斯那斯发火了,看来他对格奥尔格的话是不高兴的,因为他被不当地冒犯了,却不顾他是作为使者被派到罗马皇帝那里去的这一事实。(37)但是格奥尔格根本不管发怒的伊斯狄古斯那斯,是他为罗马人挽救了这座城市。要知道他把伊斯狄古斯那斯接纳入城时对方只带了二十个人。

(38)蛮族这一计谋并未得逞,随后便仿佛作为使节来到了拜占庭,与他同来的还有他的妻子和两个女儿(这是他身边所以有这样多的人的一个借口);但是当他见到皇帝的时候,关于任何严肃的问题他都谈不出任何重要或不重要的意见来,尽管他在罗马的领土上停留了不下十个月的时间。(39)不过他按惯例带来了科斯罗伊斯送给皇帝的礼物,还有一封信,信里要皇帝优斯提尼安带话给他说明皇帝是否处于尽可能好的健康状态。(40)尽管如此,皇帝优斯提尼安还是比较友好地接待了这个伊斯狄古斯那斯,并且给了他比我们所知道的任何其他使节都更大的荣誉。(41)事实的确如此,乃至每当皇帝款待他的时候,竟使随他担任通事的希腊都奇乌斯同他一道半卧在床上[1],这是先前任何时候都从来没有过的事情。(42)要知道从来没有一个人见过一个通事和哪怕是比较低级的官吏同桌共食,更不用说和一位国王了。(43)但是皇帝接待和送回此人的规格,超过了一位使节应得的待遇,尽管此人出使,正如我在前面所说,并无任何重要的任务。(44)如果有谁计算一下这次的花销以及伊斯狄古斯那斯临走时带走的礼物,他会发

① 罗马人就餐是环绕着通常是圆形的餐桌各自半卧在一只一头隆起的床上,床的宽度通常只够一个人使用。

现这笔费用多达十肯特那里乌姆黄金以上。科斯罗伊斯针对达腊斯城所策划的阴谋便这样地结束了。

二十九

(1)他对拉吉卡的第一个举动是这样的。他把适于造船的大量木料运到这里来，却不向任何人说明他这样做的目的是什么，但是表面上他送这些木料来是为了在佩特拉的城墙工事上制造战争器械。(2)继而他又从波斯士兵当中选拔三百名精锐的战士，由我不久前提到过的那个法布里祖斯带领前来，命令他尽可能秘密地除掉古巴吉斯。至于其余的事，他本人会处理的。(3)当木料被运到拉吉卡之后，它们却突然中了电击并变成了灰烬。而法布里祖斯带着三百名士兵来到拉吉卡之后，便开始想办法实现科斯罗伊斯就古巴吉斯问题下达给他的命令。(4)这时正好在科尔奇斯人中间有一个名叫法尔桑谢斯的知名人士同古巴吉斯发生过争吵并因而对他极为仇视，并且这时他根本不敢去见国王。(5)法布里祖斯得知这一情况之后，他便把法尔桑谢斯召来并且在交谈中向他挑明了全部计划，还问这个人他打算用什么办法来实现这件事情。(6)在共同商议之后他们认为最好的办法是法布里祖斯先到佩特拉城去，然后在那里召见古巴吉斯以便向他宣布国王就拉吉人的利益所作的决定。(7)但是法尔桑谢斯暗中却把正在准备中的事情泄露给古巴吉斯。于是古巴吉斯根本不到法布里祖斯这里来，却开始公开计划一场叛乱。(8)随后法布里祖斯便命令其他波斯人尽量用心地设法保卫住佩特拉并且把一切事务都安排得能以尽可能有把握地对付一次围攻，而他本人却和三百名士兵在根本没

有达到目的的情况下回去了。(9)古巴吉斯则把他们当时的处境报告给了皇帝优斯提尼安并请求他赦免拉吉人过去所做的一切并尽其全力来保卫他们,因为他们希望摆脱米地亚人的统治。要知道,如果只有科尔奇斯人,那他们是无法抗击波斯人的力量的。

(10)当皇帝优斯提尼安得知这一情况时感到极为高兴[①],他于是派出由达吉斯赛欧斯率领的七千名士兵和一千名特扎尼人去帮助拉吉人。(11)这支军队到达科尔奇斯的土地之后,他们便和古巴吉斯与拉吉人一道在佩特拉工事的周边设了营并开始了围攻。(12)但是由于那里的波斯人从城上进行了极为顽强的反抗,结果围攻用去了许多时间;要知道波斯人在城里储存了丰富的食物。(13)对这种种情况大伤脑筋的科斯罗伊斯于是派出一支骑兵与步兵的大军去对付围攻者并任命美尔美罗伊斯为他们的统帅。古巴吉斯得知这一情况之后,他同达吉斯赛欧斯就此事进行了研究,并以我即将记述的方式展开活动。

(14)波阿斯河发源于居住在法兰吉乌姆周边的阿尔明尼亚人当中的特扎尼人的领土附近。开头它向右流很长一段距离——它的水流小,任何人都可以不费力地徒步渡过——直到这样一处地方,在这里伊伯里亚人的领土在它的右手而高加索山的尽头就直接同它相对。(15)那里居住着许多民族,其中有阿拉尼人和阿巴斯吉人,他们都是基督教徒并且自古以来便是罗马人的朋友;此外还有泽奇人和接在他们之后的、被称为撒贝里人的匈人。(16)但是当河流来到作为高加索山以及伊伯里亚的终点的地点时,其他

① 时在公元549年,即我国南朝梁武帝太清三年。

的水源也流了进来，这样波阿斯河就变成一条大得多的河，并且从那里开始它便不叫波阿斯河而叫法吉斯河了[①]，于是它成了一条可以通航的河，直到它注入的所谓埃乌克西努斯海；拉吉卡便在它的两侧。(17)且说特别是在这河的右手，其全部地区在很大的一个距离之内居住着拉吉卡的人民直到伊伯里亚的边界。(18)要知道这里拉吉人的所有村庄都在河那边，那里自古以来便建立了若干市镇，其中阿尔凯欧波利斯是一个防守十分坚强的地点，此外还有塞巴斯托波利斯和皮提乌斯要塞、斯坎达和撒腊帕尼斯则对着伊伯里亚的边界。而且还有那一地区最重要的两个城市罗多波利斯和莫凯列西斯。(19)但是在河流的左手，属于拉吉卡的地区轻装的旅行者要走一天，这里是无人居住的。接在这片土地后面的是被称为彭提科伊人的罗马人的故土。(20)而就是在拉吉卡的领土的根本无人居住的那一部分，皇帝优斯提尼安在我本人的时期建立了佩特拉城。(21)也正是在这里，那个姓特吉布斯的约翰建立了我前面提到的专卖所[②]，从而引起了拉吉人的叛乱。(22)如果一个人离开佩特拉城向南走，罗马的领土立刻便开始了，这里有人口众多的市镇，其中之一叫里扎伊乌姆，还有雅典[③]和其他一些城镇直到特拉佩祖斯。(23)拉吉人把科斯罗伊斯引进来之后，他们便渡过了波阿斯河并来到了佩特拉，于是法吉斯便位于他们的右手，因为——据他们说——这样他们便可防止不致被迫花费大量时间和精力把人们渡到法吉斯河那一面去，而实际上是他们不

① 作者似乎把两条不相干的河混到一处了。

② 参见本卷第十五章，第11节。

③ 这是与希腊雅典同名的城市。

希望把自己的家园显示给波斯人。(24)然而在拉吉卡无论什么地方,穿过它到法吉斯河的右岸和左岸都是困难的。(25)因为在河的两岸都有极高的、锯齿一样的山,因此那里的山间小路是既窄而且十分长的。(罗马人把山间的这种小路称为"克利苏拉伊"[①],这时是他们自己的词采用了希腊语的形式。)(26)但由于当时拉吉卡正好是无人防守的,所以波斯人在拉吉人的引导下很容易地来到了佩特拉。

(27)但是这一次在古巴吉斯得知波斯人前来的消息之后,他便命令达吉斯赛欧斯派一些人全力守卫法吉斯河下方的隘口,他并且要他无论如何也不要放弃围攻,直到他们攻克佩特拉并制服里面的波斯人。(28)而在这同时,他本人则带领科尔奇斯的全部军队来到拉吉卡的边界,以便倾全力保卫那里的山路。(29)原来在很久以前他便曾说服阿拉尼人和撒贝里人同他结成联盟,并且由于出了三肯特那里乌姆的代价,而他们不仅同意帮助拉吉人守卫国土使不受劫掠,而且还要使得伊伯里亚荒无人烟到如此程度,乃至今后即使波斯人也不能从那里进入。古巴吉斯并且保证皇帝会把这笔钱给他们。(30)于是他把这一协议向皇帝优斯提尼安作了报告并且为蛮族恳求皇帝送来这笔钱,对于处境十分悲惨的拉吉人给予某种抚慰。(31)他还说国库已欠了他十年之久的薪金,要知道,他虽然列名于宫廷的枢密顾问之中,但是自从科斯罗伊斯进入科尔奇斯的土地以来他便没有因这一职位领取过任何报酬。(32)而皇帝优斯提尼安打算实现他的请求,但是临时出现的某种

① 按拉丁语 clausura 意为狭窄而封闭的道路。

事务使他未能顾得上这一请求，结果他并没有适时地把钱送来。于是古巴吉斯生气了。

(33)但是达吉斯赛欧斯由于毕竟还是个年轻人而且根本没有能力进行对付波斯人的一场战争，因而他并不曾恰当地处理面临的局势。(34)原来他应当明确地把大部分军队派到山路的地方去，也许他本人也应当亲自参与这件事，但实际上他只派去了一百人，就仿佛他是在处理一件次要的事件似的。而且他本人虽然正在带领全军围攻只有很少敌人守卫的佩特拉，但是他什么事情也没有干成。(35)要知道起初他们有不下一千五百人，但是在战斗中他们受到罗马人和拉吉人针对城上的射击以及他们表现了我们从来没有见过的英勇，因此他们不断地有许多人阵亡，故而他们的人数已变得微不足道了。(36)因此当陷入绝望并且不知该怎样做的波斯人正待在那里无所作为的时候，罗马人沿着城墙的一段短距离挖了一道沟，而这里的城墙就立刻坍塌了。(37)但恰好在这段距离的城墙内部有一所建筑紧挨着城墙，(38)并且完全挡住了城墙的坍塌部分；这样，对被围攻者来说，它便取代了城墙并且仍然使这一部分得到安全。(39)但这远不足以使罗马人感到不安。他们清楚地看到，在别的地点用同样的办法他们可以极其容易地把城攻下来，所以他们变得比先前更加有希望了。(40)为此达吉斯赛欧斯带话告诉皇帝将会发生什么事情，并建议为他准备好胜利的奖赏，还指出皇帝应当把什么报酬给予他和他的兄弟。因为很快他就要攻克佩特拉了。(41)于是罗马人和特扎尼人便向城墙发动了极其猛烈的进攻，但想不到只剩下很少人的波斯人仍然进行抵抗。(42)由于罗马人用攻城的办法依然一无所获，所以他们

再次使用挖沟的办法。他们的挖掘工作已经进行到城墙的基础下面已不再有坚实的土地,而它的大部分都已架空,因此理所当然地几乎立刻就会坍塌下来。(43)如果达吉斯赛欧斯愿意立刻在城基那里用火的话,我想他们立即会把城攻下来。然而实际上他们却在等待来自皇帝的鼓励而总是犹豫不决和浪费时间,结果他依旧是无所作为。在罗马营地中事情的经过便是这样。

三十

(1)但是美尔美罗伊斯率领着米地亚的全军越过伊伯里亚的边界之后继续沿着右手的法吉斯河向前推进。原来他很不愿意穿越拉吉卡地区,因为他担心在那里会遇到什么阻碍。(2)要知道,他是急于挽救佩特拉城和那里的波斯人,尽管有一部城墙突然坍塌了。(3)因为,如上所述,城墙一直处于架空的状态。罗马军队中有大约五十名志愿者进入城内,高声宣告皇帝优斯提尼安的胜利。(4)率领这些人的是一个年轻的阿尔明尼亚人,他的名字叫约翰,是托玛斯——人们通常用古泽斯这个姓称呼他——的儿子。(5)这个托玛斯曾根据皇帝的命令在拉吉卡周边修建了许多要塞并且他还是那里士兵的统帅,而在皇帝心目中他是一个有智慧的人物。(6)当波斯人同约翰手下的士兵接战时,约翰负了伤并立刻和他的士兵退回了营地,因为罗马军队中没有其他任何人支援他们。(7)就在这期间,佩特拉卫戍队伍的将领米尔腊尼斯因为担心这个城市的命运,因而命令所有的波斯人尽最大的努力守卫城市,而他本人则到达吉斯赛欧斯那里去,用花言巧语把对方奉承一番,答应不久便爽快地把城市交出来。他便用这个办法骗过了他,使

罗马军队未能立即进城。

(8)且说美尔美罗伊斯的军队来到山路这里之后,一百名罗马卫戍部队在那里迎战并且进行了顽强的抵抗,他们在那里挡住了想进入山路的敌人。(9)但是波斯人这方面却没有任何退让的打算,他们始终是前仆后继,一直在向前逼进,试图用全力进入山路。(10)波斯人当中阵亡的超过一千人,但是在杀敌的战斗中罗马人终于精疲力竭,他们在大群敌人的压力下撤退了,他们是跑到山的高处才得救的。(11)达吉斯赛欧斯得知这一情况后,在没有给军队下达任何命令的情况下立刻放弃了围攻而去法吉斯河了。所有的罗马人随他而去,却把自己的财产留在营地里。(12)波斯人看到正在发生的事件之后,便打开城门出来并到敌人的帐篷附近去以便攻占营地。(13)但事实上没有随达吉斯赛欧斯离开的特扎尼人却冲了出来保卫营地,他们不费力地打败了敌人并杀死了其中许多人。(14)波斯人于是跑回城内,而特扎尼人在洗劫了罗马营地之后便一直去里扎伊乌姆了。而从那里他们又去雅典并穿过特拉佩祖斯人的土地回家去了。

(15)在达吉斯赛欧斯的军队撤退之后的第九天,美尔美罗伊斯和米地亚人的军队来到了那里;他们发现波斯人余下的卫戍队伍中受伤并且不适于战斗的有三百五十人,只有一百五十人没有负伤;所有其余的人都死掉了。(16)而存活下来的人根本没有把死者的遗体抛到城外去,而是不顾呛人的恶臭,以令人难以置信的方式忍受下来,为的是他们不让敌人知道他们的大多数人业已阵亡,从而不给进行围攻的敌人以任何足以使他们振奋的机会。(17)美尔美罗伊斯以一种嘲笑的口吻指出,罗马国家是值得让人

痛哭悲叹的,因为他们已软弱到这种程度,乃至用任何手段都无法攻占没有城墙并只有一百五十名波斯人守卫的城市!(18)他急于把城墙已经坍塌的部分修补起来;但是由于一时间他手头既没有建筑用的石灰,也没其他任何必需的材料,他便想出了如下的计划。(19)把沙子装满了麻袋(波斯人把粮食运入科尔奇斯的土地时用的麻袋)之后,他便把它们当作石头使用,这样垒起时麻袋便成了城墙。(20)他选拔出三千名精锐的士兵要他们留在这里,但留给他们的食物却不够长期的消费;他要士兵照看工事的建筑,然后他本人和所有其余的军队便转回,离开了。

(21)但是如果他按照原路从那里离开,那他就没有办法给他的军队弄到给养,因为他把由军队从伊伯里亚带进来的一切都留在了佩特拉,于是他决定走通过山区的另一条道路,因为他得知这里有人居住,这样他便可以在这里征发粮秣,靠这里的土地维持生存。(22)在这一行程中,拉吉人当中的一位名叫伏贝利斯的知名人士带领着达吉斯赛欧斯以及两千名罗马士兵对正在夜间宿营的波斯人进行了一次伏击;这些人突然发动进攻,杀死了正在牧马的一些波斯人,他们在夺取了马匹作为战利品之后,很快便退去了。随后美尔美罗伊斯和米地亚的军队也便离开了那里。

(23)古巴吉斯得知罗马人在佩特拉以及在山路的遭遇之后,甚至并未因而感到害怕,他也没有放弃对他本人所在的山路的防守,而认为那里正是他们希望之所在。(24)因为他了解,即使波斯人通过打退法吉斯河左岸的罗马人而能以越过山路而进入佩特拉,他们却不能因而给拉吉人的国土造成任何伤害,因为他们根本无法渡过法吉斯河,特别是因为他们手里一只船也没有。(25)要

知道，就深度而论，这条河并不比那些最深的河差，而且它又非常之宽。(26)而且，它的水流又是如此湍急，乃至在它入海之后，它在很长的一段距离之内保持单独的一道水流而根本不同海水相混。确实，在那一带海域航行的人们竟然能以在大海中间汲取可以饮用的水。(27)还有，拉吉人沿着整个河的右岸修筑了要塞，这样，即使敌人乘船渡河，他们也无法上岸。

(28)这时皇帝优斯提尼安把已经约定的款项送给了撒贝里人这个民族，他还把更多的钱赏赐给了古巴吉斯和拉吉人。(29)原来在这时很早以前他便派另一支还未到达那里的大军去拉吉卡。这支军队的统帅是色雷斯人列奇坦古斯，此人是一个稳重可靠的人，又是一位出色的战士。这些事件的经过便是这样。

(30)如上所述，美尔美罗伊斯进了山之后，他急于从那里给佩特拉弄到充足的食物。因为他无论如何也无法想象，他带进来的食物会够那里多达三千人的卫戍部队的食用。(31)但是由于他们一路上找到的食物几乎不够维持那支至少有三千人的军队并且因此之故既然他们又根本无法把任何能解决问题的东西运往佩特拉，经过考虑之后他发现他们所能采取的较好的办法是大部分的军队应当离开科尔奇斯的土地，只留下少数一些人在那里，由这些人把他们能找到的大部分粮食运给卫戍部队，而把其余的部分留给自己舒舒服服地享用。(32)于是他便选拔了五千名士兵要他们留在那里，并指定法布里祖斯和另外三个人为将领。(33)他认为并不需要把更多的人留在那里，因为根本没有敌人。他本人则带领着其余的军队进入了波斯阿尔明尼亚并静静地留驻在杜比欧斯周边的地区。

(34)这五千名士兵来到拉吉卡边界附近之后便在法吉斯河边设了营,从那里他们分成小股到邻近的地区去打劫。(35)古巴吉斯看到这一情况之后,便带话给达吉斯赛欧斯,要他赶快去那里给他以支援:因为他们可以给敌人造成某种重大伤害。(36)达吉斯赛欧斯于是按照他的命令,带领全部罗马军队沿着左手的法吉斯河前进,直到拉吉人就在河对岸设营的地点。(37)然而在法吉斯河的这个地方是能以徒步渡过去的,对这一事实,无论罗马人还是波斯人都根本不曾料到,因为他们对这一地区都不熟悉。但是拉吉人对这一点却知道得很清楚,于是他们突然渡过了河同罗马人会师了。波斯人选出了他们当中的一千位知名的战士并把他们派了出去,但是没有人能进攻营地给它造成伤害。(38)这支部队里有两个人走在同伴们的前面去进行侦察,但不料他们落入敌人之手并把全部情况告诉了他们。(39)于是罗马人和拉吉人突然向这一千人发动了进攻,对方没有一个人能以逃脱而是大多数人被杀死了,但也有一些人被俘了;而通过这些人,古巴吉斯和达吉斯赛欧斯的士兵得以知道米地亚军队的人数以及同他们的距离还有他们当时的情况。(40)于是他们便拔了营,以全军之力向他们那里进发,估计可以在夜深的时候对他们发动进攻;而罗马人和拉吉人本身的兵力是一万四千人。(41)根本没有想到会有敌人的波斯人正在享受一次长时间的睡眠;因为他们认为这河是无法渡过的,而遇不到敌人的那一千人一定在什么地方长途行军了。(42)但是罗马人和拉吉人却在天刚破晓时出其不意地向他们发动了进攻,他们发现一些人仍在熟睡,另一些人刚从睡梦中醒来毫无防卫地躺在床上。(43)因此他们没有一个人想到要抵抗,而大多数人被捉住并被杀害了，还有一些人是被敌人俘虏的，其中便有一名将领。只有少数人在黑暗中逃脱得救。(44)罗马人和拉吉人攻占了营地，夺取了全部军标，此外他们还缴获了许多武器、大量金钱作为战利品，而大量的马和骡还不计算在内。(45)而在追踪了很长一段距离之后，他们又进入伊伯里亚较长一段路程。(46)在那里他们又遇到了另一些波斯人并且杀死了对方许多人。(47)这样，波斯人便离开了拉吉卡，而罗马人和拉吉人在那里发现了他们的全部给养，其中包括大量的面粉——面粉是蛮族从伊伯里亚带来，准备运到佩特拉去的——而他们就把它们全部烧掉了。(48)他们把许多拉吉人留在山路里，以便阻止波斯人把给养运到佩特拉去，然后便带着全部战利品和俘虏回去了。(49)罗马人和波斯人之间的停战协定的第四年结束了，这时是皇帝优斯提尼安当政的第二十三年[①]。

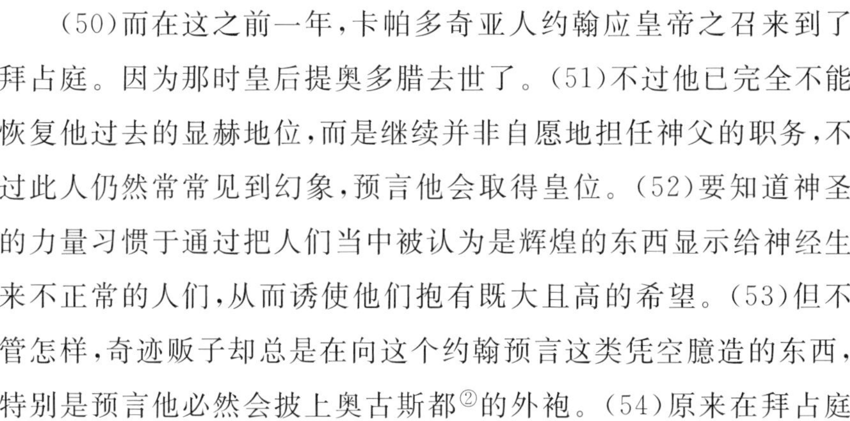

(50)而在这之前一年，卡帕多奇亚人约翰应皇帝之召来到了拜占庭。因为那时皇后提奥多腊去世了。(51)不过他已完全不能恢复他过去的显赫地位，而是继续并非自愿地担任神父的职务，不过此人仍然常常见到幻象，预言他会取得皇位。(52)要知道神圣的力量习惯于通过把人们当中被认为是辉煌的东西显示给神经生来不正常的人们，从而诱使他们抱有既大且高的希望。(53)但不管怎样，奇迹贩子却总是在向这个约翰预言这类凭空臆造的东西，特别是预言他必然会披上奥古斯都[②]的外袍。(54)原来在拜占庭

① 公元549年，我国南朝梁武帝太清三年。

② 奥古斯都(Augustus)在拉丁语中意为“庄严的、神圣的”，曾被用为罗马帝国第一位皇帝屋大维的尊号。

便有一位名叫奥古斯都的神父,他的职务是看守索菲亚神殿的财宝。(55)因此在约翰被剥夺了权力并且被强制宣布有担任神父高位的资格之后,由于他没有适合神父的外袍,于是负责此事的人们便迫使他穿上了在他近旁的这个奥古斯都的上衣和外袍,而这样一来,我想他的预言也便实现了。

汪达尔战争史第一卷

（战争史第三卷）

一

（1）对皇帝优斯提尼安来说，波斯战争最后的结果就是这样了；下面我就要谈一谈有关他对汪达尔人和玛乌里人所进行的战争的一切。但首先我要谈一谈，当大群的汪达尔人来到罗马人的土地上时，他们是从什么地方来的。（2）在表明自己是人间最公正的人物之一和一位出色的战士的罗马皇帝提奥多西乌斯去世[①]之后，他的王国由他的两个儿子来继承，长子阿尔卡狄乌斯继承东部，次子荷诺里乌斯继承西部。（3）但是罗马权力的这种分割有如早在康士坦丁和他的儿子们的时代[②]；因为他把他的政府迁往拜占庭，他扩充了这座城市，使它变得远比先前更加有名，并且用自己的名字为它命名。

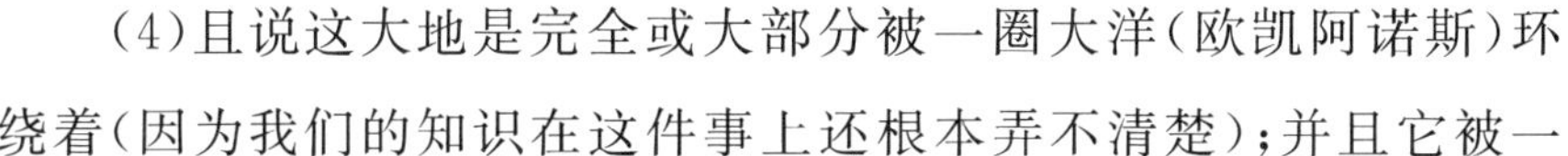

（4）且说这大地是完全或大部分被一圈大洋（欧凯阿诺斯）环绕着（因为我们的知识在这件事上还根本弄不清楚）；并且它被一

---

① 公元395年1月17日。时当东晋孝武帝太元二十年。

② 即历史上的康士坦丁王朝。康士坦丁（280年代后期～337）史称康士坦丁大帝，306至337年在位，他死后三个儿子的统治先后延续到360年代初期。

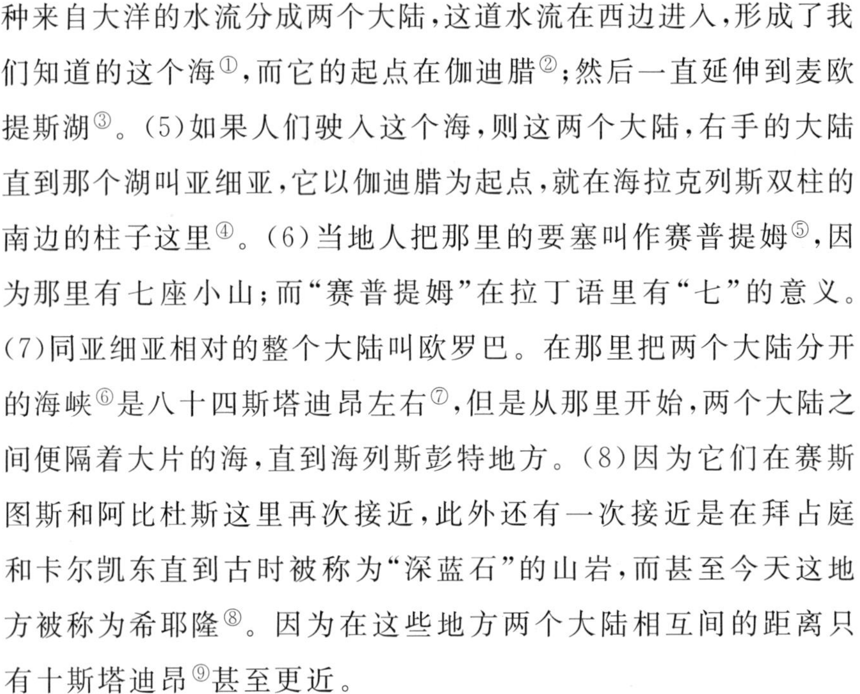

种来自大洋的水流分成两个大陆，这道水流在西边进入，形成了我们知道的这个海[①]，而它的起点在伽迪腊[②]；然后一直延伸到麦欧提斯湖[③]。(5)如果人们驶入这个海，则这两个大陆，右手的大陆直到那个湖叫亚细亚，它以伽迪腊为起点，就在海拉克列斯双柱的南边的柱子这里[④]。(6)当地人把那里的要塞叫作赛普提姆[⑤]，因为那里有七座小山；而“赛普提姆”在拉丁语里有“七”的意义。(7)同亚细亚相对的整个大陆叫欧罗巴。在那里把两个大陆分开的海峡[⑥]是八十四斯塔迪昂左右[⑦]，但是从那里开始，两个大陆之间便隔着大片的海，直到海列斯彭特地方。(8)因为它们在赛斯图斯和阿比杜斯这里再次接近，此外还有一次接近是在拜占庭和卡尔凯东直到古时被称为“深蓝石”的山岩，而甚至今天这地方被称为希耶隆[⑧]。因为在这些地方两个大陆相互间的距离只有十斯塔迪昂[⑨]甚至更近。

(9)且说海拉克列斯双柱之间的距离，如果一个人沿着海岸走，不绕过伊奥尼亚湾和被称为埃乌克西努斯的海，而是从卡尔凯

---

① 即地中海，西方古籍例如圣经中的“大海”或“我们的海”一般都指地中海。

② 今天的加的斯(Cadiz)。

③ 今天的亚速海。

④ 阿比拉(Abila)。

⑤ Septem 或 Septem Fratres。

⑥ 大多数西方古代地理学家把有人居住的世界分成三个大陆，也有分成两个大陆的，在两分法方面，阿非利加应属于亚细亚或欧罗巴这一点上有争论。参见拙译撒路斯提乌斯:《朱古达战争》，第 17 章。

⑦ 约 15.54 公里。

⑧ ‘Iερòν，来自‘Iερós 意为“神圣的”。

⑨ 约 1.85 公里。

东[1]渡过去到拜占庭并且从德律欧斯[2]到对面大陆的话，那么这便是一个轻装者的二百八十五天的路程。(10)至于埃乌克西努斯海周边、从拜占庭延伸向湖[3]那里的土地，关于那里的一切我就无法说得确切了，因为也被称为多瑙河的伊斯特河那面的土地，是因蛮族的关系罗马人根本不可能穿行沿海的地带——但确实下述的情况不算在内，即从拜占庭到伊斯特河的河口是二十二天的路程，如果有人加以计算的话，这一段应当加到欧罗巴的行程之内。(11)而在亚细亚的一方，也就是说从卡尔凯东到发源于科尔奇斯人的土地而注入彭图斯海的法吉斯河要四十天才能走完。(12)因此，至少就沿海的距离而论，全部罗马领土的长度是三百四十七天路程，如果，如上所述，人们渡过从德律欧斯起有大约有八百斯塔迪昂[4]的伊奥尼亚湾的话。要知道，渡过这个海湾少说也得四天[5]。古时罗马帝国的规模就是这样。

(13)掌握西部权力的人管辖利比亚的大部分地区，这是九十天的路程——这便是从伽迪腊到利比亚的特里波利斯的边界的距离。(14)在欧罗巴，他得到的那部分领土是七十五天的行程。

① 今天的卡地·克维(Kadi Keui)。

② 更正确的拼法是叙德路斯(Hydrous)，拉丁语的名称是叙德伦图姆(Hydrumfum)，即今天的奥特兰托(Otranto)。对面大陆在奥隆(Aulon)，今天的阿夫洛那(Avrlona)。

③ 即麦欧提斯湖。

④ 约合148公里。

⑤ 这四天加上前面所说的285天，22天和40天总计是351天。

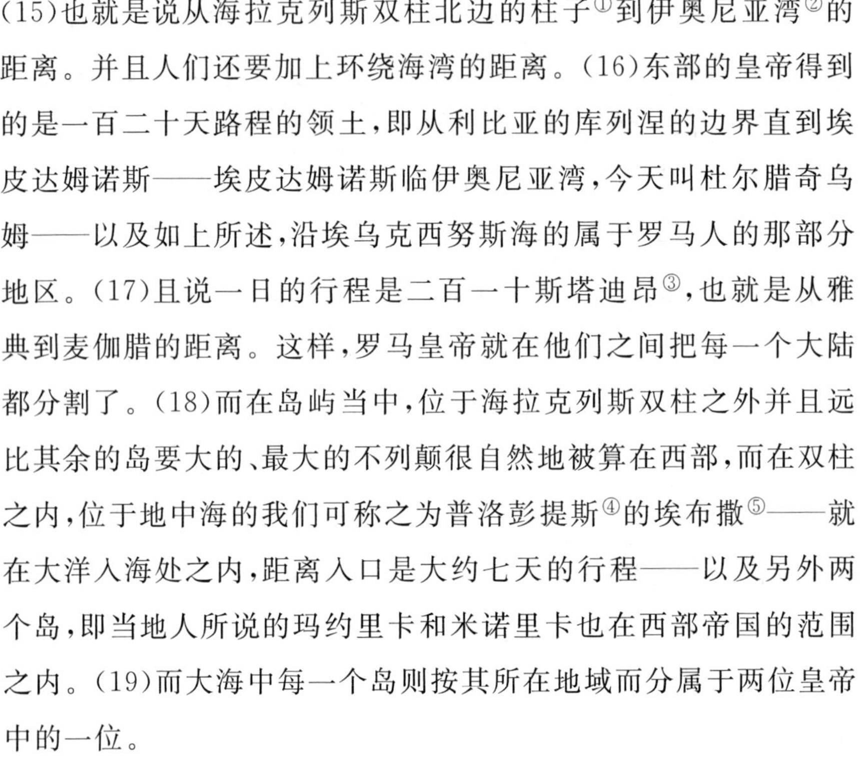

(15)也就是说从海拉克列斯双柱北边的柱子[①]到伊奥尼亚湾[②]的距离。并且人们还要加上环绕海湾的距离。(16)东部的皇帝得到的是一百二十天路程的领土,即从利比亚的库列涅的边界直到埃皮达姆诺斯——埃皮达姆诺斯临伊奥尼亚湾,今天叫杜尔腊奇乌姆——以及如上所述,沿埃乌克西努斯海的属于罗马人的那部分地区。(17)且说一日的行程是二百一十斯塔迪昂[③],也就是从雅典到麦伽腊的距离。这样,罗马皇帝就在他们之间把每一个大陆都分割了。(18)而在岛屿当中,位于海拉克列斯双柱之外并且远比其余的岛要大的、最大的不列颠很自然地被算在西部,而在双柱之内,位于地中海的我们可称之为普洛彭提斯[④]的埃布撒[⑤]——就在大洋入海处之内,距离入口是大约七天的行程——以及另外两个岛,即当地人所说的玛约里卡和米诺里卡也在西部帝国的范围之内。(19)而大海中每一个岛则按其所在地域而分属于两位皇帝中的一位。

二

(1)而当荷诺里乌斯在西方掌握帝国大权的时候[⑥],蛮族占有了他的国土;下面我就要说一说这些蛮族是什么人以及他们是怎

① 卡尔佩(直布罗陀)。

② 就是说不是停止在奥特兰托,人们还要把环绕亚得里亚海直到杜尔腊奇乌姆的海岸线算进去。

③ 约 38.85 公里。

④ 马尔马拉海。

⑤ 伊维扎(Iviza)。

⑥ 公元 395～423 年。

样做的。(2)在先前和在今天一样,有许多哥特人的民族,但其中最大的也是最重要的民族是:哥特人、汪达尔人、西哥特人和盖帕伊狄人。但是在古代,他们被称为撒乌若玛塔伊人和美兰克莱那伊人[①];还有些人称这些民族为盖提克人。(3)所有这些人,如上所述,虽然他们的名称有所区别,但是在所有其他方面却根本没有任何区别。(4)因为他们全身的皮肤是白的,头发是金色的,又都是高大而且看起来是漂亮的,并且他们使用相同的法律,信奉同一个宗教。(5)他们信奉的都是阿里乌斯派的基督教[②],使用的是一种语言即哥特语。我则以为他们最初都来自一个部族,后来因每一群体领导者的名字才有所区分。(6)这个民族自古以来便一直定居在伊斯特河以北的地区。后来盖帕伊狄人占有了伊斯特河两侧西恩吉都努姆[③]和西尔米乌姆[④]周边的地区,甚至到我的时期他们还住在那里。

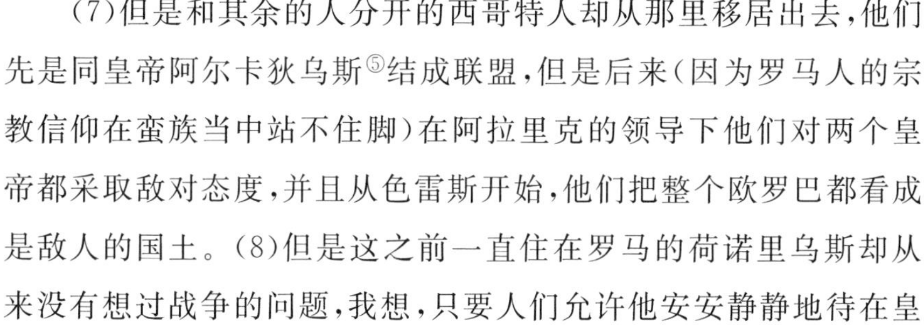

(7)但是和其余的人分开的西哥特人却从那里移居出去,他们先是同皇帝阿尔卡狄乌斯[⑤]结成联盟,但是后来(因为罗马人的宗教信仰在蛮族当中站不住脚)在阿拉里克的领导下他们对两个皇帝都采取敌对态度,并且从色雷斯开始,他们把整个欧罗巴都看成是敌人的国土。(8)但是这之前一直住在罗马的荷诺里乌斯却从来没有想过战争的问题,我想,只要人们允许他安安静静地待在皇

① "黑衣人"。

② 由基督教神学者、利比亚人阿里乌斯创立的教派,反对三位一体之说,反对教会占有财富,因而被正统教会视为异瑞,但受到贫苦群众的拥护。

③ 今天的贝尔格莱德。

④ 今天的米特罗维茨。

⑤ 拜占庭帝国的第一个皇帝,生于377年左右,395～408年在位。

宫里他便心满意足了。(9)不过当有人传话来说蛮族大军业已临近,正在陶兰提伊人的地区[①]的什么地方时,他便放弃了皇宫并且慌慌张张地逃到正好大约位于伊奥尼亚湾的终点的一个设防坚固的城市拉温那。(10)另一方面,还有人说是他本人把蛮族引进城的,因为他的臣民发动了反对他的叛乱;但是,至少就人们对此人的品格所能作的判断而论,我认为这个说法是不可信的。(11)蛮族发现没有敌对的军队同他们对抗,就变成了世界上最残酷的人。原来他们把他们攻占的所有城市,特别是伊奥尼亚湾以南的城市全部摧毁,而且摧毁得如此彻底,乃至直到我的时代也没有留下任何可借以辨认的东西,确实,除非是偶尔会留下一座塔楼、一座门或诸如此类的东西。(12)并且他们杀死他们遇到的所有的人,不分老幼,妇女儿童也不放过。为此直到今天意大利都是人烟稀少的。(13)他们从整个欧罗巴搜刮金钱作为战利品,而特别重要的一点是,当他们去高卢时,他们在公私财富方面没有给罗马留下任何东西。下面我就要谈一谈阿拉里克是怎样攻克了罗马的。

(14)原来他为了围攻罗马已经用去了很多时间,但无论用武力还是用任何其他办法都无法攻克那里,于是他便想出了如下的计划。(15)在军队中刚刚成年但是还没有长出胡须的青年人当中他选出了他知道出身高贵又有超出他们的年龄的勇气的三百人,并偷偷地告诉他们,他将把他们假装成奴隶送给某些罗马贵族。(16)他指示他们,一旦他们进入这些贵族的家庭,他们应当表现得十分温驯谦和,他们的主人不管交给他们什么任务他们都应当尽

① 在伊利里库姆。

心竭力地去做;(17)他还指示他们,不久之后,在指定的一日的正午时分,当所有他们的主人在用完午餐之后很可能已经入睡的时候,他们应当都到撒拉里亚门这里来,以突袭的行动杀死先前对阴谋一无所知的守卫,然后尽快地打开城门。(18)在对青年们发布了这样的命令之后,阿拉里克立刻派遣使节到元老们那里去,说他对元老们对他们的皇帝的忠诚表示钦佩,并且由于他们显然高度拥有的勇敢与忠诚,他不愿再打扰他们,而且为了使他本人的标记能以保存在高贵和勇敢的人们当中,他愿意赠给他们每一个人一些仆从。(19)在作了这样的声明并且在不久后把青年人送去之后,他便命令蛮族做离去的准备,还要罗马人知道这件事情。(20)罗马人高兴地听取了这番话,而在收到了礼物之后开始感到极端欢喜,因为他们一点也不知道蛮族的阴谋。(21)那些青年由于对主人非常驯顺所以不受怀疑,而在营地里已经看到有些人离开了自己的岗位并撤销包围了,而看来另一些人也正准备干同样的事情。(22)但是当指定的日子到来时,阿拉里克便把他的全军武装起来准备进攻,并且正在使他们在撒拉里亚门近旁待命。要知道,在围攻一开始时他就是在那里设营的。(23)在那天约定的时刻,所有的青年都来到撒拉里亚门这里,他们对守卫的士兵发起突然的进攻并杀死了他们;然后他们打开了城门把阿拉里克和他的军队从从容容地接进了城[①]。(24)他们放火烧掉了城门附近的房屋,其中也有写过罗马人的历史的撒路斯提乌斯[②]的房屋,直到我的时代,这所

① 时当公元410年8月24日。

② 撒路斯提乌斯保存下来的两部历史专著《喀提林阴谋》和《朱古达战争》已由本书译者译出。

房屋的大部分烧残的遗址还在那里;他们在劫掠了全城并且杀害了大多数罗马人之后,便继续前行了。(25)据说当时在拉温那的皇帝荷诺里乌斯从一个宦官(这个宦官是负责饲养家禽的)那里得到罗马已经灭亡这个消息之后竟然叫了起来,说:"可是它刚才还从我的手里吃东西呢!"(26)原来他养的一只非常大的公鸡就叫罗马;宦官了解他的话的意思,就说,是罗马城在阿拉里克手里灭亡了,这时皇帝才宽慰地叹了口气赶忙回答说:"我的好人儿,可我还以为是我的公鸡罗马死了呢!"据说这位皇帝就昏庸到如此程度。

(27)但是也有人说阿拉里克并不是用这个办法攻占了罗马的,而是一个在罗马元老阶级中十分有钱而又有名的女人普罗巴看到罗马人正在为饥饿和其他苦难折磨致死而对他们有了怜悯之情;因为他们甚至已经要互相吃对方的肉了;而在看到他们已经不复有任何希望的时候,并由于河流与港口也都在敌人手里,据说她于是下令自己的仆人们在夜间打开了城门。

(28)而当阿拉里克正要离开罗马时,他便把他们的一位贵族阿塔路斯宣布为罗马人的皇帝,给他戴上王冠,披上紫袍,还给他以象征皇帝地位的其他各种标识。他这样做的目的是想使荷诺里乌斯离开皇位,并把西部的全部统治大权交给阿塔路斯。(29)于是阿塔路斯和阿拉里克便带着这一目标率领一支大军向拉温那进发。但是这个阿塔路斯他本人既不能明智地思考,也不听从有智慧可以奉献的人的意见。(30)在阿拉里克无论如何也不同意这个计划的时候,阿塔路斯却把没有一支军队的统帅们派到利比亚去。这些事情发生的经过就是这样。

(31)不列颠岛对罗马人发动了叛乱,那里的士兵推选了一个相当有地位的人康士坦丁做他们的国王[①]。他立刻集合了一支船队和一支庞大的军队并且带领着一支大军进攻西班牙和高卢,想奴役这两个国家。(32)但是荷诺里乌斯正有一批船准备在那里,等待着看利比亚会发生什么事情,而这是为了:如果阿塔路斯派出的那些人被击退,那他本人可以从海路去利比亚并且保有他自己的王国的某一部分,而另一方面,如果那里的情况对他不利,他可以到提奥多西乌斯那里去,和他待在一起。(33)因为阿尔卡狄乌斯早就死了,而他的儿子当时还是个年纪很小的孩子[②]便掌握了东部的统治权[③]。(34)但是正当荷诺里乌斯热切地等待着这些事件的结果并且因不能确定的命运而寝食难安的时候,却遇到了一些极为幸运的事情。(35)原来上帝对那些既不聪明、也没有能力自己策划任何事情的人们,当他们处于极度绝望状态之中的时候,只要他们不是邪恶的,习惯上总是会来支援他们并给他们以帮助的。这样的事情确实在这位皇帝身上发生了。(36)原来从利比亚方面突然传来消息说,阿塔路斯的将领们被杀死了,并且从拜占庭方面前来支援的一支载有大量士兵的船队就在跟前,尽管他不曾指望他们会来,还有消息说阿拉里克和阿塔路斯发生了争吵并剥夺了阿塔路斯的王位,现在阿塔路斯正以一介私人的身份被阿拉里克监管起来。(37)但是后来阿拉里克病死了,而在阿道尔夫斯领导下的西哥特人的军队便开进了高卢,而在战斗中被打败的康

① 事在公元407年,即我国东晋安帝义熙三年。

② 他继位时是七岁。

③ 他的统治时期是408～450年。

士坦丁和他的儿子们都死了[①]。(38)不过罗马人再也未能收复不列颠,而从那时起它便处于僭主的统治之下了。(39)而哥特人在渡过了伊斯特河之后先是占领了潘诺尼亚,随后由于皇帝的授权,他们便定居在色雷斯的国土之上了。(40)他们在那里过不了多久便征服了西部。但这要在有关哥特人的记载里来叙述了。

三

(1)再说居住在麦奥提斯湖周边的汪达尔人,他们为饥饿所迫而同属于哥特人的阿拉尼人联合起来向现在被称为法兰克人的日耳曼人的国土和莱茵河方面移动。(2)随后在哥狄吉斯克路斯的领导下他们又进入西班牙并定居在那里,罗马帝国在大洋方面的领土西班牙是第一块。当时荷诺里乌斯和哥狄吉斯克路斯有一项协定,规定他们可以定居在那里,但不能给当地造成损害。(3)但是罗马人有一条法律,即如果任何人未能保住他们自己的财产,并且如果在这期间时间已经过去了满三十年,那么这些人从此将无权向把他们强力驱出的人们提出控诉,而抗辩者可以禁止他们再上法庭[②];而有鉴于此,他又制定了一条法律,规定不管汪达尔人在罗马的领土上生活多长时期,这段时期都不能用任何办法算到这个三十年的抗辩者身上去。(4)而当西部被荷诺里乌斯搞到这

① 事情发生在公元411年。

② 这就是说,实际的占有者可以以抗辩者的身份对付先前的主人要求归还自己财产的行动,依据则是他已占有三十年或更多的时间。新法律延长了被逐出的所有主可以恢复自己财产的期限,办法是:只要涉及汪达尔人占有该地区的年代,占有者不许提出任何抗辩。

种走投无路的地步的时候，他因病而故去了[①]。而在这之前，事实上皇权已经由荷诺里乌斯和康士坦丁分享了；康士坦丁是阿尔卡狄乌斯和荷诺里乌斯的姊妹普拉奇狄亚的丈夫；但是此人生前行使这一权力只有几天的时间在荷诺里乌斯还在世时便因重病死去了[②]，因此他从来没有说过或做过任何值得记述的东西；要知道，他在世时掌握皇权的时间是不够的。（5）不过这个康士坦丁却有一个刚刚断奶的孩子瓦伦提尼安在提奥多西乌斯的宫中抚养着，但是罗马皇家宫廷的成员却选出了那里一个名叫约翰的士兵为皇帝。（6）这个人既温和又十分贤明，而且对战事也十分精通。（7）总之他的僭主之治持续了五年[③]，他的统治是有节制的，既不听信谗言，也不进行不公正的杀害，至少不是有意地，也不去掠夺人们的钱财，但是事实表明他根本不能干任何反对蛮族的事情，因为他同拜占庭处于敌对的关系。（8）为了对付这个约翰，阿尔卡狄乌斯之子提奥多西乌斯派出了一支大军并以阿斯帕尔和阿斯帕尔之子阿尔达布里乌斯为将领，他们从约翰手中夺回了统治权并把它交给了还是个孩子的瓦伦提尼安。（9）瓦伦提尼安生俘了约翰，割下了他的一只手之后把他带到了阿奎列亚的赛马场，让他骑在驴背上示众，随后经过那里的戏剧演员们在语言和行动上的百般虐待之后，此人才被处死。这样，瓦伦提尼安便接过了西部的统治大权[④]。（10）但他的母亲普拉奇狄亚是以一种完全娇惯的方式抚

① 公元423年8月27日。

② 这是公元421年的事。

③ 作者此处误记，他实际上只统治了18个月。

④ 时当公元426年，即我国南朝宋文帝元嘉三年。

养和教育这个小皇帝的,因此他从小便学了很多坏东西。(11)原来他通常总是和巫师以及热心于占星术的人们交往,尽管他娶的是一个绝色美女,但他又是一个极为狂热的专门勾引他人妻子的好色之徒,所以他的行为使他声名狼藉。(12)不仅这种情况是确实的,而且他还未能为帝国收复先前它被人侵夺的任何东西,并且他除了先前丧失的领土之外又丢掉了利比亚,自己也送了命。(13)他死去时他的妻子儿女也就成了俘虏[①]。利比亚的灾难发生的情况有如下述。

(14)罗马有两位将领阿伊提乌斯和波尼法提乌斯,他们都是至少不比当时任何人差的特别勇敢的和身经百战的人物。(15)这两个人在国事问题上有不同意见,但是他们在每一方面都达到如此程度的崇高与卓越,乃至如果有人把他们二人之中的任何一人称为"最后的罗马人"[②],那他也不会弄错的,说罗马人的一切优秀品质都集中到这两个人身上那也是千真万确的。(16)这两人当中的一人波尼法提乌斯被普拉奇狄亚任命为全利比亚的统帅。不过这个任命并不符合阿伊提乌斯的心愿,可是他绝不显露出这样一个事实,即这事并不使他高兴。要知道,他们之间的龃龉还没有为世人所知,而是隐藏在每个人的面容的后面。(17)但是当波尼法提乌斯出了问题的时候,阿伊提乌斯便在普拉奇狄亚面前诽谤他,说他树立了僭主之治并且从她和皇帝手中夺走了整个利比亚,并

① 时当公元455年,即我国南朝宋孝武帝孝建二年。

② 指刚正不阿、品格正直的罗马共和国的代表人物,罗马历史上的一些著名人物如小加图(前95～46)、布路图斯(前85～42)、隆吉努斯(?～前42)都曾被人称颂为"最后的罗马人"。

且阿伊提乌斯还说，要发现事情的真相很容易；要知道，如果她要把波尼法提乌斯召到罗马，那他是绝不会来的。(18)这位妇女听到这话之后，她认为阿伊提乌斯的话有道理，她也就照办了。但是阿伊提乌斯却又抢在她前面暗中写信给波尼法提乌斯，说皇帝的母亲正在阴谋陷害他并且想把他除掉。(19)阿伊提乌斯并且向对方预言，关于阴谋将会有令人信服的证据；因为很快地他将会在根本没有任何理由的情况下被召。信里告诉对方的便是这些。(20)波尼法提乌斯并不忽视这一消息，因为那些召他去见皇帝的人们一经到来时，他便对皇帝和他母亲采取不理会的态度，但是却没有向任何人透露阿伊提乌斯的警告之事。(21)因而当普拉奇狄亚得知此事时，她感到阿伊提乌斯对皇帝的事业极为忠诚，便考虑起波尼法提乌斯的问题来。(22)而波尼法提乌斯这方面，由于他认为他自己无法同皇帝对抗，并且由于他如果返回罗马，显然他不会得到任何安全的保障，于是便开始安排这样一个计划，即，如果可能的话，他可以同汪达尔人结成防御联盟，因为如前所述，他们正居住在离利比亚不远的西班牙。(23)在那里，哥狄吉斯克路斯已经去世，王权已落入他的两个儿子之手，一个是他正式的妻子所生，名叫恭塔里斯，一个是他的私生子吉泽里克①。(24)但前者还是个孩子并且并不十分好动，而吉泽里克在战争中却受到很好的锻炼并且是所有人们当中最聪明的。(25)波尼法提乌斯于是把他最知心的友人派到西班牙去，并且在完全平等的条件下得到了哥狄吉斯克路斯的两个儿子的拥护。他们约定：他们三个人当中的

① 此人也有拼写成盖泽里克(Gaiseric)或根泽里克(Genseric)的。

每一个人各自拥有利比亚的三分之一,他们应当统治他们自己的臣民;如果有敌人对他们三方的任何一方发动战争,他们应联合起来对付侵略者。(26)根据这一协定,汪达尔人于是渡过伽迪腊地方的海峡进入利比亚而西哥特人后来则定居于西班牙。(27)但是罗马方面波尼法提乌斯的友人没有忘记此人的品格并且认为他的行动太奇怪,因此想到波尼法提乌斯正在树立僭主之治而大为吃惊,于是他们的一些人奉普拉奇狄亚之命而去了迦太基。(28)他们在那里见到了波尼法提乌斯并且看到了阿伊提乌斯的信,他们在了解了全部经过之后,便尽快地返回了罗马,向普拉奇狄亚报告了波尼法提乌斯同她处于怎样的关系之中。(29)虽然这个女人大为吃惊,但是她对阿伊提乌斯没有任何不友好的表示,也没有为他对皇室的所作所为而责备他,因为他本人掌握很大的权力并且帝国的形势已经很不妙了;但是她向波尼法提乌斯的友人们透露了阿伊提乌斯提出的意见,并在发誓作出安全的保证之后,恳请波尼法提乌斯的友人们,如果可能的话,说服他返回祖国,不要使罗马人的帝国处于蛮族的统治之下。(30)而在波尼法提乌斯得知这一情况之后,他后悔自己的行为和他同蛮族缔结的协定,于是他便不断地请求他们离开利比亚,并且答应给他们各种各样的好处。(31)但是由于对方并不同意他的建议,而认为他们正在受到侮辱,于是他被迫同他们作战,而在战斗中被他们打败之后便退到希波·瑞吉乌斯[①]去,这是努米地亚临海的一座设防坚固的城市。(32)由吉泽里克率领的汪达尔人在那里设营并开始了围攻;因为

① 今天的波那(Bona)。

恭塔里斯已经死了。据说,他是死在他的哥哥的手里的。(33)但是汪达尔人并不同意提出这种说法的人们,他们说恭塔里斯是在西班牙作战时被日耳曼人俘虏后在木桩上被戳死的,而当吉泽里克率领汪达尔人进入利比亚时,他已经是唯一的统治者了。确实我听汪达尔人是这样说的。(34)但是过了很久,由于他们无论用武力还是用劝降的办法都不能拿下希波·瑞吉乌斯,由于在这同时他们又正在受到饥饿之苦,于是他们便撤去了包围的士兵。(35)稍后,因为从罗马以及拜占庭开来了由阿斯帕尔带领的一支人数众多的军队,于是波尼法提乌斯和利比亚的罗马人决定重启战端,而在一场激烈的战斗之后,罗马人在敌人手下遭到惨败,因而赶忙各自尽其所能地逃跑了。(36)阿斯帕尔本人回国去了,而波尼法提乌斯则来到普拉奇狄亚这里说明自己完全是因受诬陷而被怀疑的,从而洗清了自己被怀疑不忠的罪名。

四

(1)汪达尔人以这种方式从罗马人手中夺取了利比亚之后,便把它变成自己的领土。而他们生俘的敌人都被他们变成奴隶监管起来。(2)在这些俘虏里有一个玛尔奇安后来在提奥多西乌斯去世后做了皇帝。(3)当时吉泽里克曾下令把俘虏都带到国王的庭院里来,而经他过目之后他才可以知道他们每个人能够有资格侍奉怎样的主人。(4)当他们于正午时分在露天下集合起来时,由于是在夏天,他们苦于烈日而坐了下来。在他们当中的某个地方,玛尔奇安在根本无人注意的情况下睡着了。(5)于是据说有一只鹰张开双翼飞在他上面,并且总是在空中同一个地方盘旋,用它的影子只遮盖玛尔奇安一个人。(6)吉泽里克从楼上看到正在发生的一切之后,由于他是一个识别能力极强的人,便怀疑这是上天垂示的朕兆,于是他把这个人召来,问他是什么人。(7)对方回答说他是阿斯帕尔的机要顾问;罗马人用他们本国的语言把这样的人叫做“多美斯提库斯”。[①] (8)吉泽里克听了这话之后,先是考虑那只鹰的活动的意义,随后他又记起了阿斯帕尔在拜占庭有多大的权力,因而他明显地认识到,这个人正走在取得皇帝大权的道路上。(9)于是他认为此人绝不应杀掉,他的理由是:如果他把此人消灭掉,那么很明显,那只鹰作出的行动便毫无意义了(要知道,它是不会用它的影子向一位立刻就会死去的国王表示敬意的。),并且他还感到这样就是在没有任何正当理由的情况下把玛尔奇安杀掉;可是,另一方面,如果此人注定后来要成为国王的话,那他绝不会有权力处死他;因为对于上帝决定的事情,一个人的决定是绝对阻止不了的。(10)但是他要玛尔奇安发誓保证,如果他有这个权力,至少他绝不会拿起武器来反对汪达尔人。这样玛尔奇安便被释放并且返回了拜占庭,而后来提奥多西乌斯去世,他便接过了帝国的统治大权[②]。(11)而在所有其他方面他都表明是一个好皇帝,但是他却根本不关心利比亚方面的事情。但这是后来的事情了。

(12)当时在战斗中打败了阿斯帕尔和波尼法提乌斯的吉泽里克却表现出了值得一记的先见之明,为此他使自己的好运得到了彻底的巩固。(13)原来他担心如果一旦从罗马和拜占庭再有一支

① domesticus. 拉丁语中还有“家人”、“门客”的意思。

② 事在公元 450 年,即我国南朝宋文帝元嘉二十七年。

军队派来反对他，汪达尔人便不能用同样的兵力并享受同样的好运了（因为人间的事情经常为上天所推翻并且由于人体的软弱而失败），故而他并不因他享有的好运而忘乎所以，而是因为有所畏惧而变得有节制，于是他便和皇帝瓦伦提尼安缔结了一个条约，约定每年他都从利比亚向皇帝纳贡并且交出自己的一个儿子荷诺里克作为人质，以便使这条约得到信守。(14)这样，吉泽里克既在战斗中表明自己是一个勇敢的人，又尽可能稳固地保住了胜利的果实，并且由于两个民族之间的友谊大大增进，他接回了自己的儿子荷诺里克。(15)而在这之前，普拉奇狄亚死在罗马，而在她之后她的儿子瓦伦提尼安也死了，他没有男性子嗣，而只有埃乌多克西亚——提奥多西乌斯的女儿——给他生的两个女儿。下面我就说一说瓦伦提尼安是怎么死的。

(16)有一个名叫玛克西姆斯的罗马元老是玛克西姆斯[①]家族出身的人；过去夺取过帝国统治大权的那个玛克西姆斯是被老提奥多西乌斯[②]推翻并处死的，为此罗马人每年都庆祝那因打败玛克西姆斯而得名的节日。(17)这个小玛克西姆斯娶了一个品行端正但因其美貌而极为有名的女人。因此之故瓦伦提尼安便有意娶这个女人为妻。(18)虽然他极想见到她，但是做不到这一点，于是他策划了一个不光彩的勾当并付诸实现。(19)他把玛克西姆斯召到皇宫，同他一道坐在那里玩棋并且规定输的一方要付一笔钱作为罚金；(20)在比赛中皇帝赢了，得到玛克西姆斯的戒指作为约定

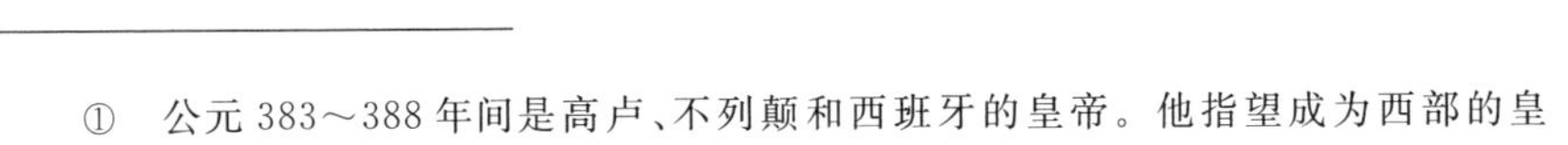

① 公元383～388年间是高卢、不列颠和西班牙的皇帝。他指望成为西部的皇帝，因而进攻意大利，但是被提奥多西乌斯打败和处死。

② 提奥多西乌斯一世。

款项的抵押品。于是皇帝把这戒指送到玛克西姆斯之家,指令送信人告诉对方的妻子,要她尽快到皇宫来以便向皇后埃乌多克西亚致敬。(21)她从戒指来判断,知道送信人是从玛克西姆斯那里来的,于是上了她的抬床[①],被送到了皇帝的宫廷。(22)她受到了皇帝指派的专人的接待并被带到离妇女居室很远的一间房屋,而瓦伦提尼安便在那里见到她并完全违反她个人意愿地强奸了她。(23)在这次强暴之后她哭着去了她丈夫之家,并且由于她的不幸而感到极大的悲痛,她并且痛骂玛克西姆斯,因为是他提供了这一丑行的借口。(24)因而玛克西姆斯对已经发生的事情感到极为气愤,于是立刻开始策划了反对皇帝的阴谋;但是由于他看到阿伊提乌斯的力量极为强大——因为不久前他打败了率领玛撒该塔伊人和其他斯奇提亚人的一支大军进攻罗马领土的阿提拉——故而认为阿伊提乌斯在这件事上会是他的一块拦路石。(25)经过考虑之后,他认为更好的办法是把阿伊提乌斯加以消灭,却完全没有注意到这样一个事实,即罗马人的全部希望都集中到他一个人身上。(26)而由于侍候皇帝的宦官对他都很好,于是他便由他们出主意说服皇帝,要他相信阿伊提乌斯正在着手发动一场叛乱。(27)瓦伦提尼安判断这消息是真实的,其依据只是阿伊提乌斯的权力和勇敢,于是便把他处死了[②]。(28)于是有一个罗马人由于他说的一句话而立刻使自己出名了。原来当皇帝问他,处死阿伊提乌斯一事做得对不对的时候,他回答说,关于这件事他无法知道他做得

① 类似滑竿之类的代步工具,但它是有顶盖的一个床,通常由四个人抬着。

② 事在公元 454 年 9 月 21 日。

对或也许是另外的情况，但有一件事他了解得极为清楚：这便是他用另一只手切断了他的右手。

(29)因此在阿伊提乌斯死后，阿提拉由于无人能同他抗衡[①]而毫不费力地劫掠了整个欧罗巴并使两个皇帝从属于他，向他纳贡。因为皇帝们每年都把贡金给他送去。(30)当时，就是当阿提拉围攻位于伊奥尼亚湾上手并且离海不远的一座人口极多的大城市阿奎列亚时，据说他遇到这样一件幸运事。(31)原来人们讲了这样一个故事，那就是：当他无论用武力还是用任何其他办法都无法攻占该地时，他于是在绝望中放弃了持续了很长时期的围攻并且下令全军立即做离去的准备，以便在第二天日出时所有的人都能离开那里。(32)于是第二天在日出时分蛮族便撤退了包围的军队并已经开始离去了，但这时在城墙一个塔楼上筑巢育雏的一只雄鹳，突然飞起，带着雏鹳离去。(33)父鹳正在飞翔，而幼鹳由于没有飞去的充分准备，所以时而和它们的父亲同飞，时而又骑在父亲的背上，这样它们便远远地飞离了城市。(34)据说阿提拉看到这一情况之后(要知道，在理解和说明一切事物上面，他是极为聪明的)，便下令军队仍旧留在原地，他还说，这事一定预示这地方不久会遇到某种灾祸，否则这鹳是不会随便带领着幼雏飞去的。(35)传说军队再次留下来进行围攻，并且在那不久之后，一部分城墙——正是鹳巢所在的那部分城墙——没有明显的理由便突然坍塌了，这样敌人便能以从那里攻入，而阿奎列亚也便在猛攻之下陷落了。以上便是有关阿奎列亚的故事。

① 作者在这里误记，事实是阿提拉死在阿伊提乌斯之前。

(36)后来玛克西姆斯不费什么力气便杀死了皇帝并树立起了自己的僭主统治[1],并且强行娶埃乌多克西亚为妻。因为他原来结婚的妻子早就去世了。有一次私下里他对埃乌多克西亚说,正是为了对她的爱,他才干出了他已做出的一切的。(37)由于甚至在那时以前她对玛克西姆斯便感到厌恶并希望为瓦伦提尼安遭到的伤害向玛克西姆斯进行报复,所以这番话进一步激发了对他的愤怒并使她要实现她的计谋,因为她曾听玛克西姆斯说,正是由于她的缘故,她的丈夫才遭到不幸的。(38)一旦那一天到来,她便派人去迦太基请求吉泽里克为瓦伦提尼安报仇——因为他是被一个不义之人以一种同他本人以及皇帝的身份不符合的方式害死的——并且解救她本人,因为她正在一个僭主的手下受着邪恶的对待。(39)她特别提醒吉泽里克,由于他是一位友人和联盟者,而皇室又遭到如此巨大的灾难,如果他不为皇帝报仇那是不符合上帝的意旨的。因为他认为拜占庭方面不会有任何复仇行动的,原来提奥多西乌斯已经去世而玛尔奇安接过了帝国的统治大权[2]。

五

(1)而吉泽里克没有别的任何理由而只是觉得他也许会弄到一大笔钱,便率领一个大舰队出发去意大利了。一路上无人阻拦,他来到罗马后便占领了皇宫。(2)当玛克西姆斯正在设法逃跑时,罗马人用石块攻击他并把他杀死,他们割下他的头和身体的其他

---

① 公元455年,即我国南朝宋孝武帝孝建二年。

② 公元450年3月17日。

每一部分并在他们中间分配了。(3)但是吉泽里克俘虏了埃乌多克西亚以及她本人和瓦伦提尼安之间所生的孩子埃乌多奇亚和普拉奇狄亚并且把极多的黄金和皇宫的其他宝物[①],以及青铜制品和皇宫任何其他东西一件不剩地装上自己的船驶向迦太基。(4)他还劫掠了卡皮托利努斯山上朱比特神的神殿并且拆下了它的半个屋顶。原来那屋顶是用质量最好的青铜盖的,并且青铜上面镀了极厚的一层黄金,所以它光辉灿烂极为壮观[②]。(5)但是吉泽里克手下的舰只,有一只载运雕像的据说迷失了,但是汪达尔人和所有其他的船只回到了迦太基湾里的港口。(6)吉泽里克于是把埃乌多奇亚嫁给了他的长子荷诺里克,而另一名妇女普拉奇狄亚由于已经是罗马元老院中最知名的人物欧律布里乌斯的妻子,他便应皇帝的请求,把她和她的母亲埃乌多克西亚一道送到拜占庭去了。(7)这时东方的统治大权已经掌握在由阿斯帕尔立为皇帝的列昂之手,因为玛尔奇安已经去世了[③]。

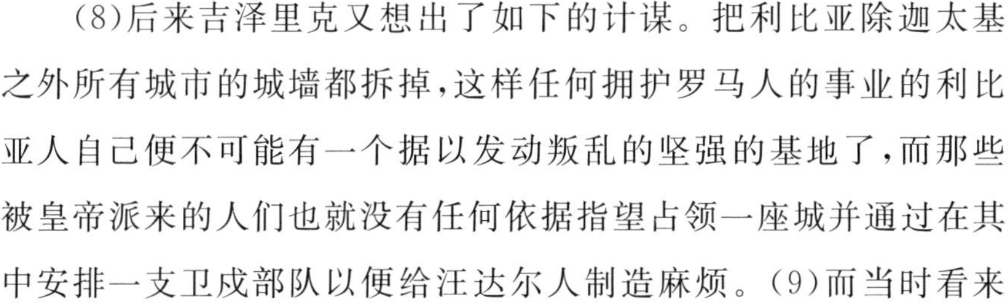

(8)后来吉泽里克又想出了如下的计谋。把利比亚除迦太基之外所有城市的城墙都拆掉,这样任何拥护罗马人的事业的利比亚人自己便不可能有一个据以发动叛乱的坚强的基地了,而那些被皇帝派来的人们也就没有任何依据指望占领一座城并通过在其中安排一支卫戍部队以便给汪达尔人制造麻烦。(9)而当时看来

① 包括提图斯(79～81 年在位)从耶路撒冷带来的著名宝藏。参见本书第四卷,第九章,第 5 节。

② 多米提安单是镀金便用了 12,000 塔伦特(约合 20 世纪初第一次世界大战期间的二百四十万英镑)。

③ 公元 457 年,时当我国南朝宋孝武帝大明元年。

他的想法不错并且以尽可能是最安全的方式保证了汪达尔人的繁荣;但是后来当这些没有城墙的城市反而更加容易地、不费力地被贝利撒里乌斯所攻占时,吉泽里克于是注定要受到人们很多的嘲笑了,这样一时里他认为是贤明的办法,对他来说结果却办了蠢事。(10)要知道,当命运改变时,人们总是习惯于随着这种变化而对过去计划的东西改变自己的看法。(11)在利比亚人当中所有知名人士因其财富而声名显赫的那些人,都被他作为奴隶和他们的产业以及他们的全部钱财一道交给了他的儿子荷诺里克和根宗。因为最小的儿子提奥多茹斯已经去世了,并且身后没有任何男性或女性的子嗣。(12)他还剥夺了所有其余利比亚的为数十分众多而且是优良的地产并把它们在汪达尔人这个民族中间分配,结果这些土地直到今天还被称为"汪达尔人的地产"。(13)结果先前拥有这些土地的人们就变得极为贫困,但同时却成了自由人;他们有权去他们愿意去的任何地方。(14)吉泽里克还下令,他送给自己的儿子和其他汪达尔人的全部土地不应缴纳任何种类的租税。(15)然而所有那些他认为不好的土地,他却允许它们留在原来主人的手里,但是却给这些土地规定了应向政府缴纳的如此巨额的租金,乃至没有任何东西留给保留自己土地的人。(16)其中许多人经常遭到放逐或屠杀。(17)要知道,加给他们的罪名是多种多样的并且还是很重的罪名;但是有一项罪名看来是最严重的,那便是拥有自己的钱财的人把它藏了起来。利比亚人就这样遭受各种各样的灾难。

(18)他把汪达尔人和阿拉尼人编成中队,任命了不下八十个队长来领导这些中队，他把这些中队长叫作“奇利亚尔克”[①]，从而使人们看来他的现役的战斗队伍有八万人之多。(19)不过据说先前汪达尔人和阿拉尼人至少也有五万人。(20)但是，自从那时以来由于自然的繁殖再加上同其他蛮族的联合，他们变成了一个人数极多的民族。(21)不过阿拉尼人与所有其他蛮族的名称，除玛乌里之外，都归入汪达尔人的名下了。(22)当时在瓦伦提尼安死后，吉泽里克得到了玛乌里人的支持，并且每年春季开始时他们都入侵西西里和意大利，奴役一些城市，夷平另一些城市并且掠夺一切；而当那地方已没有人烟和金钱之后，他们便侵略东部皇帝的领土。(23)于是他们便劫掠了伊利里库姆和伯罗奔尼撒的以及其余希腊的大部分地方还有它近旁的所有岛屿。而且他再次去西西里和意大利，并且一直不断地轮番在所有各地烧杀掠夺。(24)有一天当他在迦太基港湾已上了船并且已张起了帆的时候，据说那舵手问他，他到底要他们去进攻什么人。(25)于是他回答：“显然是去进攻上帝对之发怒的那些人。”他便一直这样无缘无故地入侵他碰上的不管什么地方。

六

(1)由于汪达尔人干的这些事情，皇帝列昂希望对他们加以惩罚，因此他正在集合一支大军去对付他们；据说这支军队多达十万人左右。他还从整个东部地中海集合了一个大船队，而对待士兵和水手他都表现得十分慷慨，因为他担心紧缩的政策会使他的想

① 即“一千人的队长”，或译“千夫长”。

惩罚蛮族的愿望受到阻碍。(2)于是,据说,他毫无目标地就花费了一千三百肯特那里乌姆[①],但由于上天注定汪达尔人要被这次出征所消灭,他任命巴西利斯库斯为全军的统帅,此人是他的妻子贝里涅的兄弟;此人还极想取得皇帝的大权,并且认为如果他能争取到同阿斯帕尔的友谊,不经过斗争这大权便可到他手里。(3)原来作为阿里乌斯教派信徒的阿斯帕尔并无意改变自己的宗教信仰,因此他不能担任皇帝,但是他的权力很大,很容易把另一个人立为皇帝,并且看来已很有可能他会阴谋反对得罪了他的皇帝列昂。(4)因此据说,由于当时阿斯帕尔担心如果汪达尔人被打败,列昂会极为稳固地树立起自己的权力,因而他反复地敦促巴西利斯库斯,要他放过汪达尔人和吉泽里克。

(5)而在此时之前,列昂已经任命并派出了安塞米乌斯为西部的皇帝[②],此人是拥有巨大财富和高贵出身的元老院成员。列昂任命他的目的,是要他协助自己对汪达尔人作战。(6)但是吉泽里克却一直在要求并恳切地请求把皇帝的大权授予欧律布里乌斯,因为欧律布里乌斯是瓦伦提尼安的女儿普拉奇狄亚的丈夫,并且因为有亲属关系[③]所以对他抱有好感;而当他的这一请求失败之后,他就变得更加气愤并且不断掠夺皇帝的国土。(7)且说在达尔玛提亚有一个名叫玛尔凯利亚努斯的人,是同阿伊提乌斯相识的一位知名人士,但是在阿伊提乌斯像我前面所说的那样被处

① 相当十三万罗马磅的黄金,参见本书第一卷,第二十二章,第4节。

② 公元467年,我国南朝宋明帝泰始三年。

③ 普拉奇狄亚的姊妹埃乌多奇亚是吉泽里克的儿子荷诺里克的妻子。

死[①]之后，他便不再屈尊对皇帝表示服从，而是开始了一场叛乱并且使所有其他人也都不再效忠于罗马，这样因无人敢同他对抗，他本人便掌握了达尔玛提亚的大权。(8)但是皇帝列昂当时却下了很大功夫用甜言蜜语把这个玛尔凯利亚努斯争取过来并把他派往当时属于汪达尔人的撒地尼亚岛。此人赶走了汪达尔人并且根本没有费很大力气便占有了它。(9)而拜占庭方面又派出了海拉克莱乌斯去利比亚的特里波利斯，他在战斗中打败了那一地区的汪达尔人之后，容易地占领了那里的城市并且把船只留在那里，然后率领大军步行直趋迦太基。作为战争序曲的事件，其前后经过便是如此。

(10)但是巴西利斯库斯和他的全部舰队是停泊在离迦太基至少有二百八十斯塔迪昂[②]的一个城镇的(而这里恰好自古以来便有赫尔美斯[③]神的一座神殿，故而这个地方叫美尔库里乌姆，因为罗马人把赫尔美斯称为“美尔库里乌斯”)，如果他不是有意地表现得怯阵和犹豫，而是直接向迦太基发动进攻的话，那么在第一次突击时他就会把这个城市攻下来并且在对方甚至没有考虑到抵抗的情况下制服汪达尔人。(11)原来吉泽里克在接到报告说撒地尼亚和特里波利斯已被攻占时，他害怕列昂到如此程度乃至把列昂看成是一位不可战胜的皇帝，并且把巴西利斯库斯的舰队认成是据说罗马人先前从来不曾有过的舰队。但实际上，不知是出于怯

① 参见本卷第四章，第 27 节。

② 约合 51.8 公里。

③ 赫尔美斯(Hermes)，即希腊神话中诸神的信使，又是雄辩、商业、盗窃、道路之神，死者亡灵进入冥界也要靠他引路。

懦还是出于叛变,统帅的犹豫阻碍了这次成功。(12)而吉泽里克则利用巴西利斯库斯的疏忽做了如下的事情。他把所有自己的臣民尽可能完备地武装起来之后,把他的船都满载了士兵,但不是所有的船,因为他还准备了一些空船,也就是行驶得最快的船。(13)他把使者派到巴西利斯库斯那里去,请求对方把作战的日期延缓五天,为的是在这期间,他可以进行考虑并且做皇帝特别希望的那些事情。(14)人们还说,他还背着巴西利斯库斯的军队送去了大量的黄金,从而买到了这一停战协定。(15)而他这样做时,认为在这期间会刮起对他有利的风,而实际上这事确实发生了。(16)而巴西利斯库斯或是按照他已答应过的、为阿斯帕尔干一件好事,或是为了金钱而出卖战机,或是也许就认为这样做较好,反正是按照对方的请求做了,他静静地留在自己的营地,等待对敌人有利的时刻。

(17)但是一旦汪达尔人在他们休息期间一直期待的风为他们刮起来,他们立刻张起了帆,并且把前面所说的、他们准备好的没有人乘坐的船系上牵拉的绳索,然后驶向敌人。(18)而当他们逼近敌人时,他们便把他们拖来的、船帆因风而鼓起的船点起火来,让它们驶向罗马舰队。(19)由于那里的船只很多,这些船很容易把它们遇到的东西点着,而它们自身也立刻同它接触到的船只一道被烧毁了。(20)当火势这样地向前蔓延时,罗马舰队到处是一片喧嚣(这是很自然的)和可以同风和熊熊的烈火所造成的声音相匹敌的一种巨大的音响,而这时士兵和水手则相互高声发号施令并且用竿子推开着火的船以及他们自己一方的船,因为它们在一团混乱中正在相互被摧毁。(21)而汪达人

也已经来到近前，他们撞沉船只，俘获试图逃跑的士兵还有他们的武器。(22)但是在这次战斗中也有一些罗马人表明自己是勇敢的人，特别是约翰，约翰是巴西利斯库斯手下的一名将领，但是同他的叛卖活动没有任何关系。(23)由于有大群的人围在他的船只四周，他就站在甲板上从一面到另一面，在那里他一直在杀死许多敌人，而当他看到他的船正在被敌人拿捕的时候，他便全副武装地从甲板跳进海里。(24)尽管吉泽里克的儿子根宗极力请求他不要这样做，并且提出保证，答应给他安全，他仍然投入了大海，最后只说了一句话即约翰绝不能受狗的统治。

(25)这一战争就这样告终了，海拉克莱乌斯回家去了；因为玛尔凯利亚努斯被他的一个同僚军官背信弃义地杀死了。(26)巴西利斯库斯来到拜占庭之后，便成了伟大之神基督的圣堂（“索菲亚”[①]，拜占庭的人们便用这个名字称呼这座神殿，因为他们认为这个名称特别适合于上帝。）里一个恳求者[②]，并且，由于皇后贝里涅的干预，他逃脱了这一危险，但是在当时并不能取得皇位，而这正是他做的一切事情的目的所在。(27)原来不久之后皇帝列昂便在皇宫里除掉了阿斯帕尔和阿尔达布里乌斯[③]，因为他怀疑这两个人正在阴谋杀害他。于是发生了这些事件。

① 即希腊语之“智慧”。

② 作为要求赎罪的人。

③ 公元 471 年，我国南朝宋明帝泰始七年。

七

(1)西部的皇帝安赛米乌斯是死在他的女婿列奇美尔的手里[①],而继承皇位的欧律布里乌斯不久之后遭到了同样的命运。(2)当列昂也在拜占庭去世的时候[②],小列昂接过了帝国的统治大权,他是芝诺和阿里亚德涅(列昂的女儿)的儿子,当时刚生下来只有几天。(3)他的父亲被选中分享皇权之后,这孩子立刻便死掉了[③]。(4)玛约里努斯在这之前便取得了西部的权力,也应当给他记上一笔。原来这个玛约里努斯就其全部品德而论超过罗马所有担任过皇帝的那些人,他不能轻易忍受失去利比亚,而是集合了一支十分庞大的军队去对付汪达尔人并且来到了利古里亚,打算亲自率领这支军队去进攻敌人。(5)要知道,玛约里努斯在任何任务面前,尤其是面对战争的危险,从无半点犹豫。(6)但是他认为最好是先调查一下汪达尔人的实力和吉泽里克的品格,还要了解玛乌里人和利比亚人如何看待对罗马人的友谊或敌对态度,于是在这件事上他决定不派任何人而是亲自去看一看。(7)故而他化名以皇帝使者的身份到吉泽里克那里去。由于担心事情被发觉后他本人会受到某种伤害同时使这事不能取得成功,他便想出了如下的办法。(8)他的头因发美有如纯金因而四远驰名,但这次他用为这一目的而特别发明的染料得以把头发暂时完全染成深色。(9)而当他来到吉泽里克这里时,这个蛮族试图用许多办法恐吓

① 公元 472 年 8 月 11 日。

② 公元 472 年 10 月 10 日。

③ 公元 474 年。

他，特别是：正当他对使者像对朋友那样十分关心时，却又把他带到储存着他的全部武器的一所房子里去。(10)但是据说当时那些武器自己震动起来并且发出绝非一般或随便一类的声音，而当时吉泽里克以为是发生了地震，但是当他出来之后询问有关地震的事时，没有任何其他人同意他的说法，据说这使他感到十分惊讶，但是他并不了解所发生的这件事的意义。(11)因此玛约里努斯在完成了他所希望的一切事之后，便返回了利古里亚并且率领着自己的军队步行来到海拉克列斯柱的地方，打算渡过那里的海峡，然后从那里经陆地进攻迦太基。(12)吉泽里克得知这一情况后，才知道在出使的事情上受了玛约里努斯的欺骗而大为吃惊，这才为战争进行准备。(13)罗马人相信玛约里努斯的勇敢，已经开始对帝国之收复利比亚抱有美好的希望了。(14)但就在这同时，玛约里努斯得了痢疾而身亡①，这是一个对自己的臣民温和而为自己的敌人所畏惧的人。(15)另一个皇帝涅波斯接过统治大权没有几天也病死了②，而在他之后担任皇帝的格律凯里乌斯遭到了类似的命运③。在他之后掌握皇帝大权的是奥古斯都。(16)而且在这之前西部还有另一些皇帝，虽然我熟悉他们的名字，但是关于他们我不想作任何叙述。(17)因为情况是，他们在接过统治大权之后并没有活多久，因而没有做出任何值得记述的事情。西部的事情经过便是如此。

(18)但在拜占庭，巴西利斯库斯再也按捺不住夺取皇权的野

① 公元461年。

② 公元474年7月24日。

③ 公元474～475年。

心,便作了篡位的尝试并不费力地成功了[①],因为芝诺和他的妻子到他的故乡伊扫里亚避难去了。(19)而巴西利斯库斯在他施行僭主之治的一年又八个月期间,实际上他受到每个人,特别是宫廷士兵的厌恶,因为他是一个贪得无厌的人。(20)芝诺看到这一情况,便集合了一支军队来对付他。巴西利斯库斯派出了由将领哈尔玛图斯率领的一支大军,以便要他对抗芝诺。(21)但是当两军在相距不远的地方设营后,哈尔玛图斯却率军投降了芝诺,条件是芝诺要任命哈尔玛图斯的儿子巴西利斯库斯——当时他还是个很小的孩子——为恺撒,使他成为芝诺去世后的继承人。(22)而那为人们所唾弃的巴西利斯库斯和先前一样逃到同一座圣堂去避难。但城市的神父阿卡奇乌斯却把他交给了芝诺,而对他提出的指责是渎神以及给基督教教义制造了重大的混乱并作了许多革新,因为他是信奉埃乌提凯斯的异端的[②]。事情就是这样。(23)在芝诺第二次接过帝国统治大权之后,他正式任命哈尔玛图斯的儿子巴西利斯库斯为恺撒,从而实现了他对哈尔玛图斯所作的保证,但是不久之后,他既剥夺了巴西利斯库斯恺撒的地位,又处死了哈尔玛图斯。(24)他在冬天把巴西利斯库斯及其妻儿送到卡帕多奇亚,命令不给他们食物和衣服和其他任何照顾。(25)这些人在饥寒交迫之下只能在亲人相互拥抱之中死去。巴西利斯库斯是因其施行的政策而遭到这一惩罚的。但这是后来发生的事情了。

---

① 公元475年。

② 埃乌提凯斯(Eutychcs)是君士坦丁堡隐修院院长,他认为基督的神性与人性结合之后只有神性这个本体,故被称为一性论,以反对正统教派所认为的神性与人性并存之说。公元451年这一学说被卡尔西顿公会斥为异端。

(26)但是那时吉泽里克完全和先前一样——如果不是更厉害的话——在罗马的全部领土上打劫,他用计谋欺骗敌人并用武力把敌人赶出自己的领土,这些我在前面都已经说过,并且他一直这样干直到皇帝芝诺同他达成协议,在他们之间确立无限期的和平,协议规定汪达尔人在任何时候都绝不能对罗马人有任何敌对行动,罗马人对他们也应如此。芝诺本人和帝国的继承人安那斯塔西乌斯都遵守这一和约。(27)直到皇帝优斯提努斯时期它依然有效。(28)优斯提努斯的侄子优斯提尼安继承了他的帝国统治大权,而正是在这个优斯提尼安的统治时期,发生了我们关心的这场战争,下面我们将要叙述它是如何发生的。(29)在又活了一个短时期之后,吉泽里克以高龄去世[①],在他的遗嘱里他嘱告给汪达尔人许多事情,特别是汪达尔人的皇权应当永远由吉泽里克男性后裔中最年长者继承。(30)如上所述,吉泽里克从他攻克迦太基时算起,是在对汪达尔人统治了三十九年之后死去的。

八

(1)于是他的长子荷诺里克便继承了王位,而根宗这时已经死了。在这个荷诺里克统治汪达尔人期间,他们根本没有同任何人发生过战争,例外的只有玛乌里人。(2)原来玛乌里人由于害怕吉泽里克在当时之前一直不敢轻举妄动,但是吉泽里克一旦去世,他们便给汪达尔人造成很大的伤害而他们自己也同样受到很大的伤

① 公元477年。

害。（3）荷诺里克对利比亚的基督教徒，表明他是人间最残酷也是最不公正的。（4）原来他强迫他们改宗阿里乌斯教，并且凡是他发现没有立刻服从他的，他便把这些人都烧死或是用其他的办法处死；他还把许多人的舌头从喉头起割下来，这些人直到我的时候还在拜占庭活动，说话不受影响，看不出一点受过这一惩罚的影响。但是这些人当中有两个人，由于他们甘愿同娼妓鬼混，从此再也不能讲话了。（5）在统治汪达尔人八年之后，荷诺里克病死了；这期间居住在奥腊西乌姆山[①]的玛乌里人对汪达尔人发动了叛乱并且独立了（这座奥腊西乌姆山是努米地亚的一座山，离迦太基大约是十三天的路程并且是南向的）；的确，他们再也没有重新受汪达尔人的统治，因为汪达尔人没有力量在一座难于接近而又极为陡峭的山上对玛乌里人进行一场战争。

（6）在荷诺里克死后，汪达尔人的统治大权便落入吉泽里克的孙子、根宗的儿子古恩达孟杜斯之手[②]。因为就年龄这一点而论，他是吉泽里克的后人当中最大的。（7）这个古恩达孟杜斯曾多次同玛乌里人作战，他在给基督教徒造成更大的痛苦之后也病死了，这时正是他统治的第十二年的大约中期的时候。（8）他的兄弟特腊撒孟杜斯接过了王国[③]，这是一个相当漂亮的人物，特别具有谨慎而又崇高的气质。（9）但是他继续强迫基督教徒改变他们父祖相传的宗教信仰，不过不同于他的先人的是他不用拷打他们肉体的办法，而是设法用荣誉和职位争取他们并且给他们以大宗的金

① 今天的奥列阿斯山（Jebel Aureas）。

② 公元 485 年。

③ 公元 496 年。

钱;而对于那些不能被说服的人们,他就装作他一点也不知道他们是怎样的人的样子[①]。(10)而如果他发现任何人犯了重罪,则无论是出于偶然还是蓄意犯罪,只要这种人改变宗教信仰,他都可以作为报偿,免除对他们的罪行的惩处。(11)当他的妻子去世而没有留下任何男性或女性子嗣时,由于他想尽可能安全地建立起他的王国,于是派人去哥特人的国王提奥德里克那里,请求对方把自己的姊妹阿玛拉弗里达嫁给他,因为她刚刚死了丈夫。(12)提奥德里克不仅把自己的姊妹给他送去,而且还有作为卫士的一千个知名人士,还有作为侍从的、多达大约五千人的士兵。(13)提奥德里克还给了自己的姊妹以西西里的三处地峡中的一处,即他们称为利律拜乌姆的那个地峡,而特腊撒孟杜斯却因此被认成是所有统治过汪达尔人的那些人当中最有实力和最强大的人物。(14)他还成了皇帝安那斯塔西乌斯的一位十分特殊的朋友。而正是在特腊撒孟杜斯的统治时期,汪达尔人在玛乌里人手下遭受灾难,这是先前他们从来没有遇到过的。

(15)治理特里波利斯的玛乌里人的是一个名叫卡巴昂的人,此人经历过多次战争并且为人极其精干。这个卡巴昂在得到汪达尔人正在对他发动进攻的消息之后,便作了如下的安排 。(16)首先他下令给他的臣民要他们不要干任何不义之行,不要吃任何近于奢侈的食品,特别是不要和女人来往。他设立两个由木栅栏圈起来的地点,他和所有的男人在一个里面,而把女人关闭在另一个里面,他并且威胁说,如果有谁到女人那个圈里去,此人将要受到

① 即装作不知道他们属于什么教派或信什么宗教。

死刑的惩处。(17)在这之后,他又派间谍去迦太基并给他们以如下的指示:每当汪达尔人出来讨伐时,如果他们对基督教徒崇奉的任何神殿有侮辱的行为,他们应当看一看发生了什么事情;并且当汪达尔人已经从这个地方过去之后,他们应当做同汪达尔人在离开圣堂前对它所做的一切正相反的事情。(18)据说他还提出如下一点:他对基督教徒崇奉的上帝并不了解,但如果上帝像人们所说的那样是强大的,那么对于侮辱了他的那些人他应当进行报复并保卫尊敬他的那些人。(19)于是间谍们来到迦太基,静静地等在那里,注视着汪达尔人的准备工作,但当军队出发开向特里波利斯时,他们便穿着简陋的服装跟在后面。(20)而汪达尔在第一天设营之后,便带着他们的马匹和其他动物进入了基督教徒的神殿,他们很自然地在那里无法无天,肆意凌辱,所有被他们捉住的神父都挨过揍,在他们背上抽打许多鞭子,让他们给汪达尔人干活,就像他们通常叫最下贱的仆从干的活一样。(21)而一旦汪达尔人从那里离开,卡巴昂的间谍便按照给予他们的指示行事。原来他们立即清扫神殿,非常细心地运走垃圾以及其中所有渎神的东西,他们还把油灯点起来并且满怀敬意地向神父俯身行礼并十分友好地向他们打招呼。(22)而在把银币分发给坐在这些圣常四周的贫苦人之后,他们便随着汪达尔人的军队离开了。(23)而从那时起,在整个路途上,汪达尔人继续犯着同样的罪行,而间谍们也便提供同样的服务。(24)当汪达尔人走近玛乌里人时,间谍便抢先一步,把汪达尔人和他们自己对基督教的神殿的所作所为向卡巴昂作了报告并且报告说敌人就在附近的某个地方。(25)卡巴昂得知这个消息之后,便为对付敌人而作了如下的安排。他在平原上画出了一块圆形的地，准备用栅栏围起来，并且使他的骆驼横着身子围成圈圈以保卫营地，而战线面对敌人的一侧大约有十二只骆驼那样的深度。(26)继而他便把妇女儿童和所有那些不适于战斗的人们以及他们的财产安置在中心，并命令作战人员的大军站在那些动物的腿间并用盾牌把自己遮盖起来[①]。(27)由于玛乌里人所列的方阵样式特殊，从而使汪达尔人完全不知道如何对付所面临的形势；要知道，他们既不善于投枪，也不是好射手，也不懂得如何徒步作战，而他们都是骑兵，大都以长枪和刀剑为武器，因此在一定距离之外，他们便无法给敌人造成任何伤害。他们的战马害怕看见骆驼，死活也不肯向敌人方面奔驰。(28)而由于玛乌里人是从安全的阵地向敌人投出大量的投枪，所以他们一直在不费力地歼灭对方的马匹和人员，因为对方是大群的人员；于是汪达尔人开始逃跑，而当玛乌里人出来和他们作战时，他们大多数人已经阵亡，有些人则被敌人生俘；这支军队中只有极少数人逃回家园。(29)特腊撒孟杜斯在玛乌里人手下遭受的命运便是如此。而后来他便去世了，他把玛乌里人统治了二十七年。

九

(1)吉泽里克的孙子、荷诺里克的儿子伊尔德里克随后继承了王国[②]，这是一位臣民很容易接近的领袖，为人十分温和，无论对基督教徒还是对其他任何人从不疾言厉色，但是在战争事务方面

① 参见本书第四卷，第十一章，第 17 节以次。

② 事在 523 年，时当我国南朝梁武帝普通四年。

他却毫无作为,这种事他连听都不愿听。(2)因此在汪达尔人要同任何人作战时,军队都是由他的侄子荷阿美尔这位能干战士来率领;正是此人被人们称为汪达尔人中间的阿奇利斯[①]。(3)在这个伊尔德里克的统治时期,汪达尔人在比扎奇乌姆为在安塔拉斯统治下的玛乌里人所战败,结果他们成了意大利的提奥德里克和哥特人的敌人而不是联盟者和朋友。(4)因为他们把阿玛拉弗里达关进了监狱并且杀死了所有的哥特人,指责他们有反对汪达尔人和伊尔德里克的企图。(5)但是提奥德里克对此并无任何报复行动,因为他认为自己并没有能力集合一支大舰队去进攻利比亚和伊尔德里克,而且伊尔德里克又是当时虽然没有继位但是正在随心所欲地处理国务的优斯提尼安的一位十分特殊的朋友和宾客;原来优斯提尼安的叔父优斯提努斯是一个高龄的皇帝并且对政务一窍不通。伊尔德里克和优斯提尼安相互送给对方大量的金钱。

(6)且说在吉泽里克家族中有一个名叫盖利梅尔的人,他是吉泽里克的曾孙、根宗的孙子、盖伊拉里斯的儿子,论年纪他只比伊尔德里克小,为此人们认为他很快便会进入王国。(7)人们认为他是当时最出色的战士,但是在其余的方面,他却是一个狡猾的人,心术卑劣,善于造反和夺取别人的财富。(8)这个盖利梅尔当他看到夺取统治大权的机会到来时便不能按照通常的方式生活,而是给自己提出国王的任务并夺取统治大权,尽管那时还没有轮到他;

① 古希腊神话中帖撒利亚国王佩列乌斯和海之女神赛提斯所生之子,特洛伊战争中希腊军队方面最有名的英雄。

并且由于伊尔德里克以一种友好的精神对他表示退让，所以他再也按捺不住自己的想法，而是同汪达尔人当中最显贵的人物联合起来，劝说他们从伊尔德里克手中夺取王国，因为此人是败在玛乌里人手下的一个没有尚武精神的国王，还因为此人把汪达尔人的统治大权出卖给皇帝优斯提努斯，而这正是为了不使王国传给他盖利梅尔，因为他属于家族的另一支；原来他诽谤性地断言，这便是伊尔德里克派使团去拜占庭的用意所在，他还说伊尔德里克正在把汪达尔人的统治权交给优斯提努斯。而他们被说服之后便把这一计划实现了。(9)这样盖利梅尔便夺取了最高权力[①]，并且在伊尔德里克统治了汪达尔人七年之后把他，还有荷阿美尔以及他的兄弟埃乌阿盖斯囚禁起来。

(10)但是已经接受帝国统治大权[②]的优斯提尼安听到这个消息之后，便派遣使节把这样一封信交给利比亚的盖利梅尔："你把一位老人、一位亲人和汪达尔人的国王囚禁起来，用暴力剥夺了他的职位，这种做法是不公正的、也是违背了吉泽里克的遗愿的(如果吉泽里克的意见还有效的话)，尽管不久之后你会有可能以合法的方式得到它。(11)因此务必不要再把坏事干下去，不要把国王的名分变成只是稍稍提早到来的一个僭主的头衔。至于这个人，可以说他随时都有可能去世，就容许他在表面上有个掌管王权的形式，而一位国王应当做的事，你是无论什么都可以去做的。(12)从时间和吉泽里克的法律那里，而且只能从它们那里，你才能

① 公元530年。
② 公元527年。

得到属于这一地位的名分,对此你要等待。(13)你如果这样做,上天将会照顾你,同时我们同你的关系也会是友好的。”

(14)信里的话就是这样。但是盖利梅尔什么也没有做便把使者打发回去了,并且他弄瞎了荷阿美尔的眼睛,把伊尔德里克和埃乌阿盖斯更加严密地监管起来,而加给他们的罪名则是想逃往拜占庭。(15)当皇帝优斯提尼安也得知这一情况之后,他便再次派使节前往,送去了这样一封信:“确实,自从我们给了你前一封信之后,我们就设想你绝不会反对我们的意见。(16)但是,既然你喜欢以你已经做出的方式来取得王权,那么现在就保持它,取得上天允许这一权力所能给予的一切吧。(17)但是务必把伊尔德里克和被你弄瞎的荷阿美尔以及他的兄弟送到我们这里来以便使被剥夺了王国或视力的这些人过上他们所能得到的安逸生活。要知道,如果你不这样做,我们将不会使事情这样了结的。(18)我这样说是因为我们还抱有我使之建立在我们的友谊之上的希望。(19)同吉泽里克缔结的条约对我们并不是一个障碍。我们前来并不是为了同继承了吉泽里克的王国的人作战,而是为了尽我们的全力为吉泽里克报仇。”

(20)盖利梅尔读了这封信之后,便作了如下的答复:“国王盖利梅尔致书皇帝优斯提尼安。我之取得这一职位并非通过暴力,我对自己的亲属也没有做出任何不义的行为。(21)要知道,伊尔德里克是在他策划反吉泽里克家族的叛乱时被汪达尔人的民族推翻的;我应召继承王位是因为我的年龄使我得以优先,至少根据法律是这样。(22)人们应当担任好属于自己的国王职务而不应把别人的事情当成自己的事情。(23)因此,对你也是如此,你有自己的

王国，而干预别人的事情是不公正的；如果你违反条约，向我们发动进攻，我们将全力加以反抗，并召唤芝诺所发的誓言前来作证，因为你现在统治的王国也是从他手中取得的。”(24)接到这封信之后，皇帝优斯提尼安对盖利梅尔比先前更加气恼，但仍然急于对他加以惩处。(25)因此他认为最好的办法是尽快结束波斯战争，然后出征利比亚。并且由于他能迅速制订计划并能很快地把自己的决定付诸实现，所以东方的统帅贝利撒里乌斯便奉召立刻前来见他，但事先并未对贝利撒里乌斯和其他任何人通知说他将率领一支军队去进攻利比亚，而只是放出风声说他已经被调离现任的职务。于是同波斯立刻缔结了条约，这一点我在前面已经说过了。[①]

十

(1)而当皇帝优斯提尼安认为无论国内事务还是同波斯的关系都是十分理想的时候，他便考虑利比亚的局势了。(2)但是当他向高级官吏们宣布说他正在集合一支军队去征讨汪达尔人和盖利梅尔的时候，他们之中的大多数人立即开始表示反对这一计划，因为他们想起了皇帝列昂的出征和巴西利斯库斯的灾难并且历数有多少士兵阵亡以及国家损失了多少金钱，所以他们叹息说这是一个不幸的事件。(3)但是最感悲伤的和由于忧虑而感到最大遗憾的却是罗马人称之为“普莱伊托尔”[②]的近卫军长官和主管国库的

① 本书第一卷，第二十二章，第16节。

② 拉丁语 praetor。

长官以及负责征收国家的和皇室的[①]税收的官员,因为他们的推论是,为了战争的需要他们必须筹出无数的款项,而另一方面,战争失败时他们不会得到宽恕,而筹措这些款项他们又得不到时间上的宽限。(4)而每一位认为自己会统率军队的将领都担心,如果他不想冒海上的危险他就必须在敌人的国土上设营并且用自己的船只作为基地对一个既大又可怕的王国展开战斗,这一情况使他感到恐怖并害怕会遇到巨大的危险。(5)不久前才从一次长期而艰苦的战争返回并且还没有享受够家庭幸福的士兵也感到绝望,这既是因为他们正在被率领去打一场海上战争(在当时之前他们甚至从传统中也没有学习过海战),还因为他们是从东部前线被派往西部以便在对汪达尔人和玛乌里人的战争中冒生命的危险的。(6)但是所有其余的人,正像在一大群人当中通常会发生的情况那样,在别人面对危险时,他们却愿意做新的冒险的旁观者。

(7)但是,至于要向皇帝说点什么以阻止这场出征,却没有人敢这样做,例外的只是近卫军长官卡帕多奇亚人约翰。此人胆量极大,又是当时人们当中最聪明的人物。(8)原来正当所有其他人为即将面临的命运而在沉默中感到悲痛的时候,这个约翰却来到皇帝面前,讲了下面一番话:"皇帝啊,你在对待自己的臣民方面所表现的信义使我们能以坦诚地就有益于你的政府的任何事情谈出自己的看法,尽管说的话和做的事也许会使你不高兴。(9)要知道,这样你的智慧就一定会用正义来调节你的权力,因为你并不认为只有无论在怎样的条件下都为你服务的人才是忠于你的事业

① 皇室的税收归皇帝私人所有,归皇帝的财库(fiscus)。

的，对于说了反对你的话的人也不会愤怒，而只是用纯粹的理性来衡量一切事物，从而你多次表明，反对你的意图对我们来说也不会有任何危险。(10)皇帝啊，正是基于这样的考虑，我才来向你提出忠告，因为我知道，虽然一时里我也许冒犯了你，如果有这事发生的话，但是在今后我对你的忠诚却将会明显地表示出来，而且我将能提出你作为这一点的亲眼目睹的证人。(11)要知道，如果因为不倾听我的意见，你将对汪达尔人发动战争，其结果，如果你进行的斗争拖延未决，则我的意见将因而享名。(12)但如果你有信心战胜敌人，则虽然你付出生命的牺牲，花费巨额财富并经历战争的困难，那也完全是合理的；因为最后到来的胜利掩盖了战争的一切灾难。(13)但是，如果事实上这些事情非人力所能左右，如果我们应当以史事为鉴而对战争的后果采取畏惧的态度，那么我们有什么理由认为爱一种和平状态不是比爱殊死斗争的危险更好呢？(14)你现在打算进攻的是迦太基，如果有人从陆地去那里，这是一百四十天的路程，如果走海路，那就不得不横越整个大海①到它的尽头。这样，从营地给你带来那里发生的事件的消息的人必须要在事件发生一年之后才能来到你这里。(15)此外还应指出，即使你打败了敌人，你也无法占有利比亚，因为西西里和意大利还在别人手里。(16)与此同时，如果你遇到任何不测，皇帝啊，既然条约已经在你的手里被破坏，你便会给我们自己的国土带来危险。实际上，总起来说一句，你并不能收获胜利的果实，而与此同时，你的任

① 这里的大海即指地中海，古代西方文献和《圣经》均可遵循此例，因为地中海沿岸是他们的主要活动场所。说利比亚是大海的尽头也符合当时的历史实际。

何挫折都会给已经安排得很好的事情带来伤害。(17)贤明的计划在一件事业开始之前是有用的。因为人们在已经失败之后,后悔也无济于事了,但是在灾难到来之前,改变计划却没有任何危险。因此恰当地利用决定性时刻将会是最有利的。"

(18)以上便是约翰的发言;皇帝优斯提尼安倾听了他的发言之后,便制止了自己发动战争的迫切愿望。但是从东部来的一位神父——他们称为主教——却说他想同皇帝谈几句话。(19)而当他见到优斯提尼安之后,就说上帝曾托梦给他,要他去皇帝那里对他进行指责,因为在他担起了保卫利比亚的基督教徒的任务之后,他却毫无道理地怕了起来。(20)他曾说:"但是我本人在战争中将会同他站到一起并使他成为利比亚的主人。"(21)皇帝听到这话之后,便再也按捺不住他出兵的打算,于是开始集合军队和船只,准备武器和食品的供应,并且通知贝利撒里乌斯做好准备,因为他很快便要成为利比亚的统帅。(22)就在这同时,利比亚的特里波利斯当地一个名叫普登提乌斯的人使这一地区叛离了汪达尔人。他并且派人到皇帝这里来请求派一支军队给他。(23)因为他表示,他可以不费力地为皇帝赢得土地。于是皇帝派出了一支由塔提木特率领的人数不是很多的军队。(24)普登提乌斯把这支军队和自己的军队联合起来,趁当地没有汪达尔人便占有了这一地区并使之臣服于皇帝。盖利梅尔虽然想惩罚普登提乌斯却发现面前有这样的障碍。

(25)在盖利梅尔的奴隶当中有一个名叫哥达斯的哥特人,这是一个热情而又果敢有为的人,虽然膂力过人但看来对主人的事业却是忠诚的。(26)盖利梅尔把撒地尼亚岛托付给了这个哥达

斯，这既是要他保卫这个岛，又可以要他每年纳贡。(27)但是对于幸运带来的繁荣兴旺他既不能充分利用，又没有容忍精神，于是他着手树立了僭主之治并拒绝缴纳贡品，这实际上是使该岛脱离了汪达尔人而成为他个人的领土。(28)当他看到皇帝优斯提尼安急于对利比亚和盖利梅尔作战时，他便给皇帝写了这样一封信：

(29)“我想到发动叛乱并不是因为我犯傻，也不是因为我在我的主人手中受到任何不愉快的伤害，而是因为看到此人对他的亲人以及对他的臣民极端残忍，因而我不能——至少是自愿地——承担起和他一道干残暴不仁的勾当的名声。(30)要知道，与其做无法无天的僭主，还不如服务于一位公正的国王。(31)请务必和我联合起来以促成我这里要办的事并且派遣士兵到这里来，这样我便可以保卫自己，打退进犯的敌人。”

(32)皇帝收到这封信之后感到高兴，于是派遣一个名叫埃乌洛吉乌斯的人作为使节去哥达斯那里并写了一封信给他，称赞他的智慧和维护正义的热情。皇帝还保证同他结成联盟并给他派去士兵和一位将领，以便和他一道保卫该岛并且用所有其他办法帮助他，以便使他不受汪达尔人的任何侵扰。(33)但是埃乌洛吉乌斯到达撒地尼亚之后，发现哥达斯正在给自己加上国王的名号，穿着国王的服装，并且他本人还有一支亲卫队。(34)哥达斯读了皇帝的书信之后，他表示他确实希望有士兵派来和他一道作战，至于将领，他绝对不希望有任何一个人前来。在给皇帝写了这种意见的回信之后，便把埃乌洛吉乌斯打发回去了。

十一

(1)在这同时，皇帝在对这些事还没有弄清楚的情况下便准备了由库里尔率领的四百名士兵去协助哥达斯保卫该岛。(2)除了上述士兵之外，他还准备了出征迦太基的一万步兵和五千骑兵，这部分士兵是他从正规军和“费德腊提”[①]当中征集来的。(3)而在较早的时候，列入费德腊提(联盟者)的只有蛮族，也就是那些来到罗马政治体制之下生活的人们，这些人并不是处于奴隶的地位，因为他们并不是被罗马人征服的，而是在和罗马人完全平等的基础之上的。(4)要知道罗马人把他们同敌人缔结的条约叫作“费德腊”[②]。但是今天已没有任何事物能阻止任何人使用这个名字，因为时间绝不容许名字只附着于它们原来被用来所表示的事物，而情况一直在按照控制它们的人们的愿望变来变去，而人们不再注意他们最初给予的一个名字的意义了。(5)联盟者的将领是多若提乌斯(他原是阿尔明尼亚驻军的统帅)和所罗门，他是代表将领贝利撒里乌斯担任主计官的。(6)(这种人罗马人叫作“多美斯提库斯”[③]。这个所罗门是一个宦官，但他之被阉割并不是出于人为的策划，而是在襁褓时期发生的一个事故，使他不得不遭到这样的命运)此外还有奇普里安、瓦列里安，玛尔提努斯、阿尔提亚斯、约翰、玛尔凯路斯和上面我提到那个库里尔。(7)正规骑兵的将领是

① 这里的“费德腊提”(Feederati)指由佣兵头目率领的私人军队;佣兵头目有“伯爵”的头衔并从国家领取维持其队伍的津贴。

② 拉丁语 foedera。

③ 拉丁语 Domesticus。

茹菲努斯和阿伊干(他们都是贝利撒里乌斯家的),还有巴尔巴图斯和帕普斯,而率领正规步兵的则是提奥多茹斯(姓克提亚努斯)和特伦提乌斯、扎伊都斯、玛尔奇安和撒腊皮斯。(8)能以节制所有步兵领袖的最高统帅权则掌握在一个名叫约翰的人手里,约翰是埃皮达姆诺斯人,现在那个地方叫杜尔腊奇乌姆。(9)在所有这些将领当中,所罗门是来自东部一个地方的人,他来自罗马领土的最东部,就是达腊斯城现在所在的那个地方。阿伊干是玛撒该塔伊人,现在人们把玛撒该塔伊人叫作匈人。(10)其余的人几乎全都是色雷斯地方的居民。(11)和他们同行的还有四百埃茹利人,由法腊斯率领着,还有来自玛撒该塔伊族的大约六百名蛮族联盟者,他们都是骑马的弓手。(12)领导这些人的是辛尼昂和巴拉斯,他们生来便都是极为勇敢和坚忍不拔的人物。(13)对全军来说,需要五百只船,这些船的任何一只所载都不能超过五万美狄姆努姆①,最少也不少于三千美狄姆努姆。(14)在所有船只上总共有三万名水手,他们大多是埃及人和伊奥尼亚人,还有奇利奇亚人,所有船只的统帅是亚历山大里亚人卡洛尼姆斯。(15)而且他们还准备了进行海战的战船九十二艘,战船都是单层桨手的船,上面覆以甲板,以便使划桨的人在可能的情况下不致暴露在敌人的弩机面前。(16)这样的船被今天的人们称为“德罗门”②,因为它们在行驶时可以达到很高的速度。在这些船上有两千拜占庭人,他们都是划船手和战士,在他们中间没有一个多余的人。(17)还有一

① 美狄姆努姆为粮食的计量单位,相当于大约一又二分之一蒲式耳(bushel),大约 54 升。

② “快船”。

个阿尔凯劳斯也被派了出去,此人有贵族身份并且曾经在拜占庭和伊利里库姆担任近卫军长官,但当时他的职位是陆军长官;因为负责军队给养的官员已经任命了。(18)但是对所有的人拥有最高权力的统帅,皇帝却任命了第二次统率东部军队的贝利撒里乌斯。(19)他身边有许多长枪兵和许多卫士,他们都是经历过多次战争危险的、能征善战的战士。(20)皇帝并且给他文书指令,要他相机行事,并且申明他的决定是最后的,就和皇帝本人作出的决定一样。这一文书实际上给了他一个国王的权力。(21)且说贝利撒里乌斯是色雷斯和伊利里库姆之间的日耳曼尼亚人。这些事情发生的经过便是这样。

(22)但是被普登提乌斯夺去了特里波利斯,又被哥达斯夺去了撒地尼亚的盖利梅尔几乎不敢希望把特里波利斯重新夺回来,因为那里距离遥远,而且叛乱者已然正在得到罗马人的帮助,而恰恰在那时,他认为最好不要对罗马人开战;但是他却急于想在皇帝派出的任何协助敌人战斗的军队到达那里之前先到达那里。(23)于是他选拔了五千汪达尔人和一百二十只最快速的船并任命自己的兄弟特扎宗为统帅,然后要他们出发了。(24)这些人于是便十分热心和迫切地向着哥达斯和撒地尼亚行进了。而就在同时,皇帝优斯提尼安正派出了瓦列里安和玛尔提努斯为先行军,以便在伯罗奔尼撒等候其余的军队。(25)这两人上了船之后,皇帝又想到有件事要嘱告他们——这件事是他先前就想说的,但是因为忙于他必须谈的其他事情,所以头脑里想的便是其他事情而这件事就给忘了。(26)于是他把他们召了来,打算说他想说的话,但是考虑了这事之后,他又觉得中止他们这一行程,对他们来说又会

不吉利。(27)于是他便派人去要他们既不是回到他这里来,也不要离开自己的船。(28)这些人在走近船只时便高声叫喊,命令他们无论如何也不要回来,而这在在场的人们看来,认为已经发生的事情绝不是个好兆,而船上的人们没有一个能从利比亚返回拜占庭。(29)要知道,除去这个兆头之外,他们还怀疑这是不是皇帝对他们一个诅咒——虽然这完全不是皇帝的本意——即他们不会再回来了。但是如果任何人就这两位统帅瓦列里安和玛尔提努斯而论来解释这一事件,他将会发现原来的看法是不对的。(30)但是在玛尔提努斯的卫士当中有一个名叫斯托扎斯的人,此人注定要成为皇帝的敌人,是他试图建立自己的僭主之治而绝不想再返回拜占庭的,因此人们可以认为上天是要这诅咒应到他的身上。(31)但不管事情是不是这样,我让每个人随他愿意怎样看就怎样看好了。现在我还是接着记述贝利撒里乌斯和他的军队出发的情况吧。

十二

(1)在优斯提尼安当政的第七个年头[①]的大约春分前后,皇帝命令统帅的船就停泊在皇宫前面的地方。(2)城市的主教埃皮法尼乌斯也去了那里,他在做过一次适当的祷告之后,便要一个当时不久前领了洗并且起了基督教的名字的士兵上了船。在这之后,统帅贝利撒里乌斯和他的妻子安托尼娜便起航了。(3)这部历史的作者普洛科皮乌斯也和他们同行;原来在这之前他对这次冒险

① 公元533年,即我国南朝梁武帝中大通五年。

感到极为害怕,但是后来他在梦中见到一个幻景,这使他有了勇气,使他变得急于要参加这一出征了。(4)原来似乎他在梦中来到贝利撒里乌斯家里,一名仆人进来说有些人带了礼物前来;于是贝利撒里乌斯要他看一下带来的是什么礼物。仆人来到院子里看到肩上扛着带有鲜花的泥土的人们和其他一切。(5)于是他命令把这些人带到家里来,把他们带来的泥土存放在门廊那里;而贝利撒里乌斯和他的卫士来到那里,他本人便斜靠在泥土上吃那花并且要其他人也这样做,就好像平时靠在躺椅上吃饭那样[①]而且他们似乎觉得那食品极为美味。梦中所见的幻景便是如此。

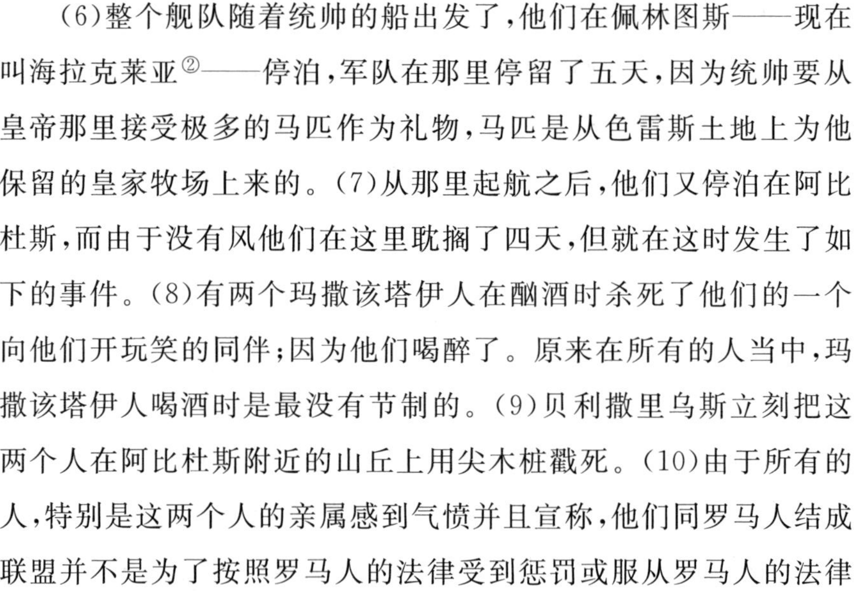
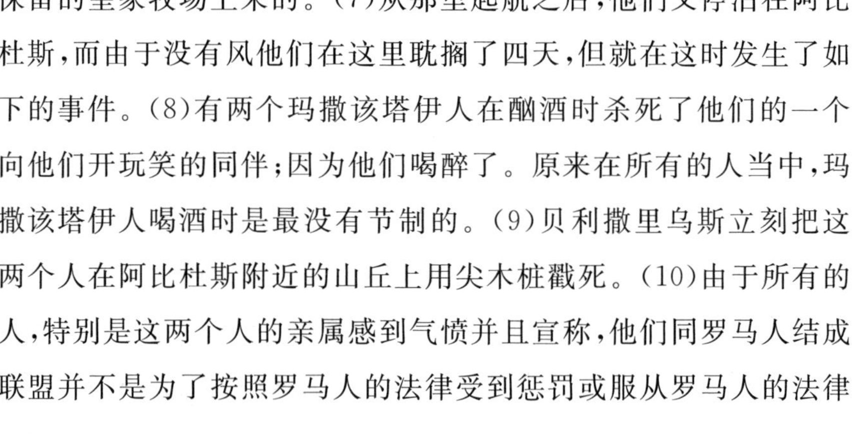

(6)整个舰队随着统帅的船出发了,他们在佩林图斯——现在叫海拉克莱亚[②]——停泊,军队在那里停留了五天,因为统帅要从皇帝那里接受极多的马匹作为礼物,马匹是从色雷斯土地上为他保留的皇家牧场上来的。(7)从那里起航之后,他们又停泊在阿比杜斯,而由于没有风他们在这里耽搁了四天,但就在这时发生了如下的事件。(8)有两个玛撒该塔伊人在酗酒时杀死了他们的一个向他们开玩笑的同伴;因为他们喝醉了。原来在所有的人当中,玛撒该塔伊人喝酒时是最没有节制的。(9)贝利撒里乌斯立刻把这两个人在阿比杜斯附近的山丘上用尖木桩戳死。(10)由于所有的人,特别是这两个人的亲属感到气愤并且宣称,他们同罗马人结成联盟并不是为了按照罗马人的法律受到惩罚或服从罗马人的法律

---

① 罗马人通常的靠在躺椅(大小如单人床)上进食的,食物放在躺椅前的圆桌上,多人就餐时则椅子围在圆桌四周,如辐射状。这种会餐方式可以吃,可以谈,也可以休息,往往延续好长时间。

② 临马尔马拉海的埃列格利(Eregli)。

(因为他们说,他们自己的法律对于杀害的行为并不施行这样的惩罚);并且由于甚至罗马士兵——他们也切望他们的过失不会受到任何惩罚——也参加对统帅的指责,于是贝利撒里乌斯把玛撒该塔伊人和军队的其余部分都召集到一起,讲了下面的话:

(11)"如果我的话是对第一次去参加战争的人们讲的,那我就要花费好多时间来讲话,以便要你们相信,正义对于取得胜利是多么大的一种帮助。(12)那些不了解这种斗争的命运的人们以为战争的结果只取决于膂力的大小。(13)但是你们常常战胜过体力并不比你们差并且也很勇敢的敌人,你们经常同你们的对手进行较量,我以为你们不会不知道,人们虽然总是在某一方军队里作战,但对斗争进行审判的却是上帝,上帝把斗争中的胜利赐予他认为是最好的一方。(14)既然情况是这样,那么我们就应当认为,良好的体力和作战的经验以及对战争的所有其他的供应,比起正义和属于上帝的那些事物来都是次要的。(15)要知道,在困难的时候可能对人们最有利的东西自然会受到他们最大的尊重。(16)而正义的第一个证据就是对于犯了不义的谋杀罪的那些人的惩处。如果我们有义务对人们时时对他们的邻人的所作所为作出判断并且判定和举出正义和非正义的行动的话,我们就会发现,对一个人来说没有比生命更宝贵的东西了。(17)如果任何一个杀死自己亲属的蛮族指望以自己喝醉了为理由在对他的审讯中求得赦免,公平地说,他反而使他的罪名正是由于他犯罪的条件——但据他说,在这种条件下他是没有罪的——而变得更加严重。(18)要知道,在任何情况下,特别是在军队中服役时,一个人都不应当醉到举手便把最亲密的朋友杀死的程度;再说,即使不说杀人,就是酗酒本身

就应当受到惩罚;如果是一位亲人受到伤害,很明显在考虑惩罚时这罪行较之不是亲人的人受到伤害时要重,至少在通情达理的人们看起来是如此。(19)现在这例子就摆在你们面前,你们可以看到这种行为是怎样的一种后果。(20)至于你们,你们一定不要无缘无故地用暴力加害于任何人或夺取别人财产,这是你们的义务;请相信,我不会放过这样的事情,凡是不能用干净的手对敌人作战的人,我将不把你们当中任何这样的人看成是我的士兵伙伴,而不管据说此人在敌人的心目中是何等可怕。(21)要知道,勇敢只有同正义配合起来才能取得胜利。”(22)以上便是贝利撒里乌斯的发言。全军听了这番话又看到死在尖木桩上的两个人,因而感到极大的恐惧并想到自己在生活上应有所克制,因为他们看到,如果他们被发现有任何不法的行为,他们是难以摆脱巨大的危险的。

十三

(1)在这之后贝利撒里乌斯便开始考虑如何使他的整个舰队在航行时永远保持在一起并且能停泊在同一个地方。(2)因为他知道,在一个大舰队里并且特别是在遇到暴风的时候,不可避免地会有许多船只被落在后面并且分散到大海之上,而且它们的舵手也不知道应当跟在行驶在前面的那一艘船的后面。(3)因此在考虑了这一问题之后,他便作了如下的安排。他把他本人和他的随从乘坐的三只船的帆从上面的角向下到整个帆的三分之一左右长度的地方都染成红色,并且在每只船的船头处都立起了竿子,把灯悬挂在上面,这样无论白天还是黑夜人们都可以把统帅的几只船分辨出来。随后他便下令所有的舵手都跟在这几只船的后面。

(4)这样，在这三只船的带领下，整个舰队没有一只船掉队。每当他们要从一个港口起航时，都有喇叭向他们发出信号。

(5)而在从阿比杜斯出发之后，他们遇到了强风，这股风把他们带到了西盖乌姆。接着他们再次在风平浪静的天气中比较从容地来到了玛列亚，而在这里他们因这种天气而得到了极大的好处。(6)由于他们的舰队庞大，船只也极大，所以一到夜里由于它们都挤到一个狭小的空间里从而一切都陷入混乱状态，这样他们便处于极其危险的境地。(7)但那时，无论舵手还是其余的水手都显示出他们是既能干又有效率的，原来他们一面尽量高声呼叫并造成巨大的音响，一面不断用竿子推开别的船只并巧妙地使他们的各种船只之间保持距离；但是如果起了风，则无论是顺风还是逆风，我觉得水手们便几乎无法控制他们自己和他们的船了。(8)但实际上，如上所述，他们逃走了并停泊到塔伊那茹姆去，那地方现在叫卡伊诺波利斯[①]。(9)随后，从那里前行，他们又停在美托涅，并遇上了瓦列里安和玛尔提努斯以及他们的士兵，他们是前不久到达同一个地方的。(10)而由于没有任何风吹起来，贝利撒里乌斯便在那里抛了锚并且让全军上了岸。在他们来到岸上之后，他便给将领分配了地点并且整顿了队伍。(11)正当他忙于这事时，根本没有任何风吹起，但是发生了这样的事：许多士兵因病致死，而这病是由于下述情况而引起的。

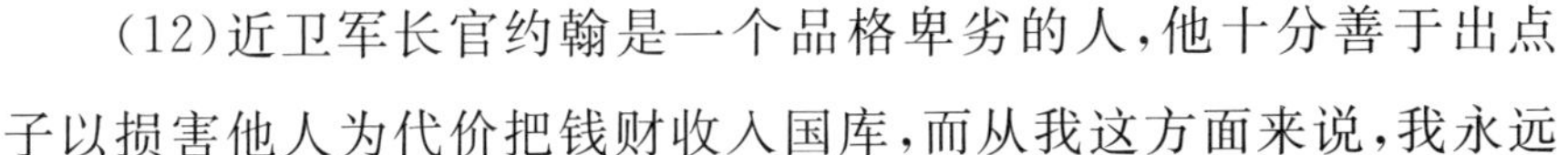

(12)近卫军长官约翰是一个品格卑劣的人，他十分善于出点子以损害他人为代价把钱财收入国库，而从我这方面来说，我永远

① 今天的玛塔潘角。

也没有能力描述他的这套做法。(13)但是在我的记述中触及这一点时,在前面的篇章中这些我也谈过了[①]。(14)但是在当前情况下,我要说的是他是怎样使士兵们送了命的。(15)在营地里士兵们要食用的面包必须放在炉子里烤两次,而在烤制时要十分细心,这样它才能放置很久而不致在短时期内变质,并且这样烤出来的面包必然分量要减轻;而由于这个缘故,当分配这样的面包时,士兵们一般得到比通常的分量要多四分之一的口粮[②]。(16)因此约翰盘算他如何才能减少所需的木柴,少付面包匠的工资以及如何不致减少面包的重量,于是他便把还没有烘烤的面团带到阿奇利斯公共浴场——因为在那里的地下室一直点着火——并要他手下的人把它们放在那里。(17)而当它们总之是被烘烤了一阵之后,他就把它们装进口袋里,放到船上送走了。(18)当舰队到达美托涅时,面包已经散开,又变成了面粉,不过已不是正常的面粉而是发霉变坏的面粉并且散发出一种呛人的气味。(19)负责分配的官员是按照容量[③]向士兵分配面包的,他们已在按夸脱和蒲式耳[④]把面包分配出去。(20)士兵们在一个气候十分炎热的地方的夏天吃了这种东西之后都病倒了,为此而送了命的不下五百人。这样的事还会继续发生,但是贝利撒里乌斯下令用当地的面包供应士兵从而制止了事态的蔓延。在把这事报告给皇帝之后,他本人得到

① 参见本书第一卷,第二十四章,第12~15节;第二十五章,第8~10节。

② 这种烤两次的面包的口粮较之烤一次的面包的口粮在同样重量的情况下要多用四分之一的小麦。显然士兵得到的在重量上是烤一次的面包的口粮,但由于征程遥远故而要求烤两次的面包。

③ 而不是按照重量。

④ 这里借用常见的容量单位,即斗升之类。这时面包已不成形。

了更大的恩宠，但与此同时，他并没有给约翰任何惩罚。

(21)这些事件的发生情况有如上述。他们从美托涅出发又来到了扎昆图斯港，在这里他们上了足够横越亚得里亚海时使用的水，并且在做了一切其他准备工作之后，便继续前行了。(22)但由于他们遇到的风十分缓和无力，所以直到第十六天他们才来到西西里岛埃特纳山附近一处无人居住的地方。(23)而当他们像上面所说的那样耽搁在路上的时候，整个舰队的水都变质了，只有贝利撒里乌斯和同他共食的人们饮用的水是例外。(24)只有这部分的水是被贝利撒里乌斯的妻子以如下的方式保存下来了。原来她把水装进玻璃的水瓮，然后在太阳照不到的底舱用木板搭一个小屋，在那里她把水瓮埋到沙子里，而用这个办法水才没有变质。关于此事就说这些了。

十四

(1)贝利撒里乌斯刚刚来到岛上，他就开始感到不安，因为他不知道进一步应该怎么办，而使他感到苦恼的是：他不知道作为他的作战对象的汪达尔人是怎样一种人；他们在战争中的实力如何；罗马人应当以怎样的方式来进行这场战争；他们的作战基地应当是在什么地方。(2)但是最使他不安的是士兵，因为士兵害怕死了海上的战斗，他们在事先竟然不知羞耻地说，如果他们登陆，他们会试图表明他们在战斗中是勇敢的士兵，但是如果敌人的船只进攻他们，他们就要逃跑，因为，他们说，他们不能同时对两个敌人作战，这就是人和水。(3)因此，对这一切茫然不知所措的贝利撒里乌斯于是派他的顾问普洛科皮乌斯去西拉库赛，看一下在渡海时敌人——无论在岛的一面还是在大陆的一面——是否有船只埋伏在那里,还有他们最好停泊在利比亚的什么地点以及在对汪达尔人作战时以哪里作为基地才有利。(4)在普洛科皮乌斯执行了他的命令后,他要普洛科皮乌斯返回并且到一个叫作卡乌卡那[①]的地方来见他,这地方离西拉库赛大约二百斯塔迪昂[②],而他和整个舰队都将停泊在那里。(5)但是对外面他却表示他是派普洛科皮乌斯去购买给养的,因为哥特人愿意为他们提供一处市场,而这一点是由皇帝优斯提尼安和阿塔拉里克[③]的母亲阿玛拉宗塔决定下来的,阿塔拉里克当时还是在母亲阿玛拉宗塔抚育下的一个男孩子并且是哥特人和意大利人的国王。(6)原来当提奥德里克死后,王国便传给了他的侄子阿塔拉里克——阿塔拉里克在那之前已经失去了父亲——而阿玛拉宗塔既为她的孩子,也为王国担心,因而十分细心地培养同优斯提尼安的友谊,在一切事务上都重视他的命令,并且那时还答应为他的军队提供一处市场而且就这样做了。

(7)再说普洛科皮乌斯到了西拉库赛之后,他意外地遇见了一位同乡又是少年时代的朋友,此人一直住在西拉库赛有很长一个时期,从事航运事业;他从此人了解到了他需要的东西,(8)因为此人介绍给他一位就在他们遇见的那一天的三天前才从迦太基回来的私人顾问,而这位顾问则表示他们无需担心汪达尔人会对舰队设下什么埋伏。(9)要知道,他们根本没有从任何人那里听说那时有一支军队正在向他们攻来,但是汪达尔人当中所有活跃的人物

① 今天的波尔托·隆巴多(Porto Lombardo)。

② 约37公里。

③ 也拼作安塔拉里克(Antalaric)。

实际上不久前已经出发征讨哥达斯去了。(10)为此根本没有想到会有敌人并且不去注意迦太基和沿海所有其他各个地点的盖利梅尔正停留在比扎奇乌姆[①]的海尔米昂涅。这地方离海岸是四天的路程;因此他们在海上航行时不必担心任何困难,风把他们吹到什么地方,他们就可以停泊在什么地方。(11)普洛科皮乌斯听了这话之后,便拉着这位私人顾问的手走到他的小船停泊的阿列图撒港,又向这个人打听了许多事情,弄清楚了每一个细节。他和此人上了船之后,便下令张起帆来尽快驶向卡乌卡那了。(12)私人顾问的主人正站在岸上不知道为什么普洛科皮乌斯不把那个人送回来,普洛科皮乌斯于是在船已启程时大声地请求对方不要对他生气。(13)因为这位私人顾问必须同统帅见面,并且在把军队引导到利比亚之后,他很快就会在口袋里带着大把的银子回到西拉库赛来的。

(14)但是来到卡乌卡那之后,他们发现所有的人陷入深深的悲痛之中。原来阿尔明尼亚军队的统帅多若提乌斯死在那里了,全军都感到这是一个重大的损失。(15)但是当这位私人顾问来到贝利撒里乌斯面前并谈了他的全部经历之后,统帅极为高兴,并且在把普洛科皮乌斯大大称赞了一番之后便下令吹起喇叭这个出发的信号。(16)他们在迅速出海之后于是来到了高路斯和美利塔两个岛[②],这里已是亚得里亚海和图斯卡尼海的交界处了。(17)在这里他们遇到了一阵强烈的东风,第二天这风便把船只带到了利

① 玛乌里人地区的一个省。

② 今天的哥佐(Gozzo)和马耳他(Malta)两岛。

比亚的这样一个地点,罗马人用他们自己的语言把这里叫作“滩头”,因为它的名字是“卡普特瓦达”①。对一个轻装的旅行者来说,这里离迦太基是五天的路程。

十五

(1)当他们临近海岸时,统帅命令他们把帆卷起,从船上抛下了锚并暂停前进;继而他把全体将领召到自己的船上来,要大家就有关登陆的问题展开讨论。(2)立刻有许多人发言对某一方的意见表示同意,而阿尔凯劳斯站出来讲了这样的话:

(3)“我确实十分欣赏我们统帅的美德,因为尽管他的判断力远远超过所有的人,拥有极其丰富的经验,同时又只有他掌握着全军的统帅权,但是他还是建议进行公开的讨论,要我们每个人都发表意见,这样我们便能以选择看来是最好的办法,尽管只有他才能决定什么是必须做的,然后照他所希望的从从容容地付诸实施。(4)但是,至于你们,我的同僚军官各位——我不知道怎样才能把这话说得容易些——人们会感到奇怪,你们每一个人都不忙于首先站出来反对登陆。但是我了解,向正在进行一项危险事业的那些人提出建议,这不会给提出建议的人带来个人的好处,而在一般情况下,最后反而使自己受到责难。(5)要知道,当人们的事情进行得顺利的时候,他们把自己的成功归之于他们自己的判断或幸运,但是,如果他们失败了,他们怪罪的只是向他们提出建议的那个人。(6)尽管如此,我还是要说出来。要知道,考虑安全的人们

① 拉丁语 Caputvada,按拉丁语 caput 意为头,vadum 或 vadus 意为浅滩。

却要在责难面前退缩,这是不对的。(7)你们正打算在敌人的土地上登陆,同僚军官们,但是你们计划把船只安全地停泊在怎样的港口里? 或者,在怎样的城墙里你们能为自己找到安全?(8)难道你们没有听说,这个海角——我指的是从迦太基到伊乌凯——据说它的长度是九天的路程,根本没有港口并且不管从哪方吹来的风都没有办法躲避?(9)而且感谢吉泽里克所作的决定[①],在整个利比亚,除了迦太基没有留下一座有城墙的城市。而且人们还可以说,据说在这个地方一点儿水也没有。(10)请注意,如果你们愿意的话,让我们假定我们遇到了某种不幸并且在考虑到这一点的情况下作出决定。(11)要知道,说参加战斗的人们会认为自己不会遇到任何困难,这既不符合人的经验,也不符合事物的本性。(12)如果在我们登上大陆之后我们遇到了一场暴风,是不是船只必然会遭到如下两种命运中的一种:或者是它们跑到尽可能远的地方去,或者是毁在这个地峡上?(13)其次,我们将会有怎样的手段以取得我们的必需品? 谁也不要指望我这个负责军队供应的军官吧!(14)要知道,任何一个官员,如果他被剥夺了执行公务的手段,那他必然会被贬损到一介私人的名义和身份。如果我们被迫迎战进攻的蛮族的话,那我们在什么地方存放我们多余的武器或我们的必需品的任何其他部分? 提到这一点,甚至不好说结果会变得怎样。(15)但是我认为我们应该直奔迦太基。因为听说离那里不过四十斯塔迪昂[②]的地方有一个名叫斯塔格努姆的港口,那

① 参见本卷第五章,第 8 节以次。

② 约合 7.4 公里。

里没有任何人防守并且大到足以容下我们全部舰队。如果我们把这里作为我们作战的基地,我们便可以毫不困难地进行这场战争了。(16)并且,就我来说,我认为很有可能我们能通过一次突然的进攻征服迦太基,因为敌人离它很远,而一旦我们把它拿下来,以后的事情就好办了。(17)要知道,人们的事情总是这个样子,主要之处一旦被攻占,他们很快就会垮掉的。因此我们应当记住所有这些事并选择最好的办法。"阿尔凯劳斯的发言便是这样。

(18)而贝利撒里乌斯则作了如下的发言:"同僚军官各位,你们当中谁也不应认为我的话是在责备谁,而我在最后发言也不是为了要你们必须服从它,而不管那是什么样子的发言。(19)因为我已听到了你们每个人提出的认为是最好办法,因此我也应当把我的想法告诉你们,然后同你们一道选出比较好的办法。(20)但是应当提醒你们这样一个事实,即不久前士兵们公开表示他们害怕海上的危险,如果有敌人的船向他们进攻,他们就会跑掉,因此我们祈求上帝把利比亚的土地指给我们并且让我们平静地登上它的土地。(21)既然情况是如此,我想只有愚人才会干出如下的事情:先是祈求从上帝那里得到较好的命运,而当这种命运到手时却又拒绝它而走相反的道路。(22)而且,如果我们直奔迦太基并遇到了敌人的一支舰队,这时士兵们如果都拼命跑掉这可不能怪他们——因为事先申明的过失为它自身作了辩解——但是对我们来说,即使我们安全脱险,我们也绝不能得到宽恕。(23)虽然现在有许多困难,但是如果我们留在船上,我想,我只说一件事就够了——当他们把一场暴风的危险悬到我们头上的时候,那就是他们特别想用来吓唬我们的东西了。(24)要知道,如果有任何暴风

降临到我们头上的话，他们认为我们的船必然会遇到两种命运之中的一种，或者是它们远离利比亚，或者是它们毁在这个地岬上。(25)那么在当前的情况下我们选择哪个办法对我们更有利呢？是只要船只被毁，还是连人带所有一切统统丧失？这一点且不说，现在我们要进攻的是没有防备的敌人，很可能我们在进攻时会得手；因为在战争中，正是出其不意的事情通常可以控制事件的进程。(26)但是稍后，当敌人已经做了准备的时候，我们将要进行的便是一场势均力敌的斗争了。(27)而人们还要指出，甚至为了登陆也需要进行一场战斗，并且寻求现在我们有能力得到，却正在把它看成是不需要的东西。(28)而且如果就在我们战斗的时候，又有一场暴风向我们袭来——这在海上是常常发生的事——那时我们就要既对海浪也要对汪达尔人作战，那时我们就要后悔我们的小心慎重了。(29)至于我，我的意见是我们应当尽快上岸，把马匹、武器和所有其他我们认为需要的东西也都运上岸，然后我们必须迅速挖一道沟，在我们周边筑起一道可以使我们得到安全的栅栏(它并不比人们能提到的任何有城墙的城市差)，并且如果有任何人进攻我们，我们都可以以此为基地对他们展开战争。如果我们表现得勇敢，我们是不会缺少任何给养的。(30)因为制服了自己敌人的人，也就成了敌人的财产的主人。胜利的规律就是这样，它先是带着它的全部财富投入，然后再把它安置到它所倾向的那一方。因此对你们来说，得到安全和取得大量好东西的机会都掌握在你们自己手里。”

(31)贝利撒里乌斯讲了这话之后，到会的全体一致表示同意并且接受了他的建议，于是他们便分头尽快地安排登陆事宜，而他

们离开拜占庭之后这时已有三个月左右了。(32)统帅在岸上指定了一个地点,然后下令士兵和水手挖沟并且在四周设置栅栏。他们是按照命令做的。(33)由于有大群人干活并且恐惧的情绪激起他们的干劲,并且有统帅督促他们,故而在当天便挖成了沟而且栅栏也完全安装好了,四周到处都固定了削尖的木柱。(34)在他们挖沟的时候,确实出现了十分令人吃惊的事情。大量的水从地里涌出,而在比扎奇乌姆先前从未发生过这样的事情。而且他们所在的地方根本是无水的地区。(35)这水足够人畜的一切用途。普洛科皮乌斯向统帅表示祝贺时指出,他对这样丰富的水感到高兴,与其说因为这些水有用,不如说因为他把这看成是可以轻易地取得胜利的一个象征,上天正在把胜利预示给他们。总之,确实发生了这样的事情。(36)因此在当夜全体士兵便在营地里过夜了,他们设置守卫并按惯例做了一切应做的事,不过确实也有例外,那就是贝利撒里乌斯下令在每艘船上安排五名弓手执行守卫任务,而战船则要在他们周边停泊成一圈,注意不使任何人进攻他们,给他们造成伤害。

十六

(1)但第二天,当某些士兵出去到田地里摘果子的时候,统帅便对他们进行了绝非无原则的体罚,他并且把全军召集到一起,作了这样的发言:(2)"这种使用暴力,吃属于别人的东西的做法在过去看来所以是一件坏事,只因为这件事本身不公正,就像一句谚语所说的那样;但是在当前的情况下,在干坏事之外还要加上个造成损害这样一个重大的要素,这就是说——如果这样说不是过于刺耳的话——我们更需要考虑的还不是公正的问题，而是要算一算从你们的行动会产生多么大的危险。(3)要知道，我使你们在这片土地上登陆只是基于我的这样一个信念，即自古以来便是罗马人的利比亚人并不忠于汪达尔人而是敌视他们的，由于这一缘故，我相信我们不会缺少必需的物品，而且，敌人也不会通过突然的进攻而给我们造成任何损害。但是现在你们缺乏自我控制的这种行为却把这种情况完全改变了，并使得相反的情况成为事实。(4)因为你们毫无疑问地使利比亚人与汪达尔人和解，而使得他们的敌视情绪转到你们自己身上了。(5)要知道，就事物的本性而论，受到凌辱的人们对那些向他们施暴的人们是怀有敌意的，结果便造成这种情况，即当你们通过向心甘情愿的所有主购买给养从而有可能不显得不公正，同时又最大限度地享受他们的友谊的时候，你们却用你们自己的安全和充分供应的好东西换来几枚银币！(6)因此，这时的战争将会是你们同汪达尔人和利比亚人之间的战争，并且至少我还要指出，这将是反对上帝本人的战争，因为任何做了坏事的人都不能祈求他的帮助。(7)你们务必要中止一意孤行地侵犯别人的财产，一定要拒绝那种充满危险的所得。(8)要知道，现在正是这样的时候，这时最能救你们的首先是节制，而无法无天的行为会把你们带上死路。如果你们留心这些事情，你们将会发现上帝是怀有善意的，会发现利比亚人民对你们怀有好感，而汪达尔人这个民族也就暴露在你们的进攻之下了。”

(9)贝利撒里乌斯说完了这番话就要开会的人们散去了。当时他听说叙列克图斯城离营地是一天的路程，离海岸近并且在通向迦太基的道路上，并且这个城市的城墙早就被毁掉了，但是当地的居民却由

于玛乌里人的进攻用房屋当作城墙从各方面构成一道壁垒,他们就防守着一种圈了起来的设防地点;于是他就把自己的一名名叫波里亚德斯的长枪兵偕同一些卫士派了出去,命令他们试着攻一攻该城,如果他们能以攻克,那么不要对它有任何伤害,而答应把无数好东西送给他们,并且宣称他们是为了人民的自由才来到这里的,这样军队便可以开进去了。(10)于是他们在天快黑的时候走近了这个城市并且躲在一个山沟里过夜。但是天刚刚亮,他们遇到乘车进城的农民,便悄悄地和他们一道进了城并且毫不费力地占领了这个城市。(11)当天大亮时没有任何人掀起骚动,于是他们便把神父和所有其他知名人士召集起来并宣布了统帅的命令,而在从心甘情愿的人们手中接过了城门的钥匙之后,他们便要这些人去见统帅。

(12)在这同一天,公共驿站的站长在把公家的马匹交出来之后跑掉了。并且他们还俘虏了一个偶尔被派出来给国王送回信的人——这种人他们称为“维列达里伊”[①]——但统帅一点也没有伤害他,反而给了他很多黄金,并且在得到他的保证之后,便交给他皇帝优斯提尼安写给汪达尔人的一封信,要他交给汪达尔人的那些高级官吏。(13)信里面的话是这样的:“我们既不曾决定对汪达尔人作战,也不是在破坏同吉泽里克缔结的条约,而只是在试图把你们的僭主赶下王位,因为他无视吉泽里克的遗嘱,囚禁了你们的国王并且正在把他监管起来,而他恨之入骨的国王亲属首先被他处死,而对其余的人们,则把他们弄瞎之后又把他们看管起来,不允许他们用死亡结束他们的不幸。(14)因此一定要同我们把力量

① 拉丁语 veredarii(单数 veredarius)意为信使。

结合起来并帮助我们把你们从如此邪恶的一种僭主之治下解救出来，以便你们能以享受和平与幸福。要知道我们会以上帝的名义给你们以保证，即在我们手中你们将会实现这些事情。”(15)皇帝的信传达的信息便是如此。但是从贝利撒里乌斯手中接到了这封信的人却不敢公开发表它，虽然他暗中把它拿给自己的朋友看，但是他没有做出任何实质性的事情。

十七

(1)而贝利撒里乌斯在以下述方式整顿了他的军队的作战队列之后，便开始向迦太基进军了。他选拔了他的卫士中能征善战者三百名，把他们交给了约翰，约翰原是负责管理统帅家中开支的人物，这种人罗马人称之为“欧普提奥”[①]。(2)他是一个阿尔明尼亚人，一个生来极其慎重而又勇敢的人。贝利撒里乌斯便命令这个约翰走在军队的前面，相隔不下二十斯塔迪昂[②]，而如果他看到敌人的任何事物，便尽快回来报告，以便使军队对战斗有所准备而不致陷入被动。(3)他命令联盟的玛撒该塔伊人不断地在军队的左侧活动，距离也是那么远或是更远些；他本人则率领精锐的队伍走在最后面。(4)原来他感到从海尔米昂涅跟踪他们的盖利梅尔不久便会对他们发动进攻。这些预防措施是充分的，因为在右侧他们可以无须担心：他们是在离海岸不远的地方行进。(5)他命令水手始终跟随他们，不要使自己远离军队，但是在顺风时就降下大

① 拉丁语 optio，原义为“选择”，指统帅自己所作的“选择”，有似我国的副官。

② 约 3.7 公里。

帆用小帆行驶,他们称这种小帆叫"多洛涅斯"[①],根本没有风的时候,就尽量利用划行使船只行进。

(6)贝利撒里乌斯到达叙列克图斯之后,士兵的行动是有节制的,他们既不蛮横无理地吵闹,也不干任何出格的事情,他本人由于表现了非凡的温和与仁慈,从而把利比亚人完全争取到自己方面来,乃至此后他就好像在自己的国土上进军一样。原来当地的居民并不躲避,他们也不希望隐匿任何东西,他们不但提供市场,而且向士兵提供对方所希望的其他任何服务。(7)以每天行军八十斯塔迪昂[②]的进度,我们走完了到迦太基的全部路程,这期间如果遇到城市就在那里过夜,或者在营地过夜,并在条件许可的情况下做到使营地得到最大的安全。(8)这样我们便经过列普提斯城和哈德茹美图姆,而来到了一个名叫格腊塞的地方,这地方离迦太基是三百五十斯塔迪昂[③]。(9)那里有汪达尔人的领袖的一座宫殿和一处据我们所知是最美丽的园林。(10)要知道,那里泉水极为丰富并且有大量的森林。所有的树都挂满了果实,乃至每一个士兵都是在果树中间搭帐篷的,并且,虽然所有的士兵都尽情地享用当时已经成熟的果子,但实际上果子看不出有任何减少。

(11)但是盖利梅尔在海尔米昂涅一旦听说敌人已来到近前,便写信给他在迦太基的兄弟阿玛塔斯,要他杀掉他正在看管的伊尔德里克和所有其他在血统上或其他方面同伊尔德里克有关的人并且命令他使城中的汪达尔人和可以作战的所有其他人做好准

① dolones(原形 dolo),中桅帆、前樯帆,相当英语的 topsails。

② 约 15 公里。

③ 约 64.75 公里。

备，以便在敌人进入城市郊区他们称为“戴奇木姆”[①]的狭窄通道时，他们可以从两方面会合把他们包围，就好像张网似地捉住他们，把他们消灭掉。(12)阿玛塔斯执行了他的命令，杀死他的亲属伊尔德里克和埃乌阿盖斯[②]以及同他们关系密切的所有利比亚人。(13)要知道，荷阿美尔已经死了[③]。他把汪达尔人武装起来之后，便要他们做好准备，以便在适当的时刻发动进攻。(14)但是盖利梅尔正跟踪在后面而不让我们知道，不过的确也有例外的情况，即当我们在格腊塞宿营的那天夜里，来自双方军队的侦察兵遇上了并且在一场格斗之后各自返回了自己的营地，而这样我们才清楚，敌人离我们并不远。而当我们从那里出发时，我们已看不清船只了。(15)因为向海中伸出很远的高耸的山岩使水手要兜很大一个圈子，有一处突出的地岬[④]，那名叫赫尔美斯的市镇便在这个地岬上。(16)于是贝利撒里乌斯便命令长官阿尔凯劳斯和海军将领卡洛尼姆斯不要停泊在迦太基，而是留在离那里二百斯塔迪昂[⑤]的地方，听候他本人的召唤。而在离开格腊塞之后，我们在第四天来到了戴奇木姆，即离迦太基七十斯塔迪昂[⑥]的地方。

① 即 Decimum miliarium 即(从迦太基算起)第十个里程碑的意思，此处系简称。

② 荷阿美尔的兄弟，参见本卷第九章，第 9、14 节。

③ 当在公元 533 年以前。

④ 即海尔玛伊乌姆(Hermaeum)，拉丁语 Mercurii promontorium，今天的邦角(Cape Bon)。

⑤ 约 37 公里。

⑥ 约 13 公里。

十八

(1)就在那天,盖利梅尔命令他的侄子吉巴孟都斯带领两千汪达尔人在左侧走在其余军队的前面,其目的在于:来自迦太基的阿玛塔斯,从后面上来的盖利梅尔本人和从左边地区过来的吉巴孟都斯可以从三方面会合,不太困难和吃力地完成包围敌人的任务。(2)就我来说,在整个战斗期间,我不由得对上天的做法和人的做法感到惊奇,因为我注意到从远方预见到会发生什么事情的上帝如何勾画出事情发生时他认为是最好的方式,而另一方面,人们,无论是他们受到欺骗还是提出了正确的意见,却不知道他们已经失败了,如果结果应当是这样的话,或者他们不知道他们已经胜利了,因为上帝的意旨是要给幸运开一条路,对于注定要胜利的事物,幸运不可避免会逼临到它的头上。(3)要知道,如果贝利撒里乌斯不是这样地安排他的兵力,要约翰的士兵走在前面,而玛撒该塔伊人在军队的左侧行进,我们便绝不可能逃脱汪达尔人的包围了。(4)而即使贝利撒里乌斯作了这样的安排,如果阿玛塔斯看准了有利的时机,而不是提前了大约一天的四分之一的时间,则汪达尔人的事业便绝不会像实际发生的那样垮掉了。(5)但实际上怎样呢,阿玛塔斯在大约正午便提前来到了戴奇木姆,而这时我们和汪达尔人的军队还在很远的地方,他的错误不仅在于他没有在适当的时刻到达,而且还在于他把大批的汪达尔人留在了迦太基,他虽然命令他们尽快到戴奇木姆来,但这时他和少数军队——甚至不是精锐的队伍——已经同约翰的士兵开始了战斗。(6)他杀死了在前列战斗的十二个精锐士兵,但他本人也阵亡了,在这一战斗

中他表明自己是一个勇敢的战士。(7)阿玛塔斯阵亡之后,汪达尔人全面溃败,他们拼命逃跑,把所有从迦太基到戴奇木姆来的士兵全都冲了回去。(8)因为他们是在一团混乱中分股而且是分成小股行进的,根本没有战斗的队列。他们是二十或三十个人一股。(9)看到阿玛塔斯手下的士兵逃跑,他们便以为追击的是大量的敌人,于是他们也便转身加入了逃跑的行列。(10)约翰和他的士兵杀死了所有他们遇到的人,一直来到迦太基的城门这里。(11)在七十斯塔迪昂[①]的路程中对汪达尔人进行了如此大规模的屠杀,乃至目睹这一事件的人们竟会认为这是两万敌军干出来的事情。

(12)在这同时,吉巴孟都斯和他的两千士兵来到了佩迪昂·哈隆,这地方离迦太基有四十斯塔迪昂[②],如果人们去迦太基,那么这地方便在他们的左手,这里没有人居住,也没有树木和其他任何东西,因为水里的盐分使这里除了盐以外什么都不生产;在这里他们遇上了匈人,结果全部被歼灭了。(13)且说在玛撒该塔伊人当中有一个生来既十分勇敢又有很大膂力的人,他是少数几个人的头目[③];这个人从他的父祖那里继承了一种权利,这就是在所有匈人的军队中第一个向敌人发动进攻。(14)确实,只有出身这个家族的某个人同敌人展开了战斗之后别的人才能动手,否则任何玛撒该塔伊人第一个出击并俘虏一个敌人都是非法的。(15)当两军相距已经不远的时候,这个人便策马而出,只身一人来到离汪达尔人的军队很近的地方停了下来。(16)而汪达尔人或者是为这个

① 约 13 公里。

② 约 7.4 公里。

③ 可能是伍长,什长的意思。

人的勇敢精神惊呆了,或者是疑心敌人在对他们搞什么阴谋诡计,所以决定不动,也不射这个人。(17)而我则以为,既然他们从来没有同玛撒该塔伊人作战的经验,而只是听说这个民族十分好战,为此他们竟被危险吓住了。(18)而这个人回到他的同胞那里之后说,是上帝把这些陌生人给他们送来让他们饱餐一顿的。(19)终于他们展开了进攻但汪达尔人并不接战,而是散开了队伍,根本不考虑抵抗的事,结果他们便可耻地全部被杀害了。

十九

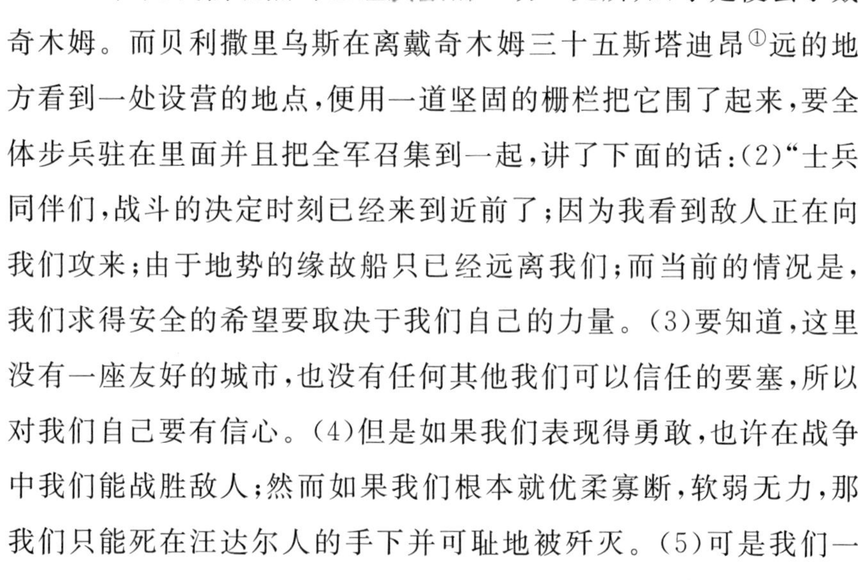

(1)但是我们既然对已经发生的一切一无所知,于是便去了戴奇木姆。而贝利撒里乌斯在离戴奇木姆三十五斯塔迪昂[①]远的地方看到一处设营的地点,便用一道坚固的栅栏把它围了起来,要全体步兵驻在里面并且把全军召集到一起,讲了下面的话:(2)“士兵同伴们,战斗的决定时刻已经来到近前了;因为我看到敌人正在向我们攻来;由于地势的缘故船只已经远离我们;而当前的情况是,我们求得安全的希望要取决于我们自己的力量。(3)要知道,这里没有一座友好的城市,也没有任何其他我们可以信任的要塞,所以对我们自己要有信心。(4)但是如果我们表现得勇敢,也许在战争中我们能战胜敌人;然而如果我们根本就优柔寡断,软弱无力,那我们只能死在汪达尔人的手下并可耻地被歼灭。(5)可是我们一方有许多有利之处可以帮助我们取得胜利;要知道,我们手里有正义,我们就是带着正义来进攻我们的敌人的(因为我们来到这里就

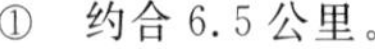

① 约合6.5公里。

是为了收回原是我们自己的东西),我们还拥有汪达尔人对他们自己的僭主的憎恨。(6)要知道,上帝当然要同标举正义的人结成联盟,而憎恨自己的领袖的士兵是不会懂得如何做一个勇敢者的。(7)这且不说,我们这些时候一直在同波斯人和斯奇提亚人作战,但汪达尔人自从他们征服了利比亚之后除去裸体的玛乌里人之外没有见过一个敌人。(8)谁不知道在每一项工作中都是实践使技艺精到,而懒惰使效率低下?现在我们借以作为我们作战基地的栅栏式的堡垒已经被我们修筑得尽可能地坚固了。(9)在这里我们可以储存我们的武器和我们出发时带不了的所有其他一切;而当我们再次返回这里时,我们不会缺乏任何种类的给养。(10)我请你们每一个人都记住自己的勇敢和他留在家里的亲人,这样就可以带着对敌人的蔑视出征了。"

(11)说完了这番话并且为他们进行了祷告之后,贝利撒里乌斯便把自己的妻子和有栅栏维护的营地交给了步兵,而他本人便和全体骑兵出发了。(12)因为在他看来当前并不适于冒全军作战的危险,明智的办法是首先以骑兵进行小规模的接触,用来试探敌人的力量,最后再以全军之力展开一场决战。(13)因此他先把"费德拉提"①的将领派到前面去,他本人和其他的队伍以及他的长枪兵和卫士跟在后面。(14)而当费德拉提和他们的将领到达戴奇木姆时,他们看到的却是阵亡者的尸体——约翰的军队的十二个同伴,而在他们旁边是阿玛塔斯和一些汪达尔人。(15)在听完当地居民谈完了战斗的全部经过之后,他们感到苦恼而不知道应该到

① "辅助部队",参见本卷第十一章,第3~4节。

哪里去。但正当他们依旧茫然不知所措并且从小山那里环视四周整个地区的时候,从南方扬起了一片尘土,稍后便出现了汪达尔人的很大的一支骑兵部队。(16)他们派人到贝利撒里乌斯那里去催促他尽快行动,因为敌人正在向他们攻来。(17)而将领们的意见是有分歧的。因为有些人认为他们应当同进攻的敌人展开肉搏战,但另一些人则认为要这样做他们的力量不够。(18)而当他们正在这样争辩的时候,盖利梅尔率领下的蛮族正在逼近,他是从贝利撒里乌斯正在走的那条路和玛撒该塔伊人迎战吉巴孟都斯时所走的那条路之间的一条道路过来的。(19)但由于双方都是在有山丘起伏的土地上,所以这使他无法看到吉巴孟都斯的灾难,或贝利撒里乌斯的堡垒,甚至看不到贝利撒里乌斯的士兵正在行进的道路。(20)但是当他们相互接近时,两军之间便发生了一场争夺那里最高山丘的较量。(21)因为那里有一处适于设营的山丘,双方都想把那里作为根据地同敌人展开战斗。(22)最先到来的汪达尔人排除进攻者而占据了小山并打败了敌人,他们已经成为使敌人望而生畏的一个对象了。(23)逃跑的罗马人来到了离戴奇木姆七斯塔迪昂[①]的一个地方,而属于贝利撒里乌斯的亲卫队的乌利亚里斯和八百名卫士正好在那里。(24)所有的人都认为乌利亚里斯会接纳他们并且保住自己的阵地,然后会同他们一道去进攻汪达尔人。但是当他们会合到一处时,所有这些军队却出人意料地以最快的速度逃掉并且跑到贝利撒里乌斯那里去了。

(25)从那时起我便说不清楚盖利梅尔遇到了什么事情,因为

① 约1.3公里。

已经到手的胜利，他却心甘情愿地放弃给敌人，除非人们应当把这种愚蠢的行动也归之于上帝，就是说，每当上帝打算使某种灾难降临到一个人的头上时，首先就伤害他的理性思维，不允许他考虑对他本人有利的东西。(26)要知道，从一方面来说，如果他立刻跟踪追击，我认为即使贝利撒里乌斯也没有力量抵抗他，这样我们的事业就完全彻底地垮掉了。(27)汪达尔人的士兵看来是如此众多，而他们在罗马人的心目中又引起了如此大的恐惧；或者，从另一方面来说，甚至如果他策马直趋迦太基，他也会很容易杀掉约翰的士兵，因为这些士兵对其他任何事都不关心，而只是单独一人或两人结伴在平原上游荡，剥夺死者身上的财物。(28)他本来可以把城市和它的财富保存下来并且把我们的已经来到比较近处的船只加以俘获，并且他本来可以使我们失掉乘船逃走和取得胜利的全部希望。但事实上这样的事情他一件也没有做。(29)反之他却步行下了小山，并且当他来到平地上的时候，他看到自己兄弟的尸体而感到悲痛，并且在料理他的丧葬事宜时错过了大好机会——一个他无法再得到的机会。(30)就在这同时，遇到了逃跑的士兵的贝利撒里乌斯要他们停下来，并在整顿好了他们的队伍之后着实把他们责备了一番；继而在得到阿玛塔斯阵亡和约翰追击的消息并且得知在地点和敌人的问题上他希望的是什么之后，他便全速地向盖利梅尔和汪达尔人进攻了。(31)但是已经陷入混乱而现在又毫无准备的蛮族抵挡不住罗马人的进攻，结果拼命逃跑而在那里损失了许多人，而战斗是在夜里停止的。(32)而这时逃跑的汪达尔人不是去迦太基，也不是去他们来自的比扎奇乌姆，而是去了布拉平原和通向努米地亚的道路。(33)这样约翰的士兵和玛撒该塔

伊人在黄昏时分回到我们这里来,并在了解所发生的一切并报告了他们做的事情之后,便和我们一道在戴奇木姆过了夜。

二十

(1)但是第二天步兵和贝利撒里乌斯的妻子来了,于是我们所有的人便一同走上了通向迦太基的道路并在傍晚较晚的时候到达那里。我们是在露天过夜的,尽管没有任何人阻止我们立刻开进城内。原来迦太基人打开了城门并在到处都点起了灯火,那一夜整夜全城灯火辉煌,而留下来的汪达尔人则都坐在圣堂里成为恳求者。(2)但是贝利撒里乌斯却阻止了军队的进城,因为他要提防敌人对他的士兵会设有什么埋伏,也为了防止士兵任意打劫,而这种事情在夜幕的掩护下是有可能发生的。(3)在那天由于为他们刮起了东风,船只来到了地岬,而已经看到了它们的迦太基人便撤掉了他们称为曼德腊奇乌姆的港口的铁锁链以便使舰队能够进港。(4)且说在国王的王宫里有一处一片漆黑的、而迦太基人称之为"安孔"的房间,所有惹恼了僭主的人都被投入这间房屋。(5)恰好那里有许多东方商人直到那时还关在那里。(6)原来盖利梅尔对这些人发了火,他指责他们敦促皇帝发动了战争,所有这些人即将被处决,这正是盖利梅尔在阿玛塔斯在戴奇木姆阵亡的当天作出的决定;他们确实到了如此危险的地步。(7)这个监狱的看守听到在戴奇木姆发生的事情并且看见舰队已经进入这里之后便进入这间狱室,他问这里的人们谁还没有听到好消息而正坐在黑暗里等死,他们愿意把他们财产之中的什么拿出来以便得救。(8)而当他们说他们愿意拿出他可以希望的一切的时候,他在他们所有的

财产当中却不要求任何东西，但请求他们所有的人起誓，如果他们逃生，他们也会尽他们的全力在他遇到危险时帮助他。他们于是这样做了。(9)继而他便把全部发生的事情告诉了他们，并从面向大海的一侧拆下了一块木板之后，他便指向正在接近的舰队并在把他们从狱室中释放之后同他们一道出来了。

(10)但是船上的人们根本还没有听到军队在陆上所做的一切，他们完全不知道应该怎么办，并且在放下了船帆之后派人到美尔库里乌姆这个城镇来；在这里他们知道了在戴奇木姆发生的一切而极为欢喜，于是继续航行。(11)而当他们随着刮起的一阵顺风来到离迦太基一百五十斯塔迪昂[①]以内的地点时，阿尔凯劳斯和士兵们要他们在这里下锚，他们因统帅的警告而有所不安，但是水手不愿听从他们的意见。(12)原来他们说那里的海岬没有一个港口，还说种种兆头说明立刻便会刮起一场人们熟悉的暴风，即当地人称为"奇普里安那"[②]的暴风。(13)他们预告说，如果他们在那里遇上这种暴风，他们甚至连一只船也挽救不了。而事情就像他们所说的那样。(14)于是他们短时期地放下了帆并进行思考；但他们认为不应当试图进入曼德腊奇乌姆(因为他们不敢违反统帅的命令，同时他们又担心会有铁锁链封锁进入曼德腊奇乌姆的入口，此外他们还担心这个港口容不下整个舰队)，但是他们认为斯塔格努姆地点好(因为它离迦太基有四十斯塔迪昂[③])而且那里没有任何东西妨碍他们并且那里也大到可以容得下整个舰队。

① 约 27.75 公里。

② Cypriana. 参见本卷第二十一章，第 17～18 节。

③ 约合 7.4 公里。

(16)他们在傍晚时分到了那里并且全都下了锚,确实例外的情况是:卡洛尼姆斯[1]和几名水手不管统帅和所有其他人,偷偷地去了曼德腊奇乌姆而无人敢拦阻他,他们劫掠了居住在海岸上的商人的财产,商人中迦太基人和异邦人都有。

(17)第二天,贝利撒里乌斯命令船上的人上岸,并且在整顿了全军之后使他们排成战斗的队列,然后便向迦太基进发了;因为他担心他会遇到敌人设下的某种圈套。(18)在那里他详细地向士兵们提醒,由于他们对利比亚人表现了克制,他们得到了多少好运气,他并且恳切地劝告他们在迦太基要极为用心地保持良好的秩序。(19)因为全体利比亚人过去都是罗马人,他们受汪达尔人的统治绝非他们的本意,并且他们在这些蛮族的手下受到了很多凌辱。(20)正是出于这样的理由,皇帝才同汪达尔人作战,因此如果利比亚人受到我们士兵的任何伤害那就违背上天的意旨了,因为正是为了利比亚的自由我们才对汪达尔人开战的。(21)在讲了这些告诫的话之后他便开进了迦太基[2],并且由于他们没有见到任何敌人,于是他便来到王宫,坐在盖利梅尔的宝座上。(22)有一群商人和其他迦太基人大吵大闹地来到了贝利撒里乌斯这里,他们的家都在临海的地方,他们指控水手们在前一天的夜里掠夺了他们的财产。(23)于是贝利撒里乌斯用誓约约束卡洛尼姆斯,要他把抢来的东西如数交出来。(24)但是起了誓却又不尊重誓言的卡洛尼姆斯一时里却因为打劫发了财,但是不久之后他在拜占庭遭

① 参见本卷第十一章,第 14 节。

② 公元 533 年 9 月 15 日。533 年即我国南朝梁武帝中大通五年。

到了报应。(25)原来他得了被称为中风的一种病,结果变得精神错乱,在咬掉自己的舌头之后死去了。但这是后来的事情了。

二十一

(1)随后由于时间适当,贝利撒里乌斯便下令给他们准备午饭,地点就在通常盖利梅尔招待汪达尔人的领袖们的地方。(2)罗马人把这个地方叫作“德尔斐克斯”[①],不过这不是他们自己的语言而是按照古代的习俗用了一个希腊词。原来在罗马的皇宫里,也就是安放皇帝的就餐躺椅[②]的地方,自古以来便放一只三脚桌,而为皇帝行酒的人便用这个三脚桌来放杯子。(3)现在罗马人把三角桌叫作“德尔斐克斯”,是因为人们最早在戴尔波伊[③]制造这种东西,因而无论在拜占庭还是有一位国王的用餐躺椅的地方,他们都把那房间叫作“德尔斐克斯”;要知道罗马人把皇帝的住所称为“帕拉提乌姆”[④]也是学希腊人。(4)因为在特洛伊被攻克之前有一个名叫帕拉斯的希腊人住在这个地方并在这里修筑一所知名的房屋,因此他们把这地方叫作“帕拉提乌姆”;而当奥古斯都取得皇帝大权时,他便决定首先居住在这里,为此他们把皇帝居住的任何地方都称为“帕拉提乌姆”。(5)因此贝利撒里乌斯便在戴尔斐克斯和军队里的全体知名人士共进晚餐。(6)原来前一天为盖利

① Δελφιζ(Delphix)。

② 古罗马上层以半卧的姿势就餐,故宴会往往持续很长的时间。

③ 古希腊世界最著名的专门传达阿波罗神谕的圣堂,位于临科林斯湾的帕尔那苏斯山南麓。

④ Palatium。

梅尔准备的午餐已准备好。于是我们就把它们拿来大吃一顿,由盖利梅尔的仆从为我们服务、斟酒,对我们百般侍候。(7)人们可以看到命运的光彩以及它展示的这样一个事实,即一切都是属于她的,任何人的私有财产则什么都不是!(8)那一天贝利撒里乌斯注定要取得当时任何人都得不到的声誉,确实自古以来也没有人有过这样的声誉。(9)要知道,虽然罗马士兵没有有秩序地进入一座被征服的城市的习惯,即使他们只有五百人,特别如果这是出人意料的入城的话,然而在这位统帅麾下的士兵却表现得秩序井然,乃至没有发生哪怕一件侮辱人或恐吓人的事情,并且确实没有发生任何妨碍城市事务的事情;(10)但是在一座被攻克的城市,一座改变了政府和效忠对象的城市,结果没有一个家庭被取消了参加市场的权利;恰恰相反,有关的官员列出了他们人员的名单,然后按照习惯的做法[①]把士兵带到他们的住所去,士兵们自己通过到市场购买解决吃饭问题并且按自己的愿望随便找地方休息。

(11)后来贝利撒里乌斯又向逃到圣堂去的那些汪达尔人作了保证并且着手考虑城防的问题。原来迦太基的城墙已经十分荒废,乃至它的许多地方任何人只要愿意都可以接近它并且它是易于进攻的。(12)因为城墙相当大的一部分都倾圮了,为此,据迦太基人说,盖利梅尔没有在城里进行抵抗。(13)他认为在短时期内把城墙修复到保证安全的程度是不可能的。(14)人们还说,早时在迦太基儿童们说过这样一条古老的神谕,即"伽玛[②]将要追击贝

① 军队士兵有如和平占领时那样都标出了住所的地点。

② 伽玛是希腊字母 Γ,相当于英语字母 G。

塔[①],而贝塔自己还要追击伽玛”。(15)当时儿童们是在游戏时这样说的,人们只把它当作是一个没有解开的谜,但是现在所有的人都十分清楚了。(16)原来先前是吉泽里克赶跑了波尼法提乌斯,而现在是贝利撒里乌斯又赶跑了盖利梅尔[②]。

(17)当时有一个梦也弄清楚了,而在当时之前很多人都常常做这个梦,但是不清楚结果它会是怎么样。这个梦是这样。神职人员奇普里安[③]在迦太基人当中是比任何其他人都更受尊重的一个人。(18)为了尊崇他,迦太基人在城前海岸上修建了十分著名的一座神殿,他们就在这里进行所有其他的传统宗教仪式,还在这里庆祝一个他们称为“奇普里安那”的节日;而水手们也习惯于把我在前面提到的那种暴风[④]用奇普里安的名字命名,给它起了和节日一样的名字,因为通常每当刮起这种暴风的时候,利比亚人习惯上总是在庆祝这一节日。(19)这座神殿是在荷诺里克当政时期汪达尔人从基督教徒手中抢过来的。(20)而他们立刻十分可耻地从这一神殿驱逐了基督教徒的神父,此后他们自己就在那里举行据说是属于阿里乌斯教派的宗教节日。(21)利比亚人为此确实感到愤怒,根本不知道怎样才好,但是据说奇普里安却常常托梦给他们说,基督教徒一点也无须为他担心;因为久而久之他自己会进行报复的。(22)当这个消息传开并为全体利比亚人所知晓之后,他们就盼着有一天汪达尔人会由于这一宗教节日而遭到报复,但是

① 贝塔是希腊字母 β,相当于英语字母 B。

② 这里指他们的名字的第一个字母而言。

③ 圣奇普里安(约公元 200～257),迦太基主教。

④ 参见本卷第二十章,第 13 节。

他们不能猜出这个梦到底如何为他们而变为现实。(23)因此,由于时间已到而第二天就要举行节日,而尽管阿玛塔斯已率领汪达尔人去了戴奇木姆,阿里乌斯教的神父还是清扫了整座圣堂,在那里挂起最漂亮的还愿的供物,准备了灯火并且从库房里取出珍宝,一丝不苟地准备了一切事物,使一切事物都能得到适当的应用,而正是这时皇帝远征的军队已来到了利比亚。(24)但是戴奇木姆的事件如上面所说的发生了。(25)于是阿里乌斯教派的神父便跑掉了,而信奉正教的基督教徒来到了奇普里安的神殿,他们点起了所有的灯,按他们举行这种仪式的惯例参加了宗教节日,这样大家才知道梦中幻影所预告的是什么。这事便是这样发生的。

二十二

(1)回忆起一句古老格言的汪达尔人感到吃惊了,从此他们清楚地了解到,至少对一个人来说,没有任何希望会是不可能的,也没有任何财产会是安全可靠的。(2)下面我就来解释这是怎样的一句格言以及它是以怎样的方式说出来的。(3)当汪达尔人最初迫于饥饿要从他们世代居住的土地迁移出去时,一部分不愿意离开和不想跟哥狄吉斯克路斯走的人便留了下来。(4)久而久之留下来的那些人由于食品丰富而感到日子好过了,并且吉泽里克和他的士兵们还占领了利比亚。(5)当没有追随哥狄吉斯克路斯的那些人听到这一情况之后很是高兴,因为从此之后这土地是完全够他们生活的了。(6)但是由于担心很久之后的某个时候,或者是征服了利比亚的那些人或者是他们的后人不知怎的会被赶出利比亚并返回他们的世代居住的故土(因为他们绝不认为罗马人会容许利比亚被永久占领),于是他们派遣使节去那些人那里。(7)这些使节见到了吉泽里克之后便说,他们因同胞们取得这样的成功而感到高兴,但是他们不再能保卫他和他的士兵极少虑及的土地(乃至这些人已经在利比亚定居了)。(8)因此他们请求说,如果他们对他们的故土没有要求的话,他们可以把它作为一种没有收益的财产送给他们本人,这样他们对土地的权利可以搞得尽可能的明确,而如果任何人对它有所损害,他们为了保卫它会决心不惜以死相拼。(9)因此吉泽里克和所有其他的汪达尔人都认为他们的话公平合理,并且准备答应使节要求于他们的一切。(10)但是有一位因谨慎而德高望重的老人却说,他无论如何也不愿答应这样一件事。他说:"在人间的事物当中,没有一件事是可靠的,对于人们来说,没有一件现存的事物是永远固定不变的,至于那些还不存在的事物,没有一件是不会发生的。"(11)当吉泽里克听了这话之后他表示同意,于是决定把使节送了回去,结果他们什么事也没有干成。而当时无论是他本人还是提出这个意见的人在所有汪达尔人的心目中都是应当受到嘲笑的,因为他们预见的是不可能实现的事情。(12)但是当我上面所提到的这些事发生之后,汪达尔人学到了对人间事物本质的一种不同的看法并且认识到这句话乃是一位智者的名言。

(13)至于留在自己故土的那些汪达尔人,则在我的时代人们已不再记起他们或知道他们的任何名字了。我以为,既然他们的人数不多,他们或者被相邻的蛮族所征服,或者根本不是非自愿地同他们混合起来,连名字也让位于他们的征服者的名字了。(14)确实,当汪达尔人在那时为贝利撒里乌斯所征服时,他们根本没有想

到从那里再返回他们的故土。(15)要知道,他们不可能一下子从利比亚迁回欧罗巴,特别是因为他们手头没有任何船只,这样便由于他们对罗马人,特别是扎昆图斯人的暴行而遭到了报应①。(16)原来在过去某个时候,对伯罗奔尼撒的各城镇发动突然袭击的吉泽里克也进攻了塔伊那茹姆。但是在那里被击退并且丧失了自己的许多部下之后,他只好在一团混乱中退却。(17)而当他还在为此而怒气冲冲的时候,他来到了扎昆图斯,因而在杀死了他遇到的许多人并把五百名知名人士变为奴隶之后不久便乘船离去了。(18)当他来到人们所说的亚得里亚海的中部之后,他把五百人的躯体切成小块,毫不留情地把它们抛到大海各处。但这是较早时候的事情了。

二十三

(1)但是那时盖利梅尔由于把许多钱在利比亚人的农民中间分配并且对他们表现得非常友好,这样便做到把许多人争取到他的一面来。(2)于是他命令这些人把来到乡间的罗马人杀死,并宣布说干这件事的人每杀死一个人都要付给他固定数量的黄金。(3)于是他们杀死了罗马军队里的许多人,不过不是士兵,而是奴隶和仆从②,这些人因为想弄到钱而偷偷地来到农村,这样便被捉住了。(4)农民们把他们的头带到盖利梅尔这里来,接受报酬后离

---

① 参见阿尔卡那(Arcana,18,5以次),普洛科皮乌斯估计在贝利撒里乌斯时期阿非利加的汪达尔人有男性八万人,并表示他们实际上全部死掉了。——译者

② 罗马军队的士兵可以带上自己的奴隶或奴仆同行,军营中又有随军商贩,但他们不参加战斗,战斗时不在列队之内。

去，但另一方面，他却以为他们杀死的是敌人的士兵。

(5)那时贝利撒里乌斯的助手狄奥根尼斯表现了英勇的战绩。他奉派和二十二名卫士去侦察敌人，来到了离迦太基有两天路程的一个地方。(6)而当地的农民由于无法杀死他们，便向盖利梅尔报告说这些人在这里。(7)于是盖利梅尔便选拔汪达尔人的三百名骑兵前去对付他们，命令他们把所有的敌人生俘后给他送来。(8)因为他认为把贝利撒里乌斯的私人助手和二十二名卫士加以俘虏，这乃是一项极为辉煌的成就。(9)且说狄奥根尼斯和他的一行人住入一所房屋并且正在二楼睡觉，根本没有想到会有敌人，因为他们确实得知敌人离他们很远。(10)但是天一亮便到了那里的汪达尔人认为，如果砸开了房门或摸着黑进去对他们不利，因为他们担心夜间接战他们相互间会杀死自己人，与此同时，如果发生那样的事，这会使很多敌人能以在黑暗中跑掉。(11)但他们这样做是因为怯懦使得他们毫无作为，虽然，如果带上火把，甚或不带火把去捉拿还睡在床上的没有武器又绝对是赤身露体的敌人，他们是能以不费力地完成这项任务的。(12)但是事实上，他们环绕着这整座房屋摆了一个圆形战阵，特别是在有门的地方，所有的人就在那里就位。(13)就在这同时恰好有一个罗马士兵从睡梦中被吵醒，他听到了汪达尔人相互间偷偷说话和带着武器走动的声音，因而能知道正在发生什么事情，于是不做声地叫起了每个同伴，告诉他们正在发生什么事情。(14)于是他们遵照狄奥根尼斯的意见，全都静悄悄地穿上衣服拿起武器下了楼。(15)在那里，他们在不被任何人发觉的情况下给马套上嚼子，然后一跃上马。他们在院子的入口处停了一会儿之后，突然打开院门，立即全都出来了。

(16)汪达尔人于是立刻同他们展开了贴身的战斗,但是一无所获。原来罗马人在马上努力应战,用盾牌保护自己并且用长枪反击向他们进攻的敌人。(17)狄奥根尼斯就这样地从敌人手下逃走,与他同行的人们当中损失了两个人,但其余的人得救了。(18)不过在这次遭遇战中,他本人确实差一点送了命,因为他在颈部和脸上受了三处伤,左手也伤了一处,结果小手指从此不能动了。这事发生的情况便是这样。

(19)贝利撒里乌斯把大宗的钱提供给从事建筑业的工匠和一般的工人大群,并且通过这个办法他围着城墙挖了一道值得高度赞扬的壕沟并沿沟树立了密集的栅栏,这样他就在工事的周边又修筑了一道出色的堡垒。(20)不仅这一工程,他还在短时期里修复了城墙损坏的部分,这事不仅使迦太基人,后来也使盖利梅尔本人感到是值得惊叹的一件事。(21)原来,当他作为俘虏来到迦太基时,他看到城墙而大为惊奇,并表示他自己的疏忽表明正是他当时全部苦难的原因。这便是贝利撒里乌斯在迦太基时所做的事。

二十四

(1)但是盖利梅尔的兄弟特扎宗却率领着一支讨伐队伍到了撒地尼亚,这一点我在前面已经谈过了。[①] 他是在卡腊那利斯港[②]登陆的,并在第一次进攻时便攻克了该城并杀死了僭主哥达斯和他身边的所有士兵。(2)当他听说皇帝的讨伐军队已经到了利比

① 参见本卷第十一章,第 23 节。

② 今天的卡利亚里(Cagliari)。

亚时,却还不知道任何在那里发生的事情,于是他便给盖利梅尔写了这样一封信:(3)“汪达尔人和阿拉尼人的国王啊,你知道被我们俘获的僭主哥达斯已经死掉了,而这岛现在又属于你的王国了,庆祝这一胜利的节日吧。(4)至于胆敢向我们的国土发动进攻的敌人,估计他们的企图将会遭到先前向我们的祖先发动进攻的那些人所经历的同样命运。”(5)带去这封信的人们驶入了迦太基的港湾,他们根本没有想到敌人。(6)而在被卫士带到统帅面前之后,他们便把信交给他并且提供了有关他询问的事件的情况,但是他们看到的事情使他们大吃一惊,对于变化的突然性感到目瞪口呆。不过他们并没有受到贝利撒里乌斯任何不愉快的对待。

(7)而就在这同时又发生了下述的另一件事。原来在皇帝的讨伐队伍到达利比亚之前不久,盖利梅尔曾把一些使节派往西班牙——其中有哥塔伊乌斯和福斯奇亚斯——目的在于说服西哥特人的领袖提乌迪斯[①]同汪达尔人结成联盟。(8)这些使节在伽迪腊处渡过海峡之后在大陆登陆,发现提乌迪斯住在远离海边的一个地方。(9)而当他们来到提乌迪斯所住的地方后,提乌迪斯友好地接待了他们并且亲切地款待了他们,并在宴会期间假装询问有关盖利梅尔和汪达尔人的近况。(10)原来由于这些使节到他这里来路上走得比较慢,但实际上提乌迪斯已经从别人口中知道了汪达尔人遇到的所有的事情。(11)因为有一只进行贸易的商船就在军队开进迦太基的当天从那里出港,并由于赶上顺风而到了西班

① 有关这个提乌迪斯和他在西班牙成为西哥特人国王一事,参见本书第五卷,第十二章,第50节以次。

牙。(12)提乌迪斯便从这只船上的人们那里知道了在利比亚发生的一切,但是他不许商人们把这消息泄露给任何人,为的是不许它成为尽人皆知的新闻。(13)而当哥塔伊乌斯和他的随行人员回答说,对他们来说一切都是尽可能地好的时候,他便问他们此行的目的是什么。(14)而当他们建议缔结联盟时,提乌迪斯便要他们到沿海的地方去;他说:"从那里你们可以确切地了解家里的事情。"(15)使节们以为这个人喝醉了,说的是醉话,所以沉默不语。(16)第二天他们又见到他并提到联盟一事,提乌迪斯再次讲了同样的话,这时他们才终于明白,在利比亚他们遇到了命运的某种变故,但是根本没有想到迦太基,他们于是出海去了这个城市。(17)来到它附近的土地并遇到了罗马士兵,他们便把自己交给了罗马人,任凭对方处治了。(18)从那里他被领去见统帅,但是没有受到他的任何虐待。这些事发生的情况便是如此。(19)再说库里尔[①]在临近撒地尼亚时得知哥达斯遇到的事情,便去了迦太基,在那里发现罗马军队和贝利撒里乌斯已经取得胜利,便留下来休息了;所罗门[②]则奉派去皇帝那里报告这里所做的一切。

二十五

(1)但是盖利梅尔在到达布拉平原——它离迦太基对一个轻装的旅行者来说是四天的路程,离努米地亚的边界已经不远——之后,便开始在那里把所有的汪达尔人和对他友好的、尽可能多的

① 费德腊提(foederati)队伍的领袖。参见本卷第十一章,第1、6节。

② 也是费德腊提的领袖(dux foederatorum)并且他还是贝利撒里乌斯的domesticus(私人顾问)。参见本卷第十一章,第5节以次。

玛乌里人纠集到一起。(2)但是,玛乌里人很少同他结成联盟,因为玛乌里人是十分桀骜不驯的。(3)因为所有那些统治着玛乌列塔尼亚、努米地亚和比扎奇乌姆的玛乌里人的人们都派遣使节去贝利撒里乌斯那里,说他们是皇帝的奴隶,并且保证和他一道进行战斗。(4)有一些人甚至把自己的孩子送去做人质,并且要求皇帝按照古老的习俗把职位的标记送给他们。(5)因为在玛乌里人中间有这样一条法律,即:除非有罗马人的皇帝所授予的职位标记,否则任何人都不能成为他们的统治者,即使他是敌视罗马人的。(6)虽然他们已经从汪达尔人手中取得了这种标记,但是他们并不认为汪达尔人的地位是巩固的。(7)而这些标记是一个包金的银杖和一顶银制小帽——这小帽并不覆盖整个的头而是像一顶王冠,四面由银带加以固定——还有一件白色的外衣,由黄金的别针在右肩固定成帖撒利海角的形状,还有一件绣花的白内衣和一只镀金的靴子。(8)贝利撒里乌斯就是把这些东西送给了他们,并且把很多钱送给了他们每一个人。(9)但是他们并没有来同他并肩作战,不过另一方面他们也没有支持汪达尔人,而是站在战斗双方的局外,等着看战争是个什么结果。罗马人方面的情况就是这样。

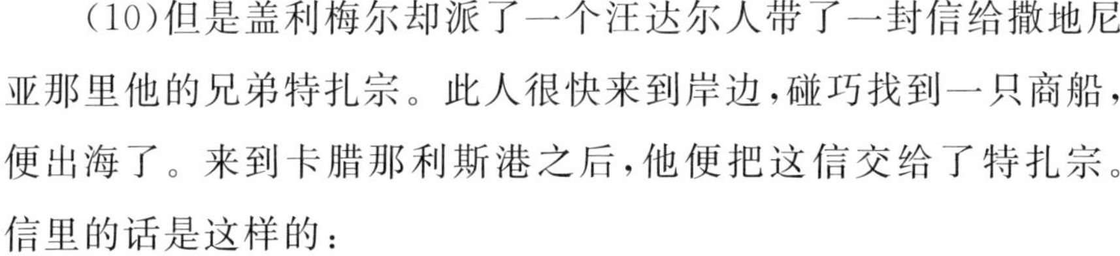

(10)但是盖利梅尔却派了一个汪达尔人带了一封信给撒地尼亚那里他的兄弟特扎宗。此人很快来到岸边,碰巧找到一只商船,便出海了。来到卡腊那利斯港之后,他便把这信交给了特扎宗。信里的话是这样的:

(11)“恕我冒昧地说出我的想法,使这个岛背叛了我们的并不是哥达斯,而是上天使发疯的灾祸降临到我们汪达尔人的头上。

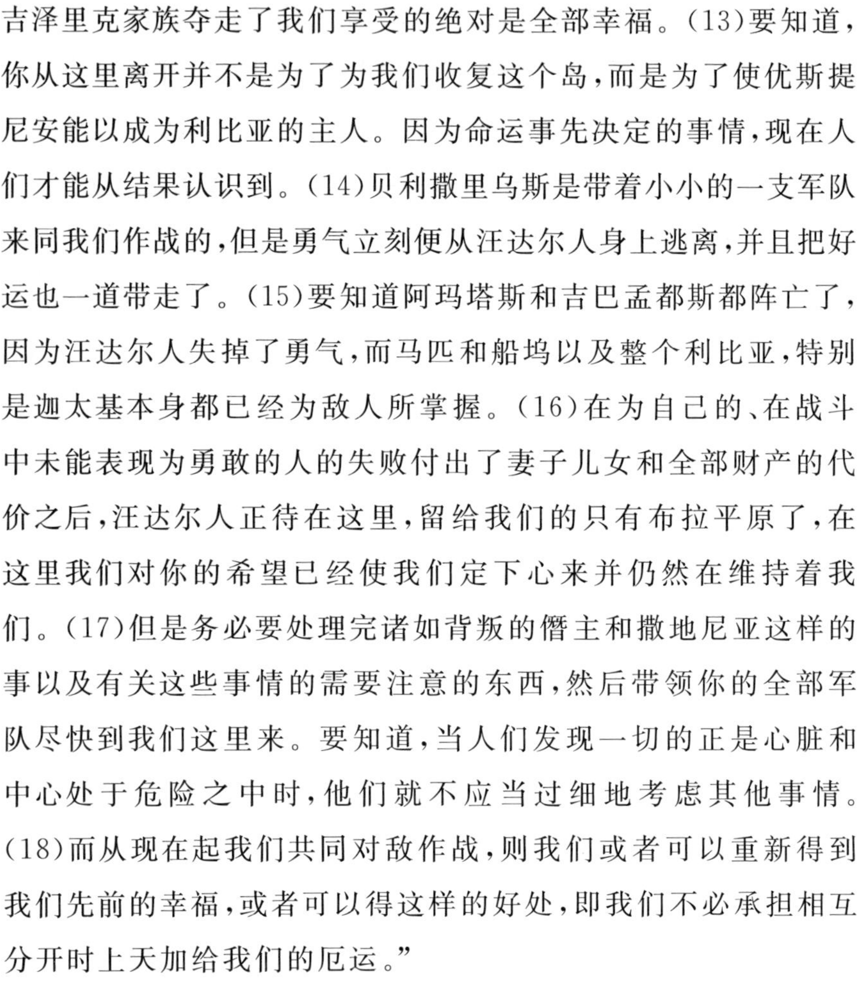

(12)因为通过使我们失去你和汪达尔人的知名人士,这样他便从吉泽里克家族夺走了我们享受的绝对是全部幸福。(13)要知道,你从这里离开并不是为了为我们收复这个岛,而是为了使优斯提尼安能以成为利比亚的主人。因为命运事先决定的事情,现在人们才能从结果认识到。(14)贝利撒里乌斯是带着小小的一支军队来同我们作战的,但是勇气立刻便从汪达尔人身上逃离,并且把好运也一道带走了。(15)要知道阿玛塔斯和吉巴孟都斯都阵亡了,因为汪达尔人失掉了勇气,而马匹和船坞以及整个利比亚,特别是迦太基本身都已经为敌人所掌握。(16)在为自己的、在战斗中未能表现为勇敢的人的失败付出了妻子儿女和全部财产的代价之后,汪达尔人正待在这里,留给我们的只有布拉平原了,在这里我们对你的希望已经使我们定下心来并仍然在维持着我们。(17)但是务必要处理完诸如背叛的僭主和撒地尼亚这样的事以及有关这些事情的需要注意的东西,然后带领你的全部军队尽快到我们这里来。要知道,当人们发现一切的正是心脏和中心处于危险之中时,他们就不应当过细地考虑其他事情。(18)而从现在起我们共同对敌作战,则我们或者可以重新得到我们先前的幸福,或者可以得这样的好处,即我们不必承担相互分开时上天加给我们的厄运。"

(19)这封信被带到特扎宗那里去并且由他把信的内容向汪达尔人宣布之后,他们便哀号悲伤起来,不过不是公开地而是尽量掩盖自己的感情不使岛上居民注意到这一点,而在他们自己当中,他们却默默地为他们遭到的命运而叹息。(20)他们立即安排好他们手头碰上的事情,然后便把船只装备起来。(21)整个船队从那里起航，在第三天他们来到了利比亚的、正好是努米地亚人和玛乌列塔尼亚人之间边界那里的土地。(22)他们步行来到了布拉平原并且在这里同军队的其余部分会师了。在这里的汪达尔人当中人们可以看许多极为令人可怜的场面，对于这些场面，至少我绝没有能力给以恰当的记述。(23)因为，我以为即使如果敌人本身当中有一个人当时看到这些场面，他说不定也许会身不由己地为汪达尔人和人类的命运起怜悯之情。(24)原来盖利梅尔和特扎宗相互紧紧地拥抱在一起不放开，但是他们相互间却一句话也不说，只是一直在紧握着手哭泣，盖利梅尔手下的每一个汪达尔人也拥抱着一个来自撒地尼亚的人，而他们的做法也是这样。(25)他们长时间站在那里就仿佛长在了一起似的并且用这种办法尽可能地找到安慰，盖利梅尔的士兵认为探询有关哥达斯的事情已不合适(因为他们当前的命运打倒了他们，使得他们把先前他们认为是最重要的事情算到了现在根本无足轻重的事情里面去)，而来自撒地尼亚的人们也不能问起利比亚这里发生的事情。要知道这地点已足以使他们判断出发生了什么事情。(26)确实他们甚至根本没有提到自己的妻子儿女，因为他们清楚地知道，妻子儿女当中的任何人不在那里的或者是死了或者是落入敌人之手。这些事情发生的情况便是这样。

汪达尔战争史第二卷

（战争史第四卷）

一

（1）盖利梅尔看到所有的汪达尔人都已集合到一处，便率领着他的军队去进攻迦太基了。（2）当他们逼近该城时，他们摧毁了一部分水道——这是一个很壮观的建筑物，它是用来把水引入城内的——并且在一段时间内设了营之后，他们便撤退了，因为没有一个敌人出来同他们对抗。（3）他们在乡间四处活动时在道路上设了警卫，并且认为这样他们就是围攻迦太基了；但是他们并没有收集到任何战利品，也没有在当地打劫，而只是把它占领，作为自己的土地。（4）与此同时他们又一直在希望迦太基人自身，还有那些信奉阿里乌斯教派信条[①]的罗马士兵会有某种背叛行为。（5）他们还派人去匈人的头目那里去，保证说他们会从汪达尔人手里得到很多好东西，请求他们成为自己的朋友和联盟者。（6）再说匈人甚至在这之前对罗马人的事业便没有好感，因为过去他们确实不曾自愿地作为联盟者到罗马人这里来过（他们曾断言，罗马的将领

① 汪达尔人大都信奉阿里乌斯教。

彼得曾起过誓,但是后来却不顾自己的誓言,把他们带到了拜占庭),因此他们接受了汪达尔人的请求并且保证说,如果他们真的打起仗来,他们是会倒戈和汪达尔人一道反对罗马军队的。(7)但是贝利撒里乌斯对这一切却持怀疑态度(因为他是从跑过来的敌军士兵得知这一点的),而且城墙也还没有完全修复,为此他认为目前他的士兵还不能出城同敌人作战,而是在城内尽量做好准备。(8)有一个名叫劳茹斯的迦太基人由于他自己的秘书作证而被判以叛国罪,并且被贝利撒里乌斯以尖木柱穿刺之刑处死在城前的小山上,这样其他人便感到不可抗拒的恐惧而不敢再有背叛的行为了。(9)而且他每天都用礼品和宴会以及所有其他各种甜言蜜语、阿谀奉承来讨好玛撒该塔伊人,这样便说服他们向他坦露,一旦他们在战争中倒戈,盖利梅尔曾许给他们什么东西。(10)而这些蛮族声称,他们根本没有作战的热情,因为他们担心,一旦汪达尔人被打败,罗马人不会把他们送回本国,这样他们就必然会老死在利比亚了。此外他们还说,他们也关心战利品,害怕他们的战利品被人夺去。(11)于是贝利撒里乌斯确实向他们作出保证说,如果汪达尔人遭到决定性的失败,他们连同他们的全部战利品立即被遣送回家,绝不会有半点耽搁,这样实际上他便用誓言使得他们满怀热情地协助罗马人打完这场战争。

(12)当他把所有的事情都尽可能好地准备停妥并且城墙也已完全修复之后,他便把全军召集到一起,讲了下面的话:(13)"罗马同胞们,有关激励的话,我并不认为有必要对你们再讲什么了,因为你们不久前已如此彻底地打败了敌人,乃至这里的迦太基和整个利比亚都成了你们的勇敢的获物,为此你们根本不需要激发你

们的胆量的告诫言辞。要知道,取得了胜利的人们的精神通常是不会被压倒的。(14)但我认为我却应当及时提醒你们这样一件事,这就是,在当前的情况下,如果你们在勇气方面表明配得上你们本人的话,那么汪达尔人的希望立刻便会终止,而你们也将会结束战斗。(15)因此有一切理由认为你们应当以最大的热情投入这场战斗。对人们来说,到达一个目的和走向结束的劳苦永远是美好的。至于大批的汪达尔人,你们谁也无需考虑他们。(16)要知道,通常决定战争的并不是人数和身材的大小高矮,而是勇敢的精神。你们应当考虑的是驱动人们的最强有力的动机,这就是因过去的成就而产生的自豪感。(17)要知道,至少对有理智的人们来说,不能充分把自己的价值体现出来并且被发现没有达到自己应有的勇敢标准,这是一种羞耻。因为我清楚地知道,恐惧和对于灾难的回忆已经控制了敌人,使他们必然鼓不起勇气,要知道,由于已经发生的事情,恐惧使他们怕得要命,而对于灾难的回忆又使他们根本不敢希望取得成功。(18)因为,一旦人们看到自己的命运不好,这命运立刻就会奴役在她的道路上已经倒下去的那些人的精神。而现在我就要解释一下,为什么当前的这场战争对你们来说比先前更为重要。(19)要知道,在先前的战争中,如果我们的事情进行得不顺利的话,那危险只是我们不去占有别人的土地;但是这一次,如果我们不在战争中取胜,我们便要失去属于我们自己的土地了。(20)因此,比较起来,正如一无所有比起被剥夺了一个人已有的东西要轻松些,所以现在我们比先前更加担心我们的最切身的利益。(21)可是在先前,我们有幸在没有步兵的情况下赢得了胜利,但是现在,在带着上帝的吉兆和我们全军进入战斗时,我

希望夺取敌人的营地、人员和一切。(22)因此,既然战争的结束近在眼前,不要由于任何疏忽而把它推迟到另一个时候,免得我们把恰当的时机错过去之后,你们还不得不再去寻找这样的时机。(23)要知道,当战争的命运被延期,它的性质就不会继续保有和先前同样的方式,特别如果战争是因为正在进行它的人们的意志而被延长的话。(24)要知道,上天习惯上总是把报应加给放弃当前的好运气的那些人的。但是如果有任何人认为,看到自己的妻子儿女和最珍贵的财产都在我们手里的敌人会表现出超越常理的大胆并且将不自量力地敢于冒险,那他的想法就不对了。(25)要知道,在内心里为了最珍贵的东西而激起的极为强烈的热情容易削弱一个人实际的力量并且不允许他们充分利用他们当前的机会。因此,考虑到这一切情况,你们应当带着巨大的藐视去进攻敌人!"

二

(1)在说了这样的鼓励的话之后,贝利撒里乌斯在同一天便把所有的骑兵派了出去,而只有五百骑兵留了下来,此外留下来的还有卫士们和罗马人称为"班都姆"[①]的军标,他把这部分人交给了阿尔明尼亚人约翰,要他在有机会的时候只进行小规模的接触。(2)他本人则在第二天跟随步兵和五百名骑兵行动。(3)而玛撒该塔伊人他们自己经过考虑之后,为了表示对盖利梅尔和贝利撒里乌斯都有友好协定的关系,决定在会战之前既不着手为罗马人作

① 即由皇室骑兵卫队带着的 vexillum praetorium,参见本卷后面第十章,第 4 节。比较拉丁语 pannum。

战,也不投向汪达尔人一方,但当交战的一方形势不妙的时候,他们便参加胜利的一方追击被打败的一方。蛮族对此事所作的决定便是这样。(4)于是罗马军队便进攻在距离迦太基有一百五十斯塔迪昂[①]的特里卡玛茹姆设营的汪达尔人。(5)他们双方都在那里设了营,不过相隔还有相当的距离。而当夜色已深的时候,在罗马军队的营地里发生了这样一件怪事。(6)他们的长枪的枪头燃起了明亮的火,而在尖头处似乎燃得最猛烈。这现象为许多人看到,而看到它的少数人感到惊慌失措,不知道这事是如何发生的。(7)而在以后很久,这事在意大利的罗马人那里又发生过一次。而在那时他们根据经验认为这是胜利的标记。但这时,如我所说,由于这是第一次发生,所以他们感到惊慌失措,在巨大的恐惧中度过了那一夜。

(8)第二天盖利梅尔下令汪达尔人把妇女儿童和他们的全部财产安放在用栅栏围起的营地的中心(尽管它还不具备要塞的性质),然后把所有的人召集起来,讲了如下的话:(9)“同胞的汪达尔人啊,我们将要进行的这次战争,并不仅仅是为了取得荣誉或挽回帝国的损失,因此即使我们有意识地表现得胆怯并牺牲属于我们的这一切,我们仍然有可能存活下来,待在家里并保有我们自己的财产;但是你们肯定知道,我们的命运已经来到了这样一个紧要关头,这就是说,如果我们不能战胜敌人,假如我们阵亡了,我们将使敌人成为我们这些妻子儿女和我们的土地以及我们全部财产的主人,另一方面,假如我们苟活下来,则我们自己还要被奴役并且看

① 约合 27.75 公里。

着所有这些人被奴役。(11)但是，如果我们确实在战争中打败我们的敌人，并且假如我们还活着，那我们将在一切美好的事物当中生活，或者在我们光荣地阵亡之后，我们身后也能使我们的妻子儿女过上富裕幸福的日子，同时汪达尔人的名字将存留下来而他们的帝国也将被保存下来。(12)要知道，如果竟然有任何人为自己的一切而战斗的话，那么现在我们比所有其他人更能认识到，我们正在带着我们对我们所有的一切的希望参加战斗，而且完全要依靠我们自己。(13)因此我们并不是为了我们的躯体而害怕，我们的危险也并不在于死亡，而在于被敌人打败。原因是：如果我们失去了胜利，死亡对我们反而是有利的。(14)因此，既然事情是这样，则任何一个汪达尔人也不应当示弱，而是应当自豪地站出来，并且因为耻于遭到失败之后的灾难而宁愿结束自己的生命。(15)当一个人对可耻的事物感到羞耻时，他就总是会有一种大无畏的勇气去面对危险。(16)你们不应当再去回想前一次的战斗。因为那一次我们所以被打败并不是因为我们怯懦，而是因为我们绊倒在命运为我们设置的障碍上，结果我们就被打倒了。(17)命运之潮的规律并不总是按照相同的方向流动的，而每天它照例都是变来变去的。(18)在男子汉的作风方面我们敢夸口我们要优于敌人，而人数方面我们也比他们多得多。我们认为我们超过他们至少十倍。为什么我还要说，现在特别鼓起我们勇气的动机既多并且伟大，并举出我们祖先和他们传留给我们的帝国的光荣呢？(19)要知道，在我们的情况下，光荣由于我们的不肖而受到玷污，而另一方面，帝国统治大权也有作为没有价值的事物从我们这里跑掉的强烈倾向。(20)对于这些可怜的妇女的哭泣和我们的儿

童的眼泪我又能说些什么呢,我只能沉默,而你们会看到,现在我已被这些情景深深地打动,以致我不能再讲下去了。(21)但是说完这一件我就打住——这就是,如果我们不能打败敌人,我们就根本不可能再回到我们最珍贵的财产这里来了。(22)记住这些事,鼓起你们自己的勇气,不要使吉泽里克的声誉受到玷污吧。”

(23)在讲了这些话之后,盖利梅尔又命令他的兄弟特扎宗另外对随他从撒地尼亚来的那些汪达尔人讲了一番激励的话。(24)于是在稍稍离开营地的地方他把这些人集合起来讲了这样的话:“士兵同伴们,对全体汪达尔人来说,这次战争是为了你们刚才听国王所述说的那些事物,但是对你们来说,除了所有其他考虑之外,还有一件事,即你们正在同你们自己竞争。(25)因为不久前在争取维护我们的统治的斗争中你们取得了胜利并且你们为汪达尔人的帝国收复了海岛;因此你们有一切理由来表现你们更大的勇气。(26)如果人们的冒险行为所涉及的是最伟大的事务,那他们对战争也势必会表现出最大的热情。的确,当为了维护自身的统治而斗争的人们被打败时,如果发生了这样的事情,那他们并不是在其最根本的部分失败了;(27)但是当人们在为了他们的一切而战斗时,肯定他们的生命本身要受到战争结果的影响。再说,如果你们现在表现得勇敢,你们因此将肯定地证明僭主哥达斯的垮台[①]是你们的勇敢的业绩;但是如果现在你们示弱的话,则甚至你们过去的那些事迹的名声也将会失去,而被视为根本不属于你们

① 参见本书第三卷,第二十四章,第1节。

的某种东西。(28)而且,即使不谈这一点,人们也有理由认为在这一战争中你们比其余的汪达尔人占有优势。(29)因为那些已经被打败的人们会因为他们先前的不幸而心情沮丧,但那些没有遇到过挫折的人们则是带着没有受到损害的勇气参加战斗的。(30)我以为还有这样一点也不妨在这里指出来,即如果我们打败敌人,你们在胜利地取得这一点上将享有功劳最大的声誉,所有的人都将把你们说成是汪达尔民族的救星。(31)因为和先前遭到过不幸的那些人一道取得声誉的人们很自然地会认为好运是属于他们自己的。(32)因此考虑到这一切情况,我要说的是,你们应当要正在为自己的命运而悲伤的妇女儿童即使现在也要鼓起勇气来,应当召请上帝和我们一道战斗,应当满怀激情地去同敌人作战并且在这一战斗中为我们的同胞起带头作用!"

三

(1)在盖利梅尔和特扎宗两人都讲了这样的鼓励的话之后,便率领着汪达尔人的军队出发了,并大约在午饭的时候——这时罗马人根本没有料到他们会来,而是正在准备他们的午饭——他们已经来到了近前,并且沿着河岸列成了战阵。(2)且说这里的河确实是全年都有水流的,只是它的水量太少,乃至这里的居民都没有给它特别起一个名字而只说它是一条小河。(3)罗马人在当时情况允许的条件下尽可能好地做了准备之后来到了这条小河的对岸,并且也列成了如下的战阵。(4)位于左翼的是玛尔提努斯和瓦列里安、约翰、奇普里安、阿尔提亚斯和玛尔凯路斯,还有像费德腊提[①]的将领们那样多的其他许多人;位于右翼的是帕帕斯、巴尔巴图斯、阿伊干和统率骑兵队伍的其他人。(5)而位于中央的是约翰,他率领着贝利撒里乌斯的卫队和长枪兵并且带着统帅的军标。(6)而贝利撒里乌斯在适当的时刻也带着他的五百名骑兵来到那里,而要步兵留在后面步行前进。(7)因为所有的匈人都已在另一个地方列阵,甚至在这之前习惯上他们也是不和罗马军队混在一处的,如果他们能避免这样做的话,而且特别是在那时,因为他们心目中有我在前面已加以说明的目标[②],所以他们不愿意和军队的其余部分在一起列阵。(8)罗马人一方的阵形就是这样。而在汪达尔人方面,两翼都由奇利亚尔克[③]负责,他们各自率领自己的队伍,位于中央的是盖利梅尔的兄弟特扎宗,在他后面列队的是玛乌里人。(9)但盖利梅尔本人则到各处巡视,激励他们,敦促他们壮起胆子来。而在这之前已经下令给所有汪达尔人在这次战斗中除了剑之外既不用长枪也不用任何其他武器。

(10)过了相当长的一段时间,没有任何人挑起战斗,于是按照贝利撒里乌斯的意见约翰选拔出他手下的一些人,渡过小河向敌人的中心发动了一次进攻,但特扎宗把他们挤压回去并加以追击。(11)于是罗马人便逃回自己的营地,但汪达尔人只追踪到小河旁,却不渡过去。(12)于是约翰再次率领出更多贝利撒里乌斯的卫士向特扎宗的队伍发动突击,但又一次被打退而退回了罗马的阵地。(13)而第三次他手执统帅的军标,率领着贝利撒里乌斯的几乎全

① foederati,即辅助队伍;参见本书第三卷,第十一章,第3节和有关注释。

② 参见本卷第一章,第3节。

③ Chiliarch,军官称号。

部卫士和长枪兵，大声呼叫着并带着巨大的声响发动了进攻。(14)由于蛮族对他们进行了英勇的抵抗并且只使用剑，所以战斗十分激烈，许多最显要的汪达尔人阵亡了，其中便有盖利梅尔的兄弟特扎宗本人。(15)随后，罗马的全部军队终于开动了，他们渡过了河，向敌人发动了进攻，而从中心开始的溃败变成了全面的，因为每一支罗马队伍都不费力地打败了他们面前的敌人。(16)看到了这一情况的玛撒该塔伊人便根据他们自己内部达成的协议[①]加入了罗马人的追击的行列，不过这次追击并没有走很远。(17)因为汪达尔人迅速返回自己的营地，静静地待在里面，而另一方面，罗马人则认为他们也没有力量在敌人营地之内同他们打出个结果来，便把尸体上的黄金饰物的都剥取下来，然后返回自己的营地。(18)在这场战斗中罗马人阵亡的不到五十人，但汪达尔人方面则是八百左右。

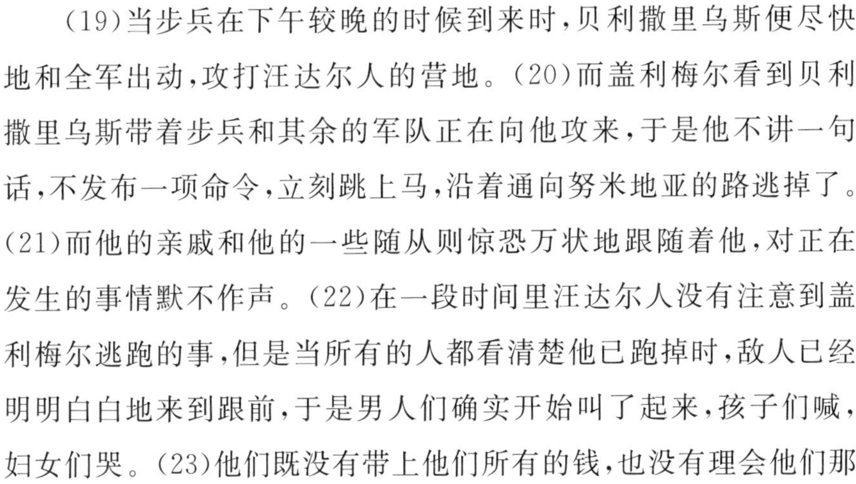

(19)当步兵在下午较晚的时候到来时，贝利撒里乌斯便尽快地和全军出动，攻打汪达尔人的营地。(20)而盖利梅尔看到贝利撒里乌斯带着步兵和其余的军队正在向他攻来，于是他不讲一句话，不发布一项命令，立刻跳上马，沿着通向努米地亚的路逃掉了。(21)而他的亲戚和他的一些随从则惊恐万状地跟随着他，对正在发生的事情默不作声。(22)在一段时间里汪达尔人没有注意到盖利梅尔逃跑的事，但是当所有的人都看清楚他已跑掉时，敌人已经明明白白地来到跟前，于是男人们确实开始叫了起来，孩子们喊，妇女们哭。(23)他们既没有带上他们所有的钱，也没有理会他们那

① 参见本卷第二章，第3节。

些最亲近的那些人的哀号,而是在一团混乱中各人尽其所能地逃跑。(24)攻上来的罗马人则夺取了营地、金钱和一切,但营地里却一个人也没有;他们整夜里都在追踪逃跑的人,所有他们遇到的男人都被他们杀死了,妇女和儿童则被变成奴隶。(25)他们在这个营地里发现了如此大量的财富,而先前至少在一个地方他们从来没有发现过这样的多的财富。(26)原来汪达尔人在罗马的领土上打劫已有很长一个时期,他们曾把大量的钱财运到利比亚,并且既然他们的土地又特别肥沃,盛产最有用的各种庄稼,结果从那里生产的商品得到的收入并不支付给任何其他国家用来购买食物,而拥有土地的那些人总是能以自己保有从中得到的收入达九十五年之久,也就是汪达尔统治利比亚的年代。(27)结果他们的财富达到了惊人的数量,而这些财富在那一天便再度回到了罗马人的手中。(28)这场战斗和追击以及对汪达尔人的营地的攻占是罗马军队来到迦太基之后三个月的事情,时间大约在罗马人称为"戴肯贝尔"①的那最后一个月的中旬②。

四

(1)看到罗马军队在一团混乱之中到处横冲直闯的贝利撒里乌斯感到十分不安,他整夜里都在担心敌人会通过相互的协议联合起来向他进攻,从而给他造成无法弥补的伤害。(2)而如果当时这种事情不管以什么方式竟然发生,我相信,便不会有任何一个罗

① 拉丁语 December,许多现代欧洲语言继承了这一称呼。即恺撒历法的十二月。

② 时当公元 533 年,即我国南朝梁武帝中大通五年。

马人逃掉并享受这批战利品了。(3)要知道,士兵们都是极其贫困的人,他们一旦突然拥有了十分巨大的财富和既年轻又极其漂亮的女人,便不再能约束自己的念头或在他们已有的事物中找到任何满足,而是由于充分享受当前的好运而沉迷到如此程度,乃至每个人都想把一切东西全都带回迦太基去。(4)他们不是结成队伍而是单独一人或两个人为伴到处游荡,到他们希望去的地方,在附近的山谷和荒野的农村地区以及无论是什么地方,也许是一个洞穴或会使他们陷入危险或受到伏击的地方,把无论什么都搜寻出来。(5)要知道,他们头脑里既不害怕敌人,也不尊重贝利撒里乌斯,确实,除了想取得战利品的愿望之外,对于其他一切他们根本不去想,而在这种愿望的控制之下,他们把所有其他一切都不当一回事了。(6)注意到了所有这一切的贝利撒里乌斯不知道应该如何应付当前的局面。(7)但在天刚刚亮,他便站在道路近旁的一座小山上,呼吁人们注意已不复存在的纪律并且对士兵和军官都不客气地大加斥责。(8)随后,确实那些碰巧在附近的人们,特别是属于贝利撒里乌斯家的那些人便把他们已有的金钱和奴隶以及和他们一道营宿和就餐的伙伴都送往迦太基,而这些人本人则来到统帅身边并注意给他们的命令。

(9)于是贝利撒里乌斯命令阿尔明尼亚人约翰带着二百名士兵去追踪盖利梅尔,要他们不分昼夜地加紧追捕,直到把他捉住,无论死的活的都可以。(10)并且他还带话给他在迦太基的同事,要他们把所有作为恳求者待在城市周边各地的圣堂里的汪达尔人带到城里来,给他们以保证并没收他们的武器使他们无法发动暴乱,并把他们看管起来等待他本人到来后再加以处理。(11)于是

他便和留在他身边的那些人到各处巡视,匆忙地把士兵们集合起来,并且对他遇到的所有汪达尔人,他都给以安全的保证。因为这时除了作为恳求者留在圣堂里的人以外,已不再可能捉到任何汪达尔人了。(12)他没收了这些人的武器并把他们在士兵的监视下送往迦太基,不给他们时间联合起来反对罗马人。(13)当他把一切尽可能妥善地作了安排之后,他便率领大部分的军队全速追击盖利梅尔去了。(14)但是约翰在把盖利梅尔连续追踪了五日五夜之后已经来到了离盖利梅尔不远的地方,而事实上第二天他就要同盖利梅尔展开战斗了。但是由于盖利梅尔注定不会为约翰所俘获,所以命运便设置了这样一个障碍。(15)在和约翰一道追击的人们当中恰好有贝利撒里乌斯的一位助手乌利亚里斯。(16)此人是一个热情的人,身心两方面都是强者,但他并不十分严肃,而通常喜欢喝酒、开玩笑。(17)这个喝醉了酒的乌利亚里斯在追踪的第六天日出时分看见树上有一只鸟,于是他迅速拉开了弓对这鸟射了一箭。(18)但是他没有射中那鸟,却射中了在它后面的约翰,他射中了约翰的颈部,但他绝不是故意的。(19)而由于箭伤是致命的,不久之后约翰便去世了,这使皇帝优斯提尼安和统帅贝利撒里乌斯以及全体罗马人和迦太基人对这一损失都感到巨大的悲痛。(20)要知道,在男子汉气概以及各种美德方面,他生来便是出色的,对于同他交往的人们,他亲切而又公正到完全无人能及的程度。约翰便这样地应验了他前定的命运。(21)至于乌利亚里斯,则在他清醒之后,他便逃到附近一个村庄并在作为一名恳求者待在那里的一座圣堂里。(22)士兵们不再急于追踪盖利梅尔,而是在约翰还存活的时候照顾他,并且在他死后,他们又为他举行全部传统葬礼，而在把全部事件报告给贝利撒里乌斯之后便就地留下了。(23)他一听到这消息，立刻来参加约翰的葬礼并为他的命运而悲伤。(24)而在为约翰哭泣并对整个事件极表悲痛之后，他为约翰的墓地提供了许多礼物以示崇敬，还特别为它提供了一笔固定的收入。(25)不过，他对乌利亚里斯没有进行任何严厉的处理，因为士兵们说约翰曾用最可怕的誓言下令给他们，不应对乌利亚里斯施行任何报复，因为他并不是故意干出这一渎神的事件的。

(26)这样，盖利梅尔在那一天便逃脱了落入敌人之手的命运。而从那时起贝利撒里乌斯便追踪他，但是在来到努米地亚沿海的一座设防坚固的城市——它离迦太基是十天的路程，人们称它为希波·列吉乌斯[①]——之后，便得知盖利梅尔已经上了帕普亚山而罗马人再也无法捉到他了。(27)且说这座帕普亚山位于努米地亚最边远的地方，它极为陡峭并且只有经历极大的困难才能攀援上去(因为高高耸立的悬崖从四面八方把它围了起来)，而居住在上面的是作为盖利梅尔的友人和联盟者的蛮族玛乌里人，而在山的外围有一座古老的城市美德乌斯。(28)盖利梅尔和他手下的人便待在那里。至于贝利撒里乌斯，他却完全无法对这座山有任何进攻的试图，更不用说是在冬天了，并且由于他的事业仍处于一种难以确定的状态，所以他认为离开迦太基是不可行的。因而他选拔出了以法腊斯为首的一批士兵，要他们对这座山进行包围。(29)且说这个法腊斯是一个果敢有为，又在每一方面均极为严肃

① 今天的波那(Bona)；圣奥古斯丁的住所和墓地都在这里。

和正派的人,尽管他是一个埃茹利人[①]。(30)要知道,对一个埃茹利人来说,不使自己习惯于变节行为和酗酒生活,而努力追求正直的生活并不是一件容易的事情,并且是值得大加称赞的。(31)而且能做到行为规矩的不仅仅是法腊斯一人,而是所有他手下的埃茹利人。而贝利撒里乌斯便命令这个法腊斯于冬天在山脚下驻守下来进行严密的监视,以便使盖利梅尔不能离开山,也使任何给养无法送到他那里去。法腊斯于是按照命令去做了。(32)随后贝利撒里乌斯又去处理作为恳求者坐在希波·列吉乌斯各圣堂的那些汪达尔人——那里这样的人和显贵人士是很多的——他要他们所有的人接受保证并站起来,然后由一名卫士把他们送到迦太基去。在那里他又遇到下面这样一件事情。

(33)在盖利梅尔家里有一位文书,此人名叫波尼法提乌斯,是出生在比扎奇乌姆当地的利比亚人,对盖利梅尔极为忠诚。(34)在这次战争开始时盖利梅尔便叫这个波尼法提乌斯登上一艘十分快速的船并把皇家的全部财宝放到船上,命令他停泊在希波·列吉乌斯的港内,如果他看到形势对他们的一方不利的话,他便应当带着钱财尽快去西班牙西哥特人的领袖提乌迪斯那里去,因为,如果战争表明对汪达尔人不利的话,他本人也打算去那里寻求安全。(35)而这个波尼法提乌斯,只要他感到汪达尔人的事业还有希望,他便留在那里;但是一旦发生了特里卡玛茹姆的战斗以及上面我所提到的所有其他的事件,他便按盖利梅尔的指示扬帆驶离了。

① 埃茹利人是最野蛮也是最堕落的蛮族部族之一。他们来自多瑙河对岸。有关他们的起源,行迹和品格参见本书第六卷,第十四章。

(36)但是一阵顶风头把他又吹回希波·列吉乌斯港,这是他根本不愿见到的。并且他业已听说,敌人已经来到了附近的某个地方,于是他便用许多许诺恳求水手尽全力把船划到另外的某个大陆或一个海岛去。(37)但是他们却做不到这一点,因为他们遇到了一场十分厉害的暴风,海浪翻腾得很高,看来这里简直就是图斯卡尼海[①]了,因而他们和波尼法提乌斯都想到,上帝毕竟还是要把金钱还给罗马人,所以不许这艘船出海。(38)不过,虽然他们已经驶出了港口,但是他们在把他们的船重新停泊到港内时又遇到了很大的危险。(39)因此当贝利撒里乌斯到达希波·列吉乌斯时,波尼法提乌斯便派了一些人去见他。他命令这些人待在一座圣堂里,而他们要说明的是他们是奉手里掌握有盖利梅尔的钱财的波尼法提乌斯之命前来的,但是他要他们不要说出他在什么地方,直到他们得到贝利撒里乌斯的保证,即在交出盖利梅尔的钱财之后,波尼法提乌斯本人应得取得自由,不受任何伤害并保有他自己的全部财物。(40)这些人于是按照波尼法提乌斯的指示做了,贝利撒里乌斯听到这个好消息自然高兴,并且他也不拒绝为这一保证起誓。(41)于是他派出了自己的一些同僚接收盖利梅尔的财宝,并且释放了波尼法提乌斯。波尼法提乌斯不但保全了自己的财产,还从盖利梅尔的财库中掠夺了一笔巨款。

五

(1)而当他回到迦太基时,他要所有的汪达尔人做好准备,以

① 希腊人提到图斯卡尼海认为它和亚得里亚海一样都是波浪滔天,不平静的。

便在开春时他可以把他们送往拜占庭;并且他还派出一支军队为罗马人收复了被汪达尔人所统治的一切。(2)首先他派遣库里尔率领一支大军并带着特扎宗的首级去撒地尼亚,因为这里岛上的居民根本不想归顺罗马人,这一则是他们害怕汪达尔人,再则他们认为人们告诉他们的有关在特里卡玛茹姆发生的事情不可能是真的。(3)他还命令库里尔把部分军队派往科西嘉,以便为罗马帝国收复先前也是从属于汪达尔人的该岛。这座岛早年被称为库尔努斯,它离撒地尼亚不远。(4)于是库里尔便来到了撒地尼亚并且把特扎宗的首级展示给当地的居民,这样他便把两个岛都争取回来,使它们向罗马当局纳贡。(5)贝利撒里乌斯还派约翰带着通常由他本人率领的一队步兵去玛乌列塔尼亚的凯撒列亚[①]。这个地方离迦太基,如果一个轻装的人向西、向伽迪腊的方向走,则是三十天的路程,而且它是临海的,自古以来便是一座人口众多的大城市。(6)他把他的一名也叫约翰的卫士派往在海峡旁边和海拉克列斯之柱一侧的伽迪腊以便占领他们称为“赛普提姆”[②]的要塞。(7)他把阿波利那里乌斯——此人是意大利人,但来到利比亚时还是一个孩子——派往海峡附近,也就是位于大洋流入处的那些岛,这些岛被当地人称为埃布撒、玛约里卡和米诺里卡[③]。(8)当伊尔德里克担任汪达尔人的领袖时曾给过他大宗的金钱,伊尔德里克

① 位于阿尔及尔以西大约19.3公里,原来叫伊奥尔(Iol),现在叫舍尔舍勒(Cherchell),凯撒里亚是因奥古斯都而得名的。

② 参见本书第三卷,第一章,第6节和有关注释。

③ 参见本书第三卷。

被推翻并受到监禁之后(这些事我在前面已经谈过了)[①],他便偕同为伊尔德里克的利益服务的其他利比亚人来到皇帝优斯提尼安这里,以恳求者的身份请求给予照顾。(9)他参加了罗马人讨伐盖利梅尔和汪达尔人的战争并且表明自己是一位勇敢的战士,特别是在特里卡玛茹姆。由于他在那里的功勋,贝利撒里乌斯把这些岛交给了他。(10)后来贝利撒里乌斯又把一支军队派往特里波利斯地方普登提乌斯和塔提木特[②]那里去(因为他们在那里正在受到玛乌里人的威胁),从而加强了罗马人在那一地区的力量。

(11)他还派一些人去西西里以便攻占属于汪达尔王国的利律拜乌姆的要塞[③],但是他在那里被击退,因为哥特人认为把西西里的任何部分让出来是绝对不可行的,理由是这个要塞根本不属于汪达尔人。(12)当贝利撒里乌斯得知这一情况之后,他便给那里的将领们写了这样一封信:“你们正在夺取我们的利律拜乌姆、这个汪达尔人,也就是皇帝的奴隶的要塞,并且你们的行为不公正而且你们的做法不符合于你们自己的利益;虽然你们的领袖不愿意这样做并且远离这些行动的场所,但是你们却想把伟大皇帝的敌意加给你们的领袖,而皇帝对你们的领袖的善意,却是他费了很多气力才争取得的。(13)而且,如果说你们不久前容许盖利梅尔占有这个要塞,却又决定从盖利梅尔的主人皇帝手中夺走这个奴隶的财产,你们怎么能够看来竟做出违反人之常情的事情?至少你

① 参见本书第三卷。

② 参见本书第三卷,第十章,第 23 节。

③ 提奥多理克把他的姊妹阿玛拉弗里达嫁给阿非利加的国王特腊撒孟都斯时曾把利律拜乌姆送给汪达尔人作为嫁妆。参见本书第三卷,第八章,第 13 节。

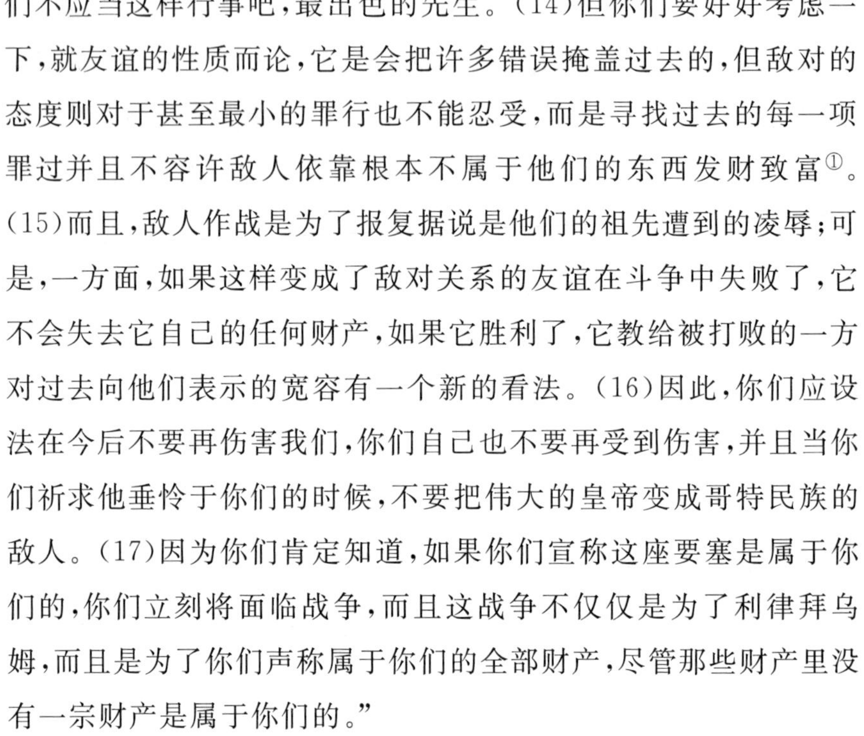

们不应当这样行事吧，最出色的先生。(14)但你们要好好考虑一下，就友谊的性质而论，它是会把许多错误掩盖过去的，但敌对的态度则对于甚至最小的罪行也不能忍受，而是寻找过去的每一项罪过并且不容许敌人依靠根本不属于他们的东西发财致富[1]。(15)而且，敌人作战是为了报复据说是他们的祖先遭到的凌辱；可是，一方面，如果这样变成了敌对关系的友谊在斗争中失败了，它不会失去它自己的任何财产，如果它胜利了，它教给被打败的一方对过去向他们表示的宽容有一个新的看法。(16)因此，你们应设法在今后不要再伤害我们，你们自己也不要再受到伤害，并且当你们祈求他垂怜于你们的时候，不要把伟大的皇帝变成哥特民族的敌人。(17)因为你们肯定知道，如果你们宣称这座要塞是属于你们的，你们立刻将面临战争，而且这战争不仅仅是为了利律拜乌姆，而且是为了你们声称属于你们的全部财产，尽管那些财产里没有一宗财产是属于你们的。”

(18)这封信里的话就是这样。于是哥特人把这一切报告给了阿塔拉里克的母亲[2]，并且按照她的指示作了如下的答复：(19)“最杰出的贝利撒里乌斯，你写来的这封信提出了切实的告诫，但这告诫是属于其他某些人，而不是属于我们哥特人的。(20)要知道我们没有取得和保有皇帝优斯提尼安的任何一件东西；但愿我们绝不会发疯到干这样的事情！我们宣布对整个西西里的所有权因为它是我们自己的领土，而利律拜乌姆只是西西里的一个地岬。

① 这里所说的“友谊”与“敌对的态度”指的都是这时优斯提尼安和哥特人之间的关系和它们会演化成的关系。

② 阿玛拉宗塔。

(21)如果提奥德里克把西西里的一个贸易港口给他的姊妹,即汪达尔人的国王的王后使用,这根本不算一回事。(22)这一事实不能为你方的任何要求提供一个依据。但是,统帅啊,如果你愿意不是作为敌人而是作为朋友来处理我们之间有争议的问题,那你便是公正地对待我们了。(23)这里有这样一个区别,即朋友通常是通过仲裁来处理他们的争端的,但敌人却要诉诸战争了。(24)因此我们将把此事交由皇帝优斯提尼安以他认为合法并公正的任何方式加以仲裁。[①] 并且我们希望你所作的决定将会是尽可能地明智,而不是尽可能地仓促,因此我们希望你等待你的皇帝的决定。”以上便是哥特人信里的话。(25)贝利撒里乌斯把一切向皇帝作了报告之后,便静静地待在那里,等候皇帝带话来告诉他皇帝所希望的是什么。

六

(1)但法腊斯这时却由于多种理由,特别是因为是冬季而对围攻感到厌倦,同时他还认为那里的玛乌里人将不能这样地坚持下去,于是便十分热心地进行登上帕普亚山的准备。因此他便把他手下的士兵非常细心周到地武装起来,然后开始登山。(2)但是玛乌里人却冲下来保卫自己,并且由于他们是在陡峭而又十分难以穿行的地面上行动,所以他们阻挡登山者的努力是易于实现的。(3)但是法腊斯在战斗中奋力登山,在这次战斗中他损失了一百一十名士兵,他本人和其余士兵也被击退,所以只好返回。因此他不

---

① 王后阿玛拉宗塔和优斯提尼安之间的通信参见本书第五卷,第三章,第17节。

敢再试图登山,因为形势对他不利,但是他却对敌人进行了尽可能周密的监视,以便使帕普亚山上的人们迫于饥饿而会自动投降;他既不许山上的任何人跑掉,也不许从外部带给他们任何东西。(4)的确,随后盖利梅尔和他身边的人们——他们是他和其他出身高贵的人们的子侄或从、表兄弟——便以一种比得上事实的方式经历了无论多么能言善辩的人也无法描述的一场灾难。(5)要知道在我们所知道的所有民族当中汪达尔人这个民族是最奢侈的,而玛乌里人这个民族是最能吃苦的。(6)原来汪达尔人自从占有了利比亚以来,便习惯于在浴场里过放纵的生活,人人如此,日日如此,他们所有吃的东西都十分丰富,山珍海味,水陆杂陈,而且又都是最精致和美味的。(7)他们一般都戴金饰,穿的是米地亚式的袍子——现在他们把这种袍子叫作"赛里克"[①];他们便以这样的穿戴在剧场、赛马场和其他娱乐场所,特别是在狩猎中混日子。(8)他们有舞蹈者和谐谑戏以及其他一切悦耳的和可供观赏的东西,这些东西是音乐性质的,否则也是会引起男人的兴趣的。(9)他们大都住在林木葱郁而又有充分水源的园林之中;他们举行大量的宴会和当时在他们中间十分流行的行放纵性行为以取乐的活动[②]。(10)但是玛乌里人却住在不透气的茅舍里,[③]无论冬夏还是其他任何时候都是如此,从不因为下雪或炎热或因自然界的变化而造成的任何其他不适而离开那里。(11)他们就睡在地上,他们中间条件好的——如果有这种情况的话——则在下面铺一条羊

① 来自拉丁语 serica(丝)一词。拉丁语里 Seres(中国人)一词也和丝有关系。

② 这种生活方式是从罗马共和国末期一直沿袭下来的。

③ 修昔底德对雅典人在大瘟疫流行时所住茅屋也作过描述,可参考。

毛织品。(12)而且他们并无随季节变换衣服的习惯,而总是穿厚厚的一件外衣和一件贴身的粗陋内衣。(13)他们既没有面包,也没有葡萄酒和任何其他好的食品,他们以小麦或大麦等谷类为食,但既不把它们煮熟,也不把它们磨成粉或麦片之类,而他们对这些谷物的吃法和动物一点区别也没有。(14)既然玛乌里人是这样一类的人,所以盖利梅尔手下的人在长时期和他们生活在一处并把自己习惯的生活方式改变成这样一种悲惨的生活之后,最后甚至连生活必需之物都没有了,因此他们再也支持不下去,而他们却认为死亡才是最美好的并且被奴役也绝不是可耻的了。

(15)而当法腊斯得知这一情况之后,他便给盖利梅尔写了如下的信:"我也是一个蛮族并且不习惯于书写和言谈,在这些方面我并不擅长。(16)但是向事物的本质学习而我作为一个人所必然认识到的东西,这便是我现在写给你的。(17)我亲爱的盖利梅尔,到底你出了什么事情使得你不仅仅把你自己,而且把你的全家投入这个陷阱?说老实话,是不是这样你就可以避免成为一个奴隶?(18)但这肯定是年轻不懂事,这是把"自由"仅仅变成一个口号,就好像自由值得以这全部灾难为代价而取得似的!(19)而说到底,难道你不认为,即使现在你仍是苦难最深的玛乌里人的一个奴隶吗?因为你唯一得救的希望,即使发生最理想的情况,也是在他们身上。(20)可是,在罗马人中间做一名奴隶并且成为乞丐,较之在帕普亚山上做国王而以玛乌里人为你的臣民,为什么从每一方面来说就不会更好呢?(21)当然,你们会认为甚至和贝利撒里乌斯一道做奴隶都是很不光彩的事情!(22)最杰出的盖利梅尔,抛掉这

个想法吧。我们[①]这些也出身于贵族家庭的人们现在不是也因能为一位皇帝服役而感到自豪吗？人们确实说，皇帝优斯提尼安希望你进入元老院，从而分享最高的荣誉并且成为一个贵族[②]——这是我们对这一等级的称呼；皇帝还想赐给你广大的、肥美的土地和大笔的金钱，而贝利撒里乌斯本人愿意负责使你拥有所有这一切并且给你保证。(23)至于命运加给你的一切灾难，你是能够坚忍不拔地承受来自她的任何事物的，因为你知道你不过是一个人，因而这些事是不可避免的。(24)但如果命运有意用好事的某种混合物来调剂一下这些灾难的话，你自己会拒绝高兴地接受这件事么？或者我们应不应当认为，命运的好的礼物就和她的不受欢迎的礼物一样，同样是不可避免的？然而甚至完全无知的人的意见都不是这样。(25)看来像你这样一个陷入不幸的人现在已失去了你的良好的判断能力。(26)确实，挫折容易使人们感到沮丧并且被变为愚蠢。但是，如果你能有自己的想法并在命运改变时不去违抗它，你正是在这时有可能选择完全有利于你的东西并且避开到临你头上的灾难。”

(27)盖利梅尔看了这封信之后痛哭了一场，于是写了如下的回信：“对于你给予我的忠告我既表示深深的谢意，但是我又认为，成为伤害了我的一个敌人——我本应祈求上帝向他讨回公道的，如果上帝垂怜于我的话——的奴隶，这是无法容忍的事，要知道，这个敌人，尽管他从来不曾在他经历的事情上或他听到的语言中受过我的

① 指法腊斯和其他埃茹利人。

② patrician。

任何伤害，却提供了一次无端挑起的战争的借口并且把贝利撒里乌斯从我不知什么地方派来，把我搞到如此不幸的境地。(28)而且完全可能，既然他也是一个凡人(尽管他又是一个皇帝)，他也会遇到他不会选择的事情。(29)至于我，我不能再写下去了。(30)因为我当前的不幸使我无法思索。再见了，亲爱的法腊斯，给我送一张竖琴、一块面包和一块海绵来，我请求你。"(31)法腊斯读了这封回信之后，一时茫然手足无措，因为他不明白信中最后面的话是什么意思，直到后来带信来的人才解释说，盖利梅尔想得到一块面包是因为他渴望看到这面包并吃掉它，原来自从他上了帕普亚山以来，他就没有见过一块烤制的面包。(32)他还需要一块海绵，因为他有一只眼由于不常洗而发了炎，肿得很厉害。(33)并且作为一个竖琴的高手，他作了一首同他当前的不幸有关的诗歌，因此当他哭诉心里的话时，他非常想在竖琴的伴奏下把这首诗歌吟诵出来。(34)法腊斯听到这一情况后，他深为感动，他为人们的命运而悲伤，于是便按信中写的做了，送去了盖利梅尔要求于他的一切东西。但是对于围攻，他却丝毫没有放松，而是进行了比先前更加严密的监视。

七

(1)这次包围已经用去了三个月的时间，冬天即将结束了。盖利梅尔害怕围攻他的人们不久就会打上山来对付他；并且和他有亲属关系的那些孩子①大多数在这一不幸时期拉虫子②。(2)尽管

① 参见本卷第六章，第 4 节。

② 当是寄生虫如蛔虫、绦虫之类。

在所有的事情上他都感到十分苦恼并且对所有的事情——确实只有死亡是例外——都不满意,但他仍然完全出人意料地忍受着痛苦,直到有一天,他看到如下景象的时候。(3)有一个玛乌里人的妇女设法轧碎了一些谷粒,用它做了很小的一张饼,然后把它放到灶上的热灰里。因为玛乌里人习惯上就是用这种办法来烤面包的[①]。(4)这个炉灶旁正坐着由于饥饿而极为痛苦的两个孩子,一个孩子就是把饼放进热灰里去的那个女人的儿子,另一个是盖利梅尔的侄子。当他们看到那饼已经烤好时,都急于立刻把它抓过来。(5)但是这两个孩子里的汪达尔人占了先,他在饥饿的驱使下首先抓到了饼(尽管那饼还极烫而且沾满了灰)并把它放到嘴里吃了起来,而这时另一个孩子则抓住了他的头发,一再打他的太阳穴,这样便用很大的强制力量迫使他把已经吞到喉头的饼吐了出来。(6)盖利梅尔不忍看到这一悲惨的事件(因为他从一开始便看到了全过程),他的心被软化了,于是尽快地给法腊斯写了这样一些话:(7)"如果说任何一个人,在英勇地忍受了可怕的不幸之后,却又干出同先前决心坚持的事情相反的事情来,请认为我就是这样的一个人吧,最杰出的法腊斯啊。(8)因为我想到了我绝不愿忽视的、你的忠告。因为我不能再反抗命运,也不能抗拒宿命,而我将立刻随她的引导到她认为是最好的地方;但是让我得到这样的保证,即贝利撒里乌斯曾保证说,皇帝将实现不久前你答应我的一切事情。(9)确实,一旦你给予保证,我将把我本人还有我的这些亲属以及和我们一道在这里的所有汪达尔人交到你的手里。"

① 前面一章,第13节说玛乌里人没有面包。

(10)以上便是盖利梅尔在这封信里所写的话。而法腊斯在把这信以及先前他们相互间写的信告知贝利撒里乌斯之后,便请求他尽快表明他的意旨是什么。(11)而贝利撒里乌斯(由于他非常想把盖利梅尔活着带到皇帝那里去)在接到这封信之后大喜过望,便命令费德腊提[①]的一名将领奇普里安和其他一些人去帕普亚,并命令他们就盖利梅尔和他手下的人们的安全发誓作出保证,并信誓旦旦地表示他在皇帝面前将会受到尊重并且不会缺少任何东西。(12)这些人来到法腊斯这里之后,他们就和他一道来到山脚下的某个地方,盖利梅尔应他们之召也来到这里并在按他所希望的接受了保证之后,便和他们一道来到了迦太基。(13)恰好贝利撒里乌斯这时正在一个他们叫阿克拉斯的城市的郊区停留一个时候。(14)于是盖利梅尔便来到了这里见他,但见到他时盖利梅尔笑了起来,但这既不是有节制的笑,也不是人们可以掩盖的那种笑,并且当时看到盖利梅尔的某些人则猜想这是由于极度痛苦而他完全改变了他正常的心态,这已是一种神经错乱的表现,因而笑得没有任何道理。(15)但是盖利梅尔的友人却认为这个人的神智是正常的,并且由于他生在皇家,当过国王而且从幼年时起甚至直到老年都拥有很大权力和巨额财富,而后来又被迫亡命,陷入巨大的恐惧,并在帕普亚山上经历痛苦,而现在又成为俘虏,这样他便经历了命运给予他的好的和坏的各种遭遇,因此之故,他们的意见是,他认为人们的命运只能是值得人们对之大

① 参见本书第三卷,第十一章,第 2、3、5、节;第十九章,第 13～14 节,本卷第三章,第 4 节等。

笑一通的。(16)而关于盖利梅尔的这次发笑,无论敌人还是友人,让每个人按照自己的判断发表意见吧。(17)但是贝利撒里乌斯把盖利梅尔已被俘在迦太基的消息报告给皇帝之后,便请求准许他亲自把盖利梅尔带到拜占庭来。在这同时,在他监管下的盖利梅尔和所有的汪达尔人没有受到任何侮辱,而他则着手准备船队。

(18)在这之前的长时期里人们还经历了其他许多不敢希望的大事情,而只要人们的命运还像它们今天这样,它们也就会继续发生;(19)因为从道理上讲不可能发生的那些事都确实已经实现了,并且多次先前看来是不可能的那些事情,当它们发生时,似乎是值得惊讶的;(20)但是像这些事件那样的、诸如此类的事件先前是否真的发生过,这一点我却无法说定,而这类事件当中就有事例:吉泽里克的第四位后人和他的王国在其财富和军事力量处于全盛的时期竟在一个短时期里被五千名连抛锚的地方也没有的入侵者彻底搞垮。(21)要知道,这五千人就是贝利撒里乌斯带来的五千骑兵[①],是他们实现了对汪达尔人的全部战争。但这事不管是出于机缘还是由于某种勇敢的精神,人们都会理所当然地对之表示惊叹。但是我还是要回到前面我岔开的地方吧。

八

(1)汪达尔战争便这样地结束了。但是正如在重大好运的情况下往往会发生的那样,人们已经在对贝利撒里乌斯满怀妒意了,

① 参见本书第三卷,第十一章,第 2 节。

尽管他并没有提供这方面的任何借口。(2)原来有一些军官在皇帝面前诽谤他,毫无理由地指责他想为自己建立一个王国[①],而这是一个没有任何根据的说法。(3)但是皇帝并没有把这些事情公之于世,这或者是因为他根本不去理会诽谤,或者是因为他认为这是较好的处理办法。(4)但是他把所罗门派了去并且给予贝利撒里乌斯以在二者之间选择他所希望的任何一种办法的机会:或者同盖利梅尔和汪达尔人一道来拜占庭,或者他自己留下而把盖利梅尔等人送来。(5)但盖利梅尔由于他注意到军官们正在指责他企图攫取最高统治权,所以他急于到拜占庭来以便使自己能以洗清对他的这种指控并能以起诉诽谤他的那些人。而至于他如何得知指控他的人们的企图,这就是下面我要说明的。(6)当指控他的那些人想提出这一诽谤时,由于担心为他们带信给皇帝的那个人会在海上失踪,从而会中断他们的指控,所以他们把上述的指控写到两份信版[②]上,打算派两名使者乘两艘船去皇帝那里。(7)这两个人当中一个未被发觉地乘船离开了,但是第二个人由于受到怀疑或别的什么原因而在曼德腊奇乌姆被捕,结果把书信交给了拿捕他的那些人,这样他便泄露了正在干的事情。(8)于是贝利撒里乌斯在以这种方式了解到情况之后,便急于到皇帝这里来,这一点我前已经说过了。在迦太基发生的这些事件,其经过便是如此。

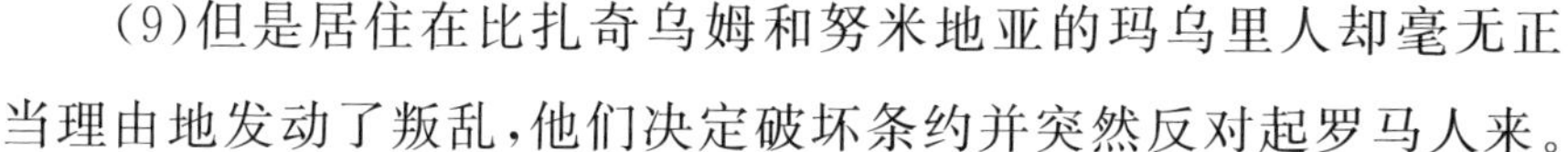

(9)但是居住在比扎奇乌姆和努米地亚的玛乌里人却毫无正当理由地发动了叛乱,他们决定破坏条约并突然反对起罗马人来。

① 这就是说,在阿非利加作为汪达尔王位的继承人建立王国。

② 古罗马的信版通常是合叶的两片木版,上涂以蜡,写好后合起来用绳系好加以封泥封印。

而这种做法同他们的特殊性格并无不合之处。(10)原来玛乌里人既不敬畏上帝,又不尊重人,他们无论对誓言还是人质都不放到心上,即使这人质恰好是他们的领袖的孩子或兄弟。(11)能维持玛乌里人中间的和平的不是任何其他手段而只是对于反对他们的敌人的畏惧。现在我就说一说他们是怎样同贝利撒里乌斯缔结了条约,而条约又是怎样遭到破坏的。(12)当人们估计皇帝的远征队伍会来到利比亚的时候,害怕会因而遭到伤害的玛乌里人便到他们的妇女那里去请示神谕。(13)因为按照这个民族的法律,男人不准宣布神谕,只有女人通过某种宗教仪节为神凭附后才能预告未来,就和古代的任何神谕一样。(14)在那一次,如上所述,当他们请示神谕时,女人们所作的回答是:"当罗马人的没有胡须的将领到来时,将有一支大军从水上前来,汪达尔人被推翻,玛乌里人被摧毁和打败。"(15)玛乌里人听到这话之后,由于他们看到皇帝的军队是从海上来的,所以他们开始感到巨大的恐惧并且极其不愿同汪达尔人联盟作战,而是派人去贝利撒里乌斯那里并签订了合约(这在前面也谈过了[①]),然后静静地待在那里等待看未来的结果如何。(16)而当汪达尔人的统治现已结束之时,他们便派人去罗马的军队那里,打听他们中间担任军官的人们当中是否有没有胡须的任何人。(17)而当他们看到所有的人都是大胡子的时候,他们便认为神谕指给他们的并不是当前,而是许多代后的一个时期,这样他们便按照他们自己希望的方式来解释这句话了。(18)因此,他们急于想立刻破坏条约,但是对贝利撒里乌斯的畏惧

① 参见本书第三卷,第二十五章,第2～4节。

使他们不敢这样做。(19)原来他们根本不敢指望能在战争中打败罗马人,至少在有贝利撒里乌斯在场的时候是这样。(20)但是当他们得知他和他的卫士与长枪兵已经离开,船上已在坐满了他们以及汪达尔人的时候,他们便突然拿起武器来造反并且对利比亚人施加各种暴行。(21)因为在边界的每一个地方士兵不但人数很少而且没有准备,因此当蛮族在每一个地方都发动入侵时他们不可能同入侵者对抗,也不可能阻止他们攻进来,因为这种进攻次数频繁并且不是以公开的方式。(22)但是男子却受到不分青红皂白的屠杀,妇女儿童则被变为奴隶并且从边界的每一部分财富都在受到掠夺,整个地方到处都是逃难的人。贝利撒里乌斯正要起航的时候,人们把这些事情报告给他。(23)既然这时他本人若是返回时间已是太晚,于是他便把治理利比亚之事委托给了所罗门,并且他还选拔他自己的卫士和长枪兵的绝大部分要他们随所罗门前去,尽快全力惩处发动武装叛乱的玛乌里人并且为他们对罗马人造成的伤害进行报复。(24)而且皇帝还派出另一支军队给所罗门,由卡帕多奇亚人提奥多茹斯和安托尼娜(贝利撒里乌斯之妻)的女婿伊尔狄盖尔率领。(25)并且人们已不可能找到在文件上记载得清清楚楚的利比亚各地区的收入情况(罗马人先前对之作过记录),因为吉泽里克从一开始便把一切都搞乱和毁掉,于是皇帝便把特律丰和埃乌斯特拉提乌斯派了出去以便用每人依照其所占比例的方式估定利比亚人的税额。但在利比亚人看来这些人既缺乏节制又难以忍受。

九

(1)贝利撒里乌斯偕同盖利梅尔和汪达尔人来到拜占庭之后便被认为有资格接受过去赢得最伟大和最显赫的胜利的那些罗马将领所曾得到过的荣誉。(2)自从任何人取得过这些荣誉以来六百年左右的时光已经过去了,[①]确实,例外的情况则是提图斯、图拉真和曾率领军队同某一蛮族作战并取得了胜利的其他皇帝。(3)原来他在城市中心展示了这次战争的战利品和奴隶并且率领了一个游行行列——罗马人称之为凯旋式——不过不是按照古代的方式,而是从他自己的家步行到赛马场,然后又从栅门[②]走到放置皇帝宝座的地方。[③] (4)展示在那里的战利品——首先便是特别分出来的专门为国王使用的一切物品——黄金宝座和通常由王后乘坐的马车、由宝石制作而成的许多珠宝和黄金酒杯以及王室餐桌上用的所有其他物品。(5)此外还有成千上万塔连图姆[④]的白银和王室的价值连城的全部宝藏(因为吉泽里克曾掠夺过罗马

① 由于在奥古斯都确立了元首制之后,只有皇帝才能举行凯旋式,所以一切凯旋式都是以皇帝本人的名义举行的,胜利的将领只接受凯旋的标记(insignia triumphalia),第一位拒绝举行凯旋式的将领是在西班牙战役之后的阿格里帕,但这是贝利撒里乌斯凯旋君士坦丁堡之前大约550年前的事情了。

② 栅门(carceres)是车赛开始的地方,它位于赛马场入口处。栅门按赛车数量分格,和今日赛马用栅木相似。

③ 皇帝宝座所在的包厢在入口右手跑道中间的地方,相当于今天运动场上的主席台。

④ 古希腊最大的重量单位,如以雅典商界通行的标准来计算,每一塔连图姆合90磅左右,但这只是十分粗略的估计。

的帕拉提乌姆[①]，这一点我在前面已经说过了[②])，在这一宝藏里有犹太人的财富，它们是维斯帕西安之子提图斯和其他某些人在攻克耶路撒冷之后带到罗马来的。(6)有一个犹太人看到这些东西之后便走近同皇帝相识的一个人，说："我认为把这些财宝带到拜占庭的宫殿里去是不合适的。(7)确实，除了犹太人的国王所罗门先前安置它们的那个宫殿之外，它们不可能在其他的地方。(8)要知道，正是为了这些财宝，吉泽里克才攻占了罗马人的宫殿，而现在罗马的军队又攻占了汪达尔人的宫殿啊!"(9)这话被传到皇帝那里去之后，他感到害怕，于是赶忙把这一切送到耶路撒冷基督教徒的各个神殿去。(10)凯旋行列里还有奴隶，其中盖利梅尔本人肩上披着一种紫色的外袍[③]，此外还有他的全家以及身材都是十分高大健美的许多汪达尔人。(11)当盖利梅尔来到赛马场，看到皇帝坐在高高的座位上而民众站立在两旁，并且在他环视四周时才认识到他处于何等不幸的处境，但这时他既不哭也不喊，而是不断地重复希伯来圣经里的一句话[④]："虚空的虚空，凡事都是虚空!"(12)而当他来到皇帝的座位之前时，人们便剥下他紫色的外衣，迫使他匍匐在地上向皇帝优斯提尼安敬礼。(13)贝利撒里乌斯也和同他一道向皇帝进行恳求的人那样向皇帝敬礼。(14)皇帝优斯提尼安和皇后提奥多腊于是把足够数量的金钱赐给伊尔德

① 罗马帕拉提乌姆山丘上的朱比特神殿。

② 参见本书第三卷，第五章，第3节；事情发生在公元455年。提图斯掠夺耶路撒冷财宝一事发生在公元70年。

③ 紫色(实际上是我们所说的紫红色)是国王的颜色。

④ 《旧约·传道书》，第一章，第二节。

里克的子女和他的后人和皇帝瓦伦提尼安家族所有的人，而给予盖利梅尔的则是伽拉提亚地方数量可观的土地并且允许他和他的一家住在那里。(15)不过盖利梅尔却根本没有被列入贵族，因为他不愿意放弃自己的阿里乌斯教派的信仰。

(16)稍后贝利撒里乌斯也按古代的方式庆祝了凯旋①。原来他有幸被晋升为执政官②，于是俘虏把他抬了起来，并且当他坐着高级官吏的座凳③被抬起来游行时，他把在汪达尔战争的那些战利品投向民众。(17)要知道，由于贝利撒里乌斯成为执政官，民众拿走了银餐具、金腰带和汪达尔人的其他种类的巨额财富，并且似乎一个古老的风俗在长期被弃置不用之后正在被复活④。而这些事情在拜占庭便以如上所描述的方式发生了。

十

(1)于是所罗门接管了利比亚的军队，但是有鉴于如下的事实，即上面所说的，玛乌里人已发动叛乱反对他以及一切都陷于停顿，因而他一时不知如何应付当前的局面。(2)因为据报告，蛮族已经杀害了比扎奇乌姆和努米地亚的士兵并且他们正在那里掠夺

① 时当公元535年1月1日，这并不是一次真正的凯旋式，而是为他之被宣布为执政官而举行的庆祝凯旋的活动。

② 执政官是罗马共和国的最高官职，帝国以来，它只是一种荣誉头衔。

③ 高级官吏的座凳(sella curulis，英译为 curule chair)，实际上像是一个小凳子，形状有如我们所说的马扎儿。讲究的座凳有黄金、象牙的装饰。

④ 这里指的是把大量金钱或值钱的东西分配给民众的一个古老的风俗，多在与皇室有关的日子(如皇帝担任执政官，生日等等)里举行。最早举行这种赠赐的是优利乌斯·恺撒。

一切。(3)但是最使他和整个迦太基感到不安的是玛撒该塔伊人阿伊干和色雷斯人茹菲努斯在比扎奇乌姆所遭受的命运。(4)因为这两个人无论在贝利撒里乌斯的家中还是在罗马军队中都是声名卓著的,其中阿伊干是贝利撒里乌斯的长枪兵当中的一员,而另一人,即所有的人当中最勇敢的,通常是带着统帅的军标的;罗马人把这样的军官称为"旗手"①。(5)在我们提到的那个时候,这两个人正在比扎奇乌姆统率着骑兵队伍,而当他们看到玛乌里人公然在他们面前掠夺一切并且把所有利比亚人变为俘虏时,他们和他们手下的人们便在一个狭窄的山路里等待护送战利品的那些玛乌里人并把那些人杀死,救走了所有被俘的人。(6)当这事报告给蛮族的将领库特吉那斯、埃斯狄拉撒斯、伊奥乌尔福特斯和美狄西尼撒斯——他们都在离那条山路不远的地方——之后,他们便率领全军在快到傍晚的时候向他们发动了进攻。(7)由于罗马人人数很少,又被成千上万的敌人封锁在一个狭窄的地段,所以他们无法击退向他们进攻的敌人。因为他们无论转向哪一方面,他们总是要从背后受到射击。(8)确实,当时茹菲努斯和阿伊干和少数几个人跑到了附近一处山岩的顶部,从那里对抗蛮族的进攻以保卫自己。(9)只要他们手里还有弓射击,敌人便不敢直接同他们展开贴身的格斗,不过敌人却一直在向他们投掷投枪。但是当罗马人的箭都已用完时,玛乌里人逼临到他们面前,他们便在条件许可的情况下用剑保卫自己。(10)但是由于敌我人数相去悬殊,阿伊干阵亡后全身被敌人砍成碎块,茹菲努斯则在被敌人俘获后带走了。

① bandifer。

(11)但是敌人的一个将领美狄西尼撒斯担心茹菲努斯会跑掉并再次会给他们制造麻烦，于是立刻砍下了他的头，把它带回家去拿给他的妻子们看，因为茹菲努斯的头特别大、头发也多，所以形成一种奇观。(12)而现在既然把历史记述到这里，因此有必要从头谈一谈玛乌里人的各民族是从什么地方来到利比亚以及他们是如何定居在那里的。

(13)当希伯来人从埃及撤退出来并且走近巴勒斯坦的边界的时候，一位在途中领导他们的智者摩西死了，于是领导权转到努恩[①]之子约书亚的手里；约书亚领导这一民族进入巴勒斯坦，并由于在战斗中表现了超乎常人的勇敢，所以占领了这一国土。(14)而他在把所有的民族都打败之后便容易地占领了各城市，并且看来他已是全然不可战胜的了。(15)而当时沿海从西顿到埃及的边界那整片国土叫作腓尼基。(16)而所有记述腓尼基人最早历史的人们都同意，在古代有一位国王统治这个地方。(17)在那个国家里，居住着人口十分众多的部族，他们是盖尔格赛奥伊人和耶布赛奥伊人，还有其他一些部族，他们在希伯来人[②]的历史上另有自己的名字。(18)而当这些部族看到进攻的将领是个无法抗拒的奇人时，他们便从世代居住的家园迁移出去，到了同他们相邻的埃及。(19)在那里他们根本找不到足够他们住下的地方，因为从古以来埃及的人口就是众多的，于是他们再向前走来到了利比亚。(20)他们建立了很多城市并占有了整个利比亚直到海拉克列斯之

① 努恩(Nun)，旧官话本译为“嫩”。

② 即《旧约》中的迦南人。

柱的地方，在那里他们一直生活到甚至我的时代，而使用的就是腓尼基语。(21)他们还在努米地亚建立了一座要塞，就是现在被称为提吉西斯的城市。(22)在那里的大泉水附近有用白石修建的两根柱子，上面刻着用腓尼基字母写成的腓尼基语的铭文，铭文的话是这样的："我们是从约书亚面前逃跑的那些人，约书亚是强盗，是努恩之子。"(23)在玛乌里人之前还有其他一些民族定居在那里，而由于自古以来他们便住在那里，所以他们被说成是土地的孩子。(24)因此他们说，曾经在克利皮亚①同海拉克列斯角力的安泰乌斯，即他们的国王便是大地的一个儿子。(25)而后来从腓尼基随狄多迁来的那些人便以亲属的身份来到利比亚的居民这里。而他们心甘情愿地允许新来者建立并保有迦太基城。(26)但久而久之，迦太基成了一个人口众多的、强大的城市。(27)于是在他们和他们的邻人之间便发生了战争，而如前所述，他们的邻人是先于他们从巴勒斯坦来的，现在人们称他们为玛乌里人。迦太基人打败了对方并迫使他们居住到离迦太基很远的地方去。(28)后来罗马人在战争中又战胜了他们所有的人，并且要玛乌里人住到利比亚有人居住的最边远的地方去，并且使迦太基人和其他利比亚人臣服于他们并向他们纳贡。(29)在这之后玛乌里人多次战胜汪达尔人并取得了现在被称为玛乌列塔尼亚的土地，玛乌列塔尼亚从伽迪腊一直延伸到凯撒列亚的边界②以及利比亚其余的大部分地方。玛乌里人定居在利比亚的经过就是这样。

① 即克律皮亚(Clypea)或阿斯皮斯，现在的卡利比亚，位于迦太基的海岸。

② 即从伽迪腊对面的丹吉尔(Tangier)到阿尔及尔。关于凯撒列亚，参见本卷，第五章，第5节和有关注释。

十一

(1)所罗门得知茹菲努斯和阿伊干的遭遇之后,便做了战争的准备,并且给玛乌里人的将领写了如下内容的信:(2)“你们以外的其他人甚至在这之前便不幸而丧失了理智并且遭到毁灭,这些人根本没有办法在事先判断出他们的愚蠢会导致怎样的后果。(3)至于你们,你们有你们的邻人汪达尔人的近在眼前的榜样,你们那里到底出了什么事情使你们竟然决定起来反对伟大的皇帝并且抛弃了你们自己的安全。(4)而且又是当你们在文书上写下了最可怕的誓言并且把自己的孩子交出来作为协定的保证之后?(5)是不是你们已下决心想表现一下这样的事实,即你们根本不去考虑上帝或信义、不去考虑亲人自身或其他任何事情?(6)而且,如果在涉及神圣的事物方面你们的做法就是如此,那么在对罗马人的皇帝作战这件事情上你们所信任的又是怎样的联盟者呢?(7)并且,如果说你们作战是为了毁掉你们的孩子,那么你们决心使自己陷入危险到底又是为了什么呢?(8)但是对于已经发生的事情如果你们现在有任何悔罪的表现,就写信给我们,这样我们可以就已经干出的事情同你们作出令人满意的安排;但是如果你们继续发疯下去,那将会有一场罗马战争带着你们已破坏的誓言以及你们正在对你们自己孩子所犯下的罪行降临你们的头上。”

(9)所罗门的信的内容就是这样。玛乌里人对之作了如下的答复:“贝利撒里乌斯用许多重大的保证欺骗我们,并且用这个办法说服我们成为皇帝优斯提尼安的臣民;可是罗马人尽管没有分

给我们任何好的东西，却指望我们这些受饥饿之苦的人们做他们的友人和联盟者。(10)因此，是你们更应当被说成不守信义的人，而不是玛乌里人。(11)破坏条约的并不是这样的人：当他们显然受到亏待的时候，他们便对邻人指出指责并离开他们，而是这样的人：他们指望别人成为自己忠实的联盟者，却又对他们施加暴力。(12)人们使上帝成为他们的敌人，并不是在他们去进攻别人以便收回他们自己的财产的时候，而是在侵夺别人的财产从而使他们自己陷入战争的危险的时候。(13)至于不能获准和一个以上的妻子结婚的孩子们，那将是你们的事情，至于我们，我们每个人都可能有五十个妻子和我们生活在一起，孩子的后裔永远不会没有的。”

(14)所罗门读了这封信之后，便决定率领全军去攻打玛乌里人。他在迦太基处理完事务，便带领着他的全部军队出发去比扎奇乌姆。(15)而当他来到被称为玛美斯的一个地点[①]——玛乌里人的四个将领便在这里设营，这一点我在稍前一点的地方已经说过了[②]——他便给自己修造一座由栅栏围起的工事。(16)那里有一些高山，但是在山脚附近有一处平地，而蛮族就在那里做战斗的准备，他们的战斗队列则有如下述。(17)他们用他们的骆驼围成一圈，就和我在前面[③]提到的卡巴昂的做法一样，使前方的一层有大约十二只骆驼的深度。(18)他们把妇女儿童安放在圆圈的中心

① “在玛乌塔列尼亚的边界”，据普洛科皮乌斯：《论建筑》(*De aedificiis*)，第六卷，第六章，第18节。

② 参见本卷，第十章，第6节。

③ 参见本书第三卷，第八章，第25～26节。

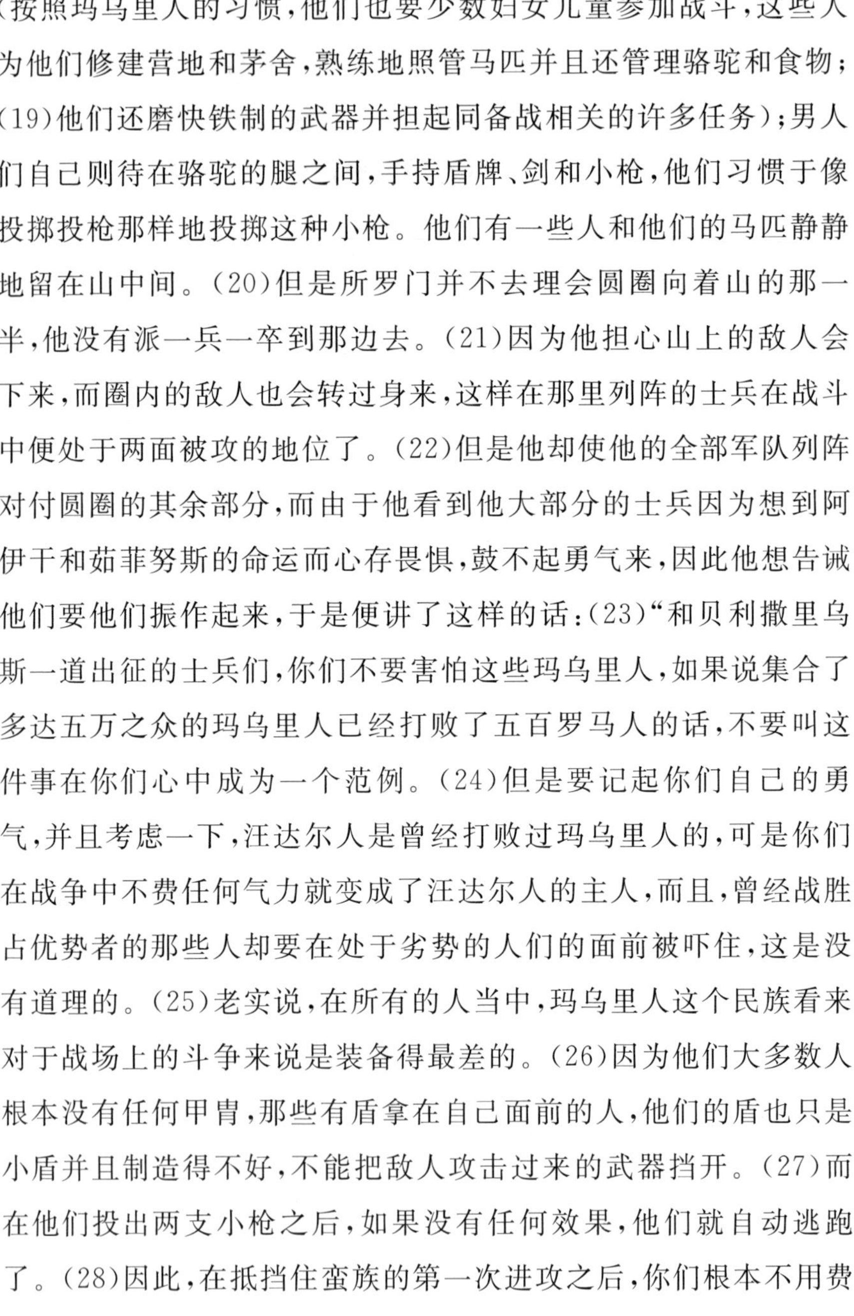

(按照玛乌里人的习惯,他们也要少数妇女儿童参加战斗,这些人为他们修建营地和茅舍,熟练地照管马匹并且还管理骆驼和食物;(19)他们还磨快铁制的武器并担起同备战相关的许多任务);男人们自己则待在骆驼的腿之间,手持盾牌、剑和小枪,他们习惯于像投掷投枪那样地投掷这种小枪。他们有一些人和他们的马匹静静地留在山中间。(20)但是所罗门并不去理会圆圈向着山的那一半,他没有派一兵一卒到那边去。(21)因为他担心山上的敌人会下来,而圈内的敌人也会转过身来,这样在那里列阵的士兵在战斗中便处于两面被攻的地位了。(22)但是他却使他的全部军队列阵对付圆圈的其余部分,而由于他看到他大部分的士兵因为想到阿伊干和茹菲努斯的命运而心存畏惧,鼓不起勇气来,因此他想告诫他们要他们振作起来,于是便讲了这样的话:(23)“和贝利撒里乌斯一道出征的士兵们,你们不要害怕这些玛乌里人,如果说集合了多达五万之众的玛乌里人已经打败了五百罗马人的话,不要叫这件事在你们心中成为一个范例。(24)但是要记起你们自己的勇气,并且考虑一下,汪达尔人是曾经打败过玛乌里人的,可是你们在战争中不费任何气力就变成了汪达尔人的主人,而且,曾经战胜占优势者的那些人却要在处于劣势的人们的面前被吓住,这是没有道理的。(25)老实说,在所有的人当中,玛乌里人这个民族看来对于战场上的斗争来说是装备得最差的。(26)因为他们大多数人根本没有任何甲胄,那些有盾拿在自己面前的人,他们的盾也只是小盾并且制造得不好,不能把敌人攻击过来的武器挡开。(27)而在他们投出两支小枪之后,如果没有任何效果,他们就自动逃跑了。(28)因此,在抵挡住蛮族的第一次进攻之后,你们根本不用费

任何气力便能够取得胜利。(29)至于你们的武器装备，你们当然知道，这同你们敌人的武器装备之间的差别是何等之大。(30)在这之外，无论勇气、体力、作战经验，还是由于你们征服了所有你们的敌人而取得的信心，所有这些有利之点你们都拥有；但是被剥夺了所有这些事物的玛乌里人他们所能指望的只是他们自己的大群的人。(31)少数做了最出色准备的人较之一大批人更易于战胜一大群不善于作战的人们。(32)出色的士兵对他自己有信心，但怯懦的人通常会发现，同他一道作战的人们的人数使他感觉不到一个充满危险的空间。(33)而且你们理所当然可以不把这些骆驼放到心上，因为它们不能为敌人作战，而且如果它们被我们的箭射中，它们很可能会在敌人当中造成很大的破坏和混乱。(34)敌人由于他们先前取得的成功而产生的急于作战的情绪在战斗中将会是你们的联盟者。(35)要知道，大胆，当它同一个人的力量相适应时，也许甚至对于用它的那些人来说会有一些好处，但是如果它超过了一个人的力量，那便会导致危险了。(36)记住这些事情并且怀着对敌人的蔑视，保持沉默和秩序；要知道，通过注意这些事情，我们将更加容易地并且不需付出很多劳苦而对蛮族的混乱无序取得胜利。”以上便是所罗门的话。

(37)玛乌里人的将领们看到蛮族的士兵为罗马人的严整的队列所吓住，并且希望他们的大群士兵重新振起信心，于是也对他们进行了这样的鼓励：(38)“士兵伙伴们，罗马人当中我们不久前遇到的那些人告诉我们，罗马人也是有血有肉的凡人，用铁的武器刺他们照样可以刺进去，而其中最出色的那些人，有些被我们用枪所打败和杀死，而另一些人被我们捉住，成为我们的俘虏。(39)不仅

这种情况是这样,而且现在我们还能看到,我们还因人数远远超过他们而引为自豪。(40)还有,这次战斗对我们来说所以关系极为重大便在于我们或者成为整个利比亚的主人,或者成为这些吹牛皮的家伙的奴隶。(41)因此现在我们必须成为最勇敢的人。要知道,那些孤注一掷的人如果不是极其勇敢的人,那就不合适了。(42)因此我们应当蔑视敌人的武器装备。要知道,如果他们步行来进攻我们,则他们不能迅速行动,却将会被玛乌里人的灵巧所打败,并且他们的骑兵看到骆驼和它们造成的音响将会被吓住,这种超出一般战斗的喧嚣的声响是很有可能使敌人陷入混乱的。(43)并且如果任何人因为考虑到罗马人曾战胜过汪达尔人便认为他们是无法抗拒的,那他的想法就错误了。(44)因为就这事的本质而言,战争的形势是因将领的勇气或命运而发生变化的;对罗马人之战胜汪达尔人起了作用的贝利撒里乌斯,感谢上天,已经从我们的道路上转移开去。(45)还有,我们也曾多次打败汪达尔人,夺取了他们的权力,从而使罗马人更便于和易于战胜汪达尔人。(46)而现在如果你们在这次战斗中表现出自己是勇敢的人,我们也有理由希望打败敌人。"

(47)在玛乌里人的军官们讲了这番激励的话之后,他们便开始了战斗。开头时在罗马军队里发生了巨大的混乱。(48)原来他们的马为骆驼造成的声响和它们的样子所触怒,结果用后腿直立起来并把骑在上面的人摔了下去,而他们大多数的人便一团混乱地逃掉了。(49)并且就在这同时,玛乌里人不断进行出击并且投出他们手里的所有的小枪,从而给罗马军队造成一片混乱,并且在罗马人无法保卫自己或坚守自己的阵地时,他们还用小枪向罗马人进行投击。(50)但是在这之后，看到了正在发生的一切的所罗门，他本人首先跳下马来并且命令所有其他的人都这样做。(51)当他们都从马上下来的时候，他就命令其他人都站定，然后把盾牌举到自己面前以承受敌人的投击物，并且坚持在自己的阵地上；但是他本人却带领着不下五百人冲向前去向圆圈的另一部分①发动了进攻。(52)他命令手下的那些人抽出剑来杀死了站在那里的骆驼。(53)跟着驻守在那里的玛乌里人便匆忙退却了，而所罗门手下的士兵杀死了大约二百头骆驼，并且在骆驼倒下之后，罗马人便可以进攻这圆形的阵地了。(54)于是他们跑着进攻到圆圈的中心，也就是玛乌里人的妇女所待的地方；就在这同时，蛮族惊惶地退到附近的山里去，而当他们在一团混乱中逃走的时候，罗马人在后面追击并且把他们杀死。(55)据说在这次战斗中玛乌里人阵亡的有一万人，而所有的妇女连同她们的孩子都被变成了奴隶。(56)没有被杀死的骆驼全部成了士兵们的战利品。这样罗马人便带着他们的全部战利品去迦太基庆祝凯旋的节日了。

十二

(1)但是被激怒的蛮族再一次一个也不留地全体集合起来对罗马人展开了进攻，他们开始蹂躏比扎奇乌姆附近的农村地区，凡是他们遇到的人统统杀掉，一个也不放过。(2)当所罗门刚刚进入迦太基的时候，他得知蛮族带领一大群人已经进入比扎奇乌姆并且正在掠夺那里的一切。于是他又率领着他的全部军队迅速出

① 当指原来他不想去的向着山的那一面，参见本章第20节。

动,向着玛乌里人攻去了。(3)当他到达敌人设营的地点布尔伽昂山时,他在他们对面的营地里停留了几天,其目的在于:一旦玛乌里人到平地上来,他便可以展开战斗。(4)但是由于他们留在山上,他便整顿自己的军队,排成战斗的队列。但是玛乌里人根本无意于再在平地上同罗马人展开战斗(因为他们已感到一种不可抗拒的恐惧),但是在山上,他们却希望能比较容易地打败对方。(5)且说这个布尔伽昂山大部分是陡峭的,它的朝东的一面是极难攀登的,但是朝西的一面却易于接近,它是以一个缓坡向上升起的。(6)那里有两个高耸的山峰,在它们之间形成一道十分狭窄的山谷,但是却深到难以想象的程度。(7)蛮族没有派人去山峰上,他们以为敌人不会从这一侧向他们发动进攻;而在布尔伽昂山的易于接近的山脚附近的空间他们也同样没有设防。(8)但是他们在上山之路中间的地方设营并留在那里,这样做的目的是:如果敌人上山同他们作战,由于自己一方地势高,他们可以在进攻时居高临下地向敌人头上射击。(9)他们还在山上安置了许多马,这或者是为了逃跑,或在战胜时也可以用来追击。

(10)所罗门看到玛乌里人不愿意再到平地上来作战,而且罗马军队也反对在一片荒无人烟的地方进行围攻,因而他迫切想同敌人在布尔伽昂山上展开战斗。(11)但是既然他看到士兵因敌方的人数众多——比前一次战斗又多了好多倍——而感到害怕,于是他便把军队召集到一起讲了这样的话:(12)“敌人对你们的畏惧,这一点并不需要另外加以探究,而是自愿服罪的表现,因为事实上它提出了自身的目击者作为证据。(13)你们肯定看到,成千上万地集合到一起的敌人不敢到平原上来同我们作战,因为他们甚至对他们自己都没有信心，而是靠这里险峻的地势来保护自己。(14)因此，至少在目前，甚至无需对你们讲任何激励的话。因为，由于当前的情况和敌人的软弱而有了勇气的人们，我以为，并不需要对他们再说更多的话了。(15)但是有这样一件事需要提醒你们，这就是，如果我们勇敢地胜利结束这一战斗，打败利比亚人并制服玛乌里人，此后我们将能享受利比亚的一切好的东西而根本无需再考虑任何一个敌人了。(16)但是有关防止敌人自上而下向我们头上射击以及设法不使这里的地势给我们造成任何伤害，这些事我本人将会作出相应的安排。"

(17)在讲了这些告诫的话之后，所罗门便下令"埃克斯库比托列斯"[①](罗马人所说的卫士)的长官提奥多茹斯率领着一千名步兵在傍晚左右带着一些军标秘密地去布尔伽昂山的东侧，也就是最难攀登——也可以说无法通行——的一侧去，并且指示他：当他们走近山的顶峰时，他们应当静静地待在那里，并且在那里度过黑夜其余的部分，而在日出时他们应当出现在敌人头上，并在展示军标之后开始射击。(18)提奥多茹斯于是按照命令做了。而当夜色已深的时候，他们便攀上陡坡，到达山峰附近的一个地点，这一切不但玛乌里人没有发觉，甚至没有为任何一个罗马人所发觉；(19)原来，据说他们是作为先遣卫队被派出去的，以防止任何人从外部进入营地造成伤害。(20)当早晨已经到来，士兵们看到敌人已来到近前，又看到山顶已不再像先前那样没有人，而是站满了手

① 在罗马帝国晚期，埃克斯库比托列斯(excubitores)是皇宫的精锐的卫队，通常是300人。他们的长官comsyexcubitorum在宫中地位很高。贝利撒里乌斯曾担任过此职(参见本书第八卷，第二十一章，第1节)。

持罗马军标的敌人时,于是他们感到完全手足无措了;原来这时天已稍稍亮了起来。(21)但是当山峰上的士兵开始进攻时,罗马人发现那里的士兵是自己人,但蛮族却发现自己已处于被敌军两面夹攻的地位并且受到两方面的射击,从而没有任何抗击敌人的机会,于是他们不再考虑任何反抗,而是全都匆忙逃跑了。(22)而既然他们不能跑到布尔伽昂山的山顶上去,又不能穿过山的下面的山坡到平原的任何地方去,于是他们一下子冲向山谷和未被占领的那座山峰,有些人甚至是骑着马去的,另一些人则是徒步去的。(23)但他们是一大群人怀着十分恐惧的心情在一团混乱中逃跑的,所以他们一直在互相残杀,而当他们冲向极深的山谷时,跑在前头的立刻送命,但是跟在后面的人们却看不到前面的人们的遭遇。(24)当山谷里堆满了死马和死人而尸体给布尔伽昂山和另一座山搭出了一条通道的时候,其余的人便从尸体上踏过去从而得救了。(25)在这次战斗里,玛乌里人中活下来的人们说死了五千人,但是罗马人方面却连一个人也没有死,确实没有一个人甚至在敌人手下或因任何事故而负伤,而他们全体是无一伤亡地取得了这一胜利的。(26)蛮族所有的将领除埃斯狄拉撒斯之外也都跑掉了,埃斯狄拉撒斯是在得到对方的保证之后向罗马人投降的。(27)然而罗马人俘获的、作为战利品的妇女儿童是如此之多,乃至他们会把一个玛乌里人的男孩子以一头羊的代价出售给任何愿意购买的人。(28)那时其余的玛乌里人才想起他们的妇女的那句话,即他们的民族要毁在一个没有胡须的人手里①。

① 参见本卷第八章,第 14 节。普洛科皮乌斯在第三卷、第十一章,第 6 节里解释说,所罗门是一名宦官。

(29)这样罗马军队便带着他们的战利品和埃斯狄拉撒斯进入了迦太基;而没有死的玛乌里人于是作出决定,认为他们不可能再住在比扎奇乌姆,因为他们担心他们人数不多,故而会受到相邻的利比亚人的凌辱,于是便和他们的领袖们去了努米地亚,使自己成为雅乌达斯的恳求者,雅乌达斯是奥腊西乌姆地方[1]玛乌里人的统治者。(30)留在比扎奇乌姆的仅有的那些玛乌里人是由安塔拉斯领导的。安塔拉斯在这段时期里对罗马人是忠诚的,所以他和他的臣民一直未受伤害。

十三

(1)但是当比扎奇乌姆正在发生这些事情的时候,统治奥腊西乌姆的玛乌里人的雅乌达斯却带领着三万多士兵掠夺了努米地亚的土地并且奴役了许多利比亚人。(2)再说这时阿尔提亚斯[2]正在肯图里埃守卫着那里的要塞;而由于他急于想从敌人手里夺得他们的一些俘虏,所以便和他手下的大约七十名匈人走出要塞。(3)而他的想法是:既然他没办法只以七十人来对付这样众多的玛乌里人,他就想占领一处狭窄的山路,这样当敌人从这里通过时他就可以掠取他们的某些俘虏了。(4)可是由于那里四面八方都是平原而没有这样的道路,他便想出了如下的办法。

(5)在离他不远的地方有一座名叫提吉西斯的城市,当时这是一个没有城墙的城市,但是有一处被十分严密地封闭起来的巨大

① 参见本书第三卷,第八章,第5节。

② 即在本书第三卷,第十一章,第6节提到的 Comes foederatorum。

的泉水。(6)于是阿尔提亚斯便决定占领这处泉水,他的想法是:为口渴所苦的敌人肯定会到泉水这里来,因为在这里附近根本没有其他任何水源。(7)所有的人在考虑到军队的不同情况之后都认为他的计划是荒谬的。(8)但是在夏天里疲惫不堪并且为酷热所苦,当然又被极度的口渴几乎折磨死的玛乌里人一阵风似地冲到泉水这里了,根本没有想到会遇到任何阻碍。(9)但是在他们发现泉水已被敌人占有之后,他们便都停了下来,不知道应怎样才好,因为他们由于口渴,绝大部分的体力已经耗掉了。(10)于是雅乌达斯便同阿尔提亚斯谈判,在允许所有玛乌里人都喝到水的条件下,同意把三分之一的战利品给予阿尔提亚斯。(11)但是阿尔提亚斯根本不愿意接受这一建议,而是要求同对方单独比武,以决定战利品的归属。(12)雅乌达斯接受了这一挑战,并约定:如果阿尔提亚斯被打败,玛乌里人便可以饮水。(13)玛乌里人全军由于大有希望而十分高兴,因为阿尔提亚斯个子不高而且瘦,而雅乌达斯在所有玛乌里人当中则是最英俊和最有尚武精神的。于是他们两个人便都上了马。(14)雅乌达斯首先把长枪投了过去,但是当长枪飞向对方时,阿尔提亚斯却以惊人的武艺用右手抓住了它,从而使得雅乌达斯和敌人大吃一惊。(15)而他立刻又用左手拉弓——他是一个两只手同样灵巧的人——射中并杀死了雅乌达斯的坐骑。(16)当他落下马时,玛乌里人又给他们的将领牵来另一匹马,但雅乌达斯跳上马后立刻逃掉了;玛乌里人一团混乱地跟在他后面。(17)由于用这个办法从对方手中夺取了战俘和全部战利品,阿尔提亚斯因这一功业而在整个利比亚赢得了巨大的名声。这些事件的经过便是这样。

(18)所罗门在迦太基停留了一个短时期之后便率领军队向奥腊西乌姆山和雅乌达斯那里进发,并为了反对雅乌达斯而扬言,当罗马军队忙于比扎奇乌姆的事情时,他曾经掠夺了努米地亚很多地方。而这个指责是真实的。(19)玛乌里人的其他将领玛索那斯和欧尔泰亚斯出于他们的个人恩怨也促使所罗门反对雅乌达斯;玛索那斯是因为他的父亲美法尼亚斯,也就是雅乌达斯的岳父被雅乌达斯背信弃义地杀害;欧尔泰亚斯则是因为雅乌达斯和玛乌列塔尼亚的蛮族统治者玛斯提那斯一道,曾打算把他和他所统治的全部玛乌里人驱出他们自古以来便居住的土地。(20)于是在所罗门率领下的罗马军队和同他联盟的玛乌里人便在阿比伽斯河河畔设了营。阿比伽斯河是沿着奥腊西乌姆山流动的一条河,那里的土地都是由它来灌溉的。(21)不过雅乌达斯认为在平原上同敌人对垒对他不利,但是他在奥腊西乌姆山上进行了他认为可以给进攻者造成最大困难的准备。(22)这座山离开迦太基是十三天左右的行程,是我们所知道的最大的山。(23)因为绕行它一周,对于一个轻装的旅行者来说需要三天。而对于一个想上山的人来说,这山是难以接近的并且极为荒芜,但是如果一个人登上去并到达上面的平地,则可以看到平原和汇流成河的许多泉水以及大量极为壮观的园林。(24)而这里生长的谷物和各种果品比利比亚所有其余地方生产的要多一倍。(25)这座山上也有要塞,它们所以被废弃是由于这样一个事实,即那里的居民认为他们并不需要这些要塞。(26)因为自从玛乌里人从汪达尔人手中夺得奥腊西乌姆[①]

① 参见本书第三卷,第八章,第5节。

那时起,迄今还没有一个敌人来过这里甚或使蛮族担心会有敌人前来,并且甚至在山东面山脚下、也就是平原开始的地方建立的人口众多的城市塔木伽狄斯的居民也被玛乌里人全部迁走并夷为平地,其目的便在于使敌人不仅不能在那里设营,甚至不能以这座城市为借口走近这座山。(27)那里的玛乌里人还占有奥腊西乌姆以西的土地,这是一片既广大又肥沃的土地。(28)在这些人那边,那里住着由欧尔泰亚斯统治的玛乌里人的另一些民族,而如上所述,他们是作为所罗门和罗马人的联盟者前来的。(29)我曾听此人说,在他治理的国土的那边没有任何人居住,而是一片广袤的沙漠,而再过去,那边住的就不是玛乌里人那样的黑皮肤的人而是皮肤很白并且是金发的人了。有关这些事情就谈这些了。

(30)所罗门在他用大宗的金钱贿赂了联盟的玛乌里人并且认真地鼓励了他们一番之后便率领着列成战阵的全军开始登上奥腊西乌姆山,他以为当天他便可以同敌人作战并且有如他一贯的做法那样按照命运的安排同敌人打出个分晓来①。(31)因此士兵和他们的马甚至只带了少量的食品。(32)在行进了五十斯塔迪昂②之后他们便宿营了。(33)此后每天行进的路程都和这差不多,并且在第七天他们来到了有一座古代的工事和流动不息的小河的地方。罗马人用他们自己的语言把这个地方叫作"盾山"③。(34)他们有情报说这里有敌人的营地,但是当他们到达这里时却没有碰

① 认为自己的运气好,可以轻易取胜。

② 约9.25公里。

③ Clypea(单Clypeum)拉丁语意为"盾",但这里的"盾山"并不是本卷第十章,第24节的那个克利皮亚。

上任何敌人，于是他们便设了营，留在这里准备战斗；他们在这里待了三天。(35)但是由于敌人根本不见踪影并且他们的粮食也用光了，所罗门和全部军队忽然想到同他们联盟的玛乌里人是否对他们设下了什么阴谋；(36)因为这些玛乌里人对奥腊西乌姆山上的行路情况本是熟悉的，他们也许知道敌人方面作出了怎样的决定；据说他们每天都偷偷地出去和对方见面，他们也经常被罗马人派出去到他们的国土去进行侦查，但他们却决定只交假报告给罗马人，这无疑是为了使事先不了解情况的罗马人没有做好较长时期食品供应的准备或者没有用其他会是最好的方式为自己做好准备便上了奥腊西乌姆山。(37)罗马人考虑了这一切之后便担心作为他们的联盟者的玛乌里人会给他们设下埋伏，并开始感到害怕，其理由是：据说玛乌里人生来在任何时候都是不可信赖的，特别是当他们以联盟者的身份随同罗马人或任何其他人去反对玛乌里人的时候。(38)当他们记起这些事情同时又苦于饥饿的时候，他们便在毫无作为的情况下尽快地从那里撤回并在到了平原之后，修建了一座栅栏的工事。

(39)在这之后，所罗门便把一部分军队安置在努米地亚负卫戍之责，然后同其余的军队去了迦太基，因为冬天已经到了。(40)他在迦太基安排和整顿了一切，以便来年开春他可以以更加充分的装备再次对奥腊西乌姆发动进攻，而这次如有可能，可以不要玛乌里人作为联盟者。(41)与此同时，他还准备了由一些将领带领的另一支军队和一个船队，准备讨伐住在撒地尼亚岛上的玛乌里人；(42)原来这是一个既大而且繁荣的岛，大约相当西西里岛的三分之二(一个轻装的旅行者绕行该岛一周要二十天)；它虽然

实际上位于罗马和迦太基之间,但是却受到住在那里的玛乌里人的压迫。(43)因为古时汪达尔人对这些蛮族感到恼火,于是派他们的一些人带着妻子去撒地尼亚,在那里把他们封锁起来。(44)但是久而久之,他们却占领了卡腊那利斯附近的山,先是暗中掠夺住在附近一带的人们,但是当他们发展到不下三千人的时候,他们甚至进行公开的袭击并且毫不掩饰地劫掠那里的全部土地,而当地的人们则把他们称为巴尔巴里奇尼人[①]。而在那个冬天所罗门正是为了讨伐这些蛮族才准备这支舰队的。利比亚的事件其经过便是这样。

十四

(1)就在同时,在意大利发生了下述事件。皇帝优斯提尼安派贝利撒里乌斯去对付提奥达图斯和哥特民族,贝利撒里乌斯从海路到西西里,没有费什么气力便占领了该岛。(2)当历史使我要记述意大利的事件时,我将要在随后的篇章中记述他是怎样做到这一点的。(3)因为首先记述在利比亚发生的一切事件,这之后再转而记述有关意大利和哥特人的那部分历史,这样做我一直并不觉得不合次序。

(4)在这个冬天,贝利撒里乌斯留在西拉库赛,而所罗门留在迦太基。(5)这一年发生了一个最可怕的朕兆。原来在整整这一年当中太阳发出的光并不明亮,就和月亮一样,看来它同日食时的

① 撒地尼亚的内部地区即巴尔巴尔吉亚(Barbargia)或巴尔巴吉亚(Barbagia)仍然保存了这个名字。但是普洛科皮乌斯对这一地区蛮族居民的起源的说法并没有普遍为人们所接受。

太阳极为相似，因为它发出的光线不清朗，和它平时发出的光不一样。(6)而自从发生这事的时候起，人们便不断遇到战争、瘟疫和导致死亡的任何其他事情。这是优斯提尼安当政第十个年头的时候[①]。

(7)开春之际[②]，也就是基督教徒庆祝他们所说的复活节的节日时，在利比亚的士兵当中发生了一次兵变。下面我就要说一说它是如何发生的以及结果如何。

(8)如上所述[③]，汪达尔人在战争中被打败以后，罗马人便娶了汪达尔人的女儿和妻子使她们成为自己合法的妻子。(9)而这些妇女当中的每一个人都在不断地催促她的丈夫宣布对于她先前拥有的地产的所有权，她表示：如果在她和汪达尔人一道生活时她们曾拥有这些土地，而在她们同征服汪达尔人的人们结婚之后她们却被剥夺了自己的地产，这是不公正的，也是不恰当的。(10)士兵考虑到这些事，他们也并不认为自己非得把汪达尔人的土地上交给所罗门不可，因为所罗门想把这些土地登记为属于国家和皇室的财产，他说士兵们得到奴隶和所有其他值钱的东西作为战利品是合理的，但土地本身则是属于皇帝和罗马帝国的，国家抚育了他们并使他们成为士兵，而成为士兵并不是为了把他们从践踏罗马帝国领土的蛮族手中夺回的土地据为已有，而是为了使这些土地可以归还给国家以维持他们和所有其他人的生存。这便是兵变的起因。(11)但是还有第二个，与前者并存的原因，这是使整个利

① 从公元536～537年。

② 公元536年，即我国南朝梁武帝大同二年。

③ 参见本书第三卷，第十八章，第7节以次。

比亚陷入混乱的绝非次要、也许甚至是更关键的一个原因。(12)情况是这样的:在罗马军队里实际上信奉阿里乌斯教派的士兵至少有一千人,他们大多是蛮族,其中又有一些人是埃茹利人[①]。(13)汪达尔人的神父极其卖力地敦促这些人发动兵变。原来他们不能用他们习惯的方式礼拜上帝,而他们却被拒绝参加所有的圣礼和所有的宗教仪式。(14)要知道皇帝优斯提尼安不允许不信正教的基督教徒接受洗礼或任何其他圣礼。(15)但复活节使他们特别感到不安,因为他们这期间发现自己不能给他们自己的孩子用圣水施洗[②]或做同这一节日有关的其他任何事情。(16)对于急于想摧毁罗马人的幸福的上天来说,好像这些事还不够似的,结果又有另一件事为正在计划兵变的那些人提供了一个机会。(17)要知道被贝利撒里乌斯带到拜占庭来的汪达尔人被皇帝安排到五个骑兵队里,以便使他们永远定居在东部各城市。他还把他们称为"优斯提尼安的汪达尔人"并且命令他们乘船去东方。(18)这些汪达尔士兵大多数到了东方,在补足了他们被指定的骑兵队之后便一直在对波斯人作战,直到我的时候还是如此;但是其余的大约四百人在到达列斯波斯之后,一直等到帆里涨满了风的时候,他们制服了水手,继续航行到伯罗奔尼撒。(19)从那里出发他们来到了利比亚的一处沙漠地带,就在这里他们弃船登陆并在把自己装备起来之后去奥腊西乌姆山和玛乌列塔尼亚。(20)正在策划兵变的士兵由于他们的到来而受到鼓舞,于是在他们中间组

① 参见本书第四卷,第四章,第30节和有关注释。

② 洗礼只在复活节和五旬节之间的五十天里举行。优斯提尼安曾禁止阿里乌斯教派的信徒受洗。

织了一次更加隐蔽的阴谋。(21)军营里很多人都在谈论此事，人们已经在起誓了。而当其余的人就要庆祝复活节的时候，由于不许自己参加宗教仪式而感到恼火的阿里乌斯派的信徒们便打算对他们发动猛烈的进攻。

(22)他们的首领人物认为最好的办法是在他们称为伟大的日子的、节日第一天[①]在圣堂里杀死所罗门。(23)他们很幸运地没有被发觉，因为没有人揭发这一阴谋。要知道，虽然有许多人参与了这一可怕的阴谋，但是当命令从一个人传给另一个人时，却没有一个字泄露给对方的任何人，这样他们便完全能以逃避了被发觉的命运，原来甚至所罗门的大多数的长枪兵和卫士以及他的大多数的门客都同这一兵变有关系，因为他们也都希望得到土地。(24)当约定的那一天到来时，正待在圣堂里的所罗门对他将要遭到的不幸竟一无所知。(25)决定动手杀害此人的那些人进来了，他们用点头的动作相互激励之后已经把手放到剑上了，但是他们依然没有任何举动，这或是因为当时在圣堂举行的宗教仪式使他们产生敬畏心情，或者是因为统帅的名声使他们耻于干出此事，但也许有上天的某种力量阻止他们这样做。

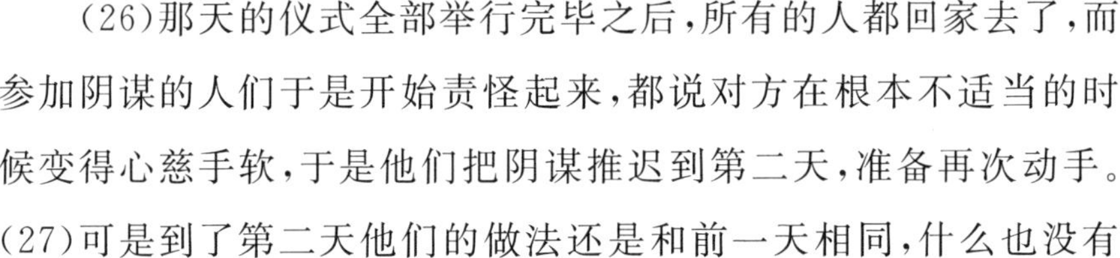

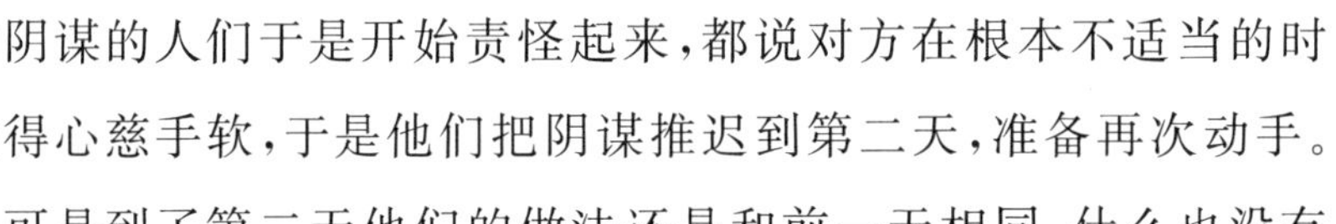

(26)那天的仪式全部举行完毕之后，所有的人都回家去了，而参加阴谋的人们于是开始责怪起来，都说对方在根本不适当的时候变得心慈手软，于是他们把阴谋推迟到第二天，准备再次动手。(27)可是到了第二天他们的做法还是和前一天相同，什么也没有

① 即公元536年3月23日。

干便离开了圣堂,而他们来到市场[①]之后又相互公开责骂起来,他们中间每一个人都骂他身旁的人心软,骂他是败坏他们一帮人的士气的人,而直截了当地大力指责对所罗门的那种尊敬心情。(28)确实,因此之故,他们认为自己留在迦太基已不再是毫无危险的了,因为他们已在全城面前揭露了自己的阴谋。(29)因此他们大多数人迅速地出了城并开始掠夺外面的地区,把他们遇到的所有利比亚人都当作敌人来对待;但是其余的人仍旧留在城里,一点也不显示他们自己的意图,对已经计划的阴谋装作一无所知的样子。

(30)但所罗门得知士兵们在农村地区的所作所为之后感到很大的不安,他不断告诫城市的士兵们,要他们效忠于皇帝。(31)他们开头似乎乐于听从他的话,但是到第五天,当他们听说出去的那些人已稳稳地掌握了权力之后,便在赛马场集合并肆无忌惮地侮辱所罗门和其他将领。(32)所罗门派卡帕多奇亚人提奥多茹斯到他们那里去试图加以说服并且用好言好语争取他们,但是他们对所说的话一概不听。(33)再说这个提奥多茹斯对所罗门也有不满的地方并曾被怀疑对他有阴谋活动。(34)为此参加兵变的士兵立刻以欢呼的方式选他为自己将领并且同他一道带着武器全速奔向皇宫,挑起了一场巨大的骚乱。(35)在那里他们杀死了另一个也叫提奥多茹斯的人,此人是卫队的司令官,是一个在每一方面都极为优秀的人并且是一位特别出色的战士。(36)在他们对这个人开了杀戒之后,便立刻着手杀掉

① 名为市场,性质有如罗马广场,实际上是一种社交场所和发表意见的场所。

他们遇到的每一个人，而不管是利比亚人还是罗马人，只要此人同所罗门相识或是他手里有钱便不放过。随后他们又转而劫掠起来，他们进入没有任何士兵保卫的房屋，抢夺一切最值钱的东西，直到黑夜来临，随他们打劫一天之后而来的烂醉才使他们住了手。

(37)而所罗门却在无人注意的情况下在傍晚时分得以逃入皇宫的大圣堂，玛尔提努斯在那里同他在一起。(38)而当所有的兵变士兵都入睡时，他们走出圣堂来到了卡帕多奇亚人提奥多茹斯家，提奥多茹斯强迫他们用餐，尽管他们根本不想吃东西，然后把他们送到港口，让他们乘上玛尔提努斯恰好准备在那里的一艘船所带的一只轻便的快艇。(39)写作这部历史的普洛科皮乌斯也和他们在一起，此外还有所罗门家中的大约五个人。(40)他们走了三百斯塔迪昂[①]的路程之后来到了米苏阿斯，这是迦太基船坞所在之地，并且由于他们已来到了安全地点，于是所罗门立刻下令玛尔提努斯去努米地亚瓦列里安那里，还有另外的同他分享统率权的人们那里，设法做到使他们之中的每个人，不管用任何可能的办法，用金钱或其他手段，能够争取到同他相识的某些士兵的同情，并使他们重新忠于皇帝。(41)他还写了一封信给提奥多茹斯，要他照管迦太基并且尽他之所能处理好其他事务，而他本人则偕同普洛科皮乌斯到西拉库赛的贝利撒里乌斯那里去。(42)而在向贝利撒里乌斯报告了在利比亚发生的事件之后，便请求他尽快到迦太基来并保卫皇帝，因为皇帝正在受到他自己的士兵的有渎神明

① 约55.5公里。

的对待。所罗门干的事情便是这样。

十五

(1)但是兵变的士兵在他们掠夺了迦太基的一切之后集合于布拉平原,并选出了斯托扎斯[①]——玛尔提努斯的一名卫士,一个热情而又干练的人——作为他们的僭主,目的在于把皇帝的将领逐出整个利比亚,从而由他们来治理它。(2)他把人数多达八千左右的全部军队武装起来并率领他们去迦太基,想不费什么气力立即把它拿下来。(3)他还派人去乘船从拜占庭逃跑的汪达尔人和从一开头便没有随贝利撒里乌斯去拜占庭的汪达尔人那里去,这部分人所以没有前去或者是因为那些人没有为人们所注意或是因为当时把汪达尔人带走的人们根本不重视这些人。(4)这些人不下一千之数,并且在不久之后,他们便十分热心地参加了斯托扎斯的军队。(5)大批的奴隶也投到他这一面来。当他们走近迦太基时,斯托扎斯下令要民众尽快把城市交给他,条件是他们可以不受伤害。(6)但是迦太基的人们和提奥多茹斯的答复是干脆拒绝按他的话去做,并且宣布说,他们是为皇帝保卫迦太基的。(7)于是他们把皇帝卫队的秘书约瑟夫派到斯托扎斯那里去;约瑟夫出身高贵并且是贝利撒里乌斯的一位门客,他是不久前才因某一任务而被派到迦太基他们这里来的。他们提出要求,要斯托扎斯不要再蛮干下去。(8)但是斯托扎斯听了这话之后立刻杀掉约瑟夫并开始了围攻。城里的人们对面临的危险感到十分害怕,他们打算

① 参见本书第三卷,第十一章,第30节。

在缔结一项协定之后向斯托扎斯投降并交出迦太基。利比亚军队中所发生事件的经过便有如上述了。

(9)但是贝利撒里乌斯却从他自己的长枪兵和卫士当中选拔出了一百人并且带着所罗门在黄昏时分乘船进入迦太基,而这时包围迦太基的人们还认为第二天该城会向他们投降呢。而由于他们认为会这样,所以他们那一夜便宿营了。(10)但是当天已破晓并且他们得到贝利撒里乌斯已经到来的消息之后,他们便尽快地拔营并不光彩地和在一团混乱中匆忙撤退了。(11)贝利撒里乌斯集合了大约两千名士兵,并且劝说他们要效忠于皇帝以及用大宗金钱加以鼓励之后,便开始了对逃跑者的追击。(12)他在离迦太基有三百五十斯塔迪昂[①]的美姆布列撒城赶上了他们。(13)双方的军队都在那里设营并准备战斗,贝利撒里乌斯的士兵沿着巴格腊达斯河挖壕修筑工事,对方则据守一块有天险的高地。(14)双方都认为不应当进城,因为这个城市没有城墙。(15)第二天双方便展开了战斗,叛军仰仗的是他们占优势的人数,而贝利撒里乌斯的士兵则蔑视对方,把他们看成是既丧失理智又没有统帅的乌合之众。(16)贝利撒里乌斯希望他的士兵牢牢地记住这些想法,于是把他们全体召集起来,讲了下面的话:

“士兵伙伴们,无论对皇帝还是对罗马人来说,当前的形势都是远远达不到我们的希望和祈求的。(17)因为我们所面临的是这样的一场战斗,即使我们在这场战斗中取胜,我们也将会为之落泪,因为我们作战的对手是我们的亲属,是同我们一道被抚养大的

① 约合 64.75 公里。——译者

人们。(18)但是在我们的不幸之中也有这样一种安慰,即挑起战斗的并不是我们自己,我们是为了自卫才进入这场斗争的。(19)要知道,对自己最亲近的朋友策划了这一阴谋并且以自己的行动破坏了这种亲属关系的人,如果他死了,那么他并不是死在他的朋友之手,而是在他变成一个敌人之后对被他凌辱过的人们做出了赔偿。(20)我们的对手是国家的敌人,是蛮族,人们还可以用更难听的名字称呼他们,这一点不仅仅从被他们掠夺的利比亚看出来,不仅仅从这一地区被他们非法残杀的居民看出来,而且还可以从他们胆敢杀害的大批罗马士兵身上看出来,尽管这些士兵只有一点是受对方指责的,这就是——他们对本国政府的忠诚。(21)我们现在前来同他们作战就是为了给牺牲在他们手下的人们复仇,我们有充分的理由来反对一度是我们最亲密的战友的那些人。(22)要知道,大自然从不曾使世界上的人们相互间既是朋友又是对头,而是在每一种情况下人们的行动总是这样的:或是由于具有相似的动机,所以他们的行动促使他们结成联盟,或是由于动机各异,所以他们的行动使他们相互仇视,这就是说,按情况之不同而使他们成为朋友或敌人。(23)因此现在你们对如下一点必须深信不疑:即我们是对罪犯和国家的敌人作战;而现在我要你们清楚地认识到,他们理应受到我们的藐视!(24)不是按照法律结合起来,而是因邪恶的目的而走到一起的这一群人,就其本质而论,他们根本不可能成为勇敢的人,因为勇气不可能同无法无天的行为并存,并且永远是避开那些有渎神灵的罪人的。(25)确实,他们也不会遵守纪律或留心于斯托扎斯给他们的命令。(26)要知道,当一个建立不久的僭主之治还没有得到自信心给予它的那种威信时,它必然会受到它的臣民的鄙视。(27)它也不会因任何效忠的感情而受到尊重,因为僭主之治就其本质而论是受到憎恶的;它也不是用恐惧来领导它的臣民,因为胆怯使它失去了公开表述自己意见的力量。(28)而当敌人在勇气和纪律方面都处于不利的地位时,他们的失败就近在眼前了。因此,正如我刚才所说的,我们应当怀着极大的藐视心情去反对我们的敌人。(29)而通常作为战争中战斗力量的标准的,并不是参加战斗的人数,而是他们的严整队列和他们的勇敢精神。"

(30)以上便是贝利撒里乌斯的发言。而斯托扎斯对他的军队则讲了这样一番激励的话:"和我一道摆脱了罗马人的奴役的人们,你们任何人都不要认为,为了你们因自己的勇气和你们的其他优秀品质而争得的自由而死是不值得的。(31)要知道,对于一个人来说,从受压迫的环境下得到自由之后再回到那个环境里去,这较之一个人变老并因病痛而死去更加可怕。(32)因为使人尝到解脱的味道的这段时期,很自然地,会使不幸更加难以承受。(33)既然情况这样,你们便应当记住,在征服了汪达尔人和玛乌里人之后,你们自己承受战争的劳苦而另一部分却成了全部战利品的主人!(34)请想一想,作为士兵你们将不得不终生经历战争的危险,不过这样做或者是为了皇帝的事业,如果你们确实再次成为他的奴隶的话,或者是为了你们自己,如果你们保有当前的自由的话。(35)这二者你们愿意得到哪一种,或者通过这时变得心虚胆怯,或者通过愿意表现为勇敢的人,你们有权进行选择。(36)此外,你们还应当记住这样一点:你们既然已经拿起武器反对罗马人,那么如果你们受他们的统治,你们今后所要与之打交道的就绝不会是温

和或放任的主人,而你们将受到极严厉的惩罚,更有进者,你们的死也将会是死得不得其所。因此,对你们的任何一个人来说,如果战死的话,那显然会是一种光荣的战死。(37)如果你们打败敌人,生活将会是独立的,并且在所有其他方面都是幸福的;但是如果你们被打败——我只需指出这样一种痛苦,那就是你的全部希望都要看那边人们的眼色行事了。(38)而且就实力而论,这次战斗的双方也是不平衡的。(39)要知道,不仅我们的人数大大超过敌人,而且他们一点对我们作战的热情也没有,因为我认为他们也在祈求分享我们的这份自由呢。”以上是斯托扎斯的发言。

(40)当双方接战的时候,一股既猛烈而又极为难对付的风开始冲着斯托扎斯的叛军刮去。(41)因此之故,他们认为他们在他们现在作战的地方战斗对他们不利,因为他们担心那力量极大的风会把敌人的射击物吹到他们这边来,而他们自己的射击物,其冲力会受到十分严重的阻碍。(42)于是他们便离开自己原来的阵地而移向侧翼,理由是如果敌人也改变战线——他们也许会这样做——以便不使自己从后面受到攻击的话,那么风就会迎着他们吹去了。(43)但是贝利撒里乌斯看到对方离开自己的阵地并且乱糟糟地向他的侧面转移之后,便下令立刻发动进攻。(44)这出人意料的一招使斯托扎斯的军队陷入混乱,于是他们便毫无秩序地拼命逃跑,每个人尽可能寻求自己的生路,而只有当他们逃到努米地亚之后,他们才确实重新集合起来。(45)但是在这次战斗中阵亡的人不多,而且大部分是汪达尔人。(46)原来贝利撒里乌斯根本没有追击他们,因为他认为,如果这时被打败的敌人不再来干扰

他，这样也就够了，要知道他手下的军队是十分有限的。(47)他放手要他的士兵掠夺敌人的营垒，他们攻占它时里面已没有一个男人。但是他们在那里发现了很多钱和许多妇女，正是这一战争为之而发生的那些妇女[①]。在完成了此事之后，贝利撒里乌斯便返回迦太基了。(48)而有人从西西里来向他报告说，军队里发生了兵变，并且，除非他尽快亲自回到他们那里去采取措施加以制止，否则兵变会把一切都搞乱的。(49)于是在他把利比亚这里的事尽可能妥帖地加以安排并把迦太基托付给伊尔狄盖尔和提奥多茹斯之后，便去了西西里。

(50)再说努米地亚的罗马将领们听说斯托扎斯的军队来了，于是便在那里集合，准备战斗。罗马的将领是这样一些人：费德腊提即辅助部队[②]的将领是玛尔凯路斯和库里尔；骑兵部队的将领是巴尔巴图斯；步兵的将领是特伦提乌斯和撒腊皮斯。(51)但是所有他们都受掌握了努米地亚的统治权的玛尔凯路斯的节制。(52)因此在他听说斯托扎斯和少数人已来到离康士坦提那[③]有大约两天路程的、一个叫伽佐菲拉[④]的地方之后，他想抢在所有叛军集合起来的前面，于是率领军队迅速地向他们攻去。(53)当两军相互迫近，战斗即将开始的时候，斯托扎斯单独一人来到对手们中间讲了如下的话：

---

① 参见本卷第十四章，第 8 节。

② 即辅助部队，参见本书第三卷，第十一章，第 3 节。

③ 奇尔塔(Cirta)，后来改名康士坦提那，现在叫君士坦丁(克桑提那 Ksantina)。

④ 比较正确的拼法是 GadiaufaIa(伽狄奥法拉)，现在是克撒尔—设比(Ksar-Shebi)。

(54)“士兵伙伴们,你们对自己的亲属和同你们一道长大的人们作战,并且拿起武器来反对由于对你们遭到的不幸和凌辱而苦恼这才决定对皇帝和罗马人发动战争的人们,你们的这种做法是不公正的。(55)你们是不是还记得,你们被剥夺了长期拖欠你们的饷银,是不是还记得人们从你们手里夺走了敌人的战利品,而战争的法则则把战利品视为经历战争危险的人们的奖赏?(56)是不是还记得,别的人认为自己有权终其一生靠着胜利赢得的财富过着豪奢的生活,而你们却像他们的奴仆一样跟在他们后面?(57)如果你们现在对我发火,你们有力量把怒气发泄到我的躯体上并且可以逃避杀害他人的恶名;但是如果你们对我无可指责,那么现在正是你们为你们自己拿起武器的时候!”(58)以上便是斯托扎斯讲的话;士兵们倾听他的话并对他表示十分欢迎。(59)而当将领们看到正在发生的事情时,他们便默默地退去,逃到伽佐菲拉的一座圣堂里去了。斯托扎斯把两支军队合而为一,然后去将领们那里。在圣堂里发现他们之后,他作出了保证,然后把他们全都杀死。

十六

(1)皇帝得知这一情况之后,便派他的侄子、属于贵族等级的日耳曼努斯带领少数几个人去利比亚。(2)和他同行的还有元老院的成员西玛库斯和多姆尼库斯,前者是负责军队给养的长官,多姆尼库斯则是步兵将领。(3)因为先前担任长官之职的约翰[①]病

① 即卡帕多奇亚人约翰,参见本书第一卷,第二十四章,第11节以次。

故了。当这一行人乘船进入迦太基之后，日耳曼努斯计算了一下他们拥有的士兵的人数，并且在检查了书记所登记的全体士兵的花名册之后，发现有三分之一的士兵驻在迦太基和其他城市，而所有其余的士兵都投到僭主麾下同罗马人作对了。(4)因此他并不进行任何战斗，而是尽最大的努力关心他的士兵。考虑到留在迦太基的那些士兵也都是敌人的亲属或战友，于是他便一直在向所有的士兵讲争取他们的许多话，并特别表明，皇帝这次派他来是为了保护受到不公正对待的士兵的利益以及惩罚无端对他们进行伤害的那些人的。(5)叛军发现了这一情况之后，他们又开始投到他这一面来，但每次只有少数一些人。日耳曼努斯既友好地把他们接纳入城，还对他们作出保证，把他们对罗马人作战的这段时期的饷银也发给了他们。(6)而当这些做法的消息传到各处并为所有的人所知晓之后，他们便大量地离开僭主，到迦太基这里来了。(7)希望在战斗中能有同对方相抗衡的力量的日耳曼努斯终于对战斗进行了准备。

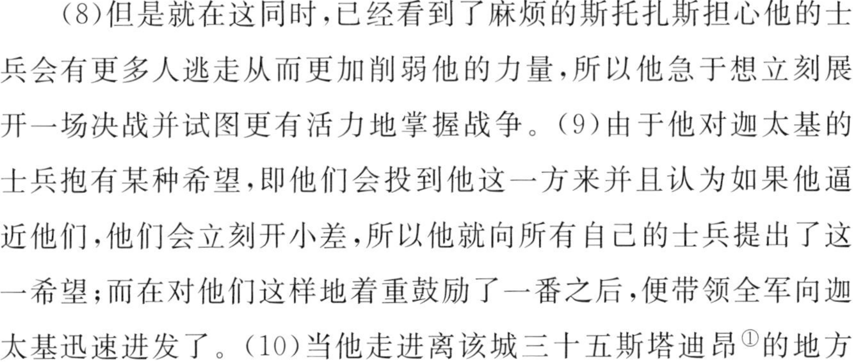

(8)但是就在这同时，已经看到了麻烦的斯托扎斯担心他的士兵会有更多人逃走从而更加削弱他的力量，所以他急于想立刻展开一场决战并试图更有活力地掌握战争。(9)由于他对迦太基的士兵抱有某种希望，即他们会投到他这一方来并且认为如果他逼近他们，他们会立刻开小差，所以他就向所有自己的士兵提出了这一希望；而在对他们这样地着重鼓励了一番之后，便带领全军向迦太基迅速进发了。(10)当他走进离该城三十五斯塔迪昂[①]的地方

① 大约6.48公里。

之后,他便在离海不远的地方设了营,而日耳曼努斯在把全军武装起来并排成战斗的队列之后便出发了。(11)当他们全体来到城外之后,由于他已得知斯托扎斯提出了怎样的希望,于是他便把全军召集起来,讲了下面的话:

(12)“士兵同伴们,没有任何事情你们可以用来作为正当的理由责备皇帝,皇帝对你们所做的事情你们也没有任何可以挑剔的,我想这一点是你们所有的人当中的任何人都无法否认的。(13)当你们背着袋子,一人一件短外衣从田地里前来的时候,正是皇帝接纳了你们并且把你们在拜占庭集合起来,使你们变得如此强大,成为罗马国家的栋梁。(14)他不仅遭到肆意的侮辱,而且在你们手中受到一切事物中最可怕的对待,这些你们自己毫无疑问都是十分清楚的。(15)由于他希望你们永远记住这些事情,所以他免除了因你们的罪行而对你们的指控,但要求的是:只有这笔债是你们欠给他的——这就是因你们的行为而感到的羞耻。(16)你们在他的心目中既然是这样,因此理所当然地你们应当重新学习如何做遵守信义的人并纠正你们先前的愚蠢行为。(17)做了坏事的人们如果在适当的时候悔过,通常是可以使受到伤害的人们表现宽容的;及时的服役一般说来也会使曾被称为忘恩负义的人们改变名称。

(18)还有必要使你们清楚地认识到这样一点,即如果现在你们表明自己完全忠于皇帝,人们便不再记起先前做过的事情。(19)因为就事物的本质来说,人们评价每一个行动过程总是以最后的结果为依据的。一件坏事一旦干了出来,只有当事人方面做的好事才能对之加以纠正,否则它永远也得不到了结,它取得沉默

这一适当报偿[①]并且一般说来人们也就把它忘掉了。(20)而且,如果现在你们对这些该死的恶棍的行为缺乏责任感,即使你们以后为罗马人在多次战争中进行战斗并且常常打败敌人,你们永远也不会被认为像你们今天能以报答皇帝那样再报答他了!(21)正是在先前做的错事上面赢得了赞扬的那些人,才总是能以为自己求得更加公正的辩解。因此,关于皇帝,你们每一个人都应当以这样的方式加以考虑。(22)至于我,我不曾有意地对你们干任何不公道的事情,我已经通过一切可能的办法向你们表示了我的善意,因而在当前这一危险面前,我决定要求于所有你们的就是这些:同我们一道对敌人进攻的任何人,都不要违反自己内心的判断。(23)如果你们当中的任何人已经想同对方站到一起,他马上可以拿上自己的武器去敌人的营地,但只求他在一件事上照顾我们,这就是他并不是偷偷地而是公开地决定对我们干坏事的。(24)确实,正是出于这一理由,我才不是在迦太基,而是在来到战场之后才对你们讲这番话,而这样做是为了使我不致成为想跑到我们敌人方面去的任何人的一块绊脚石,因为所有的人都可以无需经历危险而表明他们对国家的态度。"(25)以上便是日耳曼努斯的发言。随后在罗马军队中便爆发出了一阵巨大的喧闹声,因为每一个人都要求这样的权利,这就是第一个向统帅表明他们对皇帝的忠诚,用最严正的誓言来证实这一点。

① 人们不再提起它。

十七

(1)两军的阵地相互对峙了一些时候。但是当叛军看到斯托扎斯预言的事情根本没有发生的时候,他们便开始担心自己的希望会出其不意地落空,于是他们便解散队列向后撤退,开赴努米地亚去了,因为他们的战利品中的女人和作为战利品的金钱都在那里。(2)不久之后,日耳曼努斯和全军也来到了努米地亚,他们在事先做了尽可能周密的一切准备并且为军队带来了许多运输用车。(3)他们在罗马人称为斯卡莱·维提列斯[①]的一个地方赶上了对方之后,便以如下的方式进行了战斗的准备。(4)他把运输车向着前面排成一行,沿着这一排车他安排了由多姆尼库斯率领的步兵,这样则由于后方安全,他们可以以更大的勇气战斗。(5)骑兵的精锐和同他一道从拜占庭来的士兵们,由他本人率领位于步兵的左手,而所有其余的人则被他安排在右手,不过他们不是编为一个整体而是分成三部分。(6)伊尔狄盖尔率领其中一部分,卡帕多奇亚人提奥多茹斯率领另一部分,其余较大的一部分则由帕普斯的兄弟约翰和另外三个人率领。罗马人一方列阵的情况就是这样。

(7)叛军就在他们的对面列阵,但是没次序而是分散开来的,这一点更像是蛮族的做法。(8)在他们后面不远的地方则是成千上万的玛乌里人,在统率他们的那些人当中,特别应当指出的是雅乌达斯和欧尔泰亚斯。(9)不过,实际上,并不是他们所有的人都

① Scalae Veteres,意为古老的岩石。

忠于斯托扎斯和他的士兵，因为他们当中有许多人事先便派人去日耳曼努斯那里并且约定，当他们参加战斗时，他们会站在皇帝军队的一面以反对敌人。(10)但是日耳曼努斯根本不能信赖他们，因为玛乌里人就其本质而论对所有的人都是不讲信义的。(11)也是由于这个理由，他们并没有同叛军在一起列队而是留在后面进行观望，如果某一方得到胜利，他们就可以参加进来追踪被打败的一方。(12)玛乌里人留在后面而不同叛军混在一起，其目的便在于此。

(13)当斯托扎斯走近敌人并看到日耳曼努斯的军标时，他便激励士兵，开始对他展开进攻。(14)但是在他周边列队的、参加叛乱的埃茹利人却不跟他一道进攻，反而尽全力阻止他，声称他们并不了解日耳曼努斯的军队的特点，但是他们又说他们可以肯定在敌人右翼列阵的士兵绝没有能力抵抗他们。(15)因此，如果他们向这一部分敌人展开进攻，对方不仅会退却并逃跑，而且还很有可能使罗马军队的其余部分陷入混乱。但如果他们进攻日耳曼努斯并因被击退而溃逃，他们的全部事业立即会遭到毁灭。(16)斯托扎斯同意了这个意见，准许另一部分人去同日耳曼努斯麾下的士兵作战，而他本人则率领他的精锐队伍去进攻约翰以及同他一道列队的士兵。(17)他们抵挡不住进攻并赶忙在一团混乱中逃掉了。叛军立刻夺取了他们的全部军标，并且在他们逃跑时以最快的速度追击，另一方面还有一些人向已经开始离开队列的步兵发动进攻。(18)但正是在这个时候，日耳曼努斯抽出剑来，并且敦促所有他那部分的军队做同样的事情，好不容易才把同他对抗的叛军打退，然后便跑着向斯托扎斯发动了进攻。(19)那时由于伊尔

狄盖尔和提奥多茹斯的士兵也参加了他的这次进攻,结果两支部队便这样地混合到一处,就是说,如果叛军追击他们的某些敌人时,这同时他们又会被另外的人追上、杀死。(20)并且当战场上越来混乱的时候,原来在后方的日耳曼努斯的军队进一步向前逼进,于是大为恐惧的叛军便不再想抵抗了。(21)但是无论哪一方都无法为自己的同伴或对手区分开来。因为所有的人用的是一种语言、同样的武器装备,他们在形象、衣着和任何其他方面都没有区别。(22)为此,根据日耳曼努斯的意见,皇帝的士兵每当捉住任何一个人时都要问对方是谁;如果对方说自己是日耳曼努斯的士兵,他们便要对方说出日耳曼努斯发布的口令,而如果对方根本说不出口令来,他们立即把此人杀死。(23)在这次战斗中一个敌人趁人不备过来杀死了日耳曼努斯的战马,日耳曼努斯本人跌到地上,遭到危险,而如果不是他的卫士迅速从四面八方把他围了起来并把他扶上另一匹马从而挽救了他,他本来是会遇难的。

(24)至于斯托扎斯,他在这一团混乱中却得以同少数人逃走。但是日耳曼努斯则敦促他的士兵直取敌人的营地。(25)在那里他遇到了驻在那里守卫营地的叛军。(26)在营地入口处发生了一场激烈的战斗,叛军几乎就要把敌人打了回去,但是日耳曼努斯派出了他的一些士兵,要他们试着攻打营地的另一个地方。(27)这些士兵由于在营地的这个地方没有守卫者不费什么气力便攻入了营地。(28)而叛军看到他们之后便一溜烟似地跑掉了,而日耳曼努斯和所有其余的军队便突入了敌人的营地。(29)士兵在这里发现他们易于掠夺营地的货物,便根本不去注意敌人,也不再注意他们的统帅提出的告诫,因为战利品就近在眼前。(30)因此之故,日耳

曼努斯担心敌人会集合起来再来进攻他们，于是他亲自带领少数几个人守卫营地的入口，同时讲了很多叹息的话并敦促他那些行为不检的士兵回到良好的秩序上来。(31)许多玛乌里人看到叛军这样地溃败之后，现在也在追击叛军了；他们同皇帝的军队站到一处，也在劫掠战败者的营地。(32)但是起初对玛乌里人还有信心的斯托扎斯于是骑马奔向他们那里以便重新发动战斗。(33)但是当他看清了那里发生的事之后，便和一百名士兵一道逃走了，他是好不容易才得以逃脱的。(34)于是又有许多人集合在他周边，试图对敌展开战斗，但是由于遭到对方和先前同样坚决的——如果甚至不是更加坚决的话——反击，所以他们便都投到日耳曼努斯这方面来了。(35)只有斯托扎斯和少数几个汪达尔人撤退到玛乌列塔尼亚去，他在那里娶了当地一个领袖的女儿并留在那里了。兵变的结局就是这样了。

十八

(1)且说在卡帕多奇亚人提奥多茹斯的亲卫队里有一个名叫马克西米努斯的、极其卑鄙的人。(2)这个马克西米努斯先是把很大一批士兵集合在自己手下阴谋反对政府，而现在正在打算树立一种僭主之治。(3)而既然他急于为自己招募更多的人，于是他便把自己的计划说给其他人，特别是一个名叫阿斯克列皮亚德斯的巴勒斯坦人，此人是一个出身好并且是提奥多茹斯的私人朋友之中的第一人。(4)而阿斯克列皮亚德斯在同提奥多茹斯交谈之后，立刻把全部情况报告给了日耳曼努斯。(5)而日耳曼努斯由于事情还没有处理完，所以还不愿意惹起其他麻烦，于是决定用各种好听的话安抚他而不是用惩罚他的办法尽量使他就范,并且用誓言约束他,使他忠于政府。(6)因此,由于在所有的罗马人当中有这样一个古老的习惯,这就是:除非一个人事先发过最严重的誓言并且对自己的统帅以及对罗马皇帝作出保证,否则他就不能成为一位统帅的卫士,所以他便把马克西米努斯召来,并且在赞扬了他的胆略之后任命他此后为自己的贴身卫士。(7)马克西米努斯对于这一特殊荣誉感到十分高兴,他认为这样他的计划便更加易于进行,于是便起了誓,并且,虽然从那时起他被列入日耳曼努斯的贴身卫士之中,但是立刻便毫不犹豫地把誓言放到脑后,反而远比先前为甚地加紧他树立僭主之治的计划。

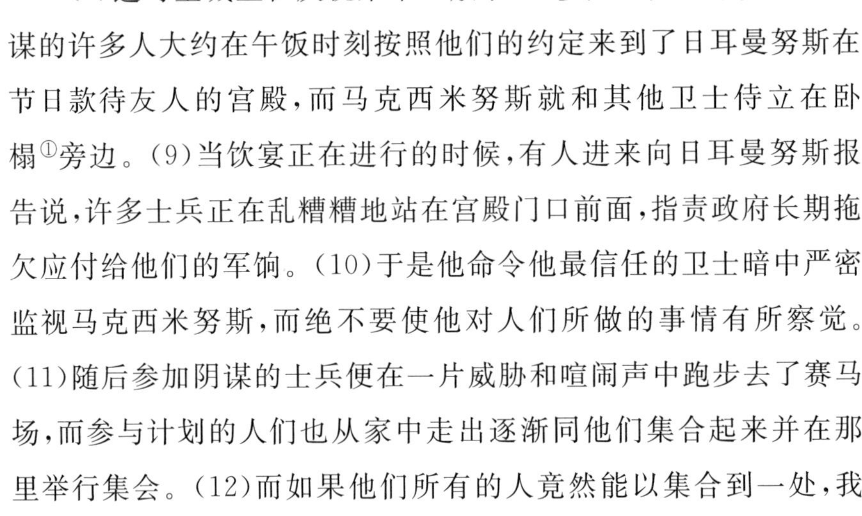

(8)这时全城正在庆祝某个一般节日,参加马克西米努斯的阴谋的许多人大约在午饭时刻按照他们的约定来到了日耳曼努斯在节日款待友人的宫殿,而马克西米努斯就和其他卫士侍立在卧榻[①]旁边。(9)当饮宴正在进行的时候,有人进来向日耳曼努斯报告说,许多士兵正在乱糟糟地站在宫殿门口前面,指责政府长期拖欠应付给他们的军饷。(10)于是他命令他最信任的卫士暗中严密监视马克西米努斯,而绝不要使他对人们所做的事情有所察觉。(11)随后参加阴谋的士兵便在一片威胁和喧闹声中跑步去了赛马场,而参与计划的人们也从家中走出逐渐同他们集合起来并在那里举行集会。(12)而如果他们所有的人竟然能以集合到一处,我想,就没有任何人能轻易地摧毁他们的力量了;(13)但实际上,日耳曼努斯采取了先发制人的手段,他在叛军的大部分得以到来之

---

① 罗马人宴会时客人半卧在卧榻上,餐桌则是辐射状排列的卧榻的中心。

前，便立即把所有忠于他本人和皇帝的士兵派出去对付他们。(14)在叛军没有料到的时刻他们便发动了进攻。当时由于叛军等待为他们发出战斗号令的马克西米努斯没有同他们在一起并且他们也并没有看到集合起来的人群，像他们先前认为的那样，前来帮助他们，反而甚至看到他们的士兵伙伴出其不意向他们发动了进攻，于是他们感到沮丧并轻易地在战斗中被打败，从而在一团混乱中逃跑了。(15)他们的敌人杀死了他们许多人，他们也生俘了许多敌人并把这些人带到日耳曼努斯那里去。(16)但是，没有来到赛马场的那些人，却一点儿没有表现出他们对马克西米努斯的态度。(17)而日耳曼努斯则认为一直追究下去，把这些人都挖出来不适当，因而他只是打听已经起了誓的马克西米努斯是否参加了阴谋。(18)由于已经得到证明的是：马克西米努斯虽然身为他自己的卫士，却比先前更为加紧地执行他的计划，于是日耳曼努斯在迦太基要塞的近旁用尖木柱把马克西米努斯处死，这样得以把兵变彻底敉平。马克西米努斯的阴谋的结局便是这样。

十九

(1)皇帝召回了日耳曼努斯以及西玛库斯和多姆尼库斯之后，再次把利比亚交给了所罗门，这是他当政第十三个年头里的事情[①]。他为所罗门提供了一支军队，而在它的将领们当中有茹菲努斯和列昂提乌斯——他们是法列斯玛尼斯之子扎乌那斯的儿子——和西西尼奥路斯之子约翰。(2)原来玛尔提努斯和瓦列里

① 公元539～540年。

亚努斯在这之前已经被召回拜占庭了。(3)所罗门乘船来到迦太基并在消除了斯托扎斯的叛乱之后有节制地进行治理,他保卫了利比亚的安全,整顿了军队,只要发现其中有可疑分子便把他们送到拜占庭和贝利撒里乌斯那里去,再用新兵把缺额如数补足,他还把留在利比亚的那些汪达尔人,特别是所有他们的妇女都迁移出全部利比亚。他给每一城市都修筑了城墙,他十分严格地遵守法律,从而把政府完全恢复起来。(4)在他的治理之下,利比亚的岁入大增,而在其他方面也都兴盛繁荣。

(5)他把一切事务都尽可能完美地作了安排之后,再次对奥腊西乌姆山上的雅乌达斯和玛乌里人发动了讨伐。(6)他首先派出了他自己的一名卫士,一个能征善战的斗士恭塔里斯率领一支军队前往。(7)恭塔里斯于是来到阿比伽斯河并在一个荒废了的城市巴伽伊斯附近设营。(8)在那里他同敌人展开了战斗,但是被打败了,而在返回营地之后又受到了玛乌里人严密的包围。(9)但是后来所罗门率领全部军队前来,在离恭塔里斯指挥的营地六十斯塔迪昂[①]的地方设置了一处营地并留在那里;而在得知恭塔里斯的军队全部情况之后,便把自己的一部分军队派了去并命令他们鼓起勇气坚持对敌人的战斗。(10)但是玛乌里人,如我在前面所说的,在战斗中占了上风之后,却又采取了如下的行动。(11)从奥腊西乌姆山发源并流向平原地带的阿比伽斯河,正像那里的人们所希望的那样,灌溉了那里的土地。(12)当地的居民可以把水流引到当时他们认为需要水的无论什么地方,因为在这个平原上有

① 约合 11.1 公里。

许多引入阿比迦斯河河水的水渠，河水流入水渠后又转入地下，然后再次出现于地面上并使水合流。(13)在平原的绝大部分都是这种情况，这使这一地区的居民通过用泥土堵住水道或再把它打开的办法，能以随心所欲地利用这个河里的水。(14)因此当时玛乌里人便关闭那里所有的水渠，从而使全部河水涨满在罗马营地的四周。(15)结果那里形成了一片深深的泥泞的沼地，使得人们无法通行。这种情况使得他们极为害怕，从而陷入一种无所适从的状态。所罗门听到这一情况，便迅速地赶来了。(16)而感到害怕的玛乌里人于是撤退到奥腊西乌姆山的山脚下。他们在一个他们称为巴波西斯的地方设了营并留在那里。于是所罗门率领全军也来到了这个地方。(17)而在同敌人接战之后，他对敌人取得了决定性的胜利并把他们赶跑了。(18)而在这之后玛乌里人认为他们不应同罗马人展开阵地战；因为他们并不希望在这类的较量中打败对方；但是他们又确实抱有希望，这希望便建立在奥腊西乌姆山周边险峻的地形上；他们希望的是，罗马人不久将会因为他们不得不忍受的痛苦而放弃这里并且像他们先前所做的那样从这里退走。(19)因此他们大多数的人去了玛乌列塔尼亚和奥腊西乌姆山以南的蛮族那里，但是雅乌达斯和他手下的两万玛乌里人却留在了那里。原来他在奥腊西乌姆山上修建了一座名叫泽尔布列的要塞。而他和所有的玛乌里人便进入了这一要塞并且静静地待在那里。(20)但是所罗门却根本不愿意把时间浪费在围攻上，并且在得知塔木伽狄斯城周边的平原上长满了刚刚成熟的谷物时，便率领着他的军队去了那里，而在那里安顿下来之后便开始对那里的土地展开了掠夺。继而在把那里的一切放火烧掉之后，他又回到

了泽尔布列要塞。

(21)就在这期间,当罗马人对土地进行掠夺时,雅乌达斯留下他认为足够保卫要塞的一些玛乌里人之后,他本人和军队的其余部分便登上奥腊西乌姆山的顶峰,不过他并不希望在工事里抵抗围攻,也不希望他的军队没有给养。(22)他找到了四面有峭壁围起来并且隐藏在直立的山岩之间的一处名叫图玛尔的高地,便静静地留在了那里。(23)罗马人把泽尔布列要塞围攻了三天。由于那里的城墙不高,他们用弓箭射中了城垛上的许多蛮族。(24)恰巧玛乌里人所有的领袖都被弓箭射中而丧命了。(25)而当三天过去而黑夜降临时,对玛乌里人的那些领袖身亡的消息一无所知的罗马人正准备撤去包围的军队。(26)因为所罗门认为更好的做法是去进攻雅乌达斯和大群的玛乌里人,而这样做的理由是:如果他用围攻的办法制服了那支军队,泽尔布列的蛮族便会较少麻烦和比较容易地投降罗马人了。(27)但是认为自己再也没有力量抵抗围攻的蛮族——因为这时所有他们的领袖都阵亡了——却决定尽快地逃跑并放弃要塞。(28)于是他们立刻默不作声地跑掉并且无论如何也不让敌人发觉此事,而到天亮时罗马人也开始准备离去了。(29)虽然围攻的军队正在撤退,但是城墙上却见不到一个人,罗马人开始感到奇怪,他们自己也弄不清这到底是怎么一回事而完全手足无措了。(30)就在这种举棋不定的状态下,他们绕行了要塞的四周,这才发现城门大开,而玛乌里人已经从这里逃走了。(31)进入要塞之后他们把一切都看成是战利品,但是他们根本没有想到去追击敌人,因为敌人都是轻装离开的并且熟悉这一带的地形。(32)他们掠夺了一切之后,便在要塞安排了守卫,全体又徒

步向前推进了。

二十

(1)来到图玛尔这里——敌人闭守此处并静静地待在里面——之后,他们便在附近一个不利的地点设营,因为这里只有少量的水,根本没有水源,也没有任何其他的必需品。(2)并且在过去了很久之后蛮族根本不出来同他们对抗,这样他们本身却和敌人一样地——如果甚至不是更甚的话——也备受围攻之苦并开始感到不耐烦了。(3)最要命的是他们受缺水之苦;所罗门本人守护这点水,每天分配给每个人的只不过是一杯水。(4)既然他看到士兵们公然表示不满并且不再能忍受当前的困苦,于是他计划攻取这个地方,尽管其地势是难以接近的;他把全体士兵召集到一处,讲了如下激励的话:(5)"既然上帝允许罗马人在奥腊西乌姆山上围攻玛乌里人——迄今为止这件事一直是人们不敢指望的,而对于那些没有亲眼见到实际上正在做的这一切的人们来说,这也是无法相信的——因此对于来自上天的帮助我们也应当搭一把手,不要辜负上苍的眷顾,而是要满怀热诚地去冒险,我们应当努力去追求来自成功的好运气。(6)要知道,在每一具体情况下,人间事务的转折都有赖于机遇;但是如果一个人有意识地表现得怯懦,那他便背叛了他的好运,这样他怪自己运气不好就不公平了,因为他是由于自己的行动而使自己获罪的。(7)至于玛乌里人,肯定你们看到了他们的弱点,他们闭守和卫戍的地点,那里没有任何生活必需品。(8)至于你们,在两件事当中必须选择其中之一,或是不要对围攻感到任何烦恼,而是等待敌人的投降,或是,如果你们不想

这么做,便接受要冒险才能取得的胜利。(9)而同这些蛮族作战,对我们来说,危险反而会更要小一些,因为他们已经在同饥饿作战,故而我以为他们甚至绝不会再对我们作战的。现在记住这些事情,你们应当认真地执行所有向你们发布的命令。”

(10)所罗门讲了这番激励的话之后,便环视四周,看他的士兵最好应当对这里的哪个地点发动攻击,但在长时间里他好像处于困惑的状态。(11)因为这个地方地形的险峻在他看来是太难对付了。但正当所罗门在考虑这一情况时,出现了为此事找到对策的一个机会。(12)且说在军队里有一个名叫盖宗的步兵,他是所罗门所属的那个分队的“欧普提欧”[①];这是罗马人对于军需官的称呼。(13)这个盖宗或是为了好玩,或是由于生气,也许甚至是出于神差鬼使,他竟开始单独一个人去爬山,这显然是向敌人发动进攻,而在他后面不远的地方则跟随着他的一些士兵同伴,他们对他这时的行动感到十分奇怪。(14)在山口那里有三个玛乌里人守卫着,他们怀疑这个人是向他们进攻的,于是跑过来对付他。(15)但由于他们是在狭窄的山路里,所以他们不是列队行进而是每个人单独走。(16)盖宗向第一个攻向他的人还击并把他杀死了,这样他把其余的每个人也都干掉了。(17)而当后面的那些人看到这里发生的事情,便高声鼓噪着向敌人攻去。(18)而当全体罗马军队既听到又见到正在发生的事情之后,他们既不等待将领率领他们前进,也不等待喇叭发出战斗的信号,便高声呼啸并相互激励着奔向敌人的营地。(19)在那里法列斯玛尼斯之子扎乌那斯的两个儿

① “optio”,参见本书第三卷,第十七章,第1节和有关注释。

子茹菲努斯和列昂提乌斯在对敌的战斗中立下了十分辉煌的战功。(20)玛乌里人为此惊恐万状,而当他们得知他们的卫戍士兵也被杀死时,他们立刻逃掉,各自去寻生路,但他们大部分人在崎岖难行的地面上被赶上并且送了命。(21)雅乌达斯本人虽然大腿上被刺中一枪,但仍然得以逃脱并撤退到玛乌列塔尼亚。(22)但是罗马人在劫掠了敌人的营地之后,却决心不再放弃奥腊西乌姆,而是派兵守卫所罗门将要在那里修筑的要塞,以便使玛乌里人不敢再觊觎这座山。

(23)在奥腊西乌姆山的悬崖峭壁中间耸立着一处直立的山岩,当地人称它为盖米尼亚努斯岩;古时人们在那里修建了一座供避难之用的塔楼,塔楼修建得很小,但是坚固而难以接近,因为它的险要的地势帮了他们的忙。(24)雅乌达斯实际上在当时的前几天便把他的钱财和他的女人安置到那里去,由一个年老的玛乌里人守护他的钱财。(25)原来他绝不会想到敌人会来到这个地方,也绝不会想到有朝一日敌人能用武力攻占这一塔楼。(26)但当时在奥腊西乌姆崎岖不平的地区进行搜索的罗马人却来到了这里,并且他们中间的一个人笑着试图攀登到塔楼这里来;但是塔楼上的女人们却开始嘲笑他,笑他竟试图干不可能做到的事情;(27)从塔楼向外窥视的那个老年人也是同样的做法。但是当一个罗马士兵手脚并用地攀登上来并走到他们近旁时,他不声不响地抽出剑来尽快地一跃向前,狠狠地一刀砍到老人的颈部,结果竟然把它砍断了。(28)老人的头掉到地上,而现在鼓起勇气并且相互支持的士兵们于是登上塔楼,俘虏了那里的女人并夺取了数量极多的钱财。(29)所罗门便用这笔钱,修筑了利比亚许多城市的城墙。

(30)玛乌里人像上面所说的那样被打败而退出努米地亚之后,奥腊西乌姆山那一面被称为扎贝的土地——罗马人称之为"第一玛乌列塔尼亚",它的首府是西提菲斯[①]——便被所罗门并入了罗马帝国,成为一个纳贡的行省。(31)而玛乌列塔尼亚的其他部分,首府则是凯撒里亚。住在这里的是玛斯提伽斯[②]和他治下的玛乌里人,整个地区都臣属于他并向他纳贡,不过凯撒里亚这个城市确实是个例外。(32)因为先前贝利撒里乌斯曾为罗马人收复了这个城市,这一点我在前面已经谈过了[③];罗马人总是乘船到这个城市来,但是他们无法从陆路前来,因为那一地区住着玛乌里人。(33)因此,臣服于罗马人的全体利比亚人便得以享受巩固的和平并发现所罗门的统治既明智又十分温和,而根本无须再考虑什么敌视的问题,他们似乎成了全人类当中最幸福的人。

二十一

(1)但是在这之后的第四年却出现了这样的情况,即他们的一切幸福都转化为它们的反面。原来在皇帝优斯提尼安当政的第十七个年头[④],所罗门的兄弟巴库斯的儿子居鲁士和谢尔吉乌斯被皇帝任命为利比亚城市的统治者,哥哥居鲁士治理的是本塔波利斯[⑤],谢尔吉乌斯治理的是特里波利斯。(2)被称为列乌阿塔伊人

---

① 现在叫赛提夫(Setif)。

② 在本书第四卷,第十三章,第19节中作者的拼法是玛斯提那斯。希腊原文字母 ν(n)和 γ(g)容易相混。

③ 参见本书第四卷,第五章,第5节;贝利撒里乌斯曾派约翰去那里。

④ 公元543～544年。

⑤ 今天的昔兰尼加(Cyrenaica)。

的玛乌里人率领一支大军来到列普提玛格那城[①]谢尔吉乌斯这里，他们散布一种说法，说他们所以前来，理由是谢尔吉乌斯会有惯常的赠赐和官位标记[②]给他们，从而使和平得以巩固。(3)但是谢尔吉乌斯听从了普登提乌斯的意见——此人是特里波利斯人，在前面我曾提到过此人[③]，他在汪达尔战争一开始时，便在皇帝优斯提尼安麾下服役以对抗汪达尔人——接纳蛮族中八十名最知名的人士入城并保证实现他们的全部要求；但是他命令其余的人留在市郊。(4)继而在就和平问题对这八十人作了保证之后，他请他们参加一个宴会。但是据说这些蛮族到城里来是别有用心的，他们想陷害谢尔吉乌斯并把他杀死。(5)因此当他们同他会谈时，他们对罗马人提出了许多指控，特别指出他们的粮食受到不公正的掠夺。(6)不过谢尔吉乌斯对这些事毫不介意，便从座位上起身打算离开。(7)一个蛮族抓住他的肩部试图阻止他离开。(8)于是其他的人们也在混乱中开始叫了起来并且已经准备冲到他的身边。(9)但谢尔吉乌斯的一名卫士抽出刀来把那个玛乌里人杀死了。(10)结果很自然地在室内发生了一场严重的骚动，而谢尔吉乌斯的卫士杀死了所有的蛮族。(11)但是他们当中的一个人看到别人被杀之后，便在任何人都不注意的情况下从事件发生的房屋跑了出去，而在到达他们本族人那里之后，便把发生的一切告诉了同伴们。(12)对方听到这一情况后，便跑到他们自己的营地，和所有其他人列成战阵来同罗马人对抗。(13)而当他们来到列普提玛格那

① 今天的列比达(Lebida)。

② 参见本书第三卷，第二十五章，第4节以次。

③ 参见本书第三卷，第十章，第22节以次。

城附近时,谢尔吉乌斯和普登提乌斯率领全军同他们对峙。(14)战斗成为一场白刃战,开头是罗马人占上风,他们杀死了许多敌人并且通过掠夺他们的营地而得到许多财货,还奴役了极多妇女儿童。(15)但是后来普登提乌斯由于一味蛮干,结果被敌人杀死;而谢尔吉乌斯和罗马军队由于天色已经暗了下来便开进了列普提玛格那。

(16)后来蛮族以更大的一支队伍来对罗马人作战。于是谢尔吉乌斯去同他的叔父所罗门联合起来,这样他便可以以更大的一支军队去同敌人作战。在那里他还见到了他的哥哥居鲁士。(17)而进入比扎奇乌姆的蛮族则进攻和掠夺了那里很大一部分地区;而且安塔拉斯——我在前面曾提到此人,[①]说他始终忠于罗马人,为此他是比扎奇乌姆的玛乌里人的唯一统治者——这时实际上对所罗门也采取了敌视的立场,因为所罗门剥夺了皇帝赐给他借以生存的生计并且杀害了他的兄弟,还指责他要对反对比扎奇乌姆人民的一场暴乱负责。(18)因此安塔拉斯看到这些蛮族是高兴的,于是他同他们缔结了一项攻守联盟并带领他们去进攻所罗门和迦太基。

(19)所罗门一旦得知这一情况,立刻使他的全军动了起来并且向敌人进发,并且在离迦太基有六天路程的特贝斯塔城遇上了敌人,于是他和自己的兄弟巴库斯的儿子居鲁士和谢尔吉乌斯以及小所罗门一道设了营。(20)由于他害怕蛮族的人多势众,于是派人到列乌阿塔伊人的领袖那里去对他们进行指责,因为他们在

---

① 参见本书第四卷,第十二章,第30节。

同罗马人和平相处的时候，却又拿起武器来反对罗马人，因而他要求对方应当确认两个民族之间存在的和平并且他还保证发出最严厉的誓言，即他将会完全忘掉他们过去所做的一切。(21)但是蛮族却拿他的话取笑，说他当然会凭着基督教徒的、他们通常称为福音书的圣书发誓。(22)而谢尔吉乌斯既然过去曾一度发过这种誓言，却又杀死信任他的人们[①]，因此他们想发动战争，试验一下同样的这些圣书，看看它们对起伪誓的人们会发生什么作用，而这是为了使他们在最后缔结协定之前首先要绝对相信它们。所罗门听了这话之后，便对战斗做了准备。

(23)第二天他便同正在带进很大一批战利品的部分敌人展开了战斗并打败了他们，夺取了全部战利品并且把它们看管起来。(24)当士兵们表示不满并认为他不把战利品分给他们乃是严重违法的行为时，他说他是在等待战争的结果，这样他才可以按照每个人的功绩来公平地分配一切。(25)但是当蛮族以其全部兵力发动第二次进攻的时候，这时一些罗马士兵却留在后面，另一些人在战斗时也根本一点热情都没有。(26)开头战斗呈现出势均力敌的态势，后来由于玛乌里人在人数方面占极大的优势，结果大多数的罗马人跑掉了，虽然所罗门和他身边的少数人对蛮族的射击物坚持了一个时候，但后来他们还是支持不住敌人的进攻，匆忙地跑到由那一地区的一条小河所形成的小峡谷里去。(27)所罗门的马在那里跌倒了，把他摔到地上，虽然他的卫士们迅速地把他抬起来扶上

① 指他杀死玛乌里人八十位知名人士一事(参见本章第 7 节)，但那里根本没有提到凭着福音书起誓的事情。

了马,(28)但是巨大的伤痛使他不再能拉住缰绳。结果他便被敌人追上、死在了他们的手下。他的许多卫士也阵亡了。所罗门一生的结果便是这样。

二十二

(1)所罗门死后,皇帝便把利比亚统治权赐给了他的侄子——这一点我在前面已经指出——谢尔吉乌斯。(2)而这个人成了利比亚人民巨大灾难的主要根源。所有的人对他的统治都感到不满——军官们不满是因为这个生性极为愚蠢而又年轻的谢尔吉乌斯是人类中最能吹牛的人,他无缘无故地侮辱他们,不把他们放到眼里,为此他总是利用他的财富的力量和职位的权力;士兵们不喜欢他是因为他没有一点男子气并且十分孱弱;利比亚人则不仅仅是出于这些理由,而且还因为他奇怪地表现得喜欢老婆并霸占别人的老婆。(3)特别是西西尼奥路斯之子约翰最敌视谢尔吉乌斯的统治;要知道,虽然他是一个能干的战士又是享有非常美好声誉的人,但他发现谢尔吉乌斯对他绝对是无情无义的。(4)因此之故,无论是他还是其他任何人都根本不想拿起武器来同敌人作战。(5)但是几乎所有的玛乌里人都追随安塔拉斯,而斯托扎斯奉他之召也从玛乌列塔尼亚来了。(6)既然没有任何一个敌人出来反对他们,于是他们便开始在这一带打劫,肆无忌惮地抢走了一切。当时安塔拉斯曾有一封信送交皇帝优斯提尼安。(7)信里面的话是这样:

“我是你的帝国的一个奴隶,这一点甚至我本人也不否认,但是玛乌里人由于在和平时期受到所罗门的天理难容的对待,出于

万不得已才拿起了武器，不过拿起武器并不是反对你，而是为了打退我们个人的敌人；这一点特别适用于我。(8)要知道，他不仅决定剥夺了我的生计——这很久以前已由贝利撒里乌斯记录在案并且确实是由你批准的——而且还杀害我本人的兄弟，尽管我的兄弟没有做过任何应当受到他的指控的错事。(9)因此我们对加害于我们的这个人进行了报复。如果你希望玛乌里人臣属于你的帝国并且像平时那样的在一切事务方面为它服务，请下令所罗门的侄子谢尔吉乌斯离开这里回到你那里去并且派另一位将领到利比亚来。(10)因为你不会缺少贤明谨慎并在所有方面都比谢尔吉乌斯更有价值的人；只要这个人统率着你的军队，在罗马人和玛乌里人之间便不可能建立和平的关系。”

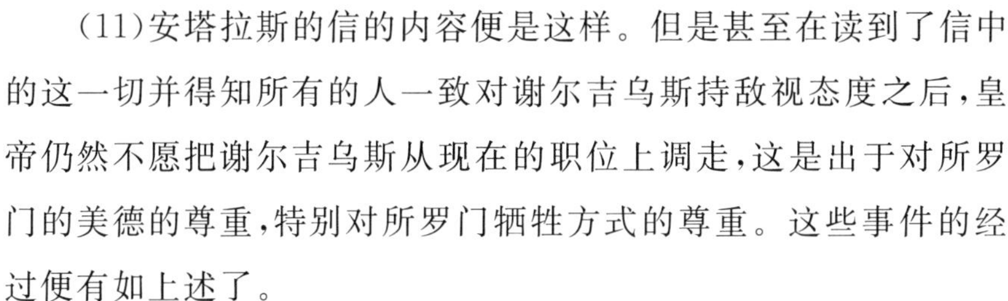

(11)安塔拉斯的信的内容便是这样。但是甚至在读到了信中的这一切并得知所有的人一致对谢尔吉乌斯持敌视态度之后，皇帝仍然不愿把谢尔吉乌斯从现在的职位上调走，这是出于对所罗门的美德的尊重，特别对所罗门牺牲方式的尊重。这些事件的经过便有如上述了。

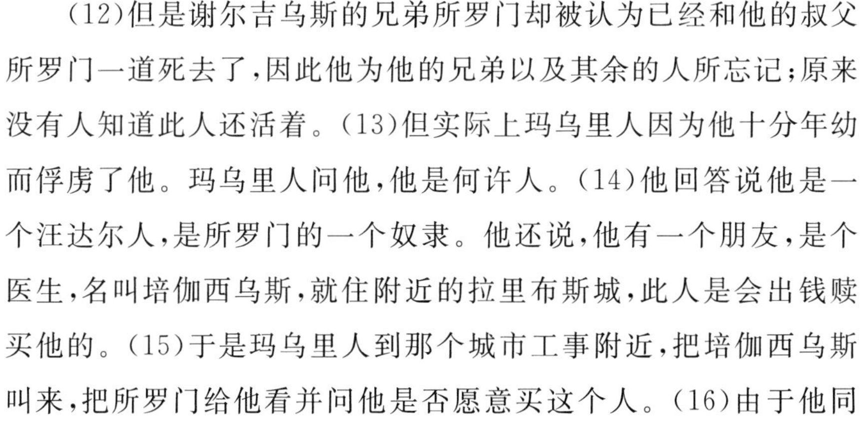

(12)但是谢尔吉乌斯的兄弟所罗门却被认为已经和他的叔父所罗门一道死去了，因此他为他的兄弟以及其余的人所忘记；原来没有人知道此人还活着。(13)但实际上玛乌里人因为他十分年幼而俘虏了他。玛乌里人问他，他是何许人。(14)他回答说他是一个汪达尔人，是所罗门的一个奴隶。他还说，他有一个朋友，是个医生，名叫培伽西乌斯，就住附近的拉里布斯城，此人是会出钱赎买他的。(15)于是玛乌里人到那个城市工事附近，把培伽西乌斯叫来，把所罗门给他看并问他是否愿意买这个人。(16)由于他同

意购买此人，他们把所罗门向他卖了五十金币。(17)但是进了工事以后，所罗门却嘲弄玛乌里人，说他们竟受到他这样仅仅是一个孩子的人的欺骗；原来他说自己不是别人，而正是巴库斯的儿子、所罗门的侄子所罗门。(18)为发生的这一切所深深刺伤的玛乌里人把这看成是一件可怕的事情：尽管对谢尔吉乌斯和罗马人的行为进行了十分有力的戒备，但是他们却又如此粗心大意地放松了这种监视，于是他们便来到拉里布斯并包围了这里，以便生俘所罗门并占领这一城市。(19)被包围者害怕被蛮族困在城内，因为实际上他们甚至没有把给养运入城里，于是他们便同玛乌里人展开谈判，向对方建议在得到一大笔钱之后他们立刻放弃围攻。(20)对此蛮族既然认为他们绝不可能用武力攻占该城——因为玛乌里人根本没有猛攻城墙的经验——同时又不知道被围攻者的食物已很有限，于是欣然同意对方的意见，并在收取了三千金币之后放弃了围攻，而所有的列乌阿塔伊人也便回家去了。

二十三

(1)但是安塔拉斯和玛乌里人的军队正在比扎奇乌姆再次集结，并且斯托扎斯也同他们在一起，他手下也有少数士兵和汪达尔人。(2)西西尼奥路斯之子约翰由于受到利比亚人的恳切请求，他也集合了一支军队并向他们攻去。(3)而这时比扎奇乌姆的军队的司令官是色雷斯人希美里乌斯，并且当时他曾奉约翰之命带领那里的全部军队以及每一分支队伍的司令官来到比扎奇乌姆的一个名叫美涅菲赛的地方，在那里同他的军队联合起来。(4)但是后来在听到敌人已在那里设营之后，约翰便写信给希美里乌斯告诉他发生的事情并且命令他在另一个地方同他的军队联合起来，这样他们便不致各自行事而是能全体一致对抗敌人了。(5)但是不知怎的，带这封信的人走的是另一条路，因而根本找不到希美里乌斯，可是他和他的军队却碰上了敌人的营地，结果落入他们之手。(6)且说在这支罗马军队里有一个青年人亚细亚提库斯之子谢维里亚努斯，他是腓尼基埃美撒地方人，任一个骑兵队的队长。(7)只有这个人和他手下的五十名士兵同敌人展开战斗。(8)他们支撑了一个时候，但后来由于敌人人多势众，他们便跑到附近一座小山的山顶上去，那里也有一个小碉堡，但是根本不能使人得到安全。(9)为此，当敌人也上山进攻他们时，他们便向敌人投降了。(10)但玛乌里人既没有杀害他，也没有杀害他的任何士兵，而是把全军加以俘虏；他们把希美里乌斯看管起来，而把他的士兵交给了斯托扎斯，因为这些士兵很愿意同叛军一道去攻打罗马人。但是他们却要希美里乌斯按照他们的命令行事，否则即以死相威胁。(11)他们命令他设法插手攻占临海的哈德茹美图姆的事情。由于他表示他愿意按命令行事，于是他们便和他一道去了哈德茹美图姆。(12)而在临近这个城市时，他们便要希美里乌斯和斯托扎斯的一些士兵稍稍走在前面，这些人看来是拖着上了镣铐的一些玛乌里人，而他们自己则跟在后面。(13)他们命令希美里乌斯向看守城门的士兵说，皇帝的军队取得了决定性的胜利，而约翰很快便会带领极多俘虏的玛里乌人前来；而当城门这样地为他们打开之后，他便应当和与他同行的人们一道进入城防工事。(14)于是他按这些指示做了，而哈德茹美图姆的公民这样地被骗上当(因为他们不能不信任比扎奇乌姆全军的将领)，便打开了城门并把敌人接

纳进城。(15)确实随希美里乌斯进城的那些人于是抽出剑来,不许在那里守卫城门的人们再把它关上,而是立刻接纳玛乌里人的全军进城。(16)而蛮族在劫掠了该城并留下少数卫戍的士兵之后便离开了。(17)而在被俘的罗马士兵当中有少数人逃跑并来到了迦太基,其中便有谢维里亚努斯和希美里乌斯。因为凡是想从玛乌里人那里逃跑的,做到这一点并不困难。还有许多人则完全自愿地和斯托扎斯留在一起。

(18)在这之后不久,一个名叫保路斯的神父——他曾被指定照料病人——在同某些贵族交谈时说:"我本人将去迦太基,我希望我很快便能带一支军队回来,你们要设法把皇帝的军队接纳入城。"(19)于是他们便给他系上一些绳子,在夜里把他从城上吊下去,而他在来到海边之后恰巧碰到那里的一艘渔船,于是用重金买通船主后驶向迦太基。(20)当他到达那里并见到谢尔吉乌斯之后,便报告了全部经过并请求他拨给一支大军以便收复哈德茹美图姆。(21)但由于谢尔吉乌斯根本不愿意这样做——因为迦太基的军队不多——神父又请求他把少量的士兵拨给自己,结果在得到不过八十名士兵之后,他便拟订了如下的计划。(22)他收集了许多小船和快艇,使许多水手还有利比亚人乘坐上去,但他们都穿着罗马士兵通常穿的外衣。(23)和整个船队一道出发之后,他便全速直驶哈德茹美图姆。当他临近那里之后,便偷偷地派出几个人并且对这个城市的知名人士说,皇帝的侄子日耳曼努斯不久前来到了迦太基并且给哈德茹美图姆的公民送来了很大的一支军队。(24)他要他们为此而鼓起勇气来并且在那天夜里给他打开一个小门。于是他们执行了他的命令。(25)这样,保路斯和手下的

人们便进入了工事的内部并杀死了所有的敌人，为皇帝收复了哈德茹美图姆。而有关日耳曼努斯的谣传从那里开始甚至传到了迦太基。(26)玛乌里人以及斯托扎斯和他手下的人们听到这个消息后便跑到利比亚最边远的地区，但是随后，他们了解了真相，便认为这是一件绝对难以容忍的事情：因为他们虽然赦免了哈德茹美图姆的全部公民，但这些人却是这样地对待他们！(27)为此他们便到处打劫，并且对利比亚人干出天理难容的事情，而不论对方是什么年纪，而当时那里的大部分已无人居住了。(28)原来在被留下来的利比亚人当中有些跑到城市里去，有些去了西西里和其他各岛上去。(29)但是几乎所有的知名人士都去了拜占庭，其中也有那个为皇帝收复了哈德茹美图姆的保路斯。(30)而由于没有人出来同玛乌里人对抗，所以他们便更加无所畏惧地掠夺一切，而同他们在一起的还有现在已变得强大的斯托扎斯。(31)因为这时有许多罗马士兵追随着他，这些人当中有些是开小差跑过来的，另一些开头虽然是俘虏，但是现在他们却自愿地和他待在一起了。(32)而确实在玛乌里人当中有一点名气的约翰则安静地待在那里，因为他对谢尔吉乌斯也是极为仇视的。

二十四

(1)这时皇帝又派了另一位将领阿列欧宾都斯和少数士兵来到了利比亚。此人是出身高贵的元老，但是对于战事却一窍不通。(2)和阿列欧宾都斯一道被他派来的还有不久前来自意大利的一位长官阿撒那西乌斯，以及少数阿尔明尼亚人，这些阿尔明尼亚人的头目是属于阿尔撒奇达伊家族的约翰之子阿尔塔巴尼斯和约翰,他们也是不久前脱离波斯军队,开小差和另一些阿尔明尼亚人回到罗马人这边来的。(3)和阿列欧宾都斯在一起的有他的姊妹和他的妻子普列耶克塔,普列耶克塔是皇帝优斯提尼安的姊妹维吉兰提亚的女儿。(4)但是皇帝并没有召回谢尔吉乌斯,而是命令由他和阿列欧宾都斯任利比亚的将领,在两人之间分开国土和士兵的队伍。(5)并且他命令谢尔吉乌斯在努米地亚对蛮族作战,而命令阿列欧宾都斯要不断地领导对比扎奇乌姆地方玛乌里人的战斗。(6)当这支讨伐的部队在迦太基登陆时,谢尔吉乌斯立刻率领着自己的军队去努米地亚,而阿列欧宾都斯在得知安塔拉斯和斯托扎斯都在离迦太基有三天路程的西卡维涅里亚城附近设营后,便命令西西尼奥路斯之子约翰选拔军中尽可能多的精锐去同他们作战;于是他便写信给谢尔吉乌斯要他同约翰的军队联合起来,这样他们便都可以以共同的兵力对敌作战了。(8)可是谢尔吉乌斯决定根本不去理会这封信,因而采取完全置身事外的态度,约翰只好以小小一支军队去对付敌人一支人数极多的军队了。(9)他和斯托扎斯两人相互间一直是十分仇视的,他们的每一方都经常祈求在自己去世之前能把对方杀死。(10)因此,在那时,一旦战斗即将发展成为白刃战,两个人便都从军队中策马而出,直接较量了。(11)约翰拉开了弓,在斯托扎斯还在前进时,一箭射中了他右鼠蹊部,而受了致命伤的斯托扎斯跌倒在那里,不过还没有死,但他负伤之后是注定活不了多久了。(12)于是玛乌里人的军队和斯托扎斯的军队立刻全都冲了上来,斯托扎斯的士兵把只剩下一口气的斯托扎斯安置到一棵大树旁倚在那里,然后拼命向敌人攻去;由于他们在人数上远远超过对方,所以不费任何气力便打败了约翰和所有罗马士兵。(13)据说约翰确实曾表示死亡现在对他来说是一件美妙的事情,因为他的有关斯托扎斯的祈祷已经实现了。在附近有一处峭壁,而他的马便跌倒在那里,把他抛了下来。(14)他正想再一次跳上马时,敌人捉住了他并把他杀害,这是一个表明自己既有很高声誉又十分勇敢的人物。斯托扎斯得知这个消息后便死了,他只表示现在他死得真是幸福极了。(15)阿尔塔巴尼斯的兄弟、阿尔明尼亚人约翰也在这场战斗中阵亡了,他曾在对敌斗争中立下了英勇的战功。(16)皇帝得知这一消息后,因约翰的勇敢而深为悲痛;他认为由两位将领治理这一行省并不合适,于是立刻召回谢尔吉乌斯,要他率领一支军队去意大利而把利比亚全部统治权交给了阿列欧宾都斯。

二十五

(1)在谢尔吉乌斯从那里离开之后两个月,恭塔里斯试图以如下方式树立他的僭主之治。实际上他本人正在统率着努米地亚的军队并为此他才留在那里,但是他却在暗中同玛乌里人商谈,要他们进攻迦太基。(2)因此,从努米地亚和比扎奇乌姆立刻有一支敌军集结到一个地方,然后十分卖力地向迦太基进发。领导努米地亚人的是库特吉那斯和雅乌达斯,而比扎奇乌姆的士兵则由安塔拉斯来领导。(3)同他在一起的还有僭主约翰和他手下的士兵;原来在斯托扎斯死后,叛军便拥立这个约翰为他们自己的领袖。(4)阿列欧宾都斯得知他们的进攻时,便把一些军官连同他们的士兵召到迦太基,其中便有恭塔里斯。同他联合起来的还有阿尔塔巴尼斯和阿尔明尼亚人。(5)于是阿列欧宾都斯命令恭塔里斯率领全军去迎战敌人。(6)虽然恭塔里斯曾保证努力为他作战,但是他却干了这样的事。他命令他的一个仆人——此人是玛乌里人,职务是厨师——到敌人的营地去,并且要所有其他人都认为他是从自己主人那里跑过来的,但是他要在暗中告诉安塔拉斯说,恭塔里斯希望同他一道分享对利比亚的统治。(7)厨师执行了这些指示,安塔托斯听了这话很高兴,但是他没有作更多的答复,而只是说,在人们中间厨子当然是不会干出有价值的事业来的。(8)恭塔里斯听到这话之后,便立刻派出了自己的一名卫士去安塔拉斯那里,(此人名叫乌利谢乌斯)他曾发现此人在为他办事方面特别可靠,请他来到离迦太基尽可能近的地方。(9)要知道,如果做到这一点,则他向对方保证除掉阿列欧宾都斯。(10)于是乌利谢乌斯便背着其余的蛮族同安塔拉斯缔结一项协定,即应由他安塔拉斯统治比扎奇乌姆,并分得阿列欧宾都斯一半的财产,还得到一千五百名罗马士兵,而恭塔里斯则应继国王之位,治理迦太基和利比亚其余部分。(11)他在安排了这些事之后,便返回罗马人完全在城墙对面设置的营地,并在他们自己人当中分配了每个门的保卫工作。(12)而这之后不久蛮族便赶忙直奔迦太基而来,他们设营并留在一个被称为戴奇木姆的地方[①]。第二天他们离开那里继续前进。(13)但是有一些罗马士兵碰上了他们,出其不意地同他们接战并杀死了少量的玛乌里人。(14)但是这些罗马士兵立刻被恭塔里斯召回,并受到他的谴责,说他们蛮干,说他们想要罗马人预知他们将会陷入的危险。

---

① 参见本书第三卷,第十七章,第11节;第二十一章,第23节。

(15)但就在这同时,阿列欧宾都斯却暗中派人去库特吉那斯那里,开始就叛变的问题同他进行谈判。库特吉那斯向他保证,战斗一开始,他便倒戈向安塔拉斯和比扎奇乌姆的玛乌里人作战。(16)要知道,无论对任何其他人或他们相互之间,玛乌里人都是不讲信义的。阿列欧宾都斯把这一情况通知了恭塔里斯。(17)恭塔里斯想用拖延的办法挫败这一企图,于是便劝阿列欧宾都斯无论如何也不要相信库特吉那斯,除非对方把孩子交出来给他做人质。(18)这样,阿列欧宾都斯和库特吉那斯便不断地有书信往来,忙于对安塔拉斯的阴谋活动。(19)于是库特吉那斯再次派人去乌利谢乌斯那里去并且要安塔拉斯知道正在做的是些什么。(20)而他决定不对库特吉那斯作任何指责,他也不要对方知道,他已经发觉了阴谋,并且确实他也没有对他本人和恭塔里斯之间约定的事情有任何泄露。(21)他们虽然是敌人并且在内心里相互仇视,但是他们仍在一道列阵却各自心怀鬼胎,并且他们每个人却又同另一个人一道去反对他本人特定的友人。库特吉那斯和安塔拉斯于是怀着这样的目的率领着玛乌里人的军队去进攻迦太基。(22)恭塔里斯打算杀害阿列欧宾都斯,但是为了避免显得目的只是在于权力,所以他打算在战斗中秘密地干这件事,为的是使这事看来好像是其他人阴谋反对将领,而他是在罗马军队的强迫下才接过了利比亚的统帅权的。(23)于是他用欺骗的手法骗过了阿列欧宾都斯,说服他出战敌人,因为敌人已经逼近了迦太基。(24)因此他决心在第二天日出时刻由他亲自率领全军出击敌人。(25)但是由于阿列欧宾都斯在战争方面经验很少并且还有抵触情绪,所以毫无道理地按兵不前。(26)原来为了考虑如何用武器和甲胄把自己装备

起来并且为了给出击做其他准备工作,他便浪费了一天绝大部分的时间。(27)为此他把战斗推迟到第二天并无所作为地待在那里。(28)但是恭塔里斯怀疑他是有意拖延时间因为他已经了解事情的底细,因此他决定公开实现对统帅的谋杀并试图树立他个人的僭主之治。

二十六

(1)第二天他的做法是这样。他把他本人守卫的城门完全打开,城门下放置巨石,这样人们便不能轻易地把它们关上了,他并且安排了大量穿着甲胄的士兵拿着弓在雉堞附近,而他本人则身着胸甲站到城门与城门之间。(2)他这样做的目的并不是为了能把玛乌里人接纳入城;因为玛乌里人是根本令人捉摸不定的,他们不信任所有的人。(3)因此他们这样就是很自然的事情了;要知道,不管是谁如果他的本性对自己的邻人便是不守信义的,那么他便根本不可能信任何人,却不得不对所有的人持怀疑态度,因为他是根据自己的想法来估计他的邻人的品格的。(4)因此之故,恭塔里斯并不希望甚至玛乌里人都会信任他并到城里面来,但是他这种做法是为了使大为恐惧的阿列欧宾都斯会立刻跑掉,尽快放弃迦太基而自己去拜占庭。(5)如果当时不正是冬天到来[①]从而打乱了他的计划,否则他的期待是会变成现实的。(6)阿列欧宾都斯得知正在发生的事情之后便把阿撒那西乌斯和一些知名人士召了来。(7)阿尔塔巴尼斯也和其他两个人从营地来到他这里,他要阿

① 公元544～545年的冬天。

列欧宾都斯既不可灰心丧气,也不要在恭塔里斯的蛮干面前退让,而是应在任何其他麻烦出现之前率领全军立即同他展开战斗。(8)于是阿列欧宾都斯首先便把自己的一个名叫佛列达斯的友人派到恭塔里斯那里去,要他去试探一下对方的意图。(9)而当佛列达斯返回并报告说恭塔里斯完全不否认自己的夺取最高权力的意图时,他便列成战阵打算立即对他展开战斗。

(10)而就在这同时,恭塔里斯在士兵面前诽谤阿列欧宾都斯,说他是个懦夫,说他不仅害怕敌人,同时还根本不愿把饷银支付给他的士兵并且还说他在计划同安那斯塔西乌斯一道逃跑,而且他们很快便要乘船从曼德腊奇乌姆[①]出发,为的是使既同饥饿、又同玛乌里人作战的士兵被毁掉;于是他便问他们是不是愿意把他们两个人捉起来并加以看管。(11)他希望这样一来,或者是看到骚乱的阿列欧宾都斯会跑掉,或者是他会被士兵捉起来,无情地被处死。(12)而且他还保证,他本人将用他自己的钱把政府欠给他们的饷银如数加以垫付。(13)士兵们同意他的话,对阿列欧宾都斯则感到十分气愤,但这事正在进行时,阿列欧宾都斯以及阿尔塔巴尼斯和他手下的人来到了这里。(14)于是在城上以及下面城门近旁恭塔里斯所在的地方发生了一场战斗,结果交方都没有被打败。(15)所有忠于皇帝的士兵即将从各营地集合起来并用武力俘虏叛军。要知道恭塔里斯还未能欺骗所有的人,大多数人心里还没有造反的念头。(16)可是当时第一次见到杀人的阿列欧宾都斯(实际上他对这种景象还不习惯)却吓坏了,他胆怯起来而逃跑了,因

① 迦太基的港口;参见本书第三卷,第二十章,第3节。

为他无法忍受他看到的事情。

(17)且说在迦太基的城墙内部有一座紧靠海边的神殿,里面住着严守宗教教规的人们,这种人我们习惯上一直称之为"僧侣"。神殿是不久前由所罗门修建的,他在神殿四周修造了一道墙,从而使它成为一座坚固的要塞。(18)逃走避难的阿列欧宾都斯冲进了一所修道院,他已经把自己的妻子和姊妹送到那里去了。(19)继而阿尔塔巴尼斯也逃掉了,并且所有的人也都尽其所能撤出了迦太基。(20)恭塔里斯攻夺了这座城之后,便和叛军一道占领了王宫并且极为用心地把守住城门和港口。(21)首先他召来了阿撒那西乌斯,阿撒那西乌斯是一听召唤便立刻来到了他面前的;(22)阿撒那西乌斯对他讲了许多奉承的话,给人的印象是他对于所做的一切感到极为高兴。(23)这之后恭塔里斯又派出了该城的神父并命令阿列欧宾都斯——在接受了保证之后——到王宫来,并威胁说如果他不按命令行事,就不会再给他安全的保证,而是要用一切办法捉住并处死他。(24)于是这位神父列帕腊图斯便对阿列欧宾都斯断然地宣布说,按照恭塔里斯的决定,他会发誓保证恭塔里斯不会对他有任何伤害,还向他传达了如果他不从命时恭塔里斯所提出的威胁。(25)但是阿列欧宾都斯害怕了,他同意立刻随神父前去,但条件是神父在按惯常的方式举行神圣沐浴的仪节[①]之后,要通过这一仪节向他发誓,然后给他以安全的保证。(26)神父于是按他的这一要求做了。于是阿列欧宾都斯毫不耽搁地随他去了,他穿的是既不适合一位将领、也不适合于任何军事职位,却完

① 即洗礼(baptism)。

全适合于一名奴隶或一介普通人的外衣；这种外衣罗马人用拉丁语称之为“卡苏拉”[①]。(27)当他们走近王宫时，他便从神父手中接过圣经，然后来到恭塔里斯面前。(28)他拜倒在地有很长一段时间，把表示恳求的橄榄树枝和圣经举向恭塔里斯，同他在一起的有他的孩子，这孩子曾被认为有资格受洗——如前所述，神父便是通过洗礼给他以保证的。(29)恭塔里斯好不容易把他扶起之后，他便以一切神圣事物的名义问恭塔里斯他的安全是不是可靠的。(30)而恭塔里斯则绝对肯定地要他振作起来，因为他是绝不会受到他的任何伤害的，只是在第二天他要带着妻子和自己的财产离开迦太基。(31)随后他便把列帕腊图斯神父打发走，并要阿列欧宾都斯和阿撒那西乌斯同他一道在王宫中进晚餐。(32)在晚餐期间他对阿列欧宾都斯尊礼有加，请他第一个上榻就位。但是在晚餐后，恭塔里斯却不许他离开，迫使他单独在一个房间里就寝；然后便派乌利谢乌斯和另外一些人去袭击他。(33)在他一再高声哭喊并向他们说了许多恳求的话以便引起他们对自己的怜悯之后，他们还是杀死了他。但是对阿撒那西乌斯他们却手下留情放过了他，我想这是因为他上了年纪。

二十七

(1)第二天恭塔里斯便把阿列欧宾都斯的首级送到安塔拉斯那里去，但是却决定剥夺他的金钱和士兵。(2)为此安塔拉斯便受到了伤害，因为恭塔里斯没有实现自己同他约定好的任何事情，同

① Casula，带头巾的一种外衣。

时在考虑了恭塔拉斯发誓的保证和他对阿列欧宾都斯的所作所为之后,他感到很气愤。(3)因为他觉得一个不把自己的誓言当回事的人是根本不会对他以及对其他任何人讲信义的。(4)因此在他自己把这件事长期加以思考之后,他还是想臣服于皇帝优斯提尼安了;为此他便回去了。(5)并且在得知率领着比扎奇乌姆的军队的玛尔肯提乌斯已经逃到沿岸的一个岛上去的时候,安塔拉斯便派人去他那里,把全部经过告诉他并在作出保证之后,用好言好语劝对方到他这里来。(6)于是玛尔肯提乌斯和安塔拉斯一道留在营地里,而在比扎奇乌姆值勤的士兵由于忠于皇帝而在守卫着哈德茹美图姆城。(7)但是斯托扎斯的为数不下一千人的士兵看到正在发生的事情,便赶忙在约翰的率领下逃到恭塔里斯那里去了;(8)恭塔里斯高兴地把他们接到城里。这时有五百罗马士兵和大约八十名匈人,而所有其余的部分都是汪达尔人。(9)而阿尔塔巴尼斯在得到保证之后便和他的阿尔明尼亚士兵去了王宫并且保证按照其命令为僭主服务。(10)但是暗地里他却在打算杀死恭塔里斯,为此事先他已把这一目标告诉了他的侄子格列高里乌斯和他的卫士阿尔塔西列斯。(11)催他干这件事的格列高里乌斯于是讲了如下的话:

"阿尔塔巴尼斯,现在赢得贝利撒里乌斯的光荣的机会就在你跟前,而且只在你跟前,而且这光荣要远远超过那样的光荣。(12)要知道,他来到了这里:他从皇帝手里得到了极为可怕的一支军队[①]和大宗的金钱,有许多军官伴随着他,还有大量顾问以及有

① 这里显然是夸大了。

一支我们从来没有听说过的船队，还有大量的骑兵和武器和所有其他一切，总而言之，这些都是以无愧于罗马帝国的方式准备起来的。(13)在经过这样的装备之后，他费了很大气力才为罗马人收复了利比亚。(14)但是所有这些成就已完全化为乌有，乃至当前就好像它们从来不曾有过似的——确实，例外是：现在从贝利撒里乌斯的胜利留给罗马人的只是他们在生命和金钱方面所受的损失，还有，他们已不再能甚至保卫他们赢得的好东西。(15)但是为皇帝夺回所有这些东西现在只能依靠你一个人的勇气和判断和得力的处置了。(16)因此你要考虑到这一点，即你是属于阿尔撒奇达伊家族的古老世系的，并且要记住，贵族出身的人们理应在任何时候任何地方都要表现出是勇敢的人物。(17)为了自由，你已经成就了不少卓著的勋业。要知道，当你还年轻的时候，你曾杀死过阿尔明尼亚人的领袖阿卡奇乌斯[①]和罗马人的将领西塔斯[②]，为此你的名声传到国王科斯罗伊斯那里去，而你又曾同他一道征讨过罗马人。(18)既然你已经达到如此高的地位，乃至有责任不允许罗马的权力受制于这个喝醉了酒的狗东西，那么现在就表明，过去既然正是由于高贵的出身和一颗勇敢的心，高贵的先生，你才成就了那些功业；因此我以及阿尔塔西列斯在这里将遵照你的命令尽我们之所能在一切事情上帮助你。”

(19)以上便是格列高里乌斯讲的话；他更加激发了阿尔塔巴尼斯反对僭主的情绪。(20)但是恭塔里斯把阿列欧宾都斯的妻子

① 参见本书第二卷，第三章，第 25 节。

② 参见本书第二卷，第三章，第 15 节。

和姊妹从要塞放出来之后,迫使她们待在一所房屋里,不过对她们没有过任何言语或行为方面的侮辱,她们分到的口粮完全够她们的需要,人们也没有强迫她们说任何话或做任何事情,但确实也有一个例外,那便是普列耶克塔被迫给她的舅父[①]写信,说恭塔里斯对她们极为尊重,对于她的丈夫被杀,恭塔里斯是完全无罪的,而干这一卑劣勾当的是乌利谢乌斯,对此恭塔里斯根本不同意。(21)劝恭塔里斯这样做的是帕西菲路斯,此人在比扎奇乌姆的叛军当中是最知名的人物,他曾大力协助恭塔里斯树立其僭主之治。(22)原来帕西菲路斯坚持认为,如果恭塔里斯这样做,皇帝会把那年轻的女人嫁给他,而由于皇帝同她的亲属关系,皇帝还会拿出一大笔钱作为奁资的。(23)恭塔里斯下令阿尔塔巴尼斯率领一支军队去进攻安塔拉斯和比扎奇乌姆的玛乌里人。(24)因为库特吉那斯在同安塔拉斯发生争吵之后已经公开和他分手并且同恭塔里斯结成联盟。他把他的儿子和母亲交给恭塔里斯作为人质。(25)军队在阿尔塔巴尼斯的率领之下立刻出发去攻打安塔拉斯。和阿尔塔巴尼斯在一起的还有率领斯托扎斯的叛军的约翰[②]和恭塔里斯的卫士乌利谢乌斯;以及也追随他的、由库特吉那斯率领的玛乌里人。(26)在经过哈德茹美图姆城之后他们就在那里附近的某个地方遇到了敌人,于是他们便在离敌人不远的地方设了营,并在那里过夜。(27)第二天约翰和乌利谢乌斯带领一支军队留守营地,而阿尔塔巴尼斯和库特吉那斯便率军进攻敌人去了。(28)安塔拉斯

① 即优斯提尼安。

② 参见本卷第二十五章,第 3 节。

手下的玛乌里人对进攻并不抵抗，而是匆忙逃走。(29)但是阿尔塔巴尼斯突然间却故意表现出害怕的样子，把军标倒转过来向后方走去。(30)为此当阿尔塔巴尼斯进入营地时乌利谢乌斯想把他杀掉。(31)但是阿尔塔巴尼斯却给自己辩解说，他这样做是担心从哈德茹美图姆城方面——玛尔肯提乌斯当时就在那里——前来帮助敌人的玛尔肯提乌斯会给他的军队造成无法弥补的伤害。(32)但是他认为恭塔里斯应当率领全军去进攻敌人。(33)开头他想带领他手下的人们去哈德茹美图姆，同皇帝的军队联合起来。(34)但是经过长时间的思考，他认为更好的办法是除掉恭塔里斯，这样就使皇帝和利比亚都能摆脱困难的局面。(35)因此在返回迦太基之后，他便向僭主报告说，他需要更大的一支军队来对付敌人。(36)恭塔里斯在同帕西菲路斯商量后，确实同意把全军装备起来，但是他打算在迦太基留下一支卫戍部队并亲自率军去进攻敌人。(37)因此每天他都要甚至毫无道理地杀掉受到他怀疑的许多人。(38)而且他还下令给他打算任命为迦太基的卫戍司令的帕西菲路斯，要他不要有任何顾虑地放手杀掉所有希腊人①。

二十八

(1)在把所有其他事务作了他认为是最妥善的安排之后，恭塔里斯决定设宴招待他的朋友，目的在于第二天出发。(2)在自古以来便有三张卧榻准备在那里的一间房屋里，他设了宴席。(3)他本人当然就斜卧在第一张卧榻上，在这张榻上就座的还有阿撒那西

① 对皇帝的臣民的一种轻蔑的称呼。

乌斯和阿尔塔巴尼斯以及恭塔里斯的几个友人,还有彼得其人,彼得是色雷斯人,以前是所罗门的一名贴身卫士。(4)在其余两张卧榻上就座的是显要的又是出身最高贵的汪达尔人。(5)但率领斯托扎斯的叛军的约翰,则由帕西菲路斯在他自己的家里加以款待,而其余的每一位领导者则由恭塔里斯的友人分别在适当的地点加以款待。(6)因此当阿尔塔巴尼斯奉命参加这一宴会时,便认为这是杀掉僭主的合适的机会,故而计划实现他的目的。(7)于是他把这一计划透露给格列高里乌斯以及阿尔塔西列斯,还有其他三名卫士,要卫士带剑进入大厅(因为当统帅在宴会上受到款待时,他们的卫士习惯上就站在他们身后),并在进入之后则应当在他们认为是最适当的任何时机突然发动攻击;阿尔塔西列斯应当首先动手。(8)与此同时他还要格列高里乌斯选拔许多最有胆量的阿尔明尼亚人,把他们带到皇宫里来,这些人手里只带着剑(按法律,城内军官的护卫人员只能带这种武器,而不能带任何其他武器),而他把这些人留在门厅地方之后,便和卫士来到了里面。不过他没有把计划告诉给他们当中的任何人,而只是作了这样的解释,即他不放心恭塔里斯,担心他宴请阿尔塔巴尼斯时会对之有所伤害。(9)因此他的希望是他们应当站在恭塔里斯的在门厅守卫的士兵身边,做出好像在一心一意地要做什么游戏的样子,为此他们要拿着这些守卫所用的盾牌四下里挥动并用别的什么办法挥动它们,从而使这些盾牌一直不断地上下转动;如果里面发生任何骚乱或呼叫,他们便应当拿起这些盾牌跑去加以支援。(10)这便是阿尔塔巴尼斯发出的命令,而格列高里乌斯则着手执行这些命令。而阿尔塔西列斯则制订了如下的计划:他把一些箭断为两截,把它们放到左腕上直到肘部。在十分细心地用皮带把它们绑好之后，便用内衣的袖子把它遮盖起来。(11)他这样做的目的是在于，如果有任何人抡起剑来劈向他，他可以免遭严重的伤害；因为他只需把左臂抬起来，刀刃剁到木头上会断裂，这样他的身体的任何部位便不会被触及了。

如上所述，阿尔塔西列斯便抱着这样的目的安排一切。(12)而对阿尔塔巴尼斯，他讲了这样的话："至于我，我的希望是：我将表明我能胜任这一任务并且不会犹豫观望，而且我还希望这把剑能刺到恭塔里斯身上。至于以后会发生的事情，我无法确定对僭主满怀愤怒的上帝是否在这一大胆的事业中同我合作，还是上帝为了报复我本人所犯下的某一罪行而同我作对，成为我的绊脚石。(13)因此，如果你看到那僭主没有受到致命伤，就务必一点也不要犹豫地用我的剑把我杀死，这样我便不致受到他的拷问，从而说出正是出于你的意思我才干出这样的事来，这样便不仅极为可耻地毁了我自己，而且还并非出自本心地不得不把你也给毁了。"(14)阿尔塔西列斯讲了这些话之后，他便也和格列高里乌斯以及一名卫士一道来到设置卧榻的房间里并且站在阿尔塔巴尼斯的后面。其余的人则按照命令留在守卫的士兵身旁。

(15)当宴会只是刚刚开始的时候，阿尔塔西列斯便打算动手，他已经把手放到剑柄上了。(16)但是格列高里乌斯用阿尔明尼亚语阻止了他，格列高里乌斯说恭塔里斯根本还没有喝下大量的酒，因而完全处于清醒状态。(17)继而阿尔塔西列斯不满地说："我的好伙伴，我对这一事业是如此忠心耿耿，可现在这一时刻你竟然错误地阻挡我！"(18)当饮酒还在进行的时候，这时已经彻底喝够了

酒的恭塔里斯开始把一份一份的食物分给卫士,表现出慷慨大度的心情。(19)卫士们接过食物后立刻走出大厅,准备享用,而留在恭塔里斯身边的只有三名卫士,其中之一正是乌利谢乌斯。(20)阿尔塔西列斯也开始走出来以便和其余的人分享分到的食物。(21)但就是在这个时候,他感到了一种恐惧,这就是他担心在他想把剑抽出来的时候,有什么东西会阻止他。(22)因此,一旦他来到外面,他便偷偷地抛掉剑鞘,把出了鞘的刀夹在腋下再用外衣加以遮盖,然后一直奔向恭塔里斯,好像要背着别人对他说些什么似的。(23)看到这一情况的阿尔塔巴尼斯感到一阵极大的震动,并由于当前要干的这件事的极为严重的性质而变得极度不安;他开始转动他的头,他的面色一再发生变化,而由于事情的严重,他似乎变得完全像是一个中了邪的人的样子。(24)看到这一场面的彼得知道将会干出什么事情来,但是他并没有把这事泄露给其他任何人,因为作为忠于皇帝的人,他对正在进行的一切是感到极为高兴的。(25)阿尔塔西列斯来到僭主近旁之后,被一个仆从推开,而当他稍稍后退的时候,那个仆从看到了他出了鞘的剑,便喊道:"这是怎么回事,我尊贵的先生?"(26)恭塔里斯则把手放到右耳上,转过脸来看他。(27)就在这时阿尔塔西列斯用剑向他砍去,砍断了他的手指和一块头皮。(28)彼得叫了起来,他激励阿尔塔西列斯杀死人类中最亵渎神灵的一个人。(29)看到恭塔里斯跳了起来的阿尔塔巴尼斯(因为恭塔里斯就斜卧在他近旁)于是抽出挂在他腰间的一把双刃的匕首——一把相当大的匕首——而把它深深地刺进僭主的右侧直到柄部并且让它留在那里。(30)尽管如此,那僭主还是想跳起来,但因为受了致命伤,他便在原地倒下了。

(31)随后乌利谢乌斯便用剑砍向阿尔塔西列斯,他好像是对准对方的头部砍去的,但是阿尔塔西列斯把左臂举过头部,这样在最需要的时候,他自己的主意救了自己。(32)原来当乌利谢乌斯的刀刃砍到裹在他的臂部的箭杆上时卷口了,结果他本人未受伤害而他却轻而易举地杀死了乌利谢乌斯。(33)而彼得和阿尔塔西列斯二人,一个人夺过恭塔里斯的剑,另一个人夺过已经倒下的乌利谢乌斯的剑,就地把余下的那些卫士都杀死了。(34)因此,很自然地发生了一场极为严重的喧嚣和混乱。当站到僭主的卫士旁边的那些阿尔明尼亚人看到这一情况时,他们立刻按照同他们事先安排好的计划拿起盾牌来跑着奔向举行宴会的房间。他们杀死了所有的汪达尔人和恭塔里斯的朋友,却没有一个人抗拒他们。

(35)随后阿尔塔巴尼斯便命令阿撒那西乌斯负责把王宫里的钱财管起来:因为阿列欧宾都斯留下的一切都在那里了。(36)而当卫士们得知恭塔里斯的死讯后,立刻有许多人和阿尔明尼亚人站到了一起;原来他们大多数人是阿列欧宾都斯家的。因此他们一致宣告了皇帝优斯提尼安的胜利。(37)从大批人那里发出的喊叫声,因而也就是一种极为强有力的声音,其强度足以使城市的较大部分能以听到。(38)为此,对皇帝忠心的那些人便冲到叛军的家里去,立刻把他们杀死,这时他们有些人正睡得香甜,有些人正在吃东西,还有些人被吓住,害怕得不知所措。(39)而在这些人当中便有帕西菲路斯,但是没有约翰,因为他和一些汪达尔人逃到圣堂里去了。(40)阿尔塔巴尼斯对这些人作了保证,使他们离开了

那里,然后把他们送往拜占庭,这样,在为皇帝收复了这个城市之后,他便继续守卫它。(41)而僭主的被杀发生在僭主之治的第三十六天,这时是皇帝优斯提尼安执政的第十九个年头[①]。

(42)阿尔塔巴尼斯由于这一功业在世人中间为自己赢得巨大的声誉。(43)而阿列欧宾都斯的妻子普列耶克塔立即给了他大宗金钱作为奖赏,而皇帝则任命他为全利比亚的统帅。(44)但是在这之后不久,阿尔塔巴尼斯便请求皇帝召他去拜占庭,皇帝应允了他的请求。(45)在皇帝召回阿尔塔巴尼斯之后,他便任命帕普斯的兄弟约翰为利比亚唯一的统帅。(46)这个约翰在到达利比亚之后立刻同安塔拉斯和比扎奇乌姆的玛乌里人展开了战斗并在战斗中打败了对方,杀死了他们许多人;他并且从这些蛮族手里夺回了所罗门所有的军标并把它们送到皇帝那里去——这些军标是先前所罗门阵亡时[②]敌人作为战利品而取得的。他并且把其余的玛乌里人驱赶到离罗马领土尽可能远的地方。(47)但是后来列乌阿塔伊人带领一支大军从特里波利斯周边地区再次来到了比扎奇乌姆并且同安塔拉斯的军队联合起来。(48)而当约翰去迎战这支军队时,他在战斗中被打败并在损失了许多士兵之后逃往拉里布斯。(49)确实,随后敌人蹂躏了那里的整个地区直到迦太基,并且以极为残暴的方式对待他们遇到的那些利比亚人。(50)可是不久之后约翰又把残存下来的那些士兵集合到一处并且使许多玛乌里人,特别是库特吉那斯手下的那些人同他结成联盟,然后对敌

① 公元 545~546 年。

② 参见本卷第二十一章,第 27 节。

展开战斗并且出人意料地把他们打败。(51)当敌人在一团混乱中逃跑时,罗马人跟踪追击,把他们大部分杀掉,而其余的敌人则逃往利比亚的边远地区。(52)结果活下来的那些利比亚人虽然人数不多而且又极为贫困却在吃了很大苦头之后终于得到了一些安定。

哥特战争史第一卷

（战争史第五卷）

一

（1）罗马人在利比亚的遭遇就是这样的了。现在我要来谈谈对哥特人的战争，但是，我首先得提一下在这场战争之前哥特人和意大利人之间的关系。

（2）在拜占庭的芝诺统治期间，西方的统治大权属于奥古斯都[①]，罗马人通常用一种爱称把他叫作奥古斯图路斯，因为他是在他还是个孩子的时候便登上了皇帝宝座的[②]；（3）他的父亲欧列斯特斯，一位极为明智的人，以摄政的身份代他统治。而就在不久之前，罗马人已诱使斯奇里人、阿拉尼人和其他一些哥特人的部族同他们结成联盟；并且从那时起，他们吃了阿拉里克和阿提拉的许多苦头，也就是本书前面提到的那些[③]。（4）随着蛮族分子在他们中

① 《小年代记》，I，308；玛尔凯利努斯·科美斯，475 年。按芝诺统治期间为公元 474～491 年，即我国南朝宋元徽二年至齐永明九年。

② 475 年 7 月 31 日。

③ 参见本书（《战争史》），第三卷，第二章，第 7 节以次；第四章，第 29 节以次。

间变得强大起来，罗马士兵的威信也立刻就衰落下去，因而虽然美其名叫联盟，罗马士兵却日益受到外来者的残暴统治，受这些人的压迫；乃至蛮族人无情地把罗马人十分厌恶的其他措施强加到他们身上，最后竟要求和意大利人一道分享意大利的全部土地。(5)他们确实曾命令欧列斯特斯，要他把三分之一的土地交给他们，而当他坚决不同意这样做的时候，他们就立刻把他杀死了[①]。(6)在罗马人当中有一个名叫欧多亚克的人[②]，此人原是皇帝的一名卫士，这时他同意执行他们的命令，条件是他们使他登上皇帝的宝座。(7)他用这种办法取得了统治大权之后[③]，却没有进一步伤害皇帝，而是允许他以一介平民的身份继续生活下去[④]。(8)由于他把三分之一的土地给予蛮族，并从而使他们极其牢靠地归附于自己，这样他便稳稳地掌握统治权有十年之久[⑤]。

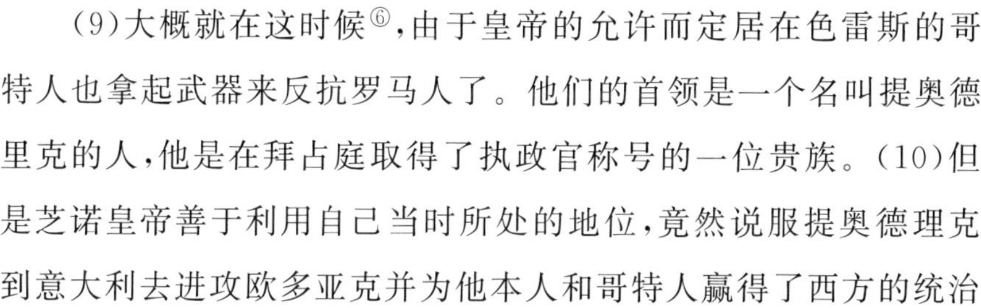

(9)大概就在这时候[⑥]，由于皇帝的允许而定居在色雷斯的哥特人也拿起武器来反抗罗马人了。他们的首领是一个名叫提奥德里克的人，他是在拜占庭取得了执政官称号的一位贵族。(10)但是芝诺皇帝善于利用自己当时所处的地位，竟然说服提奥德理克到意大利去进攻欧多亚克并为他本人和哥特人赢得了西方的统治

---

① 476年7月28日。

② 《小年代记》，I，309；玛尔凯利努斯·科美斯，476年。

③ 《小年代记》，I，309；476年7月23日。

④ 《小年代记》，I，310，314；3，323；玛尔凯利努斯·科美斯，476年。

⑤ 欧多亚克在489年被提奥德里克所打败并被他围困在拉温那，493年欧多亚克同他投降并在向年被他处死。因此欧多亚克的独立统治的时期是十三年。

⑥ 提奥帕尼斯，I，94，22；131，12；埃瓦格里，3，27；约尔丹，Romanica，348；Getica，290以次；玛尔凯利努斯·科美斯，487年和488年。

权。(11)原来他说过,特别由于他已经取得了元老的高级称号,因此与其冒着巨大的危险同皇帝展开决斗,那还不如把篡夺统治大权者赶走,成为全部罗马人和意大利人的主人。

(12)提奥德里克听了这个建议甚为欢喜,于是去了意大利,全体哥特人都跟随着他,他们把妇女儿童和他们能带上的一切用品都安放在车上。(13)当他们走近伊奥尼亚湾[①]的时候,他们根本没有办法渡过去,因为他们手头没有任何船只。于是他们便沿着海湾的海岸行进,沿途穿过了陶兰提人以及这里的其他部族的地区。(14)欧多亚克率领着自己的军队在这里迎击哥特人,但他们在多次战斗中被打败,于是他们和他们的领袖便闭守在拉温那和工事特别坚固的其他城镇[②]。(15)哥特人围攻这些地方,按照情况用相应的办法攻克了所有这些地方,例外的只有两个地方,无论用劝降还是用猛攻的办法都不能攻占。一处是离拉温那有三百斯塔迪昂[③]远的要塞凯吉纳[④],另一处就是拉温那本城,欧多亚克这时就在那里。(16)拉温那这座城市位于伊奥尼亚湾顶端的平原上,离海有两斯塔迪昂远,它的位置使得人们无论乘船还是用一支步兵都无法接近它。(17)船舶所以不能在这里靠岸是因为海洋在这里形成了一段不下三十斯塔迪昂的浅滩;结果拉温那的海滨在水手们看来离得很近,但是实际上却由于大面积的海上浅滩而十

① 实际上就是整个亚得里亚海。参见本卷第十五章,第16节有关注释。

② 公元489年。

③ 合55公里左右。

④ 阿尔卑斯山以南的一座小城市,它的名称一直保存到今天,西塞罗的书信和普利尼的著作都提到过这个地方。

分遥远。(18)而且步兵也根本不可能攻临城下,因为那又名为埃里达诺斯河的波河从凯尔提卡地区[①]流过来,经过拉温那并且其他可以通航的河流以及若干沼泽地也从四面八方把它包围起来,使得这座城市四面都是水域。(19)每天这里都发生令人十分惊异的一个事件。原来在清晨很早的时候,海水便漫过陆地形成一道河流那样的东西,其长度足够一个轻装的人走一天,这道在陆地中间形成的河是可以通航的;然后在下午很晚的时候,海水又退回去,使得海湾消失,河道里的水也被带回大海本身[②]。(20)因此所有那些为了商业目的或由于别的什么原因而必须把粮食运进城里或是从那里把它们运出去的人们便把他们的货物放在船上,再把船拖到照例会形成海湾的地方去并在那里等候海水的涌入。(21)而到了涨潮的时候,船只便一点一点地从地面上漂浮起来,船上的水手也开始操作,从这时起他们便是海上航行的人们了。(22)不仅仅是这里有这种事情发生,沿着这一地区的全部海岸直到阿奎列亚城也都照例是这种情况。(23)然而并不是每次总是以同样的方式发生这一情况;而当月光微弱的时候,大海涌进的势头也便不强,但是从第一个半月直到第二个半月期间,海水涌入的势头却比较大。关于这件事就说这些了。

(24)到了哥特人和提奥德里克围攻拉温那已经三年的时候,哥特人对久攻不下已感到厌烦,而欧多亚克这一方面的人又苦于

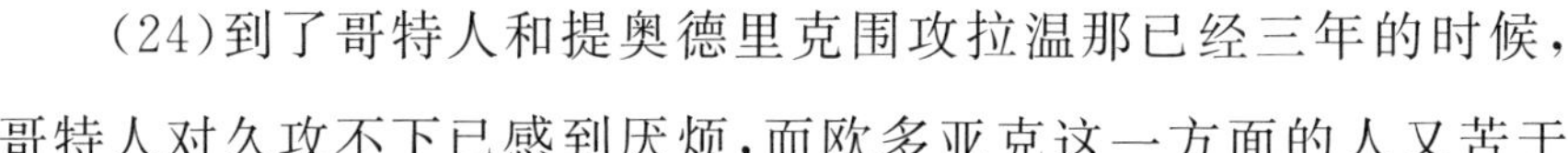

① 另一种异文是从凯尔提卡(凯尔特人住区)的山里(ὀρέων)。

② 他的意思是:早上涨潮时这里形成一个海口(πορθμός),晚上落潮时海水又流回去。

没有必需的粮食,于是双方在拉温那的主教的斡旋之下缔结了一项协定,协定规定提奥德里克和欧多亚克应当在完全平等的条件下居住在拉温那[①]。(25)在这之后的一段时间里,他们遵守协定;但是后来,据说提奥德里克发现欧多亚克有阴谋反对他的活动,于是便以召欧多亚克来参加宴会为借口,阴谋把他杀害[②]。而在取得了曾敌视他但是存活下来的那些蛮族的归附之后,他本人就稳稳地成了哥特人和意大利人的最高统治者。(26)虽然他并不要求有权取得罗马皇帝的名位或称号,但是人们直到他去世都用"列克斯"(rex)这个称号称呼他[③](因为蛮族就是习惯于这样称呼他们的领袖的[④]),而且,在治理他自己的臣民时,他使自己具有一位天生的皇帝所应有的全部品德。(27)要知道,他极为用心地遵守公正的原则,他确保法律的执行,他保卫自己国家的疆土使不受周边蛮族的侵犯,并且表现出尽可能高度的智慧和英勇。(28)他本人对自己的臣民几乎没有做过一件不公正的事情,也不许别的任何人干这样的事情。而的确,如果说有这样事情的话,那就是哥特人在他们自己人中间分配了欧多亚克分给自己一派的人们的那些土地。(29)虽然在名义上提奥德里克是一个篡位者,但是实际上他

① 《小年代记》,I,320。

② 玛尔凯利努斯·科美斯,489年。伯里(Bury)版吉本:《罗马帝国衰亡史》(*The history of the decline and fall of the Roman Empire*,1776—1788,共六卷)第四卷,第180页对这一事件作了有趣的记述,可以参看。

③ 玛拉拉,384;埃瓦格里,3,27;提奥法尼斯,I,131,13;219,2。

④ 这是一般的说法;在蛮族当中,rex这一词通常指地位比 βασιλεύς 要低的人。参见本书第四卷,第十四章,第38节。

是一位真正的皇帝，比起从一开始便拥有这一高位的任何皇帝来毫无逊色。而哥特人和意大利人都把他爱戴到如此程度，乃至竟然过于违反人们一般的习惯。(30)要知道，在所有的国家里，人们都有各自不同的偏爱，结果当权的政府一时只能取得一部分人的欢心，如果它的行动得到这部分人的拥护的话，而对于另一部分人，如果政府不按照他们的意愿行事，那就会得罪了他们。(31)但是提奥德里克却统治了三十七年，当他去世的时候[①]，他不仅使自己成为所有自己的敌人惧怕的对象，而且使自己的臣民在失去他时感到深切的悲痛。他是这样死的[②]。

(32)西姆玛库斯和他的女婿波埃提乌斯都出身于古老的贵族家系，在罗马元老院里，他们两人是首领人物[③]，又都担任过执政官。(33)由于他们都研究哲学并且以一种其他任何人都比不上的方式留心于主持正义，通过慷慨赠予的金钱而使本国公民和异邦人免遭贫困，这样他们便得到了声誉并且引起最卑劣的人们对他们的忌恨。这些人在提奥德里克面前诽谤他们。(34)提奥德里克相信了这些人的诽谤，便以叛国的罪名处死了这两个人并把两人的财产没收入国库。(35)几天之后，当提奥德里克正在吃饭的时候，仆人们把一只大鱼的头放到他的面前。(36)但是在提奥德里克看来，这却像是不久前被杀死的西姆玛库斯的头颅。的确，由于牙齿咬着下唇，两只眼睛严厉而又可怕地望着他，这鱼头太像是对

① 公元526年；玛拉拉，383。

② 《小年代记》，I，333。

③ 这可能使人联想起古典时期元老院的“首席元老”(princeps senatus)。

他进行威胁的一个人了。(37)为这种非常的怪事所吓倒的提奥德里克觉得全身发冷不能自持,便跑回自己的卧室,要人们把多层被子盖到他身上,这样才镇静下来。(38)后来他把事情的全部经过告诉了他的侍医埃尔皮狄乌斯并且为自己在西姆玛库斯和波埃提乌斯身上所干的错事痛哭流涕。(39)由于对这一不幸事件伤心悲痛过度,不久之后他就死了。这是他对自己的臣民所干下的第一次也是最后一次的不义之行,而其原因则是他在对两个人进行判决之前,并没有像他惯常所做的那样,做一次彻底的调查研究。

二

(1)在提奥德里克去世之后,他的外孙阿塔拉里克取得了他的统治大权[①]。阿塔拉里克这时是八岁,正在由他的母亲阿玛拉宗塔抚养着,因为他的父亲已不在人世了。(2)在这不久之后,优斯提尼安便在拜占庭接过了皇帝的大权[②]。(3)阿玛拉宗塔成了自己儿子的监护人之后,便把统治大权掌握在自己手里;她表明自己具有极大的智慧和正义感,从而充分表现出男子的气魄。(4)在她掌握统治大权期间,在任何情况下她都没有对任何一个罗马人施行过体罚或是进行过罚款。(5)而且,对于拼命想虐待罗马人的哥特人她并不让步,她甚至把西姆玛库斯和波埃提乌斯的财产归还给他们的子女。(6)阿玛拉宗塔想使自己的儿子在生活方式方面有似于罗马的王子,因此便强迫他到一位有学问的教师的学校去

① 526年;《小年代记》,2,235。

② 527年。

学习。(7)她从哥特人的老年人当中选出三位她认为比所有其他人都精明和有教养的人,要他们和阿塔拉里克生活在一起。(8)但是哥特人根本不喜欢这种做法,因为他们很想侮辱他们的臣民,他们希望他更多按照蛮族的方式对他们进行统治。(9)有一次母亲发现这男孩子在自己的房间里做了某件错事,于是便惩罚了他;他哭着从那里跑到男人的房间去。(10)遇到了这孩子一些哥特人因这事而大闹起来,他们责怪阿玛拉宗塔,硬说她想尽快把孩子折磨死以便再嫁一个丈夫并且和他一道统治哥特人和意大利人①。(11)于是哥特人当中所有有地位的人便集合到一起,然后来见阿玛拉宗塔,指责她说,在他们看来,他们的国王所受的是错误的教育并且对他本人也不利。(12)他们说,学问这东西和勇敢的精神相去甚远,老人教育的结果大多只能使人的精神变得怯懦和屈从。(13)因此在任何工作中都要表现出勇敢精神并要享有盛名的人应当摆脱教师灌输给他的怯懦并要进行军事训练。(14)他们还说,即使提奥德里克也决不会允许任何哥特人把自己的孩子送到学校去;(15)要知道,他经常对他们所有的人说,一旦他们害怕皮鞭,他们就绝不会再有决心藐视刀枪。(16)于是他们要她考虑如下的情况:她的父亲提奥德里克生前甚至没有听到过什么学问的事情,但是仍然成为这全部地区的主人并且夺取了根本不应属于他的王国统治权。(17)他们说:“因此,皇后啊,现在立刻遣散这些教师,让和阿塔拉里克年纪相同的一些男子和他做伴,这些人将和他一道

① 苏达(辞书)引用普洛科皮乌斯这个地方时没有“和意大利人”的字样。

度过青年时期,他们将会按照蛮族的习惯促使他成为一位出色的人物。”

(18)听了这些话之后,阿玛拉宗塔尽管并不同意,但又担心这些人会搞什么阴谋,于是便装出很喜欢他们的意见的样子,同意蛮族要求于她的一切。(19)当老年人离开了阿塔拉里克之后,她便要一些男孩子在日常生活中和阿塔拉里克做伴;这些男孩子都未成年,只是比阿塔拉里克要大一些。(20)一旦他长大了,这些孩子便开始教唆他酗酒并且和女人通奸,从而使他变成一个极为堕落的青年,乃至愚昧无知到不想听从自己母亲的忠告。后来他竟然全然拒绝拥护她的事业,尽管这时蛮族已在公然联合起来反对她了;原来他们竟然胆敢命令这位妇女离开宫殿。(21)但是阿玛拉宗塔并不害怕哥特人的阴谋,也不像一般妇女那样软弱无能地退让,而是依然表现出适合王后身份的威严;她从蛮族当中选出三个最有地位的人,也是阴谋反对她最有力的人,命令他们到意大利最边远的地方去,不过不是一起去,而是三个人尽可能远地分开;这样做表面看来是把他们派出去保卫国土使不受敌人的侵犯。(22)尽管如此,这些人在自己那些不惜长途跋涉而仍然同他们保持联系的朋友和亲戚的帮助下,继续在他们反阿玛拉宗塔的阴谋的细节方面进行准备。

不再能容忍这类行为的妇女于是想出了如下的一个计划。(23)她派人去拜占庭请示皇帝优斯提尼安,他是否愿意提奥德里克的女儿阿玛拉宗塔到他那里去,因为她想尽快离开意大利。(24)皇帝对她的建议表示高兴,于是要她前来并且为她准备了埃

披达姆诺斯那里的一所最好的房子。这样，如果她来的话，可以在那里停留；她可以在那里随便住多少时候，然后再到拜占庭来。(25)阿玛拉宗塔了解到这一情况之后，便选出了几个哥特人，他们都是有魄力并且对她特别忠心的；她命令他们杀死我上面提到的三个人，因为这三个人是阴谋反对她的罪魁祸首。(26)她本人则把她的全部财富，其中包括四万斤黄金放到一艘船上并且要对自己最忠诚的几个人也登上了船，命令他们去埃披达姆诺斯，而在到达之后，就在那里的港湾抛锚；除非她本人有命令，不要从船上卸下任何东西。(27)她这样安排的目的是：如果她得知三个人已被杀死，她可以留在意大利并且把船召回来；但是，如果其中有一个人还活着，她便不会指望有任何圆满的结局，因而她便计划尽快乘船离开意大利，在皇帝的土地上为她本人和她的财产寻求安全的庇护。(28)阿玛拉宗塔把船派到埃披达姆诺斯的目的便是这样。当船到达埃披达姆诺斯的港口时，押送钱财的人执行了她的命令。(29)不久之后，当那三个人按照她的命令被杀死了，阿玛拉宗塔便把船只召回，而她仍留在拉温那加强了自己的统治，尽量使之万无一失。

三

(1)在哥特人当中有一个名叫提奥达图斯的人，他是提奥德里克的姊妹阿玛拉弗里达的儿子。他已经是一个成年人了，他精通拉丁文学和柏拉图的学说，可是没有任何作战的经验。他根本不参加积极有益的活动，却一心只想着弄钱。(2)这个提奥达图斯拥有图斯卡尼[1]的大部分土地,却还极力想用暴力的手段把其余的土地从它们的主人手里夺过来。在提奥达图斯看来,身旁有一个邻人乃是一种不幸。(3)阿玛拉宗塔则是用一切办法扼制他的这种企图。因此他一直对她不能忍受并且是憎恨她的。(4)于是他就想出这样一个计划,那就是把图斯卡尼交给皇帝优斯提尼安,而在从皇帝那里取得一大笔钱和元老的尊贵称号之后,便可以在拜占庭安度余年了。(5)提奥达图斯想出这个办法之后,正好从拜占庭向罗马大主教这里派来了两位使节,他们是以弗所的主教叙帕提乌斯和从马其顿的菲利皮来的德米特里乌斯。他们此行的目的是来讨论在基督教徒中间引起争议和矛盾的一个信条。(6)虽然我十分清楚这些争议之点,但是我却根本不想提它们;因为我以为,探讨上帝的本质,研究它是怎样一种事物,这乃是一种疯狂愚蠢的行为。(7)我以为,甚至人自己的事情,人们都不能理解得准确,更不用说有关上帝的本质的那些事情了[2]。因此,就我本人而论,关于这些事情,还是审慎地避而不谈为好,这只是为了对于古老的和可尊敬的信仰不采取亵渎的不信任的态度。(8)就我这方面来说,我不想就上帝表示任何看法,而我所要说的只是:上帝是至善的,一切事物都在他的威力的控制之下。(9)让每一个人,无论他是僧侣还是俗人,就这些事情,谈出他认为他理解的意见吧。

---

① 即埃特路里亚(Etruria),这片土地从意大利北部的埃米利亚(Aemilia)一直延伸到罗马的边界。

② 这和我国古代人们的看法有相似之处。古人认为天道幽远,不易测度,故一般采取存而不论的态度。"六合之外,圣人不议"、"未能事人,焉能事鬼"、"敬鬼神而远之"等等都是这种精神的反映。

至于提奥达图斯，那他秘密地会见了这些使节并且要他们把他的计划报告给皇帝优斯提尼安，他说的就是我刚才提到的事情。

(10)但这时阿塔拉里克由于酗酒过度而得了一种痨病。(11)因此阿玛拉宗塔陷入极大的困惑之中；因为，一方面，她根本不相信自己的儿子的忠诚，要知道，他已经堕落到不可救药的地步了；另一方面，她认为，如果阿塔拉里克不在人世，今后她的生命也不会是安全的，因为她得罪了哥特人当中大多数的头面人物。(12)因此，为了挽救自己，她想把对哥特人和意大利人的统治权交给皇帝优斯提尼安。(13)正巧这时元老院的一个名叫亚历山大的，和德米特里乌斯以及叙帕提乌斯一道来到了拉温那。(14)原来当皇帝听说阿玛拉宗塔的船停泊在埃披达姆诺斯的港口而她本人过了很久还迟迟不动身的时候，他便派亚历山大前来调查并且把有关阿玛拉宗塔的全部情况向他报告。(15)原来皇帝把亚历山大作为使节派到她那里去，是因为皇帝对于利律拜乌姆的事件——这些事件我在前面已经谈过了[①]——深感不安；因为利比亚的军队中有十名匈人开小差逃到了康帕尼亚，而负责守卫拿波利的乌利亚里斯却在阿玛拉宗塔完全同意的情况下接纳了他们；此外，还因为在西尔米乌姆[②]周边对盖帕伊狄人[③]作战的哥特人像对待敌对城市一样地对待伊利里库姆[④]的最边上城市格拉提安

① 参见《战争史》，第四卷，第五章，第 11 节以次。

② 在今天的米特罗维茨(Mitrowitz)附近。

③ 南欧的一个民族。

④ 巴尔干半岛西北部，和意大利隔海相对。

纳。(16)为了就这些事情向阿玛拉宗塔表示抗议,他写了一封信并派出了亚历山大。

当亚历山大到达罗马的时候,他把主教留在那里,忙着处理他们此行所要办的事情,他本人则去了拉温那,他见到阿玛拉宗塔后,就暗中传达了皇帝的信息,但书信则是公开地交给她的。(17)信里写的话大意有如下述:"属于我们的利律拜乌姆要塞被你用武力攻占,现在仍然在你手里,你收容了开小差的蛮族、我的奴隶,而你还没有决定把他们送还给我,并且在这一切之外,你还残暴地对待我的城市格拉提安那,而这座城市是绝对不属于你的。因此,现在你应考虑一下这些做法将来会引起什么后果了。"(18)这封信交给了阿玛拉宗塔并且她读了这封信之后,便作了如下的回答:(19)"人们完全有理由期望一位号称有道德的伟大皇帝帮助一个对当前所做的一切毫不了解的年幼的孤儿,而不是没有任何理由地同他争吵。(20)要知道,除非一场斗争是在条件对等的情况下展开的,否则即使胜利了,这也不会带来任何荣誉。(21)但由于利律拜乌姆的事件和十名逃兵,以及由于我们的士兵在进攻他们的敌人时——那些敌人由于某种误会,正好装作是一座友好城市的样子——所犯的错误,你确实在对阿塔拉里克进行威胁。(22)但是你不要这样,皇帝啊,你不要这样,你要记起,当你对汪达尔人作战时,我们不仅不妨碍你,而且甚至热心地向你提供一条自由的通道使你去进攻敌人,还提供一个市场,让你购买必不可缺的给养[①],

① 参见《战争史》,第三卷,第十四章,第5、6节。

特别是还供应给你大量马匹，这是你最后制服敌人的主要原因。(23)真正配得上联盟者和朋友这个称号的，不仅是在战争中和邻人结成盟友的人，而且还有实际上在战争中在每一种需要方面都帮助别人的人。(24)请想一下，当时你的舰队在海上除了西西里之外没有可以停泊之处，而如果不是在西西里买到给养，舰队便不能到利比亚去。(25)这样看来，你的胜利的主要原因正是由于我们的缘故。要知道，只有在困难的情况下提供一个解决办法的人，才理应为由这一办法而产生的结果而取得荣誉。(26)皇帝啊，对于一个人来说，还有什么比战胜自己的敌人更令人高兴的事情吗？可是就我们来说，结果却是我们受到了相当大的损失，因为我们并没有按照战争的惯例享有我们应得的那一份战利品。(27)可是现在你也想从我们手里夺走西西里地方从古代便属于我们的利律拜乌姆，那是值不了几文钱的一片荒芜的山地，如果那地方从古以来正好属于你的王国，你也会理所当然地至少把它作为服务的报偿送给阿塔拉里克，因为他在你最急需的时候帮助了你。”(28)这就是阿玛拉宗塔公开写给皇帝的话；但在暗中她却同意把整个意大利交到他的手里。(29)使节们回到拜占庭之后便向皇帝优斯提尼安报告了一切：亚历山大告诉他的是阿玛拉宗塔决定采取的方针，而德米特里乌斯和叙帕提乌斯则把他们听到的提奥达图斯所说的一切报告给他，他们说提奥达图斯在图斯卡尼有很大的权力，他拥有那里的大部分土地，因此要实施他的协定根本不会有任何困难。(30)皇帝听到这一情况极为高兴，于是立刻把伊里利亚人彼得派到意大利去。这个人是铁撒罗尼卡的公民，是在拜占庭受过训练的演说家，

一个既审慎又温和的人,一个生来就有说服别人的能力的人物。

四

(1)但是,正当这里发生我所说的这一切事情的时候,许多图斯奇人在阿玛拉宗塔面前痛斥提奥达图斯,说他肆意凌辱图斯奇的全体人民,毫无道理地掠夺他们的产业,特别是属于皇帝家族的产业,这就是罗马人习惯称为“世袭皇庄”[①]的东西。(2)为此,阿玛拉宗塔把提奥达图斯召来以便了解情况,而当提奥达图斯在指控他的人们面前罪证确凿而毫无抵赖余地的时候,她便迫使他把无理掠夺来的一切交还,然后才放他回去。(3)由于从这时起她因自己的做法大大地触怒了提奥达图斯,他们二人便处于相互敌视的状态,而且由于这个爱钱如命的人不能再继续进行残暴的非法活动,所以他感到极为恼火。

(4)大概就在这同时,受到疾病很大折磨的阿塔拉里克死了[②],他只做了八年的国王。至于阿玛拉宗塔,由于她注定要遭到厄运,她根本没有考虑到提奥达图斯的本性,没有考虑到不久前她对他所做的一切,却认为如果她对他施加特殊恩惠的话,他是不会对她有为难之处的。(5)于是她派人去召见他,而当他到来时便开始用甜言蜜语哄他,说在过去一段时期里,她已清楚地知道,人们都认为她的儿子很快就会死去;因为她已听到所有医生的看法,他们的判断是一致的,而且阿塔拉里克的身体也一直在衰弱下去。(6)并

① patrimonium。

② 534 年 10 月 10 日;《小年代记》,I,333。

且，既然她看到，无论哥特人还是意大利人对于现在已经代表提奥德里克一族的提奥达图斯都没有好的印象，因此她就想为他洗刷这一恶名，这样，如果他应召即位，可以不受恶名的影响。(7)但是她又说，在这同时还有一项涉及司法的问题使她感到不安，因为她知道，那些自称受过他的凌辱的人们已经会发现关于他们自己的遭遇他们已找不到任何人可以对之进行申诉，而他们的敌人却已经成了他们的主人。(8)正因为如此，虽然在他的恶名被清除之后，他被她召来继承王位，但是她说他必须受最郑重的誓言的约束，授予提奥达图斯的只是国王的头衔，而事实上是她和先前一样地掌握实权。(9)提奥达图斯听了这话之后，虽然他按照阿玛拉宗塔所希望的一切条件宣了誓，但是他是怀着邪恶的意图和她取得协议的，因为他还记得过去她对他所做的一切。(10)这样，判断错误并且为了提奥达图斯的誓言所欺骗的阿玛拉宗塔就把他宣布为国王。(11)并且她派出一些哥特人以使节的身份去拜占庭，把这事向皇帝优斯提尼安作了报告。

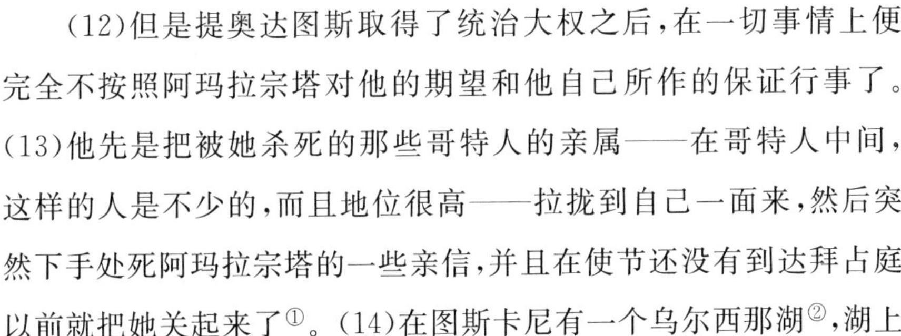

(12)但是提奥达图斯取得了统治大权之后，在一切事情上便完全不按照阿玛拉宗塔对他的期望和他自己所作的保证行事了。(13)他先是把被她杀死的那些哥特人的亲属——在哥特人中间，这样的人是不少的，而且地位很高——拉拢到自己一面来，然后突然下手处死阿玛拉宗塔的一些亲信，并且在使节还没有到达拜占庭以前就把她关起来了[①]。(14)在图斯卡尼有一个乌尔西那湖[②]，湖上

① 约尔丹，Getica，306；玛尔凯利努斯·科美斯，534年；《小年代记》，I，333。

② 今天的波尔塞那湖(Bolsena)。

有一个岛[1],这个岛极小,但是上面有一座坚强的要塞。(15)提奥达图斯便把阿玛拉宗塔囚禁在这里并且派人看守[2]。但是他担心自己的这一行动会触怒皇帝——实际上正是这一情况——于是他便把罗马元老院的一些元老利贝里乌斯和欧皮利奥还有别的几个人派出去,要他们尽量在皇帝的面前为他的行为辩解,要皇帝相信,尽管阿玛拉宗塔先前对他进行过难以弥补的伤害,但是他却丝毫没有虐待她。(16)这是他本人写给皇帝的话,此外他还强迫阿玛拉宗塔——尽管她很不情愿——写同样意思的话。

(17)这些事件的经过就是这样了。但是彼得已经受皇帝的派遣,作为使节来到了意大利;皇帝指示他背着任何别的人同提奥达图斯会见,并且在提奥提图斯用誓言保证不把他们的这些举动泄露给任何人之后,再和他一道把图斯卡尼的问题妥善地落实下来;(18)而在秘密地会见阿玛拉宗塔时,他应当同她把整个意大利的问题安排得对双方都有利。(19)但在表面上,他的使命是就利律拜乌姆和我刚才谈的那些问题[3]进行协商。皇帝根本不知道阿塔拉里克之死,不知道提奥达图斯继承王位的事情,也不知道阿玛拉宗塔的遭遇。(20)彼得在途中遇到了阿玛拉宗塔的使节,才得知:首先是提奥达图斯已经登上王位;(21)稍后在到达面临伊奥尼亚湾的奥隆[4]这个城市时,他在这里遇到了利贝里乌斯和欧皮利奥一行,这才

① 玛尔塔(Marta);"现在已完全无人居住,但是石头上却凿出一些台阶,据说从这里可以通向关闭阿玛拉宗塔的监狱。"(霍奇金)

② 535 年 4 月 30 日。

③ 参见本卷第三章,第 15 节。

④ 今天阿尔巴尼亚境内的阿夫罗那(Avlona)。

知道了所发生的一切，而在把这事报告给皇帝之后，便留在那里了①。

(22)当皇帝优斯提尼安得知这些情况时，他便打算使哥特人和提奥达图斯陷入混乱；于是他给阿玛拉宗塔写了一封信，说他极愿给她尽可能多的支持，同时他还指示绝不要隐瞒这一信息，而是要提奥达图斯和全体哥特人都知道这一点。(23)而当从意大利来的使节到达拜占庭的时候，除去一个例外，所有的人都把全部事件向皇帝作了报告，而特别是利贝里乌斯；(24)因为他是一位特别正直可敬的人物，是一位深知如何维护真理的人物。(25)但是只有欧皮利奥一个人始终坚持说提奥达图斯对阿玛拉宗塔没有任何强暴行为。(26)当彼得到达意大利的时候，阿玛拉宗塔已经不在人世了。原来，被她杀死的那些哥特人的亲属到提奥达图斯这里来，说除非尽快地把阿玛拉宗塔除掉，否则无论他本人还是他们的生命都是不安全的。(27)他同意了他们的意见，于是他们便到岛上去，就地把阿玛拉宗塔杀死了。(28)这一行动在所有的意大利人以及在哥特人中间引起了极大的悲痛。(29)正如我刚才所说的②，这位妇女最严格地遵守每一种道德规范。(30)于是彼得公开地向提奥达图斯和其他哥特人坚决表示，既然他们干出了这一卑鄙的罪行，那么在皇帝和他们之间将会是一场毫不留情的战争。(31)但是提奥达图斯竟然愚昧无知到仍然尊重和袒护杀害阿玛拉宗塔的那些人，他一直设法要彼得和皇帝相信，这一不义之行是哥特人干出来的，对此他不但完全不同意，而且是断然违背他的意旨的。

① 等待指示。

② 参见本卷第二章，第3节。

五

(1)正在这个时候,贝利撒里乌斯由于打败了盖利梅尔和汪达尔人而享有荣誉。皇帝得知阿玛拉宗塔的遭遇之后立刻宣战,这是他在位第九年的事情。(2)他首先就命令伊利里库姆的统帅蒙都斯向由哥特人统治的达尔玛提亚推进并且试图占领撒罗尼斯[①]。蒙都斯是一个蛮族,但是对皇帝的事业极为忠诚并且是一位能干的军人。继而他又命令贝利撒里乌斯率领着四千名正规军和辅助步队[②],还有大约三千名伊扫里人从海上行动。(3)统帅都是著名人物:色雷斯人康士坦丁和贝撒斯;来自伊伯里亚[③](和米地亚相邻)的佩拉尼乌斯,此人出身伊伯里人的王室,由于敌视波斯人,在此之前便跑到罗马人这一面来了;统率征集来的骑兵的是瓦伦提努斯、马格努斯和音挪肯提乌斯;统率步兵的是希罗迪安、保路斯、德米特里乌斯和乌尔西奇努斯;伊扫里人的领袖则是恩尼斯。(4)此外还有两百名联盟的匈人和三百名玛乌里人[④]。但总领全军的最高统帅是贝利撒里乌斯,在他身边有许多知名的长枪兵和卫士。(5)伴随着他的还有他的妻子安托尼娜在前一次婚姻所生的儿子佛提乌斯。他还是个青年人,脸上刚刚长出胡须,但是此人极为稳重并且性格的坚强要超过他的年龄。(6)皇帝指示贝

① 又叫撒罗那(Salona),在今天的斯帕拉托(Spalato)附近。

② foederati。参见本书第三卷,第十一章,第3、4节和注释。

③ 大致相当今天的格鲁吉亚,就在高加索的南面。

④ 非洲西北部的摩尔人(Moors)。

利撒里乌斯要他做出好像要去迦太基的样子，而一旦他们到达西西里，他们应当基于非如此不可的某种理由在那里登陆并试图攻占该岛。(7)并且，如果他们能不费任何气力便把那里制服，他们应当保住该地，不要叫它再失掉；但如果他们遇到任何阻碍的话，则他们应当尽快乘船到利比亚去，不要叫任何人有机会看出他们的意图。

(8)他还写信给法兰克人的国王们，讲了这样的话："哥特人用武力强占了属于我们的意大利之后，他们不仅绝对没有把它归还给我们的意思，反而进一步对我们干出了令人难以容忍的和超越一切限度的不公正的行动。(9)因此我们不得不向他们发动征讨，你们应当参加到我们的一面来进行这一战争，因为不仅反对阿里乌斯谬说的正教信仰，而且还有我们双方对哥特人的共同仇恨，都使这一战争成为你们的，也是我们的战争。"(10)以上就是皇帝的信里的话；他不但给了他们一笔钱作为礼物，并且，一旦他们积极参加进来，他还同意给更多的钱。这样，他们便十分热心地保证和他结盟，共同战斗。

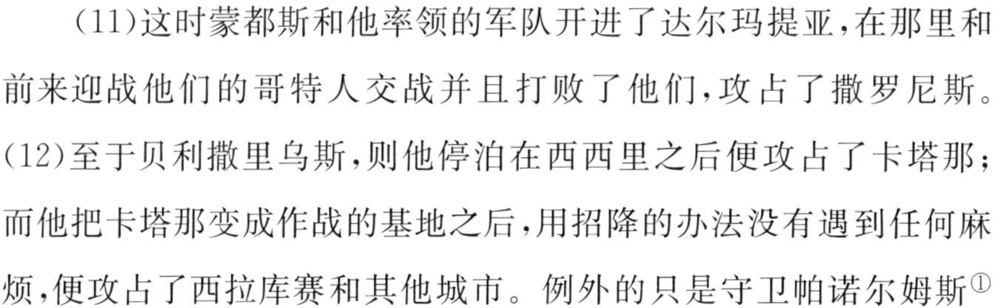

(11)这时蒙都斯和他率领的军队开进了达尔玛提亚，在那里和前来迎战他们的哥特人交战并且打败了他们，攻占了撒罗尼斯。(12)至于贝利撒里乌斯，则他停泊在西西里之后便攻占了卡塔那；而他把卡塔那变成作战的基地之后，用招降的办法没有遇到任何麻烦，便攻占了西拉库赛和其他城市。例外的只是守卫帕诺尔姆斯[①]

① 今天的帕勒莫(Palermo)。

的哥特人,他们相信自己坚固的防御工事,所以根本不愿向贝利撒里乌斯投降,却命令他率领自己的军队尽快离开那里。(13)贝利撒里乌斯考虑到从陆地方面攻取这个地方是不可能的,于是他下令海军驶入港湾,因为港湾一直延伸到帕诺尔姆斯城下。(14)原来港湾就在圆形城墙的外面,并且是完全没有人守卫的。当船只在这里抛锚时,人们可以看到桅杆是高过胸墙的。(15)于是他立刻叫射手都坐到舰船上所带的所有小船上去,然后把它们拉到桅杆的顶端。(16)当哥特人受到从上面来的攻击时,他们简直是吓坏了,于是立刻表示投降,把帕诺尔姆斯交给了贝利撒里乌斯。(17)结果皇帝便制服了整个西西里,使之成为对自己纳贡的国土。这时贝利撒里乌斯简直是福星高照,其幸运的程度不是言语所能形容的。(18)过去由于他战胜汪达尔人而取得了执政官的荣誉,而就在他仍然拥有执政官称号并且征服了整个西西里的时候,他在他执政官任上的最后一天[①],在军队和西西里人的高声欢呼中进入了西拉库赛,同时把金币撒向所有的人。(19)但是这种巧合并不是他有意安排的。但如下情况对一个人来说却是一次幸运的机遇,即在为罗马人收复了整个岛之后,他在这个特殊的日子里进入了西拉库赛;因此他交卸自己的执政官职务并成了前任执政官的地点是在此地,而不是像惯常的情况那样是在拜占庭的元老院。以上便是贝利撒里乌斯获得好运的情况。

① 535年12月31日。

六

(1)而当彼得得知西西里已被征服的时候,他便更加坚持非要把提奥达图斯狠狠吓唬一顿不可并且不许他离开。(2)提奥达图斯变得胆怯起来,连话也讲不出,他本人和盖利梅尔[①]一道就好像成了俘虏似的,于是他背着任何其他人同彼得进行谈判;结果在他们之间达成一项协定,协定规定提奥达图斯撤出整个西西里,把它让给皇帝优斯提尼安。此外每年还要送他一顶三百磅重的金冠。而只要皇帝有这样的要求,提奥达图斯就得把三千名哥特战士派来。还有,提奥达图斯本人不应有处死任何主教或元老的权力,也没有把他们的财产没收入国库的权力,除非由皇帝作出了决定。(3)如提奥达图斯想把自己的任何一个臣民提升为贵族或给以其他什么元老头衔的话,那他也没有授予这个荣誉的权力,这也要请求皇帝授予。(4)罗马民众在向他们的君主欢呼时,总是首先要呼叫皇帝的名字,然后才是提奥达图斯的名字,无论在剧场、跑马场和有必要这样做的任何其他地方都是这样。(5)提奥达图斯的青铜像或其他材料的像永远不应单独放,而是要和皇帝的放在一起,放置方式是把皇帝的像放在右面,左面才是提奥达图斯的。提奥达图斯在签字批准这一协定之后,便要使节回去了。

(6)不久之后,这个人的心里便为恐怖感所笼罩,这使得他怕得要命,苦恼万分,一听到战争的名字就吓得发抖,而他觉得如果

① 盖利梅尔被俘事参见《战争史》,第四卷,第七章,第12—17节;第九章,第11—14节。

皇帝根本不中意他和彼得缔结的协定,战争会立刻到临他的头上。(7)于是他再次把这时已到达阿尔巴尼[1]的彼得召来秘密会商,并且问这个人他是否认为皇帝会中意这一协定。彼得回答他说皇帝是会中意的。(8)接着他问道:“如果这些条款他根本不同意,那又会发生什么事呢?”(9)彼得回答说:“那你就得进行战争了,最尊贵的先生。”他说:“这是怎么回事?难道这是公正的吗?我亲爱的使节。”于是彼得立刻回答说:“我亲爱的先生,每个人都应当保持适合自己本性的追求,这怎么能不是公正的呢?”(10)提奥达图斯问:“请问这是什么意思?”彼得回答说:“这是说,你的最大兴趣是研究哲学,而皇帝优斯提尼安的则是成为配得上罗马人的一位皇帝。而区别就在这里:对于一个研究哲学的人来说,杀人致死,特别是杀害这样多的人,这是完全不适当的,并且还应当补充说,这个看法是符合显然为你所信奉的柏拉图的学说的,因此如果你不放弃一切杀害的行为,那你就是亵渎神灵了;可是对他来说,设法获取从古以来便属于他自己的王国的土地,那是完全正当的。”(11)提奥达图斯深信这个看法是正确的,于是便同意把王权交给皇帝优斯提尼安,他和他的妻子就这一点发了誓。(12)他又要彼得发誓保证,只有在他看到皇帝不愿接受前一个协定时,才向他泄露后面的协定。(13)并且他还派遣一位特别忠于他又是罗马公民的主教茹斯提库斯和彼得同行,以便在这一协定的基础上进行协商。他还把一封信托付给这两个人。

---

① 今天的阿尔巴诺(Albano),在阿皮亚大道上,参见《战争史》,第六卷,第四章,第8节。

(14)彼得和茹斯提库斯到达拜占庭之后,便根据提奥达图斯所指示他们的,向皇帝报告了第一个协定。但是当皇帝十分不愿接受这一建议时,他们才拿出后来笔录下来的计划。(15)信件的内容是这样:

“对于宫廷生活,我是毫不陌生的,因为我有幸生在当时是一位国王的我的叔父的宫廷里,并且受到了无愧于我们民族的教育;但是我没有什么战争经验,也不习惯于战争所造成的骚乱局面。(16)要知道,从我的幼年时起我便热情地倾心于学术的争论并且一直把自己的时间完全用于这类事情。因此直到现在我都是远远地离开战争的混乱。(17)所以说,当我有可能避开二者的时候,我却要渴望王位给予的光荣并从而过一种充满危险的生活,那真是太荒谬了。(18)因为二者都不能给我以欢乐:前者是因为它易于使人生厌,如果全都是甜食的话,人们就不想吃了;而后者是因为对于这类生活的不习惯会使人感到困惑不安。(19)至于我个人,如果我的产业能给我每年不少于一千二百磅[①]黄金的收入,那么我对这会比对王国更加重视,并且我将会把对哥特人和意大利人的统治权立刻交给你的。(20)要知道,做一个摆脱一切挂虑的农民,较之过一位国王那样不断受危险威胁的焦虑不安的生活,对我来说是更大的快乐。(21)请尽快派一个人来,这样我就可以适当地把意大利和王国的事务交给他了。”

(22)提奥达图斯的信的内容就是这样。皇帝对此感到极为高

① 原文十二个 centenaria,参见《战争史》,第一卷,第十二章,第 4 节;第三卷,第六章,第 2 节注释。

兴,于是作了如下的回答:“很久以来我便从报告得知你是一位明智的人,但是现在,看到你已作出不用战争解决问题的决定,则我便根据实际的经验认识到这一点了。(23)过去这样做的某些人已经完全被毁灭了。(24)你把我们变成朋友而不是敌人,对这一点你是绝不会后悔的。你不仅会得到你向我们所要求的一切,而且你还会取得罗马人的各种最高荣誉的殊荣。(25)现在我把阿撒那西乌斯和彼得派出去,为的是使缔结的协定能有所保证。贝利撒里乌斯随后也就到你那里去以完成我们之间所作的一切安排。”(26)写下了这些话之后,皇帝就把阿撒那西乌斯(此人是前此奉派到阿塔拉里克那里去的那个亚历山大的兄弟,亚历山大出使一事前面我已说过了[①])和彼得(这是第二次,这个演说家也是我上面提过的[②])——派去,命令他们把他们称为 patrimonium 的“皇室产业”分配给提奥达图斯;并且只有在他们起草了一份书面文件并且用誓言巩固了协定之后,才把贝利撒里乌斯从西西里召来以便接收王宫和整个意大利并保卫它们。(27)他并且写信给贝利撒里乌斯,说一旦他们召请他,他应当尽快到那里去。

七

(1)正当皇帝进行这些协商并且这些使节正到意大利去的时候,在阿西那里乌斯和格里帕斯以及其他一些人统率下的一支哥特大军已经开进了达尔玛提亚。(2)当他们已经到达撒罗尼斯附

① 参见本卷第三章,第 12 节。

② 参见本卷第三章,第 30 节;第四章,第 17 节以次。

近时，蒙都斯的儿子马乌里奇乌斯遇到了他们。马乌里奇乌斯当时正带领着少数人进行侦察而不是出来作战的。(3)尽管如此，还是发生了一场激烈的战斗。在战斗中走在最前面和最英勇的哥特人都阵亡了，罗马人几乎全军战死，其中包括他们的将领马乌里奇乌斯。(4)蒙都斯听到这个消息时对这一不幸事件极为悲痛并感到极大的愤怒，于是他立刻出发进攻敌人，连队列也不曾整顿。(5)随后发生的战斗极为酷烈，但是对罗马人来说，这却是一次卡德木斯的胜利[①]。因为尽管大多数的敌人在战斗中死去，而其余的人肯定也都逃散了，但是一直在进行追杀并且无论什么地方发现敌人都穷追不舍的蒙都斯由于自己儿子的不幸而完全控制不住自己的情绪，结果被几个逃兵或别的什么人刺伤而倒下了。因此追击停下来了，两支军队也分开了。(6)直到那时罗马人才记起了西比拉[②]的诗句，先前说出的诗句看来对他们是一种警告。(7)原来这诗句是：当阿非利加被占领的时候，"世界"将要和它的后裔一道毁灭。但这并不是神谕的真正含义，而在暗示利比亚将再次由罗马人所统治之后，它又加上这一句，即那个时候到来时，蒙都斯会和他的儿子一道死去。因为它的原文乃是："Africa capta Mundus cum nato peribit."[③](8)但由于"mundus"这个词在拉丁语中有"世

① 喻指得不偿失的胜利。典故来自希腊神话中底比斯的建立者卡德木斯(Cadmus)。

② 西比拉是传说中古罗马女预言家，关于她的来历有种种不同的传说，记载她的预言的所谓西比拉预言书在共和时期已有多种不同的本子，由官方保守的本子于公元前 83 年毁于火之后又重新加以收集。预言为诗体，大多含混不清，可作多种解释。

③ 参见伯里本的吉本：《罗马帝国衰亡史》，第 4 卷，附录 15 中对这一神谕有所论述。最后一词 peribit 有几种异文，伯里本是 periet。

界”的含义,他们就以为这里的蒙都斯(mundus)指的是世界了。(9)这件事就说到这里了。至于撒罗尼斯,没有任何部队开进去。既然罗马人已经完全失去了将领,于是他们就回去了,而哥特人当中已经没有一个最勇敢的战士,他们害怕起来,便占领了近旁的一些设防的城堡;(10)原来他们根本没有信心守卫撒罗尼斯,而且住在那里的罗马人对他们也不是十分友好的。

(11)当提奥达图斯听到这一消息时,他就完全不把现在来到他这里的使节放到眼里了。就本性而论,他乃是一个极不可靠的人物,他从来没有一个肯定的看法,而是看风使舵,时而害怕得要命,而这是违反理智和对情况的正确理解的,时而又走到另一个极端,胆大包天,非言语所能形容。(12)因此当他听到蒙都斯和马乌里奇乌斯阵亡的消息时,他竟然得意忘形起来并且以就当时发生的事情而论完全没有道理的一种方式,竟敢在使节们终于来到他这里时嘲弄他们。(13)当彼得有一次因为提奥达图斯违背他和皇帝之间的协定而提出抗议时,提奥达图斯便公开地把他们两个人召来,说了这样的话:(14)“使节的地位是值得自豪的,而一般说来,在所有的人当中又是受到尊敬的;但是使节只有在行动得体从而保卫了他们的使节称号的尊严的时候,他们才能保有自己的这些特权。(15)如果他被发现有侮辱君主的罪行或者同别人的妻子有不正当关系的话,那么人们认为杀害一位使节也就是公正合法的了。”(16)提奥达图斯向彼得讲了这种不敬的话并不是因为他和一个女人发生不正当的关系,而显然是为了证实有一些罪名是可以把使节处死的。(17)但是使节们却作了如下的回答:“哥特人的

领袖啊！事实并不是像你说过的那样，你也不能在站不住脚的借口的掩盖下放肆地对身为使节的人干亵渎神明的事情。(18)由于使节如果得不到监视他的那些人的允许，则喝一口水也是不容易的，因此即使他想这样做，他要想成一名奸夫也是不可能的。(19)而至于他从派他来的人口中听到其后又加以传达的建议，他本人按理也不能承受由这些建议——如果它们不是好的建议的话——产生的罪责，这一罪责理应由发出命令的那个人来承担。使节的唯一责任只在于完成交给他的任务。(20)因此我们所说的一切都是我们接受派遣时皇帝指示我们说的，你一定要安安静静地听好我们的话。要知道，如果你不冷静而作出越轨的行动，你所能做的一切将是使使节蒙冤的行为。(21)因此，现在正是你自愿履行你向皇帝所作的一切保证的时候。的确，我们正是为了这个目的来的。你已经收到了他写给你的信，他写给哥特人当中最重要人物的信，除了交给他们本人，我们不曾交给其他任何人。”(22)当在场的蛮族重要人物听到使节们的这番话时，便要他们把写给他们的信交给提奥达图斯。(23)信里的话是这样：“我最关心的事是接纳你们回到我们的国家，对此你们是会感到高兴的。要知道，你们到我们这边来不是为了遭受屈辱，而是为了更加受到尊重。(24)而且，我们并不是命令哥特人到具有你们感到陌生或格格不入的生活习惯的人们中间来，而是来到这样的人们中间，他们过去曾是你们的朋友，只是由于偶然的情况你们才和他们分离开一个时候。由于这样一些原因，现在我把阿撒那西乌斯和彼得派到你们那里去，你们应当协助他们办好一切事情。”

(25)这封信里的话就是这样。提奥达图斯把所有的信件读完之后,不仅决定在事实上不履行向皇帝保证的一切,而且把使节严密地监视起来。

(26)但是当皇帝优斯提尼安听到这一切情况,又得知在达尔玛提亚发生的事件之后,便把皇家马夫长康士坦提安派往伊利里库姆,要他在那里募集军队并且以他能以采取的无论什么方式去攻打撒罗尼斯;此外他还命令贝利撒里乌斯尽快进入意大利并像对付敌人一样对付哥特人。(27)于是康士坦提安来到埃皮达姆诺斯并在这里逗留了一些时候以便征募军队。就在这同时,格里帕斯率领下的哥特人和另一支军队进入了达尔玛提亚并攻占了撒罗尼斯。(28)康士坦提安尽可能完备地进行了一切准备工作之后,便从埃皮达姆诺斯率领全军出发并且在埃皮道茹斯[①]停泊下来,而当一个人乘船进入伊奥尼亚湾时,埃皮道茹斯便在他的右手。那里恰巧有格里帕斯派出来进行间谍活动的人们。(29)而当他们看到康士坦提安的舰队和军队时,便以为海上和整个陆地到处都是士兵,于是他们便回到格里帕斯那里去,宣称为了对付他们,康士坦提安带来了一支有多少万人的军队。(30)对此格里帕斯感到惊恐万状,他认为迎击他们的进攻乃是不智之举,但与此同时,他又十分不愿意被皇帝的军队所包围,因为他们完全控制了海上;(31)但是最使他感到不安的是撒罗尼斯的防御工事(原来它的较大部分都已倾圮了)以及当地居民对哥特人的极为可疑的态度。

① 今天的腊古撒·维奇亚(Ragusa Vecchia)。

(32)由于这些原因,他便率领着全部军队离开那里,并且在撒罗尼斯和斯卡尔东①之间的平原上设营。康士坦提安则率领着全部舰队从埃皮道茹斯出发,然后停泊在利吉纳②,这是海湾里的一个岛。(33)从这里他又派出他手下的几个人,让他们去探听一下格里帕斯的计划,然后向他报告。随后,在他从这几个人那里了解到全部情况之后,他便以全速一直驶向撒罗尼斯。(34)当他来到离城市附近的一个地方时,他便要他的军队登陆,而他本人也安静地待在那里。但是他却从自己的军队里选出了五百人,要他本人的一名卫士名叫西菲拉斯的担任他们的将领,并命令他们去攻占隘路③,因为他听说,这条隘路就在城郊地方。西菲拉斯按照他的命令做了。(35)第二天,康士坦提安和他的全部军队便开进了撒罗尼斯,舰队则停泊在离城不远的地方。(36)接着康士坦提安又关心城市的工事,下令赶忙把工事的所有倾圮的部分修复起来;而格里帕斯和哥特部队在罗马人占领撒罗尼斯之后的第七天便离开那里到拉温那去了。这样一来,康士坦提安便占领了整个达尔玛提亚和利布尔尼亚,并且把住在这里的所有的哥特人争取到自己方面来。(37)达尔玛提亚发生的事件就是这样。而普洛科皮乌斯所记述其历史的这场战争的第一年便这样地结束了。

① 在谢本尼科(Sebenico)附近。

② 今天的列吉纳(Lesina)。

③ 这是从西面进入该城的一条重要通道。

八

(1)而贝利撒里乌斯在西拉库赛和帕诺尔姆斯安排了卫戍部队之后，便率领着其余的军队从麦撒那去列吉乌姆(诗人们的传说认为斯启拉和卡里布狄斯[①]就在这里)，那一地区的居民每天都到他这里来。(2)原来由于自古以来他们的城镇就没有城墙，因此他们没有任何保卫自己的手段，但是由于他们对哥特人的敌对态度，很自然的，他们对他们当前的统治当局是极为不满的。(3)在哥特人当中有一个叫埃布里木斯的人[②]，他带着自己的随从人员投奔到贝利撒里乌斯这边来。他娶了提奥达图斯的女儿提奥狄南特，因而他成了提奥达图斯的女婿。他立刻被送到皇帝那里去，并取得了许多荣誉的礼物，特别是得到了贵族的身份。(4)贝利撒里乌斯的军队从列吉乌姆穿行布路提乌姆和路卡尼亚，而他的舰队则贴近大陆行驶，和军队同行。(5)当他们到达康帕尼亚的时候，他们来到了沿海的一座名叫拿波利的城市，这座城市所以坚固不仅是因为它的自然地势，而且因为这里面有一支人数众多的哥特卫戍部队。(6)但是贝利撒里乌斯下令舰船停泊在港口内投射物达不到的地方，而他本人则在城市附近扎营。他先是用招降的办法取得了城市近郊的一个要塞，然后又在城市居民自身的请求下允

① 据希腊传说，斯启拉原来是被海神波赛东所爱的一个女子，她被她的情敌阿姆斐特里特用魔草变成了妖怪后，就在她的洞穴(在麦撒那海峡)里伺伏经过的水手把他们吃掉。而那叫卡里布狄斯的漩涡就在它对面。荷马的史诗《奥德赛》(第12卷，第85行以次)记述了奥德修斯的船经过这一洞穴时的情况。

② 约尔丹，《罗马史》，370；Getica，309；玛尔凯利努斯·科美斯，536年。

许他们把他们的一些知名人士送到营地来以便要他们申明自己的愿望并且在得到他的回答之后把它报告给民众。(7)拿波利人立刻把斯提凡努斯派了出去。此人来到贝利撒里乌斯面前,就说了如下的话:

"统帅啊,你对我们这些没有干过任何坏事的罗马人作战,这种行为是不公正的。要知道,我们居住在一个小城市里,又有一支蛮族的卫戍部队管着我们,因此即使我们想反抗他们,我们也没有这个力量。(8)而实际的情况却是,即使这些卫戍部队也必须在他们来这里监视我们之前把他们的妻子儿女以及他们最珍贵的财产留在提奥达图斯那里。(9)因此,如果他们竟然和你有所接触,那么很明显,他们不仅出卖了城市,而且出卖了他们自己。(10)如果一定要毫无隐瞒地讲出真心话来,则你的对我们作战的做法对你自己也是不利的。如果你攻下了罗马,则拿波利也是你的,你无需再多费任何气力;如果你在那里受挫,可能即使这座城市你也不能稳稳地守住。(11)因此,你在这次围攻行动上所花费的时间是不会取得任何成果的。"

以上便是斯提凡努斯的话。贝利撒里乌斯则作了如下的回答:

(12)"我们到这里来的做法是明智还是愚蠢,这个问题我们并不想交给拿波利人去讨论。但是我们希望你们细心掂量你们应当考虑的那些事情,然后只按照你们自己的利益行事。(13)因此,把皇帝的军队接入你们的城市吧,因为他们来这里是为了保卫你们和其他意大利人的自由的,但你们不可选择会使你们遭受最严重不幸的做法。(14)对于那些为了使自己摆脱奴役或任何其他可耻事物而去作战的人们来说,这样的人如果他们在战斗中取得胜利,那他们就会有双重的好运,因为除了他们的胜利之外,他们还摆脱苦难而得到自由;而如果他们被打败,他们也为自己求得一些安慰,因为他们毕竟不是甘心情愿地选择这一最悲惨的命运的。(15)但是,至于可以不必作战而有机会得到自由,可是还要战斗以便使自己永远保持被奴役地位的那些人,这样的人们,如果他们胜利的话,他们在最紧要的一点上却失败了,并且,如果他们在战斗中结果并不像他们所期望的那样,那么除了他们总的厄运之外,还要遭受战败的灾难。(16)对于拿波利人,这些话也就足够了。但是对于这里的这些哥特人,则我们要他们作出选择:或者今后加入我们的行列,在伟大的皇帝的统治之下,或者返回他们的老家,对此我们不会给他们任何伤害。(17)要知道,无论你们还是他们,如果对这些意见不予考虑,而胆敢用武力反抗我们,那我们也将不得不,如果这是上帝的意旨的话,把你们不管是谁当作敌人对待。(18)但是,如果拿波利人自愿站到皇帝的事业这一面来,从而摆脱残暴的奴役,我自己就敢向你们担保,答应你们将取得不久前西西里人所希望得到的那些好处,关于这些好处,西西里人是不能说我们有背约行为的。”

(19)以上便是贝利撒里乌斯要斯提凡努斯带回给百姓的话。但是在私下里,贝利撒里乌斯又许给他许多报酬,如果他使拿波利人向皇帝表示善意的话。(20)而斯提凡努斯回到城里便传达了贝利撒里乌斯的话,并且表示了自己的意见,认为同皇帝作战是不明智的做法。(21)在这件事上帮助他进行活动的有一个名叫安提奥库斯的人。他本来是一个叙利亚人,但因经营海上生意而长期住在拿波利。他在这里因其智慧和公正而享有很高的声誉。(22)但是在拿波利人当中有两个受过训练的演说家同时又是知名人士的人物帕斯托尔和阿斯克列皮奥多图斯。这两个人对哥特人十分友好并且是根本不想对现状作任何改变的。(23)这两个人想方设法阻碍谈判的进行,于是诱使民众提出要对方做许多重大的让步并试图迫使贝利撒里乌斯发誓保证立即实现他们所要求的一切。(24)于是在一个文件里把这些人们认为贝利撒里乌斯绝不会接受的条件写下来之后,他们便把它交给了斯提凡努斯。(25)而斯提凡努斯回到皇帝的军队那里之后便把文件交给了统帅,问他是否愿意实现拿波利人向他提出的一切建议并就此发誓。于是贝利撒里乌斯答应他们的建议都会予以实现,然后便把他送了回去。(26)当拿波利人听到这个消息时,他们同意立刻接受统帅的保证并开始强烈要求尽快把皇帝的军队接纳到城里来。(27)原来他表示他们将不会遇到任何不愉快的事情,在这一点上,任何人都可以根据西西里人的情况这一充分的证据作出判断,因为,正如他所指出的,不久前在西西里人把蛮族的暴政换为优斯提尼安的统治之后,他们的命运有了转机,不仅仅成了自由的人,而且摆脱了一切沉重的负担。(28)于是他们便十分兴奋地要去城门那里把它们打开。哥特人虽然不高兴他们的行为,但是又不能加以阻止,因此便采取了旁观的态度。

(29)但是帕斯托尔和阿斯克列皮奥多图斯却把百姓和全体哥

特人召集在一个地方,讲了下面的话:"城市的普通老百姓,特别当他们就他们全体作出独立的决定而不征求他们的任何知名人物的意见的时候,他们会毁掉他们自己和他们自己的安全,这乃是十分自然的事情。(30)但是我们这些即将和你们同归于尽的人们却有必要向你们提出这样的意见,作为向祖国最后应尽的一项义务。(31)本城的公民们,我们已看到你们是一心想把自己和这座城出卖给贝利撒里乌斯,因为他答应给你们许多好处并且发了最重的誓言来保证实现他答应的条款。(32)如果他也能向你们保证这一点,即他将在战争中取得胜利,则任何人也不能否认,你们采取的方针对你们是有利的。(33)不按照将成为主人的那个人的想法去做,那会是一件十分愚蠢的事情。但是,如果事情的结局还不能肯定并且世界上没有任何一个人有能力保证命运所作的决定的话,那么请考虑一下你们的冒失行为会给你们带来怎样的不幸吧。(34)要知道,如果哥特人在战争中打败敌人,他们将把你们作为敌人,作为对他们犯下了滔天大罪的人加以惩处。(35)因为你们的背叛行为不是出于迫不得已,而是由于你们的胆怯而有意这样做的。这样,甚至在贝利撒里乌斯看来,如果他在战争中挫败了自己的敌人,我们也许仍然像是对自己的领袖不忠和出卖了他们的人,因为我们已经证明自己是逃兵,所以很可能皇帝会把一支卫戍部队安放在这里,永远监视着我们。(36)要知道,有一个叛徒帮忙的人虽然在胜利时会因为这个叛徒的服务而感到高兴,可是在这之后,出于因叛徒过去的行径而产生的怀疑,他对这个帮过他忙的人会又恨又怕,因为他本人手里有这个人不忠的证据。(37)但是,当前如果我们表明自己是忠于哥特人的，从而英勇地面对危险，则一旦他们克服敌人，他们是会重酬我们的，而即使贝利撒里乌斯成为胜利者，他也会对我们采取宽容的态度。(38)因为即使在失败的情况下，忠诚也不会受到任何人的惩罚，除非这个人丧失了理智。(39)有什么情况使你们这样害怕敌人的包围呢？你们既不缺粮食，又没有受到封锁，任何生活必需品都可以运进来，你们还可以信赖城市的工事和这里的卫戍部队[①]，因而能安安稳稳地待在家里。在我们看来，即便贝利撒里乌斯，如果他有能用武力夺取这一城市的任何希望的话，他是不会同意和我们缔结这一协定的。(40)而且，如果他想公正地和对我们有利地行事的话，他就不应当设法恫吓拿波利人或是用要我们不公正地对待哥特人的办法来确立他自己的权力，而应对提奥达图斯和哥特人作战，这样在我们不承受危险或无须有背叛行为的情况下使城市转到胜利一方的统治之下。”

(41)他们讲完这话之后，帕斯托尔和阿斯克列皮奥多图斯便叫犹太人[②]出现在人们面前，犹太人保证说，城市不会缺少任何必需品，而哥特人方面则保证，他们会保卫这圆形城墙的安全。(42)为这番论据所说服的拿波利人于是要贝利撒里乌斯尽快离开那里。(43)但是他却开始了围攻。他对圆形城墙进行了多次攻击，但是每次都被击退并且损失了许多士兵，特别是那些自称勇敢的士兵。(44)原来拿波利的城墙是难以接近的，这一方面是因为

① 指哥特人，参见本章第 5 节。

② 他们在欧洲城市往往聚居于特定的街区，从事商业和银钱业活动。

有大海,而另一方面则是由于某种险要的地势,那些想发动进攻的人们在那里任何地方都打不开缺口,这不仅是因为这里总的地形,也因为那里的土地的坡度陡峭。(45)不过贝利撒里乌斯切断了引水入城的水道;但是他用这个办法也并没有使拿波利人惊慌失措,因为在圆形城墙里面有泉水,足以满足他们的需要并使他们不致因水道被毁而受严重的影响。

九

(1)被包围的人们背着敌人派人到在罗马的提奥达图斯那里去请求尽快把援军派来。但是提奥达图斯没有进行任何作战的准备,因为如前所述[①],他生来就不是一个英勇好战的人。(2)人们说他遇到了另外一件事情,这件事把他吓得失魂落魄并且使他陷入更大的焦虑。就我来说,我并不相信这种说法,即使如此,我还是要把这事说一说。(3)提奥达图斯过去喜欢咨询那些自称能预卜未来的人,而这一次,面临这样的局面他完全不知道怎么办才好——这种情况比任何其他事情都更易于驱使人们去请教预言;于是他便去请教在预言方面享有盛名的一个希伯来人,问他当前的战争会有怎样的结果。(4)这个希伯来人建议提奥达图斯把每组十只的三组猪分别关在三个猪栏里,分别给它们起了哥特人、罗马人和皇帝的战士的名字,然后静静地等上一些日子。(5)提奥达图斯按照他所说的做了。而当指定的日子到来时他们两人便去猪

① 参见本卷第三章,第1节。

栏看猪的情况。结果他们发现起了哥特人名字的猪除了两只之外全都死了，而起了皇帝士兵的名字的猪大多数还活着。至于起了罗马人的名字的那些猪，虽然它们的毛全都脱落，但活下来的却还有一半。(6)当提奥达图斯看到这一情况时，已经看到了战争的结果，因为他清楚地知道，罗马人的命运肯定是有一半死去并且他们的财产被剥夺，而哥特人会被打败，他们的民族留下的只有少数，而皇帝只会损失少数的士兵，但会是这场战争的胜利者。(7)据说，由于这个原因，提奥达图斯没有一点同贝利撒里乌斯作战的劲头儿。至于这个传说，让每个人按照他相信或不相信这个传说而作出自己的判断吧。

(8)但是在从陆上以及从海上围攻拿波利人时，贝利撒里乌斯开始感到困惑了。原来他开始认为他们绝不会向他投降，而且，他也不能指望攻占这座城市，因为他正在发现那里险要的地势原来是十分严重的障碍。(9)而且在这里还消磨了时间，这种耽搁也使他感到痛苦，因为他正在设法使自己不致被迫在冬季向提奥达图斯和罗马发动进攻。(10)他确实甚至已经下令给军队要他们打起背包了，他的意图是打算尽可能快地离开那里。然而正当他处于极度困惑之中的时候，却遇到了下面一件幸运的事情。(11)有一个伊扫里人很想看一看水道的结构，以便弄清楚水道是怎样把水供应给城市的。(12)于是他在离城很远的地方，也就是贝利撒里乌斯把水道打断的地方钻进了水道并沿着水道很容易地向前走，因为水道被打开之后，已经不再有水流在里面了。(13)但是当他走到离圆形城墙附近的一个地点时，他碰上了一块大石头，大石头

不是用人力放在那里而是大自然安排在那里的。(14)多年前修筑这条水道的人们在他们把水道砌到这块大石块跟前时,接着从那里打通了一个隧道,这个隧道虽然没有一个人穿行过去的宽度,但是那宽度却足够叫水流过去。(15)因此,水道的水槽结构并不是到处都一样宽,而在大石块这里水槽就变窄,窄得一个人也穿行不过去,特别如果他穿着铠甲或带着盾牌的时候。(16)当伊扫里人看到,如果在那个地点把水槽拓宽一点,他觉得军队也不是不可能进到城里去的。(17)但他是个地位卑微的普通人,从来没有和任何一位将领讲过话,于是他便把这事告诉了一个名叫保卡里斯的伊扫里人,他在贝利撒里乌斯的卫士当中是一位知名人物。保卡里斯立刻把全部情况向统帅作了报告。(18)听了这个消息非常高兴的贝利撒里乌斯重新有了勇气,他答应以重金酬谢这个人,要他试着去干这件事,并且下令他本人和一些伊扫里人合作,尽快在石头里打开一条通道,但是要注意到不要叫任何人发觉你们正在干的事情。(19)保卡里斯于是把最适于干这项工作的伊扫里人选拔出来,和他们一道秘密地进入了水道。(20)他们来到因石块而水道变得狭窄的地方之后就着手干了起来,他们并不是用凿子锄头之类的工具劈砍石头,这样敌人听到声音就会知道他们在干什么了,他们是用锋利的铁制工具坚持不断地去刨石头。(21)而很快地这工作就完成了,一个穿着胸甲拿着盾牌的人可以从那里穿过去了。

(22)当这一切最后完全安排停妥的时候,贝利撒里乌斯有了这样一个想法,这就是:如果他通过战争行动率领军队攻入拿波利，那结果会造成生命的损失，也还会发生在敌人攻掠城池时通常会发生的其他一切事件。(23)于是他立刻把斯提凡努斯召来，对他讲了如下的话："过去我多次见到城市被攻占的情况，我很熟悉这时会发生什么事情。(24)要知道，他们会杀死一切年龄的男人，至于妇女，即使她们要求死，也不会把处死这种好事给予她们，而是被带走去遭受蹂躏并受到令人憎恶的和最悲惨的对待。(25)由于战争而失去应得的抚养和教育的孩子被迫而成为奴隶，而且成为一切人当中最可憎的那些人的奴隶，因为正是在那些人手上沾满了他们的父亲的鲜血。(26)而且这还不是一切，我亲爱的斯提凡诺斯，我还没有提到那摧毁一切财产并且把城市的美丽消灭干净的大火。当我看到这座拿波利城会遭到反映在过去被攻占的城市上面那样的命运时，我对城市和你们这些城市居民起了怜悯之情。由于现在我已把攻城的手段加以完善，城市的攻克是无可避免的了。(27)但是我并不希望千百年来便为基督教徒和罗马人居住的这座古城会遭到这样的命运，特别是在我这样一位罗马士兵的统帅手上，而且在相当程度上还因为在我们军队里有许多蛮族，他们在这座城下失去了他们的兄弟或亲属，如果他们通过战争占领这座城市，他们的愤怒我是无法控制的。(28)因此，在你们还能自己做主选择和实现对你们有利的做法时，选一条较明智的道路并避开不幸吧。如果你们遭到你们也许会遭到的命运，那么，按道理讲，你们不应怪罪你们的命运，而是应怪罪你们自己的判断。"贝利撒里乌斯说了这样一番话之后，就把斯提凡努斯打发回去了。(29)斯提凡努斯在拿波利人面前一面哭着一面十分悲伤地报告了

贝利撒里乌斯对他说的一切。(30)但是拿波利人注定不受惩罚不会成为皇帝的臣民,他们既不害怕,又不作出向贝利撒里乌斯投降的决定。

十

(1)贝利撒里乌斯终于做了如下准备打入城中的安排。当夜幕降临的时候,他选拔了大约四百名士兵并指定由马格努斯(他是一个骑兵支队的指挥)和伊扫里人的头目恩尼斯领导他们,他命令他们全都穿上胸甲,拿着盾和剑,安安静静等待到他发出信号的时候。(2)接着贝利撒里乌斯又把贝撒斯[①]召来,要他待在自己身旁,因为他要就和军队有关的一件事同他交换意见。(3)到夜深的时候,他便向马格努斯和恩尼斯交待了他们的任务,向他们指出在这之前他打通的水道,并下令他们率领四百名战士拿着灯火进城。(4)他派了两个会吹喇叭的人和他们同行,这样他们一旦进入了圆形城墙,他们既能使全城陷入混乱,又能使他们自己的人知道他们在做什么。而他本人则准备了大量的云梯,它们都是先前做好的。

(5)于是这些人进入水道并向着城市推进。他同贝撒斯以及佛提乌斯[②]留在他那里并在这两个人的协助下照料一切具体的事务。(6)他还派人到营地去,叫那里的士兵不要睡觉,手持武器做好准备。与此同时,他还把一大队人马集合在自己身边,这些人都是他认为最勇敢的。再说去城里的那些人,一半以上的人因为害

① 参见本卷第五章,第3节。

② 参见本卷第五章,第5节。

怕危险而跑回来了。(7)马格努斯虽然对他们一再劝告，却仍然不能说服他们追随他，于是他便率领他们回到统帅这里来。(8)贝利撒里乌斯把他们骂了一顿，然后从他身旁的队伍中选出二百人来，命令他们和马格努斯一道前去。佛提乌斯也想率领这支队伍，于是他也跳进了水道的通道，但是他被贝利撒里乌斯拦住了。(9)随后，那些怕危险而逃回的人因统帅和佛提乌斯的责骂而深感羞耻，这时再度有了面对危险的勇气，于是便跟在其他人后面出发了。(10)贝利撒里乌斯担心在离水道最近的塔楼上放哨的某些敌人会注意到他们的活动，于是便到那里去，命令贝撒斯用哥特语同那里的蛮族交谈，以便使武器的声响不致被对方听到。(11)于是贝撒斯便大声劝他们向贝利撒里乌斯投降，并保证他们会取得丰厚的报酬。(12)哥特人则嘲笑他，又放肆地对贝利撒里乌斯和皇帝讲了许多侮辱的话。

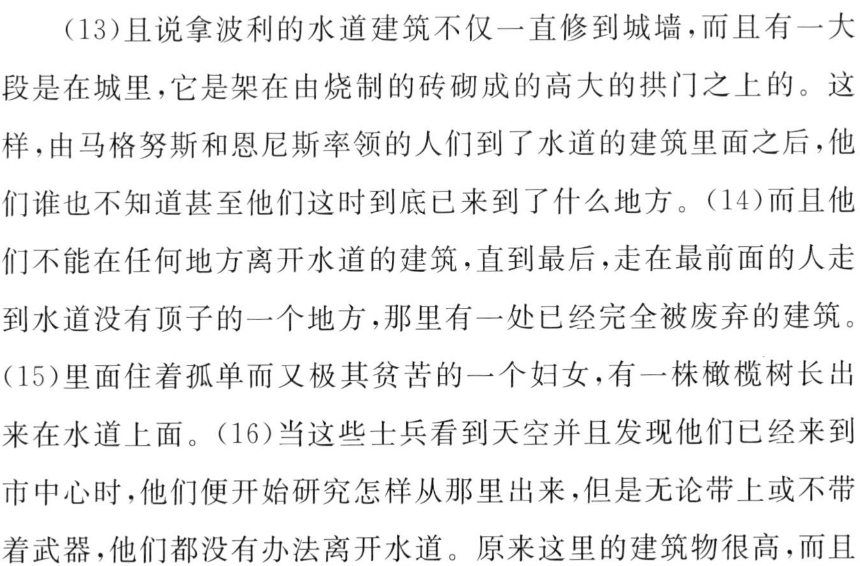

(13)且说拿波利的水道建筑不仅一直修到城墙，而且有一大段是在城里，它是架在由烧制的砖砌成的高大的拱门之上的。这样，由马格努斯和恩尼斯率领的人们到了水道的建筑里面之后，他们谁也不知道甚至他们这时到底已来到了什么地方。(14)而且他们不能在任何地方离开水道的建筑，直到最后，走在最前面的人走到水道没有顶子的一个地方，那里有一处已经完全被废弃的建筑。(15)里面住着孤单而又极其贫苦的一个妇女，有一株橄榄树长出来在水道上面。(16)当这些士兵看到天空并且发现他们已经来到市中心时，他们便开始研究怎样从那里出来，但是无论带上或不带着武器，他们都没有办法离开水道。原来这里的建筑物很高，而且

没有办法爬上去。(17)士兵们感到十分困惑,不知怎样才好,因为这时他们集合在那里,开始相互间大大地拥挤起来(原来后面的人一直不断地拥上来,这里开始挤着一大群人)。其中有一个人想爬上去。(18)于是他立刻放下自己的武器,手脚并用地拼命向上爬,终于来到那个妇女的住处。看到她在那里之后,就要她保持沉默,否则就把她杀死。(19)妇女吓得要命,就不敢讲话了。于是他就把一条结实的皮带系到橄榄树的树干上,而把另一端抛到水道里去。这样士兵们每次一个人抓住这条皮带,总算吃力地上来了。(20)在所有的人都上来之后,四分之三的黑夜已经过去了,于是他们到城墙那边去。在两个塔楼里的卫戍士兵根本没有料到这样的事会发生之前,这些人就把他们杀死了。这两个塔楼是在圆形城墙的北面,贝利撒里乌斯偕同贝撒斯和佛提乌斯就在这里等待着事态的发展。(21)因此,当喇叭手在召唤士兵向城墙展开进攻时,贝利撒里乌斯便把云梯搭在城墙上,下令士兵攀登上去。(22)但实际的情况却是,没有一个云梯够得上女墙那样的高度。原因是工匠并不是比着城墙制造的云梯,因此它们都不能达到应有的高度。(23)由于这一原因,他们就把两个云梯绑在一处,只有通过用两个云梯登城的办法,士兵才越过了女墙的高度。在贝利撒里乌斯负责作战的这一面,事件的发展情况就是这样。

(24)在圆形城墙临海的那一面,放哨的士兵不是蛮族而是犹太人,士兵在这里也不能使用云梯或攀登城墙。(25)犹太人过去曾反对贝利撒里乌斯试图不战而占领这座城市的努力,因此他们使他们的敌人感到恼火,为此他们如果落入敌人之手他们是没有任何指望的。因此，尽管他们能以看到，城市已经被攻占，他们依然继续顽强地战斗，对于敌人的进攻，其坚持抵抗的程度出乎人们的一切想象。(26)当天亮了起来，已经登上城墙的某些人向他们发动进攻时，既然他们也正在受到从后面来的攻击，于是也就逃跑了，这样，拿波利就以猛攻的方式被攻克了。这时全部罗马军队便进入了被打开的城门[①]。(27)但是驻守在东门附近的那些人，由于他们手头没有云梯，而且城门这里根本无人把守，所以就放火把它烧掉了。(28)原来这里的守卫已经跑掉了，城墙无人防守了。(29)这之后便发生了一场大屠杀，因为所有的士兵都感到愤怒，特别是在攻城时有兄弟或亲属在城下阵亡的那些人。他们一直是无分老少，把遇到所有的人全都杀死，他们还冲入家宅，把妇女儿童变为奴隶并且掠夺贵重物品当作战利品；在这方面马撒该塔伊人比所有其他人都厉害，因为他们连神庙也不放过，而是把逃到那些地方去的人也都杀死，直到贝利撒里乌斯巡视城市各处时才制止了这种行为，他把所有的人召集到一起，讲了下面的话：

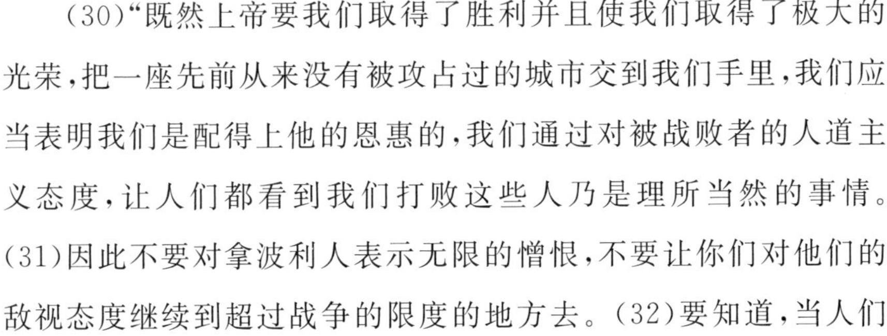

(30)“既然上帝要我们取得了胜利并且使我们取得了极大的光荣，把一座先前从来没有被攻占过的城市交到我们手里，我们应当表明我们是配得上他的恩惠的，我们通过对被战败者的人道主义态度，让人们都看到我们打败这些人乃是理所当然的事情。(31)因此不要对拿波利人表示无限的憎恨，不要让你们对他们的敌视态度继续到超过战争的限度的地方去。(32)要知道，当人们

① 536 年。

被打败时,打败他们的人就绝不要再恨他们。虽然你们把他们杀死,但是你们却不能在将来摆脱敌人,而你们还会因你们臣民的死亡而蒙受损失。因此不要再伤害这些人,也不要再毫无控制地放任自己的愤怒情绪了。(33)要知道,战胜敌人然后却又控制不住自己的情绪,这是一件不光彩的事情。这些人的全部财产足够用来奖励你们的勇敢,但是他们的妻子儿女却应当送还给他们。让被打败的人们从事实认识到由于愚昧无知他们失去了怎样的朋友吧。"

(34)在讲了这番话之后,贝利撒里乌斯便把拿波利人的妻子儿女以及奴隶全部交还给他们,这些人没有受到过他们的任何侮辱,他并且使士兵同公民取得和解。(35)这样一来,拿波利人在那一天就既成为俘虏又重新获得了他们的自由,重新得到了他们的财产中最宝贵的东西。(36)原来拥有黄金或任何其他贵重物品的那些人先前曾把它们埋到地里去隐藏起来,这样他们便得以向敌人瞒过了这样一个事实,即他们在收回自己的房屋时,同时也收回了自己的财产。(37)持续了大约二十天的围攻就这样地结束了。在城里被俘的哥特人不下八百,他们被贝利撒里乌斯监管起来,但是贝利撒里乌斯没有对他们有任何伤害,而是像对待自己士兵一样地尊重他们。

(38)前面我已经说过[①],曾经使民众作出一种愚蠢决定的帕斯托尔看到城市被攻克,突然中风死去了,尽管这之前他既没有得

① 参见本卷第八章,第22节。

过病也没有受过任何人的伤害。(39)但是和他相勾结的阿斯克列皮奥多图斯却和活下来的知名人士一道来到贝利撒里乌斯这里。(40)斯提凡努斯于是用这样的话嘲笑和责骂他:“全人类当中最卑劣的东西啊,看一看,由于你为了对哥特人表示忠诚而出卖了公民们的安全,你给你的祖国带来了怎样的灾难!(41)而且,如果蛮族一方面胜利的话,你就会说这是你本人为他们立的功劳,而把我们每一个提出比较明智意见的人送上法庭,罪名是想把城市出卖给罗马人。(42)可是现在,当皇帝攻占了这座城市并且我们由于这个人的公正而得救的时候,你竟然不顾一切地胆敢到统帅这里来,就好像你对拿波利人以及对皇帝的军队没有干过任何罪有应得的坏事似的!”(43)斯提凡诺斯的话就是这样。他对拿波利的不幸遭遇深为悲痛,这才对阿斯克列皮奥多图斯进行了责骂。但是阿斯克列皮奥多图斯却对他作了这样的回答:“高贵的先生,当你因为我们对哥特人的忠诚而责备我们时,实际上你却完全在无意中称赞了我们。(44)你知道,除非这是一个有坚定信念的人,任何人都不可能对他的处境危险的主人表示忠诚。至于我,那么胜利者会发现我是国家的一个真正的卫士,就像不久前他发现我是一个敌人那样,因为具有忠诚本质的人不会因为命运的改变而改变自己的信念。(45)而你呢,如果他们的命运不是继续像先前那样地顺利,你就甘愿听从进攻他们的那些人的建议了。犯有信念不坚定毛病的人只要心里一害怕,他就会放弃对于和他最亲近的人们的忠诚。”(46)以上就是阿斯克列皮奥多图斯所说的话。但是当拿波利的民众看到他从贝利撒里乌斯那里回来时,便集合起来斥责他,

说他要为他们遭到的一切不幸负责。并且他们直到把他杀死，把他的尸体裂为碎片之后才住手。（47）这之后，他们又到帕斯托尔家里去搜寻他本人。当仆从们坚持说帕斯托尔已经死掉的时候，他们是根本不相信这话的，直到最后他们看到这个人的尸体才罢休。于是拿波利人便把他的尸体插到城市近郊的柱子上。（48）然后他们就请求贝利撒里乌斯宽恕他们只是由于愤怒而干出的事情，并且在得到他的宽恕后就散去了。以上便是拿波利人遭到的命运。

十一

（1）罗马和罗马周边的哥特人早就对提奥达图斯的这种无所事事的态度大为吃惊了，原来敌人已经来到他的近旁，他却不愿意同他们作战，因此他们都对他十分怀疑，认为他在把哥特人的事业自愿地出卖给皇帝优斯提尼安，而他所关心的只是自己能够弄到尽可能多的钱，以便过逍遥自在的日子。因此当他们得知拿波利已被攻占时，他们立刻开始公开地对他进行所有这一切指责并且在离罗马二百八十斯塔迪昂[①]的一个小地方集会。罗马人把这个地方叫作列伽塔[②]。他们认为这个地方最适于作为营地，因为这里有可以放马的广阔的原野。（2）还有一条河流经这个地方，当地

① 约合50公里。

② 在提拉奇那（Terracina）附近。

居民用拉丁语称这条河为“德肯诺维乌姆”(Decennovium)[①],因为它在流经等于一百一十三斯塔迪昂的十九哩路程之后,便在塔腊奇那城附近入海了。在塔拉奇那近旁有一座奇尔凯乌姆山,人们说奥德修斯就在这里见到了奇尔凯[②],不过我却认为这个说法并不可信,因为荷马说奇尔凯住在一个岛上。(3)可是我应当指出的是,由于这个奇尔凯乌姆山远远地伸入大海,所以无论从海上驶近它或是从陆地上到它附近的海岸,人们都会认为它完全像是一个岛。只有当一个人来到这座山上时,他才会看出他先前的看法错了。(4)也许正是由于这个原因,荷马也许就把它称为一个岛了。但我还是回来接续前面讲的事情。

(5)哥特人在列伽塔集合之后便选定维提吉斯做他们以及意大利人的国王[③],这个维提吉斯虽然不是名门出身,但是先前当提奥德里克对盖帕伊狄人作战时[④]。他曾在西尔米乌姆周边的战斗中有过赫赫的声名。(6)因此,当提奥达图斯听到这一消息时,便赶快逃到拉温那去。但是维提吉斯赶忙派出一个名叫欧普塔里斯的哥特人,指示他把提奥达图斯带回来,活的死的都可以。(7)原来这个欧普塔里斯是仇视提奥达图斯的,原因有如下述。欧普塔

① 这个词是由拉丁词“十”(decem)和“九”(novem)组成。这里所说的“河”实际上是从阿披伊·佛洛姆(Appii Forum)到提拉奇那的一条沟渠。

② 奇尔凯据荷马的说法是太阳神赫利奥斯(Helios)的女儿,能施魔法,奥德修斯在流浪中登上了她住的埃亚伊(Aeaea)岛,他的随从被她施魔法变成了猪,他在赫尔美斯的帮助下才没有中她的魔法,但被她留在岛上并和她生了儿子。

③ 玛尔凯利努斯·科美斯,536年;约尔丹,《罗马史》,372;Getica,310。

④ 参见本卷第三章,第15节。

里斯曾向一个有遗产可继承又非常漂亮的年轻妇女求婚。(8)但是受人贿赂的提奥达图斯却把欧普塔里斯正在追求的这个妇女从他那里夺走,让她和另一个人订了婚。因此,由于这样做不仅可以解消他的怒气,而且可以服务于维提吉斯,所以他便不分昼夜特别认真和起劲地追拿提奥达图斯。(9)提奥达图斯还在路上时就被欧普塔里斯赶上了,欧普塔里斯把他打翻在地,像屠宰畜牲一样地把他杀死了。[①] 提奥达图斯一生和他的已到第三年的统治的结局便是如此[②]。

(10)于是维提吉斯就偕同和他在一起的哥特人进入了罗马。并且当他得知提奥达图斯的下场时心中非常高兴,还把提奥达图斯的儿子提奥德吉斯克路斯监视起来。(11)但是他认为哥特人对战争的准备远不是完善的,为此他觉得最好还是先到拉温那去,在那里对一切做了尽可能周密的准备之后,最后才展开战斗。于是他把全体哥特人召集到一起,作了如下的发言:

(12)"战友们,在关键时刻,最伟大事业的成功通常不是有赖于仓促的行动,而是有赖于细心周密的计划。(13)在很多情况下,在有利的时机采取的拖延政策较之相反的做法会带来更多的好处,而在不利的时候表现出来的仓促却使许多人成功的希望受挫。(14)要知道,虽然就兵力而论人们是在对等的条件下作战,但在大多数情况下,那没有准备的人较之力量虽差一些却在进入战斗时做了尽可能周密准备的人更容易被打败。(15)因此,我们不可为

---

① 536年12月。

② 玛尔凯利努斯·科美斯,536年;《小年代记》,I,133。

了取得一时的荣誉而头脑发热，从而给我们自己造成无可弥补的损害。与其避开一时的屈辱，从而很可能在今后一直灰溜溜的抬不起头来，那倒还不如承受短时期的羞辱但从而取得不朽的光荣。(16)而且你们和我一样肯定知道，在高卢和味内提亚以及最遥远的地方，都有大批的哥特人和实际上我们的全部武器装备。(17)而且，我们正在对法兰克人各民族进行一场和这场战争同样重要的战争，而如果不先把一场战争圆满了结便去进行另一场战争那会是很大的愚蠢。要知道，从两方面受到夹击而不知把他们的注意力集中于一个敌人的人们会败在两面敌人的手下，这是理所当然的事。(18)因此我要说的是，现在我们必须从这里直奔拉温那，并且在把对法兰克人的战争结束并且尽可能完美地把我们所有其他事务安排停妥之后，然后我们再率领全部哥特大军必须同贝利撒里乌斯决出个究竟。(19)我认为，你们中间的任何人对于这次撤离也不要试图加以掩饰，或不敢把它叫作逃跑。(20)要知道，用得恰当的怯懦之名曾挽救过许多人，而另一方面，某些人在不恰当的时机取得的勇敢的声誉却使许多人失去了他们成功的机会。(21)要知道，值得追求的并不是事物的虚名，而是从所干的事情当中取得的实利。要知道，一个人的价值表现在他的事业上，不过不是表现在它们的开头而是它们的结尾。(22)不在敌人面前逃跑的，乃是加强了准备之后立刻就向敌人发动进攻的那些人，而不是始终汲汲于保全自己性命乃至故意袖手旁观的那些人。而关于这一城市的被攻克，希望你们中间的任何人都不要感到害怕。(23)你们知道，一方面罗马人对我们是忠诚的，他们将为哥特人保

卫城市的安全,并且他们将不会吃任何苦头,因为我们不久将回到他们那里去。(24)而另一方面,如果他们对我们有任何疑虑的话,则他们即使把敌人引入城内也造不成巨大的损害;因为更好是堂堂正正地对敌人展开战斗。(25)尽管如此,我会注意不要发生任何这类的事情。我们要把许多人和一位最明智的领袖留在这里,他们有足够的力量有效地保卫罗马,不仅会使这里的形势对我们有利,而且不会因我们的这次撤退造成任何伤害。"

(26)以上就是维提吉斯的发言。所有的哥特人都表示同意并准备上路了。在这之后,维提吉斯又细心周到地对罗马主教西尔维里乌斯①、罗马元老院和人民做了说服工作,他向他们提到了提奥德里克的统治,他并且敦促他们所有的人保持对哥特人的忠诚,还要他们发最严重的誓以保证做到这一点。他还选拔出不下四千人并且要一个名叫留德里斯的成年人做他们的将领——留德里斯因其明智而享有盛名——以便使他们为哥特人守卫罗马。随后他便率领着其余的军队出发去拉温那了,和他同行的有作为人质的大多数元老。(27)当他到达那里的时候,他就使阿玛拉宗塔的女儿玛塔宗塔②、一位已达到结婚年龄的少女做了他的妻子,尽管这是完全违反少女的本意的。他和提奥德里克家族联姻之后,便可以使自己的统治更加巩固了。(28)在这之后,他又开始把哥特人从四面八方集合起来,加以组织和装备,适当地把武器和马匹分配给每一个人。只有在高卢执行保卫任务的哥特人他不能召来,因为他们不放心法

① 他是536年到537年的教皇。

② 玛尔凯利努斯·科美斯,536年;约尔丹,《罗马史》,373;《哥特史》,311。

兰克人。这些法兰克人在古代被称为“日耳曼人”(Germani)。(29)最初他们怎样在高卢站住脚的,在那之前他们生活在什么地方,还有他们怎样又成了哥特人的敌人的,这就是我下面要谈的。

十二

(1)正如在本书前面所说的[①],当一个人从大洋乘船在伽迪腊地方进入地中海时左手的陆地就叫欧罗巴,而和欧罗巴相对的地方叫利比亚,再向前便是亚细亚。(2)至于利比亚以外那边的地方,我就说不准确了[②];要知道,那里几乎是完全无人居住的,由于这一原因,人们认为从那里发源流向埃及的尼罗河的最远的源头人们对之是毫无所知的。(3)但是欧罗巴在它开头的那个地方和伯罗奔尼撒极为相似,它的两面都面临着大海。首先向着大洋、面向西方的土地叫易斯巴尼亚[③],它一直延伸到比利牛斯山脉的阿尔卑斯地方。(4)原来这一地区的居民习惯于把狭窄、封闭的山路称为“阿尔卑斯”[④]。从这里一直延伸到利古里亚边界的土地称为高卢。在那里有另一处阿尔卑斯把高卢和利古里人的住区分开。(5)但是高卢比易斯巴尼亚要广阔得多,这是自然的,因为从一个狭窄的半岛开始的欧罗巴在向前延伸时逐渐变得宽阔起来,直到

---

① 本书第三卷,第一章,第7节。

② 参见本书第四卷,第十三章,第29节。

③ 西班牙。

④ Ἄλπεις。拉丁语 alpes。这个说法不知何所据。按这个凯尔特语词有人认为和拉丁语的 albus(白色)有关,因为这里的山高处终年积雪。古希腊语有个不常用的“白”字(alphós)也可能和 alpes 有关。

最后成了一片极为广阔的地带。(6)这个地方两面临海,北面受大洋的冲洗,南面则是被称为蒂勒尼安海的大海。(7)高卢那里有许多河流,其中有罗纳河与莱茵河。这两条河的流向是相反的,罗纳河流入蒂勒尼安海,而莱茵河则流入大洋。(8)这一地区的湖泊众多[①],这里古时是日耳曼人居住的地方,这是一个蛮族的民族,他们在起初并没有引起人们的重视,现在则被称为法兰克人。(9)住在他们旁边的是阿尔波里奇人[②];阿尔波里齐人和高卢,还有易斯巴尼亚所有其余的居民自古以来都是罗马的臣民。(10)再向东,接在他们后面的是又一个蛮族的民族都灵吉人,这块土地是第一位罗马皇帝奥古斯都赠给他们的[③]。(11)在他们南面不远的地方住着布艮第人[④],而都灵吉人以北则是两个强大民族苏埃维人[⑤]和阿拉曼尼人[⑥]。所有这些民族都是从古以来便居住在这些地方的独立的民族。

(12)但是,久而久之,西哥特人向罗马帝国发动进攻,占领了全部易斯巴尼亚和罗纳河那一面的高卢[⑦],并且使之臣服于自己和向自己纳贡。(13)当时的情况是:阿尔波里奇人已经参加了罗马人的军队。但日耳曼人则想使这个民众臣服于他们自己,因为

---

① 这里指的是莱茵河以西的地区,当时这里是一片森林和沼泽的地带。

② 普洛科皮乌斯这里说的阿尔波里奇人估计就是阿尔莫里齐人(Armorici)。这样,他们占据的地带就是今天的比利时。

③ 今天法国东南部。

④ 同上。

⑤ 在布艮第人和日耳曼人之间。

⑥ 在今天的巴伐利亚。

⑦ 即罗纳河以西。

阿尔波里奇人的领土和他们的土地相邻并且他们改变了从古以来的政治体制。于是日耳曼人开始掠夺他们的土地，并且，由于急于想同他们作战，就以全民的规模向他们发动了进攻。(14)但是阿尔波里奇人证明了自己的勇敢和对罗马人的忠诚，他们在这一战争中表明自己是勇敢的人，并且，由于日耳曼人不能用武力征服他们，他们就想把对方争取过来并用通婚的办法使两个民族成为亲属。(15)阿尔波里奇人高兴地接受了这一建议。因为实际上他们都是基督教徒。这样他们便结合成一个民族并且变得十分强大了。

(16)现在另一批罗马士兵也被安排在高卢边界负保卫之责。(17)这些士兵没有办法返回罗马同时又不愿向他们的信奉阿里乌斯教派的敌人[①]投降，于是带着他们的军旗和多年来一直为罗马人保卫的土地投靠了阿尔波里奇人和日耳曼人。他们把这样保存下来的、他们祖先的全部风俗习惯传给自己的后人，并且这个民族怀着充分的敬意保存了这些风俗习惯甚至直到我的时代。(18)甚至在今天，人们也能清楚地认出他们在古时是在哪些军团服役的，而且他们在作战时总是带着他们自己的军旗并且总是遵循他们祖先的风俗习惯。(19)并且他们在每一个细节上，甚至在他们的鞋子方面，都保存了罗马服装的样式。

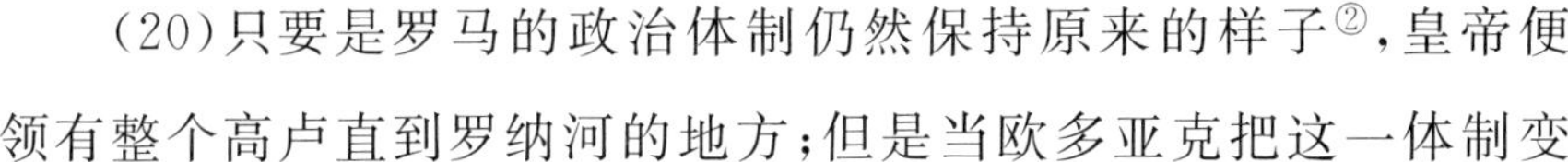

(20)只要是罗马的政治体制仍然保持原来的样子[②]，皇帝便领有整个高卢直到罗纳河的地方；但是当欧多亚克把这一体制变

① 西哥特人。

② 即为人们所承认的一个帝国王朝。

成一种专制统治时[①],由于专制统治者对西哥特人做了让步,于是他们便占领了全部高卢直到阿尔卑斯这里,也就是高卢和利古里亚交界的地方。(21)但是在欧多亚克垮台之后[②],都灵吉人和西哥特人开始害怕现在变得越来越强大的日耳曼人的力量(原来他们的国家已经变得人口极为众多,并且对于他们时时遇到的那些人,他们都毫不掩饰地用武力加以制服),因此他们渴望同哥特人和提奥德里克结成联盟。而既然提奥德里克想使这些民族依附于自己,所以他也不拒绝和他们通婚。(22)因此他便把自己的未婚的女儿提奥吉胡撒许给了当时西哥特人的领袖小阿拉里克[③],又把自己姊妹阿玛拉弗里达的女儿阿玛拉贝尔加许给了都灵吉人的领袖海尔美涅弗里都斯。(23)由于这一情况,法兰克人因为害怕提奥德里克而不敢欺侮这些民族,但是他们却发动了对布艮第人的战争。(24)但是后来法兰克人和哥特人为了对付布艮第人缔结了一项进攻性的联盟,他们约定各自派出一支军队向布艮第人发动进攻。(25)他们还约定如果有一方没有出兵,而另一方对布艮第人发动进攻,打败他们并且占领了他们的土地,则胜利者应当从没有参加征讨的另一方取得约定数量的黄金作为罚款,并且只有在这样的条件下,被征服的土地才归双方所共有。(26)于是日耳曼人根据他们和哥特人缔结的协定,发动大军向布艮第人展开进

---

① 476 年。

② 493 年。提奥德里克打败欧多亚克后,在意大利建立东哥特王国(至 555 年)而以拉温那为首都。

③ 约尔丹,《哥特史》,297 和 299;《小年代记》,I,322,324。

攻。但是提奥德里克，像他所说的，仍在进行准备工作，而有意把军队出发的时间推迟到第二天以便观望事态的发展。(27)不过到最后他还是派出了军队，但是命令将领们不必急忙向前赶路。如果他们听说法兰克人胜利了，从这之后他们应当迅速推进，但是，如果他们听到法兰克人遭难，他们就不要再向前推进，而是留在原地。(28)于是他们着手实现提奥德里克的命令，但就在这时，日耳曼人单独同布艮第人发生了战斗[①]。(29)战斗进行得激烈顽强，双方都有重大的伤亡，因为战斗的双方真可说是势均力敌。(30)但法兰克人打跑了敌人，并把他们驱赶到当时他们占据的土地的边远地带去，不过在那里有他们的许多据点，而法兰克人便占领了所有其余的土地。(31)哥特人听到这个消息之后，迅速地赶来了。当哥特人受到联盟者的激烈谴责时，他们只抱怨这一地区的路难走，并且在交出规定数量的罚金之后便按照协定和胜利者把土地平分了。(32)这样便可以比任何时候都更清楚地看到了提奥德里克的先见之明，因为他没有损失自己的一个臣民，只用少量黄金便取得了敌人一半的土地。结果是哥特人和日耳曼人一开头就占有了高卢的部分土地。

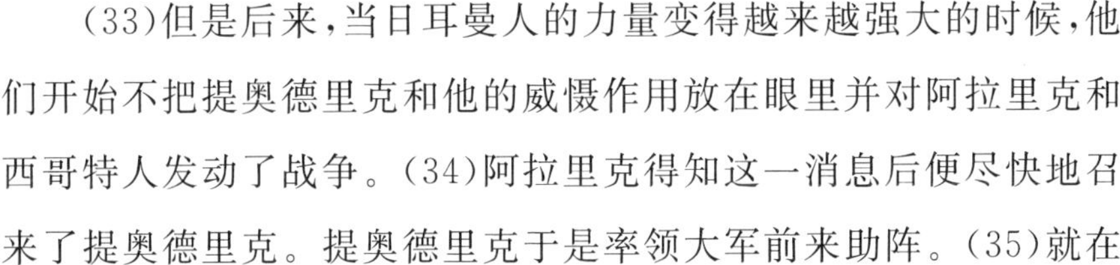

(33)但是后来，当日耳曼人的力量变得越来越强大的时候，他们开始不把提奥德里克和他的威慑作用放在眼里并对阿拉里克和西哥特人发动了战争。(34)阿拉里克得知这一消息后便尽快地召来了提奥德里克。提奥德里克于是率领大军前来助阵。(35)就在

① 534年。

这期间,西哥特人得到了日耳曼人在卡尔卡西亚那城[①]附近扎营的消息,便迎头赶去并且在扎营后,安安静静地待在那里。(36)由于他们花费了很多时间用这种办法封锁敌人,因而他们开始感到恼火,并且由于看到自己的国土受到敌人的掠夺,他们发起火来。(37)终于他们对阿拉里克有了许多侮辱的行动,他们由于阿拉里克害怕敌人而咒骂他,还因为他的岳父的耽搁而嘲弄他。(38)原来他们认为他们自己在战斗中和敌人是旗鼓相当的,即使没有人帮助他们也能以在战争中打败日耳曼人。(39)因此之故阿拉里克不得不在哥特人还没有到来之前同敌人展开战斗[②]。(40)日耳曼人在战斗中占了上风,杀死了大部分西哥特人和他们的领袖阿拉里克。(41)继而他们占领了高卢的较大部分并加以守卫,又加紧地包围了卡尔卡西亚那,因为他们听说国王的财库就在那里,这财库是老阿拉里克先前攻占罗马时作为战利品从罗马掠夺来的[③]。(42)在这些财宝当中有希伯来人的国王所罗门的财宝,这是一批极为令人惊叹的东西。它们大部分都是用祖母绿宝石装饰着的;它们是古时罗马人从耶路撒冷搬运来的[④]。(43)活了下来的西哥特人于是宣布阿拉里克的私生子吉瑟利库斯为他们的领袖,因为

① 在纳尔波高卢,今天的卡尔卡索尼(Carcassone)。普洛科皮乌斯这里弄错了。他说的这场战斗实际上是在波瓦蒂耶(Poitiers)附近进行的。

② 507年。

③ 410年;参见本书第三卷,第二章,第14—24节。

④ 这是公元70年提图斯攻占耶路撒冷时的事情。这里所说的财宝是公元410年从罗马搬来的。犹太财宝的其余部分则成为汪达尔人吉泽里克的战利品的一部分。参见本书第四卷,第九章,第5节和注释。

提奥德里克的外孙阿玛拉里克还是一个很小的孩子。(44)但是后来当提奥德里克率领哥特人的军队到来时,感到害怕的日耳曼人撤去了对卡尔卡西亚那的包围。(45)于是他们便退出了那里并占有了罗纳河那一面的高卢直到大洋的地方。提奥德里克既然不能把他们从那里驱赶出去,便允许他们占有这片领土,但高卢的其余部分则由他本人收复了。(46)随后,在把吉瑟利库斯除掉之后,他便把西哥特人的统治权交给了他的外孙阿玛拉里克,而且,由于阿玛克里克还年幼,他本人便代他摄政。(47)而他在取得了卡尔卡西亚那城的全部钱财之后便迅速地返回了拉温那。此外,他又继续不断地把将领和军队派到高卢和易斯巴尼亚去,这样他自己便掌握了统治的实权并且为了明确他要可靠地和永久地占有这个地方,他作出规定这些地方的领袖都应当向他缴纳贡税。(48)虽然每年他都收到这些贡税,但是为了做出他并不贪财的样子,他把它们作为每年的赠赐送给哥特人和西哥特人的军队。(49)结果,久而久之,哥特人和西哥特人由于他们为一个人所统治并且拥有同一块土地,他们的子女便相互通婚,从而这两个民族结成了亲属的关系。

(50)但是后来提奥德里克派为军队统帅的一个名叫提乌迪斯的人娶了一个易斯巴尼亚的妇女。她并不是西哥特人,但她出身当地一个富有的家族,不仅拥有大量的财富,而且在易斯巴尼亚还拥有大片的产业。(51)用这笔产业他征募了大约两千名士兵作为自己的亲卫队;在名义上他是因提奥德里克的授权而成为哥特人的领袖的,但实际上他是一个十足的专制统治者。(52)极为明智

和有经验的提奥德里克害怕对自己的奴隶发动一场战争,因为他担心这时法兰克人也会对他开战,这是他们的本性所决定的,或者西哥特人方面也会起来反对他。因此他不仅不撤销提乌迪斯的官职,反而继续要他领导军队,只要军队去作战的话。(53)不过他却指示哥特人当中的那些首要人物写信给提乌迪斯说,如果他到拉温那来向提奥德里克致敬的话,那他的做法不仅是正当的,而且其方式也配得上他的明智。(54)但提乌迪斯虽然执行提奥德里克的一切命令并且年年不误地缴纳贡税,但是他并不同意到拉温那来,也不向写信给他的那些人保证他会这样做。

十三

(1)在提奥德里克去世之后①,法兰克人由于感到不再有任何人能对抗他们,便对都灵吉人发动了进攻,他们不仅杀死了都灵吉人的领袖海尔美涅弗里都斯,还奴役了他们整个民族。(2)海尔美涅弗里都斯的妻子带上自己的孩子秘密地逃到她的兄弟提奥达图斯这里来。提奥达图斯这时正是哥特人的统治者。(3)在这之后,日耳曼人又向在前次战争中残存下来的布艮第人②发动了进攻,他们在战斗中打败了布艮第人之后把布艮第人的领袖囚禁在此地的一处要塞里监视起来,另一方面又奴役了布艮第人这个民族,并从那时起强迫他们像俘虏那样和他们一道去进攻他们的敌人,而对于先前布艮第人居住的全部国土,则他们使之臣服并向他们缴

① 526年。

② 参见本卷第十二章,第24节以次。

纳贡税。(4)而正在统治着西哥特人的阿玛拉里克在长大成人之后,给日耳曼人的强大真是吓坏了,于是娶了日耳曼人的统治者提乌迪贝尔特的姊妹并且同哥特人与他的表兄阿塔拉里克分割了高卢。(5)这样,哥特人便取得罗纳河以东他们的那一份土地,而罗纳河以西的部分便由西哥特人统治了。(6)此外还约定:提奥德里克规定的贡税不再向哥特人缴纳,这样阿塔拉里克便诚实地和公正地把他从卡尔卡西亚那城夺取的全部钱财归还给了阿玛拉里克。(7)继而,既然这两个民族由于通婚而结合起来,因此他们允许每个人自己作出选择:他是愿意随妻子去她那里,还是把她带到本民族来。(8)许多人把妻子带到他们喜欢的民族那里去,但也有许多人是随着妻子而定去处的。(9)但后来阿玛拉里克因得罪了他的妻子的兄弟从而遭受了很大的苦难。(10)原来他的妻子是信奉正教的,而他本人却是作为异端的阿里乌斯教派的信徒,他不允许他的妻子继续保持她平时的信仰或按照她的祖先的传统执行宗教仪节;而且,由于她也不愿按照他的习惯行事所以他对她是极不尊重的。这个妇女对此无法忍受,便把全部情况告诉了自己的兄弟。(11)为此日耳曼人和西哥特人之间发生了战争。在长时期当中战争是进行得极为激烈的[①],但最后还是阿玛拉里克被打败了,他损失了许多人并且自己也战死了。(12)于是提乌迪贝尔特带走了他的姊妹以及全部钱财,还占领了西哥特人手里的那部分高卢。(13)被打败的人们当中存活下来的带着他们的妻子儿女从高卢到

① 531年。

易斯巴尼亚提乌迪斯那里去,这时他已在那里公开地成了一个专制统治者。这样哥特人和日耳曼人便占有了高卢。

(14)但是在后来[①],哥特人的国王提奥达图斯得知贝利撒里乌斯已经来到西西里时,他便和日耳曼人缔结了一项协定,约定日耳曼人应取得属于哥特人的那部分高卢并且应取得两千磅黄金[②],但作为回报他们应当在战争中帮助哥特人。(15)但是在他还没有实现这一协定之前,他便遭到了他命定的下场[③]。正是由于这一原因,以玛尔奇亚斯为首的许多最显要的哥特人便在高卢执行保卫任务。(16)但是维提吉斯并不能把他们从高卢召回[④],不过他确实并不认为这些人有足够的数量来同法兰克人对抗,要知道,法兰克人很有可能横扫高卢和意大利,如果他率领全部军队向罗马进军的话。(17)于是他便把哥特人当中所有忠诚的人召集起来,说了这样的话:

"同胞们,现在我把你们召集来而要提供给你们的忠告听了并不是令人愉快的,但却是必须的;你们要心平气和地听我说并且以适合于我们当前情况的方式好好加以考虑。(18)要知道,当事情的发展并不像人们所希望的那样的时候,不顾不可抵拒的必然或命运而仍然把当前的做法继续下去,这对他们来说是不适宜的。我们的备战工作在所有其他方面都处于尽可能好的状态。(19)但

① 普洛科皮乌斯是接在前面被插笔叙述打断的地方(第 12 章开头处)写的。
② 参见本书第一卷,第二十二章,第 4 节;第三卷,第六章,第 2 节和注释。
③ 参见本卷第十一章,第 9 节。
④ 参见本卷第十一章,第 28 节。

是法兰克人是我们的一个障碍；为了对付他们——我们的宿敌——我们的确付出了生命和金钱的代价，不过直到目前为止，我们却还是做到保住了我们自己的东西，因为我们面前没有别的敌人。(20)但是现在我们又不得不去对付另一个敌人，因此首先必须结束对他们的战争，要知道，如果他们仍然对我们采取敌视的态度，他们肯定会和贝利撒里乌斯站在一处来反对我们。(21)有共同敌人的人们很自然地相互间会结成友谊和联盟。(22)其次，即使我们分头对每一个敌人作战，最后我们也会败在他们双方手里。(23)因此，与其为了极力想保有一切而被敌人所摧毁同时又失去全部统治大权，那还不如遭受不大的损失，却保存了我们王国的绝大部分。(24)因此我的意见是：如果我们把同日耳曼人相邻的高卢各行省以及提奥达图斯答应给他们的所有的钱给日耳曼人，则他们不仅会放弃对我们的敌意，而且甚至还会在这一战争中帮助我们。(25)至于在稍后，当我们的事情有所好转的时候，我们如何能把高卢拿回来，你们当中的任何人也不要考虑这个问题吧。现在我想起了一句古老的格言[①]，它要我们'处理好当前的事情'"。

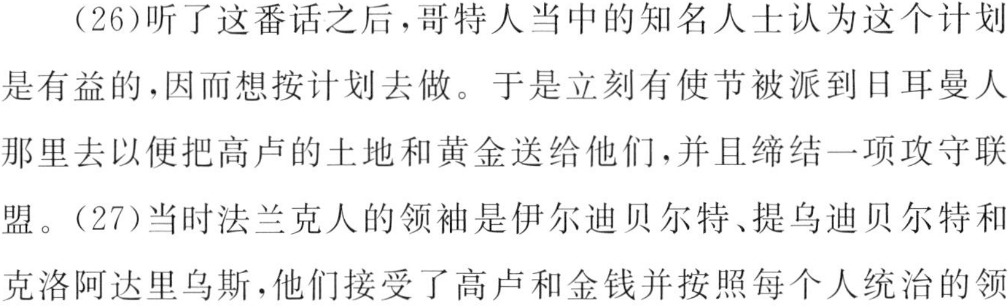

(26)听了这番话之后，哥特人当中的知名人士认为这个计划是有益的，因而想按计划去做。于是立刻有使节被派到日耳曼人那里去以便把高卢的土地和黄金送给他们，并且缔结一项攻守联盟。(27)当时法兰克人的领袖是伊尔迪贝尔特、提乌迪贝尔特和克洛阿达里乌斯，他们接受了高卢和金钱并按照每个人统治的领

① 参见修昔底德(i,35)θέσθαι τόπαρόν(对付当前的局面)；贺拉斯：《诗歌集》(iii,29,32)，"quod adest memento | Componere."

土分配了土地,并且他们同意对哥特人表示极度的友好并秘密地把辅助部队派给哥特人,不过这些部队不是法兰克人,而是从臣属于他们的民族那里抽调出来的士兵。(28)原来他们不能和哥特人公开缔结反对罗马人的联盟,因为在当时不久之前曾同意在这一战争中帮助皇帝。(29)使节们完成了这个奉派的任务之后便返回拉温那。当时维提吉斯还召回了玛尔奇亚斯和他的部队。

十四

(1)正当维提吉斯进行这些谈判的时候,贝利撒里乌斯却在准备进军罗马了。因此他从步兵当中选拔了三百人并以希罗迪安为他们的将领,而交给他的任务则是守卫拿波利。(2)他还把一支相当数量的卫戍部队派到库麦去,他认为这支部队有足够的力量保卫那里的要塞。因为除了在库麦和拿波利之外,在康帕尼亚便没有任何要塞了。(3)正是在库麦这个城市里,居民们指出了西比拉洞窟的地点,他们说这里便有她宣布神谕的庙宇;库麦是临海的,离拿波利一百二十八斯塔迪昂①。(4)这时贝利撒里乌斯正在整顿自己的军队,但罗马的居民担心他们会遭到和拿波利人同样的灾难,便在对事态加以考虑之后作出决定,认为还是把皇帝的军队接纳入城为好。在所有的人当中罗马的主教西尔维里乌斯②是最主张采取这个办法的。(5)于是他们便派出了一个名叫费戴利乌

---

① 约合23公里。

② 参见本卷第十一章,第26节和注释。

斯的美狄奥拉努姆[①]人(美狄奥拉努姆在利古里亚),这个人先前是阿塔拉里克的一位顾问(罗马人把这个官吏称为 quaestor[②])。他的任务是请贝利撒里乌斯进入罗马,保证不进行战斗而把这座城市交给他。(6)于是贝利撒里乌斯便率领着他的军队从拿波利出发,沿着拉丁大道前进,这时阿皮亚大道就在他的左侧,阿皮亚大道是罗马执政官阿皮乌斯在九百年前修筑的[③],所以用自己的名字来给这条道路命名。

这条阿皮亚大道论长度可以要一个不带行装的旅行者走五天。它从罗马一直通到卡普亚。(7)这条大道的宽度可以容两辆马车对面走过去。它是世界名胜之一。(8)原来筑路用的石材都是质地坚硬的制造石磨的石头[④]并且是从很远的地方运到这里来的[⑤]。(9)在这一地区的任何地方都找不到这种石材。他先是把这些石材磨平磨光滑并切割成多边的形状,然后把它们砌合到一起,而不把混凝土或其他任何东西浇灌到夹缝里去。(10)它们接合得如此牢固,接缝处吻合得如此结实,乃至当人们看到它们时,就好像它们不是拼合到一处,而是长到一起似的。(11)尽管在这样一个长时期里每天上面有许多车辆和各种各样的牲畜走过,它

① 今天的米兰。高卢城市中叫这个名字的不少。

② 通译“财务官”,但它的职责并不限于财务,和共和时期不同,这时他还是皇帝在法律事务方面的顾问(πάρεδρος),是一个举足轻重的人物。他还负责起草和公布新的法律。

③ 历史上是监察官阿皮乌斯·克劳狄乌斯在公元前 312 年负责修筑的。

④ 主要是玄武岩。阿皮乌斯修筑当时是石子路,后来才换成石块。

⑤ 这显然是作者的错误,因为沿这条路可以找到熔岩的石坑。

们任何地方的接缝都完全没有裂开,也没有任何一块石头被磨损或变薄。可以说它们甚至没有失去任何自己的光彩。关于阿皮亚大道就讲这些了。

(12)至于正在守卫罗马的哥特人,则直到他们得知敌人已来到跟前并且了解到罗马人的决定时,他们才开始为城市的安全担心起来,并且,由于他们又没有力量迎击敌人,他们简直手足无措了。(13)但是后来,在罗马人的允许下,他们全部离开那里去拉温那,没有走的只有他们的那位将领留德里斯,我想这是由于他本人所处的那种地位而感到羞愧的缘故。(14)结果就在那一天的同一个时候,贝利撒里乌斯率领着皇帝的军队从被称为"阿西那里乌斯门"①的城门进入罗马,而哥特人则从另一个被称为"佛拉米尼乌斯门"的城门撤出了罗马。这样一来,在皇帝优斯提尼安在位的第十一年最后一个月(罗马人称这个月为 December②)的第九天,罗马在六十年的间隔之后再次回到罗马人的统治之下③。(15)贝利撒里乌斯把哥特人的统帅留德里斯和各城门的钥匙送到皇帝那里去,而他本人所关心的是把城圈修复起来,因为它在许多地方倾圮了。他把城垛的每一个城齿都加上一个翼并且在左手加上一种侧面的护墙,以便使从城垛对进攻者展开战斗的士兵不会受到从左面猛攻城墙的敌人用投

① 阿西那里乌斯(Asinarius)这个词来自拉丁语 asinus(驴),所以如果意译的话就是"驴门"。

② 拉丁语:十二月;英语的 December 也是沿用了拉丁语的这个词。

③ 536 年。

掷物造成的伤害①。他还在城墙四周挖掘一条很深的壕沟，作为防御工事的一个非常重要的组成部分。(16)罗马赞赏统帅的细心周到，特别是在城垛这件事上表现出来的经验；但是使他们感到大为吃惊和苦恼的是：如果他竟然会想到他会被包围的话，他怎么又会想到他能够进入罗马呢，要知道罗马是不可能经受一次围攻的，因为它不可能得到粮食的供应，原因是它并不临海，而环绕它的城墙又是如此之长②，而特别是它实际上又位于十分平坦的平原之上，就地势而论，是进攻者极容易逼近的。(17)贝利撒里乌斯虽然听到了所有这些议论，却仍然继续对付围攻的一切准备工作，他从西西里来时带在船上的粮食都被他存放在公共的粮仓里，而且他还强迫所有的罗马人，尽管他们对此感到恼火，把所有他们的粮食从城郊运到城里来。

十五

(1)这时有一个从撒姆尼乌姆来的名叫皮察斯的哥特人也把他自己和与他同住在那里的全体哥特人，还有撒姆尼乌姆从沿海到流过那一地区中部的河流③的那一部分的一半交到贝利撒里乌斯手里。(2)原来住在河那一面的哥特人既不愿学皮察斯的样子，也不愿做皇帝的臣民。于是贝利撒里乌斯给了他一些士兵，帮助

① 指防守者的左手。这样，城垛横向呈 ┌ ┌ ┌形，而不是通常一连串直的城齿。带翼的城齿曾用于庞贝的城墙，奥佛贝克(Overbeck)的《庞贝》(第 46 页)有精辟的说明。

② 城周太长难以在每个点上防守：罗马城周长大约十九公里。

③ 可能是比费尔诺(Biferno)或桑格罗(Sangro)。

守卫这一地区。(3)而在这之前,卡拉布里人和阿普利亚人,由于在他们的土地上没有哥特人,也曾自愿地向贝利撒里乌斯投降,无论是沿海的还是内地的居民。

(4)在内地的城镇当中有一个城镇叫作倍涅文图斯[①]。在古时罗马人把这个城市叫玛列文图斯(Maleventus),但现在人们叫它倍涅文图斯,以避免前面一个名字的不祥之兆[②],因为 ventus 在拉丁语里有"风"的意思。(5)原来在隔海相对的大陆上的达尔玛提亚,那里常刮一种猛烈而又极为强暴的风;当这种风开始刮起来时,那里不可能有一个人能继续走在路上,而是人们都关在自己家里等着。(6)确实,这种风的力量如此之大,它甚至把一个骑马的人连同他的马卷起,带到空中,继而使他在空中随处转动一番之后,把他摔死在很远距离之外他可能偶然碰到的任何地方。(7)结果,如上所述,和达尔玛提亚相对的倍涅文图斯因位于较高的地方;所以也要受这种风的某种不利的影响。(8)这座城市古时是由提德乌斯的儿子狄奥美德斯建立的,当时他在伊利昂[③]陷落后从阿尔哥斯被赶了出来。他把卡利东地方野猪的牙作为标志留给城市,这些猪牙是过去他的叔父美列亚格尔打猎所得的奖品。甚至直到我的时代它们还在那里,那是一个很值得一看的观光项目。

① 惯常的拼法是倍涅文图姆(Beneventum)。作者用这种拼法是为了和他后面的说明相一致。

② 参见普利尼(Ⅲ. xi 16, § 105),他说这个名字最初是"Maleventum",因为那里的空气对健康不利。

③ 即特洛伊。狄奥美德斯是荷马史诗《伊利亚特》所记述的主要战士之一。

猪牙周长不下三拃[①]，形状像一弯新月。(9)据说狄奥美德斯就是在这里和安奇赛斯的儿子埃涅阿斯相遇的，当时狄奥美德斯从伊利昂来并且遵照神谕的指示把雅典娜的像给了他，这像是狄奥美德斯和奥德修斯一道在希腊人攻占特洛伊以前作为间谍去那个城市时取得的战利品。(10)他们还说，当后来他生病并且就他的病情去请示神谕时，神谕回答说，除非他把这座像送给特洛伊的一个人，否则他是永远不会把病治好的。(11)罗马人说他们不知道这个像本身现在到底在什么地方，但甚至直到我的时候，他们指给人们看的乃是一件仿制品，它是用一块石头凿出来的，现在放在幸福女神神殿东部露天下那座青铜的雅典娜像的前面。(12)而这件石头的仿制品是一个女战士的形象，她好像作战似地把枪刺出去；不过尽管是这种姿势，她却穿着一件长到脚的内衣。(13)它的面部和希腊的雅典娜像并不相似，却和古埃及人的作品完全一样。(14)但是拜占庭人却说，这个像是皇帝康士坦丁从以他的名字命名的广场[②]挖掘出来并安放在那里的。关于这件事就说这些了。

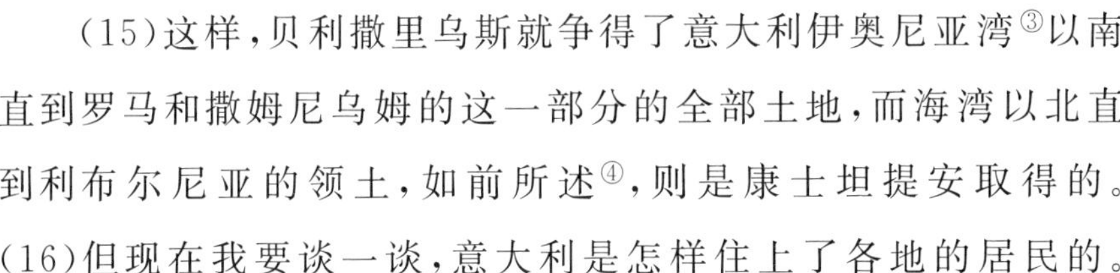

(15)这样，贝利撒里乌斯就争得了意大利伊奥尼亚湾[③]以南直到罗马和撒姆尼乌姆的这一部分的全部土地，而海湾以北直到利布尔尼亚的领土，如前所述[④]，则是康士坦提安取得的。(16)但现在我要谈一谈，意大利是怎样住上了各地的居民的。

① 长约70厘米。

② 康士坦丁广场在赛马场以西不远的地方。广场的主要纪念物之一是现在仍立在那里的一个巨大的斑岩石柱，它通常被说成是“烧过的石柱”。

③ 即亚得里亚海。

④ 参见本卷第七章，第36节。

亚得里亚海[①]有一处深深地进入大陆的出水口,这样就形成了伊奥尼亚湾,但是在终端处它并没有形成一个地峡,像大海进入大陆的其他地方那样。(17)比如以科林斯城所在地的列凯乌姆为终点的所谓克里赛欧斯湾便形成了这个城市的有大约四十斯塔迪昂宽的一个地峡。(18)而人们称为黑色海湾[②]即海列斯彭特所面临的海湾则在凯尔索涅斯形成一个不比科林斯地峡宽而是和它大小差不多的地峡。(19)但是从作为伊奥尼亚湾终点的拉温那城到蒂勒尼安海,对于一个不带行装的人来说,是不少于八天的路程。(20)而这原因是,这一海湾在前进时[③]总是深深地倾向右侧。而在这一海湾下手,第一个城市就是那现在称为叙德路斯的德律欧斯[④]。(21)在这个城市的右手住着卡拉布里人、阿普利亚人和撒姆尼特人,接在他们之后的是皮凯尼人,皮凯尼人的居住地区一直延伸到拉温那城。(22)在左手住着其余部分的卡拉布里人、布路提伊人和路卡尼亚人,接在他们后面的是康帕尼亚人直到塔腊奇那城的地方,他们的土地和罗马的土地是邻接的。(23)这些民族占据两个海的沿岸地带和意大利那一部分的全部内陆地区。而这就是先前称为大希腊(Magna Graecia)的地方。在布路

① 这里所谓亚得里亚海实际上是地中海的如下一部分:南到阿非利加,西到西西里和意大利,东到希腊和埃皮洛斯;因此普洛科皮乌斯所说的“伊奥尼亚湾”才是我们今天所说的“亚得里亚海”。

② 现在的撒罗斯湾(Gulf of Saros),在伽利波利(Gallipoli)半岛以北和以西。

③ 向着西北方向。普洛科皮乌斯的意思是说,亚得里亚海在其上端应当更多向左(即向西)倾斜,以便形成他惊讶地发现并不存在的地峡。

④ 叙德伦图姆(Hydruntum);参见本书第三卷,第一章,第9节及注释。

提伊人的居住区里，还住着埃皮吉费里的罗克里人、克罗同人和图里伊人。(24)但是在海湾以北，首先遇到的居民就是被称为埃皮罗提人的希腊人，他们的住区一直延伸到临海的城市埃皮达姆诺斯。(25)和这一地区相邻接的是普列卡利斯地区，再过去就是被称为达尔玛提亚的地区，它的全部被认为是西部帝国的一部分。从那里再过去就是利布尔尼亚[①]、伊斯特里亚和一直延伸到拉温那城的味内提人的地区了。(26)这些地方在那一地区是临海的。但是在他们上手则是西斯奇人和苏埃维人(但他们不是法兰克人的臣民而是另一支)，他们是居住在内地的。(27)再过去就是卡尔尼人和诺里奇人。在他们的右手住着达奇人和潘诺尼亚人，他们有一些城市，其中包括西恩吉都努姆[②]和西尔米乌姆，他们的地区一直延伸到伊斯特河[③]。(28)在这次战争开始时统治着伊奥尼亚湾以北的这些民族的是哥特人，但是在拉温那的上手波河左岸的地区住的是利古里亚人[④]。(29)在他们以北一个名叫朗哥维拉的极为美好的地方住着阿尔巴尼人。这些人的那一面则是臣服于法兰克人的各民族，而西方的国土属于高卢人，高卢人再过去就是易斯巴尼亚人了。(30)波河的右手是埃米利亚[⑤]和图斯卡尼各民族，它们的住区一直延伸到罗马的边界。关于这一点就说这些了。

① 今天的克罗提亚。

② 今天的贝尔格莱德。

③ 即多瑙河。

④ 普洛科皮乌斯似乎有误：利古里亚以及埃米利亚(见后第30节)是在波河以南。参见本卷第十二章，第4节；在这里，利古里亚被说成一直延伸到阿尔卑斯山。

⑤ 它的首府是普拉肯提亚(皮亚岑佐)。

十六

(1)这样,贝利撒里乌斯便占有了罗马的全部领土直到梯伯河的地方并且把它防守起来。而当他把一切都尽可能好地安排停妥的时候,他便把他自己的许多卫士以及不少长枪手(其中包括马撒该塔伊人扎尔特尔、霍尔索玛努斯和埃斯克玛努斯)此外还有一支军队交给了康士坦丁,并命令他到图斯卡尼去以便夺取那里的城镇。(2)他还命令贝撒斯攻占图斯卡尼的一座防守坚固的城市纳尔尼亚。这个贝撒斯本人是个哥特人,他属于这样的一些人:他们从古以来便住在色雷斯,当提奥多里克把哥特民族从那里带进意大利时,他并没有跟随他,并且他是一个刚毅果断的人,一个出色的战士。(3)原来他既是一个第一流的将领,又是一个能够巧妙地进行活动的人。这个贝撒斯在居民的完全同意之下占领了纳尔尼亚,而康士坦丁则毫不费力地占领了斯波利提昂①和佩路吉亚②以及其他一些城镇。图斯奇人也自愿把他迎入自己的各个城市。(4)因此,在斯波利提昂安排了一支卫戍部队之后,他本人便带着自己的军队安安静静地留在佩路西亚,这里是图斯卡尼的首府。③

(5)当维提吉斯听到这个消息时,他便派出了由乌尼拉斯和皮撒斯率领一支军队去对付他们。(6)在佩路吉亚郊区,康士坦丁迎击这些军队并展开了战斗。由于蛮族在数量上占优势,战斗起初

---

① 今天的斯波列托(Spoleto)。

② 今天的佩路吉亚(Perugia)。

③ 约尔丹,《罗马史》,374;《哥特史》,311。

打得难分难解，但是后来罗马人由于他们的勇敢而占了上风并打跑了敌人，并且当他们在一团混乱中逃跑时，罗马人几乎把他们所有的人杀死；而且他们生俘了敌军的将领并把他们送到贝利撒里乌斯那里去。(7)而当维提吉斯听到这一情况时，他不愿安安静静地留在拉温那，原来他已因玛尔奇亚斯和他的士兵还没有从高卢赶到这里而感到苦恼了。(8)于是他便向达尔玛提亚派出了由阿西那里乌斯和乌利吉撒路斯率领的一支大军去收复达尔玛提亚重归哥特人的统治之下。(9)他还指示他们把来自苏埃维人地区的一支蛮族军队并入他们自己的军队，然后直接去达尔玛提亚和撒罗尼斯。(10)他还派出许多战船和他们一道出发，为的是他们可以同时从陆上和从海上包围撒罗尼斯。(11)他本人则率领着他的全部军队赶赴罗马去对付贝利撒里乌斯，他带去作战的骑兵和步兵的数目不下十五万人，他们大部分以及他们的乘骑都是披着甲胄的。

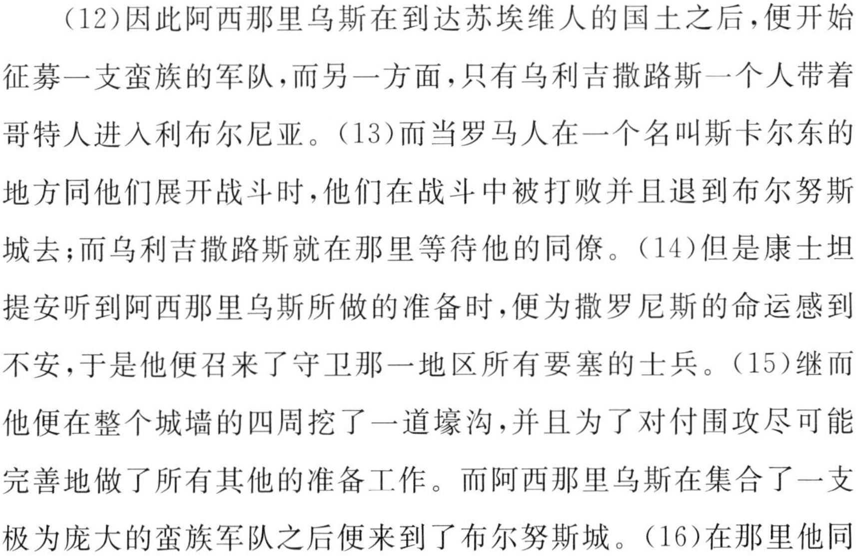

(12)因此阿西那里乌斯在到达苏埃维人的国土之后，便开始征募一支蛮族的军队，而另一方面，只有乌利吉撒路斯一个人带着哥特人进入利布尔尼亚。(13)而当罗马人在一个名叫斯卡尔东的地方同他们展开战斗时，他们在战斗中被打败并且退到布尔努斯城去；而乌利吉撒路斯就在那里等待他的同僚。(14)但是康士坦提安听到阿西那里乌斯所做的准备时，便为撒罗尼斯的命运感到不安，于是他便召来了守卫那一地区所有要塞的士兵。(15)继而他便在整个城墙的四周挖了一道壕沟，并且为了对付围攻尽可能完善地做了所有其他的准备工作。而阿西那里乌斯在集合了一支极为庞大的蛮族军队之后便来到了布尔努斯城。(16)在那里他同

乌利吉撒路斯以及哥特军队会合,然后向撒罗尼斯进发。他们在城壁四周修起了一道栅栏,又把士兵满满地载到船上要他们警惕地注视着要塞向着大海的一面。他们便这样地着手从陆上和海上把撒罗尼斯包围起来。(17)但是罗马人突然向敌人船只发动了进攻,并且打跑了他们;他们打沉了许多满载着人的船,又拿获了许多上面没有人的船。(18)但是哥特人并没有撤去他们的包围,而且继续猛烈地进行他们的围攻并且使罗马人比先前更紧凑地把自己封闭在城里。达尔玛提亚这里罗马和哥特军队的情况就是这样。

(19)但是维提吉斯从来自罗马的当地人那里得知贝利撒里乌斯手下的军队人数甚少,便开始为他之撤离罗马而后悔起来。他对当时的情况不再能容忍,而现在又感到怒不可遏,因此便向敌人开始了进军。(20)在向那里进军的路上,他遇到了正从罗马来的一位神父。于是据说维提吉斯十分激动地向这个人打听贝利撒里乌斯是否还在罗马,就仿佛他担心他不能捉到他,而贝利撒里乌斯会在他到达之前跑掉似的。(21)但是据说这个神父的回答是,他根本无需担心这一点。因为他这位神父便能以保证,贝利撒里乌斯从来不会使用逃跑的办法,而是会留在原地的。但是据说,维提吉斯一直在越来越不耐烦地向前赶路,他祈祷说,他希望在贝利撒里乌斯从罗马逃跑之前能亲眼看到罗马的城墙。

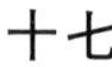

十七

(1)当贝利撒里乌斯得知哥特人倾巢出动向他这边攻来的时候,他陷入一种进退两难的处境。原来,一方面,他不愿意没有康士坦丁和贝撒斯的军队在自己的身边，因为他自己的军队太少了；可是另一方面，如果他把图斯卡尼的据点放弃，这在他看来也是不利的，因为这样一来哥特人将会用这些据点来反对罗马人。(2)因此在经过考虑之后，他便带话给康士坦丁和贝撒斯，要他们把足够的力量配置在绝对需要他们的那些据点之中，然后率领其余的军队尽快赶到罗马来。(3)康士坦丁按照他的指示做了。他在佩路吉亚和斯波利提昂安置了卫戍部队之后，便率领着其余的军队开向罗马来了。(4)但是这时贝撒斯却还比较从容不迫地在纳尔尼亚进行布置，而由于敌人走的正是那条路，结果城市郊外的平原上到处都是哥特人。(5)这些人乃是走在其余军队前面的先头部队；贝撒斯和他们展开了战斗，没料到竟打败了他遇到的哥特人并且又杀死了许多人，但是当他看到敌人人数太多而无法抵挡时，他便退回了纳尔尼亚。(6)他按照贝利撒里乌斯的指示把一支卫戍部队留在那里，便火速地赶向罗马并报告说敌人马上就要来到近前，因为纳尔尼亚和罗马相距只有三百五十斯塔迪昂[①]。(7)但是维提吉斯根本不想攻占佩路吉亚和斯波利提昂，因为这两个据点极为坚固，而且他并不十分想在这里消耗时间。(8)这时他的一个期望就是要找到还没有从罗马跑掉的贝利撒里乌斯。而且，甚至当他得知纳尔尼亚也在敌人的手里的时候，他也不愿意在那里有任何举动，因为他知道这个地方是难以接近的，而且是在陡峭的地段上；(9)原来纳尔尼亚是在一座高山之上，纳尔努斯河就从山脚下

① 约65公里。

流过,纳尔尼亚之名便是从纳尔努斯河得来的。(10)有两条路通到山上去,一条在东面,另一条在西面;一条非常狭窄,因山路陡峭而难走,另一条只有通过架在河上的桥才能达到,这座桥就在这里提供一条通路。(11)这座桥是早年皇帝奥古斯都修筑的,是十分壮观的一处观光地点;据我们所知,它的那些桥拱是最高的。

(12)因此维提吉斯不愿把时间浪费在这里,便从那里离开,率领着全部军队全速向罗马进发;这次他是通过撒比尼人的地区行军的。(13)当他逼近罗马,离开它不过十四斯塔迪昂的时候,他遇到了梯伯河上的一座桥[①]。(14)就在当时不久之前,贝利撒里乌斯在这里修了一座塔楼并给它安上了门,他并且要一队卫兵驻守在里面,但并不是因为这是敌人越过梯伯河的唯一通路(因为在许多地点既有船又有桥),而是因为他想要敌人在路上耽搁更多的时间,要知道,他在指望皇帝那边会把另一支军队派来,而且还为了罗马人可以把更多的粮食运进城里来。(15)要知道,如果蛮族在那里被击退的话,他们会设法通过别的什么地方的一座桥渡河,而他认为这要用去他们至少二十天的时间,而如果他们要想把足够数量的船放到梯伯河上,那也许会耗去他们更多的时间。(16)因此,这些正是使他在那里安排卫戍部队的理由;哥特人那天也在那里设了营,但他们不知道该怎么办才好,并认为他们势必在第二天对塔楼发动猛攻。(17)但是这时有二十二名开小差的士兵跑到他们这里来,这些士兵是罗马军队里的蛮族士兵,原属于音挪肯提乌

① 这座桥是穆尔维乌斯桥。这是537年2月21日的事情。

斯麾下的骑兵部队[①]。(18)正在那时,贝利撒里乌斯恰好也在梯伯河附近设营,以便他们能进一步阻止敌人过河并且以某种方式向敌人表示自己的勇敢。(19)但是如上所述,守桥的全体士兵为大群的哥特人所吓倒,他们感到危险太大而失去了抗衡的勇气,于是就在夜里放弃他们守卫的塔楼而跑掉了。(20)他们认为自己不能再去罗马,于是偷偷地向康帕尼亚方面逃去,这或者是因为害怕将领会给他们以惩罚,或者因为他们没有脸面去见自己的同伴。

十八

(1)第二天,哥特人毫无困难地摧毁了塔楼的门,渡过了河,因为没有人试图同他们对抗。(2)但是还不知道卫戍部队这里的所作所为的贝利撒里乌斯却正在率领一千名骑兵到河上的桥这里来,以便观看地形并确定他的士兵设营的最佳地点。(3)但是当他走近的时候,他们碰上了已经渡过了河的敌人,并且完全不情愿地同某些敌人展开了战斗。(4)贝利撒里乌斯尽管先前他是在一个安全的地方,但这时他不再想处于统帅的位置上,而是开始像一个普通士兵那样地站在前面的队列里战斗了。(5)结果,罗马人的事业便遭到了巨大的危险,因为战争的全部重大决策是要由他作出的。(6)原来这一天贝利撒里乌斯骑的是一匹久经战阵的马[②],它十分懂得如何拯救它背负的骑马人。这匹马通体是深灰色的,只

① 参见本卷第五章,第3节。

② 关于贝利撒里乌斯的这匹马,参见E.什洛德尔(E. Schröder)在《古代史杂志》(*Zeitschrift f. d. Alter*)第35卷(1891)上发表的文章,(该卷第237页以次)。

有面部从上到鼻孔处是雪白的。希腊人称这种马为“法利昂”[①],蛮族则称之为“巴兰”。当时大多数哥特人都把投枪和其他投射物向它和贝利撒里乌斯投去,他们这样做的原因是这样。(7)原来前一天投到哥特人这边来的逃兵,当他们看到贝利撒里乌斯在前列战斗时,深知如果他阵亡,罗马人的事业也就立刻垮掉了,于是大声呼叫要他们“向那白脸的马投射”。(8)结果这句话就传了开来,所有的哥特人都知道了,他们根本没有打听这到底是怎么一回事,因为人们正在混战之中,他们也并不清楚地知道,这话指的是贝利撒里乌斯。(9)但是大多数的人猜想到,这句话这样快地便在所有哥特人中间传遍,这绝不是偶然的,于是他们大多数的人便不管所有别的人,而开始射向贝利撒里乌斯。(10)哥特人中间每一个想表现勇气的人立刻激起一股争取荣誉的巨大热诚,他们尽可能地逼近贝利撒里乌斯,一直试图抓住他并且在盛怒中不断用刀剑刺过去。(11)但是贝利撒里乌斯本人则一面躲闪腾挪,一面不断地把他遇到的向他进攻的敌人杀死,而在这个危险时刻,他也大大地得益于他自己的长枪手和卫士们对他的忠诚。(12)因为他周边的人表现了这样的勇敢,以致我认为这是迄今世界上任何人从来不曾表现过的。(13)原来他们在自己的统帅和他的乘骑前面举起了盾牌来保护他们,这样便不仅承受了所有的投射物,而且逼退并打跑了不时向他进攻的那些敌人。这样一来,整个战斗便集中到一个人身上了。(14)在这一战斗里,哥特人方面阵亡的不下一千人,

① 有白斑的马,“白脸”马。

他们都是战斗在最前列的；而在贝利撒里乌斯的亲信当中最勇敢的许多人都战死了，长枪手玛克森提乌斯是在对敌作战中立下了大功之后倒下的。(15)但是万幸的是，在那一天贝利撒里乌斯既没有受伤也没有被投枪刺中，尽管战斗是围绕着他一个人进行的。

(16)罗马人终于由于自己的英勇而打跑了敌人，人数极多的蛮族一直逃回他们的大部队那里去，在那里还没有接战的哥特步兵不费任何周折便挡住了他们的敌人并迫使敌人退了回去。(17)而当另一支骑兵又来支援哥特人时，罗马人便拼命地逃跑，直到他们逃到一座小山那里，于是便爬上去，在那里坚持下来。但是敌人的骑兵却直接跟踪而上，于是展开了第二次的骑兵战斗。(18)在那里安托尼娜的儿子佛提乌斯的马夫瓦伦提努斯表现得特别英勇。他独自一人跳到敌人的大群里去，亲自抗击哥特人的猛攻，这样就挽救了自己的同伴。(19)罗马人便用这种办法逃掉了，他们来到罗马城防工事的地方，而追击的蛮族也一直跟踪到被称为“撒拉里亚门”[①]的城门之下。(20)但是罗马的民众害怕敌人会和逃回的罗马人一道冲进城内从而打进要塞，因而很不愿把城门打开，尽管贝利撒里乌斯一再敦促他们开门，并为此对他们进行了威胁。(21)要知道，一方面，那些从塔楼向外看的人们认不出这个人来，因为他的脸和他的整个头部满都是血污与尘土，同时谁也无法看得很清楚，因为这时天色已晚，是日落的时候了。(22)而且罗马人没有任何理由认为统帅会活下来；因为从前一次败退逃回的

① 在罗马城东北。

那些人曾报告说,贝利撒里乌斯在前面的行列里英勇战斗时已经牺牲了。(23)因此用力向前冲击并满怀巨大愤怒的大群敌人正打算直接越过壕沟并进攻那里逃跑的敌人。(24)越过壕沟之后的罗马人发现自己大批人被紧紧地挤在城根一带乃至一个人挨上另一个人的时候,他们正在被压挤到一个小小的空间之中。(25)但是工事内部的人们,由于他们失去了统帅和完全没有准备,又为自己以及为城市担惊受怕,所以他们完全无力保卫他们自己的人,尽管这些人处于十分危急的处境。

(26)于是贝利撒里乌斯有了一个大胆的想法,这个想法没想到竟然使罗马人摆脱了危局。原来他一面激励所有自己的人,同时就突然向敌人发动了进攻。(27)而敌人甚至在这以前便已经乱成一团,因为天色已经暗了下来而且还因为他们是在进行追击这一事实;可是现在,当他们完全出乎意料地看到逃跑者又向他们发起了进攻时,他们就以为是城里又有一支军队前来支援了,于是便全都惊慌万分地立刻拼命逃走了。(28)但是贝利撒里乌斯并不拼命追赶他们而是直接回到城墙这边来。这时罗马人才鼓起勇气把他和所有他的士兵接纳到城里来。(29)贝利撒里乌斯和皇帝的事业差一点儿就被断送了。在早上很早便开始了的战斗直到黑夜才结束。在这次战斗当中表现得比所有别的人更加勇敢的,在罗马人当中是贝利撒里乌斯,而在哥特人当中是维桑都斯·汪达拉里乌斯。当环绕着贝利撒里乌斯展开了战斗时第一个向他发动攻击的就是维桑都斯·汪达拉里乌斯,直到他身上负了十三处伤而倒下之后才停止。(30)由于人们都认为他当场就阵亡了,他并没有

受到同伴们的照料，虽然说他们是胜利的一方。结果他就和战死者一道躺在那里。(31)但是在第三天，当蛮族在罗马的城圈近旁设营并且派出一些人去掩埋他们的死者并举行传统的葬礼的时候，那些搜寻战死者遗体的人们才发现维桑都斯·汪达拉里乌斯还活着。维桑都斯·汪达拉里乌斯的一个同伴请维桑都斯·汪达拉里乌斯向他说几句话。(32)但是维桑都斯·汪达拉里乌斯甚至连话也说不出，原来他体内因饥饿和他的伤痛引起的口渴而正发烧，因而他示意要对方给他灌一点水到嘴里。而当他喝了水并且恢复了神智的时候，他们便把他抬回了营地。(33)由于这一功业，维桑都斯·汪达拉里乌斯在哥特人中间获得了巨大的名誉。此后他又活了很长一个时期，享有极大的声望。而这便是战斗后第三天发生的事情。

(34)但是那时，贝利撒里乌斯在他和他的随从得到了安全之后，便把士兵和几乎全体罗马民众集合到城墙的地方，并且命令他们点起很多堆火并在整个夜里都在警觉地守卫着。在巡视城墙各处的工事时，他都进行了整顿并且任命他的将领分别负责各个城门的守卫工作。(35)但是负责守卫那被称为普莱涅斯提那门的城门[①]的贝撒斯却派了一名使者到贝利撒里乌斯这里来，要他报告说，从另一个城门攻入的敌人已经占领了城市，这个城门横跨在梯伯河之上[②]，并且是以圣徒潘克拉提乌斯的名字命名的。所有和贝利撒里乌斯在一起的人听到这个消息，都敦促他尽快从另一个

① 罗马城东部之城门。

② 关于作者对于“横跨在梯伯河之上”的城门的描述，参见第19章，第6～10节。

城门逃命。(36)但是他在听到这个消息之后,并不惊慌失措,而且他立刻宣布说这个报告是不正确的。(37)他这方面也派出了自己的一些骑兵尽快渡过了梯伯河,这些骑兵在那一带进行了视察之后便带回话来说,那一地区的城墙没有受到任何敌方的进攻。(38)于是他立刻下令给负责守卫每一个别城门的将领:每当他们听到工事的任何其他部分被敌人攻克的消息时,他们不应当设法协助进行守卫工作,也不应当放弃他们的岗位,而是应当静静地在原地等待;因为他本人会处理这样的事情的。(39)而他这样做是为了在遇到一个不确实的谣传时他们不致再次陷入混乱之中。

当罗马人还处于一团混乱之中的时候,维提吉斯把他的一名名叫瓦奇斯的将领,一个相当有地位的人派到撒拉里乌斯门[①]那里去。(40)此人到了那里之后,便开始谴责罗马人对哥特人的叛变行为;他说,他们既叛卖了他们的祖国又叛卖了他们自己,因为他们不相信哥特人的强大力量却相信保护不了他们的希腊人,尽管先前他们已看到,到意大利来的希腊人只是演悲剧和谐谑剧的优伶还有海上的盗贼而已[②]。(41)瓦奇斯所说的就是这些以及诸如此类的许多话,但由于没有一个人和他搭话,他便回到哥特人和维提吉斯那里去了。(42)至于贝利撒里乌斯,他也引起了罗马人对自己的许多嘲笑,原来虽然他好不容易才逃出敌人之手,他却要他们从此鼓起勇气来,不要把蛮族放在眼里。他说,因为他清楚地知道,他肯定能战胜他们。他如何能肯定地认识到这一点,在后面

---

① 参见本章第 19 节。

② 参见本书第四卷,第二十七章,第 38 节及注释。

我还会加以说明的[①]。(43)已经是深夜了,贝利撒里乌斯的妻子和他的那些在场的友人才终于好不容易强迫直到这时还没有吃饭的贝利撒里乌斯吃了很少的一点面包。两军便这样地度过了这一夜。

十九

(1)第二天,他们又列阵准备战斗了。哥特人认为由于罗马城规模大[②],因此他们可以毫不费力地通过围攻把它占领,罗马人则在于如何保卫它。罗马城墙有十四个大城门和几个较小的城门。(2)哥特人既然不能用他们的全部军队从四面八方把城包围起来,于是他们便设置了六个设防的营地,从这里攻扰包括从佛拉米尼乌斯门直到那个被称为普莱涅斯提那门的城门的这五座城门的这一段城墙;而且所有这些营地都被他们设置在梯伯河的左岸。(3)因为蛮族担心敌人会把以穆尔维乌斯为名的那座桥摧毁,从而使他们到达不了河右岸的全部地带直到海边的地方,并且用这种办法一点儿也不会感到遭受围攻时遇到的麻烦,于是他们便在梯伯河对岸地方的尼禄平原上设置了第七座营地,这样在他们两支军队之间便可以有一座桥了。(4)这样一来,又有两座城门被暴露在敌人的进攻威胁之下,这就是奥列利乌斯门[③](现在这座门以基

① 参见本卷第二十七章,第25～29节。

② 城区太大则不易防守。

③ 普洛科皮乌斯此处有误。他指的实际上是科尔涅利乌斯门。

督的主要使徒彼得为名，因为他的墓离开这里不远[①]）和特兰斯提布尔提努斯门[②]。（5）这样看来，哥特人用他们的军队包围的只是罗马城的一半左右，但是由于他们在任何方面都不受河流的阻隔而完全不能接近城墙，因此任何时候只要愿意他们都可以向整个城周发动进攻。

（6）现在我就来谈一谈罗马人如何在河流的两岸修筑城墙。（7）在古时，梯伯河有很长一段通常是沿着城墙流过的，甚至在它现在被拦入城墙的地方。但沿河的城墙所在的这块土地是平坦而又极易接近的。（8）同这一块平地相对，在梯伯河的对面有一座大山[③]，从古以来罗马的所有的磨坊都设立在这里，因为有一条水道把很多水引到山头，而水便强有力地从那里的斜坡倾泻而下。（9）由于这一理由，古罗马人决定把这座山和它附近的河岸用一道墙包围起来，这样敌人便根本无法把那些水磨摧毁，也不能渡过河去轻易地对罗马的城墙发动攻击。（10）因此他们决定在这一地点的河上架一座桥并且使它和城墙连接起来；通过在河对岸的地区修建许多房屋，他们使得梯伯河流经城市的中心。关于这事就说这些吧。

（11）哥特人在所有他们营地的四周都挖掘了深沟并且把从沟里掘出来的土堆在沟的内侧，使这土堤变得特别高，而且他们还把大量削尖的木桩插在土堤上，从而使他们的营地一点也不比设防

① 据传统，圣彼得的会堂在使徒墓地的上手。

② 即奥列利乌斯门。

③ 雅尼库路姆山（Janiculum）。

的要塞差。(12)尼禄平原上的营地是在玛尔奇亚斯的统率之下的(因为这时他已经和同他一道在高卢设营的随从们从高卢来到这里),而统率其他营地的是维提吉斯和其他五个人;因为每一处营地都要有一位将领负责。(13)这样,哥特人用这种办法安排好了阵地之后便破坏了全部水道,为的是使它们根本不能把水引入这个城市。罗马城一共有十四条水道,它们是古人用烧制的砖砌成的;水道是如此宽和如此高,它可以使一个人在里面骑着马前进[①]。(14)而贝利撒里乌斯这方面则是以如下的方式安排城市的防务的。他本人据守小的平奇乌斯门和在它的右手的门,即撒拉里亚门。(15)因为这两个门这里的城墙容易受攻击,同时罗马人又能从这两个门出去迎击敌人。他把普莱涅斯提那门交给了贝撒斯。(16)在平奇乌斯门的另一面的佛拉米尼乌斯门被贝利撒里乌斯交给了康士坦丁负责守卫,他先前便已把城门关闭,从里面堆砌起一面大石块的墙壁从而极为安全可靠把它封了起来,这样任何人也无法把它打开。(17)由于敌人的一处营地就在很近的地方,他担心敌人会在那里对城市有什么阴谋行动。(18)而对于其余的城门,则他命令由步兵的将领们加以防守。他尽可能安全地把每一条水道封闭起来,方法是在相当长的一条距离内把水道内部用砖石之类的东西填满以防止任何人通过它们从外部进来造成危害。

(19)但是,如上所述,在水道被破坏之后,水便不再推动石磨,

① 这种说法夸大了;水道的高度由四至八英尺不等。

而在围攻期间由于缺乏一切食物,罗马人完全无法利用任何种类的牲畜来转动它们。的确,他们几乎不能为他们不可缺少的马提供饲料了。(20)于是贝利撒里乌斯想到这样一个办法。就在我前面刚才提到的和城墙连接的那座桥[①]的下面,他从两岸拉过来绳子并且把它们拉得尽可能紧,又把两只船并排地系在绳子上,船与船之间相隔有二呎的距离,这里从桥洞下来的水流是最有力量的;于是他便把两个水磨分别安放在两只船上,在它们中间安置通常使水磨转动的机械装置。(21)在这些船下手他又系上其他的船,每只船后面都依次有另一只船,同样地把水车安放在它们中间,这样有长长的一串。(22)这样,由于水流的力量,水车便一个接一个地独自转动起来,它们又带动和它们相连的水磨,从而为罗马城磨出足够的面粉。而当敌人从开小差的士兵了解到这一情况时,他们便用如下的办法摧毁水车。(23)他们把大的树木和不久前阵亡的罗马士兵的尸体收集起来,不断地把它们投入河中;(24)它们大多数被水流冲到船中间去,从而把水车撞毁。但是贝利撒里乌斯看到发生的情况之后,便想出了如下的对策。(25)他在桥上手拉起了长长的完全横越梯伯河的铁链。河水冲过来的一切物件碰到铁链就挤在那里不能再向前走了。(26)被指派干这项工作的人们在这些东西顺流而下时不断地把它们拖出来,放到陆地上去。而贝利撒里乌斯这样做,与其说为了这水磨,不如说因为他吃惊地考虑到,敌人会乘着许多船在这个地方进入桥里,这样在人们知道他

① 奥列利乌斯桥。参见本章第10节。

们的出现以前，他们已经在城市的中心了。(27)这样一来，蛮族就放弃了这个试图，因为他们在这上面没有取得成功。此后罗马人便继续使用这些水磨，但是由于缺水，他们完全无法再洗澡了。(28)不过他们的饮用水却是足够的，因为即使住在离河很远地方的那些人也能从井里打水。(29)至于把城里的污物排出去的地下水道，贝利撒里乌斯则认为没有必要担心它的安全，因为它们都是排放到梯伯河里去的，因此敌人不可能在地下水道方面对城市有任何阴谋举动。

二十

(1)为了对付围攻，贝利撒里乌斯就作了这样的安排。在撒姆尼特人中间有一大批在自己田野上牧放牲畜的少年，他们从自己人中间选出两个力气大的，把一个人命名为贝利撒里乌斯，另一个人命名为维提吉斯，然后要他们两个人角力。(2)于是两个人便拼命地比试起来，结果那个被命名为维提吉斯的被摔倒了。于是这一大群少年便开玩笑地把他吊到了一棵树上。(3)但恰巧这时在那里出现了一只狼，于是少年们便都跑掉了。而那个被吊在树上命名为维提吉斯的少年在那里受了惩罚的一阵子折磨之后便死掉了。(4)当撒姆尼特人得知这一事件后，他们并没有对这些孩子施加任何惩罚，而是从这一事件的意义得到启示，因而宣布说贝利撒里乌斯肯定会取得胜利。关于这件事就说这些了。

(5)但是罗马民众完全不习惯于战争和围城的苦难。因此，当他们开始因不能沐浴和缺少粮食而感到苦恼，发现他们自己为了保卫城墙不得不放弃睡眠,并且疑心这座城市用不了多久便会被攻占的时候,而与此同时,当他们又亲眼看到敌人掠夺他们的土地和其他财产的时候,他们开始感到不满和气愤,因为他们并没有干任何坏事,却要遭受被围之苦和这样大的危险。(6)于是他们自己集合成群,公开地咒骂贝利撒里乌斯,理由是在他从皇帝那里得到足够的兵力之前,竟敢向哥特人发动战争。(7)而且被称为元老院的议会的成员也都在暗中对贝利撒里乌斯发出了这样的责骂。维提吉斯从开小差的士兵听到了这一切而想在他们中间激起更多的不和,认为用这种办法可以把罗马人的事业搅得一塌糊涂,因此他便派出一些使节到贝利撒里乌斯那里去,其中有一个人名叫阿尔比斯。(8)当这些人来到贝利撒里乌斯这里之后,他们便当着罗马元老们和所有军队将领的面讲了如下的话:

"将领啊,从古以来人们对于他们给予事物的名称便作了准确而恰当的区分;而这些区分当中的一个是:鲁莽和勇敢是有区别的。(9)鲁莽一旦控制了一个人,这就会使他不光彩地遭到危险;但勇敢却使他因英勇的声名而取得应有的奖赏。(10)现在是二者之一驱使你们对我们作战,但这是二者之中的哪一种你们会立刻使我们看清楚的。要知道,如果,一方面,当你们同哥特人作战时你们相信自己的勇敢,那么,高贵的先生,你会有充分的机会来干一番勇敢的人的事业,因为你们只需从你们的城墙上看一看敌人的军队便可以了;但是,另一方面,如果你们是因为鲁莽才来向我们发动进攻的话,肯定你们现在就会为你们的胆大妄为而后悔的。(11)要知道,轻举妄动的那些人的意见,在他们发现自己处于危急

状态时，往往是会改变的。因此现在不要再叫这些罗马人继续吃苦了，他们是提奥德里克用不仅是温馨富裕而且是自由的生活所抚育的人们，不要再同哥特人和意大利人的主人那个人对抗了。(12)你们像现在这个样子被围困在罗马城内并且卑怯地害怕敌人，而另一方面这座城市的国王却在一个设防的营地里消磨时光并且使他自己的臣民遭受战争的灾难，这岂不是十分荒唐的事情吗？(13)但是我们却要给予你和你手下的人一个机会，可以带上所有你们的财产立刻不受伤害地离开。要知道，粗暴对待已经懂得采取新的明智看法的人们，我们认为这是既违反神的意旨，又不符合人的行为规范的。(14)而且我们还乐于问一问在场的罗马人，哥特人有什么对不住他们的地方，使得他们既背叛了我们，又背叛了他们自己，要知道，直到目前为止他们一直受到我们的善待，而现在他们根据自己的经验也知道他们期待于你们的援助是什么货色了。”

(15)以上就是使节们的发言。对此贝利撒里乌斯作了如下的回答：“在什么时候商讨我们的事业，这不是你们的事情。要知道，人们习惯上绝不是按照他们的敌人的判断来进行战争的，而通常每个人自己都是按照他认为是最好的方式来安排他自己的事情的。(16)但是我要对你们说的是，将会有这样一个时候，那时你们将要把你们的头钻到蓟丛里面去并且在任何地方都找不到藏身之处。(17)再说我们攻占的罗马吧，我们手里的罗马根本不是属于别人的东西，倒是你们先前侵犯了这座根本不属于你们的城市，只是现在你们并非心甘情愿地把它归还它过去的主人而已。(18)不

管你们当中的什么人,如果想不经过战斗而希望插手罗马的事情,那他就想错了。告诉你们,只要贝利撒里乌斯活在世上,他就不可能放弃这座城市。”这就是贝利撒里乌斯的话。(19)罗马人由于心里十分害怕所以坐在那里一言不发,甚至在使节们最后由于他们背叛了哥特人而责骂他们时,他们也不敢对使节作出回答;当然,只有一个名叫费戴利乌斯的人认为应当奚落他们一顿。(20)这个人当时是近卫军长官[①],是由贝利撒里乌斯任命担任这一职务的;而由于这一原因,他似乎比其他任何人都更加忠于皇帝。

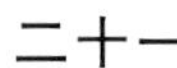

二十一

(1)使节们于是回到自己的军队那里去了。当维提吉斯向他们打听贝利撒里乌斯是怎样一个人,以及在从罗马撤退的问题上他的意图如何时,使节们回答说,如果哥特人认为他们不管用任何办法会把贝利撒里乌斯吓倒的话,那他们的希望便落空了。(2)当维提吉斯得知这一情况时,他便开始十分认真地计划对城墙的一次猛攻,而他对攻打要塞所做的准备是这样的。(3)他用木料制造一些和敌人的城墙一样高的塔楼,他是通过以一排排砌石的宽度为依据而进行的许多计算而发现了它的准确尺寸的。(4)他的这些塔楼下面的每个角都安了轮子,轮子在转动时可以在规定的时间把塔楼推到进攻的军队所希望的任何地点去。塔楼是用由轭连结在一处的牛来拖动的。(5)在这之后他又准备了很多一直可以

① 当时都是虚衔,只代表一种身份而已。

达到胸墙的云梯，还有四部被称为“公羊”的攻城器械。(6)这种器械是这个样子。同样长度的四根直立的木柱相互对着树立起来。在这四根柱子上他们又安上八根横梁，上下各有四根，这样便把它们固定在一起。(7)在他们这样造成了一个四面的建造物的架子之后，他们不是用木墙或石头墙把四面围起来，而是给它的四面都蒙上一层生皮，这样拉它的人们会感到轻快，而里面的人们也最少危险被敌人从外部射中。(8)在这装置里面，他们从上面用可以自由摆动的链子吊着另一条横木，使它的位置大概在内部的中间。然后他们削尖横木的端部，给它包上一个大的铁头，正好像他们给投枪的圆尖包头，或者，有时他们把铁头做成方形，像是个铁砧子似的。(9)这整个装置被安放在四个轮子上，每一根直立的柱子下有一个轮子，每个攻城器械至少有五十个人从里面推动它。(10)继而当他们把这一器械推到城墙的地方时，他们便通过转动某一机械装置把我刚才提到的横木向后拉，然后让它以巨大的力量向前冲击城墙。(11)通过反复的撞击，这个横木便十分容易地把它冲击的无论哪里的城墙撞倒打穿，并且正是由于这一理由，这一器械有了它现在的名称，因为横木冲击的一端，既然是突出的，所以通常冲撞它会遇到的任何东西，正好像公羊的行动一样。(12)进攻城墙的人们使用的公羊就是这样。(13)而哥特人正在准备好多用木柴和芦苇制作的柴束，其用途是：把这些柴束投入沟里就可以使那里变为平地，而这种器械也就可以越过去了。而哥特人这样地进行了准备之后，他们是迫不及待地想对城墙发动猛攻的。

(14)但是贝利撒里乌斯把人们称之为“巴利斯塔”[①]的一种器械安放在塔楼上。这种器械的外形像是一张弓,但是在它们的下侧有一个带钩的木杆伸出来;安在弓上的这个木杆在弓上可以自由移动,它下面则有一个平直的铁座。(15)因此当人们想用这种器械射击敌人时,他们便用系在它们上面的一条短绳把弓的两端拉紧,而把箭放在木杆的沟槽里,这里用的箭比他们用弓射出的箭短一半,但是却是一般箭的四倍粗。(16)不过它们并没有通常的箭上的羽毛,而是用薄木片代替羽毛。他们把它制造得在每一方面都像箭,而使加到上面的箭头很大,以便同它的粗细相配合。(17)站在它两边的人用某种装置把它拧紧,随后有沟槽的木杆向前冲出,然后停止,而箭便从木杆上射出[②],其力量如此之大,它的射程至少是普通箭的一倍,如果它射中树木或石块,它是很容易把它射穿的。(18)被称为“巴利斯塔”的器械就是这样,人们所以这样称呼它,是因为它发射的力量很大[③]。他们把另一些可以投掷石块的器械沿着女墙设置起来。(19)这些器械和投石器相似,人

① 参见阿米亚努斯·玛尔凯利努斯(XXIII, iv)对“巴利斯塔”(弩)和其他作战器械的描述。普洛科皮乌斯这里记述的器械是早期的弩机;而“巴利斯塔”投射的应当是石头而不是箭。

② 木杆是放箭的,弓弦驱动的是这个木杆而不是箭,但木杆停下来后,箭继续向前飞驰。

③ ballista 这个词的语源似乎和希腊语的 ballein(投)有关。作者此处没有把语源讲清楚。

们叫它们"野驴"[1]。而城门外部他们则安放了"狼"[2],他们是用如下方式来制造"狼"的。(20)他们先把两根从地面直到女墙那样高的木头树立起来;然后再把相互榫接起来的木条装配到一起,有的直放,有的横放,这样在交叉处的空间看来像是一连串的空格子。从每一个交叉的地方都有一种喙形物伸出来,它们和粗大的刺棒十分相似。(21)随后他们便把交叉的木条固定在两根直立的木头上,从顶端开始向下到一半的地方。这之后便把这两个木柱靠在城门上。(22)只要敌人一走近它,上面的人便抓住木柱的顶端向外推,这器械便突然落到进攻者身上,用突出的喙轻易地杀死被它所能制住的所有的人。这就是贝利撒里乌斯所做的事情。

二十二

(1)在围攻开始以来的第十八天日出时分,哥特人在维提吉斯的率领下向设防的要塞进发以便猛攻城墙,罗马人看到他们根本没见过的塔楼和"公羊"向他们攻来感到十分惊慌。(2)但是贝利撒里乌斯看到敌人的队伍带着攻城器械向他们迫近时却笑了起来,他命令士兵保持安静,除非他发出信号,在任何情况下也不要开始战斗。(3)至于他为什么发笑,他并没有说明理由,但后来人们才知道。但是罗马人认为他是用玩笑掩盖他的真实感情,因此咒骂他,说他无

① 据阿米亚努斯(引自同上处),这种器械也叫"蝎子"。

② 这种装置在古典时代是少见的。李维(XXVIII,iii)提到的"lupi"(狼)是钩子;维盖提乌斯(Vegetius)的《论战具》(*De Re Militari*)(ii,25 和 iv,23)说"lupi"(还有钩子)是用来制服攻城槌的。

耻,他们感到愤怒的是:在敌人向前推进时他竟然不设法制止他们。(4)但是当哥特人接近壕沟时,统帅第一个拉开了弓而幸运地射中身着甲胄走在人们前面的那个人的颈部并把他杀死了。(5)受到致命伤的这个人仰面朝天地倒下了,这时罗马全军发出了先前从来没有听到过的一片震天的欢呼,因为他们认为他们已经有了一个绝妙的吉兆。(6)贝利撒里乌斯再次射出一箭,这第二次和第一次完全一样,而从城墙上发出了更大的欢呼,罗马人竟认为敌人已经被打败了。(7)于是贝利撒里乌斯给全军发出信号要他们射箭,但他却命令他自己身旁的人们只向着牛射。(8)结果所有的牛都倒下了,这样敌人就再也不能把塔楼向前推动,并且在慌乱中也不知如何应付正在进行的战争中的紧急局面。(9)这样人们才明白了贝利撒里乌斯的先见之明,即他并不想在敌人还离得远时扼制他们,还明白了为什么他笑敌人的愚蠢,因为他们竟然无知到想把牛驱赶到敌人的城下。所有这一切都发生在撒拉里乌斯门的地方。(10)但是在这里受挫的维提吉斯却把一大批哥特士兵留在这里,把他们组成一个很深的方阵并且指示将领们绝不可猛攻城墙的工事,而是留在原阵地迅速向女墙发射,以便不给贝利撒里乌斯任何机会去支援城防的任何其他地方,这样他本人就可以带领优势的兵力去攻打那个地方了;随后他便率领一大支军队去了普莱涅斯提那门,罗马人把这一部分的工事称为“维瓦里乌姆”(Vivarium)[①],这里的城墙是最容易受到攻击的地方。(11)事实是,那里已经有了战争器械,其中包

① 参见本卷第二十三章,第15—17节和注释。

括塔楼和攻城槌(公羊)以及大量的云梯。

(12)但就在这个时候,哥特人以如下的方式在奥列利乌斯门[①]发动了另一次猛攻。原来罗马皇帝哈德里安的陵墓[②]就在奥列利乌斯门外面,离开工事大约有石头的一掷那样远,这是一座十分壮观的建筑。(13)它是用帕若斯的大理石修造的,石块接合得严丝合缝,中间根本不抹任何东西[③]。它的四面都一样长,每面大概是石头的一掷的长度,但它们的高度却超过城墙的高度。(14)在那上面有同是大理石的人和马的雕像,工艺极为精美[④]。但是由于这陵墓在古时的人看来像是威胁城市的一座要塞,所以他们从城墙修出两道墙把它围了起来[⑤],这样便使它变为城墙的一部分。(15)确实,它看起来就好像那里城门前作为屏卫[⑥]的一座高高的塔楼。因此,这里的工事是很起作用的。而受贝利撒里乌斯的任命负责守卫这一陵墓的正好是康士坦丁。(16)他还指示康士坦丁负责守卫和它相连结的城墙,因为那里只有一

① 普洛科里乌斯在这里又弄错了(参见第 19 章,第 4 节),他这里指的应是科尔涅利乌斯门。

② 现在叫圣安吉洛堡(Castello di Sant'Angelo)。

③ 指砌砖砌石时使用的灰浆之类的东西。

④ 这一方形结构是这一纪念建筑的基础,每一面长度是 300 罗马尺,高度 85 罗马尺。在这上面是一个圆柱形的鼓状物,四周有柱子环绕并带有雕像,而这个鼓状物上面也许还有另一座鼓状物。详见约尔丹(Jordan)的《罗马地志》(*Topographie der Stadt Rom*)(iii. 663 以次)。

⑤ 普洛科皮乌斯忘了指出,这一陵墓在这里和城墙中间还隔着一条河。它在面对科尔涅利乌斯门(Porta Cornelia)的那座桥即埃利乌斯桥(Pons Aelius)的一端,但作者把这个门说成是奥列利乌斯门。

⑥ 犹如我们所说的箭楼。

支人数不多、微不足道的卫戍部队。原来由于城墙的这一部分是全部城墙中最少可能受到攻击的(因为有河流在这段城下流过),所以他认为这里不会受到猛攻,因而只在那里安置了一小支卫戍部队,并且由于他手里的士兵不多,所以他把大多数的士兵安置到最需要他们的地方。(17)原来皇帝的军队在这次围攻开始时集结在罗马的至多也只有五千人。(18)但是由于有人报告给康士坦丁说,敌人正在试图渡过梯伯河,因此他担心工事的那一部分的安全,便在少数人的陪同下亲自全速赶到那里去进行协助,而命令他的大部分士兵守卫城门和陵墓。(19)但就在这时哥特人已开始对奥列利乌斯门和哈德里安塔楼展开了猛攻,他们虽然没有任何作战器械,但是他们带来了大量的云梯,并且认为通过射出大量的箭,他们会很容易地使敌人处于手足无措的地位,还因为敌人数量少而无需任何困难便会战败敌人的卫戍部队。(20)在他们向前推进时,他们在面前举起了并不比波斯人使用的长楯为小的盾牌,并且在不为敌人发觉的情况下逼近到他们跟前的地方。(21)原来他们推进时是在延伸到使徒彼得的教堂[①]的柱廊的掩蔽之下的。他们是从掩蔽处突然出现并展开了进攻的,这样守卫的士兵既不能使用被称为“巴利斯塔”的器械(因为这些器械只能把弩箭直射出去):也的确不能用他们射出的箭来阻挡向他们进攻的敌人,因为敌人使用的大楯使局势对他们不利。(22)但是哥特人继续向他们发动猛烈的进攻,向城

① 从埃利乌斯桥延伸过去。

垛射出了大量的箭，并且他们已经要把云梯搭到城墙上了，因为他们实际上已经把保卫陵墓的士兵包围起来了。要知道，每当哥特人向前推进时，他们总是从两翼包抄到罗马人的后方①；而在一个短时间里，罗马人感到了恐慌，因为他们不知道用什么办法来挽救自己，但是后来他们一致商定把大多数的巨大雕像砸碎，这样他们便取得了大量石块，然后双手举起它们向敌人的头部砸去，敌人于是在大量的石块面前退下去了。(23)而当他们向后退一小段路程时，这时占了上风的罗马人鼓起了勇气，便伴着有力的吼叫声通过向敌人射箭和投石块而把进攻者打退。(24)他们开动器械，这使他们的敌人十分害怕，而敌人的猛攻便迅速给结束了。(25)而就在这时，康士坦丁也来了，他已经把试图渡河的敌人吓住并且不费什么气力地把他们赶了回去，因为敌人并未发现这部分城墙完全无人守卫，像他们预料的那样。奥列利乌斯门②这里于是又得到了安全。

二十三

(1)但是还有一支敌人的军队来到了梯伯河对岸的那个被称为普莱涅斯提那门的城门，不过他们在那里无所作为，没有任何可说的事情，因为那里是防守坚固的。原来城市在这里的工事是位于陡峭的地段上，它的地点不利于敌人进行猛攻。(2)保路斯亲自率领一支步兵队伍正守卫在那里。同样地，他们也不敢进攻佛拉

① 由于这一建筑是方形的，哥特人绕过墙角便能进攻敌人的侧面和后方。
② 即科尔涅利乌斯门。

米尼乌斯门，因为它位于一个陡坡上，因而不是很容易接近的。(3)守卫在这里的是被称为“列吉斯”[①]的一支步兵队，他们的将领则是乌尔西奇努斯。在这个城门和它右手被称为平奇乌斯门的小城门中间有一段城墙在古时自己裂了开来，不过没有裂到地面，而是向下裂到一半左右，但它仍然没有塌下来或受到别的损害，只是它的两侧有所倾斜，乃至看起来一部分比其余部分向外凸出，而另一部分又凹进去。(4)由于这一情况，罗马人自古以来便用他们自己的语言把这个地方称为“破墙”[②]。(5)但是当贝利撒里乌斯在开头想把这一部拆毁重修时，罗马人却制止他这样做，他们说使徒彼得曾向他们保证，他将负责保卫这里的城墙。这位使徒受到罗马人的崇敬，人们对他的敬畏超过对其他任何人。在这里发生的一切事件其结果在所有方面都是罗马人所思和期待的。(6)在哥特人围攻罗马期间，无论是哪一天还是在整个时期当中，没有任何敌人的军队来到这个地方，那里也没有发生过任何骚乱。(7)确实使我们感到吃惊的是：在整个时期里，无论是他们进行猛攻的时候，还是在夜间实现他们攻城计划的时候，则无论我们还是敌人都不记起工事的这一部分。(8)事实上，正是由于这一原因，稍后也没有任何人敢于修复城墙的这一部分，而直到今天，那里的城墙仍

① “毫无疑问，这就是在 Notitia Orientis(第 5 章)里提到的，在 Magister Militum Praesentalis 统率下的十七个‘Auxilia Palatina’中的被称为 Regii 的一支。”——霍奇金

② 拉丁原文：Murus Ruptus。“直到今天，尽管近年来进行了一些可悲的和完全不必要的‘修复’，仍然可以看到 Muro Torto 的某些部分，这是 opus reticulatum(按：大概这里用铁丝网把损害的部分覆盖起来，从而破坏了古迹的外貌)的扭曲的、凸出的和悬在那里的一大块。”——霍奇金

然是这样地裂着。关于这事就说这些了。

(9)在撒拉里乌斯门这里,有一个身躯高大、骁勇善战又有相当地位的哥特人,身穿胸甲,戴着头盔,却不留在同伴的队伍中而是单独站在一棵树旁边不断地向女墙那边射出了许多支箭。(10)但这个士兵却偶然地被他左手塔楼上的器械射出的弩箭所射中。(11)弩箭穿透了这个人的胸甲和身体,还有一半长度以上射进了树木,并且把他钉在了弩箭射入树木的地方,结果使他成为一具吊在那里的尸体。(12)当哥特人看到这一情况时他们吓坏了,因此他们虽然保持了队形,却退到了射程以外的地方。不过他们不再骚扰城上的士兵了。

(13)但是贝撒斯和佩拉尼乌斯却来召请贝利撒里乌斯了,因为维提吉斯在维瓦里乌姆这里向他们发动了最猛烈的进攻。贝利撒里乌斯对那里的城墙是不放心的(因为前面已经说过[①],那里是城墙最易受攻击的部分),所以他亲自全速前来增援,只把他的一个朋友留在撒拉里乌斯门那里。(14)他发现维瓦里乌姆这里的士兵害怕敌人的进攻,因为敌人在这里发动的进攻极为猛烈而且人数众多,于是他就要他们蔑视敌人并恢复了他们的信心。(15)由于那里的地面[②]十分平坦,因此这里可以受到任何敌人的攻击。并且由于某种原因,那里的城墙坍塌的地方很多,乃至砖与砖之间接合得不很牢固。(16)因此古罗马人在它外面又另修了一小段城墙把它圈起来,但这样做并不是出于安全的考虑(因为它上面没有

① 参见本卷第二十二章,第10节。

② 这一地方的确切位置难以确定;大多数专家一致认为它是在拉比卡努斯门附近。

任何作为工事的塔楼,实际上也没有修造任何女墙,没有任何可以用来击退敌人对工事的进攻的手段),而是把它用于一种很不得体的奢侈做法,即他们可以把狮子和其他野兽关在里面养起来。(17)而正是为了这一原因,罗马人把这个地方称为“维瓦里乌姆”(Vivarillm);对于一个正规饲养未经驯服的野兽的地方,罗马人就是这样称呼的。于是维提吉斯便开始在沿着城墙的不同地点准备了各种各样的器械,并且下令哥特人在城墙外挖掘地道,因为他认为,如果他们进到城里来,便可以轻而易举地占有主要的城墙,因为他知道它绝不是防守坚固的。(18)贝利撒里乌斯看到敌人正在维瓦里乌姆那里挖地道并且在许多地点向工事发动猛攻,他既不许士兵保卫城墙,也不许他们留在女墙那里,只有很少数人是例外,不过在他身边的是全军中最精锐的部分。(19)但是他要他们都穿上胸甲、手中只持刀剑准备在下面城门附近。而当哥特人打穿城墙进到维瓦里乌姆里面来的时候,他迅速派遣奇普里安和其他几个人到围墙里去对付他们,命令他们放手战斗。(20)他们杀死了所有攻进来的人,因为这些人根本没有自卫,同时在出口处由于空间拥挤还有相互践踏致死的。(21)而由于形势的突然逆转敌人惊慌失措并且没有保持应有的队形而是分头乱窜,贝利撒里乌斯却突然打开城门,让自己的全部军队出城抗击敌人。(22)哥特人根本没有想到抵抗,而是四下里抱头逃窜;罗马人则穷追不舍,不费任何气力便把他们遇到的所有的人杀死;追击用了很长的时间,因为敌人为了进攻这里的城墙,从自己的营地出发走了很长的一段路程。(23)随后贝利撒里乌斯又下令把敌人的器械烧掉,烧

得高高的火焰自然更为加重了逃跑者的惊慌情绪。

(24)与此同时,恰好在撒拉里乌斯门也发生了同样的情况。原来罗马人突然打开城门,出其不意地向蛮族攻击,而当敌人没有进行任何抵抗而转身跑掉时,他们便把敌人杀死了;于是他们便烧掉了他们近旁的作战器械。(25)城墙许多部分的火焰烧得很高,哥特人已经不得不从整个城圈退下去了;双方士兵的呼叫声响彻云霄,城上的人们是在催促追击者,而营地里的人们则是为他们身受的巨大灾难而号泣。(26)那一天哥特人方面阵亡的三万人而受伤的人更多,这是他们的将领宣布的。原来由于他们是大量的人集合在一处,所以从城上雉堞向他们进攻的人,通常总是会射中他们中间的某个人,而同时向外的出击也使得极多受惊吓的和逃跑的人丧命。(27)而且城下的战斗在早上很早的时候便开始了,直到午后很晚的时候才结束。因此在那一夜里,双方的军队都在原地营宿;罗马人在工事上高唱胜利之歌并且把贝利撒里乌斯捧到天上去,他们取得了从死者身上抢来的战利品,另一方面,哥特人却是照顾伤者,哀悼死者。

二十四

(1)于是贝利撒里乌斯就给皇帝写了一封信,信中的大意是这样:“我们按照你所命令的来到了意大利,我们已经使自己成了意大利大部分土地的主人而且还在把蛮族赶走之后占领了罗马。这里蛮族的将领就是不久前我解送到你那里去的留德里斯。(2)但是由于我们在西西里和意大利安排了大量的军队以保卫我们已表明能以攻占的要塞,结果我们的军队便减少到只有五千人。(3)但是敌人却集结了十五万人来进攻我们。首先,当我们出去侦察他们沿梯伯河的兵力,却违反我们的意图而不得不同他们展开战斗时,我们差一点被他们的大量投枪所埋葬。(4)在这之后,当蛮族以全军之力攻打城墙并且利用各种作战器械对每一处的工事发动猛攻的时候,他们几乎在第一次冲击的时候就俘获了我们并攻占了罗马城,并且,若不是某一偶然事件使我们免遭毁灭的话,他们本来是会得到成功的。(5)超越事物的本性的成就按道理不宜于归之于人的勇气,而应归之于一个更强大的力量。(6)到目前为止我们成就的一切,无论这是由于某种幸运或勇气,都是再好不过的;但是从现在起向前展望,我能以希望你的事业会取得更大的成就。(7)但是,我有责任说的和你有责任做的任何事情,我将绝不向你隐瞒,因为我知道,人类的事情不管根据上帝的意志怎样发展,但是对任何一件事业负责的人们总是会按照他们自己的所作所为赢得称赞或受到指责。(8)因此,希望有足够数量的武器和士兵送到我们这里来,以便从现在开始,我们可以以对等的力量同敌人作战。(9)要知道,人们不应当在所有的事情上相信命运,因为命运,从它的方面来说,并不总会是一样的。但是,皇帝啊,请务必记住这一点,如果这时蛮族战胜了我们,我们将被驱出原来属于你的意大利,还将失去军队,而在这一切之外,我们还将因为我们的行为而蒙受不管会是多么大的耻辱。(10)因为我不想说,人们还会认为我们毁掉了罗马人,正是这些人把对你的王国的忠诚看得比他们自己的安全更重要的。(11)因此,如果这样的事发生了,对

我们来说结果将会是:迄今为止我们取得的成功到头来将表明那只不过是灾难的一个序曲而已。(12)要知道,如果过去发生了这样的事情,即我们已被逐出罗马和康帕尼亚,并且在早得多的时候,我们被逐出西西里,则我们只会感到一切不幸当中最轻微的不幸的痛苦,这就是,我们发现自己并不能依靠别人的财产发财致富。(13)此外,你还应当考虑到这一点,即使有比一万人多许多倍的人来守卫罗马,他们也绝不可能守卫任何一个长时期,因为这座城市占的地区大,并且由于它不临海而被切断一切粮食的供应。(14)虽然目前罗马人对我们是友好的,但如果他们的困苦处境持续下去,也许他们会毫不犹豫地选择一条更符合他们自己的利益的道路。(15)要知道,随随便便就同别人结为朋友的那些人,习惯上只有在对方交好运而不是遭厄运的时候才同他们保持友谊。(16)而且,罗马人迫于饥饿还会做出他们不愿做的许多事情。(17)至于我,我知道,对于你的王国我甚至有献出生命的义务。而由于这个理由,只要我活着,就没有任何人能使我离开这座城市,但是我请你考虑一下,贝利撒里乌斯的这样一个结局会给你带来怎样一种名声。”

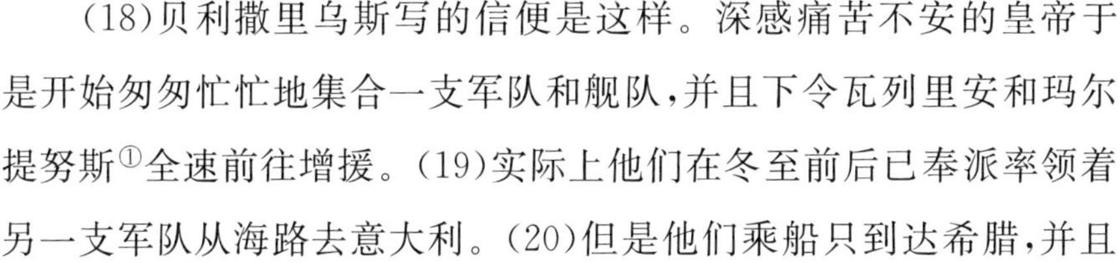

(18)贝利撒里乌斯写的信便是这样。深感痛苦不安的皇帝于是开始匆匆忙忙地集合一支军队和舰队,并且下令瓦列里安和玛尔提努斯[①]全速前往增援。(19)实际上他们在冬至前后已奉派率领着另一支军队从海路去意大利。(20)但是他们乘船只到达希腊,并且

① 联盟者的领袖;参见本书第三卷,第十一章,第 4—6 节;他们是从阿非利加被召到拜占庭的,参见第四卷,第十九章,第 2 节。

由于他们无法再向前推进,他们就在埃托利亚和阿卡尔那尼亚过冬了。(21)皇帝优斯提尼安把这一切告诉了贝利撒里乌斯,这样便使他和全体罗马人有了更大的勇气并且使他们的热情巩固了。

(22)这时在拿波利发生了这样一件事情。在那里的市场上有哥特人的领袖提奥德里克的一幅像,它是用各类极小的并且几乎是所有各种颜色的石子拼成的。(23)当提奥德里克还在世的时候,有一次发生了这样的事情:这幅画的头部散开了,拼在一处的石子乱了次序,尽管并没有任何人接触过它,而恰巧就在这时,提奥德里克随即结束了自己的一生。(24)八年后,提奥德里克像身体的部分突然又散了,而提奥德里克的外孙阿塔拉里克立刻也死了。(25)又过了不久之后,鼠蹊附近的石块又崩落到地面上,结果提奥德里克的孩子阿玛拉宗塔便过世了。已经发生的这些事情就有如上面描述的那样了。(26)但是当哥特人开始包围罗马的时候,巧的是这个镶嵌的像从大腿到足尖的部分又崩落了。(27)这样一来,整个镶嵌画便从墙壁上消失了。而罗马人在预言这一事件的意义时认为,皇帝的军队在这一战争中将会得到胜利,理由是提奥德里克的脚部正是他所统治的哥特人民,因此罗马人便更加抱有希望了。

(28)此外,在罗马也有几个贵族宣布了西比拉的预言[①],他们

① 在哈利卡尔纳苏斯的狄奥尼西乌斯的著作里(Ant. Rom, IV, lxii)曾记述了这些神谕的起源。公元前83年毁于卡皮托利乌姆山上朱比特神殿的大火。第二次搜集的预言在公元405年被斯提利科(Stilicho)烧掉。因此普洛科皮乌斯看到的预言(参见本章第35节)应当是第三次搜集的了。

说城市遭到的危险只持续到七月。(29)因为命运注定,到那时将会有一个人被任命为罗马人的国王,从此罗马人便不必再害怕任何盖特人的危险了。(30)他们认为预言中的盖特种族就包括哥特人。这个预言的原话是这样的:“在这第五个(克温提利斯)月里,在〈新〉国王的统治下,(罗马人可以根本不用害怕)盖特人了……”[①]。(31)并且他们说,这第五个月乃是七月,因为有的人指出,围攻是从三月一日开始的,从那时算起,第五个月正是七月,另一些人认为,这是因为直到努玛做国王时为止,人们把三月认成是第一个月,而在那时之前,一整年里包含十个月,因此我们的七月才有了 Quintilis 的名称[②]。(32)然而,说到底,这些预言没有一个是应验的。要知道,当时并没有一位国王被派到罗马人这里来,并且一年过去之后,围攻的军队也没有撤走,而且在哥特人的国王托提拉的统治时期罗马人再次陷入类似的险境,这事以后我还要谈到[③]。

(33)但我以为,这个预言指的并不是蛮族当前的这次进攻,而是已经发生或以后的某个时候会发生的另一次进攻。(34)按照我的看法,在西比拉的预言得到证实之前,凡人是不可能发现它们的真实含义的。(35)造成这种情况的理由,就是在我研读了有关的

① 这里仅猜测大意。预言的拉丁语 Quintili mense... rege nihil Geticum iam 不可解。欧里(Haury)在原文的批判的注释中也说:“迄今还没有人能通读和理解这一预言。”伯里(Bury)的猜测是 Quintili mense si regnum stat in urbe nihil Geticum iam (metuat?)。

② 拉丁语 quintus 意为第五。

③ 参见本书第七卷,第二十章。

一切预言之后下面我要说的。西比拉所讲的并不总是谈依次发生的事件,它们的叙述更谈不上非常有系统,而是就利比亚的骚乱讲出某一诗句[①]之后立刻又转到波斯的国土上去,(36)从那里又进而叙述罗马人的事情,接着又叙述亚述人的事情。并且在提出有关罗马人的预言时,又预言不列颠人的灾难。(37)因此之故,在西比拉预言应验之前,任何人都不可能理解它们,而只有在预言实现之后,在人们根据经验能以对这些话加以考察之后,时间本身才能以表明它才是对西比拉的预言的一个精确的解释者。不过对这类事情,每个人爱怎么看就怎么看吧。而我还是要回到前面我岔开的地方再说下去。

二十五

(1)在哥特人猛攻城墙但是被击退的那一夜里,两军都留在阵地上没有睡,这一点我在前面已经说过了[②]。(2)第二天,贝利撒里乌斯下令所有的罗马人把他们的妻子儿女以及他们认为在守卫罗马城时并非必需的那些奴仆都送到拿波利去,目的则在于避免缺粮的威胁。(3)他还命令士兵也同样做,如果有谁也有男性的或女性的侍从的话。他还说在被围攻期间,他不再能按通常的定量把粮食供应给他们,他们实际上只能取得他们每日定量的一半,其

---

① 预言的话通常由降神的司祭坐在三脚架上说出,这些话以诗句的形式表示,一般以两句的为多,诗句有强弱的节奏但不押韵(希腊罗马的诗一般都不押韵,但富于节奏,而便于朗诵)。

② 参见本卷第二十三章,第 27 节。

余一半则用现金支付。(4)他们于是也都按照他的指示做了。紧跟着大群的人便起程到康帕尼亚去了。一部分人十分幸运地弄到了停泊在罗马港口的船[①],便乘船出发了,还有一部分人则是循着所谓阿皮亚大道[②]步行离开的。(5)无论是步行还是乘船离开港口的人,都不必害怕围攻者会给他们造成危险。这是因为,(6)一方面,由于罗马城市很大,敌人无法用营地把整个罗马包围起来;另一方面,他们的小股的队伍不敢远离营地,因为他们害怕敌人的出击。(7)因此被包围的人们在一个时期里有很多机会既能到城外去又能从外面把粮食运进来。(8)特别是在夜里,蛮族总是感到十分害怕,因此他们只是在放哨之后便安安静静地待在自己的营地里了。(9)原来从城里不断有队伍出去,特别是人数众多的玛乌里人,并且每当他们发现他们的敌人在睡觉或分小股游荡的时候(这种情况通常往往发生在一支大军之中,这时出去的人们不仅仅是为了方便方便,而且还需要牧放马和骡子以及适于当作食品的动物),他们便会把敌人杀死并迅速地劫夺对方的财物,如果碰巧敌人的人数众多,他们就向回跑,因为他们是天生的快腿,又是轻武器的装备,所以在逃跑时追赶他们的人永远是追不上的。(10)因此绝大部分的人都能以从罗马撤退出去,有些人去康帕尼亚,有些人去西西里,还有些人去他们认为较容易去或认为更适于

① 这时梯伯河河口北岸上的城镇波尔图斯(Portus)和南岸上的城镇奥斯提亚(Ostia)早已荒废。参见本卷第二十六章,第7、8节。

② 阿皮乌斯·克劳狄乌斯·凯库斯(Appius Claudius Caecus)公元前312年任监察官时修筑的道路,从罗马到卡普亚,全长约210公里,后来又延长到亚得里亚海沿岸的布伦地西乌姆。它是罗马同意大利南方以及同东方交往的重要通道。

去的地方。(11)但是贝利撒里乌斯看到他部下的士兵人数根本无法保卫整圈的城墙,因为我在前面提到过[①],士兵的数目是有限的,并且这些人不能在总是不睡觉的情况下进行守卫,而一部分在守卫时另一部分人自然要睡觉的。与此同时,他还看到绝大多数的民众极为贫困并且缺乏生活必需品。要知道他们都是靠双手劳动的人,根本没有隔宿之粮,并且既然他们由于城市被围而无工可做,所以也就没有取得粮食的手段。为此贝利撒里乌斯把士兵和公民混编起来,把他们分派到每一个岗位并且每天为一个没有正式入伍的人规定了一份固定的报酬。(12)这样组成的队伍足够守卫城墙,足够担起在规定的夜里指定给每个队伍的、在工事上放哨的任务,队伍里的成员全都轮流参加站岗。用这种办法,贝利撒里乌斯便解决了士兵和公民两方面都感到苦恼的问题。

(13)但是由于怀疑罗马的大主教西尔维里乌斯暗中同哥特人进行背叛性的谈判,所以贝利撒里乌斯立刻把他送往希腊,稍后又任命一位名叫维吉利乌斯的人担任大主教的职务。(14)并且根据同样的罪名,他从罗马驱逐了一些元老,但是稍后,当敌人放弃了包围的行动并撤走时,他便又叫他们返回自己的家。(15)在这些人当中有一个名叫马克西姆斯的,此人的祖先马克西姆斯[②]过去曾有过反对皇帝瓦伦提尼安的罪行。由于担心把守城门的卫兵会参与阴谋并且担心会有人从外面接近城门,意图用金钱收买他们,他每个月都要把城门所有的钥匙毁掉两次并制造新的,每次的式样都不相同,他还把守卫换

① 只有五千人,参见本卷第二十四章,第2节。

② 参见本书第三卷,第四章,第36节。

到离他们先前的岗位很远的另一些岗位上去，并且每天夜里他都安排不同的人负责领导工事上作守卫工作的那些人。(16)这些军官的职责是巡视城墙的一部分，工作是轮流进行的并且把哨兵的名字记下来，而如果有谁不在那一部分，于是他们便暂时派另一个人代替他并在第二天向贝利撒里乌斯本人报告是谁不在，而不管这个人是谁，以便给予适当的惩罚。(17)并且他还命令乐师夜间在工事上演奏乐器，而且他又不断把一队队的士兵，特别是玛乌里人派到城外去，他们的任务便始终是在壕沟附近度夜，他还要狗和他们一道去，以便不使任何人会在不被发觉的情况下走近工事，甚至在一段距离之外。

(18)与此同时一些罗马人试图秘密地把雅努斯神殿的门强行打开。(19)这个雅努斯[①]是罗马人用他们自己的语言称为"佩那提斯"(Penates)的古老的神当中的第一位。他的在广场上的神殿位于元老院的对面，而元老院则稍稍位于"三位命运女神"(Tria Fata)[②]的上方[③]。(20)罗马人习惯于把"莫伊拉伊"(Moirai)[④]称为"三位命运女神"。神殿全部是用青铜建成，形状是正方形，但它的大小仅是以覆盖雅努斯的神像。(21)这一神像是青铜的，高度不低

① 雅努斯(Janus)是意大利的一个古老的神，对他的崇拜据说是由罗慕路斯(Romulus)引入的，其他任何人都不曾说过他是Panates或所谓家神之中的一员，但这个说法毫无疑问是正确的。

② 这里指广场讲坛旁古时三位女预言家(Sibyls)的雕像。

③ 雅努斯的这一神殿在罗马是最著名的，但不是唯一的一座。它应当位于谢普提米乌斯·谢维路斯(Septimius Severus)拱门稍右方(拱门面向朱比特神殿)，以及玛美尔提努斯监狱稍前一些的地方。——霍奇金

④ 希腊神话中的三位命运女神，一说她们是宙斯和赛米斯的女儿。她们是纺纱者克洛托(Clotho)，量纱线长度的拉凯西斯(Lachesis)和切断纱线的阿特洛波斯(Atropos)。

于五肘[1];在所有其他方面,它都像是一个人,只是有两个头,一个脸朝东,另一个脸朝西。(22)同他的两个面孔相对,各有青铜门一座,古罗马人在和平与繁荣时期习惯于把这些门关上,但是在发生战争的时候,他们便把门打开了。(23)但是当罗马人像任何其他人那样真诚地信奉了基督教的时候,则即使发生了战争,他们也不再像过去那样把门打开了。(24)但是在这次围攻期间,我认为那些还记起这一古老信仰的人们曾试图暗中把门打开,但是并没有完全取得成功,他们只把门开到这样的程度,乃至他们不再能把门像先前那样严严实实地关好。(25)并且干了这事的人并没有被发觉;对这一事件也没有进行任何调查,这在大混乱时期是很自然的情况,因为指挥官们不晓得此事,而除了极少数人之外,民众也都不知道这事。

二十六

(1)既气愤又困惑的维提吉斯先是把他自己的几名贴身卫士派到拉温那去,命令他们把在这次战争开始时他送到那里去的全部罗马元老都杀掉。(2)罗马元老当中预先得知这一消息的得以跑掉了,其中便有维尔根提努斯和罗马大主教维吉利乌斯的兄弟列帕腊图斯,他们两个人都去了利古里亚并且留在那里;但所有其余的人都送了命。(3)在这之后,维提吉斯看到敌人那边还享有很大程度的自由,他们不仅能以把任何事物随心所欲地运到城外,还能从陆路和水路把食品运到城里来,于是他决定占领罗马人称为

① 一肘合18至22英寸。

“波尔图斯”(Portus)的港口。

(4)这座港口离开罗马城有一百二十六斯塔迪昂[1];这样罗马便根本不能说是一座沿海的城市。(5)那里是梯伯河河口所在之处[2]。梯伯河从罗马那边流过来,就在离海大约还有十五斯塔迪昂的地方,分成两支,形成了人们所说的“圣岛”(Isola sacra)。(6)河流继续下行,岛也变得越来越宽,使得它的长宽相当,因为两股河流之间已经有十五斯塔迪昂的距离了。(7)而且梯伯河的两面仍然都能通航。梯伯河右面的支流流入港口,而在古时罗马人在河口外的海岸上修建一座城市[3],由极为坚固的城壁环绕着,它的名称和港口一样也叫“波尔图斯”。(8)但是在左面,梯伯河另一个入海的地方,有一座叫奥斯提亚的城市,位于河岸终止处的外面,古时它是一处十分重要的地点,但是现在城墙已全不存在了。(9)而且罗马人在很早的时候便修了一条从波尔图斯通向罗马的道路,道路是平坦的并且没有任何不方便之处。(10)许多驳船[4]总是停泊在港湾里准备接生意,那近旁还准备了相当数量的公牛。(11)而当商人的船到达港湾时,他们便把货物卸下来,把它们放在驳船上,然后由梯伯河去罗马。但是他们根本不用帆或桨,因为任何风在河上都推不动这些船。要知道,这河是极为弯曲而不是直

① 约23公里。

② 指北边的河口。

③ 克劳狄乌斯皇帝为梯伯河开了北边的一道壕沟,以防止罗马在河水泛滥时被淹没,他还在河口附近,面对大海修建了波尔图斯·克劳狄伊城(Portus Claudii)。后来图拉真又在克劳狄乌斯的这座城旁边修建了第二座有围墙的港口。

④ 俄译本是“埃及的驳船”。按埃及一向是罗马的粮食供应基地。

线的,船桨在这里也用不上,因为水流总是逆着它们的。(12)因此,他们便不用这些办法,而是把驳船的绳子系在牛的脖颈上,这样就像拉牛车那样地把它们拉到罗马。(13)但是在河的另一面,当一个人从奥斯提亚城去罗马时,道路却受到森林的阻隔,一般说来它处于荒废的状态。这条道路甚至不是贴近梯伯河河岸的,因为人们不在这条路上用牛拖船。

(14)哥特人发现港湾这里的城市无人防守,在第一次进攻时便把它占领了,他们杀死了许多住在那里的罗马人,这样便把城市和港湾都占领了。(15)他们把一千人安置在那里作为守卫,其余的人便返回营地了。(16)这样一来,被包围的人们除了通过奥斯提亚之外便不可能从海上把货物运进来,而不用说,通过奥斯提亚的这条路是既十分艰难又是危险的。(17)要知道,罗马的船甚至不再能在那里停泊,而是停泊在安西乌姆地方[①],安西乌姆离开奥斯提亚有一天的路程。(18)他们发现从这里把货物运到罗马去非常困难,原因是人手缺乏。因为贝利撒里乌斯不放心罗马的工事,所以他根本无法把卫戍部队派到那里去加强港湾的防卫,(19)不过我以为,如果甚至只有三百人守卫在那里,蛮族是绝不会试图对那里发动攻击的,因为那里有极为坚强的工事。

二十七

(1)哥特人在猛攻城墙而被击退之后的第三天,他们所做的事情便是这样。但是在波尔图斯城市和港湾被攻占之后二十天,玛

① 安西乌姆(Anthium)即今天的安提乌姆(Antium)。

尔提努斯和瓦列里安带领着一千六百名骑兵来到了这里。(2)他们大部分是匈人、斯克拉文尼人[①]和安塔伊人[②]。这些人就定居在伊斯特河[③]对面不远的地方。(3)贝利撒里乌斯对他们的到来十分高兴,认为此后他的军队应该对敌人展开战斗了。(4)因此在第二天,他便下令他的一个名叫图拉真的贴身卫士、一位勇猛而又主动的战士,带领守卫队伍中的二百名的骑兵直接去敌人那里,并且一旦他们迫近营地便要到一座高高的小山上去。这是他已经指给图拉真的那座小山,然后便静静地待在那里。(5)如果敌人向他们发动进攻,则他无论如何不要同敌人展开白刃战,也不要用短剑或投枪进行战斗而只用弓箭。一旦他发现所有的箭都已射完,他应当拼命地跑回工事,而无须考虑是否丢脸的问题。(6)在作出了这样的指示之后,他便准备了射箭的器械并且安排了精于使用这种器械的人。于是图拉真和他手下的二百人便出了撒拉里乌斯门[④],向着敌人的营地行进。(7)哥特人看到这一出其不意的行动大为吃惊,便冲出营地迎战,他们每个人都尽量装备上最好的武器。(8)但图拉真的队伍却策马驰上贝利撒里乌斯指给他们的小山的山顶,从那里开始用箭来抗击敌人。(9)而由于他们是向着密集的大群人马射箭,所以射出的箭大部分都能以射中一个人或一匹马。但是当他们所有的箭终于用完的时候,他们便拼命地向后

① 即斯洛文尼亚人,参见本书第六卷第二十七章,第七卷第十四章以次。

② 斯拉夫人的一个部族,参见本书第七卷第十四章。

③ 多瑙河的拉丁语名称。

④ 撒拉里乌斯门(Porta Salaria)在罗马城北端,通往安科那的撒拉里亚大道从这里开始。

方奔驰,而哥特人则紧紧地追在他们身后。(10)但是当哥特人逼近工事的时候,操纵器械的人便用器械向他们射箭,蛮族吓坏了并且放弃了追击。(11)据说,在这一战斗中哥特人阵亡的不下一千人。几天之后,贝利撒里乌斯又派他自己的另一名贴身卫士蒙狄拉斯和狄奥根尼斯,两位极为能干的战士,带领三百名卫士出发,要他们做另一部分人先前做的同样的事情。于是他们便按照他的指示行事。(12)而当敌人向他们进攻时,战斗的结果是使敌人同样地遭到不少于前次战斗中的伤亡,也许伤亡还要超过前次。(13)甚至第三次卫士欧依拉斯和三百骑兵奉命出击,给他的指示是用同样的办法对付敌人,而他也取得了同样的战果。(14)通过用我所说的办法进行的这三次出击,贝利撒里乌斯杀死他的敌人有四千左右。

(15)但是维提吉斯并没有考虑两军在武器装备和战斗经验方面的差别,而认为只要他用一小支部队向敌人发动进攻便也可以十分轻易地给敌人造成惨重的损失。(16)于是他派出五百名骑兵,命令他们逼近敌人的工事,并且对敌人的全部军队使用同样的战术,就像先前敌人多次用小部队对他们使用的、使他们遭到惨重损失的战术那样。(17)于是他们便来到离罗马城不远的一处正好为弩箭射不到的高地上并停留在那里。(18)但贝利撒里乌斯却选出了由贝撒斯率领的一千人,要他们对敌人展开战斗。(19)这支队伍把敌人团团地包围在中间,一直不断地由背后向他们射击,从而杀死很多人,并通过向其余的敌人逼近而使他们不得不离开高地。(20)结果在实力并不均衡的两支队伍之间发生了一场白刃战,而大多数哥特人被杀死,只有不多的人得以逃脱返回自己的营地。(21)于是维提吉斯用尖刻的语言责骂他们,硬说他们是由于

胆怯才在战斗中失利的,不久之后他又设法选另一批人来挽回损失,不过他暂时还是镇静的。三天之后,他从全部军营中选拔了五百人,要他们在敌人面前显示自己的勇气。(22)贝利撒里乌斯一看到这些人已经迫近,立刻便派出由玛尔提努斯和瓦列里安率领的一千五百人前往迎战。(23)而在立即发生的一场骑兵战斗当中,数量方面占有很大优势的罗马人毫不费力地打败了敌人并且实际上把他们全部歼灭了。

(24)在敌人看来,下述情况简直是一场可怕的事故并证明命运是同他们作对的:原来当他们一方面人数众多而只有少量敌人来对付他们时,他们却被打败,而另一方面,当他们以少数人去对付敌人时,他们同样要遭到失败的命运。(25)但贝利撒里乌斯却由于自己的智慧而得到罗马公众的普遍赞扬,他们很自然地会对他的这种智慧深为叹服,可是在私下里,他的朋友问他,在他大败于自己的敌人之手[①]而逃脱出来的那一天,他作出判断的依据是什么,以及为什么他深信在战争中他会对敌人取得决定性的胜利。(26)他说起初他只以少数人对敌人作战时,便注意到两支军队之间的区别到底在什么地方,这样,如果他以力量同敌人相适应的一支军队[②]同敌人作战,大群的敌人根本不能对罗马人造成伤害,因为罗马方面的人数少。(27)而区别便在于,实际上所有的罗马人和他们的联盟者匈人都是武艺精良的马上射手,但是在哥特人方面却没有一人有这方面的经验,因为他们的骑兵习惯上只使用长

① 指本卷第十八章所记述的那场战斗。

② 人数较少但实力相当的一支军队。

枪和剑,而他们的弓手是徒步作战的并且要有重武装士兵的掩护。(28)由此他们的骑兵,除非是进行白刃战,便没有办法保卫自己使不受作为弓手的敌人的伤害,因此他们很容易被箭射中殒命;至于他们的步兵,他们也根本没有足够的力量向骑马的敌人发动进攻。(29)正是由于这些理由,贝利撒里乌斯宣称,在最近的这些次战斗里,蛮族被罗马人打败了。而哥特人在记取他们亲身经历的意想不到的苦果之后,从此便不再以小股的兵力袭击罗马的工事,也不再在受到敌人骚扰时追击他们,而只限于把他们从自己的营地赶回去而已。

二十八

(1)但是后来由于已经享到的好运而得意起来的罗马人却一致渴望同哥特人的全军作战并且认为他们应当在战场上堂堂正正地交战。(2)不过贝利撒里乌斯考虑到两军的人数依然相差悬殊,因而仍旧不愿用他的全部军队进行一场决定性的战斗,他仍然更多是忙于进行他的出击并且一直在研究如何用这种出击来反对敌人。(3)但是当他由于军队和一般罗马人对他进行的大量指责而终于放弃他自己的想法的时候,虽然他愿意用他的全部军队作战,但仍然想通过一次突然出击的办法来开始这场战斗。(4)好多次每当他正要这样做时他都失败了并且不得不把进攻推迟到第二天,因为他吃惊地发现敌人因为从逃兵方面得到的消息而预先了解到他要干什么事情并出乎他的预料地对他作了防备。(5)因此之故,现在他竟然愿意甚至在战场上堂堂正正地一决雌雄,而蛮族也乐于出来进行这次较量。而当双方尽量好地做好了战斗准备的时候，贝利撒里乌斯便把全军集合起来，作了如下的训话：

(6)“士兵同伴们，并不是因为我发现你们有任何怯懦的表现，也不是因为我被敌人的力量所吓倒，我才回避同敌人作战的，而是我看到，当我们用突然出击的办法作战时，我们的事情就进行得顺利，因而我认为，我们应当始终坚持会使我们取得成功的战术。(7)因为我认为，当一个人当前的事业进行得自己感到满意的时候，则改变成另一种作战方式是不合适的。但是既然我看到你们都急于想冒这个危险，所以我也就充满了信心并且绝不会违背你们的热情。(8)因为我知道，决定一场战争的最重要的因素永远是战士们的态度，并且通常正是由于他们的热情才取得成功的。(9)因此，带着勇气列队准备战斗的少数人能以战胜大群的敌人，这一事实所以为你们的每个人所熟知，这并不是来自道听途说，而是来自每日的作战经验。(10)不要使我这位统帅先前的光荣事业蒙受羞辱，不要使你们的热情所激起的希望蒙受羞辱，这便都仰仗于你们了。(11)要知道，在这一战争中我们已经成就的一切必然要根据今天的结果才能作出判断。(12)而且我看到，当前的时机对我们也是有利的，要知道，它使我们很可能比较容易地战胜敌人，因为先前发生的一切已经使他们提不起精神来了。(13)要知道，当人们屡遭不幸的时候，他们的心便不再能同勇敢精神产生哪怕是轻微的共鸣。但愿你们当中谁也不吝惜马匹或弓或任何武器吧！(14)要知道，我是会立刻用其他装备来弥补你们在战斗中损失的一切的。”

(15)在作了这样的勉励之后，贝利撒里乌斯便把他的军队引

出了小的平奇乌斯门[①]和撒拉里亚门,并且命令少数人出奥列利乌斯门[②]而进入尼禄平原。(16)他指定这些人由一位骑兵部队的指挥官名叫瓦伦提努斯的来率领,他指令瓦伦提努斯不要展开任何战斗或过于逼近敌人的营地,而是不断地作出马上就要发动攻击的姿态,这样任何驻守在这一地区的敌人也无法通过附近的桥去帮助其他营地的士兵。(17)要知道,正如我在前面说过的[③],既然尼禄平原上的蛮族人数众多,所以只要使他们都无法参加战斗并且同其余的部队分离开来,在他看来这就足够了。(18)而当一些罗马民众也拿起武器志愿追随军队时,他却不允许他们和正规军一道编成战斗的队伍,原来他担心一旦他们真正地战斗起来,他们会被战争的危险吓倒,这样就会使全军陷入混乱,因为他们都是劳动民众,根本没有作战的经验。(19)但是他却命令他们在梯伯河对岸的潘克拉提亚门[④]的外面组成一个方阵,并且在他本人发出信号之前静静地待在那里,他这样安排的理由在于(而实际上事情果然如此):如果尼禄平原上的敌人既看到他们,又看到瓦伦提努斯手下的人们,他们就绝不敢离开自己的营地同哥特人其余的部队一道对他自己的部队展开战斗。(20)并且他认为,使这样多的人同他的敌人的军队分离开来,这乃是一件幸事,又是一个十分重要的优势。

(21)在这一形势之下,他在那一天想只进行一场骑兵的战斗;

① 罗马正北的城门,和撒拉里亚门并列。

② 罗马城西面的城门。

③ 参见本卷第十九章,第12节,第十三章,第15节。

④ 与奥列利亚门并列的门。

确实,大多数的正规步兵这时不愿意总是他们惯常的那种样子,又因为他们从敌人手里夺取了战马这样的战利品,所以他们在骑术方面有了经验,而且这时他们也成了骑马的战士。(22)既然步兵人数不多,他们甚至组不成任何一个像样子的方阵,他们从来没有勇气同蛮族交战,而总是在刚一进攻时便逃跑了,因此他认为要他们在远离工事的地点列阵是不安全的,而认为最好是要他们留在他们原来的阵地上,也就是在壕沟的近旁;他这样设想的目的则在于,如果罗马的骑兵被打败,他们可以接应逃跑的骑兵,并且作为一支生力军,帮助骑兵挡住敌人的进攻。

(23)但是在他的贴身卫士当中有两个人,一个叫普林奇皮乌斯的人是位知名人士,皮西狄人,还有一个叫塔尔木图斯的伊扫里人,他是伊扫里人的指挥官恩尼斯的兄弟,这两个人来到贝利撒里乌斯面前,对他讲了下面的话:(24)“最杰出的将领啊,我们请求你不要作出这样的决定,把你这支人数虽不多却要同数十万蛮族大军交战的军队同步兵的方阵割裂开来,也不要认为人们应当瞧不起罗马的步兵,因为我们听说,正是由于罗马人的步兵,古罗马人的力量才变成像今天这样伟大的。(25)要知道,如果他们在这一战争中没有做出任何重要的事情,这也绝不能证明步兵的怯懦,却是步兵的指挥官理应受到责备,因为在战斗队列中只有他们是骑马的,而他们并不愿意考虑人人有责的战争胜负问题,通常的情况却是,他们的每一个人都是在战斗开始之前便自己逃掉了。(26)正如你所看到的,所有的步兵指挥官都已经变成了骑兵,并且他们很不愿意坚定地和自己的部属站在一起,因此如果你还想保有这些步兵指挥官并且要他们同其余的骑兵一道进行战斗,那么就让我

们率领步兵去作战吧。(27)既然我们和这些步兵一样也是不骑马的,我们将尽自己之所能帮助他们承受大群蛮族敌人的进攻,我们切望我们能按照上帝的意旨给敌人以任何惩处。”

(28)听到这一请求时,贝利撒里乌斯起初对此并不同意。因为他特别喜爱这两个极为出色的战士并且他不愿意这样少量的步兵去冒这样的危险。(29)但他终于为他们的热切态度所征服,才同意他们的士兵中的只有少数人和罗马民众一道去守卫城门和沿着城上方的雉堞,也就是安放作战器械的地方,其余的人则归普林奇皮乌斯和塔尔木图斯率领,而命令他们以正规的队列驻守在后方。他这样安排的目的,首先就是:一旦这些部队在遇到危险时变得惊慌失措,他们不会使军队的其余部分陷入混乱。其次,一旦骑兵的某一部分在什么时候被打败,则这可以使他们不致败退得太远,他们完全可以退到步兵中间来,这样他们可以在步兵的协助下抗击追击者。

二十九

(1)罗马人方面就这样地做了战斗的准备。至于维提吉斯,则他把所有的哥特人全都武装起来,不留一个人在后面的营地里,只有不适于作战的那些人是例外。(2)他命令玛尔奇亚斯麾下的队伍留在尼禄平原以执行保卫桥梁的任务,这样敌人便不会从那个方向向他的士兵发动进攻了。而他本人则把其余的队伍集合起来并作了如下的发言:

(3)“也许你们当中有些人会以为,我对自己的统治大权有所担心,这才使得我在过去对你们表示友好的态度,而现在又讲出好听的话，以便鼓起你们的勇气。(4)这样的想法同人之常情是并不违背的。要知道，愚蠢的人对于他们想加以利用的人通常总是和颜悦色的，即使那些人的地位比他们要低贱得多，但是对于他们不需要其帮助的其他人，他们就道貌岸然、难以接近了。(5)但是，至于我本人，无论死亡还是失去权力，我均不在意。说老实话，如果有一个哥特人要披上这紫袍，我今天就把它脱掉，这甚至是我求之不得的事情哩。(6)而且我一直认为提奥达图斯的死亡是最幸运的一件事，因为他竟有这样一种特权，那就是把自己的统治权和自己的性命都丢在本国人之手。(7)降临到一个个人身上的灾难如果不使他的民族也遭到毁灭，至少在不缺乏智慧的人看来，是不乏一种安慰的要素的。(8)但是当我思考汪达尔人的命运以及盖利梅尔的死亡时，出现在我头脑之中的想法就绝不是一般的了。可以说，我似乎看到哥特人和他们的孩子已经沦为奴隶，你们的妻子以最可耻的方式受到最可恨的人们的玩弄，而我本人和提奥德里克的外孙女[①]则任凭当前我们敌人的高兴而被流放到无论什么地方去；我希望你们因为担心会遭到这样的命运也来参加这次战斗。(9)要知道，如果你们这样做，在战场上你们会觉得献出生命比在战败之后苟活下来更有意义。品行高尚的人心目中唯一的不幸便是在被他们的敌人战败之后存活下来。(10)至于死亡，特别是迅速到来的死亡，这对于先前没有受到好运光顾的那些人来说，它永远会带来幸福。(11)显而易见，当你们经历当前的战斗时如果抱有这样的想法，你们将不仅十分轻易地打败你们的为数如此之少

① 即玛塔宗塔，她是提奥德里克的女儿阿玛拉宗塔的女儿，维提吉斯的妻子。

的敌人和希腊人[①],而且还将会立即对他们进行惩处,因为他们曾无缘无故地对我们干出了不公正和横傲无礼的勾当。(12)虽然我们可以自豪地宣称,在勇气、人数和其他每一方面我们全都超过他们,而他们所以竟然敢于同我们对抗,那只是因为他们对我们的不幸幸灾乐祸;他们有的唯一财富便是我们表示的冷淡态度;他们本不应有的好运助长了他们的自信。"

(13)讲了这番激励的话之后,维提吉斯就为作战对军队作了安排。他把步兵放在中心的地位,而骑兵被安排在两翼。(14)但是他并没有把他的方阵的队列安排在远离营地的地方而是离它很近,这是为了:一旦发生溃败的情况,敌人能容易地被赶上和消灭,这里有充分的空间进行追击。(15)原来他的打算是:如果战斗是在平原地带展开的一场堂堂正正的正规战斗,他们甚至不能坚持一个短时期;因为双方人数的相差悬殊,他认为敌人的军队根本不是他的军队的对手。

(16)这样双方的军队从早上很早的时候便展开了战斗;维提吉斯和贝利撒里乌斯都在后方督促自己的军队,激励他们要有坚定的表现。(17)在开头是罗马人的武器占上风,蛮族的士兵在他们的弓箭的射击下一直有大量的人倒下,但是没有对他们进行任何追击。(18)原来哥特人的骑兵由于是大量密集的队形,别的人很容易填补阵亡者所形成的空间,因此他们中间因阵亡而造成的损失一点也不明显。而罗马人知道自己人数很少,但他们却在战斗中取得如此的成果,他们显然是感到满意的。(19)因此在中午

① 参见本书第四卷,第二十七章,第38节以及有关注释。

他们已经把战斗推进到敌人的营地并且消灭了许多敌人之后，他们便急于回到城里去，只要能找到任何借口的话。(20)在战斗的这一部分，有三个罗马人表明自己是比所有其他人更加勇敢的人物，他们是伊扫里人阿提诺多茹斯，一位在贝利撒里乌斯的卫士当中享有令名的人物，另两个人是提奥多里斯库斯和格奥尔格，他们是玛尔提努斯麾下的长枪兵，又都是卡帕多奇亚人。(21)因为他们一直不断地战斗在方阵的前列，用长枪消灭了许多蛮族。这里战斗的进程就是这样。

(22)但是在尼禄平原上，两军却面对面地对峙了很长一个时期，而玛乌里人则通过不断地出击并把长枪投向敌人，从而一直在困扰着哥特人。(23)要知道，哥特人很不愿意跑出来同罗马人作战，因为他们害怕离他们不远的罗马民众的兵力，当然，他们以为那些罗马民众都是士兵，而他们所以安安静静地留在原地不动，是因为心里想对哥特人进行一次伏击，目标是绕到敌人后方，实行两面夹攻，从而加以消灭。(24)但是到了正午的时候罗马军队突然向敌人出击，结果哥特人出其不意地被打败，他们因这次进攻的突然性而不知所措。(25)并且他们甚至未能逃回自己的营地而是逃到附近的小山上去，静静地留在那里。(26)而罗马人虽然人数不少，但他们并不都是士兵，他们大多是没有防身甲胄的人群。由于统帅不在现场，所以急于想在战争中插一手的许多水手和罗马营地里的仆从就和军队混到一起了。(27)正如我在前面所说的，虽然单单他们的人数就确实吓倒了蛮族，使他们不得不跑掉，然而由于他们没有秩序，却又使罗马人在那天惨遭败绩。(28)原来由于有上述的人群混合进来，这给士兵造成巨大的混乱；并且虽然瓦伦

提努斯一直在高声向他们发布命令,但他们根本听不到。(29)为此他们甚至不曾追击逃跑的敌人或消灭一个敌人,而是使他们在小山上得到休息并安全地望着下面发生的一切。(30)他们甚至没有想到把那里的桥毁掉,以防止罗马后来从两面受到围攻;要知道,如果他们这样做,蛮族便不再能在梯伯河的对岸设营了。(31)而且,他们甚至没有到桥那边去,包抄正在同贝利撒里乌斯作战的敌人的后方。而我认为,如果他们这样做,哥特人就会不再想抵抗,而是立即逃脱,各自寻求生路去了。(32)但实际的情况却是,他们占领了敌人的营地,动手劫掠他们的财物;他们着手从那里运走许多银器和其他许多值钱的东西。(33)就在这时,蛮族一时里留在原地没有举动,而只是看着发生的一切,但终于他们同心协力、十分愤怒地呼啸着冲向他们的敌人。(34)他们发现敌人在一片混乱中正在打劫他们的财物,便消灭了许多人并很快地把其余的人也赶跑了。因为所有在营地里被捉住但逃脱了被屠杀命运的那些人是乐于把肩头的劫掠来的东西抛弃并跑掉的。

(35)当尼禄平原上发生这些事情时,蛮族军队的其余部分这时还留驻在离他们的营地很近的地方,他们用盾牌保卫自己,猛烈抗击敌人,许多人以及更多的马匹被他们消灭。(36)但是在罗马人方面,负了伤的和战马被杀死的那些人离开了队列,这样,先前人数本来就不多的一支军队里,人数之少这一点就变得更加明显了,他们和哥特大军之间的区别也就明显地加大了。(37)处于右翼的蛮族骑兵终于注意到了这一点,于是他们策马向他们对面的敌人冲去。而那里的罗马人抵抗不了他们的长枪,就赶忙跑掉,来到步兵的方阵。(38)但是步兵也抵挡不住对方进攻的骑兵,他们大部分也开始随着骑兵一道逃掉了。紧跟着罗马军队的其余部分也开始后退，敌人就紧逼在他们的身后，而这败退便成为不可扭转的了。(39)可是普林奇皮乌斯和塔尔木图斯以及他们麾下的少数步兵，在抗击哥特人方面却作出了英勇的业绩。(40)原来由于他们继续作战并且不屑于和其他人一道逃跑，这使得大部分哥特人感到吃惊乃至他们竟停止了追击。这样一来，步兵的其余部分和大部分的骑兵便比较安全地逃掉了。(41)普林奇皮乌斯就在他所处的地点倒下了，他的整个身体被砍成碎块，在他周边倒下的步兵有四十二人。(42)但是双手各持一支伊扫里投枪的塔尔木图斯从两方面刺向朝他进攻的敌人，最后只因为他已经遍体鳞伤，这才停了下来；但是当他的兄弟恩尼斯带领着一队骑兵前来增援时，他又有了活力，就这样带着全身的伤口和血块迅速地跑回工事，而他手里的投枪却一支也没有丢掉。(43)由于他是天生的飞毛腿，所以尽管受了重伤，还是得以逃脱，只是在他刚刚到达平奇乌斯门的时候才倒下来。他的一些同伴以为他已经死了，便把他放在盾牌上抬了回来。(44)但是他又活了两天才死去，从而无论在伊扫里人当中还是军队的其他人当中都赢得了崇高的声誉。

(45)这时已完全被吓倒的罗马人才注意到保卫城墙的事情，他们关闭了城门，而由于惊魂未定，他们竟然拒绝接纳逃回的人入城，因为他们担心敌人会和逃回的人一道冲进来。(46)而那些逃回却未能进城的人们则越过壕沟，背靠着城墙在那里吓得发抖，他们站在那里，完全忘记了什么叫作勇气，根本无法抗击蛮族，尽管敌人正在迫近他们，并且要越过壕沟向他们发起进攻。(47)所以造成这种情况是因为他们大多数人失掉了他们的投枪，它们是在

战斗中或在逃跑时折断的,并且他们又不能使用弓,因为他们紧紧地挤在一起。(48)当城墙上出现的保卫者人数不多的时候,哥特人一直在向前逼进,他们想把所有被关到城外的人消灭掉并制服守卫城墙的人们。(49)但是当他们看到保卫城墙的罗马士兵和民众人数十分众多的时候,他们立刻放弃自己的打算,一面对敌人破口大骂,一面从那里策马返回后方。(50)而在蛮族的营地开始的这场战斗,就在罗马城外的壕沟和城墙这里结束了。

哥特战争史第二卷

（战争史第六卷）

一

（1）在这之后罗马人便不再敢出动全军冒险作战了；但是他们还进行骑兵战斗，和先前一样地进行出其不意的袭击，并且对蛮族一般总是取胜的。（2）双方也都有步兵出来作战，但都是伴随着骑兵出来，而不是列成方阵。（3）有一次贝撒斯带着他的长枪在第一次突击中便冲入敌人当中，杀死了他们最出色的三名骑兵并把其余的人们都赶跑了。（4）还有一次，当康士坦丁在接近傍晚率领匈人进入尼禄原野的时候，看到敌人的人数超过了自己一方，于是他便采取了如下的措施。（5）自古以来那里便有一座巨大的比赛场[①]，而先前城里的角斗士经常在那里进行比试，古时人们还在比赛场周边修建了其他许多建筑物；因此，人们很容易设想，这里到处都是狭窄的道路。（6）而就是我提到的这一次，由于康士坦丁既不能打败大群的哥特人，又不能在不冒巨大危险的情况下逃走，于是他便要所有的匈人下马，他徒步和他们一道在那里的一条狭窄

---

① 可能是卡利古拉比赛场。

的路上设置自己的阵地。(7)然后从那个安全的阵地向对方射击，他们便用这个办法杀死了大量的敌人。而对于这种射击，哥特人坚持了一个时候。(8)他们指望的是，一旦匈人箭筒里的箭用光了，他们便可以把对方毫不费力地包围起来并把他们作为俘虏带回自己的营地。(9)由于玛撒该塔伊人不仅仅是出色的射手，而且有密集的人群作他们的靶子，实际上他们每一箭都射中一个敌人，哥特人看到自己方面阵亡的在一半以上，再加上太阳眼看即将下山，他们不知所措，便匆匆地逃跑了。(10)确实他们又死了不少人；因为玛撒该塔伊人在后面追击他们，并且由于他们甚至在跑得飞快的时候也懂得如何最准确地射箭，因此他们和先前一样地射向敌人的后背，发挥同样的射杀威力。这样，康士坦丁和他麾下的匈人在夜里才返回罗马。

(11)不多天之后，当佩腊尼乌斯率领一些罗马人出撒拉里亚门向敌人发动进攻时，哥特人确实就拼命地逃跑了，但是在日落的时分，他们突然间进行了一次反击，惊慌失措的一个罗马步兵掉到一个深坑里，原来古人在这一带挖了许多这样的坑，我想是为了储存粮食之用的。(12)他不敢喊叫，因为他估计附近有敌人的营地，但他无论用什么办法也不能从坑里出来，因为那里没有可以帮助爬出来的任何手段；因此他不得不在里面过夜。(13)第二天，当蛮族士兵再度被打跑时，有一个哥特人也掉到这同一个坑里。(14)而在这里，两个人相互向对方表示友好与善意而取得了和解，他们实际上是迫不得已才走到一处的，并且他们相互发出郑重的誓言，每一个人都要真诚地设法挽救另一个人。于是他们两个人都开始拼命地高声呼叫起来。(15)哥特人于是寻声到来，站在坑

边向里面看，并且打听是谁在呼叫。(16)对此，罗马人按照两个人约定的办法默不作声，而那个哥特人则用他本族的语言说，他是在不久前逃跑时刚刚掉到坑里来的，并且要他们放一根绳子下来以便使他上来。(17)于是他们尽快地把绳头抛下来，他们以为拉上来的是哥特人，但是抓住绳子被拉上来的却是罗马人，他只是说，如果他先上来，哥特人绝不会放开自己的同伴不管，但是如果他们得知那里面只是一个敌人，他们就会不管他了。(18)这样说着，他就上来了。而当哥特人看到他时，他们觉得奇怪并且感到十分困惑不解，但是听他叙述了全部经过之后，随后又把他的同伴拉了上来，并且此人于是把他们二人的协议和保证告诉了他们。(19)于是哥特人便和他的同伴离开了，而罗马人也未加伤害地被释放，并被允许回到城里去。(20)在这之后，人数不多的骑兵又多次出来进行战斗，但战斗最后又总是变成一对一的战斗，而且所有的战斗中罗马人都是胜利者。这些事件的经过就是这样了。

(21)稍后在尼禄平原上又发生了一场战斗。战斗中不同的小股骑兵向着不同的方向追击他们的敌人。在一股骑兵里有一个叫科尔撒曼提斯的人，他是一个玛撒该塔伊人，在贝利撒里乌斯的卫士当中是一位知名人物。他和其他一些人正在追击七十个敌人。(22)当他在平原上走了相当长一段路之后，其他罗马人便策马返回，但科尔撒曼提斯一个人却继续进行追击。(23)哥特人一看到这种情况，他们便掉转马头向他冲来。(24)但他却冲到他们中间去，用长枪杀死其中最出色的一人，然后又去追其他人，可是他们又掉头逃跑了。(25)但是，在营地同伴们的面前他们感到羞耻，因为他们不知道这些同伴是否可能会看到他们，所以想再次对他发

动攻击。不过他们的遭遇完全和先前一样,并且失去了他们的一位最杰出的人,所以不顾羞耻还是逃跑了,而科尔撒曼提斯把他们一直追到他们用栅栏围起的营地才一个人返回。(26)稍后,在另一次战斗中,这个人的左胫骨受了伤,而他自己认为,武器只是擦伤了骨头。(27)但是由于这次负伤,在一些日子里他被搞得无法作战了,并且由于他是一个蛮族,他不曾耐心地忍受这一情况,而是威胁说,由于他腿上所负的这伤,他很快便会向哥特人进行报复的。(28)因此没有过多久当他已经康复并且像通常那样在吃饭时喝得醉醺醺的时候,他就打算单独去攻击敌人,报复因腿伤而受的侮辱。而当他来到小城门平奇亚门的时候,他说他是贝利撒里乌斯派他去敌人的营地的。(29)对于贝利撒里乌斯最出色的卫士这个人的话,守门的士兵是不可能不相信的,于是便打开城门随他到哪里去。(30)而当敌人侦察到他的时候,起初他们以为是某个逃兵跑到他们这边来,但是当他走近并且把手搭在弓上的时候,有二十个人出来迎战,虽然他们并不知道他会是什么人。(31)他很容易地把这些人赶跑,然后开始策马慢步向回走,并且当更多的哥特人前来同他作战时他也并不逃跑。(32)可是当一大群人集合在他周边而他仍然坚持同他们战斗时,从塔楼上看到这一景象的罗马人就怀疑这个人是不是疯了,但是他们还不知道这个人正是科尔撒曼提斯。(33)在表现了巨大的和杰出的功勋之后,他终于发现自己已被敌人的军队包围并且为了他这种没有道理的蛮勇而遭到了惩罚。(34)当贝利撒里乌斯和罗马军队得知这一消息时他们深感悲痛,他们伤心的是,人们对此人所寄予的希望已化为乌有了。

二

(1)话说在春分前后,一个名叫埃乌撒利乌斯的人带着皇帝应付给士兵们的钱从拜占庭来到塔腊奇那。(2)他担心路上会受到敌人的袭击,劫走他的钱并把他杀害,于是写信给贝利撒里乌斯,要求贝利撒里乌斯保证他去罗马路程的安全。(3)于是贝利撒里乌斯从他自己的贴身卫士当中选拔出一百名有名的人物来和两名长枪手一道,要他们去塔腊奇那帮助他把钱带来。(4)与此同时他还一直在设法使蛮族相信,他将要率全军进行战斗,而目的则在于不使任何敌人离开那附近地区以便运进粮食或去做任何其他事情。(5)但是当他得知埃乌撒利乌斯和他的士兵第二天要到达的时候,他便使他的军队列队以便准备战斗,而蛮族方面也做了准备。(6)而在整个上午他只是要他的士兵驻守在城门附近,因为他知道,埃乌撒利乌斯和伴随他的那些人在夜里才到达。(7)继而到正午他又下令军队吃饭,于是哥特人那边也做同样的事,以为他把战斗推迟到第二天了。(8)但是稍后贝利撒里乌斯却要玛尔提努斯和瓦列里安率领着队伍来到尼禄平原,命令他们给敌人的营地造成尽可能巨大的混乱。(9)而从小小的平奇亚门他派出六百名骑兵去攻打蛮族的营地。(10)率领这支队伍的他安排了他自己的三名长枪兵:波斯人阿尔塔西列斯、玛撒该塔伊人波卡斯和色雷斯人库提拉斯。许多敌人出来迎击他们。(11)但是在一个长时期里,战斗没有达到白刃战的地步,而是每一方在另一方迫近时便向后退,而在追击时他们又迅速向回转,这使得人们认为他们在这一天其余的时光就想干这样的把戏了。(12)但当他们这样干下去

时,双方终于开始相互发起火来。战斗于是变成激烈的搏斗,结果双方都有许多杰出的战士倒下去,从城里以及从营地,两军都有人前来支援。(13)当这些新来的人和原来的战士混到一起的时候,搏斗便更加激烈了。回荡在整个城市和营地的呼号声使作战的士兵们战栗了。(14)但最后还是罗马人因其英勇而打退了敌人,使他们败走。

(15)在这次战斗中库提拉斯被一支投枪正好刺在头部正中,而他就带着刺入头部的这支投枪继续追击敌人。在敌人败走之后,约当日落时刻,他和其他生还者一道骑马返回城市,这时投枪还在头上颤动,形成一种极不寻常的奇观。(16)就在同一次战斗期间,贝利撒里乌斯的一名卫士阿尔吉斯被哥特的弓手射中右眼和鼻子当中的地方。(17)这支箭的箭头一直射到后面的脖子里去,只是没有刺穿而已,箭的其余部分则突出在脸上,而人在驰骋时便摇动起来。(18)当罗马人看到他和库提拉斯时,他们大为吃惊的是,两个人继续在马上驰骋,对负伤之事毫不介意,这一地区的战斗情况便是如此。

(19)但是在尼禄平原上蛮族却占了上风。在瓦列里安和玛尔提努斯麾下同大群敌人作战的罗马士兵虽然肯定是在顽强抵抗,但是伤亡惨重,处境极其危险。(20)于是贝利撒里乌斯便命令波卡斯带领他那从战斗返回但仍非疲惫之师的人员和马匹去尼禄平原。(21)这时天色已经是傍晚了。当波卡斯麾下的士兵前来帮助罗马人时,突然间蛮族逃跑了,猛烈追击了很长一段路的波卡斯被十二名手持长枪的敌人所包围。(22)于是他们立刻都用长枪向他刺去。但是他的铠甲经受住了其他打击因而没有给他造成很大的

伤害;但是有一个哥特人却得以从背后刺中了他那没有为铠甲所覆盖的右腋窝上面、十分接近肩头的地方,他并没有给青年人以致命的一击,甚至这一击没有使他陷入死亡的危险。(23)但另一个哥特人从前面刺他,刺穿了他左边的大腿,切断了这里的肌腱。但这并不是直着,而只是斜着刺下来的。(24)但是瓦列里安和玛尔提努斯看到正在发生的一切,便尽快地前来支援,他们赶跑了敌人,两个人拉着波卡斯的乘骑的缰绳回到了城里。这时已经是夜里了,埃乌撒利乌斯带着钱来到了罗马城。

(25)而当所有的人都回到城里时,他们便给伤员疗伤。而在阿尔吉斯的情况下,虽然医生想把武器从他的脸上拔下来,但是一时间他们又不想这样做,这倒不是为了他的眼睛,因为他们估计眼睛已无法保全了,而是担心如果割掉这一部分为数很多的薄膜和组织,这会给贝利撒里乌斯家中最杰出人物之一的他这个人造成致命的后果。(26)但是后来一位名叫提奥克提斯图斯的医生按他的脖子的后部并且问他是不是感到很痛。(27)而当这个人说他确实感到痛的时候,于是医生说:“那么不但你本人将会得救,你的视力也不会被伤害的。”(28)他所以作出这样的论断,是因为他认为箭头的钩刺进入皮肤并不深。因此他把箭露在外面的部分切下、抛掉,把头后面这人感到最痛的部分的皮肤割开,向着自己的方向容易地把钩刺——它后面这时有突出的三个尖头——拔了出来,而箭的其余部分也就随之出来了。(29)这样阿尔吉斯就完全免于受重伤,而且脸上甚至连一点伤痕也没有留下。(30)至于库提拉斯,则当投枪被十分用力地(因为它刺得很深)从头上拔下来的时候,他就晕倒了。(31)并且由于伤口附近的膜开始发炎,他

得了脑炎①,不久之后就死了。(32)但是波卡斯立刻在大腿的地方严重出血,看来马上就要送命。而按照医生们的说法,出血的原因是肌肉被切断,但不是直接从正面,而是斜着切过来的。总之三天之后他就死了。(33)由于发生了这些事情,所以那整整一夜罗马人是在深深的悲痛中度过的。但另一方面,从哥特人的营地那里也听到许多哭泣声和高声的悲叹。(34)对此罗马人确实感到奇怪,因为他们觉得在前一天敌人并没有遭受任何重大的灾难,除了在遭遇战中他们的确有不少人阵亡。(35)但是这种事情过去在他们身上也同样程度地发生过,也许甚至比这还要严重,但是这不曾使他们感到巨大的悲痛,因为他们的人实在太多了。(36)可是到第二天人们才得知,哥特人在尼禄平原上的营地里哭的是他们最出名的那些人,那些人是波卡斯在他第一次进攻时杀死的。

(37)还发生了并非十分重要的若干次战斗,我看就不必在这里记述了。但是,我要说的是,除了下面我要记述的最后两次的战斗之外,在这次围攻期间发生了一共六十七次战斗。这时冬天已经结束,这样普洛科皮乌斯记述的这场战争的历史的第二年②也就结束了。

三

(1)但是在春分开始的时候,城里的居民遇到了饥馑和瘟疫。士兵确实还有点粮食,不过没有任何其他种类的食物,但是对其余

① phrenitis(φρευίιτισι)。

② 公元536至537年。

罗马人的粮食供应已经没有了，而现实的饥馑和瘟疫正在折磨着他们。(2)而看到了这种情况的哥特人不再想冒同敌人决战的危险，而是注意到在今后不许有任何东西带到罗马人那里去。(3)原来在拉丁大道和阿皮亚大道之间有两条水道，水道极高，它们有很长的一段距离是修建在一连串的拱门之上。(4)这两条水道在离罗马有五十斯塔迪昂的地方会合①，这样在一个短距离内，它们掉换了它们的相应位置。(5)先前在右边的水道从这里起在左边继续下去。(6)并且在再次会合之后，它们才回到原来的位置，此后就各自分开了。结果给水道围起来的空间实际上便形成了一个要塞。(7)蛮族把这里水道下层的拱门用石头和泥砌成墙，这样便使它看来像是一座要塞，并且把不少于七千人安排驻在这里，以监视今后不许敌人把任何食物运到城里去。

(8)确实罗马人这时不敢指望事情有任何转机，他们遇到的只有各式各样的灾难。但只要有成熟的粮食，胆子最大的士兵在取得金钱的欲望的驱使下就骑着马并拖着别的马在夜里到离罗马不远的粮食地去。(9)然后他们就把粮食作物的穗子割下来，放到他们带来的马上，背着敌人把它运进城里，再用高价卖给城里有钱的罗马人。(10)但是另一些罗马人则是以各种草本植物为生，这些植物不仅在郊外，就是在城内都大量存在。要知道罗马人的土地无论在冬天还是任何其他季节从不缺少草本植物，它们在任何时候都总是很繁盛和大量生长的。(11)因此被围攻的人也在这些地

① 即菲斯卡列塔(Torre Fiscale)；此地离罗马实际上只有三十斯塔迪昂，即5.55公里。

点牧放他们的马匹。有些人还用死在罗马的骡子做香肠秘密出售。(12)但是当粮食地里不再有粮食,而所有的罗马人都陷入极为悲惨的境地时,他们便把贝利撒里乌斯围起来,试图迫使他同敌人背水一战并保证所有的罗马人无一例外地参加战斗。而正当他在那种情况下不知如何才好并且感到十分苦恼的时候,罗马民众当中有一些人对他讲了这样的话:

(13)"统帅啊,对于当前我们遭到的命运,我们是没有准备的;恰恰相反,已经发生的事情完全同我们的期待相反。(14)要知道,在我们得到了先前向往的东西之后,现在我们却陷入了当前的不幸,并且我们终于认识到,我们先前的看法,即我们渴望皇帝的关注是做对了的这样一种看法,只不过是一种愚蠢的行为,是最大灾难的开始。(15)确实,这种做法使我们陷入这样的困境,乃至现时我们已再次鼓起勇气使用武力并且把自己武装起来以对抗蛮族。(16)如果在贝利撒里乌斯面前讲话我们有点放肆的话,我们希望能得到谅解,因为挨饿的肚子是不知道什么羞耻的,我们的苦难必然对我们的唐突是一种辩解。(17)人们会立刻同意这样的看法:对人们来说,在不幸的命运中苟延残喘,这乃是最难忍受的苦难。(18)至于我们当前遭到的命运,你是不会看不到我们的痛苦的。这些土地以及整个农村地带都已陷入敌人之手;而这座城市已经不能运入任何有用的东西,这种情况我们不知道还要持续多久。(19)至于罗马人,有些已经死了,他们甚至还没有得到掩埋,而我们这些还活着的人,如果把我们可怕的命运用一句话来表达的话,那就是我们只想和死者倒在一处。(20)在挨饿的人看来,同挨饿相比,一切其他灾难都是能以忍受的;并且挨饿无论出现在什么地

方，它都会使人忘掉所有其他的痛苦，挨饿使得所有其他的死亡方式，除了饿死这样一种方式之外，都是令人欣慰的。(21)因此，在我们还没有给灾难彻底搞垮之前，请允许我们代表自己出发去战斗吧，战斗将会决定是我们制服敌人，还是我们摆脱当前苦难。(22)要知道，如果拖延可以带给人们安全的希望，则他们过早地冒一次会使他们所有的人被卷入的危险，这会是很大的愚蠢行为，但是，如果耽搁会使斗争变得更加困难，则甚至短时间的推迟战斗较之火速行事也是更加应当受到责难的。”

(23)以上便是罗马人的发言。贝利撒里乌斯对此作了如下的回答：“对我来说，关于你们的做法在每一方面我都早已有充分准备，并且所发生的一切无不在我的意料之中。(24)长时期以来我早已知道，民众是一种最不可理喻的事物，就他们的本质来说，他们既不能忍受当前的处境，又不能为未来做准备，而在每一种情况下只知道如何冒失地去干那不可能的事情并且不顾一切地把他们自己毁掉。(25)但是，至于我个人，我绝不想，至少不情愿，由于你们的冒失而使我断送你们自己，或使皇帝的事业也和你们一道归于毁灭。(26)要知道，战争通常之所以取得成功并不是由于盲动冒进，而是通过在决定性的时刻明智而又慎重地掌握有利的情况。(27)但是你们的做法就像是玩骰子一样，想玩孤注一掷的把戏；不采取对自己有利的做法而走便捷的道路，这并不是我惯常的做法。(28)再者，你们还保证说要帮助我们同敌人作战，但是什么时候你们受过军事训练呢？再说，那些学过如何使用武器的人们又有谁不知道战斗是不能进行实验的呢？而且敌人，从他们那方面来说，在战斗进行当中也不会

给你机会拿他们做实验的。(29)这次,我确实十分赞许你们的热情,而且我要宽恕你们这次的激动;(30)并且我马上就会使你们看清楚:你们采取的行动是不合时宜的,而我们现在所执行的等待的策略才是明智的,皇帝已从世界各地为我们征集并派来一支人数极多的大军,而一支罗马人从来没有征集过的舰队现在正布满康帕尼亚的沿岸地带和伊奥尼亚湾的大部分。(31)用不了几天这些援军就要来到我们这里,他们带来的各种食物将结束我们的匮乏,他们将会用大量的箭埋葬蛮族的营地。(32)因此我的想法是:更好是把战斗推迟到他们来到这里的时候,这样我们可以安全地在战争中取得胜利,而不是盲目地仓促地干这种冒失的事情并从而丧失了我们整个事业得救的机会。而我要关心的就是保证他们的马上到来并不使他们再耽搁下去。”

四

(1)贝利撒里乌斯的这番话使罗马民众感到鼓舞,随后他便把他们打发回去了。随后他立即派这部史书的作者普洛科皮乌斯去拿波利,因为到处都在传说,皇帝已经把一支大军派到那里去了。(2)并且他还委托普洛科皮乌斯把尽可能多的船装上粮食,把这时已经从拜占庭到来的或为了照管马匹或为了不管其他什么目的而留在拿波利附近的全体士兵——因为他已听说很多这样的士兵正在来到康帕尼亚各地——集合起来并且从那里的卫戍部队抽调一些士兵,然后同他们一道返回,把粮食运往奥斯提亚,因为那里有罗马人的一个港口。(3)于是普洛科皮乌斯在卫士蒙狄拉斯和一些骑士的陪伴下在夜间从带有使徒保罗的名字的城门[1]离开了罗马，悄悄地溜过了离阿皮亚大道很近，在那里对之进行监视的敌军营地。(4)而当蒙狄拉斯和他的士兵返回罗马，宣称普洛科皮乌斯已经到达康帕尼亚而且没有遇到任何蛮族——因为，他们说，敌人在夜里从来不离开他们的营地——的时候，每个人就都有了希望，并且壮起了胆子的贝利撒里乌斯想出了如下的计划。(5)他把他的许多骑兵派到附近的各个据点去[2]，命令他们一旦看到任何敌人想办法把粮食运到他们的营地去，他们便应当不断地从他们的阵地出击敌人，他们应当在这一地区到处伏击敌人，从而使敌人运不成粮食；相反地，他们应当尽全力把敌人围起来，这样城市可以比先前较少受缺粮之苦，而且蛮族自己似乎受到了包围而不是他们自己包围罗马人。(6)于是他便命令玛尔提努斯和图拉真率领一千名士兵去塔腊奇那。他还要他的妻子安托尼娜和他们同行，并指示要一些人把她送到拿波利，在那里安全地等待罗马人会遭到的命运。(7)他还派遣马格努斯和一名卫士辛图埃斯率领大约五百名士兵去提布尔要塞，这座要塞离罗马有一百四十斯塔迪昂。(8)实际上他已经把恭塔里斯和一些埃路利人派到离罗马同样远、位于阿皮亚大道上的一个城镇阿尔巴尼[3]去，但是不久之后哥特人便用武力把他们从那里赶走了。

① 奥斯田西斯门(Porta Ostiensis)。

② 这里指敌人的据点。

③ 参见本书第五卷，第六章，第7节及注释。

(9)话说有使徒保罗的一座教堂[①]位于离罗马的工事十四斯塔迪昂的地方,梯伯河便从它旁边流过。那里并没有设防,但是有一道柱廊从罗马城一直通到那里,那附近的其他许多建筑物使得人们不容易去那里。(10)但是哥特人对于这样的圣堂却表现某种程度的真实敬意。确实,在整个战争期间,他们对两位使徒[②]的任何一位的教堂都没有任何破坏,它们的全部礼拜仪式仍一如既往地由神父主持进行。(11)就在这一地点,贝利撒里乌斯要瓦列里安率领全部匈人在梯伯河的岸边设防,为的是他们可以比较安全地牧放马匹,而且还可以进一步牵制哥特人,使他们不敢随便远离自己的营地。(12)于是瓦列里安按照贝利撒里乌斯的指示办了。而在匈人在将领指定的地方设营之后,他便策马回城去了。

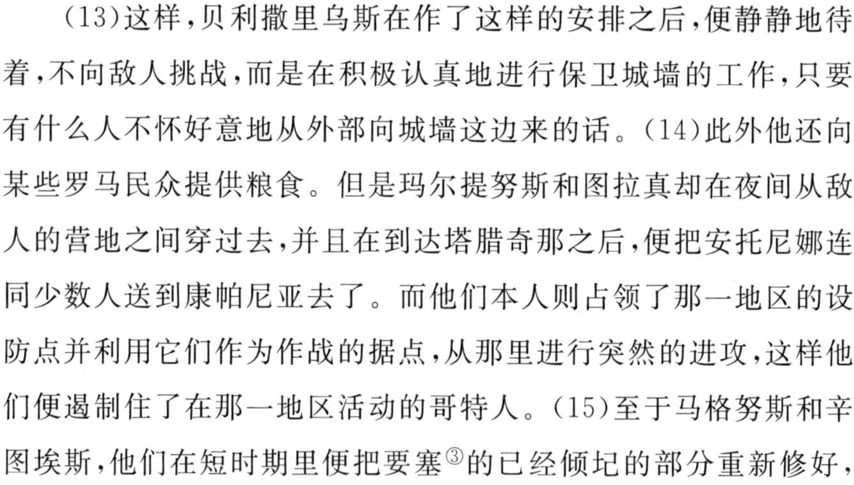

(13)这样,贝利撒里乌斯在作了这样的安排之后,便静静地待着,不向敌人挑战,而是在积极认真地进行保卫城墙的工作,只要有什么人不怀好意地从外部向城墙这边来的话。(14)此外他还向某些罗马民众提供粮食。但是玛尔提努斯和图拉真却在夜间从敌人的营地之间穿过去,并且在到达塔腊奇那之后,便把安托尼娜连同少数人送到康帕尼亚去了。而他们本人则占领了那一地区的设防点并利用它们作为作战的据点,从那里进行突然的进攻,这样他们便遏制住了在那一地区活动的哥特人。(15)至于马格努斯和辛图埃斯,他们在短时期里便把要塞[③]的已经倾圮的部分重新修好,

① 圣保罗的这个教堂位于罗马以南,在奥尔田西斯门(它现在仍然叫圣保罗门)外。

② 圣彼得和圣保罗。

③ 提布尔。

而一旦他们使自己得到安全，他们立刻开始给敌人造成更多的麻烦，因为敌人的工事就在不远的地方；制造麻烦的办法既是对他们屡屡发动攻击，还因其出其不意的活动而使护送运粮队的蛮族总是处于恐怖的状态之中；但到最后，辛图埃斯在一次战斗中被长枪伤了右手，并由于肌腱被割断，此后他就无法作战了。(16)同样地，如我前面所说，匈人在那附近的地方设了营之后，也给哥特人制造了不少的麻烦，这样哥特人和罗马人一样现在也感到了饥馑的压力，因为他们也不再像先前那样自由地把粮食运进营地了。(17)他们同样也遇到了瘟疫并为此而死了许多人，特别是在他们刚刚设在阿皮亚大道边上的那个营地里，这一点我前面已经说过了[①]。(18)营地里少数有幸保全了性命的便从那座营地撤到其他营地去了。受了同样之苦的匈人于是返回罗马去了。这里发生的事情情况便是这样了。(19)至于普洛科皮乌斯，则当他到达康帕尼亚之后，便在那里集合了不下五百名士兵，给许多船只装上了粮食待命。(20)此后不久他便同安托尼娜见了面，安托尼娜立刻帮助他对船队作了安排。

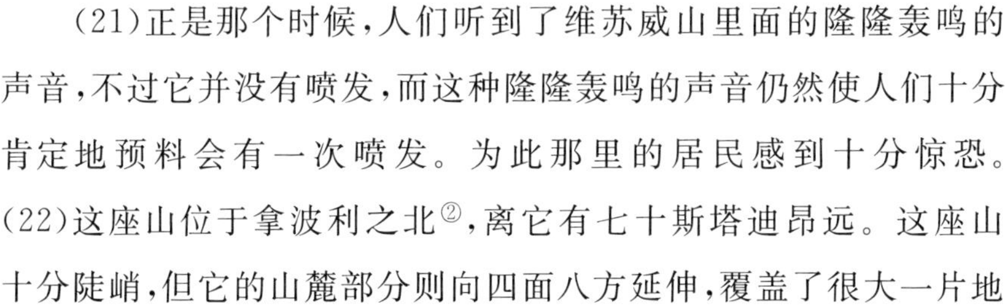

(21)正是那个时候，人们听到了维苏威山里面的隆隆轰鸣的声音，不过它并没有喷发，而这种隆隆轰鸣的声音仍然使人们十分肯定地预料会有一次喷发。为此那里的居民感到十分惊恐。(22)这座山位于拿波利之北[②]，离它有七十斯塔迪昂远。这座山十分陡峭，但它的山麓部分则向四面八方延伸，覆盖了很大一片地

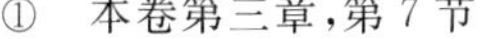

① 本卷第三章，第7节。

② 实际上该火山位于拿波利的东南。

方,而它的上部是陡峭的,人们极难攀登上去。(23)但是在维苏威山的峰顶处并且在大约中心的地方,那里有一个很深的山口,看来似乎一直通向山底。(24)如果有人敢于站在山口的边上向里面窥视的话,他就可以看到里面的火,并且,虽然火焰照例只是在里面翻腾,却还不致给那一地区的居民造成任何伤害,但是当山里发生像牛叫的轰鸣声时,一般地说它不久之后便会喷出大量的灰来。(25)而如果有谁在路上碰上喷出来的这可怕的灰,他可能就活不成,如果这灰压到房屋上,房屋也会由于承受不了大量火山灰的重量而倒塌。(26)但无论什么时候,只要一刮起强烈的风来,火山灰便就被高高地吹起,再也看不到了,火山灰于是随着风给带到什么地方,然后再在极远的地方落下来。(27)据说有一次火山灰落到拜占庭[①],把那里的居民吓坏了,乃至从那时开始直到今天,全城的人都认为每年都应当向上帝祈祷使他息怒。还有一次火山灰落到了利比亚的特里波利斯。(28)据说这种轰鸣声先前每隔一百年甚或更多年才有一次[②],但后来发生的次数却要多得多了。(29)但是他们还特别强调这样一点,即维苏威火山不管什么时候有这种火山灰喷出来,附近地区总是会生长出丰收的各类作物。(30)而且山上的空气非常轻,而就其性质而论是世界上最有益于健康的。那些得了痨病的人确实从古以来就被医生送到这里来。有关维苏威山的事情就谈这些了。

① 这里指的是公元 472 年喷发的那一次,这一年相当于我国南朝宋明帝泰豫元年。

② 自从有历史记载的第一次喷发(公元 79 年)以来,每喷发一次相隔在一百年和一百多年之间。

五

(1)这时从拜占庭经海路又来了一支军队，三千名伊扫里人在保路斯和科农的统率下到达拿波利港口，由先前的僭主维塔利安的侄子约翰统率的八百名色雷斯骑兵则是在德律欧斯[①]登陆的，而和他们同来的另有一千名正规的骑兵，由不同的指挥官率领着，其中就有亚历山大和玛尔肯提乌斯。(2)原来芝诺已经带领三百名骑兵通过撒姆尼乌姆和拉丁大道到达了罗马。而当约翰带领所有其他的人以及卡拉布里亚的居民所提供的许多车辆来到康帕尼亚的时候，他的军队又增加了五百人，而我先前已经指出，这些人就是在康帕尼亚征集的。(3)这些人带着车辆沿海岸的道路出发，他们设想，如果遇到敌人攻击他们，他们就把车辆围成一个圆圈像个据点的样子，就这样抗击敌人的进攻。他们命令保路斯和科农麾下的士兵尽快行进，并同他们在罗马的港口欧斯提亚会合[②]。他们把足够的粮食放在车辆上，而所有的船不仅装上粮食，而且还有葡萄酒和所有各式各样的食物。(4)并且他们确实指望在塔腊奇那附近能找到玛尔提努斯和图拉真的队伍，并且从塔拉奇那起与他们结伴而行，但是当他们临近塔拉奇那的时候，才得知那些队伍不久前奉召返回罗马去了。

(5)但是贝利撒里乌斯得知约翰的军队正在到来，却担心敌人会以巨大的优势进攻他们并把他们消灭，于是便采取了如下的措

① 意大利南部城市，也叫叙德路斯(Hydrus)。

② 正规的港口波尔图斯在哥特人手里。

施。(6)原来敌人的营地离佛拉米尼亚门也是很近的,所以贝利撒里乌斯在这次战争开始的时候便把这座门用一种石头结构给封堵起来,这一点我在前面已经指出了[①]。当然,他这样做的目的在于使敌人难以进入,或在于使敌人难以在这个地方对城市发动任何进攻。(7)因此在这个城门这里没有发生过任何战斗。蛮族方面也从不疑心从那里会向他们发动任何进攻。(8)但这时贝利撒里乌斯根本没有通知任何人便把封堵这座城门的石头工事拆除,并且把绝大部分的军队集结在这里待命。(9)天刚一破晓,他便派遣图拉真和狄奥根尼斯率领一千名骑兵出平奇亚门,并要他们向敌人的营地射箭,而一旦敌人出来接战,他们便应当逃跑,一点也不要考虑这样做是否丢人的问题,应当策马全速向城里奔驰。(10)在这个城门里他也安排了一些士兵。于是图拉真麾下的士兵便按照贝利撒里乌斯要他们如何做的指示开始骚扰蛮族,而从所有各处营地集合起来的哥特人开始进行自卫。(11)两支军队都开始尽可能快地向着城墙的工事方面移动,一方做出逃跑的样子,而另一方则认为自己是在追击敌人。

(12)但是一旦贝利撒里乌斯看到敌人在进行追击,他便打开了佛拉米尼亚门并把他的军队放出去对付根本没有准备的敌人。(13)原来哥特人的一处营地便在这座门附近的路旁,并且在它前面有一条两边陡峭、极难接近的狭窄的通路。(14)一个身强力壮、身穿铠甲的蛮族,当他看到敌人朝他走过来时便当着敌人的面来到了这个地方站定,同时召唤自己的同伴,要他们前来帮助他守住

① 参见本书第五卷,第十九章,第6节。

这狭窄的通道。(15)但是在他能以有任何举动之前，蒙狄拉斯便杀死了他，并且在这之后他不允许任何蛮族进入这一通道。(16)罗马人因此在没有遇到任何反抗的情况下越过了这一通道，其中一些人来到了附近哥特人的营地，他们一时里想攻占这一营地，但是又做不到，因为据点是坚强的，尽管留在里面的蛮族并不多。(17)营地的沟挖得非常深并且由于沟里的土照例沿着它的内侧堆积起来，这就形成了一道墙[①]，而且上面有许多木桩，木桩削得很尖而且是密集的，从而形成了一道栅栏。(18)这些防御措施壮了蛮族的胆子，乃至他们竟猛烈地对敌人进行了反击。但是贝利撒里乌斯的一个名叫阿奇利努斯的卫士、一个极为勇敢的人，却抓住马的缰绳一跃上马，随即从沟这里跳到营地中心，杀死了那里的一些敌人。(19)当他的敌人把他围起来，向他投出大量投枪的时候，他的坐骑负伤倒下了，但他本人却出人意料地从敌人当中逃了出来。(20)于是他便和他的同伴徒步去平奇亚门。并且在赶上仍在追击罗马骑兵[②]的蛮族时，便开始从背后向他们射箭并杀死他们的一些人。

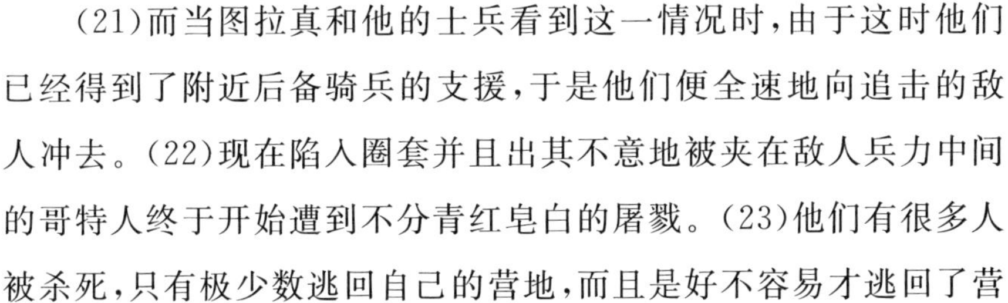

(21)而当图拉真和他的士兵看到这一情况时，由于这时他们已经得到了附近后备骑兵的支援，于是他们便全速地向追击的敌人冲去。(22)现在陷入圈套并且出其不意地被夹在敌人兵力中间的哥特人终于开始遭到不分青红皂白的屠戮。(23)他们有很多人被杀死，只有极少数逃回自己的营地，而且是好不容易才逃回了营

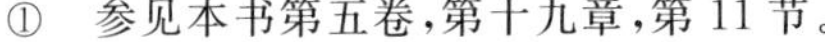

① 参见本书第五卷，第十九章，第 11 节。

② 即图拉真和狄奥根尼斯麾下的骑兵。

地的;在这期间,另一部分人为他们的据点的安全担心,于是把自己关闭在营地里,以后也不再出来,因为他们认为罗马人会毫不耽搁地来攻打他们。(24)在这次战斗里,一个蛮族射中了图拉真的面部,就在右眼上部离鼻子不远的地方。(25)而整个铁箭头没入头部而完全看不到了,尽管那上面的倒刺不但大而且极长,但箭的其余部分却在没有任何人用力的情况下立刻掉在了地上,而照我看来,这是因为铁头和箭杆不曾接牢的缘故。(26)但是图拉真对此毫不介意,仍然继续消灭和追逐敌人。但是在这之后的第五年,那铁头的尖端却开始自动地在脸上显露出来。而自从它慢慢地但是逐步地露出以来,现在是第三个年头了,因此人们估计整个倒刺不要很久最后是会出来的。而且无论从哪方面,它对本人也都不是一种妨碍。关于这些事情就说这些了。

六

(1)这时蛮族立刻开始对打赢这场战争不再抱希望并且考虑他们如何才可以撤出罗马的问题了,要知道,他们已受到瘟疫和敌人两方面的巨大折磨,而且现在他们数十万大军剩下的也没有多少人了;由于饥馑的缘故,他们受到了极大的痛苦,在名义上是他们进行围攻,而实际上他们却受到敌人的包围并且被切断了一切必需品的来源。(2)而当他们得知,从拜占庭经陆路和海路还有一支军队到他们的敌人这里来的时候——他们不知道这支军队实际上有多少人,但是认为他们必定是人数众多的,就像谣言所能任意夸大的那样——他们对面临的危险极为恐惧,便开始计划离开的问题了。(3)于是他们便派了三位使节到罗马去,其中的一位是在哥特人当中知名的罗马人，而他来到贝利撒里乌斯这里之后，便讲了这样的话：

(4)“由于我们双方都在实际上吃了战争的苦头，所以战争结果表明对任何一方都没有好处，这是我们每一方都深为了解的。(5)两军之中有谁会否认任何人都清楚的事实呢。(6)我以为，没有人，至少是没有一个并没有丧失理智的人能否认，只有极为愚蠢的人才宁愿无限期地把痛苦忍受下去——而这只不过是为了满足这时作为他们的动力的好胜心——并拒绝寻求一个解决办法来摆脱折磨他们的灾难。(7)并且每当这一情况出现时，双方的统帅都有义务不为他们自己的光荣而牺牲他们臣民的性命，而是应采取不仅对他们自己，而且对他们的敌人都是公正而又适当的办法，从而结束当前的苦难。(8)要知道，一个人的要求中的节制会提供摆脱一切困难的办法，但是争强好胜之心很自然地会使任何主要的目标都无法完成。(9)而我们，从我们这方面来说，已经就结束这场战争一事作了考虑，所以到你这里来提出对双方都有利的建议，而根据这些建议，我们甚至打算放弃我们的一部分权利。(10)并且注意到要你们在考虑问题时同样在对我们的态度上不要受制于一种争强好胜之心，从而毁了我们也毁了你们自己，而是毋宁采取将会对你们自己有利的一种办法。(11)适当的做法是：双方都把意见摆出来，但并不是只由一方继续说下去，而是在发现一方提出的意见里有不恰当的地方，另一方当场就可以把他的话打断。(12)因为用这种办法每一方都可以把他们想说的任何意见简明扼要地说出来，同时可以解决主要的问题。”(13)贝利撒里乌斯回答说：“按你们建议的办法去做，讨论将不会有任何障碍，只是希望你

们说的是和平与公正的语言。”

(14)于是哥特人的使节们又说:“罗马人啊,我们是你们的朋友和同盟者,你们无理地对我们使用武力,这对我们是一件不公正的行为。我们以为,我们要对你们说的话,对我们自己以及对你们每一个人都是十分清楚的。(15)要知道,哥特人并不是用武力从罗马人手中夺得意大利的土地的,而是先前欧多亚克废掉了皇帝,把意大利的政体变成一种暴政并且占有了它[①]。(16)而当时在东方掌权的芝诺,虽然他想为共掌皇权的同伴复仇并把这片土地从篡权者手中解救出来,但是他并不能摧毁欧多亚克的政权。因此他便劝说正要围攻他本人和拜占庭的我们的领袖提奥德理克,要对方念及对方已经从他手中取得的荣誉——因为是他使提奥德里克成为罗马人的一位贵族和执政官[②]——不要对他本人采取敌视的态度,而是由于欧多亚克对奥古斯图路斯的不公正行径对他加以惩处,并且在这之后,同哥特人一道以合法的和正当的统治者的身份来治理这片土地。(17)因此,我们是以这样的办法取得了对意大利的统治权的,并且我们和任何一位罗马皇帝一样严格地保存了法律和政体,并且绝对没有一条法律,无论是成文还是不成文法,是由提奥德里克以及他的任何一位哥特王位继承人发布的。(18)而且我们还如此细心谨慎地为罗马人保卫他们的有关上帝崇拜和对上帝的信仰的做法,乃至直到今天为止没有一个意大利人改变他的信仰,不管是自愿地还是非自愿地,并且当哥特人有谁改

① 公元476年。参见本书第五卷,第一章,第6至8节及有关注释。

② 参见本书第五卷,第一章,第10和11节。

变了信仰的时候[1]，我们对此也毫不介意。(19)罗马人的圣堂确实受到我们最高的尊重；到任何一座圣堂来避难的任何一个人都不曾受过任何人的暴力对待；而且更有进者，罗马人自己继续担任一切国家职务，并且没有哪怕一个哥特人参与其中。(20)如果有人认为我们讲的话不是真的，他可以站出来反驳我们。而且人们还可以指出，哥特人还容许东方的皇帝每年把执政官的荣誉授予罗马人。(21)这便是我们遵循的方针；但是你们，从你们的方面来说，当意大利在蛮族和欧多亚克的手下受苦的时候，你们并没有把意大利那部分接管过来，欧多亚克在意大利不是一个短时期，而是十年之久在这片土地上肆虐。但是在我们以合法的手段得到了它的时候，现在你们却确实对我们使用暴力了，尽管这里同你们已没有任何关系。(22)因此，今后请务必离开不要管我们的事，并且把你们自己的东西和你们劫掠到的任何东西都带走吧。”

贝利撒里乌斯则回答说：“虽然你们的保证使我们了解到，你们的意见是简短而又温和的，可是你们的发言不但冗长，而且你们提出的要求几乎是欺诈性的。(23)要知道提奥德里克是奉皇帝芝诺的派遣来同欧多亚克作战的，但并不是要他本人占有意大利的领土。皇帝为什么竟想用一个暴君去替换另一个暴君呢？(24)皇帝派他来是为了使意大利得到自由并且臣服于皇帝。虽然提奥德里克令人满意地废黜了暴君，但在所有其他方面，他却表现得极不得体；因为他根本不想把土地归还给它正当的主人。(25)但是从我这方面来说，我认为用暴力向另一个人打劫的人和不想自愿把

[1] 哥特人是基督教徒，但信奉的是其异端阿里乌斯派。

自己邻人的财物归还的人是一回事。至于我,我是绝不会把皇帝的国土交给任何其他人的。(26)但是如果有你希望取得的任何事物以代替它,我允许你把它说出来。"

(27)蛮族们说:"你们中间没有人不知道,我们所说的一切都是真实的。但是为了我们不会显得争强好胜,我们把面积如此大而又十分富有的西西里给你们,因为我们知道,如果没有西西里,你们便不能安全地保有利比亚。"

(28)而贝利撒里乌斯回答说:"从我们方面说,我们允许哥特人保有比西西里要大得多的整个不列颠,它很早就是属于罗马人的。(29)要知道,对于首先做了一件好事或表示一种善意的那些人来说,只有给以同样的回报才是公平的。"

(30)蛮族们[1]:"那么,如果我们就康帕尼亚或关于拿波利本身也向你们提一项建议的话,你们愿意听听吗?"

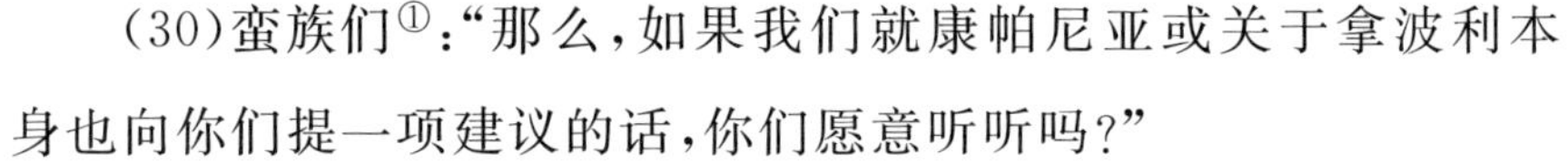

(31)贝利撒里乌斯:"不,因为我们并没有权力以一种不符合皇帝的意愿的方式来处理他的事务。"

蛮族们:"那么,即使我们每年向皇帝缴纳一定数量的金钱也不行吗?"

(32)贝利撒里乌斯:"真的,不行。要知道,除了为土地的主人保卫他的土地之外,我们没有权力干任何其他事情。"

(33)蛮族们:"那么我们只好派使节到皇帝那里去,同他磋商有关这全部事情的条约了。因此还必须规定明确的一段时间,而在这期间两军必须遵守一项停战协定。"

---

① 这里和后面有冒号的发言者是作者全集第一版(1661~1663)的编订者玛尔特列图斯加上的。

(34)贝利撒里乌斯："很好，就这么办吧。在你们安排讲和的计划时，我是绝不会妨碍你们的。"

(35)在讲了这些话之后，他们便各自离开了会场，哥特人的使节返回了他们自己的营地。在随后的日子里，他们进行了频繁的互访并且安排了停战事宜。他们还同意每一方都把自己一方的一些知名人士交给对方作为人质以保证停战的执行。

七

(1)当罗马这里正在进行这些谈判的时候，伊扫里人的舰队此时已经进入罗马人的港口[①]，而约翰和他的士兵也来到了欧斯提亚，并且没有一个敌人妨碍他们的舰船靠岸或妨碍他们设营。(2)但是伊扫里人为了能以安全过夜而不致遭到敌人的突然袭击，他们在港口附近掘了一道深沟并一直在轮班进行守卫，而约翰的士兵则用他们的车辆在营地四周搭筑成一道工事，然后静静地待在里面。(3)当黑夜到来时，贝利撒里乌斯偕同一百名骑兵来到了欧斯提亚，他向他们谈到了过去的战斗情况以及罗马人和哥特人达成协议的事情，此外还对他们进行了鼓励，要他们带着他们运来的东西尽快前往罗马。他说："要知道，我将设法保证你们路上不会遇到危险。"(4)因此他本人天刚破晓便骑马赶回城里去了，而安托尼娜以及指挥官们则天一亮便开始考虑运送货物的办法。(5)在他们看来，这一任务是艰巨的并且几乎是无法实现的。原来

① 罗马正式的港口波尔图斯是在哥特人手里，所以这时只能通过欧斯提亚。参见本卷第五章，第 3 节。

那些头牛再也支持不下去了,而是半死地倒在地上,此外,车辆走在十分狭窄的路上也是危险的,而且人们又不能像先前惯常所做的那样,用畜力拖河上的驳船。(6)原来河的左手[①]的道路是在敌人的手里,这一点我在前面已经说过了[②],所以当时罗马人不能使用这条道路,而河另一侧的道路则是完全荒废了的,至少是沿着河岸的那一部分。(7)因此他们把属于较大船只的那些小船挑选出来,在船四周立起高高的板墙,以防船上的士兵暴露在敌人的射程之内,而且还安排适当数量的弓手和水手在每只船上。(8)而在他们所能带的货物都装上了船之后,便启程沿着梯伯河向罗马进发,还有一部分军队沿着右岸随船行进,作为对他们的支援。(9)他们还留下很多伊扫里人保卫船只。在河道是直的地方,他们在行驶方面并没有任何困难,干脆把船帆张起来就行了;但是在河道弯曲并且是顶风的地方,风吹不起帆来,水手们只好摇桨使船只逆流而上,这是一项十分艰苦的工作。(10)至于蛮族方面,他们只是待在自己的营地里,根本不想给自己的敌人制造麻烦,这或者是因为他们害怕遇到危险,或者是因为他们认为罗马人用这种办法绝不可能成功地把任何食品运进去,而且他们还认为,如果为了纠缠于一件无关重要的事情而无法实现自己的希望,即贝利撒里乌斯已作出保证的停战,那对他们自己来说是不利的。(11)而且,驻守在波尔图斯的哥特人虽然他们能以看到他们的敌人的船只不断在他们可以摸得到的近处行驶,但是对敌人却没有任何举动,而是坐在那

① 即向上游方向的。

② 本书第四卷,第二十六章,第14节。

里对敌人设想的计划感到惊讶不解。(12)罗马人用同样的办法多次逆流上行,从而通行无阻地把货物运到城里去之后,水手们便上了船尽快地离开了,因为这时已经是冬至时分了;而其余的军队都开进了罗马,只有保路斯和一些伊扫里人还留在欧斯提亚。

(13)在这之后,为了保证停战条约的执行,双方交换了人质[①]。罗马交出的是芝诺,哥特人交出的是乌利亚斯,这也是一位相当有地位的人,双方达成的谅解是,在三个月期间他们互不进攻,直到使节从拜占庭返回并且通报皇帝的意旨的时候。(14)而且即使某一方对自己的敌人有挑衅行为,使节仍然应当被送回本国方面来。(15)蛮族的使节于是在罗马人的护送下去了拜占庭;而安托尼娜的女婿伊尔狄盖尔则率领着相当数量的骑兵从利比亚来到了罗马。(16)而守卫波尔图斯的据点的哥特人则由于维提吉斯的命令撤离了这个地方,因为他们的粮食已经用光了,于是他们遵照维提吉斯的召唤返回了营地。接着保路斯便率领着他的伊扫里士兵从欧斯提亚出发来到这里并占有了这地方。(17)至于这些蛮族为什么没有粮食,其主要原因乃是罗马人控制了海洋,从而不允许任何必需的供应运到哥特人这里来。(18)也正是由于同样的理由,就是说,由于缺少粮食,他们在大约这同时,还放弃了一座十分重要的沿海城市肯图姆凯莱[②]。(19)这是一座人口众多的大城市,位于罗马以西的图斯卡尼地区,距离罗马二百八十斯塔迪昂。(20)罗马人在占领了这个地方之后,进一步扩大自己的权力,因为

① 前面已提到的人质事情,参见第一章结尾处。

② 今天的奇维塔·维奇亚(Civita Vecchia)。

他们还占领了罗马以东阿尔巴尼这个小城市，当时敌人是由于同样的理由才撤离了那个城市的；罗马人已经从四面八方把蛮族包围起来，他们现在把蛮族夹到自己的军队之间了。(21)于是哥特人也想违反协定并给罗马人造成某种伤害。他们把使节派到贝利撒里乌斯那里去，断言他们在停战期间受到了不公正的对待；(22)原来当维提吉斯召唤驻在于波尔图斯的哥特士兵去执行他的某项任务时，保路斯和伊扫里人却在没有充分理由的情况下攻夺并占有了那里的工事。(23)关于阿尔巴尼和肯图姆凯莱他们也作了同样不实的指控，并且威胁说，除非他把这些地方归还给哥特人，否则他们是不会置之不理的。(24)但是贝利撒里乌斯笑着把他们打发回去，他说这个指控只不过是一个借口，而没有人不知道为什么哥特人放弃了这些地方。(25)在这之后双方相互就有点怀疑起来了。

但是后来当贝利撒里乌斯看到，罗马已经有大量士兵补充进来，于是便把许多骑兵派到远离罗马的若干地点去，并且命令维塔利安的侄子约翰和他统率的八百名骑兵去皮凯努姆的城市阿尔巴附近过冬；(26)奉派和他同去的还有瓦列里安的四百名士兵——由他的侄子达米亚努斯率领着——和他本人的特别能战斗的卫士八百名。(27)他安排两名长枪兵孙塔斯和阿狄吉斯领导这些士兵并且命令他们跟着约翰，而不管约翰去什么地方；他给予约翰的指示是：只要他看到敌人遵守他们之间缔结的协定，他就应当按兵不动；但是一旦他看敌人破坏协定，他就应当采取如下行动：(28)他要用他的全部兵力进行一次突然的出击，并且蹂躏皮凯努姆的土地，他要去这里的所有地区，要在每一个地区得到他到来的消息之

前到达那里。(29)要知道,在这全部土地上实际上没有哪怕是一个男人留下来,因为看来所有的人都去攻打罗马了,但是到处都有敌人的妇女和儿童以及金钱。(30)因此他还得到指示,不管他遇到什么,他都要加以奴役或掠夺,但是要注意不要伤害住在那里的任何罗马人。(31)如果他碰上什么地方,那里有人设防加以保卫——他很有可能碰上这样的地方——他应当以他的全部兵力来进攻。(32)而如果他能把它攻占下来,他可以继续前进,但是如果发生这样的情况,即他未能把对方的工事攻克,那他就应当返回或留在那里。(33)要知道,如果他继续前进而留下这样一座要塞在自己的后方,他将会遭到极大的危险,因为一旦他的士兵受到敌人的骚扰,他们绝不能容易地保卫自己。他还要把全部掳获品完整地保存下来,以便能够在军队中间公平合理地加以分配。(34)继而他又笑着说了这样的话:"一支军队费了很大力气把雄蜂消灭,而另一部分根本没有经受任何劳苦的人却享用蜂蜜,这是不公平的。"贝利撒里乌斯作了这样的指示之后,就要约翰和他的队伍出发了。

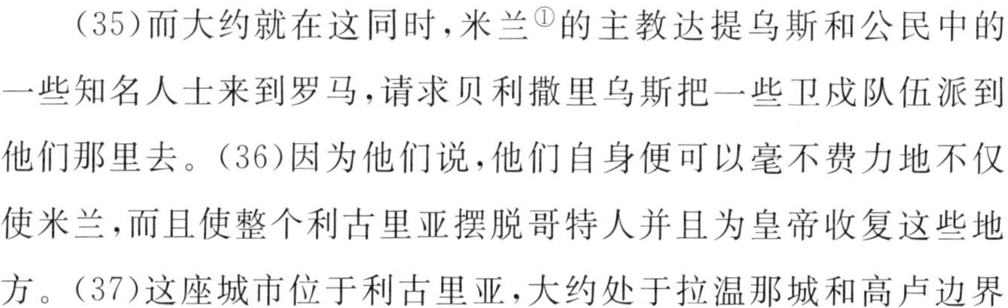

(35)而大约就在这同时,米兰[①]的主教达提乌斯和公民中的一些知名人士来到罗马,请求贝利撒里乌斯把一些卫戍队伍派到他们那里去。(36)因为他们说,他们自身便可以毫不费力地不仅使米兰,而且使整个利古里亚摆脱哥特人并且为皇帝收复这些地方。(37)这座城市位于利古里亚,大约处于拉温那城和高卢边界

① 米兰的拉丁名称 Mediolanum 有"中间的城"的意思。在公元四世纪它是利古里亚的首府。

处的阿尔卑斯山中间;(38)从这两地的任何一方去米兰,对于一个轻装的人来说,都是八天的路程;这座城市无论就大小、居民人数还是就总的繁荣程度而论,至少除罗马之外,在西方所有的城市当中要占首位。贝利撒里乌斯保证实现他们的请求,但是整个冬天都把他们留在那里。

八

(1)这些事件的经过就是这样了。但是命运女神看到罗马人的事业进行得如此顺利,对他们起了嫉妒之心,因而想给他们的好事加上些不愉快的东西。这样她便使贝利撒里乌斯和康士坦丁因一件微不足道的借口而争吵起来;事情怎么发生的,最后的结局如何,这就是下面我要说的。(2)原来有一个名叫普列西狄乌斯的,是一个住在拉温那的罗马人,并且此人是一个有相当地位的人。当维提吉斯正要进攻罗马的时候,这个普列西狄乌斯曾得罪过哥特人,因此他表面上以出去打猎为借口带着他的一些仆人离开家亡命外逃。他不曾把自己的计划告诉任何人,也没有携带他的任何财产,而实际上在他自己身边的只有两把匕首,只是匕首的鞘有许多黄金和宝石的装饰。而当他到达斯波利提昂[①]的时候,他便留住在工事外面的一座神殿里。(3)这时恰好还留在斯波利提昂的康士坦丁[②]听到这件事,便派他的一名卫士名叫玛克森提奥路斯的,在没有任何正当理由的情况下拿走了他的两把匕首。(4)此

① 参见本书第五卷,第十六章,第4节。

② 参见本书第五卷,第十六章全章。

人因所发生的事件在感情上受到很大的伤害，于是尽快地去了罗马并去了贝利撒里乌斯那里，而不久之后康士坦丁也来到了罗马，因为这时已经有消息说哥特人的军队离罗马不远了。(5)然而当罗马人的事业处于危急和混乱状态的时候，普列西狄乌斯一直在保持沉默；但是当他看到罗马人正在占上风，并且正像我在前面所说的，哥特人的使节被派到皇帝那里去的时候，他便经常去贝利撒里乌斯那里向他报告自己受到的不公正待遇并且要求贝利撒里乌斯帮助他维护自己的权利。(6)为此贝利撒里乌斯亲自多次责备了康士坦丁，也通过其他人多次对他进行了谴责，要他洗刷自己干了不公正的事情的罪名，从而纠正有损他的声誉的舆论。(7)但是康士坦丁——看来他注定要遭到厄运——却总是轻蔑地逃避指责，而且还挖苦受害者。(8)但有一次普列西狄乌斯看到贝利撒里乌斯骑马经过广场，便过去拉住乘骑的缰绳，高声质问皇帝的法律是不是有这样一条，即对于从蛮族那边逃过来向他们求援的人，他们应当用武力夺去他手里的不管什么东西。(9)虽然许多人聚拢过来并且威胁地要他放开缰绳，但直到贝利撒里乌斯答应归还匕首时他才放手。(10)因此，第二天，贝利撒里乌斯把康士坦丁和许多指挥官召集到宫殿的一个房间里，把头一天发生的事讲述了一遍，然后就要求康士坦丁归还匕首，尽管当时天色已经晚了。(11)可是康士坦丁拒不从命；他说他宁愿把匕首抛到梯伯河里去也不愿把它们还给普列西狄乌斯。(12)于是这时生了气的贝利撒里乌斯就问康士坦丁是否没有想到他应当听从贝利撒里乌斯的命令。康士坦丁同意在所有其他的事情上听从他的命令，因为这乃是皇帝的意旨；但是，当前他对他下的这道命令，他是绝不会服从

的。(13)贝利撒里乌斯于是要他的卫士进来,这时康士坦丁说:“这显然是要他们杀死我。”贝利撒里乌斯说:“绝非如此,我只是要他们迫使先前用武力为你夺走了匕首的、你的卫士马克森提奥路斯把他从那个人手里强行夺来的东西还给那个人。”(14)但是康士坦丁却以为他当时立刻就要死了,想在他自己会吃到任何苦头之前索性蛮干一下。(15)于是他把他挂在胯旁的匕首抽了出来,突然刺向贝利撒里乌斯的腹部,贝利撒里乌斯惊慌地向后退,抱住了站在他近旁的贝撒斯,从而得以避开这一刺。(16)这时仍然怒气冲冲的康士坦丁继续对他追击;但是看到当时发生的一切的伊尔狄盖尔和瓦列里安分别抓住了他的双手,一右一左地把他拖向后面。(17)这时贝利撒里乌斯刚才召唤的卫士们进来了,他们用了很大的力量才把匕首从康士坦丁手中夺下来,并且在一片怒吼声中把他拿下了。当时他们对他并没有作出任何伤害,而我想,这是出于对在场的军官的尊重。他们只是遵照贝利撒里乌斯的命令把他带到另一个房间里去,并且在后来一个什么时候把他处死了。(18)这乃是贝利撒里乌斯做的仅有的一件亵渎神灵的事情;要知道,这件事同他的品格是完全不相称的;因为对待所有其他人他永远是极为温和的。但是,正像我在前面所说,康士坦丁注定要遭到厄运。

九

(1)这之后不久,哥特人想对罗马的工事施加打击。他们先是派一些人在夜里进入一条水道,也就是在这次战争开始时他们自己用来取水的那条水道[1]。(2)这些人带着灯和火把从这条水道探测进入罗马的入口。而就在离小小的平奇亚门不远的地方,这条水道[2]的一座拱门上面有一个裂缝,(3)一名哨兵通过这个裂缝看到了火光,便把这事告诉了自己的同伴。但是他们说他看到的是从他的岗位走过去的一只狼。(4)原来这里水道的建筑恰好离地面不高,他们认为哨兵是把狼的眼睛认成是火光了。(5)而探索水道的那些蛮族在到达城市中心时——那里在古时修了一条通向宫殿本身的上坡通道——遇到了一个土石结构,这个结构使他们既不能继续前进,又根本不能利用那个上坡路。(6)这个土石结构是贝利撒里乌斯在围攻开始时修筑在这里作为一种预防措施的,这一点我在前面已经谈过了[3]。(7)于是他们决定首先从墙上抽出一小块石头来,然后立刻返回,而当他们来到维提吉斯这里时,便把这块石头拿给他看并且报告了全部情况。(8)当维提吉斯在这里和哥特人的主要人物商讨他的计划时,守卫平奇亚门的罗马人第二天在他们中间回想起狼的事情时发生了怀疑。(9)但是当这件事传了开来并且为贝利撒里乌斯所知晓的时候,统帅并没有对这件事掉以轻心,而是立刻派遣军队中的一些知名人士偕同卫士狄奥根尼斯下到水道里去并且要他们尽快把一切调查清楚。(10)在整个水道里他们发现了敌人用的灯和他们的火炬掉下来的灰,并且在考察了被哥特人拿走一块石头的土石结构之后,他们便向贝利撒里乌斯作了报告。(11)为此贝利撒里乌斯亲自密切注视

① 参见本书第五卷,第十九章,第13节。

② 即 Aqua Virgo。

③ 参见本书第五卷,第十九章,第18节。

水道的保卫工作;哥特人看到这一点,便放弃了这一企图。

(12)但是后来蛮族竟然计划对罗马工事进行一次公开的进攻了。因此他们就等待吃午饭的时候——敌人认为这时最少进攻的可能——把云梯和引火物带上来对小小的平奇亚门发动进攻,他们抱着这样一个巨大的希望,那就是通过一次突然的进攻把罗马城攻下来,因为留在这座城门的士兵人数不多。(13)但是当时守卫这里的恰好是伊尔狄盖尔和他的士兵;因为所有的人都要轮流在这里值勤。(14)因此当他看到敌人在混乱中向这边攻来的时候,不等到他们排列成战斗的队列,他便向他们出击,并且就在他们乱糟糟地攻过来的时候,不费什么气力便打散了迎面的敌人,这样许多敌人便被消灭了。(15)于是全城到处呼声震天,一片骚乱,这可是预料到的,罗马人于是尽快地集合起来,奔赴所有各处的工事;结果蛮族一无所获,很快地便沮丧地返回了自己的营地。

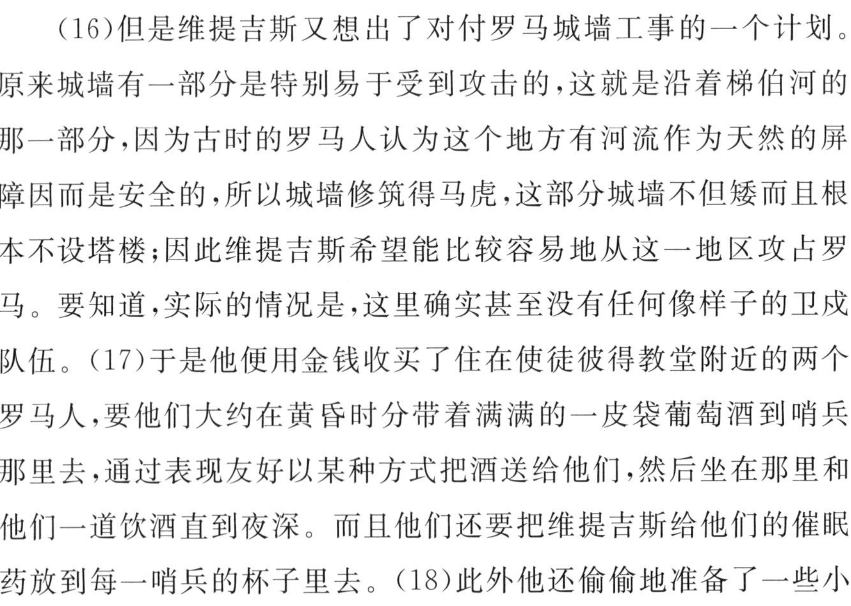

(16)但是维提吉斯又想出了对付罗马城墙工事的一个计划。原来城墙有一部分是特别易于受到攻击的,这就是沿着梯伯河的那一部分,因为古时的罗马人认为这个地方有河流作为天然的屏障因而是安全的,所以城墙修筑得马虎,这部分城墙不但矮而且根本不设塔楼;因此维提吉斯希望能比较容易地从这一地区攻占罗马。要知道,实际的情况是,这里确实甚至没有任何像样子的卫戍队伍。(17)于是他便用金钱收买了住在使徒彼得教堂附近的两个罗马人,要他们大约在黄昏时分带着满满的一皮袋葡萄酒到哨兵那里去,通过表现友好以某种方式把酒送给他们,然后坐在那里和他们一道饮酒直到夜深。而且他们还要把维提吉斯给他们的催眠药放到每一哨兵的杯子里去。(18)此外他还偷偷地准备了一些小

船,这些小船他都安排在梯伯河的对岸;一旦罗马的哨兵被催眠药搞得睡倒了,按照约定的信号行动的一些蛮族便要带着云梯用这些船渡过河去,向工事发起进攻。(19)而且他使全军都做好准备,打算以猛攻的方式占领整个罗马。(20)在作了所有这些安排之后,被维提吉斯收买干这件事的两个罗马人当中有一个(要知道罗马是不能被哥特人的这支军队占领的,这是天意)自动到贝利撒里乌斯那里去,把一切都揭发了,并且交代了另一个罗马人是谁。(21)于是这个人经过拷问便交代了他要干的事情并且交出了维提吉斯给他的催眠药。(22)于是贝利撒里乌斯先是割下他的鼻子和两个耳朵,然后要他骑着驴子去敌人的营地。(23)而当蛮族看到了他,他们便认识到上帝不容许他们实现自己的意图,因此他们永远也占领不了罗马。

十

(1)正当发生这些事件的时候,贝利撒里乌斯写信给约翰,命令他开始战斗行动。于是约翰和他的两千名骑兵开始攻打皮凯努姆的全部地区,于所到之处,掠夺一空,把敌人的妇女儿童变为奴隶。(2)而当维提吉斯的叔父乌利谢乌斯率领哥特人的一支军队同他对抗时,约翰不但在战斗中打败了他们,而且杀死了乌利谢乌斯本人,并消灭了敌人的几乎全部军队。(3)因此之故,没有人再敢于同他展开战斗。但是当他来到阿乌克西姆斯城[①]的时候,虽然他得知这里有哥特人的不大的一支卫戍部队,但是就其他方面

① 今天的奥西莫(Osimo)。

而论,他说这个地方是坚固的,因而不可能加以攻占。(4)因此之故他便非常不愿意围攻这个地方,反而尽可能迅速地离开那里而继续前进。(5)而对于乌尔比努斯城①他也是同样的做法,但是在离拉温那有一天路程的阿里米努姆②,他却因罗马人的约请而进了城。(6)原来守卫在那里的蛮族对罗马居民是不放心的,他们一旦得知这支军队正在逼近,便撤离了这座城市,一直跑到拉温那去。(7)这样约翰便占有了阿里米努姆;但是在这同时,他却把阿乌克西姆斯和乌尔比努斯两地敌人的卫戍部队留在了自己的后方,他这样做并不是因为他忘记了贝利撒里乌斯的命令,也不是因为他胆子大得使自己昏了头——要知道,他这个人是既明智又果敢的——而是因为他的想法(从结果来看,他是想对了的)是,如果哥特人得知罗马军队已经逼近拉温那,他们由于担心这个地方的命运而是会立刻解除对罗马的包围的。(8)而事实上他的推论最后表明是正确的。因为维提吉斯和哥特人的军队一听到阿里米努姆已落入约翰之手,他们便立刻为了拉温那的命运而感到极为恐惧。于是他们便不再作其他考虑,立刻撤退了,这事下面我马上就要谈到。(9)虽然约翰甚至在先前便是有名的,但是这一事业却使他获得巨大的声名。(10)要知道他是一个极为果敢而又有本领的人,在危险面前他不会退缩,而在日常生活中他始终表现出一种严正的作风,表现出能以忍受艰难困苦的能力,而在这一点上任何蛮族或普通士兵都不能超过他。约翰便是这样一个人。(11)维提吉

---

① 今天的乌尔比诺(Urbino)。

② 今天的里米尼(Rimini)。

斯的妻子玛塔宗塔开头是在丈夫的威逼之下才同他结合的，因而对丈夫极为仇视[①]，当她得知约翰已临近阿里米努姆时特别高兴，于是便派一名使节到他那里去，就结婚和使这个城市倒戈的问题同他进行秘密的磋商。

(12)这样，这两个人便一直背着其余的人互派密使并安排了这些事情。但是当哥特人得知阿里米努姆发生的事情，并且在这同时，当他们的全部的食粮已耗尽而三个月的时间也已过去的时候，他们便开始撤退，尽管有关使节的事情他们还没有得到任何消息。(13)这时大约是春分，围攻已经用去了一年零九天，于是哥特人便烧掉自己的全部营地，天一破晓便启程了。(14)罗马人看到敌人逃掉，不知道怎样应付当前的这种局面。因为当时的情况是，大部分的骑兵都不在，而就像我在前面说的[②]，他们已被派遣到各个不同的地方去，并且他们并不认为以他们自身的力量能以同这样大量的敌人相抗衡。但是贝利撒里乌斯却把所有的步兵和骑兵全都武装起来。(15)而当他看到一半以上的敌人已过了桥的时候，他便率领军队从平奇亚门这个小城门出击，而随即展开的这场白刃战表明绝不比先前的任何一次逊色。(16)在开头的时候蛮族对敌人进行了猛烈的抵抗，因而在第一次的冲突中双方阵亡的人都不少。但是后来哥特人逃跑了，这就使他们自己遭到巨大的可怕的灾难。(17)原来每个人都想自己先从桥上跑过去。结果他们便在那里挤作一团并遭到极为惨痛的不幸，因为他们是在互相残

① 参见本书第五卷，第十一章，第27节。

② 参见本卷第七章，第25节。

杀又为敌人所杀害。(18)还有许多人从桥的两侧和他们的武器一道掉进梯伯河淹死了。最后,在以这种方式丧失了他们大部分士兵之后,其余的人才同先前已经过了桥的那些人会合到一起。(19)在这次战斗里,贝利撒里乌斯的卫士伊扫里人隆吉努斯和蒙狄拉斯表现得特别勇敢。(20)蒙狄拉斯曾依次同四个蛮族作战并把他们全部杀死,但在之后他自己却得救了,但隆吉努斯虽然表明自己在打败敌人这件事上立了头功,但是自己也英勇地阵亡了,罗马军队因为失去了他而深感悲痛。

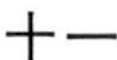

十一

(1)维提吉斯和他其余的军队于是便向着拉温那行进了;他用很多卫戍士兵来加强设防的地点:他把一千名士兵留在图斯卡尼的城市克路西乌姆[①],而以吉比美尔为指挥官,又把同样数目的士兵留在乌尔维文图斯[②],而以一个哥特人阿尔比拉斯为指挥官。他把乌利吉撒路斯和四百名士兵留在了图德拉[③]。(2)在皮凯努姆地区,他把四百名士兵留在了佩特拉要塞,这些人都是先前在那里住过的,而在这一地区所有城市当中最大的阿乌克西姆斯,他安置了四千名哥特士兵,他们都是因其勇敢而被选拔出来的,指挥官则是一个名叫维桑都斯的非常果敢有为的人;而在乌尔比努斯城,他留下了由莫腊斯指挥的两千人。(3)另外还有两个设防据点凯

① 今天的奇乌吉(Chiusi)。

② 即 Urbs Vetus(老城),今天的奥尔维托(Orvieto)。

③ Tuder 或 Tudertum,今天的托狄(Todi)。

吉纳和蒙特费列特拉[①],在每一个据点里他都安置了一支不少于五百人的卫戍部队。随后他本人便带领其余的军队直奔阿里米努姆,想包围这座城市。

(4)但是贝利撒里乌斯这方面,他一经得知哥特人已撤退了包围罗马的军队,便派出了由伊尔狄盖尔和玛尔提努斯率领的一千名骑兵,要他们循另一条道以更快的速度先到达阿里米努姆并要他们迅速使约翰和所有他的士兵离开那里,而代替他们保卫城市的则有足够的另一批士兵,他们是从临伊奥尼亚湾一个名叫安孔的要塞那里调来的,安孔离阿里米努姆是两天的路程。(5)原来在不久之前他曾派科农率领伊扫里人和色雷斯人的一支有相当规模的队伍占领了这个地方。(6)他的希望是:如果得不到增援的步兵在不甚知名的指挥官的率领下守卫阿里米努姆,哥特的军队就绝不会围攻这个地方,因为他们瞧不起卫戍部队而不屑于围攻,因此会立刻去拉温那,而如果他们决定围攻阿里米努姆,那么那里的粮食也足够步兵维持较长的一个时期;(7)而且他还认为,两千名骑兵[②]和军队的其余部分从外部进攻,这很可能给敌人造成重大的伤害,从而能比较容易地驱使他们放弃对这座城市的包围。(8)正是出于这样的意图,贝利撒里乌斯才向玛尔提努斯和伊尔狄盖尔以及他们的军队下达了这样的命令。于是他们便沿着佛拉米尼亚大道在蛮族之前早得多的时候便到达了。(9)而由于哥特人是大群人进军的,所以他们推进得比较散漫,他们还不得不作某些大的

① 今天的蒙特费尔特洛(Montefeltro)。

② 即约翰在出发进攻皮凯努姆时(第十章第1节)率领的两千名骑兵,他正在和这些骑兵守卫阿里米努姆。

迂回,这既是因为缺少粮食,又因为他们不愿意贴近佛拉米尼亚大道上的据点——纳尔尼亚、斯波利提昂和佩路吉亚——行进,因为这些据点都在敌人手里,这一点前面我已经说过了[①]。

(10)当罗马军队到达佩特拉的时候,他们对那里的工事发动了一次进攻,而他们把这次进攻看成是这次行军附带执行的一件小事。原来这里的工事并不是人工设计的,而是由天然的地势形成的;那地方的路要穿过一处山势极为险峻的地区。(11)路的右手是一条河水向下倾泻的河流,这条河由于水流湍急而无人能渡,而在路的左手不远的地方则耸立着一块陡峭的岩石,岩石高耸入云,如果有人能登上它的峰顶,那么下面的人看上去,他们就像是最小的鸟。(12)在古代,这里没有任何前进的通路。因为岩石的尽头紧挨着河流,使行人没有地方可以穿过去。(13)所以古人便在这里打开一条隧道,为当地修造一个进到那里去的门[②]。(14)而且他们又把另一个入口[③]的绝大部分封闭起来,只在那里留下够安一个小门的空间,这样就使那里成为一座天然的要塞,并给它起了一个合适的名称佩特拉[④]。(15)因此玛尔提努斯和伊尔狄盖尔的士兵先是对两个门之中的一个[⑤]发动了进攻并且进行了大量的投射,但是他们没有取得任何进展,尽管那里的蛮族根本没有任何防御的行动;但是后来他们攀上了要塞后面的峭壁,从那里向哥特

① 参见本书第五卷,第二十九章,第3节。

② 通道是皇帝维斯帕西亚努斯在公元76年开凿的。这个门在南端。

③ 北端。

④ petra拉丁语意为岩石。我国古时也有所谓“石门”。

⑤ 上方即南端的门。

人的头上抛石块。(16)于是他们便乱作一团,赶忙逃回自己的家里,静静地待着。而罗马人由于不能用他们抛下的石块击中任何敌人,于是他们又想出了如下的办法。(17)他们从峭壁上凿下大块的石头,并把许多这样的石头一起对准下面的房屋推下去。(18)这些石头在下落时有的只是掠过建筑物,但是它们大大地震动了整个要塞并且使蛮族感到十分害怕。(19)结果哥特人便向仍然集合在门前的罗马士兵伸出手来,表示他们自己和要塞愿意投降,条件是他们虽是皇帝的奴隶并听从贝利撒里乌斯的命令,但他们自己不受任何伤害。(20)于是伊尔狄盖尔和玛尔提努斯便要他们大多数人离开那里,把他们带走,但是在和自己完全平等的基础上对待他们;不过他们也把少数人及其妻子儿女留在原地。此外他们还安排了一部分罗马人在那里,作卫戍之类的工作。(21)从这里他们又去安孔,带上那里的许多步兵,第三天他们到了阿里米努姆并传达了贝利撒里乌斯的意旨。(22)但是约翰不仅他本人不愿意跟他们离开,而且还建议把达米亚努斯和他的四百名士兵[1]留下。于是他们就把步兵留在那里,然后带领贝利撒里乌斯的长枪兵和卫士尽快从那里离开了。

十二

(1)但是不久之后维提吉斯和他的全部军队便来到了阿里米努姆,他们在这里设营并开始了围攻。并且他们立刻便修造了一座比这里的城圈还要高的一座木塔,木塔下面有四个轮子,而他们

① 参见本卷第七章,第 26 节。

便把它拖到他们认为该城最容易受攻击的地方去。(2)但是在这里他们吸取了先前在罗马城下遭到失败的教训,他们并不用牛来拖木塔,而是由他们自己在木塔内部拖向前进。(3)在木塔里面有一个很宽的楼梯,许多蛮族都可以从这个楼梯容易地爬上去,因为他们的设想是,一旦这个木塔挨上城墙,他们便能以不费力地从那里登上城上的胸墙;因为他们正是为了这一目的才把木塔造得很高的。(4)因此当他们带着这一战争机械逼近城墙时,一时里他们停了下来,因为天已经晚了,于是在木塔四周布置了岗哨之后,便都去度夜了,他们认为他们是不会遇到任何阻碍的。(5)确实在他们的路上没有任何障碍,而除了极小的一条沟之外,在他们和城墙之间甚至连一道沟都没有。

至于罗马人,他们是在巨大的恐惧中度过了这一夜的,因为他们认为第二天他们就会送命的。(6)但是约翰在危险面前既不陷入绝望,也没有给吓得手足无措,而是想出了这样的办法。他要其他人坚守自己的岗位,而他自己则带着持有鹤嘴锄和这一类的其他各种工具的伊扫里人出了工事。这时夜已深了,他事先没有向城里的任何人打招呼;在他们到了城外之后,他便下令他的士兵一声不响地把沟向深里挖。(7)士兵按他的命令做了,而他们在挖沟的时候,便不断地把沟里的土堆在沟接近城墙的一侧,这样便形成了他们的一道土方工事。(8)而由于在一个长时间里睡着的敌人没有注意到他们,很快地他们就把这道沟挖得既深又有足够的宽度,而这里正是城墙工事特别易于受到攻击的地方,所以蛮族就打算用他们的战争器械进攻这个地方。(9)但是到夜已很深的时候,敌人看到他们正在干什么,就急速地向挖沟的人们攻来,但约翰和

伊扫里人却回到了城内，因为沟现在已经挖得极为理想了。

(10)但是在天亮的时候维提吉斯看到了对方干的事情而对发生的事件极为恼火，便处死了一些哨兵。但是他却和先前一样地急于要使他的器械发挥威力，于是他下令哥特人尽快地把大量柴束投入沟中，然后把木塔拖过去使它定位。(11)他们按照维提吉斯的吩咐十分卖力地干了这件事，尽管他们的敌人一直极为猛烈地从城墙方面对他们进行反击。但是当木塔的重量压到柴束上去时，柴束自然便向下沉落。(12)为此蛮族完全无法把这一木塔继续推向前去，因为他们面前的地面变得更陡了，因为正如我在前面所说的，罗马人把沟里土都堆在这里。(13)他们担心到了黑夜敌人会从城里向外出击并放火烧这一木塔，因此他们又开始把它向回拖。(14)而这正是约翰全力急于加以阻止的，于是他便把他的士兵武装起来，召集他们到一处，对他们讲了如下的话：

(15)“我的面临我们所有人的共同危险的战士们，如果你们当中有任何一个人愿意活下去并且见到他留在家里的亲人的话，那他就应当认识到，他要达到这样的目的唯一希望只能是掌握在他自己的手里。(16)你们知道，当贝利撒里乌斯在开头派我们出来时，想得到许多东西的希望和热情使我们非常愿意担起这一任务。(17)要知道，我们根本没有料到，在沿岸地区我们竟然会受到围攻，因为罗马人完全掌握了海上的统治权，此外我们也没有想到，皇帝的军队对我们忽视到如此程度。(18)除去这些考虑之外，当时我们所以立即勇敢地行动，是因为我们要利用这个机会表现我们对国家的忠诚，要当着众人的面取得作为我们的战斗的成果的光荣。(19)但是当前的情况却是：我们只能通过我们自己的勇气

才能活下去,并且我们不得不冒这次危险并不是为了任何其他目的而只是为了救我们自己的性命。(20)因此,如果你们中间有谁或许愿意表现自己的勇敢,则所有这样的人都有机会证明自己是勇敢的人,如果确实这世界上有任何人因而必须使他们自己取得荣誉的话。(21)要知道,取得好名声的,并不是战胜比他们自己弱的那些人的人,而是虽然装备较差,但是仍然因其伟大的精神而得到胜利的人。(22)至于那些比一般人更加想活下去的人,特别勇敢对这些人来说将会是有利的,因为一般说来,确定对于所有的人都是这种情况,即当他们的命运像我们当前的情况这样处于危急的关头时,只有蔑视危险他们才能得救。"

(23)说了这些话之后,约翰便率领着他的军队攻打敌人去了,只有少数人被留下保卫城垛。(24)但是敌人对他们进行了勇敢的抵抗,于是战斗变得特别激烈。蛮族经过巨大的困难并且在这一天很晚的时候才把木塔拖回自己的营地。(25)但是他们损失的战士太多了,因此他们决定从此不再向城墙发动进攻,他们不再指望用这种办法取得胜利,而只是静静地待在那里,指望敌人会在饥馑的压力下屈服于他们。要知道他们所有的粮食都已耗尽了,因为他们找不到任何地方可以从那里得到足够的给养。

(26)这里发生的事情的经过就是这样了。至于贝利撒里乌斯,则他把一千名伊扫里和色雷斯的士兵派到米兰的代表①那里去。(27)伊扫里人的指挥官是恩尼斯,色雷斯人的指挥官是保路斯,总领他们所有人的是蒙狄拉斯,他是亲自进行统率的,他的卫

① 参见本卷第七章,第35节。

士乃是贝利撒里乌斯的一些卫士。同他们在一起的还有一个叫费戴利乌斯的人，他曾被任命为近卫军长官。(28)但是因为他是米兰人，所以他被认为是和这支军队同行的合适人选，因为实际上他在利古里亚是有点影响的。(29)于是他们便从罗马港口扬帆起程并停在了热那亚，这是图斯卡尼最后一个城市，对于想去高卢和西班牙的人们来说，这里是一个十分方便的中转港口。(30)他们把船留在那里，循陆路继续行进，而把船上的小划子带在车上，这是为了他们能不受阻碍地渡过波河。总之，他们正是用这个办法渡过了那条河的。(31)而当他们渡过波河之后来到提奇努姆[①]的时候，哥特人便出来进攻他们并且同他们展开了战斗。(32)并且他们不仅人数众多而且还是出色的战士，因为住在那一地区的全部蛮族把他们财产中最有价值的部分都存放在提奇努姆，这是一个有坚强工事的地方并且有一支人数众多的卫戍部队留在了那里。(33)于是发生了一场激烈的战斗，但是罗马人成了胜利者并且击溃了敌人，他们消灭了对方很多人，而在追击中几乎把那座城也攻占了。因为蛮族好不容易才做到把城门关起来，要知道，他们的敌人就紧紧地跟在他们身后。(34)当罗马人离开时，费戴利乌斯便到一座神殿里去祈祷，他是最后离开的一个人。(35)但是他的马不慎摔倒而他也跌了下来。由于他跌下来的地方离工事很近，看见了他并出来的哥特人便在敌人没有注意到的情况下杀死了他。因此，当后来蒙狄拉斯和罗马人发现这事时，他们都深感悲痛。

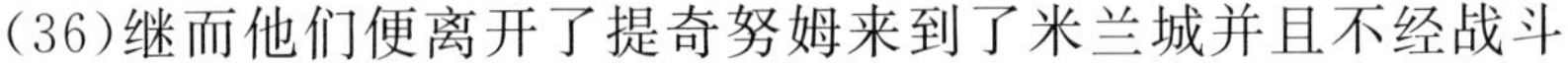

(36)继而他们便离开了提奇努姆来到了米兰城并且不经战斗

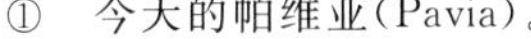

① 今天的帕维亚(Pavia)。

就占领了这一城市以及利古里亚其余地方。(37)当维提吉斯得知这一情况时,他便立即派出了一支大军,而以他的侄子乌莱亚斯为指挥官。(38)并且法兰克人的领袖提乌迪贝尔特在他的请求下也把一万人派到他那里去,因为他们是同盟者,不过这一万人不是法兰克人自己,而是布艮第人,他这样做是为了表示他并没有破坏和皇帝之间的关系。(39)原来对外的说法是,布艮第人的这次出征是自愿的,是他们自己的意思,而不是听从提乌迪贝尔特的命令才这样做的。哥特人和布艮第人的这支军队联合起来之后便来到了米兰设营并展开了一次围攻,而这是罗马人根本不曾料到的。总之罗马人由于敌人的这一行动发现自己已无法把任何种类的食物运进来,这样由于缺乏必需品而立刻陷入痛苦之中。(40)确实,甚至连城墙的守卫也不是由正规的军队来执行的,因为情况是:蒙狄拉斯已占领了米兰附近所有带有工事的城市,即贝尔戈木姆①、科木姆②和诺瓦里亚③以及另外一些据点,并且他在每一个地方都安排了不小的一支卫戍部队,而他本人只和大约三百名士兵留在米兰,和他在一起的还有恩尼斯和保路斯。(41)城市的居民因此和必然要轮流担任正规的守卫任务。利古里亚的事件的经过就是这样了,冬天已经结束,普洛科皮乌斯撰写其历史的这一战争的第三个年头④也就结束了。

① 今天的贝尔加莫(Bergamo),曾为阿提拉摧毁过。在米兰东北 45 公里。

② 今天的科莫(Como),在米兰北偏西北约 40 公里,科莫湖最南端。

③ 今天的诺瓦拉(Novara)。在米兰以西约 46 公里。

④ 537/538 年。

十三

(1)在大约夏至时分贝利撒里乌斯开始向维提吉斯和哥特人的军队发动了进攻,他只留下少数人在罗马担任守卫工作,而把所有其他人都带上跟他走了。(2)他把一些人派到图德拉和克路西乌姆去,命令他们在那里设置有工事的营地,他打算跟在他们后面,协助围攻这些地方的蛮族。(3)但是当蛮族得知军队正在逼近时,他们并不等在那里面对危险,而是把使节派到贝利撒里乌斯那里去,答应他们自己和两座城市都向对方投降,条件是他们不受伤害。而当他到达那里时,他们履行了自己的保证。(4)于是贝利撒里乌斯把所有的哥特人迁出这些城镇并把他们送往西西里和拿波利,并且把卫戍部队安排在克路西乌姆和图德拉之后,便率领着军队前进了。

(5)但就在这时,维提吉斯却派出了由瓦奇姆斯率领的另一支军队去阿乌克西姆斯,命令这支军队和那里的哥特人联合起来,然后一道去攻打安孔的敌人并设法占领那座要塞。(6)原来这安孔是一种石头,并且确实由于这一情况它才有了自己的名字[①];因为它同"肘部"极为相像。(7)它离开阿乌克西姆斯城大约八十斯塔迪昂远[②],是阿乌克西姆斯的一个港口。位于尖石上的要塞工事是安全的,但是外面的建筑虽然为数众多但自古以来便没有城墙加以保卫。(8)而统率这里的卫戍部队的科农一旦得知瓦奇姆斯

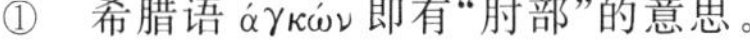

① 希腊语 ἀγκών 即有"肘部"的意思。

② 约合 15 公里。

的军队正在向他攻来而且已经不远时,却做出了鲁莽愚蠢的事情。(9)原来对于保卫只是要塞和它里面的居民以及士兵使不受伤害这件事过于不放在眼里,而是不留一个士兵在工事内部,却带领他们所有的人到离开要塞大约五斯塔迪昂的地方,要他们在这里排成战斗的队列,却又根本不把他们组成一个深的方阵,但是薄薄的队列只够把整个山麓环绕起来,好像是要进行一场狩猎的样子。(10)但是当这些军队看到敌人的人数远远超过他们的时候,他们便转身立刻逃回工事里去了。(11)紧紧追在他们后面的蛮族当场便杀死了他们大部分人——就是那些未能及时逃到城圈里去的那些人——然后便把云梯搭在城墙上打算登上去。有些人还开始放火焚烧工事外面的房屋。(12)而通常住在要塞内部的罗马人看到正在发生的事情十分害怕,他们先是打开小门,接纳乱成一团地逃回来的士兵。(13)但是当他们看到蛮族已近在跟前并紧追在逃兵后面的时候,担心敌人会和逃兵一道进来,便尽快地把城门关上,而从城垛上把绳子放下来,这样便又把一些人救了上来,其中便有科农本人。(14)但是蛮族借助于云梯爬上了城墙,眼看就要用猛攻的办法占领要塞,并且,如果不是有两个人表现得特别勇敢,英勇地把那些已经爬到城上来的人给赶了下去,敌人也许会真的攻下要塞。这两个人当中,一个人是贝利撒里乌斯的贴身卫士,他是色雷斯人,名叫乌利木特;另一个人是瓦列里安的卫士,他是马撒该塔伊人,名叫古布尔古都。(15)这两个人都是在当时不久之前由于某种事务碰巧乘船来到安孔的,并且在这次战斗中,由于用刀打退了正在爬上城的敌人,结果出乎预料地挽救了要塞,但是他们本人被送下城墙时,已经是遍体鳞伤,奄奄一息了。

(16)那时贝利撒里乌斯得到消息说,纳尔吉斯已经率领着一支大军从拜占庭前来并且已经到达皮凯努姆。且说这个纳尔吉斯[①]是一名宦官,是管理皇帝财库的人,在这之外,他比起人们所想象的宦官来,却是精干和更为果敢有为的。(17)有五千名士兵跟随他,其中有几个队伍是由不同的人来指挥的,在这些人当中有一个优斯提努斯,此人乃是伊利里库姆的将领,还有另一位纳尔吉斯,先前他是从属于波斯人的阿尔明尼亚人那里逃到罗马人的土地上来的;与他同来的还有他的兄弟阿腊提乌斯[②],这个阿腊提乌斯实际上是在这之前不久率领着另一支军队同贝利撒里乌斯会合的。(18)随他来的还有两千名埃茹利人,指挥官是维桑都斯、阿路伊特和法尼提乌斯。

十四

(1)至于埃茹利人到底是什么人以及他们是如何同罗马人缔结了联盟的,这就是我立刻要加以说明的[③]。他们自古以来便一直住在伊斯特河[④]的对岸,他们崇拜的有一大批神灵,而按照他们的宗教,他们似乎甚至应当用人作牺牲来抚慰这些神灵。(2)他们所遵从的许多风俗习惯和其他人的风俗习惯不同。因为他们到年老时或他们在生病时,他们便不允许再活下去了,而是一旦其中的一个人老了或是生病了,他便必须请求他的亲属使他尽快地离开

① 参见本书第一卷,第十五章,第31节。此人是波斯的阿尔明尼亚人。

② 参见本书第一卷,第十五章,第31节。

③ 参见本书第四卷,第四章,第30节。

④ 即多瑙河。

这个世界。(3)而这些亲属就要把一批木头堆得高高的,把这个人放在木堆上面,随后他们要派一个埃茹利人(但他并非此人的亲属)带着匕首到此人的身旁;(4)因为由一位亲属动手杀死他是不合法的。而当杀死他们的亲属的人回来时,他们立刻把这整堆木头从边上点着。(5)而在火熄灭之后,他们立刻把骨头收集起来埋到地里。(6)当埃茹利中间一个男人死去时,如果他的妻子要证明自己的品德无缺,要想在身后留下一个美名,那在丈夫死后不久她必须在他的坟墓旁用绳子把自己吊死。(7)如果她不这样做,结果就是她在今后要背着不好的名声,对丈夫的亲属也是一种侮辱。古时埃茹利人遵行的风俗习惯就是这样。

(8)但是久而久之,他们的实力和人数全都超过了住在他们周边的所有的蛮族,因而很自然地他们对这些蛮族分别加以进攻和征服并且一直不断地在用武力掠夺他们的财物。(9)终于他们使信奉基督教的朗哥巴狄人[1]和其他一些民族臣服于他们并向他们纳贡,虽然那一地区的蛮族并不习惯于这种做法;但是埃茹利人出于贪财和没有法治精神而采取了这一方针。(10)但是当阿那斯塔西乌斯统治罗马帝国的时候[2],埃茹利人毕竟已不再有任何可以进攻的对象,于是便放下武器,安静下来了,他们就这样保持了三年的和平。(11)但是感到十分恼火的人民自身于是开始没有节制地咒骂他们的领导人罗多尔福斯,并经常到他那里去,骂他怯懦和女人气,还以一种极为蛮横的方式用另一些不好听的称呼嘲骂他。

① 即隆巴底人,原意似是"长胡须的人"。

② 公元491年。

(12)对这种侮辱完全无法忍受的罗多尔福斯于是对没有做任何错事的朗哥巴狄人发动了战争,他举不出对方的任何罪名,也找不到破坏协定的任何借口,而硬是向他们发动了一场没有真实理由的战争。(13)而当朗哥巴狄人听到这事的传闻时,便把使节派到罗多尔福斯那里去了解情况,要求说明埃茹利人根据什么罪名要向他们发动武装进攻,因为按照约定,如果他们没有向埃茹利人纳贡,他们会立刻予以缴纳,还要加上大量的利息,如果他们只是对朗哥巴狄人的贡物不多而感到不满的话,那朗哥巴狄人是绝不会拒绝缴纳更多的贡物的。(14)这便是使节提出的建议,但是罗多尔福斯却以威胁的口气把他们打发回去并向前推进。于是朗哥巴狄人再次派另一些使节到他这里来执行同样的使命并且向他提出了许多恳求。(15)而当第二批使节遭到同样对待的时候,又有第三个使团到他那里去,要埃茹利人不可任意把一场无缘无故的战争强加到他们身上。(16)他们表示,如果埃茹利人怀着这样一种意图对他们作战的话,他们虽非本意但绝对是出于无奈也只好列阵反抗进攻他们的人,他们请求上帝为他们作证,因为上帝的厚爱的最轻微一口气也能改变战争的命运,它抵得过人类的全部力量;因此看来上帝很可能是以战争原因为依据来确定双方战斗应有的结局的。(17)使节讲了这番话,以为这样可以使进攻他们的人有所戒惧,但是埃茹利人在任何事物面前也不会畏缩,还是决定同朗哥巴狄人在战场上相见。(18)并且当两军相互逼近的时候,这时朗哥巴狄人头上的天空阴云密布,一片昏暗,但埃茹利人的头上却是绝对晴朗的天空。(19)而从这一点来判断,人们本来可以认识到,埃茹利人作战的兆头是十分不利的,因为对蛮族来说,在他们

出发作战时不可能有比这更加不吉利的前兆了。（20）但是埃茹利人甚至对这一点也毫不理会而是绝对不把它当一回事，他们抱着极端蔑视对方的心态去进攻他们的敌人，单凭人数众多这一点来估计战斗的结局。（21）可是当战斗发展到贴身战的时候，许多埃茹利人倒下了，罗多尔福斯本人也阵亡了，其余的人则拼命逃走，把他的全部勇气都忘掉了。（22）而既然他们的敌人追了上来，结果他们大部分都死在战场上，而只有不多的人得以保全性命。

（23）为此埃茹利人便不再能留在他们祖先的土地上，而是带着妻子儿女尽快地离开了那里，一直向前行进，穿越伊斯特河对岸的全部土地。（24）但是当他们到达自古以来若吉人居住的一处土地时，他们就在这里定居下来了。而若吉人这个民族则因已经参加哥特人的大军而去了意大利。（25）但由于他们苦于饥馑——因为他们是在一片荒瘠的土地上——不久之后便离开了这片土地，来到了接近盖帕伊狄人[①]地区的一个地方。（26）起初盖帕伊狄人允许他们住在那里作他们的邻居，因为埃茹利人是作为恳求者到他们这里来的。（27）但是后来在没有正当理由的情况下盖帕伊狄人对他们做出了邪恶的行动。原来他们奸污了埃茹利人的妇女，掠夺了他们的牲畜和其他财产，可说是无恶不作，最后竟对他们发动了不义的进攻。（28）而不再能忍受这一切的埃茹利人于是渡过伊斯特河并决定在那一地区成为罗马人的邻人。这是在皇帝阿那斯塔西乌斯当政时发生的事情；皇帝极其友好地接待了他们并且允许他们就地安顿下来。（29）但是不久之后这些蛮族由于对待那

① 参见本书第三卷，第二章，第 2—6 节；第七卷，第二十四章，第 10 节。

里的罗马人的不法行为而使他感到气愤，因此他便派了一支军队去对付他们。(30)罗马人在战斗中把他们打败之后又杀死了他们的大部分人，并且有充分的机会把他们全部消灭掉。(31)但是余下的埃茹利人却恳求将领们的怜悯，恳求他们保全他们的性命，在今后把他们看成是皇帝的同盟者和仆人。(32)当皇帝阿那斯塔西乌斯得知这一情况时感到高兴，因而便使一部分埃茹利人存活下来；不过这些人既没有成为罗马人的联盟者，对他们也没有做任何好事。

(33)但是当优斯提尼安掌握帝国大权的时候[①]，他把肥美的土地和其他财物赐给他们，从而完全做到了赢得他们的友谊并且说服他们所有的人接受了基督教。(34)结果他们便采取了一种比较有教养的生活方式，并且决定完全遵守基督教徒的法律，而为了履行他们的联盟条款，他们通常是和罗马人协同作战以反对敌人的。(35)但他们对罗马人仍然有不讲信义的表现，而由于他们禀性贪得无厌，所以他们总是极力想凌辱自己的邻人，对这样的行为却根本不觉得可耻。(36)而且他们还以不堪入目的方式进行性交，特别是男人和驴子性交。他们是人类当中最不成器的，完全是不可救药的恶棍。

(37)后来虽然他们中间有少数人和罗马人和平相处——这一点下面我还要谈到[②]——但所有其余的人由于下述的理由却叛离了罗马人。(38)原来埃茹利人对他们自己的“国王”[③]，一个名叫

① 公元527年。

② 参见本书第七卷，第三十四章，第42节。

③ rex，实际上是头目、酋长的意思。

欧库斯的人,表现了他们那种野兽般的、疯狂的品性,他们根本举不出任何站得住的理由便突然把此人杀掉,而对他的指责也只能说明他们今后不想再要一个国王。(39)而且甚至在这之前,就是当他们的国王确实有这个头衔时,他实际上对任何一个普通公民来说也不享有任何特权。(40)任何人都有权和他平起平坐,和他一道进食,任何人只要愿意,都可以肆无忌惮地凌辱他。(41)要知道世上没有任何人比埃茹利人更加不受传统道德的约束和更加善变的了。他们干了这件坏事之后,立刻后悔起来。(42)因为他们表示他们不能在没有一个领袖和一个统帅的情况下生活;因此在经过多次的考虑之后,他们认为无论从哪一方面来看最好的办法从图勒岛那里把他们的王族中的一个成员召来做国王。下面我就要解释他们为什么这样做。

十五

(1)当埃茹利人在前面提到的战斗中被朗哥巴狄人打败之后从他们的祖居之地迁移走的时候,其中一些人,正如我前面所说①,在伊利里库姆的土地上定居下来,但是其余的人却不愿渡过伊斯特河,而是落户在当时世界最边远的地区。(2)总之这些人在具有王族血统的许多人的率领之下一个接着一个地穿行过了斯克拉文尼人②所有民族的地区,继而在穿过了一片荒瘠的土地之后他们来到了被称为瓦尔尼

① 在现存文献中没有找到这方面的记述,可能是作者的误记。

② 斯拉夫人。

人[①]的民族的住区。(3)在这些人之后,他们又经过了丹尼人[②]各民族的地区,并且没有受到那里的蛮族的暴力侵犯。(4)从这里他们来到海洋,乘船入海,在图勒岛[③]靠岸,就留在这里了。

原来图勒是极大的一个地方;要知道,它比不列颠要大十倍以上。(5)它远在不列颠以北。这个岛上的土地大部分是荒瘠不毛的,但是在有人居住的部分,居住着十三个人数十分众多的民族;并且每个民族都有国王统治着。(6)在那里每年都发生一件十分奇妙的事情。原来在夏至时分,太阳在四十天中间从不落下,而是在整个时期当中持续出现在大地之上。(7)但是至少在六个月之后,就是在冬至时分,岛上在四十天里又根本不能见到太阳,而是给无尽的黑夜包围着:结果在整个这一期间,这里的居民情绪变得消沉,因为这时他们无论如何也无法相互来往。(8)虽然我十分想到这个岛去亲眼看看我说过的这些事情,但是我始终没有这样的机会。(9)但是我向从这个岛到我们这里来的那些人打听,到底他们如何能以计算出这些日子有多么长,因为在特定这段时间里太阳从不在这里升起和落下。(10)而他们向我提出的说法是真实可信的。原来他们说,在这四十天当中太阳如我刚才所说确实不落下去,但是那里的人们可以看到太阳一时向东走,一时又向西走。

① 居住在莱茵河河口附近的一个部族。

② 居住在丹麦半岛上的一批部族集团。

③ 这个岛可能是冰岛或斯堪的纳维亚半岛的北部,半岛当时被看成是一个岛,名称叫“斯堪札”(Scanza)。图勒(Thule)这个名字从远古以来人们便很熟悉。在亚历山大大帝时代航海家皮提亚斯(Pytheas)便对他作过描述,他说他本人便到过这个岛。迄今还没有人可以说出它到底是今天的什么地方,人们只作出各种不同的猜测,但它始终被认为是在世界的最北端,即所谓“Ultima Thule”。

(11)因而,每次在它返回时,它都回到地平线上人们习惯上看到它升起的地方,人们这样便算出一日一夜已经过去了。(12)但是当连续不断的黑夜时期到来时,他们照例注意月亮和星星的运行,从而计算出这些天有多么长。(13)而当人们在长夜中计算到了三十五天已经过去的时候,某些人便被派到山顶上去——这是他们习惯的做法——而当他们从那里好不容易才看到太阳时,他们便把话带回给下面的人说,五天之内太阳将在他们头上照耀。(14)听到这个好消息全体居民虽然还在黑暗中也要举行一次欢庆的节日。(15)在图勒岛的居民中,这是最大的一个节日。我想这是因为岛上的这些居民总是处于恐惧之中,尽管每年都会发生同样的事情,但他们还是担心在什么时候太阳会完全消失。

(16)在居住在图勒岛上的蛮族当中只有一个被称为斯克里提菲尼人的民族,他们过的是野兽那样的生活。因为他们既不穿织物的衣服,走路时脚上也不穿鞋子,不喝酒,也不从土地里取得任何可吃的东西。(17)要知道,他们自己并不耕地,他们的妇女也不为他们耕地,妇女照例和男子一道打猎,这是他们唯一的生计。(18)那里的森林极大,里面有十分丰富的野兽和其他动物,那里的大山也是这样。(19)他们只以被打死的野兽的肉为食,穿的就是野兽皮,并由于他们既没有亚麻,也没有任何缝纫的工具,他们用动物的筋把皮子系到一处,这样设法用以遮盖整个身体而已。(20)确实,甚至他们抚育婴儿的方式也和其余的人类不一样。(21)斯克里提菲尼人的孩子不是用女人的乳汁喂养的,他们也不吃自己妈妈的奶,他们是用在狩猎中杀死的动物的骨髓来喂养的,并且只吃这种东西。(22)女人把孩子一生下来,立刻把孩子裹在

皮子里并把他挂在树上，并且在把骨髓塞到孩子嘴里之后，立刻和通常一样同自己的丈夫出去狩猎。(23)他们在所有的事上都共同做，在狩猎方面也一样。有关这些蛮族的日常生活就讲到这里了。

老实说，图勒岛上所有其他居民同其余的人们并没有很大的区别，但是他们崇拜天上和空中、地上和海里的许多神和精灵，还有据说在泉水与河里的其他各种精灵。(24)他们不断地向死者奉献各种各样的牺牲，向死者上供，但是在他们看来，牺牲中最高贵的便是他们在战争中抓获的第一个俘虏；(25)他们把这个俘虏献给他们认为是最高的阿列斯神。并且他们的奉献俘虏的方式并不仅仅是把他作为祭坛上的牺牲，而且也把他吊在树上或把他抛到荆棘之中或是用其他某些最残酷的死法来杀害他。(26)图勒岛上的居民确实就是这样生活的。他们的人数最多的民族当中便有伽乌提人，在我说的那个时候，迁来的埃茹利人就同伽乌提人比邻而居。

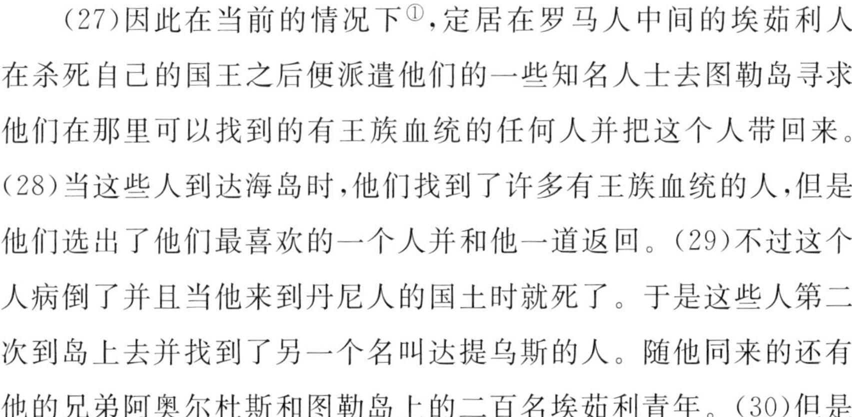

(27)因此在当前的情况下[①]，定居在罗马人中间的埃茹利人在杀死自己的国王之后便派遣他们的一些知名人士去图勒岛寻求他们在那里可以找到的有王族血统的任何人并把这个人带回来。(28)当这些人到达海岛时，他们找到了许多有王族血统的人，但是他们选出了他们最喜欢的一个人并和他一道返回。(29)不过这个人病倒了并且当他来到丹尼人的国土时就死了。于是这些人第二次到岛上去并找到了另一个名叫达提乌斯的人。随他同来的还有他的兄弟阿奥尔杜斯和图勒岛上的二百名埃茹利青年。(30)但是

① 参见本卷第十四章，第 42 节。

由于他们在旅途中耽搁了很长的时间,住在西恩吉都努姆近旁的埃茹利人认为在违反皇帝优斯提尼安的意旨的情况下从图勒岛请进一位领袖,这并不符合他们自己的利益。(31)于是他们便派使节到拜占庭去,请求皇帝亲自选派一位领袖给他们。(32)而皇帝立刻派给他们长期住在拜占庭的一个名叫苏阿尔图阿斯的埃茹利人。(33)在开头的时候埃茹利人欢迎他、尊重他,像惯常那样服从他的命令;但是没有很多天之后,一名使者带来消息说,从图勒来的人就要到了。(34)苏阿尔图阿斯于是命令他前去会到来的人,意图在于把来人消灭掉。同意苏阿尔图阿斯的意图的埃茹利人立刻便随他出发了。(35)但是在两队人相互间只隔有一天的路程的时候,国王手下的人在夜间却抛弃了他并自动投到新来的人们那边去了,苏阿尔图阿斯本人于是单身一人逃往拜占庭。(36)皇帝立刻认真地尽全力设法恢复他的地位,而害怕罗马人的威力的埃茹利人于是决定投靠盖帕伊狄人。而这便是埃茹利人背叛的起因[①]。

十六

(1)贝利撒里乌斯与纳尔吉斯和他们的两支军队一道临近了费尔木姆城[②],这座城面临伊奥尼亚湾,离奥克西姆斯城是一天的路程。(2)在那里他们开始同军队的全体指挥官举行会议,商讨对敌人的第一次进攻要在哪个特定的地点对自己才是最有利的。

① 本卷第十四章,第 37 节介绍了这一话题。

② 今天的费尔莫(Fermo)。

(3)要知道,如果一方面,他们向包围阿里米努姆的军队发动进攻,他们担心奥克西姆斯的哥特人很有可能会抄他们的后路,从而对他们以及对居住在那一地区的罗马人造成无法挽回的伤害;但是,另一方面,他们又十分挂念被包围的人们,因为担心由于缺少粮食,被围者会遭到某种巨大的不幸。(4)大多数人对约翰是敌视的并因而就此发了言。他们对他的指责在于,他有勇无谋而又贪图大宗的钱财,从而使自己处于当前如此危险的地位,而且他又使得战争行动不能按照贝利撒里乌斯所规定的步骤和方式进行。(5)但是喜爱约翰超过所有其他人的纳尔吉斯担心贝利撒里乌斯会听从军官们的话而把阿里米努姆的局势放到次要的地位上去,于是便讲了下面这一段话:

(6)"军官同伴们,你们并不是在讨论通常应当在会上讨论的问题,你们也不是在开会研究人们很自然地会感到不放心的一种局势,而是处于这样一种形势之下,在这里甚至对于没有任何战争经验的人们都能以立即作出他们的选择并且在进行选择时选出更好的办法来。(7)要知道,如果下述情况看来是真实的,即这两种选择的每一种对失败的人们来说都会造成同样程度的危险和同等损害可能的话,那就完全值得认真思考和彻底研究各种论据,而只有在这之后才能就我们当前的局势作出我们的决定。(8)但是如果我们想把对奥克西姆斯的进攻推迟到以后的某个时候,则我们将会受到的惩罚绝不会影响我们任何根本利益;因为在这段时期里能出现什么不同的情况?但是如果我们在阿里米努姆遭到失败,如果这事说起来不是太刺激的话,我们便完全有可能搞垮罗马人的力量了。(9)最杰出的贝利撒里乌斯,如果说约翰以傲慢无礼

的态度对待你的命令的话,你已经从他身上取得的补偿肯定是丰厚的,因为现在你有力量或是在他的逆境中挽救他,或是把他放弃给敌人。(10)但是你得注意,不要使约翰因无知所犯的错误使皇帝和我们自己受到惩处。要知道,如果哥特人在当前这个时候攻下了阿里米努姆,那可是他们的大幸,因为他们不但俘获了罗马的一位有能力的将领,而且还有一支完整的军队和属于皇帝的一座城市。(11)并且灾难还将不止于此,而且它还会有这样的分量,乃至决定每一个战场上战争的命运。因为关于敌人,你应当很好地设想一下,即使在当前,他们士兵的人数也比我们多得多,而他们所以失掉勇气,只是因为他们遭到的多次挫折。这是很自然的事情;因为厄运已经使他们失去了全部信心。(12)因此,如果他们在现在取得胜利,很快地他们便会重新振作起来,从此他们进行这场战争的勇气便不仅仅同我们的勇气相当,而实际上会大大地超过我们。(13)要知道,一般的情况总会是这样,即摆脱了困难处境的人们永远是比还没有遇到过灾难的人们更勇敢的。"以上便是纳尔吉斯的发言。

(14)正在这时,躲过了蛮族的哨兵从阿里米努姆溜出来的一名士兵来到了营地,向贝利撒里乌斯递交了约翰写给他的一封信。(15)信中报告了如下的情况:"你知道我们所有的粮食早就耗光了,因此我们已不再能应付民众或挡住进攻者,而七天之内我们将迫不得已使我们自己和这一城市向敌人投降;(16)过了这段时期我们将绝对无法克服降临到我们身上的必然,而这种必然,我以为,将会为我们进行充分的辩护,如果我们做出任何不光彩的事情的话。"(17)这就是约翰信里的话。但是贝利撒里乌斯这方面却陷入极大的困惑，完全不知道怎样做才好。原来他虽然为被包围的人们担心，但与此同时他又怕奥克西姆斯的敌人会蹂躏这一带的整个地区，肆无忌惮地进行劫掠，而且他还怕他们利用一切机会从后面对他的军队发动伏击，特别是在他同敌人展开战斗的时候，这会给他造成不可弥补的重大伤害。(18)但最后他是这样做的。他把阿拉提乌斯和一千士兵留在那里，要他在离奥克西姆斯二百斯塔迪昂处的海边设营。(19)他指令这些军队不要离开自己的阵地，也不要同敌人开展决定性的战斗，如果敌人向他们的阵地进攻，那也只限于把他们赶离营地。(20)他这样做是为了确保如下情况的实现，即蛮族看到罗马人在他们近旁设营，他们会静静地待在奥克西姆斯而绝不会跟在他本人的军队后面给他们造成伤害。(21)他还从海路派出很庞大的一支军队，这支军队的指挥官是希罗迪安，乌利雅里斯和纳尔吉斯即阿拉提乌斯的兄弟。(22)但被任命担任这次出征的统帅则是伊尔狄盖尔。贝利撒里乌斯指示他直驶阿里米努姆，但要注意不要试图在陆上的军队还远远落在后面的时候在城市近旁的地方靠岸；陆上的军队应当沿着离海岸不远的路上行进。(23)他还命令由玛尔提努斯率领的另一支军队沿着海岸行进，但要同船队保持近距离，并指示他们在他们走近敌人时要点起比平时更多的营火，要多于他的军队实际需要，这样便使敌人认为他们的人数要比实际的人数要多得多了。(24)在这同时他本人则和纳尔吉斯以及其余的军队走远离海岸的一条穿过乌尔维撒利亚城[①]的道路，这个乌尔维

① 即 Urbs Salvia，今天的乌尔比撒利亚(Urbisaglia)。

撒利亚先前被阿拉里克破坏得如此彻底[①],乃至先前的宏伟气象已没有任何东西留下来,而只有孤零零的一座城门和邻接建筑物的底层的小小残址而已。

十七

(1)在那里我有幸看到了这样一个场面。当约翰的军队开进皮凯努姆时,那一地区的民众很自然地陷入了巨大的混乱。(2)在这里的妇女当中,有些匆忙逃掉,到她所能去的不管什么地方去了,另一些则被捉住,给偶尔碰上她们的那些人乱糟糟地带走了。(3)这城里有一个妇人,正在这时刚刚生下一个孩子,于是她便抛弃了他,孩子被裹在襁褓里放在地上;不知是她得以安全逃脱还是被谁劫了去,总之她未能再回到那个地方。而肯定那结果是:她已经从这个世界消失或至少从意大利消失了。(4)于是这被抛弃的婴儿开始哭了起来。但是一只孤单的母山羊看到了他,起了怜悯之心,便走到近前用自己的奶头喂这个婴儿(母山羊恰好当时也是刚刚产了羔的)并且细心卫护他,不使狗或野兽伤害他。(5)而由于混乱持续了很长一个时期,结果婴儿在这个长时期里就靠吃山羊奶活着。(6)但后来,当皮凯努姆的民众得知皇帝的军队到这里来是为了打击哥特人而罗马人不会受到任何伤害的时候,他们立刻便返回自己的家。(7)生而为罗马人的妇女则和丈夫返回了乌尔维撒利亚,她们看到襁褓中的婴儿还活着,因而完全不能理解已经发生的事情,婴儿还活着这件事在她们看来简直不可思议。

---

① 公元452年的入侵。

(8)每个当时有奶的妇女都来喂这个婴儿,但是这时婴儿根本不吃人奶,并且山羊也根本不愿放开他,而是环绕着婴儿叫个不停,在场的那些人似乎认为山羊对于妇女们走近婴儿,打扰婴儿极为反感,一句话,山羊坚持认为这婴儿是属于它自己的。(9)因此妇女们便不再惊动这婴儿,这山羊便继续可以无所畏惧地喂养他并十分周到地照料他。为此当地的居民便恰当地把这个婴儿叫做埃吉斯图斯[①]。(10)而当我正巧在那里的时候,为了叫我看一下这奇异的景象,他们带我到婴儿的近旁并故意把他弄痛以便使他哭起来。(11)婴儿受到把他弄痛的人们的骚扰便开始哭了起来;于是离他有投一次石头那样远的山羊听见哭声便高声叫着跑了过来,站在那里护着婴儿以便使任何人都不能伤害他。有关这个埃吉斯图斯的故事就是这样。

(12)但是贝利撒里乌斯正在这一地区的大山当中行进。虽然他看到在人数方面他比他的敌人要少得多,他所以不愿意同敌人开展堂堂正正的战斗,却是因为他能以看到蛮族由于先前的失败实际上已经瘫痪了。(13)并且他认为,一旦他们得知敌人的一支军队正在从四面八方向他们攻来,他们是绝不会想到抵抗而是会毫不犹豫地逃跑的。对当时的局势他得出了正确的看法,并且他的推测同事件未来的发展也是符合的。(14)原来当他们在山里来到离阿里米努姆大约一日路程的一个地方时,他们遇上了为执行某项必要的任务而出来的一小队哥特人。(15)这些出其不意地碰上了敌人军队的哥特人在他们受到敌人

① αἴξ希腊语意为“山羊”;埃吉斯图斯(Aegisthus)意为“山羊之子”。

先头队伍的投射物的打击之前是根本不可能从路上躲开的,于是他们有的人就地被打死,另一些人在负伤后得以爬上附近某处峭壁而躲藏起来。(16)从那里他们看到在所有崎岖的地面上都聚集着罗马军队,于是他们便把罗马军队估计得比实际要多得多。(17)由于他们在那里还看到了贝利撒里乌斯的军旗,所以他们知道是他亲自率领着这支军队的。继而黑夜到来,罗马人便就地设营,而受伤的哥特人则偷偷地返回维提吉斯的营地去了。(18)而大约在正午他们到达营地之后,便把负的伤展示给人们看并且宣称,贝利撒里乌斯几乎马上就要率领一支无法数计的大军攻打他们来了。(19)于是哥特人便在阿里米努姆城以北的地方准备迎战,因为他们估计敌人是会从那个方向来进攻并且他们一直在望着山顶方面。(20)但是当黑夜降临时他们便放下武器休息了,这时他们却看到城东,大约六十斯塔迪昂[①]以外的地方有许多营火,这些营火就是玛尔提努斯的军队点起来的,这样他们便陷入一种毫无办法的恐惧之中;他们担心天一亮敌人就会把他们包围起来。(21)因此那一夜他们在营地里是在这样一种惊恐的状态中度过的。但是在第二天太阳升起的时候,他们却看到由无数只船组成的一支舰队向他们攻来,于是陷入难以名状的恐怖之中的哥特人便拼命地逃跑了。(22)当他们正在尽快地收拾行李时,他们狂呼乱叫,乱成一团到如此程度,乃至他们既没有注意到给他们下达的命令,也不想其他任何事情,而只是想如何各自逃离营地并且躲到拉温那的工事里去。(23)而如果

① 约合 11 公里。

被包围的人们只要还有一点力量或勇气的话，他们通过从城中的出击本来能够就地杀死大量的敌人，而全部战争也就会在这里结束了。(24)但是实际上，鉴于过去的经验而在他们身上引起的巨大恐惧以及由于缺粮在他们许多人身上造成的虚弱使他们未能做到这一点。因此蛮族在过分混乱中把他们的一些财物丢在那里，便开始尽快地跑上通往拉温那的道路了。

十八

(1)在罗马人当中，伊尔狄盖尔和他的士兵是最先到达敌人营地的；他们把由于得了某种病而留在那里的那些哥特人变为奴隶并且收集了哥特人在逃跑时丢下的所有值钱的物品。(2)而贝利撒里乌斯和他的全部军队是在中午到达的。而当他看到约翰和他的士兵面色苍白而又瘦得可怕的时候指出了他的勇而无谋的鲁莽行动并对他说，他应当感谢伊尔狄盖尔。(3)但是约翰说，他承认应当表示感谢，但不是对伊尔狄盖尔，而是对皇帝的总管纳尔吉斯，这话的意思是，我猜想，贝利撒里乌斯并不曾十分心甘情愿地前来保卫他，而只是在纳尔吉斯的说服之下才这样做的。并且从那时起，这两个人相互间便大大地猜忌起来。(4)正是出于这一理由，纳尔吉斯的友人甚至试图不要他和贝利撒里乌斯一道出征，并且他们设法要他明白，一个能参与皇帝机密的人不担任军队的统帅，却要听命于只是一位将领，这是多么不光彩的一件事情。(5)因为他们的看法是，贝利撒里乌斯绝不会心甘情愿地在平等的条件下和他一道分享军队的统帅大权，而如果他自己想取得罗马军队的这一统帅大权的话，较大部分罗马士兵，还有许多最出色的士兵

以及他们的指挥官是都会跟着他走的。(6)他们指出,埃茹利人和纳尔吉斯自己的长枪兵和卫士,还有优斯提努斯和约翰统率的军队,再加上阿腊提乌斯和另一支纳尔吉斯的军队,这些人加到一起不下一万人,这些人都是勇敢的士兵和特别善战的战士,而他们并不愿把征服意大利这件事看成只是贝利撒里乌斯的功劳,而只希望纳尔吉斯也应当分享一份光荣。(7)要知道,他们认为,他离开同皇帝朝夕相处的这个圈子并不是为了自己亲历危险却造成贝利撒里乌斯的光荣,而毋宁应当是为了通过表现自己的智慧与勇敢的事业而在所有的人当中声名显赫。(8)而且,他们还说,如果没有这些军队,即使贝利撒里乌斯在今后也将一事无成。(9)因为他统率的大部分军队都被留在后方的工事和他本人所攻占的城市里,他们并且列举了所有这些地点,从西西里开始并依次说出它们的名字直到皮凯努姆。

(10)纳尔吉斯听到这话后,对这一建议感到极为高兴,因而他不再能隐瞒自己的意图,也不再能容忍当前的这种安排。(11)因此往往当贝利撒里乌斯认为应当采取某一新的行动时,纳尔吉斯总是提出各种借口,时而这样说,时而又那样说,这样便妨碍了他所提出的计划的实现。(12)贝利撒里乌斯看到了这一点,于是便把全体指挥官召集起来,说了这样的话:

"各位军官,我认为对于这一战争我和你们的看法是不一样的。(13)我以为,你们对敌人极尽蔑视之能事,以为他们已彻底被征服了。(14)但是我们的看法却是,你们的这种自信会使我们陷入能以预见的一种危险之中,因为我知道,蛮族并不是因为他们缺乏任何勇气或因为人数少才被我们打败了的,他们被我们胜过并因而从这个地方逃走是因为我们事先有周密的计划。(15)并且我担心由于你们对局势作了错误的估计你们会在这些事实上受到欺骗,从而给你们自己和罗马人的事业造成不可弥补的损失。(16)要知道,自视为胜利者、因自身的成就而骄傲起来的那些人,较之虽确实遇到过出其不意的失败,但此后却小心翼翼、绝不敢轻视敌人的那些人是更容易遭到毁灭的。(17)粗心大意往往毁掉处境顺利的人,而另一方面,劳苦加上担心却往往挽救了那些不幸的人。(18)要知道,一方面,当人们使自己陷入一种漠不关心的状态时,他们的力量照例是会削弱下去的,但另一方面,认真仔细地研究局势很自然地能引起注入活力的作用。(19)因此你们每个人都应当记住,维提吉斯在拉温那有几十万哥特人,乌莱亚斯正在围攻米兰并且征服了整个利古里亚,据守奥克西姆斯的是一支人数众多的未可轻视的军队,并且其他许多地方,乃至就在罗马近旁的乌尔维文图斯[1]也都被足以同我们抗衡的卫戍部队守卫着。(20)因此当前局势对我们来说比起先前来更加危险,因为从某种意义上来说,我们已经处于敌人的包围之中。(21)而且这还不是全部情况,因为我还没有提到这样一个消息,即法兰克人在利古里亚也和他们联合起来了,这是一件所有的罗马人想起来便不能不感到十分害怕的事情。(22)因此我的意见是,应当把一部分军队派到利古里亚和米兰去,但其余的部分应立即向奥克西姆斯的敌人进攻以便完成上帝容许我们完成的任何事业。在这之后,我们再以我们认为是最可行的、最有利的方式着手战争的其他任务。”以上便

① Urbs Vetus(旧城);今天的乌尔维托(Urvieto)。

是贝利撒里乌斯的发言。

(23)对此纳尔吉斯作了如下的回答:“统帅,在其他方面,任何人都不能否认你所说的一切都是对的。(24)但是把皇帝的全部军队分开来,分别去进攻米兰和奥克西姆斯,只有这一点我认为是极为不明智的。(25)从你的方面来说,你把你麾下的罗马军队带去攻打你本人认为应当攻打的那些地方,这是完全无可非议的,但是从我们方面来说,我们将为皇帝占有埃米利亚的土地,而这也正是哥特人自己这时正在极力想取得的,此外我们还将对拉温那进行骚扰牵制,以便使你们能够放手消灭你们面前的敌人,而他们是无法指望有军队去支援他们的。(26)要知道,如果我们选择这样的办法,即和你们一道去围攻奥克西姆斯,我担心蛮族会从拉温那方面来进攻我们,结果我们将会从两侧受敌人的夹击,而且由于我们远离我们的供应基地,那我们将就地被消灭。”以上是纳尔吉斯的话。

(27)但是贝利撒里乌斯担心,如果罗马人同时向许多地方发动进攻,皇帝的事业将会受到削弱,最后被毁在由此造成的混乱之中,于是他便拿出了皇帝优斯提尼安的一封信,这是他写给军队的各指挥官的,(28)信中传达了如下的信息:“朕派遣朕的总管纳尔吉斯去意大利并不是为了指挥军队的;因为朕的意思是只要贝利撒里乌斯一人以他认为是最恰当的方式统率整个军队,并且所有你们的义务就是为了我们国家的利益而听他的调遣。”皇帝的书信的要旨便是如此。(29)但是纳尔吉斯抓住这封信最后的话宣称,现在贝利撒里乌斯正在制订违反国家利益的计划;为此他说他们没有必要跟着他走。

十九

(1)贝利撒里乌斯听到这话之后，便派遣佩拉尼乌斯率领一支大军去乌尔维文图斯，指示他包围这座城市，而他本人则率领着他的军队去攻打乌尔比努斯[①]，这是一座设防坚固的城市并且有相当大的一支哥特人的卫戍部队守卫着(这座城市离阿里米努姆对于轻装的人来说是一天的路程)，并且当他率领着这次军队前进时，纳尔吉斯、约翰和所有其他人都跟随着他。(2)到那座城市附近时，他们便沿着山麓设了两座营地，因为他们根本没有把他们的军队合并到一处，贝利撒里乌斯的军队的阵地在城东，而纳尔吉斯的军队的阵地在城西。(3)原来乌尔比努斯城是坐落在一个圆形的而又极高的山上。不过这山并不险峻，也不是完全无法攀登的，而它之所以难于接近只是因为它十分陡峭，特别是人们走到城市紧跟前的时候。(4)但是在北面有一处平坡人们可以上去。罗马人便驻扎在这里准备围攻，这在前面已经说过了。贝利撒里乌斯的意见是，蛮族总之会很快和罗马人谈判投降的条件，因为他相信他们已经被危险吓坏了，于是他便把使节派到他们那里去，保证给他们许多好处并且劝他们成为皇帝的臣民。(5)这些使节站在离城门很近的地方(因为敌人不愿接纳他们进城)详细地游说，十分努力地争取他们，但是哥特人深信他们的工事是坚固的并且粮食也充分，所以不愿听从使节们的建议而是要罗马人尽快地从他们的城市离开。(6)因此当贝利撒里乌斯得知这一情况时，他便命令

① 今天的乌尔比诺(Urbino)。

军队收集粗木棍,用它们搭成长长的一道柱廊。(7)这一设计的目的在于:当罗马人在一处平坦的特定地点把这柱廊推进到城门附近并对城墙发动进攻时,这装置对躲在里面的人可以起掩护作用。士兵于是便干起这样的工作。

(8)但是纳尔吉斯的几名亲信却集合在他周边,说贝利撒里乌斯在干一件没完没了的工作,在设计些没有办法实现的计划。他们说,约翰对这个地方已经有过进攻的尝试[1],并且还是在只有少数人防守时进攻的,但是他看到这个地方是根本无法攻克的(而这一点是真实的),此外他们还说,他应当为皇帝收复埃米利亚的土地。(9)由于纳尔吉斯听从了这一建议,所以他在夜里便放弃了围攻,尽管贝利撒里乌斯恳切地请求他留在那里帮助贝利撒里乌斯自己的军队攻占乌尔比努斯城。(10)这样,纳尔吉斯和他手下的人们便率领一部分军队匆匆地去了阿里米努姆。当天刚亮时莫腊斯和他的蛮族士兵一看到有一半的敌人已经撤退,他们便开始从工事上对仍旧留下的罗马军队大声挖苦嘲弄。(11)但是贝利撒里乌斯却打算和剩下的军队猛攻城墙。而正当他为这次进攻制订计划时,一件十分神奇的幸事叫他碰上了。(12)原来乌尔比努斯城内只有一处泉水,全城的居民都从这个泉取水。但是这处泉水自己一点一点地干涸了,并且开始枯竭了。(13)在三天当中,水已缺少到这种程度,乃至从那里取水的蛮族竟连泥带水一起喝了。因此他们决定向罗马人投降。(14)但是贝利撒里乌斯对这事一无所知,他仍然打算向工事发动进攻。于是他便把他的全部军队武装

① 参见本书第六卷,第十章,第5节。

起来，形成一个把整座山围起来的圆圈，然后下令少数人在地面平坦的地方向前移动木柱搭成的柱廊（斯托阿），而他们通常便是用这个名字称呼这一装置的[①]。(15)于是这些人便进入柱廊，拖着这个装置向前移动，但是敌人却看不到他们。(16)蛮族于是便从城垛那里伸出右手来，请求对方接受讲和。但是关于泉水的事什么也不知道的罗马人却认为他们害怕的是战斗和罗马的装置。不管怎样，双方都高兴地停止了战斗。(17)于是哥特人便向贝利撒里乌斯投降并交出了他们的城市，条件是他们不受伤害，而他们虽然应臣服于皇帝，但他们和罗马军队完全处于平等的地位。

(18)但是纳尔吉斯听到这一成功的消息时，既感到惊讶，又感到沮丧。(19)他本人依旧安安静静地留在阿里米努姆，但是他却命令约翰率领他的全部军队去攻打凯吉纳[②]。(20)因此他们便带上了云梯去那里。而当他们逼近工事时，他们便发动了一次进攻，对要塞进行试探。但是由于蛮族进行了英勇的反抗，罗马人阵亡的不少，其中便有埃茹利人的领袖法尼提乌斯。(21)由于那时攻不下凯吉纳要塞，约翰认为还是就此住手，不要再进攻为好，因为在他看来，凯吉纳是攻不下来的，于是他便和优斯提努斯以及其余的军队继续前进了。(22)而通过一次突然的行动，他却能以拿下了被称为佛洛科尔涅利乌斯的一座古城[③]；并且由于蛮族不断地在他面前后退并且从不对他展开战斗，于是他便为皇帝收复了全

① 这种装置的希腊语 stoa 相当于罗马人的 Vinea。

② 今天的奇塞纳(Cesena)。

③ 原意是 Forum Cornelii（科尔涅利乌斯广场）；今天的伊莫拉(Imola)。

部埃米利亚。这些事件的经过便是如此。

二十

(1)再说贝利撒里乌斯,他在大约冬至时分攻占了乌尔比努斯之后,认为这时立刻去攻打奥克西姆斯是不适当的,因为他担心他的军队要围攻这座城市会耗去很多时间。(2)要知道,想用猛攻的办法占领这座城市是不可能的,因为它的防守力量强大,这座城市的蛮族卫戍部队不仅人数众多,而且由最精良的军队构成,这一点前面我已经说过了[①],此外还因为通过对这里一大片农村土地的劫掠,他们在城里给自己储存了大量的粮食。(3)但是他命令阿腊提乌斯带领人数众多的一支军队到费尔木姆去过冬,并且要注意不使蛮族在今后任意从奥克西姆斯出击并肆无忌惮地在那一地区逞凶肆虐;而他本人则率领他的军队去攻打乌尔维文图斯。(4)原来佩拉尼乌斯一直在敦促他这样做,因为他从逃过来的士兵那里听说,那座城里的哥特人的粮食已经很少了,因此他的希望是:如果哥特人缺少粮食,又像他们所预料的那样,看到贝利撒里乌斯率领他的全部军队前来,他们会比较容易地投降,而后来他们就真的投降了。(5)而贝利撒里乌斯在到达乌尔维文图斯之后,立刻下令全军在一个适当的地点设营,而他本人则把整个城巡视一周,仔细观察是否也许有可能用猛攻的办法把这座城市攻下来。他认为用任何猛攻的办法都无法把这个地方攻占下来。(6)但是他断定使用秘密的策略,还不是完全不可能把它攻下来的。

① 参见本卷第十一章,第2节。

(7)原来这座城占据孤零零的一座山,这座山耸立在地势低的平地上,山顶上是平滑的,但山下却是陡峭的。在这山的四周有同样高的一些岩石,环绕着它形成一道屏障,不过这些岩石相互不是连在一起,而是相隔有一次投石那样远。(8)古人便在这山上修造了这座城,不过他们在城市四周既没有修筑城墙,也没有设置任何其他种类的防御设施,因为他们认为这地方就天然的形势而论是不可攻克的。(9)原来这里只有一座山路可以通上去,而城市居民只要守住这条山路,他们在任何其他地点都无须害怕敌人的进攻。(10)除去我上面所说的,自然形成的那个城市入口处之外,还有一条一直不能通航的大河占据着这座山和我刚才提到的那些岩石之间的空间[①]。(11)由于这样的形势,古时的罗马人只在这入口处修筑了一道短墙。墙上开了一个门,哥特人当时守卫的便是这个门。乌尔维文图斯的形势便是这个样子。

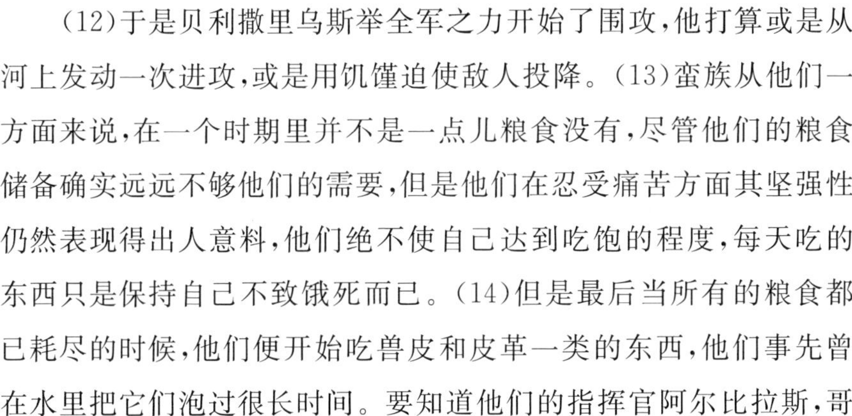

(12)于是贝利撒里乌斯举全军之力开始了围攻,他打算或是从河上发动一次进攻,或是用饥馑迫使敌人投降。(13)蛮族从他们一方面来说,在一个时期里并不是一点儿粮食没有,尽管他们的粮食储备确实远远不够他们的需要,但是他们在忍受痛苦方面其坚强性仍然表现得出人意料,他们绝不使自己达到吃饱的程度,每天吃的东西只是保持自己不致饿死而已。(14)但是最后当所有的粮食都已耗尽的时候,他们便开始吃兽皮和皮革一类的东西,他们事先曾在水里把它们泡过很长时间。要知道他们的指挥官阿尔比拉斯,哥

① 帕利亚河(Paglia)现在只流经这座山的两侧。——霍奇金

特人当中一位特别知名的人士,正在用空洞的希望给他们打气①。

(15)随着时间的流逝,夏天又到来了,粮食地里的粮食在无人照料的情况下自己熟了,但是产量却比不上先前,而实际上要少得多。(16)因为它在垄沟里的种子没有用犁或用手给盖起来而是留在表面上,所以只有一小部分能以在土里扎根。(17)并且这之后又没有人收割它,所以在它完全成熟时谷粒再次落到土地上,而在这之后就什么都不生长了。在埃米利亚也发生了同样的事情。(18)而由于这一情况,那一地区的居民便离开自己的家园到皮凯努姆去,认为由于那一地区临海,所以不会受绝对没有食品的痛苦。(19)而由于相同的原因,图斯奇人所受的饥馑之苦绝不比其他人轻;那里住在山里的许多人吃用橡树子磨成的面做成的面包。(20)而理所当然的结果是,大多数人得了这样那样的病,只有很少的人才摆脱了疾病而得到康复。(21)确实听说在皮凯努姆的罗马农民当中死于饥馑的不下五万人,而在伊奥尼亚湾②以北死的人还要多得多。

(22)由于我是亲眼目睹者,所以现在我要说一说他们变成什么样子以及他们是如何死掉的。(23)他们所有的人先是变得又瘦又苍白;因为肌肉得不到营养,便应了那句老话,“把自己消耗掉”,而这时控制了他们的身体的胆汁由于过多使得他们的身体有了几乎和胆汁一样的颜色③。(24)并且随着病情的发展,他们失去了

① 在前面第 4 节里作者曾提到这座城市投降的事但语焉不详,而普洛科皮乌斯后来也没有再提此事。

② 这里指亚得里亚海。

③ 枯黄色。

一切水分，皮肤干得完全像是皮革，好像是贴在骨头上似的。(25)而当他们从青灰色变为黑色时，他们就像是彻底烧完了的火把。他们的脸上永远有一种惊骇的表情，又总是有一种可怕的病态的凝视目光。他们死去，有些人是因为缺乏食物，有些人则是由于吃得过多。(26)因为大自然在他们身上生出的全部热力已经消失了，这时如果有人让他们吃饱，而不是一点一点地吃，像新生的婴儿那样，那他们会快得多地死去，因为他们还不能消化食物。(27)有些饿极了的人吃起他们的同伴来。据说阿里米努姆以北农村某个地方有两个女人，她们吃了十七个男人。而实际上，这些女人在当地是仅有的存活下来的人。(28)因此就发生这样的事：即走这条路的外地人留宿的小房子，正是这两个女人住的房子。(29)因此在外地人睡着时，她们便把他们杀死吃掉。据说这第十八个外地人正当这两个女人要对他下手的时候被惊醒了，于是他翻身跃起并从她们这里了解到全部情况之后，便把她们两人杀死了。(30)这便是他们讲述的故事。并且大部分的民众饿到如此程度，乃至如果他们在什么地方碰到一点草，他们就急不可待地跑到那里去，跪下来想把它从地上拔出来。(31)继而他们发现自己因为没有一点气力而做不到这一点，他们便倒在草上和伸出的手上死掉了。(32)而且没有任何人埋葬他们，因为事实上已没有人关心埋葬他们的问题了。但是以死尸为食的许多鸟竟没有任何一只触动死尸，因为他们身上已没有鸟儿要吃的东西了。(33)正像我前面所说的，整个身体的肌肉都被饥馑耗光了。这地方发生饥馑的情况便是这样。

二十一

(1)当贝利撒里乌斯得知乌莱亚斯和蛮族军队正在围攻米兰的时候,他便派玛尔提努斯和乌利雅里斯率领一支人数众多的军队去对付他们。(2)当这支军队到达离米兰有一天的路程的波河时,他们便设了一座营地,留在那里。他们在营地里停留了很长一个时期,研究渡河方法的问题。(3)当蒙狄拉斯听到这一情况时,便派出了一个名叫保路斯的罗马人。(4)这个人于是在没有被敌人发现的情况下越过了敌人的防线并来到了波河的岸边。但是这时他恰好找不到任何现成的渡船。于是他脱掉衣服,冒着很大的危险泅水渡河。(5)因此当他来到罗马营地见到了指挥官时,就说了下面一番话:

"玛尔提努斯和乌利雅里斯,你们做了不公正的事,而且你们行事的方式也有损你们自己的声誉,因为表面上你们是来挽救皇帝的事业的,但实际上却在壮大哥特人的力量。(6)要知道米兰这座城市在面积和人口以及在所有其他种类的繁荣方面实际上都远远地超过意大利的所有其他城市,而且,除去这些优势之外,它又是抵抗日耳曼人和其他蛮族的前哨,可以说,是处于保卫整个罗马帝国的首当其冲的重要地位,然而我要说的,是这座城市以及蒙狄拉斯和皇帝的军队现在已处于巨大危险的境地,他们实际上正在受到敌人的折磨,同时又为你们所忽视。(7)在当前情况下你们给皇帝造成了多大的伤害,现在我且不说。因为当前紧迫的情况不容许我讲很多话,我现在是要在还有一点希望时,为这座城市寻求迅速的援助。(8)但是,我要说的是,你们必须尽快在米兰人民陷

入危险时前来保卫他们。要知道，如果在当前的危急情况下，在到我们这里来这件事上你们的行动还有任何犹豫的话，这后果对我们一方面来说，是在遭受可能达到的最残酷的命运之后而灭亡，而对你们一方面来说，则是把皇帝的兵力出卖给敌人。(9)理应被称为卖国贼的那些人也许不仅仅是把城门向敌人打开的人们，同样，甚至更加应当被称为卖国贼的还有这样一些人，他们在他们最亲爱的人被包围时虽然有力量对之加以保卫，但他们仍然采取没有任何危险的犹豫观望的方针而不是展开战斗，这样也许就把对他们的胜利拱手让给了敌人。”(10)这便是保路斯的话，玛尔提努斯和乌利雅里斯于是保证立刻随他前去，便把他打发回去了。(11)这样他再次做到在未被敌人发觉的情况下于夜里进入米兰，消息激起了士兵和全体罗马人的希望，从而更为加强了他们的忠于皇帝的宗旨。

(12)尽管作了这样的保证，但玛尔提努斯和他的士兵仍然不愿意有所举动而是留在原地不动，而在这样的徘徊观望之中，又有很多时间被他们消耗掉了。(13)但是最后，玛尔提努斯为了洗刷对他本人的这一指责，便给贝利撒里乌斯写了这样一封信：“你把我们派到这里来是为了支援在米兰遭到危险的人们，而我们按照你的命令，已火速地一直来到波河；但是军队却害怕渡河，因为我们听说哥特人在利古里亚有很强的一支军队并且有很多布艮第人同他们在一起；因此面对这样一支军队，我们认为单是我的兵力是不能同他们进行一场决定性的战斗的。(14)而约翰和优斯提努斯就在同我们相邻的埃米利亚，所以请下令他们率领他们的军队尽快前来并帮助我们对付这一危险。(15)要知道，倘若我们从这里

一道进军,这可以保证我们双方都得到安全并给敌人造成某种伤害。"(16)玛尔提努斯信中的话便是这样。而贝利撒里乌斯接读来信后,便下令约翰和优斯提努斯同玛尔提努斯联合起来,尽快向米兰进军。但是他们说,只有纳尔吉斯给他们下命令他们才会这样做,否则他们是不会做任何事的。(17)于是贝利撒里乌斯又给纳尔吉斯写了如下内容的信:

"你知道,皇帝的全部军队是一个整体,并且,如果它表现得不是像一个人的四肢那样有一个共同的目标,而是一部分想离开其余部分而个别行动,那我们的后果只能是彻底毁灭而不能完成我们的任何任务。(18)因此放弃埃米利亚方面的活动吧,要知道,那里既没有任何要塞,对罗马人来说,也没有任何决定意义,至少对目前而论是这样。(19)请立即下令约翰和优斯提努斯偕同玛尔提努斯的军队去进攻米兰的敌人,因为他们离米兰不远并有足够的力量打败蛮族。(20)要知道,当前的情况是,我本人这里没有足够的军队可以派出去,甚至在这之外,我还认为士兵从这里出发去进攻米兰是不合适的。(21)因为在路上要消耗大量时间,这样他们便不能适时地到达那个城市,并且由于路途遥远,他们在到达他们那里时也就完全不能用他们的马对敌作战了。(22)但是如果这些人①同玛尔提努斯和乌利雅里斯联合起来对付米兰的敌人,他们便很有可能既打败那里的蛮族,又可以再次占领埃米利亚而不再会遇到任何抵抗。"(23)当这封信送到纳尔吉斯那里并且为他看过之后,他便亲自下令约翰与优斯提努斯偕同另一支军队开赴米兰。

① 即约翰和优斯提努斯。

(24)稍后约翰便去海岸方面以便从那里搞到船只使军队能以渡过波河。但是他却因病而不得不中止这一活动。

(25)但是当玛尔提努斯的军队就渡河之事拿不定主意而约翰的军队正在等候纳尔吉斯的指示的时候,又有很多时间消耗掉了,而在这同时围攻还在继续加紧进行。(26)而被包围者已经给饥馑折磨得极为痛苦,并且在悲惨处境的不可抗拒的必然的压力下,他们大多数人已经吃起狗、老鼠和人们从来没有吃过的其他动物。(27)于是蛮族便派使者到蒙狄拉斯那里去,要他把城市交出来,条件是他本人和士兵不受任何伤害。(28)但蒙狄拉斯只有在如下条件下才同意投降,即蛮族不仅要保证罗马卫戍部队的安全,而且对任何一个居民也绝不能有所伤害。(29)但是,由于敌人虽然愿意对蒙狄拉斯和士兵作出保证,但是对利古里亚人他们却感到十分气愤,而显然是要把他们全都杀死,因此蒙狄拉斯把全体士兵召集到一处,讲了下面的话:

(30)“如果过去发生过下述的情况,这就是,我们之前的任何人,尽管他们有机会忍辱保全自己的性命却仍然宁愿带着美好的声名死去,他们是为了光荣的死亡而放弃了他们眼前的安全的,如果过去是这种情况的话,那么我希望现在你们也会成为这样的人,不要为了贪生而去求那种甚至包含着羞耻的生存,而这也是违反贝利撒里乌斯使你们过去长时期受益的教导的,因此做不到崇高和极为勇敢,这对你们来说是一种亵渎。(31)要知道,人们一旦活在世上所有的人便注定了唯一的一种命运,那就是在指定的时刻死去;至于死去的方式,则人们各有不同,因为在大多数情况下,一个人的死法是不同于另一个人的。(32)但是有这样一个区别:懦

夫,人们可以想象得到,在每一情况下都首先是从敌人那里遭受到侮辱和嘲笑,继而在前定的精确时间里还要不折不扣地实现命运为他们规定的一切。但是崇高的人要做的却是以勇敢和充分的美誉来承受命运。(33)而除去这些考虑之外,如果人们能以成为蛮族的奴隶而同时又挽救了城市的人民,这至少能以使我们为如此不光彩地挽救自己有某种可以宽恕之处。(34)但是如果事实上我们只能眼巴巴地看着这样大量的罗马人正在死于敌人之手,这将会是比一个人所能列举的任何形式的死亡更加痛苦的事。(35)要知道,这样我们看来正在干的事恰恰是帮助蛮族干出这一可怕的勾当。(36)因此,既然在用勇敢来装点不可抗拒的必然方面我们完全是我们自己的主人,那么就让我们使我们面临的命运成为光荣的命运吧。(37)而我要说的是,我们应当尽可能完善地把我们所有的人武装起来,在敌人料不到的时候向他们发动进攻。因为等待我们的结果二者必居其一:或者幸运以某种方式使我们获得超越我们当前的希望的一次成功,或者在成就一次幸福的死亡的同时,我们将以最美好的声誉摆脱我们当前的困境。”

(38)以上是蒙狄拉斯的话;但是士兵当中没有一个人愿意去冒险,并且他们就按敌人提出的条件使他们自己以及这座城市向敌人投降了。(39)而蛮族确实没有给予士兵任何伤害,而只是把他们以及蒙狄拉斯看守起来,但是他们把城市夷为平地,把所有年龄的男子全都杀死,其数目不下三十万①,并且把所有妇女变为奴隶,然后把她们送给布艮第人作为结成联盟的回报。(40)并且,当

① 有一个本子是三万人,看起来比较合理。

他们找到近卫军长官列帕腊图斯时，他们把他割成小块并用他的肉喂了狗。(41)但是维尔根提努斯(他碰巧在米兰城里)却得以逃命，和他的随从通过味内提人和这一地区其他民族的地段去了达尔玛提亚，并且从那里带着罗马人遭到的这一巨大灾难的消息到皇帝那里去。(42)哥特人由于这一成功，接受了驻有罗马卫戍部队的其他城市的投降并再次控制了整个利古里亚。至于玛尔提努斯和乌利雅里斯，他们率领着自己军队回到了罗马。

二十二

(1)利古里亚所发生的事件的经过就是这样。对在那里发生的事情还一无所知的贝利撒里乌斯正在带领自己的全部军队开进皮凯努姆，因为冬天这时正要结束了[①]。(2)但是在进军途中得知在米兰发生的事情之后，他感到万分悲痛。(3)而在这之后，他再也不许乌利雅里斯到他面前来；并且他把所发生的一切都写信报告给了皇帝。(4)皇帝为了这些事情没有对任何人给过严厉的惩罚，但是听到贝利撒里乌斯和纳尔吉斯二人不合的消息后立刻召回了纳尔吉斯并任命贝利撒里乌斯为进行这整个战争的统帅。(5)这样，纳尔吉斯便带着少数士兵回到了拜占庭。但是埃茹利人看到纳尔吉斯正在离开意大利便也不想再留在意大利，尽管贝利撒里乌斯保证说，如果他们留下，他们会从他本人以及从皇帝那里得到很多好处。但他们全体还是打起行李离开，先是去利古里亚。(6)在那里他们碰上了乌莱亚斯的军队，于是便把他们带着的全部

① 公元538至539年。

奴隶和动物卖给了敌人并为此取得了一大笔金钱之后,他们发誓今后他们再也不会列队反对哥特人或对他们作战。(7)于是他们便和平地退去并进入了味内提人的地区。但是在那里遇到维塔利乌斯时,他们又立刻对他们对皇帝优斯提尼安所犯的罪行表示悔恨。(8)而为了设法给自己洗刷对他们的指责,他们把他们的一位指挥官维桑杜斯连同他的士兵留在那里,而所有其余的人则在阿路伊特和菲列木特的率领下去了拜占庭。菲列木特是法尼提乌斯在凯吉纳被杀死之后接过了指挥权的[①]。

(9)而维提吉斯和他手下的哥特人得知贝利撒里乌斯在春天开始时要向他们和拉温那发动进攻时感到十分害怕,于是他们开始就他们所面临的局势进行商讨,并且实际上认识到,单是他们自身在战斗中并不是敌人的对手,于是他们经过长时期的思考决定请其他某些蛮族来协助。(10)但是,在实现这一意图中,他们避开了日耳曼人,因为他们早已领教过了日耳曼人的狡猾而又不可靠的品质,而只要日耳曼人不同贝利撒里乌斯联合起来反对哥特人,而对双方都采取旁观态度,他们便十分满意了。(11)但是他却把使节派到朗哥巴狄人的领袖瓦凯斯那里去,给他送去很多钱并请他参加攻守同盟。(12)但是这些使节得知瓦凯斯是皇帝的友人和联盟者之后,便一无所获地回来了。(13)因此很自然的,维提吉斯在这样的情况下感到茫然不知所措,因此他不断地把许多长者们召集到一处开会。他向长者进行大量咨询,请教应如何制订计划和行动才能使他得到最大的成功。(14)参加会议的人们于是提出

---

① 参见本卷第十九章,第20节。

了许多意见，其中有一些对当时的形势是根本不合适的，还有一些意见中所提出的建议却值得加以考虑。(15)在这些建议当中提出了这样一种看法，即罗马皇帝在同波斯人缔结条约以前，显然绝不能对西方的蛮族发动战争。(16)要知道，只有到那时，汪达尔人和玛乌里人[①]才被歼灭，哥特人才遭到当前这样的不幸。因此，如果有谁再次挑起米地亚人[②]的国王对皇帝优斯提尼安的敌对情绪，一旦这个民族被煽动起来开展对罗马人的战争，罗马人今后便决不能对世界上的任何民族发动另一次战争了。(17)维提吉斯本人和其他哥特人都十分赞同这个建议。

于是决定把使节[③]派到米地亚人的国王科斯罗伊斯那里去，但使节不应当是哥特人，因为这次派遣使节的真正意图不能一下子就表现得过于明显，否则谈判就不会有结果了，而是要罗马人[④]出面，由罗马人唆使他敌视皇帝优斯提尼安。(18)于是他们用重金贿买了利古里亚的两名神父来执行这一任务。(19)其中的一个人看起来神气些，就充当使节，打扮得像是个主教并且僭取根本不属于他的主教头衔，而另一个人则以侍从的身份跟随着他。(20)维提吉斯则把他写给科斯罗伊斯的一封信交给他们带着，就打发他们上路了。正是在这封信的影响下，科斯罗伊斯在和平时期却对罗马人干出了令人发指的行为，这一点我在前面已经说过

① 即所谓摩尔人(Moors)。

② 即波斯人。

③ 参见本书第二卷(波斯战争史)第二章。

④ 即拜占庭皇帝的臣民。

了[①]。(21)而当皇帝优斯提尼安听说科斯罗伊斯和波斯人正在为此而进行策划时,他决定尽快结束西方的战争并召回贝利撒里乌斯以便要他对波斯人作战。(22)因此他立刻要维提吉斯的使节(原来他们这时正好还在拜占庭)回去,答应他们:他会派人去拉温那同哥特人缔结一项能以促进双方利益的条约。(23)但是贝利撒里乌斯并没有把这些使节放回到敌人那里去,直到对方把阿撒那西乌斯和彼得的使团放回之后[②]。(24)而当这些人来到拜占庭时,皇帝认为他们应当被授予以最大的荣誉,于是任命阿撒那西乌斯为意大利的近卫军长官,授予彼得以所谓玛吉斯特(长官)[③]的官职。(25)冬天结束了,普洛科皮乌斯记述其历史的这场战争的第四年[④]也随之结束了。

二十三

(1)贝利撒里乌斯想首先攻占阿乌克西姆斯和费苏拉[⑤],然后再去进攻维提吉斯和拉温那,这样便再没有任何敌人能阻挡他的前进或扰乱他的后方。(2)因此他便把奇普里安和优斯提努斯以及他们的士兵还有一些以扫里人派到费苏拉去,同行的还有德米特里乌斯的队伍里的五百名士兵。于是他们便在要塞周边设营并对蛮族的卫戍部队开始了围攻。(3)玛尔提努斯和约翰以及他们

① 参见本书第二卷,第五章以次。

② 参见本书第五卷,第七章,第25节。

③ magister,最高级的军衔。

④ 公元539年。

⑤ Faesulae:今天的费索列(Fiesole)。

的军队和另一支由人称“大肚汉”的约翰所率领的军队，则被他派往波河一带地区。(4)他要这些军官注意，不要使乌莱亚斯和他的军队从米兰出来反对他自己的军队；而如果他们不能打退敌人的进攻，那他们应当在暗中跟在他们后面并对他们的后方发动攻击。(5)于是他们便攻占了多尔同[①]，这是位于河畔的没有城墙环绕的城市，并且他们在设营之后便留在那里，而这时贝利撒里乌斯本人则带领着一万一千名士兵去奥克西姆斯城。(6)原来这座城在皮凯努姆的城市当中占第一位，是罗马人习惯上所说的首府(metropolis)，它离开伊奥尼亚湾的海岸是八十四斯塔迪昂[②]的距离，而离开拉温那城则是三天的行程再加上八十斯塔迪昂[③]。(7)这座城位于很高的一座山上，在平地上根本没有可以接近它的通路，而由于这个原因敌人是完全没有办法接近它的。(8)在那个城市里维提吉斯集中了哥特人的全部精锐之师，使他们担任卫戍任务，他们的设想是，除非罗马人先攻占了这座城市，否则他们是绝对不敢向拉温那进军的。

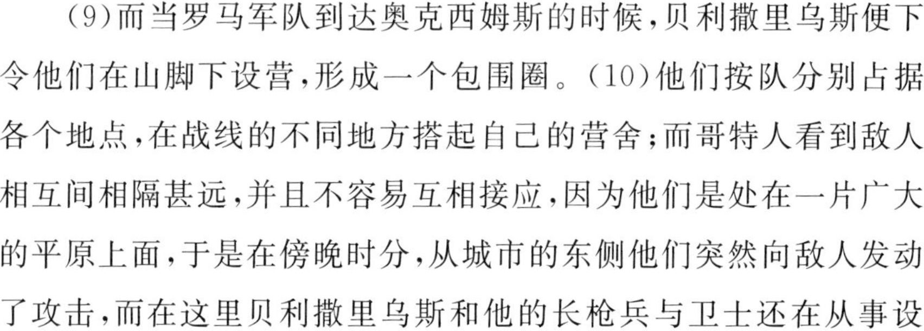

(9)而当罗马军队到达奥克西姆斯的时候，贝利撒里乌斯便下令他们在山脚下设营，形成一个包围圈。(10)他们按队分别占据各个地点，在战线的不同地方搭起自己的营舍；而哥特人看到敌人相互间相隔甚远，并且不容易互相接应，因为他们是处在一片广大的平原上面，于是在傍晚时分，从城市的东侧他们突然向敌人发动了攻击，而在这里贝利撒里乌斯和他的长枪兵与卫士还在从事设

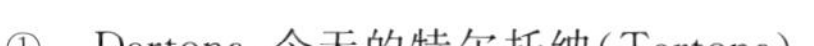

① Dertona：今天的特尔托纳(Tertona)。

② 约合155公里。

③ 约合130.4公里。参见本书第三卷，第一章，第17节。

营的工作。(11)于是罗马人便拿起武器,尽量在当时条件所允许的情况下开始对进攻的敌人进行抵抗,并且由于他们的勇敢,他们十分轻易地打退了敌人的进攻,使他们败逃了。在追击逃跑的敌人时,他们一直追到半山腰的地方。(12)在这里敌人又转过身来进攻追击者,他们相信自己有利地势的力量,所以停下来对付追击的敌人;而由于他们是从上向下射,所以杀死了许多敌人,直到黑夜降临战斗才中止。这样两军便分开,各自返回营地度过了那一夜。(13)然而就是在这场战斗的前一天,有一些哥特人在破晓时分被派出去到附近的地区去收集粮食。(14)这些征发粮秣的队伍根本不知道敌人到来的事情,他们在夜里返回时突然看到罗马人的营火,因而感到极为惊讶和害怕。(15)他们中间的许多人是鼓起勇气冒险躲过敌人的侦察而返回了奥克西姆斯的。但同样多的人由于吓坏了而暂时躲到任何方便的树丛里去,打算从那里去拉温那,但所有这些人不久之后便落入敌人之手而丧了命。(16)贝利撒里乌斯看到奥克西姆斯防守的力量极为强大又有自然形势的保障,而且他根本没有办法对工事发动进攻,因而他认为他永远无法用猛攻的办法攻占这个地方,但是他希望用一次严密的包围,通过切断他们的食品供应使敌人陷入匮乏,从而随着时光的流逝而使敌人屈服于他的力量。

(17)原来离工事不远有一个地方上面长满了茂密的草,这一情况使得这里每天都有罗马人和哥特人之间的战斗发生。(18)罗马人每看到他们的敌人在这里为自己的马割草,便赶忙冲到山上去,并且在赶上敌人时便同他们展开战斗,通过表现英勇的战绩而试图使敌人根本不能把草带走,而且他们总是在这里杀死许多哥

特人。(19)哥特人发现自己在勇敢方面根本比不上敌人,于是想出了如下的办法。他们从他们的车辆上把轮子和车轴卸下来,使它们处于待命状态;随后,在他们开始割草的时候,一旦他们看见罗马人上来,到了半山腰,他们便把轮子从上面朝着他们推下去。(20)但偶尔也发生过这样的事情:轮子一直滚到平地上却碰不上一个人。而蛮族在那一次由于这一招不灵,便只好逃跑,回到工事里去。但是在那之后他们又采用了这样的办法。(21)在工事附近的山沟里他们安排了他们中间有名的战士准备伏击,这之后少数战士在草地附近出现在敌人面前,而当战斗达到白刃战的程度时,埋伏的士兵便从他们隐蔽处一跃而出,这样他们不仅在人数方面大大超过敌人,而且使敌人感到十分恐惧,因为敌人先前并没有看到这些向他们进攻的人,这样他们通常会杀死大量敌人并总是会使其余的人败逃。(22)而虽然在营地里保持自己阵地的那些罗马人确实看到了从埋伏处出来的敌人并且试图用许多呼叫声叫他们的同伴返回,但是他们完全做不到这一点,原来那些战斗的人们一点也听不到他们的呼叫,这首先是因为他们隔着山坡很大的一段距离,而其次是因为蛮族总是有意地一齐敲击武器以淹没呼喊的声音。

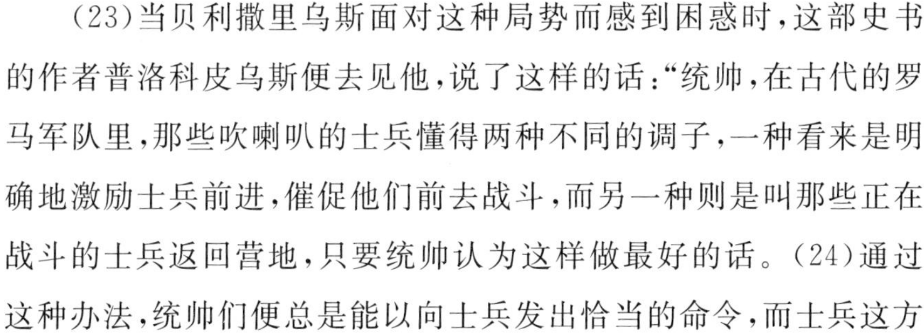

(23)当贝利撒里乌斯面对这种局势而感到困惑时,这部史书的作者普洛科皮乌斯便去见他,说了这样的话:“统帅,在古代的罗马军队里,那些吹喇叭的士兵懂得两种不同的调子,一种看来是明确地激励士兵前进,催促他们前去战斗,而另一种则是叫那些正在战斗的士兵返回营地,只要统帅认为这样做最好的话。(24)通过这种办法,统帅们便总是能以向士兵发出恰当的命令,而士兵这方

面也就执行用这种办法传达给他们的命令。(25)要知道,在实战当中,人的声音绝对不适于发布任何明确的指令,因为很明显,它必须同四面八方的武器的撞击声竞争,而且战斗者的感官也因恐惧而麻木了。(26)但是现在由于人们的无知而对这样的办法已废弃不用了,用一个喇叭不可能发出两种命令来,因此今后你可以采用如下的办法。(27)用骑兵的喇叭催促士兵继续同敌人进行战斗,而用步兵的喇叭号召士兵后退。(28)要知道,他们是不可能分辨不出这两种声音的任何一种的,因为在前一种情况下,声音来自皮革和很薄的木片,而在后一种情况下,声音来自相当厚的铜。"①(29)以上便是普洛科皮乌斯的话。

贝利撒里乌斯对这一建议十分欣赏,于是他把全军召集起来,对他们说:"我以为热情是有益的和完全值得赞扬的,但只有在它一直是适当的时候,这才不会给受它影响的人们带来任何伤害。(30)要知道,任何好事如果过度的话就会变成坏事。因此,从现在起务必注意不要使你们的战斗热情反而导致你们的失败。(31)因为从正在给你造成伤害的人面前跑开,你们肯定知道,这并不是可耻的事情。(32)但是不看一看自己周边的情况而唐突地陷入眼前的麻烦的人,即使他侥幸地摆脱了这种麻烦,他仍然应当被宣布为愚蠢的人;而真正崇高的人乃是在不能回避的危险中仍然表现为勇者的人。既然蛮族不能堂堂正正地同我们展开决战,所以现在就试图用设伏兵的办法来摧毁我们。(33)但是对我们来说,面对

---

① 皮革可能是喇叭的外壳,而薄木片是出声发音的簧,它的声音可能是高、尖、亮,激越之音使人振奋。铜喇叭的声音一般比较低沉。

危险较之逃避他们的伏击是更应当受到指责的事情。要知道，没有比中了敌人的计谋更加可耻的事情了。(34)因此我所要做的事情就是要注意到不使你们遭到敌人的伏击。而一旦我发出信号，你们就应当尽快后退，这是你们的义务，士兵们，我要给你们这个信号便是步兵的喇叭。”(35)这就是贝利撒里乌斯所讲的话。

而士兵看到了草地附近的敌人，便向他们发动了进攻并且刚一交手便杀死了他们的一些人。(36)有一个玛乌里人看到阵亡的哥特人当中特别有一个人身上有黄金饰品，于是便抓住死者的头发把这具尸首拖在自己后面，想剥他身上的东西。(37)但是有一个哥特人把一支投枪投向他，正好刺中了他的两条腿，投枪刺穿了两腿胫骨后的肌肉[①]，结果投枪就仿佛把两条腿钉到一起了。(38)尽管如此，那玛乌里人继续抓住尸首的头发把他拖在后面。就在这时，蛮族把他们埋伏的士兵唤了出来，而从营地看到敌人所做的一切的贝利撒里乌斯便命令被指定执行这一任务的步兵赶快吹起喇叭来。(39)而听到这一信号的罗马人立刻便开始逐步撤退了，他们把那个玛乌里人带着投枪抬起带了回来。哥特人也不敢再继续追击，而是无所成就地回去了。

二十四

(1)久而久之，当蛮族看到他们的食物储备已极端贫乏的时候，他们就打算把他们的情况报告给维提吉斯。(2)而由于他们当中谁也不敢出来执行这一任务(因为他们认为他们绝不能躲过包

① 即我们说的腿肚子。

围者),于是他们便想出了这样一个办法。(3)他们先使他们打算派到维提吉斯那里去的人们做好准备,然后等待一个没有月亮的黑夜;而当这一夜到来时他们把一封信交给这些人;在夜已很深的时候,他们所有的人便在城墙上的许多地方大声呼叫起来。(4)人们会以为,是由于敌人的一次猛烈的进攻并出其不意地攻占了城市他们才陷入了一片混乱。(5)但罗马人方面完全弄不清楚出了什么事情,于是他们按照贝利撒里乌斯的指示静静地留在营地,他们怀疑是否从城里会使出什么花招来,也不知道是否从拉温那有一支支援敌人的队伍前来对付他们。由于他们有这样的担心,因此他们认为最好还是安静地留在一个坚固的阵地里从而使自己得到安全,而不要在一个没有月光的夜里去冒那多少可以预见到的一种危险。(6)因此蛮族便用这样的办法使他们的计划不被敌人所察觉并把他们的人派到拉温那去。(7)在没有被一个敌人发觉的情况下他们在第三天来到维提吉斯这里并且交上了信件。信里是这样说的:"国王,当你命令我们守卫奥克西姆斯的时候,你说你已把拉温那自身和你的王国的钥匙交给我们来保管。(8)并且正是由于这一原因,你才命令我们要尽心竭力地守卫它,并且命令说我们不应当因我们的任何行动而把哥特人的兵力出卖给敌人。而且你还说,如果我们要求你的帮助,甚至在任何信使能以通报你的到来之前,你和全部军队就会来到跟前。(9)至于我们,直到目前为止,在通过同饥馑和贝利撒里乌斯进行的斗争,我们已表明是你的王国的忠诚卫士,但是你却根本不曾设法给我们以帮助。(10)因此,请你务必想一下,有朝一日罗马人会不会攻占奥克西姆斯并且取走放在这里而你自己却不予关心的钥匙,从而

在今后你拥有的任何东西对他们都不再是封闭的了。”这封信的大意就是这样。

(11)当维提吉斯接到并读了这封信的时候，他确实在打发这些人回去之际立即作出保证：他将率领哥特人的全军去援助奥克西姆斯；但是随后经过长时期的考虑，他仍然没有任何举措。(12)原来一方面，他担心约翰的军队会抄他的后路，从而使他陷入两面被夹击的地位，而另一方面，他又认为贝利撒里乌斯手下有一支人数众多、能征善战的军队。因此他陷入一种手足无措的恐惧之中。(13)但是使他不安的许多原因中主要的是饥馑，饥馑是一个使他十分头痛的问题，因为他没有地方给他的军队弄到粮食。(14)要知道，一方面，实际上统治着海洋并且在安孔有自己的工事的罗马人，他们从西西里和卡拉布里亚取得他们的全部给养并把它们储存在那个地方，并且在适当的时刻，他们很容易从那里得到它们。(15)但另一方面，哥特人如果进入皮凯努姆的土地，他们却没有办法弄到粮食；这一点他是有充分认识的，因此他发现自己已处于完全手足无措的境地。(16)这样，不久前从奥克西姆斯被派到维提吉斯这里来的那些人虽然在没有被他们的敌人发觉的情况下带回了他的保证，但他们只是用空洞的希望给那里的蛮族鼓劲。(17)而贝利撒里乌斯从跑过来的人知道了这件事之后，便下令不许再发生类似的事件。这些事件的经过情况就是这样了。

(18)就在这同时，奇普里安和优斯提努斯的正在围攻费苏拉的军队根本不能对工事发动猛攻甚或逼临到工事很近的地方；因为这座工事的每一方面都是难以接近的。但是蛮族方面对他们却频繁出击，毋宁说他们却更愿意同罗马人展开一场决战而不愿受

缺粮之苦；战斗起初确实是难分胜负的，但是过了一段时间之后，占了优势的罗马人便把敌人封闭在城墙以内，继续严密地把他们监视起来，不许一个人离城外出。(19)蛮族看到他们的粮食日益不足并发现他们本身在当前情况下毫无办法，于是便背着敌人派人去维提吉斯那里，请求尽快给他们以援助，理由是他们再也无法支持很长时间了。(20)维提吉斯因而命令乌莱亚斯率领当时在利古里亚的军队去提奇努姆[①]，因为他说，在这之后，他本人也将率领全部哥特人的军队来支援被围困的人们。(21)按照命令行事的乌莱亚斯于是带领他手下的全部军队开赴提奇努姆，并且在渡过波河之后，他们便来到了罗马人的营地[②]附近。(22)他们也在那里设了营地，同他们的敌人处于对峙的势态，两军相隔大约有六十斯塔迪昂的距离[③]。但是双方的无论哪一方都没有进攻。(23)从罗马人这一方面来说，他们认为只要挡住敌人的进路，使他们不能对围攻的军队发动进攻，这就足够了，而蛮族这方面则不愿在那样一个地方同敌人展开决战，理由是：如果他们在这一战斗中失利，他们便把哥特人的全部事业断送了。(24)要知道，在那种情况下，他们不再能同维提吉斯的军队联合起来并同他一道去支援被围攻的人们了。因此双方根据上面提到的理由，都静静地留在原地不动。

① 今天的帕维亚（Pavia）。

② 在多尔同。

③ 约11公里。

二十五

(1)这时法兰克人听说哥特人和罗马人都因战争而遭受重大的损失并为此而认为他们能以极为轻易地为自己取得意大利的较大部分,因而开始认为如下的情况简直是荒唐可笑的,这就是:为了争夺离他们自己的土地如此近的一处土地的统治权,别人可以在如此长的一段时期里进行一场战争,而他们自己却静静地待在那里,不插手双方的事情。(2)于是他们一时间就忘掉了不久前对罗马人以及哥特人所发的誓言以及同他们缔结的条约(要知道,这个民族就可信赖的程度这一点来说是世界上最差的),而是立刻在提乌迪贝尔特的领导之下集合了多达十万之众并开进了意大利。他们只在领袖身边有一小队骑兵,而只有这些骑兵的武器只是长枪,(3)所有其余的军队则是步兵,他们既没有弓也没有长枪,而是每人有一把剑与盾牌和一把手斧。这种手斧的铁头是厚的,但两面极为锋利,不过它的木柄却很短。(4)在第一次发动进攻时,他们总是习惯于按照信号把这种手斧抛出去,从而劈碎敌人的盾并杀死他们本人。

(5)这样,法兰克人在越过了作为高卢人和意大利人边界的阿尔卑斯山之后便进入了利古里亚[①]。(6)哥特人先前便曾因法兰克人的忘恩负义感到气愤,原来虽然哥特人他们过去为了同法兰克人缔结联盟常常保证给他们大片领土和大宗金钱,但是这些法

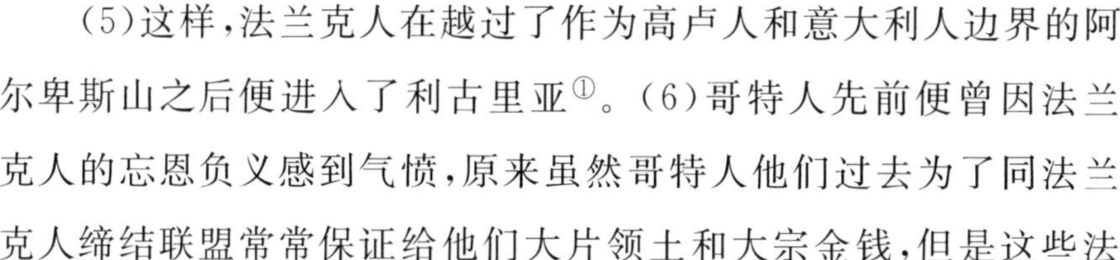

① 普洛科皮乌斯把波河以北的地方看成是利古里亚。参见本书第五卷第十五章第28节和有关注释。

兰克人却无论如何也不愿意履行他们自己所作的保证。但是当他们听说提乌迪贝尔特率领一支大军来到跟前时，他们十分高兴并且实际上因为抱有极大的希望而得意起来，认为从此以后他们能不通过一次战斗便能取得对敌人的优势。(7)至于日耳曼人[①]，只要他们在利古里亚，他们不会对哥特人有任何伤害，这是为了使哥特人不会试图阻止他们渡过波河。(8)因此当他们到达提奇努姆城——古时的罗马人在这里的河上修造了一座桥——的时候，守卫在那里的人们给了他们各种各样的帮助并且让他们顺利地渡过了波河。(9)但是在控制了桥之后，法兰克人却开始拿他们在近旁遇到的哥特人的妇女和儿童作牺牲，作为战争最初的成果，把他们的尸体抛到河里去。(10)原来这些蛮族虽然已经成了基督教徒，但是他们保存了他们的古老宗教的大部分信仰；因为他们还拿人当作牺牲，还有其他各种渎神性质的牺牲，而他们便联系着这些牺牲来作出他们的预言[②]。(11)哥特人看到正在发生的一切之后便陷入一种无法抑制的恐惧之中，于是便逃回自己的工事里去。

因此日耳曼人在渡过了波河之后便向哥特人的营地进发，哥特人看到他们分成小股队伍走向他们，起初感到高兴，以为这些人是前来和他们携手作战的。(12)但是当一大群日耳曼人来到跟前，却发动了进攻，通过掷出的手斧已经杀死了许多人时，哥特人便转身逃跑，穿过罗马人的营地沿着道路回拉温那去了。(13)而

① 按照普洛科皮乌斯的用法，“日耳曼人”和“法兰克人”是同一个民族。

② 比如古罗马人便根据观察牺牲的内脏来进行占卜。

看到他们逃跑的罗马人则以为是贝利撒里乌斯前来支援他们自己的军队并且已经攻克了敌人的营地并在战败敌人后把他们赶出了营地。而为了想同他会师，他们于是拿起武器尽快地跑了出来。(14)但是他们没有料到遇上的是敌人的一支军队，因而在万不得已的情况下，他们同这些敌人展开了战斗，结果是在惨败之后全军溃逃，不过不是逃回现在已经不可能回去的营地，而是逃向图斯卡尼[①]。(15)而当他们最后得到安全的时候，他们便向贝利撒里乌斯报告了他们经历的一切。

(16)如上所述，法兰克人在打败了双方的军队并且攻占了都是空无一人的两座营地之后，一时在营地里找到了粮食；但是由于他们人多，很快地就把这些粮食吃光了，并且由于这片土地无人居住，除了牲畜和波河的河水之外他们得不到任何粮食。(17)但是由于他们喝了大量的水而消化不了这些肉，结果他们大部分人得了腹泻和痢疾，并且由于缺乏适当的食物而摆脱不了这些疾病。(18)确实据说法兰克人的军队至少有三分之一是这样死的。而结果既然他们不能前进便只好留在原地了。

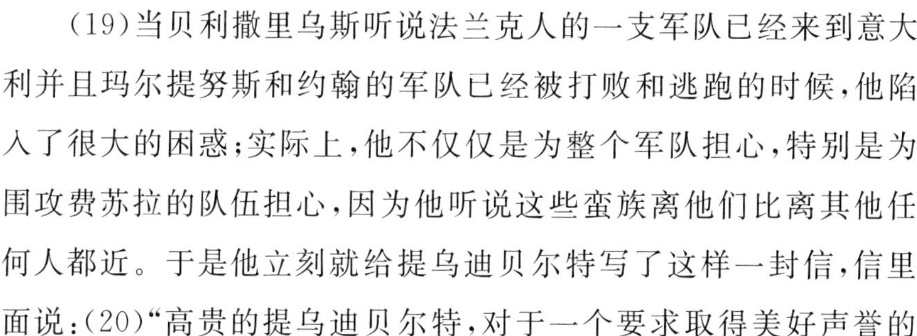

(19)当贝利撒里乌斯听说法兰克人的一支军队已经来到意大利并且玛尔提努斯和约翰的军队已经被打败和逃跑的时候，他陷入了很大的困惑；实际上，他不仅仅是为整个军队担心，特别是为围攻费苏拉的队伍担心，因为他听说这些蛮族离他们比离其他任何人都近。于是他立刻就给提乌迪贝尔特写了这样一封信，信里面说：(20)“高贵的提乌迪贝尔特，对于一个要求取得美好声誉的

① 即埃特路里亚。

男子来说干出不守信义的事来,我认为无论怎样说也是不光彩的,特别如果此人像你这样,是一位人数如此众多的民族的领袖的时候。(21)但是破坏已经写下来的誓言并且置所订的条约于不顾——这种做法甚至对于最卑劣无耻的人来说都是不合适的。而你自己知道得很清楚,当前你所犯的正是这样的罪行,尽管只是在不久之前,你还口口声声地同意帮助我们进行这场反对哥特人的战争。(22)但实际情况却是,你绝不是置身于两个民族之外,而是事实上如此唐突地拿起武器,向我们发动进攻了。可是我的杰出的朋友,至少不可干这样的事情,如果这还意味着对一位伟大的皇帝是一种侮辱的时候,要知道,看来他肯定不会无视这样的侮辱,也不会不极为充分地对此进行报复。(23)因此对每个人来说,最可取的办法是保持自己财物的安全,而不要去僭取别人的财物从而使自己陷入涉及他最切身利益的任何危险之中。"(24)当提乌迪贝尔特看了这封信时,既然他已经由于他面临的局势并且由于受到日耳曼人的严厉谴责——因为他们说他们在没有任何正当理由的情况下正在荒芜的国土上送命——而手足无措,于是他便和幸存的法兰克人一道撤了营地并赶忙返回故土去了。

二十六

(1)这样提乌迪贝尔特在进军意大利之后便又离开了。但尽管形势已经改变,玛尔提努斯和约翰的军队却回去了,因为他们担心敌人会对进行围攻的罗马人①发动任何进攻。(2)对法兰克人

① 在费苏拉。

的到来一无所知的、奥克西姆斯的哥特人已经开始对拉温那方面的拖得如此长久的支援感到绝望并且正打算再一次向维提吉斯发出呼吁。但是看到他们无法逃过敌人的哨兵，他们感到十分痛苦。(3)但是后来他们的注意力被吸引到一个罗马人身上去，此人属于贝西族[①]，名叫布尔肯提乌斯，曾在阿尔明尼亚人纳尔吉斯的领导下服役，因为他们注意到在中午只有他一个人站岗并且这时没有人从城里出来割草；于是他们便走近向他打招呼，向他作出绝不会伤害他的保证，他们还要他来见他们，保证给他一大笔钱。(4)而当他们会见之后，蛮族便请求他把一封信送到拉温那去并立刻给了他约定好的一笔金钱，而当他从维提吉斯那里带回回信后，他们还保证给他更多的金钱。(5)在金钱的引诱下，这个士兵同意干这件事并且实现了他的保证。因为他接受了一封密封的信并尽快地把它带到了拉温那；而见到维提吉斯之后便把信交给了他。(6)而信里的话是这样："我们现时的处境如何只要你向送信人打听一下就十分清楚了。(7)没有一个哥特人有办法走出要塞。至于食物，则我们有的最便当的供应就是城墙近旁生长的草，而且即使这种东西现在我们竟然也摸不到了，除非为了争得它而付出许多条性命的代价。因此你和拉温那的哥特人都应当考虑一下，这一切将会使我们落得怎样的结局。"

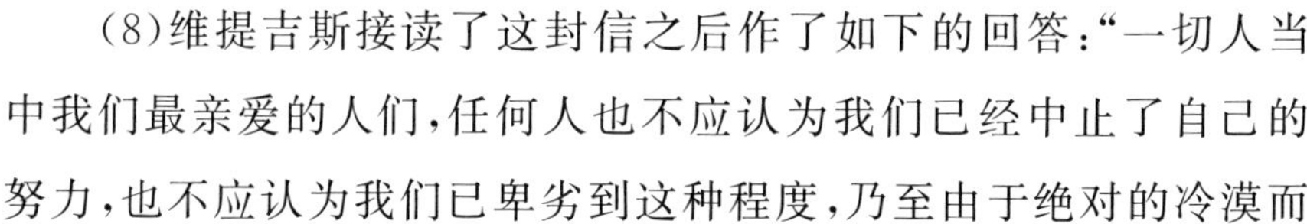

(8)维提吉斯接读了这封信之后作了如下的回答："一切人当中我们最亲爱的人们，任何人也不应认为我们已经中止了自己的努力，也不应认为我们已卑劣到这种程度，乃至由于绝对的冷漠而

① 可能是色雷斯的一个部族。

彻底断送哥特人的事业。(9)要知道,就我这方面来说,就在不久前便已尽可能彻底地为开拔做了准备,乌莱亚斯和他的全部军队已经奉召从米兰来到我这里。(10)但是实际上法兰克人对我们的出其不意的进攻把我们的全部准备工作搞乱了。对于这一事件所造成的后果,至少我,说句公道话,是不能负责的。(11)要知道,非人力所能及的事物使甚至那些失败者也有不受指责的权利,因为从已经发生的事情而引起的任何指责都是由命运来承当的。(12)但是现在,既然我听说,提乌迪贝尔特已经不再阻挡我们的道路,则如果上帝垂怜的话,很快地我们将和全部哥特军队一道到你们那里去。(13)并且你们应当把你们遭到的无论什么命运勇敢地并且适应着你们无法摆脱的必然承担起来,并且首先要记住你们自己的勇敢,而正是由于这一点我才把你们从全军中选拔出来并且要你们驻守在奥克西姆斯的,此外你们还要尊重你们在全体哥特人中间享有的声誉,而且正是这种声誉使他们把你们推选出来,成为捍卫拉温那以及他们自己的安全的堡垒。"(14)在写了这样一封信并且赏赐了这个人以大宗的金钱之后,维提吉斯便把他打发回去了。而当他返回奥克西姆斯时,他又回到自己的同伴那里去,托词说他得了病什么的,因而在相隔不远的一座教堂里度过了一段时期;这样他便再次被分配了站岗的任务,而且正是他经常站岗的那个地方,并且他背着所有罗马人,把信交给了敌人;而当这信读给民众听的时候,它给了他们所有的人更多的鼓舞,尽管这时他们已吃了饥馑的很大苦头。(15)因此他们便很不愿意向贝利撒里乌斯屈服,尽管他向他们提出了许多诱人的条件。但是当人们报告说没有任何军队从拉温那开出来并且他们由于缺乏粮食而陷入

极度的痛苦的时候，他们便再次要布尔肯提乌斯送去这样一个信息，只是说五天之后他们便再也抗拒不了饥馑了。而第二次他带回来的维提吉斯的信还是用同样的希望逗弄他们。

(16)再说罗马人这方面，他们的痛苦并不比哥特人为轻，因为他们已经在一片荒芜的土地上进行了如此长时期的围攻，而且看到蛮族在吃了这样多的苦头之后仍然不肯向他们屈服，也完全处于束手无策的状态。(17)鉴于当前的这种形势，贝利撒里乌斯急于想生俘敌人方面的一位知名人士，以便了解在这种绝望的情况下到底是什么原因使他们还这样坚持着。(18)瓦列里安保证马上为他立刻执行这项任务。他说他手下有几个人是斯克拉文尼人，他们习惯于躲在附近的一小块石头或任何树丛后面出其不意地扑向某个敌人。(19)事实上在他们故土沿伊斯特河他们常去的地方，他们就经常向罗马人以及蛮族发动这类的袭击。(20)贝利撒里乌斯听到这个建议很高兴，便吩咐他设法尽快促成此事。于是瓦列里安便从斯克拉文尼人当中选定在身材方面十分适合于担当这项、又特别活跃的一个人，命令他把敌方的一个人带过来，并向他保证他将会从贝利撒里乌斯那里取得丰富的酬金。(21)此外他还说，在草地那里他可以容易地实现这项任务，因为过去一个长时期里，哥特人一直靠这片草地养活自己，要知道他们已经没有粮食了。(22)于是这个蛮族天一发亮便来到工事附近，躲在一个树丛里把身子缩成一团，这样他便在草地近旁把自己隐藏起来。(23)而在破晓时一个哥特人去那里，开始匆忙地收集草叶，并不怀疑树丛方面会有人伤害他，只是多次向敌人的营地那方面张望，害怕有谁从那方面攻击他。(24)于是出其不意地从后面进攻哥特人

的那个蛮族便俘虏了他,并把此人带往营地交给了瓦列里安。(25)当瓦列里安审讯俘虏时,问他哥特人所以绝对不愿向罗马人屈服却甘愿忍受最可怕的痛苦,他们可能有怎样的自信依据,怎样的把握,哥特人便把有关布尔根提乌斯的一切真相告诉了瓦列里安,而当布尔根提乌斯被带到他面前时,哥特人便证实了他的卖国罪行。(26)至于布尔根提乌斯,当他看到他已经被揭露时,便把一切都招供出来了。于是贝利撒里乌斯把他交给他的同伴们任凭他们如何处置他,而他们不久之后便把他活埋了,他们是就是当着敌人的面这样做的。布尔肯提乌斯贪财所获得的下场便是如此。

二十七

(1)但是当贝利撒里乌斯看到蛮族尽管受这样的痛苦却依旧继续坚持而不投降的时候,他便想从供水方面实现使敌人屈服的计划,以为这样他可以容易得多地把敌人的工事拿下来。(2)原来在奥克西姆斯北面的陡坡上有一处泉水,这个地方离开城墙有一次掷石那样远[①],这泉以一道很细的水流流注到自古以来便在这里一个水池里,水流把水池流满之后,这里的居民便十分容易地从这里汲水了。这一情况使贝利撒里乌斯想到,如果蛮族不是从那里取水的话,那么他们将无论如何也不能从泉水的细流把他们的水瓮注满。因为这样他们将长时期暴露在敌人的投射物打击之下。(3)而为了想毁掉水池,他想出了如下的办法。他把他的全军武装起来,要他们把城壁团团包围起来好像要展开战斗的样子,这

① 五十到一百公尺。

样就给敌人一种印象，仿佛他们马上便要从四面八方对城墙发动一次进攻。(4)因此害怕这次进攻的哥特人便静静地留在工事里，打算从自己的阵地击退敌人。(5)但是就在这时，贝利撒里乌斯却选拔了精于砌石工艺的五名伊扫里人并且引导他们带上鹤嘴锄和其他适于切割石头的工具到水池那里去，而在前去途中则有许多盾牌掩护着他们；继而他又命令他们使出全身气力尽快地把水池的四壁劈碎砍倒。(6)至于蛮族，他们一直认为这些人是来攻打城墙的，所以便静静地待在那里，以便在对方尽可能近地过来时，他们易于用投射的武器把他们打退，但他们却根本没有料到他们真实意图之所在。不过当他们看到伊扫里人进入水池时，他们便开始向他们投石块以及其他各类投射物。(7)于是所有其他的罗马人确实都跑回去了，但现在只有已到达安全地点的五名伊扫里人开始干了起来。原来古时的人们曾在水池上方修建一个圆顶，为的是遮蔽下面的池水。(8)因此当伊扫里人来到圆顶下面之后，他们便可以根本不去理会敌人了，尽管他们十分频繁地向这边投射了许多东西。

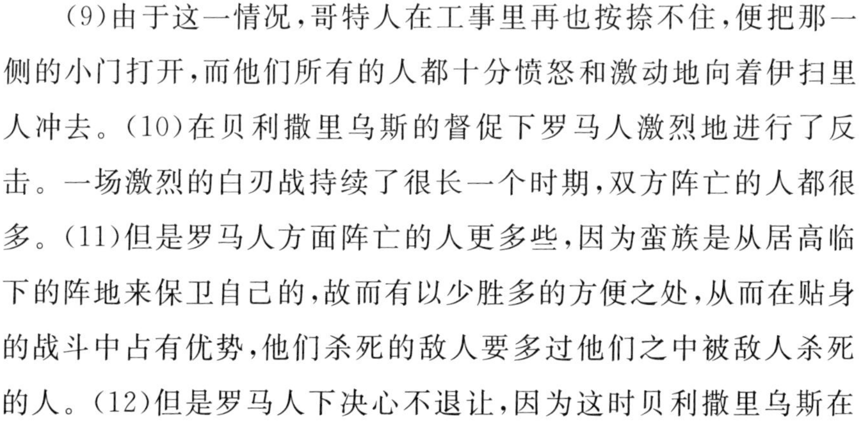

(9)由于这一情况，哥特人在工事里再也按捺不住，便把那一侧的小门打开，而他们所有的人都十分愤怒和激动地向着伊扫里人冲去。(10)在贝利撒里乌斯的督促下罗马人激烈地进行了反击。一场激烈的白刃战持续了很长一个时期，双方阵亡的人都很多。(11)但是罗马人方面阵亡的人更多些，因为蛮族是从居高临下的阵地来保卫自己的，故而有以少胜多的方便之处，从而在贴身的战斗中占有优势，他们杀死的敌人要多过他们之中被敌人杀死的人。(12)但是罗马人下决心不退让，因为这时贝利撒里乌斯在

场并且高声呼叫助阵,因此他们不想在统帅面前干出不光彩的事情。(13)当战斗正在进行时,恰好还有一支箭带着嗖嗖的声音向着统帅的腹部飞来,这是敌人偶然射过来的,也可能是有意射过来的。(14)贝利撒里乌斯根本没有看到这支箭。总之,他既不能挡住它,也不能躲开它。但是一个名叫乌尼伽斯图斯的长枪手正站在他的身旁,他在箭离统帅的腹部不远的地方看到了它,于是他伸出右手来而出其不意地救了统帅的命。但他本人却由于中箭负伤,带着剧痛而立刻退出了战斗。(15)在这之后,由于筋被切断,他的这只手便终生残废了。而从一清早便开始的这场战斗一直持续到中午。

(16)在纳尔吉斯和阿腊提乌斯指挥下的七名阿尔明尼亚士兵立了非凡的战功,他们在极陡的不利的地面上跑来跑去就好像在平地上一样,并且杀死那些时而敢于停下来反抗他们的敌人,直到他们把那一部分战线上的蛮族击退、赶跑。(17)继而其他罗马人看到敌人后退,便开始对他们加以追击;蛮族的失败大势已定,于是他们便逃回工事里去了。(18)这时罗马人认为水池已被摧毁并且伊扫里人已经完成了他们的全部任务,但实际上他们根本不能移动那一建筑物的甚至一小块石头。(19)原来古时的工匠特别致力于使他们的作品完美无缺,他们把这一建筑物修造得既经得住时光的消磨,又不怕试图毁坏它的人们。(20)总之,伊扫里人什么也没有干成,而这时他们看到罗马人已取得了胜利,便离开水池,返回营地了。(21)于是贝利撒里乌斯便下令士兵把动物的尸体以及对人体毒性特别大的药草投入水池,还下令把彻底烧过的一种石头,古时人们习惯称为“提塔诺斯”而现时人们称为“阿斯贝斯托

斯"的一种石头[1]放进去以便在水中把它堵死。(22)士兵们按照命令做了,但是蛮族却利用了工事内的一口井,不过井里的水极少,而这时他们只能在少于所需的情况下凑合着用。(23)在这之后贝利撒里乌斯不再极力想或是用猛攻的办法占领这个地方,或是在供水方面或任何其他方面使用什么计谋,而只是想用饥馑来制服敌人了。(24)而且出于这样的意图,他对于防线的保卫特别注意。而这时哥特人仍然盼望拉温那方面的军队并由于十分缺粮,因而继续静静地在那里等着。

(25)这时被包围在费苏拉的哥特人开始感到极度缺粮的痛苦并且由于忍受不了这一痛苦而且又对从拉温那方面得到支援感到绝望,所以他们决定向他们的敌人投降了。(26)于是他们便同奇普里安和优斯提努斯展开谈判并在为他们的生命安全得到保证之后便自己连同他们的工事向敌人投降了。继而奇普里安和他的同僚便带领他们和罗马军队一道来到了奥克西姆斯,但是把一支有相当实力的卫戍部队留在了费苏拉。(27)而从那时起,贝利撒里乌斯便经常把蛮族的首领展示给奥克西姆斯的蛮族看,劝他们不要再坚持根本无法实现的目的,而是应放弃对拉温那的希望;要知道,他们和其他人一样,绝不会取得任何援助,而是在吃尽了苦头之后仍然要遭到和费苏拉的卫戍部队相同的命运。(28)而他们在经过长时间的考虑之后,看到他们再也无力同饥馑对抗,于是准备接受贝利撒里乌斯的建议,表示愿意交出城市,条件是他们自身不受伤害和带着他们的财物去拉温那。(29)但这一情况的结果是,

① 即石灰。

贝利撒里乌斯完全不知道如何应付他所面临的局面,因为,从一方面来说,把这样一批如此杰出而且人数又如此众多的敌人放回去同他们在拉温那的同伴结合到一起,这在他看来是不明智的。而从另一方面来说,他又十分不愿放过这样一个时机,而是想在形势仍未确定时去攻打拉温那和维提吉斯。(30)而且法兰克人还在使他感到巨大的不安,因为他强烈地预感到,他们几乎立刻就会来支援哥特人。虽然他十分想在他们到来之前有所作为,却又不能把包围尚未攻克的奥克西姆斯的军队撤下来。(31)而且士兵也不会允许他把理应属于他们的财产让给蛮族,因为他们把在城下因敌人而受的许多伤指给他看并且历数在这次围攻期间他们所经历的战斗;他们宣称,所受这些痛苦的报酬肯定就是从被战败者那里得来的战利品。(32)最后,由于罗马人受制于当时的迫切需要而哥特人又备受饥饿之苦,于是他们相互达成协议,约定罗马人应分配到他们的一半财富,哥特人则保有其余的部分并应成为皇帝的臣民。(33)于是双方都为保证这一协定的实现发出誓言,罗马的指挥官表示协定一定会得到遵守,哥特人则表示不隐匿他们的任何财富。(34)接着他们便均分了全部财富。罗马人方面占领了奥克西姆斯,蛮族则参加了皇帝的军队。

二十八

(1)贝利撒里乌斯在占领了奥克西姆斯之后,便赶忙把拉温那包围起来,这次他是用上了他的全部军队的。他还派玛格努斯率领一支大军到拉温那的那一面去,命令他不断沿波河的岸边行进,进行戒备,目的是此后不许哥特人从河道把粮食运进来。(2)此外，从达尔玛提亚率军前来同他会合的维塔利乌斯则保卫波河的对岸。在这里罗马人遇到了一件幸运的事，它使人们十分清楚地看到，命运女神自身正在为双方确定了事件的进程。(3)原来哥特人先前已经在利古里亚集合了大量的船只并把它们带到波河上来，而在把它们装满了谷物和其他食品之后正准备起航去拉温那。(4)但是波河的河水当时降到根本不可能通航的程度，直到罗马人到来并夺取了船只和所有上面的货物的时候。(5)继而不久之后，河流又恢复了原来的水量，可以通航了。而据我们从传统所了解到的，波河先前从来没有发生过这样的事情。(6)这时蛮族已经开始感到某种缺粮的困境了。要知道，他们既不能从伊奥尼亚湾运进任何东西，因为他们的敌人掌握着全部制海权，而且波河方面也同他们断绝了联系。(7)而法兰克人的领袖们了解到发生的事情并且他们想把意大利据为己有，于是便派遣使节到维提吉斯那里去，提出缔结攻守同盟的保证，条件是他们和他一道共同统治这一土地。(8)而贝利撒里乌斯听到这个消息时，他也派遣使节前去以便说服对方反对日耳曼人[①]，使节中便有他自己的大管家提奥多西乌斯。

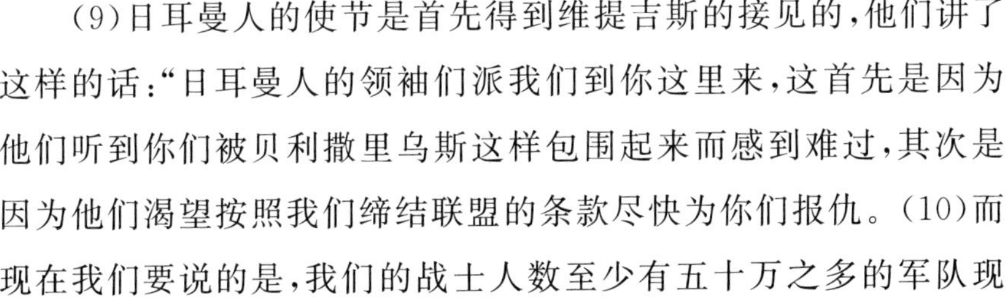

(9)日耳曼人的使节是首先得到维提吉斯的接见的，他们讲了这样的话："日耳曼人的领袖们派我们到你这里来，这首先是因为他们听到你们被贝利撒里乌斯这样包围起来而感到难过，其次是因为他们渴望按照我们缔结联盟的条款尽快为你们报仇。(10)而现在我们要说的是，我们的战士人数至少有五十万之多的军队现

① 作者笔下的日耳曼人即法兰克人。

在已经越过阿尔卑斯山,并且我们敢夸口,我们一进攻就能用斧头把全部罗马军队埋葬起来。(11)而你们,从你们方面来说,你们不应当按照想奴役你们的那些人的意愿行事,而是应当按照由于对哥特人的忠诚而正在冒着战争危险的那些人的意愿行事。(12)此外,如果一方面,你们把你们的兵力和我们的兵力联合起来,罗马人将不会有任何希望同我们兵戎相见,而是从一开始我们就能毫不费力地在战争中占上风。(13)但是如果另一方面,哥特人愿意自己同罗马人联合到一起,则甚至在那种情况下,他们也抵抗不了法兰克民族(因为就实力而论,斗争的双方是不均衡的),对你们来说,同最敌视你们的人联合,其最后的结果乃是失败。(14)但是,当有机会不冒危险而得救时,却要遭受一场能以预见到灾难,这是极端愚蠢的行为。而且罗马民族已表明他们对一切蛮族都是完全不可信任的,因为就他们的本性而论,对蛮族便是仇视的。(15)因此我们建议,如果你们愿意的话,同你们一道分享对全部意大利的统治权。我们将以无论怎样看来都是最好的方式来治理这片国土。而对你和哥特人来说,你们自然要选择必然会对你们有利的方针。"上面便是法兰克人所说的话。

(16)而贝利撒里乌斯派来的使节也上前讲了这样的话。"大群的日耳曼人根本不能给皇帝的军队造成任何伤害——他们就是想用这一点来恐吓你们的——这一事实对你们来说根本用不着给予长篇大论的证明,因为根据长期的经验,你们肯定已经懂得是什么在完全左右战争的进程并且知道在任何情况下勇气也不会被单单是大群人所征服的。(17)而且我们不需要再指出,就事实而论,皇帝在士兵的人数超出敌人方面也有能力胜过所有其他人。(18)但是至于这些法兰克人所吹嘘的、对所有的蛮族所表示的忠诚,这一点他们已经作了充分的展示,先是对都灵吉人和布艮第人,继而还有对你们,他们的联盟者!(19)从我们这方面来说,我们确实愿意问一问法兰克人,当他们宣称他们将确保他们对你们的忠诚时,他们是凭着哪一位神才能以起誓的。因为你们肯定了解对于那位他们借以发了誓的神,他们是以什么方式加以尊崇的。你们知道,他们收取了你们大宗的金钱以及高卢的全部领土作为同你们缔结联盟的代价,但他们在你们遇到危险时却决定不仅不给予你们任何援助,而实际上却蛮横地拿起武器来反对你们,如果你们还记得在波河上所发生过的那些事情的话[①]。(20)然而我们又有什么必要历数过去的事件来揭示法兰克人的背信弃义呢?没有比他们当前派出的这个使团更加令人厌恶的东西了。(21)他们好像忘掉了他们亲自同你们缔结的协定,他们为保证这一协定所发的誓言,他们竟然又要求分享你们的一切了。(22)如果他们确实从你们手里得到这一切,你们应当好好想一下他们对金钱的贪得无厌会导致怎样的后果吧。”

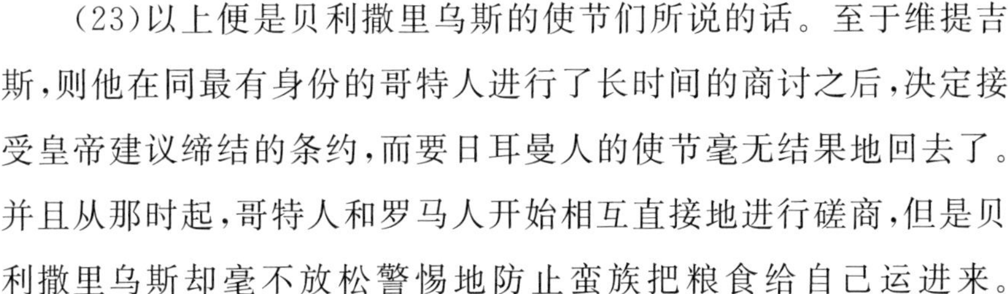

(23)以上便是贝利撒里乌斯的使节们所说的话。至于维提吉斯,则他在同最有身份的哥特人进行了长时间的商讨之后,决定接受皇帝建议缔结的条约,而要日耳曼人的使节毫无结果地回去了。并且从那时起,哥特人和罗马人开始相互直接地进行磋商,但是贝利撒里乌斯却毫不放松警惕地防止蛮族把粮食给自己运进来。

① 参见本卷第二十五章,第9节。

(24)此外他还命令维塔利乌斯去味内提亚,使那里尽可能多的市镇归顺自己一方,与此同时,他本人和他已派出去的伊尔狄盖尔一道,正在监视着波河的两岸,以便使蛮族会因缺粮而更易于向他屈服并且按他本人的意愿同他缔结条约。(25)并且由于他得知还有大量的粮食储存在拉温那城内公家的仓库里,他便买通城中的一个居民暗中放火烧了这些仓库,毁了仓库里的粮食。(26)但是人们说粮食被毁掉实际上是维提吉斯的妻子玛塔宗塔的主使。有些人根据粮食突然着火这一事实而认为这事出于有人策划的阴谋,但又有人猜想这个地方是为雷电所击中。(27)不管人们持有这二者之中的怎样的看法,无论哥特人还是维提吉斯都比任何时候更加陷入一种束手无策的状态,因为这之后他们甚至连自己的同胞也不能相信了,他们并且认为是上帝本人正在对他们进行这场战争。这些事件的经过情况便是这样了。

(28)原来在阿尔卑斯山里有许多要塞把高卢和利古里亚分开,这一部分罗马人称之为科提亚斯阿尔卑斯山[①]。(29)这些要塞是由最有身份的许多哥特人守卫着,这是多年来的习惯了。这些人便和自己的妻子儿女住在要塞里,而当贝利撒里乌斯听说这里的卫戍部队有意向他投降时,便派出了他的一名名叫托玛斯的军官和另外几个人到他们那里去,指示他们作出保证并接受那里蛮族的投降。(30)当他们到达阿尔卑斯山时,那一地区卫戍部队的指挥官西西吉斯便把他们迎接到一座要塞里去,他不仅自己投降了,他还敦促其他每一指挥官也这样做。(31)正好在这个时候,

① Ἄλπεις Κουτίας.

已经选拔了四千名利古里亚人和阿尔卑斯山各要塞的士兵的乌莱亚斯正在全速地开赴拉温那以便解救那个城市。(32)但是当这些人得知西西吉斯所做的事情之后,他们便为自己的家人担心,而要求他们应先到家人那里去。(33)于是乌莱亚斯便率领着他的全部军队进入了科提亚斯阿尔卑斯山并且包围了西西吉斯和托玛斯的队伍。当维塔利安的侄子约翰和玛尔提努斯得知这一情况时(原来他们正好在离波河很近的地方),他们便率领全军尽快地前来救援;通过对阿尔卑斯山中某些要塞的出其不意的进攻而占领了它们并且把那里的居民变成了奴隶,而这些俘虏当中恰好又有很多人是正在乌莱亚斯麾下服役的士兵的儿女和妻子。(34)因为他手下大部分士兵就是这些要塞的本地居民。(35)而当这些人得知他们自己的家乡被攻占时,他们便决定投奔约翰的队伍而突然离开哥特人的队伍。这样一来,乌莱亚斯既不能在那里干任何事,又不能去支援在拉温那处于险境的哥特人,而只好和少数人一事无成地返回利古里亚,无所作为地待在那里了。这样贝利撒里乌斯便没有任何干扰地把维提吉斯和哥特人的贵族围困在拉温那了。

二十九

(1)正是在这种情况之下,皇帝的使节多姆尼库斯和马克西米努斯——两人都是元老院成员——到来了以便以如下的条件缔结和约。(2)维提吉斯将取得全部皇家财富[①]的一半并统治波河以

① 在意大利的。

北的地区;但另一半的财富则归皇帝所有并且使波河以南全部地区的人成为他的臣民并向他本人纳贡。(3)使节把皇帝的信给贝利撒里乌斯看了之后便去拉温那。而维提吉斯和哥特人了解到他们此行的目的之后,便高兴地同意按照这样的条件签订条约。(4)但是贝利撒里乌斯一听到这个消息却感到十分难过,他认为如果有谁使他在可以不费力地做到这一点时却阻止他赢得整个战争的决定性胜利并使他不能把维提吉斯作为俘虏带往拜占庭,这乃是一个巨大的灾难。(5)因此当使节们从拉温那回到他这里来时,他断然拒绝由他亲自签署以批准这个协定。(6)而当哥特人了解到这一情况时,他们开始感到,罗马人向他们提出缔结和约是别有用心的,并且对罗马人十分怀疑起来。并且他们立刻明确地表示,如果没有贝利撒里乌斯的签名和誓言,他们绝不会同罗马人签订条约。

(7)而贝利撒里乌斯当他听说有一些指挥官以他显然在阴谋反对皇帝的事业为理由并由于他十分不愿结束战争而对他加以痛斥的时候,便把他们所有的人召集起来,当着多姆尼库斯和马克西米努斯的面讲了下面的话。(8)"战争的命运绝不是固定的和不可改变的,知道这一点的并不只有我一个人,而我想你们每一个人在这件事上也和我有相同的看法。(9)要知道,以为胜利的希望似乎肯定会到手的许多人,结果为这种希望所欺骗,而另一方面,很明显已遇到灾难的人们往往又出人意料地战胜自己的敌人。(10)因此我认为,设想和平的人们不应当只指望成功的前景,而是要想到结果可以这样也可以那样[①],他们应当在这个基础上选定自己的

① 或好或坏。

政策。(11)考虑到这一点，所以我认为无论怎样，最好的办法是把你们、我的同僚和皇帝的使节召集到一起进行商讨，目的在于使当前这个会可以提供一个机会，使我们从容选择似乎完全有利于皇帝的不管是怎样的一项办法，在于事后你们绝不会再对我有任何责难。(12)要知道，在可以选择更好的办法时，先是沉默不表态，而后来看到了命运注定的结果时却又加以指责，这可以说是糟透了的做法。(13)皇帝为了结束战争作出了怎样的决定以及维提吉斯所希望的又是什么，这些你们当然是一清二楚的。(14)如果你们也认为这种做法有利的话，那么每个人都可以站出来发表意见，而如果你们认为你们能够为罗马人收复整个意大利并且制服敌人的话，那也不会有任何事物阻止你们十分坦率地把意见讲出来。”(15)贝利撒里乌斯说了这番话之后，所有的人都明确地表示了这样的意见，即皇帝所作的决定是最好的，并且他们不再能给予敌人任何更多的伤害了。(16)贝利撒里乌斯听了指挥官们所表达的意见很是高兴并要他们把这意见记下来以便今后绝不会加以否认。于是他们便拟订了一份文书，说他们无法在战争中制服敌人。

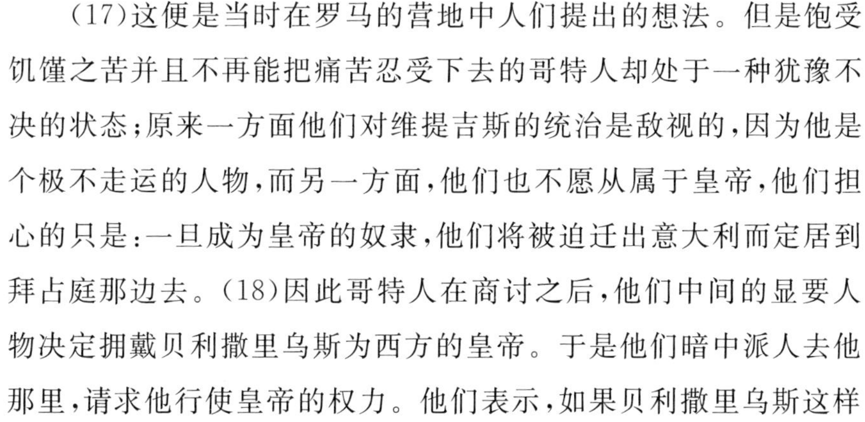

(17)这便是当时在罗马的营地中人们提出的想法。但是饱受饥馑之苦并且不再能把痛苦忍受下去的哥特人却处于一种犹豫不决的状态；原来一方面他们对维提吉斯的统治是敌视的，因为他是个极不走运的人物，而另一方面，他们也不愿从属于皇帝，他们担心的只是：一旦成为皇帝的奴隶，他们将被迫迁出意大利而定居到拜占庭那边去。(18)因此哥特人在商讨之后，他们中间的显要人物决定拥戴贝利撒里乌斯为西方的皇帝。于是他们暗中派人去他那里，请求他行使皇帝的权力。他们表示，如果贝利撒里乌斯这样

做的话,他们是乐于追随他的。(19)但是贝利撒里乌斯根本不愿意违反皇帝的意旨来行使统治大权;(20)原来他极为厌恶僭主这个称号,而且,事实上,先前他便曾向皇帝发过最庄重的誓言,即当皇帝在世期间,他绝不会发动任何政变;但是为了使他面临的形势向最有利的方向发展,他装作高兴地接受蛮族的建议的样子。(21)维提吉斯察觉到这一情况而害怕起来,就一面声称哥特人的考虑已经取得可能取得的最好结果,另一面他也在暗中敦促贝利撒里乌斯行使皇帝的权力;要知道,他说,任何人都不会反对他的。(22)确实贝利撒里乌斯再次把皇帝的使节和全体指挥官召集起来,问他们:把全部哥特人和维提吉斯加以俘获,确保他们的全部财富成为战利品并且为罗马人收复整个意大利,这事在他们看来是否十分重要?(23)于是他们说这对罗马人来说乃是破天荒的一大幸事,他们并且请求他不管能用什么办法也要尽快实现此事。(24)于是贝利撒里乌斯立刻派自己的一些亲信到维提吉斯和哥特人中的知名人士那里去,要他们实现他们已答应的事情。(25)确实,饥饿使他们不能把这事再拖下去了,日益严重的饥饿迫使他们作出了这样的决定。(26)于是他们再次把使节派到罗马人的营地来,指示使者在公开的场合作个模棱两可的声明,而在暗中是要贝利撒里乌斯作出保证不对任何哥特人有任何伤害,并且自此之后他本人就是哥特人和意大利人的国王了;这一点实现之后,他们将和他以及罗马军队一道开入拉温那。(27)至于贝利撒里乌斯,对所有其余的一切都像使节要求于他的那样用誓言作了保证,但是涉及国王的称号,他说他要向维提吉斯本人和哥特人的领袖们发誓。(28)而使节们认为他绝不会拒绝国王的称号,认为他想得到这一称号更甚于对所有其他事物的要求，因而便毫不犹豫地促请贝利撒里乌斯和他们一道去拉温那。(29)于是贝利撒里乌斯便命令贝撒斯、约翰、纳尔吉斯和阿腊提乌斯偕同他们各自指挥的队伍去不同的地点(因为他认为这些人对他采取极为敌视的态度)并且为他们自己筹措粮食；他说在他当时所在的地方他不再可能为全军把粮食运来了。(30)这些军官以及不久前从拜占庭来的近卫军长官阿撒那西乌斯于是便按照给他们的指示出发了，而他本人则带领其余的军队和哥特人的使节一道进入拉温那。(31)他把谷物和其他食品装到一个船队上，然后下令他们尽快去克拉赛斯的港湾；原来罗马人把港湾所在地的拉温那近郊称为克拉赛斯①。

(32)当我看到那时罗马军队开入拉温那的时候，我有了这样一个想法，即已经发生的这些事情根本不是由于人们的智慧或由于他们的任何其他种类的杰出才能，而是某种上天的力量一直在改变它们的目标并且使之顺利无阻地得以实现。(33)要知道，尽管哥特人的人数比自己的敌人要多得多，力量也强大得多，并且他们进入拉温那以来既没有经历一场决战，也没有因为任何其他灾难而精神沮丧，但他们依然成了比他们弱的一支军队的俘虏并且根本不把遭受奴役看成是一种侮辱。(34)但是当坐在城门口的妇女们看到了全部军队(因为她们听自己的丈夫说，敌人都是身材高大的人并且多得数不清)的时候，她们便都把唾沫吐向自己丈夫的脸，指着胜利者骂自己的丈夫是胆小鬼。

(35)至于贝利撒里乌斯，他把维提吉斯看管起来，但是对他表

① 这似乎和 Κλάσσεις 意味船舶的有关。

示尊重,他要居住在波河以南的那些蛮族返回自己的故土,允许他们不受干扰地耕种自己的土地。(36)他所以这样做是因为他感到在那一地区不会有要他对付的敌视他的力量,而且那一地区的哥特人绝不会联合到一起,因为实际上他在这之前已经把许多罗马军队安排在那一地区的城镇里。于是这些哥特人便高高兴兴地赶紧回去了。(37)这样罗马人现在就使自己的处境安全了。因为至少在拉温那,哥特人的人数不再超过他们。随后他又取得了皇宫里的金钱,打算把这些钱送到皇帝那里去。(38)至于哥特人的私人财产,则他既不劫掠任何个人财物,也不允许任何其他罗马人进行这样的劫掠,而是让他们每一个人都按照协定的条款保有自己的财产。(39)而当卫戍最强大的城镇的那些蛮族听说拉温那和维提吉斯均已在敌人手中时,他们也开始派遣使者到贝利撒里乌斯那里去,请求允许他们投降并献出他们守卫的地方。(40)而他则满心愿意地向他们所有的人作出保证,从而接管了塔尔贝西乌姆[①]和味内提亚地区的其他要塞。而凯吉纳是埃米利亚留下的唯一城市,而这是他先前和拉温那一道接管过来的。(41)在这些城镇进行统治的哥特人,他们一旦得到保证,便来到贝利撒里乌斯处和他待在一起,但只有一个例外,这就是伊尔狄巴杜斯。此人是一位知名人士,是维罗那卫戍卫队的指挥官。他虽然也和其他人一样,为了同样的目的把使者派到贝利撒里乌斯那里去——特别是因为贝利撒里乌斯在拉温那发现了此人的子女并把他们拘留起来——但是他仍然既不去拉温那,自己也不向贝利撒里乌斯投降。

① 今天的特列维佐(Treviso)。

原来是命运使他陷入这样一种处境，这就是下面我要讲的。

三十

(1)原来在罗马军队里有一些军官出于对贝利撒里乌斯的怨恨而在皇帝面前诽谤他，指控他有篡位的野心，尽管就他的情况而论，这种指控是没有任何根据的。(2)而这时皇帝已经在召唤贝利撒里乌斯尽快回去以便对波斯人作战，这与其说是中了那些诽谤者的谗言，毋宁说米地亚战争已经迫在眉睫。在这期间他命令贝撒斯和约翰以及其他人负责意大利事务，并指示康士坦提安从达尔玛提亚去拉温那。(3)而居住在波河和拉温那以北地区的哥特人听说皇帝正在召唤贝利撒里乌斯，起初他们确实对此毫不介意，以为贝利撒里乌斯绝不会认为意大利王国比对优斯提尼安的忠诚还不重要。(4)但是当他们得知贝利撒里乌斯正在十分认真地做离开的准备时，那一地区仍旧留下来的所有忠诚的哥特人便有了一个共同目标，并且到提奇努姆地方维提吉斯的侄子乌莱亚斯那里去；他们先是同他一道叹息了很久，然后对他讲了这样的话：(5)"对于哥特民族当前的不幸表明要负主要责任的不是别人而恰恰是你。要知道，从我们这方面来说，早就应当把你的叔父从王位上撤换下来，因为他在领导我们时表现得如此怯懦并且运气又如此之坏，正像我们撤换提奥德里克的侄子提奥达图斯那样，除非是出于对于你似乎表现出来的与生俱来勇敢的尊重，因此我们已作出决定只把名义上的国王称号给予维提吉斯而实际上把哥特人的统治大权只交给你一个人。(6)然而当时看来似乎是体谅的东西现在看来显然是愚蠢，是我们当前这些不幸的原因。(7)因为，你

知道,亲爱的乌莱亚斯,有很多哥特人和我们最高贵的人已经死在战争里,而在幸存者当中的那些高贵的人也将被贝利撒里乌斯连同维提吉斯和所有我们的财富一道带着离开这里。(8)谁也不能否认,稍后我们也将遭到同样的命运,因为我们已经缩小成可怜的一小批人了。(9)因此,既然这样悲惨的命运已经到临我们头上,那我们便宁愿光荣地死去,也不愿意看到我们的妻子儿女被敌人带到世界边远的地方去。(10)而且,只要我们有你作为我们的斗争的领袖,我们也许会干出某种不愧为勇敢的人的事情。"以上就是哥特人的话。

(11)但乌莱亚斯作了如下的回答:"你们说在当前极端困难的情况下我们应当选择冒险作战的办法而不是受到奴役,这个意见我是同意的。(12)但是,另一方面,要我登上哥特人的王位,那就非常不合适了,首先这是因为,作为维提吉斯这个十分不幸的人物的侄子,我在敌人心目中会成为一个应当受到蔑视的人,要知道,人们都认为在亲人当中,同样的命运也会由一个人传给另一个人的;(13)其次是因为,如果我篡夺我的叔父的统治大权,那么人们会认为我干了渎神的事情,如果我这样干,说不定你们大多数人会对我表示愤怒。(14)但是我的意见是一定要伊尔狄巴杜斯成为哥特人这一危险事业的领袖,他是一位极为杰出并且显然又果敢有为的人。(15)并且人们还可以有把握地期待,提乌迪斯这位西哥特人的领袖,既然他是伊尔狄巴杜斯的叔父,他也会由于亲属的缘故在战争中帮助他。而确实,这一点也使我们在同敌人作斗争时有理由抱有更具自信的希望。"

(16)当乌莱亚斯从他的方面作了这样的回答之后,所有的哥特人都认为他的发言提出了对他们有利的办法。(17)于是伊尔狄巴杜斯立刻被他们从维罗那召了来。继而在给他穿上了紫袍[①]之后,他们宣布他为哥特人的国王,请他掌握当前的局势并提出他们应当采取的对策。这样伊尔狄巴杜斯便行使了国王的权力。(18)但是在这之后不久他把全体哥特人召集到一起,作了如下的发言:"战友们,我十分清楚,你们所有的人都经历过多次战争,这样我们也许绝不会凭一时的冲动便去作战。(19)要知道,经验使人作出冷静的判断,这样他在任何情况下都不会流于鲁莽行事。(20)为了对自己做到公正,你们应当回想一下迄今我们经历的一切并在记住这一点的情况下制订出应付当前情况的计划。要知道,当人们把过去的事情忘掉的时候,他们往往由于愚蠢而在错误的时刻激动起来,随后当他们冒险孤注一掷时,他们也便遭到彻底的毁灭。(21)当维提吉斯把自己交到敌人的手里去时,这种做法并不违反你们的意愿,你们也不曾极力劝阻他,那时你们在不幸的命运面前卑躬屈膝并且认为坐在自己家里听从贝利撒里乌斯的摆布,而不是在无穷无尽的危险中拿自己的性命去冒险,这才是最符合我们自己的利益的。(22)现在,你们听说贝利撒里乌斯正在去拜占庭,你们才决定发动一次政变。而你们每一个人都应当很好地考虑到这一点,事情并不总是像人们所希望的那样顺利,而在很多情况下,事情的结果出人意料,同所确定的完全相反。(23)偶然的事件或看法的改变会在人们根本没有料到的情况下使大多数的

① 紫色在西方是帝王的、高贵的颜色。天主教的红衣主教的"红"实际上也是这种紫色。

事情得到纠正;而且即使现在,在贝利撒里乌斯身上也绝不是不可能发生这样的事情。(24)因此,最好是先去他那里打听一下并且设法使他回到先前的协议上来,而只有在这之后,你们才应当研究下一步怎样做最好。”

(25)当伊尔狄巴杜斯说了这一番话之后,哥特人认为他的意见很好,于是他尽快地把使节派到拉温那去。这些使节见到贝利撒里乌斯之后,便提醒他不要忘记他同哥特人缔结的协定,并且谴责他违反自己的诺言,说他甘愿做一名奴隶,他们所以责骂他,是因为——他们说——他甘愿受奴役而不愿做国王,并且还不为此感到羞耻;他们一直在用诸如此类的许多话敦促他接受统治大权。(26)他们说,如果想接受这权力的话,伊尔狄巴杜斯会自愿前来,把国王的权力放到他的脚下,向贝利撒里乌斯这位哥特人和意大利人的国王表示敬意。(27)因此使节们这一方面便一直发表这类的意见,以为此人会毫不犹豫地,立刻接受国王的称号。(28)但是,同他们所预料的完全相反,他断然拒绝了他们的请求,声称只要优斯提尼安皇帝在世,他贝利撒里乌斯绝不会僭取国王的称号。(29)使节们听到这话,便尽快地离开,并把全部经过报告给伊尔狄巴杜斯。(30)于是贝利撒里乌斯便启程去拜占庭。冬天结束了,普洛科皮乌斯所记述的这场战争的第五个年头[①]也结束了。

① 公元540年。

珍藏本

纪念版

汉译世界学术名著丛书

战争史

下册

〔拜占庭〕普洛科皮乌斯 著

王以铸 崔妙因 译

2017年·北京

目　　录

下　　册

哥特战争史第三卷

（战争史第七卷）

一

（1）虽然形势仍在动荡之中，但贝利撒里乌斯还是启程了，他是在维提吉斯以及哥特人的显贵人士还有伊尔狄巴杜斯的子女们的陪伴下来到拜占庭的，全部财宝也都被他带来了。但是护送他的人只有伊尔狄盖尔、瓦列里安、玛尔提努斯和希罗狄安。（2）皇帝优斯提尼安见到维提吉斯和他的妻子确实十分高兴，并且对这些蛮族的英俊与高大表示惊叹。（3）但是他接受提奥德里克的这笔本身十分壮观的财宝之后，他只把它们陈列出来给元老院的成员私下里参观，因为他对这一成就的巨大与辉煌感到忌妒。他也没有把它们展示给民众看，也没有要贝利撒里乌斯举行通常那样的凯旋式，像他过去在打败盖利梅尔和汪达尔人之后返回时那样。（4）但是贝利撒里乌斯的名字却保存在所有人的口碑上。他曾取得过两次胜利，这是过去任何人都不曾取得过的胜利；他曾把两个国王俘获到拜占庭来，并出人预料地把吉泽里克和提奥德里克的民族和财富变成罗马的战利品——至少在蛮族中间，没有比这两个国王更加辉煌的人物了。

他从敌人那里带回他们的财富并且把它再次还给国家,并且他在一个短时期里为帝国收复了陆上和海上它的几乎一半的领土。(5)拜占庭人十分喜欢看每天贝利撒里乌斯从家里出来到市场上去或是喜欢看他回到自己家里去,对这件事,没有任何拜占庭人是看够了的。(6)原来他的出行就像是一次人数众多的节日游行行列,因为他总是有大量的汪达尔人以及哥特人和玛乌里人卫护着。而且他的体格健美高大,长相特别英俊。(7)但是他的举止温和,对他遇见的人们和蔼可亲,就像是一个很贫苦和没有声望的人那样。

(8)士兵和农民对于他这样一位统帅所表示的爱戴是不可抗拒的,因为一方面,在对待士兵的慷慨方面,谁也超不过他;(要知道,如果有谁在战斗中遭到不幸,通常他会为他们所负的伤支付大量的钱以示慰劳,而对于英勇作战的人,他又送给他们手镯和项链作饰品以为奖赏,并且,当一名士兵在战斗中失去坐骑、弓或任何其他东西时,贝利撒里乌斯都会立刻把它补充起来);而另一方面,在对待农民方面,他所以得到他们的爱戴,是因为他对他们表现得如此有节制和如此关心,乃至在贝利撒里乌斯担任统帅期间,他们从来没有受过任何暴力的侵犯——甚至可以说,那些有在他统率下的大军经过其地的农民竟出乎意料地发现他们因此而富了起来,因为对于卖给士兵的一切,士兵们都按他们自己所要求的价格付钱。(9)并且每当庄稼成熟时,贝利撒里乌斯通常都特别注意,使骑兵在经过时不要损坏任何人的粮食。(10)而且,当树上的果子成熟时,不允许任何一个人去触动它。(11)还有,他还有一种美德,那就是可以约束自己达到惊人的程度;因此,事实上除了自己

的婚配的妻子以外，他绝不触动任何其他的女人。(12)故而，尽管他在从汪达尔人和哥特人当中俘虏了如此大量的妇女并且我认为有世间从没有见过的绝色女子，但是他不允许她们当中的任何人到他跟前来或以任何其他办法来见他，(13)除了所有他的其他品质之外，他又十分机敏，并且在困难情况下，他能够以准确无误的判断确定最好的行动方针。(14)而且，在战争的危险中，他既能做到勇敢而不会招致不必要的风险，又能大胆到不致丧失冷静的判断，迅速出击或制止对敌人的进攻都要看当时情况的需要而定。(15)更有进者，一方面，在危急关头，他表现出一种既充满自信又不受激动的干扰的精神，而另一方面，在得到全面胜利的情况下，他既不会受制于虚荣，又不会盲目地陷入放纵；总之，谁也没有看到过他因陶醉而忘乎所以。

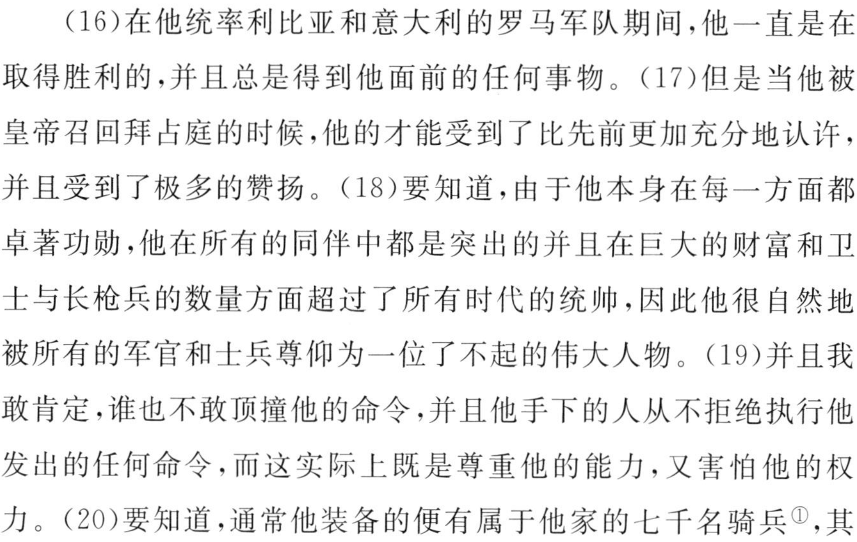

(16)在他统率利比亚和意大利的罗马军队期间，他一直是在取得胜利的，并且总是得到他面前的任何事物。(17)但是当他被皇帝召回拜占庭的时候，他的才能受到了比先前更加充分地认许，并且受到了极多的赞扬。(18)要知道，由于他本身在每一方面都卓著功勋，他在所有的同伴中都是突出的并且在巨大的财富和卫士与长枪兵的数量方面超过了所有时代的统帅，因此他很自然地被所有的军官和士兵尊仰为一位了不起的伟大人物。(19)并且我敢肯定，谁也不敢顶撞他的命令，并且他手下的人从不拒绝执行他发出的任何命令，而这实际上既是尊重他的能力，又害怕他的权力。(20)要知道，通常他装备的便有属于他家的七千名骑兵[①]，其

① 他正式的扈从。

中没有一个人是质量差的,而是每个人都能在战线中站在最前头并且向最精锐的敌人挑战。(21)确实,当罗马被哥特人所包围,而罗马的长者们一直在通过不同的战斗[①]注视着这一斗争的进程时,他们大为惊讶并且喊出了一个人的家族正在摧毁提奥德里克的权力的话。

(22)这样,贝利撒里乌斯,如上所述,就变成了一个有权力的人物,这既是由于人们对他的尊重,也是由于他的合理的判断力,这之后他继续提出表明会有利于皇帝的事业的措施并且以独立的判断实现所达成的决定。(23)但相互间处于平等地位的其他指挥官和他不同,这些人一心只想给自己捞取好处,所以他们已经开始既掠夺罗马人[②]又放纵士兵任意处置公民的命运,而且他们本身既不注意局势的要求,也不能保证士兵听从他们的命令。(24)结果他们犯了很多严重的错误并且在一个短时期里罗马的权力组织便被彻底破坏了。下面我就要尽可能详细地把这些事件的经过叙述出来。

(25)当伊尔狄巴杜斯得知贝利撒里乌斯已经离开拉温那并且上了路的时候,他便把所有的蛮族和尽可能多愿意支持政变的罗马人集合在自己周边。(26)他用一切办法来加强自己的统治,励精图治地致力于为哥特民族恢复他们在意大利的主权。(27)而在起初,追随他的还不到一千人,而且他们只有一座城市提奇努姆,但一点一点地利古里亚和味内提亚的全体居民都转到他的一面

---

① 即本书第五卷,第十九章到第六卷,第十章所记述的战斗。

② 在意大利的。

来了。

(28)在拜占庭有一个名叫亚历山大的人，他担任的官职是国库的审计官，罗马人把担任这一官职的人叫作洛哥赛特(logothete)，这是从希腊语借过来的一个用语[①]。(29)这个人一直在指责士兵，因为他们给国库造成了损失[②]。由于使士兵因为这类的罪过而受到审讯，他从自己方面来说很快便由一个无名的人变成知名人士，从一个穷人变成大富豪，并且还不止此，他还做到为皇帝搜刮了大宗钱财，在这一点上他超过了所有他的前任；但是对于败坏军队这件事上他较之任何其他人都要负主要责任，因为士兵人数既少且穷并且不愿去冒战争的危险。(30)确实，拜占庭人甚至给他起了一个“普撒利狄昂”[③]的名字，因为他很方便地把一个金币的四周剪掉，使之变成他希望的那样小，却仍旧保持它原来的圆形。(31)原来他干这种事情所用的工具便叫作“普撒利狄昂”。皇帝把贝利撒里乌斯召回之后派往意大利的便正是这个亚历山大。(32)他刚一到拉温那便公布了一项完全不合理的财务账单。原来虽然意大利人既没有拿过皇帝的钱又没有对国家犯有任何罪行，但他首先要他们接受一次审查，指责他们对提奥德里克和其他哥特统治者干了坏事，强迫他们交出据他说因为欺骗哥特人而取得的一切。(33)其次，在因士兵的负伤和冒险而偿付他们的报酬方面，他的斤斤计较的作风使士兵十分失望。这样一来，不仅意大利

① 希腊语 λογοθέτην。

② 似乎认为维持军队对国库是一种不必要的开支。

③ ψαλτ́διον 在希腊语是剪金属用的大剪刀。

人对皇帝优斯提尼安已不抱好感,就是士兵也没有一个人再愿意冒战争的危险,并由于拒绝作战,他们便使得敌人的力量不断地强大起来。

(34)正当其他指挥官由于当前这种形势而静静地待在那里的时候,只有维塔利乌斯一人(原来他正好在味内提亚有一支人数众多的军队,其中除了其他人之外还有一批人数众多的蛮族埃茹利人)有勇气同伊尔狄巴杜斯作战,因为他担心——事实上正是这种情况——稍后伊尔狄巴杜斯的力量壮大起来,他就不再能遏制他了。(35)但是在塔尔贝西乌姆城[①]附近的一场激烈的战斗中维塔利乌斯遭到了惨败并逃掉了,只有少数人保全性命,大部分士兵都阵亡在那里了。在这场战斗中许多埃茹利人倒下了,其中埃茹利人的领袖维桑都斯也遭到了杀害。(36)玛乌里奇乌斯的儿子、蒙都斯的孙子提乌狄蒙德当时还是一个孩子,他虽然确实遇到了致命的危险,但他和维塔利乌斯一道得以逃脱。由于这一战绩,伊尔狄巴杜斯的名字连皇帝也知道了并且传遍了整个世界。

(37)但是过了一个时期,由于如下的理由在乌莱亚斯和伊尔狄巴杜斯之间却发生了不和。乌莱亚斯有一个在财富和个人的美貌方面在所有这些蛮族妇女当中都称得上是第一的妻子。(38)这个女人有一次穿着极为豪华的服饰并带领身份十分高贵的一批侍从前去浴场。(39)她看到伊尔狄巴杜斯的穿着朴素的妻子也在那里,不仅不对国王的配偶表示敬意,反而对她加以蔑视和侮辱。原来仍然清贫的伊尔狄巴杜斯根本没有国王那样的财富。(40)伊尔

① 今天的特列维佐。

狄巴杜斯的妻子对于这一突如其来的侮辱十分气愤，便到丈夫那里去哭诉，要求他为她从乌莱亚斯的妻子那里受到的侮辱进行报复。(41)于是伊尔狄巴杜斯先是在蛮族面前诽谤乌莱亚斯，指责他想投到敌人那一方面去，不久之后便以叛变为名把他处死了，这样便招致了哥特人的敌视。(42)因为他们根本不愿意看到乌莱亚斯如此粗暴地从世界上被除掉。他们当中的许多人立刻结成一派并开始猛烈地斥责伊尔狄巴杜斯，说他干了一件亵渎神灵的事情。不过却没有一个人愿意为了这次谋杀对他进行报复。

(43)但是在他们当中有一个名叫维拉斯的人，他虽然是一个盖帕伊狄人，却有过担任国王卫士的光荣。(44)这个人曾向一个美貌的女人求婚；他发疯似地爱这个女人；但是当他有一次离开去征讨敌人，以便和其他某些人一道去进攻敌人时，伊尔狄巴杜斯这时或是由于不了解情况，或是出于其他什么动机，却把他未来的新娘嫁给了蛮族当中另一个什么人。(45)而当维拉斯从军队回来得知这一情况时，这个生性好激动的人不能忍受对他的这种侮辱，便决定立即杀死伊尔狄巴杜斯，以为这样一来他会受到全体哥特人的欢迎。(46)因此，当国王有一次在宴会上招待最显要的哥特人时，他便看准一个机会来实现他的阴谋。(47)原来每当国王饮宴时，习惯上总有许多人环侍在他四周，而其中便有他的卫士。因此，当他斜倚在床榻上伸手去取食物时①，维拉斯突然用剑劈他的脖子。(48)这样，伊尔狄巴杜斯手指间还拿着食物，但这时他的头已经和脖子分开，掉在桌子上了，这使得所有在场的人惊惶万状。

① 罗马上层人物的宴会通常都是斜卧在长榻上围着一个圆桌就食。

(49)伊尔狄巴杜斯杀死乌莱亚斯,就得到了这样的报复。冬天结束了,普洛科皮乌斯所记述的这次战争的历史的第六个年头[①]也结束了。

二

(1)在哥特人的军队里有一个名叫埃拉里克的人,此人出身若吉人,在这些蛮族当中有很大权力。这些若吉人的确是哥特人的一个民族,但是在古时他们是作为一个独立的民族而过活的。(2)但提奥德里克早就说服了他们,和其他某些民族一道同他结为联盟,这样他们便被吸收进哥特人之中,在对敌斗争的一切事情上都和他们一道行动。(3)但是由于他们绝对不同本族以外的妇女结婚[②],所以一代接一代的儿童都保存了本族血统的纯洁性,因而他们自己保存了他们本族的名称。(4)在因伊尔狄巴杜斯被杀而引起的混乱之中,这个埃拉里克突然被若吉人宣布为国王。(5)但哥特人根本不欢迎这样的行动;不过大多数的哥特人实际上已陷入十分沮丧的状态,因为他们先前寄托在伊尔狄巴杜斯身上的希望全都破灭了。要知道,他们感到伊尔狄巴杜斯是会为哥特人恢复王国和对意大利的统治的。(6)但是埃拉里克没有做出任何值得一提的事情;他在担任五个月的国王之后,便像下面这样地死去了。(7)有一个名叫托提拉的人,此人是伊尔狄巴杜斯的侄子,他处事十分明智,行动也极其果断,因而在哥特人当中备受尊重。当

① 公元541年。

② 在哥特人的其他部族那里也同样不实行外婚制。比如东哥特人和西哥特人都不从其他民族那里给自己的孩子娶妻。

时这个托提拉正好在塔尔贝西乌姆任哥特人的指挥官。(8)但是当他得知伊尔狄巴杜斯以上述的方式被杀害的时候,他便派人去拉温那的康士坦提安那里,要求给他以安全的保证,条件是他把他本人和他统率的哥特人以及塔尔贝西乌姆都献给罗马人。(9)康士坦提安高兴地听取了这一建议并发誓按照托提拉所要求的一切办理,于是双方约定了办理此事的日期,届时在塔尔贝西乌姆担任守卫之责的托提拉和哥特人将把康士坦提安指定的一些人员接纳入城并把他们自己和城市交到对方的手里。

(10)但是哥特人对埃拉里克的统治已经感到不满了,因为他们看到此人实际上没有能力领导对罗马人的战争,于是大多数人便公开骂他,说他是他们成就伟大事业的绊脚石,又说是他除掉了伊尔狄巴杜斯的[①]。(11)而最后,他们在他们中间达成协议,并派人去塔尔贝西乌姆的托提拉那里,要他担任国王。原来这时他们对于失去伊尔狄巴杜斯的统治开始普遍有一种痛切的遗憾之感,因而他们开始把他们胜利的希望转向他的亲属托提拉;要知道他们对此人已有所信任,因为他的期望和他们的期望是一致的。(12)至于托提拉,则当使者来到他面前时,他毫无隐瞒地把他同罗马人达成的协议告诉了来人,但是他表示,如果哥特人在约定的日子[②]以前把埃拉里克杀死的话,他会跟着他们干并且按照他们的意愿执行一切。(13)当蛮族听到这种表示时便着手制定一项把埃

① 普洛科皮乌斯在这里第一次暗示埃拉里克同谋杀伊尔狄巴杜斯一事有关联,而在前面一章中只说是维拉斯杀死的。

② 约定的日子可以理解为哥特人之间约定的日子,也可以理解为哥特人和罗马人约定的日子。

拉里克干掉的阴谋。在哥特人的营地里事件的经过就是如此。

(14)但就在这同时,罗马的军队虽然由于敌人心里想着别的事情[①]而享受到安全,但是他们既不动手把他们的力量结合起来,也不计划对蛮族的任何进攻。(15)至于埃拉里克,则他把全体哥特人召集起来,劝他们派遣使节去皇帝优斯提尼安那里,请求他以相同的条款,就是先前他乐于同维提吉斯缔结的一项条约的那些条款,同他们讲和,条件是哥特人保有波河以北的领土,但是要撤出意大利的其余部分。(16)由于这一做法得到哥特人的同意,他便选派了同他关系特别亲密的一些人作为使节,其中有一个名叫卡巴拉里乌斯。(17)这些人表面上是同皇帝谈判我上面提到的那些事情,但在暗地里他却要他们同皇帝谈判的只是,通过交出整个意大利和放弃他的正式称号,他本人如何能取得大笔金钱和贵族称号的问题。(18)因此使节在到达拜占庭之后便着手谈判这些问题。正在这时,哥特人密谋杀死了埃拉里克。并且在埃拉里克死后,托提拉便按照他同他们达成的协定,取得了统治大权。

三

(1)当皇帝优斯提尼安得知埃拉里克的遭遇以及哥特人已拥戴托提拉为他们的领袖时,他便开始斥责和非难在意大利的军队指挥官们,一刻也不放松。(2)而这结果便是:维塔利安的侄子约翰和贝撒斯和维塔利乌斯和所有其他人在把每一个城市都安排了

① 敌人内部的斗争。

卫戍部队之后便在拉温那集合，而这里，正如我在前面所说的[①]，是康士坦提安和亚历山大驻防的地方。(3)当他们都汇合起来之后，于是作出决定，认为他们最好的做法首先是进攻味内提亚的维罗那，在攻克这一城市并俘获了哥特人之后再去攻打托提拉和提奇努姆。(4)这样，实力有一万二千人的一支罗马军队便集合起来了，它的指挥官有十一人，就中为首的实际上是康士坦提安和亚历山大；于是他们直接向维罗那城进发。(5)当他们来到该城附近，离城大约六十斯塔迪昂的地方[②]，他们便在那里的一处平原上设营。原来适合于骑兵活动的平原可以从这里向四面八方延伸，一直可以到曼图亚城。曼图亚离维罗那则是一天的路程。

(6)在味内提人当中有一个名叫玛尔奇安的知名人士，此人住在离维罗那城不远的一个要塞里，而由于他是皇帝的一个坚定的拥护者，所以他很想把这个城市交给罗马军队。(7)并且由于那里的一个守卫是他从小的伙伴，所以他把自己的一些密友派到他那里去，用一笔贿赂说服这个守卫打开城门把皇帝的军队接纳入城。(8)随后，当城门的守卫表示同意时，玛尔奇安便派同守卫安排此事的那些人去罗马军队的指挥官那里，以便向他们报告所作的安排并且和他们一道在夜里强行入城。(9)指挥官们这方面于是作出决定：他们认为最好是在他们中间有一个人先和少数人去看一看；如果守卫给他们打开城门，那他们应当看住城门并迎接军队安全入城。(10)但他们当中谁也不愿冒这个险，而只有一个例外，这

① 参见本卷第一章，第28节以次。

② 约11公里。

就是阿尔明尼亚人阿尔塔巴吉斯,此人是一个极其善于作战的人,他完全自愿地表示愿意担当这项任务。(11)他是某些波斯人的指挥官,而这些波斯人实际上是贝利撒里乌斯在这之前不久,在攻占了西扫拉农要塞之后,从波斯的领土上和布列斯卡美斯一道送到拜占庭来的[①]。(12)于是,在当前情况下,他便从全军中选出一百人来并在夜深的时候来到要塞附近的地方。(13)遵守协议的守卫于是为他们打开了城门,他们当中的一些人守在那里并敦促军队前来,而另一些人则爬上城墙把那里的守卫杀死,实际上他们是在出其不意的情况下发动了进攻的。(14)随后全部哥特军队看到他们的不幸命运,便赶忙通过另一个城门逃跑了。

且说正对着维罗那要塞耸立着很高的一座石山,人们从这里可以看到城里发生的一切,可以数清里面有多少人,此外还可以看到平原上很远的地方。(15)哥特人便是向那里撤退的并且在整个夜里安安静静地待在那里。至于罗马军队,则它推进到离城不到四十斯塔迪昂[②]的地方时便不再前进了,原来将领们在有关城内金钱的问题上发生了争吵。(16)而直到天已大亮时,他们还在为这批战利品争吵不休;但是哥特人却从高处精确地看到分散在城里的敌人有多少以及罗马军队的其余部分离维罗那还有多远,这之后他们便向着城市冲去,冲进了实际上是他们方才逃出来的那个城门;原来进入城里的那些人甚至连这个门都守不住。(17)而罗马人在共同商讨之后,便赶忙到城圈上的城垛处去寻求安全。并

① 参见本书第二卷,第十九章,第24节。

② 约7.5公里。

且当大量蛮族向他们贴身攻来时，他们所有的人和特别是阿尔塔巴吉斯表现得十分英勇，他们极为有力地击退了向他们进攻的敌人。

(18)就在这时，罗马军队的指挥官们就维罗那的金钱问题相互间达成了协议，并决定率领所有其余的军队向城市进军。(19)但是他们发现维罗那的城门对他们关闭着并且敌人对他们进行了极为猛烈的抵抗，于是他们便迅速后退，尽管他们看到了在要塞内部作战的另一批人正在恳求他们不要抛弃自己的人而是留在那里直到他们能以逃回自己人那里去从而得救。(20)而阿尔塔巴吉斯和他手下的士兵由于对付不了人数众多的敌人又无法指望从他们自己的军队那里得到援助，于是便都从城垛那里跳到城外来[①]。(21)那些有幸跳到平滑地面上的便不受到伤害地逃回罗马军队，但许多跳到不平坦的地段的便立刻送命了。(22)而当阿尔塔巴吉斯返回罗马军队这里时，对他们所有的人都狠狠地斥责和咒骂一通，然后仍和他们一道行进；并且在渡过了埃里达诺斯河[②]之后，他们开进了法温提亚城[③]，这座城市在埃米利亚境内，离拉温那有一百二十斯塔迪昂[④]。

四

(1)听到在维罗那发生的事情之后，托提拉便把许多哥特人从那个城市召来，并且在他们到来之后，便和他的人数有五千的全部

① 从城垛处向下跳有一定危险。从现存古遗址看一般城壁都在 4 米以上。

② 即波河。

③ 今天的法恩扎(Faenπa)。

④ 约 22 公里。

军队一道去进攻敌人。(2)而当罗马军队的指挥官们了解到这一情况时,他们便开始考虑对付这一局势的对策。于是阿尔塔巴吉斯便站出来说了这样的话:"指挥官同僚们,你们当中的任何人在当前也不应当认为:就是因为敌人的人数少于我们,或因为他是对受贝利撒里乌斯奴役的人们作战而应当蔑视他们。而是应当不顾一切地向敌人展开进攻。(3)要知道,许多人由于错误地估计形势而导致自己的垮台,而另外一些人又因为完全没有理由地轻视自己的敌人,从而毁掉了他们的全部力量;并且,即使抛开这一点不谈,单是他们先前遭到不幸的事实也会诱使这些人去争取一种较为美好的命运。(4)你们知道,当命运使一个人陷于绝望并且使他丧失了美好的希望时,它便改变他的本性并使他感到有一种程度非凡的胆量。(5)我这样说并不是因为我在无缘无故地怀疑什么,而是因为不久之前在对他们进行的殊死战斗中我充分体验到了这些人的勇敢。(6)谁也不应认为,我对他们的力量表示惊叹,是因为我和一小撮人败在他们手里。要知道,只有同他们交手的那些人才能认识到他们的勇敢,而不论他们在数量上占优势还是劣势。(7)因此我的意见是:我们应注视着蛮族渡河,这行动在进行到大约一半人已经渡过时对他们发动进攻,这较之他们已经集合成为一体再对他们发动进攻对我们更有利。(8)任何人都不应认为这样的胜利是不光彩的。要知道,通常只有事件的结果才能决定一件事业应当被称为光荣的还是可耻的,人们通常称赞胜利者时是不去探究他们是如何取得胜利的。"(9)以上便是阿尔塔巴吉斯的话。但是由于相互间意见分歧,指挥官们应当干的事情他们一件也没有干,而是继续留在原来的地方,致使他们因耽搁而坐失

良机。

(10)哥特人的军队已经来到跟前的地方了，而当他们准备渡河时，托提拉便把他们召集到一起，作了如下的告诫：

“我的同胞们，所有其他的战斗一般说来都会是一种比较势均力敌的较量，因此它们激使争斗的双方的军队展开搏斗，但是我们正在展开的这场战斗，在命运是否对我们有利这一点上，我们和敌人并不是对等的，而是面临一种十分不同的局面。(11)要知道，敌人即使可能被打败，不久之后他们将能重新恢复对我们的战斗。因为在他们后面有一支人数众多的军队驻扎在整个意大利的各个要塞，而且很快会有另一支军队从拜占庭开来增援，这也完全是可能的。但是，另一方面，如果我们遭到同样的命运，哥特人的名字和希望也将最后告终。(12)要知道，经历种种事件，我们已从二十万人之多的一支大军减少到只有五千人。作了这个开场白之后，我想我还应当要你们记起这样一个事实，即当你们决定拿起武器来同伊尔狄巴杜斯一道反对皇帝时，你们的这一群人加起来不过一千人，而你们的全部领地也只有一个提奇努姆城。(13)但是由于你们在战斗中取得了胜利，你们的军队和领土都扩大了。因此如果你们在这次战斗中想表现同样的勇敢精神的话，我敢说，随着战争进行，很自然地我们最后会彻底打败我们的敌人。(14)胜利者的人数会增多，力量会加强，这永远是一个颠扑不破的真理。因此，你们每一个人都应当积极地、竭尽全力地对敌作战，因为你们清楚地懂得，在当前的战斗中如果我们不取得成功，我们就不可能重新对我们的敌人展开斗争了。(15)而且，我们有理由怀着巨大的希望对他们进行搏斗，而我们的勇气便来自他们的不公正的行

为。(16)要知道,他们对待自己的臣民的行为竟会是这样,乃至在当前,意大利人因敢于对哥特人作出的明目张胆的背叛而无须更多的惩罚了;确实,一言以蔽之,他们从他们曾友好接待过的人们的手里遭受过各种各样的苦难。(17)在敌人当中哪里有比甚至以上帝的名义干出罪大恶极的罪行[①]的人更容易战胜的呢!(18)还有,我们使他们感到的恐怖恰恰应当是我们一方在进入战斗时所以有信心的又一个原因。要知道,现在我们去反对的人们正好是不久之前先是进入维罗那内部,后来又在没有正当理由的情况下把它放弃的那些人,而且,尽管没有一个人追击他们,但他们竟然可耻地抱头鼠窜了。"

(19)托提拉讲了这番激励的话之后,便下令他的军队的三百名士兵渡过了河,渡河的地点离开他们所在的地方大约二十斯塔迪昂并且是来到敌人营地的后方,而战斗如果发展到贴身的程度,他们可以从背后方向敌人进攻,用他们的投射武器困扰敌人,以全力向他们进击,这样罗马人便会陷入混乱,根本不想反抗了。(20)而在这同时,他本人和其余的士兵立刻渡河,直接向敌人发动进攻;而罗马人立刻出来迎击他。(21)当两军各自向对方推进而越来越迫近的时候,有一个哥特人跃马出现在军队其余人的前面,此人名叫瓦拉里斯,身材高大,长相使人望而生畏,是一个行动果敢而又英勇善战的人,他策马立在两军之间的空地上,穿着胸甲,戴着头盔,并且他向所有的罗马人叫阵,问是否有人愿意同他作战。(22)这时除了阿尔塔巴吉斯一人以外,所有的人都给吓得不

① 指违背誓言。

敢有所举动。阿尔塔巴吉斯于是挺身出来应战。(23)于是他们相互策马冲向对方[①],当他们相互逼近时,两个人都把枪刺向对方,但由于阿尔塔巴吉斯对敌人占了先,而得以首先给敌人以打击,刺穿了瓦拉里斯的右侧。(24)受了致命伤的蛮族就要向后跌在地上,但是卡在他身后地面上一块石头上的他的长枪却使他没有跌下马。(25)而阿尔塔巴吉斯这方面则继续更加用力地向前刺去,把长枪刺进了对方的内脏要害处;原来他并不认为他已经给对方以致命的打击。(26)但这时又发生了这样的事情:瓦拉里斯的长枪实际上是直立的,它的铁头触到了阿尔塔巴吉斯的胸甲,开头它是一点一点地进去,但是它刺穿了胸甲,继而更深入擦破了阿尔塔巴吉斯颈部的皮肤。(27)而这铁头再向里走时,却偶然地刺破了这一区域的一处动脉,而大量的血立刻便涌流出来。(28)不过阿尔塔巴吉斯却没有感到任何痛苦,他骑马返回罗马军队,但瓦拉里斯却当场死掉了。(29)可是阿尔塔巴吉斯伤口流血却止不住,这样在这之后的第三天便去世了;这一不幸事件使罗马人的一切希望都破灭了,因为在随后的战斗中他已变得不适于作战,而且他本人使他们的事业受到了很大的伤害。(30)原来当他走出投射武器的射程并去处理他的伤口的时候,两军已展开战斗。

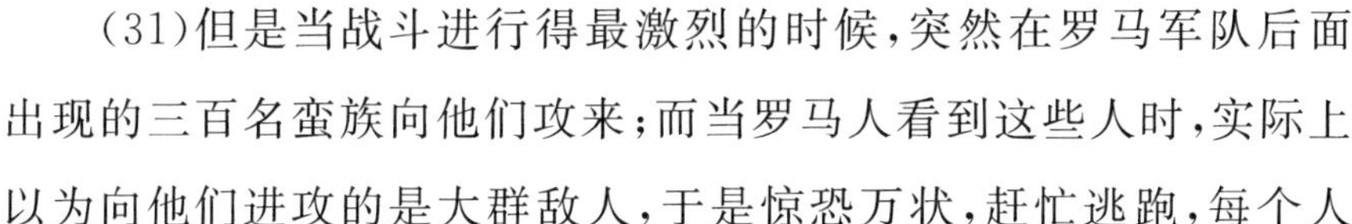

(31)但是当战斗进行得最激烈的时候,突然在罗马军队后面出现的三百名蛮族向他们攻来;而当罗马人看到这些人时,实际上以为向他们进攻的是大群敌人,于是惊恐万状,赶忙逃跑,每个人

① 类似决斗的比试是互相按规定的信号策马持长枪向前冲,以先刺杀对方者为胜,如一方被刺下马而未负伤,则可以继续比试或下马比试。

都尽力寻找自己的去处。(32)罗马人在一团混乱中逃跑时,蛮族一直对他们进行屠杀,还有许多人被他们俘获并给看管起来,此外蛮族还夺取了全部军标,这种事在罗马人身上从来没有发生过[①]。至于指挥官,他们每一个人都只带着少数人尽量逃命,他们在他们碰上的不管什么城市从而得到安全之后,就继续守卫这些城市。

五

(1)在这之后不久,托提拉派出一支军队去进攻优斯提努斯和佛罗伦提亚[②],而使哥特人当中最善战的人伏列达斯、罗德里克和乌利雅里斯[③]三人为指挥官。而当他们来到佛罗伦提亚时,他们便在城墙四周设营,形成包围的势态。(2)优斯提努斯为此感到十分不安,因为事实上他没有把任何食物运到城里来,于是他派人去拉温那罗马军队的指挥官那里,请他们尽快给他以支援。(3)使者夜间在没有被敌人发觉的情况下穿过了敌人的防线,并在到达拉温那之后,报告了守城部队所面临的形势。(4)在得到这一消息之后,一支罗马大军立刻出发去佛罗伦提亚,统率军队的则是贝撒斯、奇普里安和维塔利安的侄子约翰。(5)当哥特人通过自己的侦察兵得知这支军队的到来时,他们便撤销了包围并退到一个叫木凯利斯[④]的地方去,这地方离佛罗伦提亚是一日的路程。(6)而当

① 这种说法是不确实的。普洛科皮乌斯应当知道公元前53年克拉苏和公元9年瓦路斯在战斗中丧失军标的著名事件。

② 今天的佛罗伦萨。

③ 与前面的罗马指挥官乌利亚里斯同名,但并非同一人。

④ 今天的木哲罗(Mugello),一个谷地城市。

罗马军队已经同优斯提努斯会师之后，指挥官们留下他的一些人在那里守卫城市，却把其余的人带走同他们一道去进攻敌人。

(7)在他们进军途中又作出这样的决定，他们认为最有利的做法是由一位指挥官从全军中选出最精良的战士并同他们一道比别人先期出发，向敌人发起突然的、他们不曾料到的进攻，而其余的军队却不必急于推进，而稍后再到临现场。于是他们便对拟订的这个计划使用了抽签的办法，想求得命运对此事所作的决定。(8)中签的是约翰，但是指挥官们却不再愿意履行协议①。(9)结果约翰只好只带领他自己的队伍先开拔到别人前面去，向敌人展开进攻，但是蛮族得知敌人正在向他们进攻而感到十分害怕，于是决定放弃他们设营的平原地带并且在混乱中跑到附近耸立的一座高高的小山的顶上去。(10)而当约翰的军队到达那里时，他们也跑上山去追击并展开了进攻。(11)但由于蛮族进行了猛烈的反抗，结果发生了一场激烈的战斗，表现得十分英勇的双方的许多战士开始倒下去了，(12)虽然约翰在高声喊叫和喧闹中领导了对面前敌人的这一进攻，但是却发生了这样一件事情：敌人投过来的一支投枪刺中了他的一名卫士并使之倒下了，为此受到反击的罗马人便开始退到后方去了。

(13)这时其余的罗马军队也已经来到了平原，他们在这里组成了一个方阵，站在那里等着。并且如果他们坚持住给这时全面溃逃的约翰的军队以支持的话，他们本来可以联合起来向敌人进

① 原来约定要由全军选拔最精锐的战士作为先头部队，但各指挥官出于本位的利益不愿自己部下的精锐被约翰抽调出去。

攻的,这样他们不仅能在战斗中打败敌人,而且他们实际上也许能俘获所有的敌人。(14)但是,不知道怎么一回事在罗马军队里流传着一个不实的消息,好像约翰在当时正在进行的战斗里死在他自己的一名卫士的手里。(15)当消息传到指挥官们那里去时,他们便不再想守住自己的阵地,而是全都开始不光彩地撤退了。(16)原来他们既不保持军队的秩序,在离开时又没有任何队形,而是每个人只顾自己,拼命抱头鼠窜。许多人的确在这次逃跑中送了命,至于其余的人,所有那些逃了命的却又继续跑了好多天,尽管根本没有人追他们。(17)过了一些时候,他们便跑到每个人随便遇到的工事里去,而他们带给偶然遇到的人们的消息只是约翰已经死了。(18)结果他们便不再能相互保持联系,而且他们今后也完全不打算再联合起来去对敌作战,而是每个人各自留在自己工事的城圈之内开始准备对付一次围攻,因为他们担心蛮族还会来进攻他们。(19)在这同时,托提拉对战俘却表现了很大的仁慈,从而争取到了他们对他本人的忠诚,自此之后这些人的大多数都甘愿在他的麾下对罗马人作战。冬天已经结束了。普洛科皮乌斯记述其历史的这场战争的第七个年头也结束了①。

六

(1)在这之后,托提拉便占领了凯吉纳②和佩特拉两座要塞。并且稍后,他又进入了图斯卡尼,想攻占那里的一些地方;但是由

① 公元 542 年。

② 今天的切吉纳(Cesena)。

于没有人愿意对他屈服，于是他便渡过了梯伯河，但是小心地根本不进入罗马的领土，却立即进入康帕尼亚和撒姆尼乌姆，并且毫不费力地攻占了强大的贝涅文图姆城，并把它的城墙夷为平地，目的在于不使来自拜占庭的任何军队能以利用这一强有力的基地给哥特人制造麻烦。(2)在这之后，他又决定围攻拿波利，因为尽管他讲了许多劝降的好话，但这里的居民却根本不愿意接纳他入城。原来在那里担任守卫的是科农和他手下的一千名罗马人和伊扫里人。(3)托提拉本人和他的较大部分的军队便在离工事不远的地方设营并静静地待在那里，但是他派出一部分军队攻占了库麦要塞和其他一些据点，而从这些地方他得以搜集了大量的金钱。(4)而在那里发现了元老们的妻子之后，他不仅对她们没有任何侮辱的行为，而实际上对她们是如此友好，乃至任凭她们自由活动并且由于这一行动，他在所有的罗马人当中赢得了明智和人道的巨大声名。

并且，既然已没有任何敌对的力量在对他作战，他便经常把军队的小分队派到附近地区，取得十分重要的成果。(5)用这种办法他征服了布路提伊人和路卡尼人，占领了阿普利亚和卡拉布里亚。而且他自己征收国税，还从土地而不是从拥有地产的人们那里取得收入，并且在所有其他事情上，他的做法就好像他已经是意大利的主人了。(6)因此罗马士兵在规定的时期自然拿不到他们平时的饷银，而皇帝则欠了他们巨额的钱。(7)由于这一形势，意大利人这一方面既然失去自己的财产并且发现自己再度陷入极大的危险而开始感到十分沮丧，而士兵这方面则越来越不服从指挥官的命令并且乐于留在城内。(8)这样，康士坦提安便占有了拉温那，

约翰是罗马,贝撒斯是斯波利提昂[①],优斯提努斯是佛罗伦提亚,奇普里安是佩路吉亚[②];其他人当中每个人都占有在他们逃跑时最初提供了对他们的庇护和安全的不管什么城镇。

(9)皇帝在得知这些情况时感到十分难过,于是赶忙任命马克西米努斯为意大利的近卫军长官[③],指定由他领导各指挥官以进行战争并且按照需要向士兵提供粮食。(10)并且他还派了一个船队与他同行,船队上配备的是色雷斯与阿尔明尼亚的士兵。色雷斯人的领导人是希罗迪安,阿尔明尼亚人的领导人是伊伯里亚人法扎斯,此人是佩拉尼乌斯的侄子[④]。此外还有一些匈人和他们同船。(11)于是马克西米努斯便和整个船队从拜占庭启程并来到了希腊的埃佩茹斯,但在这里,在没有正当理由的情况下却着手停留下来,从而浪费了宝贵的时间。(12)原来对于战事他一点经验也没有,因而他既胆怯又极易造成耽搁。

(13)后来皇帝又把德米特里乌斯派出去作为统帅,此人曾在贝利撒里乌斯麾下服役,任一个步兵队的指挥官[⑤]。(14)于是德米特里乌斯便乘船去西西里并在得知科农和拿波利的居民在围攻中困苦万状,处于完全无粮的状态之后,因而他确实想尽快去援助他们但是又做不到,因为他手下的士兵太少,根本起不了什么作用,于是他便想出了如下的计划。(15)他在整个西西里征集了尽

① 今天的斯波列托(Spoleto)。

② 今天的佩路吉亚(Perugia)。

③ 近卫军长官(Praefectus praetorio),但意大利的近卫军不再是皇帝的卫士。

④ 参见本书第一卷,第十二章,第11节等处。

⑤ 参见本书第五卷,第五章,第3节。

可能多的船只并用谷物和其他食物把这些船装满之后便起航了，而使这个船队在敌人看起来，仿佛上面有一支大军似的。(16)而他对敌人心理的判断是正确的；因为敌人认为有一支大军正开向他们，而他们所以得出这一结论，正是因为他们听说有一个巨大的船队已经从西西里起航了。(17)而如果德米特里乌斯从一开头就愿意一直开赴拿波利的话，我认为他本来是可以既吓住敌人又挽救这个城市，而且不会有任何人出来反抗他。(18)但事实上他却认为这样做太危险并且根本没有停在拿波利，而是直驶罗马的港口，然后匆忙地在那里征集士兵。(19)但是罗马的士兵在被蛮族打败之后仍然对他们心怀巨大的恐惧，因而根本不愿意随德米特里乌斯去同托提拉和哥特人作战。结果他只得带着从拜占庭随他来的军队去拿波利。

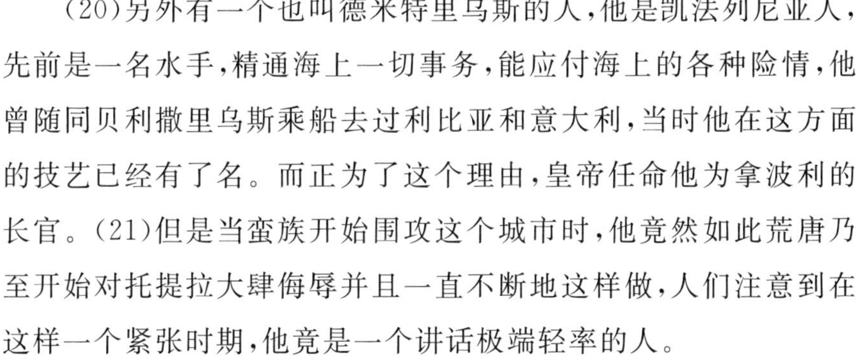

(20)另外有一个也叫德米特里乌斯的人，他是凯法列尼亚人，先前是一名水手，精通海上一切事务，能应付海上的各种险情，他曾随同贝利撒里乌斯乘船去过利比亚和意大利，当时他在这方面的技艺已经有了名。而正为了这个理由，皇帝任命他为拿波利的长官。(21)但是当蛮族开始围攻这个城市时，他竟然如此荒唐乃至开始对托提拉大肆侮辱并且一直不断地这样做，人们注意到在这样一个紧张时期，他竟是一个讲话极端轻率的人。

(22)当局势变得更加恶化并且在被包围者中间死者也越来越多的时候，这个人在科农的建议下竟敢在暗中乘上一只小船到统帅德米特里乌斯那里去。(23)使人们感到吃惊的是，他竟然安全到达并见到了德米特里乌斯，而试图尽全力叫他鼓起勇气来并且敦促他担起他当前的这项任务。(24)但是托提拉得知有关这一船队的全部真实情况之后,便着手准备一批速度最快的船只。并且当敌人在离拿波利不远的地方靠岸时,他便向他们发动了出其不意的进攻,并且在使他们惊慌失措之后把他们全军打跑了。(25)虽然他杀死了许多敌人,但是也生俘了许多,能以逃命的只有那些在开头能以跳到船上带着的小艇里去的那些人,而其中便有统帅德米特里乌斯。(26)原来蛮族拿获了全部船只和上面的货物、船员和一切,而他们便在这中间发现了拿波利的长官德米特里乌斯。他们割下了他的舌头和双手之后,确实还留了他一条性命,把搞残废的这个人放了,随他去什么地方。德米特里乌斯这样肆无忌惮地咒骂托提拉,他所得到的惩罚便是这样。

七

(1)稍后玛克西米努斯和他的全部船只也在西西里靠了岸,并且在到达西拉库赛之后便由于害怕战争的危险而静静地留在那里。(2)而当罗马军队的指挥官们得知玛克西米努斯的到来时,他们都十分热切地派人到他那里去,请求他尽快前来援救。而科农则从拿波利送来一份特别告急的文书,敌人在那里对他围攻得特别厉害,而这时他们的全部粮食都已耗光了。(3)但是玛克西米努斯在整个危急时期在这样一种惊恐状态中耽搁之后,终于因害怕皇帝的威胁而动了起来并在其他指挥官的责骂面前作了让步;他自己虽然还留在他原来的地方未动,但是把全部军队以及希罗迪安、德米特里乌斯和法扎斯派到拿波利去。冬天这时已经来到他们跟前了。

(4)但是当罗马船队已经到达接近拿波利的一个地点时,他们遇上了一阵猛烈的风，这风掀起了一场非常严重的暴风雨。(5)黑暗覆盖了[1]一切，波涛汹涌的海水使水手们无法划动他们的桨或对船只采取任何措施。并且由于怒浪的声音震耳欲聋，他们不再能听到相互间的话，而到处是一团混乱，只好任凭狂风的摆布，这狂风竟然把他们吹到敌人设营的海岸那里去，这当然是他们很不希望看到的情况。(6)于是蛮族便能以从容地登上他们敌人的船只，开始杀死敌人并打沉船只而没有遇到任何反抗。(7)而且除其他许多人之外，他们还俘获了统帅德米特里乌斯。但是希罗迪安和法扎斯以及少数几个人却得以逃脱，这是因为他们的船离敌人的营地并不很近。罗马船队的遭遇便是这样。

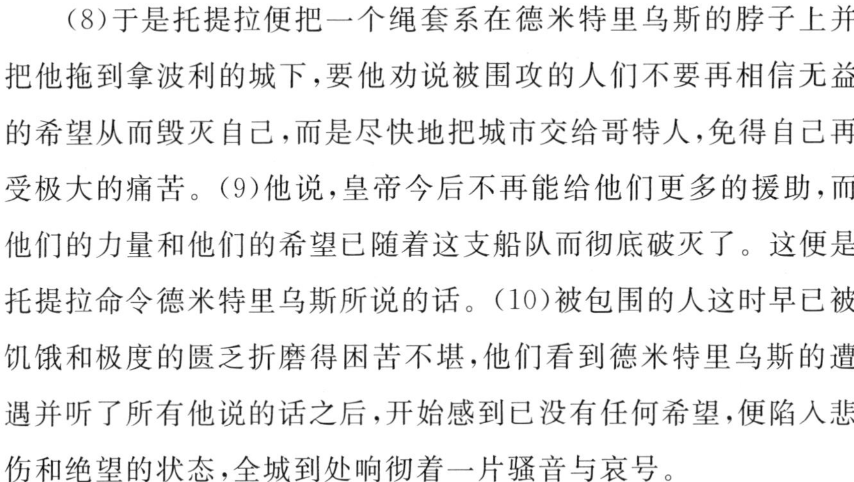

(8)于是托提拉便把一个绳套系在德米特里乌斯的脖子上并把他拖到拿波利的城下，要他劝说被围攻的人们不要再相信无益的希望从而毁灭自己，而是尽快地把城市交给哥特人，免得自己再受极大的痛苦。(9)他说，皇帝今后不再能给他们更多的援助，而他们的力量和他们的希望已随着这支船队而彻底破灭了。这便是托提拉命令德米特里乌斯所说的话。(10)被包围的人这时早已被饥饿和极度的匮乏折磨得困苦不堪，他们看到德米特里乌斯的遭遇并听了所有他说的话之后，开始感到已没有任何希望，便陷入悲伤和绝望的状态，全城到处响彻着一片骚音与哀号。

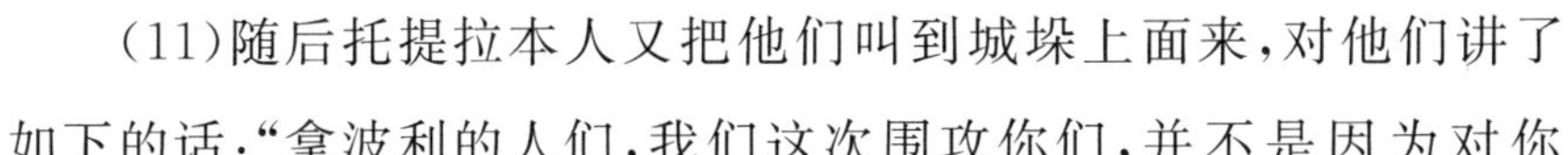

(11)随后托提拉本人又把他们叫到城垛上面来，对他们讲了如下的话："拿波利的人们，我们这次围攻你们，并不是因为对你

① 原文无法提供可读通的解释，此处系据克莱斯特(Christ)的推测所补。俄译本也采用了这一解释。

们有任何怪罪或责难之处,而是为了通过把你们从最可恶的主子手下解救出来,我们能以对你们在这次战争期间给予我们的服务——这种服务使得敌人对你们作了极严厉的报复——作出回报。(12)要知道,情况已表明是这样,即在全体意大利人当中,只有你们对哥特人表现了最大的忠诚并且是最不甘愿受我们的敌人的统治的。(13)因此,在当前的情况下,当我们迫不得已而包围同他们在一起的你们的时候,由于你们对我们的忠诚我们很自然地会有一种不情愿的感觉,尽管我们进行的这次围攻并不是为了伤害拿波利人的。(14)因此,当你们为因围攻而产生的灾难而感到苦恼时,请不要认为你们应当把怒气发泄到哥特人身上吧。要知道,那些力图干有益于友人的事情的人们是不应当受到他们的指责的,即使在实现他们对友人的服务方面不得不使用令人不快的手段。(15)至于敌人,那你们一点也不用害怕他们,不要因为过去的事件,而你们就认为他们将会战胜我们。要知道,生活中出于偶然和同期待相反的不合理事件[①],随着时间的流逝而仍然会化为乌有的。(16)并且我们对你们表示的是如此的善意,即我们作出让步,无论科农还是他的士兵都可以不受伤害地去他们愿意去的任何地方,只有一个条件,那就是把城交出来并且带着所有他们自己的财物从这里离开。并且没有任何事物会阻止我们起誓来保证这些诺言的实现,保证拿波利人的安全。”

(17)以上便是托提拉的话;于是拿波利人和科农领导下的全体士兵表示同意;他们实在是被饥饿折磨得太苦了。(18)但是,为

① 这里指过去罗马人取得的胜利。

了保持他们对皇帝的忠诚并且实际上仍然指望他们会取得某种帮助，他们同意在三十天之后把城交出来。(19)但是托提拉为了不使他们心里对来自皇帝的援助存有任何希望反而给了他们三个月的期限，但有一个条件，在这之后他们应按照所约定的去做。此外，他还说在约定的时期到来之前他不会对城墙发动任何进攻，也不会使用任何种类的计谋。(20)协定便在这一意义上经双方同意了。但是被包围者没有等到指定日期的到来(由于必需品的缺乏他们吃了极大的苦头)，而是在不久之后便把托提拉和蛮族接纳入城。冬天结束了，普洛科皮乌斯记述其历史的这场战争的第八个年头①也结束了。

八

(1)当托提拉拿下拿波利的时候，他对他的俘虏竟表现了如此宽大仁慈的精神，乃至人们没有料到敌人或蛮族会做出这样的事情来。(2)由于他发现罗马人因饥饿而普遍地得了一种病——确实他们的体力因饥饿已被削弱——他担心如果突然叫他们吃饱，他们完全有可能被噎死，于是他便想出了下面的办法。(3)他在港口和各城门设置卫兵，下令不许任何人出城。(4)然后他本人以一种有先见之明的吝啬，着手分发食物，不过比人们所希望的要少，而其数量每天虽有所增加，却完全为人们察觉不出。(5)并且只有在用这种办法增强了他们的体力之后，他才打开城门，允许每个人到他想去的地方去。

① 公元543年。

(6)至于科农和他麾下的士兵,凡是根本不满足于留在那里的,他就要他们上船并且告诉他们可以到他们选择的任何地方去。但这些人认为返回拜占庭这会给他们带来耻辱,因而他们打算尽快驶向罗马。(7)但由于是逆风,因而他们完全无法驶出港口,所以他们感到十分困惑,担心托提拉看到自己既然已经是胜利者,会决定在某种程度上无视他的协定,这样他们就会在他手里吃某种很大的苦头。(8)当托提拉看到这一点时,他便把他们所有的人召集起来并且要他们放心,而且对他已经作出的保证作了进一步的确认,要他们鼓起勇气来立刻毫无恐惧地同哥特军队交往并且像从朋友那里一样地从哥特军队手里购买食物并且取得他们缺少的任何其他事物。(9)但后来,由于依然是逆风并且已有许多时间被消耗掉,他便向他们提供马匹和驮畜,提供路上的费用并且要他们从陆路去罗马,还派了一些哥特的知名人士护送他们。

(10)于是他便着手把拿波利的城墙夷为平地,为的是不使罗马人再次占有它并利用它作为一个坚强的基地给哥特人制造麻烦。(11)原来他宁肯通过在平原上同罗马人展开一场战斗以达到一种彻底的解决,也不愿用各种权术和诡计的手段来进行一次长期的较量。但是在拆除了城墙的一大部分之后,其余的部分他放弃了。

(12)正当托提拉这样做的时候,有一个罗马人来看他,这人原来是一个卡拉布里人,他提出指控说,托提拉的一名卫士奸污了他的一个还是处女的女儿,而这绝不是他的女儿情愿的。(13)当那个当事人并不否认这一指控时,托提拉赶忙因这一罪行对他进行了惩罚,把他关进监狱。(14)但是蛮族当中的大多数知名人士开始为他的命运感到很大的不安(要知道,此人实际上是一个果敢有为的人和出色的战士),于是他们立刻集合起来并且到托提拉这里来请他赦免对此人的指控。

(15)但是托提拉在听取了他们的陈述之后,却温和而又十分平静地讲了这样的话:“战友们,我所以像现在这样讲话的理由并不是我正在对一种强暴的不人道行为作出让步,或是对我的同胞的不幸采取特别幸灾乐祸的态度,而是我最为担心哥特人会遭到某种不幸。(16)从我的这方面来说,我知道绝大多数的人都在歪曲事物的名称,直到给了它们相反的意义。(17)要知道,一方面,他们习惯于称为仁慈的乃是真正的无法无天,其结果是使一切美好的事物遭到彻底的毁灭;而另一方面,他们却把想认真地维护合法秩序的任何人称为邪恶的和极难对付的人,显而易见,这是为了用掩饰他们的荒唐行为的这些名称,他们可以更加肆无忌惮地干坏事并显示他们的卑劣。(18)但是我却要劝你们不要为了一个人的罪恶行为而牺牲你们自己的安全,也不要自己参与任何这样的可耻的罪恶勾当,因为你们并没有做任何坏事。要知道,犯罪的行动和阻止犯了罪的人们受到惩处的行动在我看来是一回事。(19)因此,我希望在就当前这一事件作出你们的决定时,你们采取这样的观点:有两种办法提供给你们选择其中之一,或者是这个人不为他所犯下的罪行受到惩罚,或者是哥特民族在这一战争中得救并取得胜利。(20)因为我希望你们考虑这一情况:在这一战争开始时,我们拥有一支无论就名声还是就实际的战斗经验而论都是无与伦比的庞大军队;总而言之,我们的财富多到不可胜数;我们拥有极多的马匹与武器;最后,我们占有意大利的一切要塞。确

实,当人们进入一次战争时,这些事物绝不是被视为毫无用处的装备。(21)但是在提奥达图斯的统治时期——此人是一个把发财的愿望放到正义之上的人——我们每日的无法无天的行径使得上帝绝不会赐福给我们,并且我们的命运因而得到什么结果,你们当然是一清二楚的,因为你们知道是哪一类的人并且他们多么少的人打败了我们。(22)但是现在,为了我们所犯下的罪行上帝已经给了我们足够的惩罚,他再一次正在按照我们的意愿来安排我们的生活,并且,概括地说,他正在以比我们所能希望的更好的方式引导着我们的事业,因为我们已经在超过我们实际力量的限度的情况下战胜了我们的敌人。(23)因此,通过正义的行动以保存我们的胜利的正当性,较之倒行逆施,使人们看起来我们已变得同自己过不去,是更符合于我们利益的。(24)要知道,一个做了不公道的事情,干了残暴勾当的人是不可能,不,不可能在战斗中争得光荣的,但是战争的命运却是按照个别人的生平来决定的。”

(25)以上便是托提拉的话。哥特人当中的知名人士同意他的讲话,便不再请求释放这名卫士,并同意托提拉以他认为是最好的办法对这卫士加以处理。于是不久之后他便处决这个强奸犯并且把犯人的全部的钱送给了受到伤害的女孩子。

九

(1)正当托提拉这样做的时候,罗马军队的指挥官们和士兵在这期间却劫掠起他们的臣民[①]的财物来,并且他们简直什么横暴

① 指意大利的平民。

和放荡的行为都干得出，而且指挥官，就他们方面来说，就正在要塞内部同情妇寻欢作乐，而士兵也表现出越来越不服从他们的指挥官的命令而干起各种无法无天的勾当来。(2)至于意大利人，则这种局势的结果对他们来说却是，他们在双方军队的手中遭受了极大的灾难。(3)因为一方面，他们被敌人夺去了土地，而另一方面，皇帝的军队又拿走了他们家中的全部财物。(4)而且，事实上他们正在受着缺粮之苦，此外他们还无缘无故地受到残酷的拷问并被处死。要知道士兵们在受到敌人的虐待时虽然完全无力保卫自己，但对于当前的情况他们不仅不愿表示起码的羞愧，而且由于他们所犯的罪行实际上竟使得人民盼望起蛮族来。(5)由于当前面临的局势而不知所措的康士坦提安于是写了一封信给皇帝优斯提尼安公然表示在对哥特人进行的战争中他已坚持不下去了。(6)而其他指挥官好像也支持他的这个看法而在同一封信中表明他们不想把这场斗争再继续下去。意大利人的遭遇便是这样。

(7)就在这同时，托提拉给罗马元老院写了一封内容如下的信："由于无知或由于受到某种健忘的蒙蔽而对自己的邻人干了坏事的那些人，是可以为他们的恶劣行为的受害者公正地加以宽恕的。要知道，他们的使他们干了坏事的无知或健忘，它们的大多数对于所干的坏事也成为一种辩解。(8)但是如果有谁只是出于处心积虑的意图而干坏事，那么这个人便没有任何甚至可以为他的行为辩解的东西了。(9)要知道，说句公道话，这个人本身不仅必须为干出的事情，而且也要为他的意图负责。(10)因此，既然事情的情况是这样，请立即考虑你们能提出怎样的理由来为你们对哥特人的行为辩护吧。难道真会发生这样的事，即你们竟然会不知

道提奥德理克和阿玛拉宗塔所干的好事,或者由于经过一段时期和健忘而你们头脑里竟没有了这些事情?(11)肯定不是的。两种情况都不是真实的。要知道,他们的宽厚仁慈不是表现在某件小事上,也不是对古时你们的祖先表现出来,而是表现在极为重要的事情上,亲爱的罗马人,是对你们本身表现出来的,而且就在不久前,就在前些天。(12)然而是不是因为你们得自道听途说或根据经验而得知希腊人对他们的臣民是公道的,所以你们实际上才决定放手把哥特人和意大利人的事业交给他们?(13)但无论怎样,你们,就你们方面来说,我认为,你们曾把他们奉为上宾,但是你们知道得十分清楚,你们已发现他们原来是怎样的客人和朋友,如果你们还记得那个亚历山大是怎样处理国家账目的话[1]。(14)要知道,我还根本无须谈到我们的士兵和指挥官,你们是从他们的友好和宽大得到了好处的;恰恰是因为这些人的这种行为才使得他们的命运陷入如此的困境。(15)但是你们的任何人也不要认为我是因为少年气盛才对他们作这样的指责,也不要认为只因为我是蛮族的领袖才有意这样吹嘘一番。(16)我认为,我们所以制服了那些人并不是因为我们的勇敢,但我却有把握地说,为了你们在他们手中遭到的不公道的对待,他们受到了某种报复。(17)当上帝为了你们向他们进行报复的时候,你们却还要心甘情愿地守着他们干的坏事不放,并且不愿意摆脱由那些坏事产生的灾难,这看来是多么荒谬的行动?因此你们自己说出个理由来,说明为什么你们非要反抗哥特人不可,并且,另一方面,给我们一个要对你们表示

---

① 参见本卷第一章,第32节以次。

宽大的理由吧。(18)而且,如果你们不打算等到战争的结束——你们已经没有什么指望并且指望也没有用——而是选择更明智的办法,纠正你们对我们干下的坏事的话,你们是会举出这个理由来的。”

(19)这便是这封信里的话;托提拉于是把这封信交给一些俘虏,要他们去罗马把信交给元老们。俘虏们按他的命令做了。(20)但是约翰不允许看到这封信的人们给予托提拉任何答复。为此托提拉又进行了一次努力,这次他写了大量的短信,在信里他发出了最郑重的誓言,明确地保证:哥特人绝不会对任何罗马人有任何伤害。(21)而至于是哪些人把这些信送到罗马我就不能说了;原来所有这些信在夜深时都被贴到城里显著的地方,直到天亮时它们才被发现;但是罗马军队的指挥官们却对阿里乌斯教派[①]的神父们深表怀疑,因而便把他们所有这些人立刻从城里转移出去。

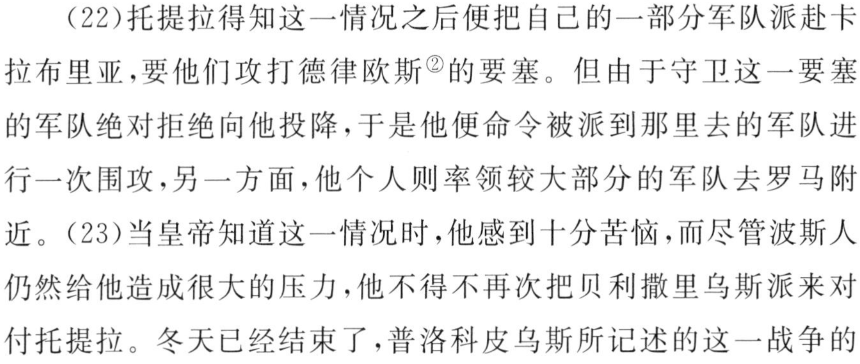

(22)托提拉得知这一情况之后便把自己的一部分军队派赴卡拉布里亚,要他们攻打德律欧斯[②]的要塞。但由于守卫这一要塞的军队绝对拒绝向他投降,于是他便命令被派到那里去的军队进行一次围攻,另一方面,他个人则率领较大部分的军队去罗马附近。(23)当皇帝知道这一情况时,他感到十分苦恼,而尽管波斯人仍然给他造成很大的压力,他不得不再次把贝利撒里乌斯派来对付托提拉。冬天已经结束了,普洛科皮乌斯所记述的这一战争的

① 由阿里乌斯倡导的反对“三位一体”、反对教会占领大量财产、田产的一个被视为异端的教派。在罗马帝国边境的汪达尔人和哥特人当中广泛传播,受广大贫苦群众和蛮族的拥护。

② 叙德伦图姆(Hydruntum),今天的奥特兰托(Otranto)。

第九个年头[①]也结束了。

十

(1)于是贝利撒里乌斯第二次去了意大利。但是由于他手下的士兵为数极少——因为他完全不可能把他自己的军队从驻在波斯的军队那里分出来——于是他便去色雷斯,走遍了那里所有的地方用提供金钱的办法征集新的志愿兵。(2)按照皇帝的命令,由维塔利乌斯陪他同去,此人是伊利里库姆地方的统帅,不久前才从意大利返回的,但是他把伊利里亚的士兵留在意大利了。(3)这样,他们一道征集了大约四千人并向撒罗尼斯[②]进发,打算首先去拉温那,从那里再看情况来研究如何进行战争。(4)原来他们无论是背着敌人秘密活动(因为他们听说哥特人在卡拉布里亚和康帕尼亚都设有营地),还是通过不管用什么方式制服敌人,都绝对无法在罗马附近登陆;要知道,他们去进攻敌人,却没有足够的力量进行对等的战斗。

(5)就在这同时,被包围在德律欧斯的罗马人看到自己的粮食已到了山穷水尽的地步便同包围的蛮族缔结了协定,约定他们把这个地方献出来并在这时由双方定下一个明确的日子。(6)但是贝利撒里乌斯把够一年之用的粮食装上了船,命令瓦伦提努斯带着它们去德律欧斯并尽快地把原来的卫戍部队从要塞转移出来——因为他听说他们已被疾病和饥饿折磨得奄奄一息了——

① 公元544年。

② 也叫撒罗那,在今天的斯帕拉托(Spalato)附近。

然后从同去的人们当中选出一些人来代替他们担任卫戍部队；通过这一安排，他们便比较易于保卫要塞的安全，因为一则这是一支新来的队伍，再则他们不缺乏任何必需之物。(7)正好遇到顺风的瓦伦提努斯于是同这支船队去德律欧斯并且在约定投降的四天前到达；他发现港口并无人防守，于是便占领了它并得以顺利地进入要塞。(8)原来哥特人相信他们缔结的协定并且认为在这期间他们不会遇到任何麻烦，所以根本不再注意进攻德律欧斯的事情而只是静静地待在那里。(9)但是，当他们看到有一支船队突然向他们攻来的时候，他们大吃一惊，于是放弃了包围，而在离那要塞很远的地方扎营并且向托提拉报告了他们经历的全部情况。德律欧斯要塞于是逃开了迫临到眼前的危险。(10)但是瓦伦提努斯的一些士兵由于想到附近的农村去打劫，便开始了出击的活动；他们在海岸附近偶尔也会碰上敌人，于是便向他们展开战斗。(11)由于在战斗中遭到惨败，他们大部分便都逃到海里去[①]；这样他们损失了一百七十人，而其余的人便退到要塞里面去了。

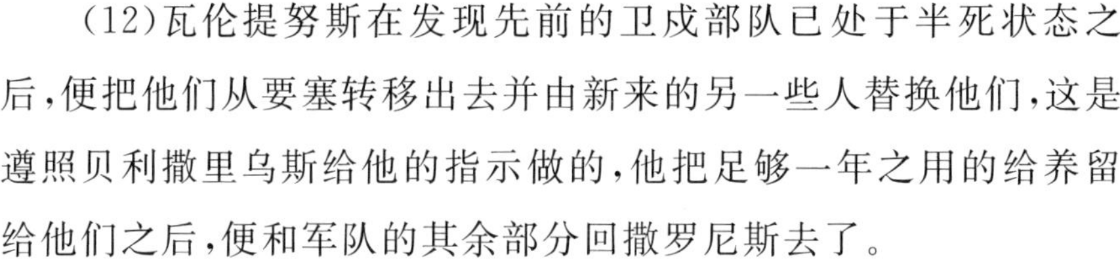

(12)瓦伦提努斯在发现先前的卫戍部队已处于半死状态之后，便把他们从要塞转移出去并由新来的另一些人替换他们，这是遵照贝利撒里乌斯给他的指示做的，他把足够一年之用的给养留给他们之后，便和军队的其余部分回撒罗尼斯去了。

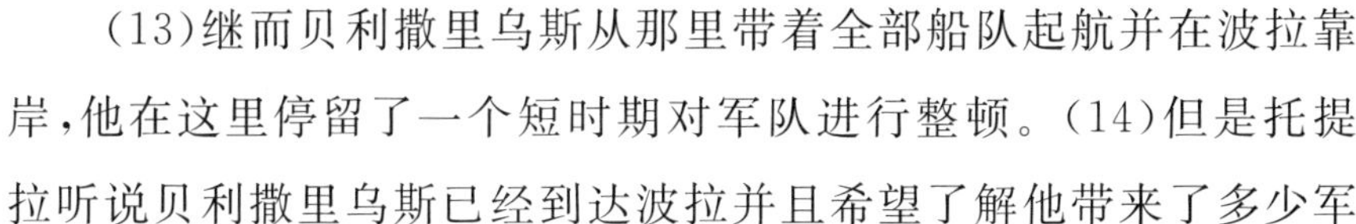

(13)继而贝利撒里乌斯从那里带着全部船队起航并在波拉靠岸，他在这里停留了一个短时期对军队进行整顿。(14)但是托提拉听说贝利撒里乌斯已经到达波拉并且希望了解他带来了多少军

① 看起来应当是蹈海身亡。

队,于是便采取了下列的措施。原来有一个名叫波努斯的人,此人是约翰的侄子,此时他正在统率着热那亚的卫戍部队。(15)于是他便利用这个人的名字写了一封自称是由这个波努斯发出的信给贝利撒里乌斯,目的在于使这个波努斯促请贝利撒里乌斯尽快前来救助他们,因为他们的处境极为危险。(16)于是他选出五个特别有钻研精神的人来,把信件交给他们,要他们仔细地观察贝利撒里乌斯的实力,同时把他们打扮成好像是从波努斯那里派来的。(17)当这些人见到贝利撒里乌斯时,统帅照例是十分友好地接待了他们。(18)而在看完了来信之后,他便要他们回去告诉波努斯,很快他就会率领全部军队前来。继而,在他们按照托提拉的指示对一切都进行精确的观察之后便返回了哥特的营地,并且说贝利撒里乌斯的兵力绝不是庞大的。

(19)就在这时托提拉通过对方的背叛而占领了提布尔城,守城的是一支伊扫里人的卫戍部队;经过的情况是这样。(20)这个城市的一些居民本来是和伊扫里人一道守卫城门的;但这些人却同和他们一道守卫的伊扫里人争吵起来,尽管伊扫里人并没有任何冒犯他们的地方;于是这些人便在夜间把在附近设营的敌人请了进来。(21)但是伊扫里人这方面在城市被攻占时却计划了一次共同的行动并在实际上所有的人都得以逃掉。(22)但是在居民当中,哥特人没有放过他们的任何人,而是把他们全都杀死,其中也有城市的神父,杀害的方式我虽然知道得很清楚,但我绝不想在这里提起,为的是不使后世看到这种不人道的残酷行为的记述。在牺牲者当中有一个名叫卡提路斯的意大利知名人士。(23)这样蛮族便占领了提布尔,结果罗马人便不再能通过梯伯河从图斯卡尼

把他们的粮食运进来了。原来这座城市实际上就在这河[1]的岸边，在罗马上方大约一百二十斯塔迪昂[2]，从此就成了对付想从那条路驶入罗马的人们的一处哨所。

十一

(1)提布尔城的遭遇便有如上述了。至于贝利撒里乌斯，他和整个船队到达了拉温那；在这里他把城里的哥特人和罗马士兵召集到一起，讲了这样的话：

"德行的成就因邪恶而化为乌有，发生这样的事情这并不是第一次了。(2)要知道，自古以来在人类的事务当中这种情况完全是自然的，并且最卑劣一类人物的堕落曾多次完全能以挫败并毁灭善良的人们的事业。而现在又是这同样的事情摧毁了皇帝的事业。(3)而就皇帝方面来说，他是如此深切关心于纠正已经造成的错误，乃至他认为打败波斯人的任务都不如这里的局势重要，因而现在作出决定，派我到你们这里来，以便使我能以纠正和补救指挥官们在对待他的士兵以及对待哥特人方面所干的无论是怎样的错事。(4)任何人根本不会犯任何错误，这是违反人情的，在事物的自然进程中这也是不可能的；但纠正已经犯的错误，这事特别是一位皇帝应当做的，并且能以大大告慰于他所爱的臣民。(5)因为你们将不仅能以摆脱你们的痛苦，而且你们还立刻有领会和享有皇帝对你们的善意的特权。(6)而对一个人来说，世上的一切事物当

① 霍奇金(Hodgkin)指出，普洛科皮乌斯这里把阿尼欧河(Anio)同梯伯河弄混了。

② 约22公里。

中,还能有比这更大的恩典么?(7)既然正是为了这个目的,我才在这里同你们在一起,那么你们当中的每一个人也应当尽全力使你们从这样提供的服务中得到好处。(8)因此,如果你们当中有任何人认识僭位者托提拉的亲属或朋友,他应当把这些人召来,向他们解释皇帝的意旨;这样做的话,你们既可以取得由和平而产生的幸福,又可以取得伟大的皇帝亲手赐给你们的幸福。(9)至于我,就我这方面来说,我到这里来并不是喜欢同谁作战,也不应当成为,至少是不愿意成为皇帝臣民的一个敌人。但是,如果甚至现在他们还认为选择对他们自身有利的做法过于无关紧要并且如果他们采取反对我们的立场的话,那我们同样也便不得不把他们当作敌人来看待了,尽管我们从本心里并十分不想这么做。"

(10)以上便是贝利撒里乌斯的讲话。但是敌人当中没有一个人到他这一面来,无论是哥特人还是罗马人。(11)继而他又派遣他的卫士图里木特和他自己的一些士兵偕同维塔利乌斯与伊利里亚士兵一道去埃米利亚,命令他们去攻打那里的城镇。(12)于是维塔利乌斯和他的士兵便攻占了波诺尼亚城[1]附近的一处阵地,并且在通过敌人投降而攻占了附近的几处要塞之后,便留在波诺尼亚不再有所举动了。(13)但是在这之后不久,他麾下的全体伊利里亚士兵尽管没有受到任何虐待也没有遭受任何责骂,却在夜间偷偷地从城里撤走回家去了。(14)他们派遣使者去皇帝那里,请求他对他们加以宽宥,因为以这种方式返回自己的家园,其理由只不过是:在意大利经过长期的服役之后,他们没有得到任何正式

① 今天的波洛尼亚(Bologna)。

的饷银，而国家现在欠了他们一大笔钱。(15)但这时恰巧还发生了这样的事情：有一支匈人的军队进攻伊利里亚人并把他们的妇女儿童变成奴隶，(16)而正是由于这一消息，还由于他们在意大利已经没有什么粮食，他们才撤退的。虽然在起初，皇帝感到愤怒，但后来还是宽恕了他们。

而托提拉在得知伊利里亚人撤退的消息之后，便派了一支军队去攻打波诺尼亚，想用迅速攻击的办法生俘维塔利乌斯和他的军队。(17)但是维塔利乌斯和图里木特在好几个地方设下了埋伏并从而歼灭了许多进攻的士兵，打跑了其余的士兵。(18)在这一战斗中，一个名叫纳扎列斯的伊利里亚知名人士、伊利里库姆的部队的指挥官，在对敌的战斗中表现了超过所有其余的人的非凡战绩。随后图里木特便来到拉温那贝利撒里乌斯这里。

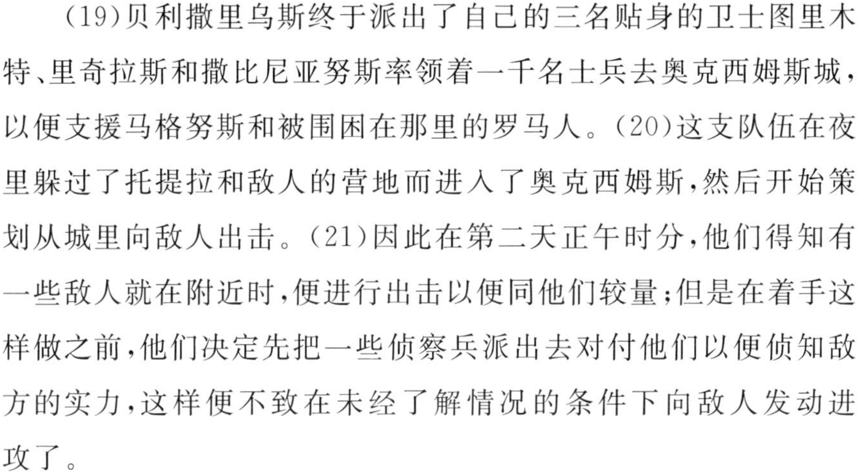

(19)贝利撒里乌斯终于派出了自己的三名贴身的卫士图里木特、里奇拉斯和撒比尼亚努斯率领着一千名士兵去奥克西姆斯城，以便支援马格努斯和被围困在那里的罗马人。(20)这支队伍在夜里躲过了托提拉和敌人的营地而进入了奥克西姆斯，然后开始策划从城里向敌人出击。(21)因此在第二天正午时分，他们得知有一些敌人就在附近时，便进行出击以便同他们较量；但是在着手这样做之前，他们决定先把一些侦察兵派出去对付他们以便侦知敌方的实力，这样便不致在未经了解情况的条件下向敌人发动进攻了。

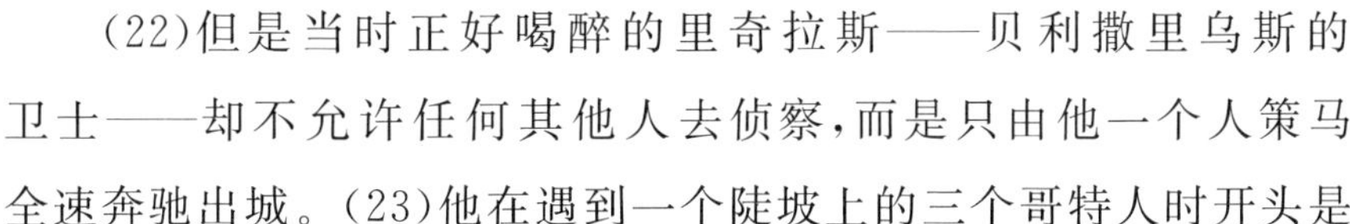

(22)但是当时正好喝醉的里奇拉斯——贝利撒里乌斯的卫士——却不允许任何其他人去侦察，而是只由他一个人策马全速奔驰出城。(23)他在遇到一个陡坡上的三个哥特人时开头是

停了下来,打算向他们进攻;因为他是一个极为勇猛的战士,但是当他看到有许多人从四面八方向他冲来的时候,便赶忙逃跑了。(24)但是他的马在不平坦的一处地方绊倒了,于是敌人在一阵高声的呼叫中都把投枪投向他。(25)而听到呼叫声的罗马人也跑来援救他。里奇拉斯战死在大批的投枪之下,但图里木特的士兵却打跑了敌人,并抬起战死者,把他运回奥克西姆斯城内。里奇拉斯便以同自己的勇敢不相称的方式死掉了。

(26)于是撒比尼亚努斯和图里木特在同玛格努斯商讨之后认为他们不宜于在那里耽搁更多的时间,理由是:显然由于人数不足,他们根本不可能对敌人展开对等的战斗,而另一方面,如果把城里的粮食耗尽,他们只会使城市遭到更早陷入敌人之手的命运。(27)当这一措施被决定下来的时候,他们自己以及他们手下的一千名士兵便开始做离开的准备,打算在夜里启程;但是一名士兵立刻便偷偷跑到敌人的营地去,把罗马人的计划告知对方,(28)托提拉于是选拔两千名勇武出众的战士,并在夜幕降临时在离奥克西姆斯三十斯塔迪昂[①]的小道上设置岗哨,而且这一活动完全是在保密的情况下进行的。(29)因此当这些哨兵在午夜前后看到敌人经过时,便抽出剑来向他们展开了进攻。(30)他们杀死了其中的二百人,但撒比尼亚努斯和图里木特以及其余的士兵却在黑夜的掩护下得以逃脱并跑到阿里米努姆去。(31)不过哥特人却俘获了载有士兵的仆从[②]、武器和衣类的全部驮畜。

① 约5.5公里。

② 罗马士兵习惯(但不是全部)有仆从随军行动,但仆从不负作战之责也没有武器。仆从照料士兵日常生活以及同营中或驻地附近商贩打交道。

(32)沿伊奥尼亚湾[①]有两座要塞皮扫茹斯[②]和法努斯,[③]它们位于奥克西姆斯和阿里米努姆这两个城市之间。在这一战争开始时维提吉斯曾拆除过这两座要塞,他烧掉里面的房屋并且把它的城墙拆到只有原来一半的高度,为的是不使罗马人一旦占有它们时用来给哥特人制造麻烦。(33)贝利撒里乌斯决定攻占其中的一座即皮扫茹斯;因为他认为这一要塞就它的地形而论适于牧放马匹。于是在夜里他便派出自己的几位同僚,暗中对每一城门门道的宽度和高度作了精确的测量。(34)随后他要人们制造了皮城门并用铁箍起来,并把它们放到船上运出去,命令撒比尼亚努斯和图里木特的士兵把这些城门迅速安装到城墙上,在这之后留在城圈之内,并且,在通过这种办法保证了他们的安全之后,再用不管什么可能的办法把城圈倾圮的部分加以修复,把石头和泥或其他任何材料填充进去。这些指示他们全都照办了。(35)但是托提拉在听到正在发生的一切之后,便率领着一支大军向他们攻来。(36)他对这城镇发动了一次进攻并且在那里附近停留了一个时期,但由于未能攻占下来,于是便一无所得地返回奥克西姆斯的营地去了。

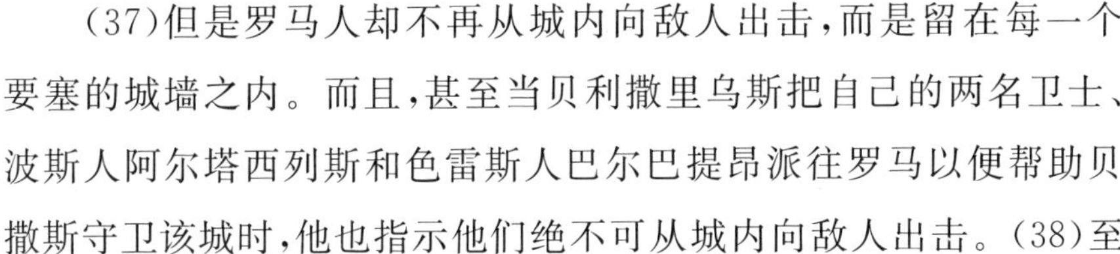

(37)但是罗马人却不再从城内向敌人出击,而是留在每一个要塞的城墙之内。而且,甚至当贝利撒里乌斯把自己的两名卫士、波斯人阿尔塔西列斯和色雷斯人巴尔巴提昂派往罗马以便帮助贝撒斯守卫该城时,他也指示他们绝不可从城内向敌人出击。(38)至

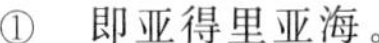

① 即亚得里亚海。

② 今天的佩撒罗(Pesaro)。

③ Fanum Fortunae:今天的法诺(Fano)。

于托提拉和哥特军队,他们看到贝利撒里乌斯没有足够的军队来同他们抗衡,于是决定骚扰防守最坚固的那些城镇。(39)因而他们便在皮凯努姆的费尔木姆[①]和阿斯库路姆[②]两个城市的前面设营开始进行围攻。冬天结束了,普洛科皮乌斯所记述的这场战争的第九个年头[③]也结束了。

十二

(1)再说贝利撒里乌斯,他发现自己根本没有能力支援被围攻的城市,于是便把维塔利安的侄子约翰派到拜占庭去,但是首先要约翰用最庄重的誓言保证,他将尽一切努力尽快返回;约翰的使命是请求皇帝派一支大军到他们这里来,并提供大量的金钱,还有武器和马匹。(2)原来即使他手下为数不多的士兵也不愿作战,他们宣称国家欠了他们很多的钱,并且他们自身无论什么都缺少。(3)而这都是实情。贝利撒里乌斯还给皇帝写了一封信,记述了这些情况;信里的话是这样[④]:

"最强大的皇帝,我们在没有士兵、马匹、武器或金钱的情况下来到了意大利,而我以为,如果在这些事物方面没有充分的供应,任何人都不可能进行一场战争。(4)虽然我们确实极为辛苦地走遍了色雷斯和伊利里库姆,但是我们征集到的兵员只是极少的、少

① 今天的费尔莫(Fermo)。

② 今天的阿斯科利(Ascoli)。

③ 公元545年。

④ "一位英雄的灵魂深深地印在这封信上,而我们不能把如此真诚和不同凡响的行动和拜占庭历史学家的雕琢的和往往是空洞的发言混同起来。"——吉本(Gibbon),《罗马帝国衰亡史》,第四十三章。

得可怜的一批人,这些人手里没有哪怕是一件武器并且毫无作战经验。(5)而且,另一方面,我们看到留在意大利的人们也是人数既不足,而且可耻地害怕敌人,而且由于他们在敌人手下经受的多次失败,他们的精神已彻底地被挫伤了——这些人不仅仅是见了敌人就任意逃掉,甚至还放弃他们的马匹并且把自己的武器丢在地上。(6)至于这里的收入,则我们已不可能从意大利取得任何金钱了,因为这收入已再次归敌人所占有。(7)因此,既然在支付士兵的军饷方面我们已落在了后面,我们发现自己已完全无法对他们发号施令了;因为债务已经取消了我们的指挥权。(8)而且,这一点你一定也了解得十分清楚,我的君主,即在你的军队中服役的士兵,大多数已跑到敌人那一方面去了。(9)因此,如果需要的只是把贝利撒里乌斯派到意大利来的话,那么你为战争已经作了所能做到的最好的准备,因为我已经在意大利的中心地带了。但是,如果你想在战争中打败敌人,那就必须准备其他必需之物。(10)要知道,我以为,如果得不到人们的支持,任何人也不会成为一位统帅的。因此需要的是,首先应当把我的长枪兵和卫士派到我这里来,此外还要一支人数很多的匈人和其他蛮族的军队,而且还立刻必须把钱付给他们。"

(11)上面便是贝利撒里乌斯写的信的内容。至于约翰,虽然他在拜占庭待了很长一段时期,但是他此行的任务一件也没有完成。不过他却和皇帝的侄子日耳曼努斯的女儿结了婚。(12)就在这同时,由于费尔木姆和阿斯库路姆的降服,托提拉占领了这两座城市;并且在进入图斯卡尼后,他又开始了对斯波利提昂[①]

① 今天的斯波列托(Spoleto)。

和阿吉泽[1]的围攻。斯波利提昂这里的卫戍部队的指挥官是希罗迪安,而阿吉泽的卫戍部队的指挥官是西吉弗里杜斯,此人虽是一个哥特人,对罗马人和皇帝的事业却极为忠诚。(13)希罗迪安从他这方面则同敌人达成这样的协议,协议规定让他们安静地度过三十天;(14)如果在这期间罗马人得不到任何援助,他不但本人投降,而且把城市以及士兵和居民都交给哥特人。他还交出自己的儿子作为人质以保证这一协议的执行。(15)这样,当约定的日子到来而没有任何罗马军队从任何地方到来的时候,希罗迪安和斯波利提昂的全部卫戍部队便按照协议把他们自己和城市交到托提拉和哥特人的手里去了。(16)据说,希罗迪安自己向哥特人投降并把斯波利提昂也交给他们,其真正原因是他和贝利撒里乌斯不和[2];因为贝利撒里乌斯曾威胁说要他说清楚过去的行为。

(17)斯波利提昂方面发生的事件,其经过便有如上述。另一方面,西吉弗里杜斯则在和他的军队一道向外出击时损失了他大部分的士兵,他本人也阵亡了。(18)于是对局势感到无望的阿吉泽的居民立刻把城市交给了敌人。托提拉还立刻派人去奇普里安那里,要他把佩路吉亚交出来,如果他不听从的话,则试图对他进行恐吓;另一方面,如果他执行命令的话,则可以得到一大笔酬金。(19)但是在同奇普里安打交道时他没有取得成功,于是他收买了奇普里安的一个名叫乌利福斯的贴身卫士来暗杀他。而乌利福斯便趁着和奇普里安单独在一起的机会杀死他并跑到托提拉一面去

① 今天的阿西西(Assisi)。

② 参见《秘史》,第十二章,第16节。

了。(20)不过奇普里安的士兵仍然为皇帝守卫城市,结果哥特人便决定从佩路吉亚撤退了。

十三

(1)在这之后托提拉便向罗马进军并在来到罗马城附近的地方时开始了围攻。但是对于这一地区以及意大利其他任何地区的农民他并没有任何伤害,而是要他们像平时一样地耕种土地而不要心存畏惧,只是把他们先前交给国库和地主的税款带给他就行了。(2)并且当某些哥特人走近罗马的要塞时,阿尔塔西列斯和巴尔巴提昂便出城向他们进击——但贝撒斯却完全不同意他们的做法——把他们的许多士兵带领出城发动进攻。并且他们立刻便杀死了许多敌人并把其余的人赶跑。(3)但是在追击这些敌人并且在追击中使自己被敌人引出很远的时候,他们却中了敌人的埋伏。在这里他们大多数士兵都送了命,他们本人在少数士兵伴随下好不容易才得以逃脱。(4)此后他们便不再敢出城去进攻敌人,甚至在敌人加紧进攻的时候。

(5)从这时起,罗马人遭到了严重的饥馑,因为他们已不再能从农村把任何必需的东西运进来,而且海上的交通也被切断了。(6)原来在哥特人攻占了拿波利之后,他们便把由许多轻型船舶组成的一支海军安置在那里以及所谓埃奥利斯群岛[①]和这一带沿岸的其他岛屿,而他们便利用这些船只严密监视海上的交通。(7)结果从西西里出发以及驶向罗马港口的船只和上面的人员便全部落

① 今天的利帕里群岛(Lipari Islands)。西西里以北的火山岛。

入这些巡逻艇之手。

(8)这时托提拉把一支军队派入埃米利亚,命令他们用猛攻或劝降的办法拿下普拉肯提亚[①]这座城市。(9)这是埃米利亚地区的主要城市并拥有坚固的工事,它位于埃里达诺斯河[②]河畔,是这一地区唯一还忠于罗马的城市。(10)因此当这支军队来到普拉肯提亚附近时,便向那里的卫戍部队提出了条件,以便使对方通过投降的办法把城市交给托提拉和哥特人。(11)但由于他们没有取得成功,他们便在原地设营,开始了围攻,因为他们看到城里的人民是缺粮的。

(12)当时在罗马皇帝的军队的指挥官当中,人们怀疑凯提古斯有背叛行为,此人是一位贵族又是罗马元老院的领袖[③]。因此他便赶忙离开,去了肯图姆凯莱[④]。

(13)但是贝利撒里乌斯却为罗马并且为全部的罗马事业感到极为不安,因为无论如何他也不可能从拉温那方面提供帮助,特别是他手中的军队人数不多;因此他决定离开那里而占领罗马周边的地区,这是因为:在就近的地方他可以去帮助那里处于困境的人们。(14)确实,他后悔听了维塔利乌斯的意见而竟然来到了拉温那,而这一做法是不利于皇帝的事业的,因为这样他便把自己封闭在那个地方,从而使敌人能以放手按照自己的希望来决定战争的

① 今天的皮亚岑扎(Piacenπa)。

② 在希腊神话中原指欧洲北部的一条河,后来用以指隆河或波河。这里当指波河。

③ 即首席元老(princeps)。

④ 今天的奇维塔—维奇亚(Civita-Vecchia)。

进程。(15)而我则以为[①],或者是贝利撒里乌斯选择了较坏的办法,因为当时注定罗马人要遭受苦难,或者是他确实确定了较好办法,但是上帝却想帮助托提拉和哥特人,所以存心和贝利撒里乌斯作对,因此贝利撒里乌斯最好的计划,其结果却完全和他所期待的相反。(16)要知道,从一个美好的方向吹过来的幸运之风吹到谁的身上,则这些人即使制订了最坏的计划也不会遇到任何灾难,因为上天扭转这些计划并使它们取得完全有利的结果;(17)然而,我认为,一个走背运的人却完全没有制订出明智计划的能力,因为注定要遭难的命运使得他不能认识和看到真理。(18)而且,即使他确实作出了适合于当前局势的需要的某一计划,则在他作出这一计划之后,命运仍然会立刻加以阻挠,破坏他的明智的意图,乃至造成最悲惨的结果。(19)但事情是这样或不是这样,我就没办法说了。

于是贝利撒里乌斯任命优斯提努斯为拉温那卫戍部队的指挥官,而他本人则只同少数人从那里通过达尔玛提亚及其附近的地方去埃皮达姆诺斯[②];他就静静地待在这里,等候来自拜占庭的一支军队。并且他给皇帝写了一封信,报告当前的情况。(20)于是皇帝在不久之后便把维塔利安的侄子约翰和阿腊提乌斯与纳尔吉斯的兄弟、阿尔明尼亚人伊撒克率领的一支蛮族和罗马士兵的军队派到他这里来。(21)这些军队到达埃皮达姆努斯并在这里同贝利撒里乌斯会合。

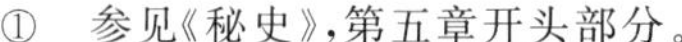

① 参见《秘史》,第五章开头部分。

② 杜尔拉奇乌姆(Dyrrachium):今天的杜腊佐(Durazzo)。

皇帝还把宦官纳尔吉斯派到埃茹利人的领袖们那里去，以便劝说他们的大多数人进入意大利。(22)许多埃茹利人跟随了他，他们的指挥官是菲列木特和其他一些人，他们和他一道进入色雷斯的土地。而意图则在于，在那里度过冬天之后，在开春时他们要被派到贝利撒里乌斯那里去。(23)和他们同行的还有他们称为"大肚汉"的约翰[①]。而结果是：在这一路之上，他们出乎意料地给罗马人做了一件大好事。(24)原来就在当时不久之前，有一大群蛮族的斯克拉文尼人渡过了伊斯特河、劫掠了附近的土地并且把很多的罗马人变为奴隶。(25)但是埃茹利人突然碰上了这些蛮族，并同他们展开了战斗；虽然他们的人数比对方少得多，但是出其不意地把对方打败，杀死了一些人，并把俘虏全部放回到他们家里去。(26)那时纳尔吉斯还发现了一个自称为奇尔布狄乌斯的人(奇尔布狄乌斯原是一位知名人士，担任过罗马人的指挥官)。但他很容易地便得以把这阴谋揭穿了。下面我就来叙述这事的经过。

十四

(1)在皇帝优斯提尼安的家族中有一个名叫奇尔布狄乌斯的人，他极为善于作战并且同时又如此不怕金钱的诱惑，乃至他不但没有自己的一笔巨大产业而且根本没有任何财富。(2)在皇帝当政的第四年[②]，这个奇尔布狄乌斯被皇帝任命为色雷斯的统帅，受

---

① 参见本书第二卷，第十九章，第15节等。

② 公元531年。

命保卫伊斯特河，他的任务是在这一带进行监视，使这一地区的蛮族不再能渡河，因为匈人、安塔伊人和斯克拉文尼人已多次渡河并且给罗马人造成无可弥补的伤害。(3)并且奇尔布狄乌斯成为蛮族的惧怕的对象到如此程度，乃至他留在那里担任这一职务的三年中间，不仅没有一个人能以渡过伊斯特河反对罗马人，而实际上罗马人反而多次随奇尔布狄乌斯渡河到对岸去并在那里杀死和奴役了蛮族。(4)但是三年之后，当奇尔布狄乌斯像平时那样和一支小队伍渡过河去时，斯克拉文尼人以其全部兵力向他发动了进攻；(5)发生了一场激烈的战斗，许多罗马人战死，其中便有指挥官奇尔布狄乌斯。(6)从此伊斯特河就成了蛮族在任何时候都可以随心所欲地自由渡过的一条河，而罗马的财富也就是人们易于染指的了；而整个罗马帝国在执行这一任务方面也就发现自己完全不能同一个人的勇敢相比了。

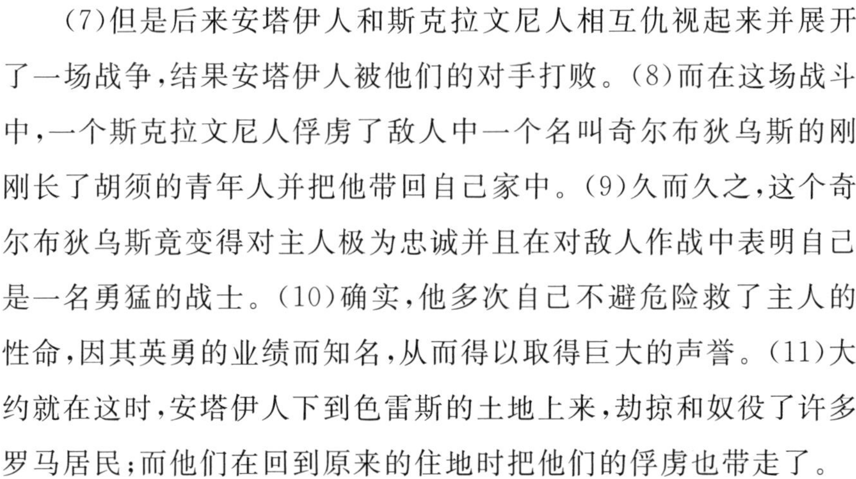

(7)但是后来安塔伊人和斯克拉文尼人相互仇视起来并展开了一场战争，结果安塔伊人被他们的对手打败。(8)而在这场战斗中，一个斯克拉文尼人俘虏了敌人中一个名叫奇尔布狄乌斯的刚刚长了胡须的青年人并把他带回自己家中。(9)久而久之，这个奇尔布狄乌斯竟变得对主人极为忠诚并且在对敌人作战中表明自己是一名勇猛的战士。(10)确实，他多次自己不避危险救了主人的性命，因其英勇的业绩而知名，从而得以取得巨大的声誉。(11)大约就在这时，安塔伊人下到色雷斯的土地上来，劫掠和奴役了许多罗马居民；而他们在回到原来的住地时把他们的俘虏也带走了。

(12)命运使得这些俘虏当中有一个人落入一位仁慈而又温和的主人之手。这个俘虏是一个大流氓，一个能以陷害和欺骗他遇到的任何人的家伙。(13)而由于不论用什么办法他也无法使自己返回罗马人的土地,尽管他非常想做到这一点,于是他便设想了如下的计划。他来到主人面前,称赞他的仁慈并宣称由于这一点上帝会赐给他大量的幸福,而他,就他这方面来说,也要表现出绝不会对一位最仁慈的主人忘恩负义。但是,只要他愿意听取他必须提供的美好建议的话,很快他便能使主人得到一大笔钱。(14)原来据他说,在斯克拉文尼人这个民族当中有一个名叫奇尔布狄乌斯的人,此人先前是罗马士兵的一位指挥官,但现在处于奴隶的地位,而所有的蛮族都不知道他到底是何许人。(15)因此,如果他愿意付出为奇尔布狄乌斯规定的价格并把此人带往罗马人的土地,则很可能他会从皇帝那里不仅取得美好的名声,而且还有大量的金钱。(16)这个罗马人很快便用这些话说服了他的主人,于是他便和他一道到斯克拉文尼人当中去;因为这些蛮族已经和平相处并且毫无恐惧地相互混合起来。结果,通过把一大笔钱付给奇尔布狄乌斯的主人,他们得以买下这个人,并且他们立刻便和这个人一道出发了。(17)并且当他们回到自己的土地时,买者问那个人是不是奇尔布狄乌斯本人,即罗马人的指挥官。(18)此人则毫不犹豫地一五一十地说出了全部事实真相,他说他也是一个安塔伊人,并说当他和自己的同胞对当时同他们敌对的斯克拉文尼人作战时,他被一个敌人所俘,但是现在他既然已返回自己的故土,则他从那时起也应当根据法律得到自由。

(19)于是那为了此人而付出了黄金的人便痛苦得说不出话来,因为他的一个不寻常的希望已经破灭了。(20)但这罗马人为了叫他放心并否定实情,以便不使自己回家有任何困难,因而他仍然坚持说此人实际上就是奇尔布狄乌斯，而他所以害怕承认，显然是因为他处于蛮族之中，所以根本不愿把全部真实情况和盘托出；但是，如果他来到罗马人的土地，那他不仅不会隐瞒真情，而且实际上很可能正是为了这个名字而感到自豪呢。而在开头，这些事是背着其他蛮族进行的。

(21)但是当消息传播开来并为整个民族所知晓的时候，实际上全体安塔伊人都集合起来讨论形势，并且他们要求公开此事，而认为他们现在成了罗马指挥官奇尔布狄乌斯的主人，这一事会给他们带来巨大的利益。(22)原来斯克拉文尼人和安塔伊人这些民族并不是由一个人来统治，而是自古以来便生活在一种民主制度之下，因而凡有关他们福利的一切事情，无论好事坏事都要交给人民来处理。老实说，在所有其他事务上，这两个蛮族民族自古以来便有同样的体制和风习，这也是实情。(23)原来他们只相信一个神、闪电的创造者，只有他才是一切事物的主人，并且他们献给他的牺牲有牛和其他牲畜；至于命运，他们既不知道有这种东西，也根本不承认命运在他们中间有任何力量，而是当死亡来到他们近前，也就是当他们得了病或开始一场战争的时候，他们便作出一项保证：即如果他们逃脱了死亡，他们将为他们的生命立刻向神奉献牺牲作为回报；并且如果他们得以逃脱死亡，他们便按照他们所保证的献上牺牲，并且认为他们的安全正是以这一牺牲为代价而买到的。(24)但是他们既崇拜河流，也崇拜宁芙女神[1]以及其他一

① 希腊神话则用来指自然界(山林、洞窟、河流、泉水等等)的年轻美貌的小女神。她们有人的属性，但不是长生不死的。

些精灵并且向所有它们奉献牺牲,而且他们是用这些牺牲进行占卜的[①]。他们居住在他们建立得相距遥远的十分简陋的茅舍里,但是他们有一个共通的特点,即他们都是经常变换住所的。(25)当他们作战时,他们大多数人是徒步向敌人展开战斗的,他们手持的武器是小盾和投枪,但他们从来不穿胸甲。(26)确实他们有些人连内衣[②]或外套也不穿,而只是把裤子系到腰部,便这个样子对敌人去作战了。他们两个民族使用的语言也一样,这是一种道地蛮族的语言[③]。(27)而且还有,从外貌上他们也根本没有任何区别。他们都是特别高大而且强壮的人,他们的身体和头发不是很白净的或金黄色,但确实他们又不完全算是深色一类的,而他们全都带有一点红色。(28)并且他们过的是一种艰苦的生活,根本不注意生活上的舒适,完全和玛撒该塔伊人一样,而且他们也和玛撒该塔伊人那样,他们一直和在任何时候全身都是肮脏的;然而无论从哪方面来说他们都不是卑劣的,不是干坏事的,而他们保存了匈人的全部淳朴的性格。(29)事实上,斯克拉文尼人和安塔伊人实际上在遥远的过去是一个名称;要知道,他们在古时都被称为斯波里人,因为,我以为,他们并不住在一处,他们是散居在他们的土地上的[④]。(30)而正是由于这一情况,他们占有大量的土地。要知道,伊斯特河以北的土地,绝大部分只是由他们居住的。关于

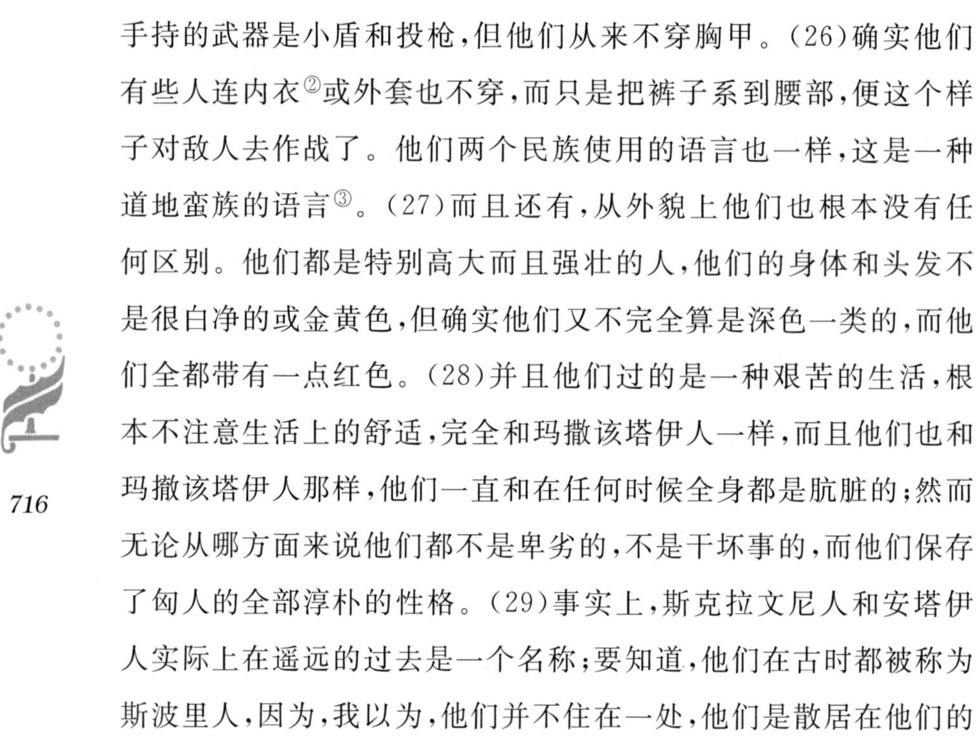

① 根据牺牲的内脏进行占卜。

② 一种被称为希同(Χιτώυ)的简陋的内衣,是生活中唯一遮盖上身之物。

③ 在希腊拉丁世界讲希腊拉丁语的人们看来,凡是讲希腊拉丁语以外、难于听懂的语言的人都是蛮族,蛮族一词是当时的文明世界对未开化民族的一种蔑称。

④ Spori 一词也许同俄语的 спорадический(英语 sporadic)(散在的)一词有联系?

这些民族可以谈的就是这些了。

(31)因此在当前情况下,安塔伊人便如上所述集合到一处,试图迫使这个人同意他们的做法,硬说他自己是奇尔布狄乌斯、罗马的那位指挥官本人。(32)并且他们还威胁说,如果他否认这一点,他们就惩办他。但是当这一事件正在按上述的方式发展的时候,就在这同时皇帝优斯提尼安把一些使节派到正是这些蛮族这里来,他通过使节表示了这样的愿望,即他们这些蛮族应当都住到伊斯特河以北一座名叫图尔里斯的古城里去。这座城是古时罗马皇帝图拉真修筑的,但是在它被那一地区的蛮族劫掠过之后现已长时期无人居住了。(33)皇帝优斯提尼安同意给予他们的正是这一城市及其周边的土地,并明确表明这地方原来就是属于罗马人的;此外他还同意在他们定居的过程中给予他们一切力所能及的帮助,还同意给他们大笔的金钱,条件是他们今后要同他和平相处并且在匈人想蹂躏罗马的领土时经常不懈地堵住他们进攻的道路。

(34)当蛮族听到这一切的时候,他们表示同意并保证履行所有的条件,但前提是要皇帝恢复奇尔布狄乌斯的罗马指挥官的职位并且任命此人协助他们建设他们的城市,他们坚定地表示,他们所希望的便是他们中间的那个人就是奇尔布狄乌斯。(35)而这个人本人在这些希望的激励下,现在也和其他人一样,开始宣称并硬说他就是罗马指挥官奇尔布狄乌斯了。而当纳尔吉斯在他的行程途中到他这里来的时候,他确实为了这项使命正在准备出发去拜占庭。(36)而当纳尔吉斯遇到这个人并发现他原来是个骗子的时候——虽然这个人讲拉丁语并且已经学到了奇尔布狄乌斯的许多个人特征而且表演得十分成功——他就把这个人关到监狱

里并迫使他交代出全部真实情况,然后就把他带到自己的随从之中返回拜占庭了。现在我还要回到我前面岔开的地方。

十五

(1)正当皇帝采取上面所说的那些措施时,贝利撒里乌斯这方面则派了一支军队去罗马的港口,率领这支军队的是瓦伦提努斯和他自己[①]的一名贴身卫士名叫佛卡斯的人、一个极其能干的战士。贝利撒里乌斯指示他们同波尔图斯那里的、由音挪肯提乌斯率领的卫戍部队会合,并帮助他们守卫这一要塞。只要他们发现什么地方有可能,他们就要对那里出击并骚扰敌人的营地。(2)因此瓦伦提努斯和佛卡斯便暗中把一位使者派到罗马城中,带信给贝撒斯,说那时他们要对他们的敌人的营地发动一次突然的进攻;因此他那方面应当选拔罗马最骁勇的战士,在他看到他们的进攻时要这些战士冲出去给以支援,这样两支兵力都可以给蛮族造成某种重大的伤害。(3)但是贝撒斯根本不同意这个计划,尽管他手下有多达三千名士兵。结果是瓦伦提努斯和佛卡斯率领五百名士兵出其不意地向敌人的营地发动了进攻,杀死了一些敌人,并且由此造成的骚乱声很快就传到被包围者[②]的耳朵里去。(4)但看到城里没有一个人出来进攻敌人的营地,他们便在没有遭到任何损失的情况下迅速退回港口。

(5)于是他们第二次派人去贝撒斯那里,并且,先是指责他竟

① 贝利撒里乌斯的。

② 在罗马。

令人遗憾地胆怯起来，然后宣称不久他们将对敌人发动第二次进攻，并且要他也率领全部兵力在适当的时候向蛮族发动进攻。(6)不过贝撒斯仍然拒绝从城中向敌人出击和冒险作战。但是瓦伦提努斯和佛卡斯还打算以更大的兵力进攻敌人并且为此已经做了准备。(7)但是音挪肯提乌斯手下的一名士兵却逃到托提拉那里去并且把这样一个消息带过去：第二天从波尔图斯方面将要对他们发动一次进攻。(8)于是托提拉决定在所有适于进行伏击的地点都安排了充足的伏兵。因此第二天瓦伦提努斯和佛卡斯便中了这些伏兵的进攻，他们不仅失去了他们的大多数的士兵，他们自己也阵亡了。并且只有一小撮人好不容易得以逃跑并且去了波尔图斯。

(9)正是在这个时候，正停留在西西里的罗马的首席神甫的维吉利乌斯[①]把尽可能多的船装满了粮食，然后把它们送出来，以为负责运送的人总之是会把货物送入罗马的。(10)于是这些船只便驶向罗马的港口，但是敌人却侦察到了它们并且在船只到达前不久来到了港口；他们在港口隐藏在城壁里面，他们的目的是：一旦船只在那里靠岸，他们便可以不费任何气力拿获它们。(11)当守卫在波尔图斯的所有的士兵看到这一情况时，便全部走向城垛处挥动他们的外衣，极力想示意船上的人不要再向前行驶而是掉转船头离开到别的什么地方去，事实上是他们可以蹦上的别的任何地方去。(12)但是船上的人们却不懂得他们在干什么，还以为是波尔图斯的罗马人在欢喜雀跃并请他们到港口里来，并且由于他

① 维吉利乌斯是537年至555年的教皇。

们是顺风,他们很快就进了港口。(13)而这时船上有许多罗马人,其中有一位名叫瓦伦提努斯的主教。随后蛮族便从他们隐藏的地方出来,没有遇到任何反抗便拿获了所有的船。(14)至于那位主教,他们把他关了起来并把他带去见托提拉,所有其余的罗马人都被他们杀死,并且在把还载着货物的船拖上岸之后,他们便离开了。(15)托提拉向这位主教提出了他希望了解的询问,但随即指责他无论在哪一方面都没有讲真话,于是便切断了他的双手。(16)这些事情的经过便是如此。冬天结束了。普洛科皮乌斯所记述的这场战争的第十一个年头也结束了①。

十六

(1)而罗马的首席神甫维吉利乌斯按照皇帝的召唤从西西里来到拜占庭;原来他在西西里一直在等候这一召唤有相当长的时候了。

(2)就在这一时期前后,罗马人包围了普拉肯提亚,因为他们的全部粮食现在已全部耗光,人们为饥饿所迫已经用一种不自然的食物来充饥了。(3)实际上,他们已经真的互相吃起对方的肉来。并且正是由于这一情况,他们同哥特人达成协议,向对方投降并且把普拉肯提亚也交出来。这里的事件的情况就是这样了。

(4)在苦于托提拉的围攻的罗马,同样地,所有的生活必需品都已经耗光了。(5)在罗马的神甫当中有一个名叫佩拉吉乌斯的人,任助祭之职。他在拜占庭住过很长一段时期并且同皇帝优斯

① 公元546年。

提尼安建立了特别亲密的关系，此人在当时不久之前带着一大笔财富来到了罗马。(6)并且在这次围攻期间他把他的财富的一大部分赠给了缺乏生活必需品的人们。这样，尽管甚至在这之前他已经是一位知名人士，但是现在很自然地他在所有的意大利人当中因其慈善事业而取得了更高的声誉。(7)而罗马人发现自己因饥馑而处于绝望的境遇，便说服这个佩拉吉乌斯去见托提拉，替他们磋商一项只有几天的停战协定，而达成的谅解则是：如果在这停战期间从拜占庭没有任何援助到来，他们即向哥特人投降并把城市交出来。(8)佩拉吉乌斯于是带着这项使命去见托提拉。而当他到来时托提拉对他表示了很大的尊敬和友好态度，继而便首先讲了下述的话：

(9)"在所有的属于蛮族的民族当中有一个几乎是普遍通行的习惯，那就是尊重使节的职务。而我，就我这方面来说，对于像你本人这样可以说是杰出的人物，我始终是特别尊重的。(10)但现在我的意见却是：对一个担任使节职务的人的尊敬和侮辱，其区别不在于接待他的人们的笑脸或夸张的空话，而在于：是直截了当地说出真话，还是，另一方面，对他讲不诚实的话。(11)要知道，一方面，直截了当地对他讲出真话之后送他回去的那个人，这是对他的很大尊重，而另一方面，听了只是欺骗的和不诚实的大量空话而离开的使节，这是对于他的可能的最大侮辱。(12)因此，佩拉吉乌斯啊，除了三件事之外，你绝不会从我们手里得不到你所渴望的任何东西。(13)对于这些事情，你最好是回避并不去提它，这样你才不会把这次失败归罪于我们，尽管由于你未能实现你此行的任何目的而你本人会受到最大的指责。(14)要知道，提出与实际情况不

符的请求,其不可避免的后果一般说来便是不能达到一个人的目的。因此我劝你不要为任何一个西西里人或罗马要塞或投到我们这边来受我们保护的奴隶的利益进行任何辩护。(15)因为哥特人不可能对任何西西里人表现仁慈,这里的城墙不可能继续存在下去,而一直在我们军队里服役的奴隶也不可能再回到他们先前的主人那里去服役。而为了不致显得我们是无理地提出这些要求,我们将立刻陈述我们的理由,以便不使人们对我们有所怀疑。"

(16)"首先,这岛①自古以来便享有无比的繁荣,这一点从它的岁收以及那里生产的大量农产品可以得到证明,因此它不仅为它的居民提供足够的农产品,而且你们罗马人通过每年输入作为贡物的西西里土地的农作物也得到充分的供应。(17)正是由于这一理由,在提奥德里克开始统治时,罗马人便恳请哥特人不要把任何人数众多的卫戍部队设置在那里,以便不使居民的自由或他们的普遍的繁荣受到任何限制。(18)就是在这样的情况下,敌人的军队来到了西西里,不过他们的兵力无论在人数上还是在其他任何方面都无法同我们相比。(19)但是西西里人在看到船队到来时并没有把这事向哥特人报告,他们甚至没有把自己关闭在要塞里,也不同意以任何其他方式对我们的敌人表示敌视的态度,而是把他们各城市的城市打开,张开双臂②极为热情地接纳敌人的军队,正好像我估计那些最不可靠的奴隶会做的那样,他们长时间窥伺一个有利的时机以便摆脱自己主人之手并寻找某些新的、不相识

① 即西西里岛。

② 原文直译是"向上翻的双手"。

的主人。(20)继而敌人把这岛利用为一个基地,就仿佛从一个前哨的要塞出发作战那样,不经过什么困难他们便占有了整个意大利并且攻克了这座罗马城,他们从西西里带来了这样多的粮食,乃至他们虽然被包围了一整年,粮食依然足够全城居民食用。(21)西西里人的情况便是这样,他们的罪行使哥特人根本不可能宽恕他们,因为罪名的严重性消除了对他们所犯罪行的任何怜悯之情。”

(22)“第二,我们的敌人正是闭居在这个城墙之内,他们根本不愿意到平原上来同我们展开堂堂正正的战斗,而是通过阴谋诡计一天又一天地戏弄哥特人,从而完全不是应该地成了我们的领地的主人。(23)因此我们便必须有所准备,不容许再发生类似的情况。要知道,当一度由于无知而遭受挫折的人们由于对他们根据经验已经熟悉的灾祸不做准备从而再次陷入同样的厄运的时候,人们便认为这些人遇到的并不是厄运,而很可能是灾害牺牲者的愚蠢的证据。(24)并且人们还可以说,摧毁罗马的城墙对你们比对任何其他人都更为有利。要知道今后你们再受到敌人围攻的时候,你们将不会和其他人一道被封闭在城墙之内并被切断了所有日用必需品的供应,而是相反的,两军将在堂堂正正的战斗中一决雌雄,这时你们这方面却可以没有危险地干脆等待成为胜利者的奖品。(25)第三,至于投到我们方面来受我们保护的奴隶,我们要说的只是:在他们已经在我们的对敌作战的队伍中取得他们的位置并且从我们这里得到保证,即我们绝不会放弃他们让他们仍然受先前主人的统治这样一种保证之后,如果我们现时仍然决定把他们交到你们手中的话,我们便不会有任何权利也受到你们的信任了。(26)要知道,对于一个不尊重同最不幸的人缔结的契约

的人来说,他不可能,我要说,不可能在同任何其他人打交道时,证明自己是一个可以信赖的人物,而是永远带着他的不可信赖的标记,正有如他带着在所有他同其他人打的交道中揭示了他的真实本性的任何其他特点一样。”

(27)以上便是托提拉的话。而佩拉吉乌斯对此作了如下的答复:“卓越的先生,虽然在一开始你就表示,你不仅极为尊敬我本人,而且还有使节的头衔,但实际上你把我们放到最受蔑视的地位上面。(28)确实,就我这方面来说,我认为真正侮辱了既是朋友又是使节的人的那个人,并不是会打他的脑袋或用别的什么办法虐待他的人,而毋宁是决定把来访者在他的使命未能完成的情况下打发回去的人。(29)要知道,通常人们担负起出使的重任并不是为了从接待他们的那些人手里取得任何荣誉,而是为了他们返回时能为派他们出来的人们做一些有益的事情。(30)因此,虽然受到无礼的蔑视,却仍然完成了此行的若干目标,这较之在听取比较客气的言语之后却绝望地返回,将要更加有利于他们的意图。就当前的情况而论,我不知道关于你本人所谈的那些事情我应当进行怎样的辩护。(31)对于一个在听取辩护之前便已经拒绝一项协议的人,人们为什么还要强求于他呢?然而我却还有不能不说的,即既然对于西西里人,尽管他们根本没有反对你们,你们已经决定毫不留情地向他们发泄你们的敌对情绪,显而易见,对于已经拿起武器反对你们的罗马人,你们打算表现怎样程度的仁慈了。(32)但是,至于我,我将要把我的请求书交给你,并把我此行的使命交付上帝,上帝对那些无视请求者的祈求的人们通常总是会施加报应的。”

十七

(1)说了这些话之后佩拉吉乌斯便离开了。而当罗马人看到他无功而返的时候,他们陷入了一种完全的绝望之中。原来饥馑变得越来越严重,每天它都使人们干出骇人听闻的事情。(2)不过士兵们却还没有把他们的供应耗尽,因而他们还能以坚持下去。于是罗马人便集合起来,来见贝撒斯和科农,皇帝的军队的这两位指挥官。在那里他们一面哭泣一面高声悲叹地对指挥官讲了这样的话:"统帅们,当前我们看到即将到临我们头上的命运是这样:如果我们真的有权力对你们干某种不光彩的事情,这样一项罪行也不会给我们带来任何责难。(3)要知道,不可抗拒的必然的强制力,它本身便提供了充分的辩解。但现在,既然我们的力量并不足以保卫自己,我们便诉诸言语并且到你们这里来明确我们的看法并为我们的不幸而悲叹。请务必耐心把我们的话听下去,不要因我们的话过火而激动,而是在适当注意到我们有多么痛苦的情况下对它作出判断。(4)要知道被迫而对安全感到绝望的人不再能控制自己的行动——不,也不能控制自己的言语——以保持自己的体面。(5)至于我们,统帅们,不要认为我们是罗马人或是你们的同胞,不要以为我们甚至已经使我们的国家体制已同化于你们的国家体制,并且也不要以为在开初我们是心甘情愿地把皇帝的军队接纳进城的,而是从一开头就把我们看成是敌人,看成是拿起武器反对你们并且后来在战斗中被打败才干脆根据战争的惯例成为你们被俘的奴隶的。(6)并且你们一定要把给养给你们的这些战俘,即使数量不够我们的需要至少使他们能够维持生命,而你们

这样做我们才能以活下来给你们干活,就像奴隶理应给他们的主人干活那样。(7)但是,如果你们发现难以办到这一点或是你们不愿意这样做的话[①],那么至少也要同意把我们从你们手中释放出来,这个做法使你们会有这样一个好处,即你们可以不必费事再掩埋你们的奴隶了。并且,如果你们甚至连这样一个恩惠也不肯给我们的话,你们不如把我们处死,不要使我们失去取得一个光荣结局的机会,也不要舍不得给我们以死亡,因为死亡对我们来说是一切事物中最美好的,并且通过这一个行动,使罗马人解脱了无数烦恼。"(8)当贝撒斯和他的军官听了这话之后,他们便明确指出,首先,不可能供应他们粮食;第二,把他们处死,这是亵渎神明的事情;第三,即使把他们释放,这也不是没有危险的。但是他们坚持说贝利撒里乌斯和来自拜占庭的军队很快就会到达,而在对他们抚慰一番之后便把他们打发回去了。

(9)但是饥馑久而久之变得越来越严重了,它大大地加强了自身的破坏作用,逼得人们去发现人的天然愿望从来不知道的骇人听闻的食物。(10)而起初,由于率领罗马卫戍部队的贝撒斯和科农实际上在罗马城内收藏起大量他们自己用的粮食,所以他们和士兵们能不断从他们自己需要的份额拿出部分来向富有的罗马人出售高价;要知道,当时每一美狄姆努姆[②]的粮食的价格高达七个金币[③]。(11)但是家庭情况不允许享受到贵到如此程度的食物的那些人,付出这个价格的四分之一的现金可以得到同样数量的糠;

① 有的原本是:"如果你们即使愿意,也难于做到这一点的话。"

② 美狄姆努姆(medimnum)是粮食计量单位,约合 45 升。

③ 可能是 solidi aurei。在上世纪二十年代每枚约合 3.06 美元。

这就是他们的食物，食物的匮乏使得他们觉得糠都极为甜美可口了。(12)至于牛肉，则每当贝撒斯的卫士进行出击而捉到一头牛时，他们便把它卖五十个金币。而如果有谁有一匹马或任何其他动物死了，那么这个罗马人便被认为是极为幸运的，因为这样他便能以靠这只死动物的肉过奢侈的生活。(13)但是所有其余的众多居民却只在吃荨麻，这种东西在城墙附近以及城中所有各处的废墟中都长有很多。(14)并且为了防止这种辛辣的植物刺激嘴唇和咽喉，他们便在吃之前把它们煮透。

(15)因此，只要罗马人手里有金币，他们便以我上面所说的方式购买粮食和糠，就这样应付下去。但是当他们在这方面的供应终于告罄的时候，他们就把他们家中的全部财物拿到广场上来，用它们交换他们每日的给养。(16)但是最后当皇帝的士兵已没有他们能以出售给罗马人的粮食(除了确实贝撒斯手里还有一点)，而罗马人也没有用来购物的任何事物时，他们就全都以荨麻为食了。(17)但是这种食物也不够他们的食用，因为要用它来满足他们自己是完全不可能的，因此他们的肌肉几乎完全干瘪下去了，而他们的颜色逐步变成青灰色，使他们完全变成鬼的样子。(18)甚至许多人在走路时嚼着荨麻，死亡便突然降临，于是他们便倒在地上了。而现在他们甚至开始互相吃起粪便来了。(19)还有许多人在饥饿的压迫下自杀了。因为他们已不再能找到狗或老鼠或可以吃的任何种类的死动物了。

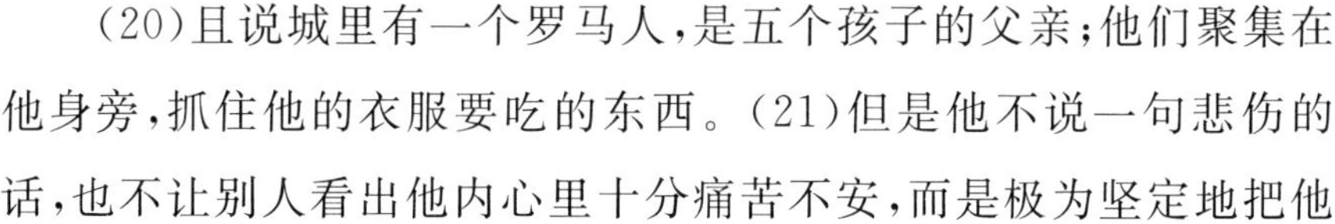

(20)且说城里有一个罗马人，是五个孩子的父亲；他们聚集在他身旁，抓住他的衣服要吃的东西。(21)但是他不说一句悲伤的话，也不让别人看出他内心里十分痛苦不安，而是极为坚定地把他

的一切悲痛隐藏在心里，便这样地要孩子跟他走，好像是去取得食物的样子。(22)但是当他走到梯伯河的桥上时，他便用外衣蒙上脸，堵住眼睛从桥上跳到河里去，这事是他的孩子和当时在场的所有罗马人亲眼目睹的。

(23)从那时起，帝国的指挥官只要再得到钱便把愿意离开城市的罗马人放出去。(24)只有少数人留在城里；因为所有其余的人都各自通过可能的方式从城里逃掉了。但是这些人的大多数由于饿得一点力气也没有了，在他们一启程——无论从陆上还是从水上——时便毙命了。(25)还有许多人是在路上被敌人捉住杀死的。元老院和罗马人民①的命运便落得这样一个悲惨的下场。

十八

(1)当约翰和伊撒克所率领的军队到达埃皮达姆诺斯并且同贝利撒里乌斯会合的时候，约翰这方面的要求是：他们把全部军队运过海湾，然后全军在陆地上行进，共同承担不管在路上遇到的任何对他们的反抗。但是另一方面贝利撒里乌斯则认为这种做法对他们不利，他认为更好的办法是从海路直抵罗马附近的地区；(2)因为要从陆上行进他们会用去更多的时间并且也许会遇到某种麻烦；这期间约翰应当穿行卡拉布里人的地区和这里其他民族的地区，把那里的为数不多的蛮族赶走并且在把伊奥尼亚湾以南的地区制服之后再去罗马附近的地区同友军重新会合。(3)的确，

① 元老院和罗马人民(senàtus populusque Romanus)简称S、P、Q、R，实际上就是罗马共和国的正式名称。

这里正是贝利撒里乌斯和其余部分的军队打算登陆的地方。因为他的想法是：既然罗马人因围攻而吃了极大的苦头，因此即使最短时期的耽搁也完全可能给他们的事业造成灾难。(4)而且，如果他们走海路又遇上顺风，就可能在第五天在罗马的港口登陆，但另一方面，一支军队从德律欧斯在陆上行进，则差不多要四十天才能达罗马。

(5)因此贝利撒里乌斯便对约翰下达了这样的命令并和他的全部舰队从那里启程了；但是由于遇到了暴风，他们便停泊在德律欧斯。(6)而当驻守在那里包围要塞的哥特人看到了这支舰队时，他们便放弃了围攻，立刻到布伦狄西乌姆城附近的地区去了。布伦狄西乌姆离开德律欧斯是两天的路程[①]，就在海湾的岸上并且没有城墙。因为他们认为贝利撒里乌斯会立刻穿过德律欧斯的海峡[②]；并且他们把他们的形势向托提拉作了报告。(7)而他这方面则使自己的军队做好对付贝利撒里乌斯的准备，并且命令卡拉布里亚的哥特人尽其所能守住各处的隘路。

(8)但是当贝利撒里乌斯趁着一次顺风驶离德律欧斯的时候，卡拉布里亚的哥特人便不再想着他并开始又无忧无虑地行动起来，而另一方面，托提拉则满足于静静地待在那里，但是仍然更加密切防守通向罗马的道路，以便不使任何种类的食物给带到城里去。(9)于是他便设计了梯伯河上的这样一种装置。他找到河道很窄、离城大约有九十斯塔迪昂[③]的一处地方，从河的一岸到对岸

① 在北边。

② 即奥特兰托海峡。贝利撒里乌斯要赶路去南方，所以不想去触动他们。

③ 约合16.5公里。

的河上放了很长的木料[①],从而在这里形成了一座类似浮桥的东西。(10)继而他又修造了两座木塔分别立在河的两岸,每座塔里都安置了一个由勇武的战士组成的队伍加以看守,这样任何种类的船只便都不再能从波尔图斯上行,从而进入罗马了。

(11)就在这期间,贝利撒里乌斯这方面已在罗马港登陆,而约翰和他的军队则仍留在原地未动。继而约翰使自己的军队渡海进入卡拉布里亚,而如上所述,在布伦狄西乌姆附近等待的哥特人根本没有注意到这一行动。(12)并且他俘虏了两个出来侦察的敌人,并把其中的一人立刻杀死了;另一个人则抱住他的双腿恳求他只把他作为俘虏对待。(13)他说:"你们知道,对你和罗马军队我将不会是无用的。"而当约翰问他如果饶了他一命,他能以给罗马人带来什么好处的时候,这个人保证使他能以在哥特人根本料想不到的时候向他们发动进攻。(14)于是约翰表示他将接受此人的请求,但是首先必须告诉他,他们牧马的草场在什么地方。那蛮族士兵也同意指给他,于是他便同这蛮族一道去了。(15)而首先,在发现了敌人正在牧放的马匹时,所有步行的士兵便纵身跳了上去;这样的士兵为数众多,其中有些是属于最精锐部分的。随后,他们便全速冲向敌人的营地。(16)既没有武装也完全没有准备并且为这突如其来的进攻所吓倒的蛮族大部分就地被杀死,他们完全忘记了自己的勇敢,并且只有少数人得以逃脱,跑到托提拉那里去了。

(17)继而约翰便开始安慰和抚慰所有的卡拉布里亚人,试图争取他们效忠于皇帝并保证说,他们将从皇帝和罗马军队那里得

① 似是由圆木连成的木筏。

到很多好处。(18)随后他便尽快地离开布伦狄西乌姆,攻占了一座名叫卡努西乌姆的城市[①],这座城市是在阿普利亚的大约中心的位置,而如果从这里向西、向罗马的方向走,它离布伦狄西乌姆是五天的路程。(19)离卡努西乌姆二十五斯塔迪昂[②]、有一处名叫坎奈的地方,据说古时罗马人在这里在汉尼拔这位利比亚人的统帅手下吃过惨重的败仗[③]。

(20)在那个城市里有一个名叫图利亚努斯的罗马人,他是维南提乌斯的儿子,是一个在布路提伊人和路卡尼人中间很有权势的人物。他到约翰这里来,指责皇帝的军队先前对意大利人干出的不义之行,但是如果皇帝的军队在今后对他们表示某种程度的关心,他将会同意把布路提乌姆和路卡尼亚交给罗马人,再次和先前一样地诚心诚意地臣服于皇帝并向他纳贡。(21)他说,他们屈服于既是蛮族又是阿里乌斯派信徒的人们,这并不是他们的本意,而是因为他们既受到敌人的极为可怕的压迫,也受到皇帝的士兵的不公道的对待。(22)并且在约翰表示意大利人今后将会从军队手中得到一切良好的待遇之后,图利亚努斯便和他同行了。(23)因此士兵便不再对意大利人抱任何不信任的态度,而伊奥尼亚湾以南的领土大部分也对他们表示友好并成了皇帝的臣民。

(24)但是当托提拉听到这一情况时,他便选拔了三百名哥特士兵并把他们派到卡普亚去。他给这些人的指示则是:只要他们看到约翰的军队从那里开赴罗马,他们便干脆应当跟随在这支军

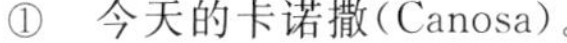

① 今天的卡诺撒(Canosa)。

② 约5公里。

③ 公元前216年。

队的后面而不要引起对方对他们的注意;其余的士兵将由他本人负责照管。(25)结果约翰害怕自己会陷入敌人的圈套并被他们包围,于是便停止同贝利撒里乌斯会师的进军;反之,却进入了布路提伊人和路卡尼人的地区。

(26)再说在哥特人中间有一个名叫列奇孟杜斯的知名人士,托提拉便任命此人负责保卫布路提乌姆;他手下有一些哥特人,还有逃过来的罗马士兵和玛乌里人,而给他的指示是:和这些军队一道守卫斯奇拉海峡[1]和它附近的海岸,以便不使任何人能无所畏惧地从那里乘船去西西里或从海岛在那里登陆。(27)约翰的出现使这支军队大为吃惊,因为他们没有得到过约翰要来的报告;他是在列吉乌姆和贝邦之间的一个地点向他们发动进攻的,他的突然进攻使这些军队惊慌失措,实际上完全忘记了什么是勇敢,并使他们立刻逃跑了。(28)于是他们逃到附近耸立的大山里去设法隐匿起来,这是一座难以攀登并且一般说来是陡峭的山,但是约翰追击他们并且和敌人一道到达了陡坡,而这样一来,在他们还未能在崎岖的山侧把他们的阵地巩固下来之前,便同对方展开了战斗并且消灭了许多玛乌里人和罗马士兵,尽管对方进行了极为激烈的反抗,并且由于投降而俘虏了列奇孟杜斯和哥特人以及残留的所有的人。

(29)在成就这一战功之后,约翰仍然继续留在他原来的地方,但另一方面,一直在盼望约翰的贝利撒里乌斯也仍然没有举动。而贝利撒里乌斯却一直在指责他,因为他不愿冒险同守卫卡普亚

[1] 即今天的墨西拿海峡(Messina)。

的只有三百人的队伍展开战斗并试图打开自己前进的道路，尽管他手下的蛮族士兵都是因其勇敢才选拔出来的。但是约翰放弃了那个计划并且进去了阿普利亚的一个名叫凯尔瓦里乌姆①的地方去并无所事事地待在那里。

十九

(1)于是担心被包围的人们由于缺粮会干出某种无法挽回的事情的贝利撒里乌斯便开始制订计划以便用某种办法把给养送到罗马城里去。(2)并且由于他显然没有足够的兵力对抗敌人，因而不能在平原上同他们展开一场决战，于是他先是安排了如下的计划。(3)他挑选了两艘特别宽的船，把它们加以捆绑并使之十分牢固地接合到一处，然后在上面修建一座木塔，这木塔修造得比敌人在桥上修造的木塔还要高得多。(4)原来他先前曾要一些人对它们进行过精确的测量，这些人是装作罗马方面的逃兵跑到蛮族那方面去的。(5)继而他便在二百只快船上安装了木墙，然后把它们放到梯伯河上去；木墙的各部分都留了空洞，使里面的人能从这里对敌人进行射击。最后，他把粮食和其他种类的许多食品装到船上，并配备了他的最为勇武善战的士兵。(6)他还在梯伯河河口附近河两岸的若干坚强的阵地里安置了另一些军队，步兵与骑兵都有，他命令他们留在自己的岗位上，如果有任何敌人会威胁波尔图斯，他们应当尽全力加以阻截。(7)但是他却要伊撒克驻守在波尔图斯城内，他正是把这个城市和他的妻子以及这时他在那里拥有

① 今天的契尔瓦罗(Cervaro)。

的其他任何事物托付给了此人。并且他指示伊撒克在任何情况下都不要离开城市，甚至在他得知贝利撒里乌斯已经死在敌人之手的时候也不要离开，而是加以严密的和经常不懈的守卫，这样，如果罗马人遭受任何厄运的话，他们自身便可以有一个避难和得救的地方了。(8)因为在那一地区他们手中根本没有任何其他要塞，而且这整个地区无论哪个方面对他们都是仇视的。

(9)随后他本人便登上这样一艘快船，领导这个船队，下令拖动上面修造有塔楼的船只。(10)现在他把一只小船安放在塔楼的顶上，并叫人在小船里放满沥青、硫黄、树脂和所有其他各种易于引火的东西。(11)并且在河的另一岸，而如果从波尔图斯向罗马的方向走，便是右岸，又沿着河设置了一支步兵队伍对他加以支援。(12)但是他又在前一天传话给贝撒斯，命令他在第二天带领一支强有力的队伍从城中向外出击并使敌人的营地陷入混乱；确实，这个命令和很久以前给他下达的命令是一样的。(13)但是无论先前的命令还是这次战斗期间所发的命令，贝撒斯都不愿执行。(14)原来这时只有他手里还有一点粮食，因为先前西西里的长官们送到罗马来以供士兵和全体居民之需的全部粮食，他只把其中极小的一部分分给民众，而在供士兵之用的借口下自己拿走了最大的部分并把它隐藏起来；并且由于他把自己留下的这一部分高价向元老们出售，所以他绝不愿意打破敌人对罗马的包围。

(15)就在这时，贝利撒里乌斯和罗马船队正在向河流的上方行进，尽管逆流造成了前进的困难。不过哥特人却没有任何敌对的行动，而是静静地待在自己的设防营地里。(16)但是罗马人一旦接近那桥，他们立刻遇到了敌视他们的卫戍部队；这支队伍被配

置在河的两岸守卫一条铁链,这条铁链是托提拉不久之前设在那里的,它从河岸的一侧拉到另一侧,它的目的在于使敌人甚至难于到达桥那里。(17)他们用投射武器杀死了一些守卫的士兵并把其余的士兵赶跑了,随后他们便除掉了铁链,径直向桥攻去。并且一旦他们上了桥,便展开了进攻,而这时从塔上投射的敌人则极为猛烈地想把他们打回去。(18)这时蛮族也从他们的设防营地出来,正在冲到桥这边来。

正好在这一时刻,贝利撒里乌斯把上面建有塔楼的船推进到尽可能接近敌人的一个塔楼的地方——也就是在通向波尔图斯的路上位于河边的那一座——并且下令把小船点起火来,然后把它抛向敌人的塔楼的顶端。罗马人按照他的命令做了。(19)而当小船落到塔上时,它很快地把塔楼点着,这样不仅塔楼本身被烧光,里面的多达二百名左右的所有哥特人也都同归于尽了。(20)这样被烧死的人们当中就有他们的指挥官奥斯达斯,此人在所有的哥特人当中是最勇武善战的。于是罗马人便鼓起勇气来,开始比以前更迅速地把投射的武器射向前来支援自己同伴的蛮族。(21)至于哥特人,他们在事件发生转折时惊慌失措,转身逃跑,每个人尽量寻自己的生路去了。于是罗马人开始把桥毁掉,并且在一瞬间把它拆除之后便向前推进,在没有更多的反抗的情况下进入了罗马。(22)但由于这不是命运的意旨,所以有某个妒忌的神灵加以干预并且设下计谋以如下的方式毁了罗马人的事业。

(23)如上所述,当两军展开战斗的时候,就在这时,一个对罗马人充满凶兆的消息传到了波尔图斯,消息传布说贝利撒里乌斯已取得了胜利并且在消灭了那里的蛮族之后撤掉了铁链,还有我

前面所说的所有其余的事情。(24)这样,当伊撒克听到这个消息时,他再也安静不下来,而是急于在这一光荣的胜利中也插一手。因此他不顾贝利撒里乌斯的指示,尽可能快地来到了梯伯河的对岸。(25)他带领着贝利撒里乌斯留在那里设防的军队中的一百名骑兵向敌军一个寨子攻去,而这里敌军的指挥官是一个能干的战士茹德里克。(26)继而他又对营地中的蛮族发动突然的袭击并重创了他们的一些人,其中便有出来同他对抗的茹德里克本人。(27)哥特人这方面立刻放弃了营地并撤退了,这或是因为他们认为在伊撒克后面还有一支敌对的大军,或者是为了欺骗敌人以便能以俘获他们。实际上发生的正是后一种情况。

(28)这样伊撒克的士兵便进入了敌人的营地,他们开始掠夺那里的银子和其他值钱的东西。(29)但是哥特人立刻返回并杀死了他们的许多敌人,但是只生俘了伊撒克和其他少数人。骑兵于是赶忙去贝利撒里乌斯那里,报告说伊撒克已经落入敌人之手。(30)贝利撒里乌斯听到这消息后简直吓坏了,于是他并没有打听伊撒克是如何会落入敌人之手的而只是以为波尔图斯和他的妻子都完了并且罗马人遇到了一场全面的灾难,因为现在已没有另一座要塞可供罗马人避难和拯救自己了,他因而陷入了一种说不出话的状态,这种经历是他过去从未有过的。(31)正是由于这一理由,他赶忙把他的军队撤到后方去,打算趁着敌人还在混乱之中时对他们展开进攻并不惜一切代价收复城镇。

于是罗马军队没有实现自己的目标便从桥那里撤退了。(32)但是当贝利撒里乌斯来到波尔图斯时,他才得知伊撒克的疯狂行动并且认识到他自己的激动是没有道理的。于是他为了这一不幸的遭遇感到如此悲痛乃至竟病倒了。(33)原来他得了一场持续很久的热病,这病给他带来巨大的痛苦,几乎要了他的命。两天之后茹德里克死了,于是对这一损失感到极大悲痛的托提拉便把伊撒克处死了。

二十

(1)在这期间贝撒斯通过零售他的粮食继续变得比任何时候都更为富有了,因为他的价格是根据需要粮食的那些人的迫切的程度来确定的。并且由于他的心思都用在这种交易上,所以他既不注意守卫城墙,也不关心其他任何安全措施,而是任何士兵,只要他愿意,便可以玩忽职守而不受惩罚;并且这时在城墙上只有人数不多的一支守卫的队伍,而且就是这支队伍也几乎得不到关心。(2)原来逐日担任守卫之责的士兵们随便获准睡觉,因为他们没有会注意到这样一种行为的任何上级军官;也没有任何军官愿意像通常那样对要塞各处进行巡视,检查一下守卫他们正在干些什么,而且也没有一位市民能以帮助他们担起守卫的任务;(3)因为,我已经说过[①],留在城里的市民已为数极少,并且即使这些人也都给饥饿折磨得奄奄一息了。

(4)再说在阿西那里亚门担任守卫的四个伊扫里人干出了这样的事情:他们细心地等到夜里在他们之后接班负责守卫那一部分城墙的士兵们总是会睡着的时候,把长度可以达到地面的绳子系到女墙上,然后双手抓住绳子来到要塞外部;继而他们便去见托提拉并答应把他和哥特人的军队接纳入城;因为,据他们说,他们

① 参见本卷第十七章,第23节以次。

不费吹灰之力便能以做到这一点。(5)而托提拉则保证,如果他们实现这些诺言,他对他们将极为感激,而且他会把大笔的钱送给他们。继而他便派出自己的两名士兵和伊扫里人同去看一下他们说哥特人能以进入城市的那个地方。(6)于是这一行人来到城墙下,抓住绳子上了女墙,那里没有一个人出声,或看一看发生了什么事情。(7)这样,当他们到了上面,伊扫里人便把一切都指给蛮族看,就是说,想上来的人不会遇到任何阻挠,而且在他们上来以后,他们会有完全的行动自由,不会遇到哪怕是最起码的抵抗;在要他们把这情况告诉托提拉之后,伊扫里人便要他们回去了。

(8)再说托提拉这方面,当他听到这一报告时,应当说对这种情况是感到高兴的,但是,尽管如此,对于伊扫里人他还是心存疑虑的并且不是十分信任他们。(9)过了没有很多天,这几个人再一次来到他这里,敦促他干这件事。托提拉于是又派了两个人和他们同去,指示他们也要对整个情况进行一次彻底的调查并带回一个报告给他。(10)而这两个人回到他这里之后提出的报告在一切方面都和先前派出的人们的报告一样。但是就在这时候,出来进行侦察的一大队罗马士兵在离城不远的地方向正在一条小路上行走的十名哥特人发动了进攻。他们俘获了这些哥特人之后立刻把他们带到贝撒斯那里去。(11)于是他便问这些蛮族,托提拉的意图实际上是什么;而哥特人说他希望那几个伊扫里人会把这座城市交给他:原来许多蛮族都已经知道了这件事。(12)但是甚至当贝撒斯和科农听到这一情况时他们也完全不把这事放在心上,对报告也根本不加重视。于是伊扫里人第三次到托提拉这里来并试图劝说此人干这件事情。(13)于是他又派一些人和他们同去,其

中的一个人同他有亲属关系。这些人回到他这里之后向他报告了全部情况并鼓励他着手行事。

(14)于是一旦黑夜到来，托提拉就默默地要他的全军武装起来，把他们带到阿西那里亚门附近。他命令在哥特人当中以勇敢和力量而知名的四个人和伊扫里人一道用绳子爬上雉堞，当然，这时正是黑夜中该由伊扫里人值班守卫这一部分城墙的时候，因为这时其他人都轮班该睡觉去了。(15)而当这些人进入要塞之后，他们便来到了阿西那里亚门而没有遇到任何反抗；在那里他们用斧子砍断了罗马人通常别住城门的木制门闩，门闩是安装到城门两旁城墙的凹洞里的，他们还毁掉了门上所有铁锁装置，而守卫便按照当时的需要把钥匙插入这些装置以便关闭或打开城门。(16)随后他们便像他们所希望的那样毫无困难地打开城门，把托提拉和哥特军队接纳入城。

但是托提拉却把他的士兵集合在那里的一个地方，根本不允许他们分散开来，因为他担心他们会陷入敌人所设的某个埋伏之中。(17)全城很自然地陷入一片骚声和混乱之中，大多数的罗马士兵都在随同他们的指挥官从另一个城门逃跑，每个人都采取他认为是方便的逃跑办法，而只有不多的人和其余的罗马人跑到教堂里去避难。(18)在贵族当中德奇乌斯和巴西利乌斯在少数的另一些人的陪伴下(原来他们手头恰好有马)得以和贝撒斯一道逃走。(19)但是马克西姆斯、欧律布里乌斯、欧列斯特斯和其他几个人却逃到使徒彼得的教堂[①]去。但普通人民当中，只有五百人留

① 康士坦丁在圣彼得教堂的原址上开始兴建的一处长方形圣堂。

在整个城市里,这些人好不容易才找到教堂作为避难所。(20)要知道所有其余的居民都离开了,有的是到别的地方去,有的是被饥饿逼迫走的,这一点我在前面已经说过了。在那一夜里许多人一直在向托提拉报告说,贝撒斯和敌人正在逃跑。但他虽然说他们送来的是一个令人高兴的报告,却不允许人们去追击。(21)他说:"对一个人来说,还能有比一个逃跑的敌人更加美妙的事物么?"

(22)在天已大亮的时候,这时可以对埋伏没有任何怀疑了,于是托提拉从他这方面来说,他便去圣彼得的教堂祈祷,但哥特人却开始杀死他们遇到的那些人。(23)这样,在那里的士兵当中便死了二十六个人而在民众当中死了六十人。而当托提拉来到教堂的时候,佩拉吉乌斯拿着基督教的圣经来到他面前,用各种可能的方式向他请求,说:"主人啊,宽恕你自己的人吧。"(24)而托提拉则以一种冷漠的高傲神情嘲弄他说:"佩拉吉乌斯,现在你终于也使自己在我面前成为一个哀求者了!"佩拉吉乌斯回答说:"是的,在上帝使我成为你的奴隶的时候。(25)主人啊,从现在起,宽恕你的奴隶吧。"于是托提拉接受了这种请求,并且完全禁止哥特人在今后屠杀任何罗马人,但是除了把财产中最贵重的部分留给自己以外,他允许他们有为自己掠夺所有其余的人的无限权力。

(26)这时他在贵族的住宅里发现很多值钱的东西,但最值钱的东西却是在贝撒斯所住的地方。原来这个不走运的倒霉鬼只是一直在为托提拉搜括巨额的钱财,而如上所述,这便是他卖粮食所得的钱。(27)结果,一般罗马人和特别是元老院成员自身便陷入了如此的困境,乃至他们穿起奴隶和乡下人的外衣并且靠向他们的敌人乞求面包或任何其他食物过日子。命运的这种变化的一个

非常突出的例子可以举出西姆玛库斯的女儿茹斯提奇亚娜其人。她曾是波埃提乌斯的妻子,她对贫苦的人们从来是不吝惜自己的财富的。(28)确实这些不幸者去各家各户并一直在叩门乞求对方给他们食物,而且他们这样做时一点也不感到羞耻。

(29)而哥特人从他们这方面来说却是急于想处死茹斯提奇亚娜,而对她提出的罪名则是,在贿赂了罗马军队的指挥官们之后,她摧毁了提奥德里克的雕像,而她这样做的动机不仅是为她父亲西姆玛库斯的被杀,而且也为她的丈夫波埃提乌斯的被杀报仇。(30)但是托提拉却不允许对她有任何伤害,而是把她和所有其他妇女保护起来,不使受到侮辱,尽管哥特人都极想同她们发生性关系。(31)因此她们中间没有一个人有受到人身侮辱的不幸遭遇,无论是已婚的、未婚的还是寡妇。托提拉由于这种做法而表现的克制赢得了巨大的声誉。

二十一

(1)在攻占之后的第二天托提拉便把全体哥特人召集起来说了这样的话:“士兵同伴们,我把你们召集到这里来并不是为了向你们提出任何新的或你们所不知道的告诫,而是为了向你们谈那些正是我经常谈的东西,也就是你们从你们方面来说由于注意到而结果取得了最大幸福的那些东西。(2)因此不要由于这一原因把我当前的告诫看得无关紧要。(3)要知道,当言语能以带来好运的时候,人们不应当对它们感到厌烦,即使讲话的人由于话多似乎使听者感到十分疲倦,因为他们没有理由否认从这样的话得到的好处。(4)现在我所要说的是这个:仿佛就是在昨天,我们集合了一支由最勇武善战的士兵组成的、人数多达二十万的大军,我们手中拥有巨大的财富并且能以展示出极多的马匹和武器,我们有一大批极为明智的成熟的人物——这一情况对那些去进行一场战争的人们来说被认为是极为有利的——而尽管我们有这一切有利条件,我们却被五千名希腊鬼子[①]打败,并且毫无理由地被剥夺了权力和属于我们的其余一切。(5)但是现在,虽然我们的人数变得很少,没有武器,处境可怜又根本没有任何经验,可是我们却有幸制服了有两万多人的敌军。(6)因此,我们的经验,总起来一句话,就是我上面所说的那些。但是取得这一结果的原因,尽管你们了解得十分清楚,现在我还是必须说给你们。在先前哥特人对于公正较之对于其他任何事物都更不重视,他们相互间以及对他们的罗马臣民都是不讲道德的;为此上帝就会站在他们敌人的一面反对他们。(7)这样,虽然在人数方面,在勇气方面以及在一般的作战装备方面我们都大大地超过了我们的敌人,但是我们却为一种看不到也完全不理解的力量所打败。(8)因此你们要做的显然就是通过继续遵守正义从而保住你们的幸福。要知道,如果你们改变你们的做法,上帝也会立刻改变他恩宠的对象并对你们采取敌视的态度。(9)要知道,在战争中,他习惯的做法并不是站在某一个种族或某一特定的民族的一面战斗,而是站在更加尊重正义的一面。而对他来说,把幸福从一个民族那里转给另一个民族,这是易如反掌的事情。(10)只有不干坏事这才是人的意志所固有的事物,但另一方面,上帝就他的本质而论则是有权掌理一切事物。

① 参见本书第四卷,第二十七章,第38节和注释。

(11)因此我要说的是,你们无论是相互之间,还是对你们的臣民都要严格地遵守正义的原则;而这就等于告诉你们永远保持你们的好运。”

(12)托提拉对哥特人讲了这番话之后,他同样地又把罗马元老院的成员召集到一起,把他们着实地谴责和咒骂了一通。他说,虽然他们从提奥德里克和阿塔拉里克那里得到很多好处,因为他们自己始终被任命在整个王国里担任要职并主管行政事务,并且还因而积累了巨大的财富,但他们仍然对哥特人即他们的恩人表现得如此忘恩负义,乃至无视他们的义务,竟策划了一次伤害了他们自己的叛变并且把希腊人[①]引进来进攻他们的祖国,从而立即成为自己的叛徒。(13)继而在问他们是否在哥特人手中受过个人的伤害之后,(14)他又迫使他们说出皇帝优斯提尼安是否对他们干过任何好事,并依次历数所有发生过的事情:首先,他指出,他们实际上被剥夺了全部官职;第二,他们受到人们所说的“洛哥赛特”[②]的不公正对待,因为他们被迫为他们担任官职期间他们对哥特人的态度进行清算;第三,虽然由于战争的关系他们处于极为困难的处境,但是在向希腊人缴纳国税方面,一点也不比和平时期为少。而且在他的发言里他还谈到其他许多事情,也就是一位发怒的主人在斥责成为他的奴隶的那些人时会说出的那些事情。(15)继而他又把希罗迪安和将城市交给他的伊扫里人叫到他们跟前来,说道:“你们这些和哥特人一起长大的人们直到今天也不懂

① 参见本书第四卷,第二十七章,第38节及注。

② 参见本卷第一章,第32节。

得应当把甚至一座空城交给我们,但是这些人却把我们接纳进罗马本城和斯波利提昂。(16)由于这一行为,你们已经被贬到家内奴隶的地位,而另一方面,这些人却由于他们真正证明自己是哥特人的朋友和亲人,所以今后将担任你们的官职。”(17)而当贵族们听到这话时,他们坐在那里一语不发。但是佩拉吉乌斯却开始为他们这些遭受厄运和不幸的人辩护,直到托提拉保证善待他们并把他们打发走之后,才肯让他离去。

(18)在这之后他便派佩拉吉乌斯和一位名叫提奥多茹斯的罗马演说家作为使节到皇帝优斯提尼安那里去,但行前要他们发最庄重的誓言,保证他们始终会效忠于他并且尽一切努力尽快返回意大利。(19)并且他指示他们要尽最大的努力从皇帝那里为他争得和平,以便如他所说,从他这方面来说,使他不致被迫把罗马城完全夷为平地,不致被迫杀掉元老院的成员并把战争扩大到伊利里库姆去。而且他还写了一封信给皇帝优斯提尼安。(20)而皇帝这方面,他已经听说在意大利发生的事情了。但是当后来使节来到他这里时,他们向他传达了托提拉指示他们带去的音信并且把信交给了皇帝。

(21)这封信的内容是这样的:“至于在罗马城发生了什么事情,既然我认为你已经知悉了一切,所以我决定保持沉默了。(22)但是,至于我派遣这些使节的意图,马上你就会了解到的。我们的要求是,你自己从你的方面取得来自和平的种种好处并且也使我们得到这些好处。(23)这些好处在阿那斯塔西乌斯和提奥德里克的生涯中,最令人神往地被人们回想起来并模范地得到体现,他们正是不久前进行过统治的国王并且他们使他们的整个统治期

间充满了和平与繁荣。(24)而且,如果这同样的情况如果也许是你所喜欢的,你便可以恰当地被称为我的父亲并且你今后也可以有我们这样一个联盟者去反抗你要我们去反抗的任何人。”(25)皇帝优斯提尼安看了带给他的这封信并听取了使节们所有的话之后,便立刻要他们回去,他对他们只作了如下的回答并写信告诉托提拉,即他已经任命贝利撒里乌斯为战争的最高统帅,因而他有全权同托提拉作出他认为需要的安排。

二十二

(1)就在这些使节去拜占庭和返回意大利的这段时期里,在路卡尼亚发生了这样的事情。(2)图利亚努斯把那一地区的农民集合起来,把进入那一地区的隘路(一段非常狭窄的隘路)守卫起来,目的在于不使敌人进入而蹂躏路卡尼亚的土地。(3)并且有三百名安塔伊人也协助进行守卫工作,这些人实际上是约翰先前应图利亚努斯的请求留在那里的;因为这些蛮族较之所有其他蛮族更善于在崎岖的地面上作战。(4)不过当托提拉得知这一情况时,他认为把这一任务交给哥特人并不合适,于是他便集合了一大群农民而只要很少几个哥特人和他们同行并下令他们尽全力强行穿过这条隘路。(5)当这两支军队展开战斗时,一场恶战就随之发生了,每一方面都拼命迫使对方后退,但是安塔伊人由于自身的勇敢,还因为十分崎岖的地面对他们有利,再加上有图利亚努斯麾下的农民,这样便把敌人打得溃散了;(6)敌人被杀死的很是不少。

但是当托提拉得知这一情况时,他于是作出决定:首先是把罗马夷为平地,随后是把他的大部分军队留在那附近的地方,同时率

领其余的队伍向约翰和路卡尼亚人发动进攻。(7)这样,许多地点的工事都给他毁掉了,算起来被破坏的有全部城防三分之一的样子。而且还不止于此,他几乎就要把罗马的那些精美绝伦的建筑物全都烧火并且把它变成羊群的牧场了;而贝利撒里乌斯得知他的这一意图之后,便派遣使节带了一封信给他。(8)使节来到托提拉这里之后,便向他说明了此行的目的,并且交上了这封信,信里的话是这样:

"如果说只有理解文化的意义的、有智慧的人才能创造出先前并不美丽的一座城市里的美丽事物的话,那么摧毁现存的美丽事物的勾当自然而然地只能是由缺乏这种理解,并且不以把他们的品格的这一标识留给后世为耻的人们干出来的了。(9)而在世界上的一切城市当中,人们一致承认罗马是最伟大的,又是最出色的。(10)要知道,它并不是因一个人的才能而创造出来的,而且一个短时期的政权也不能造成如此的伟大和美丽,而是许多国王、许多批最优秀的人物经历很长的时期,再加上极多的财富才能做到把整个世界上所有其他事物,还有高超技艺的工匠集合到这座城市里来。(11)这样,他们才一点一滴地把你看到的这座城市建立起来,从而使后来的世世代代睹物思人,怀念创造这些纪念物的所有他们那些人的才能,使得伤害这些纪念物的人理所当然地被认为对一切时代的人们犯下的滔天罪行;要知道,由于这样的行为,先前世世代代的人们被剥夺了他们的才能的见证并使后来的世世代代失去了观赏他们的业绩的机会。(12)既然情况是这样,那么你会清楚地认识到,两种情况必然会有一种发生:(13)或者你在这次战争中为皇帝所打败,或者也许会发生这样的事,即你对皇帝取

得胜利。(14)因此，首先，假定你是胜利者，那么，如果你毁掉罗马，你就不是毁掉另外一个什么人的财富，而是毁掉你自己的城市，我的尊贵的先生；另一方面，如果你把它保存下来，你当然会由于占有世界上最美好的事物而使自己变得富有；但是，其次，也许你会遭到最悲惨的命运，但是由于拯救了罗马，你肯定会因而得到胜利者的很大的感激，但是如里你毁了这座城市，肯定你便不再有可能请求任何宽恕了，而且你这样做是不会有任何好处的。(15)再说，在所有的人当中，你的行为将会得到与之相应的评语，那就要看你决定走哪条路而定了。(16)领导者的行为如何，这一点必然决定他们因自己的行为而争得的声誉。”贝利撒里乌斯的信的内容便是如此。

(17)托提拉把这封信读了许多遍并且确切认识到信中意见的意义之后，觉得很有道理，于是停止了对罗马的进一步的破坏。于是他便向贝利撒里乌斯就自己的决定作了一项声明并且立刻把使节们打发回去了。(18)继而他便下令自己军队的主力在离罗马不远的阿尔吉东[①]城设营，这座城位于罗马以西大约一百二十斯塔迪昂的地方，他命令他们安静地待在那里，这是为了不使贝利撒里乌斯的军队有离开波尔图斯到任何地方去的自由；但是他却亲自率领其余的军队去进攻约翰和路卡尼亚人。(19)但是，对于罗马人，他却把元老院的成员留在自己身边，而所有其余的人以及这些人的妻子儿女，他全都送到康帕尼亚去，不许哪怕一个人留在罗

① 也可能是阿尔吉都斯山(Mt. Algidus)，即今天的契腊佐(Ceraso)，不过这地方是在罗马以东而不是西面，而且它是远离波尔图斯的。

马,而是使罗马彻底荒废,成为无人居住的城市。

(20)当约翰得知托提拉正在向他攻来的时候,他便不再想留在阿普利亚,而是匆匆忙忙地向德律欧斯进发了。而正在被送往康帕尼亚的那些贵族则按照托提拉的指示把他们的一些仆从派到路卡尼亚去,并且命令他们的佃户不要放弃他们当时的策动,而是像平时一样地种自己的土地;带去的信息告诉他们,他们将会得到他们的主人的产业[①]。(21)于是他们便离开了罗马军队,静静地待在自己的田地上。图利亚努斯于是便跑掉了,而三百名安塔伊人则决定随约翰一道撤退。(22)这样一来,伊奥尼亚湾以南的全部领土,除去德律欧斯之外,再次成为哥特人和托提拉所统治的土地。而这时蛮族变得信心十足,他们分成小股的队伍,开始在这一带的全部地区进行蹂躏。(23)当约翰得悉这一情况时,他便派出自己的一支人数众多的军队去对付敌人。这支军队出其不意地向敌人发动进攻并杀死了许多人。(24)由于有了这次经验,托提拉就变得小心了,他把自己的全部军队都集中在伽尔伽农山[②]附近,这是耸立在阿普利亚中心近旁的一座山,而在过去利比亚人汉尼拔的一处设防营地设营之后。他便静静地待在那里了。

二十三

(1)这时,在罗马被攻陷时和科农一道逃出罗马的人们当中有一个人,一个名叫玛尔提尼亚努斯的拜占庭人,来到贝利撒里乌斯

① 有的本子是:“会从主人那里得到各种各样的好处。”

② 今天的伽尔伽诺(Gargano)。

这里，要求准许他装作逃兵到敌人那里去，他保证给罗马人做一件大事；而在他得到贝利撒里乌斯的同意之后，他便出发了。而当托提拉见到他时，是极为高兴的。(2)原来他听说这个青年在一对一的战斗中曾获得声名，而且他也曾多次看见过他。而且，由于这个人的两个孩子和他的妻子是在俘虏当中，于是托提拉立刻把他的妻子和一个孩子送还给他，但是却把另一个孩子继续留作人质，并且把玛尔提尼亚努斯连同另外几个人派到斯波利提昂去。

(3)恰好这时发生了这样的事。原来当哥特人因希罗狄安的投降而占领了斯波利提昂的时候，他们确实已经把这座城市的整个一圈城墙夷为平地，但是他们却把城市前面的用来豢养野兽并且被称为圆形竞技场的一座建筑物的那些入口都用墙壁堵起来，并且把哥特人和罗马的逃兵安置在里面加以防守，目的在于卫戍附近的地区。(4)因此当玛尔提尼亚努斯来到斯波利提昂的时候，他得以赢得十五名士兵的友谊，他说服他们在为反对蛮族立了某项大功之后回到罗马军队那里去。(5)他还派一些人到佩路吉亚卫戍部队的司令官那里去，要他尽可能快地把一支军队派到斯波利提昂他这里来并且向他说明了全部局势。(6)这时佩路吉亚卫戍部队的司令官是一个名叫欧多尔干的匈人，而奇普里安则由于自己的一名卫士的叛变而被杀死了，关于这一点，我在前面已有所记述[①]。而他本人便带领一支军队来到了斯波利提昂。(7)而当玛尔提尼亚努斯确实得知这支军队业已临近的时候，他便在十五名士兵的伴随之下突然杀死卫戍部队的司令官并打开城门把罗马

① 参见本卷第十二章，第 20 节。

人接入要塞。大多数的敌人被他们杀死了,但是他们也俘虏了一些敌人,把他们带到贝利撒里乌斯那里去。

(8)在这之后不久贝利撒里乌斯便有了到罗马去,看一看那里被摧毁到什么程度的想法。于是他便选拔了一千名战士,和他们一道到罗马去。(9)但是有一个罗马人却赶忙到阿尔吉东敌人的营地那里去,报告贝利撒里乌斯的军队即将到来的事情。(10)于是蛮族便占领了罗马前面的地区并设下了一些埋伏。当他们看到贝利撒里乌斯的队伍走近他们的时候,他们便从埋伏的地点跳出来,向敌人发动了进攻。(11)接着便展开了一场激烈的战斗。在这场战斗中罗马人因其勇敢而打败了敌人,并且在消灭了大部分敌人之后便立刻退回到波尔图斯去了。在罗马发生的事件,其经过便是如此。

(12)在卡拉布里亚海岸有一座名叫塔伦图姆的城市,从这座城市沿着通向图里伊和列吉乌姆的道路走大约两天可以到达德律欧斯。(13)应塔伦图姆人的邀请,约翰带领少数人去了那里,而把在他指挥下的其余的人留在了德律欧斯作为卫戍部队。(14)当他看到这座城市极大并完全没有防御工事的时候,他便认为他完全无法守卫这整座城市;但是他注意到,这座城市以北的海洋在一条很狭窄的陆地——塔伦图姆的港口便位于这条土地上——的两边各形成一个海湾,这样,在两个海湾之间的空间自然而然地形成了距离不少于二十斯塔迪昂的一个地峡,于是他制订了如下的计划。(15)他把城市位于地峡之上的那一部分和城市的其余部分分离开来,在它们之间从海湾到海湾构筑一道城墙并沿着城墙挖一道深沟。(16)他不仅把塔伦图姆人,而且还把那里附近的所有居民都

集中到这里来，并且把一支人数众多的卫戍部队留给他们。(17)这样一来，所有的卡拉布里人现在感到自己安全了，因而便打算叛离哥特人了。在这一地区事务进展情况便是这样了。

(18)托提拉这方面，则在路卡尼亚靠近卡拉布里亚边境的地方占领了一个十分坚固的要塞，罗马人把这个地方叫作阿凯隆提斯；并且在把一支不少于四百人的卫戍部队安置在那里之后，他本人便率领着其余的军队向拉温那进发，而只把一些蛮族留在康帕尼亚，要他们看管罗马的俘虏，元老院的成员也都在那里。

二十四

(1)这时贝利撒里乌斯设想了一个大胆而又有远见的计划，而在开头，对于第一次看到和听到他的行动的人来说，这计划确实是显得荒唐的，但是其结果却表明这是一个极为重要的了不起的成就。(2)原来他只把自己的少数士兵留在波尔图斯负守卫之责，而他本人则带领他其余的军队直奔罗马，想用他的全部兵力使自己占有这座城市。(3)并且由于他并不能在一个短时期里修复城墙被托提拉摧毁的所有部分，于是他便做如下的事情。(4)他把附近的石块都搜集到一起，把它们杂乱地一块一块地垒起来，石块之间也不放任何填充物，因为他既没有石灰，也没有任何诸如此类的东西，而只是设法使它从外部看起来像是由正规的石匠砌成的，并且他又从外面打上了许多木桩。(5)事实是他先前已沿着全部这一圈城壁挖了深沟，这一点前面我已提到过了[①]。(7)并且由于全军

① 参见本书第五卷，第十四章，第 15 节。

是以极大的热情完成了这一工作的,所以在二十五天里工事先前被毁的部分就这样地给修补上了。(6)而且住在附近的全体罗马人都集中到城里来住,这既是因为他们想把家安置在罗马,也是因为在一个时期里他们得不到什么食品供应,而在罗马这里却有丰富的食品;原来贝利撒里乌斯所以能做到这一点,是因为他用大批的船只装载了各种各样的食品并且经由河道把它们运到罗马。

(8)当托提拉得悉这一情况时,他立刻把他的全部军队发动起来,向贝利撒里乌斯和罗马发动进攻,而这时贝利撒里乌斯还没有来得及装上城门呢。(9)要知道,实际情况是托提拉已把所有的城门全给毁掉了,而贝利撒里乌斯由于缺少工匠直到那时还未能把城门做好。(10)而当蛮族的军队逼临城市时,他们便暂时设营并且把营帐安置在梯伯河的岸上。但是在第二天日出之时,他们便狂怒地呼啸着向前推进,来到了城壁前的一处阵地。(11)但是贝利撒里乌斯选拔了他的最英勇善战的士兵,把他们布置在开放的门道里,而命令其余的人们站在城上尽全力打退进攻的敌人,不使他们逼近城墙。(12)一场激烈血腥的战斗开始了;蛮族这方面最初抱有这样的希望:他们以为一开始呼啸就可以把城攻下来,但既然进攻遇到了困难并且罗马人进行了极为顽强的抵抗,于是他们愤怒了,而由于他们的愤怒使他们做出了超越自己力量的大胆行动,于是他们便压向敌人。(13)在这同时,罗马人也以意想不到的决心进行抵抗,危险的处境自然使他们勇敢起来。(14)结果蛮族方面由于受到来自高处的攻击而伤亡惨重,双方的军队都感到十分疲劳和痛苦,因为战斗从早上开始一直到夜里才结束。(15)蛮族于是返回自己的营地并且在那里过夜,照顾伤员;罗马人这方

面，有的守卫在城墙上，而另一些勇敢超群的人则轮流守卫在没有城门的门道里，他们在前面放置了很多三脚刺，以防敌人对他们发动突然袭击。

(16)这些三脚刺是这个样子的：四根同样长度的尖刺的根部被牢牢地捆缚在一起，使得人们从每一侧看它的尖端都形成一个三角形的轮廓。(17)人们把它们随意抛散在地上，由于它们的形状设计而有三个刺十分牢靠扎在平地上而只有另一个刺向上，从而总是能阻碍对方人马的进攻。(18)如果有谁经过这样的一个三脚刺时使它转动，迄今一直朝上的刺虽然这时刺到地上，但另一个取而代之的向上的刺仍是想进攻的敌人的障碍物。三脚刺就是这样。在战斗之后，双方便是这样地布置了营地。

(19)第二天，托提拉决定再次率领全军猛攻城墙，而罗马人则用上述的方式来保卫自己；而当他们在战斗中取得优势之后，竟然鼓起勇气来向敌人进行一次出击。(20)并且当蛮族后退时，有一些罗马人因追击他们而远远地离开了自己的工事。蛮族几乎要把他们包围起来，这样他们便无法回到城里去了。但是贝利撒里乌斯注意到了正在发生的事情，便把自己的大批士兵派到那里去，并得以挽救自己的军队。(21)蛮族在这样地被击退之后便撤退了，他们失去了很多善战的士兵，并且带着许多受伤的士兵返回了营地。(22)他们便在这里静静地待下来，照顾他们的伤员，修缮兵器，许多兵器这时已经毁坏了，此外，他们对所有其他的一切也作了安排。

许多天之后，他们再次向罗马城进发，准备加以猛攻。(23)但是罗马人出城迎战并展开了战斗。而出于偶然，打着托提拉的军标的那个人受了致命的重伤，这样不仅他本人从马上跌下来，连军标也抛到地上了。(24)于是在队伍的前列战斗的罗马人便冲上前去打算夺取军标并把死者拖走。但是最勇敢的蛮族却抢先到了那里，他们夺回了军标并且把阵亡者的左手切断带走。(25)原来这个阵亡者在左手上戴着一只名贵的金手镯，而他们极不愿意看到自己的敌人为它而会兴高采烈，并且他们也想用这个办法避免因失掉它而带来的耻辱。(26)蛮族的全军便在一团混乱中撤退了，而罗马人这时则掠夺死者身上的财物，并且在把敌人追击了很长一段距离的过程中又杀死了许多敌人，随后在几乎没有任何损失的情况下返回了罗马城。

(27)于是哥特人当中的所有知名人士都到托提拉这里来对他大肆责骂，并且毫不留情地攻击他没有远见；他们指出，在占领罗马之后，他既没有把全城夷为平地，从而使敌人不再有可能占有它，也没有自己来占有它，结果他们花费大量劳力和时间而成就的事业，便被他亲手以极为荒谬的方式给断送了。(28)看来人的天性便是这样：他们在任何情况下也是根据事情的结果作出自己的判断，并且使自己的思想受变幻不定的命运的支配，一旦命运改变，他们的看法也就立刻改变了。(29)下列的情况确实便是由这一理由而促成的：当托提拉的事业节节胜利的时候，哥特人崇拜他就像崇拜上帝一样，甚至当他允许他们把被占领城市的工事只摧毁一部分的时候，也说他是一位无法征服的和不可战胜的领袖，但是当他遭上面所说的厄运的时候，他们却不顾不久前他们关于他所说的话，攻击他而不感到难堪，毫不犹豫地说出与原来的话完全相反的意见来。(30)但是这些判断的错误以及诸如此类的其他错

误不可避免地必然是人们经常要犯的，因为这些都是人性所固有的。

(31)托提拉和他的蛮族军队于是放弃了围攻，到提布尔城去了。他们实际上已把梯伯河上所有的桥全部摧毁，以便使罗马人无法轻易地对他们发动进攻。(32)但是有一座穆尔维乌斯桥，他们却完全无法毁掉，因为它就在罗马城的近旁。他们决定用全力在提布尔重修工事，因为先前他们已经把它毁掉了。(33)他们把自己的全部财富储存在这里并且安静地待下来。(34)至于贝利撒里乌斯，既然现在可以不那么提心吊胆，他便给罗马这一圈城墙的每一面都装上了城门，用铁的部件给城门加固并且把钥匙再次给皇帝送去。冬天结束了，而普洛科皮乌斯记述其历史的这场战争的第十二年[①]也便结束了。

二十五

(1)事实上，在这之前很久托提拉便已经派出一支军队去进攻佩路吉亚，他们环绕着这座城市的城墙设营，把那里的罗马人紧紧地包围起来。(2)由于看到这座城市的粮食供应不足，他们便派人到托提拉那里去，请求他率领他的全部军队前来，认为这样他们便可以不怎么困难和费力地攻占佩路吉亚，俘获里面的罗马人。(3)而托提拉这时看到蛮族并不十分热心于执行他的命令，于是他便想对他们激励一番。(4)为了这一目的，他把他们集合到一起，讲了如下一番话。

① 公元547年，即我国南朝梁武帝太清元年。

“士兵战友们,我已注意到,你们正在不公正地对我感到愤怒,同时你们又对于我们遭到的厄运极为气愤,因此现在我决定把你们召集到这里来,目的在于我能以从你们的头脑中消除绝对是错误的意见,使你们回到更加正确的判断上来,这样你们才不致对我表示你们不应有的忘恩负义的态度,才不致出于卑鄙的动机而对上帝采取无情无义的态度。(5)要知道,人间的事情照例是这样:它们往往会无可避免地遭到失败,如果有任何人忘记了他自己是个人,而对自己的遭遇采取反抗的态度,那他本人很自然地会被人称为愚蠢,而且他无论如何也无法避开命运给他作出的安排。(6)现在我愿意向你们提醒先前发生过的事情,这与其说是为了洗刷人们就已发生的事情对我提出的指责,毋宁说是为了指明,如果比较公正的话,倒是你们自己应当受到指责。(7)要知道,在维提吉斯最初开始这场战争的时候,他确实把沿海城市法努姆和皮扫茹斯的城墙都毁掉,但是对于罗马和意大利的其他城市,他毫无例外地加以赦免,没有给予任何伤害。(8)因此法努姆和皮扫茹斯没有给哥特人带来任何麻烦,但正是由于罗马和其他设防地点的城圈,麻烦却以你们十分熟悉的方式到临哥特人和维提吉斯的头上来。”

(9)“因此当我接受你们给予我的王权时,我选定了一个合理的目标,那便是要尽力实现被认为对我们比较有利的那些事情,而不是由于做了伤害我们自己的那些事情从而有损于我们的事业。(10)要知道,就本性而论,看来人们并没有很大的差别,但是仍然有些人有经验方面的优势,而它就像是一个教员那样,使得学习了它的课程的人在每一方面都优于没有得到这样的指导的那些人。(11)因此,当我们占领了倍涅文图姆的时候,我们便夷平了它的城

墙并且立即占领其他城镇，而我们决定以同样的办法夷平它们的城圈，这是为了使敌人的军队不能由于有了任何坚强的基地继续通过计谋而把战争继续下去，而是立刻便被迫到平原上来，在那里同我们作战。(12)因此当敌人方面逃跑时，我便下令把我们攻占的城市的城墙夷平。(13)对于我的英明的判断你们十分欣赏，因而你们赞同和鼓励这一决定，结果我的行动看来倒像是你们自己的行动了。要知道，对于做了一件事业的人加以赞美的人，这个人本身对于这件事业的关心、参与的程度是不会比另外的那个人差的。(14)但是现在你们已经转变了你们的立场，我最亲爱的哥特人，而这干脆只是因为发生了这样的事情：贝利撒里乌斯由于采取了胆大到不近情理的做法，却完全没有料到地达到了他所力图争取的目的，结果你们竟然把这个人看成是勇敢的奇迹而表示惊叹了。(15)人们更易于把胆子大的人称为勇者，而不是把具有先见之明的人称为明智慎重的人。而其理由则是：表现得胆大超出常规行为的人，人们都尊崇他以果敢者的声名，而对于通过细心判断而避开危险却遭到失败的人，人们则要他对发生的事情负责，而且，即使他取得了他计划的成功，总之在愚蠢的人们眼中，他本人仍然似乎什么也没有干成。”

(16)“除此之外，你们也没有想到，你们所以对我生气，正是为了实际上方才引起你们的气愤的东西。或者说，你们是否真正相信贝利撒里乌斯已经对你们取得了一次光辉的胜利？要知道，你们这些受压迫而处于战俘和逃跑奴隶地位的人，是在我、你们的统帅的领导下拿起了武器并已多次证明自己是有能力在战斗中打败他的。(17)而且，如果正是由于我的功劳，你们才得以成就这些事

业的,那么,出于对这份功劳的尊重,你们也应当保持沉默,而在人们遭到厄运时记住,任何事也不可能总是确定不变的。另一方面,如果某位幸运女神[①]使你们取得胜利,你们更好是对她采取尊重的态度而不是不自在的挑剔的态度[②],这样你们才不致由于失败而不得不领略她的眷顾的真正意义。(18)不久前为自己取得了许多伟大成功的人们现在只遇到了一个小小的挫折,就变得如此沮丧和不顾体统,这种情况老实说怎么能够不显得同一种通达明智的气质相违背呢?(19)要知道,这样的态度干脆就意味着,你们顽固地拒绝你们自己是人!因为只有上帝才能做到永远不会犯错误。因此,我要说的是,你们必须放弃这种态度并且竭尽全力地在佩路吉亚对敌人展开战斗。如果你们竟然能以俘获他们,命运女神会再次向你们微笑的。(20)请记住,已经发生的事情,那是永远也无法把它挽回的,但是,已经遭到厄运的那些人如果取得新的成功,那么对于灾难日子的回忆是会变得轻松些吧。"

"你们是会不经任何困难便拿下佩路吉亚的。(21)要知道,曾在那里统率罗马军队的奇普里安,由于命运的安排再加上我们的计谋,他已经被除掉了[③]。这群龙无首的一大群人,特别是当他们十分缺乏必需品的时候,他们是完全无法进行勇敢的抵抗的。(22)老实说,也不会有任何人能从背后加害于我们;要知道,为了这个目的,即我们不会因突然的袭击而遭受任何损失,我不仅作了

① 幸运女神(Fortuna)是古意大利的女神,受到所有社会阶层,包括奴隶的崇祀。古罗马国王谢尔维乌斯·图利乌斯(Servius Tullius)在罗马首先制定了对她的崇祀。

② 胜利后还不满足,还觉得不自在。

③ 参见本卷第十二章,第19节。

妥善的安排，毁掉了河上的桥，而且贝利撒里乌斯和约翰二人相互猜忌，这也是确切无疑的事实，这从先前发生的事件便可以看出来。(23)你们知道，人们的一种看法和另一种看法之间的对立从他们的行动是可以清楚地看出来的。而这确实可以说明，为什么直到现在，他们也未能把他们的军队联合起来。(24)要知道，他们之间的相互猜忌使他们两败俱伤；怀有这种情绪的人们必然还会产生忌妒和敌意。人们一旦有了这样的情绪，任何该做的事情也做不成了。”

在讲了这些话之后，托提拉便带领着他的军队向佩路吉亚进发了。到达那个城市之后他们便在城墙近旁设营，准备进行围攻了。

二十六

(1)正当以有如上述的方式发生这些事件的时候，约翰在此期间却正在围攻阿凯隆提斯这一要塞。而且，由于这次围攻没有取得任何进展，于是他便设想了一个大胆的计划，这个计划不仅挽救了罗马元老院，而且使他在全人类当中为自己争得了极为伟大的声誉。(2)原来在得知托提拉和哥特军队正在进攻罗马的城防工事之后，他便把自己的骑兵的最精锐部分选拔出来，在根本不把自己的计划告知任何人的情况下，他便和这些骑兵一道驰向康帕尼亚(要知道，元老院的成员实际上便是给托提拉拘留在那里的)，他们此行是日夜兼程，这是为了通过出其不意的进攻，他能以把那些元老找到并解救出来，因为那里的城镇都是完全无人防守的。

(3)恰好就在这同时，托提拉也开始十分担心会有某些敌人进

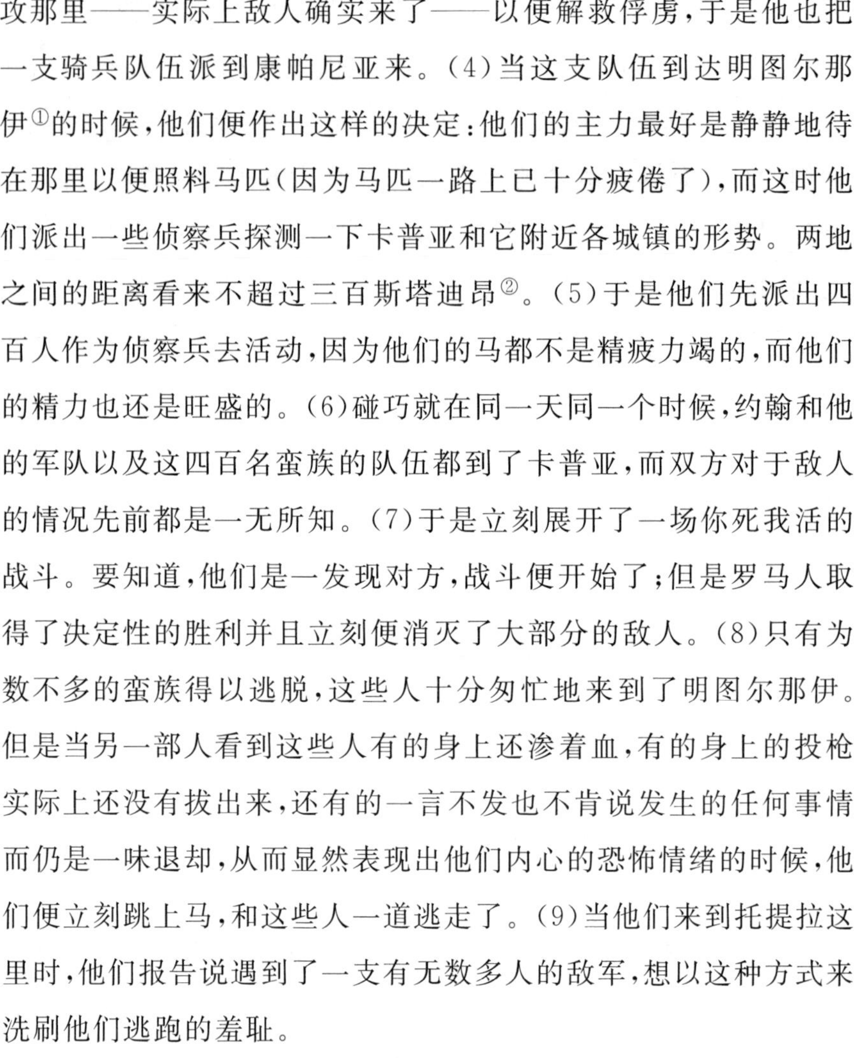

攻那里——实际上敌人确实来了——以便解救俘虏，于是他也把一支骑兵队伍派到康帕尼亚来。（4）当这支队伍到达明图尔那伊[①]的时候，他们便作出这样的决定：他们的主力最好是静静地待在那里以便照料马匹（因为马匹一路上已十分疲倦了），而这时他们派出一些侦察兵探测一下卡普亚和它附近各城镇的形势。两地之间的距离看来不超过三百斯塔迪昂[②]。（5）于是他们先派出四百人作为侦察兵去活动，因为他们的马都不是精疲力竭的，而他们的精力也还是旺盛的。（6）碰巧就在同一天同一个时候，约翰和他的军队以及这四百名蛮族的队伍都到了卡普亚，而双方对于敌人的情况先前都是一无所知。（7）于是立刻展开了一场你死我活的战斗。要知道，他们是一发现对方，战斗便开始了；但是罗马人取得了决定性的胜利并且立刻便消灭了大部分的敌人。（8）只有为数不多的蛮族得以逃脱，这些人十分匆忙地来到了明图尔那伊。但是当另一部人看到这些人有的身上还渗着血，有的身上的投枪实际上还没有拔出来，还有的一言不发也不肯说发生的任何事情而仍是一味退却，从而显然表现出他们内心的恐怖情绪的时候，他们便立刻跳上马，和这些人一道逃走了。（9）当他们来到托提拉这里时，他们报告说遇到了一支有无数多人的敌军，想以这种方式来洗刷他们逃跑的羞耻。

（10）这时正好有至少七十名罗马士兵正在去康帕尼亚的城镇，他们都是先前开小差跑到哥特人这面来的，这些人决定到约翰

① 在今天的特拉伊托（Traetto）附近。

② 约 55.5 公里。

的那一面去。(11)约翰在那里发现只有不多的一些元老,但实际上却有全部他们的妻子。(12)原来在攻占罗马期间这些人当中有不少人和士兵一道逃掉了并来到了波尔图斯,但是妇女全部成了俘虏。(13)不过有一个名叫克列门提努斯的贵族却跑到那里的一座教堂里躲了起来并断然拒绝跟罗马军队走,原来此人先前曾把拿波利附近的一座要塞交给托提拉和哥特人,而且很可能他害怕因他的这一行动而惹恼皇帝。另一方面,曾担任过罗马执政官①的欧列斯特斯虽然正好在近旁,却由于马匹不足而不得不留下来,尽管这绝不是他所情愿的。(14)约翰于是立刻把元老院的成员连同投过来的七十名士兵送到西西里去。

(15)听到这个消息之后,托提拉深为痛心,因而极想找一个机会为这件事对约翰进行报复。为此他率领着自己的主力部队向约翰发动进攻,而只留他的一小部分军队在后面进行卫戍工作。(16)约翰和他的一千名军队这时正在路卡尼亚设营,在这之前他们曾派出侦察的士兵严密监视一切路口并且注意不使任何敌军逼近给他们造成伤害。(17)但托提拉所想的也是这样,他认为约翰只要设营就一定会有侦察兵派出来,所以他便放弃惯常的道路,从山区向敌人进攻。原来那一地区的山有许多是陡峭的而且非常高,因此这些山被认为实际上是无法穿行的。所以这一招是任何人都不会料到的。(18)与此同时,被约翰派出去进行侦察的那些人确实注意到敌人有一支军队进入了那个地区,但是他们得不到这方面的确实情报;不过他们却担心那的确发生了的事情,于是他

① 这时的执政官只是一种荣誉头衔,和共和时期有实权的执政官不是一回事。

们也向着罗马的营地进发。(19)结果是他们在夜里和蛮族一道到达那里但是这时情绪过于激动并且没有通过细心的判断而认真考虑后果的托提拉,由于自己冲昏头脑的愤怒而尝到了苦果。(20)要知道,虽然他手下的军队十倍于自己的敌人,虽然显而易见的事实是:对于较强的一支军队来说,在光天化日之下展开决战当然是有利的,并且他毋宁应当在破晓时对敌人展开战斗,这样对方便不能在黑暗中跑掉,而且对这一点他也根本没有注意防止;而且,实际上他本来应当在敌人四周设下一个包围圈,这样就立刻像撒一张网那样把每一个敌人捉住;但是他不是这样,而是受制于自己的愤怒,在深夜里向敌军发动了进攻。(21)而且,虽然没有一个敌人想到要进行最起码的抵抗,因为大多数的人实际上还在睡梦之中,但哥特人仍然发现自己并未能杀死很多人,而实际上他们起床后,其中大多数人在黑暗中得以溜掉了。(22)一旦逃出营地,他们便跑到那里附近有很多的山上去,这样便得救了。(23)在这样的人当中便有约翰本人和埃茹利人的领袖阿茹福斯。在罗马人当中阵亡的大约有一百人。

(24)和约翰在一起的有一个名叫吉拉奇乌斯的阿尔明尼亚人,此人是一小队阿尔明尼亚人的首领。这个吉拉奇乌斯除了只有阿尔明尼亚语之外,不会说希腊语或拉丁语或哥特语或任何其他语言。(25)当某些哥特人碰到他时他们问他是什么人。因为他们很不愿意杀死他们遇到的每一个人,他们害怕在夜间的战斗里不得不发生相互把对方杀死的事,而这类事是很容易发生的。(26)但是他能回答对方的确实只能是:他是吉拉奇乌斯、一位将领。因为这个头衔他是从皇帝那里取得的并且听到过许多次,这样他便把这个词学会、记住了。(27)蛮族于是根据这一点认定他是敌人,暂时便把他俘虏了。不久之后这个人便被处死了。(28)约翰和阿茹福斯于是尽快地和他们手下的人跑到德律欧斯去,哥特人劫掠了罗马营地之后便退去了。

二十七

(1)两军在意大利战斗的情况便是这样。于是皇帝优斯提尼安决定再派一支军队去对付哥特人和托提拉,他所以这样做是因为受到了贝利撒里乌斯的急报的影响,贝利撒里乌斯曾多次向他指出罗马人的处境,而不断催促他采取这样的行动。(2)于是他首先派佩腊尼乌斯的儿子帕库里乌斯和所罗门的侄子谢尔吉乌斯[①]率领不多的人前往。他们到达意大利之后立即同其余的部队联合起来了。(3)稍后,他又派维茹斯率领三百名埃茹利人,阿尔明尼亚人瓦腊吉斯率领八百名阿尔明尼亚人前去,此外他又把阿尔明尼亚的统帅瓦列里安从他的任职之所召回并命令他率领他身边的长枪兵和卫队——总数在一千人以上——去意大利。(4)维茹斯是第一个来到德律欧斯的,他把船只留在了这里,因为他十分不愿意待在约翰的军队驻在的这个地方,而是骑着马和他手下的士兵继续前进。(5)原来这个人并不是生活态度严肃的人,他不可救药地染上了酗酒的恶习,因而他总是被一种不要命的鲁莽作风所困扰。(6)当他们走近布伦地西乌姆这座城市时,他们便设营待在那里了。

① 关于此人,参见《汪达尔战争史》即《战争史》,第四卷,第二十一章。

当托提拉得知这一情况时,他说“维茹斯在两件事物当中会有一件,或者是一支强大的军队,这样或者是一个十分愚蠢的头脑。(7)让我们立刻对他发动进攻吧,或者我们可以试一下此人的军队的力量,或者他会认识到他自己的愚蠢”。(8)说了这些话之后,托提拉便率领着一支人数众多的军队向他进攻了;而看到敌人已经迫近的埃茹利人于是逃到近旁的树林里去了。(9)于是敌人把他们包围起来,杀死了他们二百多人,而敌人正想收拾维茹斯本人和藏在荆棘丛里的其余士兵的时候,命运女神伸出了救援之手,出人意料地救了他们。(10)原来瓦腊吉斯和他手下的阿尔明尼亚人所乘坐的船只突然在那里靠了岸。当托提拉看到这一情况,便以为敌军比实际有的人数要多,便立刻启程,从那里离开了,而维茹斯和他的士兵则欢欣鼓舞地跑到他们的船那里去了。(11)瓦腊吉斯于是决定不再继续前进,而是和他们一道去塔伦图姆,而维塔利安的侄子约翰和他的全部军队不久之后也来到了这里。这些事件的经过便是这样。

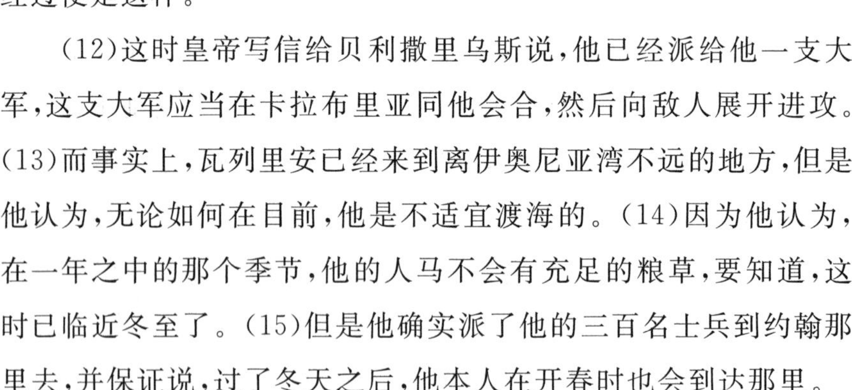

(12)这时皇帝写信给贝利撒里乌斯说,他已经派给他一支大军,这支大军应当在卡拉布里亚同他会合,然后向敌人展开进攻。(13)而事实上,瓦列里安已经来到离伊奥尼亚湾不远的地方,但是他认为,无论如何在目前,他是不适宜渡海的。(14)因为他认为,在一年之中的那个季节,他的人马不会有充足的粮草,要知道,这时已临近冬至了。(15)但是他确实派了他的三百名士兵到约翰那里去,并保证说,过了冬天之后,他本人在开春时也会到达那里。

(16)在读了皇帝的信之后,贝利撒里乌斯于是便选拔了以勇敢著称的九百名士兵、骑兵七百名以及步兵二百名并要所有其余的人们卫戍那一地区，同时指定科农为他们的统帅，然后他立刻出海去西西里了。(17)从那里他再次出海，打算去塔伦图姆的港湾；在海上行进中，他的左手是一个叫作斯奇拉伊乌姆的地方，诗人们说，这里是斯奇拉[①]住过的地方。但这个地方所以有这个名称，并不是像他们所说的，真的住过一个兽形的女人，而毋宁是因为人们从远古以来直到今天都在海峡这一部分发现大量过去叫"斯奇拉克斯"而现在叫"奇尼斯库斯"的鱼。(18)因为名字在开头永远是和它们所描述的事物相适应的，但是它们传到其他民族那里，由于人们不了解事实，便在那里产生一些错误的解释。(19)这一过程经历的时间久了，时间立即成为传说的仿佛是一位强有力的创造者，而它所以同诗人携起手来，这大概是因为诗歌作为从未发生过的事件的目击者，有随意创造的自由。比如说，凯尔奇腊岛上的土著居民从古以来便把这个岛的向东的一处地岬称为"奇诺斯·凯法列"[②]，但另一些人则由于这个名称又编出一个故事，说住在那里的是一个长着狗头的民族。(20)他们的确甚至把某些皮西狄人称为"吕科克拉尼特人"[③]，但并不是因为他们长着狼头，而是因为那里有一座山叫"吕科克拉诺斯"[④]。关于这些事情，让每个人随便怎样想怎样说好了。现在我再回到刚才叉开的地方。

① 关于斯奇拉(Scylla)的传说很多，但不一致。希腊传说说她是麦加腊国王尼索斯的女儿，后因故投海而死；有的传说说诸神把她变为一只云雀。更常见的说法是：她原是海中美丽的仙女，女巫奇尔凯因嫉妒而把她变为海怪。

② 希腊语："狗头"。

③ 希腊语："狼头骨"。

④ 希腊语："狼头盔"。

二十八

(1)于是贝利撒里乌斯赶忙直奔塔伦图姆。那里的海岸大约是新月的形状，海岸后退的地方，大海就在那里深入陆地，形成仿佛是一个海湾。(2)但是，如果一个人沿着全部海岸航行，那么这段距离的长度便是一千斯塔迪昂[①]，而在海湾入口处的每一侧各有一个城市，西边的那个城市是克罗同[②]，东边的是塔伦图姆[③]。在海岸中间的则是图里伊城。(3)但是一场暴风雨使贝利撒里乌斯受阻，暴风和海啸使他的船只根本无法行进；于是他就在克罗同的港口内停泊下来了。

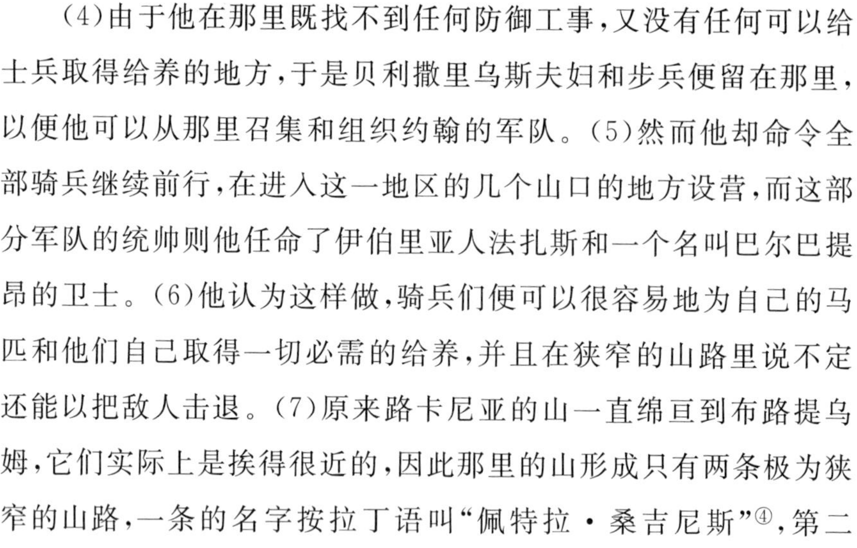

(4)由于他在那里既找不到任何防御工事，又没有任何可以给士兵取得给养的地方，于是贝利撒里乌斯夫妇和步兵便留在那里，以便他可以从那里召集和组织约翰的军队。(5)然而他却命令全部骑兵继续前行，在进入这一地区的几个山口的地方设营，而这部分军队的统帅则他任命了伊伯里亚人法扎斯和一个名叫巴尔巴提昂的卫士。(6)他认为这样做，骑兵们便可以很容易地为自己的马匹和他们自己取得一切必需的给养，并且在狭窄的山路里说不定还能以把敌人击退。(7)原来路卡尼亚的山一直绵亘到布路提乌姆，它们实际上是挨得很近的，因此那里的山形成只有两条极为狭窄的山路，一条的名字按拉丁语叫“佩特拉·桑吉尼斯”[④]，第二

① 约185公里。

② 今天的科特洛尼(Cotrone)。

③ 塔伦图姆在新月形海岸东侧深处，不是在入口处。

④ Petra Sanguinis。意为“血石”。

条，当地居民们习惯称之为“拉乌拉”。(8)在离这些隘路不远的海岸上的是茹斯奇亚涅，这是一个海军港口，属于图里伊，而在它上首，距离大约六十斯塔迪昂[①]的地方，有古罗马人修建的一个十分坚固的要塞[②]。很早以前约翰曾占领过这一要塞并且把相当大的一支卫戍部队安置在这里。

(9)贝利撒里乌斯的士兵到达这一地区之后，恰好碰上敌人的一支军队，这是托提拉派出来进攻那里的要塞的。(10)他们立刻对敌人展开了战斗并且因为他们的勇敢而不怎么困难地打败了敌人，尽管他们的人数远比敌人为少，而他们杀死的敌人则在二百人以上。(11)未死的人们逃跑了，而当他们来到托提拉面前时，便报告了他们的全部遭遇。至于罗马人，他们设了营并留在那里，但是由于他们没有适当的将领，却取得了一次胜利，因此他们开始以一种很不慎重的方式行动。(12)原来他们既不聚集在一处安静着待着，也不在隘路附近设立据点，保卫通向那里的重要路段，而是变得疏忽大意起来，夜间他们睡在相距很远的营地里，白天他们便到各处去寻求给养，既不派人到外面去放哨，也不采取任何其他安全措施。

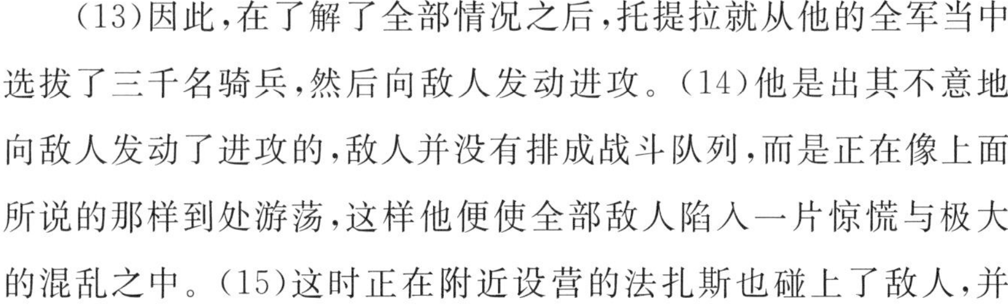

(13)因此，在了解了全部情况之后，托提拉就从他的全军当中选拔了三千名骑兵，然后向敌人发动进攻。(14)他是出其不意地向敌人发动了进攻的，敌人并没有排成战斗队列，而是正在像上面所说的那样到处游荡，这样他便使全部敌人陷入一片惊慌与极大的混乱之中。(15)这时正在附近设营的法扎斯也碰上了敌人，并

① 约11公里。

② 可能是今天的罗撒诺(Rossano)。

且表现得很勇敢;他确实因为他自己而使得少数人能够逃跑,但是他本人却和他的全部士兵一道阵亡了。(16)这一不幸使罗马人的心情感到十分沉重,因为他们都把自己的希望寄托在这支队伍上,要知道,这是极有战斗力的一支力量。(17)所有那些得以逃脱的人就按他们每个人认为可能的方式保全了性命。贝利撒里乌斯的卫士巴尔巴提昂和另外两个人历尽辛苦最先到达克罗同。在那里他报告了当时的情况,并且还指出,他认为蛮族很快便也会跟踪而来。(18)听到这一情况,贝利撒里乌斯十分悲痛,就赶忙上了船。他们从那里启程并由于起了风,而得以在那天到达西西里的麦撒那。麦撒那离克罗同七百斯塔迪昂[①],和列吉乌姆相对。

二十九

(1)大约就在这同时,一支斯克拉文尼人的军队渡过了伊斯特河,在整个伊利里库姆地区大肆蹂躏,直到埃皮达姆诺斯地方,所有他们遇到的人无分老幼不是杀死就是加以奴役并且掠夺了他们的财产。(2)并且他们已经做到占领了那一地区的许多要塞,要塞当时完全无人守卫,然而在先前它们却以工事坚固而出名。他们继续在那里游荡随心所欲地把一切都搜寻出来。(3)伊利里亚人的将领们带领着一万五千人的一支军队一直跟踪在他们后面,但是他们没有勇气接近敌人。

(4)那时无论在拜占庭还是在其他地方的冬天也都多次发生极为严重的地震,而且永远是在夜里。(5)这些城市的认为自己会

---

① 约130公里。

遭难的居民陷入巨大的恐惧之中，但是他们却没因这些地震而受到任何伤害。

(6)当时还发生了这样的事情：尼罗河的河水水位超过了十八腕尺，结果使整个埃及成了一片汪洋，然而在河上游地势较高的底比斯地区，河水却在固定的时间退落了，这使得那一地区的居民能以像惯常那样，既能播种土地，又能处理他们的其他事务。(7)但是，至于下游的土地，在河水最初淹没了土地之后，在整个播种期仍然没有退落，这种事情在先前任何时候都没有发生过；并且还有一些地方，在水退去之后不久再次被水淹没。(8)于是就发生了这样的事情：在这期间播种到地里的全部种子都烂掉了。而且由于发生了这一奇怪的事情，老百姓被搞得苦不堪言，另一方面，大多数动物也由于没有东西吃而死了。

(9)也是在那个时候，人们捕捉到了被拜占庭人称之为“波尔菲里乌斯”的鲸鱼。这头鲸鱼一直在给拜占庭和它周边的城镇制造麻烦有五十年之久，不过不是一直如此，而是有时消失相当长的一段时期。(10)它搞沉过许多船，吓坏了其他许多船上的乘客，因为它使这些船离开自己的航道并且把它们带到很远的地方去。因此如何捕捉它便成了皇帝优斯提尼安所关心的问题，但是他无论用任何办法都达不到这一目的。不过马上我就要说明它是怎样被捉到的。(11)原来当一片深沉的寂静笼罩在大海之上的时候，有一大群海豚聚集在黑海入口近旁。(12)突然间海豚看到了鲸鱼，于是它们便各自逃到所能去的不管什么地方去了，但是它们大多数来到了桑伽里乌斯河[①]河口的地方。就在这同时，鲸鱼得以捕

① 在比提尼亚。

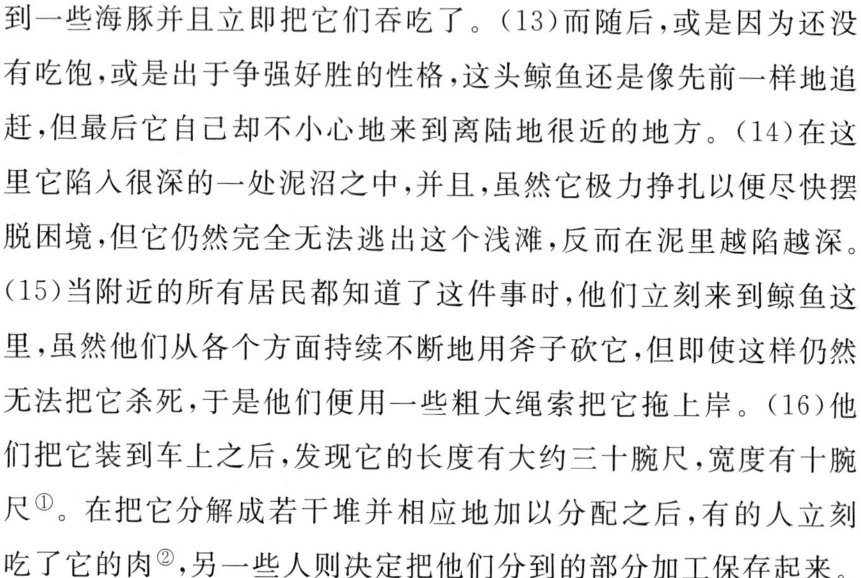

到一些海豚并且立即把它们吞吃了。(13)而随后，或是因为还没有吃饱，或是出于争强好胜的性格，这头鲸鱼还是像先前一样地追赶，但最后它自己却不小心地来到离陆地很近的地方。(14)在这里它陷入很深的一处泥沼之中，并且，虽然它极力挣扎以便尽快摆脱困境，但它仍然完全无法逃出这个浅滩，反而在泥里越陷越深。(15)当附近的所有居民都知道了这件事时，他们立刻来到鲸鱼这里，虽然他们从各个方面持续不断地用斧子砍它，但即使这样仍然无法把它杀死，于是他们便用一些粗大绳索把它拖上岸。(16)他们把它装到车上之后，发现它的长度有大约三十腕尺，宽度有十腕尺[①]。在把它分解成若干堆并相应地加以分配之后，有的人立刻吃了它的肉[②]，另一些人则决定把他们分到的部分加工保存起来。

(17)拜占庭人看到地震并得知尼罗河泛滥的情况和捕捉到鲸鱼的消息，他们根据每个人不同的爱好立刻作出要发生这等事、那等事的预言。(18)在当前发生的事件使人们迷惑不解的时候，他们往往会对未来作出某些不祥的预测，并且在受到使他们不安的事件的困惑时没有任何充分理由便推断今后会发生什么事情。(19)但是，就我而论，我宁愿要别人去谈论预言和解释怪事；我所深知的仍然是：尼罗河的河水在土地上长期不退无论如何也确实表明这是当时巨大灾难的一个原因，而另一方面，鲸鱼的排除则毫无疑问又使人们摆脱掉许多麻烦。(20)但是有人说那并不是我说的同一头鲸鱼，被捕捉的是另一头鲸鱼。但是我还是回到我前面

① 长约45英尺，宽约15英尺。

② 我国一般没有吃鲸肉的习惯，三年困难时期，市场上出现过鲸肉罐头，肉比牛肉、驼肉还要粗，味道也不好。据说渔业方面鲸肉多晒干磨粉当饲料或肥料用。

叉开的地方来吧。

(21)托提拉做完了上面所说的事情之后，得知茹斯奇亚涅附近要塞里的罗马人正开始感到给养的不足，便认为如果罗马人不能运入任何补充的话，他会很快地把这一要塞拿下来，于是他便在这一城镇附近设营，安顿下来进行围攻。冬天结束了，普洛科皮乌斯记述其历史的这场战争的第十三年[①]也随之结束了。

三十

(1)现在皇帝优斯提尼安又从海路把二千多名步兵派到西西里去，并且命令瓦列里安立刻同贝利撒里乌斯会师。(2)于是他便渡海并停泊在德律欧斯，在这里他见到了贝利撒里乌斯和他的妻子。(3)大概就在这个时候，贝利撒里乌斯的妻子安托尼娜启程去拜占庭，以便请求皇后提供更多的给养来进行这一战争。(4)但是皇后提奥多腊得了病并且去世了[②]，作为皇后，她在世上活了二十一年又三个月。

(5)就在这同时，被包围在茹斯奇亚涅附近的要塞之中实际上困苦万状的罗马人，由于缺乏必需的给养而同敌人开始进行谈判，并且同意确定在夏季的正中他们交出要塞，除非在这期间他们能得到某种接济，但投降的条件是他们全体都不受到伤害。(6)在这个要塞里有不少意大利的知名人士，其中便有图利亚努斯的兄弟狄奥菲隆；而罗马军队则可举出约翰布置在这里的三百名伊利里

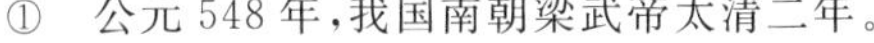

① 公元548年，我国南朝梁武帝太清二年。

② 公元548年6月28日。

亚的骑兵,他任命的骑兵将领是哈拉扎尔和古迪拉斯:哈拉扎尔是一名卫士、玛撒该塔伊人、一位特别出色的战士;古迪拉斯则是色雷斯人;此外还有贝利撒里乌斯派来守卫要塞的一百名步兵。

(7)也是在那个时候,被贝利撒里乌斯派去罗马担任卫戍任务的士兵杀死了他们的将领科农,他们指控科农拿粮食以及其他的食品做生意从而给他们造成伤害。(8)而且他们还派出一些神甫作为使节,坚定地宣布说,如果皇帝在这件事上不赦免他们的罪过,如果不在特定的时期以内把国家欠他们的饷银给他们送来,他们将毫不犹豫地转到托提拉和哥特人一面去。而皇帝实现了他们的请求。

(9)这时贝利撒里乌斯把约翰召到德律欧斯来,同他以及瓦列里安还有其他将领一道,集合了一大支舰队,全速直驶茹斯奇亚涅。他这样做的意图是解救被围困在那里的人们。(10)要塞里的人们从他们高处望见这支舰队之后又有了希望,因而这时他们又决定不向敌人投降了,尽管他们同意把要塞交出的日子已经近在眼前了。(11)可是首先发生了一次可怕的暴风雨,并且由于这一原因,又因为那里的海岸根本没有港口,结果船只被吹散,搞得相互隔得很远;结果则是浪费了许多时间。(12)当他们集合到克罗同的港湾里来的时候,他们再次出海去茹斯奇亚涅。但是当蛮族看到他们时,他们便跳上马来到海边,意在阻止他们的敌人登陆。(13)面对船只的船头,托提拉沿着海岸布置了很长的一道防线,他们有的人手持投枪,有的人则拉满了弓等待着。(14)当罗马人看到这一情况时,他们对这种阵势十分害怕,因而他们没有胆量接近敌人,而是先在距离很远的地方停下,静静地待了一个时候,随后

他们绝望地放弃了登陆的念头，全都转过头去驶向大海，再次进了克罗同的港湾。

(15)他们在这里共同进行了商讨之后作出决定：比较好的办法是贝利撒里乌斯去罗马，尽可能妥善地安排好那里的事务并且把粮食给养运进来，另一方面，约翰和瓦列里安首先要使人马上岸，然后从陆上去皮凯努姆，以便打乱在那一地区围攻要塞的蛮族。(16)他们指望，由于他们的这种举动，托提拉会放弃包围并追踪他们。(17)于是约翰这一方便在他的一千名士兵的伴随下出发去实现自己的计划了。但是瓦列里安由于害怕危险，便和自己的船只通过伊奥尼亚湾直向安孔驶去。原来他认为这样做他可以安全地到达皮凯努姆并同约翰会师。(18)即使这样，托提拉也不愿放弃围攻，而是采取了这样的办法。他本人留在原处不动，却从军队中选拔两千名骑兵，把他们派到皮凯努姆去，以便同那里的蛮族联合起来，打退约翰和瓦列里安的士兵。

(19)被包围在茹斯奇亚涅的要塞里的罗马人看到自己的粮食这时已全部耗光并且再也没有从罗马人那里得到援助的希望，于是便把卫士古迪拉斯和意大利人狄奥菲隆派到托提拉那里去，就他们的安全问题展开谈判，请求他宽恕他们做过的事情。(20)托提拉则保证，除了哈拉扎尔之外他不会惩办任何人，因为哈拉扎尔破坏了先前的协定，而对于所有其余的人他一概不予追究。(21)在这样的条件下，他亲自接受了要塞的投降。他割下了哈拉扎尔的双手和他的生殖器，然后立刻处死了他；至于士兵，则他命令那些愿意留下来的留下，他们可以保有自己所有的一切，条件是今后他们要在完全平等的条件下参加哥特人的队伍；(22)确实，当

其他要塞被攻占时他一直遵行的就是同样的这种做法;另一方面,根本不愿留下的那些人他要他们离开那里随便到什么地方去,但什么也不许带,因为他的原则是在他手下作战的士兵没有一个人是非自愿的。(23)于是罗马军队中有八十人放弃了他们的财产而来到了克罗同,其余的人则带着他们的财产留在了原地。(24)但是他却剥夺了意大利人的全部财产,不过对他们的人身没有进行任何伤害。

(25)当贝利撒里乌斯的妻子安托尼娜在皇后去世之后到达拜占庭时,她请求皇帝把贝利撒里乌斯也召到那里去。很快她便做到这一点。原来对波斯人的战争是皇帝优斯提尼安当前最需首先解决的事情,它使他作出了这个决定。

三十一

(1)就在这个时候有一些人组织了一个暗杀皇帝优斯提尼安的阴谋。现在我就要说一下这些人怎样组织起这个阴谋,他们又如何被挫败从而根本没有实现自己的目的。(2)正如在前面所述[①],阿尔塔巴尼斯[②]在杀死暴君恭塔里斯[③]之后,有一个不合适的愿望,那便是想娶已许配给恭塔里斯的、皇帝的侄女普雷埃克塔。(3)不过普雷埃克塔也非常想嫁给他,这并不是因为她爱此人,而是因为她对此人深为感激,要知道,此人不仅为她报了丈夫阿列欧宾都斯被杀害之仇,而且当她被俘而很快便注定会成为暴君恭塔

① 参见本书第四卷,第二十八章,第29节。

② 波斯阿尔明尼亚人。

③ 汪达尔人的僭主。

里斯的不情愿的侍妾的时候，也是此人把她从危险中救了出来。(4)既然双方都想这样，于是阿尔塔巴尼斯便把普雷埃克塔送到皇帝那里去，而他本人虽然被任命为整个利比亚的统帅，但是却捏造出种种不真实的借口诱使皇帝把他召到拜占庭去。(5)原来他所以这样做是为了实现这次婚姻，因为结了婚之后他会从中得到许多好处，特别是从此他就离王位不远了。(6)要知道，当人们出其不意地发了起来的时候，他们便会不安分起来，而指望继续取得更多的东西，直到最后甚至失掉了他们本不应得的幸福。

(7)不过皇帝答应了他的请求并把阿尔塔巴尼斯召到了拜占庭，同时他又任命另一个人代替他担任利比亚的统帅，这一点我在前面已经说过了[①]。(8)当阿尔塔巴尼斯到达拜占庭时，老百姓因他的功绩对他表示钦佩，并由于他的其他优良品质而爱戴他。(9)原来他既高大又英俊，品格高尚，不尚空谈。皇帝对他也是特别尊重。(10)要知道，皇帝任命他统领拜占庭的军队，担任费德腊提的司令官[②]，此外还给他执政官的荣誉。(11)至于普雷埃克塔，阿尔塔巴尼斯是根本不能同她结婚的。因为他已经有了一个亲上加亲的妻子，而且是从小便嫁给了他的。(12)从他这一面来说，他的这位妻子早就被他遗弃了，这毫无疑问是因为有一个导致夫妇疏远的原因。(13)而从她这方面来说，当阿尔塔巴尼斯没有发迹的时候，她也便留在家里不会制造什么麻烦，默默地忍受着自己的命运。但是当阿尔塔巴尼斯由于自己的功业而变得显赫起来并由

① 参见本书第四卷，第二十八章，第45节。

② 费德腊提(foederati)是私人的军队，司令官叫condottiere。参见第三卷，第十一章，第2节及注释。

于好运而成了大人物的时候,这个女人便不再能忍受屈辱而到拜占庭来了。她在拜占庭以恳求者的身份要求皇后使她有权利夺回自己的丈夫。(14)生来总是乐于帮助不幸的妇女的皇后于是不顾对方的激烈反对,迫使阿尔塔巴尼斯接受她为自己的妻子,而另一方面,彭佩乌斯的儿子、叙帕提乌斯的侄子约翰却和普雷埃克塔结婚了。(15)这件事使阿尔塔巴尼斯感到是一件极大的不幸,他十分气愤并表示,一个为罗马人立了如此功勋的人现在竟被拒绝同一个已经以身相许并且和他一样想完成这次婚配的女人结婚,而相反地,他却被迫永远同世界上他最恨的那样一个女人同床共枕——这种处境对一个男人的心灵必然是一种折磨。(16)因此,在不久之后一旦皇后去世,他便不再费力地、迅速并且高兴地把这位妻子打发走了。

(17)且说皇帝的侄子日尔曼努斯有一个名叫波拉伊德斯的兄弟。日尔曼努斯的兄弟波拉伊德斯是不久前去世的,他把大部分的财产留给了他的兄弟和侄子们。(18)虽然他有妻子女儿各一人,但是他命令说女儿只能取得法律所规定的那样多。因此之故皇帝便自愿担起为女儿辩护之责,但这一行为却使日尔曼努斯极为恼火。

三十二

(1)皇帝同阿尔塔巴尼斯与日尔曼努斯的关系就是这样。在拜占庭还有一个名叫阿尔撒凯斯的阿尔明尼亚人,此人属于阿尔撒奇达伊家族并且和阿尔塔巴尼斯有亲属关系。(2)这个人不久前曾被发觉有危害国家的企图并且明显地犯有叛国之罪,因为他同波斯国王科斯罗伊斯相勾结，想在罗马人中间制造混乱。(3)但是皇帝却没有更多伤害他，而只是打了他的脊背不多下并且让他骑在骆驼上在城里游街示众；总之，皇帝无论在人身方面还是在财产方面都没给予他任何伤害，甚至没有给他以流放的惩罚。(4)但是阿尔撒凯斯对于上面发生的一切依然抱有怨气，并开始对优斯提尼安和国家有不轨的计划。(5)当他看到和他有亲戚关系的阿尔塔巴尼斯也和他一样内心感到愤愤不平的时候，就开始进一步挑拨他，而在用巧妙的话语争取到对方的注意之后，便不分昼夜地申斥他，责怪他勇敢和懦弱得都不是时候。(6)原来，一方面，在对待其他人的不幸上面，在他结束了残暴统治方面，他已经表明了自己的崇高品格；的确，尽管恭塔里斯是他的朋友和他的主人，他还是亲手捉住并处决了他，而这绝不是任何人强迫他这样干的。(7)可是阿尔撒凯斯说，在当前，他阿尔塔巴尼斯却完全给吓住了，并且他一直待坐在那里一点男子气概也没有，尽管他的祖国处于最严密的监视之下并且给超重的捐税搞得奄奄一息，他的父亲也在不履行条约和约定的借口下被杀死，此外他的全家也受到奴役并且一直被分散到罗马帝国的各个角落。(8)但尽管情况是这样，阿尔塔巴尼斯却满足于当罗马人的一位将领并且只有一个执政官的空头衔。阿尔撒凯斯还指出：“我虽然是你的亲戚并且受到了非人的待遇，但是你对我的痛苦却没有丝毫的同情心，而另一方面，我亲爱的伙伴，我却怜悯你在两个女人身上的遭遇，不仅在一个女人身上你不公正地受到欺骗，而对另一个女人，你又被迫和她同居。(9)任何哪怕只有一点胆量的人也不应当拒绝去谋杀优斯提尼安，他也不应当有所犹豫或有任何恐惧之心，要知道，优斯提尼

安这个人总是在深夜在毫无戒备的情况下和已至耄耋之年的神甫们一道在一个大厅里认真地翻阅基督教的经书。"(10)阿尔撒凯斯接着说:"而且,优斯提尼安的亲属当中没有一个人会反对你。确实,我相信所有亲属中最强有力的人物日尔曼努斯会全心全意地帮助你,还有他的儿子们也会这样,他们都是年轻人,因而对优斯提尼安也都是满怀愤恨。并且我希望这些人真的会自己起来实现这件事。(11)要知道,这些人在他手下遭到的不公正待遇,是我们以及任何其他阿尔明尼亚人都没有受过的!"阿尔撒凯斯是想用这些话打动阿尔塔巴尼斯,而一旦他看到对方开始有所心动的时候,他便把这事告诉另一个名叫卡那兰吉斯的波斯阿尔明尼亚人。(12)这个卡那兰吉斯虽然长得漂亮,性格并不严肃,而是一个极为孩子气的人。

(13)因此当阿尔撒凯斯使他和阿尔塔巴尼斯二人无论在思想上还是在言谈上相互都达成一致的时候,他就离开了,他并且保证使日尔曼努斯和他的儿子们在这件事上和他们持有同样的看法。(14)日尔曼努斯的大儿子优斯提努斯是一个刚刚有一些胡须的青年,然而他却是一个精力旺盛行动极为果敢的人;确实,由于这些品质,不久之前他实际上已上升到享受坐执政官座椅的荣誉。(15)阿尔撒凯斯于是同他接近并且表示他希望在某个教堂里同他秘密交谈。(16)当他们二人进入教堂之后,阿尔撒凯斯首先要优斯提努斯发誓,保证绝不把他们的谈话泄露给世上任何人,只有他的父亲一人是例外。(17)而在优斯提努斯就此起了誓之后,阿尔撒凯斯对他便责备起来,这是因为,一方面,他虽然是皇帝十分近的亲属,却看着别的人执掌国家的官职,而那些人都是根本没有资

格取得这种荣誉的普通平民；另一方面，他本人虽然现在已经到了能照管自己事情的年纪，却根本不注意这样一个事实，即不仅是他本人而且还有他的父亲，这样一个功业显赫又是优斯提尼安的兄弟的人物竟然总是不得不处于普通公民的位置上。(18)更有甚者，甚至不许他继承他的伯父的财产，然而按照波拉伊德斯的意图，正是他而不是别的任何人才是这一财产的继承者，但结果这笔财产的大部分却不公正地从他手中夺走了。(19)而且，一旦贝利撒里乌斯从意大利返回，很有可能他们立刻会受到进一步的屈辱。据说他已经在伊利里库姆腹地的某处了。(20)在说了开头的这番话之后，阿尔撒凯斯便设法唆使这个青年参加谋杀皇帝的阴谋，并且把他本人同阿尔塔巴尼斯和卡那兰吉斯之间就此事达成的协议泄露给这个青年。(21)听到这些话之后，优斯提努斯感到极为不安，他的头也晕起来了，但是他明白地告诉阿尔撒凯斯，无论是他本人还是他父亲日尔曼努斯都绝不可能干这样的事情。

(22)因此，一方面阿尔撒凯斯把经过的情况报告给阿尔塔巴尼斯，另一方面优斯提努斯则把全部事实告诉给他的父亲。后者跟着又同宫廷卫队的司令官玛尔凯路斯商讨了这件事，他们所要考虑的问题是，他们是否应当把这件事报告给皇帝。(23)且说这个玛尔凯路斯是一个极为自重的人，他在大多数的事情上保持沉默，他既不为金钱干任何事情，更不能容忍在说话和行动方面油腔滑调，也根本不喜欢其他形式的消闲活动，而总是过一种同欢乐无缘的、极为严肃的生活；但是与此同时，他却一丝不苟地坚持正义，是一位最热爱真理的人物。(24)因此在这种情况下他很自然地不会答应把这件事报告给皇帝。他说："对你来说，你把这件事报告

给皇帝是不适宜的。要知道,如果你想秘密地和皇帝谈些什么,阿尔塔巴尼斯和他的友人立刻就会怀疑事情已经败露,而且,如果阿尔撒凯斯说不定得以偷偷溜掉,那么这一指控便得不到证实了。(25)另一方面,我本人根本不习惯于相信或向皇帝报告未经我彻底核实的任何事情。(26)因此我所希望的或者是我亲耳去听一听这些话,或者是通过你的安排由我的一名亲信听一听这个人就这些事明确无误地说的事情。"

(27)日尔曼努斯听了这话之后,他便命令儿子优斯提努斯安排玛尔凯路斯要求做到的事情。(28)但是他已不再能就这件事对阿尔撒凯斯说些什么,因为正如我在前面所说的,他已经断然回绝了对方。(29)但是,他的确仍然向卡那兰吉斯打听过,阿尔撒凯斯最近是否因阿尔塔巴尼斯的建议而同他接触过。他说:"要知道,我从来也不会有胆量把任何自己的秘密告诉给事实上像他这样的一个人。(30)但是如果你本人愿意在这方面告诉我些什么的话,通过共同讨论,也许我们能干出真正有价值的某件事情。"(31)于是卡那兰吉斯就此事同阿尔塔巴尼斯进行了商谈并且把阿尔撒凯斯先前告诉他的一切,报告给了优斯提努斯。

(32)随后,既然优斯提努斯同意由他本人实现一切又同意使他父亲同他们协调一致,于是决定卡那兰吉斯同日尔曼努斯会晤举行商谈并且确定了一个见面的日子。(33)日尔曼努斯把这事报告给玛尔凯路斯,并要他派出自己的一名亲信前来以便能够亲耳听到卡那兰吉斯的讲话。(34)于是他派出一个叫列昂提乌斯的人,此人是阿撒那西乌斯的女婿,是一个严格遵守公正原则并且完全能说真话的人。(35)日尔曼努斯把此人领进自己家里,并且把

他安排在这样一间房屋里：这里有厚厚的一道帐子把他通常用来进餐的卧床[1]隔离起来。(36)他便叫列昂提乌斯躲在这个帐子后面，而他本人和他的儿子优斯提努斯则留在外面。(37)当卡那兰吉斯到来的时候，列昂提乌斯便清楚地听到了他所讲的，由他、阿尔塔巴尼斯和阿尔撒凯斯三人所策划的一切。(38)在这些事情当中还提到了这样一件事，即如果他们杀掉皇帝时贝利撒里乌斯还在来拜占庭的路上，那他们的意图便根本不要宣布出来。要知道，虽然他们希望把日尔曼努斯推上王位，但是很有可能贝利撒里乌斯会从色雷斯各城镇集合一支大军，这样，在他用这样的办法来反对他们时，他们无论用什么办法也不可能把这个人打退。(39)因此有必要推迟计划的执行直到贝利撒里乌斯到来的时候，但是一旦贝利撒里乌斯到达拜占庭，就应当把他和皇帝一道禁闭在皇宫里，然后在快到夜里的某个时候，他们将突然带着匕首出现，把皇帝以及玛尔凯路斯、贝利撒里乌斯杀死。(40)这种做法会使他们在今后能以毫无顾忌地作他们想作的任何安排。

甚至当玛尔凯路斯从列昂提乌斯那里得知这一情况之后，他也还不能下决心把这件事报告给皇帝，实际上他仍然很不愿意动手，因为他担心过于仓促他也许会在证据不充分的情况下置阿尔塔巴尼斯于死地。(41)不过日尔曼努斯却把一切都泄露给布吉斯和康士坦提安了，因为他害怕由于耽搁而引起对他的某种怀疑，而这样的怀疑确实发生了。

(42)许多天之后，当消息传来说贝利撒里乌斯这时即将到达

① 罗马人进餐是围着一张小桌，各自半卧半坐在自己的床榻上。

的时候,玛尔凯路斯才把全部事情报告给皇帝,皇帝立刻下令把阿尔塔巴尼斯和他的同谋捉起来投入监狱,而委托他的一些官员负责对他们的拷问[①]。(43)当整个阴谋现在已被暴露在光天化日之下并且明确地记录在案的时候,皇帝才在皇宫里把元老院的全部成员召集起来开了一次会,在这里他们通常是通过辩论而就问题作出他们的裁决。(44)当他们读完了被审问的人们所陈述的一切之后,他们仍然想把日尔曼努斯和他的儿子优斯提努斯牵涉到这次控告中来,直到日尔曼努斯提出了玛尔凯路斯和列昂提乌斯的证据,他才做到使自己摆脱了嫌疑。(45)原来这些人以及康士坦提安和布吉斯都起誓宣称,关于这一案件,日尔曼努斯除去我刚才所说的发生的一切事情,没有向他们隐瞒任何东西。(46)于是元老们立刻一致宣布他和他的儿子无罪,认为他们没有对国家犯任何罪行。

(47)但是当所有的人进入皇帝的内室时,极为气愤的皇帝本人开始抱怨起来并十分痛苦地责怪日尔曼努斯,说他未能及早揭发,而两名官员为了讨好于他,也表示同意他的看法,好像心情和他一样的不快。他们用这种办法大大地加强了皇帝的愤怒,这种人实际上是急于想在会给别人造成不幸的事件上去迎合他。(48)但是还有一些人由于害怕而不敢讲话,他们因为不敢违抗他的意愿而对他屈服;但是只有玛尔凯路斯一个人直截了当地说出了老实话,从而挽救了这个人。(49)玛尔凯路斯为了把责任拉到自己身上,所以在讲话时特别强调了他个人的权力,他说,从日尔

① 为了取得叛国的罪证。

曼努斯一方来说，对于正在发生的事情他向他（指玛尔凯路斯本人——译者）报告得十分及时，是他进行了一次非常认真和仔细的调查，这才以更加慎重的方式向皇帝报告的。他便以这种方式消解了皇帝的怒气。(50)因此玛尔凯路斯便通过这一事件在世人中间为自己争得了巨大的声誉，人们把他看成是在最危险的时刻表现了真正崇高品质的一个人物。(51)不过皇帝优斯提尼安也只是免去了阿尔塔巴尼斯现任的职务，却没有对他进行任何伤害，事实上其他任何人也没有受到伤害，只是在不施加污辱的情况下把所有的人在宫殿里，而不是在国家的监狱里看管起来。

三十三

(1)战争进行到大概这个时候，毫无疑问蛮族已经成了整个西方的主人。因此，虽然在哥特战争里罗马人在开头取得了决定性的胜利，这一点我在前面已经记述过了，但是对他们来说，最后的结果却是，他们不仅极大地消耗掉了金钱和生命而没有得到任何好处，而且还失掉了意大利，这样就只能眼巴巴地看着发生这样的情况：实际上所有的伊利里亚人和色雷斯人现时都正在悲惨地遭到蛮族的蹂躏，因为这些人已经成了他们的邻居。事情发生的情况有如下述。

(2)在这次战争开始的时候，哥特人把他们所属的整个高卢都给了日耳曼人，因为他们认为他们绝对没有可能对两个民族作战，这一点我在前面已经讲过了[①]。(3)罗马人不仅无法阻止这一行

① 参见本书第五卷，第十三章，第 15 节以次。

动,而且皇帝优斯提尼安甚至还鼓励这一行动,目的则在于:通过挑动这些特定的蛮族打起仗来,这将会给他消除任何障碍。(4)(原来法兰克人[①]认为除非皇帝对于这一权利加以批准,否则他们对高卢的占有便绝不是可靠的)。于是日耳曼人的领袖们便占领了过去波凯亚[②]的殖民地玛西利亚[③]和所有沿海的城镇并且控制了大海的那一部分。(5)因此作为有闲的绅士,他们在阿列拉图姆[④]观看赛马,还用高卢金矿所生产的黄金铸造金币,他们在这个金币上不是像惯常那样铸上罗马皇帝的像,而是他们自己的像[⑤]。(6)虽然按照惯例,波斯国王如果愿意的话可以铸造银币,但是他以及蛮族世界的任何其他君主都没有权利在金币上铸自己的像,即便在他自己的王国里有黄金也不行;原来他们不能把这样的金币支付给他们交易的对方,即使交易的双方都是蛮族也不行。法兰克人当时的情况就是这样。

(7)当哥特人和托提拉的武力在战争中处于优势地位的时候,法兰克人占有了味内提亚的绝大部分土地,尽管他们根本没有权利这样做;因为罗马人这方面不再能击退他们,而哥特人也无力同两个民族作战。(8)就在这时,盖帕伊狄人占领了西尔米乌姆城[⑥]和实际上达奇亚的所有的城市,这些地方是在皇帝优斯

① 即日耳曼人。

② 波凯亚(Phocaea):公元前七至六世纪间伊奥尼亚的重要城市,位于士麦拿(Smyrna)以北,为在地中海西部进行贸易而于前六世纪建立了玛西利亚殖民地。

③ 今天的马赛。

④ 今天的阿尔勤(Arles)。

⑤ 当然是法兰克国王的像。

⑥ 今天的米特洛维察(Mitrovitza)

提尼安把它们从哥特人手中夺取过来时被他们占有的。他们不仅奴役了这一地区的罗马人，而且他们还不断地向前推进，劫掠和蹂躏罗马的领土。(9)因此皇帝便不再把长久以来他们习惯于从罗马人手中取得的捐赠给他们了。(10)而皇帝优斯提尼安这时却把诺里库姆城①、潘诺尼亚的若干要塞还有其他许多城镇以及大量金钱给予朗哥巴狄人。(11)正是由于这一原因，朗哥巴狄人离开了他们世世代代居住的家园而定居在伊斯特河南岸，离盖帕伊狄人不远的地方。(12)于是他们又劫掠达尔玛提亚和伊利里库姆的居民，直到埃皮达姆诺斯的边界地方并且把他们变为俘虏。由于某些俘虏逃掉了并且得以返回自己的家园，这些蛮族便以自己同罗马人和平相处为理由在罗马的领土上到处游荡，什么时候他们在某一地方认出逃跑的俘虏，他们便把这些俘虏捉起来，仿佛他们是自己的逃跑的奴隶，并且把他们从他们的父母手中夺过来带回他们自己的家，而没有人反对他们。(13)西恩吉都努姆城②周边的、达奇亚的其他城镇也被埃茹利人拿去了，这些是皇帝作为礼物送给他们的，他们现在就住在这里；他们也总是蹂躏和劫掠伊利里库姆和色雷斯的城镇。其中有些人甚至成了在人们所说的费德腊提③里服役的罗马士兵。(14)每当埃茹利人的使节——他们所代表的恰恰是正在劫掠罗马臣民的那些人——被派往拜占庭时，他们总是十分轻易地从

① 可能是诺里库姆行省的诺列亚(Noreia)，今天的诺伊玛克特(Neumarkt)。

② 今天的贝尔格莱德。

③ 参见本卷第三十一章，第十节和有关注释；再参见本书第三卷，第十一章，第2节和有关注释。

皇帝那里取得一切捐赠并且把它们带回家里来。

三十四

(1)这样一来,蛮族就在他们中间把罗马帝国分割了。但是后来成了邻居的盖帕伊狄人和朗哥巴狄人相互间极端仇视起来。(2)而且他们全都急于相互展开战斗,这样每个民族都很想同敌人一决雌雄,于是便定下了一个时间双方进行较量。(3)但是朗哥巴狄人认为单靠他们自己的力量在战斗中绝不可能是盖帕伊狄人的对手,因为事实上他们在人数上不如敌人多,所以他们决定请罗马人同他们结成联盟。(4)于是他们便派遣使节到皇帝优斯提尼安那里去,请他派遣一支军队给他们。而当盖帕伊狄人得知这一情况时,他们也派使节到拜占庭去提出同样的请求。这时盖帕伊狄人的领袖是托里金,而朗哥巴狄人的领袖是阿杜因。(5)于是皇帝优斯提尼安决定确实应当听他们每一方的陈述,但是他不愿他们同时前来,而是对他们进行个别的接见。(6)先是朗哥巴狄人来谒见皇帝,他们说了这样的话:

“皇帝啊,从我们这方面来说,对于盖帕伊狄人的无法无天的行为,我们是感到吃惊的,要知道,尽管他们对您的国家已经犯下了许多弥天大罪,这是我们全都清楚的,可是现在他们竟然到你面前来,这实际上是对你的不能再大的侮辱!(7)正是他们,并且只有他们才可以说最大限度地侮辱了他们的邻人,他们认为这些邻人都如此很容易受到欺侮,乃至他们到邻人那里去就是利用已经被他们欺侮那些人的淳朴善良给自己捞到好处。(8)现在我们请求您仔细考虑只有一件事,即盖帕伊狄人如何对待他们的朋友这

样一个问题。这样您便可以十分有把握地保证罗马帝国的幸福安宁,因为人们总是能够从过去的事件放心地推断出未来会发生的事情。(9)确实,盖帕伊狄人这个民族只是曾对另外某个民族表现出忘恩负义,我们也许需要说很多话用很多时间并且从外面带来证据以便力图证明这些人的卑劣品质;但实际上我们却能从您自己的经验当中选一个近在眼前的例子。”

“(10)下面就是我们希望您能考虑的:先前哥特人保有达奇亚的土地作为一个纳贡的行省,而所有的盖帕伊狄人原来都居住在伊斯特河的对岸,他们对哥特人的强大力量害怕到如此程度,乃至一方面,他们从来不曾做到渡过伊斯特河,甚或不敢有这个企图,而另一方面,他们同罗马人是亲密同盟并保持友好的关系,每年他们都从先前的皇帝那里以友谊的名义得到许多馈赠,并且他们确实从您手中也取得了同样慷慨的馈赠。(11)因此我们很想向这些先生请教,对于这样的好处,你们为罗马人干了什么好事。可是他们并不能哪怕举出一件这样的无论大小的事。(12)现在他们没有了对你们干坏事的手段,只有这个时候他们才保持安静,但这并不是因为他们方面有了任何悔罪之心,而是因为没有机会干坏事才不得不如此的。(13)要知道,您,从您这方面来说,并不想对伊斯特河对岸的土地提出任何要求,而对哥特人的恐惧总是使他们不敢觊觎这一边的土地。(14)但是老实说,有谁会把无能为力称为感激之情呢!并且怎样的友谊的保证能建立在没有能力犯罪这件事上?没有啊,皇帝啊,没有啊;这样的事情是不可能的。要知道,只有机会才能把一个人的本质揭示出来,它使人的品格暴露在所有人的目光之下,因为这时他有了行动的自由。(15)请看吧,正当

盖帕伊狄人看到哥特人已被赶出全部达奇亚,而您这方面又在忙于对您的敌人作战的时候,这些可恶的东西就敢于从四面八方踏进了您的土地。”

“(16)有谁能恰当地用语言描述他们的行动的罪大恶极的性质呢?他们不是充分表现出对罗马帝国的蔑视了吗?他们不是已经破坏了条约和联盟的保证吗?(17)他们不是已经侮辱了他们绝不应如此对待的人们么?他们不是曾横暴地对待帝国么?可是,当你仍有时间对付他们的时候,他们不是又曾渴望得到成为帝国奴隶的特权么?皇帝啊,盖帕伊狄人正在占有西尔米乌姆并且正在奴役罗马人,而且他们还夸口说他们已占有了整个达奇亚。(18)然而,他们为你们作战或同你们一道作战或为反对你们而作战,哪次战争他们打赢过?还有,他们考虑过什么斗争使他们得到这块土地作为奖赏?而且,尽管有这一切情况,他们往往还要你们给钱、并一直领他们的报酬已不知道有多久,这一点前面已经说过了。(19)但是从来还没有一个行动像他们今天派遣使节的行动这样可鄙。要知道,他们一看到我们急于想对他们作战,他们竟然敢厚着脸皮到拜占庭来见受到他们极大侮辱的皇帝!(20)老实说,既然他们太不顾廉耻,他们说不定还会请您同他们结成军事联盟以反对一直受您的深深眷顾的我们呢。(21)确实,如果他们前来是为了归还他们非法占有的土地,如果他们确实是由于害怕朗哥巴狄人才不得不非自愿地改变自己的做法并表现出为时已晚的感激,罗马也应当知道朗哥巴狄人是罗马人所以能得到这些好处的最主要原因。(22)得到好外的人应当感谢造成这种强制的人,这是不言而喻的。但是如果他们甚至现在仍决定不退出他们非法掠

夺的土地,还有什么能比这更卑鄙呢?”

(23)“因此这便是我们为自己作的辩护,它是用蛮族的淳朴表达出来的,用词不多而且同当前的场合很不相称。(24)但是,皇帝啊,我们请求您,在仔细研究了我们对事实未能作充分表达的发言之后采取有利于罗马人和朗哥巴狄人的行动方针,而除了所有其他理由之外,您的人民还不要忘记这样一点:罗马人同我们站到一起是正当的,因为从一开始我们在宗教上就是一致的,故而单单为了如下的一个简单的理由罗马人也应当反对我们的敌人,即他们都是阿里乌斯派[①]。”

(25)以上便是朗哥巴狄人的发言。第二天轮到盖帕伊狄人来见皇帝,他们的发言是这样:“皇帝啊,我们理当期望的是,那向相邻的国家提出缔结一项军事联盟请求的人们首先应当表明他们前来提出的是一项正当的请求,并且他们的建议是有利于缔结联盟的人们的,然后再来谈论他们此行所要讨论的事情。(26)首先,从事实本身来看,我们受到朗哥巴狄人的侮辱,这是明摆着的事情。(27)要知道,我们很愿意通过仲裁的办法来结束我们的争端,并且倾向于采取仲裁办法的人是能以同暴力完全无缘的。(28)其次,对于已经了解的人们,为什么还要发表长篇大论来证明盖帕伊狄人无论在人数上还是在勇气上都远远地超过朗哥巴狄人呢?(29)我们认为,任何一个哪怕有一点起码的谨慎的人也不会选择在一次斗争

① 由生于利比亚的神学家阿里乌斯(约 250—336)创立的基督教的一个派别。这一派反对“三位一体”之说,反对教会占有财富,所以受到正统教会的歧视,但得到下层信徒的支持。在哥特人和汪达尔人中间也有很多这一派的信徒。在他们取得西罗马大部分的地区后,逐渐并入天主教。

中采取参加软弱的一方从而陷入可以预见的厄运的政策,而不是加入更加强大的一方在毫无危险的情况下得到制胜的机会。(30)因此,当您去同另一个敌人作战时,您也会发现,盖帕伊狄人今后将同您站在一起,以便对您为我们所做的事表示谢意,他们完全有可能用他们的压倒一切的力量帮助您制服您的敌人。(31)还有,您还应当考虑这样一个事实,朗哥巴狄人是罗马人刚刚认识的朋友,而盖帕伊狄人从古以来便是您熟悉的盟友。(32)长时期结成的友谊不是容易拆散的。因此您便不仅将会得到强大的,而且是可靠的盟友。(33)这些便是我们请您结成这一联盟的正当依据。"

"现在再看一看朗哥巴狄人是怎样的人吧。(34)首先,他们断然拒绝我们的通过仲裁来解决我们之间的纠纷的建议,尽管我们多次请他们这样做,他们看来好像胆大妄为得昏了头。但是现在到了战争眼看即将真枪实刀地干起来的时候,他们又从阵地上磨磨蹭蹭地退下来,因为他们充分认识到自己的软弱,所以才到您这里来,要罗马人站在他们的一面进行这场不公正的斗争。(35)毫无疑问,这些盗贼提出了西尔米乌姆和达奇亚其他一些城镇的问题,把它提出来作为口实要您参加战争。(36)可是您的帝国拥有简直是太多的城市和土地,乃至您实际上是正在寻找这样的人们,以便把它的某一部分送给他们居住。(37)皇帝啊,确实您曾把数也数不清的城市和土地慷慨地送给了法兰克人和埃茹利人这个民族,还有这些朗哥巴狄人。(38)但是,我们是在您的友谊的鼓舞下才做了的确是您所期望的事情的。确实,当一个人想把自己的部分领土分给某个人的时候,他所钦佩的绝不是坐在那里等候接受他的赠赐的人,而是这样的人:此人早就知道了对方的用意,所以自作决定地取得了这份

礼物，只要这样的决定看来并不是以一种冒犯所有主的精神而提出这样做的权利，而是基于他对所有主的坚定友谊的信心这样一种精神才提出的；而这恰好便是盖帕伊狄人对罗马人的态度。(39)因此我们请求您记起这些事情，或毋宁说，请求您用您的全部力量站在我们一面参加对朗哥巴狄人的斗争从而履行我们的联盟所约定的条款，否则的话，便对双方采取旁观的立场。要知道，作出这样的决定，您就是公正地行事了，这对罗马帝国是十分有利的。”

(40)上面就是盖帕伊狄人的发言。皇帝优斯提尼安经过长时间的考虑决定在使盖帕伊狄人不能完成使命的情况下把他们打发回去了；但是他发誓同朗哥巴狄人缔结了军事联盟，接着便派出了由康士坦提安、布吉斯和阿拉提乌斯率领的一万多人的骑兵队伍到他们那里去。(41)维塔利安的侄子约翰也同他们联合在一起，他早先已接到皇帝的指示：一旦他们要同盖帕伊狄人进行一场决斗的时候，他就应该率领着他的军队赶到意大利去。因为他实际上也是从意大利返回的。(42)他们还带着作为联盟者的一千五百名埃茹利人和其他人，埃茹利人的将领则是菲列木特。(43)要知道，除了这一部分埃茹利人之外，他们的为数三千人的整个民族都是站在盖帕伊狄人的一方面作战的，因为不久前他们已经叛离了罗马人，那原因我在前面已经说过了[①]。

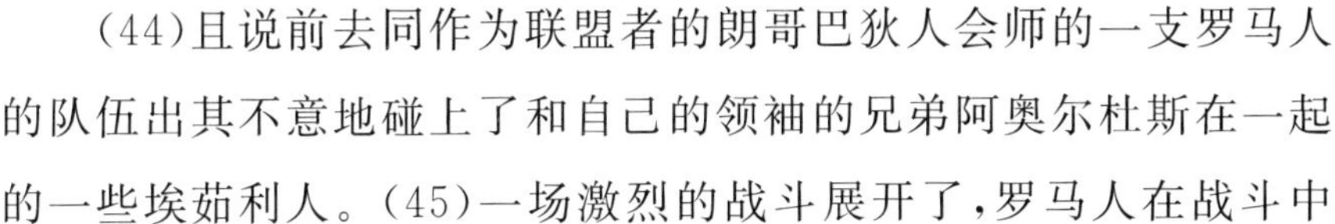

(44)且说前去同作为联盟者的朗哥巴狄人会师的一支罗马人的队伍出其不意地碰上了和自己的领袖的兄弟阿奥尔杜斯在一起的一些埃茹利人。(45)一场激烈的战斗展开了，罗马人在战斗中

① 参见第六卷，第十四章，第 37 节。

取得了胜利，他们杀死了阿奥尔杜斯和许多埃茹利人。随后，当盖帕伊狄人得知罗马人已经临近的时候，立刻同朗哥巴狄人解决了他们之间的争端，并且这两个蛮族相互间缔结了一项和约，而这是违反了罗马人的意愿的。（46）当罗马军队得知这一情况时，他们发现自身处于一种十分尴尬的境地。他们既不能继续向前推进，又不能原路退回去，因为将领们担心盖帕伊狄人和埃茹利人都会蹂躏和劫掠伊利里库姆的土地。（47）不管怎样，他们留在了原地并且把情况向皇帝作了报告。这些事件的经过便是如此。但我还是回到前面我的叙述中叉开的地方吧[①]。

三十五

（1）贝利撒里乌斯去拜占庭的行程是一个不光彩的行程；要知道五年以来，他没有在意大利的土地的任何地方登陆，他也未能在那里作任何一次陆上的进军，而在这整个期间他只能靠逃来逃去使自己躲藏起来，一直在不停地乘船从一个设防的沿海城镇到沿海的另一个要塞去。（2）这种做法的后果是，现在已经没有什么可以害怕的敌人老实说已经奴役了罗马和所有其他的一切。这次也是他放弃了受到严密包围的图斯卡尼首府佩路吉亚；确实，当他还在路上的时候，这城市便被敌人通过猛攻占领了。（3）到达拜占庭之后，他便在那里永久定居了，这时他已经积累了一大笔财产并且由于他过去的功业又很受人们的爱戴，正好像在他出征利比亚之前上天十分明确地向他垂示的那样。

---

① 叉开的地方从第三十一章开始。

(4)下面我就来说一下上天垂示的朕兆。贝利撒里乌斯在拜占庭市郊有一处被称为潘泰希昂[①]的继承的领地,领地位于对岸的大陆上。在贝利撒里乌斯即将率领罗马军队去进攻盖利梅尔和利比亚之前不久,在他的这个领地上,葡萄树结了大量的果实。(5)他的仆人把用这些葡萄酿造的酒装满了许多酒瓮,并且把这些酒瓮放在酒窖里,酒瓮下部埋在地里,上面则仔细地用泥封好。(6)但是八个月之后一些酒瓮里的酒因为开始发酵而把用来封每只酒瓮的封泥迸掉了;于是酒便从酒瓮的顶端跑出来并在大量地流出之后遮盖了附近的地面,乃至实际上在那里的地面上形成一个大的酒池。(7)当仆从们看到这一点时他们深感惊讶;他们能以用这酒装满许多酒瓮,这之后他们又用泥把那些流出酒来的酒瓮用泥封起来,却没有声张这件事。(8)但是当他们看到这一现象在大约同一日期多次发生的时候,他们确实便把这件事报告了自己的主人,而主人这方面也把自己的许多友人召请到那里,把这一现象指给他们看。于是他们便以从这一垂示所作的结论为依据而预言,将会有许多幸福降临这个家庭。

(9)贝利撒里乌斯的好运便是这样。但罗马的主教维吉利乌斯以及当时留在那座城市里的意大利人(并且那里有许多十分知名的人士)却一直不断地请求皇帝要尽全力继续成为意大利的胜利者。(10)但是对优斯提尼安影响最大的是戈提古斯,此人是贵族出身并且在这时很久之前便已取得了执政官职位的荣誉;他也正是为了这一目的不久前才来到拜占庭的。(11)皇帝这时虽然确

① 今天的本狄克(Pendik),在亚洲一侧的海岸上。

实答应亲自关心意大利的问题,但他仍然把他大部分的时间用来研究基督教徒的各种学说,非常想并且下大决心来圆满解决他们之间所争论的问题。

(12)拜占庭的情况便是这样。就在这时有一个朗哥巴狄人出于下述的理由跑到盖帕伊狄人那里去。(13)当朗哥巴狄人的领袖是瓦凯斯的时候,他有一个名叫里吉乌尔富斯的侄子,而按照法律,则瓦凯斯只要什么时候去世,他便会被召来继承王位。(14)瓦凯斯却设法作这样的安排,把王位传给自己的儿子,于是就不公正地指控里吉乌尔富斯并且用放逐来惩处他。(15)里吉乌尔富斯于是偕同几位友人离开自己的家,立即逃到瓦尔尼人那里去,却留下了两个孩子。(16)但是瓦凯斯却贿赂这些蛮族杀害了里吉乌尔富斯。至于里吉乌尔富斯的那两个孩子,一个病死了,另一个叫伊尔狄盖斯的则跑到斯克拉文尼人那里去了。

(17)而在这之后不久瓦凯斯便因病去世了。朗哥巴狄人的王位便转到瓦凯斯的儿子瓦尔达茹斯之手。但由于他太小,奥杜因因此便被任命担任摄政,治理国家。(18)而既然奥杜因因此而掌握了很大的权力,在那孩子不久之后由于自然的死亡而立即去世之后,他本人便夺取了统治权。(19)因此当上面提到的、盖帕伊狄人和朗哥巴狄人之间的战争爆发时,伊尔狄盖斯便带着不仅是追随他的朗哥巴狄人而且还有许多斯克拉文尼人一直跑到盖帕伊狄人那里去,盖帕伊狄人则希望使他重新登上王位。(20)但是由于他们已经同朗哥巴狄人缔结了条约,所以奥杜因立即要求作为友人的盖帕伊狄人把伊尔狄盖斯交出来;但是盖帕伊狄人断然拒绝把这个人交出来,而是确实命令这个人离开他们的国家随便到他

愿意去的什么地方寻求庇护。(21)于是伊尔狄盖斯带着他的随行人员和一些志愿同行的盖帕伊狄人赶忙又回到斯克拉文尼人那里去。(22)并且他带领一支不少于六千人的队伍离开那里同托提拉和哥特人联合到一起。在到达味内提亚时，他遇上了由罗马将领拉扎茹斯率领的一些罗马人，于是他同他们展开了战斗，打败了这些人，杀死的也不少。但是他并没有同哥特人联合，而是再度渡过伊斯特河并重新退到斯克拉文尼人那里去了。

(23)当这些事件像前面所说的那样正在进行的时候，贝利撒里乌斯的一名卫士，被留在意大利的一个热情而又精力旺盛的名叫音杜尔夫的蛮族在没有任何正当理由的情况下跑到托提拉和哥特人那一面去。(24)托提拉立刻要他率一支大军和一个舰队到达尔玛提亚去。(25)于是他便来到一个叫木依库茹姆的地方，这是离撒罗尼斯很近的一个沿海城镇。而开头，由于他是个罗马人，又是贝利撒里乌斯的一名卫士，所以他同城里的人们混在一起，但随后他便举起了刀并且要他的随行人员也举起刀，突然间把城里所有的人都杀死了。(26)这之后，在抢了所有值钱的物品后他便离开那里来到了海岸上的另一座罗马人叫作劳列阿特的要塞。(27)在这里，他也是进了城并杀死了所有遇见的人。

当着当时撒罗尼斯的司令官克劳狄安得知这一情况后，他便派遣一支军队乘坐人们所说的快艇①来对付音杜尔夫。(28)这支军队到劳列阿特后便对敌人展开了战斗。但是他们被对方杀得落花流水，每个人只能各自逃命到他们所能去的地方，而把他们的船

① dromones。

抛在了港口。原来那里其他的船装载的却是谷物和其他食物。(29)这一切全都落到音杜尔夫和哥特人的手里,他们在杀死所有遇到的人并且劫掠了值钱的物品之后,便回到托提拉那里去了。(30)冬天结束了,而普洛科皮乌斯记述其历史的这场战争的第十四年[①]也就随之结束了。

三十六

(1)托提拉这时率领他的全部军队进军罗马并且在到达之后亲自在那里布置了围攻事项。[②] 但是贝利撒里乌斯选拔了以勇敢著称的三千士兵,要他们保卫罗马,并且任命狄奥根尼斯为他们的指挥官,此人原是他本人手下的一名长枪兵,一个非常明智的人和有能力的战士。结果在封锁上用了很长的时间。(2)原来从被围攻者一方面来说,由于非凡的勇敢,他们表明同哥特人的全部军队是势均力敌的,同时,狄奥根尼斯也一直在进行着严密的监视,他不许任何人接近城墙对它进行破坏;此外,他在城墙以内的所有各处都播种了谷物,结果他们一点也不缺少食物。(3)蛮族确实多次试图以猛攻的方式占领工事并试图攻上城壁,但是他们总是被击退,罗马人的勇敢从城墙那里把他们赶走。不过他们占领了波尔图斯[③]并从此把罗马严密地包围起来。这些事件的经过便是这样。

(4)皇帝一经看到贝利撒里乌斯返回拜占庭,他便开始筹划派

① 公元549年,南朝梁武帝太清三年。

② 这仍是549年的事情。

③ 在梯伯河河口。

另一位统帅率领一支军队去对付哥特人和托提拉。(5)如果说他实际上已实现了自己的这个想法,我则以为,既然罗马还在他的统治之下而且他在城里还有保有士兵并且这些士兵能以同由拜占庭前去救援的士兵会师,这样在战争中他本来是有可能打败自己的敌人的。(6)但是,事实上,在最初选拔了罗马的一位贵族利贝里乌斯并且命令他本人做准备之后,也许他把注意力放到其他某件事情上去,他随后对这件事便不再关心了。

(7)对罗马的围攻进行了很长一段时期之后,守卫以使徒保罗命名的城门[①]的伊扫里人——他们都是心怀不满的人,因为多年以来他们没有从皇帝那里得到任何东西,同时他们还注意到,先前把罗马交给哥特人的那些伊扫里人都成了神气十足的大富翁——便十分秘密地开始同托提拉谈判并且同意把罗马交出来,并且约定了进行这一交易的明确的日期。(8)因此,当约定的日期到来时,托提拉便想出了如下的计划。在夜里第一班上岗的时候,他把两只长船放到梯伯河上,上面乘坐着会吹喇叭的人们。(9)他命令这些人乘船一直渡过梯伯河并且在他们走近城墙时在那里拼全力吹喇叭。(10)就在这时,他本人率领自己的军队避开敌人的耳目,在上面所提到的,以使徒保罗为名的城门附近做好准备。(11)他的设想是:如果有任何罗马人得以从城里跑出来——因为在夜幕的掩护下这一点是很容易做到的——他们是会去肯图姆凯莱[②]的,因为在那一地区的城镇当中他们只有这一处设防的地点了,所

① 欧斯田西斯门(Porta Ostiensis),参见第六卷,第四章,第3节。

② 今天的奇维塔·维奇亚(Civita Vecchia)。

以他决定在通向那里的道路上由善战的士兵设下一些埋伏,他并且下令埋伏的士兵杀死所有逃跑的人。(12)船上的人来到城墙近旁之后,立刻按照指令吹起喇叭来。(13)罗马人立刻大吃一惊,他们陷入极大的恐惧和混乱之中并在没有任何充分理由的情况下突然放弃了他们的一些放哨点,而跑去支援有喇叭声的地方,以为敌人进攻的是那一部分的城墙。(14)这样一来,留在岗哨之上的便只有出卖城市的伊扫里人了,于是伊扫里人便从从容容地打开城门并且把敌人接到城内。(15)在那里落入敌人之手的人们遭到了大量的屠杀,不过也还有许多人从别的城门跑掉,只是向肯图姆凯莱方向去的那些人遭到了伏击并且牺牲了。不过少数人确实是艰难地跑掉了,据说狄奥根尼斯便在这些人当中,他虽然负伤,总算得到了安全。

(16)在罗马军队里有一个名叫保路斯的人,他原来是一个奇利奇亚人,最初给贝利撒里乌斯管家务,但是后来他和军队一道去了意大利,成了一名骑兵长官并曾被任命和狄奥根尼斯一道负责保卫罗马的任务。(17)在罗马被攻占的当时,这个保路斯和四百名骑兵一道冲向哈德里安的陵墓并占领了通向使徒彼得教堂的那座桥。(18)并且,天还在破晓时分并且将会有一些日光出现的时候,哥特人的军队便向这些人发动了进攻,但是这些人在原地进行了极为猛烈的抵抗并且取得了胜利。由于大批的蛮族拥挤在一处,所以这些人得以杀死蛮族方面许多人。(19)当托提拉见到这一情况时,他立刻中止了战斗并命令哥特人静静地待在那里包围敌人,认为用饥饿的办法他就可以制服这些人。(20)这样一来,保路斯和他的四百名骑兵在那一天就没有吃饭,并于黑夜在同样情

况下设了营地。但是第二天，他们决定把他们的一些马用来作食物，但由于这种食物的特殊性质使他们感到实在无法下口而直到午后很晚的时候也未能这样做，尽管他们简直是饿极了。(21)当时经过长时间的考虑并且在相互激发勇气之后，他们作出最后的决定：他们宁愿在当时当地通过光荣牺牲以结束自己的生命。(22)而实际上，他们的决定是突然间冲向敌人，每个人都要尽可能多地杀死敌人，这样他们所有的人，每个人便都可以达到英勇就义的目的。(23)于是他们突然间相互拥抱，互吻面颊，在临死时对他们的友人作最后的拥抱，意在全体立刻作出牺牲。

(24)但是看到这一情况的托提拉担心那些敢于面对死亡而且这时再也没有任何求得安全的希望的人们是会给哥特人造成无法挽回的伤害的。(25)于是他便派人到对方去，向他们提出两个条件供对方选择：或者把马匹和武器留在原地，发誓不再对哥特人作战，然后在不受任何伤害的情况下返回拜占庭；或者，另一方面，保留自己的财物并在今后在哥特人的军队里作战，享有和哥特人同样的充分和完全的平等。(26)罗马人是乐于听到这些建议的。的确，开头所有的人都倾向于返回拜占庭，但是后来，由于他们耻于徒步并且不带武器地撤回去，并且又害怕在回家的路上会遇到伏击，从而断送了性命，而且他们由于罗马国家当局长时期拖欠他们的军饷而心里有股怨气，于是他们便自愿参加了哥特的军队，当然，确实也有例外。保路斯和一个名叫米恩德斯的伊扫里人便来到托提拉这里，请他把他们送到拜占庭去。(27)因为他们说，他们的妻子儿女都在故乡，离开这些人他们就无法生活。(28)托提拉善意地接受了这些人的请求，因为他们说的是真话，于是他给了他

们路费并派人护送他们,把他们放走了。罗马军队中还有另一些人,这就是有机会躲到城里各教堂里去的大约三百人,这些人也都在得到保证之后转到托提拉的一面。(29)至于罗马本身,托提拉不愿意从今以后把它拆掉或放弃;相反地,他却决定要哥特人和罗马人都住到那里去,不仅仅是元老院的成员,而且还有所有其他人,理由则如下所述。

三十七

(1)在这之前不久,托提拉曾派人到法兰克人的国王那里去并请国王把自己的女儿嫁给他。(2)但是法兰克的国王拒绝了这一请求,他说托提拉过去不是,今后也不会成为意大利的国王,因为在占领罗马之后,他根本守不住它,而是在拆毁它的一部分之后让它重新回到他的敌人之手。(3)因此,这时他便赶忙把给养送到城里去,并且下令尽可能快地把他先前攻占罗马时亲手推倒或被火烧毁的一切重建起来;随后他又把罗马元老院的成员和他看管在康帕尼亚的所有其他人召集起来。(4)而在那里观看了赛马之后,他便使全军做了准备,打算出征西西里。(5)在这同时他还使他的四百艘战船做了海上战斗的准备,还有相当大的一支大船的船队也准备起来了,这是过去皇帝从东方派到这里来的,而他在这整个时期中间却幸运地俘获了这些船和上面的船员与货物。(6)他还派了一个名叫斯提凡努斯的罗马人作为使节到皇帝那里去,请求他结束战争并且同哥特人缔结条约,而达成如下的谅解,即如果皇帝今后同其他敌人作战,他们将作为联盟者同他并肩战斗。(7)但是皇帝优斯提尼安甚至不允许使节到他面前来,也根本不理会他

说的任何事情。

(8)当托提拉得知这一情况后,他再次着手进行了战争的准备。他认为最好是先试一下肯图姆凯莱,然后再向西西里进军。(9)而当时那里的卫戍部队的指挥官是贝利撒里乌斯的卫士狄奥根尼斯,并且他手下有一支很有实力的队伍。(10)哥特的军队到达肯图姆凯莱之后,便靠近城墙设营,进行了包围。(11)托提拉派使节到狄奥根尼斯那里去,向他和他的士兵提出挑战,如果他们想通过战斗同哥特人决一高低的话那么就尽快动手吧。(12)他还劝他们不要指望皇帝那边会再有任何援军前来。(13)他说,如果有谁能以对这样一个长时期中间在罗马发生的那些事情作一个合理判断的话,就知道优斯提尼安不再能把反对哥特人的这一战争继续下去。(14)因此他让他们有权在两种可能中间选择随便哪一种:或者在完全平等的条件下参加哥特人的军队,或者在不受任何伤害的情况下从城市离开去拜占庭。(15)但是罗马人和狄奥根尼斯宣称,他们既不愿进行一场决战,而另一方面,他们也不想参加哥特人的军队,因为他们会发现离开自己的子女妻子他们是无法生活的。(16)至于他们正在守卫的城市,他们目前完全无法以任何还说得过去的借口把它交出来,因为在那时他们实际上连这样做的甚至一个托词也没有,特别是如果他们要去见皇帝的话;(17)但是他们确实请求托提拉把这件事向后拖一个时期,以便在这段时期里他们可以把情况报告给皇帝,如果这期间没有救兵派来,最后他们再离开这个城市;这样,他们虽然把城市交给哥特人,从他们方面来说,他们放弃它并不是没有正当理由的。(18)这一做法得到了托提拉的同意,于是双方约定了一个明确的日子;双方

各自向对方交出三十名人质以保证协定的约束作用,于是哥特人便撤去了包围并向西西里行进了。

(19)但是当他们来到了列吉乌姆时,他们并没有渡过那里的海峡,而是想先进攻那座城的工事。(20)原来那里卫戍部队的指挥官是由贝利撒里乌斯指派在那里的图里木特和希美里乌斯。(21)由于他们手下有很大的一批精锐的士兵,所以在敌人攻打城壁时予以击退,而且还主动出击并且在战斗中打败了对方。(22)但是,后来由于他们在人数上比对方少得多,所以他们便把自己关闭在城里,按兵不动了。(23)于是托提拉便把一部分军队留在那里守卫这个地方,指望他们此后能通过食物不足而使罗马军队投降;在这同时,他又派一支军队去攻打塔伦图姆,并且不费什么气力便把它攻克了。同样地,他留在皮凯努姆土地上的哥特人那时也攻陷了阿里米努姆;阿里米努姆是被对方出卖给他的。

(24)当皇帝优斯提尼安得知这一情况后,他便有意指派自己的侄子日尔曼努斯为全军的统帅去领导对哥特人和托提拉的战争。于是他便指令日尔曼努斯为此进行准备。而当这一情况传到意大利去的时候,哥特人对此深为关切;因为日尔曼努斯在世人的心目中颇有声望。(25)另一方面,所有的罗马人却立刻充满了信心,皇帝军队的士兵开始比先前勇敢得多地面对危险和困难了。(26)但是皇帝却由于人们所不了解理由改变了自己的想法,并且决定由利贝里乌斯代替日尔曼努斯担任这一职务了,关于此人我在前面曾经提到过①。(27)事实上利贝里乌斯也

① 参见本卷第三十六章,第6节。

尽快地准备起来，人们估计他会立即率领一支军队乘船出发。但是皇帝又一次改变了主意，结果他也只好无所事事地待在那里。(28)而当时为自己征集了一批出色战士的维茹斯却在离拉温那城不远的地方同皮凯努姆的哥特人展开了一场战斗，结果他不仅损失了自己的许多部下，他本人也在经历了一场战斗之后壮烈牺牲了。

三十八

(1)就在大约同时，人数不超过三千的一支斯克拉文尼人的军队[①]没有遇到任何抵抗便渡过了伊斯特河，然后立刻向希布茹斯河[②]推进，并在毫不费力地渡过了这条河之后分成两路。(2)一路有一千八百人，其余的则属于另一路。(3)虽然他们相互分开成为两路，但是无论在伊利里库姆还是在色雷斯，同他们作战的罗马军队的指挥官们在同他们展开战斗时都出乎意料地被打败了，他们之中有一些死在战场上，其余的则在一团混乱中逃命去了。(4)罗马的指挥官们便这样地败在了两路蛮族军队的手下，尽管蛮族部队的人数比罗马军队要少得多；而这之后，一部分敌人又同阿斯巴杜斯展开了战斗。(5)这个阿斯巴杜斯是皇帝优斯提尼安的一名卫士，因为他是曾在人们所说的亲卫军[③]里服役的，并且他还统率着一些骑兵大队，这些队伍从古以来便驻守在色雷斯被称为特祖

① 参见本卷第十四章，第 22 节以次。

② 今天的玛里察河(Maritza)。

③ candidati，原意是“穿白衣服的人”，这是亲卫军的标帜，也可译为“白衣军”。

茹路姆[①]的一座要塞里,这是一支人数众多的精锐队伍。(6)但斯克拉文尼人不怎样费力地把这支队伍也打败了并且在一次极不光彩的逃跑中杀死了这支队伍的大多数人;斯克拉文尼人还俘获了阿斯巴杜斯,并且暂时把他当作一名俘虏,但是随后,在从这个人背上剥下一条条的皮之后,便把他投到火里烧死了。(7)斯克拉文尼人在干了这一切之后,便在色雷斯和伊利里库姆的所有城镇劫掠起来,而且比较地没有什么后顾之忧。这两路军队通过围攻的方式攻占了许多要塞,尽管他们先前既没有攻打城墙的经验,也不敢走到开阔的平原上来,因为这些蛮族事实上甚至从来不曾有过蹂躏罗马人的土地的念头。(8)确实,看来在我刚才记述的事件之前,过去他们从来不曾率领军队渡过伊斯特河。

(9)随后打败了阿斯巴杜斯的那些人便依次劫掠了所有一切直到沿海地方,并且用猛攻的办法攻占了沿海的一座名叫托皮茹斯[②]的城市,尽管这里有卫戍部队防守着。这是色雷斯沿岸城市当中的第一座城市,离拜占庭是十二天的路程。(10)他们是用这样的办法攻占了这座城市的。他们大部分人隐蔽在工事前崎岖不平的地面上,而另一些人走近朝东的城门,开始骚扰城上的罗马士兵。(11)随后,守卫在那里的士兵以为敌人只不过是他们看到的那些人,于是立刻拿起武器,全部从城中出击,向他们发动了进攻。(12)蛮族于是开始向后方撤退,这使得进攻的一方看来以为他们真的正在向后方退却,因为他们被罗马人吓坏了;这样,跟踪追击

① 今天的科尔娄(Chorlou)。

② 与塔索斯相对,在今天的卡瓦拉地区。

的人便发现自己离开工事已有相当的一段距离。(13)紧跟着埋伏的那些罗马人从他们隐藏的地方出来从而处于追击的罗马人的背后,这就使得罗马人不再能回到自己的城里去了。(14)而且,那些似乎在逃跑的蛮族也转过身来,这样罗马人便处于两面被夹攻的地位。随后,在蛮族把这些人一个不留地全部杀死之后,就对工事发动了进攻。(15)但是城里的居民失去了士兵的支援后发现自己处于十分困难的地位,不过即使如此,他们仍然在条件许可的情况下尽力抵抗敌人的进攻。(16)而且在起初,他们成功地进行了抵抗,办法是把烧得很热的油和树脂浇向攻打城壁的敌人,而且全体居民联合到一处把石块推向敌人,从而几乎就要把危险消除了。(17)但是最后蛮族还是用大量的投枪打败了他们并且使他们不得不放弃城上的阵地,而蛮族随即把云梯搭在城上,用猛攻的办法攻克了城市。(18)蛮族于是立即杀死了所有的居民,人数多达一万五千人,他们抢走了所有值钱的东西并且把妇女儿童变为奴隶。(19)不过在这之前他们是不顾任何年龄的区分而是老少一概杀光,两部分人的做法一样,因为当他们进攻罗马人的土地时,他们一直是杀死遇到的所有的人而不论老少,乃至由伊利里亚人和色雷斯人居住的全部土地结果到处都是未经掩埋的尸体。

(20)现在对于牺牲在他们手下的人们,他们并不是用剑或长枪,也不是用任何其他常用的方式杀死这些人,而是先把削得极尖的木桩牢固地埋在土里,然后用暴力把可怜的俘虏插到上面,尖端从臀部中间的肛门压进去一直通到肠子的部分。他们便认为应当这样处死敌人。(21)这些蛮族还有这样一种杀人的办法,这便是把四根很粗的木桩深深地打入地里,而在把俘虏的手脚分别捆绑

在这些木桩上之后,他们便一直不断地用棍棒打俘虏们的头,像对待狗、蛇或任何其他动物那样地把他们杀死。(22)另有一部分人会被他们关在一种小茅屋里,这小屋里还有牛羊,当然就是他们根本无法带回家乡的那些,随后他们就毫不留情地放一把火把这种小茅屋烧掉完事。斯克拉文尼人便一直用这种办法杀掉落到他们手里的那些人。(23)但是从那时以来,无论是这部分还是另一部分蛮族,他们似乎已经喝够了大量被他们杀害的人们的血,认为可以把落到他们手里的一些人变为俘虏了,结果在他们所有的人出发走上回家的道路时,他们便带上了成千上万的俘虏。

三十九

(1)在这之后哥特人便攻打列吉乌姆这一要塞,但是被围攻者继续进行十分顽强的抵抗并且把哥特人打退了,而在对哥特人的战斗中,图里木特总是表现出引人注目的英勇业绩。(2)但是托提拉却发现被包围者缺少食品,所以他便满足于让他的一部分军队留在那里进行监视,这当然是为了不使敌人在今后把任何东西带到城里去,这样敌人便会由于缺乏必需的给养而不得不投降哥特人并把要塞交出来。他本人这时则带领其余的军队渡海去西西里,向麦撒那的城墙发动了一次进攻。(3)而这时统率着那里的罗马士兵的是布吉斯的侄子多姆南提奥路斯,此人在要塞前曾同托提拉进行过较量,但是在随后发生的战斗中他也能以取胜。(4)不过他却退回城里,静静地待在里面注意城市的防守。可是哥特人由于没有人出来抵抗他们,实际上劫掠了整个西西里。(5)如上所述，统率着被包围在列吉乌姆的罗马人的是图里木特和希美里乌斯，他们看到自己已经没有任何食物，便同敌人谈妥条件并且投降敌人，向对方交出了要塞。

(6)当皇帝了解到这些情况之后，他便集合了一支舰队，而登上这些舰船的则是由步兵支队组成的一支十分庞大的军队，他并且任命利贝里乌斯为这支军队的统帅，命令他尽快驶向西西里并尽全力拯救这个岛。(7)但他很快便后悔任命利贝里乌斯为舰队的统帅；原来利贝里乌斯这时已进入耄耋之年并且没有作战的经验。(8)于是他又赦免了对阿尔塔巴尼斯的一切指控[①]并任命他为色雷斯地方军队的统帅，接着就立刻派他去西西里，但给他的军队并不多。皇帝指令他接过利贝里乌斯统率的舰队，因为皇帝正在召利贝里乌斯返回拜占庭。(9)但是他却任命自己的侄子日尔曼努斯为对托提拉和哥特人作战的统帅。不过他给予日尔曼努斯的军队也不多，可是却给了他大量的钱，命令他从色雷斯和伊利里库姆征募一支大军，然后迅速开赴意大利。(10)他还命令埃茹利人菲列木特和他的军队，还有日尔曼努斯的女婿、维塔利安的侄子约翰也同日尔曼努斯一道去意大利；因为统率着伊利里库姆的军队的约翰就在那里。

(11)这时日尔曼努斯有了这样一个伟大的抱负，这便是使自己享有击溃哥特人的荣誉，这样他便有幸为罗马帝国收复了利比亚和意大利两地。(12)要知道，无论怎样，在利比亚的事件上，他曾被皇帝派到那里去，当时斯托扎斯已经确立了他的残暴统治并

① 有关宫廷阴谋的事，参见本卷第三十二章。

且已经极为稳固地掌握了利比亚的大权,可是他却出人预料地在战斗中打败了叛乱者,结束了暴政,并再一次为罗马帝国收复了利比亚,这一切我在前面都已记述过了[①]。(13)而既然意大利的事件面临这样一种困境,像我上面描述的那样,日尔曼努斯自然希望通过表明自己也有能力为皇帝收复意大利,从而为自己在那里争得巨大的荣誉。(14)他那由于下述事实而变为可能的第一步——这事实便是他的名叫帕撒腊的妻子很早以前便去世了——便是同阿玛拉宗塔的女儿又是提奥德里克的外孙女的玛塔宗塔结婚,因为维提吉斯已经不在人世了。(15)要知道,他所抱的希望是:如果有这个女人和他一道在军队里,哥特人说不定会耻于用武力反对她,因为他们还没有忘记提奥德里克和阿塔拉里克的统治。(16)随后由于花费了巨额的金钱——这笔钱部分地由皇帝提供,但大部分是毫不吝惜地由他自掏腰包——他在短时期中间便出人意料地不费力地征集了一支十分英勇善战的大军。(17)要知道,一方面,在罗马人当中,有经验的战士在很多情况下并不把他们的长官放到眼里(他们是长官的长枪兵和卫士)而去追随的是日尔曼努斯;这些人不仅有从拜占庭来的,也有从色雷斯和伊利里库姆各城镇来的,日尔曼努斯的儿子优斯提努斯和优斯提尼安在这件事上也十分热心,因为他在出发时也带上了他们。(18)他还通过皇帝的准许,从驻在色雷斯的骑兵支队那里征募了一些人。(19)另一方面,家住在伊斯特河附近的蛮族在日尔曼努斯盛名的吸引下也不断大量地前来,而他们在接受大宗的金钱之后便参加了罗马

① 参见本书第四卷,第十六、十七章。

的军队。(20)从四面八方征募来的其他蛮族也集合到他的麾下。此外,朗哥巴狄人的国王也准备了一千名重武装的士兵并且保证很快便派他们过来。

(21)当这些情况传到意大利去的时候,就像通常在人们当中传布什么谣言时总要加上些东西,于是哥特人既害怕同时又感到困惑,因为事实上他们不得不对提奥德里克家族作战了。(22)而且当时并非出自本心地在哥特人的队伍里作战的那些罗马士兵也派遣使者到日尔曼努斯这里来,使者奉命对他说,一旦他们看到他来到意大利并且他的军队真的在那里设了营,他们就会毫不犹豫地肯定和他的军队站到一起。(23)所有这些情况都使拉温那的皇帝的军队以及还在他们手中的其他城市的队伍有了新的勇气,而且,由于现在有了极大的希望,他们决心努力为皇帝守卫城镇。(24)更有进者,所有先前在维茄斯和其他将领部下作战并且在战斗中为敌人打败后逃掉,而这时散在各地游荡而到了不管什么地方的那些人,所有他们那些人一经听到日尔曼努斯正在途中,他们便在伊斯特里亚集合起来,静静地待在那里等候这支大军的到来。

(25)恰好在这个时候,托提拉派人去肯图姆凯莱(因为他和狄奥根尼斯就这一城市的问题所约定的时间已经到了),命令狄奥根尼斯按照协定把城交出来。(26)但是狄奥根尼斯说他个人已经不再有权力干这件事;因为他听说日尔曼努斯已被任命为领导这一战争的统帅,并且他和他的军队已经离这里不远了。(27)而且他还说,有关人质的问题,他的意愿是,一方面,把他们自己的人质接回,另一方面,把哥特人交出的人质送回去。继而,在把使者打发回去之后,他便致力于城市的防卫工作,等候日尔曼努斯和他的军

队的到来。这些事件的经过就是如此;而冬天结束了,普洛科皮乌斯记述其历史的这一战争的第十五年[①]也随之结束了。

四十

(1)正当日尔曼努斯在伊利里库姆的城市撒尔狄凯[②]集合并组织自己的军队并且为战争最充分地做一切准备的时候,过去人们从来没有听说过的一大群斯克拉文尼人来到罗马的土地之上,他们渡过伊斯特河之后便来到了纳伊苏斯[③]附近。(2)这些人当中有一些人同他们的军队分散开来,自己在这一带游荡,结果被一些罗马人捉住,成了俘虏;罗马人问他们为什么这支特定的军队要渡过伊斯特河以及他们想过来做什么。(3)于是斯克拉文尼人便坚定地回答说,他们此行是打算通过包围占领铁撒罗尼凯[④]本城和它周边的地区。当皇帝听到这一情况时,他感到十分不安,于是立刻写信给日尔曼努斯要他暂时推迟对意大利的征讨并保卫铁撒罗尼凯和其他城市并且全力击退斯克拉文尼人的进攻。于是日尔曼努斯从自己的一方面便把全部力量用来解决这个问题。

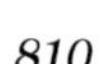

(4)当斯克拉文尼人从他们的俘虏那里明确地得知日尔曼努斯在撒尔狄凯时,他们开始害怕起来;(5)原来正是在这些蛮族当中,日尔曼努斯享有巨大的声望,理由有如下述。在日尔曼努斯的叔父优斯提尼安的统治时期,斯克拉文尼人的邻居安塔伊人曾以一支大

① 公元550年,南朝梁简文帝太宝元年。
② 今天的索非亚(保加利亚)。
③ 今天的尼什(Nish)。
④ 今天的萨洛尼卡(希腊)。

军渡过伊斯特河并进攻罗马的领土。(6)而在这之前不久,皇帝正好任命日尔曼努斯为全色雷斯的统帅。于是他对敌军展开战斗,在战斗中他对敌军取得了决定性的胜利并在事实上把他们全都杀死。而由于这一功勋,日尔曼努斯在世人,也包括这些蛮族的心目中为自己赢得了巨大的荣誉。(7)结果如上所述,由于他们怕他,又因为他们认为他手下有一支极为庞大的军队,更鉴于他是被皇帝派来对付托提拉和哥特人的,这些斯克拉文尼人于是立刻中止了他们向铁撒罗尼凯的进军并且不再敢下到平原上来,而是穿越伊利里库姆的所有山脉,进入了达尔玛提亚。(8)日尔曼努斯于是不再注意他们并向全军发布命令为进军做准备,打算两天之后从这里开始去意大利的行程。

(9)但正好在这个时候,日尔曼努斯得了病并突然因大限来临辞世而去了。日尔曼努斯这样便突然去世了,这是一位具有最优秀的品质而且行动果敢的人物;要知道,一方面,在战争中他不仅是一位最能干的将领,而且足智多谋,在行动方面能独立作出判断,另一方面,在和平与繁荣的时期,他清楚地了解如何十分坚定地维护国家的法律和体制。作为一名审判官,他显然是公正无私的,而在私生活中,他把大量的钱借给所有需要它的人们,甚至从不谈及向他们收取利息的问题。无论在宫廷还是在市场,他都是一位风采出众给人极深印象的人物,举止极为严肃,而在家庭的日常生活中,他又是讨人喜欢、开朗并且可爱的主人。在他力所能及的范围之内,他不允许宫廷内有任何违反既定法律的行为,他也从不参加拜占庭阴谋分子的策划或密商,尽管甚至许多掌权者在他们的不正当的行为方面走得很远。这些事件的经过便是如此。

(10)对于这一不幸事件,皇帝深为悲痛,于是他便命令由维塔里安的侄子、日尔曼努斯的女婿约翰和日尔曼努斯的两个儿子当中的一个即优斯提尼安一道率领军队去意大利。(11)于是他们便走上通向达尔玛提亚的道路,打算在撒罗尼斯过冬,因为他们似乎认为,在那个季节,像旅行者去意大利所必须做的那样沿着海湾兜一圈是不可能的;要知道,他们并不能从海湾渡过去,因为他们没有任何船只。(12)在这期间,利贝里乌斯对于皇帝就他统率的舰队已另有打算一事还一无所知,所以他便在还处于敌人包围之中的西拉库赛停泊下来。(13)于是他便强行穿过蛮族的防线驶进了港湾,并和全部舰队进入工事内部。(14)而在这之后不久,阿尔塔巴尼斯便到达了凯法列尼亚并发现利贝里乌斯和他的军队已经出海,从那里向西西里进发了,于是他立刻从那里启程,渡过了所谓亚得里亚海。(15)但是当他走近卡拉布里亚时,他遇上了一场可怕的暴风雨和极为猛烈的一阵顶头风,结果所有的船只被吹散得如此彻底,乃至看来大部分的船只被吹上卡拉布里亚的海岸并且落入敌人之手。(16)但实际情况并不是这样,而是它们先是被十分强烈的暴风吹散,随后这期间它们在海上一直被海浪推来推去,而再次到了伯罗奔尼撒。至于其他船只,有些失踪了,有些得救了,这要看它们被吹到什么地方。(17)但是阿尔塔巴尼斯本人乘坐的那艘船在波涛汹涌的海上折了桅杆,但是在经历了这样程度的危险之后,它却在海浪的带动下随波逐流地一直到达美利塔岛[①]。这样,结果完全同预料相反,阿尔塔巴尼斯得救了。

(18)现在利贝里乌斯发现自己已不能出击围攻的敌人或对他

① 今天的美列达(Meleda)。

们展开一场决战，而与此同时，他们的粮食也可能维持不了多久，因为他们是一支庞大的军队，于是他便和他的军队乘船从那里出发，避开敌人撤退到帕诺尔姆斯。

(19)就在这时，托提拉和哥特人实际上已经劫掠了西西里全岛的土地；他们搜集了大量马匹和其他动物作为战利品并且夺走了岛上的谷物和所有其他农作物。这些东西再加上所有其他财宝确实是一笔巨大的财富，他们把这些财物装到船上，突然间放弃了该岛而返回意大利，他们所以被迫如此是出于如下的理由。(20)原来实际上在这之前不久，托提拉任命一个罗马人、一个名叫斯皮努斯的斯波利提昂地方的人为自己的私人顾问。(21)这个人正留在卡塔那这个没有城墙保卫的城市。而不知怎的，他落入了那里的敌人之手。(22)急于想救出这个人的托提拉为了把他换回来而想把他手中被俘的一位知名人士的妻子交给罗马人。(23)但是罗马人不同意接受一名妇女以换取位居人们所说的财务官[①]之职的一个男子。(24)因此这个人由于害怕自己在敌人手中会被杀害，于是他便向罗马人保证说他会说服托提拉带领他的全部军队立刻离开西西里渡海回到意大利去。(25)于是罗马人先是要他起誓一定要实现这一保证，然后便把他交回给哥特人并把那人妇女接了回来。(26)随后他便到托提拉那里去，断言哥特人并不考虑他们自己的利益，因为他们实际上已经劫掠了整个西西里，却为了少数几个不重要的要塞还留在那里。(27)他说他不久前当他还在

① 财务官在罗马体制下是官阶的初步，多由青年人担任出征时是统帅的助手。托提拉手下的财务官可能是据罗马人的理解，未必有此设置。

敌人处时得知,皇帝的侄子日尔曼努斯已经去世,他的女婿约翰和他的儿子优斯提尼安以及由日尔曼努斯集合的全部大军已经在达尔玛提亚并且在最短时期里做好准备之后立刻出发去利古里亚,这显然是为了向哥特人发动突然的进攻并且把他们的妻子儿女变为奴隶,为了劫掠他们的一切值钱的东西;因此,他认为,哥特人最好是到那里去迎击他们,这同时也便可以同自己的家人在那里安全地过冬了。(28)他接着又说:"要知道,如果我们打败那支军队,在第二年开春我们便可以安心地重新开始我们对西西里的战役,而无需再惦记着一个敌人了。"(29)托提拉听信了这一建议,于是只在四处工事里留下了卫戍部队之后,他本人便带上了全部战利品和所有他其余的军队渡海回到了意大利。这些事情的经过便是如此。

(30)再说约翰和皇帝的军队到达达尔玛提亚之后,便决定在撒罗尼斯过冬,打算过了冬天之后再直接开赴拉温那。(31)但是这时斯克拉文尼人又出现了,既有我前面所说的、曾进入皇帝领土的那些人,还有不久之后渡过伊斯特河同前面的一批人联合起来的另一批人,他们于是开始肆无忌惮地蹂躏了罗马的领地。(32)而有些人确实怀疑是托提拉用大量的金钱贿赂了这些蛮族,要他们在那里进攻罗马人,其明确的目的便是使皇帝不能专心致志地对哥特人作战,因为他还要把一部分心思用到这些蛮族身上。(33)然而斯克拉文尼人此举是否为了照顾托提拉,或者他们是不请自来的,这一点我就不清楚了。无论如何,这些蛮族确实是分成三路,并且在整个欧洲造成了无法弥补的损失,他们不仅通过突然袭击劫掠了那个地区,而且实际上还在那里过冬,就和在自己的家乡一样,根本不害怕敌人。(34)但是后来皇帝优斯提尼安派出了很大的一支军队去对付他们，军队的将领包括康士坦提安、阿腊提乌斯、纳扎列斯、日尔曼努斯的儿子优斯提努斯以及有大肚汉绰号的约翰。(35)但是他任命了斯科拉斯提库斯统率他们所有的人，此人是宫中的一名宦官。

(36)这支军队在亚得里亚诺波利斯[①]附近遇到了一部分蛮族，亚得里亚诺波利斯位于色雷斯的腹地，离拜占庭是五天的路程。(37)于是蛮族便不能继续向前推进了，因为他们带着一批多到根本无法计量的战利品，其中包括人员、动物和所有各种各样值钱的东西。(38)于是他们留在那里并急于同敌人展开战斗，但是这一点无论如何不能让对方知道。而斯克拉文尼人的营地是设在那里的一座小山上，罗马人则是在离那里不远的平原上。(39)由于在这样封锁敌人方面消耗了很长的时间，士兵们开始抱怨起来并且干了出格的事情，他们指责将领们，说作为将领，他们自己有充分的一切食品，可是却不关心自己的士兵，士兵们由于缺乏绝对必需之物而身受苦难，他们是不愿同敌人作战的。这些指责使将领们不得不同敌人展开战斗。(40)随后发生的战斗是一场十分激烈的战斗，但是罗马人却遭到决定性的失败。(41)在这一战斗里，许多最优秀的士兵阵亡了，并且将领们也几乎落入敌人之手，他们是好不容易才和残余的军队一道逃脱的，这样才得以各自设法尽量保全了性命。(42)康士坦提安的军标也被蛮族夺去了，这样他们就可以不顾罗马军队而向前推进了。(43)于是他们毫无阻碍地

① 今天的埃迪尔内(Edirne)或亚得里亚诺波尔(Adrianople)。

劫掠了通常所说的阿斯提卡[①]的土地,这个地方从古以来就没有受过蹂躏,为此他们在这里得到了大量的战利品。他们便这样地蹂躏了一片广大的土地并一直来到了长城这里,长城离拜占庭只有一天多一点的路程[②]。(44)但是不久之后,跟踪这些蛮族的罗马军队又遇到了这些蛮族军队的一部分并且在突然同他们展开战斗之后把他们打跑了。(45)这样他们便不仅杀死许多敌人,而且还解救了大批罗马俘虏,他们还发现并且夺回了康士坦提安的军标。但其余的蛮族则带着其他战利品回家去了。

① 在今天的亚得里亚诺波尔和君士坦丁堡之间。

② 据作者的《论建筑》第四卷第九章第6节以次的说法,长城是阿那斯塔西乌斯皇帝修建的,离拜占庭不少于六十四公里。今天穿过恰塔尔加的这条防线离城市大约近了十六公里。和今天的一样也是从黑海沿岸延伸到马尔马拉海,长度约四十五公里,它截断了拜占庭所在的那个半岛。

哥特战争史第四卷

（战争史第八卷）

一

（1）直到现在为止我所作的记述尽可能地建立在这样的原则之上，那便是把记述的材料分成分别涉及发生不同战争的地区的这样一些部分，而且它们已经出版[①]并出现在罗马帝国的每一个角落。（2）但是从现在起，我将不再遵循这种安排材料的原则。要知道，在我的作品已公之于众之后，我已不再可能把后来发生的事件加到每一部分里面去，而在这些战争以及对波斯的战争——我已把它们发表在先前的各部分里——中后来发生的事情我将在下面加以充分的记述，这样关于这些事件的记述必然只能是综合性的了。

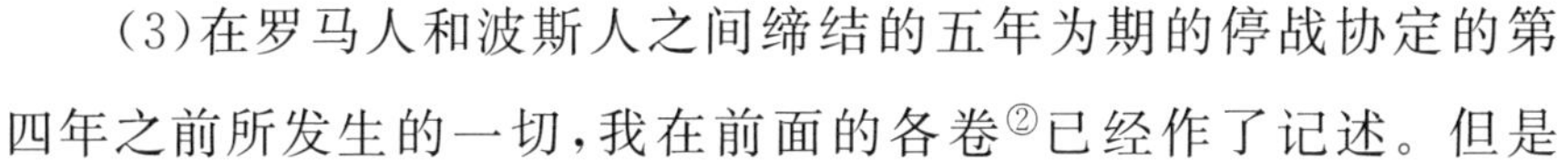

（3）在罗马人和波斯人之间缔结的五年为期的停战协定的第四年之前所发生的一切，我在前面的各卷[②]已经作了记述。但是

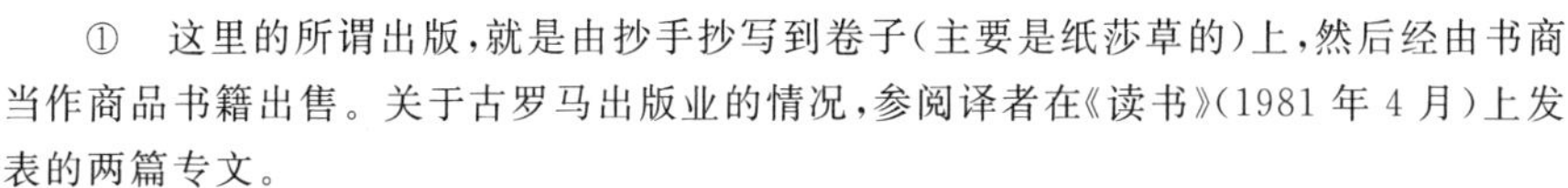

① 这里的所谓出版，就是由抄手抄写到卷子（主要是纸莎草的）上，然后经由书商当作商品书籍出售。关于古罗马出版业的情况，参阅译者在《读书》（1981 年 4 月）上发表的两篇专文。

② 本书（《战争史》）第一、二卷。

在随后的一年里,一支人数众多的波斯军队却进攻了科尔奇斯的土地。(4)统率这支军队的是一个名叫科里亚尼斯的波斯人,这是一位经历过多次战争、很有经验的人物,阿拉尼人的部落的许多蛮族都以联盟者的身份随他出征。(5)当这支军队来到拉吉卡的一个叫做莫凯列西斯的地方时,他们就在一个适当的地点设了营并且留在那里。(6)那里有一条希皮斯河,这不是一条可以航行的大河,而实际上无论骑兵还是步兵都可以渡过去。他们在河的右手挖了壕沟,不过不是沿着河岸,而是在离河岸相当远的地方。

(7)我的记述写到这里,我觉得作一次小小的停顿是适宜的,这是为了让读这部历史的人们对于拉吉卡的地理概况有一个清楚的认识,以便让他们知道有哪些种族居住在那一地区,这样他们就不会像同影子作战的人们那样,不得不讨论他们弄不清楚的事情了;因此我先记述一下居住在人们通常所说的埃乌克西努斯·彭图斯[①]周边各民族的分布情况,但这并不是我不知道先前的某些作家对这些事情已经有所记述,而是因为我认为,并不是所有他们的陈述都是准确的。(8)比如说,在这样的作家当中有些人指出[②],同特拉佩宗提尼斯人的地区相邻的或者是撒尼人——今天他们被称为特扎尼人——或者是科尔奇斯人,他们把另一个民族称为拉吉人,实际上在今天人们便用这个名字称呼他们。然而这些说法没有一种是正确的。(9)要知道,首先,特扎尼人居住在离海岸很远的地方,他们在腹地是阿尔明尼亚人的邻居并且在他们

① Euxinus Pontus,即今天的黑海。

② 色诺芬(Anaba. Ⅳ, viii)和阿里安(Periplus xi)都说科尔奇斯人是特拉佩宗提尼斯人的邻居。

同海洋之间有许多山,这些山根本无法通过又极为陡峭,而且有一片一直无人居住的广大地区,有人们不可能爬出来的峡谷,有森林覆盖的高原和无法逾越的深沟——所有这一切都使特扎尼人无法到海上来。(10)其次,拉吉人不可能是科尔奇斯人,因为他们居住在法吉斯河的两岸,而科尔奇斯人今天只是把他们的名称变为拉吉人,正好像人们的民族和其他许多事物所做的那样。(11)而且,自从作出这些记述以来过去了很长一段时期,这段时间和事件的进程引起不断的变化,而其结果则是由于民族的迁徙,以及领导人和名称的相继改变,许多先前适用的情况便为新的情况所取代。(12)因而我认为探讨这些情况是非常必要的,而不是叙述有关它们的神话故事,不是引证其他过了时的材料,甚至也不是指出按照诗人的说法普洛米修斯被缚在埃乌克西努斯·彭图斯(黑海)的什么地方,(13)因为我认为历史和神话大不相同,它要对那些地方每一处的名称以及今天同它们相适应的事实都要作精确有序的记述。

二

(1)这个彭图斯是从拜占庭和卡尔凯东开始而终止于科尔奇斯人的土地的。(2)当人们进入黑海航行时,在他们的右手住着比提尼亚人,接在他们后面的是荷诺里亚塔伊人和帕弗拉哥尼亚人,他们除了其他市镇之外还有两座沿海城市海拉克里亚和阿玛斯特里斯[①];再过去直到特拉佩祖斯城[②]和它的边界,则住着称为彭提

① 今天的埃列格利(Eregli)和阿玛斯腊(Amasra)。

② 今天的特拉布尊(Trabuzun)。

奇人这样一个民族。在那个地区里有一些沿海的城镇,其中有西诺佩和阿米苏斯[①],而在阿米苏斯近旁是赛米斯库腊[②]这个城镇和赛尔莫东河[③],而人们说阿玛宗[④]的军队便是从这里产生出来的。但是有关阿玛宗,稍后我还要谈到的。(3)从这里,特拉佩宗提尼斯人的土地延伸到苏苏尔美那这个村庄和一个名叫里扎伊乌姆[⑤]的地方,这里离特拉佩祖斯是两天的路程,如果人们沿着海岸向拉吉卡的方向走的话。(4)但是现在我既然提到了特拉佩祖斯,我就不能不谈一谈发生在那里的十分奇怪的一件事情;原来在特拉佩祖斯周边所有地方生产的蜜是苦的[⑥],只有这里的蜜和有关它的公认说法有所不同[⑦]。(5)在这些地方的右面耸立着特扎尼卡所有的山,过去这些山便是臣服于罗马人的阿尔明尼亚人的地界了。

(6)而波阿斯河[⑧]便是从特扎尼卡的这些山发源的,这条河在经历无数的莽丛、穿过一处多山的[⑨]地区之后,便流过拉吉卡地区并注入人们所说的埃乌克西努斯·彭图斯,不过它不再有波阿斯这个名称了。(7)原来当它流近黑海时,它便失去这个名称,此后便有了另一个名称,这另一个名称是由于它这时表现出来的特点

① 今天的西诺布(Sinob)和撒姆孙(Samsun)。
② 今天的泰尔梅(Terme)。
③ 今天的泰尔梅·扎伊(Terme Tschai)。
④ 传说中一个好战的妇女族。早在荷马史诗中已对她们有所记述。详见后文。
⑤ 今天的苏尔美涅(Sürmene)和里泽(Rize)。
⑥ 参见色诺芬:《远征记》(IV,viii,20)。
⑦ Schol. Hor. A. P. 375 说撒地尼亚的蜜"pessimi saporis"(味道坏极了)。
⑧ 今天的扎茹克·苏(Tscharukh Su)。"苏"在土耳其是"河"的意思。
⑨ 有一个本子是"多森林的"。

而得来的。(8)当地人给河道余下的部分所起的名字是阿坎普西斯，而人们之所以这样称呼它，显然是因为在它流入大海之后人们不能强行穿越过去[①]，因为它的水流如此强大湍急，乃至在它前面形成一片惊涛巨浪，直到入海很远的地方，从而使得人们在那个地方不能沿着海岸行进。而在彭图斯的那一部分航行的人们，无论是向着拉吉卡方向的甚或从那里出发的，都不可能在航程中走直线的航路；(9)因为他们完全无法强行穿过河流的急湍。而是要到离那里很远的海上去，差不多就在彭图斯中心的地方，并且只有这样做，他们才能摆脱从河流喷到海里的那股水流的力量。关于波阿斯河只能讲这样一些了。

(10)过了里扎伊乌姆，人们看到的是由各独立的民族占据的一个地区，他们就住在罗马人和拉吉人之间。那里有一个叫作阿塞那伊[②]的村庄，它所以有这个名字并不是像某些人认为的那样，是因为那是来自雅典的殖民者定居的地方，而是因为在早期有一个名叫阿塞那娅的女人统治过那个地方，而甚至在我的时期这个女人的坟墓还在那里。(11)阿塞那伊再过去是阿尔卡比斯和阿普撒茹斯[③]，阿普撒茹斯是一座古老的城市，离里扎伊乌姆大约是三天的路程。(12)这座城在古时叫作阿普叙尔图斯，它是因为一个遇难的人而得名的。原来当地的人说，阿普叙尔图斯是被美狄娅

① 原文直译是“使弯曲”。普洛科皮乌斯认为这个名字是ἄκαμπτος（不屈的）的意思，但这只是作者的猜测，从语源学的角度来看，很难成立。

② 今天的阿提那(Atina)。

③ 今天的阿卡瓦(Akhava)和玛克里亚洛斯(Makrgalos)。

和雅孙阴谋害死的[①],而由于这一情况,这个地方才有了名字;因为他死在那里,当地也就因他而取了这个名字。(13)但是从这些事件发生以来已经过去了很长很长一个时期,这期间兴起了无数代的人,而只有时间的流逝才能够把这个名字所由产生的一连串事件从人们的记忆中消除并且把这个名字变成像今天人们看到的地名。(14)在城市以东也有这个阿普叙尔图斯的一座坟墓。在古代这是一座人口众多的城市,四周环以巨大的城墙,装点于其中的有剧场、马车赛场[②]以及通常可以说明一座城市的规模的所有其余一切的事物。但是现在除了那些建筑的断瓦残垣以外,这一切均已荡然无存了。

(15)显而易见,人们有充分的理由怀疑硬说科尔奇斯人与特拉佩宗提尼斯人是邻人的那些说法。要知道,如果按照这一说法,看来雅孙在美狄娅的伴随下夺取了金羊毛之后,他实际上并没有逃向希腊和他的家乡去,而是回到了法吉斯河和最遥远的腹地的蛮族那里去[③]。(16)现在人们则说,在罗马皇帝图拉真的时代[④],就有罗马士兵的队伍驻扎在那里直到拉吉人和撒吉那伊人的地方。(17)但是当前居住在那里的人既不是罗马的臣民,也不臣属于拉吉人的国王,而实际上只是拉吉人的主教任命了他们的神甫,

① 据希腊传说,美狄娅是科尔奇斯国王的女儿,能施行魔法。雅孙来科尔奇斯盗取金羊毛时曾得到美狄娅的帮助,后雅孙娶美狄娅为妻逃往希腊。美狄娅杀死自己的兄弟阿普叙尔图斯,把肢解的碎块抛在路上以阻碍父亲的追踪。

② 古人没有今天这样的由人骑在马背上的赛马,而是比赛由马拉的赛车。

③ 雅孙是希腊神话中的英雄,传说他是帖撒利国王的儿子,他在科尔奇斯公主美狄娅的帮助下得到金羊毛的故事是希腊神话中流传最广的故事之一。

④ 公元98~117年在位。

因为他们是基督教徒。(18)他们实际上是想同两个民族都保持和平与友谊的关系,因此他们便缔结了一项永久性的协定,为时而从一个地方到另一个地方去的那些人提供护送的服务;看来甚至到我的那时候,他们仍一直在提供这样的服务。(19)他们乘坐他们自己的船来护送从一位国王派到另一位国王去的使者。但是直到今天他们是从不向任何人纳贡的。(20)在这些地方的右手耸立着十分陡峭的山,而一片荒瘠不毛的土地一直延伸到无限远的地方。这里再过去就是所谓波斯阿尔明尼亚人和臣属于罗马的阿尔明尼亚人的住区,这一地区一直延伸到伊伯里亚边界的地方[①]。

(21)从阿普撒茹斯这个城市到佩特拉和拉吉卡的边界,也就是埃乌克西努斯海的终点的地方是一天的路程。这个海在这里是终点,它的海岸是新月形的。(22)横穿这个新月形的距离大约是五百五十斯塔迪昂[②],而这后面的全部地区是拉吉卡,而人们也用这个名字称呼它。(23)在这之后的腹地是斯奇姆尼亚和苏阿尼亚;居住在这里的民族都是拉吉人的臣民。虽然这些民族确实有属于他们本族血统的长官,然而每当任何一位这样的长官去世时,习惯上总是由拉吉人的国王来任命另一位长官来代替他。(24)在这块土地的旁边并同伊伯里亚本地相邻接,大部分是由麦斯奇人居住着,麦斯奇人从古以来便受伊伯里亚人的统治,他们住在山上。(25)不过麦斯奇人的山既不嶙峋也不贫瘠,那上面大量地长着所有的好东西,因为麦斯奇人他们是高明的农夫,在他们国土上

① 大体上相当于今天的格鲁吉亚、高加索的南部地方。

② 大约 100 公里多一点。

实际上是有葡萄园的。(26)但是这一国土四面有山包围着,山不但高而且长满了树木,因此人们要穿越它们是极端困难的。而且这些山一直延伸到高加索,在它们后面向东则是伊伯里亚,一直延伸到波斯阿尔明尼亚。

(27)而法吉斯河便是从耸立在这里的高山流出来的,它的源头在高加索,河口在彭图斯海新月形海岸的正中间。(28)因此有些人认为它是两个大陆之间的边界;因为在左手的土地——如果一个人沿河下行的话——是亚细亚,而在右手则是欧罗巴。(29)而实际情况则是,所有拉吉人的居住地点都在欧罗巴一面,而在对面的土地上则没有拉吉人的任何要塞、任何工事,也没有他们的任何重要的村落,而作为例外,确实只有罗马人早期在那里建立的佩特拉城。(30)那里的居民说,在拉吉卡的这一部分的某个地方安放了著名的金羊毛以便保证安全,而正如诗人们的故事所指出的,阿尔哥号①就是为了这金羊毛才建造的。但虽然是这样说,我却认为这些说法根本不是真实的。(31)因为我认为雅孙无法躲过埃厄特斯②并且不可能在美狄娅的伴随下带着金羊毛离开那里,除非科尔奇斯人的王宫和其他住所同金羊毛所在的地方是被法吉斯河隔开的;确实,记述这个故事的诗人的意思是说,事情就是这样的。(32)像我上面所说的那样流过来的法吉斯河,大约正是在到达终点的地方流入了埃乌克西努斯海的。而就在新月形的一端,也就是在亚细亚的一端,是佩特拉城,而在对面构成欧罗巴

① 阿尔哥号是雅孙去取金羊毛时所乘的船。

② 科尔奇斯的国王。

一部分的海岸则是阿普西利人的领土:这些阿普西利人是在拉吉的统治之下的,他们从古时以来便是基督教徒,就和在我的记述中迄今我所提到的所有其他民族一样。

三

(1)过去这个地方再上行就是高加索的群山了。构成高加索的这一山脉高耸到如此程度,乃至无论是雨还是雪事实上都从来不曾触及它们的峰顶;要知道它们确实是在一切云层之上的。但是中间的山坡却不间断地积满了雪直到山麓的地方。(2)从这一点可以推知,即使山麓处也是极高的,它们绝不会低于其他山的主要山脊。(3)高加索山脉的支脉按照一个方向向北、向西延伸到伊利里库姆和色雷斯[①],而它们的支脉按照另一个方向也向东、向南延伸直到这样一些山路,而正是这些山路使得居住在那一地区的匈人各民族能以进入波斯和罗马的领土。(4)这样的山路之中有一条叫特祖尔,而另一条从古以来便被称为卡斯皮亚门[②]。但是从高加索山脉一直延伸到卡斯皮亚门的这一地区是在阿拉尼人的手里,这是一个自治的民族,他们大多是同波斯人结成联盟一同去进攻罗马人和他们的其他敌人。关于高加索可以说的就是这些了。

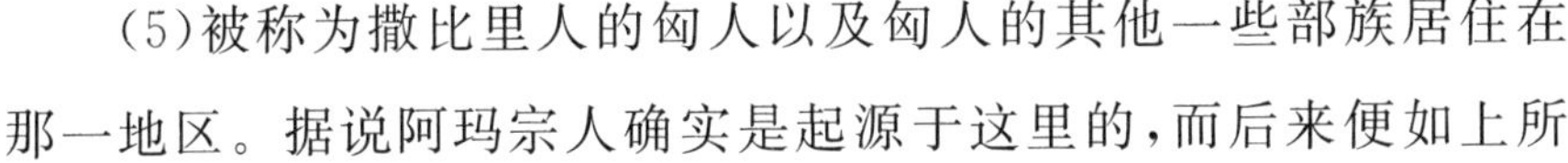

(5)被称为撒比里人的匈人以及匈人的其他一些部族居住在那一地区。据说阿玛宗人确实是起源于这里的,而后来便如上所

① 这里是一个明显的误述。普洛科皮乌斯也许把海木斯山脉(今天叫巴尔干山脉)认成是高加索山的余脉。但在它们之间却有大河塔那伊斯河(顿河)、波里斯赛尼斯河(德聂伯河)和伊斯特河(多瑙河)的河谷。

② 参见本书第一卷,第十章开头部分。

述,在赛尔莫东河上赛米斯库腊附近,一个现在是阿米苏斯城所在的地方设营。(6)但是今天在高加索山近旁没有任何地方还保留有关于阿玛宗人的记忆或同她们有关的任何名字,尽管关于她们,斯特拉波[①]和别的一些作家曾作过许多记述。(7)但是我以为,无论如何比任何其他作家更精彩地谈了有关阿玛宗人的真实情况的是这样一部分作家,他们说,从来就没有过一个具有男子特点的女人种族,单是在高加索山区人的本性也不会偏离它公认的准则;而事实是:这些地区的蛮族和他们的妇女一道率领着一支大军在赛尔莫东河河畔设营并且把他们的妇女留在那里;随后,当他们自己正在蹂躏亚细亚的大部分土地的时候,他们受到了当地居民的反抗而全军覆没了,结果没有一个男人回到妇女的营地去;自此之后,这些妇女由于害怕居住在周边的民众,又苦于没有给养的供应,于是在万不得已的情况下,她们鼓起男人的勇气,拿起男子留在营地里的武器甲胄并且在用它们出色地把自己武装起来之后,她们曾表现了男子般的勇敢,她们纯粹是出于必要才这样做的,直到她们全部被杀死。(8)根据对于在我的时代实际上发生的事实所作的判断,我个人也相信,当时发生的事情大概就是如此,并且阿玛宗人确实和她们的丈夫进行过一次出征。(9)因为传到遥远后代的风俗习惯可以使我们对以前世世代代的特点有一个概括的了解。(10)我的意思是,很多情况下,就是当匈人入侵罗马的领土并同前来迎战的人们交战时,当然要有一些阵亡的,而在蛮族离开之后,罗马人在寻求阵亡者尸体时也确实在他们中间发现了妇女。

① 斯特拉波,第十一卷第五章;第十二卷,第三、二十一章。

(11)但在亚细亚或欧罗巴的任何地方都没有出现过另一支女人的军队。另一方面,我们也没有任何传统,认为高加索的山里一直没有男人。关于阿玛宗人讲这些也就足够了。

(12)过去阿普西利人和新月形海岸的另一端①,是阿巴斯吉人沿着海岸居住,而他们的土地一直延伸到高加索的群山。阿巴斯吉人从古以来便受拉吉人的统治,但是他们一直有他们本族的两个首领。(13)其中的一人居住在他们国家的西部,另一个在东部。(14)甚至直到我的时候他们这些蛮族都崇拜树丛和森林。他们以蛮族的一种淳朴心态而把树木都看作神灵。(15)但是由于他们的首领的过分的贪欲,他们在这些首领的统治下遭受极为残暴的压迫。原来这两个国王经常把本族中他们认为长相体态都好看的男孩子毫不犹豫地从这些孩子的双亲手中把他们拖走并在把他们阉割之后以高价出售给罗马领土上愿意购买他们的任何人。(16)他们还立刻把这些男孩子的父亲杀死,目的在于不使其中的任何人由于国王对他们的孩子所犯罪行进行报复,而且还为了使国内没有任何受到国王怀疑的人。而这样一来,他们的儿子的肉体之美结果导致他们的灭亡;要知道,这些可怜人由于他们的孩子的致命的俊美这一不幸而正在遭到毁灭。(17)因此在罗马人当中而特别是在皇帝的宫廷里,太监大多数是阿巴斯吉人出身。

(18)但是在当前皇帝优斯提尼安的统治时期,阿巴斯吉人的一切都发生了变化并且采纳了一种比较文明的生活标准。(19)原来他们不仅接受了基督教的教义,而且皇帝优斯提尼安还把宫里

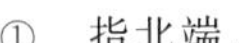

① 指北端。

的一个太监派到他们那里去,这是一个名叫埃乌佛腊塔斯的阿巴斯吉人,皇帝便通过此人明确地命令他们的国王在他的国家里今后不许用刀子残害人的本性而阉割任何男人。阿巴斯吉人听到这一命令十分高兴,由于这是皇帝的命令,阿巴斯吉人现在于是有了勇气,他们开始尽全力设法制止这一做法。(20)因为他们每个人必然都害怕有朝一日他们也会成为一个漂亮的男孩的父亲。(21)正是在那同时,皇帝优斯提尼安也在那个地方修建了一座圣母玛丽亚的教堂并且为那里的人们任命了神甫,这样就做到使他们彻底地学习了基督教徒应当遵守的一切教规。于是阿巴斯吉人立刻废黜了他们的国王,并且看来他们正生活在一种自由的状态之中了。当时所发生的事情就是这样。

四

(1)沿着高加索山脉在阿巴斯吉人的边界那边住着的是布茹奇人,布茹奇人处于阿巴斯吉人和阿拉尼人之间,而沿着埃乌克西努斯海居住的则是泽奇人。(2)在古时泽奇人的国王习惯上是由罗马皇帝任命的,但是现在这些蛮族根本不臣属于罗马人了。(3)在这些人里面住着撒吉那伊人,从古以来他们的海岸的一部分便是在罗马人手里。(4)而且他们在海岸地带修建了两座要塞塞巴斯托波利斯和皮提乌斯,它们之间的距离是两天的路程,并且它们从一开头便有执行卫戍任务的士兵驻守在那里。(5)要知道,虽然在很早的时候,如前所述①,罗马士兵的队伍便据有从特拉佩祖

① 参见本卷第二章,第16节。

斯地区直到撒吉那伊人住区的一切沿海城镇,但到了最后,留在他们手里的只有这两座要塞了;而在这里直到今天他们实际上保持了他们的卫戍部队,[但是以后情况不再是这样]因为波斯国王科斯罗伊斯被拉吉人召请到佩特拉之后,他便赶忙派一支波斯军队到那里去准备占领这些要塞并且驻守在里面担任卫戍任务。(6)不过罗马士兵做到事先已得知这一情况,因此,为了抢在他的前面,他们烧了房舍,夷平了城墙,随后毫不犹豫地乘上小船,立刻向对面大陆的特拉佩祖斯城进发了。因此,由于毁掉了要塞,他们确实给罗马帝国造成了损失,但与此同时他们也取得了很大一项好处,这便是敌人并没有成为这一地区的主人。因为罗马士兵的这一行动,波斯人只好一无所获地回到了佩特拉。当时发生的事情便是如此。

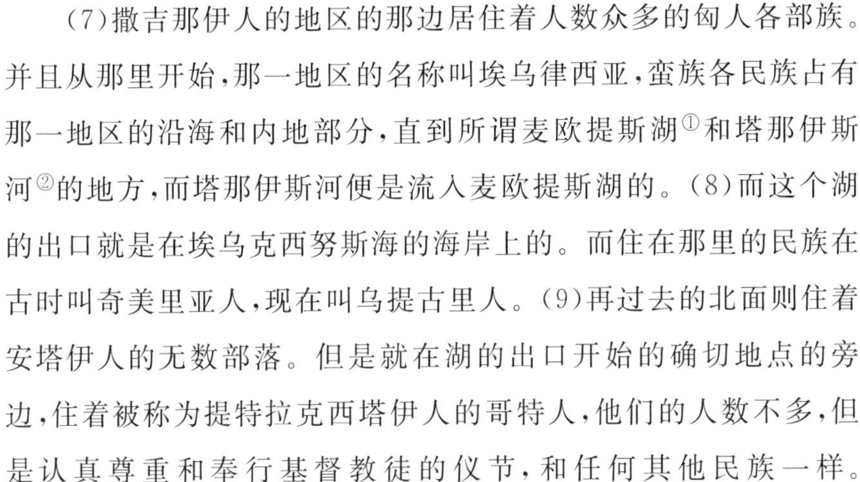

(7)撒吉那伊人的地区的那边居住着人数众多的匈人各部族。并且从那里开始,那一地区的名称叫埃乌律西亚,蛮族各民族占有那一地区的沿海和内地部分,直到所谓麦欧提斯湖[1]和塔那伊斯河[2]的地方,而塔那伊斯河便是流入麦欧提斯湖的。(8)而这个湖的出口就是在埃乌克西努斯海的海岸上的。而住在那里的民族在古时叫奇美里亚人,现在叫乌提古里人。(9)再过去的北面则住着安塔伊人的无数部落。但是就在湖的出口开始的确切地点的旁边,住着被称为提特拉克西塔伊人的哥特人,他们的人数不多,但是认真尊重和奉行基督教徒的仪节,和任何其他民族一样。

① 今天的亚速海。

② 今天的顿河。

(10)(当地居民对开始于麦欧提斯湖并且延伸到埃乌克西努斯海——他们说这是二十天的一段路——的这个河口的确也叫塔那伊斯。对于从那里刮起的风,他们也称为“塔那伊提斯”)。(11)至于这些哥特人过去是否一度曾信奉阿里乌斯教,有如其他哥特民族那样,或者,他们奉行的宗教是否表现出其他某些特点,我无法说清楚,因为他们自己对此也是一无所知的,不过在今天他们是以完全淳朴的精神并且不抱任何不切实际的疑问来敬奉他们的宗教信仰的。

(12)不久以前(也就是说,皇帝优斯提尼安在他的统治的第二十一年[①])这个民族把四个使者派往拜占庭,请皇帝给他们任命一位主教;因为不久之前担任他们主教的人死了,而且他们得知皇帝确实曾把一位神甫派到阿巴斯吉人那里去;而皇帝优斯提尼安在把他们打发回去之前就十分高兴地答应了他们的请求。(13)由于害怕乌提古尔的匈人,使节公开宣布了他们此行的目的——因为有许多人听过他们的讲话——可是对皇帝除了有关神甫的事情之外,他们没有公开作过任何陈述,但是在尽量保密的情况下同他会见时,他们则无话不谈,告诉他,如果相邻的蛮族永远相互仇视的话,那对罗马帝国将会何等有利。至于提特拉克西塔伊人如何在那里定居下来以及他们是从哪里移居来的,这就是下面我要讲的。

① 公元548年。

五

(1)在古代,有一大群当时被称为奇美里亚人的匈人占据着我刚刚提到的这一片土地,并且有一位国王统治着他们所有的人。(2)有一个时期取得这一权力的某一个人有两个儿子,一个名叫乌提古尔,另一个叫库特里古尔。(3)当父亲去世时,这两个儿子便在他们之间分割了权力,并且各自为自己的臣民起了名字。(4)一部分叫乌提古里人,另一部分叫库特里古里人,这种情况甚至一直保持到我的时代。所有这些人现在仍然生活在这一地区,他们在生活的一切事务方面自由交往,但是却同居住在湖及其出口另一面的民族互不往来;因为在任何时候他们也不曾渡过这一水域并且从来没有设想过这片水域可以渡过去,对于实际上是容易的事情他们却是害怕去做,这干脆就是因为他们从不曾甚至做一次渡过去的尝试,因而他们始终完全不知道这件事是可以做到的。

(5)而在麦欧提斯湖和湖水流出的出口的那面最先遇到的民族,就是被称为提特拉克西塔伊人的哥特人,这些人我刚才已经谈过了;这个民族在古时住在紧挨在这一海峡沿岸的地方;但是哥特人和西哥特人以及汪达尔人,这些民族和其他哥特人的民族一样,离开他们都是遥远的。(6)这些提特拉克西塔伊人在古时也叫斯奇提亚人,因为占有这些地区的所有民族一般都叫斯奇提亚人,而其中的一些民族还有另外的称呼,如撒乌若玛塔伊人或美兰克莱那伊人①或别的什么名字。

① “黑衣人”。

(7)但是久而久之,他们说(如果这个说法确实可靠的话),奇美里亚人当中的某些青年从事狩猎,而从他们面前逃跑的一头母鹿跳到这里的水中去。(8)而这些青年,或是因为渴望光荣或是为了在比试中好胜或者也许实际上是某位天神迫使他们如此,他们竟对这头母鹿紧追不舍,大有非追到手不可的决心,这样他们便同它一道来到了对岸。(9)而这时猎物,不管它到底是什么,却立刻不见了;而照我看来,它之出现在那里其目的只不过是给居住在那一地区的蛮族带来厄运而已。因此青年虽然确实没有捕到他们的猎物,却发现了可以作战和打劫的诱因。

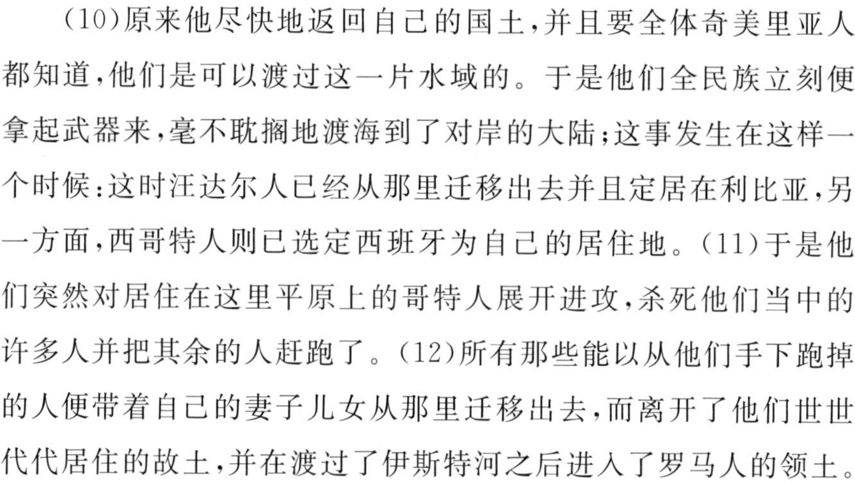

(10)原来他尽快地返回自己的国土,并且要全体奇美里亚人都知道,他们是可以渡过这一片水域的。于是他们全民族立刻便拿起武器来,毫不耽搁地渡海到了对岸的大陆;这事发生在这样一个时候:这时汪达尔人已经从那里迁移出去并且定居在利比亚,另一方面,西哥特人则已选定西班牙为自己的居住地。(11)于是他们突然对居住在这里平原上的哥特人展开进攻,杀死他们当中的许多人并把其余的人赶跑了。(12)所有那些能以从他们手下跑掉的人便带着自己的妻子儿女从那里迁移出去,而离开了他们世世代代居住的故土,并在渡过了伊斯特河之后进入了罗马人的领土。

(13)起初他们对那一地区的居民干出了许多残暴的行为,但是后来由于得到了皇帝的许可,他们便在色雷斯定居下来了;并且这时有一段时期,他们还站在罗马人的一面作战,从而和其他士兵一样每年都从皇帝那里得到酬劳,并且他们被称为“费德腊提”(foederati);当时罗马人便用这个拉丁词称呼他们,而我以为这是为了表明,哥特人并不是在战争中被罗马人打败的,而是以某一条约为依据同他们联合起来并且相互间是一种和平的关系。(14)原来拉丁人把战争的条约叫作 foedera,关于这一点我在前面已经解释过了[①]。不过在其余的时候,他们实际上还是在没有任何正当理由的情况下对罗马人作战,直到他们在提奥德里克的率领之下去了意大利。当时哥特人的情况便是这样。

(15)但是,如上所述,匈人在杀死他们之中的一些人,又把其他人赶跑之后,便占领了这块土地。一方面,库特里古里人召来他们的妻子儿女并且定居在直到我的时代仍旧居住的那个地方。(16)尽管每年他们都从皇帝那里得到很多赠赐,但他们仍然继续不断地渡过伊斯特河并蹂躏皇帝的土地,从而同罗马人处于一种既和平相处又作战的关系。(17)但是乌提古里人却和他们的首领一道离开那里返回自己的故土,他们注定今后要单独居住在那里的土地之上了。(18)而当这些匈人走近麦欧提斯湖时,他们碰上了被称为提特拉克西塔伊人的哥特人。(19)在开头哥特人用他们的盾牌形成一道栅栏用来保卫自己以对抗进攻的敌人,他们相信自己的力量并认为自己处于有利的地位;因为他们在那一地区的所有蛮族当中是最强劲有力的。(20)麦欧提斯湖出口的开头的地方,也就是被称为提特拉克西塔伊人的哥特人当时定居的地方形成了把他们几乎完全环绕起来的一个新月形的海湾。这样,便只有一条通路而且不是太宽的通路容许进攻者打进去。(21)但是后来看到匈人不想在那里浪费任何时间而且哥特人也根本没有希望

① 参见《战争史》,第一卷,第十一章,第 4 节,再参见第三卷第十一章,第 3 节有关注释。

在大量敌人面前长时期守住自己的土地,于是他们相互间达成谅解,一致同意把兵力联合起来共同渡过去,哥特人应定居于对岸的大陆,主要是沿着出口的海岸地带(今天他们实际上仍定居在这里),而他们在今后仍然应当继续是乌提古里人的友人和联盟者并且在完全平等的条件下永远同他们和平相处。(22)结果这些哥特人便定居在这里,而库特里古里人,如前所述,被留在湖的另一边的土地上,而只有乌提古里人占有了这土地,不过他们根本没有给罗马人带来任何麻烦,因为他们甚至不是住在罗马人近旁,而是在他们之间还隔着许多民族,因此他们必然——这绝不是他们的本意——无法干预罗马人的事务。

(23)在麦欧提斯湖以及塔那伊斯河以西,被称为库特里古里人的匈人在那一地区较大部分的平原上定居下来,这一点在前面我已经说过了;在他们的那边则是斯奇提亚人和陶里亚人占有全部地区,而那一地区的一部分甚至在今天还叫陶里卡;人们说正是在这个地方有一座阿尔特米斯[1]的神殿,而阿伽门农[2]的女儿伊菲盖涅娅曾一度主持过这一神殿。(24)但是阿尔明尼亚人却宣称这座神殿是在他们被称为凯列塞涅的那部分土地上,还说在那一时期,这一地区的所有民族都被称为斯奇提亚人,而他们用来证明这一点的是欧列斯特斯和科玛那城的故事,这也是我在前面记述过了的[3]。(25)但是关于这些事情,让每个人愿意怎样说就怎样说

---

① 著名的希腊女神,传说是宙斯的女儿、阿波罗的姊妹,司狩猎、生育。后世把她等同于罗马的狄安娜。

② 希腊神话中迈锡尼的国王,在特洛伊战争中是希腊军的统帅。

③ 参见本书第一卷,第十七章,第 13~20 节。

吧；要知道，在别的地方发生的许多事情或者也许实际上根本从未发生的许多事情，常常被人们挪用到他们本国上面来，而且如果人们不同意他们的看法，他们还会感到气愤呢！

(26)在这些民族的外边，有一座沿海的有人居住的城市，叫作博斯普鲁斯，它是不久前才为罗马人所征服的。(27)从这个博斯普鲁斯城到另一座叫作凯尔松[①]的沿海城市——它同样很久以来便属于罗马人——这中间的土地都掌握在属于匈人民族的蛮族手里。(28)凯尔松附近的另外两座城市凯皮和法那古里斯自古以来便属于罗马人，甚至直到今天也是如此。但是这两座城市不久前被相邻的一些蛮族占领并且被夷为平地了。(29)从凯尔松城到也叫多瑙河的伊斯特河河口是十天的路程并且这整个地区是在蛮族手里。(30)而伊斯特河发源于凯尔特山[②]，沿着意大利的边界而流入达奇亚、伊利里库姆和色雷斯地界，最后进入埃乌克西努斯海。从那里起全部地区直到拜占庭便是在罗马皇帝的统治之下了。

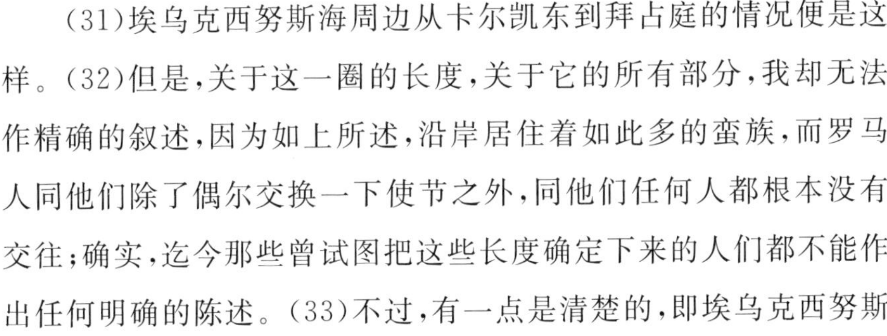

(31)埃乌克西努斯海周边从卡尔凯东到拜占庭的情况便是这样。(32)但是，关于这一圈的长度，关于它的所有部分，我却无法作精确的叙述，因为如上所述，沿岸居住着如此多的蛮族，而罗马人同他们除了偶尔交换一下使节之外，同他们任何人都根本没有交往；确实，迄今那些曾试图把这些长度确定下来的人们都不能作出任何明确的陈述。(33)不过，有一点是清楚的，即埃乌克西努斯

① 拉丁名凯尔索涅苏斯(Chersonnesus)，在今天的塞瓦斯托波尔附近。

② 即阿尔卑斯山。

海的右侧,就是说从卡尔凯东到法吉斯河这一段对于轻装的人来说是五十二天的路程[①]。从这一事实可以合理地得出这样的结论,彭图斯另一侧同样地也大体上是这个长度。

六

(1)既然在我的记述中现在已经达到一个适当的地方,我觉得在这里谈一下有关亚细亚和欧罗巴之间边界的问题——在对于这些问题素有研究的人们当中正在就边界进行争论——的意见是适宜的。(2)要知道,一方面,他们之中的某些人说,这两个大陆是由塔那伊斯河分开的,而首先他们坚持地认为,这分界必须是一个天然的分界,进而他们又用如下的事实支持他们的主张,即这海虽然从西向东延伸,但是塔那伊斯河却在两个大陆之间从北向南流;同样地,他们说,埃及的尼罗河是按照相反的方向,在亚细亚和利比亚之间从南向北流。(3)另一方面,同他们持截然对立观点的另外一部分人则认为他们的推理并没有坚固的依据。他们说,这两个大陆最初是由在伽迪腊[②]的海峡分开来的,也是由大海分开的——海峡的水来自大洋,而大海则是从海峡那里开始延伸开来的;他们还说,海峡和大海的右手的地带叫利比亚和亚细亚,而左手的全部地带叫欧罗巴,它大概一直延伸到所谓埃乌克西努斯海的尽头处。

(4)但是按照这一假说,则塔那伊斯河便发源于欧罗巴的范围

① 大约二千公里略多一点。参见本书第三卷,第一章,第17节(按作者的标准)。

② 今天的加的斯(Cadiz);海峡是直布罗陀海峡。

之内并注入麦欧提斯湖，而这个湖的水又注入埃乌克西努斯海，不过不是在它的尽头处，甚至不是在它的中部，而实际上是越过了它①。(5)但是在这同一个海左手的土地被认为②是亚细亚的一部分。但是除这之外，塔那伊斯河发源于所谓里帕伊阿山，而这山是在欧罗巴的土地上，这一点实际上是自古以来在作品中论述这些问题的人们所同意的。(6)而大洋离这里的里帕伊阿山十分遥远③；因此在它们和塔那伊斯河以外两个方向④的全部土地必然都是属于欧罗巴的。(7)不过塔那伊斯河确切地在哪一点上开始把两个大陆分开来，这一点却不容易说了。但是如果必须说有一条河把两个大陆分开来，那么这条河肯定就是法吉斯河了。(8)原来它的流向同伽迪腊海峡的流向正相反，因而它是流在两个大陆之间的；原来由大洋流过来而形成了这个海的海峡在它的两侧各有一个大陆，法吉斯河流到几乎埃乌克西努斯海的尽头并注入新月形海湾的中部，从而显然继续了这海迄今对陆地所作的分割。(9)这些便是双方在辩论这一问题时提出的论据了。

然而不仅是前一个论据，就是我刚刚提到的那个论据，都能夸耀说——这一点下面我还要提到——它们是十分古老的论据并且有远古的一个什么人作它们的立论的基础，因为我清楚地知道，有这样一种人之常情：如果人们先发现一个古代的论据，他们便不再想费气力去探索真实情况，也不再想去学习手头人们提出的有关

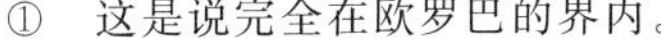

① 这是说完全在欧罗巴的界内。

② 指支持前一种看法的人们。

③ 向北。

④ 向东和向西。

这一问题的某一较新的说法,而在他们心目中,比较古老的看法似乎永远是有根据的、值得尊重的,并认为当前的意见是可以忽略的并把它们归之于荒谬的一类。(10)而且,就当前的情况而言,人们所探讨的并不是只有心灵或智力才能理解的事物或用任何别的办法都弄不清楚的问题,而是河流和土地;这些东西是时间既不能改变[①]或用任何办法来隐藏的。(11)要知道,验证的东西就在眼前并且亲眼看到的事物能以提供最充分的证据,并且我以为,对于那些渴望发现真理的人们来说,是不能为他们设置任何障碍的。(12)还有,哈利卡尔纳苏斯的希罗多德在他的《历史》的第四卷里说,整个大地是统一的,但是人们认为它被分成三个部分,分别有三个名称:利比亚、亚细亚和欧罗巴。(13)一方面,在其中的二者,即利比亚和亚细亚之间流动的是埃及的尼罗河,而另一方面,亚细亚和欧罗巴则被科尔奇斯的法吉斯河隔开。但他实际上知道有些人认为是塔那伊斯河起了这样的作用,因而后来他也提到了这个看法。(14)因此我以为在我的记述中把希罗多德的原话引进来并不是不适宜的,他的原话是这样[②]:"我也猜不出下述情况是什么理由造成的:虽然大地是统一的,但是人们给了它三个名字,而且都是女人的名字。它的分界线被确定为埃及的尼罗河和科尔奇斯的法吉斯河。(15)但是还有人说是塔那伊斯河,这条河是流入麦欧提斯湖和奇美里亚海峡[③]的。"还有悲剧诗人埃斯库罗斯在《被解放的普罗米修斯》里,也就是在这一悲剧的正是开头地方把法吉

① 但我国早有沧海桑田的说法,历史上黄河中的变迁尤为显著。

② 希罗多德:《历史》,第四卷第四十五章。

③ 奇美里亚的博斯普鲁斯,今天的耶尼卡列海峡(Strait of Yenikale)。

斯河称为亚细亚和欧罗巴二者之间的地界[①]。

(16)写到这里我还要提一下这样一个事实,即在那些对这种问题有很深研究的人们当中有些人认为埃乌克西努斯海是麦欧提斯湖形成的,大海从这个湖向外延伸,部分向右、部分向左,这就说明为什么人们把这个湖说成是彭图斯的母亲。(17)并且他们所以这样说,其依据是如下的观察,即这个海的出口从那被称为希耶隆[②]的一个地方向下流向拜占庭,正有如它是一条河,因而他们便认为这条河是彭图斯的边界了。(18)但是反对这一看法的人们解释说,整个海当然是统一的,它来自大洋并且毫不中断地一直延伸到拉吉人的地区,除非,确实——人们说——有谁竟会认为单单改变名字就构成一种现实的区别,因为过去某一地点之后,这海就叫彭图斯了。

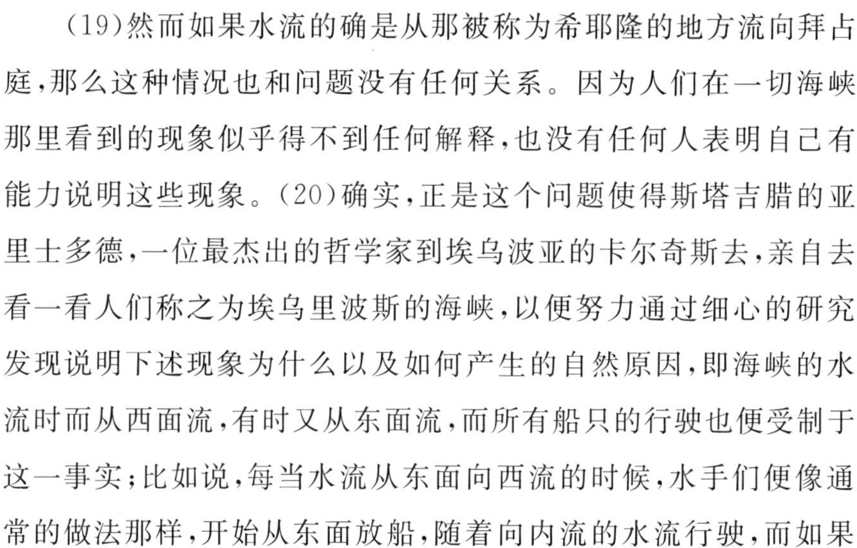

(19)然而如果水流的确是从那被称为希耶隆的地方流向拜占庭,那么这种情况也和问题没有任何关系。因为人们在一切海峡那里看到的现象似乎得不到任何解释,也没有任何人表明自己有能力说明这些现象。(20)确实,正是这个问题使得斯塔吉腊的亚里士多德,一位最杰出的哲学家到埃乌波亚的卡尔奇斯去,亲自去看一看人们称之为埃乌里波斯的海峡,以便努力通过细心的研究发现说明下述现象为什么以及如何产生的自然原因,即海峡的水流时而从西面流,有时又从东面流,而所有船只的行驶也便受制于这一事实;比如说,每当水流从东面向西流的时候,水手们便像通常的做法那样,开始从东面放船,随着向内流的水流行驶,而如果

① 由阿里安保存下来的片段106号,见《埃乌克西努斯旅行记》,99、22。

② 在博斯普鲁斯的上方。

有水流逆转这种多次发生的情况,它会立刻把这些船送回到它们开始的方向,而另一些船则从西面向对方行驶,尽管根本没有一点风吹送它们,大海则一片深深的沉寂连一点风也没有。这个斯塔吉腊人观察了所有这一切,他深思了很长一个时期,直到他在焦虑苦思中烦恼至死,结束了自己的一生。(21)但这并不是一个孤立的情况,因为在把意大利和西西里分开的海峡也可以看到许多奇怪的自然现象。看来水流是从被称为亚得里亚的海流进这一海峡的,(22)尽管有这样的事实,即海的前进运动是从大洋和伽迪腊那里开始的。但是那里也有许多旋涡,它们由于我们所不了解的原因而突然出现并把船只摧毁。(23)而正是由于这一点,所以诗人们说,在这样的时刻正好来到这个海峡的船只就被卡里布狄斯吞没了。(24)但是拥护第二个看法[①]的人们则认为,在所有的海峡都可以看到的所有这些极为奇怪的现象;其所以出现是由于相互十分接近的两侧;因为,他们说,在有限的空间里受到限制的海水是受到某种奇怪的和无法说明的强制力量的摆布的。

(25)因此,如果水流的确实际上似乎是从被称为希耶隆的地方流向拜占庭,任何人都不能合理地认为,海[②]和埃乌克西努斯就在那个地方到达终点。(26)因为这个看法没有坚固的自然基础,但是这里水路的狭窄再次必须被认为是决定性的因素。(27)的确,甚至这一点也不是在这里发生的一切;因为博斯普鲁斯的城镇的渔民说,全部水流不是都流向拜占庭的方面,而是一方面,我们

① 参见前面第18节以次。

② 这里当指地中海,但更精确地说,应当指的是马尔马拉海(Marmara Sea)。

可以明显看到的上层水流的确是这个流向的，可是另一方面，人们所说的深渊的深处的水却采取同上层水流正相反的流向，因此它是不断地逆着上面可以看到的水流而流的。(28)因此每当他们出发去捕鱼时，他们便在那里的随便一个地点下网，而它们便总是被水流的力量带到希耶隆的方向[①]。

(29)但是在拉吉卡，陆地就从四面八方阻住了海流的前进并且使它不能继续流下去，这样在那里它就成了第一个也是唯一的一个终点，造物主显然在那里为大海和陆地设置了界限。(30)原来当大海遇到这里的海岸的时候，它既不继续向前推进，它的水位也并不升高，尽管它不断地接受从四面八方流进它的、无数大河的河水，但是它再次退回去，这样它便使海岸维持正常的宽度从而保存下了陆地的边界，好像它害怕某种律条并由于这一律条所规定的必然性而精确地控制自己，注意不使自己以任何方式触犯神圣的约定。(31)要知道，这个海的所有其余的海岸并不是正对着它而是在它的边上。不过关于这些问题，让每个人作出自己的决定，愿意怎样说就怎样说罢。

七

(1) 为什么科斯罗伊斯急切地想占有拉吉卡，其理由我已在前面说过了[②]，但是下面我却要谈一谈这样一种特殊的考虑，一种较其他任何事物都更甚地迫使他和波斯人有这种愿望的特殊的

① 这一观察由于今天的经验而充分地得到了证实。下面相反的水流也许是由于温度的差异而引起的。

② 参见第二卷，第二十八章，第18节。

考虑，因为对于这整个国家我已经作了描写，从而使人们易于了解我对于这一事件的叙述。(2) 在科斯罗伊斯领导之下的这些蛮族曾多次以强大的军队侵略过罗马的领土，并且，虽然他们给自己的敌人造成难以描述的痛苦——我在有关这一题材的各卷里曾对此加以叙述[①]——但是他们从这些侵略中并没有得到任何好处，他们自己也不得不承受财产和生命的损失。要知道，他们总是在丧失了许多人的性命之后才离开罗马人的领土。(3) 因此在他们返回自己的国土之后，他们就会十分隐蔽地责备科斯罗伊斯，说他毁了波斯这个国家。(4) 有过这样一次，当他们已从拉吉卡返回的时候，由于他们在那里蒙受了可怕的损失，他们实际上几乎要联合起来公开反对他并且以最残酷的方式把他处死，并且如果不是他事先得到了消息，继而通过不断的甜言蜜语争取了他们中间最显要的人物从而作了相应的防范，他们早已会干出这事来了。(5) 由于这一事件的结果，他想消除由于人们对他的指责而造成的痛苦，为了这一目的他渴望为波斯帝国争得某种巨大的利益。

因此他便想在达腊斯城上打主意[②]，但是结果在那里失败了，这件事前面我已谈过[③]，于是在占领这个地方这件事上，他陷入了彻底绝望的状态。(6)因为在此后他既不能用突然袭击的方式攻占它(原因是这里的卫戍部队警惕性甚高)，也确实不能指望他可以用什么办法在一次包围中制服敌人。(7)要知道在达腊斯城里

① 本书第一、二卷。

② 通过计谋而不是猛攻。

③ 本书第二卷，第二十八章，第 31 节以次。

总是有各种食品的丰富供应，人们早就为了对付包围做了储藏的准备，因此它可以支持很长的一段时期，而且在那里近旁的峭壁中间有一处天然的泉水，它形成了直接流到城内的一条大河，而想对之进行破坏的人由于地带的崎岖不平而没有办法使它改道或用别的什么办法毁掉它。(8)而一旦这条河流入城墙之内，它便流经全城，灌满它的水槽之后再流出去，在离城墙很近的地方，流进一个裂缝而消失。并且它在那里的什么地方重新出现于地面，直到今天也没有一个人知道。(9)不过在古代那里并没有这个裂缝，但是在皇帝阿那斯塔西乌斯修建这座城市之后很久，大自然自己形成了它并把它安置在那里。因此之故，结果那些想包围达腊斯城的人们便由于缺水而备受折磨。

(10)科斯罗伊斯既然如我前面所说的，在这一企图上未能得逞，便得出结论，认为即使他能够占领罗马另一个什么城市，他仍然绝对无法在罗马人中间站稳脚跟，因为在他后面的许多要塞还在敌人手中。(11)确实，正是由于这一理由，当他攻占了安提奥克的时候，便把这座城市夷为平地，然后才离开罗马的土地。随后他的想法就脱离了实际，而着眼于更加渺茫的希望，因为他所追求的是不可能实现的事情。(12)原来当他从情报得知埃乌克西努斯海左手居住在麦欧提斯湖周边的那些蛮族怎样毫不畏惧地蹂躏了罗马领土之后，他一直表示，如果波斯人占领拉吉卡的话，则只要他们愿意，在任何时候都可以轻而易举地，并且根本无须渡海而直趋拜占庭，正如定居在那一地区的其他蛮族民族经常做的那样。(13)就是出于这一理由，波斯人正在试图占领拉吉卡。但是我还

是要回到前面我岔开的地方来[①]。

八

(1)于是科里亚尼斯和米地亚军队[②]便在希皮斯河附近设了他们的营地。而当科尔奇斯的国王古巴吉斯和统率罗马军队的达吉斯赛欧斯得知这一情况后,他们便制订了一项共同的计划,率领着罗马的和拉吉人的军队去进攻敌人。(2)而当他们来到希皮斯河的对岸并在那里设了营之后,他们便开始就形势作一番考虑,讨论怎样做才对自己更有利,是等在那里让敌人先来进攻,还是自己主动出击。当然,主动出击是为了向波斯人显示自己的胆量,叫自己的对手明白自己是在满怀藐视对方的心情对他们作战的,这样在主动出击时,他们可以从精神上压倒同他们列阵对抗的人们。由于赞同主动出击的人们的意见占了上风,于是全军立刻奔向敌人求战。(3)但这时拉吉人却不再同意同罗马人并肩作战,他们反对这样做的理由是:一方面,罗马人作战不是为了他们的祖国或他们最珍贵的财富才甘冒生命危险的,但另一方面,对他们拉吉人来说,他们的妻子儿女以及他们世世代代的国土都会遭到危险;而倘若结果是他们被自己的敌人打败,他必然会在自己的女人面前丢脸。(4)的确,他们认为在这种压力之下他们一时里是会表现出他们本来没有的勇气的。(5)并且他们非常想由他们自己首先同敌人作战,这样在战斗中罗马人就不至于给他们造成混乱,因为在危

① 本卷第一章,第7节。

② 即波斯军队。

险面前，罗马人并没有像他们那样的勇敢精神。(6)在拉吉人开始表现出这种大无畏的精神之后，古巴吉斯十分高兴，于是便在离罗马人不远的地方把自己的人们召集起来，对他们作了如下的训话。

(7)“同胞们，我不知道是否有必要向你们讲一番话以便把你们的勇气激发起来。对于迫于局势的需要而不能不振作起来的人们来说，我以为是不需要更多激励的言辞的，而我们今天的情况就是这样，无论如何在当前的危机中是这样。(8)要知道，面对今天的危险的正是你们的妻子儿女，你们祖先的土地，而说得明白些，就是你们的一切，因为波斯人向我们发动进攻正是为了得到这些东西。(9)要知道，任何一个人，对于想通过暴力掠夺他的任何财产的那些人，都不会让步的，因为是本性迫使他必须为自己的财产而战斗。(10)而且你们不是不知道，当波斯人到这里掌了权之后，没有任何事物能制止他们的贪婪，而且，如果现在他们在战争中打败了我们，他们不会只是单纯地统治我们或向我们征税或在其他事务方面把我们看作是他们的臣民，要验证一下这个说法是否正确，只要回想回想不久前科斯罗伊斯要对我们干些什么就够了。(11)我甚至无须提到我们同波斯人打交道的经验，拉吉人的名字是不应当消失的。我的同胞们，反抗米地亚人的斗争对我们来说并不是困难的，因为我们曾多次同他们交手并且在战斗中打败过他们。(12)要知道，一项人们已经十分熟悉的任务是不会带来任何困难的，因为先前在实践和经验中他们已经付出了必需的劳动。因此，由于这样的一个事实，我们必然要真正地蔑视敌人，也就是那些在先前的战斗中曾被我们打败并且根本不可能有理由有你们那样的勇气的敌人。(13)而精神一旦被压下去，要想重新振作起

来绝不是一件容易的事。因此,记住这些想法,然后满怀希望地去同敌人搏斗吧!"

(14)在作了这样的发言之后,古巴吉斯便展示出了拉吉人的军队,他们的阵形是这样的。拉吉人的骑兵作为先锋部队列队向敌人进攻,而罗马骑兵则在他们之后,不过不是相隔短距离,而是在后面很远的地方。(15)领导这支特殊的罗马队伍的是斐列伽古斯和约翰。斐列伽古斯是一个盖帕伊狄人,一个果敢有为的人,而约翰则是阿尔明尼亚人,托马斯的儿子,一位特别有能力的战士,对于此人人们先前都知道他姓古吉斯,而且我在前面已提到过他[①]。(16)在他们的后面是拉吉人的国王古巴吉斯和罗马人的将领达吉斯赛欧斯,他们率领着两支军队的步兵,而所以作这样的安排是基于如下的设想:如果骑兵被敌人打败,他们回到步兵这里来是很容易得救的。(17)罗马人和拉吉人的军队就是这样安排的。与此同时,科里亚尼斯则从他的军队里选拔了一千名不但穿上胸甲而且在所有其他方面都彻底武装起来的士兵,派他们作为先遣的侦察队伍,而他本人和其余的军队跟在后面,留在营地担任守卫的只有少数几个人。(18)而走在前面的拉吉人的骑兵队伍从他们的行为看来可说是很不尽职,他们的行动使他们先前激发起来的希望破灭了。(19)原来当他们突然遇到敌人的先头部队时,几乎是一看到他们立刻便转过马来,在一团混乱中跑回后方,并且在向前疾驰时他们同罗马人混到一处,而不惜在罗马人中间寻求庇护,尽管先前他们甚至还不愿同罗马人并肩战斗呢。(20)但是当

① 《战争史》第二卷,第三十章,第4节。

两支军队相互接近的时候，哪一方面开头都不想发动进攻或展开战斗，而是每一方都是对方进他们就退，而对方退他们又跟上去，他们这样便在后退和反过来追击上面耗掉很多时间并迅速地改换着战线。

(21)但是在罗马军队里有一名叫阿尔塔巴尼斯的波斯—阿尔明尼亚人[①]，实际上他在很久以前便投到臣属于罗马的阿尔明尼亚人一方来，不过不是单纯作为一名逃兵，而是在杀死一百二十名波斯战士之后才向罗马人表示了对他们的忠诚。(22)他曾到当时在阿尔明尼亚担任将领的瓦列里安这里来，请求他拨给自己五十名罗马人；而在得到他所要求的人员之后，他便去了位于波斯—阿尔明尼亚的一座要塞。(23)一百二十名守卫在那里的波斯人把他和他的同伴接纳进了要塞，因为那里还不知道他已经变节并投向敌人一方面去。(24)于是他便把一百二十人杀死，劫掠了要塞里的全部钱财——这里有大量的钱财——然后投向瓦列里安和罗马军队，而在以这种方式表明了自己对罗马人的忠诚之后，从此他便同罗马人走到一处了。(25)在当前的战斗中，这个阿尔塔巴尼斯是和两名罗马士兵处于两军中间的地带，从敌人那里也有几个人向他们这边走来。(26)阿尔塔巴尼斯向这几个人进攻并同其中的一个十分勇敢而且武艺超群的人展开战斗而立刻用长枪把敌人刺死，使他跌下马来摔在地上。(27)但是在阵亡的敌人身旁的一个蛮族却用剑砍到阿尔塔巴尼斯的头上，不过这一击并不是致命的。于是阿尔塔巴尼斯身边的那个出身哥特人的士兵，当这个人的手

① 阿尔明尼亚的属于波斯的部分称波斯—阿尔明尼亚。

还在阿尔塔巴尼斯的头上时对这个人发动得手的一击,刺中了此人左侧而使他倒下了。(28)于是被发生的事件吓倒的一千名敌军士兵开始撤退到后方去,在那里等候科里亚尼斯和波斯人与阿拉尼人的其余部分的军队并且在不久之后,他们便同随后到来的队伍会合了。

(29)这时由古巴吉斯和达吉斯赛欧斯率领的步兵也和他们的骑兵赶来了,于是双方便展开了肉搏战。(30)这时斐列伽古斯和约翰感到他们要想抵御蛮族骑兵的进攻则人数过少,特别是因为他们对拉吉人的力量没有信心,于是他们便跳下马来并且迫使所有的人——无论罗马人还是拉吉人——也这样做。(31)于是他们便排列成一个很深的步兵方阵,全军都面向敌人并且把长枪向敌人投去。(32)但是对此蛮族却不知应当怎样应付,因为他们既不能向现在已经步行的敌人进攻,也不能打破他们的方阵,因为被枪尖和盾牌的撞击声所困扰的马匹不敢前进,因此他们都只好使用弓箭,指望大量的箭射出去之后,他们就很容易把敌人赶跑。(33)罗马和全体拉吉人同样地开始做完全相同的事情。这样从双方都有大量的箭射向对方的军队,双方都有很多阵亡的人。(34)但波斯人和阿拉尼人射出的箭实际上是连续不断的并且速度比他们的敌人快得多。不过罗马的盾牌把它们的大部分挡住了。

在这一战斗的过程中,波斯人的统帅科里亚尼斯不幸中箭了。(35)但是此人是谁射中的,这一点任何人也说不清楚。碰巧从大群人当中射出的箭有一支射中了这个人的颈部,并立刻把他杀死了。而由于一个人的死亡,战斗出现了转折而罗马人取得了胜利。(36)原来当他从马上跌下来,面朝下地俯卧在地面上时,蛮族便拼

命地逃回他们的有栅栏围住的营地里去，而罗马人和拉吉人则紧追不舍又杀死许多敌人，他们想通过一次冲击攻占敌人的营地。(37)但是有一个十分勇敢，体力也十分出众的阿拉尼人，他特别善于两面开弓而且速度很快，他站在栅栏的十分狭窄的入口处出其不意地把进攻的罗马人封堵了很长一段时间。(38)但是托马斯之子约翰却单独走到离他很近的地方用一支投枪把他杀死了。这样罗马人和拉吉人便攻占了营地。确实有大批的蛮族死在那里，其余的人每个人都各想办法逃回自己的故土。(39)波斯人对科尔奇斯国土的这次侵略便这样地结束了。与此同时，另一支波斯军队在用大量食物和所有其他供应加强了佩特拉的卫戍部队之后，便离开上路了。

九

(1)就在这同时又发生了这样的事情。拉吉人开始在皇帝那里诽谤达吉斯赛欧斯，他们是到拜占庭做这件事的，他们指控他叛国和实行米地亚化。(2)原来他们说，达吉斯赛欧斯听从了波斯人的劝说才在佩特拉的城墙倾圮时拒绝攻进去，而敌人在这期间便把沙子装入袋中用它们代替石块修补好了城墙的倾圮的部分，从而使它们得到安全。(3)他们说，达吉斯赛欧斯这样做是由于受贿或是疏于职守不得而知，总之是他把进攻拖延了一些时间，这样一时里便让珍贵的机会跑掉了，当然，这是一个他永远不会再得到的机会。(4)于是皇帝便把他关进监狱看管起来；随后他便任命不久前从意大利回来的贝撒斯为阿尔明尼亚的将领并且派他去拉吉卡，要他统率那里的罗马军队。(5)贝撒斯的兄弟维尼路斯和一支军队也已经被派到那里去,此外被派去的还有欧多那库斯、色雷斯人巴巴斯以及埃茹利人乌利伽古斯。

(6)这时纳贝德斯已经率军进攻了拉吉卡,但是他没有干出任何重要的事情,而只是偕同他的军队在阿巴斯吉人当中混了一阵子——阿巴斯吉人是从罗马人和拉吉人那里叛逃过来的——并且从这些人当中带走了他们的知名人士的六十名儿童作为人质。(7)而正是在这个时候,作为自己路上的一个偶然事件,纳贝德斯在阿普西利人[①]中间发现了欧普西特斯的妻子提奥多腊(欧普西特斯是古巴吉斯的叔父和拉吉人的国王),于是便俘虏了她并把她带到波斯去。(8)不过这个妇女却是一个罗马人,原来自古以来拉吉人的国王便一直派人同拜占庭联系,并且经皇帝同意而安排同某一位元老的婚姻关系并从那里带回他们的妻子。(9)实际上,古巴吉斯的母亲的一方也是出身罗马的家族。但下面我要说的却是这些阿巴斯吉人为什么要叛离。

(10)正如我在前面所说的[②],当他们废黜了他们自己的国王的时候,被皇帝派来的罗马士兵便开始十分均匀地散驻到他们中间去,他们打算把他们的土地并入罗马帝国并为他们作出一些新的规定。(11)但是罗马人的规定过于严厉从而激起了阿巴斯吉人的极大愤怒。他们害怕今后只会成为罗马人的奴隶,于是他们再次把自己的国王树立起来让他们掌权:他们国家东部的国王叫欧普西特斯,西部的叫斯凯帕尔那斯。(12)这样一来,由于他们已绝

① 臣属于拉吉人的一个民族。

② 参见本卷第三章第21节。

望于美好的事物，他们很自然地便宁愿不要他们后来的处境而想回到先前他们曾认为是痛苦的状态中去，因为他们已看到在罗马人的统治下比先前更坏，并且由于这一变化，他们就害怕罗马的统治而尽可能秘密地投到波斯人一面去。

当罗马皇帝优斯提尼安听到这一情况之后，他便下令贝撒斯派一支强大的军队去对付他们。(13)于是贝撒斯从罗马军队中选拔了一大批人，任命乌利伽古斯和托马斯之子约翰为这支军队的将领并立即把他们经由海路派出去对付阿巴斯吉人。这时正好阿巴斯吉人的一个首领名叫斯凯帕尔那斯的由于某种原因正在波斯人那边；原来他是在当时不久之前被召到科斯罗伊斯那里去的。(14)但是另一位首领听到罗马人入侵的消息，便把全体阿巴斯吉人集合起来，赶忙去迎战罗马人去了。

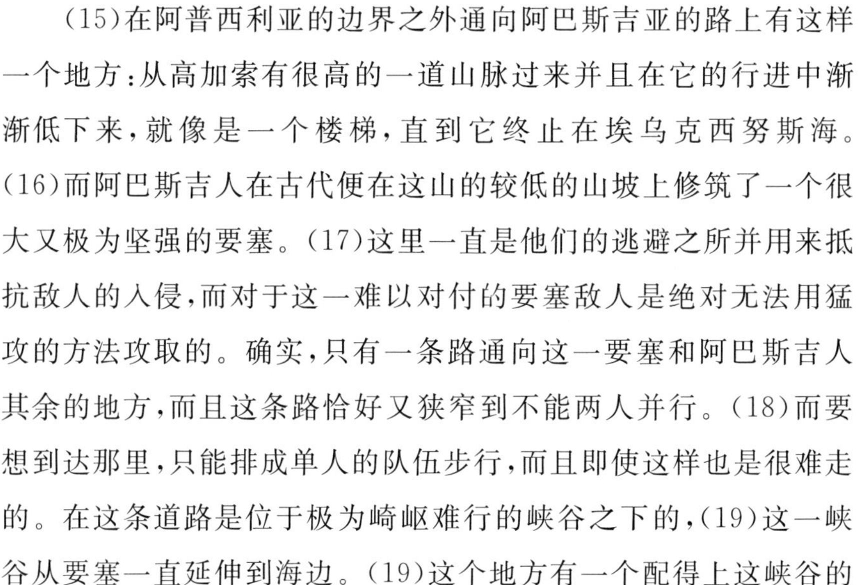

(15)在阿普西利亚的边界之外通向阿巴斯吉亚的路上有这样一个地方：从高加索有很高的一道山脉过来并且在它的行进中渐渐低下来，就像是一个楼梯，直到它终止在埃乌克西努斯海。(16)而阿巴斯吉人在古代便在这山的较低的山坡上修筑了一个很大又极为坚强的要塞。(17)这里一直是他们的逃避之所并用来抵抗敌人的入侵，而对于这一难以对付的要塞敌人是绝对无法用猛攻的方法攻取的。确实，只有一条路通向这一要塞和阿巴斯吉人其余的地方，而且这条路恰好又狭窄到不能两人并行。(18)而要想到达那里，只能排成单人的队伍步行，而且即使这样也是很难走的。在这条道路是位于极为崎岖难行的峡谷之下的，(19)这一峡谷从要塞一直延伸到海边。(19)这个地方有一个配得上这峡谷的

名称,当地居民用一个希腊词称它为特拉凯亚[1]。

(20)于是罗马的舰队便在阿巴斯吉人和阿普西利人的边界处靠了岸,约翰和乌利伽古斯要他们的军队上了岸步行进军,而水手们则带着所有他们的船沿着海岸随着军队前进。(21)而当他们走近特拉凯亚时,便看到了全副武装的阿巴斯吉人的全军沿着整个峡谷依次站在我上面所说的道路上,对此他们陷入巨大的困惑之中,因为他们不知道如何对付他们面临的局面,直到最后约翰经过长时间的思考才找到解决难题的办法。(22)办法是他把乌利伽古斯和一半军队留在那里,他本人则带领着其余的士兵登上了船。他们在船上绕过了特拉凯亚所在的地方并完全把它越过去,这样便来到了敌人的后方。(23)于是罗马人便举起他们的军标向前进军。继而阿巴斯吉人看到他们的敌人从两方面向他们进攻便不再抵抗,甚至不再保持他们的队形,而是转身十分混乱地后退,就这样在受制于他们那由此而产生的恐惧与无助的情况下行进,以致他们在他们故土崎岖的地面上不再能找到逃出的道路,并且他们也无法轻易地离开这地方。(24)与此同时,罗马人则从两方面追击他们,俘虏并杀死了许多人。这样他们便和逃走的人一道跑到了要塞并发现那里的小门还开着。原来卫戍的士兵根本无法关门,因为他们还在接纳逃回来的人。(25)这样被追击者和追击者混在一处,全都冲向城门,前者是急于逃命而后者是想攻占要塞。(26)既然发现城门是开着的,他们也便全都攻进去了:因为守门的士兵既不能把阿巴斯吉人和敌人区分开来,又不能在以排山倒海之势压过来的人群面前关上城门。

---

① 意为"崎岖不平的"。

(27)从阿巴斯吉人方面来说，他们虽然到了要塞之内感到缓了一口气，但实际上他们是和要塞一道被拿获了，而罗马人方面则认为虽然已经打败了敌人，却发现自己被卷入一场更加困难的斗争。(28)原来城内房屋很多，而且相隔又不很远——老实讲，它们甚至是相当紧密地拥挤在一起的，乃至它们到处都像是一堵城墙，而阿巴斯吉人便上了房屋用向敌人的头上投掷东西的办法全力保卫自己，他们怀着恐惧和怜悯自己的妻子儿女的心情，也就是怀着绝望的心情拼命战斗，直到罗马人想到用火烧掉这些房屋。(29)罗马人于是从四面八方纵火烧敌人，这样就在这场战斗中取得完全的胜利。而阿巴斯吉人的领袖欧普西特斯同少数几个人却得以逃命并撤退到邻接的匈人和高加索的山区里去了。(30)但其他的人或是同他们的房屋一道被烧焦烧成灰烬，或是死在敌人的手下。罗马人也俘虏了他们的首领的女人以及所有他们的子女，他们把要塞的工事夷为平地并且使大片的土地沦为荒地。对于阿巴斯吉人来说，这就是他们要求变革现状的行动的结果。但是在阿普西利人中间却发生了如下的事情。

十

(1)阿普西利人从古以来便是受拉吉人的统治的。在这个国家里有一处极为坚固的要塞，当地的人们称它为特吉比列。(2)但是在拉吉人的知名之士里有一个名叫特尔德特斯的人，他在这个民族里拥有人们所说的“长官”①的职位。由于他同拉吉人的国王

① “magister”是一个军事头衔，大约相当于一位军事将领，而拉丁语中这个词一般多用于文职的长官或校长、导师、教师。

古巴吉斯发生过争吵,所以他对古巴吉斯是仇视的。因而他在暗中答应波斯人把这一特殊的要塞出卖给他们,并且他率领一支波斯人的军队到阿普西利亚来实现这一目的。(3)随后,当他们走近要塞时,他本人便和随行的拉吉人走在前面,进了要塞,因为守卫在那里的士兵是不可能不听从拉吉人长官的命令的,他们实际上对特尔德特斯没有任何怀疑。这样,当波斯军队到来时,特尔德特斯便把他们接纳进城。(4)结果米地亚人便认为,他们不仅占领了拉吉卡,而且还占领了阿普西利亚。而在这同时,无论罗马人还是拉吉人都没有办法保卫阿普西利人,因为他们实际上也因为要应付佩特拉的事情以及应付米地亚的军队而处于十分困难的境地。

(5)但是有一个女人是卫戍部队的将领的妻子,她是阿普西利人,是一个长得极为标致的美人儿。波斯军队的将领突然发疯似地爱上了这个女人;起初他开始向她献殷勤,而后来,看到那女人对他根本没有兴趣,于是就毫不犹豫地试图对她施行强暴。(6)这个女人的丈夫对此极为愤怒,并在夜间杀死了这个将领和所有同他一道进城的人们——这样,后者便附带地成了他们的将领的贪色的牺牲品——而他自己则控制了这一要塞。由于这一事件,阿普西利人便叛变了科尔奇斯人[①],而他们举出的反对对方的理由则是:当阿普西利人受波斯人的压迫的时候,科尔奇斯人根本不愿意为他们的事业而战斗。(7)但是古巴吉斯却派出了一千名罗马人和托马斯的儿子约翰——不久前我已经说过——去对付他们;此人经过长时期的努力调解,终于能以不经一战而把对方争取过

① 即拉吉人。参见本卷第一章,第10节。

来并且使他们再次成为拉吉人的臣民。阿普西利人和特吉比列要塞的故事便是这样的了。

(8)就大约在这同时又发生了这样的事情。科斯罗伊斯由于自己的残暴不仁甚至对他的子女也不放过。他的名叫安那索扎都斯(这个词在波斯语里意为“不朽的”)的长子曾同他发生过争吵，原来这个长子干过许多不道德的行为，特别是他毫不犹豫地同他父亲的女人们发生关系。起初，科斯罗伊斯只是用放逐的办法来惩罚自己的儿子。(9)且说在波斯有一处名叫瓦扎伊涅的地方，这是一块极好的地方，里面有一座名叫贝拉帕同的城市，离开克提西丰是七天的路程。(10)而这个安那索扎都斯便依照他的父亲的命令生活在那里。

但恰巧在那时科斯罗伊斯得了很重的病，乃至实际上人们传说他已经去世了。要知道，科斯罗伊斯生来就是一个多病的体质。(11)确实他常常从各地把医生们召到自己身边，在这些医生当中有一个名叫特里布努斯的巴勒斯坦人。(12)这个特里布努斯是一个十分有学问的人，而在治病方面更是比任何人都不差的人物，此外，他还是一位性情温和、敬畏上帝的有最高品德的人。(13)有一次他给科斯罗伊斯治好了一场重病，并且在离开波斯人的国土时他带走病人给他的许多珍贵的礼物。(14)因此，当缔结这次之前的停战协定时，科斯罗伊斯曾要求皇帝优斯提尼安把这位特里布努斯送到他这里来同他生活一年。如上所述[①]，当这一要求得到允许之后，科斯罗伊斯便嘱告特里布努斯向他提出他要的任何东

① 参见本书第二卷，第二十八章，第10节。

西。(15)但特里布努斯所要的不是以上的任何东西,而只是希望科斯罗伊斯为他释放一些罗马俘虏。(16)这样,除去特里布努斯指名要求释放的、俘虏中的知名人士之外,科斯罗伊斯还为他释放了三千人,而由于这一事件,特里布努斯在世间获得了巨大的声誉。事件发生的经过就是这样。

(17)当安那索扎都斯得知他父亲得了重病的时候,为了篡夺王权,他开始煽动一场叛乱。(18)虽然他的父亲康复了,但是他依然以自己的城市为叛乱的根据地,拿起武器来为反对他父亲的战争做了充分的准备。(19)当科斯罗伊斯得知这一情况后,他便派出一支由法布里祖斯作为将领统率的军队去对付安那索扎都斯。不久之后,法布里祖斯便在战争中取得胜利,俘虏了安那索扎都斯并把他带到科斯罗伊斯这里来。(20)科斯罗伊斯于是把他的儿子的双眼弄得变了形,他保留了它们的视力,却把上下眼睑弄得极为难看。(21)原来他把一种铁针放到火里烧热,然后在眼睛闭上时用它烧伤他的儿子的眼睛的外部,这样就破坏了眼睑之美。(22)而科斯罗伊斯这样做只是为了一个目的,那就是使他的儿子的篡夺王权的希望遭到破灭。因为法律不允许一个已经破了相的人成为波斯人的国王,这一点我在前面也已经说过了。

十一

(1)至于安那索扎都斯,那么是他的命运[①]和他的品格使他落得这样的下场。(2)而当停战协定的第五个年头这时已告结束的

① 连最高的神也无法抗拒的宿命(destiny, fate)。

时候[①]，皇帝优斯提尼安便把一位贵族并且任“长官”之职的，名叫佩特茹斯的人派到科斯罗伊斯那里去，以便为处理东方事务而安排条约每一个细节。(3)但是科斯罗伊斯把佩特茹斯打发回去，答应说很快地他将派出一个人前去，此人将会以对双方都有利的方式安排这些事情。(4)并且在不久之后，他便第二次把伊斯狄古斯那斯派了出去，这是一个狂妄自大、行为极其卑劣的家伙，他的无耻的吹牛是任何罗马人都无法忍受的。(5)而他把自己的妻子、女儿、兄弟都带在身边而且还有一大批随从人员。人们也许会认为这些家伙是出发去打仗哩！(6)在这一行人当中还有两位波斯人当中最尊贵的人士，他们实际上是戴着金冕旒的。(7)但是使拜占庭的老百姓感到气愤的是，皇帝优斯提尼安并不是把他单单作为一位使节加以接待，而认为他理应受到多得多的友好的关照、隆重得多的接待。

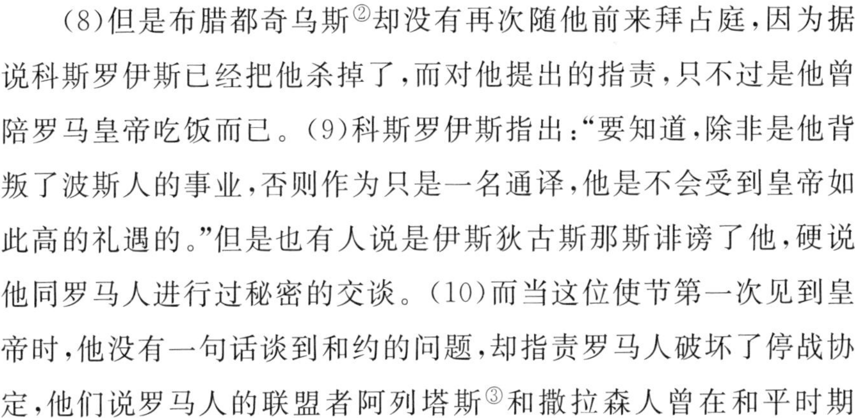

(8)但是布腊都奇乌斯[②]却没有再次随他前来拜占庭，因为据说科斯罗伊斯已经把他杀掉了，而对他提出的指责，只不过是他曾陪罗马皇帝吃饭而已。(9)科斯罗伊斯指出：“要知道，除非是他背叛了波斯人的事业，否则作为只是一名通译，他是不会受到皇帝如此高的礼遇的。”但是也有人说是伊斯狄古斯那斯诽谤了他，硬说他同罗马人进行过秘密的交谈。(10)而当这位使节第一次见到皇帝时，他没有一句话谈到和约的问题，却指责罗马人破坏了停战协定，他们说罗马人的联盟者阿列塔斯[③]和撒拉森人曾在和平时期

① 公元 550 年。

② 参见本书第二卷，第二十八章，第 41 节。

③ 参见本书第二卷，第一章，第 3～7 节。

奸污过阿拉门达茹斯,此外他还提出其他我认为根本不值一提的、鸡毛蒜皮式的指责。

(11)当这些谈判正在拜占庭进行的时候,贝撒斯和罗马全部军队正在开始对佩特拉的围攻。罗马人先是沿着城墙挖掘一道壕沟,这里正好是达吉斯赛欧斯在推倒那里的城墙时挖沟的地方[①]。下面我就要说一说为什么要在原地挖掘壕沟。(12)最初建城的那些人把城墙的基址大部分是建立在石头上,但也有一些地方它们是建立在土方上的。(13)在城市西部的城墙有不大的一段,在它的两侧他们都把城墙的基址建立在坚硬的、不怕压的石头上。(14)达吉斯赛欧斯先前从下面挖的,而贝撒斯这次也从下面挖的就是这一部分,而它的土地的性质使他们不能再挖下去,因此很自然地便决定了他们的壕沟的长度并自然地控制了它。

(15)因此,当波斯人在达吉斯赛欧斯撤去之后想把已经倾圮的这部分城墙修复的时候,他们并不遵循先前的修筑计划,而是采取了下述的办法。(16)在把挖掘的空间用石子填平之后,他们把经过精心设计而又刨得十分平滑的厚木板铺在上面,再把它们连接在一处使之形成一片宽广的空间;他们把这些木板代替基石用作基址,并且在它们之上巧妙地修筑城墙。这一点罗马人并不理解,所以他们认为他们是在基址下挖沟。(17)但是在挖掘我前面所说的木板下的全部空间并且把他们的掘进工作穿过了大部分地段时,他们确实做到了给城墙造成严重的损害,结果城墙的一部分确实突然陷了下去,不过陷下去的这一部分却根本没有向任何一

① 参见本书第二卷,第二十九章,第36节。

侧倾斜，也没有任何一排石块被搞乱，而是整个部分直线地、完整地沉了下去，就仿佛有一种机械装置把它吊沉到挖出的空间并停放在那里似的，它还保持原有的位置，只是高度和先前不同而是稍稍低一些而已。(18)因此当木板下的整个空间被挖空的时候，结果木板和它上面的全部城墙就嵌了进去。

(19)但即使这样，罗马人也没有办法接近城墙。原来当美尔美罗伊斯带着他手下的大批波斯士兵到达那里的时候，他们又在先前的土石方工程上大大地增筑了一番，因此把城墙改建得极高。(20)这样，当罗马人看到部分城墙虽然被摇动得下沉却仍然屹立在那里时就感到不知怎样办才好，他们发现自己处于巨大的困惑之中。(21)要知道，他们不能再挖掘下去，因为挖掘的结果就是这个样子，但他们又完全无法使用攻城槌，因为他们要攻打的是山坡上的城墙，而这种装置只能在光滑和十分平坦的地面上才能推送到城墙跟前。

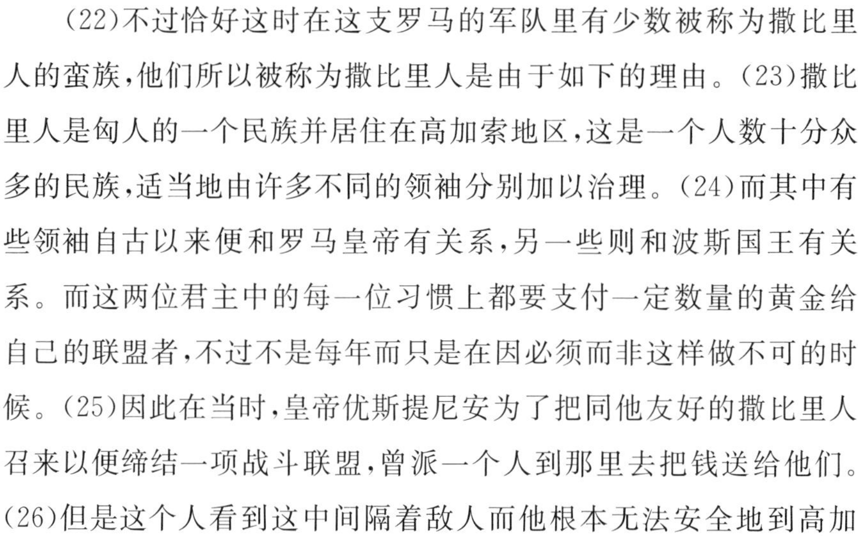

(22)不过恰好这时在这支罗马的军队里有少数被称为撒比里人的蛮族，他们所以被称为撒比里人是由于如下的理由。(23)撒比里人是匈人的一个民族并居住在高加索地区，这是一个人数十分众多的民族，适当地由许多不同的领袖分别加以治理。(24)而其中有些领袖自古以来便和罗马皇帝有关系，另一些则和波斯国王有关系。而这两位君主中的每一位习惯上都要支付一定数量的黄金给自己的联盟者，不过不是每年而只是在因必须而非这样做不可的时候。(25)因此在当时，皇帝优斯提尼安为了把同他友好的撒比里人召来以便缔结一项战斗联盟，曾派一个人到那里去把钱送给他们。(26)但是这个人看到这中间隔着敌人而他根本无法安全地到高加

索地区去,特别是在他带着钱的时候,因而他只走到贝撒斯和正在包围佩特拉的罗马军队的地方,从那里他派人到撒比里人那里去,要接受金钱的某些人尽快到他这里来;于是撒比里人便选出了他们三位领导人,立刻在一小队士兵的护送下把他们派到拉吉卡。这些人在到达那里之后,便和罗马军队一道对城墙发动了攻击。

(27)而当这些撒比里人看到罗马人陷入绝望和一筹莫展不知如何对付当前的局面时,他们便想出了这样一个方案,这是自有生人以来无论罗马人或波斯人的其他任何人都从来没有想出过的一个方案,尽管在这两个国家里一直有并且现在仍然有大量的机械装置。(28)而且尽管两个国家在它们的全部历史中间在攻打位于坚硬和不平坦地面之上的要塞的城墙时往往都需要这一方案,但是他们中间并没有哪怕一个人想到这些蛮族今天想到的这一方案。因而随着时间的流逝,人们的才智也自然就通过发现新的方案而同时间保持同步。(29)原来这些撒比里人临时发明了不是通常形式的攻城槌,而是使用了他们加以革新的一种新的办法。(30)他们并不把任何竖的或横的木条放进这一机械装置,而是把一些粗棍子捆绑在一起并且用它们代替木条放在里面的各处;然后他们用牛皮把整个机械蒙起来,使之成为攻城槌的形状并且像通常那样在机械的中央用活动的锁链吊着一根木料,木料的头部被削尖后用铁包起来,就如同投枪的钩刺那样,这木料是用来反复冲击城墙的。(31)并且他们把这个机械制造得很轻,乃至不再需要有人在里面拖它或推它,而是有四十个人向后拉这根木料,然后再使它冲击城墙,这些人在机械内部,藏身于牛皮之后,他们可以毫无困难地把这攻城槌扛在肩上。

(32)这些蛮族制造三个这样的器械，他们那装上铁头的木料是从先前由罗马人造好，但是不能推到城墙跟前的那些攻城器械上面取下来的。因勇敢而被选拔出来的罗马士兵按照四十多人分组进入每一个这样的器械并把它们安放在离城墙很近的地方。(33)其他人则站在这种器械的两侧，他们身穿胸甲，小心地戴上头盔，手里拿着长杆，长杆的头部装有铁钩子。安排这些人的目的是这样，即一旦攻城槌对城墙的冲击把一排排的石头打开，两侧的人便可以用杆子把移动了的石块弄松并把它们拖下来。(34)罗马人于是开始动作起来，并且在不断的打击之下，城墙已经在松动开来，而在这同时，器械两侧的人们便用他们带钩子的杆子把那些砌在墙里但已移动了位置的石块拖下来，于是城市立刻便会被攻克，这看来已成定局了。

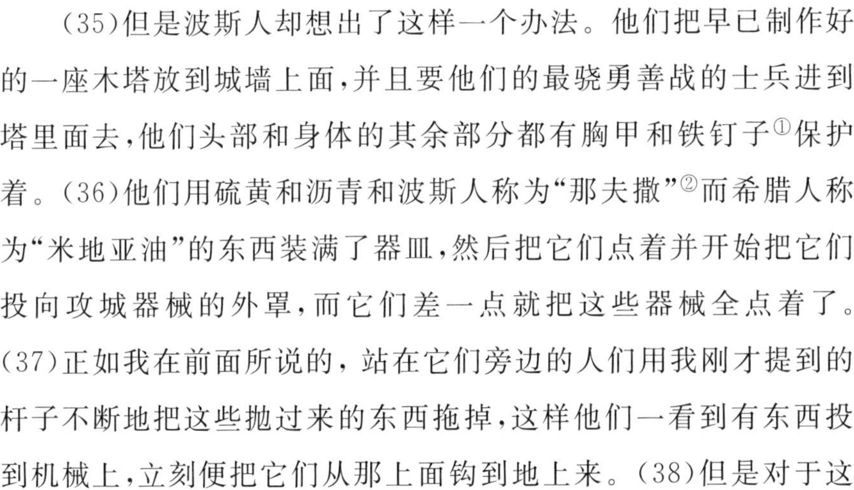

(35)但是波斯人却想出了这样一个办法。他们把早已制作好的一座木塔放到城墙上面，并且要他们的最骁勇善战的士兵进到塔里面去，他们头部和身体的其余部分都有胸甲和铁钉子[①]保护着。(36)他们用硫黄和沥青和波斯人称为“那夫撒”[②]而希腊人称为“米地亚油”的东西装满了器皿，然后把它们点着并开始把它们投向攻城器械的外罩，而它们差一点就把这些器械全点着了。(37)正如我在前面所说的，站在它们旁边的人们用我刚才提到的杆子不断地把这些抛过来的东西拖掉，这样他们一看到有东西投到机械上，立刻便把它们从那上面钩到地上来。(38)但是对于这

① 当指防护物之类上的铁钉子。

② 硫黄和那夫撒(石油)是波斯的产物。

项任务他们并不能指望持续长久;要知道,那火一碰上什么立刻就燃烧起来,除非把它们马上钩下去。当时这里发生的事情就是这样。

(39)自己身穿胸甲并且使全军武装起来的贝撒斯开始下令把许多梯子搭到下沉的这部分的城墙上去。(40)在他对他们讲了只有简短几句不致使他们错过时机的鼓励的话之后,他便完全用行动来取代其余激励的言辞了。要知道,虽然他是一位年过七旬的老人而且早已经过了盛年,但他却是第一个爬上梯子的。(41)一场战斗于是在那里展开了,双方都表现出了非凡的勇敢,至少我相信现时是人们从来没有见过的勇敢。[①] (42)当蛮族士兵的人数增加到两千三百人时,罗马士兵竟然已有六千人之多了。(43)实际上,双方所有那些没有阵亡的人们全都负了伤,只有极少数活下来的人没有负伤,这一点确是实情。罗马人这方面全力想攻上去,而波斯人这方面却在非常英勇地把他们打退。(44)结果双方都有很多人阵亡,而波斯人眼看就要把当前的敌人打了回去。因为梯子的顶部为争夺阵地而展开了激烈的战斗,许多要同上面的敌人进行战斗的罗马人被杀死了,将领贝撒斯也倒卧在地上了。(45)这时,也就是当蛮族士兵从四面八方冲过来并向他投射而他的身穿胸甲并戴着头盔的卫士们赶忙把他围起来的时候,从双方的军队同时发出巨大的一声呼喊。这些卫士把他们的盾牌在头顶上紧紧地接合到一处并且身贴身地挤在一处,这样便在他们将领身上形成一个屋顶,使他藏身于其下而得到充分的安全,同时又全力抗击

① 作者长期生活在军旅之中,所以他的估计不同于一般学者型的历史学家。

投向他们的长枪。(46)在不断投过来的长枪撞击到盾牌和其他甲胄上时发出巨大的音响,而与此同时每个人又在呼啸、重重地喘气并且发挥自己最大的力量。(47)在这期间,极力想保卫自己将领的罗马所有的士兵一刻也不停地向城上射击,从而扼制住了敌人的势头。

(48)在这一危急时刻,贝撒斯做出了非凡的行动。虽然碍于沉重的甲胄并且还因为身子不轻便(因为此人身子胖并且如上所述年事已高)他站不起来,但他即使陷入这样大的危险,他仍然不屈服于无助的绝望状态,而是立即想出了这样一项对策,而由于这一对策,他竟得以拯救了自己和罗马的事业。(49)原来他命令他的卫士抓着他的脚把他拖到离城墙很远的地方,卫士们于是按他的命令做了。(50)而正当某些人这样拖着他的时候,另一些人也随他一道撤退,这部分人从上面并且面对面地用盾牌遮住他并在他被拖动时以同样的速度行进,这样他就总是在盾牌的掩护之下而不致为敌人所击中。(51)随后,一旦贝撒斯到达了安全地点,他立刻站了起来,一面鼓励他的士兵,一面自己向城墙进攻,而在踏上云梯之后,再次赶忙登了上去。(52)于是所有的罗马士兵跟在他的后面,在对敌战斗中表现了真正的英勇精神。波斯人这时吓坏了,于是他们请求敌人给他们一些时间,为的是在他们把城交出来的时候,可以打起行囊来走路。(53)但是贝撒斯怀疑他们的话其中有诈,是为了利用这段时间他们可以加强城墙的防御力量,因此他说他并不能中止战斗,但是想会见他谈条件的人在两军作战时仍然可以和他一道去城墙的另一部分;并且他给他们指定了一个地点。

(54)但是这个建议并没有为对方所接受,于是再次发生了激烈的战斗,这是一场血腥的肉搏;但是当冲突的结果仍未确定时,却发生了这样的事:原来城墙的另一个地方,也正是罗马人先前从地下挖掘过的地方,突然塌陷了。因此双方的军队都有许多人同时冲向那个地方。(55)而这时罗马人尽管被分成两部分,还是显示了他们在人数上对敌人的巨大优势,并且他们一直在压着敌人作战,他们以空前的速度把箭射出去而且以最大的力量向前推进。(56)另一方面,波斯人不再像先前那样用同样的兵力来抗击,而实际上是在两个地点进行猛攻,这样分成两个战线之后,他们人数之少就变得显而易见了。(57)而当两军正在这样地战斗,一方面波斯人并不能击退压上来的敌军,而另一方面罗马人又不能完全强行攻入对方的时候,有一个年轻的阿尔明尼亚人——他的名字叫约翰,是托马斯的儿子,而人们习惯叫他古吉斯——离开了城墙坍塌的部分和那里的战斗,却带着他的几个阿尔明尼亚人的随从沿峭壁攀登并在制服了守卫的士兵之后登上了城市的被所有的人认成是难攻不落的地点。(58)继而在到了城墙上面之后,他在那里用长枪刺死了一名波斯的守卫士兵,这看来是最英勇善战的一名士兵。用这种方式罗马人便有可能攻到城里去了。

(59)而驻守在木塔里的波斯士兵这时点燃起了许多带火的器皿,目的在于用这样大量的投掷物,他们可以点燃攻城的器械、里面的人和一切,这样,保卫攻城器械的人们用他们的杆子是来不及把它们全部推掉的。(60)但是突然间从南方刮起一股极为猛烈的风,这风呼啸着吹向他们,并且不知怎地它使木塔的一处木板着了火。(61)但是那里的波斯人并没有立刻注意到这一点,因为他们

每一个人都正在战斗和狂叫,心怀恐惧而又处于非常的混乱之中,局势的紧迫使他们变得迟钝了。然而火焰却一点一点地烧起来,因为那里面有被称为米地亚油的油和所有其他的东西作它的燃料,结果整个木塔和里面的波斯人全被烧死了。(62)这些人都是活活被烧死的,而他们的烧焦的尸体有些掉到城内,有些掉到城外,就在四周有罗马人的攻城器械的地方。而正在城墙塌陷处作战的另一部分罗马人由于敌人在极度的绝望中正在他们面前退下去并且不再力图反抗,所以便逃到工事里面去而佩特拉也就完全被占领了。

(63)因此大约有五百名波斯人跑到卫城[①]里去,他们占据那里的工事之后,便静静地待在里面,但是罗马人却俘虏了在战斗中没有被他们杀死的所有其余的人,这部分有大约七百三十人。(64)在这部分人当中他们发现只有十八个人没有受到伤害,所有其余的人都挂彩了。在最优秀的罗马士兵当中阵亡的实在太多了,而其中就有托马斯的儿子约翰,此人攻进城里时被一个蛮族士兵用石头击中了头部,不过这只是在他对敌人表现了惊人的英雄业绩之后的事情。

十二

(1)第二天,罗马人在包围已经占据了卫城的那些蛮族时提出了一项建议,给对方以个人的人身安全并表示在这一点上给对方以确实的保证,而他们以为在这一基础上波斯人是会投降的。

① 在城市中心最高处。

(2)但是波斯人并没有接受建议而是准备抵抗,他们对他们在这一绝望的处境中并不会支持很久这一点不予考虑而宁愿英勇地战死。(3)但是贝撒斯想说服他们放弃这一打算并想使他们渴望得到安全,于是便命令一个罗马士兵尽可能接近地爬到那里去并且对他们进行劝解,而这个士兵便讲了贝撒斯要他对波斯人讲的话。

(4)这个罗马士兵于是走近工事并说了下面的话:"最高贵的波斯人啊,你们这是怎么一回事?你们竟顽固地坚持这一自求毁灭的方针,以不可理喻的热情把你们的全部力量用于一项必死的事业并且显然在使英勇的行为蒙羞。要知道,抗拒不可避免的事物并非大丈夫所应为,而拒绝向已经赢得统治权的人们低头也并非明智之举,另一方面,适应着当前遇到的形势而生活也没有什么不光荣的地方。(5)在迫不得已而又无得救的希望的情况下,人们理所当然地不会受到可耻的指责,即使他们被牵涉到最可耻的行动中去。(6)人们干的坏事如果是不可避免的,自然随后会得到宽恕。因此在显而易见的危险环境中不要去学疯子的做法,不要把你们的安全变为一场毫无意义的胡闹,而是应当记住,死者不可能复活,而生者稍后却能把他们自己毁掉,如果他们确实认为这样做是最好的话。(7)因此,你们应当作最后的考虑,好好地研究一下你们自己的利益,而且不要忘记这样一个事实,即最好的决定应当是这样的决定:作出这个决定的人们仍有权力作出相反的决定。(8)尽管现在你们是在对你们自己的友人作战,我们这方面还是可怜你们,而当你们求死的时候,我们饶恕你们,我们期望——信奉基督教的罗马人都习惯这样做——对你们表示同情,尽管你们轻视自己的生命并把它看得根本无关紧要。(9)而对你们来说,结果

干脆就是这样，即通过改善你们的公民身份，你们将会有优斯提尼安而不再是科斯罗伊斯做你们的主人。确实，我们同意给你们保证以便使这一诺言得到信守。(10)当有可能得救的时候，就不要自寻毁灭吧。要知道，在没有任何好处的情况下还甘愿在危险中徘徊不定，这并不是一件光荣的事情，因为这并不是勇敢者应做之事而干脆就是自寻死路。(11)但是当一个人能从最严酷的命运那里预期到某种好处，从而使自己忍受这种命运的人却是一个崇高的人。在这样一种情况下，就是甚至在环绕的危险之中人们还有理由抱有某种比较强烈的希望的情况下，自愿的死亡是不值得称赞的，而毫无用处地毁掉生命是不折不扣的愚蠢并且表面上好像高度严肃而实际上引向死亡的没有意义的蛮勇至少在有头脑的人们的判断中是根本值不得赞许的。(12)而且你们还必须考虑一下这个问题，而你们似乎对上天也会表现出一种忘恩负义。要知道，我的朋友们，如果上帝要毁掉你们，我以为，他就不会把你们交到力图保全你们的性命的人们的手里。(13)既然在这件事上你们已经看到了我们的态度，你们应当如何确定适合你们的做法，那就很明显了。”

(14)这就是对波斯人进行劝解的话。不过波斯对这番话甚至听也不愿意听，而是有意地不听对方的话而装作听不懂的样子。(15)终于按照罗马将领的命令，罗马士兵把火种抛向卫城，以为这样会迫使敌人投降。(16)继而当火势大量蔓延开来，面临灾难并且清楚地知道自己很快会被烧成灰烬、既无任何希望而通过战斗也没有自救任何可能的蛮族士兵，即使在这样的情况下，仍然不同意受敌人力量的摆布，而是和卫城一道立刻一人不留地葬身火海

之中,而看到此情此景的罗马士兵只能惊叹不止。(17)而且那时人们才清楚地看到,科斯罗伊斯是多么重视拉吉卡。原来,科斯罗伊斯从他的全部士兵当中选拔出了最出色的一部分,要他们负责保卫佩特拉的工作,他并且把如此多的武器储存在那里,乃至当罗马人得到这一批战利品时,每一士兵竟然分到五个人的装备,而且还不把如下的事实考虑在内,即许多武器在卫城里被烧毁了。(18)那里还发现了非常多的谷物和经过处理的肉类[①]以及所有其他的食物,这些东西确实足够被包围者五年之用。(19)但是波斯人实际上除了酸酒之外并没有把葡萄酒储存在那里,不过他们却运进来大量的豆子。(20)但是当罗马人在那里实际上发现有水从水道流出来时,他们感到极为惊讶和困惑不解,最后他们才弄清楚有关暗藏的水管的全部真实情况。下面我就来说一说这些水管是怎么一回事。

(21)当科斯罗伊斯在占领佩特拉之后把卫戍部队安置在那里时,他实际上知道得很清楚,罗马人会用他们力所能及的一切办法来进攻它,并且会毫不犹豫地马上试图切断水道,于是他便想出了如下的计划。(22)被引入城内的水被他分成三部分,他要人们挖很深的一道沟,在其中他安置了三条管道,一道在沟底,然后把它用泥土和石块掩盖起来直到沟的中间深度,而在这上面他隐藏了第二个管道,这之上才是地面上的、人人都可以看到的第三个管道。(23)三个管道的情况罗马人在围攻开始时并不了解,因此在他们切断这显露在外面的管道之后,他们在沟上并不曾把他们的

① 当是可以保存的腌肉、腊肉之类。

工作继续下去，而是在下一个管道被毁掉之前便放弃了劳动，并且他们以为被包围的人们缺水，而他们自己的马马虎虎的办法却把自己欺骗了。(24)但是随着这次围攻持续下去，罗马人通过他们抓到的俘虏而得知，被包围的敌人还在从水道取水。(25)于是他们向地里挖掘而在那里发现第二个管道并立刻把它切断了，而他们以为这样他们便已使敌人完全陷入瘫痪状态，而甚至这第二次也没有从他们当前的教训领会到他们先前的经验的真正意义。

(26)但是当他们攻克了城市，并且如上所述，看到有水从管道流过来的时候，他们便开始感到惊异并大为困惑不解了。(27)他们听到俘虏所谈的波斯人的做法之后，才在事后认识到敌人在这一工事上的用心以及他们自己的软弱无力的努力的徒劳无益。

(28)贝撒斯于是立刻把所有的俘虏送到皇帝那里去并且夷平了佩特拉的城墙以便不使敌人再给他们制造麻烦。(29)皇帝褒奖了他，特别是因为他在战斗中表现的勇敢和在夷平全部城墙这件事上表现的智慧。(30)这样贝撒斯就再次[1]在世人心目中成了爱戴的对象：这既是因为他享有的好运，又是因为他表现的英勇。(31)要知道，先前当他被任命统率罗马的卫戍部队的时候，罗马人曾对他寄予厚望，因为在当时之前，他一直表现为一位极为勇敢的人。(32)但是当他结果在那里遭到了厄运，罗马事实上为哥特人所攻占——这一点先前我已记述过[2]——而罗马人种族大部分遭到毁灭的时候，皇帝优斯提尼安在此人此后返回拜占庭时依旧任

① 他以前在贝利撒里乌斯麾下时曾因保卫罗马而赢得荣誉，事见本书第五卷。

② 本书第七卷，第二十章。

命他为对抗波斯人的统帅。(33)而这时实际上每个人都激烈地批评这一行动并且指责皇帝的这一决定,如果他即将把米地亚战争还委托给这个已经决定性地被哥特人所打败并且现在已成一位步履蹒跚的老人、也就是晚年的贝撒斯的话。(34)但是,这是实际上所有人的看法,但事实表现出来却是,这位将领碰上了好运并表现了我上面所描述的勇敢精神。因此看来人间的事物并不是按照人们的判断发展的,而是受制于上帝的力量和权威,而所谓上帝,就是人们通常所说的命运,他们不明白到底为什么事件会像它们对他们显示出来的那样发展。(35)命运这一名称通常用之于看来同事理相抵触的事物。不过关于这件事,就让每个人按他所希望的那样去想好了。

十三

(1)且说美尔美罗伊斯由于担心在长时期中间佩特拉和留在那里的波斯士兵会遭到什么灾难,便发动了他的全部军队向着那个方向进发,而他之所以这样做还有季节方面的考虑,因为这时冬天已经过去了。(2)但是在这次行程中,他得知所发生的一切并完全放弃了这次进军,因为他清楚地知道,拉吉人在法吉斯河对岸除了只在佩特拉的一处之外,没有任何要塞。(3)于是他便返回并占领了伊伯里亚通向科尔奇斯的土地的山路,而由于在科尔奇斯的土地上法吉斯河是能够徒步渡过的,所以他不仅徒步越过了这条河,还越过同样难渡的另一条名叫瑞昂并且在那里也不通航的河,而这样来到了法吉斯河的左岸,他便率领着他的军队向一座名叫阿尔凯欧波利斯的城市进军,这是拉吉卡第一座也是最大的一座城市。(4)而这支军队除了少数步兵之外全部都是骑兵，并且他们还有八头象，波斯人习惯站在象上向敌人的头部射箭，就和从塔楼上向下射箭一样。(5)确实人们会有相当的根据对波斯人在进行战争方面所表现出来的刻苦和富于智谋表示惊叹。要知道，正是波斯人整治了从伊伯里亚通向科尔奇斯的道路，这条路到处都埋伏着陡峭的沟壑，到处都是覆盖着灌木丛并隐藏在大片森林之中的难以通行的地面，乃至先前即使对一个轻装的人来说，这条路看来也是无法通行的，可是他们竟然把它搞得如此平整光滑，不仅是他们的全部骑兵能毫不困难地过去，而且实际上他们通过这条道路时还可以带上他们希望那样多的象。(6)人数达一万二千人的匈人也前来同波斯人会合，他们是波斯人的来自人们所说的撒比里人这个民族的联盟者。(7)但是美尔美罗伊斯担心人数这样多的蛮族不仅会完全不愿服从他的命令，而且实际上会对波斯军队干出可怕的事情来，因而只允许四千人和他的军队一同行进，而对于所有其余的军队，则在慷慨地给了他们大量金钱之后，把他们遣送回家去了。

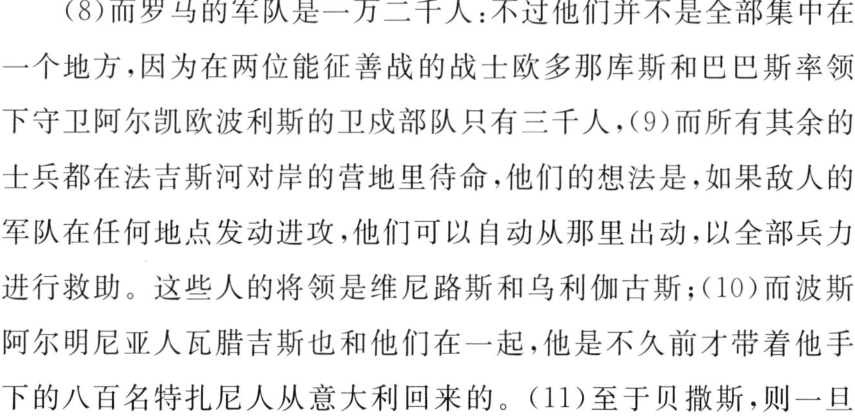

(8)而罗马的军队是一万二千人：不过他们并不是全部集中在一个地方，因为在两位能征善战的战士欧多那库斯和巴巴斯率领下守卫阿尔凯欧波利斯的卫戍部队只有三千人，(9)而所有其余的士兵都在法吉斯河对岸的营地里待命，他们的想法是，如果敌人的军队在任何地点发动进攻，他们可以自动从那里出动，以全部兵力进行救助。这些人的将领是维尼路斯和乌利伽古斯；(10)而波斯阿尔明尼亚人瓦腊吉斯也和他们在一起，他是不久前才带着他手下的八百名特扎尼人从意大利回来的。(11)至于贝撒斯，则一旦

他攻占了佩特拉,他便根本不想再战斗下去,而是退到彭提奇人和阿尔明尼亚人那里去,尽可能密切地注视着他的领地上的收益,而由于他的这种斤斤计较的作风,他再一次毁了罗马人的事业。(12)要知道,如果在我前面描述的那一胜利和他攻占了佩特拉之后,他立即去拉吉卡和伊伯里亚的边界地带并封锁那里的山路,在我看来,就绝不会有任何一支波斯军队再次进入拉吉卡了。(13)但事实上这位将领由于轻视了这项任务,并且一点没有想到皇帝会发怒,结果几乎亲手把拉吉卡送给了敌人。(14)原来皇帝优斯提尼安在大多数情况下对于他的统帅们的错误习惯上是采取宽容态度的,结果人们便发现这些统帅无论在私生活还是对国家都十分普遍地犯过罪。

(15)几乎正好在伊伯里亚的边界上有拉吉人的两座要塞,一座叫斯坎达,一座叫撒腊帕尼斯。由于两座要塞都位于极为崎岖难行的地带,所以它们是极难接近的。(16)它们在古代通常是由拉吉人守卫的,但条件十分困难,因为那里根本不生长任何食物,给养不得不由人扛在肩上给送去。(17)但是皇帝优斯提尼安在这次战争开始的时候,把拉吉人从这些要塞迁走并代之以由罗马士兵组成的一支卫戍部队。(18)但这些士兵不久之后,苦于必需给养的缺乏而放弃了这些要塞,因为他们无论如何也不能比较长时期地像科尔奇斯人那样靠小米活着,他们并不习惯小米而且拉吉人也不再能坚持通过长途跋涉把所有他们的给养带给他们。(19)于是波斯人便攻占并保有了这些要塞,但是根据条约,罗马人又用波路姆和法兰吉乌姆两个要塞换回了这两座要塞,这件事我

在前面的记述中已详细地谈过了[1]。(20)于是拉吉人便彻底毁掉了这些要塞,为的是不使波斯人用它们作为反对他们的前哨。可是波斯人却把两座要塞中那称为斯坎达的一座加以重建并保持下来,而美尔美罗伊斯便率领着米地亚的军队前进了。

(21)在平原上有一座叫作罗多波利斯的城市,而从伊伯里亚向科尔奇斯进攻的人们在路上首先便见到这座城市:这座城市的位置十分易于逼近并且完全是暴露在进攻面前的。(22)由于这个理由,很久以前拉吉人便因为害怕波斯人的进攻而把它夷为平地。当波斯人得知这一情况时,他们便径直向阿尔凯欧波利斯进发。(23)但是美尔美罗伊斯又得知他的敌人就在法吉斯河河口附近设营,于是他便向着他们进军了。(24)原来他认为更好的办法是先俘获这支军队,然后再去围攻阿尔凯欧波利斯,以便不使自己被他们从后面包抄从而给波斯军队造成伤害。(25)于是他便来到阿尔凯欧波利斯的工事近旁,向那里的罗马人以嘲弄的方式致意,并且有点像是个吹牛的家伙似地对他们说他很快就会回到他们这里来的。(26)因为——他说——他首先想向在法吉斯河近旁设营的其他罗马人打招呼。(27)而罗马人作为回答则要他愿意到那里去就到那里去,但是他们宣称,如果他要是进攻那边的罗马人,他就永远不会再回到他们这里来了。(28)当罗马军队的统帅们得知这一情况时,他们简直是害怕死了,而由于他们认为自己的人数太少而无法抵抗进攻他们的敌人的兵力,于是就乘上了准备好的船并渡过了法吉斯河,他们每个人至少都把自己尽可能多带的食物给养

① 参见本书第一卷,第二十二章,第 18 节。

放到船上并把其余的东西投到河里以便使敌人无法享用它们。(29)因此当不久之后美尔美罗伊斯率领着他的全部军队到达那里并且看到敌人的营地已完全被放弃的时候,他深感苦恼并且对当前的这令人为难的局面满怀怨恨。(30)于是他便焚烧了营地的工事,怀着极大的愤怒立刻转过头来,率领着自己的军队去进攻阿尔凯欧波利斯了。

十四

(1)阿尔凯欧波利斯这个城市位于极为崎岖不平的一个小山上,有一条河从它旁边流过,它是发源于俯临该城市的群山之中的。(2)这座城市有两个城门,一个在下面,面对小山的山麓,但是这个城门并不是无法接近的,只是从平地通向那里的路并不是平坦的;但是上面那个城门却通向一个陡坡,它是极难接近的,因为这个城门前的地面布满了一望无际的灌木丛。(3)而且由于这座城市的居民弄不到任何别的水,所以修筑城市的人们便建造两道墙从城市一直延伸到河边,以便使他们能够安全地汲取河水。

因此渴望并决心以全军之力攻占那里的城墙的美尔美罗伊斯便采取了如下的办法。(4)他首先下令撒比里人制造大量的攻城槌,那种人们能够扛在肩上的攻城槌,因为他根本不可能把通常一类的器械带到阿尔凯欧波利斯的城墙跟前,要知道,这城墙实际上是沿着小山的下面的山坡修筑的;因为他还听到罗马人的联盟者撒比里人不久前在佩特拉城墙下的所进行的制作,于是便也想通过模仿撒比里人发现的方法,从他们的经验中获取好处。(5)于是他们便实现了美尔美罗伊斯的命令,立刻制造出大量的攻城槌,也

就是前面我所说的、不久前撒比里人为罗马人制造的那种。随后他又把人们所说的多洛米塔伊人派到该城的陡峭部分去，要他们用全力骚扰那一部分城墙上的敌人。(6)这些多洛米塔伊人实际上是居住在波斯中部的蛮族，不过他们从来不曾臣服于波斯人的国王。(7)因为他们住在险峻的山腰地方，人们根本没有办法到那里去，因此从古以来直到今天他们一直是自治的；但是当波斯人出征敌人时，他们总是以雇佣兵的身份与之同行。(8)并且他们是清一色的步兵，每个人带剑与盾各一，手里还拿着三只投枪。(9)但他们走在高山的峭壁和顶峰上的时候，却表现了非凡的灵敏，就好像走在平地上一样。(10)因此之故美尔美罗伊斯才把攻打这部分城墙的任务交给他们，而他本人和其余的军队则负责攻打下面的那个城门，把攻城槌和象带到那里去。(11)接着波斯人和撒比里人一道，由于快速地向城墙射箭，而使附近一带的天空布满了他们的箭，从而几乎迫使那里的罗马人放弃女墙的阵地了。(12)而从城外的悬崖处把枪投向敌人的多洛米塔伊人则给他们面前的罗马人造成更大的伤害。(13)确实，罗马人的形势每一方面都已变得严重并充满了危险，因为他们处于极为可怕的困境之中。

(14)这时欧多那库斯和巴巴斯，或者是想表现一下自己的勇敢，或者是想考验自己的士兵，甚至也许因为一种神意的推动，他们只把少数人留在原处，命令这些人尽力从女墙那里把攻城的敌人打退，而他们自己这时却把大部分的士兵召集到一处，作了一次简短的训话，他们的话是这样。“士兵朋友们，你们看见了我们面临的危险以及我们被卷入的困境。(15)我们必须做的就是绝不在这些灾难面前屈服！对于那些处于已经没有安全指望的境地之中

的人们来说,只有不再指望任何安全这样才能得救。要知道,贪生的行为在大多数的情况下随之而来的便是毁灭。(16)在我们当前的困境中你们还必须考虑如下的事实,这就是用单单从女墙这里把进攻的敌人打退的办法,即使我们尽我们最大的努力把战斗进行下去,你们的安全也绝不能得到确实的保证。(17)要知道,在隔开的两支军队之间所进行的战斗;使任何人都没有机会表现个人的勇敢,而通常战斗的结果是由机会来决定的。(18)但是,如果这场战斗是面对面的肉搏战,则在大多数的情况下热情便会占上风,勇敢的一方将会取得胜利。(19)此外,甚至在战斗中取得胜利的情况下,在城上作战的士兵也绝不会得到很大的好处,原因是:他们虽然暂时能把敌人打退,第二天早上危险再次会变得严重起来,并且,另一方面,如果他们哪怕有一点失败,很自然地他们将会和他们的工事一道同归于尽。(20)但是一旦在肉搏战中战胜自己的敌人,他们今后的安全将会得到保证。因此我们呼吁上天来帮助我们,让我们带着这些想法全力向敌人发动进攻吧,让我们带着由于我们现时陷入的绝望处境而激起的极大希望向敌人发动进攻吧!(21)要知道,对于本身已没有任何得救希望的人们来说,上帝通常是会特别伸出援救之手的。"

(22)在欧多那库斯和巴巴斯对士兵们作了这样一番鼓励之后,他们便打开城门,带领着军队冲了出去,他们所以留下少数人是出于如下的考虑。(23)有一个拉吉人是本民族的知名人士,又是阿尔凯欧波利斯的居民,此人在前一天曾同美尔美罗伊斯商谈出卖自己故土的勾当。(24)于是美尔美罗伊斯带话给他,要他只给波斯人干这样一件事,这就是,只要他们开始向城墙发动进攻,他应当偷偷地把那些储存谷物和其他食物的建筑物点着。(25)他给此人发这样的指令,是因为他认为会发生两种情况之中的任何一种:或者是罗马人担心火灾并把注意力全放在这上面,这样就使波斯人有了毫无阻碍地登上城墙的机会,或者是,他们全力反击进攻城墙的波斯人,根本不去注意起火的建筑物;(26)如果这样的话,谷物和其他食物被烧毁,那么用不了多长时间他就可以轻而易举地拿下阿尔凯欧波利斯了。(27)正是为了这些目标,美尔美罗伊斯才给了这个拉吉人这些指示;而从拉吉人这方面来说,当他看到对城墙的猛攻正处于高潮时,也就同意执行他的命令,尽可能隐蔽地放火去烧那些建筑物了。(28)当罗马人看到突然有火焰升起的时候,他们中间有少数人前去救火并且好不容易才把火扑灭,这火还是造成了一定程度的损失,不过所有其余的人,如上所述,还是主动攻击敌人去了。

(29)这支出击的军队由于突然攻向敌人,由于他们的进攻完全为敌人所不曾料到而吓倒了他们,结果杀死的敌人众多,因为波斯人简直没有进行任何抵抗。波斯人确实甚至不敢抬手反抗他们。(30)这是因为波斯人根本没有料到他们的人数不多的敌人竟会向他们发动出击,这样他们的阵地为了攻城而相互隔开,没有排成战斗的队列。(31)而且那些用肩抬着攻城槌的人们十分自然地既没有武装,也完全没有作战的准备,而另一部分人手里只拿着上了弦的弓,他们根本无法抗击以密集的队形压向他们的敌人。(32)这样从一方面杀到另一方面的罗马人便一直不断地在歼灭着敌人。也正好是在那个时候,又发生了这样的事情:一只象有人说因为受了伤,或只是因为它受了惊,竟然转过身来不听指挥并用后

腿立起，这样就不但把背上的人摔下来而且把别人的队列也搅乱了。(33)结果蛮族便开始后退，而罗马人则毫无畏惧地继续消灭时而他们会遇到的那些人。(34)而在这里人们会感到不解的是，尽管罗马人十分懂得他们应当用什么办法对付敌人用象的进攻，但是应当做的事情却一件也没有做，这显然是因为在当时的形势下他们乱了手脚，而偏偏这样的结果又完全是在没有罗马人参与的情况下造成的。下面我就要说清楚这到底是怎么一回事。

(35)当科斯罗伊斯和米地亚的军队正在猛攻埃德撒[①]的工事时，一头上面乘坐着波斯人当中许多最英勇善战的人们的象走近了城墙，而使得当时的形势看来很快地他就可以制服那里守卫塔楼的敌人——因为这些敌人已暴露在从上面投下来的密集的投枪之前——并且会攻克这座城市。(36)看来这实际上是攻占城市的一种工具。不过罗马人却用从塔楼上吊下一只猪的办法摆脱了这一危险。(37)要知道把猪吊在那里它必然会拼命嚎叫起来，而这会使象发火而不服管制，并且一点一点地退到后面去。当时的形势的结果便是如此。(38)但是在当前情况下，疏忽是由于罗马人的不动脑子造成的，但是机缘却又使这一疏忽得到了补救。现在既然提到埃德撒，我不能不谈一下在当前这场战争之前出现在那里的朕兆。(39)当科斯罗伊斯正要着手破坏所谓永久的和平的时候，在这个城市里有一名妇女生了一个婴儿，婴儿的其他方面都是正常人，只是有两个脑袋。(40)这件事的意义由后来的事件而得

① 在美索不达米亚西北，今天土耳其南部，是拜占庭帝国的一个宗教中心，今天叫乌尔法(Urfa)。

以阐明;无论埃德撒和实际上整个东方还是罗马帝国的大部分直到北方地区都成了两位君主争夺的对象。发生的事情就是这样。现在我再回到前面岔开的地方。

(41)当米地亚的军队乱作一团的时候,后面的士兵看到前面的士兵的混乱却又不了解到底真正发生了什么情况,于是大为惊恐并毫无秩序地向后退却了。(42)那些多洛米塔伊人也同样感到惊恐(因为他们是从较高的地方作战,所以能够看到发生的一切)并且他们也不光彩地逃跑了,结果这次败退成为决定性的。(43)蛮族士兵死在那里的有四千人,其中实际上有三位将领,而罗马人夺取了波斯人的四个军标,这些军标立刻被他们送到拜占庭去交给皇帝。(44)而且,人们还说,波斯人的马死在这里的不下两万匹,但不是死于他们的敌人的投枪或剑所造成的伤口而是因为经过长途奔驰它们已经精疲力竭并且自从它们到拉吉卡以来又根本找不到任何足够的饲料;因此据说马匹就是在饥饿和虚弱无力的双重压力之下死去的。

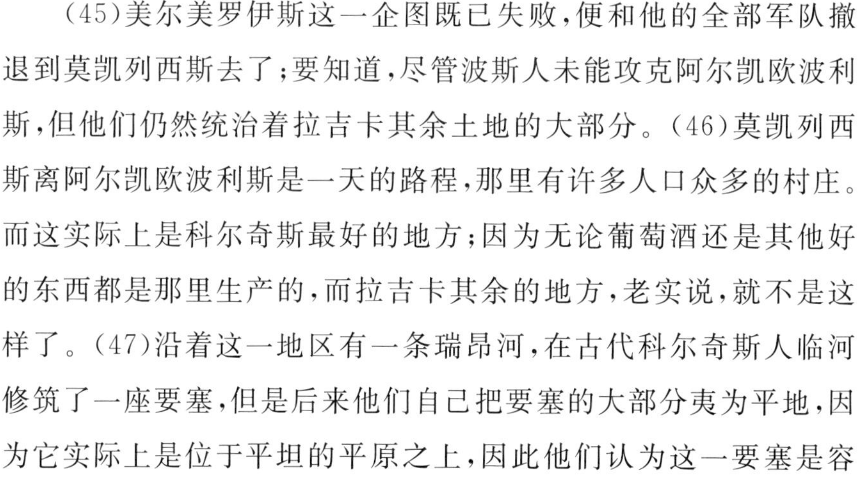

(45)美尔美罗伊斯这一企图既已失败,便和他的全部军队撤退到莫凯列西斯去了;要知道,尽管波斯人未能攻克阿尔凯欧波利斯,但他们仍然统治着拉吉卡其余土地的大部分。(46)莫凯列西斯离阿尔凯欧波利斯是一天的路程,那里有许多人口众多的村庄。而这实际上是科尔奇斯最好的地方;因为无论葡萄酒还是其他好的东西都是那里生产的,而拉吉卡其余的地方,老实说,就不是这样了。(47)沿着这一地区有一条瑞昂河,在古代科尔奇斯人临河修筑了一座要塞,但是后来他们自己把要塞的大部分夷为平地,因为它实际上是位于平坦的平原之上,因此他们认为这一要塞是容

易受到攻击的。(48)当时那座要塞按照希腊语叫作科提埃昂,但现在拉吉人把它叫作科塔伊斯[①],这是由于他们不懂得语言,把名字原来的发音叫得变了样子。以上便是阿里安所作的记述[②]。(49)但是还有人说这地方在古代是一座城市,叫作科埃太昂;埃厄特斯[③]便是生在这里的,因此诗人既把他说成科埃太昂人,又把同样的名称用之于科尔奇斯的土地。

(50)美尔美罗伊斯这时非常想把这个地方重建起来,但是由于他没有实现这一任务的任何装备并且因为与此同时又已经是冬天了,于是他便尽快地把要塞已经倾圮的部分用木料替换下来,便留在那里了。(51)但是在离科塔伊斯很近的地方有一座名叫乌提美列欧斯的极为坚固的要塞,由拉吉人十分警觉地守卫着。(52)还有人数不多的罗马士兵也同他们一道分担要塞的防务。(53)于是美尔美罗伊斯和他的全部军队便在那里驻守下来,他们占有的是科尔奇斯最好的那部分土地,而不允许他的敌人从那里把任何食物带到乌提美列欧斯要塞里去或进入人们所说的苏阿尼亚和斯奇姆尼亚地区,尽管这一地区是属于他们的。(54)要知道,如果莫凯列西斯被敌人占领的话,那么拉吉人和罗马人进入这一地区的道路也就被切断了。在拉吉卡作战部队的情况就是这样。

① 也许是库塔伊亚(Cytaea),今天的库泰斯(Cutais)。

② 这段记述不见于阿里安传世的作品之中。

③ 神话传说中科尔奇斯的国王。

十五

(1)就在这同时，科斯罗伊斯的使节伊斯狄古斯那斯正在拜占庭同皇帝优斯提尼安商讨有关和约的问题，他在这件事上花费了大量的时间。(2)而且只是在经过长时期的争辩之后他们才达成一项协议，即在五年中间在两位君主的王国之内都应遵守停战协定，而另一方面在这期间两国之间使节往来不绝，他们可以不用担心害怕地为和平进行商谈，直到最后他们就拉吉卡和撒拉森人的问题的分歧点得到了解决。(3)此外还约定，为了这次为期五年的停战协定，波斯人从罗马人手中得到二十肯特那里乌姆[①]的黄金，对于前一次停战协定期满到这次他们开始相互协商期间过去的十八个月，再加上六肯特那里乌姆。(4)因为波斯人宣称，只有在这一谅解的基础之上，他们才答应进行条约的谈判。(5)伊斯狄古斯那斯此外还要求，他要立即得到这二十肯特那里乌姆的黄金，但是皇帝希望分五年支付，每年四肯特那里乌姆，当然，他的意图在于这样他可以确保科斯罗伊斯不会破坏协定。(6)但是后来罗马人干脆就把约定的全部黄金给了波斯人，这是为了不至于显得好像是每年向波斯人纳贡。(7)要知道，人们习惯上总是因一个不光彩的名声，而不是因事实而感到羞耻的。

(8)再说在波斯人中间有一个名叫贝尔撒布斯的人，他是特别有名的一个人并是国王科斯罗伊斯非常亲密的朋友。(9)瓦列里安在阿尔明尼亚作战时曾遇到这个人并且俘虏了他。瓦列里安立

① 大约等于一千公斤？但也未必准确。我们没有可靠资料。

刻把他送到拜占庭皇帝那里去。(10)此人在那里被监管了很长一个时期。而这时科斯罗伊斯愿意拿出一大笔钱来赎他,这样便可以看到贝尔撒布斯返回波斯。(11)但是在当前情况下,皇帝优斯提尼安却应伊斯狄古斯那斯的请求而释放了此人,因为这位使节向皇帝保证要说服科斯罗伊斯把波斯军队撤出拉吉卡。(12)这样,在皇帝优斯提尼安当政的第二十五个年头[①],罗马人和波斯人便缔结了这个停战协定。(13)不过大多数的罗马人都十分厌恶这一协定;他们所作的指责是否有一定的道理,还是像臣民的怨言通常的情况那样无理可讲,这我就无法说清楚了。

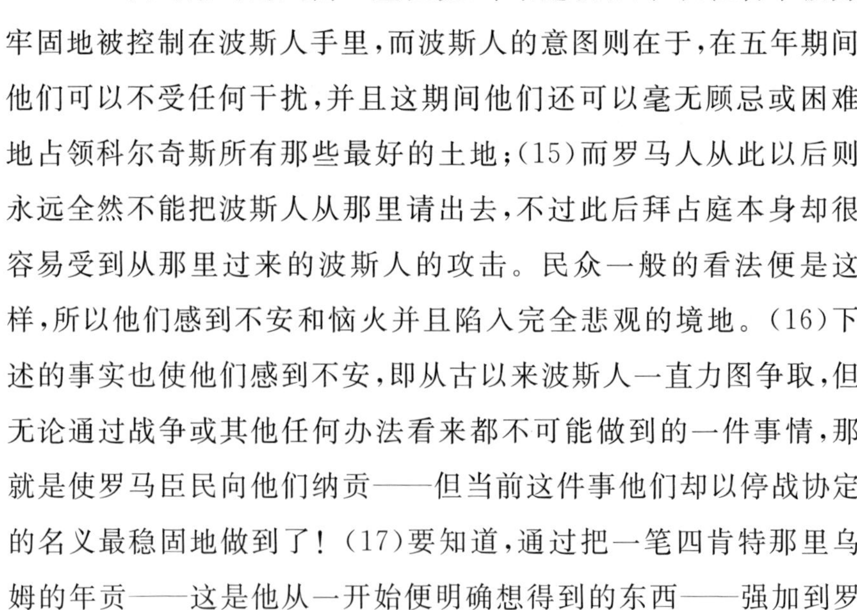

(14)反对条约的人们一直在说,缔结这项和约时,拉吉卡极为牢固地被控制在波斯人手里,而波斯人的意图则在于,在五年期间他们可以不受任何干扰,并且这期间他们还可以毫无顾忌或困难地占领科尔奇斯所有那些最好的土地;(15)而罗马人从此以后则永远全然不能把波斯人从那里请出去,不过此后拜占庭本身却很容易受到从那里过来的波斯人的攻击。民众一般的看法便是这样,所以他们感到不安和恼火并且陷入完全悲观的境地。(16)下述的事实也使他们感到不安,即从古以来波斯人一直力图争取,但无论通过战争或其他任何办法看来都不可能做到的一件事情,那就是使罗马臣民向他们纳贡——但当前这件事他们却以停战协定的名义最稳固地做到了!(17)要知道,通过把一笔四肯特那里乌姆的年贡——这是他从一开始便明确想得到的东西——强加到罗马人头上,这样科斯罗伊斯直到现在便在十一年另加六个月的一

① 公元552年到553年。

段时间里似乎有理地在停战协定的借口下搜刮了四十六肯特那里乌姆的黄金，却把条约的名称给予贡物，尽管在这同时，如上所述，他却一直在拉吉卡施加残暴和进行战争。(18)罗马人在未来没有一点从这一困境摆脱出来的希望，并且他们还看到，他们已在十分露骨的意义上成为向波斯人的纳贡的臣民了。当时人们干的事情就是这样了。

(19)但是伊斯狄古斯那斯有了任何使节从来都不曾有过的金钱并且成了，我以为，所有波斯人当中最有钱的人之后便离开拜占庭走上了回家的道路，因为皇帝优斯提尼安对他特别尊重并在送他返回之前给了他巨额的金钱。(20)而且这个人不同于所有其他使节，他没有过受到任何意义上的监视的经验，而无论他本人还是所有他的随行人员——他们是极为庞大的一个队伍——在一个长时期里他们享有完全的自由，他们可以会见他们愿意会见的任何人，也可以同任何人交往，只要他们愿意的话，可以去城市的每一个地方，可以随心所欲地买卖任何东西，可以进行各种各样的业务活动，并且可以完全放心地从事与之有关的买卖，正好像他们是在本国的城市里一样，根本没有一个罗马人尾随他或陪伴他们或像通常那样，还得设法监视他们。

(21)这时发生了一件过去从未发生过的事情，至少据我们所知是这样。原来虽然当时的季节是晚秋，但是特别有一阵子干旱和燥热的时期完全和盛夏一样，乃至实际上像春天似地有大量的玫瑰开放，玫瑰也和一般的玫瑰完全没有什么区别。(22)并且事实上所有的树又都结了新的果子，另一方面，葡萄树上同样也出现了串串的葡萄，尽管不多天以前人们已经收获了葡萄。(23)那些

在这些问题方面懂行的人们从这些事情上得出各种结论,说会发生某种意想不到的重大事件,有些人说这是个吉兆,但也有人说是凶兆。(24)但是就我这方面来说,这是一种巧合的结果:刮了很长一段时期的通常的南风,还有因而来到这片土地之上的超乎寻常并与季节不符的酷热。(25)但是如果真的像人们所说的,它表明会发生某种意想不到的事件,那么从未来的结果我们会极为肯定地知道的。

十六

(1)当罗马人和波斯人就条约问题在拜占庭进行这些谈判时,就在这同时,在拉吉卡发生了这样的事情。(2)拉吉人的国王古巴吉斯对罗马人是抱有好感的,因为他认识到,科斯罗伊斯正在想办法置他于死地,这一点我在前面已经谈过了[①]。(3)但是其他拉吉人的大多数由于他们受过罗马士兵的凌辱并且特别痛恨军队的将领,所以他们一般地都同情米地亚人,但这并不是因为对波斯人的事业有好感,而是因为他们想摆脱罗马人的统治而宁肯去蒙受暂时还没有到来的苦难。(4)且说在拉吉人中间有一个相当有地位的人,他的名字叫提奥佛比乌斯。此人十分隐蔽地同美尔美罗伊斯商谈并答应把乌提美列欧斯这座要塞交给对方。(5)美尔美罗伊斯使他满怀巨大的希望而鼓励他完成这件事,并表示由于他的这一功业,他不仅会成为国王科斯罗伊斯的十分亲密的友人,而且波斯人会把他作为一位恩人永远加以铭记,结果他不仅会享大名,

① 本书第二卷,第二十九章,第2节。

而且还会取得巨大的财富和权力。这些保证使提奥佛比乌斯得意起来，因此为了达到他的目的而干得更欢了。

(6)当时并不存在罗马人和拉吉人的任何自由活动，但是波斯人在那个地方却完全自由地到处走动，有些罗马人和拉吉人正躲在法吉斯河一带，而另一些人则占领了阿尔凯欧波利斯或那里的另一个什么要塞并隐藏在里面。与此同时拉吉人的国王古巴吉斯本人正安静地留在山顶地方。(7)因此提奥佛比乌斯便毫不困难地能以实现他许给美尔美罗伊斯的诺言。原来他进了要塞并且对守卫在那里的拉吉人和罗马人说，全部罗马军队都死光了，国王古巴吉斯和他身边的全体拉吉人的事业也彻底垮掉了，波斯人占领了整个科尔奇斯，罗马人或古巴吉斯没有任何哪怕一个希望夺回那里的统治权。(8)他指出，要知道，先前只有美尔美罗伊斯做到了这一点，他手下的波斯士兵有七万多人，还有大量的蛮族撒比里人；但是，他又说，现在国王科斯罗伊斯本人实际上已经率领数也数不清的一支大军来到那里并且突然同他们会师，而从今以后，即使科尔奇斯的全部土地也不够安置这支军队了。(9)用这一套吹牛的话，提奥佛比乌斯使守卫在那里的士兵陷入了恐怖和手足无措的状态。(10)于是他们便以他们父祖之神的名义恳求他用他的全部力量使当前的局势变得对他们有利。(11)于是他便向他们保证说，如果他们把要塞交给波斯人，他会要科斯罗伊斯为他们的安全作出保证。

众人对这些条件表示高兴，于是他立刻便离开那里，再次来到美尔美罗伊斯面前说明一切。(12)于是美尔美罗伊斯便选拔了波斯人当中最出色的人物，派他们同他一道去乌提美列欧斯，目的在

于安排对于金钱和当地卫戍士兵生命的保证并接管那座要塞。(13)这样波斯人便取得了乌提美列欧斯这座要塞并从而极为稳固地掌握了拉吉卡的统治大权。(14)但是波斯人不仅把拉吉卡的土地收归自己的统治之下,而且他们还统治了斯奇姆尼亚和苏阿尼亚,这样一来,从莫凯列西斯直到伊伯里亚这全部地区便都是罗马人和拉吉人的国王所无法接近的了。(15)而无论罗马人或拉吉人却无法抵抗敌人的进攻,因为他们甚至不敢从山上下来或走出自己的要塞,也不敢向敌人发动进攻。

(16)当冬季到来的时候,美尔美罗伊斯在科塔伊斯建造了一道木墙并且在那里安置了一支人数不少于三千的卫戍部队,部队是由骁勇善战的波斯人组成的。而且在乌提美列欧斯那里,他也安置了相当数量的士兵。(17)而且他还修造了拉吉人的另一座要塞并且留在那里,这座要塞就在拉吉卡土地边界的地方,而他们把它叫作撒腊帕尼斯。(18)但是后来,当他得知罗马人和拉吉人正在集结并且正在法吉斯河河口那里设营的时候,他便率领着他的全部军队向他们那里进发。(19)当古巴吉斯和罗马军队的将领们得知这一情况时,他们并不想抵抗敌人的进攻,而是分散开来,各想各的办法逃命去了。(20)至于古巴吉斯,他一直跑到山顶地方,就在那里和他的妻子儿女以及同他特别要好的那些人一道度过了冬天,而由于他当时的悲惨处境的无助状态,他只好忍受冬季的严酷环境,但是他对未来却又很有信心,因为他把希望寄托于拜占庭,这样便为他面临的命运找到了安慰,像人们惯常所做的那样,指望更美好日子的到来。(21)同样地,其余的拉吉人也不甘心落后于国王古巴吉斯,也像他那样在悬崖峭壁间过冬,他们在那里确

实不用害怕敌人会给他们制造什么麻烦，因为这些山始终是无法通行的，并且是进攻的军队根本无法接近的，特别是在冬天，但他们却不得不由于饥饿、寒冷与其他灾难而忍受能置人于死地的痛苦。

(22)就在这期间，美尔美罗伊斯利用休闲时期在整个莫凯列西斯的村庄修建了许多房屋并且在这些地方的到处都把食物储藏起来；随后他把投奔过来的一些人派到山上去并提出保证，从而他能以把许多人争取过来；这些人当然缺少食物，于是他便把食物慷慨地提供给他们并关心他们像关心自己的人一样。确实他似乎完全有把握地把全部行政工作担当起来，就好像已经是那里的主人了。(23)而且他还给古巴吉斯写了这样一封信："使人们的生活和谐起来的有两种东西，这就是力量和智慧。有些人由于自己的力量而对他们的邻人处于优势，他们本人按照自己的意愿生活并且总是把比他们自己软弱的那些人带到他们所希望的地方去，而另一些人由于自身的软弱而受比他们强的人们的奴役，但这些人仍然能用慎重明智来补救自身的软弱无力，而且用讨好强者的办法他们仍然能在保有自己财产的情况下过自己的生活，通过和解的态度而享有由于他们的软弱而被剥夺的一切。(24)这种情况并不是只适用于某些民族而不适用于其他民族，人们可以说，在有人居住的世界的任何一部分这种情况都普遍植根于人类的经验之中，就和任何其他自然的特点一样。(25)因此，我亲爱的古巴吉斯，如果你认为你可以在战争中打败波斯人，那么就一定不要犹豫，不要叫任何事物挡住你的道路吧。(26)你知道，你将会在你选择的拉吉卡的任何地方发现我们准备迎击你的进攻并且列好了战阵为了

这块土地而全力战斗。这样,在一场决定性的战斗里,你们将会有机会表现你们反对我们的勇敢精神了。(27)但是,如果甚至你自己都也看出,你并不能列出战阵来反抗波斯人的强大力量,那么,亲爱的先生,你务必选择另一种办法,‘认识你自己’①并且在作为国王、胜利者和统治者的、你的主人科斯罗伊斯的面前俯首称臣吧。(28)恳求他不去计较你过去的行动而对你仁慈吧,这样从今以后你就可以避开困扰你的灾难了。(29)从我个人来说,我会保证国王科斯罗伊斯将会对你仁慈,他会给你保证,会把波斯著名领导人的儿子们交给你作为人质,这样你的安全和你的王国和所有其他一切将永远得到安然无事的保证。(30)但是,如果这些事情没有一种是你愿意做的,那么务必至少去别的某个地方,而这样,对于那些由于你的愚蠢而遭受苦难的拉吉人,你便终于使他们得到恢复并使他们从压迫他们的困境中得到喘息的机会,而不要被一种欺骗性的希望——我的意思它指的是来自罗马人的帮助——牵着鼻子走,而想使他们遭受正到临他们头上的这种毁灭。(31)要知道,他们将永远也不能保卫你们,就好像直到今天他们也不曾有力量保卫你们一样。”上面就是美尔美罗伊斯写的话。(32)但即使这样,他也未能说服留在山顶上,期待来自罗马人的帮助的古巴吉斯,而古巴吉斯出于自己对科斯罗伊斯的仇视,是绝对不愿有对罗马人感到绝望的表示的。(33)要知道,人们一般说来总是使自己的决定受他们的愿望的支配的,因而一

① 曾揭示在古希腊戴尔波伊神谕所门前的一句实际上出自民间的格言,常为古哲人(例如苏格拉底等)所引用。

方面，他们倾向于他们所喜欢的论据，赞同自这一论据引出的一切结论，而不去探讨一下它会不会是错误的；另一方面，对于使他们心烦的论据，他们感到气愤，他们不相信它，却从不想弄清楚它是否会是不正确的。

十七

(1)就大约在这个时候，有一些来自印度并且得知皇帝优斯提尼安有意使罗马人不再从波斯人手中买丝的僧侣来到了皇帝面前并且保证把丝的问题处理得使罗马人不再从他们的敌人波斯人手中，实际上也不再从任何其他民族那里购买这一商品。(2)他们表示，他们曾在印度诸多民族以北的地区——那一地区叫赛林达——生活过一个长时期，并且他们在那里精确地学到用什么办法可以在罗马人的土地人把丝生产出来。(3)于是皇帝便进行十分频繁的垂询，他向他们提出许多问题，以便弄清楚他们的说法是否真实，而僧侣向他解释说，生产丝的是某些虫子，大自然是它们的老师并迫使它们不断地工作。(4)虽然人们不能把虫子活着运到那里[①]去，但是把它们的子孙运过去则是可行的并且是十分容易的。而据他们说，这些虫子的子孙便是每一个虫子所产的无数的卵。(5)这些卵产出之后很久，人们把它们埋在粪里，而这样在相当长的一个时期里给它们加温之后，它们便生出活的虫子来了。(6)在他们这样说了之后，皇帝便答应赏给他们丰厚的礼物并敦促他们用行动证实他们叙述。(7)于是他们便再次

① 运到拜占庭。

去赛林达并且把虫卵带回拜占庭,他们以上面所说的方式使虫卵变为成虫,并且用桑树的叶子来喂养它们;这样,他们便使得人们从那时起能以在罗马人的土地上产丝①。(8)在战争以及丝的问题上,当时罗马人和波斯人之间的情况便是如此。

(9)冬季过去之后,伊斯狄古斯那斯带着钱来到了科斯罗伊斯的宫廷并且报告了他们所同意的条款。科斯罗伊斯收到了钱之后,毫不犹豫地批准了停战协定,但是他极不愿意放弃拉吉卡。(10)老实说,他实际上是用这笔钱去买到了大批撒比里匈人的联盟关系,并且他立刻派遣他们和一些波斯人到美尔美罗伊斯那里去,他指示美尔美罗伊斯以他所拥有的全部力量来完成自己的任务。此外,他还给美尔美罗伊斯送去很多头象。

(11)于是美尔美罗伊斯便在波斯人和匈人全军的伴随下离开莫凯列西斯;向拉吉人的各要塞发动进攻,并且他还把象带着和他们同行。(12)不过罗马人并没有进行任何抵抗,但他们在玛尔提努斯的领导下,在法吉斯河河口附近天然形势险要的一个阵地上使自己尽可能地得到安全并且静静地待在那里。(13)拉吉人的国王古巴吉斯也和他们在一起。但是这支米地亚的军队由于他们遇到的一个偶然事件结果对任何一个罗马人或拉吉人都没有任何伤害。(14)原因是,首先,美尔美罗伊斯在得知古巴吉斯的姊妹是在某一要塞里面时,他便率领自己的军队去进攻,目的在于不惜冒任何危险来攻占它。(15)但是由于那里的卫戍士兵进行了极其英勇的抵抗,并且还由于那天然险要的阵地为他们提供了具体的帮助,

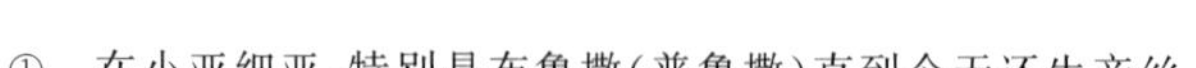

① 在小亚细亚,特别是布鲁撒(普鲁撒)直到今天还生产丝。

蛮族没有实现他们的目的便从城市被击退并且撤走了；于是他们赶忙把矛头转向阿巴斯吉人。(16)但是在特吉比列守卫的罗马人占领了山路，而这山路，如我在前面所说的[①]，十分狭窄而又陡峭，完全没有办法强行通过，因此他们便把这条路封锁了。(17)结果没有办法用武力把敌人赶走的美尔美罗伊斯便撤回自己的军队并直接开赴阿尔凯欧波利斯，打算包围它。但是对它的城墙加以试探性进攻时又没有成功，所以再次退回来。(18)但是罗马人却追在撤退的敌人身后并且在一个险要的山路里杀死了他们许多人，而在那些死者当中恰好就有撒比里人的将领。(19)为了这具尸体展开了一场激烈的战斗，波斯人终于在傍晚时分迫使敌人后退并打跑了他们，而在这之后他们便退回到科塔伊斯和莫凯列西斯去了。罗马人和波斯人的遭遇便是这样。

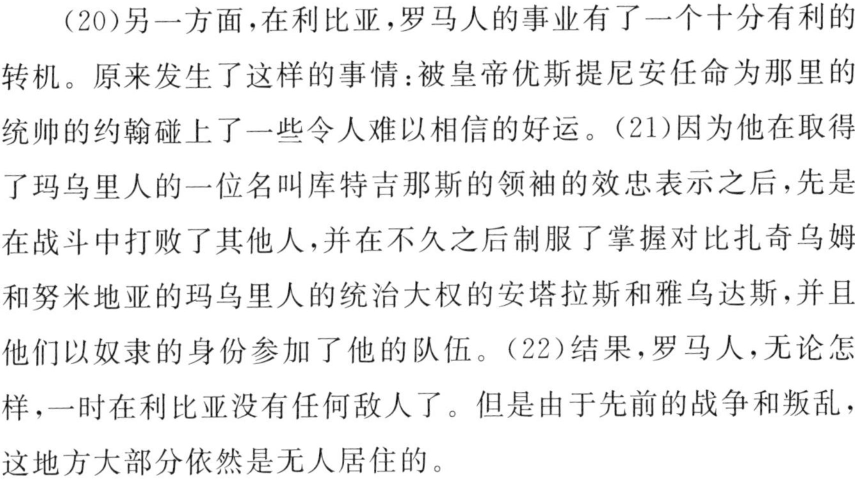

(20)另一方面，在利比亚，罗马人的事业有了一个十分有利的转机。原来发生了这样的事情：被皇帝优斯提尼安任命为那里的统帅的约翰碰上了一些令人难以相信的好运。(21)因为他在取得了玛乌里人的一位名叫库特吉那斯的领袖的效忠表示之后，先是在战斗中打败了其他人，并在不久之后制服了掌握对比扎奇乌姆和努米地亚的玛乌里人的统治大权的安塔拉斯和雅乌达斯，并且他们以奴隶的身份参加了他的队伍。(22)结果，罗马人，无论怎样，一时在利比亚没有任何敌人了。但是由于先前的战争和叛乱，这地方大部分依然是无人居住的。

① 参见本卷第十章开头部分。

十八

(1)当这些事件像上面所说的那样正在发生时,这期间在欧罗巴发生了这样的事情。首先,盖帕伊狄人同他们的敌人朗哥巴狄人缔结了一条约,这事我在前面已经讲过了[①]。(2)但是由于根本不能平息他们同朗哥巴狄人之间的分歧,他们在不是很久之后便确定必须用战争解决问题了。(3)于是盖帕伊狄人和朗哥巴狄人便各自以全部的兵力向对方进军,而且双方为了这一战争都是做了充分准备的。(4)盖帕伊狄人一方的将领是托里金,朗哥巴狄人一方则是奥杜因,他们两个人中的每个人身后都有成千上万的人跟在后面。现在他们已经相互逼近,但是两军相互还看不到对方。(5)但是两军突然间感到被称为惊恐的一种惧怕情绪,它使得所有的人都莫名其妙地向后逃去,只有将领和少数人留在原地未动。(6)虽然他们力图把他们的士兵拖回来或制止他们的后退,但无论用低三下四的恳求还是用可怕的威胁的办法都根本无济于事。

(7)奥杜因看到自己的士兵这样乱作一团地逃跑简直吓坏了(因为他并不知道敌人也遭到同样的命运),于是他立刻派自己身边的一些人作为使节到敌人那里去求和。(8)但是当这些人来到盖帕伊狄人的将领托里金这里并看到正在这里发生的一切时,便根据自己的经验而了解到敌人这里遇到了什么事情,因而当他们见到托里金时就问他,他的大批臣民到底在什么地方?(9)托里金这方面对已经发生的事情完全不予否认,他说:“虽然没有任何人

① 参见本书第七卷,第三十四章,第45节。

追他们，但他们正在逃跑！”于是使节们便回答他说：“这正是在朗哥巴狄人那里也发生的事情。既然看到你讲了真情，国王啊，我们这方面也将不会作任何隐瞒。(10)因此，既然要这两个民族彻底毁灭绝不是上帝的意旨，既然由于这一理由他瓦解了双方的战线并且使双方的军队都突然感到一种有拯救作用的恐惧，那么让我们也服从上帝的意旨，结束这场战争吧。”托里金说：“很好，就这样办吧。”(11)于是他们签订了一个为期两年的停战协定，目的在于：在这期间通过保持外交关系和相互间保持不断的交往，他们可以彻底处理好他们的一切分歧。于是当时在达成这一共识之后，他们便各自退去了。

(12)但是在这一停战协定期间他们发现他们相互间并不能在协商中取得一致的意见从而消除他们的分歧，这样他们便再一次发展到即将诉诸武力的地步。(13)但是害怕罗马帝国的盖帕伊狄人(因为他们估计罗马人会站在朗哥巴狄人一面作战)于是打算请一些匈人来参加一项攻守联盟。(14)他们因而便派人去居住在麦欧提斯湖西面的库特里古里人的领袖们那里去，请求他们在对朗哥巴狄人进行的战争中助一臂之力。(15)而这些匈人立刻便派给他们由不同将领率领的一万二千名士兵，而在这些将领当中，奇尼亚隆是一位特别出色的战士。(16)但是盖帕伊狄人却由于这些蛮族的到来一时里感到十分为难，因为这时还不是展开一场战斗的时候，原来停战协定还有一年的时间才期满，因此他们便说服匈人在这期间蹂躏皇帝的领土，用使他们的矛头转向罗马人的办法把自己的麻烦变成对自己有利的事物。(17)但是，无论在伊利里库姆，还是在色雷斯，罗马人都在严密地监视着偷渡伊斯特河的行

动,于是盖帕伊狄人自己便在他们领土内同伊斯特河相接的地方把这些匈人渡过去,然后要他们在罗马人的领土放开手脚为所欲为。

(18)确实他们实际上劫掠了那里的整个地区,这时皇帝优斯提尼安则想出了如下的对策。他派人去住在麦欧提斯湖东边的称为乌提古里人的匈人的首领们那里去,谴责他们并且说他们对库特里古里人的所作所为无所举动是不公正的,如果人们确实应当把坐视友人遭难而不表示抗议的行动认成是最为不义的行为的话。(19)他说:"要知道,连自己的邻人乌提古里人都根本不放在眼里的库特里古里人虽然每年都从拜占庭取得大笔的金钱,却一点也不愿意停止对罗马人的不义之行,而是每日毫无理由地进攻和劫掠罗马人。(20)并且虽然乌提古里人本身完全没有参加这次打劫活动,也没有同库特里古里人分享任何战利品,但他们却没有站在正在受欺侮的罗马人一面,尽管他们自古以来便同罗马人有亲密友谊的关系。"(21)皇帝优斯提尼安在送这封信给乌提古里人时,不仅给他们送去了钱,而且还向他们提醒他们先前多次从皇帝那里得到的一切礼物,这样他便说服了乌提古里人立刻去进攻留在后面的库特里古里人。

(22)于是他们首先便把他们的邻人,即被称为提特拉克西塔伊人的两千名哥特人拉过来同他们结成联盟,然后便以全部兵力渡过了塔那伊斯河。(23)他们的将领是桑狄尔,这是一个极其聪明又有多次作战经验的人,而且他还是一个既英勇而又坚强的人。(24)他们在渡过了河之后,便同阻止他们前进的大量库特里古里人展开了一场战斗。而由于这支兵力对进攻他们的人进行了极为

猛烈的抵抗，战斗持续了很长一个时期，但最后乌提古里人打败了敌人并杀死了他们许多人。只有少数人逃到了每个人可以逃往的地方从而得以保全自己的性命。他们的敌人把他们的妻子儿女变成奴隶之后，便离开返回家乡去了。

十九

(1)正当这些蛮族相互间像我上面所描述的那样要杀出个分晓来的时候，当战斗进行得最激烈的这个时候，罗马人却碰上了很大的好运。(2)原来在库特里古里人那里做奴隶的所有的罗马人——据说有很多万人——在这一战争期间赶忙从那里离开而没有被发觉，而且没有任何人追踪他们，所以他们便返回了故乡，这样就在他们最困苦的时候，因另一个民族的胜利而得到了好处。(3)皇帝优斯提尼安于是派将领阿腊提乌斯去奇尼亚隆和其他匈人那里，要他向他们宣布在他们本国所发生的事情，并通过把钱给他们，说服他们尽快离开罗马人的土地。(4)而这些匈人得到乌提古里人入侵的消息，同时又从阿腊提乌斯手中得到一大笔钱，于是便约定今后不会再进行屠杀，不再奴役任何一个罗马人，也不再进行任何其他伤害，而是撤离这里，一路上像朋友一样地对待老百姓。(5)此外还约定，一方面，如果这些蛮族能够返回并且定居在自己的国土，他们应留在那里并且在今后坚守他们对罗马人的忠诚；但另一方面，如果他们不能留在那块土地上，他们可以再次返回罗马的土地，而皇帝将会拨给他们色雷斯的一块土地，让他们在那里建立家园并永远同罗马人和平相处，同时他们还可以协助认

真地保卫领土以防止一切蛮族的入侵。

(6)就在这时,在战斗中被打败并摆脱了乌提古里人的两千名匈人带着自己的妻子儿女进入了罗马帝国。(7)而在他们的几位领袖当中便有辛尼昂;辛尼昂在很久以前[①]曾同贝利撒里乌斯一道征讨过盖利梅尔和汪达尔人,而现在他们使自己成了有所求于皇帝优斯提尼安的人了。皇帝极为亲切地接待了他们并且要他们定居在色雷斯的土地上。(8)但是当乌提古里人的国王桑狄尔得知此事时十分恼火和极为气愤,因为他本人为了惩罚同他们有血统关系的库特里古里人——因为库特里古里人对罗马人犯了罪——曾经把这些人从他们世世代代居住的土地赶了出来,可是这些被赶出来的人却又被皇帝接纳,定居在罗马人的土地上并将会过上舒适得多的日子;于是他便把使节派到皇帝那里去,对皇帝的所作所为提出抗议,不过却没有把任何信件交给对方(因为匈人绝对不习惯于书写并且直到今天也不善于书写,他们既没有任何书写的能手,而他们的孩子长大了也根本不学习文字),但指示他们以蛮族的方式口述他命令他们的一切。

(9)因而当这些使节来到皇帝优斯提尼安面前的时候,他们就说他们的国王桑狄尔通过他们口述的下述意见作为一封信:“我知道一句我从儿童时期就听到过的谚语,而如果我没有忘记它的话,那么这句谚语大概是这样。(10)人们说,作为野兽的狼要真正在某种程度上改变自己毛皮的颜色也许可能还不是做不到的,但是

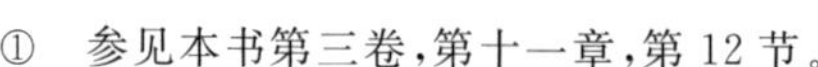

① 参见本书第三卷,第十一章,第12节。

它却不能改变自己的性格，本性不容许它改变这种性格。”(11)桑狄尔说：“这个谚语是我从长辈那里听来的，他们是通过一句不明说的话来暗示人间的行事。而且从个人的经验我也知道一些事情，而其中之一，一件理所当然的事情便是：一个粗俗的蛮族应当学习。(12)牧人在小狗还吃奶的时候就把它们抱来，在家里十分用心地加以饲养，狗是一种对饲养它的人忠心的动物，而对于向它表示的好意它是绝不会忘记的。而牧人这样做显然是为了，每当有狼进攻羊群的时候，狗都会制止它们的进攻，狗是绵羊的守卫者和救护者。而我以为全世界的情况都是如此。(13)要知道，全世界没有任何人在任何时候，看见过狗进攻羊群或狼保卫羊群，而作为法则制定者的大自然则把这规定为好像是狗和羊和狼的一种传统的守则。(14)而我则以为，甚至在你的帝国里，在这里实际上一切事物都是丰富的，毫无疑问，其中包括甚至无法想象的事物，在这个帝国里，也绝不会从这一规则有丝毫的偏离。(15)否则的话，就指给我们的使节看，这样在进入老年的时候，我们实际上竟然可以学到我们从来没有经历过的新东西。但是，如果无论在任何地方，大自然都规定了这样的事情，那么我就以为你就干了一件不妙的事情，这就是像客人一样地接纳库特里古里人这个民族、这一批卑劣邪恶的邻人，而使他们现在同你们自在地生活在一起，而这些人却是在你们的边界之外你们都不曾容忍的。(16)要知道，过不了多久他们就会对罗马人显露出他们自己的真正性格，此外，你们将不会缺少一个攻掠罗马领土的敌人，因为他们可以抱有这样的希望，即如果他们被打败，他们反而可以在你手下改善自己的处

境！而且也将不会再有一个朋友留给罗马人,因为,如果有一天他阻止入侵你们土地的那些人,他会有这样的担心,这就是,即使他由于幸运的惠顾取得了对敌人的胜利,他也会看到被打败的人们在你手下会得到比他自己好得多的待遇,因为我们在荒芜和根本寸草不生的土地上只是勉强维持自己的生活,而另一方面,库特里古里人却可以随意买卖粮食并且在他们的酒窖里纵酒狂欢,过着骄奢淫逸的生活。(17)毫无疑问,他们也可以去浴场,这些浪荡家伙还戴着黄金饰物,穿着精美的以黄金为饰的锦绣服装。(18)而且还要指出一点:这些库特里古里人先前曾奴役过成千上万数也数不清的罗马人并且把他们带回到自己的国土去。(19)而这些可恶的流氓用一切办法把对奴隶的一切侮辱强加到这些牺牲者身上,要知道,他们毫无疑问在任何时候都准备甚至鞭打那些没有犯任何过失的人们或者处死他们,并且凡是本性和机会使一个蛮族的主人能干出来的所有其他残暴行为,他们同样也干得出来的。(20)另一方面,我们经过战斗并且冒着生命的危险把罗马人从他们遭受的厄运下解救出来并使他们回到双亲那里去,这样,对我们来说,这一事实表明,正是他们成了我们在战争中所受的一切劳苦的目的。(21)而就这些事情而言,我们和他们因这些不同的做法而各自从你那里得到性质相反的回报,如果确实一方面我们仍然生活在我们祖先的苦难之中,而他们却分到和那些因我们的勇敢才避免成为他们的奴隶的人们相同的一份土地的话。"(22)以上便是乌提古里人的使节所说的话。但是皇帝在用许多甜言蜜语安抚他们并且给了他们大量礼物来慰劳他们之后不久,便打发他们回去了。这些事件的经过便是如此。

二十

(1)就大约在这个时候，在瓦尔尼人这个民族和居住在布里提亚[①]的岛上的士兵之间爆发了战争和战斗。事情的发生是出于如下的原因。(2)瓦尔尼人居住在伊斯特河的对岸，沿着莱茵河直到北方大洋的地方，而莱茵河就是把他们同法兰克人和居住在那一地区的其他民族分隔开来的那条河。(3)而在古代居住在莱茵河两岸的所有这些民族，其中每一个民族都有自己特定的名字，但他们的全体则通称日耳曼人。(4)布里提亚岛位于大洋离海岸不远的这一部分，距离大约有二百斯塔迪昂[②]并且大体上同莱茵河的河口相对，在不列颠岛和图勒岛之间。(5)原来不列颠岛位于西面，大约同西班牙的终端在一条线上[③]，它离开大陆的距离至少也有大约四百斯塔迪昂，但布里提亚却在高卢的后方，就是对着大洋的那一面，也就是说，在西班牙和不列颠的北面。(6)而图勒，总之据人们所了解的，位于北方大洋的最边远的地方。关于西班牙和不列颠，我在前面已经有所记述[④]。居住在布里提亚岛上的是三个人数众多的民族，每个民族都有自己的国王统治着。(7)这三个民族的名称是安吉利人、佛里索尼人和布里托尼人，而后者的名称是从该岛本身得来的。(8)这三个民族的人口看来是如此众多，乃至每年都有大批的人带着他们的妻子儿女从那里外迁，去法兰克

① 可能是今天的丹麦。

② 约 37 公里。

③ 普洛科皮乌斯想象中的英国比实际的位置更偏西约五度。

④ 参见本书第六卷，第十五章，第 4 节以次。

人的国土。(9)而法兰克人则把自己土地的看来是比较贫瘠的那一部分让给他们定居并且说用这种办法他们正在把那个岛争取过来。(10)因此确实就发生了这样的事情,即不久之前法兰克人的国王曾派遣自己的一些亲信出使到拜占庭的皇帝优斯提尼安那里去时,其中便有几个安吉利人,想以此证实他的如下权利,即这个岛是在他的统治之下的。有关被称为布里提亚的那个岛的事实便有如上述了。

(11)不久之前瓦尔尼人是由一个名叫海尔美吉斯克路斯的人来统治的。由于此人急于强化他的王国,他娶了法兰克人的国王提乌迪贝尔特的姊妹为妻。(12)原来不久之前,他的前妻去世了,留下了一个名叫腊狄吉斯的儿子给他的父亲;而父亲又为他的孩子娶了一个布里提亚出生的姑娘:姑娘的兄弟当时是安吉利族的国王,而由于对方的求婚,他给了她一大笔钱作为嫁资。(13)再说此人[①]在同瓦尔尼人中最显要的人士于某地驰骋的时候,看到树上有一只鸟高声鸣叫。(14)而不知道是否他真的了解鸟语,还是有别的什么知识,干脆便神秘地装作懂得鸟的预言的样子,总之他立刻就告诉与他同行的那些人说,他将在四十天之后死去。(15)他说鸟的话向他透露的便是这一点。他说:“为了安排得使你们能十分安全和自在地生活,所以我从法兰克人中间娶了我现在的妻子,从而同他们有了亲属的关系,并且我通过订婚的办法把布里提亚给了自己的儿子。(16)但是现在,既然我很快便会死去,而且就我现在的妻子来说,我同她没有任何男性或女性的子嗣,而且

① 即国王。

我的儿子还没有结婚，还没有把新娘接过来，因此让我把自己的想法告诉你们，而如果你们认为这个想法对你们有利的话，则一旦我的大限到来，你们便批准这个想法并付诸实施。(17)我以为通过同法兰克人联姻而结成联盟，较之同岛上居民通过联姻的联盟，这将对瓦尔尼人更为有利。(18)因为，一方面，布里提亚的人们除非经过艰困的长途跋涉，否则他们甚至无法把兵力同你们结合起来，而另一方面，瓦尔尼人和法兰克人，他们之间只有那边莱茵河的一水之隔，因此，既然他们是我们的十分接近的邻人而且又成为一支强大的力量，他们便很方便地拥有在任何时候只要愿意便既能帮助你们又能伤害你们的手段；而如果上述的联姻不阻碍他们的话，他们毫无疑问是会加害于你们的。(19)人们的天性就是这样：当人们发现一个邻国的力量超过自己的力量的时候，这种力量是难以忍受的，它随时会干出不公正的勾当来，因为一个强大的邻国是可以比较容易地找到对没有犯任何罪过的邻国发动战争的理由的。(20)事实既然摆在这里，那么你们便应当放弃过去曾为这个孩子[①]而向之求婚的岛上的姑娘，而为了求婚而送给她的全部金钱[②]，就让她作为这次不光彩的退婚的补偿而保留下来好了，这乃是人间共同遵守的法律。不过应当在今后让我的儿子腊狄吉斯娶他自己的继母，这正是我们祖先的法律允许我们做的。”

(21)以上便是他讲的话，而在他所作声明之后的第四十天，他果然得了病，结束了他命定的天年。随后海尔美吉斯克路斯的儿

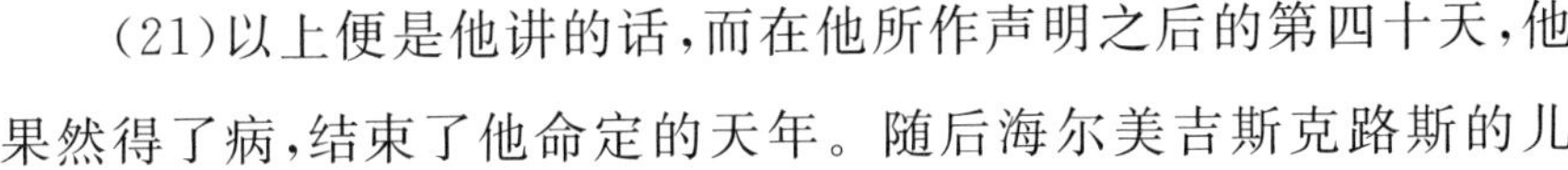

① 指腊狄吉斯。

② 作为下嫁腊狄吉斯的嫁资。

子在继承了瓦尔尼人的王国之后,便遵照这些蛮族显要人士的意旨实现了已故国王提出的意见,立刻否认了他那已约定的婚姻,娶了他的继母。(22)但是同腊狄吉斯订婚的女孩子得知这一情况后,她不能忍受对她的地位的这种侮辱,于是想对加之于她的这种侮辱向他进行报复。(23)要知道,在那些蛮族中间人们对德行是如此地重视,乃至当在他们中间单单是提到婚姻的名义时,即使实际上并没有结婚,那妇女便被认为是失去了处女的身份。(24)因此她先是派出由她的一些亲属组成的使团到他那里去,打听是什么理由他要侮辱她,尽管她既无不忠的行为又没有对他犯任何其他罪过。(25)但是她用这个办法得不到任何结果,于是她便担起一个男人的责任,着手准备战争了。

(26)于是她立刻集合了四百只船,要一支少说也有十万人的军队登上了船,由她亲自率领这支讨伐瓦尔尼人的大军。(27)她还要她的一位兄弟与她同行,他将协助她处理发生的情况,不过这位兄弟并不是做国王的那位,而仍然只有普通公民的身份。(28)要知道,这些岛上居民比我们所知道的任何蛮族都更加勇武善战,不过他们是徒步作战的。(29)而所以如此不仅是因为他们不懂得马术,而是因为如下的一个事实,即在那个岛上人们甚至连画上的马都没有见过,因而他们甚至不知道马是什么东西。因为显然在布里提亚岛上是从来没有过这种动物的。(30)而每当他们的某些人出使或因别的某种任务去访问罗马人或法兰克人或有马的其他民族并且在那里不得不骑马的时候,他们根本不能跃上马背而是由别人把他们抬起来放到马背上,而当他们想下来时,也是由别人把他们抬起来再放到地上。(31)实际上瓦尔尼人也是不骑马的，他们也都是徒步进军的。这些蛮族的情况就是这样。在这支舰队里没有任何额外的人员，因为所有的人员都亲自划船。这些岛上居民实际上也不用帆，他们总是只用划船来航行的。

(32)当他们来到大陆土地上的时候，身为统帅的这位姑娘在莱茵河河口近旁设置了一处坚强的、由栅栏圈起的营地之后，便和少数人留在那里，而命令她的兄弟率领所有其余的军队去进攻敌人。(33)而当时瓦尔尼人的营地也在离大洋的海岸和莱茵河河口不远的地方。因此当安吉利人快速行军到达那里时，两支军队便打了起来，结果瓦尔尼人遭到决定性的失败。(34)他们中间许多人死在这场战斗里，余下的全体士兵则和国王一道撤退了，而安吉利人在追击了不多远——步兵习惯上都是这样——之后便回到自己的营地去了。(35)但是当他们回到姑娘这里来的时候，却遭到了她的责备，而她对她的兄弟骂得最厉害，她说军队没有成就任何值得一提的事情，因为他们没有把腊狄吉斯生俘到她面前来。

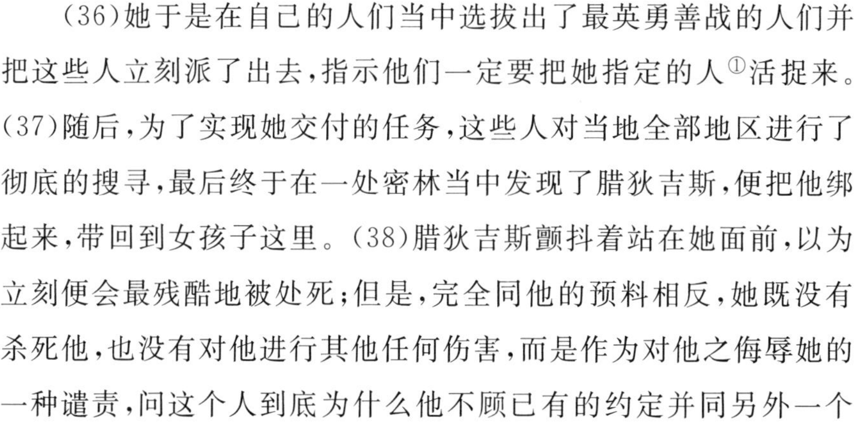

(36)她于是在自己的人们当中选拔出了最英勇善战的人们并把这些人立刻派了出去，指示他们一定要把她指定的人[①]活捉来。(37)随后，为了实现她交付的任务，这些人对当地全部地区进行了彻底的搜寻，最后终于在一处密林当中发现了腊狄吉斯，便把他绑起来，带回到女孩子这里。(38)腊狄吉斯颤抖着站在她面前，以为立刻便会最残酷地被处死；但是，完全同他的预料相反，她既没有杀死他，也没有对他进行其他任何伤害，而是作为对他之侮辱她的一种谴责，问这个人到底为什么他不顾已有的约定并同另外一个

① 腊狄吉斯。

女人结合,而且尽管同他订婚的人并没有不忠的表现。(39)为了在指责面前给自己辩解,他提出了他父亲的命令和他的臣民的热心坚持作为理由,并且他讲了恳求的话,在许多乞求中又掺进了为自己辩护的话,强调他是迫不得已才有了自己这样的行动的。(40)并且如果她认为他们应当结婚的话,他会作出保证,过去他的不公正的所作所为将会由今后的行为加以弥补。(41)当这一点得到女孩子的认可并且腊狄吉斯在被松了绑而且在所有其他方面都得到亲切的待遇时,他立刻便休掉了提乌狄贝尔特的姊妹并和布里提亚的女孩子结了婚。这些事件发生的经过便是如此。

(42)且说在布里提亚岛上,古时的人们曾修筑过长长的一道城墙,把它的很大的一部分分离开来;城墙的两边无论气候、土地和所有其他一切都不一样。(43)要知道,在城墙的东面是一种有益于健康的空气,它随着季节的嬗变而有所不同,夏天是适度温和的而冬天又是凉爽的。(44)许多人住在那里,生活方式和其他人一样,树木上果实累累,它们都是在适当季节成熟的,并且田地也和任何其他地方一样生产丰富的谷物。(45)而且这地方看来真正值得自豪的是有丰富的泉水。但是在城墙的西面一切便都和东面相反,乃至一个人要想在那一面存活半小时实际上都是不可能的,这一地区是被无数的蛇和毒蛇以及其他每一种野生生物占据着作为自己的地区。(46)而最奇怪的事是,据居民们说,如果任何人越过这道墙到另一面去,他就会立刻送命,因为他根本无法忍受那一地区有毒的空气,而同样地,到那里去的野兽也会立刻死掉。

(47)既然我的历史已经写到了这里,我觉得有必要把一个非常像神话的故事记录下来,这是一个我认为确实根本不可信的故事，尽管还有无数的人不断把它发表出来，因为他们说他们亲手干过这件事，这话是他们亲耳听到的，然而我还是不能把这故事完全放过去而不提，免得在记述布里提亚岛的时候，我会永远背上一个不知道那里发生的事情的声名。

(48)他们说，人死了之后他们的灵魂总是被送到这里来的。下面我马上就要说一说它们是怎样送来的，因为我曾多次听到那里的人们极为认真地描述这件事，尽管我已得出结论，即他们讲的故事只能归之于梦的某种力量。(49)沿着同布里提亚岛相对的大洋海岸有许多村庄。居住在这些村庄里的人们用网捕鱼或耕种土地为生或同这个岛有海上贸易的关系，他们在其他方面都受法兰克人的统治，只是他们从来不向法兰克人纳贡。他们是从古以来便被免除了这一负担的，据他们说这是由于下面我就要在这里描述到的一种服务。

(50)这个地方的人们说，运送灵魂的任务是由他们轮流执行的。因此，第二天夜里必须干这项工作，以接替前一班的另一批人的人们，在天一黑的时候便回到自己的家里去睡觉，并等待把他们集合起来干这件事的那个人。(51)而在夜深的一个时候，他们会听到有人敲他们的门并且听到一个含混不清的声音把他们召在一起去干活。(52)于是他们立刻从床上爬起来到岸边去，他们不知道是怎样一种必然的力量使得他们这样做，但他们仍然非这样不可。(53)在那里他们会看到准备好的小船，船上根本没有任何人，不过小船并不是他们自己的那种而是另外的一种，他们上了小船便拿起桨来。(54)但是他们知道船上坐的人很多并且海浪一直湿到船板的边缘和固定船桨的环子的地方，船身离水面还不到一指

宽。不过他们自己却一个人也看不见,但是在摇桨摇了只一小时之后,他们便在布里提亚靠岸。(55)而当他们用自己的船通过只划桨而不用帆的方式航行时,渡过去却要吃力地用一夜和一天的时间。随后当他们来到海岛并且卸下装载物之后,他们便可以全速地离开,这时他们的船突然浮出水面,变得轻快起来,因为这时船只沉到水里的只有龙骨本身而已。

(56)而这些人,从他们一方面来说,既没有看到任何人坐在船里,也没有看到任何人从船上离开,但是他们说他们从岛那边听到一种声音,好像是告诉负责运送的人们,同他们一道渡过来的乘客(鬼魂)的每一个人叫什么名字,还说出他们先前担任的荣誉职位并且除他们自己的名字以外还有他们父亲的名字。(57)如果在被渡过来的鬼魂当中有妇女,他们便还说出她们生前所嫁丈夫的名字。(58)这便是当地的人们说的那里发生的事情。但我还是要回到我先前叙述的地方。

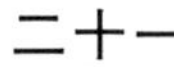

二十一

(1)每一个别地区战争进行的情况就是这样。而对哥特人的战争后来的情况则有如下述。正如我在前面所说的[①],在皇帝把贝利撒里乌斯召回拜占庭之后,他对贝利撒里乌斯十分尊重,而甚至在日耳曼努斯死后,他都不打算把贝利撒里乌斯派到意大利去,而实际上是把他任命为近卫军的长官,也就是东方的统帅,这样就把他留在那里了。(2)而贝利撒里乌斯便成了全体罗马人当中地

① 参见本书第七卷,第二十五章,第1节。

位最高的人物，尽管在罗马人当中有些人在他之前便已被列为贵族并且实际上已上升到执政官的地位[①]。(3)不过，即便如此，他们所有的人仍把第一的位置[②]让给贝利撒里乌斯，因为鉴于贝利撒里乌斯的功业，他们耻于利用法律和坚持它给予他们的权利，而这种情况正是皇帝极为乐于见到的。(4)就在这时，维塔利安的侄子约翰正在撒罗尼斯过冬。而在所有这一段时期里，罗马军队的将领们都在意大利等待他的到来，所以一直没有什么活动。而冬天结束了，普洛科皮乌斯所记述的这场哥特战争的第十六个年头也随之结束了[③]。

(5)当随之而来的一年开始时，约翰想离开撒罗尼斯并率领他的军队尽快向托提拉和哥特人发动进攻。(6)但是皇帝不许他这样做而是要他留在那里等待宦官纳尔吉斯的到来。原来他已经决定任命此人为领导这一战争的统帅。但是到底为什么皇帝想这样做则无论谁也弄不清楚。(7)要知道，除皇帝本人愿意说出来，否则任何人都不可能发现一位皇帝的意图是什么。但是在这里我却要说一说老百姓的猜测。(8)皇帝优斯提尼安的设想乃是：罗马军队的其他将领会十分不愿意接受约翰的命令，因为他们无论如何也不同意在级别方面低于约翰。(9)因此他担心他们会由于和约翰发生意见的分歧，或因忌妒而临阵退缩，这样便会破坏他们的行动计划。

(10)此外我在罗马时还听一位罗马绅士就此事讲述的另一种

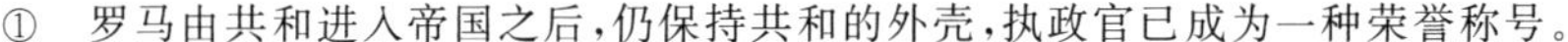

① 罗马由共和进入帝国之后，仍保持共和的外壳，执政官已成为一种荣誉称号。

② 具体指首席元老。

③ 公元551年。我国梁简文帝太宝二年。

说法。这位绅士是元老院的成员。(11)这位罗马人说,有一次,就是在提奥德里克的孙子阿塔拉里克统治意大利的时候,有一群牛在傍晚快黑时从郊区经过罗马人称为和平广场[①]的那个广场进入了罗马;(12)因为从古时起那里便有一座受过雷击的和平神殿。在这个广场前面有一处古老的泉水,泉水旁有一只青铜的公牛立在那里,我想这公牛是雅典人菲狄亚斯[②]或吕西波斯[③]的作品。(13)因为在这一地区有许多雕像,它们都是这两个人的作品。比如说,这里便有另一座肯定是出自菲狄亚斯之手的雕像;这是雕像上的铭文所指明的。(14)这里还有弥隆[④]的小牛雕像[⑤]。原来古罗马人曾煞费苦心地想用希腊的一切最美好的事物来装点罗马城。(15)而且他还说,当时通过的牛群当中有一头阉过的牛离开了大群并跑上泉水这边站到了比青铜的公牛更高的地方。(16)恰巧这时有一个图斯奇人经过这里,这看来是一个纯粹乡巴佬式的人物,而对于正在发生的事情他是有所理解的,于是他就说(要知道,图斯奇人直到我当时都是有才能的预言家),终有一天一个宦官会打败罗马的统治者。(17)而当时确实图斯卡尼人和他说的一切只会惹起人们的嘲笑。要知道在现实的体验到来之前,人们总是习惯于嘲笑预言的,而由于事件没有出现而证据驳不倒他们,预

---

① Forum Pacis。

② 菲狄亚斯(约公元前500～公元前431年)希腊雕刻家,曾受伯里克利斯之命美化雅典。

③ 吕西波斯(公元前4世纪时人)希腊雕刻家,以优雅的青铜雕刻而知名。

④ 弥隆(公元前5世纪时人)希腊雕刻家,作品以青铜雕刻为主。他的作品摆脱了阿凯亚时期的形式主义,突出了动感与表情。

⑤ 这一著名雕像最初立在雅典的集市场(Cic. Verr. IV,60)。

言所讲的事情是没有人相信的，有些人会把它看成是类似可笑的神话一类的东西。

(18)但是现在，在真正事实的证据面前不得不表示信服的所有的人，他们对这一朕兆大为吃惊。(19)而也许正是由于这一理由，纳尔吉斯才作为将领去进攻托提拉，这是皇帝的判断已看到了未来，也许是命运使他无可回避地要这样做。(20)因此纳尔吉斯在从皇帝手中接过一支大军和大宗的金钱之后就出发了。(21)但是当他和他的麾下来到色雷斯中部的时候，他在费利波波利斯停了一些时候，因为他的进路被切断了。(22)原来有一支匈人的军队来到罗马的领土，他们正在肆无忌惮地掠夺一切，却没有任何人反抗他们，而当他们中间的一些人向铁撒罗尼凯推进，而其余的人向拜占庭进发之后，纳尔吉斯终于离开那里继续前进了。

二十二

(1)而当一方面，约翰在撒罗尼斯等待纳尔吉斯，而另一方面，纳尔吉斯由于受阻于匈人的入侵而还在路上相当缓慢地行进的时候，就在这同时，等待纳尔吉斯的军队的到来的托提拉又做了下述的事情。(2)他把一部分罗马人和元老院的某些成员安置在罗马，而把其余的人留在了康帕尼亚。(3)他命令他们尽量把这座城市照顾好，从这可以明显地看出对于他先前对罗马的所作所为，他有一种悔恨之意。要知道，实际上他已经把罗马城的大部分烧掉了，特别是梯伯河对岸的部分。(4)但是这些已被贬低到奴隶地位并且被剥夺了自己全部钱财的罗马人不仅不能要求公家拿出钱来给他们，他们甚至连属于他们个人的财物都保不住。

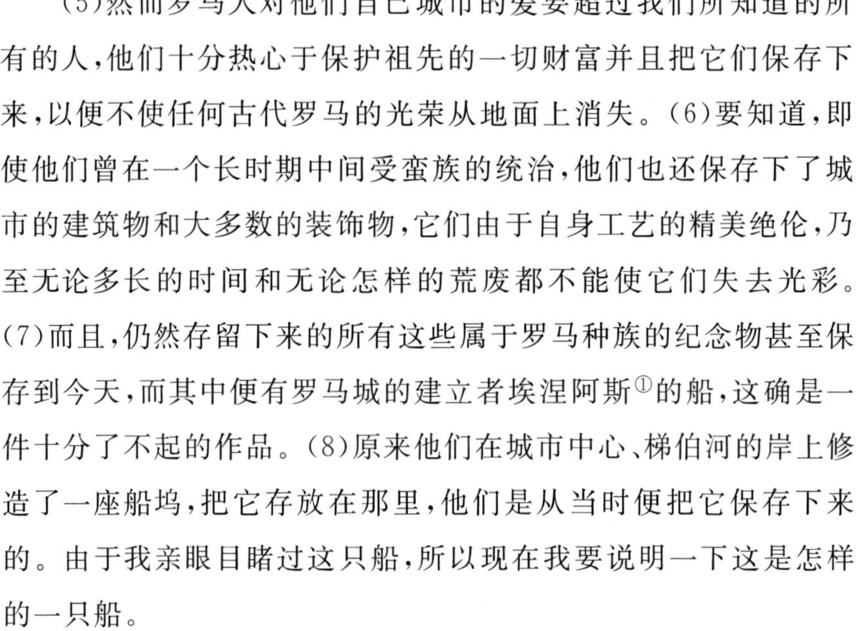

(5)然而罗马人对他们自己城市的爱要超过我们所知道的所有的人,他们十分热心于保护祖先的一切财富并且把它们保存下来,以便不使任何古代罗马的光荣从地面上消失。(6)要知道,即使他们曾在一个长时期中间受蛮族的统治,他们也还保存下了城市的建筑物和大多数的装饰物,它们由于自身工艺的精美绝伦,乃至无论多长的时间和无论怎样的荒废都不能使它们失去光彩。(7)而且,仍然存留下来的所有这些属于罗马种族的纪念物甚至保存到今天,而其中便有罗马城的建立者埃涅阿斯[①]的船,这确是一件十分了不起的作品。(8)原来他们在城市中心、梯伯河的岸上修造了一座船坞,把它存放在那里,他们是从当时便把它保存下来的。由于我亲眼目睹过这只船,所以现在我要说明一下这是怎样的一只船。

(9)这只船只有一排桨并且是很长的——长一百二十呎,宽二十五呎,而它的高度也正是人们用桨能以划行的那种高度。(10)但是船上任何地方都根本看不到木板拼合的痕迹,木料也不是用任何铁的物件固定到一处的,而所有的木料成为一整块,这是一件奇怪的、前所未闻的事情,并且据我们所知,只有这一只船是这种情况。(11)原来用一根树干削成的龙骨从船尾的顶端一直延伸到船头,它以令人惊讶的方式逐步下沉到船的中部,然后再次从那里恰当有序地升起,直到它笔直地立了起来。(12)嵌入龙骨的

① 此人是把罗马同特洛伊战争联系起来的人物。维吉尔的史诗《埃涅阿斯纪》专记此事。

所有那些沉重的木材[①](诗人们把这些木材称为“德律欧克”[②],但另一些人则称之为“诺美”[③])的每一根都是从船的一边一直通向另一边的。(13)它们也都是从两端降下来,形成一个十分美丽的弯曲,这样便使这船有一个很宽的船身,这或者是大自然在他们的未来用途的强制力下本来就使木料弯曲成这种弧形的样子,或者是工匠们通过工艺技巧或别的办法,对肋材的弯度做了适当的加工。(14)而且,每一块船板都是从船尾一直延伸到船的另一端的,它们都是一整块的木料,而它们所以用铁钉穿起来只是为了把它们固定到肋材上从而构成船只的一侧。(15)这样建造成的这只船看起来会给人一种难以描述的印象,因为事物的本质总是使人们对那些鬼斧神工的作品难以描述,而这类作品以其创新的精神如此有力地压倒我们惯常的思路,乃至限制了我们用言语表达的能力。(16)而且这时这些木料没有一根是腐朽的,也没有一根表现出哪怕是最细微的毛病,而这全部完好无损的船正好像是不管哪一位工匠刚刚制造出来的那样,甚至直到我这时仍以一种令人吃惊的方式保存了它的力量。有关埃涅阿斯的船只的事实便是这样。

(17)托提拉这时用哥特人装备了多达三百只战船,并且命令他们到希腊去,同时指示他们尽全力拿捕他们在途中遇到的所有的人。(18)但是这只舰队,直到法伊阿奇亚人的岛——这岛现在叫凯尔奇腊[④]——并不能造成任何伤害。(19)原来从卡里布狄斯

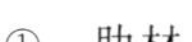

① 肋材。
② 栎木支架。
③ 牧人。引导者。
④ 今天的科孚(Corfu)。

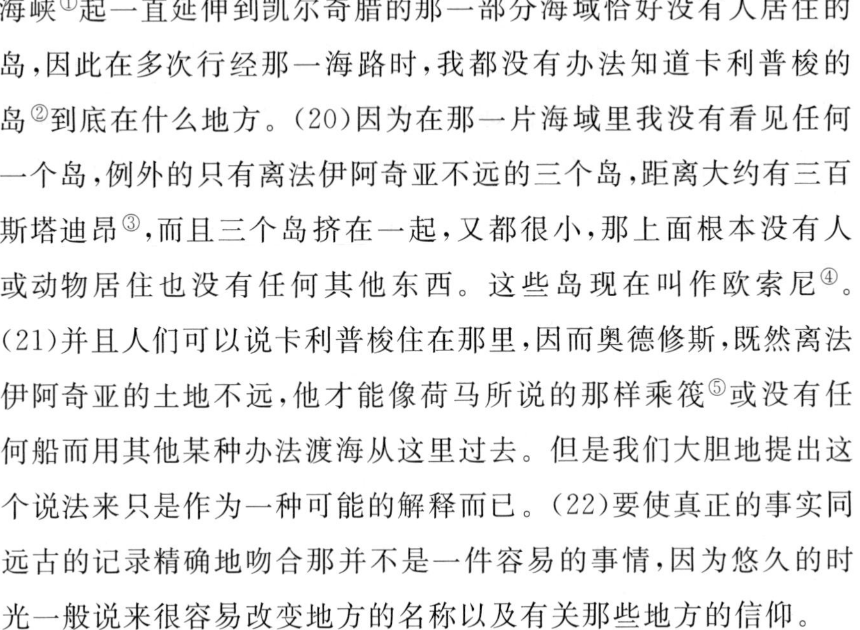

海峡[①]起一直延伸到凯尔奇腊的那一部分海域恰好没有人居住的岛,因此在多次行经那一海路时,我都没有办法知道卡利普梭的岛[②]到底在什么地方。(20)因为在那一片海域里我没有看见任何一个岛,例外的只有离法伊阿奇亚不远的三个岛,距离大约有三百斯塔迪昂[③],而且三个岛挤在一起,又都很小,那上面根本没有人或动物居住也没有任何其他东西。这些岛现在叫作欧索尼[④]。(21)并且人们可以说卡利普梭住在那里,因而奥德修斯,既然离法伊阿奇亚的土地不远,他才能像荷马所说的那样乘筏[⑤]或没有任何船而用其他某种办法渡海从这里过去。但是我们大胆地提出这个说法来只是作为一种可能的解释而已。(22)要使真正的事实同远古的记录精确地吻合那并不是一件容易的事情,因为悠久的时光一般说来很容易改变地方的名称以及有关那些地方的信仰。

(23)在法伊阿奇亚人的土地上停在岛的岸边上的那只白色石头建造的船,据某些人的说法,正是奥德修斯有幸在法伊阿奇亚受到款待时把他送到伊撒卡去的那只船。船的情况便是这样。(24)不过这船并不是一整块石头而是由很多石头砌成的。(25)在这上面刻了一段铭文,明确指出它是早时由某个商人建造起来献给宙斯·卡吉乌斯的。(26)这个地方的人们过去曾崇拜过宙斯·卡吉乌斯,因此这只船所在的城市直到今天还叫做卡索佩。(27)在

① 今天的墨西拿海峡(Strait of Messina)。

② 卡利普梭是希腊神话中的一个海中仙女。据荷马史诗,奥德修斯在海上遇难时曾在她的岛上得救。

③ 约合55.5公里。

④ 今天的欧索尼安群岛(Othonian Islands)。

⑤ 《奥德修记》,Ⅱ,33。

埃乌波亚的盖腊伊斯图斯[①]，由阿特列乌斯的儿子阿伽门农建造起来献给阿尔特米斯[②]的船，是以同样的方式用许多石块砌成的，建造这只船是设法甚至通过这一方式洗刷过去对她的侮辱，因为当时由于伊菲盖涅娅的苦难[③]，阿尔特米斯才允许希腊人起航。(28)这是船上的用抑扬六步格写的铭文说的，铭文是当时或者后来刻上去的。虽然它的大部分因年代久远已漫漶不清，但开头的诗句甚至到今天仍是可以辨认的，诗句是这样：

> “在这个地点这里，阿伽门农确实树立了我，一只大理石制造的船，作为永久纪念驶向特洛伊的希腊人的(舰队)一个标志。”

(29)在铭文的结尾处是这样的话：“图恩尼库斯制造，献给阿尔特米斯·波洛西亚。”原来先前人们通常对爱雷苏亚[④]用这个名字，因为他们把产前的阵痛称为“波莱”。但是我必须回到前面我岔开的地方。

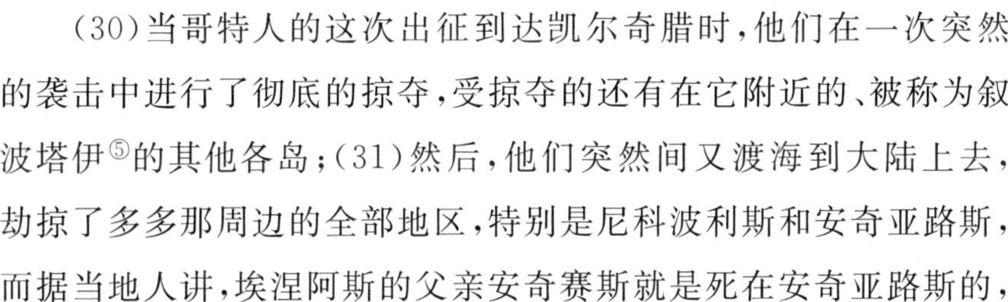

(30)当哥特人的这次出征到达凯尔奇腊时，他们在一次突然的袭击中进行了彻底的掠夺，受掠夺的还有在它附近的、被称为叙波塔伊[⑤]的其他各岛；(31)然后，他们突然间又渡海到大陆上去，劫掠了多多那周边的全部地区，特别是尼科波利斯和安奇亚路斯，而据当地人讲，埃涅阿斯的父亲安奇赛斯就是死在安奇亚路斯的，

---

① 今天的波尔托·卡斯特里(Porto Castri)。

② 希腊女神，传说为宙斯之女，阿波罗的姊妹，司狩猎，又被称为月亮女神(同于罗马的狄安娜)。

③ 伊斐盖涅娅是被她父亲阿伽门农作为牺牲献给阿尔特米斯的。

④ 希腊神话中的生育女神。

⑤ 今天的叙波塔群岛(Sybota Islands)。

当时他正和他的儿子一道从海上逃离被攻占的特洛伊,而安奇亚路斯这个地名也是因他才有的。(32)他们在整个沿岸地带活动并遇到了许多罗马船只,他们对每一只船都要拿捕,船上的货物以及所有一切都不放过。在这些船里也有一些是装运食品从希腊到纳尔吉斯的军队那里去的。当时发生的就是这些事情。

二十三

(1)在这之前很久托提拉曾派遣哥特人的一支军队进入皮凯努姆,目的在于攻占安孔;他所任命的这支军队的将领都是哥特人当中最显要的人士斯奇普阿尔和吉巴尔和贡杜尔夫,而贡杜尔夫则曾是贝利撒里乌斯的一名卫士,(2)有些人叫他音杜尔夫[①]。他还给他们四十七艘战船,这样他们便可以从陆地和海上两方面围攻要塞,既可使征服容易些,也不至太艰苦。(3)在长时间进行了这一围攻之后,被围攻的人们因缺少食品而感到极大的痛苦。

(4)正在拉温那等待,却无法单枪匹马地去援救安孔的罗马人的瓦列里安得知这一情况之后,便派一名信使去正在撒罗尼斯的维塔利安的侄子约翰那里去,信使带去的信里是这样的话。"安孔是在海湾以南唯一留在我们手里的城市,如果确实它现在还留在我们手里的话,这一点你自己也清楚的。(5)正在陷入重重包围之中的这座城市里的罗马人,他们的情况已危急到如此程度,我担心我们的援助是否已经晚了,因为我们在最危急的时刻过去之后才表现我们的热情并且在太晚的时候才显示我们的热心。(6)我话

① 参见本书第七卷,第三十五章,第23节以次。

就说到这里了。被包围者的紧迫情况不容许我把信再写下去，因为这时要求每一分钟都要用得十分得当，不能拖延，要知道危险的情况要求最快的援助，而不是空谈。”(7)约翰读了这封信之后，尽管皇帝不许他这样做，他还是自动地敢于前去救援，因为他认为命运造成的危急情况是比皇帝的命令更加重要的。(8)于是他选拔了他认为是全体士兵中最优秀的战士并且这之外还装备了三十八艘战船——这些战船都是十分快速并且在建造时尽量考虑到海上作战的方便——并且把他的一些食品放到船上，然后自撒罗尼斯启程并且在斯卡尔东[①]靠岸。不久之后瓦列里安率领着十二只船也去了那里。

(9)在把兵力联合起来之后，他们进行了协商并且订出了他们认为是对自己最有利的计划；随后他们便从那里起航，并且在到达对岸的大陆之后停泊在离安孔不远、罗马人称为赛诺伽利亚[②]的一个地方。(10)哥特人的将领们得知这一情况后，他们也立刻把他们显要人士装备到他们拥有的为数四十七只的战船上去，(11)而把其余的军队留下来对要塞进行围攻，尔后他们便一直向敌人攻去。(12)一方面是斯奇普阿尔率领着留下来进行围攻的军队，另一方面是吉巴尔和贡杜尔夫率领着船上的士兵。(13)而当两军相互逼近时，双方的将领都要自己一方的战船停下来，然后把它们凑到一处，各自向士兵讲了一通激励的话。

(14)约翰和瓦列里安首先讲了这样的话：“士兵朋友们，你们

① 今天的斯卡尔多那(Scardona)。

② 赛那·伽利卡(Sena Gallica)，今天的西尼伽利亚(Sinigaglia)。

中间的任何一个人也不应当认为,在当前情况下你们只是为安孔那这座城市和被包围在里面的罗马人而去战斗,也不要认为这次战斗的结果只对这件事有影响,而是你们必须认为,总起来说,整个战争的成败关键都要由这里的一场战斗来决定,并且战斗对哪一方有利,命运的最后决定权也就属于哪一方。(15)对于当前的局势你们应当这样看:战争在很大程度上决定于物资的供应,给养不足的军队不可避免地要为敌人所打败。(16)要知道,勇敢是不能同饥饿共存的,因为大自然不允许一个人既挨饿同时又勇敢。(17)情况已然是这样:从德律欧斯到拉温那,我们已没有另外任何一座要塞在自己手里可以用来储藏我们自己的和我们的马匹的食物,并且敌人已如此彻底地控制了陆地,乃至那里没有一座对我们友好的城镇可以从那里甚至少量地为我们提供给养。(18)而且我们的全部期望都只是放到了安孔上面,即从对面大陆渡海过来的军队可以在这里登陆并得到安全。(19)因此,如果我们在今天的战斗中获胜并且为皇帝确保了安孔——这是很有可能的——也许今后我们将能以希望,我们将能以把今后对哥特人的战争同样顺利地进行下去。(20)但是,如果在这一战争中我们失败了,我们且不说进一步的灾难,那就只有上帝才会容许罗马人对意大利的长久统治了。而且还有一点也值得我们考虑,这就是:如果我们在战斗表现出是怯懦的胆小鬼,则甚至逃跑也是不可能的。(21)要知道,你们既不拥有陆地,因为陆地牢牢地被控制在我们敌人的手里;你们也不能到海上去航行,因为敌人事实上控制了海洋;而这结果便是——我们的获得安全的希望只存在我们自身的力量之中并且按照我们在战斗期间的表现而形成。(22)因此,只要你们还有勇气，就要做一位勇士吧，而且要记住这样一点：如果，一方面，你们在这次战斗中失败，那你们就是遭到最后的失败，但是如果；另一方面，你们取得了胜利，你们不仅得到光荣，而且还将进入非常幸运的人们的行列！"

(23)以上便是约翰和瓦列里安的讲话。而哥特人的将领们对士兵的告诫则是这样的："这些可恶的流氓在被赶出整个意大利并且隐藏在大地或海洋的我们不知道的什么角落里很长一个时期之后，现在居然又敢同我们对抗了，而既然他们到我们这里来是为了重新挑起战斗，那么我们就必须有充分的决心来制止[①]那由于愚蠢而在他们身上产生的胆大妄为，这样才不致由于我们的退让而使他们的疯狂导致某种严重的后果。(24)你们知道，愚蠢在开头时如果不被制止，就一定会发展到无法无天的地步，而最后会给有关的人们造成无可挽回的灾难。(25)因此，要尽快地叫他们知道他们是天生没有男人气概的希腊鬼[②]，他们那些被打败的家伙只是做出勇敢的样子而已，因此无论如何不要叫他们的这种做法再发展下去。(26)要知道，仅仅受到蔑视的胆怯会发展成为忘乎所以，因为冒失只要继续下去就会变得肆无忌惮。(27)无论如何也不要认为他们会长期地反抗你们，如果你们表现出勇者的气概的话。要知道，高涨的精神如果没有充满这种精神的那些人的相应的实力相配合，即使在事先表现得极为激昂，但一旦战斗开

① 直译是："抓住头发向后拖"。

② 罗马文化直接受希腊文化的哺育，罗马学人凡有条件的都要去希腊留学或请希腊学者来执教，但对希腊平民(特别是工匠、小贩、艺人等)则采取蔑视、排斥态度，罗马历史上不止一次地发生驱逐希腊小民的事件。

始它很快便会消失。(28)既然情况确实如此,那么就要记住先前敌人向你们挑战时在许多情况下是怎样的做法,并且要考虑到,这次他们来向你们发动进攻时,他们当前并没有变得更勇敢些,而只表现出和先前同样程度的蛮勇,因此他们也将会落得同样的下场。"

(29)哥特人的将领们讲了这番激励的话之后,便前去迎击敌人并且立刻便同敌人短兵相接了。战斗进行得极为酷烈,有似于陆上的一场战斗。(30)双方的战船都面对面地列开战阵,相互用箭射击,并且所有那些想表现得勇敢的人们就把他们的船紧紧地互相挨在一起并从甲板上攻击对方,他们就像在一块平地上那样用和长枪作战。(31)这次战斗开头的阶段就是这样了。

但是在这之后,蛮族由于缺少海上作战的经验而开始在战斗中陷入了巨大的混乱;原来他们中间的某些人由于相互隔得太远而使他们的敌人有了同他们进行单对单的格斗的机会,而另一些人则集结成大群而因船只的拥挤又不断地相互造成妨碍。(32)而人们会设想到,他们的船只的甲板是像席子那样拼在一起的。他们用弓箭射向一定距离外的同他们对射的敌人时不是不及时就是十分困难,他们每当看到敌人向他们攻击时也不能使用剑或长枪。他们的注意力却一直集中在他们自己人当中的呼叫和拥挤上面,因为他们在混乱中不断相互撞到一起,然后又用竿子相互推开①,他们有时把船头紧紧挤到一处,有时又隔开很远,从而在任何一种情况下都给自己的一方造成麻烦。(33)并且每一只船上的人员都

① 指他们的战船。

一直在高声发号施令并且向着离他们最近的人们狂呼，但不是鼓励他们进攻敌人而是要他们自己的船只相互间能隔开适当的距离。(34)由于他们的心思都被他们相互间造成的困难所占据，他们自己也就成为敌人制胜的主要原因了。

另一方面，罗马人却战斗得很勇敢，他们巧妙地操纵他们的战船，他们把船头对着敌人，相互间既不是隔得太远，又不是挤得超过了必要的限度，而始终使它们相互接近或离开的运动得到适当的调整；并且每当他们看到敌人的某一只船同其余的船只分离开来的时候，他们便冲过去，不费什么气力地把它击沉，并且每当他们看到某些敌人乱作一团的时候，他们便把箭密集地射过去，并且，一旦他们对陷入混乱并且给自己的混乱所产生的劳苦弄得精疲力竭的敌人发动进攻时，他们立刻会给敌人造成歼灭性的后果。(35)因此，蛮族竟屈服在不幸的命运和战争期间他们犯的错误面前，而放弃了斗争，他们不知道他们应当怎样战斗下去，因为他们既没有把海战继续下去，也没像在陆上的战斗那样坚持在甲板上，却放弃了战斗而危险地停了下来，这时只得一切听凭命运的摆布。(36)结果哥特人在一团混乱中可耻地退却了，他们不再想到勇气，不再想到有秩序的撤离，也不再考虑可以保证他们的安全的任何其他办法，而实际上大部分人分散到敌人的战船中间，结果陷入完全无能为力的困境。(37)他们中间的某些人在不被对方注意的情况下乘着十一艘船逃掉并因而得救了，但所有其余的人全部落入敌人之手，没有一个侥幸的。(38)这部分人当中，不少人是被罗马人亲手杀死的，其他许多人则是被罗马人和船一道沉入江中而丧命的。在将领之中，贡杜尔夫偷偷地和十一只船一道逃掉了，但另

一位却被罗马人俘虏了。

(39)在这之后,十一只船上的人们登了陆并立刻把船烧掉了,以免落入敌人之手,而他们自己则步行去正在围攻安孔城的军队那里。(40)他们向那里的人们报告了发生的事情之后,他们所有的人便一道匆忙地撤退了,把营地丢给了敌人。他们拼命地逃跑并在一团混乱之中一直跑到相邻的城市阿乌克西姆斯。(41)而不久之后到来到安孔的罗马人便占领了已空无一人的营地,继而在给要塞里的人们送来食品之后,便乘船从那里离开了。(42)至于瓦列里安,则他去了拉温那,而约翰则返回撒罗尼斯。这次战斗特别挫伤了托提拉和哥特人的精神并削弱了他们的力量。

二十四

(1)大约在这同时,罗马人在西西里的情况有如下述。利贝里乌斯被皇帝从那里调走,已经返回了拜占庭,而阿尔塔巴尼斯则按照皇帝的决定统率了西西里地方的全部罗马军队。(2)他已包围了留在该岛各要塞之中的哥特人,这些哥特人确实人数很有限并且每当他们从要塞向外出击时,他都曾在战斗中打败他们,使他们在生活必需品方面处于绝对匮乏的困境并终于迫使所有的要塞都投降了。(3)对这种情况哥特人害怕起来,同时又因海战的结果而深深地被震撼,所以他们开始对战争感到绝望,因为这时他们已变得没有任何希望了。原来他们是这样推论的:甚至在当前的条件下他们都可耻地被自己的敌人所打败并且完全丧失了士气,如果罗马人会得到任何支援,甚至是小规模的支援,那他们用任何办法也将不能在敌人面前坚持哪怕最短的时期或在意大利有一处立足点。确实他们也没有任何希望通过同皇帝的协商达成任何事情。(4)要知道,事实上托提拉已曾多次派使节去他那里。这些使节确实也见到了优斯提尼安并且说明法兰克人已经占领了意大利的较大部分,并且意大利的其余的土地则大多由于战争的缘故而变得荒无人烟了。然而哥特人还是甘愿为了罗马人的利益而退出唯一保持完整的西西里和达尔玛提亚,并且同意每年为了被放弃的土地缴纳贡赋和租税,此外他们还会以联盟者的身份对任何人作战,只要皇帝希望他们这样做,而且在其他方面他们也会听命于他。(5)但是皇帝根本不理会他们说的话而是把使节全都打发走,因为事实上他憎恶哥特这个名字并打算把它彻底从罗马的领土上清除出去。当时发生的这些事情便是如此。

(6)但法兰克人的领袖提乌迪贝尔特在不久前病故了,他没有什么正当的理由便迫使利古里亚的某些地区和科提·阿尔卑斯山区以及味内提亚的大部分向他缴纳贡赋。(7)由于交战的民族[①]无暇他顾,法兰克人便认为这是他们自己的机会,便不冒危险地利用别人在战斗中争夺的土地扩大了自己的地盘。(8)哥特人确实在味内提亚留下了一些要塞,而罗马人则占有沿岸的城镇;但法兰克人却把所有其余的土地收归自己的统治之下。(9)正如我在前面所记述的,当罗马人和哥特人相互作战并且不可能再额外增加新的敌人的时候,哥特人和法兰克人却相互协商并达成协议,即在哥特人同罗马人作战期间,哥特人和法兰克人双方都应保持安静而各自拥有他们已有的土地并且他们之间不应有任何敌对行动。

① 罗马人和哥特人。

(10)但是,如果托提拉竟有幸在战争打败优斯提尼安,则哥特人和法兰克人这时应把这些事件处理得看来对双方都有利。(11)但是提乌迪贝尔特由他的儿子提乌迪巴尔德继承了王位。于是皇帝派阿撒那西乌斯的女婿,元老院成员列昂提乌斯作为使节到他那里去,请他参加一项反对托提拉和哥特人的进攻联盟,还要求他从意大利的一些地方撤走,因为这是过去提乌迪贝尔特非法侵入的。

(12)且说列昂提乌斯来到提乌迪巴尔德这里之后,便讲了这样的话。"在其他情况下,事件发展得同人们的预料相反,这也许是确实的,但是在当前的情况下你们对罗马人干出的事情,我以为却是全世界上任何人都没有遇到过的。(13)要知道,只有在法兰克人以联盟和友谊的名义从皇帝优斯提尼安手中接受大笔金钱并且同意在战斗中帮助他之后,皇帝这方面才决定进行这一战争并且才表现出了要对哥特人展开军事行动的样子。(14)但是他们并不认为自己有义务实现他们的任何诺言,却进而向罗马人干出了难以想象的强暴行为。(15)要知道,你的父亲提乌迪贝尔特便入侵过他对之没有任何正当权利的领土,而这领土是皇帝冒着战争的危险好不容易才征服了的,而全体法兰克人却根本没有参加这一战争。(16)因此现在我到你这里来并不是要责备你们或指控你们,而是为了提出将会有利于你们自己的要求和建议。(17)因此我要说的就是,一方面,你们应当保持你们现在享有的繁荣幸福,而另一方面,也要叫罗马人享有他们自己的繁荣幸福。(18)你们知道,当一个民族拥有强大力量的时候,想用不义的手段占夺别人的甚至某种微不足道的东西的做法,往往反而足以使他们失掉自古以来享受的利益,因为繁荣幸福是绝不会同不公道的行为联系

在一起的;此外,我还要求你和我们联合起来对托提拉作战,从而实现你的父亲同我们达成的协议。(19)最适合于真正合法的儿子的行为是这样的:纠正由他们的双亲所犯的任何错误,而他们所做的任何好事则应当坚持不懈地继续下去。(20)确实,对于最明智的人来说,他们所热切祈盼的正是这样一件事,即他们的孩子会仿效他们的最好的行为,而他们做得不好的事情则不是由别人,而是由他们的孩子来纠正。(21)老实说,你们本来不用等到召请便应当同罗马人一道进行这场战争的。要知道,我们进行的是对哥特人的一场战争,哥特人自古以来就是法兰克人的切齿痛恨的敌人,他们对法兰克人是完全不讲信义的,他们连年累月地对法兰克人进行着没有休战的和不事先宣告的战争。(22)当然,现在由于害怕我们,他们又毫不犹豫地向你们讨好了;但是,只要他们能把我们摆脱掉,他们会马上表现出对法兰克人的真正态度。(23)要知道,坏人无论在顺境还是逆境,他们的本性都不会改变,不过确实在一般情况下,在交厄运的时期,他们习惯于把他们的本性掩盖起来,特别当他们对邻人有所求的时候,他们的需要迫使他们隐藏起他们卑劣的心术。(24)想一想这些事情,然后,一方面恢复同皇帝的友谊,而另一方面,全力保卫自己而抗击你们自古以来的敌人吧。"

(25)以上便是列昂提乌斯的讲话。而提乌迪巴尔德的回答则是这样。"首先你要求我们和你们结成联盟去反对哥特人,这是既不合理又不公正的;因为事实上哥特人现在是我们的朋友。如果法兰克人对他们不遵守自己的诺言,那对你们也会不遵守诺言。(26)要知道,过去对自己的朋友一度表现过不仁不义的人,他们永

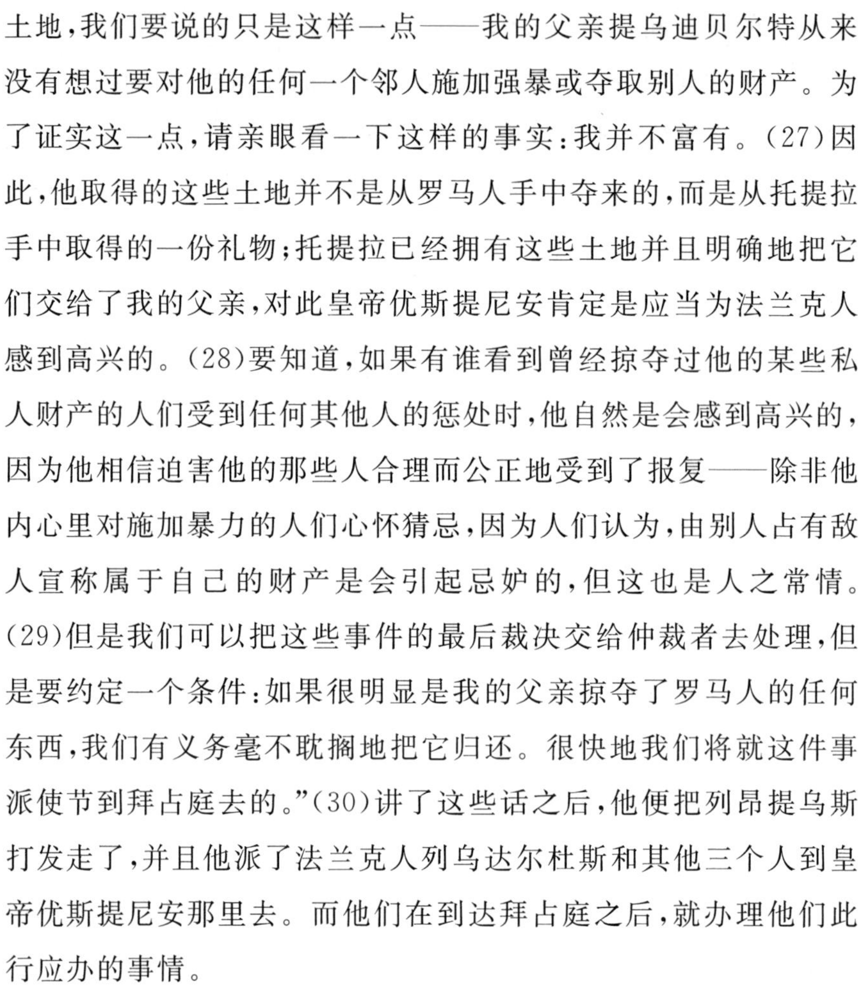

远会是这样一种不走正义之路的本性的。其次，至于你所提到的土地，我们要说的只是这样一点——我的父亲提乌迪贝尔特从来没有想过要对他的任何一个邻人施加强暴或夺取别人的财产。为了证实这一点，请亲眼看一下这样的事实：我并不富有。(27)因此，他取得的这些土地并不是从罗马人手中夺来的，而是从托提拉手中取得的一份礼物；托提拉已经拥有这些土地并且明确地把它们交给了我的父亲，对此皇帝优斯提尼安肯定是应当为法兰克人感到高兴的。(28)要知道，如果有谁看到曾经掠夺过他的某些私人财产的人们受到任何其他人的惩处时，他自然是会感到高兴的，因为他相信迫害他的那些人合理而公正地受到了报复——除非他内心里对施加暴力的人们心怀猜忌，因为人们认为，由别人占有敌人宣称属于自己的财产是会引起忌妒的，但这也是人之常情。(29)但是我们可以把这些事件的最后裁决交给仲裁者去处理，但是要约定一个条件：如果很明显是我的父亲掠夺了罗马人的任何东西，我们有义务毫不耽搁地把它归还。很快地我们将就这件事派使节到拜占庭去的。”(30)讲了这些话之后，他便把列昂提乌斯打发走了，并且他派了法兰克人列乌达尔杜斯和其他三个人到皇帝优斯提尼安那里去。而他们在到达拜占庭之后，就办理他们此行应办的事情。

(31)这时托提拉急于攻占属于利比亚的那些岛。于是他立刻集合了一个舰队并且在上面配备了适当的一支军队，随后便把他们派到科西嘉和撒地尼亚[①]去了。(32)这支舰队先是去科西嘉，

① 现在通译“撒丁”。

而在发现这里没有守卫的士兵之后便占领了该岛，随后同样地又占领了撒地尼亚。(33)托提拉要这两个岛向自己纳贡。但是当约翰——他正在统率着利比亚的罗马军队——得知这一情况之后便派一支舰队和一支强有力的军队去撒地尼亚。(34)当他们逼近卡腊那利斯城时，便设营进行围攻；因为他们并不认为自己有能力对城墙发动猛攻：哥特人在那里有一支相当强大的卫戍部队。(35)但是蛮族得到这一消息后，他们便从城里发动了一次出击，而由于他们是出其不意地攻向敌人，所以不费什么气力便把敌人打败并杀死了许多敌人。(36)其余的人一时里为了逃命跑到船上去，但是稍后他们又离开了那里，和整个舰队一道去了迦太基。(37)整个冬天他们都留在那里，以便在开春的时候他们可以更有准备地再次去进攻科西嘉和撒地尼亚。这个撒地尼亚岛先前叫撒尔多。(38)在那长着一种草，凡是尝过这种草的，立刻会产生一种很快便引起死亡的、致命的抽搐，而由于这种抽搐，死者呈现出一种仿佛是笑的面容，因而人们便根据地名把这种笑称为“撒多的”。(39)但是科西嘉是被古时人称为库尔努斯的。在那个岛上可以看到和人一样的猿，还有一种只比绵羊稍大一点的马。就说这些了。

二十五

(1)这时一大群斯克拉文尼人来到了伊利里库姆并在这里干出了难以描述的暴行。于是皇帝优斯提尼安派出由日尔曼努斯的儿子们以及其他人率领的一支军队去对付他们。(2)但是由于这支军队的人数远比敌人为少，因此它根本无法同敌人作战，而总是留在后面，杀死蛮族军队中那些掉队的士兵。(3)他们杀死了敌人当中的许多人，但是也俘虏了为数不多的一些人并解送到皇帝那里去。尽管如此，这些蛮族继续在这里进行蹂躏。（4）他们实际上把很长的一段时期用于这种掠夺性的行军，从而使所有的道路都布满了尸体，他们还奴役了无数的人群并且抢走了一切而没有遇到任何反抗。后来他们才终于离开这里带着劫夺来的一切走上了回家的道路。（5）在他们渡过伊斯特河时罗马人也不能对他们进行伏击，也不能用任何其他办法伤害他们，因为约定为他们服务的盖帕伊狄人把他们置于自己的保护之下并把他们渡了过去，而为了这一服务他们取得了丰厚的报酬。这报酬是按每人一个金币的价格来支付的。（6）对此皇帝深为痛苦不安，因为他看到在今后他已没有可行的办法来制止蛮族渡过伊斯特河来劫掠罗马的领土，或者制止他们在完成这些劫掠性的征讨后带着他们的战利品离去，而由于这些理由，他希望同盖帕伊狄人建立某种条约的关系。

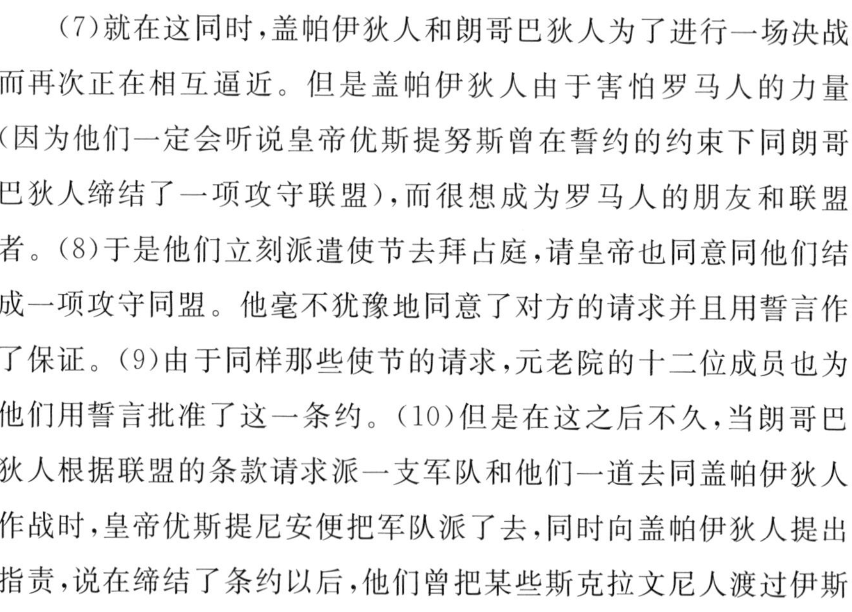

（7）就在这同时，盖帕伊狄人和朗哥巴狄人为了进行一场决战而再次正在相互逼近。但是盖帕伊狄人由于害怕罗马人的力量（因为他们一定会听说皇帝优斯提努斯曾在誓约的约束下同朗哥巴狄人缔结了一项攻守联盟），而很想成为罗马人的朋友和联盟者。（8）于是他们立刻派遣使节去拜占庭，请皇帝也同意同他们结成一项攻守同盟。他毫不犹豫地同意了对方的请求并且用誓言作了保证。（9）由于同样那些使节的请求，元老院的十二位成员也为他们用誓言批准了这一条约。（10）但是在这之后不久，当朗哥巴狄人根据联盟的条款请求派一支军队和他们一道去同盖帕伊狄人作战时，皇帝优斯提尼安便把军队派了去，同时向盖帕伊狄人提出指责，说在缔结了条约以后，他们曾把某些斯克拉文尼人渡过伊斯

特河，给罗马人造成损害。

(11)而这支军队的将领首先是优斯提努斯和优斯提尼安，这两个人是日尔曼努斯的儿子；第二，阿腊提乌斯；第三，苏阿尔图阿斯：此人先前曾被优斯提尼安任命为埃茹利人的将领(然而在从图勒岛来的那些人起来反对他的时候——，这事我在前面已有所记述[①]——他却逃回到皇帝那里去并立刻成了拜占庭罗马军队的将领)；并且最后，阿玛拉弗里达斯，此人是一个哥特人，哥特人的国王提奥德里克的姊妹阿玛拉弗里达的孙子和前都灵吉人的领袖海尔美涅弗里都斯的儿子。(12)此人是被贝利撒里乌斯和维提吉斯一道带到拜占庭来的，皇帝于是任命他为罗马军队的一名将领并且把他的姊妹许配给朗哥巴狄人的国王奥杜因。(13)但是这支军队没有一个人到达朗哥巴狄人那里，例外的只有这个阿玛拉弗里达斯和他的部下。原来其余的人们，根据皇帝的指令，在伊利里库姆的城市乌尔皮亚那[②]停了下来，因为在这里的居民中间发生了一次内战，原因是基督教徒因某些问题而相互打了起来，关于此事我在有关的论文中还要谈到的[③]。

(14)于是朗哥巴狄人的全军和阿玛拉弗里达斯一道便来到了盖帕伊狄人的国土。盖帕伊狄人迎击他们，随之展开了一场激烈的战斗，结果盖帕伊狄人被打败，他们说他们有很多人死在这场战斗之中。(15)于是朗哥巴狄人的国王奥杜因便派了他身边的一些人去拜占庭，首先是向皇帝报告一个好消息，因为敌人已经被打败

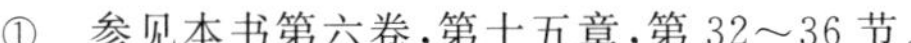

① 参见本书第六卷，第十五章，第 32～36 节。

② 今天的利普利安(Lipljan)。

③ 此事未见于作者的传世作品之中。

了;其次是对他进行谴责,因为皇帝的军队并没有按照联盟条约的条款到达战斗的现场,尽管不久之前曾有一支朗哥巴狄人的大军被派到纳尔吉斯那里去同托提拉和哥特人作战。这些事件的经过便是如此。

(16)正是在这个时候,在整个希腊发生了一次很大的地震①,贝奥提亚和阿凯亚以及沿克里赛欧斯湾②地区损失惨重。(17)无数的城镇和八个城市被夷为平地,其中有凯洛涅亚和科罗涅亚和帕特莱伊以及整个纳乌帕克图斯③,在这里还死了很多人。(18)在许多地方土地被震裂,形成了裂缝。但是有一些这样的裂缝又合到了一处,而地面的外表和形状看来仍和先前一样,但在另外一些地方,裂缝始终保持在那里,结果这样一些地方的居民变得无法相互来往而只能利用许多迂回的道路。(19)但是在帖撒利和贝奥提亚之间的海湾④里,在被称为埃奇努斯的城市和贝奥提亚的斯卡尔菲亚的地方突然发生海水灌向陆地的现象。(20)海水涨满了大片的土地,淹没了那里的城镇并且立刻把它们彻底摧毁了。海水涌向大陆这种情况持续了很长一个时期,乃至在相当长的一段时期之内,人们竟可以徒步走到这一海湾内的岛上去,因为显而易见,海水离开了它原来的地方,说来也怪,它竟涌到陆地上去,直到那里有山的地方。(21)但是当海水回到它原来的地方时,鱼又留在了地面上,并且由于它们的样子完全是当地民众所不曾见过

① 参见埃乌伽里乌斯,第四卷,第二十三章。

② 科林斯湾的北部的一个北汊。

③ 今天的勒潘托(Lepanto)。

④ 今天的玛利亚克湾(The Maliac Gulf)。

的，所以它们就似乎像是怪物了。(22)老百姓以为它们是能吃的，于是便把它们拣起来放到水里去煮，但是火的热力一接触到它们之后，它们的整个躯体就像腐烂了似的化为一种简直无法忍受的奇臭的液体。(23)但是在那有所谓“斯奇斯玛”[①]的地方发生了一次极为强烈的地震，死在那里的人比希腊所有其余的地方死的人还要多，这特别是因为那里恰好人们正在庆祝一个节日，为此从整个希腊有许多人集中到那个地方。

(24)在意大利则发生了这样的事情。克罗同的民众和在这里担任卫戍任务、由帕拉狄乌斯所率领的士兵正处在哥特人的十分严密的包围之中；而由于他们的食物十分缺乏，所以他们多次背着敌人派人去西西里，要那里罗马军队的将领们，特别是阿尔塔巴尼斯亲自来证实一下，并且表示，如果阿尔塔巴尼斯他们不能尽快地前来援助，他们在不久之后将要投降敌人并把城市也交出来，尽管他们很不愿意这样做。但从那里没有一个人来帮助他们。冬天结束了，而普洛科皮乌斯记述其历史的这一战争的第十七个年头[②]也随之结束了。

二十六

(1)但是皇帝在得知克洛同的情况之后便派人去希腊并且命令驻守在赛尔莫皮拉伊[③]的卫戍部队尽快乘船去意大利，全力援

---

① 裂缝。

② 公元552年，我国南朝梁元帝承圣元年。

③ 意译“温泉关”，为由希腊北部通向中部的要道。公元前480年斯巴达国王列奥尼达斯及其部下曾在这里阻击入侵的波斯军队并全部战死。

助被包围在克罗同的人们。(2)他们按照命令行事，很快便从海上出发了；由于赶上了顺风，在敌人未曾料到的情况下驶进了克罗同的港湾。看到突然出现的舰队，蛮族士兵立刻陷入巨大的恐惧，在一团混乱中撤走了围攻的军队。(3)他们当中有一些人乘船去了塔伦图姆港，另一些人从陆上撤到了斯奇拉伊乌姆山。并且这一事件更加挫伤了哥特人的士气。(4)为此，哥特人当中的一位十分知名的人士腊格那里斯，也就是塔伦图姆卫戍部队的将领和率领阿凯隆提亚的卫戍部队的莫腊斯，按照他们麾下士兵的愿望同德律欧斯地方罗马士兵的将领佩腊尼乌斯之子帕库里乌斯进行了谈判，并且约定，只要皇帝优斯提尼安对他们的安全提供保证，他们本人和他们麾下的士兵将向罗马人投降并把他们守卫的要塞交出来。因此，为了批准这一协定，帕库里乌斯去了拜占庭。

(5)纳尔吉斯这时则从撒罗尼斯出动，率领罗马全军去进攻托提拉和哥特人。这支军队极为庞大；因为皇帝给了他极大的一笔钱，(6)而他就用这笔钱，首先，征集极大的一支军队并支付战争的其他开销；而在这之后又向意大利的士兵付清了过去欠给他们的所有的钱；要知道，很长的一个时期以来皇帝在这件事上一直是拖欠着的，因为士兵并没有像通常那样从国库那里取得他们应得的报酬。而且，他还想用这个办法去影响逃到托提拉那一面去的士兵，使他们受这些金钱的吸引，改变他们效忠的对象。

(7)确实，虽然皇帝优斯提尼安先前对于领导这场战争很不关心，但是最后他还是为之做了极为充分的准备。(8)当纳尔吉斯看到皇帝迫切希望他领导对意大利的出征的时候，他表现了一位将领应有的抱负，并宣布说，只要给他足以完成任务的一支军队，他是会服从皇帝的命令的。(9)因此，由于接受了这一任务，他从皇帝那里取得了配得上罗马帝国的大量的金钱、人员和武器，他本人也表现了一种根本不知疲倦的热情并且征募了一支胜任的军队。(10)原来他不仅从拜占庭带出了大批罗马士兵，他还从色雷斯和伊利里库姆地区征募了许多人。(11)而且约翰也率领着他自己的军队以及他的岳父日尔曼努斯留下军队同纳尔吉斯联合到一起。(12)而且，被皇帝优斯提尼安用许多金钱争取过来的朗哥巴狄人的领袖奥杜因也按照联盟条约选拔了自己部下的两千五百名英武善战的士兵并把他们派去同罗马人并肩作战；而在这些士兵之外还有三千多名战斗人员作为仆从。(13)随他出征的还有三千多名埃茹利人的战士，他们全部是骑兵，这些骑兵的将领是菲列木特和其他人；而且大量的匈人还没有计算在内。这里还有达吉斯赛欧斯和他手下的人们，他们是为了这个目的才从狱中被释放出来的[①]。此外还有卡巴德斯，以及逃到这里来的波斯人(此人是扎米斯的儿子、波斯国王卡巴德斯的孙子，我在前面的记述中曾提到过这个人[②]，他是由于“卡那兰吉斯”[③]的努力才得以从他的伯父科斯罗伊斯的手中逃脱出来的并且在很久以前便来到了罗马人的国土)。还有一个人名叫阿斯巴杜斯，他是盖帕伊狄人，一个特别能干的年轻小伙子，他手下有也是盖帕伊狄人的四百名能征善战的士兵。这些人之外还有一个名叫阿茹特的埃茹利人，这个人从少

① 有关达吉斯赛欧斯被囚禁的情况，参见本书第八卷，第九章，第3—4节。

② 参见本书第一卷，第二十三章，第7节以次。

③ 波斯的意为“将军”的头衔，参见本书第一卷，第五章，第4节。

年时期起便羡慕罗马的生活方式并娶了蒙都斯之子玛乌里奇乌斯的女儿做妻子，他本人是一个极为勇敢的战士，手下的大量埃茹利人也都是特别善于打仗的。最后，还有一个外号叫“大肚汉”的约翰，此人在前面我已提到过[①]，他手下也有人数众多的一批能干的罗马士兵。

(14)纳尔吉斯，就他来说，是一个极为慷慨大度的人并且非常愿意帮助那些需要这种帮助的人们，而且由于皇帝赋予他巨大的权力，所以在涉及他所关心的那些事务时，他便可以比较自由地作出自己的判断。(15)故而许多将领以及士兵先前都曾亲身感受过他的慷慨作风。(16)因此，很自然地，当他被任命为反对托提拉和哥特人的战争的统帅的时候，所有的人都非常愿意在他的麾下服役，有些人是为了回报自己从他那里受到的恩惠，另一些人也许是指望从他那里得到大量的赠赐，这也是可以理解的。(17)但是埃茹利人和其他蛮族对他抱有特别的好感，因为他们曾受过他特别亲切的款待。

(18)当他们来到离味内提亚很近的一个地点时，他便派出一名使者到在那里的各要塞负守卫之责的法兰克人那里去，要求他们允许他的军队自由通过，因为他们是朋友。(19)但是法兰克人说他们在这一点上无论如何不能对纳尔吉斯让步，不过他们并不公开挑明真正的理由，而是千方百计地隐瞒这样一个事实，即不许他们通过，这样做有利于法兰克人或因为法兰克人对哥特人抱有好感。而法兰克人提出的不让通过的借口看来并不是十分站得住

① 参见本书第二卷，第十九章，第15节等处。

的，因为他们说和他同来的人们当中有法兰克人的不共戴天的敌人朗哥巴狄人。(20)纳尔吉斯对此起初大为不解，于是便向与他同行的意大利人征询意见应如何处理，但有些人带来消息说，即使法兰克人允许他们通过这个地方，他们仍然根本无法从那里去拉温那，而且他要走这条路，到维罗那城再向前就不能走了。(21)他们报告说，托提拉曾把哥特人的军队中最优秀的部分集中起来并且派帖亚斯这位极为出色的哥特战士作他们的统帅，然后把他派到属于哥特人的维罗那去，要他尽全力阻止罗马军队通过。实际情况就是这样。

(22)在帖亚斯进入维罗那城之后，他便把敌人必须经过的那条道路完全封锁起来，还用人为的手段使得波河沿岸的地区根本无法行走或通过；因为在某些地方他安置了由灌木丛构成的障碍物，挖掘了壕沟和坑道，而在另一些地方又布置了极深的泥塘和大片大片的沼泽地。另一方面，他本人和哥特军队则进行严密的监视以便迎击罗马的军队，如果他们竟然试图走这条道路的话。(23)托提拉所以想出这些办法来，一方面是为了使罗马人根本无法沿着伊奥尼亚湾的海岸行进，因为许多可以通航的河流的河口都在那里，这便使得这条路根本无法通行；并且，另一方面，他认为敌人肯定不会有那么多的船只可以把全部军队一股脑儿渡过伊奥尼亚湾，而如果敌人分小批渡过的话，他本人和其余的哥特军队在每一个别情况下都可以轻而易举地阻止敌人上岸。(24)托提拉发出并由帖亚斯及时加以执行的这些指令，其目的便在于此。

对此纳尔吉斯感到自己处于完全手足无措的地位，但是熟悉这些地区的维塔利安的侄子约翰却建议他率全军沿着海岸行进，

因为,如前所述①,这一地区的居民是属于罗马人的,而且他们还有一些船只和大量的小船在身边。(25)而只要是他们来到一个河口,他们便可以用这些小船在河的水流上搭一座舟桥,这样便可以使士兵们比较容易地渡河了。约翰的建议就是这样。纳尔吉斯听从了他的建议并且便用这个办法率领全军去拉温那。

二十七

(1)当这些事情像上面所描述的那样正在进行的时候,又发生了下面的事情。朗哥巴狄人伊尔狄吉撒尔②在前面的叙述中③被说成是这些蛮族的首领奥杜因的私敌(确实就世系出身而论,王位是应当属于伊尔狄吉撒尔的,但是奥杜因用暴力从他手中夺过了王位);现在此人逃离了自己的本国而去了拜占庭。(2)他到达那里后,皇帝优斯提尼安给了他特别的照顾,任命他担任宫廷卫队的一个中队的将领,而人们则把这种中队称为“斯科拉伊”④。(3)在他手下有同属于朗哥巴狄人的不下三百名精锐战士,他们最初在色雷斯是生活在一起的。(4)于是奥杜因要求皇帝优斯提尼安把伊尔狄吉撒尔交给他,理由是:他是罗马人的朋友和联盟者,他要求皇帝把请求庇护的人交出来作为他对皇帝的友谊的一种回报。(5)但是优斯提尼安断然拒绝把此人交出来。

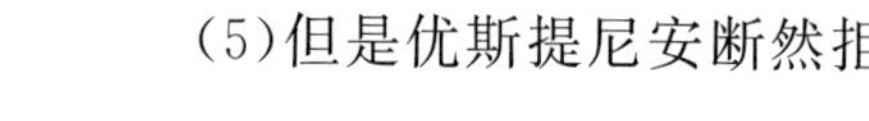

① 参见本卷第二十四章,第8节。

② 在前面此人的名字是伊尔狄吉斯,可能是作者的笔误,也可能是名字有两种写法。

③ 参见本书第七卷,第三十五章,第19节。

④ scholae原意是学校(schools)。可能是从他们的住处或组织方式引申出来的。

但是，后来伊尔狄吉撒尔却开始抱怨说，他的地位和待遇都同他的身份与罗马人的美誉不相称并且看来是极为不满。而这种情况被一个名叫郭亚尔的哥特人注意到了，这个郭亚尔来自达尔玛提亚，是很久以前哥特人的国王维提吉斯对罗马人作战时作为这次战争的战俘而来到这边的；(6)这是一个性格浮躁而又极为好动的人，他不断在反抗自己身受的命运。因而当哥特人在维提吉斯垮台之后策划一次变乱而拿起武器来反对皇帝的时候，郭亚尔就明显地被发觉有进行反对当局的活动。于是他被判处流放而去了埃及的安提努斯城，并为了服刑而在那里度过了很长一个时期。(7)但是后来皇帝有了怜悯之心而把他召回了拜占庭。当时就是这个郭亚尔看到了伊尔狄吉撒尔像我前面所说的心怀不满，于是便一直不断地追在他后面并试图劝他逃跑，并且答应同他一道离开拜占庭。(8)由于他们都喜欢这一计划，所以他们便在只有少数几名随从的陪伴下突然跑掉了，并且他们在到达色雷斯的城市阿普里之后，便和这里朗哥巴狄人的士兵联合起来了。这之后他们又蹚上了皇帝的一些牧马场，于是他们便从这些地方带走了大量的马匹和他们一道行进。

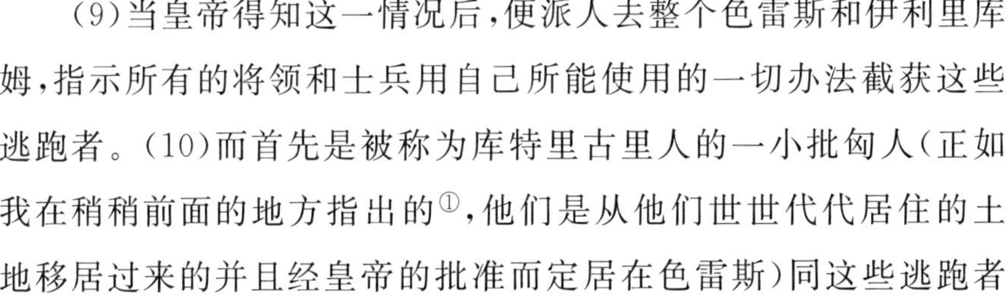

(9)当皇帝得知这一情况后，便派人去整个色雷斯和伊利里库姆，指示所有的将领和士兵用自己所能使用的一切办法截获这些逃跑者。(10)而首先是被称为库特里古里人的一小批匈人(正如我在稍稍前面的地方指出的[①]，他们是从他们世世代代居住的土地移居过来的并且经皇帝的批准而定居在色雷斯)同这些逃跑者

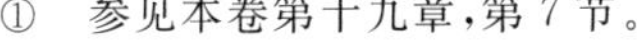

① 参见本卷第十九章，第7节。

展开了战斗。(11)但是这些匈人在战斗中被打败并且还有一些人阵亡了,其余的人被打败之后便不再追踪逃跑者而是留在了他们原来的地方。这样一来,伊尔狄吉撒尔和郭亚尔以及他们的随行人员便通行无阻地穿过了整个色雷斯。(12)但是他们在到达伊利里库姆之后,却发现有一支经过精心选拔的罗马军队在对付他们。(13)这支军队的将领是阿拉提乌斯、列奇坦古斯、列奥尼亚努斯、阿里木特和其他人,他们都在马上奔驰了一整天。(14)在天黑的时候,他们到达一处林木茂密的地方便停了下来,打算在那里设营过夜。(15)于是这些将领便照例向士兵发布命令,要他们照料好马匹并在附近的河边休息以消除途中的疲劳。(16)在这同时,他们自己则各自带上三四名卫士,在一个僻静的地方的河边开始饮水,因为他们这时当然是渴得要命了。(17)但是这时就在附近的、郭亚尔和伊尔狄吉撒尔手下的人们曾派出侦察人员并发觉了这一情况。所以正当罗马人饮水的时候,他们出其不意地对之发动了进攻并且把对方一个不留地杀死,而在这之后,他们就再也无所畏惧地、随心所欲地行进了。(18)由于发现自己失去了将领的士兵们感到十分困惑不知怎么办才好,于是在全然手足无措的状态中开始撤退。郭亚尔和伊尔狄吉撒尔便这样地得以逃脱并来到了盖帕伊狄人的地区。

(19)恰好这时有一个名叫乌斯特里哥图斯的人在下述的情况下从盖帕伊狄人那里逃到朗哥巴狄人这里来。曾经是盖帕伊狄人的国王的埃列蒙杜斯不久以前被疾病夺去了生命,而这个乌斯特里哥图斯是他唯一在世的孩子。但是托里金却用武力排除了他(他那时还是一个少年),而夺取了大权。(20)因此,根本没有办法

对抗侵略者以保卫自己的这个男孩子便离开了自己的故土到正在同盖帕伊狄人作战的朗哥巴狄人那里去。(21)但是这之后不久盖帕伊狄人既同皇帝优斯提尼安,又同朗哥巴狄人都取得了和解,他们以最郑重的誓言保证,从那时起他们相互间将把永恒的友谊保持下去。(22)协定的细节一经最明确地规定下来,皇帝优斯提尼安和朗哥巴狄人的首领奥杜因便派人到盖帕伊狄人的首领托里金那里去,要求把伊尔狄吉撒尔作为一个共同的敌人交出来,并要求他通过把向他请求庇护的人交出来,作为他对他们的友谊的第一个证据。

(23)于是他便同盖帕伊狄人当中的显要们就面临的局势进行了商讨,并且热切地问他们,他是不是一定要履行两位国王的要求。(24)他们则断然不许他这样做,并坚定地宣称,盖帕伊狄人宁可同他们的女人以及整个民族立刻死掉也不愿意干这种背信弃义的可耻勾当。(25)听到这个意见之后,托里金处于一种进退两难的境地,因为他既不能干出违反自己臣民意志的事情,又不愿再次恢复对罗马人和朗哥巴狄人的战争,因为这战争是费了大量的心血和时间才得以结束的。不过后来他想出了下述的办法。(26)他派人到奥杜因那里去,要求交出埃列蒙杜斯之子乌斯特里哥图斯,这等于要他干一件和要求于他本人的那一件相同的犯罪行为,并且请他交出要求他的庇护的人来以换取另一个人。(27)他指望用这个办法打消对方的要求,因为对方也害怕犯下类似的不义之行,而且通过他提出的非法合谋,他可以立即抓住奥杜因本人的把柄。(28)因此当他们作出了这些决定并且明确地了解到无论朗哥巴狄人还是盖帕伊狄人都不愿意参与这种不义之行的时候,他们在公

开的场合虽然根本不所作为，但是他们却各自把对方的敌人偷偷地处死了。(29)至于他们是怎样处死的我却不想谈；因为有关这一事件的记述说法不一而是相去很远，对于十分机密的事件来说，这是完全可以理解的。有关伊尔狄吉撒尔和乌斯特里哥图斯的事情就这样地结束了。

二十八

(1)[①]纳尔吉斯的军队到达拉温那城之后，便同将领瓦列里安和优斯提努斯以及还留在这一地区的不管还有多少的罗马军队会合到一起了。(2)他们在拉温那度过了九天的时间之后，阿里米努姆卫戍部队的将领，一位极为英勇善战的哥特战士乌斯德里拉斯给瓦列里安写了下面的一封信。“虽然你们使世界到处都在谈论着你们，虽然你们已经用你们力量的幻影迷住了整个意大利并且装出一副远远超出寻常人水平的目空一切的傲慢神气，并且虽然像你们愚蠢地想象的那样，以为你们已经用这种办法吓住了哥特人，但是由于执行你们的躲起来的政策，现在你们仍然坐在拉温那城里——毫无疑问这仍然是维护你们这种自豪精神的一个办法——而根本不向敌人显示你们自己的实力，却用大群异种的蛮族去蹂躏无论怎样说也不属于你们的土地。(3)但是尽快地起来并从这时起尝试一下战争的事业吧；在哥特人面前亮相吧而不要再只用希望逗弄我们了，因为我们长时期以来一直在等着看这个大场面呢！”(4)这封信传达的信息就是这样。

① 这里是接着第二十六章记述的。

这封信被送到纳尔吉斯那里看过之后，他对哥特人的这种厚颜无耻觉得可笑而立刻要他的全军做出发的准备，而只把由优斯提努斯率领的一支卫戍部队留在拉温那。(5)但是当他们走近阿里米努姆城时，他们发现从那里再向前走并不是一件容易的事，因为哥特人不久之前把那里的桥给摧毁了。(6)要知道从阿里米努姆旁边流过去的河流，即使对于一个不带武器徒步过桥的人来说也是十分吃力、十分困难的，即便没有人阻挠或争渡的时候，情况也还是这样[①]。但是对于众多的人，特别是当他们带有武器的时候，首先是当他们碰上敌人的时候，那他们无论用任何办法也是不可能渡过去的。(7)于是纳尔吉斯在少数人的陪伴下到有桥的那个地点去并在极为困惑的情况下，他仔细考虑用什么解决办法可以应付当前的困难。(8)而乌斯德里拉斯也去了那里并且带去了他的一些骑兵，为的是了解一下对方干了些什么他不知道的事情。纳尔吉斯身边的一名士兵拉开弓向他们射去，这支箭射中了敌人的一匹马并且立刻把它杀死了。(9)乌斯德里拉斯这一行人立刻赶忙离开那里跑到要塞里面去，但是他们却立即从另一个城门冲出来攻击罗马人，而且这次还带上了另一些最勇敢善战的士兵，以便出其不意地向敌人发动袭击并立即消灭纳尔吉斯。(10)原来在侦察军队的渡河地点时他已经来到了河的对岸。但是他们碰巧在那里遇上了一些埃茹利人，埃茹利人杀死了乌斯德里拉斯，并且，由于一个罗马人认出了他，因而他们便把他的头割了下来并在来

① 奥古斯都在玛列奇亚河(古时是阿里米努斯河)上造的出色的桥——现在仍存在——其受严重损害的情况可以证实普洛科皮乌斯的陈述。

到罗马的营地后把它拿给纳尔吉斯看,这样便鼓起了所有人的勇气;原来他们从已经发生的事情推知,上天是敌视哥特人的,因为他们本来是想伏击敌人的将领的,但是他们自己在不是由于任何计谋也不是由于事先设想的计划的情况下突然失去了他们自己的将领!

(11)尽管阿里米努姆卫戍部队的将领乌斯德里拉斯死了,但是纳尔吉斯和他的军队却还是继续向前推进。因为他并不想骚扰阿里米努姆或敌人据守的任何其他地方,为的是他不会耽搁任何时间并且在他执行任务中的小事情不会使得他无法实现最主要的事情。(12)从敌人方面来说,由于他们的将领已经阵亡,于是他们就静静地待在那里,不再想封锁纳尔吉斯的去路,这样纳尔吉斯便无所畏惧地在河上架了一座桥并且顺利地把他的全部军队渡了过去。从那里他离开了佛拉米尼乌斯大道向左转。(13)因为那被称为佩特拉·佩尔图撒[①]的地方——在前面的叙述中我曾描述过这一天然坚固的要塞[②]——很久以前便已被他的敌人所占领,因此至少就佛拉米尼乌斯大道而论,道路对罗马人是封闭的,是根本无法通过的。纳尔吉斯于是由于这一原因而离开了较短的道路,走了可以通行的道路。

二十九

(1)有关罗马军队行进的情况就是这样了。且说已经知道味内提亚所发生事件的托提拉起初是在罗马近郊安静地等待帖亚斯

① 意为"被打通的岩石"。

② 参见本书第六卷,第十一章,第10～14节。

和他的军队。(2)但是当他们已经到来并且只还差两千名骑兵的时候,托提拉便不再等这些人而是和所有其余的军队出发,以便在一个适当地点同敌人展开战斗。(3)但是在进军途中他得到了乌斯德里拉斯阵亡以及他的敌人已经开过阿里米努姆的消息,于是他便穿过整个图斯卡尼并在到达被称为亚平宁的山脉时在那里设了营并且停留在一个当地居民称为塔吉那伊[①]的村庄的附近。(4)不久之后纳尔吉斯率领的军队也在亚平宁山设了营,他们的地点离开他们的敌人的营地大约有一百斯塔迪昂[②],这是一个平坦但是有近旁许多小山环绕的地方,而正是在这里,作为罗马人的将领的卡米路斯曾在战斗中打败并歼灭了高卢人的大军[③]。(5)甚至直到我的时代,这个地方从它的名字——它被称为布斯塔·高洛茹姆[④]——也可以证明这一事件并且保存了人们对高卢人所遭受的灾难的回忆。(6)要知道拉丁人是把火葬堆的余烬叫作“布斯塔”的。而且在这个地方有许多埋葬他们遗体的坟山。

于是纳尔吉斯立刻从那里派出了自己的几位亲信,要他们劝说托提拉放弃军事行动,并最后考虑缔结和约的问题,因为他必须认识到,作为只是在不久前在没有任何法律依据的情况下集合起来的一小部分人的领袖,他是无法在很长时期里同整个罗马帝国抗争的。(7)但是他还告诉他们,如果他们看到托提拉决心一战,

① 似应是塔狄努姆(Tadinum);今天的瓜尔多·塔狄诺(Gualdo Tadino)。

② 约18.50公里。

③ 按这个说法并无现存文件证实。

④ 原意是“高卢人的墓地”。作者此处又是误记。按李维(V. xlviii)这地方在罗马城里。

那他们应立刻敦促他指定一确切的作战日期。(8)于是这些使节来到了托提拉面前并把受托传达的话对他讲了。而托提拉却开始以一种浮躁的神气吹嘘说他们无论如何也一定要作战,但是使节们立刻就接过话头来说:“很好,高贵的先生,确定一个作战的时间吧。”于是托提拉立即说:“八天后让我们来较量吧。”(9)使节们于是回到纳尔吉斯那里去,向他报告了双方的约定,而纳尔吉斯怀疑托提拉是在捣鬼,便做了次日作战的准备。实际上他猜中了敌人的意图。(10)原来就在第二天,托提拉已经率领着他的全部军队到罗马人跟前叫阵了。两军立刻面对面地摆好了阵势,相隔不到两箭地。

(11)那里有一座双方都极想占领的小山,因为双方都认为那里是对己方作战有利的地点,双方都是为了有一个有利的制高点以便向敌人射击,还因为,如上面我所说的,那一带地方多山,故而任何人在那边都不可能包围罗马的营地,除非经由沿着山的唯一的一条小路才可以包抄到它后面去。(12)因此双方都必然认为它具有特别重要的意义;哥特人方面是为了他们能在战斗期间把敌人包围起来,使敌人处于两面军队的夹击当中,而罗马人是为了使自己不会遇到这种情况。(13)但是纳尔吉斯走在了哥特人的前面,原来他从一个步兵中队选拔了五十名步兵,在深夜把他们派出去占领并守住那座小山。(14)由于他们发现那里没有任何人阻拦他们,便去了小山并静静地待在那里了。(15)在小山前面沿着我前面所说的那条小道有一道水流,正对着哥特人设营的那个地点,五十名士兵的阵地也正是设守在这里,在有限的空间所允许的范围内他们肩并肩地站在那里形成一个方阵。

(16)在天亮以后托提拉才看到了发生的事情，于是急于想把他们从那里赶跑。因此他立刻派出一队骑兵去对付他们，要骑兵尽快地把他们从那里赶走。(17)于是骑兵大声喧叫着向他们攻去，他们想一声呼号便把敌人捉住，但是罗马人却在一个小小的空间里列阵，用他们的盾牌形成一道屏障并且把长枪刺了出去从而保住了阵地。(18)但哥特人随后匆忙地攻过来，反而使自己陷入混乱，而用手持盾牌向前推进并且很快地把长枪有条不紊互不妨碍地刺向前方的这五十个人，这时则极为猛烈地抗击敌人的进攻；他们有意识地响动他们的盾牌，一方面想用这个办法惊吓敌人的马匹，而另一方面，则想用长枪的尖头吓住对方的士兵。(19)由于地面的不平给马造成很大的困难加上盾牌的声音，还由于它们在任何地方都走不过去，所以战马变得烦躁起来，而另一方面，人们在这同时也逐渐变得筋疲力尽，原来他们实际上是在挤到一处的情况下进行战斗的，他们寸土不让，却还要设法控制一点也不听从他们的使唤的战马。(20)他们第一次的进攻就这样被击退并策马返回了。而第二次进攻依然和第一次一样，无功而回。继而在这种情况发生了多次之后，他们便不再继续进攻，而托提拉换了另一支队伍来执行这项任务。(21)但是他们和前面的那些人的情况一样，于是再有一批人来执行任务。这样，托提拉在派出了多批队伍而全都无功而回之后，他终于放弃了进攻。

(22)因此这五十名士兵由于他们的勇敢而获得了巨大的声名，但是在这次战斗里就中又有两个人特别突出，即保路斯和安西拉斯，他们都跳出了方阵，表现出了超出所有其他人的勇敢。(23)原来他们抽出自己的剑，把它们放在地上，然后又拉起弓来，

一直在极为准确地射向敌人。(24)他们便这样地杀死许多敌人和许多战马,直到把箭筒里的箭用完。最后当他们的投枪也全都用完时,他们便拿起剑来在盾牌的掩护下,完全用自己的力量抗击进攻者。(25)而每当有任何骑着马的敌人用长枪攻击他们的时候,他们立刻用剑一下子把枪头削下来。(26)但是在他们用这种办法多次挡住了敌人的冲击之后,结果竟发生了这样的事情:他们中间的一个人(就是保路斯)的剑由于不断地砍在长枪的木柄上而折叠起来并变得完全无法使用了。(27)于是他立刻把这剑抛到地上,并且双手抓住投枪把它们从进攻的敌人手中夺过来。这样他便当着所有人的面从敌人手中夺过四杆长枪,从而使自己成为使敌人放弃进攻企图的主要原因。(28)因此,纳尔吉斯由于此人的战功而从那时起使之成为他本人的一名卫士。

三十

(1)这些事件的经过就是这样。这时双方的军队都为战斗做了准备。纳尔吉斯把他的军队集合在一个小的空间,对他们讲了这样的激励的话。“当一支军队即将同一支与他们势均力敌的敌军展开战斗时,需要的也许是激发士兵热情的这样一长篇告诫与鼓励的演说,而在这方面胜过敌人之后,他们便可以完全按照他们的愿望取得战斗的结果了。但是,在你们的情况下,我的士兵们,你们必须与之作战的那支军队,无论在勇气方面、人数方面,此外在各种装备方面都比你们差得远,因此我认为除了同为我们降福的上帝一道进入战斗之外,我们再也不需要任何东西了。(2)因此务必用不断祈祷的办法祈求上帝和你们同在,带着对敌人的巨大蔑视去打倒这些强盗吧，要知道，这些人本来只是伟大皇帝的奴隶，后来他们跑掉了，他们树立一个僭主，一个来自下层贱民的一钱不值的家伙作为自己的头目。这样他们才能以在一个时期里通过他们的强盗行径给罗马帝国造成破坏。(3)而现在，如果这些人考虑过各种可能出现的情况的话，人们本来应该会认识到，他们甚至没有可能在这里同我们对阵！(4)可是他们却正在用一种毫无理性的勇敢进行一场殊死的战斗并且表现出一种疯狂的鲁莽，而就是在这种精神状态中，他们才敢于迎接显然正在等待他们的死亡而不是用一种合理的希望来保护自己，他们甚至不展望未来，看一看通过事件的一种奇异的、出乎意料的转折，他们会遭到怎样的命运，而是无可争辩地按照上帝的意旨走向因他们治理国家而应得的惩罚。(5)要知道受到天意的谴责而注定要吃苦头的这些人正在无可救药地走向惩罚。但是，除此之外，就你们方面来说，你们正要进行的这场战斗是要保卫一个合法的政府而他们却是法律的叛徒，他们进行的是一场绝望的战斗，他们并不指望把他们所持有的任何东西传给任何继承人，而是千真万确地知道它将和他们同归于尽并且他们赖以生活的希望是朝生暮死、转瞬即逝的。因此他们应当彻底受到蔑视。(6)要知道，不是在法律和一个良好的统治机构下组织起来的那些人是没有任何道德的，而且，很自然的，胜利已经确定了；因为胜利是不习惯于同道德处于对立的地位的。”(7)以上便是纳尔吉斯所作的训话。

同样地，托提拉看到自己的士兵竟然不光彩地害怕起罗马军队来，于是便把全体人员召集到一起，讲了下面的话：“士兵朋友们，我把你们集合到这里来是为了对你们进行最后的一次告诫。

(8)因为我认为,在这次战斗之后便不需要任何其他训示了,而结果肯定是,战争将要在一天当中决定胜负。(9)要知道,无论是我们还是皇帝优斯提尼安由于在极长的一段时间里经受劳苦、战斗和艰难困苦而都被折磨得精疲力竭,奄奄一息,并且我们已彻底发现自己已没有能力应付战争的需要,乃至如果我们将在当前的战斗中能制服敌人的话,他们将根本无法在今后再回到这里来,而另一方面,如果我们在这一战斗中遭到任何厄运的话,哥特人也将没有任何希望重新作战,而是无论哪一方面都将会因失败而有了一个不会再有任何举动的极为充分的借口。(10)要知道,人们一旦在压倒优势的障碍面前放弃了战斗,他们便不再有勇气来面对这些障碍,但甚至当他们也许出于实际的需要在强大的压力之下不得不这样做的时候,他们内心便产生反感,因为关于失败的回忆是会使他们怀有畏缩情绪。(11)我的士兵们,听了我的话之后,要全力勇敢地作战,而不要把任何作战的能力留给另外的一次战斗,把你们的全部力量投入这次战斗,而不要保存你们的躯体去经历另一次危险吧。(12)你们也不要吝惜武器或战马,因为它们再也不会对你们有用了。要知道,把所有其他一切消灭掉的宿命只为这一天保存了最后的希望。(13)因此振作起你们的勇气并为崇高无畏的事业做准备吧。要知道,当希望处于千钧一发的危境,像你们目前的情况这样的时候,唯一求得安全的办法就是不要在哪怕是最短的瞬间丧失勇气。(14)在关键的时刻过去之后,奋发努力也就永远失去了价值,即使它是一种十分了不起的奋发努力也无济于事,因为就事物的本质而论,事后的勇敢是一钱不值的,因为一旦需要过去了,随之而来的一切就必然会是太晚了。(15)因此我

认为，你们在参加这次战斗时应当最好地利用在战斗中出现的每一个机会，以便能够得到来自这一机会的好处。(16)而且你们还清楚地懂得，在当前的情况下，逃跑的人完全应当遇到他自己的死亡。因为士兵没有其他的理由，只是为了求生才放弃自己的战斗岗位而逃跑。但是，如果逃跑能以被认为是包含了逃跑者的死亡的话，那么面对危险的人较之逃跑的人将会得到大得多的安全。(17)但是数量庞大的敌人只应当受到蔑视，因为他们是由尽可能多的各个民族集合而成的。而由各个不同的民族拼凑起来的一个联盟无论在忠诚方面还是力量方面都不能提供任何确实的保证，而分成不同民族的人们，他们的目标自然也同样地会各不相同。(18)不要以为我不知道他们用多少钱雇用来的匈人、朗哥巴狄人以及埃茹利人竟会为他们冒丧失性命的危险。(19)要知道，他们的性命在他们眼里还没有贱到比银子还不值钱的程度，而且我知道得很清楚，他们在作出战斗的样子之后就会尽快地跑掉，这或者是因为他们已经取得了报酬，或者是因为这是执行他们自己的将领的命令。(20)原来即使看来是最开心的事情——更不用说在战争中发生的事情——如果它们的结果和人们所期望的不符合，而如果它们是被迫或受雇或受制于任何其他强制的力量，那么这样的事情便不再被认为是令人高兴的事情，却由于是强迫而变得可厌了。记住这些事情，让我们满怀激情地同敌人去作战吧！”

三十一

(1)以上便是托提拉的话。两军都做了战斗的准备并且作了如下的部署。每一支军队的全部力量都采取了面对敌人的位置，把方阵排列得尽可能地深,而前列又非常之长。(2)掌握罗马军队左翼的是小山近旁的纳尔吉斯和约翰,罗马军队的精锐都和他们在一起。(3)因为他俩的每一个人除去其他士兵之外都还有大批的长枪兵、卫士和蛮族的匈人,这些人都是因其勇武出众而被选拔出来的;(4)在右翼列队的是瓦列利安和"大肚汉"约翰,还有达吉斯赛欧斯和罗马军队的所有其余的部分。(5)此外他们还把来自正规部队的八千名不骑马的弓手安排在两翼。但是在方阵的中心纳尔吉斯安排的却是朗哥巴狄人和埃茹利人这个民族以及所有其他的蛮族,他要他们从马背上下来而成为步兵,这种安排的目的在于,如果他们在战斗中怯阵或溜掉,他们会不太急于想逃走[①]。(6)而且纳尔吉斯要罗马军队前列的最左翼形成一个角,而把一千五百名骑兵布置在那里。(7)并且事先发出的指示规定,一方面,其中的五百名在看到任何罗马人被迫后退时,便应当冲出去加以援救,而另一方面,其余的一千名则在敌人的步兵开始作战时应当立刻包抄他们的后方,使之腹背受敌。(8)而托提拉面对着敌人作了同样的部署。继而在巡视自己的战线时,他一直不断地用言语和表情鼓励自己的士兵,要他们勇敢起来。(9)同样地,纳尔吉斯这方面也在做同样的事情,他用竿子把镯子、项链以及金笼头挑在空中,并且把可以激发人们在即将到来的斗争中的勇气的其他某些物品展示给人们。(10)但是在一段时期里,没有一方军队展开进攻,而双方都静静地待在那里等待敌人的进攻。

(11)但是后来哥特军队中有一个叫科卡斯的人——此人作为

① 原因是没有马,而且挤在方阵里有某种安全感。

一位果敢的战士而十分有名——跃马而出，走近罗马军队向他们挑战，问是否有谁愿意出来同他单对单地展开决斗。(12)原来这个科卡斯先前是从罗马军队里逃到托提拉这边来的。(13)纳尔吉斯的长枪兵里立刻就有一个人站出来同他比试。这人是阿尔明尼亚人，名叫安扎拉斯，他同样也是骑马的。(14)科卡斯首先拍马向他冲去，想用长枪刺向敌人，目标则是在对方的腹部。(15)但是安扎拉斯突然把马向旁边一躲，使敌人的这一刺落了空。由于这一招，他来到了敌人的侧面，这时是他把长枪刺中敌人的左侧。(16)于是科卡斯从马上跌落在地，倒在地上死了。接着从罗马军队当中发出了一声巨大的呼叫，但即便在这时，双方之中仍没有一方首先挑起任何战斗。

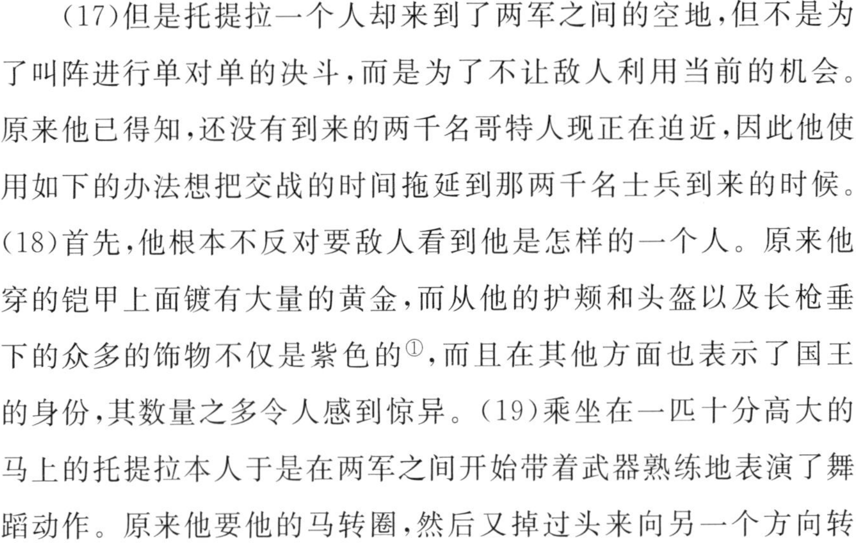

(17)但是托提拉一个人却来到了两军之间的空地，但不是为了叫阵进行单对单的决斗，而是为了不让敌人利用当前的机会。原来他已得知，还没有到来的两千名哥特人现正在迫近，因此他使用如下的办法想把交战的时间拖延到那两千名士兵到来的时候。(18)首先，他根本不反对要敌人看到他是怎样的一个人。原来他穿的铠甲上面镀有大量的黄金，而从他的护颊和头盔以及长枪垂下的众多的饰物不仅是紫色的[①]，而且在其他方面也表示了国王的身份，其数量之多令人感到惊异。(19)乘坐在一匹十分高大的马上的托提拉本人于是在两军之间开始带着武器熟练地表演了舞蹈动作。原来他要他的马转圈，然后又掉过头来向另一个方向转

① 在西方紫色(实际上是紫红色)是帝王之色。我们通常所说红衣主教的红色也是这种紫红色。

圈,这样便使它一圈又一圈地转动。(20)在驰骋时他把投枪投向空中,并且当它在他头上抖动时再把它接住,然后又把它极为熟练地从一只手转到另一只手,并且在这样一些事情上自我炫耀了一番:把身子向后仰,张开双腿从一边倾斜到另一边,就仿佛他从童年便受过这种舞蹈技艺的严格训练似的。通过这些战术表演,一天开头的全部时间就被他耗掉了。(21)由于他想无限地拖延战斗的时间,他还派人去罗马军队那里说他想同他们举行会谈。但是纳尔吉斯说他一定是在玩弄阴谋诡计,因为先前在有机会提出建议的时候,他却想作战,而现在来到了战场上,他又出来想进行谈判!

三十二

(1)就在这时两千名哥特人到来了;而当托提拉得知他们已经到达营地时,看到这时正是应当吃早饭的时候,他本人便回到了自己的营帐,而哥特士兵也开始离开自己的队列,回去休息了。(2)当托提拉回到自己驻地时,他发现两千人已经在那里了。于是他便命令所有的人用餐而在改换了自己的全部装备之后把自己十分仔细地用普通士兵的装备打扮起来,然后立刻率领着军队向敌人发动了进攻,以为他出其不意地向他们发动进攻,这样就会打败他们。(3)但即使如此,他发现罗马人还是有准备的。因为纳尔吉斯担心敌人会在他们没有料到的时候向他们发动进攻——这事真的发生了——所以他发布命令,任何一个人也不应坐下吃饭或去睡觉,甚或卸下胸甲或从马上卸下笼头。(4)但是他并不允许他们一点东西也不吃,而是命令他们站在队列里全副武装地吃一点东西，而与此同时，他们始终要严密注视情况的变化，防止敌人的进攻。(5)但是他们的队列已不再像先前那样，因为罗马军队的两翼——它们各有四千名不骑马的骑兵在那里——已经按照纳尔吉斯的命令向前移动以至形成了一个新月形。(6)但是哥特人的步兵在骑兵的后方形成一个整体，目的在于，如果骑兵被击败的话，逃跑者可以转身逃向他们并得到救援，这时他们又都可以同步兵结成一体立刻向前进攻。

这时全体哥特军队已经接到命令，即在这次的战斗中除了长枪之外，他们不应当使用弓或任何其他武器。(7)结果是：托提拉由于自身的愚蠢而在战术上输给了敌人；原来在展开这场战斗时，我不知道是什么原因，他竟然使自己的军队对敌作战时在武器装备方面出了差错，还受到了敌人的包抄，并且在任何方面都比不上敌人。要知道，一方面，罗马人在战斗中总是按照当前的特殊需要来利用每一种武器，时而射箭、时而用枪来刺，时而使用刀剑或者按具体条件使用方便与适当的武器，有些人骑马，另一些人徒步作战，兵力的多少按当时情况的需要加以调剂，以便能做到在一个地点他们能形成一种包围敌人的运动，而在另一个地点又可以迎击敌人的挑战，用他们的盾牌挡住敌人的进攻。(8)另一方面，哥特人的骑兵却把他们的步兵甩在后面，只顾用长枪来刺，以一种不顾后果的蛮勇向敌人发动进攻；一旦陷入混战之中，便由于自身的不智而大吃苦头。(9)原来在他们向敌人的中心部分发动进攻时，在他们注意到这一点以前，已使自身被夹击到八千步兵中间，并且由于受到对方从两侧射过来的箭的打击，他们立刻便泄气了，因为敌人的弓手已在逐渐使他们前列的两翼，就像我前面所说的那样，有

如新月形那样地包抄过来了。(10)结果,哥特人甚至在他们同敌人展开战斗之前,便在刚一接战的时候失去了许多士兵和许多战马;而且只有在他们受到了十分惨重的损失之后,他们最后才好不容易来到敌人的队伍面前。

(11)这时我说不清是罗马人还是他们的蛮族的同盟军的任何人比另一方更应受到称赞。(12)原来他们双方在战斗中都表现出了同样的热情,表现了同样的勇气和果敢,因为他们之中的每个人都以极充沛的精力迎战敌人的进攻并对敌人的猛冲给以反击。(13)当双方的军队的每一方都突然开始移动时,已经是傍晚时分了,哥特人后退,罗马人追击。(14)原来哥特人再也抵挡不住敌人的进攻,而是在他们的攻击面前开始后退并终于仓促地转身逃跑了,他们给敌人的巨大数量和严整的队形吓住了。(15)他们一点也不再考虑抵抗的问题,而是内心充满恐怖,就仿佛空中某些幽灵进攻他们或仿佛上天在同他们作对似的。(16)但是当不久之后他们到达他们自己的步兵那里时,他们的不幸却两倍地、三倍地加重了。(17)原来他们并不是像惯常的做法那样,有秩序地撤回到他们那里,以便喘一口气,然后在步兵的支援下重新开始战斗;的确,他们根本无意于通过密集的进攻把追击者打回去,或进行一次反追击,或实施任何其他军事行动,而是在如此的混乱之中到达,乃至有些士兵实际上竟然因猛冲过来的骑兵而丧命了。(18)结果步兵并没有留出空间来接纳他们,也没有站稳脚跟救助他们,而是他们所有的人也都开始同骑兵一道仓促逃跑,并且在败逃中他们还不断地相互残杀,就像在黑夜的战斗里那样。(19)在这同时,罗马军队则利用敌人的惊恐情绪继续对他们遇到的敌人进行无情的歼

灭，而牺牲在他们手下的人则不进行任何自卫，也不敢直视敌人，而是任凭敌人的摆布；他们就被彻底吓倒到如此程度，惊恐到如此地步！

(20)在这次战斗中哥特人阵亡的有六千人，而许多人是自愿地把自己交到敌人手里去的。罗马人把这些人暂时当作俘虏，而稍后就把他们杀死了。被杀死的不只是哥特人，还有许多罗马老兵，这些老兵是早些时候，像我在前面所记述的那样[①]，离开罗马军队而开小差到托提拉和哥特人那里去的。(21)但是幸运地没有阵亡也没有落入敌人之手的所有那些哥特士兵则得以躲藏起来或逃掉，这要看每个人的不同情况：有的人能弄到马，有的人能弄到吃的东西，有的人有幸给某个人找到机会或给另一个人找到栖身之地。

(22)这次战斗便这样地结束了，而且天已经全黑了。托提拉是夜里在不到五个人的陪伴之下逃跑的，其中有一个人便是斯奇普阿尔。有几个罗马人追踪他们，但是并不知道他就是托提拉。在追踪的人们当中有盖帕伊狄人阿斯巴杜斯。(23)这个人已经迫近了托提拉并且正在向他进攻，想用长枪刺他的后背。(24)但是正在陪伴着逃跑的主人的、一个在托提拉家中服役的哥特青年对正在发生的事件感到气愤，就高声喊道："怎么回事，你这条狗？你竟敢冲过来刺你自己的主人！"这时阿斯巴杜斯已经用他全身的力量把枪刺到托提拉身上，但他自己的脚也被斯奇普阿尔所刺伤而不能走路了。(25)斯奇普阿尔却又被追击的人们当中的一人所伤

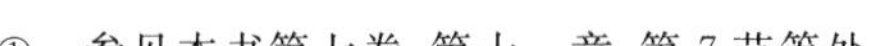

① 参见本书第七卷，第十一章，第 7 节等处。

并停了下来,而这时一直和阿斯巴杜斯一道追击的四个人则放弃了追击以便救他,并且把他带回去了。(26)但是托提拉的随行者却以为敌人仍在追踪他们,便继续骑马前进并且下了很大的决心带着托提拉同行,尽管托提拉负了致命伤并且快要断气了,但是一种迫不得已的情况使得他们非得拼命奔跑不可。(27)因此在跑过了八十四斯塔迪昂①之后,他们来到了一个名叫卡普莱②的地方。在这里他们进行途中的休息并且试图处理托提拉所负的伤,而托提拉不久后便结束了他的一生。(28)他的随行人员就地埋葬了他之后便离开了。

治理了哥特人有十一年的托提拉的统治和一生便这样地结束了。但是他所遭遇的死亡却是配不上他过去的成就的,因为在那之前他的一切都是顺利的,而且他的去世同他的事业是不相称的。(29)但是宿命在这里显然又在开起玩笑来,它通过表现自身的邪恶本质和无法理解的意志而把人类的事务撕成碎片。要知道在没有任何特殊理由的情况下,它长时期自愿地把好运给予托提拉,而后来,没有任何适当的理由现在她又用这种方式给他安排了怯懦的死亡。(30)但是我以为这些事情绝不是人们可以理解的,并且在未来的任何时候,它们也绝不会为人们所理解。然而关于这件事人们总是有不少议论并且总是按照每个人的口味交换着各种各样的意见,因为人们是想通过看起来似乎有理的一种解释来为自己的无知寻求安慰。但我还是回到先前叙述的地方吧。

① 约15.54公里。

② 可能是今天的卡普腊腊(Caprara)。

(31)罗马人确实不知道托提拉就这样地死去了,直到后来才有一个哥特妇女把这情况告诉了他们并指出了他的坟墓。(32)但是当他们听到这个消息时他们并不相信这事是真的,于是他们便来到了被指出的地点,毫不犹豫地把坟墓掘开并把托提拉的尸体从里面取了出来;据说,在认清确是托提拉本人并且亲眼看到而满足了他们的好奇心之后,他们才再次把他埋到地里并且立刻把全部经过报告给了纳尔吉斯。

(33)但是有些人说,托提拉的死亡和这次战斗的情况和我所说的不同;而我则认为也应当把这个说法记录下来。(34)这些人说哥特军队并不是以任何奇怪的和无法理解的方式退却的,而是当一些罗马士兵从一定的距离外射箭的时候,有一支箭突然射中了托提拉,不过并不是射箭的人有意射他,因为托提拉的装备就和一名普通的士兵一样并且他在方阵中所处的地位也是随意选的;因为他并不希望在自己的敌人面前显得突出,当然,他也不愿意把自己暴露在敌人进攻的面前。但是某种机缘使他遭到这样的命运并把箭引向这个人的身体。他身负致命之伤并且因剧痛而痛苦不堪,随后便和少数人撤出方阵,慢慢地离开了。(35)他忍受着痛苦并且骑在马上直到卡普莱地方,但是他晕倒在这里,而这之后他便留下来治伤,并且过了不久他一生的末日便到临他的头上了。(36)就在这期间,哥特人的军队由于无论如何也不是他们的敌人的对手,因而在又看到他们的统帅出其不意地变得不再能作战时,他们吃惊地认为,尽管敌人并非有意如此,但他们之中只有托提拉一人受到致命伤,故而他们变得惊恐而又沮丧,从而陷入极大的恐怖并开始可耻地撤退了。但是关于这些事情,让每个人按照自己

的知识作出自己的判断吧。

三十三

(1)对于战斗的这一结果纳尔吉斯感到极为高兴并不断把这一切归之于上帝的眷顾,这个看法确实是正确的;于是他便着手处理一切紧迫的事务。(2)首先他迫切希望消除在他统率下朗哥巴狄人的无法无天的行为,因为这些人除了一般的践踏法律的行为之外,他们一直不断地在焚烧他们遇到的一切建筑物并且对在教堂里避难的妇女施行残暴。于是他便通过赠给大量金钱来安抚他们,这样便把他们送回家去并且要瓦列里安和他的侄子达米亚努斯以及他们的部下护送他们直到罗马的边界,以便使他们在返回的途中不会对任何人造成伤害。(3)而在朗哥巴狄人已经离开了罗马的领土之后,瓦列里安便进入了维罗那城附近的营地,打算对它进行围攻并且为皇帝占领它。(4)但是这一城市的卫戍部队被吓坏了,于是同瓦列里安展开谈判,目的在于使自己和城市向敌人作有条件的投降。(5)当正在味内提亚各城镇担任守卫工作的法兰克人得知这一情况后,他们便极力试图阻止这件事,并宣称他们有权管理这一属于他们自己的土地。结果瓦列里安没有取得任何结果,便和他的全部军队从那里回去了。

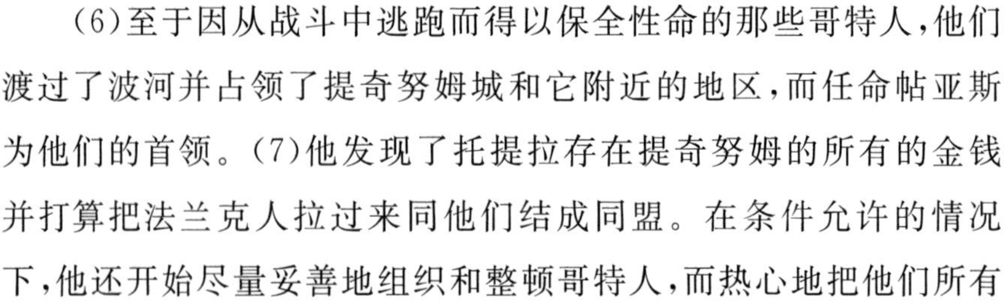

(6)至于因从战斗中逃跑而得以保全性命的那些哥特人,他们渡过了波河并占领了提奇努姆城和它附近的地区,而任命帖亚斯为他们的首领。(7)他发现了托提拉存在提奇努姆的所有的金钱并打算把法兰克人拉过来同他们结成同盟。在条件允许的情况下,他还开始尽量妥善地组织和整顿哥特人,而热心地把他们所有

的人团结在自己周边。(8)当纳尔吉斯得知这一情况后,他便下令瓦列里安和他的全部军队驻守在波河近旁,目的在于不使哥特人随意自由地集结起来,而另一方面,他本人则率领着所有其余的军队向罗马进军。(9)当他进入图斯卡尼时,他接受了纳尔尼亚的投降并且把一支卫戍部队留在了当时没有城墙的斯波利提昂,指令他们尽快地把工事的、被哥特人摧毁的那些部分修复起来。(10)此外他还派一些人对佩路吉亚的卫戍部队进行试探。佩路吉亚的卫戍部队的将领是由跑过来的两名罗马人担任的:他们是美利盖狄乌斯和乌利福斯;乌利福斯先前曾是奇普里安的一名贴身卫士,但是受到托提拉的重大许诺的收买而背叛地杀死了当时担任那里的卫戍部队将领的奇普里安。(11)美利盖狄乌斯同意接受纳尔吉斯的建议并且正在同他手下的人们一道计划把城市交给罗马人,但是乌利福斯一派的人们看到正在发生的事情,便联合到一起公开反对他们。(12)在随后展开的战斗中,乌利福斯和同他有相同想法的人们被杀死,而美利盖狄乌斯立刻把佩路吉亚交给了罗马人。显而易见,乌利福斯从上天那里遭到了报应,因为他被杀的地方恰恰就是他亲手谋害奇普里安的地方。这些事件的经过就是这样。

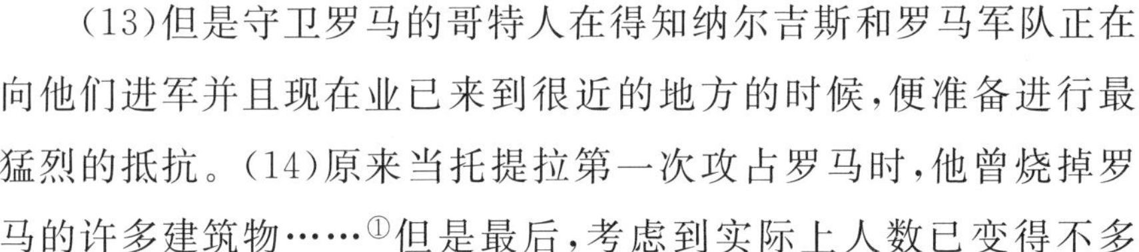

(13)但是守卫罗马的哥特人在得知纳尔吉斯和罗马军队正在向他们进军并且现在业已来到很近的地方的时候,便准备进行最猛烈的抵抗。(14)原来当托提拉第一次攻占罗马时,他曾烧掉罗马的许多建筑物……[①]但是最后,考虑到实际上人数已变得不多

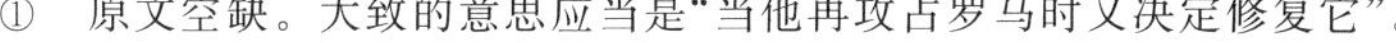

① 原文空缺。大致的意思应当是"当他再攻占罗马时又决定修复它"。

的哥特人不再能防守罗马城的全部城墙,于是他便环绕着哈德里安[①]的陵墓用一道短的城墙圈出了城市的一小部分,并且通过把这部分同先前的城墙连接在一起,他就建成了一种要塞。(15)在这里哥特人储藏了他们最宝贵的财产并且他们正在认真地保卫着要塞,而不管被荒废的其余部分的城墙了。(16)因而这次他们只留下他们的少数人守卫这个地方,而所有其余的人则沿着城墙的雉堞站岗,因为他们急于想试一下敌人攻城的本领。

(17)再说罗马的整个城墙长得出奇,乃至罗马人在进攻时既无法把它包围起来,哥特人也没有办法守卫它。(18)于是罗马人便随便分散到各处,开始他们的进攻,而哥特人则看情况尽力保卫他们自己。纳尔吉斯于是集合了一大批弓箭手对要塞的某一部分发动进攻,而与此同时,维塔利安的侄子约翰则和他手下的士兵在另一个地方发动猛攻。(19)在这同时菲列木特和埃茹利人正在骚扰另一部分,而其余的人则跟随在离他们相当远的后面。确实,所有在城下作战的人们相互间都隔得很远。(20)而蛮族则集中在进攻的地点,对猛攻加以迎击。但是罗马士兵没有攻打的、要塞的其余部分则完全无人防守,而所有的哥特人,如我方才所说,都集中在敌人正在进攻的地方。(21)在这种形势下,纳尔吉斯于是下令达吉斯赛欧斯带领大批士兵以及纳尔吉斯和约翰的军标以及大量的云梯突然对要塞的根本无人防守的部分发起了一次猛攻。(22)于是他立刻把所有的云梯搭在城墙上而没有遇到任何抵抗,他不费任何气力便和他的部下进入了要塞内部并且从从容容地打

① 罗马皇帝。公元117—138在位。

开了城门。(23)哥特人立刻发现了这一情况，于是他们不再考虑抵抗而是全都开始逃跑，跑到每个人能去的无论什么地方。一些人跑进工事，另一些人则跑到波尔图斯去了。

(24)当我叙述到这里时，我想谈一谈命运对人类的事务开玩笑的方式，它并不总是以同样的方式降临到人们身上，也不是用统一的目光来看他们，而是随时间与地点的不同而有所改变；它向人们开的是这种玩笑：按照时间、地点或环境的不同而改变着那些可怜虫的价值，比如说先前失掉了罗马的贝撒斯不久之后又为罗马人收复了拉吉卡的佩特拉，相反地，把佩特拉丢给了敌人的达吉斯赛欧斯一瞬间却又使罗马回归于皇帝的统治之下。(25)只要同样的命运统治着人类，自始以来便一直发生这样的事情并且在今后也永远会是这样。纳尔吉斯这时率领全军排成战斗的队列向要塞进发。(26)但是蛮族却已被吓倒，他们在得到自己生命安全的保证后便赶快向罗马人投降并把要塞交了出来，这是皇帝优斯提尼安在位第二十六年[①]发生的事情。(27)这样，在他的统治时期里，罗马是第五次被占领了；纳尔吉斯立刻把罗马城各城门的铜匙送到皇帝那里去。

三十四

(1)当时全世界的人们都十分清楚地看到，在注定要遭受厄运的所有人身上，即使看来是幸福的那些事情结果也会导致他们的死亡，并且甚至当他们过着称心如意的日子时，也可能和他们的同

① 公元552年。我国南朝梁元帝承圣元年。

样的这些好日子一道被毁灭。(2)要知道,这次胜利对于罗马元老院和人民来说,结果竟成为更大得多的一场灾难的原因,其经过有如下述。(3)一方面,哥特人由于这次逃跑而放弃了意大利的领土,却在他们行进途中顺手毫不留情地杀死了他们遇到的所有罗马人。(4)而另一方面,罗马军队里的蛮族在进城之后也把他们碰上的所有的人都当作敌人对待。(5)而且他们还遇上了这样的事情。原来由于托提拉的决定,元老院的许多成员先前一直留在康帕尼亚的各个城镇。(6)他们当中的一些人得知罗马已经被皇帝的军队所占领之后,便离开康帕尼亚到罗马那里去。但是还据守着那里的要塞的哥特人得知这一情况后,便搜索那整个地区,把所有的贵族全都杀死了。而在这些人当中便有我在前面提到的那个玛克西姆斯[①]。(7)此外还发生了这样的事情。原来当托提拉离开那里去迎战纳尔吉斯的时候,曾把每一个城市的罗马知名人士的孩子们集合起来,从中挑选了其中长相特别好的大约三百名,并告诉孩子们的双亲们说这些孩子将同他生活在一起,而实际上他们是罗马人交给他的人质。(8)当时托提拉只是下令要他们去波河以北,但现在帖亚斯发现了他们,便把他们全都杀死了。

(9)这时率领驻守在塔伦图姆的卫戍部队的将领、哥特人腊格那里斯已经从帕库里乌斯那里得到保证——这是皇帝的意旨——并且同意向罗马人投降,这一点我在前面已经谈过了[②]。他并且交出了六名哥特人作为人质给罗马人,以便使这一协定具有约束

① 参见本书第五卷,第二十五章,第15节以及第七卷,第二十章,第19节。

② 参见本卷第二十六章,第4节。

力。但是在听到帖亚斯已经成为哥特人的国王并且约请法兰克人作为自己的联盟者，而且打算率领他的全部军队迎击敌人的时候，腊格那里斯便完全改变了自己的意图并断然拒绝履行协定了。但是他却急于并且决心索回自己交出的人质，因此他想出了下面的计划。(10)他派人到帕库里乌斯那里去，要求对方派给他一些罗马士兵，这样他的人才能以安全地去德律欧斯[①]，再从那里渡过伊奥尼亚湾去拜占庭。(11)对此人的意图一无所知的帕库里乌斯于是给他派去他手下的五十名士兵。(12)而当腊格那里斯把这五十人接进要塞之后，他立刻把这些人监禁起来并且带话给帕库里乌斯说，如果他想要回自己的士兵，他必须把哥特人的人质交出来。(13)但是当帕库里乌斯听到这话后，只留下少数人守卫德律欧斯，而立刻率领他的其余的全部军队去进攻敌人。(14)于是腊格那里斯立刻把五十名罗马士兵杀死，然后便率领哥特人出塔伦图姆城去迎击敌人。而他们交战之后，哥特人被打败了。(15)于是在这里失掉了大量士兵的腊格那里斯便和剩下的人们逃走了。不过他却完全不可能逃回塔伦图姆，因为罗马人已经从四面八方把这个城市包围了。但是他去了阿凯隆提斯并待在那里。(16)当时发生的就是这些事情。不久之后，罗马人便在围攻后因对方投降而占领了波尔图斯以及图斯卡尼地方他们称之为涅帕[②]的一座要塞，还有人们称为佩特拉·佩尔图撒的一处工事。

(17)就在这期间，帖亚斯考虑到哥特人自身不是罗马军队的

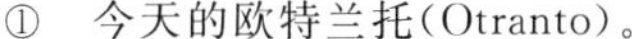

① 今天的欧特兰托(Otranto)。

② 今天的涅皮(Nepi)。

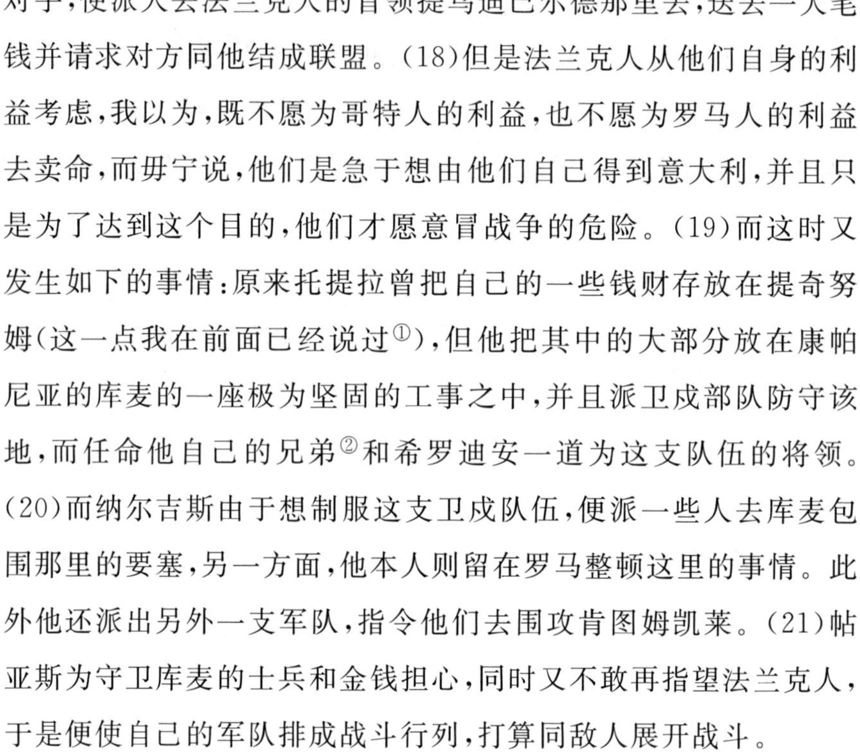

对手,便派人去法兰克人的首领提乌迪巴尔德那里去,送去一大笔钱并请求对方同他结成联盟。(18)但是法兰克人从他们自身的利益考虑,我以为,既不愿为哥特人的利益,也不愿为罗马人的利益去卖命,而毋宁说,他们是急于想由他们自己得到意大利,并且只是为了达到这个目的,他们才愿意冒战争的危险。(19)而这时又发生如下的事情:原来托提拉曾把自己的一些钱财存放在提奇努姆(这一点我在前面已经说过[①]),但他把其中的大部分放在康帕尼亚的库麦的一座极为坚固的工事之中,并且派卫戍部队防守该地,而任命他自己的兄弟[②]和希罗迪安一道为这支队伍的将领。(20)而纳尔吉斯由于想制服这支卫戍队伍,便派一些人去库麦包围那里的要塞,另一方面,他本人则留在罗马整顿这里的事情。此外他还派出另外一支军队,指令他们去围攻肯图姆凯莱。(21)帖亚斯为守卫库麦的士兵和金钱担心,同时又不敢再指望法兰克人,于是便使自己的军队排成战斗行列,打算同敌人展开战斗。

(22)纳尔吉斯察觉到这一情况之后,便命令维塔利安的侄子约翰和菲列木特同他自己的军队一道进入图斯卡尼省,以便在那里占领一处阵地并制止敌人进入康帕尼亚,以便使包围库麦的军队在不必担心骚扰的情况下用猛攻或用使对方投降的办法占领它。(23)但是帖亚斯却远远地离开右边那些最近的道路,却沿着伊奥尼亚湾走了许多很长的迂回道路,这样便完全避开了敌人来到了康帕尼亚。(24)当纳尔吉斯得悉这一情况后,他便把负责守

① 参见本卷第三十三章,第 7 节。

② 据阿伽提乌斯(第 31 页),这个兄弟的名字叫阿利盖尔。

卫穿过图斯卡尼的道路的、约翰和菲列木特的军队召来，又把刚刚攻占了人们所说的佩特拉·佩尔图撒的瓦列里安以及他的军队召了回来，这样便集结了他的军队，然后由他亲自率领排成战斗队列的全军开进了康帕尼亚。

三十五

（1）且说在康帕尼亚有一座名叫维苏威的山，在前面的记述中我曾经提到过它[①]，说它常常发出一种类似牛叫的声音。并且每当发生这种事的时候，这山还喷出大量的热灰。在我的记述中有关那里所讲的就是这些。（2）这座山的中心，正有如西西里的埃特纳山，有一个从山底一直通向山峰的天然的空洞，而正是在空洞的底部火继续不断地燃烧着。（3）这个空洞向下延伸到如此的深度，乃至如果有一个人站在山顶上敢于从空洞的边缘那里向下看的话，那么火焰也是不容易看到的。（4）并且每当这座山，像前面所说的那样，有灰喷出来时，火焰也从维苏威的底部把石块撕裂并把它们喷射到山顶上面的天空里，这些石块有些是小的，但有些则极大，火山从那里把它们喷射出来之后，便分散到随便什么地方去。（5）从山峰还有一道火流流出来，由山顶一直延伸到山脚下，甚至更远的地方，这在一切方面都有似于人们在埃特纳山那里看到的现象。火流流在一条沟里，在两边形成高高的两岸。（6）当火流在沟里流动时，它起初像是燃烧的水在流动；但是一旦火焰熄灭，流动也立刻便停止，不再前进了。而火的沉渣看起来像是灰一样的

① 参见本书第六卷，第四章，第21—30节。

泥土。

(7)就在这座维苏威山的山脚下,有一些适于饮用的泉水,这些泉水汇合成一条名叫德拉孔的河流,这条河便流经离努凯里亚城[①]很近的地方。当时两军就是这条河这里设营的,不过是一支军队在河的这一面,另一支军队在那一面而已。(8)这个德拉孔河虽然是一条小河,但是无论骑兵还是步兵都无法渡过去,因为河道狭窄又非常深,从而使两岸仿佛变得十分陡峭险峻。(9)但这原因是由于土壤还是由于水的性质,这一点我却无法确定。不过哥特人却占领了河上的桥,因为他们设营的地方离它很近,他们并且把木头的塔楼放到桥上并且在其中安设了各种各样的器械,其中有一种叫"巴利斯塔伊"[②]的,它们可以从塔楼那里朝下向进行骚扰的敌人的头部射击。(10)因此在那里要展开白刃战是不可能的,因为如我上面指出的,他们中间隔着一条河。但是双方的军队沿着河岸却尽可能地相互逼进,他们大都只是用弓箭相互射击。(11)如果某个哥特人有时为了回答对方的挑战而过了桥,那也会发生单对单的格斗。两军便以这种方式度过了两个月的时光。(12)只要哥特人控制着海上的这一部分,他们就可以通过用船运来粮食来维持自己,因为他们的营地离海岸不远。(13)但是后来罗马人却由于一个哥特人方面的叛卖行动而拿捕了敌人的船只,因为这个人就是负责敌人的全部海上运输工作的。并且在这同时,有无数的船只从西西里以及帝国其余的地区来到他们这里。

① 今天的诺切腊(Nocera)。

② 弩石机。

(14)在这同时，纳尔吉斯也在河岸上建起了木头的塔楼，这样便完全做到了从精神上压倒敌人。

(15)看到这些东西而大为吃惊同时又因食物不足而困苦不堪的哥特人于是逃到附近的一座山里去，罗马人用拉丁语把这座山叫作“奶山”[①]；罗马人在这里根本无法追踪他们，因为地面崎岖无法通行。(16)但是蛮族立刻便后悔到那里去，因为在那里他们无法给自己和他们的马找到食物，所以开始更加感到食物的不足了。(17)因此他们认为与其饿死还不如战死，于是他们便出其不意地出来向敌人发动进攻，他们是事先未加警告就突然扑向敌人的。(18)但是罗马人还是按照每个人的具体情况对他们进行了抵抗，他们不是按照将领的命令或按照各种大小队列把自己组织起来，也没有用任何别的办法把自己相互加以区分，更没有谁在战斗中给他们发号施令，但他们仍然尽自己的全力坚决地抗击了敌人，而不管他们站在什么地方。(19)哥特人首先放弃了乘骑而全都站在地面上徒步以一个深深的方阵面对敌人，随后罗马人看到这一情况，他们也不再骑马，双方都以相同的方式列阵对峙。

(20)在这里我将对这场十分著名的战斗以及一个人的英勇精神加以描述，我以为这个人的英勇绝不比传说中的任何一位英雄人物的英勇逊色，而这就是帖亚斯在这次战斗中表现的英勇了。(21)一方面，哥特人由于处境的危急毫无出路而非得勇敢作战不可，而另一方面，罗马人虽然可以看到敌人已经处于破釜沉舟的状态，但他们仍然尽全力加以抗击而耻于在较弱的敌军面前退让；因

① Mons Lactarius。

此双方都拼命地对离他们最近的敌人展开战斗,一方面是置之死地而后生的心态,而另一方面则是想表现自己的英勇。(22)战斗是在黎明时分开始的,而易于被人们辨认出来的帖亚斯只和身边的少数人一道站在方阵的前列,他手持盾牌用长枪刺向前方。(23)罗马人看到他以后,认为如果他本人阵亡,战斗立刻就会变得有利于自己方面,因而所有想表现自己的勇敢的人们——这样的人非常多——便把目标集中在他身上,他们所有的人或者用长枪向他刺去,或者把长枪投向他。(24)在这同时,他本人则在盾牌的掩护下,承受了所有长枪对他的冲击,并且通过突然的进攻,杀死了许多敌人。(25)而每当他看到他的盾牌插满了刺进来的长枪时,他便把这个盾牌交给他的一名卫士而换上另外的一个盾牌。(26)在这个白天的第三部分的时间里,他就是这样地继续战斗着,而当这一部分时间结束时,他的盾牌已经有十二支长枪插在上面,并且他已不再能随心所欲地挥动它并反击进攻的敌人了。(27)他急切地召唤自己的一名卫士,这时却没有离开自己的战斗岗位,既没有一丝一毫的退却,也不许敌人前进一步,他甚至不转过身去用盾牌掩护自己的后背,而事实上,他甚至没有侧过身子,而是站在那里像长在地里一样,手持盾牌,用右手杀敌,左手(用盾牌)应付敌人的进攻,同时呼叫着卫士的名字。(28)而那名卫士这时就拿着盾牌立在他的身旁,帖亚斯立刻设法接过这个盾牌,以替换那因扎满投枪而变得沉重的盾牌。(29)但正当他这样做的时候,他的胸部在瞬间暴露出来,并且正巧就在一瞬间他被一支投枪所击中并马上因伤重而阵亡了。(30)继而一些罗马士兵便把他的头高高地挑在竿子上到处走动给双方的军队看,给罗马士兵看是为了使

他们受到鼓舞，给哥特士兵看是为了使他们能以在绝望中停止这场战争。

(31)但即使到这时哥特人也没有放弃战斗，而是一直把战斗继续到夜里，尽管他们知道他们的国王已经死了。但是当黑暗开始降临时，两军便分开来并且全副武装地在战场上过了夜。(32)而在第二天，他们天一亮便起来，和先前一样地再次列阵展开战斗直到黑夜，没有一方在对方面前退却，没有一方被击败，甚至后退，尽管双方都有大量的士兵战死，而他们一直像野兽那样狂怒地把战斗坚持下去，而所以如此，是因为他们相互都痛恨对方：一方面，哥特人十分清楚，他们正在进行的是最后的一次战斗，而另一方面，罗马人则认为自己绝不能败在哥特人手下。(33)但蛮族终于把他们几位知名人士派到纳尔吉斯那里去，说他们已认识到，他们进行的这场战斗是反对上帝的；因为，他们说，他们已领教了同他们对抗的军队的力量，而且，由于他们正在认识到事情的真相是怎么一回事，因而他们希望从今以后承认失败、放弃战斗，不过他们并不愿服从皇帝的统治，而是同其他某些蛮族一道独立地生活；所以他们请求罗马人同意他们和平地退去，不要拒绝他们提出的合理的解决办法，而且要给他们事实上是他们自己的钱作为路费，这些钱也就是他们每一个人先前存放在意大利各要塞里的钱。(34)纳尔吉斯把这些建议交给大家考虑。而维塔利安的侄子约翰的意见是："罗马人应当同意这一请求，不要把同只有死路一条的人们的战斗再继续下去，罗马人也不要同那些因求生无望而孤注一掷的那些人对阵，这种做法不仅对于采取这种做法的人，而且对于他们的敌人都是危险的。(35)他说：对于明智的人来说，胜利就

足够了,但是过分的愿望对于某个人来说也许甚至会变为不幸的!”

(36)纳尔吉斯同意了这个建议,于是他们达成了协议,一致同意在取得自己的钱财之后,其余的蛮族应立刻离开全部意大利并且应不再以任何方式对罗马人发动战争。(37)在协商进行期间,有一千名哥特人离开了主体,率领他们的有各种各样的人,其中便有我在前面提到的音杜尔夫[①];他们去了提奇努姆城和波河对岸的地区。但是所有其余的人发誓作了保证,并且批准了协定的全部细节。这样罗马人便占领了库麦和所有其余的地方,而第十八年结束时也便结束了普洛科皮乌斯所记述的这场哥特战争。

① 参见本书第七卷,第三十五章,第23节等。

轶闻或秘史

（战争史第九卷）

一

（1）迄今为止罗马民族在战争中的一切遭遇我都已记述过了[①]，而只要可能的话，我是按照这样的方案加以记述的，这就是根据其适当的时间和地点来安排有关这一切活动的全部记述。但是，从这里开始，我将不再遵循布局的这一计划，因为在这里，将记下的是发生在罗马帝国每一部分的任何事情。（2）而这样做的理由则是，只要干事的人还活着，这些事情就不可能以它们应有的方式记录下来。要知道，当事者既不能逃脱大批间谍的警惕的目光，并且一旦被侦知，也不能避开一种最残酷的处死方式。老实说，甚至在我最亲密的亲属中间，我都无法感到有不会出事的信心。（3）而且，更有甚者，即使我前面所描述的许多事件，我也不得不把引起这些事件的原因隐藏起来。因此在这部分里我就必须揭示不仅是迄今还没有揭露出来的那些事情，而且还有已被描述的那些事件的原因。

969

① 指作者的第一至第七卷的《战争史》，此书这时已经发表（"出版"）。

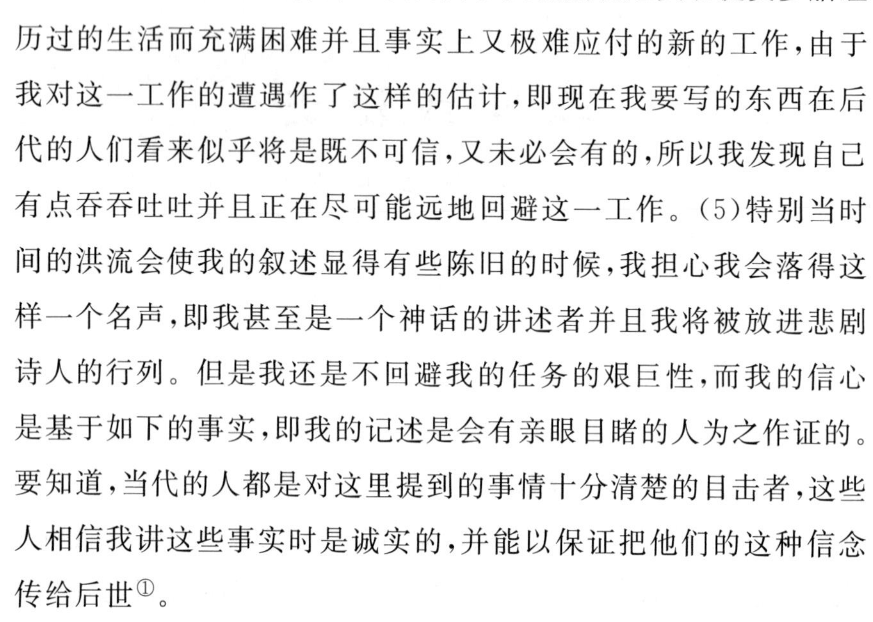

(4)但是,由于我转向一项因为涉及优斯提尼安和提奥多腊经历过的生活而充满困难并且事实上又极难应付的新的工作,由于我对这一工作的遭遇作了这样的估计,即现在我要写的东西在后代的人们看来似乎将是既不可信,又未必会有的,所以我发现自己有点吞吞吐吐并且正在尽可能远地回避这一工作。(5)特别当时间的洪流会使我的叙述显得有些陈旧的时候,我担心我会落得这样一个名声,即我甚至是一个神话的讲述者并且我将被放进悲剧诗人的行列。但是我还是不回避我的任务的艰巨性,而我的信心是基于如下的事实,即我的记述是会有亲眼目睹的人为之作证的。要知道,当代的人都是对这里提到的事情十分清楚的目击者,这些人相信我讲这些事实时是诚实的,并能以保证把他们的这种信念传给后世[①]。

(6)但是,当我急于记述这些事件时还是有另一种考虑常常使我在很长一个时期里不敢下笔。要知道,我有这样一种看法,即这种记录对后来世世代代的人们来说是不适宜的,因为最有利的做法是:如果可能的话,最黑暗可怕的勾当不要叫后人知道,否则这事传到君主们的耳朵里去,他们是会群起效尤的。(7)因为在大多数掌权者的情况下,正是他们的没有经验总是使得他们易于模仿他们的前人的卑劣行为,并且他们总是更加容易和方便地转向前一时期统治者所犯的错误。(8)但是后来我所以又拿起笔来记述这些事件的历史,是因为我又有了这样的想法,这就是:今后掌握统治大权的那些人肯定清楚地知道,首先,正如同我记述的这些人

① 有关当代人的证明参见译序。

的遭遇一样，他们的罪行十之八九同样会遭到惩罚；其次，他们的行为和品格同样会记录下来给整个后代，结果也许人们会更加厌恶犯下这样的罪行。(9)如果不是当代的作家把许多事情记录下来留给后代，后代的人怎样会知道谢米腊米斯[①]的淫乱放荡的生活或撒尔达那帕路斯[②]和尼禄[③]的发疯的行为呢？并且，撇开这些考虑不谈，如果有谁恰巧也受到他们的统治者的相似的对待，这种记录对他们来说也不是完全无用的。(10)因为遭到不幸的那些人习惯于从如下的想法得到安慰，即不仅仅是他们自己才遭到残酷的灾难。因此，出于这些理由，我还是着手记述首先是贝利撒里乌斯的全部卑污勾当，然后我还将揭发优斯提尼安和提奥多腊所干的全部卑污勾当。

(11)贝利撒里乌斯有一个妻子[④]，此人我在历史的各卷都有机会提到过；她的父亲和祖父都是驾车手，他们都曾在拜占庭和提撒罗尼凯表演过自己的高超技艺，而她的母亲则是戏园子[⑤]里的卖淫女一流人物。(12)这个女人早年过的是一种淫乱的生活并养

① 传说中的亚述王后。尼尼微的建立者。

② 亚述皇帝(公元前668～前626)，原名阿述尔巴尼帕尔，希腊人在《旧约》里称他为撒尔达那帕路斯。

③ 罗马皇帝(37～68)。

④ 参见吉本在《罗马帝国衰亡史》(第四卷，第334页以次)的有关论述，他说普洛科皮乌斯的"大度的读者可以不去管诽谤的话，但是事实提供的证据却是他忘不了的；并且他会以厌恶的心情承认，贝利撒里乌斯的名誉，甚至美德为他的妻子的淫荡与残酷所玷污；而英雄应当取得不会从正派的历史学家笔下漏掉的称号"。

⑤ 这里是意译，原文是 θυμέλη 里的，这个 θυμέλη(thymele)当时通常指剧场舞台前面半圆形的合唱队席，在这里面的都是演杂技的、跳舞的、变戏法的人们，地位比舞台上正式演员要低得多。当时人提到 θυμέλη 里的人，大都指的是我们过去的所谓下九流，带有轻蔑的意味。——英译注(有补充与删节)。

成放荡的性格,她不仅仅同她双亲周边的那些卑贱的巫师们乱搞男女关系,而且得到了她需要了解的门道,后来在她生了好多孩子之后,才同贝利撒里乌斯结婚成了他正式的妻子。(13)因此,从一开头她立刻便决定作一个淫妇,但是她却十分注意于把这件事掩盖起来,不过不是因为她对自己的行为感到可耻,也不是因为在涉及她的丈夫方面她有什么害怕的(要知道,无论对任何行为她从来都没有丝毫羞耻之感,并且通过许多魔术的把戏她已经完全控制了自己的丈夫),而是因为他害怕皇后会惩罚她。原来提奥多腊太容易对她大发雷霆并且在愤怒中对她咬牙切齿[①]。(14)但是通过在最紧急的事务上为提奥多腊效劳——首先是除掉了西尔维里乌斯,如何除掉的下面还要说[②];其次是搞垮了卡帕多奇亚人约翰,这一点我在前面[③]已经说过了——她使得提奥多腊也变得驯顺和可以操纵了,终于她便毫不犹豫地更加肆无忌惮地和不再隐蔽地干起各种各样的坏事来。

(15)在贝利撒里乌斯家里有一个年轻的色雷斯人,名叫提奥多西乌斯,此人的祖先自称是所谓埃乌诺米乌斯派[④]的信徒。(16)而当贝利撒里乌斯即将从海路出发去利比亚时,他把这个青

① 可能借鉴了阿里斯多芬的说法(Pax,620)。

② 但作者后面并未实现这一许诺。关于教皇西尔维里乌斯的受辱废黜参见译序。从这一部分第二十三章第 33 节可以看出,除这些作品外,作者还打算就这一问题再写些东西。

③ 参见本书第一卷,第二十五章,第 13 节以次;在第二章第 16 节、第三章第 7 节、第四章第 18 节也提到了约翰的命运。

④ 库吉库斯的主教埃乌诺米乌斯在对三位一体三者之间关系方面持有并宣传非正统的观点,因而在公元 367 年为瓦伦斯所放逐并再次为提奥多西乌斯所放逐。

年浸泡在圣水里，然后亲手把他抱了出来，这样便使这个青年成了自己和自己妻子的继子，这是基督教徒举行过继仪式时的习惯做法。但后来安托尼娜很自然地爱上了通过宗教仪式而成为自己的儿子的提奥多西乌斯；因此她便以非常特殊的关切心情把他留在自己的身边。(17)随后在这次出行期间，她立刻发疯似地迷上了他，并且由于在情欲上永不满足，她竟然变得肆无忌惮，把对天上和人间一切事物的畏惧和尊敬全不放在眼里，开头是暗中和他做爱，但最后竟然在男女仆人的面前也这样干起来。(18)要知道，这时已完全为这种情欲所迷住并且显然堕入情网的安托尼娜在这件事上不再容许任何妨碍。有一次，贝利撒里乌斯在迦太基看到了他们现场宣淫，但他却甘愿使自己受自己妻子的欺骗。(19)原来虽然他在一间地下室里发现了他们俩并感到十分气愤，但是她既不害怕也不想隐瞒这件事，反而说："我到这里来是为了叫这个小伙子帮助我把我们战利品中最值钱的东西藏起来以便不使皇帝知道它。"(20)而她这样说只不过是一个借口，但是他看来已经满意于这一辩解就不再追究此事，尽管他可以看到，提奥多西乌斯的掩盖自己私处的衬裤的裤带已经松开了。由于他太爱这个女人了，所以他宁愿认为他亲眼目睹的证据是绝对不可信的[①]。

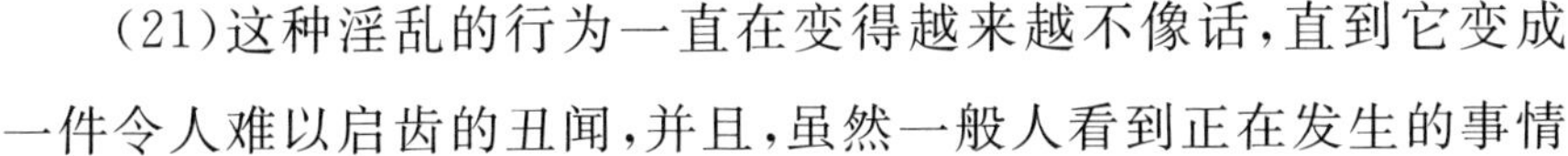

(21)这种淫乱的行为一直在变得越来越不像话，直到它变成一件令人难以启齿的丑闻，并且，虽然一般人看到正在发生的事情

---

① 与之形成鲜明对照的是坎道列斯对巨吉斯的说法："人们总不会像相信眼睛那样相信耳朵的"，参见拙译《希罗多德：历史》，第一卷，第8章。我国也有"眼见为实，耳听为虚"、"百闻不如一见"等俗语。

都对之保持沉默,但还是有一个名叫玛凯多尼娅的女奴,在贝利撒里乌斯征服了西西里时在西拉库赛同他接近,而在要她的主人发出最可怕的誓言说他绝不会把她出卖给她的女主人之后,便把全部情况告诉了他,而且她还召来在卧室服役的两个孩子作为目击者。(22)得知这些情况之后,贝利撒里乌斯便下令自己的一些侍从搞掉提奥多西乌斯。但是提奥多西乌斯事先得到了消息,便跑到以弗所[①]去了。(23)原来贝利撒里乌斯的侍从对他的捉摸不定的脾气很是头痛,所以他们更愿意得到女主人的欢心,而不想叫丈夫认为他们对自己有好感,因此之故他们便把当时给他们的涉及提奥多西乌斯的命令泄露给对方。(24)而康斯坦丁看到贝利撒里乌斯因发生的一切而十分难过时便一般地对他表示了同情,还讲了这样的话:"如果是我的话,我就会杀掉那个女人而不是青年。"(25)当安托尼娜听到这话时,她便在暗中恨上了他,而一旦有了机会,她就会把她对他的仇恨表现出来。(26)要知道,她的做法就像是蝎子一样[②],把它的愤怒隐藏在黑暗里。因此不久之后,她便使用魔术或诈骗的办法要她的丈夫相信,这个女孩子的指控是没有根据的,于是他立刻把提奥多西乌斯召了回来并且同意把玛凯多尼娅和孩子们交给她。(27)据说她先是把他们舌头全都割掉,然后又把他们一点一点地割碎,并把碎块抛到袋子里,这之后又把袋子不费什么气力地抛入海中,而在这件渎神的勾当中自始至终有一个名叫埃乌盖尼乌斯的仆从帮她的忙,也正是这个人对西尔维

① 在小亚细亚西岸。

② 蝎子通常躲在石头下或别的什么东西下,遇到惊扰它的便突然出击,因此古希腊便有"所有石头下都有蝎子在睡觉"之类的谚语。

里乌斯干出了不光彩的事情[①]。(28)而且不久之后，贝利撒里乌斯听从了自己妻子的话也杀死了康士坦丁。因为那时发生了普列西狄乌斯和匕首的事件，这事我在前面的记述中已经提到过了[②]。(29)要知道，虽然这个人即将被赦免，但是安托尼娜还是由于我刚刚提到的那句话而惩处了他才善罢甘休。(30)由于这一行动的结果，贝利撒里乌斯受到了皇帝以及罗马全体显要人士很大的敌视。

(31)这些事件的经过就是如此。但是提奥多西乌斯宣称他不能到意大利来，因为贝利撒里乌斯和安托尼娜当时正在那里，除非把佛提乌斯[③]除掉。(32)要知道，如果佛提乌斯看到有谁比他对任何一个人更有影响，他就会感到难受，这是他的本性，而在提奥多西乌斯和他的同僚的情况下，他正好也有一个正当的原因深感不平，因为他本人虽是儿子的身份却完全不受重视，而另一方面，提奥多西乌斯却拥有巨大的权力并且正在获得巨大的财富。(33)据说，在迦太基以及在拉温那，他从两处王宫掠夺了多达一百肯特那里乌姆[④]，因为他正好在没有任何同僚的情况下全权管理这两处王宫。(34)而当安托尼娜得知提奥多西乌斯这一决定时，她便不停地给年轻的佛提乌斯制造麻烦并且用一些致命的阴谋迫害他，直到她做到使佛提乌斯再也受不了她的骚扰而离开那里去了拜占庭，提奥多西乌斯于是便去意大利同她相会了。(35)在那

① 参见本章第 14 节及有关注释。

② 参见本书第六卷，第八章，第 1 节以次。

③ 参见本书第五卷，第五章，第 5 节。佛提乌斯是安托尼娜同前夫所生的儿子，贝利撒里乌斯的继子。

④ 肯特那里乌姆(centenarium)是用黄金计算的钱财，一肯特那里乌姆是重一百磅的黄金，参见本书第一卷，第二十二章，第 4 节。

里她充分地享受了自己情人的照顾和自己丈夫的糊涂,随后又在他们二人的伴随下来到了拜占庭。(36)提奥多西乌斯认识到自己所犯的罪而感到害怕,内心十分痛苦。要知道,他认为他根本没有任何办法逃避被人们识破的命运,因为那女人不再能掩饰她的情欲,也不想只是在暗中才使它爆发出来,而是相反,她并不反对公然做一个淫妇或被人们称作一个淫妇。(37)于是他再次去以弗所,先是落了发——在这种情况下习惯上都是这种做法——然后就正式成为人们所说的僧侣。(38)于是安托尼娜完全变成疯狂,她把自己的衣着还有日常生活方式都改变成像居丧一样,在家中各处不断地悲叹,甚至她丈夫在跟前时也是哭天号地,叹息在她的生活中失掉了一件好东西,以及他是何等忠诚、何等迷人、何等文雅、又何等精力过人!(39)最后,她竟迫使她的丈夫也参与了这种悲叹场面并且让他坐在那里这样做。总之,这可怜的家伙经常哭泣并且呼唤心爱的提奥多西乌斯。(40)而后来他真的到皇帝那里去,恳求皇帝和皇后,并且劝说他召回提奥多西乌斯,因为此人无论当前还是未来,都是他家的一个不可缺少的部分。(41)但是提奥多西乌斯却断然拒绝离开他当时所在的地方,硬说他打算尽可能坚定地遵守僧侣的行为准则。(42)不过这个回答实际上是一派胡言,他的目标是:一旦贝利撒里乌斯离开拜占庭,他本人便要偷偷地到安托尼娜身边去。实际上发生的正是这样的事。

二

(1)原来不久贝利撒里乌斯便和佛提乌斯一道被派出去同科斯罗伊斯作战去了,而安托尼娜则留在了拜占庭,这是完全违反了她先前的习惯的。(2)为了不使这个人孤身独处从而清醒过来，这样他便会蔑视她的勾引而对她有一个正当的估计，于是她便设法和他一道周游世界。(3)此外，为了使提奥多西乌斯能够有再次接近她的机会，她又采取措施不使佛提乌斯对她起干扰作用。(4)于是她唆使贝利撒里乌斯的某些随从人员不断地折磨他、侮辱他，一刻也不使他安生；与此同时，她本人通过实际上是每天动笔，一直坚持对青年人进行诽谤攻击并动员一切事物来反对这个青年人。(5)而他这方面，在上述做法的压力之下，也决定揭露他母亲的丑闻。因此当有一个来自拜占庭的人宣称提奥多西乌斯正在暗中同安托尼娜混在一起的时候，他立刻把这个人带去见贝利撒里乌斯，要他把全部情况揭露出来。(6)贝利撒里乌斯听到全部经过之后大为震怒，他匍匐在佛提乌斯脚下，请求他为自己的父亲报仇，因为他曾在最不应当干这种事情的人们的手下遭到有渎神灵的对待。他说："我最钟爱的儿子啊，你根本不知道你的父亲是什么人，因为你还在怀抱中吃奶的时候，他已经结束了自己的一生离你而去，并且你从他手中没有得到任何产业；要知道，在财产方面他并不是十分走运的。(7)但你是在我的关心下养大的，不过我只是你的继父，而你已经到了这样的年纪，即你已有义务在我受到不公正的对待时尽力来保卫我；而且你已经上升到执政官的地位①并且已获得了如此巨量的财富，我的高贵的孩子，乃至我可以被公正地称为，并且实际上又可以同时是你的父亲和母亲和你的全部亲人。(8)要知道，人们通常测量他们相互间的爱并不是用血统关系，而

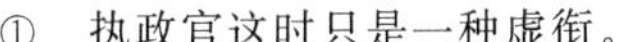

① 执政官这时只是一种虚衔。

老实说是用行动。(9)因此对于你来说,这样的时间已经到来,即不是站在那里看着我除了毁掉家庭以外,还被剥夺了如此巨额的财产以及你自己的母亲,正是她使自己蒙受了在全人类心目中如此巨大的耻辱。(10)而且要记住,女人的罪恶不是仅仅落到丈夫身上,而且更多是影响她们的子女;因为这些孩子的命运通常就是背负着这样一种名声,即他们的品行和他们的母亲的品行相似。(11)因此关于我,我要你接受这样的看法,即我极为爱我的妻子,如果我可以对败坏我的家庭的人进行报复的话,我不会对她有任何伤害;但是如果提奥多西乌斯活在世上,那我就不能因人们对她的指控而原谅她。"

(12)听到这一切之后,佛提乌斯就说他一定在一切事情方面加以协助,但是他又怕会由此而受到某种伤害,因为他肯定无法相信贝利撒里乌斯在涉及他的妻子的事情上的那种随时有变化的判断;因为许多情况,特别是玛凯多尼娅[①]的命运使他感到不安。(13)于是这两个人相互间便发了在基督教徒中间是最可怕的誓言,他们实际上通过誓言对自己作了如下的约定,即他们绝不会相互背叛,甚至在面临杀身之祸的时候。(14)而就当时而论,他们还不宜于干这件事,但是当安托尼娜从拜占庭到达而提奥多西乌斯要去以弗所的时候,佛提乌斯那时便要去以弗所,在那里他便可以不困难地对提奥多西乌斯和他的钱财下手了。(15)而那时,就是当他们正在率领全部军队入侵波斯的土地时,正好在拜占庭发生了卡帕多奇亚人约翰的事件,这是我在前面的记述中已经提到

① 曾经揭发过安托尼娜的丑闻的一名女奴,参见本卷第一章,第21节。

了的[①]。(16)但是在另一个记述中我却由于害怕而没有谈一件事实——这就是安托尼娜对约翰和他的女儿进行了欺骗,欺骗是有意识的,而且是在通过无数誓言——在基督教徒当中没有任何一个誓言被认为比这些誓言更加可怕了——总之是向他们作出了这样的保证,即她的行动对他们绝对没有任何不忠的意图。(17)但是在她完成了这一安排并且感到对皇后的友谊有了大得多的把握之后,她便把提奥多西乌斯送到以弗所,而她本人既然看到面前并无阻碍,便去了东方。(18)然而就在贝利撒里乌斯攻占了西扫腊农要塞[②]之后,有人向他报告说,安托尼娜正在路上。于是,这时他认为所有其他的事都是无关重要的,便率领着自己的军队返回了。(19)原来在军队里恰好又发生了另一些事情——这些事情我也提到过[③]——使得他实行了这次撤退。但是这个消息却使他迅速得多地作出了这一决定。(20)但是,正如我在本书开头处所说的,所发生的事件的一切原因当时在我看来对国家都是危险的。(21)而贝利撒里乌斯这一行动的后果,是他受到了全体罗马人的指责,因为他使国家的最重大利益从属于他自己家庭的利益。(22)因为从一开始他便受他的妻子的不正当行为的束缚,乃至他完全不愿意到离罗马领土尽可能远的地区去[④],这样,一旦他得知那女人已从拜占庭前来时,他就可以返回并立刻捉住并惩处

① 约翰在受到安托尼娜的欺骗后表示了妥协,接着便被解除了近卫军长官的职务并不光彩地遭到放逐。参见本书第一卷,第二十五章,第 13 节以次。

② 参见本书第二卷,第十九章,第 24 节。

③ 参见同上,第 26 节以次。

④ 例如到美索不达米亚(Mesopotamia)或波斯去。

她。(23)由于这一理由,他命令阿列塔斯和他的士兵渡过底格里斯河[①],并且他们在完成了根本不值一提的行动之后便离开回家去了,至于他本人,他设法不离开罗马的边界甚至一天的路程。(24)如果一个人走尼西比斯城这条路,则西扫腊农要塞离罗马边界对一个轻装的人来说,确实是一天以上的路程[②],但是如果走另一条路,则距离只有前者的一半。(25)但是如果他想首先带领着他的全部军队渡过底格里斯河的话,我想他一定会掠夺亚述的全部土地并且会来到克提西丰而不会遇到任何反抗,而且他还会从安提奥克把战俘[③]和碰巧在那里的所有其他的罗马人救出来,最后他才返回自己的本国。此外,他还对下述的事实负有主要的责任,即科斯罗伊斯比较安全地从科尔奇斯回到了本国。这件事是如何发生的,下面我立刻加以说明。

(26)当卡巴德斯之子科斯罗伊斯进攻科尔奇斯的土地并且干出了前面我所说的所有那些事情[④](其中包括佩特拉的攻克)时,正好米地亚人的军队中有许多人死于战斗以及这一地方的恶劣的

① 参见本书第二卷,第十九章,第26节以次。吉本的《罗马帝国衰亡史》(彪里编订本,第四卷,第309页)提醒读者不要去听"《轶闻》的恶意的窃窃私语"并且高度赞扬了贝利撒里乌斯的手腕、战略和外交,要知道,他的杂牌军"没有军饷,也没有纪律",他的主将阿列撒斯不服从命令又难以控制,既没有从他的征讨返回,也没有送来有关他的活动的任何情报。

② 普洛科皮乌斯的粗略估计是二百一十斯塔迪昂(约39公里),相当于从雅典到美伽拉的距离。

③ 公元540年科斯罗伊斯攻略这一城市时俘虏的。参见本书第二卷,第十三章,第2—6节。

④ 参见本书第二卷,第十四章。

自然条件。要知道，拉吉卡这地方，我已说过[①]，它的道路很坏，并且到处都是悬崖绝壁。(27)而除了这些困难之外，军队还遇到了一场瘟疫，结果较大部分的人就死在这场瘟疫之中，还有许多士兵是因为缺乏食物才死去的。(28)这时还有正经过那条路的、来自波斯国土的一些人，他们说贝利撒里乌斯在尼西比斯城附近的一次战斗中已经打败了纳贝德斯[②]并且正在向前推进，他通过围攻占领了西扫腊农要塞并且俘获了布列斯卡美斯和波斯人的八百名骑兵，而且他还派出了另一支军队，将领是撒拉森人的领袖阿列塔斯；他们还说这支军队已经渡过了底格里斯河，蹂躏了先前从未遭受过劫掠的全部地区。(29)此外还发生这样的事：科斯罗伊斯派出了一支匈人的军队去进攻臣服于罗马人的阿尔明尼亚人，目的在于使罗马人把注意力集中于这支军队，这样那里的罗马人便不会再去注意拉吉卡正在发生的事情了。(30)但仍有一些信使带来消息说，这些蛮族士兵遇上了瓦列里安和罗马军队，在战斗中吃了惨重的败仗，结果大多数人都阵亡了。(31)波斯人知道这些情况后，部分是因为他们在拉吉卡遭到的灾难[③]，部分是因为他们担心在撤退过程中他们会在崇山峻岭中以及在长满莽丛的地区遇到某支敌军，并担心在他们军队的一团混乱之中所有的人都会送命，因此他们为他们的妻子儿女和故土的安全感到极大的不安，继而米地亚军队里的忠诚分子开始责骂科斯罗伊斯，指控他违反自己的誓言和全人类共同遵守的义务，在停战协定期间去进攻他对之没

① 参见本书第二卷，第二十九章，第 24、25 节。

② 波斯将领。

③ 参见本书第八卷，第七章，第 4 节。

有任何权利的罗马领土并且蹂躏了一个古老的而且比任何国家都更值得受到最高尊敬的国家,一个他不可能在战争中加以征服的国家。并且他们几乎要发动一场政变了。(32)而面对这一情况,科斯罗伊斯被搞得狼狈万状,但是对当前的困境他却找到了如下的补救办法。原来他向他们念了恰好在不久前皇后写给扎贝尔伽尼斯的一封信。(33)信里的话是这样:"扎贝尔伽尼斯啊,由于刚刚在不久前你出使到我们这里来,相信你是忠实于我们的利益的,你已经知道我是多么热爱你。(34)如果你能劝说国王科斯罗伊斯对我们的国家采取和平的立场,那你的行动便符合于我对你的高度评价了。(35)如果你做到这一点,我保证我的丈夫会使你获得巨大的利益,而我的丈夫的措施,可以认为没有一件不是同我商量之后才付诸实现的。"(36)科斯罗伊斯把这信念给波斯显贵们之后,他就谴责他们当中那认为会有一个女人执政的任何现实国家存在的人,从而得以抑制了男人们的激烈情绪。(37)即使如此他还是十分担惊害怕地离开了那里,因为他认为贝利撒里乌斯的军队会堵截他们的去路。但他并没有碰到敌人的军队,于是便高兴地返回自己的国土了。

三

(1)当贝利撒里乌斯到达罗马土地时,他发现他的妻子已经从拜占庭到来。于是他便把她在羞辱的状态下看管起来,而且,虽然他多次即将把她杀掉,但还是软下心来,而我则以为,这是因为他被一种炽热的情欲所征服的缘故。(2)但是人们说,这是因为她还施行了魔法,从而使他受到这个女人的控制并立刻被诱奸得手。而佛提乌斯则赶忙去以弗所，身边带着作为囚犯的一名宦官，此人名叫卡利戈努斯，是他的女主人在情事方面给双方通风报信的人；在途中，通过严刑拷问，此人向佛提乌斯揭露了那个女人的一切秘密。(3)但是提奥多西乌斯由于事先得到消息，便为了自身的安全而逃到使徒约翰的教堂去，这是那里非常受尊崇的一处教堂。(4)但是以弗所的主教安德里亚斯接受一笔贿赂，把这个人交给了佛提乌斯。就在这时，关心安托尼娜的提奥多腊(因为她已经听到了安托尼娜的全部遭遇)把贝利撒里乌斯和她召到了拜占庭。(5)佛提乌斯听到这个消息，便把提奥多西乌斯送到正好有长枪兵和卫队在那里过冬的奇利奇亚[①]，他指示护送人员要在绝密的情况下送这个人，而当他们到达奇利奇亚之后要把此人加以十分严密的监禁，不许告诉任何人他到底在什么地方。就在这同时，他本人带着卡利戈努斯以及提奥多西乌斯的一笔数目惊人的钱来到了拜占庭。(6)在这里皇后向全人类作了一次表演，要人们看到她懂得如何用更大的、更残暴不仁的礼物来报答血腥的恩惠。(7)原来就在当时不久前安托尼娜为了皇后而陷害了她的一个仇人、一个卡帕多奇亚人并且出卖了此人，而另一方面，皇后本人则把一大批人交到安托尼娜手里，她甚至在没有给他们安设一个罪名的情况下便造成了他们的毁灭。(8)原来她先是拷问贝利撒里乌斯和佛提乌斯的某些亲信，而所以给他们定罪就是基于如下的事实，即他们都是这两个人的朋友，然后便处理掉了这批人，乃至直到今天我们也还不知道他们的最后命运是怎样的。还有一部分人被她处以流刑，罪

① 参见本书第四卷，第十八章，第6节。

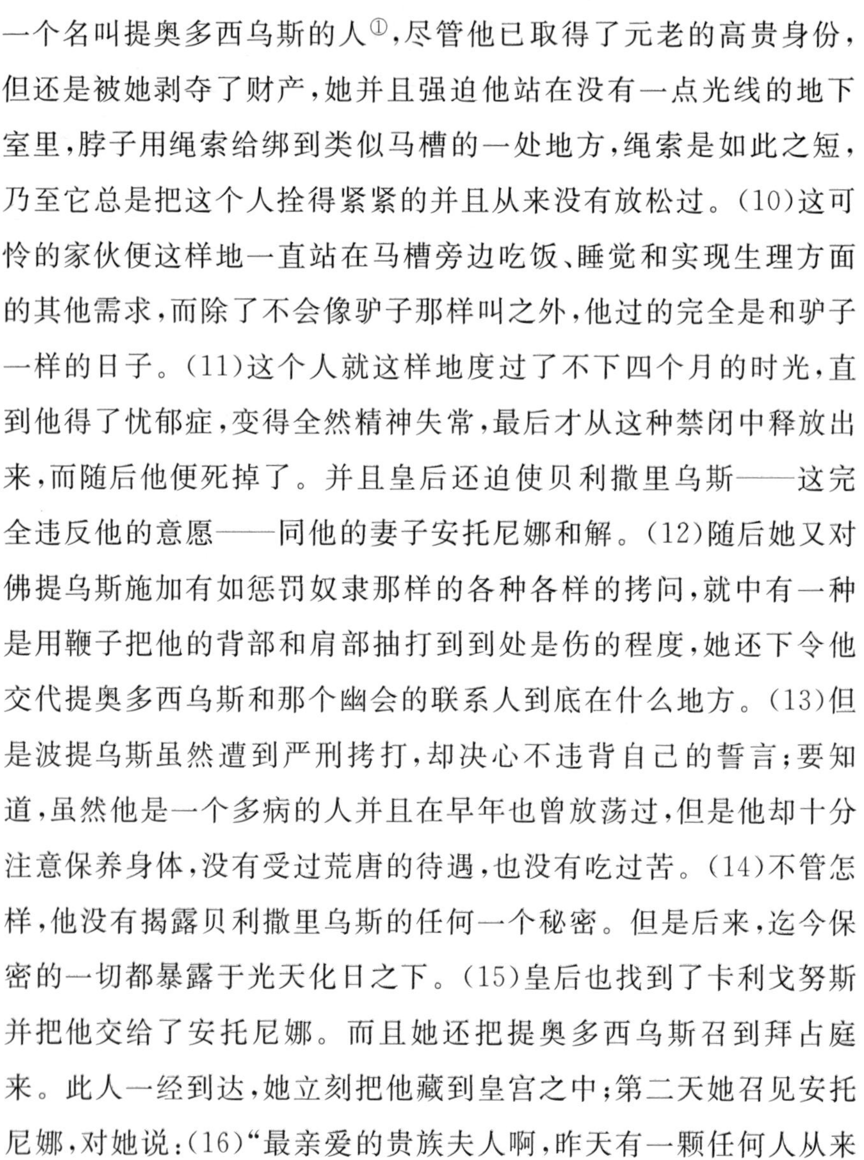

名也和前者一样。(9)但是随佛提乌斯去以弗所的那些人中间有一个名叫提奥多西乌斯的人[①],尽管他已取得了元老的高贵身份,但还是被她剥夺了财产,她并且强迫他站在没有一点光线的地下室里,脖子用绳索给绑到类似马槽的一处地方,绳索是如此之短,乃至它总是把这个人拴得紧紧的并且从来没有放松过。(10)这可怜的家伙便这样地一直站在马槽旁边吃饭、睡觉和实现生理方面的其他需求,而除了不会像驴子那样叫之外,他过的完全是和驴子一样的日子。(11)这个人就这样地度过了不下四个月的时光,直到他得了忧郁症,变得全然精神失常,最后才从这种禁闭中释放出来,而随后他便死掉了。并且皇后还迫使贝利撒里乌斯——这完全违反他的意愿——同他的妻子安托尼娜和解。(12)随后她又对佛提乌斯施加有如惩罚奴隶那样的各种各样的拷问,就中有一种是用鞭子把他的背部和肩部抽打到到处是伤的程度,她还下令他交代提奥多西乌斯和那个幽会的联系人到底在什么地方。(13)但是波提乌斯虽然遭到严刑拷打,却决心不违背自己的誓言;要知道,虽然他是一个多病的人并且在早年也曾放荡过,但是他却十分注意保养身体,没有受过荒唐的待遇,也没有吃过苦。(14)不管怎样,他没有揭露贝利撒里乌斯的任何一个秘密。但是后来,迄今保密的一切都暴露于光天化日之下。(15)皇后也找到了卡利戈努斯并把他交给了安托尼娜。而且她还把提奥多西乌斯召到拜占庭来。此人一经到达,她立刻把他藏到皇宫之中;第二天她召见安托尼娜,对她说:(16)“最亲爱的贵族夫人啊,昨天有一颗任何人从来

① 此人和安托尼娜的情夫同名,但不是一个人。

没有见过的珍珠落到了我的手里。你如果愿意的话，我不会反对要你来见识一下，不，我要把它拿出来给你看！”(17)不了解这是怎么一回事的安托尼娜于是恳求皇后把这珍珠拿给他看。于是她便从一个宦官的房间里把提奥多西乌斯领了出来，把他指给她看。(18)安托尼娜大喜过望到如此程度，开头竟高兴得说不出话来，随后她承认提奥多腊为她干了一件大好事，并真心实意地把她称为救主、恩人和主人。(19)皇后把这个提奥多西乌斯留在宫中，给他豪奢的款待和各种各样的优遇并且居然大言不惭地说什么不久她就会使他成为罗马的一名将领。(20)但还是某种昭彰的天理比她更早地作了安排，原来提奥多西乌斯突然得了痢疾，就此一命呜呼了。(21)提奥多腊暗中有一些人们完全不知道的、黑暗又完全是孤零零的房间，人在里面根本分不清黑夜白天。(22)佛提乌斯就被她禁闭在那里，在有人看守的情况下过了很长一段时期。从这里他有幸逃跑了不是一次，甚至是两次。(23)第一次他跑到上帝之母教堂，拜占庭人认为这是最神圣的一个场所，而确实从它的名称也可以看得出来[①]并且他是以请求保护者的身份坐在圣桌旁的。她使用十分强暴的手段强迫他从那里站起来并且再次把他禁闭起来。(24)而第二次，他逃到了索菲亚教堂并且突然坐在离神圣的洗礼盘本身很近的地方，习惯上基督教徒认为这里是最神圣

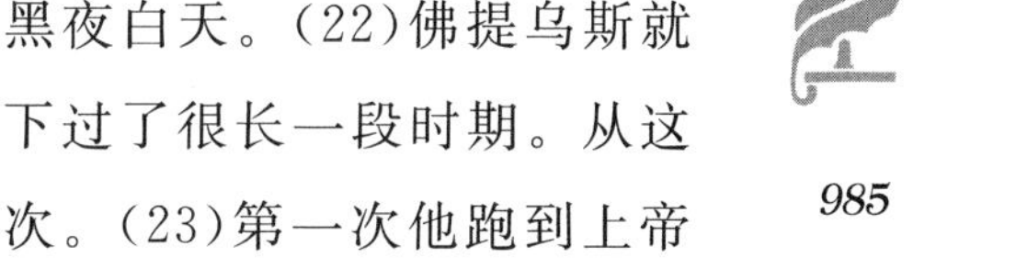

① 这座教堂似乎应当是黄金角上西城墙外的那座上帝之母教堂，也就是在后来被称为“布拉凯尔那伊”城区的那座，普洛科皮乌斯在《建渠记》这一作品中则称它“神圣庄严”(第一卷，第三章，第 3 节)。但是它离佛提乌斯被禁闭的皇宫相当远，而从上下文来看，这座教堂的地点似乎应当离皇宫和后来逃往的圣索斐亚教堂要近得多。如果这教堂指的是后来的圣玛利·潘那克兰托斯教堂(Church of St. Mary Panachrantos)的话，那么文中所说的教堂应当是这座教堂的前身。——英译者注

的所在。(25)但这女人甚至从这里也把他拖走了。要知道任何神圣不可侵犯的地点都从不曾挡住这个女人,而对任何和一切神圣事物施加强暴,对她来说都是无所谓的。(26)而且不仅是普通老百姓,就是基督教的僧侣也都吓得站到一旁,任她为所欲为。(27)他就这样地度过了三年的时光,但是后来先知撒迦利亚[①]在梦中向他显灵,并且据说在誓言的保证下命令他逃走,并答应在这件事上给他以帮助。(28)在梦中圣像的劝说下,他从那里逃走,背着人们来到了耶路撒冷,而虽然无数的人在搜寻他,却没有一个人看到这个青年,甚至当此人就站在他面前的时候。(29)在那里他剃了头,穿上了人们所说的僧侣的法衣,结果得以避开了提奥多腊的惩处。(30)但是贝利撒里乌斯不顾自己所发的誓言,却宁愿不给此人以任何帮助,尽管此人,如我已经指出的,受到了非人的悲惨待遇。因此在他后来的一切行事中,自然发现上帝的力量对他是敌视的。因为他立刻便被派去对付正在对罗马领土进行第三次入侵的米地亚人和科斯罗伊斯,但这次他犯下了胆怯的错误。(31)虽然如此,就其使那一地区摆脱了战争这一点来说,看来他的确还做了一件有意义的事情。不过当科斯罗伊斯渡过了幼发拉底河,占领无一人防守的、人口众多的卡利尼库斯城并奴役了成千上万的罗马人的时候,以及当贝利撒里乌斯无意于甚至把敌人追踪下去的时候,人们就都说他留在原地不动是出于两个理由之中的一个:或者是他有意疏于职守,否则就因为他是个懦夫。

① 据官话本《圣经》通行译名。

四

(1)大约就在这个时候，他又碰上了另外一件事，经过如下。我在前面的记述中谈到的瘟疫①正在拜占庭的民众中间猖獗流行。皇帝优斯提尼安也病得十分严重，甚至有人说他已经死了。(2)而这个消息于是传到了各处并且连罗马军队也都知道了。那里一些将领开始表示，如果罗马人在拜占庭再树立第二个优斯提尼安做他们的皇帝的话，他们对此是绝不能容忍的。(3)但是此后不久，皇帝的病竟然好了，于是罗马军队的将领们开始相互间讲起坏话来。(4)原来将领彼得和人们所说的“大肚汉”约翰就说，他们便曾听贝利撒里乌斯和布吉斯说过我刚才提到的那些事情。(5)皇后提奥多腊却宣称人们所说的那些不敬的话都是针对着她的，所以变得不耐烦起来。(6)于是她立即把他们所有的人召到拜占庭，并对这一报告进行调查；而且她把布吉斯突然召进妇人的房间，好像是要向他传达十分重要的什么事情。(7)原来在皇宫地下有一系列房间，那是牢固的和真正的迷宫，因此看来那里就像是一座地狱，这里通常被她用来禁闭触犯了她的那些人。(8)而布吉斯就被投进这个陷阱里，这个出身于执政官世家的人便永远留在了那里，连时间也不知道。(9)因为他在那里是处于黑暗当中，他无法分辨是白天还是黑夜，也不能同任何其他人交往。(10)而每天把食物抛给他的那个人对他也不讲一句话，两个人都像是哑巴，就像一个野兽遇到另一个野兽那样。(11)很快地人们便都认为他已

① 参见本书第二卷，第二十二、二十三章。

经死了,但是谁也不敢谈或提起这件事。不过两年四个月之后她却发了怜悯之心,把这个人放了出来。(12)而所有的人看到他都以为他是从死人当中回来的。但自此之后,他的视力一直不好,全身也处于多病的状态。

(13)布吉斯的遭遇便是如此。至于贝利撒里乌斯,虽然他并未因任何指责而被定罪,皇帝却在皇后的坚持下解除了他的统帅大权并且任命东方的将领玛尔提努斯来取代他,此外皇帝还指令他把贝利撒里乌斯的长枪兵和卫士[①]以及他的所有仆从——他们在战争中都是有名的人物——分配给某些军官和宫中的宦官。(14)于是这些人便用拈阄的办法来加以分配,并在他们中间把他们——还有武器等等——分割精光,每个人分到什么则要看运气如何了。他们当中许多人曾是贝利撒里乌斯的朋友或曾在先前以某种方式为他效劳过的,但是皇帝禁止这些人再去看他。(15)于是贝利撒里乌斯踽踽独行,成了一个可怜的和不忍卒睹的人物,他在拜占庭成了一介私人。(16)实际上他总是一个人在那里,心思重重而又闷闷不乐,害怕自己会遭到毒手。(17)皇后得知他在东方有许多钱,便派宫中的一名宦官去把它全部带了回来。(18)但安托尼娜,正如我前面所说,确实同他的丈夫争吵过,可另一方面,她却和皇后亲密无间,是最要好的朋友,因为不久之前她曾搞垮了卡帕多奇亚人约翰。(19)因此皇后决心要施恩于安托尼娜,用一切办法做到使事情像是那女人[②]成功地为自己的丈夫进行了说情

① 参见本书第四卷,第十八章,第6节。

② 指安托尼娜。

活动，是她把丈夫从如此可怕的灾难中救了出来；皇后还做到使她[①]不仅同这个可怜的人完全重归于好，而且她还应当是十分明确地解救了他，就好像解救了一名战俘，一名使之保全了性命的战俘似的。(20)而事情的经过是这样的。贝利撒里乌斯有一次早上很早的时候，像他习惯做的那样，在少得可怜的一些人的陪伴下来到了皇宫。(21)但他发现皇帝和皇后对他的态度都不好，并且在那里受到出身低贱的普通人的侮辱，因此晚上很晚的时候他回家时一路上常常要转过身来并且向四面八方察看，害怕有人会走近来暗杀他。(22)他就是怀着这样的恐惧的心情走进寝室，一个人坐在床上，心里想的没有一个有价值的思想，甚至记不起自己还曾是一个人，而是不断地出汗，脑袋发晕，在无助的绝望状态中战抖得很厉害，由于那既怯懦又完全不像男子汉的奴才式的恐惧与担心而深感苦恼。(23)而在这同时，安托尼娜好像根本不知道正在发生的事情或好像没有料到将会发生的任何事情，而只是以自己的消化不良作为借口不断地在那里走来走去。要知道，他们那时相互间还是抱不信任的态度的。(24)而就在这时，也就是在日落之后，从皇宫来了一个名叫克瓦德腊图斯的人，此人在经过庭院门口时，突然在男人居室的门口停了下来，说他是由皇后派到这里来的。(25)贝利撒里乌斯听到这话之后，就把四肢缩成一团，仰卧在床上，完全像是等死的架势；这时他完全失去了男子汉的气概。(26)而在克瓦德腊图斯来见他之前，他给了贝利撒里乌斯一封皇后写给他的信。(27)信里的话是这样。“高贵的先生，你清楚你曾

① 仍指安托尼娜。

是怎样对待我们的。但是我,从我这方面来说,由于我十分感谢你的妻子为我干的好事,因此我决定取消对你的这一切指控,把你的生命作为礼物送给她。(28)因此,关于你的生命和财产,在今后你是可以放心的。关于你对自己妻子的态度,我们是可以从你未来的行为来了解的。”(29)贝利撒里乌斯读了这封信之后,简直欢喜得发狂,而与此同时,为了立刻证明自己的感情,他马上起身跪倒在自己妻子的脚下。(30)他用双手紧抱她的双膝,不断地用舌头轮流舔她的双脚的踝部,还不断地说是她给了他活命,是她挽救了他,并且保证在今后不再是她的丈夫而是她忠实的奴隶。(31)至于他的财产,皇后把其中的三十肯特那里乌姆[①]给了皇帝,其余的都还给了贝利撒里乌斯。

(32)在将领贝利撒里乌斯身上,事件的转机就是这个样子,而这个人竟是不久前命运之神使他俘虏了盖利美尔和维提吉斯的那个人!(33)但就在这之前很长一个时期,此人的财富一直使优斯提尼安和提奥多腊感到极为恼火,因为这财富多得过分并且可以同皇室抗衡了。(34)并且他们一直在表示,贝利撒里乌斯把盖利美尔和维提吉斯的国库的较大部分暗中藏了起来而只把它们的一小部分,也就是完全微不足道的一部分交给了皇帝。(35)但是由于他们考虑到此人付出的巨大劳苦以及局外人大量发出的诽谤言辞,而且在这同时还由于他们还未能得到任何充分的借口对他下手,所以他们就按兵不动了。(36)但正是在这个时候,看到被吓住并且完全变成了懦夫的贝利撒里乌斯的皇后用仅仅一个行动就做

① 参见本书第一章,第33节有关注释。

到使她成为他的全部财产的主人了。(37)原来他们夫妇立刻通过把贝利撒里乌斯的独生女约安尼娜许配给皇后的外孙安那斯塔西乌斯[①]的这样一种婚姻关系结成了亲家。(38)于是贝利撒里乌斯便请求要他担任原来的职务，而在被任命为东方的统帅之后，他又得以率领罗马军队去反对科斯罗伊斯和米地亚人，但是安托尼娜对此却坚决加以反对；因为她说她在那些地区曾受过他的侮辱，所以他绝不愿再看到它们。

(39)由于这一理由，贝利撒里乌斯又被任命为皇室侍从长官，并再一次被派往意大利，因为据说他曾向皇帝保证，在这次战争期间他绝不会向皇帝提出金钱的要求，而他本人将用自己的钱为战争提供全部装备。(40)而人们都怀疑贝利撒里乌斯所以以我所描述的这种方式处理涉及他的妻子的事务，所以像这里所说的在有关战争的问题上向皇帝作出这样的保证，干脆只不过是由于想摆脱拜占庭的生活，并且一旦他走出这座城市，他会立刻拿起武器，着手实现一件崇高的和英勇的任务，那就是惩处他的妻子和曾经侮辱过他的那些人。(41)但是，贝利撒里乌斯不顾已经发生的一切情况并且完全忘记和无视他曾对佛提乌斯和他的其他亲属所发的誓言，却乖乖地听那女人的话，完全为对她的爱所征服，尽管她已经是花甲之年了。(42)但是，他到达意大利之后，事态每一天对他都一直不利，因为上帝的意旨肯定是反对他的。(43)确实，在开头，这位统帅的反对提奥达图斯和维提吉斯的计划，在当时的条件下，尽管看来它们同正在发生的情况并不适合，但结

① 参见本卷第十九章。

果大部分还是令人满意的；但是在后期，虽然他的确得到了使自己的计划取得最好结果的声誉——因为在处理这一战争的事务方面他已取得了经验——但后来实际上还是失败了，而他遭到的不幸大部分是由于那被认为是愚蠢的东西。(44)因而十分明显的是：人间命运的变化是由上帝的力量，而不是由人类的智慧来决定的，尽管人们习惯于把这称为“命运”，因为他们并不知道为什么事件的结果竟会像他们所看到的那样。(45)要知道，那看来是无法加以说明的东西，人们习惯于把它叫作命运。但是让每个人对这些事喜欢怎样理解便怎样理解吧。

五

(1)第二次来到意大利的贝利撒里乌斯是极不光彩地离开了那里的。要知道，在五年的时期里，除非在有一处工事的地方，他一次都未能在这里的任何部分站住脚跟，这一点我在前面已经说过了[①]，但是在这整个时期里，他却一直在船上航行，从一个港口去另一个港口。(2)而托提拉却拼命想在一座有城墙的城市之外捉到他，而他之所以未能成功，是因为贝利撒里乌斯本人和全体罗马军队都十分害怕作战。(3)因此他不仅没有收复任何已经失去的土地，甚至又失去了罗马和实际上是所有其他一切。(4)而在这段时期里，他变得比所有其余的人都更加贪财并且成了一个处心积虑要取得可耻的利得的阴谋家，因为他没有从皇帝那里得到任何东西，所以他便肆无忌惮地掠夺居住在拉温那以及西西里的几

① 参见本书第七卷，第三十五章，第1节。

乎所有的意大利人，还有他有权力管辖的任何别的人，理由则号称是他在使他们为他们过去生活中的行动付出代价。(5)因此，比如说，他甚至不断向希罗迪安提出金钱的要求，对此人进行各种各样的威胁。(6)这种做法使希罗迪安极为气愤，乃至他竟离开了罗马军队并立刻使他本人和他的部下以及斯波利提昂都转到托提拉和哥特人的手里去①。(7)至于他同维塔利安的侄子约翰是怎么争吵起来的——这件事给罗马的事业造成了极大的损害——下面我立刻加以揭露。

(8)皇后对日尔曼努斯已敌视到如此程度(并且正在使她的敌视变得对所有的人都极为清楚)乃至没有人敢同他结亲，即使他是皇帝的侄子也无济于事，并且他的儿子们直到中年也未能结婚。而他的女儿优斯提娜虽然已到了十八岁的成年仍未能有出嫁。(9)因此当约翰由于一项使命从贝利撒里乌斯那里来到拜占庭②时，日尔曼努斯不得不就婚姻问题同他进行磋商，尽管约翰的地位比他要低得多。(10)而既然他们双方都喜欢这一设想，于是他们决心通过最可怕的誓言相互约定，他们将尽一切力量促成这一联姻，因为双方根本没有一方对另一方有任何信任，一方是因为他看到自己正在高攀比自己地位高的门第，另一方则是因为他特别需要有一位女婿。(11)但是皇后却气疯了，她毫不犹豫地用了各种办法，对他们双方施加各种可能的压力，目的就是要他们中止磋商。(12)但是她并不能说服他们的任何一方，尽管她极力进行威

① 参见本书第七卷，第十二章，第16节。

② 参见同上第1节和第11节。

胁,于是她便明确地威胁说她要把约翰杀掉。(13)因此当约翰被派回意大利时,他不敢去见贝利撒里乌斯,因为他害怕安托尼娜对他的敌视,直到她已经回到拜占庭之后。(14)要知道,皇后曾委托安托尼娜杀害约翰,这件事是任何人都完全理所当然地会猜想到的,并且当他考虑到安托尼娜的品行时,事实上当然清楚地知道贝利撒里乌斯在每件事上都会向这个女人让步,于是他感到十分害怕,这使他惶惶不可终日。(15)无论如何,这种情况确实使甚至在当时以前便已经不稳固的罗马人的国运垮掉了。

(16)对贝利撒里乌斯来说,哥特战争进行得就是这样。终于他在绝望中请求皇帝允许他尽快地离开意大利①。(17)而在他得知皇帝已同意了他的请求之后,便立刻回家去了,他是十分高兴地向罗马军队和意大利人告别的。他离开时大部分的要塞都掌握在敌人的手里,而佩路吉亚则在敌人的严密包围之中;确实,当他还在回家的路上时,这座城市已在敌人的猛攻下被占领并经历了各种各样的灾难,这些我在前面已经记述过了②。而且这次他自己的家也遭受了灾难,这便是我下面要讲的。

(18)皇后提奥多腊急于想使贝利撒里乌斯的女儿嫁给自己的孙子,所以一直不断地在写信,使女孩子的双亲感到心烦。(19)但是为了逃避皇后建议的这一联姻,他们试图把婚姻推迟到他们亲临的时候,而当皇后召他们回拜占庭时,他们又借口说他们暂时还不能离开意大利。(20)但是皇后却急于想使她的孙子成为贝利撒

① 参见第七卷,第三十章,第25节。

② 参见本书第七卷,第三十五章,第2节。

里乌斯的财富的主人，因为她已看到，贝利撒里乌斯没有任何别的子嗣，女孩子正是他的继承人，可是她对安托尼娜的意图如何，却丝毫没有把握，并且担心在自己去世之后安托尼娜不再对她家表示忠诚（尽管她已发现皇后在最需要她的时候是如此慷慨），并且会撕毁协议，于是她便干出了一件亵渎神灵的事来。她使这个女孩子在未经任何法律认可的情况下便同那青年生活在一起。(21)据说，她在暗中实际上曾强迫女孩子在绝非自愿的情况下委身于那青年，从而在女孩子不得已而屈从之后，皇后便为她安排了婚事，目的在于使皇帝无法制止她的阴谋。(22)当这件事完成之后，安那斯塔西乌斯和女孩子发现他们相互间已处于热恋之中，而且这种状态持续了不下八个月之久。(23)但是当皇后死后安托尼娜来到拜占庭时[①]，她有意地忘掉皇后不久前给予她的各种好处并且根本不去理会这样一个事实，即如果这个女孩子再同任何另外一个人结婚，她先前干过的事便是妓女的勾当，结果是她否定了同提奥多腊的后人的这门亲事并且强迫女孩子在完全违反她的意志的情况下抛弃她所爱的人。(24)而由于这一行动她变得臭名昭著，全人类无人不知道她是个忘恩负义的女人，并且当她的丈夫到来时，她毫不费力地说服了他同意这一亵渎神灵的勾当。因此这个男人的品格当时便公开地揭露出来了。(25)而且，虽然他曾向佛提乌斯和他的某些亲属发过誓，虽然他又完全否认了这些誓言，但世人却原谅了他。(26)因为他们怀疑他之不忠其原因不是在于受制于他的妻子，而在于他害怕皇后。(27)但是，在我曾提到的提

① 参见本书第七卷，第三十章，第 25 节。

奥多腊去世[①]之后,当他根本不去理会佛提乌斯或他的任何其他亲属,而人们看到的却是他和情事的传信人卡利戈努斯都受到他妻子的摆布的时候,他的主人,最后是所有的人便抛弃了他,不断地嘲弄他并且责骂他是一个干出了极为愚蠢的事的家伙。因此,以一般的方式,毫不隐讳地陈述事实,这便等于是贝利撒里乌斯犯下的罪行了。

(28)且说巴库斯之子谢尔吉乌斯在利比亚所犯的罪行,我在本书前面适当的地方[②]已经作了充分的记述。确实,此人对于罗马当局在这一地区的统治的垮台,应负主要的责任,这不仅是因为他无视自己凭着《福音书》[③]向列乌阿塔伊人[④]所发的誓言,而且也因为他在没有任何正当理由的情况下处死了八十名使者[⑤]。但是对于这一点,我必须附加说明的只是:这些人到谢尔吉乌斯这里来并无恶意,而谢尔吉乌斯对于他们也没有任何可以怀疑的借口,而是当他请这些人来参加宴会时他自己已受到誓言的约束,因此他便可耻地把他们处死在那里了。(29)这一行动招致的后果则是所罗门和罗马军队以及全体利比亚人都遭到了毁灭的命运。(30)要知道,由于他的缘故,特别是所罗门像我所说的那样[⑥]死去之后,

① 公元548年。参见本书第七卷,第三十章,第40节。

② 参见本书第四卷,第二十一章,第1节以次。

③ 即《新约》的四福音书:《马太福音》、《马可福音》、《路加福音》、《约翰福音》。这里则泛指《圣经》。

④ 非洲的一个部族。

⑤ 杀死表面上是玛乌里人的和平使者的这些人一事据本书第四卷,第二十一章的解释是迫不得已的;他们是被谢尔吉乌斯的卫士杀死的。

⑥ 参见本书第四卷,第二十一章,第28节。

没有一个人，无论是将领还是士兵，再想去冒战争的危险了。(31)而最严重的是，西西尼奥路斯之子约翰出于他对谢尔吉乌斯所怀的敌意竟然拒绝作战[①]，直到阿列欧宾都斯[②]来到利比亚的时候。(32)原来谢尔吉乌斯是一个性格柔弱而不好战的人，无论在性格还是年龄方面都很不成熟，但他却又有极强的忌妒心并喜欢向所有的人吹嘘自己，他在生活作风上带有女人味道，一得意就鼓起双腮。(33)但是由于他曾经向贝利撒里乌斯的妻子安托尼娜的女儿求过婚，所以皇后极不愿意对他施加任何惩处或免去他的职务，尽管她也看到利比亚正在受到完全是处心积虑的破坏。确实，无论是她还是皇后都对谢尔吉乌斯的兄弟所罗门杀害培伽西乌斯一事不予惩处。而这一事件是怎么回事，下面我立刻加以说明。

(34)在培伽西乌斯从列乌阿塔伊人手中把所罗门赎出[③]而蛮族离开回家之后，所罗门便在赎出了他的培伽西乌斯当场和一些士兵的伴随下出发去了迦太基；在这次行程中，培伽西乌斯看到所罗门干了坏事，便指出说他应当记住，上帝是在不久前才把他从敌人手里救出来的。(35)但是所罗门却发起火来，因为他感到他由于曾在战斗中被俘而培伽西乌斯在责备他，于是立刻杀死了培伽西乌斯，这样便由于自己的得救而给了此人以如此的回报。(36)而当所罗门来到拜占庭之后，皇帝却洗刷了他的谋杀罪名，理由是他杀死的是背叛了罗马统治的人。(37)他并且给了所罗门的一封信，保证他在这件事上无罪。这样，以这种方式逃避了

① 参见本书第四卷，第二十三章，第32节。

② 罗马将领。

③ 参书本书第四卷，第二十三章，第14节以次。

惩处的所罗门便高兴地去了东方,以便去看一下他的故土和家中的亲属。(38)但是在这次回家的途中,上帝的惩罚却降临到他的头上并夺走了他的性命。有关所罗门和培伽西乌斯的事件的经过就是这样了。

六

(1)优斯提尼安和提奥多腊到底是怎样的人以及他们用什么方法断送了罗马帝国,这便是下面我立刻要说的。(2)当列昂在拜占庭掌握皇权的时候,有三个属于伊利里亚人的农民离开家乡参加了军队。这三个人是吉玛尔库斯、狄提维斯图斯和优斯提努斯,他们都是维德里安那地方[①]的人,他们为了尽力改善自己的生活条件,不得不经常要对困苦的环境和它那随之而来的一切灾难进行斗争。(3)于是他们自己肩上披着外衣徒步来到了拜占庭,而当他们到达拜占庭时,他们在外衣里装的只有他们在家里放进去的烤面包。于是皇帝把他们登记为士兵并指定他们担任宫廷的卫士。因为他们都是仪表非凡的男子汉。(4)但是后来继承了皇帝大权的安那斯塔西乌斯卷入了对付拿起武器来反对他的伊扫里人的一场战争。(5)于是他派出了一支大军去对付伊扫里人,这支军队的将领是号称"驼子"的约翰。这个约翰曾因为优斯提努斯犯了某一罪行而把他关在一所监狱里并且在第二天便准备把他杀掉,而在这时如果不是约翰做了一个印象鲜明的梦从而对他起了阻碍

① 伊利里亚的一个小村庄。据作者的《建筑记》一书(第四卷,第一章,第 17 节),属达尔达尼亚地区,可能在今天的索菲亚附近。皇帝优斯提尼安也出生在那里。

作用的话,他就会这样做了。(6)原来这位将领说,一次在梦中,一个身材巨大的人来到他跟前,这个人在其他方面都太大了,所以很难说他像一个人。(7)这个幻象命令他把他就在当天关进监狱的那个人放出来,而约翰则说,在从睡梦中起来时,他根本没有理会梦中的幻象。(8)但是到了第二天的夜里,他在梦中似乎再一次听到了前一次梦里的话。但即使这样,他仍然不愿意执行梦中的命令。(9)于是这个幻象第三次站在他面前,用一种可怕的命运来威胁他,如果他不按指示去做的话,并且这幻象还说,当他在今后会特别发怒的时候,他还需要这个人和他的一家。

(10)结果当时优斯提努斯便这样地得救了,久而久之,这个优斯提努斯竟取得了巨大的权力。(11)因为皇帝安那斯塔西乌斯任命他为宫廷卫队的长官。而当皇帝去世的时候,他本人由于所担任职务的权力而继承了皇位,不过这时他已经是一个蹒跚地走向坟墓的老人了,他从来没学会把一个字母同另一个字母区分开来,并且正像人们熟悉的一个成语所说,他"不识字母"[①],这是在罗马人中间先前从来不曾发生过的一件事。(12)当皇帝按照习惯要亲自签署包括他所发布的命令的一切文件时,他既不能亲自发出命令,也不能理解这命令里所说的到底是什么。(13)但是因抽签而成为他的顾问的、一个名叫普洛克路斯的人担任了人们所说的监察官[②],他本人通常便独自做主处理一切事务。(14)但是为了证明这些事都是皇帝亲自处理的,于是负责管理此事的人们便想出

① 在我国成语里叫"目不识丁"。

② 参见本书第一卷,第十一章,第 11 节。

了如下的办法。(15)他们取一小片加工好的木头,在上面镂出四个字母的一种字样——在拉丁语里它们的意思是“我已阅过”——并且把皇帝通常用于书写的钢笔蘸上有颜色的墨水[①],然后他们把它放到这位皇帝的手里。(16)他们把我前面所说的那条木片放在文件上,然后抓住皇帝的手和手里的钢笔沿着四个字母的图样移动,使它按照在木片中镂出的所有曲曲折折的笔画画出来,就这样取得了皇帝的那种笔迹。

(17)罗马人的皇帝优斯提努斯就是这样一个人物。而他有一个名叫路皮奇娜的妻子,一个蛮族女奴隶,她曾是先前买下了她的那个人的侍妾。优斯提努斯和她都是到晚年才登上皇帝皇后的宝座的。

(18)而优斯提努斯并未能给他的臣民造成任何伤害,但也未给他们任何好处。原来他的性格是十分懒散的,他简直说不出一句整话,是一个土气十足的乡下佬。(19)他那当时还年轻的侄子优斯提尼安就经常在管理整个政府,而且正是此人才表明是罗马人的灾难的罪魁祸首——如此严重和多种多样的灾难,也许在世界的全部历史上先前任何人都没有听说过有哪些灾难能同它们相比。(20)要知道他经常是极为轻松地不公道地杀人并夺取别人的金钱,成千上万的人尽管他们对他没有任何抱怨却仍然死于非命,这对他来说根本算不上一回事。(21)他完全不考虑保存已经确立起来的东西,却总是想在一切事情上出新点子,并且,总起来说吧,此人是建立得很好的体制的头号破坏者。(22)我在前面的记述中

① 通常是黑色的,和我国的墨汁有点儿相似。

描写过的那场瘟疫[1],虽然它降临于整个世界,但逃过这场瘟疫的并不比死于这场瘟疫的人少,这或是因为他们根本没有染上这种病,或是因为不幸染上这病之后却又康复了。(23)但是整个罗马世界却没有一个活着的人有幸逃出这个人的手掌,并且有如上天降临于整个人类的任何其他苦难,没有哪怕一个人完全不曾被他伤害过。(24)有些人被他杀害,但没有任何正当的理由,对另外那些人他使之陷入贫困,他使他们过着比死还难熬的悲惨日子,因此这些人请求他用一种最可怜的死亡来解除他们当前的灾难。不过在某些情况下,他是既谋财又害命的。(25)但是,既然只把罗马帝国毁了对他都不算一回事,所以他又做到征服利比亚和意大利,而这样做没有别的理由,只是为了能以毁掉这些地区的居民以及先前就在他的统治下的居民。(26)的确,当他取得统治大权还不到十天的时候,在没有任何理由的情况下便杀死了宫中太监的首领阿曼提乌斯以及其他一些人,而给他安的罪名只是他对拜占庭主教约翰用了某个不慎重的词儿。而由于这一行动的结果,他变成了世界上最可怕的人。(27)并且,尽管先前通过一道参加基督教的圣餐式他曾向篡权者维塔利安作出生命安全的保证,但他还是立刻把他也召来。(28)不久之后,当维塔利安被怀疑对他有不敬之罪的时候,他便在宫中杀掉维塔利安以及追随他的那些人,这样做他没有任何正当的理由,也根本不想尊重自己所作出的、不管是多么可怕的保证。

① 参见本书第二卷,第二十二、二十三章。

七

(1)在前面的记述里我就说过[①],自古以来民众便分成两派,而这时他站到其中的一派的一面,这便是维内提派或"蓝派"[②],而事实上他先前便是这一派的热心支持者,结果他便做到把一切都搞得乱七八糟、乱作一团。(2)而这样一来,他也就使得罗马国家跪倒站了起来[③]。然而并不是所有的蓝派都认为应当按这个人的意旨行事,而只是那些好斗的才是这样。(3)然而即使这些人,当罪恶越来越严重时,都显得是世界上最有节制的人了[④];(4)要知道,他们犯的罪还达不到容许他们犯罪的限度。当然,那好斗的绿派,就他们一方面而论,也并非无所事事,他们也不断地忙于犯罪,只要他们有力量这样做的话,尽管他们却也不断地在一次一个人地遭到惩罚。(5)然而正是这一事实总是使得他们干出胆子要大得多的勾当;因为当人们受到不公正的对待时,他们习惯上是会变得不顾一切的。(6)因此在这个时候,也就是当他在煽风点火并且明显地在煽动蓝派的时候,整个罗马帝国从上到下都被搅动了,就好像发生了一次地震或洪水似的,又好像每一座城市都被敌人攻占了似的。(7)原来在每一部分每件事都被搞得乱七八糟并且在此后没有一件事是固定下来的,而无论法律还是有秩序的统治形

---

① 参见本书第一卷,第二十四章,第 2 节。

② 维内提派(Veneti)在本书第二卷,第十一章,第 32 节曾有说明,venetus 是青色、蓝色的意思,故 Veneti 可译为蓝派。他们穿蓝色的衣服(κϵρύλϵον),特别是在赛马场里。

③ 来自古典诗歌的这个说法用于疲劳的、几乎被打败的战士的沮丧的姿势。

④ 参见本卷第九章,第 43 节。

式都被随之而来的混乱彻底推翻了。

(8)首先,梳理头发的样式被各派变成一种十分新奇的风格;(9)他们和其他罗马人不同而是根本不剪发。他们也根本不理嘴唇上或下巴上的胡须,而他们总是希望它们长得非常之长,就像波斯人那样。(10)但是他们却把前面的头发到太阳穴的地方剃掉,而使后面的头发任意长得非常之长到不可理喻的程度,完全和玛撒该塔伊人[①]一样。确实,由于这一理由,他们通常把这种样式称为“匈”式。

(11)第二,至于衣服的样式,则他们都坚持要用漂亮的服装把自己装扮起来,他们的衣饰都远远超出他们个人的身份。(12)因为他们竟然能以用偷窃来的钱来取得这样的穿着。贴身上衣的袖子在腕部的四周被他们束得很紧,但从腕部向上到肩部却松散开来从而使袖筒向外膨胀到难以想象的宽度。(13)每当他们在剧场或赛马场呼叫,或以习惯的方式鼓动人们争取胜利而挥动双臂时,他们的衣服的这一部分实际上会飘扬起来,使愚人认为他们一定有健美的身材才会穿上这样的衣服,却没有考虑到这样一个事实,即穿质地疏松的材料制成的宽大的衣服,这会明显得多地让人看到他们身体的瘦弱而绝不是健壮。(14)还有他们的外衣、他们的裤子和特别是他们的鞋子,无论就名称还是样式而论,都可以归之于“匈式”。

(15)在起初,实际上他们所有的人夜间都公开地带着武器,但是在白天他们却把一种双刃的小型的剑沿着大腿别在腰间,用罩

① 匈人的一个部族。

衣遮盖起来,并且天一黑他们便结成团伙在一般市集以及在巷子里打劫富裕阶级的人们,不但抢他们的衣服、他们的腰带和黄金别针,而且抢他们在这些之外手里的任何东西。(16)对于有些人,他们认为还是抢完之后杀掉为好,免得这些人会把自己的遭遇告诉任何别的人。(17)而这些做法使所有的人深受暴行之苦,特别是那些并不好斗的蓝派拥护者,因为即使他们也未能免受伤害。(18)这种情况所造成的后果则是此后大多数人使用青铜的腰带和别针,而外衣的质量也大大低于穿着者的身份,以便不因他们对于美好事物的爱好而引来杀身之祸,并且甚至在日落之前他们便退回家中,销声匿迹了。(19)随着邪恶势力继续猖獗,而城市当局对犯罪者根本不予追究,这些人的胆子就逐步地变得越来越大,到肆无忌惮的程度。(20)要知道,当干坏事得到充分的纵容的时候,它自然要向无法无天的地步发展,因为受到惩处的罪行一般说来也没有完全被根除;(21)要知道,大多数人就其本性来说是容易干坏事的。

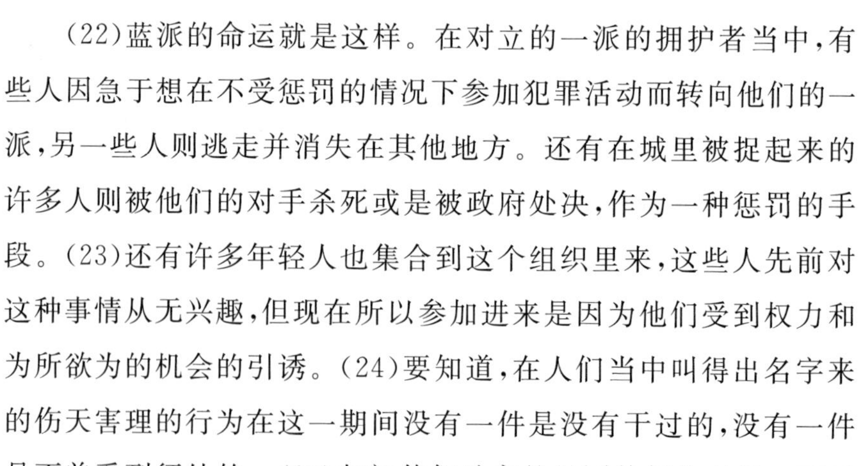

(22)蓝派的命运就是这样。在对立的一派的拥护者当中,有些人因急于想在不受惩罚的情况下参加犯罪活动而转向他们的一派,另一些人则逃走并消失在其他地方。还有在城里被捉起来的许多人则被他们的对手杀死或是被政府处决,作为一种惩罚的手段。(23)还有许多年轻人也集合到这个组织里来,这些人先前对这种事情从无兴趣,但现在所以参加进来是因为他们受到权力和为所欲为的机会的引诱。(24)要知道,在人们当中叫得出名字来的伤天害理的行为在这一期间没有一件是没有干过的,没有一件是不曾受到惩处的。(25)起初他们杀害的是同他们作对的一派里

的人，但是久而久之，他们也开始杀害根本没有冒犯过他们的那些人了。(26)还有许多人通过贿赂把他们拉过来，然后指出他们自己的私敌，而他们会立刻把这些人处死，并给他们加上绿派的头衔，尽管实际上绿派根本不知道有这些人。(27)而且这些事不再发生在黑暗中或背地里，而是在白天的任何时候和城市的一切地方，而且罪行很可能是当着最显要人物的面干出来的。(28)因为罪犯没有必要隐瞒自己的罪行，因为他们完全不担心会受到惩处，甚至在他们中间产生一种想相互比试一番的热情，因为他们要展示自己的力量和男子气概，而在这种展示中，他们表明只用一击他们便能以杀死他们遇到的任何一个没有武装的人并且没有任何一个人再敢希望在日常生活的危险环境中他可以存活下来。(29)原来所有的人因为他们心怀巨大的恐惧而担心死亡正在迫临他们的头上，而且对任何人来说没有任何地方看来是安全的，没有任何时间能以提供一种安全的保证，因为甚至在最受尊崇的教堂里以及在公众的节日里人们都正在无缘无故地被杀死，并且无论在朋友或亲属当中都没任何信任可言。因为许多人正在由于同他们血缘关系最近的那些人的出卖而遭到杀害。

(30)然而对于犯下的罪行根本不进行任何调查。而在所有的情况下灾难都是突然降临的，并且没有一个人会试图为被害者进行报复。(31)在任何法律或契约里都没有存留以现存体制的安全为基础的任何有效的力量，而一切事务都变成了日益横暴和混乱的统治，并且政府当局就好像一种暴政统治，不过不是业已确立的一种暴政统治而毋宁是一种每天都在改变并且不断重新开始的暴

政统治。(32)而且高级官吏[①]所作的决定看来像是被吓坏的人们所作的决定,他们的头脑由于害怕单独一个人[②]而处于被奴役的状态;主持审判的人们在对争论的问题作出决定时,他们的判决并不是他们认为是公正与合法的判决,而是按照争论者的每一方同派别的敌视的或友好的关系。如果任何法官不按照这些人的指示行事,他立刻会受到被处死的威胁。

(33)而许多放债者完全出于被迫而把借约还给他们的债务人却收不回借出去的钱的任何部分,并且许多人根本不是出于自愿地释放了他们的奴隶。(34)据说有些妇女在她们自己的奴隶的逼迫下干了绝非她们愿意干的许多事情。(35)而地位显要的人们的子弟由于同这些无视法律的青年混在一起已经在迫使他们的父亲干完全并非出于本意的事情,特别是把他们的钱交给他们。(36)而且许多并非自愿的男孩子在他们的父亲完全知晓的情况下同派别分子发生了有渎神灵的交往[③]。(37)而正在同自己的丈夫生活在一起的女人也不得不受到这同样的对待。据说有一位穿着高雅入时的女人正在和自己的丈夫渡海到对岸大陆某一郊区去;而正当他们渡海之时,他们遇到了某些派别分子,这些派别分子通过威胁手段把这女人从丈夫身边拖走,把她拉到他们自己的小船上去。而当这个女人随着那些青年上了小船的时候,她偷偷地劝自己的丈夫要鼓起勇气来,不要担心她会受到伤害;原来她是说,她不会忍受对她的人身施加的任何强暴。(38)而甚至当她的丈夫

① 一般指名义上保存下来的共和国官吏。

② 这里指独裁的皇帝、一个独夫。

③ 指鸡奸、男色的行为。

十分悲伤地望着她的时候，她便投身入海，立刻从人们中间消失了。

(39)这时拜占庭的派别分子的无法无天的行为就是这样。然而这些事使受害者感到的痛苦还不如优斯提尼安对国家犯下的罪行使他们感到的痛苦，因为在那些在坏分子手中遭受最残酷对待的人们的情况下，来自一种政治混乱状态的痛苦的绝大部分，因不断期待法律和政府会施加惩处而得以消除。(40)由于对未来抱有深信不疑的希望，他们便能以比较轻松和容易地忍受他们当前的灾难，但是当他们受到控制国家的权力当局的虐待时，他们当然就更加为自己的不幸而伤心并且经常由于如下的事实而陷入绝望，即人们已无法指望进行惩处了。(41)而优斯提尼安之所以遭人痛恨，不仅仅在于他断然拒绝站在受害者的事业的一面，还因为他根本不反对使自己成为公然保护派别分子的人。(42)原来他一直在把大批的钱供给这些青年并且把他们中间的许多人留在自己身边，而且他甚至认为其中某些人适于担任高级官吏和其他荣誉职务。

八

(1)这类事情不仅在拜占庭而且在其他每一城市都正在发生。因为在那里发源的邪恶的事物，有如任何其他弊端，就像鞭子一样抽打到罗马帝国的每一部分。(2)但是皇帝优斯提尼安对正在发生的事情一点也不去注意，因为事实上他根本没有洞察事物的能力，尽管对于人们正在赛马场所干的事他一直是亲眼看到了的。(3)要知道他头脑十分简单，极像是一头愚蠢的驴子，只是跟着拉缰绳的人走，同时又不断摆动着自己的耳朵。(4)而且优斯提尼安不仅干我描述的事情，而且还把所有其他的事情搞得一团混乱。

确实，一旦此人取得了他的叔父的政权，他立刻急于毫无顾忌地花掉国库的金钱，因为他以为自己已经成了国库的主人。(5)原来他一直在浪费数额十分巨大的金钱在常常到他这里来的匈人身上以便使他们为国家服役。结果罗马人的国土便不断受到侵入。(6)而一旦这些蛮族尝到罗马人的财富的味道后，他们便再也不能离开通向拜占庭的道路了。

(7)他认为还应当把大量的金钱用于沿海的某些建筑上，想用它们来限制海浪不断的冲击。(8)原来他曾不断地通过垒积石块从岸边向前推进，决心同大海的冲刷较量，又仿佛用财富的力量同大海一争高下。(9)并且他把全世界每个罗马人的私人财产都集中到自己手里，对一些人是给他们安上他们并未犯过的某项罪名，而对另一些人，则以他们曾对他送过礼这样一个想法来哄骗他们。(10)许多被定以犯有谋杀罪或其他这类罪行的人把自己的全部财产送给他，从而逃避对自己罪行的惩处；(11)另一些人，比如说，他们可以向他们的邻人提出他们对之没有权利的土地要求，但由于法律上通不过而不能通过仲裁取得不利于对方的判决，这时他们干脆便把争执的财产送给皇帝而摆脱这场争议，这样则通过他们不用花一文钱的这个礼物，他们得以结识此人并且通过最不合法的手段打败他们在法律上的对手。

(12)而且描述一下这个人的外表也不会是不合适的。他个子不高也不特别矮，而是个中等身材，然而他并不瘦却稍稍有点丰满，他的面孔是圆的，长相并不难看；原来他的面色即使在断食两天之后依然是红润的。(13)若不是我能用三言两语把他的整个外表描绘出来，那么我就要说，他和维斯帕西安之子多米提安十分相

似。多米提安这个皇帝给在他的统治下受苦的罗马人的触动太大了，乃至即使在他们把他的整个身体剁成碎块[①]之后还觉得不解恨，但是又通过元老院的一项命令[②]决定，甚至这个皇帝的名字也不应当出现在文件上，他的不管是怎样的像也不应保存[③]。(14)总之，他那在罗马的铭文中到处出现并且在其他任何地方都有机会被刻上的名字都被铲除，正如人们可以看到的，在所有其他的名字当中只有这个名字，而且没有他的一个像会在整个罗马帝国的任何地方被看到，而作为例外的只有一座青铜像，其理由有如下述[④]。(15)多米提安有一位品行高贵而又贤淑的妻子[⑤]，她本人既未曾伤害过世上的任何人，也根本不喜欢她的丈夫的任何行动。(16)因此她受到人们的衷心爱戴，而元老院当时曾召她前往并要她提出她希望的无论什么事物。(17)而她提出的要求只是这一点，即她能取走多米提安的尸体加以掩埋并且能在她希望的任何地方为多米提安树立一座青铜像。(18)于是元老院同意了这一要求。这位妇女为了给后世留下屠杀了她丈夫的那些人的不人道行为的一个纪念物而想出了如下的办法。(19)她把多米提安的肉体

① 按这是一个没有证实的说法。按照苏埃托尼乌斯的说法，多米提安的尸体是被他的忠实的侍女火化的。

② 苏埃托尼乌斯:《多米提安传》，第二十三章。

③ 这个法会只是部分地实现了，多米提安的形象还是靠硬币和有限的雕像传了下来。

④ 多米提安统治时期的铭文在罗马城里保存到今天的只有一件，这是事实，不过在各行省人们还可以找到很多。吉本就认为普洛科皮乌斯的说法，即这位皇帝的半身像只有一件传到六世纪的说法是愚蠢的(《罗马帝国衰亡史》，彪里编订本，第四版，第四卷，第430页注)。

⑤ 即多米提娅·隆吉娜。她是埃利乌斯·拉米亚的离了婚的妻子。

碎块收集在一处并且精确地把它们一块一块地拼起来再缝合成一个整体。然后她把它交给雕塑家,要他们通过青铜的雕像来表现她的丈夫遭到的命运。(20)于是艺术家们立刻制作了这一雕像。随后这妇人便把这雕像立在通向朱比特神殿[①]的道路上,而当人们从广场上行去那里时,雕像就在他们的右手,这雕像既表现了多米提安的容貌又表现了他的命运,甚至到今天也还是这样[②]。(21)而人们可以冒险作这样的猜测,即优斯提尼安的整个身体和特别是面部以及他的容貌的一切特征都清楚地体现在这座雕像上。

(22)有关优斯提尼安的外表的情况便是如此。但是对于他的性格我却无法精确地加以描述。要知道这个人既是一个干坏事的人又容易被他人引诱干坏事,他是被人们称为道德上既愚蠢又邪恶的那类人,对他与之谈话的人们,他绝不自动说出真话来,而是在每一个词和行动的后面都有一种欺骗和狡诈的意图,同时又表现出自己是容易受那些想欺骗他的那些人的当的。(23)并且在他身上展现出来的是一种不同寻常的混合物,它是由愚蠢与邪恶合成的。可能这种情况正好说明了早期一位逍遥学派的哲学家所说的一句话,即在人的本性里可以找到完全是对立的要素,就如同在调合起来的颜色里那样。(24)(然而现在我正在写的东西,都是我无法从中获得本领的东西)。不过,总起来说,这个皇帝不诚实、狡诈、伪善、掩饰自己的愤怒、两面三刀、聪明、极善于表演出自己假

① 在罗马七山之一的卡皮托利乌姆山上。

② 人们并没有找到这样的雕像。有关多米提安统治时期的原始的和比较精确的报道看来引起了这一恐怖行为的传说。

装作持有的意见，甚至不因喜悦或悲伤也能流泪，而是按照当前的需要临场设计出来，他总是在伪装骗人，而又不是不经意地，而是既为之签名还加上最可怕的誓言来表示他信守协定并且对他自己的臣民也是如此。(25)但是他又立刻偏离他自己的协定与誓言，就和品质最恶劣的奴隶那样，由于害怕逼临到头上的拷打而被诱使承认他曾发誓否认过的行动。(26)他是一个朝三暮四的朋友，一个不遵守停战协定的敌人、他热中于暗杀和抢劫，好争吵，又是一个积习难改的革新者，他容易被人引诱干坏事，却又不接受任何人的劝告干正经事，他热中于出坏点子并付诸实施[①]，但看到，甚至听到好事则感到讨厌。(27)谁又有能力对优斯提尼安的品行恰当地加以描述呢？他明显具有的这些以及其他许多更大的缺点极为不符合人的本性。恰恰相反，大自然似乎把所有其他人的恶劣之处都转移和集中到这个人的灵魂之中。(28)并且在他的其他缺点之外，还有：尽管他十分轻率地易于听诽谤者的话，另一方面在施加惩处方面却又是严厉的。在作出一项决定之前，他从不停下来进行彻底的调查研究，但是听到诽谤者的话他会立刻作出决定并下令加以公布。(29)在没有任何理由的情况下他会毫不犹豫地发布命令，要求攻占市镇、焚烧城市并奴役整个民族。(30)因此，如果有人想对从远古以来罗马人所遭受的不幸作一估计，然后拿它们来同今天人们的不幸相权衡的话，则我以为他会发现这个人屠杀的人比先前所有时期里屠杀的人还要多。(31)一方面，在不动声色地夺取别人的金钱方面他是没有任何顾虑的——要知道，

① 参见本书第三卷，第十章，第25节。

在摆出一副公正的架势以掩饰他对不属于他的东西的侵占时,他甚至不提出任何借口——但另一方面,一旦这些东西变成他自己的,他又完全乐于表现出他对金钱的蔑视,他的挥霍表明他根本没有任何计算,并且完全是无缘无故地把金钱抛给蛮族。(32)把整个问题总结起来说吧,他自己既没有任何金钱,也不容许世界上任何其他人有钱,就仿佛他并不是一个贪欲的牺牲者,而只是满怀对有钱人的嫉妒的人。(33)因而他轻易地便把财富赶出了罗马世界,并给所有的人造成了贫困。

九

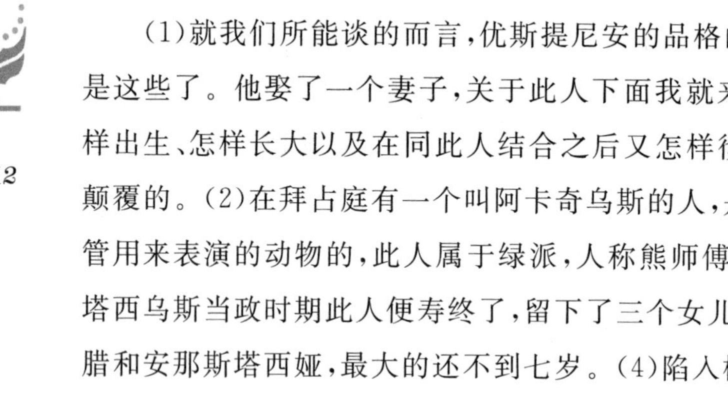

(1)就我们所能谈的而言,优斯提尼安的品格的特征大体上便是这些了。他娶了一个妻子,关于此人下面我就来谈一谈她是怎样出生、怎样长大以及在同此人结合之后又怎样彻底把罗马国家颠覆的。(2)在拜占庭有一个叫阿卡奇乌斯的人,是在马戏团里看管用来表演的动物的,此人属于绿派,人称熊师傅。(3)在安那斯塔西乌斯当政时期此人便寿终了,留下了三个女儿科米托、提奥多腊和安那斯塔西娅,最大的还不到七岁。(4)陷入极度不幸的女人于是嫁了另一个丈夫,她认为这个丈夫今后可以帮助她照料家庭和她前夫的职务。(5)但是绿派的舞蹈师傅,一个名叫阿斯特里乌斯的人由于接受另一个人的贿赂而把这些人从那个职位上调开并毫不困难地把给了他钱的人安置到这一职位上。因为舞蹈师傅有权随意处理这样的事情。(6)但是当这女人看到所有的民众都聚集到马戏场来的时候,她便把花环戴到三个女孩子的头上并放到她们的双手里,并要她们以恳求者的身份坐在那里。(7)虽然绿派

根本不赞成接纳恳求，但是蓝派却把这一荣誉地位给了她们，因为不久前他们的熊的师傅也死了。(8)而当这些孩子成年的时候，她们的母亲立刻把她们送上那里的舞台——因为她们都长得漂亮——不过不是三个女儿同时，而是在她认为她们之中谁已适于从事这一职业的时候。(9)而第一个女儿科米托已经在她这个年龄的妓女当中大红大紫；下一个轮到的提奥多腊则穿着只有奴隶少女才适于穿着的几乎没有袖子的上衣跟在姐姐的后面干各种杂活，特别总是在肩上背着一个凳子，这是她姐姐在集会上通常要坐的。(10)一时还没有成年的提奥多腊根本不能和一个男人睡觉或者像一个成年女人那样和人做爱，但是她确实同那些无耻的家伙——虽然他们是奴隶——以男子的猥亵方式做过爱，这些随同主人前来剧场的家伙不时地利用提供给他们的机会来干这种见不得人的勾当，并且她就在妓院里把很多时光用于这种反常的做爱方式。(11)但一旦她成年并终于成熟起来，她便参加到舞台上那些女人中间去并且立刻成为一名妓女，不过是古人通常称为"步兵"的那一种[①]。(12)因为她既不能吹笛子，也不能弹竖琴，甚至连舞蹈也不会，但是她可以向她遇到的人们出售年轻美貌，用实际上是她的整个躯体从事交易。(13)后来在剧场的全部工作里她都同优伶打交道，参加他们的表演，在他们那些以逗笑为目的的滑稽表演中担任角色。(14)要知道，她极为聪明，非常善于挖苦人，因此在这类事情上立刻成为人们崇拜的人物。因为这个女孩子一点不懂得害羞，任何人都没看到她曾经难为情过，对于无耻的勾当她

① 步兵在军队中地位是最低的，这里用来比喻等级最次的妓女。

毫不犹豫地去干,而她就是这样一种人,比如说,当人们劈头盖脸地向她抽打时,对此她会开一个玩笑并且放声大笑。并且她会对她碰到的任何人脱光衣服,展示她正面和背面的裸体形象,展示那不应为男人看到并应对他们掩盖起来的部分。

(15)当她同她的情人们淫戏的时候,她总是不断地拿对方开玩笑,并且通过玩弄做爱的各种新花样,她总是能赢得那些好色之徒对她的欢心。而且她甚至不等待同她做爱的男子对她采取主动,恰恰相反,她自己通过下流的玩笑以及用小丑那样摆出的臀部来勾引所有走过来的人,特别如果他们是没有长胡须的青年的话。(16)确实从来没有任何一个人如此程度地沉湎于一切形式的享乐[①]。要知道,她曾多次去参加一种会餐[②],她身边带着十个或更多的年轻人,都是精力特别旺盛并且是以卖淫为职业的,而她就在这整夜里同所有会餐的同伴做爱,等这些人被搞得精疲力竭无法招架,她又去找他们的也许有三十名的侍从,同他们当中的每一个人做爱;而即使这样,她的淫兴也没有得到满足。

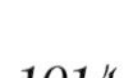

(17)有一次,她在饮宴时进入了一位知名人士的家宅,并且据说,她当着所有参加饮宴的人们的面登上了饮宴用卧榻[③]伸长的部分——这是饮宴者放脚的地方——然后无耻地撩起衣服,毫不犹豫地进行她的淫荡表演。(18)虽然她利用了三个孔窍[④],但她

---

① 指肉欲方面的享乐。

② 每人自带一部分食物的会餐。

③ 这种卧榻仍可能是古罗马式的,饮宴者各自半卧于榻上,榻的头部即较高的部分围在一张桌子四周,放脚的部分还有多出来的空间,所以这妓女可以上去进行淫猥的表演。

④ 三个孔窍指口、生殖器与肛门,我国所说的七窍则在三者之外加上耳孔和鼻孔。

还经常责备自然，抱怨自然没有在她的胸部穿一些更大的孔窍，这样她便可以在这里发明另一种交合方式了。(19)虽然她多次受孕，但实际上她总是能以设法立刻造成一次流产。

(20)往往甚至在剧场里，她也是在所有在场的人的亲眼目睹之下，脱掉衣服并裸露着身子在人群中间走动，她只是在阴部和鼠蹊部系上一条腰带，但这并不是因为她耻于把这些部位显示给人们，而是因为按规定任何人都不允许全裸进入剧场而至少要在鼠蹊处系一条腰带。她便以这样的打扮仰面朝天地躺在地上。(21)而一些负有专责的奴隶则把大麦的麦粒撒到她的阴部，而专为此而准备的鹅便用它们的扁喙把麦粒一一啄走吃掉。(22)而当她站起来时，她不仅不害羞，她甚至好像为这种奇怪的表演而感到洋洋自得。因为她不单单是自己无耻，而且还比所有其他人更善于设计无耻的勾当。(23)把衣服脱掉并站在台上的优伶当中，这对她来说已经成了家常便饭，她时而把身体向后绷紧，时而又试图穿过曾同她上过床和还没有同她上过床的那些人的后部，得意扬扬地进行她常去的那唯一的角力学校的那些练习。(24)而且她是如此极端放荡地对待自己的身体，就好像她的阴部不是在大自然在别的女人身上安排的那个地方，而是安排在她的脸上似的！(25)而同她有过亲昵关系的那些人立刻便通过下述的事实而使人们清楚地看到，他们并不是按照自然的规律来做爱的；所以在市集上碰到她的有身份的人们都会躲开或赶忙退去，生怕触到这个女人的衣服并从而受到她的污染。(26)要知道，对于那些看到她的人们来说，特别是在早上的时候，她是一个预示不祥的家伙。另一方面，对于和她一起表演的女人，她总是极为野蛮地加以责骂，因

为她是一个非常忌妒而又心怀敌意的女人。

(27)后来她就跟在负责治理本塔波利斯的推罗人希凯波路斯的后面,以最可耻的方式供他驱使;但是她却得罪了这个人,结果很快地就从他那里被赶走。结果她连生活都成了问题,因而她还是用她常用的办法来应付,用自己的身体干非法的卖淫生意。她先是去亚历山大里亚;(28)而后来在整个东方转了一圈之后她又返回了拜占庭。她在每一个城市都干她的那种勾当(我以为,那是一种人们若提到它的名称便会永远失去上帝的同情的勾当),就好像上天不能容忍有任何一个地方会不了解提奥多腊的淫乱行为似的。

(29)这个女人就是这样出生和养大并且在许多普通妇女和全人类眼中变得声名狼藉的。(30)但是当她再次回到拜占庭时,优斯提尼安却对她产生了一种难以抗拒的爱;并且在一开头他就知道她是个妓女,但是他确实仍把她提升到贵族的地位。(31)提奥多腊于是得以立刻取得了非同寻常的影响和相当大一笔的财产。因为她在皇帝心目中,就像发疯似地互爱的情人间惯常发生的情况那样,成了世界上最可爱的人物,并且他甘愿把一切恩典和全部金钱都送给她。(32)而国家也就成了维持这种爱的燃料。因此在她的协助之下,他给老百姓造成了比先前更大的灾难,并且不只是在拜占庭,而是在整个罗马帝国。(33)而由于两人自始同属蓝派,所以他们在国事问题上给予这一派的成员以巨大的自由。(34)但是在这之后很久,这一灾难大部分减弱了,经过情况是这样。

(35)优斯提尼安有一次病了好多天,而在他生病期间,他病重到如此程度,乃至人们传说他已经死了。就在这同时,派别分子仍然在进行着我上面所说的过火行动，并且在光天化日之下，在索菲亚的教堂里，他们便杀死了一个名叫叙帕提乌斯的相当有地位的人。(36)而罪行干出来之后，由这一行动引起的骚乱传到了皇帝优斯提尼安那里，他的廷臣利用优斯提尼安不在现场这一情况，从开始叙述发生的一切时，全都尽力向他夸大所发生事件的残暴性质。(37)皇帝终于命令市长官对所干的一切加以惩处。这时的市长官名叫提奥多图斯，人们给他的绰号是“南瓜”。(38)而他在对事件作了充分的调查之后，的确做到依照相应的法律程序逮捕和处决了许多干坏事的人，尽管还有不少人躲了起来并保全了性命。(39)因为命运注定，不久之后这些人自己将会起来管理罗马人的事物[①]。至于皇帝，他出人意料地突然康复，于是立刻着手想把提奥多图斯作为一名放毒者和魔法师而处死。(40)但是由于他找不到任何可以用来除掉他的借口，于是他便极其残酷地拷打他的一些同事并且强迫他们作诬陷此人的完全不实的招供。(41)所有的人都远远地避开他并且通过沉默来对提奥多图斯受陷害一事表示悲痛，但只有担任监察官之职的普洛克路斯认为自己有不可推卸的责任来宣布对提奥多图斯的指控是不实的，而无论如何也不应把他处死。(42)于是按照皇帝的决定，提奥多图斯被送往耶路撒冷。但是得知已有一些人到那里准备杀害他，于是他在整个这一时期都躲在教堂里，这样一直生活到他去世的时候。

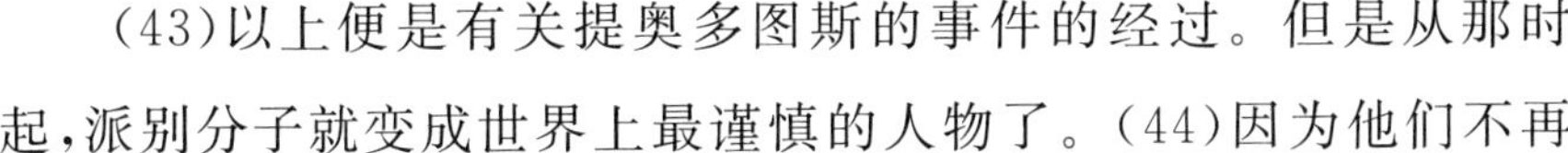

(43)以上便是有关提奥多图斯的事件的经过。但是从那时起，派别分子就变成世界上最谨慎的人物了。(44)因为他们不再

① 这句话具体所指为何不明。

能使自己像先前那样地为非作歹,尽管在他们的生活方式中比任何时候都更加肆无忌惮地干非法勾当的路对他们还是敞开的。(45)下述情况可以作为证明:当后来他们当中的少数人干出了同样无法无天的行为时,对他们并没有施加任何惩处。(46)原来时而有权进行惩处的那些人却对犯有暴行之罪的那些人提供方便的机会躲藏起来,结果由于这种让步反而激使他们去践踏法律。

(47)只要皇后[①]还在世,优斯提尼安便根本无法使提奥多腊成为自己正式的妻子。因为只有在这一点上,皇后是反对他的做法的,虽然在任何其他方面她都不反对他。(48)原来这个妇女正好是个远离邪恶的人,但她却是个地地道道的乡下妇女,又是蛮族出身,这是我已经指出过的[②]。(49)她完全不能参加国家的管理,并且一直对国事毫不熟悉,而且确实在宫廷里她不用自己的本名——那听起来是可笑的——而是用了一个新起的名字:埃乌菲米娅。但是后来皇后去世了。(50)已进入耄耋之年并且变得昏庸的皇帝[③]受到了他的臣民的嘲笑,而且由于这个皇帝全然不理解正在发生的事情,因而所有的人都极为蔑视他,不把他放到眼里。但是他们却十分害怕优斯提尼安。因为通过一种把事情搅动起来并使它们陷入混乱的政策,他使一切都处于骚动的状态。(51)随后,他终于着手安排同提奥多腊订婚的事情了。但是一个已经取得了元老身份的人不可能同一个妓女结婚,这是从一开始便为最古老的法律所禁止的一件事情。于是他便迫使皇帝用一项新的法

① 路皮奇娜。

② 参见本卷第六章,第 17 节。

③ 优斯提努斯。优斯提尼安在他实际上继位之前有四个月是同他共治的。

律来修正原有的法律，而从那时起，他同提奥多腊便作为正式的夫妇生活在一起，并且他又用这一行动给所有其他人打开了同妓女结婚的道路。并且作为僭主，他立刻夺取了皇帝的职位，而用一个虚构的借口掩盖了行动的暴力性质。(52)原来他是被全体显要人物宣布和他的叔父一道为罗马人的皇帝的，而他们所以赞同这样做是因为他们怀有极大的恐惧。(53)这样，就在复活节前三天，优斯提尼安和提奥多腊接管了罗马帝国，这个时候还不允许人们向自己的任何朋友打招呼或向他道一声平安①。没有多少天之后，担任皇帝九年的优斯提努斯享尽天年而死去，优斯提尼安一个人便和提奥多腊接过了皇帝的宝座②。

十

(1)提奥多腊出生与养教的情况我前面已记述过了，她之取得皇后的尊位并没有遇到任何阻碍。(2)要知道，娶了她的那个男子甚至没有想到，他是在干着一件荒谬绝伦的勾当，尽管他本来可以选取整个罗马帝国里最出色的人物并且同这样一个女人结婚：这个女人在世界所有女人当中具有最高贵的出身，受到公众难以见到的最高教养，她举止贤淑，起居贞静，不仅美貌超群而且是一位如成语所说，乳房直立的处女③；(3)但是，虽然他并不因我们先前记述的那些罪行而感到沮丧，却也不反对所有人都厌恶的事物成

① “愿你们平安”(《路加福音》，第二十四章，第36节)是当时基督教徒中间常用的打招呼用语。

② 公元527年。我国南朝梁武帝大通元年。

③ 女人结婚生育后通常乳房下垂，故乳房直立是处女的象征。

为他本人所厌恶的事物,不反对同这样一个女人共寝:她不仅到处使自己卷入所有其他骇人听闻的卑污勾当,而且还多次因自愿堕胎而实行对婴儿的谋杀。(4)对于此人的品行,我想我无须再谈任何其他的东西了。因为这一婚姻已能十分清楚地充分证明他的灵魂中的一切缺点,因为它既能解释,又能证实和记录他的品行。(5)既然这个人不以先前的所作所为带来的耻辱为意并且不回避向自己的同伴表现为一个讨厌的人物——对于这样一个人来说,没有一条无法无天的路是他没有走过的——却因从来不曾从他的眉宇消失的厚颜无耻而更为顽固,所以他十分愿意和不费力地走向最邪恶的行动。(6)虽然所有的元老都像朝拜天神那样地在她面前卑躬屈膝,老实说吧,元老院竟没有哪怕是一个成员在他看到国家戴上这样一顶羞辱的王冠时认为应当通过制止这件事来表示自己的异议!(7)甚至没有一位神甫认为自己是遭到了强暴的对待,即使今后他们要把她称为"女主人"[①]的时候也是如此。(8)而先前观看过她的表演的民众也立刻不顾任何体统,伸出向上翻的双手请求,以便使自己能以在事实上以及在名义上成为她的奴隶。(9)也没有哪怕一名士兵在想到自己完全为了提奥多腊的利益注定要去冒征伐的危险时愤怒地站出来,根本也没有其他任何人反对她——我想,这是因为他们有这样一种想法才变得顺从的,这想法就是:这些事情都是注定要他们承受的——而这种暴行竟得以实现,仿佛是宿命展示了自己的力量,而当宿命主宰了人间的万事万物时,老实说,在她看来,无论人们干的事应当是合理的还是人

① 这是当时对一个妇女的最尊贵的称呼。

们认为事情应当按照理性而发生，这都根本是无所谓的。(10)无论怎样，她[1]通过非理性地运用自己的权力而突然使一个人上升到极为显赫的地位，尽管似乎有许多困难纠缠着他，并且此人无论干什么事情她都不反对，而更有甚者，她注定他要取得的地位，他无论用任何办法都可以达到，而另一方面，所有的人则丝毫不加反对地站到一边，或者在命运女神向前迈进时退下来。但是关于这些事情，让它们不仅是上帝喜欢的，而且是这样发生的吧。

(11)且说提奥多腊的面容是漂亮的，并且外表一般说来也是吸引人的，但是她身材不高而且没有血色，她不能说是十分苍白而毋宁说是淡黄色的，并且她的目光总是专注的，还要配上紧皱的双眉[2]。(12)人们把所有的时间都用上也不足以把她在剧场的大部分经历讲完，但是从先前的记述中只选出几件事，我也足以为了后来的世世代代把这个女人的品格说出个大概来。(13)但是现在我们必须简略地介绍一个她的以及她的丈夫的行动，因为在他们共同生活期间没有任何一件事情是他们分开来干的。(14)长时期以来，确实，所有的人都认为他们两人无论在意见方面还是生活方式方面相互间一直是针锋相对的，但是后来人们才看出，他们是有意地给人以这样的印象，这是为了使他们的臣民对他们的看法不能取得一致，然后起来反对他们，而是使他们的全体臣民对于他们两个人本身的看法发生分歧。

(15)首先是他们使基督教徒之间产生不同的意见，并且他们

① 命运、宿命女神。希腊神话认为，宿命注的一切，最高天神宙斯也无法改变。

② 本书作者在他的《论建筑》(第一卷，第十一章，第8节)中指出："要用言语表达或用雕塑体现她的魅力，这对一个单纯的凡人来说是根本不可能的。"

在争论的问题上装出意见相互对立的样子,从而做到使教徒们处于分裂的状态,关于这一点下面很快我就会谈到[①]。其次,他们还使派别处于分裂的状态。(16)一方面,提奥多腊装出全力支持蓝派的事业的样子[②]:她给他们充分的行动自由以反对他们的对手,这样她便以一种完全是非正规的方式让他们放开手脚犯罪,干邪恶的残暴勾当。(17)但是,另一方面,优斯提尼安作出感到苦恼而暗中怨恨,却又不能直接反对他的妻子的样子,并且有多次这两个人甚至表面上变换职权,彼此间干相反的事情。(18)比如说,当他坚持要惩办蓝派,认为他们是犯罪者的时候,她却装作生气的样子而大闹一场,因为,正像她所说的,她已经违反本意地受到了她的丈夫的控制。

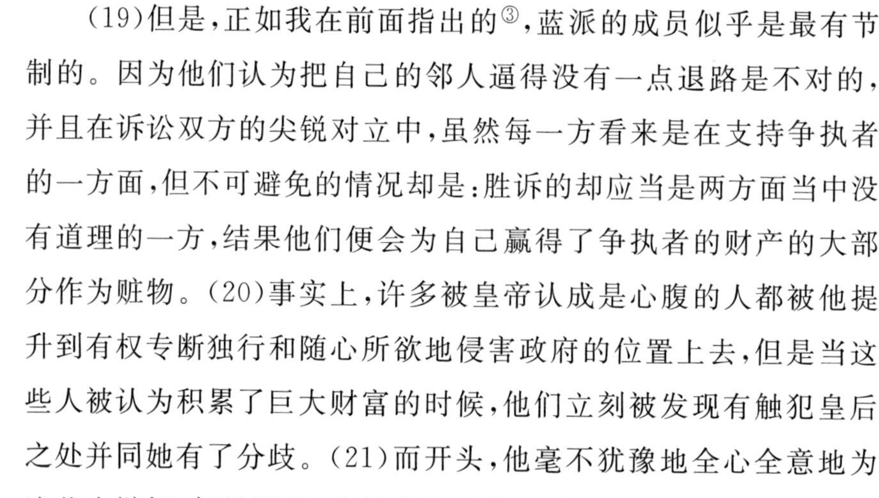

(19)但是,正如我在前面指出的[③],蓝派的成员似乎是最有节制的。因为他们认为把自己的邻人逼得没有一点退路是不对的,并且在诉讼双方的尖锐对立中,虽然每一方看来是在支持争执者的一方面,但不可避免的情况却是:胜诉的却应当是两方面当中没有道理的一方,结果他们便会为自己赢得了争执者的财产的大部分作为赃物。(20)事实上,许多被皇帝认成是心腹的人都被他提升到有权专断独行和随心所欲地侵害政府的位置上去,但是当这些人被认为积累了巨大财富的时候,他们立刻被发现有触犯皇后之处并同她有了分歧。(21)而开头,他毫不犹豫地全心全意地为这些人辩解,但是随后,他就会忘了曾经对这些可怜的家伙所表示

---

① 参见本卷第二十七章,第 13 节。

② 参见本卷第九章,第 7 节。

③ 参见本卷第七章,第 3 节。

的善意而突然开始在他支持他们的热情方面发生了动摇。(22)于是她会立刻下手把这些人彻底摧毁,另一方面,他对发生的事却装作没有看到的样子,而是动手夺取他们的全部财产,虽然,这是通过一种无耻的办法而获得的。(23)而在这全部阴谋中,他们两个人永远是配合得十分默契的,但是在公开的场合他们却装成有分歧的样子,从而做到使他们的臣民处于意见对立的状态并极为巩固地加强了他们的专制统治。

十一

(1)因此,当优斯提尼安接过了帝国统治大权的时候,他立刻做到给一切事物带来了混乱。因为对于先前被法律所禁止的事物,他一直不断地把它们引入法律规定之中,却摧毁了一切现存的体制和风俗习惯使人们熟悉的体制,就好像只要他把一切事物换成另一种外衣,那就是他已经换上了皇帝的外衣。(2)比如说,他会把现任的官吏撤掉并任命新的官吏以治理国事;并且他以同样的方式对待法律和军队队伍,不考虑正义的要求,也不从任何公共利益的角度来考虑这一方针,而干脆只是一切事物都要是新的,要带有他的名字的印记。而且如果有任何事物他还完全不能立刻改变的话,他仍然至少会把他自己的名字放到上面。

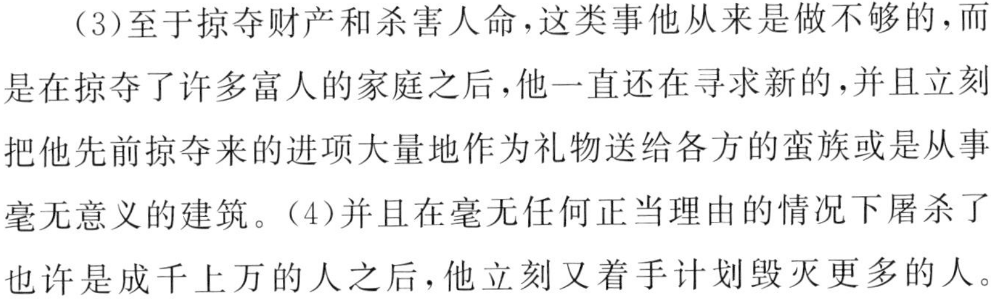

(3)至于掠夺财产和杀害人命,这类事他从来是做不够的,而是在掠夺了许多富人的家庭之后,他一直还在寻求新的,并且立刻把他先前掠夺来的进项大量地作为礼物送给各方的蛮族或是从事毫无意义的建筑。(4)并且在毫无任何正当理由的情况下屠杀了也许是成千上万的人之后,他立刻又着手计划毁灭更多的人。

(5)因此当时同整个世界相安无事的罗马人和他这个由于嗜血而不知道自己怎样做才好的人,这个优斯提尼安便一直不断地使所有蛮族相互间发生冲突,并且没有任何正当理由却把匈人的首领招来之后,他给了他们多得惊人的礼物[①],还借口说他是为了保证友谊才这样做的;确实,据说甚至在优斯提努斯当政时期他便已经这样做了。(6)并且他们甚至在得到金钱之后还要派出他们的一些首领以及他们手下的士兵,要他们蹂躏和掠夺皇帝的土地,这样这些人也便可以把和平出售给那个没有任何正当理由而仍愿意购买它的人了。(7)于是这些人立即开始奴役罗马帝国,并且,尽管如此,他们还在这同时接受皇帝的金钱;在这些人之后,另一部分赶忙又接过了掠夺不幸的罗马人的勾当并且在打劫之后,还会得到皇帝的慷慨赠赐作为进攻的报酬。(8)因此人们几乎可以说,所有的蛮族不问一年的季节而轮番进攻,一刻也不停息地掠夺和破坏绝对是一切事物。(9)要知道,这些蛮族有许多群首领,战争是轮番进行的——这种战争发生得多到不可理喻[②]并且从来也不能结束,而是无止无休地一直环绕着它自己的中心旋转。(10)因此在这一期间,没有任何一处居留地、没有一座山、没有一处洞穴——实际上是罗马领土上没有任何事物——是没有被劫掠过的,并且许多地方竟不幸到被攻占五次以上。(11)不过所有这一切事物以及米地亚人、撒拉森人、斯克拉文尼人和安塔伊人以及其他蛮族所做的一切我在前面各卷里都记述过了;但是,正如我在本

① 参见本书第八卷,第十八章,第 19 节。

② 在优斯提尼安的方面。

卷开头处所说的[①],在这里我还必须说一说发生这些事件的原因。

(12)虽然为了回报和平,他付给科斯罗伊斯大量的黄金[②],但是他仍然以十分荒唐的方式按自己的判断行事而他本人竟成为破坏停战协定的主要原因,原来他极想同和波斯人联盟的阿拉门达茹斯与匈人结为盟友,关于这件事我相信我在涉及他们的记述中已毫无隐讳地提过了[③]。(13)并且正当他给罗马人挑起派别与战争的罪行并且怀着唯一的想法煽风点火——这想法就是要千方百计地使大地溢满人们的鲜血并且他还要夺取更多的金钱——的时候,他又想出了一个大规模屠杀自己臣民的行动,方法有如下述。

(14)在整个罗马帝国里基督教徒有许多信条是遭到排斥的,人们习惯于把这种信条称之为"异端"——诸如蒙塔努斯派[④]、撒巴提乌斯派[⑤]和所有其他那些易于使人们的认识陷入歧途的教派。(15)他命令所有这些异端分子改变他们先前的信仰,如不服从则对之施加种种威胁,而特别是这样一条,如不改宗今后他们将不能把自己的财产传给自己的子女和其他亲属。(16)原来人们所说的这些异端分子的教堂,特别是阿里乌斯派[⑥]信徒的教堂收藏有前所未闻那样多的财富。(17)就财富而论,无论是整个元老院,

① 参见本卷第一章,第3节。

② 确切的数量是一百一十肯特那里乌姆,参见本书第一卷,第二十二章,第3节。

③ 参见本书第二卷,第一章,第12节。

④ 公元二世纪中叶普里吉亚人蒙塔努斯(Montanus)创立的派别,主要流行于下层人民之中,产生不久即被宣布为异端,它的影响一直持续到八世纪。

⑤ 由撒巴提乌斯(Sabbatius)于四世纪开创的一个革新的教派。

⑥ 四世纪由阿里乌斯(Arius)创立的教派,以对三位一体的教义为其特征,广泛流行于哥特人和汪达尔人中间,后逐渐融入天主教。

还是罗马国家任何其他主要集团都无法同这些教堂相比。(18)因为它们拥有无法描述和难以数计的黄金、白银和嵌有宝石的饰物,以及遍及于整个世界的大量房屋和村落还有大量的土地以及现存于全人类之中并叫得上名字的另外的每一种形式的财富,要知道,这是由于先前的任何一个统治者都没有触动过它们。(19)许多人,还有正统信仰的那些人(他们因自己所从事的职业来为自己辩解)[①]始终是依靠这些教派的财产作为他们的谋生手段的。(20)所以皇帝优斯提尼安便从没收这些教堂的财产,从而突然剥夺了他们的全部财富着手。这一行动产生的后果是从此他们大部分人失去了生活的来源。

(21)于是许多人立刻从一处到一处地到各地去,试图迫使他们能遇到的这样的人放弃他们的古老的信仰[②]。(22)由于这样的行动在农民阶级看来是渎神的,所以他们决心起来反抗把这一信息带给他们的那些人。(23)于是一方面,许多人被士兵杀死,还有许多人甚至自杀身亡,还愚蠢地认为自己干的是最符合正义的事情,但另一方面,大多数的人则离开他们的故土去过亡命在外的放逐生活,而家在弗里吉亚的蒙塔努斯派却把自己关闭在他们自己的教堂里,然后立刻放火点燃教堂,这样便毫无意义地使自己和教堂一道同归于尽了。结果整个罗马帝国到处都是谋杀和被放逐的

① 有正统信仰的农民和手艺人愿意把自己的产品卖给异教徒或为他们干活,而他们所以这样做的理由是他们可以满足对方的真正需要而对他们自己也可以带来利润。

② 对基督教来说,古希腊人的宗教就是异教,它有时也被称为“希腊的信仰”(参见本书第一卷,第二十章,第1节)。再参见本卷后面第二十七章,第8节。

人们。

(24)当涉及撒玛利亚人[①]的类似的一项法律也立刻被通过时,整个巴勒斯坦便完全陷入了一片混乱之中。(25)而我自己的凯撒里亚[②]和所有其他城市的居民则认为为了捍卫一种毫无意义的教义而遭受任何痛苦是一件愚蠢的事情,于是便接纳了基督教徒的名义以代替他们原有的名义,并由于这种应付的手法而得以摆脱这项法律带来的危险。(26)而且他们一类人当中所有那些还能冷静对待事物和懂得道理的人们都根本不反对诚心诚意地皈依这一宗教,但是大多数人却感到气愤,因为他们不是通过他们自己的自由选择而是在法律的强迫之下才改变了他们父祖相传的信仰的,因此他们立刻转向摩尼派[③]和他们所说的多神教信徒[④]。(27)所有大量集合起来的农民决定进行反对皇帝的武装发动,他们推出一个名叫优利安——撒瓦茹斯之子——的盗贼做他们的皇帝。(28)当他们同士兵展开战斗时,他们坚持了一段时期,但最后还是在战斗中被打败并和他们的首领一道阵亡了。(29)据说在这次战斗中阵亡的多达十万人,而且世界上最肥美的这片土地也就变得荒芜无人耕种了。(30)对于这片土地的身为基督教徒的主人,则这一情况导致了非常严重的后果。因为作为强加的一项义务,他们必须永远每年向皇帝缴纳巨额的税金,尽管他们并不能从

① 据官话本《圣经》译名。

② 作者生于巴勒斯坦凯撒里亚,参见本书第一卷,第一章,第1节。

③ 出身安息王族的摩尼于三世纪创立的教派。教义是在古波斯祆教的基础之上杂糅基督教、诺斯提教神秘主义、佛教等成分而成,其中心先后在巴比伦和撒玛尔干,三世纪末传入罗马帝国至四世纪而大为流行。

④ 同一神论的基督教对立的各教派都可以叫多神教。

土地取得任何收入,因为负责这件事的机构是一点情面也不讲的[①]。

(31)随后,他便对人们所说的“希腊人”[②]进行迫害,虐待他们的身体并没收他们的财产。(32)但是在“希腊人”当中即使决定在口头上接受基督教徒之名,从而能以设法避开他们当前灾难的那些人,在不是很久之后当他们举行灌奠礼和献牲式以及其他渎神活动时便普遍地被捉起来了[③]……(33)至于对基督教徒采取的措施,我在后面的记述中还要提到的[④]。

(34)后来他还用法律来禁止男色,不过对于法律公布之后犯的罪并不进行仔细的调查,而他本人注意的只是很久以前便被发现犯了这种毛病的那些人。(35)而对这些案件的起诉是进行得十分荒唐的,因为甚至无须控告人也可加以惩处,因为只要一个男人或男孩子说的话,甚至还有这样的事,即一个奴隶被迫违反自己的意愿所说的反对主人的话,都被认为是确凿的证据。(36)这样被定罪的那些人的生殖器官被割掉并且还要游街示众。但并不是在一切情况下,这一惩罚在开始时便施行,而只是对号称是绿派的或拥有巨大财富的那些人,或以某种方式碰巧得罪了首领的那些人。

(37)还有,他们对占星术士是痛恨的。因此负责对付盗窃的官员[⑤]所以虐待他们就因为他们是占星术士,而且在叫他们挨许多鞭子之后,还要他们骑着骆驼在全城、老年人和一般受尊敬的人

① 参见吉本前引著作,第四卷,第237页。

② 参见本章第21节有关注释以及本书第一卷,第十九章,第35节。

③ 原文中缺。灌奠礼和献牲式是古希腊人的宗教仪式。

④ 这一许诺并未兑现。

⑤ 新近设置的高级官吏的职位“平民长官”(Praetor Plebis);参见本卷,第二十章,第9节。

们中间示众，而这个官员所以讨厌他们，也无非是因为他们竟想在这样一个地方[①]还要在有关星星的学问中表现自己的智慧。(38)因而大批的人正不断地逃跑，不过不是到蛮族那里去，而是到住在很远地方的罗马人那里去，故而人们可以在农村以及在每一个城市都可以看到大量的外地人。(39)要知道，为了逃避被发现，他们立刻便离开各自的故土而去了外地，就好像他们的故乡土地被敌人攻占了那样。(40)因此无论在拜占庭还是在每一其他城市，那些号称财运亨通的人们的财富，也就继元老院的成员之后，被优斯提尼安和提奥多腊以上面所记述的方式夺走了。(41)但是他们是怎样做到剥夺了元老们的全部财富的，下面我将向人们介绍。

十二

(1)在拜占庭有一个名叫芝诺的人，是先前在西方曾取得皇权的那个安赛米乌斯[②]的孙子。他们有意地任命这个人为埃及的长官并把他派到那里去。(2)于是他把他最值钱的财产都装到了船上并准备出海；原来他拥有多到无数的银器和饰以珍珠和绿宝石以及其他宝石的黄金物品。于是他们便贿买了那些看来是最忠实于他们的某些人尽快把值钱的东西从船上卸下来并且在船舱里点起了火，然后要人送信给芝诺说，他的船里自己着了火而他的财产已经被毁掉了。(3)稍后，又发生了芝诺突然死亡的事件，于是他们自身便以继承人的名义立刻占有了此人的财产。(4)原来他们

① 当指拜占庭。

② 公元467年。

拿出了一纸遗嘱之类的文书,而外间的传说则认为这遗嘱并不是死者写的。

(5)并且以类似的办法,他们又使自己成为塔提亚努斯和德谟斯赛尼斯以及希拉腊的继承人,这几个人无论在其他方面还是在地位上都是罗马元老院居于最前列位置的元老。并且在某些情况下他们炮制的不是遗嘱,而是书信,这样也便取得了财产。(6)原来正是用这种办法,他们成了居住在黎巴嫩的狄奥尼西乌斯的继承人,又成了巴西利乌斯之子约翰的继承人,这个约翰虽然是埃德撒[①]的全体居民当中最知名的人物,但是他却被贝利撒里乌斯强制地作为人质交给了波斯人,这经过我在前面已经说过了[②]。(7)不过在那之后,科斯罗伊斯却拒绝把这个约翰放回去,他指责罗马人不遵守贝利撒里乌斯把此人交给他时约定的所有那些条件,但他确实曾同意把此人作为一名战俘卖给他。(8)不过此人的尚在世的祖母却提供了不少于两千磅的白银这样一笔赎金,打算用这笔钱把她的孙子买回来。(9)但是在这笔赎金送到达腊斯[③]之后,得知这一情况的皇帝却拒绝同意实施这一协定,其理由据他说是罗马人的财富不能给蛮族送去。(10)不久之后就发生了这样的事情:约翰病倒并死去了,于是负责管理城市的高级官吏便伪造了书信一类的文件,声称不久前约翰以朋友的身份写信给他,说他愿意把财产赠给皇帝。(11)不过我不能列举所有其他那些由皇

① 东部边界的一个重要的设防城市,在美索不达米亚。

② 参见本书第二卷,第二十一章,第27节。

③ 今天的达腊(Dara)。按照拜占庭人斯提法努斯的说法,正确的写法应当是“达腊伊”(Darai),不过他又说“现在通用的”写法是“达腊斯”。

帝、皇后他们自动成为继承人的人物的名字。

(12)直到爆发所谓尼卡暴动[①]的时候为止，他们一直认为把富人的财富逐一加以没收是适当的；但是在暴动如前所述发生之后，他们便开始把实际上元老院全体成员的财产一股脑儿地加以没收了，他们随心所欲地处理一切家具服饰之类以及最肥美的土地，但是他们却把被课以一种严厉的和十分沉重的税收的那些财产分出来并以装作慷慨大度的样子把它们归还给它们先前的主人。(13)这样一来，他们既受到收税人的压榨，又受到对他们所负的债务、我们可以称之为越来越多的利息的那种东西的折磨，所以他们迫不得已只好过着一种苟延残喘、朝不保夕的日子。(14)由于这样的原因，所以在我以及在我们大多数人看来，这两个人根本不是人，而毋宁说是一种复仇的魔鬼，并且像诗人所说的那样[②]，是“人间的一对祸害”，因为他们在一起盘算他们怎样干才能够最轻易、最迅速地毁掉人类的一切民族和他们的业绩，并且他们是披上人皮并成为人间的恶魔之后，用这样办法来折磨整个世界的。(15)而且从他们的行动显示出来的许多迹象，特别是他们显示出来的力量，人们是可以得出这样一种推论来的。要知道，魔鬼和人之间的差别是十分显著的。(16)的确，虽然许多人在长时期当中通过个别事件或他们的本性而表明他们自身是极其可怕的人物——有些人就凭他们单独的力量便摧毁过城市或国家或其他诸如此类的事物——但是除了这两个人之外，还没有任何人能以实

① 公元532年由马戏场各派联合发动的反对优斯提尼安的暴政的武装起义。参见本书第一卷，第二十四章和吉本前引著作第三卷，第222页以次。

② 参见荷马：《伊利亚特(斯)》，第五卷，第31行；埃斯库罗斯：《恳求者》，第664行。

现全人类的毁灭并造成影响整个世界的灾难。(17)然而,确实,在他们的情况下,机会在促成他们的目标方面也帮了忙,在毁灭人类这一点上起了合作的作用,比如,大约就在这同时,地震、瘟疫与河水的泛滥也都造成了很大规模的毁灭,这些后面我将直接加以记述。因此他们不是通过人的力量而是通过另一种力量做出了可怕的行动的。

(18)据说优斯提尼安的母亲便对自己的某些亲信说过,优斯提尼安并不是她的丈夫撒巴提乌斯的,也不是任何人的儿子。(19)因为当她要怀上他的时候,有一个魔鬼来到她这里;这个魔鬼是人们看不见的,但是却给她这样一个印象,即他同她在那里是作为同一个女人做爱的一个男子,然后就像在梦里那样地消失了。

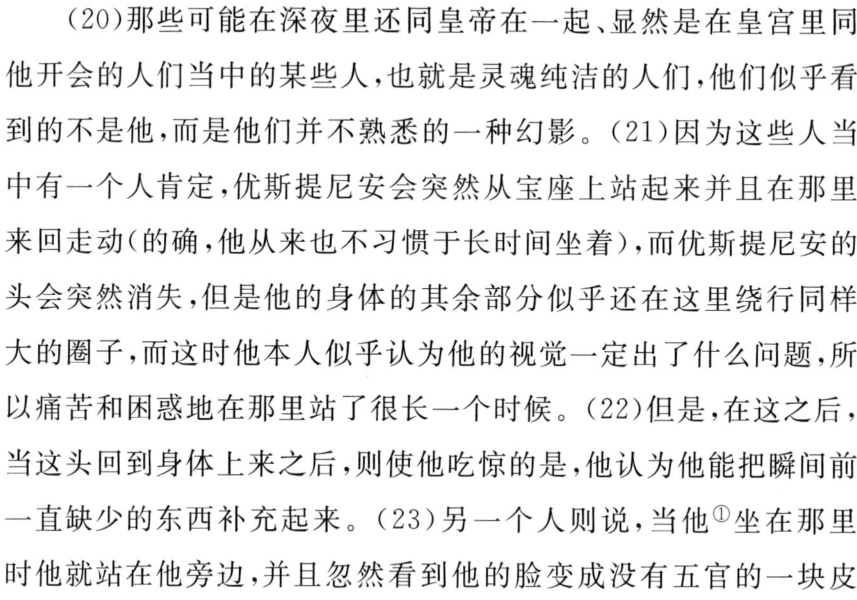

(20)那些可能在深夜里还同皇帝在一起、显然是在皇宫里同他开会的人们当中的某些人,也就是灵魂纯洁的人们,他们似乎看到的不是他,而是他们并不熟悉的一种幻影。(21)因为这些人当中有一个人肯定,优斯提尼安会突然从宝座上站起来并且在那里来回走动(的确,他从来也不习惯于长时间坐着),而优斯提尼安的头会突然消失,但是他的身体的其余部分似乎还在这里绕行同样大的圈子,而这时他本人似乎认为他的视觉一定出了什么问题,所以痛苦和困惑地在那里站了很长一个时候。(22)但是,在这之后,当这头回到身体上来之后,则使他吃惊的是,他认为他能把瞬间前一直缺少的东西补充起来。(23)另一个人则说,当他[①]坐在那里时他就站在他旁边,并且忽然看到他的脸变成没有五官的一块皮

① 指皇帝。

肤;因为眉和眼都不在它们适当的地方,它也没有可借以辨认其人的任何其他手段;但是过了一段时候,他看到他面部的五官又回来了。我虽然没有亲自看到这些事情,但我还是把它记了下来,而我所以这样做,是因为这故事是我从当时看到这些事情的人们那里听来的。

(24)据说,有一个非常虔诚的神甫,在同他一道居住在荒野之中的人们的劝说下去了拜占庭,以便为居住在离教堂很近的地方并且正在难以忍受地受到虐待和蹂躏的老百姓请命;(25)而在他到达的时候,他立刻得到皇帝的接见。但是当他正要走到皇帝面前时,他的一只脚已经跨过了门槛,但是突然间他向后退并向回走。(26)而为他引路的宦官和其他在场的人都恳切地请求他向前走,但是他不作回答而像是一个受到打击的人那样从那里离开,回到为他安排的房间去了。而当他的随从人员问他为什么这样做时,据称他立刻宣布说,他看到宫殿里是魔王坐在宝座上,而他并不想同他打交道或向他请求任何东西。(27)一个在吃、喝、睡上从来不曾使自己满足过,对于摆在他面前的东西只是随便尝一尝,而尽管十分纵情于阿芙洛狄特[1]的欢乐,却又在黑夜里不适当的时刻在皇宫附近走动的人,这个人怎么能不是某个邪恶的魔鬼呢?

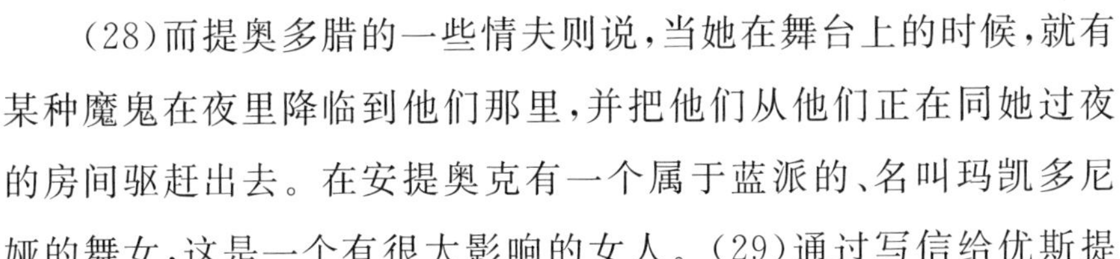

(28)而提奥多腊的一些情夫则说,当她在舞台上的时候,就有某种魔鬼在夜里降临到他们那里,并把他们从他们正在同她过夜的房间驱赶出去。在安提奥克有一个属于蓝派的、名叫玛凯多尼娅的舞女,这是一个有很大影响的女人。(29)通过写信给优斯提

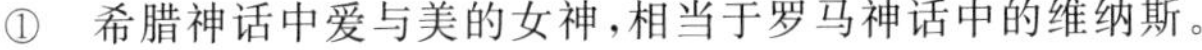

① 希腊神话中爱与美的女神,相当于罗马神话中的维纳斯。

尼安——当时他还在为优斯提努斯处理帝国的事务——她一直毫不困难地在搞垮东方显要人士中他希望搞垮的任何人,并且使他们的财产被没收入国库。(30)他们说,有一次当玛凯多尼娅迎接从埃及和利比亚来的提奥多腊时,她注意到对方感到非常痛苦和气愤,这是因为她曾受到希凯波利乌斯的虐待[①],此外还因为她在路上还丢了一些钱,于是她便把对方大大安慰了一番并且通过以下的说法而鼓励了她:命运完全可以对她再次变成巨大财富的供应者。(31)据说那一次提奥多腊就说过,就在刚刚过去的前一夜里实际上她便做了一个梦,梦里要她在财富的问题上根本无需焦虑。(32)原来一来到拜占庭她便会和魔王同居并且十分肯定地会以正式妻子的身份和他生活在一起,而他会使她成为拥有无数金钱的女主人。

十三

(1)有关大多数老百姓的看法,情况便有如我前面所讲的了。优斯提尼安在一般性格方面虽然有如我在前面所描述的,但另一方面,对于同他接触的人们,他仍然表现为和蔼可亲的;并且没有任何一个人有过见不到他的经验,而是恰恰相反,甚至对于在他面前在行为或言语方面有失体统的那些人他也从来没有生过气。(2)但是他又并不因此而在注定要被他害死的任何人面前感到羞愧。确实,他也绝不使自己有愤怒或气恼的表现从而使得罪了他

① 参见本卷第九章,第 27 节。但前面的拼法是希凯波路斯,原文此处分别是(‘ΕκηΒολιου 与‘ΕκηΒόλω)可能是作者或抄手的笔误。

的那些人看到他的感情，而是态度温和、慈眉善目，并且是低声地发出命令置成千上万无辜的人们于死地，摧毁城市，把全部钱财没收入国库。而从这一特点人们也许会推知，他的神态有如一只羔羊。(3)可是如果有谁想为着得罪了他的那些人通过祈求或恳请从中斡旋从而使他宽恕那些人的话，他就会"发怒并露出牙齿来"[①]，似乎像是要大大地发作一通的样子，这样，被认为同他有亲密关系的人们在那之后没有一个人有希望能取得他们所希望的宽恕。

(4)对于基督而言，看来他虽是坚信不疑的，但即使这一点也是为了毁掉他的臣民。要知道，他允许神甫们比较自由地欺凌他们的邻居，并且，如果他们掠夺了土地同他们邻接的那些人的财产的话，他会向这些人表示祝贺，认为他这样做是对神表示敬意。(5)而在判决这样的案件时，如果有任何人以宗教的名义通过辩论而做到夺得不属于他的某一事物并在胜诉之后径自走他的路的话，则他便以为自己是在以对上帝虔敬的方式行事了。(6)原来他认为，正义也者就在于神甫们战胜对方之谓也。并且，他本人在通过完全不正当的手法夺取活着或死去的人们的财产，并且立刻把它们献给某一个教堂时，对这种号称虔诚的做法是会感到自豪的，而他的目的则是不允许这些产业的所有权重新归还给它们的受到伤害的主人。(7)而且，更有进者，他进行了无数次的谋杀以达到这些目标。而为了急于把所有的人都集合于对基督的一个信仰，他一直在以极为荒唐的方式毁灭其余的人类并且在以所谓虔诚为

① 参见阿里斯多芬:《和平》，第 620 行。

口实而行动时也是这样。因为牺牲在他手下的人如果同他不是一个信仰时,他便不认为这是谋杀!(8)因此他唯一关心的便是不断地毁灭人们,并且和他的妻子一道,他从未曾停止为这一目的而设计各种指控。(9)要知道这两个人的愿望大多数是类似的,而在他们确实在品行方面有不同的地方——尽管他们每个人的品行都是卑劣的——但还是通过表现为极端对立的倾向,他们都一直在毁灭他们的臣民。(10)原来就他的判断而论,他比尘埃还要轻浮,他总是听从时常突发奇想而引导他作恶的那些人的意见——确实,除非这设想包含有仁慈的行动或导致利得的丧失——并且无休止地听那些"阿谀奉承的语言"[①]。(11)要知道,吹捧他的那些人可以毫不费力地说服他,使他被捧上天并且"腾云驾雾"[②]。

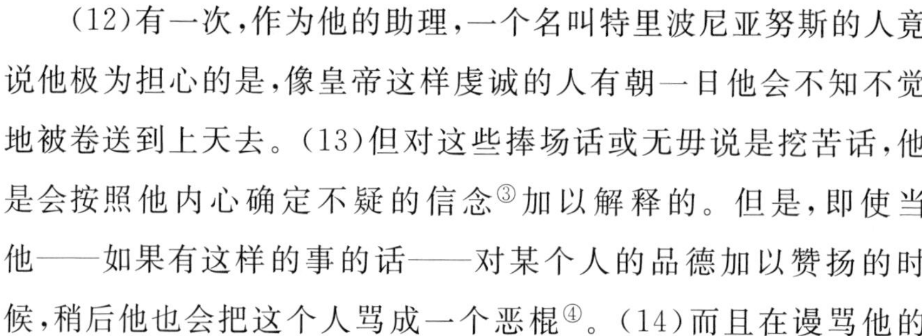

(12)有一次,作为他的助理,一个名叫特里波尼亚努斯的人竟说他极为担心的是,像皇帝这样虔诚的人有朝一日他会不知不觉地被卷送到上天去。(13)但对这些捧场话或无毋说是挖苦话,他是会按照他内心确定不疑的信念[③]加以解释的。但是,即使当他——如果有这样的事的话——对某个人的品德加以赞扬的时候,稍后他也会把这个人骂成一个恶棍[④]。(14)而且在谩骂他的

① 参见柏拉图:《提埃特图斯》,175E。

② 参见阿里斯多芬:《云》,225;柏拉图:《辩护篇》,19C。

③ 即按照他有关他本人的思想的固定性。参见本卷第十四章,第21节和第十五章,第1节。这个成语采自修昔底德(Ⅱ,89),不过在那里,它的意思是"决心的坚定性"。普洛科皮乌斯在这里的意思是说,优斯提尼安对他自己的天才如此深信不疑,乃至他对这类的玩笑都认真对待。

④ 即统治者的一种喜怒无常,恩威并施的一种权术,使左右的人有伴君如伴虎的感觉。

某个臣民之后，他又转而似乎在称赞他，而这种立场的转变根本毫无道理可言。(15)因为他的思想完全同他本人所说的话，同他希望表现出来的样子持恰恰相反的方向。(16)就个人的友谊和敌意，我已对他的品格作了描述，并且举大多是此人实际上做过的事情为证。要知道，作为一个仇人，他是确切无疑和不可动摇的，但是对他的友人来说，他是十分不可靠的。因此，他确实毁掉了大量他所培养的人，但是对于一度被他恨过的任何人，他绝不会成为这个人的朋友。(17)但是对于看来他最了解并且引以为最知心的友人的那些人，他不久之后便把他们作为一种恩惠赐给他的妻子或另外的某个人，从而以这样的出卖朋友的行为导致他们的毁灭[①]，尽管他本人十分清楚，他们所以送命，唯一的原因就是他们对他的忠诚。(18)要知道，很明显，他在一切事情上都是不可信赖的，但肯定在两件事情上是例外，那就是他的残酷和他的贪婪。(19)要知道，要他放弃贪婪，这对任何人来说都是不可能做到的。但是在即使他的妻子也不能说服他的那些事情上，通过在论据里加上因事情的处理而可以取得大宗金钱的希望，她也可以把她的丈夫在完全并非自愿的情况下争取过来参与她所希望的活动。(20)确实，为了不光彩的利得，他也从不拒绝或是制定法律或再把它们取消。

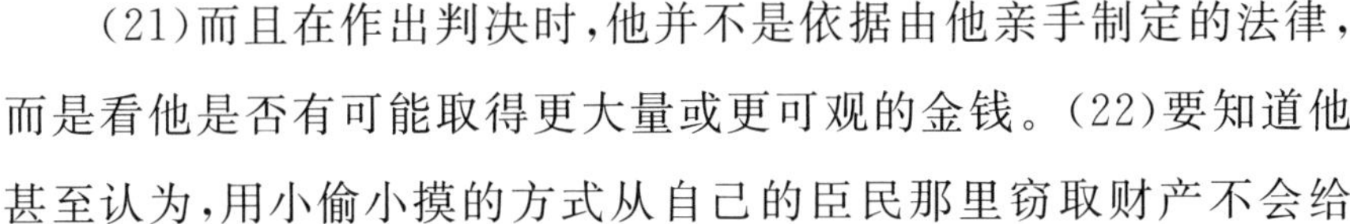

(21)而且在作出判决时，他并不是依据由他亲手制定的法律，而是看他是否有可能取得更大量或更可观的金钱。(22)要知道他甚至认为，用小偷小摸的方式从自己的臣民那里窃取财产不会给

① 比如他可以有意识地放任某人对他的朋友中伤诽谤从而使之获罪，而他则不闻不问，实际上是站在中伤者的一面。玩弄权术的君主大多有这一套办法来消灭功臣。

他带来任何耻辱——比如说,在这样的情况下,这时他还不能通过提出突如其来的一项指控或是以一份根本还未写出的遗嘱作为托辞便这样地以某种借口马上把一切都抢走。(23)而且当他统治罗马人的时候,无论信义还是对上帝的信仰都是靠不住的,没有一项法律是确定的,没有一件事情是可靠的,没有一项契约是有效的。(24)当他的亲信中间的任何人被他派出去执行某项任务时,如果这些人有幸把他们遇到的许多人毁掉并且掠夺到一笔钱财,则这些人在皇帝心目中会立刻成为并且应当被视为杰出人物,因为他们准确无误地实现了他的全部指示;但是,如果在他们回到他这里时,他们总之是对人们表现了仁慈心肠,那么他们从此便得罪了他,而他也对他们采取敌视的态度了。(25)由于对这些人的能力感到绝望,认为他们有点不合时宜,于是他便不再派他们执行任务。因此许多人便急于向他表示自己能够卑鄙到什么程度,即使他们通常的品行并不属于这一类。(26)并且在某些情况下,在多次作了保证并且用一项誓言或一纸文书使他的保证更有约束力之后,他立即存心忘掉,反而认为这种做法会给他带来某种威信。(27)优斯提尼安就继续这样地行动,不仅对他的臣民如此,而且对他的许多敌人也是如此,这一点我在前面已经谈过了[①]。

(28)一般说来,他并不贪睡,而无论是吃是喝他从来不曾做到吃饱喝足,而通常他只是用指尖碰一碰食物便走开了。(29)因为他认为这种事情是大自然强加于他的一种次要的事情,原来实际上,他常常两天两夜不吃东西,特别是在被称为复活节的节日之前

① 参见本书第八卷,第二十五章,第7节以次。

那段要那样过的时期。(30)而那时他曾多次两天不吃东西,这是我前面已经说过的[①],并且坚持只靠一点水和某些野生植物为活,而在也许只睡上一小时之后他便把其余的时间用来不断地走来走去。

(31)还有,如果他想正是把这个复活节季节用来干好事的话,事情也许会发展到高度繁荣的地步。(32)但实际的情况却是,由于把他的天赋的力量用于毁灭罗马人,他做到的只是把他们的整个政治组织彻底毁灭。原来他认为自己的任务就是不断地醒着并经历艰难困苦和辛勤劳作,而目的只是在于经常不断地和每日为自己的臣民设计更加严重的灾难。(33)原来,正如我前面所说的[②],他特别热心于设计并迅速执行渎神的事情,乃至到最后,甚至他本来的优良品质结果也用来毁灭他的臣民了。

十四

(1)原来在事务的处理方面,这是一个极度混乱的时代,习惯的办事程序没有一件被保存下来。这里我只举几个例子,对于其余的一切我只能不去提它们,否则我就会没完没了地说下去了。(2)首先,他本人并不具备担任帝国皇帝的任何品质,也不关心在别人身上培养任何这样的品质,而是在言语、衣着以及思想方面仿效蛮族。(3)至于他想亲手写的一切诏书,他并不按照惯例送交担

① 参见本卷第十二章,第27节。

② 参见本书第三卷,第九章,第25节;本卷第八章,第26节。

任监察官的人去公布,而一般上是坚持由他本人读出来[①],尽管他的话,如我方才所说,是粗野而难登大雅之堂的,甚至当大群的旁观者……也是如此[②],这样一来那些因此而受到伤害的人们便不再有任何他们可以指控的对象[③]。(4)并且通常所说的机要秘书[④]却没有被分配以笔录皇帝的机要事务的任务——这些秘书原来是为了这一目的而设置的——实际上他不仅亲自书写一切,而且每当他必须向城市的公众仲裁人[⑤]发指示的时候,他都要通过文字告诉他们对于他们将要进行的审判应当采取怎样的方针。(5)原来在罗马帝国的范围内他不允许任何人根据独立的判断作出决定,他以顽固的决心和一种没有道理可讲的坦率自己在事先作出决定,他只从争论的一方面听到传闻,不经调查便立刻推翻已经判决的案件,但不是受任何法律的影响,也不是因为从公道的角度加以考虑,而显然是因为他已受制于卑劣的贪欲。(6)要知道,皇帝接受贿赂并不感到任何羞耻,因为他那永不满足的贪欲已使他丧失了全部羞耻。

(7)但是由元老院和皇帝决定的东西往往是为了另一个最后

① 这是所说的皇帝的诏书(rescripta)有两种形式,一种是对于个人或团体的请求的独立的答复(epistolae),一种是写在请求书下面的批复(subscriptiones 或 adnotationes)。

② 原文缺。编订者认为大体上是“聆听”、“在场”之类的字样。

③ 由国家最高当局公布的皇帝的诏书(rescripta)是不容许复查的。

④ 参见本书第二卷,第七章,第 15 节;这里作者用的希腊词ἀσηκρῆτις 是直译自拉丁词 a secretis。

⑤ 这个词来自古典时期的雅典,公事和私人事务的 διαιτηταί处理可以不必麻烦法庭的小事件。

的判决才提出来的。(8)因为元老院开会就像画片里所画的那样[①],对于它要表决的事情没有任何控制的力量,也始终没有任何影响,它的集会只是一项古老的法律所规定的一种形式,因为参加集会的不管任何人根本不可能甚至发表自己的意见,只是皇帝和皇后一般装作使他们对要讨论的事务有不同意见的样子,但结果哪一方占上风都是由他们在私下里安排好了的。(9)如果违反了法律的任何人看到对胜诉没有把握的话,这个人就可以把更多的黄金抛向皇帝,这样他立刻便可以使同先前制定的一切法律抵触的一项法律得到通过。(10)如果还有什么人怀念已经被取消的这一法律,皇帝也完全不反对再把它找回来重新加以制定,任何事物都不是固定有效的,正义的天秤摇摆并向每一个方向转动这要看是否有更多的黄金压在上面从而使它摆向一方或另一方;正义是在市场上确立的,而尽管它一度曾在皇宫里居住过情况也还是那样,在市场上人们可以找到售货室,人们可以在那里出一个价钱不仅买到法庭的判决,而且还有立法。

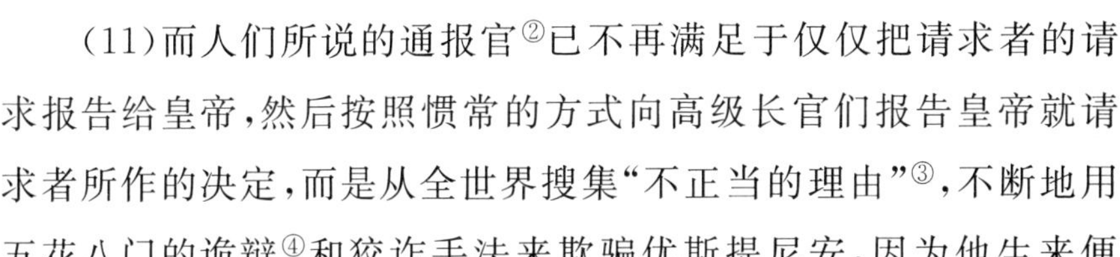

(11)而人们所说的通报官[②]已不再满足于仅仅把请求者的请求报告给皇帝,然后按照惯常的方式向高级长官们报告皇帝就请求者所作的决定,而是从全世界搜集"不正当的理由"[③],不断地用五花八门的诡辩[④]和狡诈手法来欺骗优斯提尼安,因为他生来便

① 这会纯粹是表演给人看的,也就是后面所说的由古老法律规定的一种形式。

② 通报官(Referendarii)负责"向皇帝报告他的被保护人的请求并向这些人宣布他的任何意愿"。参见本书第二卷,第二十三章,第6节。

③ 参见阿里斯多芬:《云》,第889行以次,在这里"不正当的理由"是捍卫苏格拉底主张的"新教育"的一个角色。

④ 参见阿里斯多芬:《武士们》,第632行。

易于在玩弄这类把戏的人们的手里上当。(12)而且一旦他们出了皇宫并且采取措施把诉讼当事人同他们自己曾与之交谈过的那些人分开,他们便着手勒索金钱——没有任何人保护诉讼当事人的权利——而勒索金钱则是通过这样一种方式,即事情并不能被证明对他们不利,而勒索的数量要达到他们认为足够的地步。(13)守卫皇宫的士兵当公众仲裁人在皇家柱廊[①]主持审判的时候会来到这些仲裁人面前并强迫他们接受自己的案件。(14)而实际上当时所有的士兵都在离开自己的岗位,并按照他们自己的美妙意愿走在禁止通行并且迄今从不曾向他们开放的道路上,一切事物都被搞得乱七八糟,甚至不再保留它自己任何固有的名字,而国家就像是儿童玩耍时的王国[②]。(15)但是其余的事情我必须略过去,这是我在这部书开头的地方便已提到过的[③],不过还应当提到的是:谁是第一个说服这位皇帝在主持审判时接受贿赂的。

(16)有一个名叫列昂的奇利奇亚人,他是个爱财如命的家伙。这个列昂成了阿谀奉承的人们当中最有力的人物,他有一种本领,能够叫头脑迟钝的人领会已经决定的事情。(17)原来他有一种说服的能力,这种能力在他同愚蠢的暴君打交道时能帮助他做到消灭自己的同胞。(18)这个人是第一个说服优斯提尼安拿法律上的

---

① 这一建筑的地址也许从现在还能派上用场的水池(现在它的名称是叶里·巴坦·赛腊伊,意思是“地下宫殿”)可以确定,它在圣索菲亚教堂以西不远的地方;这个水池就是优斯提尼安在皇家柱廊的一部分的下面挖掘的。参见作者的《建筑记》第一卷,第十一章,第12节。

② 这里指儿童玩的一种叫“巴西林达”的游戏,其中一个儿童假装国王,四周有其他儿童装扮的宫廷官吏环侍,犹如本国的情况。

③ 参加本卷第一章,第1～10节。

判决卖钱的人。当那个君主一旦决定在他的偷盗行为中遵循已经描述过的计划时，他是绝不会停下来的，而他的邪恶会继续发展直到十分严重的程度。并且如果有谁急于想对一个正派的公民发起一次不公正的控诉的话，他便立刻去列昂那里并且通过答应把有争议的财产的某一部分给予暴君和他列昂的办法，他就会在离开皇宫之前立即赢了这场不管是多么不公正的官司[①]。(19)于是列昂从这个来源得以取得了真正巨额的金钱并且他还占有许多土地，而这种做法便使他成为使罗马国家遭受屈辱的主要代理人。(20)确实，对于缔结了契约的那些人来说根本没有任何安全，没有任何法律、没有任何誓言、没有任何文书、没有任何固定的惩罚、没有任何其他手段，除非把钱抛给列昂和皇帝。(21)然而即便是这种做法也不能享受到列昂的判决的确定不变的同意，因为他还坚持从另一方也得到金钱。(22)由于他经常从两方窃取，所以他从不怀疑忽视信任他的那些人并反对那些人有任何可耻之处。(23)要知道，只要能有收入增加，他认为玩弄诉讼双方这对他来说绝不是可耻的事情。

十五

(1)优斯提尼安就是这样。至于提奥多腊，她坚定和持久地倾心于残酷行事。(2)她从来不曾因另一个人的劝说或强迫的结果而在任何时候干任何事情，而是由她本人凭着顽强的意志全力实

① 这就是说列昂同意打这场官司实际上便等于胜诉，因为审判官员完全在他的控制之下。

现自己的决定,谁也不敢为触犯了她的受害者从中斡旋。(3)要知道,无论时间的长度,过分的惩罚,恳求的手腕、死亡的威胁——完全可以期待这种威胁从上天降临于整个种族——都不能劝说她减少哪怕是一点点的怒气。(4)简而言之,谁也没有见过提奥多腊同曾经冒犯过她的人和解过,即使这个人死了,死者的儿子还要受到皇后的敌视作为他继承下来的遗产,就和他继承了他父亲的任何其他事物并且传给第三代那样。(5)她的激烈的情绪很容易被挑动起来毁灭人们,而不是任何力量能加以缓和的。

(6)她对自己的身体的照顾超过了需要,然而她自己却还觉得照顾得不够。(7)比如通常她很早便入浴室,很晚才离开,在沐浴结束之后才从那里去用早餐。在用完早餐之后她就要休息了。(8)但是在午餐和晚餐时她却吃喝各种各样的东西;她经常要睡很长的时间,从白天直到天黑,又从黑夜直到日出;(9)而且,虽然在一天的这样长的一部分时间里她这样程度地沉湎于各种各样的放纵享乐之中,她还认为自己有权治理整个罗马帝国!(10)如果皇帝把任何一项任务在不得到她的同意的情况下给予某个人,那么这个人的事务就会遭到如此巨大的不幸,乃至不久之后他便会极不光彩地被免职并最为可耻地死去。

(11)现在优斯提尼安却毋宁说是易于处理一切事物了,这不仅是因为他的悠闲自在的性格,而且是因为他睡得很少——这一点我前面已经说过了[①]——并且是世界上最容易见到的人物。(12)原来甚至下层的和十分低贱的人们也有充分的自由不仅见到

① 参见本卷第十三章,第28、30节。

这个专制君主，而且还能同他交谈并建立亲密的关系。(13)另一方面，甚至任何一位高级官吏也要付出很多时间和精力才能见到皇后，而实际上他们所有的人都在一个又小又闷的前厅里无限期的等候，经常不得不以一种卑躬屈膝的殷勤等候她赐予的接见机会。对于任何官吏来说，不到场是一种难以承受的冒险。(14)他们都不断地踮着脚站在那里，每个人都想使自己的头部显得比旁边的人要高，以便要宦官从里面出来时可以看到他。(15)终于其中的某些人在许多天之后得到了传唤，于是他们战战兢兢地走到她面前，只是表示致敬并且用唇尖触一下她每只脚的脚背，便很快地离开了。(16)要知道，他们根本没有机会同她讲话或提出请求，除非她命令他们这样做。政府这时已陷于一种被奴役的地位，而她就是奴隶的教头。(17)这样，罗马国家就正在部分地毁在看来似乎脾气太好的专制君主手里，部分地毁在严厉而又极难伺候的提奥多腊手里。(18)一方面，在一个人的好脾气之中有不稳定的因素，而另一方面，在另一个人的刁难的性格中则存在着行动的障碍。

(19)因此就两个人的思维方式和生活习惯来说，他们之间的对比是显而易见的，但是在贪婪方面是共通的，他们的谋杀欲望和他们对所有的人之不真诚相待也是共通的。(20)要知道，两个人对说谎都有极高的才能，而如果人们当中得罪过提奥多腊的任何一个人据说犯了任何罪行，即使这罪行是最微不足道和根本不值得注意的，她也会立即挑起同这个人本来毫不相干的诉讼，而她便把事情夸大成为一个可怕的罪行。(21)她听取大量的控告，而有一个法庭是关于取消已确立的法律的，由她把法官们召到一处，而

他们的任务就是相互比试,看谁在审判中表现的不人道的行为能比别人更好地满足皇后的目的。(22)于是她立刻使那获罪的任何人的财产被充公收入国库,并且在以最为残酷的方式对付他——此人也许是出身家系古老的贵族的——之后,她又会毫不犹豫地以流刑或死刑对他加以惩罚。(23)但是,如果她所宠信的某个人恰好也犯了误杀之罪或任何其他重罪的话,她便会嘲笑迫害者的过于积极,而强迫他们在绝非他们本意的情况下把已经发生的事情掩盖起来。

(24)确实,当她认为有必要的时候,她会像那么回事似地甚至会把最严肃的事情变成一场滑稽戏,就好像她还在剧场的舞台上似的。(25)有一次一个贵族,曾经长期担任官职的一位老人——不过我绝不会提他的名字,尽管我知道得很清楚,这样我便不会无限期地延长他所受的侮辱——由于不能从欠了他一大笔钱的、皇后的一个仆人那里把债款收回,便向她呼吁以便向这个同他有契约关系的人提出控告。并恳求她帮助他在这件事上得到公正的对待。(26)但是事先知道了他的意图的提奥多腊却要宦官们这样行事,即当这个贵族来到她面前时他们所有的人要在此人四周站成一个圆圈,并且当她在说话时仔细聆听,暗示他们哪些话他们要像教堂里那样进行"应答"①。(27)而当那贵族进入妇女的居室后,便以习惯的方式②向她致敬并且以似乎是流过泪的面孔,对她说:"女主人,一个具有贵族身份的人需要钱是一件痛苦的事情。(28)在

① 这里的"应答"指东正教教会做礼拜时例行的问答,有仪节的性质。

② 这时习惯的方式:见皇帝和皇后时都要五体投地,吻他们的双脚。参见本卷第三十章,第21—26节。

其他人身上引起宽恕和同情的事物在我这样身份的人身上就被认为是十分荒唐的。(29)在处于极为穷困状态之下的任何其他人身上,只要把这一事实告诉他的债权人[①],他马上可以摆脱困境,但是一个具有贵族身份的人如果没有资财向债权人清偿债务的话,他很可能是耻于提到这事的,而如果他确实提了这事,人们也绝不会相信他,因为所有的人都会觉得贫穷是不可能光临于这个阶级的人物的家庭的。(30)但是如果他确实赢得了人们的相信,那他的命运也将是受到人间最可耻和不幸的痛苦[②]。(31)但是,我的女主人,我确实同人们有财务上的关系,其中有些人把家财借给我,又有些人向我借钱。(32)至于我那些死死盯在我后面的债主们,由于我的地位所应有的羞耻心我不能把他们赶跑,另一方面,至于欠我钱的那些人,由于他们不是贵族,他们却用一些没有人性的借口加以逃避。(33)因此请求、恳求、乞求[③]你帮助我得到我的权利并摆脱当前的苦难吧!"(34)以上便是他讲的话。于是这女人便用读经时的没有抑扬的调子回答说:"贵族某某人啊"(这里说出他的名字)[④]而在场的所有宦官便接过话头来同声回答说[⑤]:"你有的是一个大疝气!"[⑥](35)而当这个男人再次恳请并且重复刚才所说的类似的

① 即向放债的人开口借贷。

② 指负债人在社会上很不光彩,不能还债就会破产。

③ 三个请求加强了力度,乞求则已到不顾自己的身份的程度。

④ 在本章第25节作者已表示不提此人的名字。

⑤ 今天一般基督教教会布道前也有牧师和听众交替诵读经文的习惯。

⑥ 这里完全是拿这个贵族开玩笑,疝气云云可能是讥笑对方自我累赘。作者的意思是以此为例证,说明提奥多腊处理政事已经到了胡闹的程度。隐去此人姓名则表明此事确有所本,并非虚构。

话的时候,这女人再一次用同样的调子回答,而那群宦官也同样地同她唱和,直到这可怜的家伙在绝望中按照习惯的方式致敬之后,从那里回家去了。

(36)在一年绝大部分时间里她都住在沿海的郊区,特别是一处叫做希里昂的地方①,因此大批的侍从人员便吃了很大的苦头。(37)原来他们得到的食物不多,还要经受临海的风险,特别在起暴风——这常常发生——的时候或鲸鱼②在附近的什么地方突然出现的时候。(38)不过他们③认为全人类的苦难根本算不得一回事,只要他们自己能过着穷奢极欲的生活就行。(39)而我却立即要人们看清楚提奥多腊的品格是怎样的,这一点从她如何对待得罪了她的人可以看出来,不过我只谈几个细节,否则我就要没完没了地写下去了。

十六

(1)当阿玛拉宗塔想离开哥特人的环境而决定改变自己的生活并前去拜占庭的时候——这些在先前的记述中都已谈过④——

① 在博斯普鲁斯海峡亚洲一侧的岸上,也叫希莱乌姆(Heraeum),但一般更多被称为希耶隆(Hieron)。阿里安(Periplus 12)对此作了这样的注释:“在色雷斯的博斯普鲁斯和埃乌克西努斯海的海口附近,右手亚细亚的一侧属于比提尼亚民族的地区有一处叫希耶隆的地方,这里有一座人们所说的宙斯·乌里乌斯的神殿。对于驶入彭图斯海的人们来说,这里是一个起点。”

② 这个动物叫波尔菲里昂(Porphyrion),它在拜占庭附近海上骚扰海运长达五十年之久。参见本书第七卷,第二十九章,第9节以次。唐代潮州鳄鱼为害据记载也只不过“豁潭据处,食民畜熊豕鹿獐”,比起这里的为害海运的鲸鱼差得多了。

③ 即皇帝、皇后二人。

④ 参见本书第五卷,第二章,第22节。

提奥多腊考虑到这个女人出身高贵又是一位王后，非常漂亮并且在她想要什么东西时能极快地设想出得到的方法与手段，但是对她高贵的举止和特别男子气的作风心怀猜忌，同时又担心她的丈夫优斯提尼安的反复无常，因此便产生了相当严重的忌妒心，不过她策划的是对这女人采取伏击，甚至使她丧命的办法。(2)因而她立刻说服自己的丈夫，要彼得在无别人陪伴的情况下代表他出使意大利。(3)当他正要出发的时候，皇帝给了他已在有关章节叙述过的指示[①]，不过在那里，由于害怕皇后而我不可能揭露所发生事件的真相。(4)但是她本人给他下达的命令只有一个，这就是尽快把这个女人从世界上消除掉，她答应在他实现这一命令后给他会使他头晕目眩的重赏。(5)因此在他到达意大利之后——确实，在可以希望取得某一官职，也许还有一大笔钱财的时候，人的本性并不懂得如何以一种犹豫的、畏缩的方式去进行一次邪恶的谋杀——他立刻说服提奥达图斯(用怎样的劝说方法我不清楚)去杀害阿玛拉宗塔。为了回报他的这一行动，他得到了宫廷卫队长官[②]的职位，获得了巨大的权力，却也受到了无人能比的憎恨。

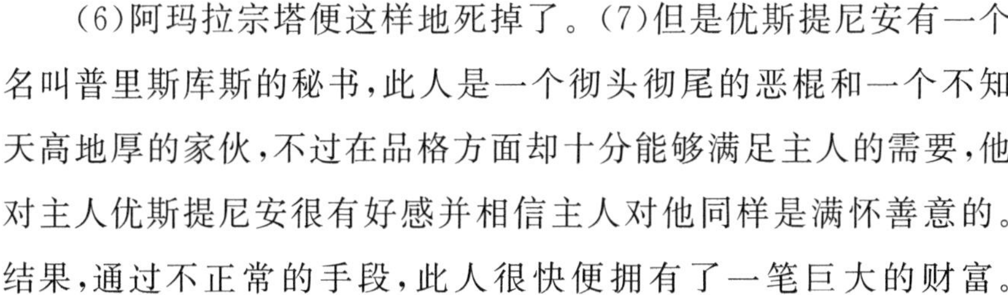

(6)阿玛拉宗塔便这样地死掉了。(7)但是优斯提尼安有一个名叫普里斯库斯的秘书，此人是一个彻头彻尾的恶棍和一个不知天高地厚的家伙，不过在品格方面却十分能够满足主人的需要，他对主人优斯提尼安很有好感并相信主人对他同样是满怀善意的。结果，通过不正常的手段，此人很快便拥有了一笔巨大的财富。

① 参见本书第五卷，第四章，第 17 节。

② 宫廷卫队长官(Magister Officiorum)是一个相当重要的职位，参见本书第一卷，第八章，第 2 节。

(8)但是提奥多腊却对自己的丈夫讲此人的坏话,扬言此人过于目空一切并且总是试图反对她。(9)虽然在开头她根本未能得手,但是不久之后在仲冬时分便叫这个人乘船,把他送到皇后选定的一个地点去,在那里她要人剃掉他的头发,迫使他成为一名僧侣,尽管这是他本人根本反对的。(10)优斯提尼安本人在这同时则给人以这样的印象:好像对于正在发生的事情他什么也不知道,并且他根本不调查一下普里斯库斯到底在什么地方,以后他也根本不再想到此人,而是默默地坐在那里仿佛得了昏睡病似的,不过他却没有忘记掠夺这人余下的为数不多的全部财产。(11)并且在一个时期里人们发生了这样的怀疑,即提奥多腊爱上了家中一个名叫阿列欧宾都斯的仆从,此人是蛮族出身,既年轻又漂亮,而提奥多腊本人确实曾任命他担任过管家;因此提奥多腊为了反驳这种指责,尽管人们都说她确实爱此人爱得发疯,而她一时里却又决定在没有任何真正的理由的情况下极为残酷地虐待他,尔后我们对此人便完全一无所知,直到今天再也没有谁见过他。(12)要知道,如果她想隐瞒做过的任何事情,那么所有的人便不再说到或提起它,从此也不许任何知道这件事的人把它告诉给任何亲属,也不许任何想了解有关此人的真实情况的人打听,即使他是十分好奇的。(13)要知道,自从有人类以来,对于任何暴君人们从来没有这样害怕过,因为对于有过冒犯行为的人来说根本没有任何隐瞒的可能。(14)有一群间谍不断地向她报告在市集上以及在老百姓的家里人们说了和做了什么。(15)因此当她不愿意让触犯者所受的惩罚为外界知道的时候,她通常便采取如下的办法。(16)她会召见这个人,如果这个人恰巧是个知名人士的话,并秘密地把此人交给她的

一位大臣，命令该大臣把此人暗地里送往罗马帝国最边远的地区。(17)这位大臣于是在夜里一个不会被人发觉的时刻要此人上船并且要人们把他彻底捆绑起来和加上镣铐，继而大臣本人也上船，然后十分诡秘地在那女人指定的地点把此人再交给适于干这事的一个人。继而在他指示此人尽可能严密地看管好囚犯并禁止他把此事告诉任何人——直到或者皇后也许会可怜这倒霉的家伙的时候，或者由于生活环境的恶劣此人经过多年半死不活的日子后终于在那里精力耗尽而结束一生——之后便离开了。

(18)而且她还嫉恨过一个名叫瓦西亚努斯的人，他是绿派的一个相当有身份的年轻成员，她恨瓦西亚努斯是因为他骂过她。因此之故，瓦西亚努斯(他也知道了提奥多腊恨他这件事)便逃到天使长教堂[①]去躲避。(19)提奥多腊立刻嗾使负责民众事务的官员[②]去对付他，但她命令这个官员根本不提他辱骂她一事，而是指控他犯了鸡奸的罪行。(20)于是该官员便把瓦西亚努斯从教堂捉了出来并且对他施加一种无法忍受的刑罚[③]。民众看到一个长期过着豪奢生活的自由人竟遭到如此悲惨可怕的不幸，他们所有的人立刻便对这种灾祸深感苦痛，他们在悲叹中呼告上天，想为这个年轻人求情。(21)但是她反而加重了对他的惩罚，并且在割掉了他的生殖器官之后未经审讯便结果了他的性命，还把他的财产没收入国库。(22)这样一来，这个淫妇只要一发脾气，任何教堂都不

① 在拜占庭市内和郊区献给天使长米迦勒的教堂有好几座，这里很难判断瓦西亚努斯去的是哪一座。

② 可能是检查官(Quaesitor)。参见本卷第二十章，第 9 节。

③ 这种屈辱性的惩罚的具体情况我们已无法得知(参见本卷第十一章，第 36 节)。

是安全的,任何法律上的禁令都无效,整个城市的任何恳求显而易见也无法拯救这冒犯了她的人,而且其他任何事物也无法把她阻挡住。

(23)由于她忌恨一个名叫狄奥根尼斯的人——这是大家都喜欢,甚至皇帝本人也喜欢的一个机智的人、属绿派——可是她依然决心向他提出诽谤性的指控,说他犯有男色的罪行。(24)于是她便嗾使此人本人的两个仆人,既充当控告者又充当目击者,向他们的主人发动进攻。(25)当他最初受到审问时——按照惯例,这种审问应当是秘密地,十分隐蔽地进行,但这次却是公开地进行,而且由于狄奥根尼斯的声望,任命了许多知名人士担任审判官——审判官试图了解真相,但他们觉得仆人的陈述并不足以为一项判决提出充分的论据,特别因为他们都是年纪小小的男孩子,于是提奥多腊便把狄奥根尼斯的一个亲属名叫提奥多列的关在一般的牢房里。(26)在这里她对此人软硬兼施,既大肆笼络,又加以凌辱。但是由于她丝毫未能得逞,于是她便要她的侍从们把一条皮带经过耳朵绕在这个人的头部,然后命令他们拧紧绕在头上的皮带。(27)提奥多列简直觉得他的双眼都从脑袋迸了出去,离开了原来的地方,但即使这样他也不愿意编造任何不实之词。(28)审判官们终于由于指控证据不足而宣布狄奥根尼斯无罪,结果全城欢庆,成了国家的一个节日。

十七

(1)这一事件的结果便是这样了。但是在本卷开头的地方我记述了皇后对贝利撒里乌斯和佛提乌斯以及布吉斯的一切所作所为[①]。(2)蓝派有两个奇利奇亚人的成员在一场大规模的骚乱中进攻第二奇利奇亚的长官卡利尼库斯并且进而对他施加暴行，而且还杀死了在此人身旁并试图保护自己主人的马夫，但这时长官和全体民众都看到了。(3)此人于是按照法律程序处死了犯有这次和其他多起谋杀罪行的派别分子，但得知这一情况并想表明自己站在蓝派一面的提奥多腊却毫无理由地要人们把还在任职期间的此人在杀人者墓地那里处死在木桩上。(4)对于被谋害的此人，皇帝悲伤、哭泣装装样子，坐在那里唉声叹气，他对干这件事的人们发出许多威胁，但实际上他什么也没有做；然而他却绝不拒绝掠夺死者的钱财。

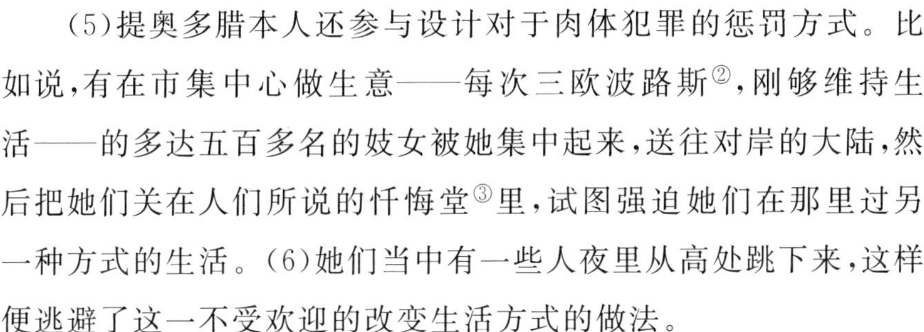

(5)提奥多腊本人还参与设计对于肉体犯罪的惩罚方式。比如说，有在市集中心做生意——每次三欧波路斯[②]，刚够维持生活——的多达五百多名的妓女被她集中起来，送往对岸的大陆，然后把她们关在人们所说的忏悔堂[③]里，试图强迫她们在那里过另一种方式的生活。(6)她们当中有一些人夜里从高处跳下来，这样便逃避了这一不受欢迎的改变生活方式的做法。

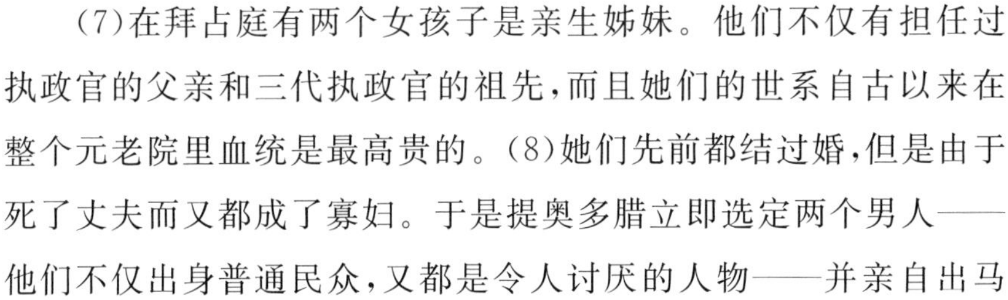

(7)在拜占庭有两个女孩子是亲生姊妹。他们不仅有担任过执政官的父亲和三代执政官的祖先，而且她们的世系自古以来在整个元老院里血统是最高贵的。(8)她们先前都结过婚，但是由于死了丈夫而又都成了寡妇。于是提奥多腊立即选定两个男人——他们不仅出身普通民众，又都是令人讨厌的人物——并亲自出马

① 参见本卷第一至四章。

② 欧波路斯(Obolus)，古希腊小银币，相当于六分之一德拉克玛。

③ 在博斯普鲁斯海峡亚洲一侧的岸上。参见《论建筑》第一卷，第九章，第3节。

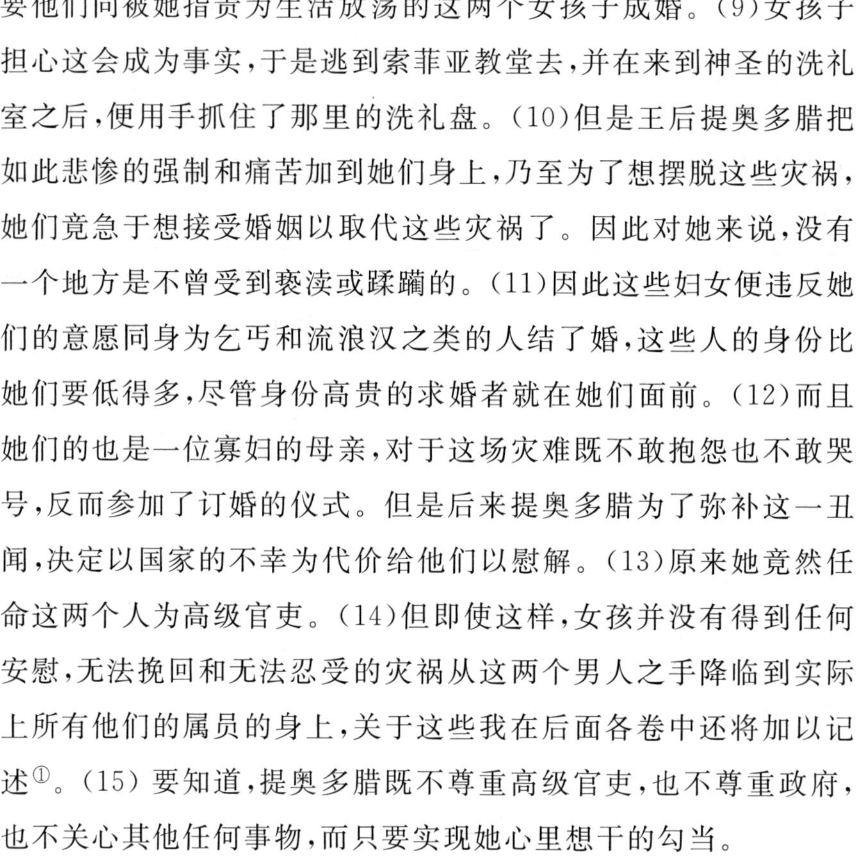

要他们同被她指责为生活放荡的这两个女孩子成婚。(9)女孩子担心这会成为事实,于是逃到索菲亚教堂去,并在来到神圣的洗礼室之后,便用手抓住了那里的洗礼盘。(10)但是王后提奥多腊把如此悲惨的强制和痛苦加到她们身上,乃至为了想摆脱这些灾祸,她们竟急于想接受婚姻以取代这些灾祸了。因此对她来说,没有一个地方是不曾受到亵渎或蹂躏的。(11)因此这些妇女便违反她们的意愿同身为乞丐和流浪汉之类的人结了婚,这些人的身份比她们要低得多,尽管身份高贵的求婚者就在她们面前。(12)而且她们的也是一位寡妇的母亲,对于这场灾难既不敢抱怨也不敢哭号,反而参加了订婚的仪式。但是后来提奥多腊为了弥补这一丑闻,决定以国家的不幸为代价给他们以慰解。(13)原来她竟然任命这两个人为高级官吏。(14)但即使这样,女孩并没有得到任何安慰,无法挽回和无法忍受的灾祸从这两个男人之手降临到实际上所有他们的属员的身上,关于这些我在后面各卷中还将加以记述[①]。(15)要知道,提奥多腊既不尊重高级官吏,也不尊重政府,也不关心其他任何事物,而只要实现她心里想干的勾当。

(16)当她还在舞台上混日子时,她因她的一个情夫而怀了孕,但由于发现这一不幸事件时已经过晚,她便按照她惯常的做法尽量想搞一次流产,但是一切办法都用了,她仍然未能杀死这来得不是时候的婴儿,因为现在他几乎就要成人形了。(17)这样一来,既然她流产未能成功,便放弃尝试并不得不把孩子生下来了。当新生儿的父亲看到她感到痛苦和不快——因为在成为母亲之后她便

① 这一诺言也未能兑现。

不再能继续用自己的肉体像过去那样做生意——的时候，由于他正确地猜想到她会杀掉这个孩子，于是他便把婴儿抱起来并给他起了约翰的名字(因为是一个男婴)从而认下了他并去了作为目的地的阿拉伯。(18)而当他本人将死的时候，约翰已经成了一个少年，少年的父亲把母亲的整个经历告诉了他。(19)而少年在他父亲死后按习俗执行了一切仪节，并在不久之后来到了拜占庭并把这件事告诉了同他母亲经常有接触的那些人。(20)而那些人认为她的想法不会和常人有什么不同，于是就报告给母亲说她的儿子约翰已经来了。(21)但是这个女人担心事情会叫她的丈夫知道，便下令要这个男孩子来见她。(22)而当那少年到来并且她见到他之后，她便把他委托给她的仆人中经常处理这类事情的一个人。(23)这个可怜的家伙被人们用什么办法打发出了这个世界，这一点我无法回答，但是自从皇后去世以来，迄今任何人也未能看到他。

(24)当时发生的情况是，实际上所有妇女的品德都已堕落了。要知道，她们由于极度淫乱的生活而对她们的丈夫犯了罪(这种淫乱的行为不会给她们带来任何危险或伤害)，因为即便是被发现犯了通奸罪的那些人依然是不会受任何伤害的；她们可以立即去皇后那里并且扭转形势而对丈夫提出反诉讼，还把他们强拖到法庭上来，尽管对他们没有提出任何指控的理由。(25)而丈夫们从中得到的全部好处就是支付比妻子的奁资还要多一倍的罚金(尽管对他们并未提出任何指控)，然后受到鞭笞并且通常被关进监牢，而此后他只能看着奸妇们打扮自己并且更加肆无忌惮地接受她们的奸夫的拥抱。(26)而实际上，这样的奸夫有很多人由于这种行

为而得到了荣誉。这样一来,此后大多数的男人尽管受到他们的妻子的无法无天的对待,却十分愿意保持沉默并逃避鞭笞,使他们的妻子以为她们并没有被发觉从而给了她们以充分的自由。

(27)这个女人认为,通过她本人的专断的判断,她有处理一切国家事务的权利。要知道,她控制着对于担任高级官吏和神职人员职位人们的选举,她注意于并十分坚持地设法维护的只有一件事情,这就是高级职务的候选人不应是一个正派的或品行端正的人或一个很可能没有能力执行她的指示的人。(28)并且她用这样一种权威来调节一切婚姻关系,这种权威可以被称为祖母的权威[①]。(29)因此可以说人们第一次见到这样的情况,即男人和女人放弃了一种以结婚为归宿的自愿的订婚;因为每个男人都会突然间发现他有了一个妻子——并不是因为他喜欢她(即使在蛮族中间通常也是这种情况),而是因为这是提奥多腊的意旨。(30)因此被嫁出去的妇女她们这方面也有完全相同的体验。她们是在完全违反自己本意的情况下被迫同自己的丈夫相结合的。(31)而且提奥多腊曾多次甚至毫无理由地把新娘从新房中带走并使新郎无法结婚,而她只是在一时激怒中表示那个女人不中她[②]的意。(32)而且她对许多男人的已经与之订婚的妇女的问题上都是这么干的,其中包括担任通报官的列昂[③],还有曾经担任过长官的、赫尔莫盖尼斯之子撒图尔尼努斯。原来这个撒图尔尼努斯有一个同

① 这里是把提奥多腊表现为母系家长。

② 指提奥多腊。

③ 参见本卷第十四章,第 16 节以次。

他订了婚、但还没有结婚的堂表姊妹[1]，这是一位品行得体的自由人出身的妇女，而她的父亲库里路斯曾就此向已经不在人世的赫尔莫盖尼斯作过保证。(33)而在他们的新房已经对他们紧紧关闭之后，她便把新郎看管起来，然后他被领进第二个房间，在这里他痛哭着而又十分悲伤地同克里索玛洛的女儿结了婚。(34)这个克里索玛洛在很久以前原本是一名舞女，又是一名妓女，但是在当时她却和另一个克里索玛洛与因达若一道住在宫里。(35)她们现在已经不是同男性生殖器和舞台生活打交道，而是在这里办事了。(36)在撒图尔尼努斯同这个女孩子睡觉并发现这个女孩子已不是处女之后，他便告诉自己的一个亲密友人说，同他结了婚的女孩子是“被糟蹋过的”。(37)而当这话被传到提奥多腊那里去的时候，因为此人拿身份以为自己多么高贵(其实他根本没有资格这样做)，她便下令仆从们把他架起来，就像人们对待上学的儿童那样而她便在此人的背上抽打多次，并教训他不许胡说八道。

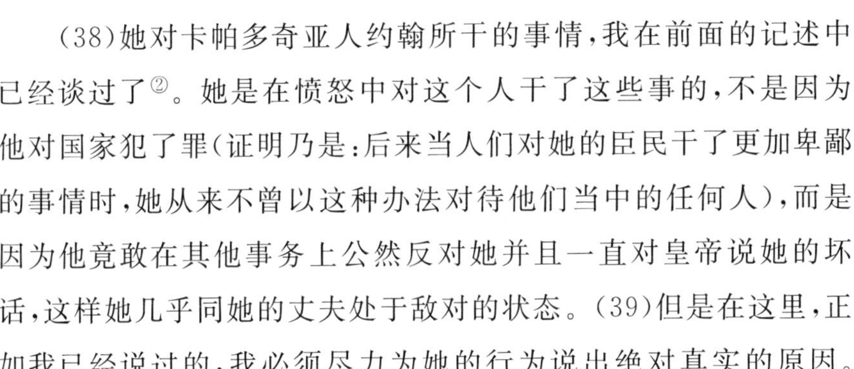

(38)她对卡帕多奇亚人约翰所干的事情，我在前面的记述中已经谈过了[2]。她是在愤怒中对这个人干了这些事的，不是因为他对国家犯了罪(证明乃是：后来当人们对她的臣民干了更加卑鄙的事情时，她从来不曾以这种办法对待他们当中的任何人)，而是因为他竟敢在其他事务上公然反对她并且一直对皇帝说她的坏话，这样她几乎同她的丈夫处于敌对的状态。(39)但是在这里，正如我已经说过的，我必须尽力为她的行为说出绝对真实的原因。

① 具体关系未详。

② 约翰受到安托尼娜(代表提奥多腊)的陷害，并不情愿地被皇帝放逐到库吉库斯去。参见本书第一卷，第二十五章，第13节以次。

(40)甚至在他遭受我前面所说的所有各种痛苦之后她把他囚禁在埃及的时候,即使如此,在惩罚这个人方面她也没有得到满足,而是从未曾中止寻求反对他的虚假的目击者。(41)而且在四年之后,她却得以在库吉库斯的绿派当中找到两个据说曾参加反对过主教的成员[①]。(42)她是用奉承话以及用威胁争取到这些人的,其结果则是其中的一人在恐怖中同时又为希望所鼓舞,就把杀害主教的渎神事件放到了约翰的门口。(43)至于另一个人,则他绝对拒绝说违心话,尽管他被拷问得痛苦不堪,甚至宁愿立刻死去。(44)因此,尽管她不管用什么办法也未能通过这种诡计把约翰搞垮,于是她便切断了这两个青年人的右手,一个人是因为他拒绝作伪证,另一个人则是为了阻止她的阴谋完全大白于世。(45)虽然这些罪恶勾当都是在市集上公然进行的,但是优斯提尼安却装作绝对不知道正在发生的事情。

十八

(1)估计一下他[②]给人类造成的灾害的规模,人们便可以得出这样的看法,即他根本不是人,而如我前面所说[③]是披着人皮的某种恶魔。(2)人们所以看到干事情的人的力量,正是在于一个人所干的事情超常巨大的程度。(3)现在要确切地说出他到底毁灭了多少人,我以为这一点是根本不可能的,无论对任何人来说还是对

---

① 约翰曾被控谋杀库尼库斯的主教埃乌赛比乌斯,但此事并未得到证实。参见本书第一卷,第二十五章,第 40 节。

② 优斯提尼安。

③ 参见本卷第十二章,第 14 节。

上帝来说都是如此。(4)比起这个皇帝所杀害的人的巨大数字来，我认为毋宁说要数清所有的沙粒会更快些。但是约略地估计一下已经荒无人烟的土地的面积，则我应当说死的人有亿万之众[①]。(5)首先，国土如此广大的利比亚已经被毁得如此彻底，乃至对于一个进行长途旅行的人来说，要遇到一个人绝不是一件容易的事情，这也是一个值得注意的事实。(6)然而不久前[②]在那里[③]发动武装叛乱的汪达尔人还有八万人，至于他们的妇女、儿童和奴隶，谁又能知道他们的数目？(7)至于利比亚人，那些先前住在城市里的人们，那些耕种土地的人们和那些在海上劳作的人们——这些人我都有幸亲眼看到——又有谁能估计他们有多少人？比他们人数更多的还有玛乌里人[④]，所有他们以及他们的妻子儿女最后全都被消灭了。(8)许多罗马士兵和从拜占庭随他们出来到那里的人们也都长眠于地下了。因此，如果有人说死在利比亚的有五百万人，则我以为，无论怎样说他的看法也是符合事实的。(9)所以作出这种估计的理由是：在汪达尔人被打败之后，优斯提尼安立刻不仅注意于加强对这个地方的统治，不仅不为下述情况做出准备，即这里财富的保卫应当可靠地建立在这里居民的善意之上，而是他立刻毫不耽搁地把贝利撒里乌斯召了回来，并极不公正地指控他在那里的暴政[⑤]。而其目的却是，在今后为所欲为地统治利比

① 原文的“一万的立方”，这只是形容其多并不是确切的数字。

② 公元 531 年。我国南朝梁武帝中大通三年，是年波斯国王科斯罗伊斯一世即位（至 579 年）。

③ 本书第三、四两卷即记其事。

④ 即摩尔人（Moors）。

⑤ 参见本书第四卷，第八章，第 2 节。

亚时,他可以吞掉它,从而对整个利比亚进行掠夺。

(10)总之他立即把土地的估税人员派了出去并且把过去从来没有过的、某些极为苛刻的税强加给那里[①]。而且凡是最好的房地产都被他占有了。他还不允许阿里乌斯派参加他们遵行的圣礼。(11)他还拖欠应支付给士兵的饷银,而且在其他方面也引起士兵们的不满[②]。正是这些原因引起了暴动,暴动的结果是造成巨大的破坏。(12)要知道,他根本不能坚持维护现状,而生来就要在到处制造混乱和骚动。

(13)至于曾经不下三次拥有利比亚土地的意大利,那里到处荒无人烟的程度甚至要超过利比亚。(14)因此要估计同样在这里丧命的人们的数目会比较容易。因为在意大利发生的那些事件的原因我已经在前面的篇章里记述过了[③]。确实,先前他在利比亚犯的一切错误,在意大利这里他又重复了。(15)由于在这里的行政人员当中又加上了人们所说的洛哥赛特[④],他立刻便把一切都搞乱和摧毁了。(16)而在这一战争之前,哥特人的统治从高卢的土地一直延伸到达奇亚的边界,也就是西尔米乌姆城[⑤]所在的地方。(17)至于高卢和威内提亚,则在罗马军队来到意大利时,它们的大部分是在日耳曼人的手里。(18)但是控制着西尔米乌姆和周边地区——这里大体说来是完全无人居住的——的是盖帕伊狄

① 关于优斯提尼安强加给当地的新税,参见本卷后面的第二十三章。

② 参见本卷第二十四章。

③ 参见本书第七卷,第二十三章以次。

④ 帝国国库的具有压迫性质的财务代理官;参见本书第七卷,第一章,第28节。

⑤ 今天的米特洛维察(Mitrovitza)。

人。(19)他们有些人死于战争,有些人死于很自然地会伴随战争而发生的疾病和饥馑。(20)伊利里库姆和整个色雷斯,从伊奥尼亚湾[①]到拜占庭郊区的全部广大地区都算在内,包括希腊和色雷斯的凯尔索尼苏斯[②],从优斯提尼安统治罗马帝国的时候起,实际上每年都受到匈人、斯克拉文尼人和安塔伊人的蹂躏,这些人在这一地区[③]的居民当中造成了可怕的破坏。(21)因为在每次进攻中,我以为都有二十多万罗马人在那里死于非命或被奴役,因此在这片土地上到处都出现了真正的"斯奇提亚的荒野"[④]。

(22)这便是战争在利比亚和欧罗巴造成的灾难。在这期间,撒拉森人正在蹂躏着东方——从埃及到波斯的边界——的罗马人,他们的行动不间断地贯穿于这整个时期,他们所进行的是如此彻底的破坏,乃至这整个地区人烟十分稀少,而且我认为任何人都绝对无法通过探索而发现这样死去的人们有多少。(23)在科斯罗伊斯统治下的波斯人有四次攻入罗马领土的其余部分并摧毁了城市,至于他们在攻占的城市以及在每一农村地区中所发现的民众,则一部分被他们杀死并有一部分被他们带走,而留下被他们进攻过的。没有居民的土地。(24)自从波斯人进攻科尔奇斯的土地以来,科尔奇斯人、拉吉人和罗马人便继续不断地受他们的杀害直到今天。

① 即亚得里亚海。

② 色雷斯西南部半岛通称色雷斯的凯尔索尼苏斯(今天的伽利波利),以别于另一凯尔索尼苏斯(即今天的克里米亚半岛),土地肥美,因位于欧亚大陆之间而地势重要。

③ 约略相当于今天的巴尔干半岛。

④ 今天东俄无人居住的荒野,希罗多德《历史》(第四卷,第17章)对之曾有描述。在习语中指绝对无人居住的蛮荒之地。参见阿里斯多芬:《阿卡奈人》,704。

(25)而且无论波斯人他们一方面,还是撒拉森人、匈人,还是斯克拉文尼人以及任何其他蛮族,在他们离开罗马的土地时都不是有幸不受伤害的。(26)要知道,在他们入侵的过程中,特别是在围攻和战斗中,他们要遇到很多障碍,而他们死亡的人数和他们的敌人一样。(27)不仅是罗马人、而实际上还有整个蛮族世界都感到了优斯提尼安嗜好流血的影响。(28)不仅仅是科斯罗伊斯本人品格同样邪恶,而且正如我在适当的地方①所指出的,优斯提尼安还提供给他发动战争的一切动机。(29)要知道,他认为并不值得为他的活动去寻求有利时机,而是不断地在不合时宜地干一切事情,在和平时期以及在停战阶段,还怀着狡诈的目的,一直在制造反对他的邻国的战争机会,可是另一方面,在战争时期却又无缘无故地放松下来,完全因为他的小气而过于慎重地进行军事行动的准备并且不是尽全力干这方面的事情,而是去仔细观察天象并对上帝的本质发生了极大的好奇心,同时又因为他嗜血和可恶的品格而不放弃战争,另一方面所以又不能战胜敌人,这是由于他的吝啬使他无法从事他应当干的事情。(30)因此在他的统治时期,罗马人和实际上全体蛮族的鲜血便不断地浸透了整个大地。

(31)把情况总起来说,这一战争时期在整个罗马帝国发生的事情便是这样。(32)当我计算在拜占庭以及每一个别城市在动乱时期发生的事件时,我认为这样杀死的人并不比在真正战争中死去的人为少。(33)既然正义和对于罪行的公正惩处几乎根本不存在,而且两派当中有一派实际上是受皇帝支持的,而另一派肯定又

① 参见本书第一卷,第二十三章,第1节。

不会是毫无作为的;恰恰相反,由于一派正在被打败而另一派又充满了自信,他们因此不断想拼命不顾一切地蛮干一场。他们时而两方互相进行群殴,时而又分成小股作战,或者,甚至发生过一对一的伏击,他们在三十二年当中便这样没有一刻停顿地相互进行可怕的报复,同时他们又照例地不断地为负责管理民众的高级官吏[①]所处死。(34)但是对他们的罪行的惩罚大多是针对着绿派的。而且对于撒玛利亚人和人们所说的异教徒的惩处使罗马帝国到处都是血腥的杀戮。(35)但是对于这些事,在这里我只是概括地提一下,因为在稍前的地方我已作了充分的记述[②]。

(36)在体现在优斯提尼安身上的恶魔的统治期间,全人类遭到的灾难便是这样,而另一方面,他本人做了皇帝之后,又提供了造成灾难的原因。下面我还要讲一讲通过魔鬼本性的一种隐蔽的力量,他给人们造成了多少灾难。(37)原来当这个人在处理国家大事的时候,还发生了其他许多灾难;而关于这些灾难,有些人坚持认为它们之所以发生是由于上述这一邪恶魔鬼的存在和他的策划,而另一些人则表示,不喜欢他的所作所为的神离开了罗马帝国并让位于可恶的魔鬼们以便用这种方式使这些事得以发生。(38)比如斯奇尔图斯河由于发水淹没了埃德撒,从而给这一地区的民众造成了无数的灾难,这件事在下一部书里我还将加以记述[③]。(39)尼罗河照例还是发了大水,但是大水并没有在适当的时候退去,这样便给那里的某些居民造成了严重的损失,这件事我

① Praetor Plebis,参见本卷第二十章,第 9 节。

② 本卷第十一章,第 14 节以次。

③ 指《论建筑》第二卷,第七章,第 2 节以次。

在前面已经谈过了[①]。(40)而且奇德努斯河也上涨到实际上把整个塔尔苏斯都给包围了,并且是在用水淹没了它许多天,又给它造成了无可弥补的损失之后才退去的[②]。(41)地震则摧毁了东方的第一城市安提奥克和它附近的塞琉奇亚以及奇利奇亚最著名的城市安那扎尔布斯。(42)至于随着这些城市而死亡的人,谁又能计算得出有多少?在被毁的城市当中人们还可以加上伊波腊以及可称为彭图斯的第一城市的阿玛西亚,还有弗里吉亚的波利波图斯以及皮西狄人称之为菲洛美德的城市、埃佩茹斯的吕克尼都斯和科林斯,所有这些城市自古以来都是人口最多的城市。(43)在这一期间所有这些城市都毁于地震,而居民实际上也便和城市同归于尽了。(44)随后又到来了瘟疫,这事我在前面也说过了[③]。这场瘟疫使存活下来的居民又死了一半左右。

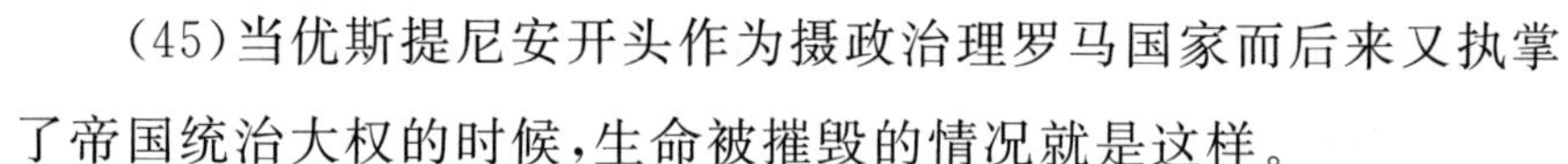

(45)当优斯提尼安开头作为摄政治理罗马国家而后来又执掌了帝国统治大权的时候,生命被摧毁的情况就是这样。

十九

(1)下面我就来说一说他如何掠夺了国家的简直是所有它的金钱,不过首先我要讲一下在优斯提努斯统治初期一位显要人士在一次梦里看到的幻象的事情。(2)原来此人说,有一次他在梦里似乎是站在拜占庭海岸上的某个地方,对岸便是卡尔凯东,而他看

① 参见本书第七卷,第二十九章,第6节以次。
② 参见《论建筑》,第五卷,第五章,第14节以次。
③ 参见本书第二卷,第二十二、二十三章。

到这个人[1]就站在那里的海峡中间[2]。(3)开头此人喝光了全部海水,这样他[3]此后的印象便是此人站在干地上,因为海峡的这一部分已经不再有水了,但是随后那里出现了另一种水,水里充满了许多污物和垃圾,这是从海峡两侧的污水沟的出口涌出来的,而这个人甚至连这些水立刻也喝了,这样海峡这一部分的土地又露出来了。

(4)梦里的幻象所揭示的事情便是这样。而当优斯提尼安的叔父优斯提努斯接过罗马帝国的统治大权时,优斯提尼安其人确实发现当时政府的国库拥有十分丰厚的财富。(5)要知道,安那斯塔西乌斯曾是所有皇帝当中最有先见之明,又是最谨慎行事的执政者,由于他担心——而实际上他担心的事情发生了——未来继承王位的人在发现自己缺钱时也许会着手掠夺自己的居民,所以他在去世之前使所有的国库都塞满了黄金到再也塞不下的程度。(6)优斯提尼安则很快地花光了所有这些钱,部分地用在临海的毫无意义的营造上[4],部分地用于向蛮族表示好意;而人们本来以为,甚至对一个极为浪费的皇帝来说,这笔钱也够应付一百年的。(7)要知道,那些负责全部财富和国库以及帝国所有其他钱财的官员们说,安那斯塔西乌斯在统治了罗马人二十七年多[5]以后,他在

① 指优斯提尼安。

② 指博斯普鲁斯的南端很深的地方,这里经常受到水流的冲刷,也就是通常"向下"流入玛尔莫腊海的水流。

③ 指做梦者本人。

④ 参见本卷第八章,第 7 节;这是一种没有意义的指责。

⑤ 公元 491—518 年。

国库里留下了三千二百肯特那里乌姆[①]的黄金。(8)但是在优斯提努斯的九年的统治期间,也就是这个优斯提尼安把混乱和骚动的种种弊端加于政府的时候,据说经由非法手段收入国库的有四千肯特那里乌姆,并且所有这些财富一点也没有留下来,而甚至当优斯提努斯还在世的时候,这笔财富便被这个人以我在前面所记述的方式[②]花光了。(9)至于在他全部掌权时期他得以罪恶地为自己侵占、然后又花了出去的钱总起来有多少,那是任何人用任何办法也无法算定或计算或列举出来的。(10)就和一条长流不息的河流一样,一方面他每天都要抢夺和劫掠自己的臣民,而在这同时,流进来的全部财富立刻又直接流到蛮族那里去,原来这是他要送给蛮族的礼物。

(11)他刚刚把国家的财富这样糟蹋掉,便又把目光转向自己的臣民;并且他立刻便夺取了他们之中许多人的产业,这些产业是他用高压手段和不公正的暴力夺取的,他用根本不存在的罪名把他们拖向法庭,这些人都是在拜占庭和每一其他城市享有殷实富裕之名的人物,而给他们定的罪名,对某些人是说他们信仰多神教[③],对另一些人则说他们信奉基督教徒内部的某一邪恶教派,或指责他们搞男色,或指责他们同圣洁的妇女[④]有恋情或进行其他种类受到禁止的交往[⑤],或说他们煽动叛乱,或说他们偏爱绿派[⑥],

① 参见本卷第一章,第 33 节注。

② 参见本卷第八章,第 4 节。

③ 古希腊的宗教,同基督教(一神教)相对立。

④ 担任教职的妇女或修女。

⑤ 这里指性方面的交往。

⑥ 皇帝皇后是偏袒蓝派、反对绿派的。

或说他们侮辱皇帝本人，或指责他们犯有任何其他罪行，或通过他本人的独断专行，使自己成为某些死者的继承人，或者，如果会发生这样的事的话，甚至成为活着的人们的继承人，因为他已扬言自己被他们过继了。他的最庄严的活动就是这样。(12)有关他对付反对他的暴动，也便是人们称为“尼卡”暴动[①]的方式，即他立刻成为元老院全体成员的继承人以及在暴动之前他又如何采取个别地和一时只对一个人的办法盗窃了他们之中许多人的财产，这些我在稍前的一章里[②]已经说过了。

(13)并且他从来不曾中止把大量的钱财作为礼物送给所有的蛮族，既有东方的蛮族和西方的蛮族，也还有北方的和南方的，一直到不列颠的居民，实际上也就是有人居住的世界上的一切民族，甚至先前我们没有怎么听说，而直到我们第一次见到他们才知道名称的那些民族。(14)原来他们是听到这个人[③]的本性之后才自动从世界各处川流不息地来到拜占庭以便见到他的。(15)而他，没有半点犹豫地是对于这种局面极为高兴，认为把罗马人的财富暂时存到外面[④]并大量抛给蛮族，或者为了这件事而抛给波涛汹涌的大海，一天又一天不断地把他们的腰包塞满后又一个接着一个地送走，这乃是十分幸运的事情。(16)这样一来，全体蛮族便完全成了罗马人的财富的所有者，他们或者是从皇帝那里得到金钱作为礼物，或者是掠夺罗马的领土，或者是把他们的战俘再卖回

① 参见本书第一卷，第二十四章。

② 参见本卷第十二章，第12节。

③ 优斯提尼安。

④ 他认送出去等于寄存到别人手中，他随时可以拿回来。

来,或者是拍卖一项停战协定,而这样我刚才说的梦中幻象便对做梦的人做出了这样的结果。(17)不过优斯提尼安却得以发明其他更多的办法从他的臣民身上榨取赃物,而只要我能做到我便立刻记述它们,而正是利用它们,他得以完全地,不是一股脑儿而是一点一点地掠夺所有人的财产。

二十

(1)首先作为一般的措施,他在拜占庭为对付民众而任命了一位长官[①],这位长官虽然同管理市场的那些官吏分享每年的收入,却又计划给予管理市场的官吏以任意标价出售自己商品的权力。(2)而这样做对市民的后果则是:尽管他们为买到的食物支付了三倍的价钱,但是他们为此却根本没有人可以向之提出抗议。(3)而且这一做法造成了巨大的伤害。要知道,既然国库也分得了这种税的一部分,所以负责这类事务的官员便急于利用这个手段来自己发财致富。(4)其次,担任这一可耻职务的官吏的仆人以及管理市集的那些人则利用这一特权无视法律,以横暴的态度对待当时不得不购物的人们,他们不仅收取高出多倍的价钱——这一点我已说过——而且在他们出售的货物上面,也设计出了某些前所未闻的欺骗行为。

(5)此外,他还设置了许多被称为"专卖"的机构并且把自己臣民的福利出卖给想经营这些卑鄙勾当的人们,而这样一来,他一方面因为这笔交易而捞到一笔好处,另一方面,对于同他订立契约的那些人来说,他给了他们随心所欲地处理自己业务的特权。(6)对

① 参见本卷第九章,第37节。

于所有其他高级官吏的职位，他也毫不掩饰地使用了同一邪恶的办法。而高级官吏侵吞的钱财中既然总是要分给皇帝一小部分，因此之故这些人以及负责每一部门的官吏便都一直在更加肆无忌惮地掠夺落入他们的掌握之中的人们。(7)正好像很久以来设置的职位还不足以使他达到这个目的，于是他又发明了治理国家的、两个附加的高级官吏职位，不过在当时之前，市长官通常是处理一切申诉的。(8)但是为了使阿谀奉承者能以变得更多以及为了他可以更加方便地虐待公民中那些根本没有任何罪行的人们，他才决定设置这些新的官职。(9)而对二者之中的一人，他给予此人以像他所说的、对盗贼的审判权，而且名之为“平民长官”[①]；对于另外的一个高级官吏职位，他给予此人以惩办以下诸色人等的权限——经常搞男色活动的人们，搞法律严禁的男女关系的人们，不按正教的方式拜神的人们——并且名之为“检查官”。(10)而平民长官如果他在侵吞的赃物中发现任何有重大价值的，他应把这些钱交给皇帝，并声称它的主人在任何地方都找不到了。(11)这样皇帝便总是能够在最值钱的赃物中分到一部分。而那被称为调查官的人，当他捉住触犯了他的那些人时，他可以把他不想处理的无论是谁移交给皇帝，而他本人依然可以不顾任何法律而靠其他人的财产而致富。(12)因为这些官吏的属员既不把控告者带来也不提供所干出的事的目击者，而是在这整个时期里那些落到他们手里的不幸者继续在既不起诉也不定罪的情况下极为秘密地被杀害、被掠夺自己的钱财。

① Praetor Plebis。

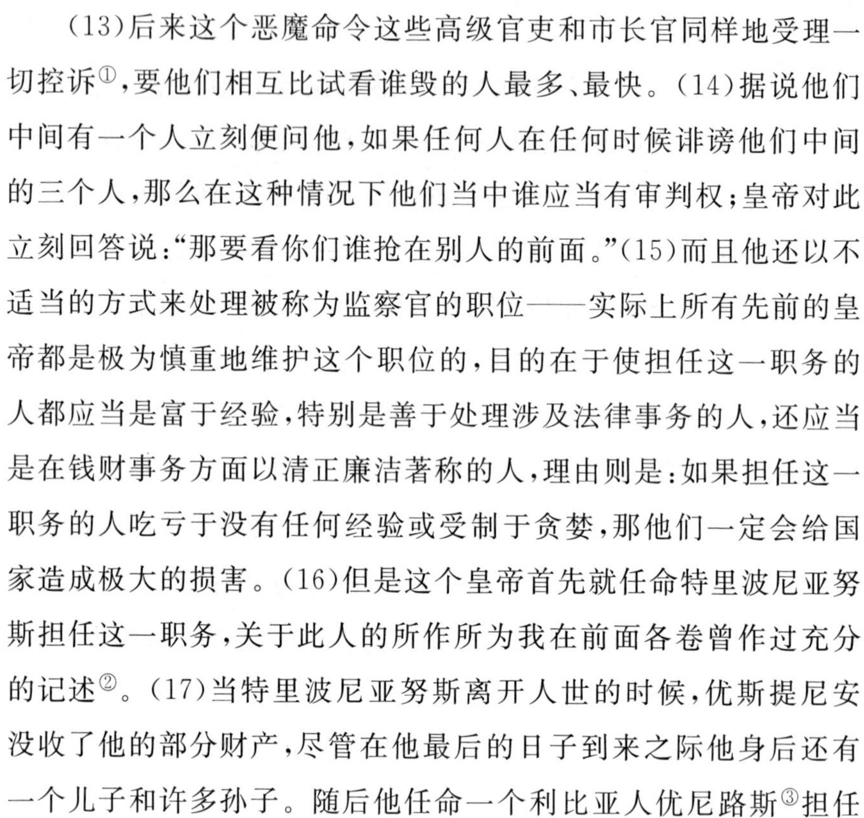

(13)后来这个恶魔命令这些高级官吏和市长官同样地受理一切控诉[①],要他们相互比试看谁毁的人最多、最快。(14)据说他们中间有一个人立刻便问他,如果任何人在任何时候诽谤他们中间的三个人,那么在这种情况下他们当中谁应当有审判权;皇帝对此立刻回答说:“那要看你们谁抢在别人的前面。”(15)而且他还以不适当的方式来处理被称为监察官的职位——实际上所有先前的皇帝都是极为慎重地维护这个职位的,目的在于使担任这一职务的人都应当是富于经验,特别是善于处理涉及法律事务的人,还应当是在钱财事务方面以清正廉洁著称的人,理由则是:如果担任这一职务的人吃亏于没有任何经验或受制于贪婪,那他们一定会给国家造成极大的损害。(16)但是这个皇帝首先就任命特里波尼亚努斯担任这一职务,关于此人的所作所为我在前面各卷曾作过充分的记述[②]。(17)当特里波尼亚努斯离开人世的时候,优斯提尼安没收了他的部分财产,尽管在他最后的日子到来之际他身后还有一个儿子和许多孙子。随后他任命一个利比亚人优尼路斯[③]担任

① 即取消了他们的特殊审判权。

② 参见本书第一卷,第二十四章,第16节;有关这个被吉本说成是“非凡的人”的特里波尼亚努斯,在这里作了比较适当的评价。就学问和天赋的才能而论,此人是突出于同时代人的,但是有贪婪的缺点。普洛科皮乌斯则把这一缺点单独提出来并不适当地加以夸大。公元527年优斯提尼安任命他主持编订罗马法典,他十分出色地完成了这一艰巨复杂的任务。

③ 关于此人,除去这里的挖苦的和显然是不公正的评述外,我们几乎一无所知。监察官理应由德高望重之人担任,但优尼路斯却几乎是一个半文盲!不过,如果我们相信作者的介绍,优斯提尼安的叔父优斯提努斯连字母都不认识便掌握了帝国大权,而优斯提尼安本人(参见本卷第十四章,第2～3节)因坚持朗诵希腊语而显得可笑,则任命不学无术之人担任监察官便不足为奇了。

这一职务，这个人对法律可说是一窍不通，因为他甚至没有受过演说术的训练[①]；虽然说他确实懂拉丁语，但是谈到希腊语，他既没有上过初等学校[②]，也不能按照希腊方式来说这种语言（确实，在许多情况下当他艰难地试图讲出一个希腊语词时，他就要引起自己助手的发笑）；而且他还特别热衷于捞取可耻的收入，这一点可由这样一个事实加以证明，即当他公开拍卖属于皇帝的文书时他根本不觉得可耻。(18)至于金币，那他如果遇到它们时是会毫不犹豫地伸出手来的。(19)在不少于七年的一段时期里[③]，国家就这样被弄到显得可笑的地步。(20)而在优尼路斯去世之后，他又任命康士坦丁[④]担任这一职务，此人对法律并不熟悉，但是他十分年轻而且对于法庭内的激烈斗争毫无经验，同时他又是所有人当中最有贼性的和最自命不凡的。(21)这个人同优斯提尼安的关系已经十分密切，成了他最亲密的友人之一；因此皇帝才毫不犹豫地利用他作为奸细进行盗窃活动和判决法律案件。(22)结果康士坦提努斯在一个短时期里便积累了大量钱财，并且他摆出一副不同凡人的妄自尊大的神气，驾着云走路，把所有的人全都不放在眼里[⑤]；而如果有谁想把大笔的金钱给他，他们要把这钱存放在他最

① 演说术在共和国时期是从政的基本训练之一，在帝国时期虽然已失去政治意义，但仍是人们文化素养的一个标志，尤其从事与法律有关的职务，演说术的训练是必不可少的。

② 希腊语是启蒙的学科之一。

③ 第九卷（秘史）写于550年，所以优尼路斯担任监察官的年代不会晚于543年，也许还要早些，因为从后面的情况我们知道，康士坦丁看来在某个短时期里也担任过这一职务。

④ 这时此人已担任过重要的官职。

⑤ 参见阿里斯托芬：《云》，第225行。这里的文句肯定受它的影响。

信任的某些侍从手中,这样他们就能以实现他们设想的计划了。(23)但是要亲自会见此人或是同他交谈,这对任何人来说都是根本不可能的,除非是在他正在快步走向皇帝那里去或正在离开那里的时候;他肯定不是走路,而是十分匆忙和迅速地疾行,目的在于不使他遇到的人们带给他任何没有好处的事情。

二十一

(1)这个皇帝就是这样地处理这些事件的。每年在国税之外还要由近卫军长官再征收三十肯特那里乌姆以上的税。(2)这新增的税,他给它起名叫"空气税",而我以为这是表示,这种税原来并不是任何正规的或惯常的税,而他总是由于好运才得到这种税的,好像它是自动从空气中产生出来的,而实际上这种东西就他一方面来说应当被称为流氓行径。(3)在这一名称的掩护下,相继担任这一职务的那些人一直是越来越肆无忌惮地对他们的臣民进行掠夺活动。(4)虽然他们声称是把这些钱交给皇帝,然而从他们方面来说,把帝国的财富据为己有是毫不困难的。(5)但是优斯提尼安却认为可以不去计较任何这类事情,而是抱着如下的想法等待时机,即一旦他们拥有了巨额的财富,便可以对他们提出某种指控,一种没有任何辩解余地的指控,这样便可以把他们的财产一股脑儿都夺过来。的确,对待卡帕多奇亚人约翰他用的正是这种办法。(6)在这一期间担任这一职务的每一个人都突然间变成超级富豪,例外的只有两个人,即佛卡斯——此人在前面我已提到过①——这是一个在任职期间没有收过任何不义之财的人,还有

① 参见本书第一卷,第二十四章,第18节。

一个巴苏斯，他是后来才担任此职的。(7)不过这两个人没有一个担任这一职务到一年，而依据他们无用，根本同当时的精神格格不入这一理由，只有几个月他们便被解除了职务。(8)但是为了不使我的记述没完没了，通过我记述的个别事例，我可以认为，在拜占庭的所有其他高级官吏职位上都在进行着同样的阴谋。

(9)但是在罗马帝国的所有部分，优斯提尼安使用的是如下的办法。他选出那些品质最坏的人们，然后把将会被他们糟蹋的职位用高价卖给他们[①]；(10)因为绝不会有任何一个正派的或有一定头脑的人把自己的钱付出去以便购买劫夺没有犯任何罪的人们这样一项特权。(11)随后，在从同他做交易的那些人把这笔钱收集来之后，他便给他们以随心所欲地对待自己臣民的权力。(12)而这样做的结果则是，在把他们管辖之下的地区和这里的全体居民毁灭之后，他们本身从那个时候起注定会变得十分富有。(13)这些人以高得惊人的利率从兑换人那里借得他们为城市应付的价款，然后把这笔钱交给出售的那个人，随后他们一来到他们的城市，便着手把各种灾难加给他们的臣民，除了还清他们的债主的款项而他们本身自此可以列入最有钱的人们当中以外，他们不关心其他任何事情，因为这场交易对他们来说既无危险又不会招来耻辱，而实际上却按照落入他们掌握之中的人们的人数——对这些人他们可杀可抢而无须提出任何理由——而给予他们一定数量的荣誉。(14)要知道，“杀人者”和“强盗”的头衔在他们心目中就等于是“有作为的人”！(15)但是，优斯提尼安亲眼看到的正在富

① 编订者指出原文此处有残缺，此句文意系据上文补足的，仅供参考。

起来的所有这些做官的人们,都被他用捏造的罪名一网打尽,这样他立刻从这些人手中夺回绝对是全部他们的财产!

(16)但是后来他却公布了一项法律,法律规定所有想做官的人都应当发誓他们本身没有犯过任何盗窃的罪行,并且他们不会为了官职而给予或接受任何东西。(17)而如果任何人背离了写下的条款,他便要这些人受到远古的人们所曾发出的一切诅咒。(18)但是这项法律生效还不到一年,他本人便不顾已经写下的条款和会由此带来的诅咒和耻辱,着手比先前更加无所顾忌地磋商官职的价格事宜了,而且不是偷偷地而就是在市集的公共广场上!(19)而买得了官职的那些人虽然发了誓,还是比先前更甚地掠夺一切。

(20)后来他又想出了一个办法,一个超出任何传闻的办法。原来他作出这样的决定,即他不再像先前那样出售拜占庭的以及其他城市的、他认为最值钱的那些官职,而是找到那些雇用的代理人并要他们把职务担当起来,指示他们把他们所掠夺的一切都交给他,他当然为此要支付给他们不管是怎样的酬金。(21)而取得了酬金的这些人于是着手肆无忌惮地从全国各地搜刮和抢走一切,于是一个雇佣的权力当局便巡回各地,打着官职的幌子掠夺臣民。(22)作了十分精确的计算的皇帝于是便一直不断地把真正是世界上最坏的流氓放到掌权的位置上,并且他总是能以找到他所需要那些可恶的家伙。(23)确实,当他任命第一批坏蛋担任官职的时候,滥用权力已使人们看到他们的邪恶本质,而实际上使我们吃惊的是:人的本性竟然能容许如此伤天害理的事情!(24)但是稍后接替他们任职的那些人却又能以大大地超过了这些前任,而

人们自己竟不能不惊讶地发现，先前看来是卑鄙之极的那些人现在竟被他们的继任者超越到如此程度，乃至他们就他们的所作所为而论现在看来竟成了品格高尚的人，而第三批人在每种邪恶的做法方面又超过了第二批人，而在他们之后另有一批人作恶又有新花样，使得他们的前任有了荣誉的声名！(25)随着邪恶的这种长时期的持续，所有的人终于因事实而认识到，既然人的天生的堕落习惯于发展到超越一切限度，因而当它又因前人的指点而得到培育，并且，当着通过受到完全不受惩处这一情况的激励的任性而为的影响，它又被引诱得对所有它遇到的人进行丑恶伤害的时候，看来它总是会发展到如此规模，甚至被害者的想象都无法对它加以测度了。

(26)关于罗马人的高级官吏，他们的情况就是这样了。并且许多次当匈人的一支敌对的军队奴役并掠夺了罗马的领土时，色雷斯和伊利里库姆的将领们在打算进攻正在撤退的敌人之后却又后退了，因为这时他们看到了来自皇帝优斯提尼安的一封不许他们进攻蛮族的信，其理由是：作为反对哥特人也许还有另外某一个敌人时的联盟者，那些蛮族对罗马人来说是必需的。(27)结果这些蛮族便经常作为敌人在那些地方掠夺和奴役罗马人，然后他们带上他们的战俘和他们其余的掠夺物作为罗马人的朋友和联盟者返回自己的家园。(28)往往那一地区的某些农民由于失去了被变为奴隶的妻子儿女而心怀不满，于是集合成一支队伍向退走的敌人发动进攻，结果得以杀死他们许多人并夺取他们的马以及全部战利品；但是，随后他们便发现他们自己被卷入严重的困难之中。(29)原来从拜占庭派来的某些人却认为应当折磨和切断他们的躯

体并且毫不留情地对他们处以罚款,直到他们把他们从蛮族手中夺得的全部马匹交出来。

二十二

(1)皇帝和提奥多腊把卡帕多奇亚人约翰毁掉之后,他们想另外任命一个什么人代替他担任这一职务,而他们共同的打算是找一个品质卑劣的人,因此他们便四处寻求以便找到他们的暴政的这样一个工具并且仔细研究了候选的人们的态度,以便于他们可以更快地毁掉自己的臣民。(2)而作为一项临时性的措施,他们起用提奥多图斯接替约翰的职务,此人虽然品行不端,但是却表明从来未能使他们彻底满意过。(3)在这之后,他们便注意寻求每一个可能的人选。而使他们意料不到的是他们发现了一个名叫彼得的兑换人,此人出生于叙利亚,人们都用巴尔叙美斯[①]这个姓氏称呼他。他多年以前便在兑换桌上兑换青铜硬币,并且从这一买卖取得最可耻的收益,他有办法十分巧妙地盗取小铜币,并由于手法迅速而总是不能被顾客发觉。(4)要知道,他为人机警狡诈,能自由自在地从他遇到的人们那里偷到东西,而如果被人们抓住,他就指天起誓,用无耻的舌头来掩盖双手的罪恶勾当。(5)当他被编入近卫军的时候,他就变得如此无法无天,乃至得到提奥多腊的极度的赏识,并且每当她的邪恶的勾当在某些细节上遇到麻烦不知怎样办才好之际,他都能提供最及时的帮助。(6)因此他们[②]立刻解除

① 实际上是表示父名的“西蒙之子”。

② 皇帝和皇后。

了提奥多图斯的职务——他是在卡帕多奇亚人[①]之后得到任命的——并且任命彼得担任此职，而彼得做的每一件事都能取得他俩的欢心。(7)要知道，虽然他剥夺了现役士兵的一切报酬，但是人们从未见过他感觉到羞耻或恐惧，而且更有进者，他甚至比先前更大规模地出售官职，而由于他使得官职变得不那么尊贵了，所以他经常把它们出售给毫不犹豫地去干可耻勾当的人们，明确地允许买下了官职的人们随心所欲地去对待他们臣民的生命和财产。(8)在他和支付了官职的价款的这个人之间立即做成了一笔交易，而这官职则允许后者随心所欲地进行掠夺和抢劫。这样，从国家的首都[②]便出现了一种人命的交易，彼得在那里磋商摧毁城市的契约，同时在最高法庭以及在市集的公共广场上，则是一个合法化的匪徒亮相，他把他的买卖说成是要把作为官职的售价而标出的那部分钱收回来，而人们根本不能指望他的罪行竟会受到惩罚。(9)在这一职位之下作为属员的是一批人数众多的显要人物，而在所有这些人当中，他总是把其中品质最卑劣的那些人安置到自己的身边。(11)但是在这里有罪的不仅仅是他一个人，而毋宁说过去和今后担任这一职务的所有的人也都有罪。

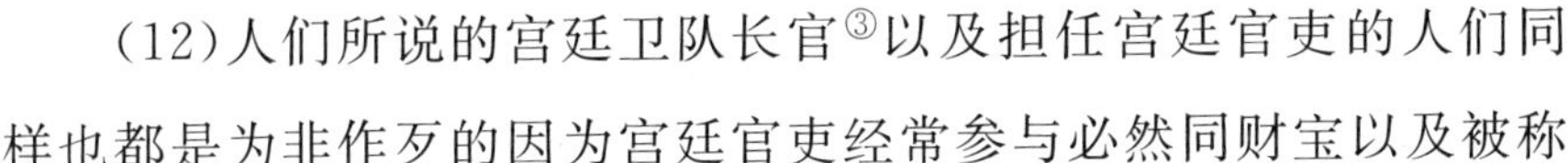

(12)人们所说的宫廷卫队长官[③]以及担任宫廷官吏的人们同样也都是为非作歹的因为宫廷官吏经常参与必然同财宝以及被称

① 指约翰。

② 有的本子是“国家的首脑”，指的当是优斯提尼安，也可能指彼得。

③ 参见本卷第十六章，第5节及有关注释。

为私产[①]的款项和祖产[②]管理有关的事务,广义地说,就是不仅在拜占庭而且在其他城市设置的所有正规官署也都是为非作歹的。(13)自从这个专制暴君接管了国家事务以来,在每个官署里属于下级官吏的收入都要在没有正当理由的情况下被要求定期公布,提出要求者有时是优斯提尼安本人,有时则是该官署的负责人。而在他们的号令下服役的人们都是极为穷苦的,这些人在这整个时期不得不在极为卑屈的条件下工作。

(14)且说有一个时期有非常大量的谷物被运到了拜占庭,但是在这些谷物的绝大部分已经霉烂之后,他本人却按照比例的数量摊派给东方的每一个别城市,尽管它已不适于人们食用了;他摊派时并不是按照最好的谷物通常应售的价钱,而是比这要高得多的价钱,因此买主在付出很多的金钱以偿付十分欺侮人的价格之后,只能把它倒进大海或阴沟里。(15)而由于还有大量尚未霉烂的好的谷物也存放在那里,于是他决定把它们也卖给多少也需要谷物的许许多多的城市。(16)要知道他用这种办法就使国库先前为同样这批谷物支付给纳贡各国的钱增加一倍。(17)但是第二年,当谷物的收成不再同样好的时候,来到拜占庭的运送谷物的船队带来的谷物就比需要的要少了,对于这一情况茫然不知所措的彼得决定从比提尼亚、弗里吉亚和色雷斯的农村买进大批谷物。(18)而这些地区的居民不得不十分吃力地把货物运到海边,再冒着巨大风险转运到拜占庭,而从他那里只得到为数不多的款项,就

① Privata。

② Patrimonium。私产和祖产都由皇帝本人管理。

算作代价了。他们受到的损失如此之大,乃至他们宁愿获准把谷物交给政府的仓库存起来以后再按优惠取得谷物的代价。这便是他们习惯上称为“征用”的一种负担[①]。(19)但是当即使这样拜占庭的谷物供应仍不足以应付需要时,许多人便向皇帝发出尖锐的抱怨。(20)与此同时,几乎所有服军役的人,鉴于他们没有得到他们通常的报酬,便参加了全城的动荡和骚乱。(21)看来皇帝终于厌烦了这个人并想免去他的职务,这既是因为上面所说的这些事情,也是因为他听说有极大的一笔钱财被他隐藏起来了,而这笔钱实际上是他从政府偷走的。(22)但是提奥多腊却不许她的丈夫下手;因为她对巴尔叙美斯其人特别钟爱,我则以为这是由于此人的卑劣,而且因为他在使公民遭到毁灭方面特别有办法。(23)要知道她本人便是一个十分冷酷无情的人,全身充满了非人的残酷,因此她要求她的宠臣应当在性格上同她要尽可能地一致。(24)据说她在受彼得所施魔力的影响,她喜欢他并非出自她的本意。(25)原来这个巴尔叙美斯对巫师和邪恶的精灵特别感兴趣,并且他十分崇拜人们所说的摩尼派教徒[②]并且毫不犹豫地公开出来为他们辩护。(26)但即使皇后听到这些传言,她对此人的好感仍不稍减,反而认为因此应对他更加保护和钟爱。(27)原来从童年时起她便也和魔术师与巫师同居过,她的生活习惯似乎把她引到这个方向并终其一生她都保有对这些事物的信仰并且总是把她的信念建立在它们之上。(28)人们还传说,她所以使得优斯提尼安对

---

① 征用实际上等于没收,人们宁愿选择征用是为了避免运送的风险。

② 三世纪波斯人摩尼创立的宗教,主张善恶二元论。曾流行于波斯、印度等地,后作为异端受到迫害,摩尼本人也遭杀害。

她百依百顺与其说是用甜言蜜语迷住了他,还不如说用邪恶的精灵制服了他。(29)要知道这个人并不是那么公道或正直的一个人,也不是在品德方面十分坚定乃至任何时候都能以克服上面所说的对他的那类引诱的人,而是恰恰相反,显然他易于受到流血和金钱的引诱,可他又发现自己十分容易受那些试图欺骗和巴结他的人们的影响。(30)而且即使在他特别感兴趣的那些事情上,他也经常在没有切实理由的情况下改变立场并且他已绝对地变得像是不稳定的一阵沙子[①]。(31)由于这个理由,他的亲属和他的一般的相识者没有一个人对他有任何有把握的指望,而是相反,在他要做什么这个问题上,他的意见经常发生变化。(32)因此,正如前面所说,由于巫师容易接近他,他在提奥多腊手中也就十分易于变得可以操纵了;并且主要由于这一原因,皇后便特别喜爱彼得,因为在这类事情上他是十分精通的。(33)因此皇帝要把他从他先前担任的职位上撤掉是十分困难的,但是在提奥多腊的坚持下,他不久之后任命他为国库长官[②],却免去了只是在几个月之前才接任此职的约翰的职务。(34)约翰是个巴勒斯坦人,一个十分温和而善良的人,他既不善于谋求取得非法收入的路子,也从来没有虐待过任何人。(35)事实上,所有的老百姓都是极为爱戴他的。而正是由于这一理由,他根本不能使优斯提尼安和他的妻子感到满意,要知道,只要他们突然发现在他们的属员里有任何品行高尚的人,他们便像失去主心骨似地苦恼万分,于是便力求用一切办法尽早地把他排挤出去。

① 被风吹起的沙子。

② Praefectus Aerarii。

(36)总之,正是用这种办法彼得接替约翰并管理了帝国的财政,因而他再次成了所有的人巨大灾难的主要原因。(37)原来他取消了国库自古以来每年应由皇帝在“慰劳”的名义下支付给许多人的款项的大部分,而在这同时,他本人却通过不正当的手法因公款而发财致富并且不断地把它的一部分上交给皇帝。(38)而那些被剥夺了钱财的人们则陷入巨大的悲痛,因为他还认为应当不按其通常的价值,而是在质量上降低了它的价值后再发行金币①,这是先前从未做过的事②。

(39)在高级官吏的事务方面皇帝的所作所为便是如此。而下面我要讲的,是在帝国的每一部分他又如何毁灭那些拥有土地的人们。(40)不久前在谈到被派往所有城市的高级官吏时,我也曾指出普通老百姓所受的痛苦,因此我们的意图就算实现了。要知道这些长官欺压和掠夺的首先便是拥有土地的人;但即使这样,后面还有许多话要说。

二十三

(1)首先,虽然自古以来习惯上每个依次继位的皇帝都要不是一次,而是多次向他们的全体臣民宣布免除他们欠给国库的款

① 标准的金币即作者叫作“斯塔特尔”的“solidus”,按照他的说法(参见本卷第二十五章,第12节),从210欧波路斯降低到180欧波路斯,而他认为降低幅度在14%以上。然而“solidus”的内在价值在质量上并没有改变,并且这种硬币作为标准的价值单位(从东亚到欧洲西海岸的整个商业世界它被称为“贝桑特”或“比赞特”)又继续通用了几百年。参见本书第七卷,第一章,第30节。

② 事实上,恺撒已最早铸造了1/40磅重的金币“奥列乌斯”(aureus),而到君士坦丁时重量已不断地下降到1/72。

项——这一方面是为了不使穷苦的臣民和那些没有办法还清债款的人们经常受到压榨,而另一方面是为了避免给征税人在他们试图指控那些虽然有义务纳税然而并不拖欠任何税款的人们时提供借口——可是这个人[1]在三十二年中间[2]没有为他的臣民做过一次这类事情。(2)因此之故,贫苦的老百姓便只好离开,绝不再回来了。(3)于是那些指控者便用如下办法不断地骚扰比较有身份的农民,即他们总是用控诉来威胁农民,硬说农民长时期以来纳的税,其税率比为他们的地区所规定的税率要低。(4)原来贫苦可怜的农民必然要害怕的就不仅是要缴纳的新税,还可能有这样多年的租税重担——虽然他们并无拖欠——压到他们身上。(5)不管怎样,许多人真的把他们的产业或是交给恐吓者,或是交给国库,然后自己离开了。(6)而且,尽管米地亚人和撒拉森人掠夺了亚细亚的大部分土地,而匈人和斯克拉文尼人以及安塔伊人掠夺了整个欧洲;尽管一些城市被夷为平地,另一些城市通过强征的贡物极为彻底地被剥夺了它们的财产;尽管他们奴役了居民和他们的全部财产,通过他们逐日的入侵而使每一地区都变得荒无人烟,但是他并不曾豁免任何一个人的税,而唯一的例外便是:被攻占的城市也只是免税一年而已。(7)如果他认为应当像皇帝安那斯塔西乌斯那样对被攻占的城市七年间豁免全部税收的话[3],则我认为,即使这样做了,他也没有做到他本应当做到的一切,而事实是,虽然

① 指优斯提尼安。

② 这里的三十二年是从公元518年他担任优斯提努斯的摄政的那一年算起。

③ 参见本书第一卷,第七章,第35节。

卡巴德斯[①]经过时对建筑物没有造成丝毫的损坏，但是科斯罗伊斯还是不仅烧掉了每一设施并将之夷为平地，而且还给他的受害者造成更大的痛苦。(8)而对这些被他减免了税收的小得可笑的一部分的人们，同样地有如对所有其他人——他们经常要承受米地亚人的进攻，尽管匈人和撒拉森人曾接连不断地蹂躏东方的土地，并且尽管欧洲的蛮族也同样可怕地每日不停地进行着破坏——对这些人，我可以说，这个皇帝从一开始就表现得比所有的蛮族加到一起都更加野蛮。(9)要知道，一旦敌人撤退，土地的所有主立刻便由于"征用购买"以及被称为"附加税"和"预估税金"[②]的东西而被搞垮。(10)这些词是什么以及它们意味着什么，这就是下面我要说明的。

(11)财产的所有主被迫按照加给每一所有主的税金的比例向罗马军队提供粮食，提供的地点不是在进行征用的季节所允许的地方，而是在官吏认为可以并加以确定的地方，并且在进行这种征用时，事先并不进行任何调查看一下农民这时在地里是否有所需要的粮食。(12)结果便发生这样的事情：这些可怜的人们竟不得不为士兵和马匹进口粮食，他们要用比将会得到的价格要高得多的价格购买粮食，而且，购粮的市场如果离他们的田地远，他们还要把这些粮食运到军队所在的地点，并且他们还必须把这些粮食分配给军队的军需官们，但不是用人们普遍使用的办法，而是用军需官们希望的办法。(13)这便是被称为"征用购买"的东西，而这

① 波斯国王，科斯罗伊斯之父。

② 征收这种税是为了补上因地主死亡而形成的亏损额。

种做法的后果则是,所有的农庄所有主都被割断了肌腱[①]。(14)要知道,由于这样的做法,他们不得不把每年支付的税金提高到不下十倍,因为他们往往不仅要直接向军队提供粮食,像前面所说的那样,在这样的痛苦差事之外,还要把粮食运到拜占庭去。而不仅是人们所说的巴尔叙美斯敢于干出这种无法无天的事情,甚至他以前的那个卡帕多奇亚人和后来继巴尔叙美斯担任这一显要职务的那些人也敢这样做。

(15)“征用购买”大体上就是这样。但是“附加税”这个词则被用来形容突然降临到土地所有主身上并且使他们全部生计陷入绝望之境的一种预见不到的毁灭。(16)因为这是对已经被弃置或不能生产的土地——土地的所有者和耕种者不幸地或者已经全部死掉,或者在放弃了他们世世代代的产业之后,现在就因为这些“附加税”强加给他们的苦难而正在过着悲惨的日子——所征收的一种税。而且他们就毫不犹豫地把这种税加到还没有彻底毁灭的任何人身上。

(17)这便是“附加税”这个词的意义,这个词在我们所说的时期里有充分的理由获得最广泛的传播。至于“预估税金”——用尽可能少的话把这件事说清楚——则情况大概是这样。(18)无论在什么时候,特别是在当前这一时期,各城市都会受到许多破坏性的勒索,这一点是不可避免的;至于导致它们这种负担的动机以及向它们征收这些税的方式,现在我并不想对它们加以讨论,否则我的文章就会没个完了。(19)这种税是由土地的所有主支付

① 使之不能动转,即彻底毁灭之意。

的，每个人按照平时向他征收的税的支付估定的数额。(20)但是麻烦并不止于此；相反地，当着瘟疫降临，控制了整个文明世界、特别是罗马帝国[①]并且消灭了大部分农民的时候，当着由于这一理由，正像人们会预料到的那样，土地遭到荒废的时候，皇帝对土地的所有者却没有表现出任何同情心。(21)原来他从来也不曾放松他对每年税收的勒索，这不仅仅是对每一个别人所征的税，而且还勒索他死去的邻居应交的那一部分[②]。(22)此外他们还必须负担我刚才提到的所有其他的勒索项目，因为这些项目永远是要由倒霉的农庄主来负担的，并且在这一切之外，他们还必须把他们最好的、最华贵的房间拿出来给士兵住、给他们准备着，而他们自己在这整个时期则住在他们正房四周最简陋、快要倒塌的那些房屋里。

(23)在优斯提尼安和提奥多腊的统治时期，老百姓便一直不断地遭受这样的灾难，因为这期间无论战争还是任何其他极大的灾难都没有平息过。(24)既然我们提到了分配给士兵居住的房间，我们就不应忽视这样一个事实，即拜占庭的房产主由于必须把他们在那里的住所提供给人数多达七万左右的蛮族居住，他们不仅不能从他们的产业得到利益，而且由于诸如此类其他令人不快的情况而感到痛苦。

① 参见本书第二卷，第二十二、二十三章。

② 由于所有主的死亡或失踪而未缴的税金则在现存的所有主中间预作估计加以分担。

二十四

(1)他对于士兵的做法肯定也不应不提一笔。原来他授权带兵的人都是人类当中品质最坏的[1],他要他们从这一财源尽可能多地进行搜刮,而这些军官也知道得十分清楚,这样搜刮来的财物有十二分之一可以归他们。(2)此外他还把"洛哥赛特"[2]的头衔给予他们。并且这些人每年都想出这样的办法。原来根据一项法律,发给所有人的军饷并不是逐年都一样的,当士兵还年轻并且只是在不久前才参加军队的,他们的饷银较低,而对于那些已经有职务并且在花名册中占据中间地位的士兵[3],他们的饷银就要多一些。(3)但是当他们年纪大了并且即将从军队退出的时候,他们的待遇可就非常可观了,这是为了使他们将来做普通公民时不仅能有足够的钱来维持生计,而且如果他们有幸把一生的用度完全安排好[4]的话,他们还可以从他们的财产中给家人留下一些抚恤金。(4)这样,通过不断地把在花名册上地位较低的士兵提升到已经去世或者已经退役的那些人的地位,时间便在年资这一情况的基础上来调节由国库应付给每个人的饷银。(5)但是人们所说的洛哥赛特却不准许把死者的名字从花名册上删掉,即使当着由于别的原因——特别在频繁的战争期间大都是这种情况——一个时期便

① 参见本书第二卷,第十五章,第9节。

② 参见本卷第十八章,第15节。帝国国库具有强制权力的代理官。

③ 花名册上士兵姓名的位置是按服役期限的长短排列的。

④ 这里的意思似乎是说如果退役前得到钱合理使用,就可以有剩余。

有大量的人死亡的时候。而且他们不愿再把花名册填满[①]并且长时期保持这种状况。(6)这种做法结果表明对所有有关方面都是不幸的——首先,对国家来说,是因为现役士兵的数量总是不足的;其次,对于活下来的士兵来说,则是因为他们受到早已去世的那些人的排挤并且发现自己所处的地位低于他们应处的地位,而他们的饷银也低于他们应处的地位的饷银;并且最后,对洛哥赛特来说,他们在整个这一时期,还不得不把士兵的钱分一部分给优斯提尼安。

(7)而且他们还一直在用其他许多形式的惩罚来折磨士兵,仿佛是为了在战争中遇到的危险而向他们进行报复,他们指责其中某些人说他们是“希腊鬼”[②],好像从希腊来的任何人都根本不可能是个正派人似的;对另一些人又指责他们没有皇帝的命令便参加了军队,即使在这个问题上对方可以拿出皇帝的命令给他们看,可是洛哥赛特仍然能毫不犹豫地厚着脸皮对之加以否认;还可以指责另一部分人,说他们离开了自己的同伴一些日子。(8)稍后,又有一些皇宫卫队的卫士被派往整个罗马帝国,表面上他们是寻找军队中那些完全不适于服现役的人们。并且他们竟敢从某些这样的人身上把带子扯下来[③],因为这些人不适于当兵或年纪太大,

① 即招募新兵。

② 从罗马共和国以来通晓希腊语以及到希腊去学习是有教养者的必由之路,但另一方面,希腊人作为罗马的臣民又往往成为罗马人嘲弄的对象,希腊平民到罗马谋生的民众被视为下九流而屡遭驱逐。参见本书第四卷,第二十七章,第38节。再参见优维纳利斯:《讽刺诗》,第三章,第78行。这里十分典型地表现了罗马人对希腊人的态度。

③ 可能是佩剑用的带子。扯下带子说明对方没有当兵的资格。

而这些人从此以后也就只好在市集的公共广场上向好心人乞求面包,这样就成为所有遇到他们的那些人为之流泪和悲叹的一个经常的原因;而且从其余的人那里他们也勒索了大量的钱财以便使他们不致遭受同样的命运,这样,从多方面受到摧残的士兵就成了人间最穷苦的人并且一点作战的热情也没有了。(9)并且正是由于这一理由,罗马的权力结果在意大利被摧毁。确实,当担任洛哥赛特的亚历山大[①]被派到那里去时,他竟然厚着脸皮向士兵提出这些指责[②]而一点不觉得难为情,并且他还试图从意大利人身上勒索钱财,扬言他惩罚他们是由于他们在提奥德里克与哥特人的统治时期的行为。(10)并且,由于洛哥赛特们的行为而备受匮乏与贫困的压迫的不仅仅是士兵,而且还有在所有将领手下服役的人们,他们先前是一个人数众多和备受重视的集团,但现在却在饥饿和赤贫的重负下受苦。(11)因为他们没有钱使自己得到通常必需的物品。

(12)在我谈过的那些事情之外,我还要再加上一个项目,这是士兵这个题目使我想起来的。罗马的皇帝先前在罗马帝国前线所有的地方都安排人数极多的军队以便保卫罗马领土的边界,特别在东方是如此,从而制止了波斯人和撒拉森人的入侵;他们通常被称为边防军(limitanei)[③]。(13)优斯提尼安起初待他们是如此地不注意和小气,乃至他们的军需官竟拖欠他们的饷银有四五年之久,并且每当在罗马人和波斯人之间缔结和约的时候,这些不幸的

① 参见本书第七卷,第一章,第28节以次。

② 说他们"不适于当兵"或"年纪太大"云云。

③ 原文 limitanei 来自 limes(拉丁语:边界)。

人按照他们也会得益于和平的幸福这个假定而被迫把一定时期的饷银拿出来作为献礼送交国库。而后来，尽管没有正当的理由，他又取消了他们的正规军称号。(14)此后罗马帝国的前线便不再有守卫的士兵，而士兵们突然发现他们自己竟不得不去乞求那些习惯于慈善事业的人们的帮助了。

(15)另有一批人数不少于三千五百人的军队最初曾被指定来守卫皇宫；这批士兵被称为宫廷卫队①。(16)从早年起国库便总是给这些士兵以高于所有其他士兵的饷银。这些士兵是因其优越的条件而为先前的皇帝选拔出来的，他们是从阿尔明尼亚人当中征集来担任这一荣誉职务的。(17)但是自从芝诺继位的时候起，取得这一光荣职位的道路便对所有的人，对懦夫和根本没有英雄气概的人们打开了。(18)久而久之，只要用一笔贿赂，甚至奴隶也可以获准参加这个队伍。因而当优斯提努斯接管帝国的时候，这个优斯提尼安便任命了许多奴隶参加这一光荣的队伍，从而保证自己取得大宗大宗的钱财。(19)但是当他最后看到这些队伍里不再有任何缺额时，他便在它们之外再加上两千名新兵，而他通常便把这些士兵称为“编外兵”。(20)但是当他自己接过了帝国大权之后，他便很快地取消了这些编外兵，而不支付任何遣散的费用。

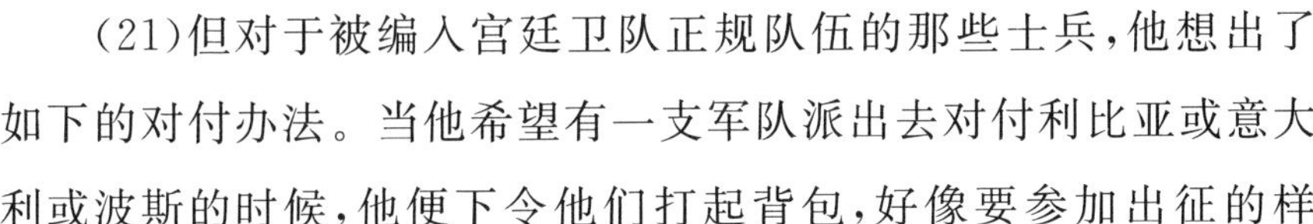

(21)但对于被编入宫廷卫队正规队伍的那些士兵，他想出了如下的对付办法。当他希望有一支军队派出去对付利比亚或意大利或波斯的时候，他便下令他们打起背包，好像要参加出征的样

① 宫廷卫队(Scolarii)是康(君)士坦丁一世创立以取代先前的近卫军的。参见本书第八卷，第二十七章，第 2 节。

子,尽管他清楚地知道,这些人是根本不适于实际作战的,于是这些人便吓得把自己在一定时期内应得的饷银送给他以便使自己不被派出去打仗。这种情况在宫廷卫队这里曾发生过多次。(22)并且彼得在担任人们所说的宫廷卫队长官的整个期间,也都是每天不间断地用前所未闻的盗窃行为来折磨他们。(23)虽然他确实是一个秉性温和的人而且根本不会侮辱别人,但另一方面,他又是世界上最大的窃贼并且绝对是满心怀着可耻的贪欲。我在本书前面的部分里也谈过这个彼得[①],提奥德里克的女儿阿玛拉宗塔就是被他杀害的。

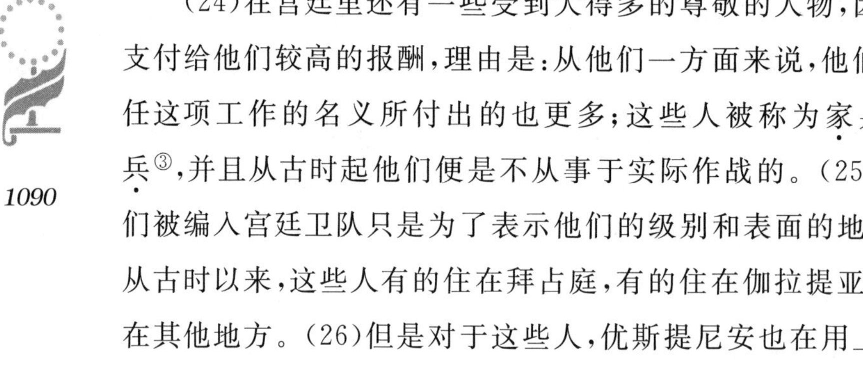

(24)在宫廷里还有一些受到大得多的尊敬的人物,因为国库支付给他们较高的报酬,理由是:从他们一方面来说,他们为了担任这项工作的名义所付出的也更多;这些人被称为家兵[②]和护兵[③],并且从古时起他们便是不从事于实际作战的。(25)通常他们被编入宫廷卫队只是为了表示他们的级别和表面的地位而已。从古时以来,这些人有的住在拜占庭,有的住在伽拉提亚,有的住在其他地方。(26)但是对于这些人,优斯提尼安也在用上面所说的办法不断地加以恫吓,从而迫使他们不得不放弃应属于他们的报酬。这一点我将概括地加以说明。(27)有一项法律规定:每四年皇帝都应当把一定数量的黄金送给每一士兵。(28)因此每到第四年,他们通常便派出使者到罗马帝国的每一个地方去,把五枚金

① 参见本书第五卷,第四章,第 17 节以次;本卷第十六章,第 2~5 节。

② Domestici。

③ Protectores。

币[①]送给每个士兵。(29)在任何时候或无论如何,在这件事上不能有任何疏忽之处。但是自从这个人[②]接管了国家的统治大权以来,尽管三十二年已经过去了,他既不做这件事也不打算做这件事,乃至人们对这种做法甚至在某种程度上已经忘记了。

(30)下面我还要说一说他掠夺自己臣民的另一种办法。为皇帝和拜占庭的军官们站岗或送信或执行任何其他任务的人们起初都是级别最低的士兵,但久而久之他们逐渐补上了死去或退役的人们的空缺并且他们每一个人都一直在从他现在的位置不断上升直到他上升到最高的一步并且达到他的这一事业可能达到的最高级别的时候。(31)对于已经取得这种高级地位的人们来说,自古以来他们便取得如此巨额的报酬,乃至每年他们的收入是一百肯特那里乌姆以上的黄金[③],而这结果则是:不单单是他们自身在老年得到照顾,而且,一般说来,其他许多人也都因这笔收入所提供的帮助而沾了他们的光,并且通过这一方式,国家的事务也上升到高度繁荣的地步。(32)但是这个皇帝由于剥夺了他们的实际上是所有这些收入,这样便给他们以及人类的其余的人们带来了灾难。因为首先是这批人穷了,然后是先前因他们的收入而沾些光的那些人也变穷了。(33)如果有谁计算一下三十二年间他们因失去这一财源而受到的损失,他就可以知道这些人不幸而被剥夺的金钱有多少了。

① Stater,具体价值未详。

② 优斯提尼安。

③ 参见本卷第一章,第33节和有关注释。

二十五

(1)这个专制暴君就是这样地虐待现役士兵的。下面我还要谈一谈他是如何对待商人和水手和手艺人和市集上的小贩,并如何通过这些人对待所有其他人的。(2)在拜占庭的两侧有两个海峡,一个是在赛斯图斯和阿比杜斯之间的海列斯彭特海峡[①],另一个在被称为埃乌克西努斯的海的海口,在这里有一个被称为希耶隆的地方[②]。(3)而在海列斯彭特海峡这里根本就没有任何海关一类的设施,而只有皇帝委派的一名高级官吏驻在阿比杜斯,他的任务就是监视过往的船只,看是否有未经皇帝的批准而把武器运往拜占庭的,还有,看是否有任何人在没有从有关负责人方面取得许可和印信的情况下从拜占庭出海(要知道,任何人如果不经过担任被称为"长官"(Magister)的官吏的放行而从拜占庭出海那便是不合法的),而且他还要从船主收取任何人都察觉不到的一种通行税[③],而仿佛是主管此事的人所要求支付的一种辛苦费。(4)但被派驻在另一处海峡的人却一直从皇帝那里领取薪金,他十分用心地监视我上面提到的事情,此外还要注意是否有任何不允许从罗马人的国土出口到他们的敌人那里去的东西被运送到居住在埃乌克西努斯海沿岸的蛮族那里去。(5)但是自从皇帝优斯提尼安接过了帝国统治大权以来,他在每一处海峡都设置了一个海关,并定

① 今天的达达尼尔海峡。

② 参见本卷第十五章,第36节。今天对来自黑海的船只的检疫站就设在这一地点的附近。

③ 没有正式的名义的税,而是属于个人的不成文的贿赂。

期地派去两名有薪金的官员，而虽然他确实提供了答应给他们的薪金，但他还是指令他们在他们的权限内用一切办法从这一财源中给予他尽可能多的金钱作为回报。(6)而这些人由于关心的只是如何表现自己对他的忠诚，最后从载货主那里把他们的货物的全部售款抢来完事。

(7)这便是他对每一个海峡所采取的措施。而在拜占庭，他又想出了这样一个计划。他把一项任务委托给他的一个密友，一个名叫阿达埃乌斯的叙利亚人，要他从停泊在港口的船那里给他再弄点收入。(8)于是从那个时候起他便不允许停泊在拜占庭港口的任何船只不受干扰地离开，他或是给船主罚款，罚的款就是他们的船之所值，或是强迫他们返回利比亚和意大利。(9)于是他们中间的一些人或者在返回时不愿再载货，或者不再想继续从事海上的营生，而是宁愿烧掉自己的船立刻离开。(10)但是，只能靠这一职业维持生活的所有那些人，于是先是向进口的商人索取三倍的价钱，在这之后继续接受货物；至于商人，则他们摆脱困难的办法是要购买他们货物的人们出钱来弥补他们的损失。这样做的结果是罗马人就正在给每一种花样弄得饿死。

(11)有关事务的处理方式就是这样了。但是我认为还有一件事我也不应当不谈一下，那便是皇帝皇后在铸造小钱币方面都干了什么勾当。(12)在先前，货币兑换人通常对同他们做交易的人们是一个金币兑换二百一十欧波路斯——他们称为佛雷斯[①]——

① 佛雷斯(Ióλλιs, Pholleis)是相当于两个戴那里乌斯(denarii)的硬币；在帝国初期这个词用来表示一种皮质钱袋，后来它装满两戴那里乌斯的硬币并被正式加上封印之后便按固定的价值流通。

而这些人为了给自己多弄钱却设法使一个金币只兑换一百八十欧波路斯。用这种办法他们便把所有的人的……每一个金币的价值削去了七分之一。

(13)但是当这些君主把大部分的商品收归他们所说的专卖的控制之下并且每一天都在折磨着那些想买任何东西的人们,并且只有出售衣服的店铺还没有被他们所触动的时候,他们对那一行的买卖也设想了这样一个计谋。(14)自古以来丝制的服装通常是在腓尼基的贝鲁特和推罗这些城市制造的。(15)同这种材料有关的商人、手艺人和工匠从古以来便住在那里,而这种商品便从那里带往全世界。(16)并且当着在优斯提尼安的统治时期,在拜占庭以及在其他城市从事这种营生的人们以过高的价格出售这种纺织品——所以这样贵,他们所作的解释是:这时他们付给波斯人的价格比先前高了而且在罗马人的土地上征税的机构现在也更多了——的时候,皇帝使每个人对他都有这样的印象,这就是他对这种情况感到不快,于是他通过一项法律作出总的规定,即这种东西一磅的价格不得超过八个金币。(17)对于触犯这项法律的人们的惩罚就是没收他的全部钱财。这对人们来说根本是不可能的、完全办不到的。要知道,进口的商人不可能以较高的价格买下这些货物,却用较低的价格把它们卖给商贩。(18)因此他们便不再想从事这种东西的进口并把余下的货物偷偷地处理掉,这毫无疑问是卖给某些显要人士,这类人会通过大把花钱,炫耀其精美的服饰,从中得到一种满足——或者,就某种意义上来说,他们是不得不这样做的。(19)当皇后从某些人私下的谈话中得知这种交易时,虽然她并没有调查外界的传闻,却立刻从人们手中把全部货物

拿走，而且还对他们处以一肯特纳里乌姆黄金的罚金……但是这种特殊的买卖，至少在罗马人那里，是受到负责帝国国库的官员的控制的。(20)因此，不久之后在任命姓巴尔叙美斯的彼得担任这一职务之后，他们便放任他干可恶的勾当。(21)原来一方面他虽要求所有其他人严格遵守法律，同时他却要求这一行业的手艺人只为他一个人干活，而且他不是再偷偷摸摸地，而是在市集的公共广场上出售颜料，一般质量的每两不少于六个金币，而他们通常称为"全真品位"[①]的帝国颜料则要卖到二十四枚金币以上。(22)他虽然从那一财源为皇帝取得了大宗的金钱，但他自己的所得更多却又不为人们所注意，而由他开头的这一做法便永远地被人们继续下去了。(23)要知道，直到今天为止，只有他一个人作为这一商品的输入者和零售者被确认为是根本不打算隐瞒的。(24)因此，先前在拜占庭和其他城市，在海上和在陆上从事这项买卖的出口商，正如所期待的那样，现在不得不忍受由于这一程序而产生的困苦。(25)而在其他城市，实际上全体居民发现自己突然陷入了赤贫状态。技工和手艺人当然只好在饥饿线上挣扎，结果许多人改变了自己的公民身份，逃亡到波斯的国土上去了。(26)然而管理这项买卖的一直只是国库长官[②]，并且，如上所述，他确实同意把它的一部分收益交给皇帝，但是他自己拿走的是更大的一部分并且因公众的灾难而大发其财。这事就说这些了。

① holoverum。

② Praefectus Aerarii。

二十六

(1)现在我们再来谈谈他如何在拜占庭以及其他每一城市摧毁荣誉的标志以及可以提供荣誉和美丽的一切事物。(2)首先他决定取消辩护士①这种身份;因为他立即剥夺了辩护士的一切比赛奖项,而这些奖项是先前他们一向引为自豪并且当他们作为辩护人执行业务时自己对之感到十分光荣的东西,并且他还命令有争端的那些人在起誓后直接诉诸法律;而辩护士在受到这样的蔑视之后便大为垂头丧气了。(3)如上所述,他在拜占庭以及在整个罗马帝国夺取了元老们以及其他被认为是富有的人们的全部财产之后,今后这一职业除了闲在那里之外,已没有任何东西留给它了。(4)因为人们已不再有任何有价值的东西可以为之争吵了。因此他们的人数立刻由很多变得很少,并且在任何地方都根本不受重视,而不是像先前那样备受尊崇,并且,正如所预料的那样,他们陷入极度的贫困而且从他们的职业,除了只有侮辱之外,他们什么也得不到了。

(5)更有甚者,他还使医生和自由人的儿童的教师的生活也处于困苦的境地。原来先前的皇帝下令从公帑中拨出来给予从事这些职业的人们的、保证自由维持生计的津贴完全被他取消了。(6)此外,所有城市居民在地方上筹措以供他们自身城市所需和举办公共表演一类的全部收入都被他转而并胆敢同全国的收入混到

① 辩护士(Rhetor)一词原意为“修辞学家”、“演说术教师”,是职业的辩护人或律师。

一处。(7)自此之后，无论医生还是教师都不再受到任何尊敬，任何人也不再能够为公共建筑筹措供应，各城市公用的灯也不再继续点亮，没有任何其他可以使城市居民感到欣慰的东西。(8)大部分的剧场和赛马场和马戏场都关闭了——而实际上这里正是他的妻子出生、养大和受教育的地方！(9)后来他又下令这些表演全都取消，即使拜占庭也不例外，这样国库便不至于一定要支付通常的开支给在那些地方讨生活的众多并几乎是无数的人们。(10)公私方面全是悲痛和沮丧，就仿佛又有一种苦难从上天降临到他们身上，而在任何人的生活里都没有一点欢笑。(11)人们的谈话，无论是在家里、在市集上还是在教堂之类的地方，没有任何其他话题，而只有越来越甚的、花样翻新的苦难、灾祸和不幸。

(12)城市里的情况就是这样。还要说的就是那值得叙述的东西。每年都要选出罗马人的两位执政官，一位在罗马，另一位在拜占庭。(13)任何担任这一荣誉职务的人肯定需要交给国家二十肯特那里乌姆的黄金，其中一小部分的钱是他个人的钱，但大部分则要由皇帝来提供。(14)这笔钱分配给我上面所提到的那些人，还有照例是完全没有办法维持生活的那些人，特别是在舞台上表演的那些人，这样便对城市的一切举措提供了经常性的支持。(15)但是自从优斯提尼安接管了帝国的统治以来，便不再在适当的季节举办这样的事情了；虽然起初，在长时期的间隔之后为罗马人任命了一位执政官，但最后民众甚至在梦里也从未见过这个官吏①，而结果人类便在最残酷地受到一种贫困的折磨，因为皇帝不

① 帝国时期作为荣誉头衔的执政官职位于公元541年被取消。

再向他的臣民提供他们通常会得到的东西,却不断地在一切地方用一切办法夺取他们仍然拥有的东西。

(16)这个强盗一直在怎样地侵吞国家的全部钱财以及他又怎样在个别地和总体地掠夺元老院成员们的财产,这一切我想我已经充分地描述过了。(17)还有他如何同样地以敲诈勒索的手法去陷害据说是有钱的另一些人并且得以掠夺他们的钱财,这些我想我也已经说得足够了。而且还有士兵和为所有的长官服役的人们和在宫廷里担任守卫的士兵以及农民和土地的所有者和主人,还有以演说为职业的人们——还有呢,海运商人、船只的所有主和水手,技士和日佣、市集上的商贩以及靠舞台上的演出为生的人们,此外,我可以说,还有遭到来自这个人的伤害的所有其他阶级。

(18)而下面我们将立刻说一说他如何对待乞丐和普通老百姓以及贫苦人还有各种各样的残疾人;而他如何对待教士,这些我将在我后面各卷中加以叙述①。(19)首先,如上所述,在他控制了全部店铺并对所有必不可缺的货物实行了所谓专卖之后,他便进而对全体居民进行了通常价格三倍以上的榨取。(20)至于他的其他所作所为,由于它们在我看来已多到数不胜数,因此从我的这方面来说,我不能指望甚至在一种没完没了的记述中一一加以列举。但是我想说的是,从购买面包的人们手中,他一直在进行着最残酷的盗窃活动。购买面包的人们都是手工劳作者、贫苦的人们和有各种残疾的人们,他们是不可能不去买面包的。(21)而为了实现

① 参见本卷第一章,第14节。

从这一来源每年搜括多到三肯特那里乌姆的目的，他要求面包既要提高售价，又要在里面掺满了树木灰[①]。为此皇帝毫不犹豫地采用这样一种甚至是伤天害理的、可耻的贪婪行为。(22)而担任这一职务的那些人便把这借口作为策划某种私利的挡箭牌，他们的确发现很容易发某种大财，但是这样干，看来奇怪的是，他们是在丰足的时期在不断地为穷人创造人为的饥馑；要知道，任何人想从任何地方输入甚至谷物，这都是绝对禁止的，对于所有的人提出的要求就是他们应当购买和食用这些面包。

(23)虽然他们看到城市的水道已经毁坏并且只把一小部分的水引入城内，但是他们对此事根本不予注意并且不同意拿出任何一部分钱来修复它，尽管存在着这样的事实，即十分气愤的大批群众一直集合在泉水那里并且所有的浴场都关闭了。但是在没有正当理由的情况下，他却浪费大量的钱财于沿海的建筑和其他毫无意义的设施，他在市郊所有的地方都有新的修建，就好像所有先前的皇帝终其一生都住得满意的宫廷还不够安排下他一家似的。(24)因此他们有意地无视水道的修建，并不是出于节约的考虑，而是为了毁灭人类，因为自从时间开始以来世界上没有任何一个人比这个优斯提尼安更愿意以卑劣手法获取金钱，继而又立刻更加愚蠢地把它浪费掉。(25)因而，留给极度贫困的那些人的两种手段，即饮与食，正如我前面所说，都被这个皇帝用来伤害他们，因为他使得其中之一的水无法取得，又使得另一种即面包，价钱比先前要贵得多。

① 这是迫使面包师掺假并提高价格。

(26)而且他不仅这样对待拜占庭的乞丐阶级,而且,在某些情况下,还这样对待生活在别处的乞丐阶级,这就是下面我立刻要说的。(27)当提奥德里克攻占意大利的时候,他把在罗马皇宫当兵的那些人留在原处,为的是使得古代的体制至少有一点痕迹能在那里保存下来,因此他留给每个人一份小小的计日饷银。而这种士兵的人数是很多的。(28)在这些人当中有人们所说的枢密顾问官[①],有机要顾问[②]以及宫廷卫队[③],不过在他们的情况下,除了军队的名义和刚刚够维持生活的饷银之外没有任何同军事有关的东西保留下来。而且提奥德里克还下令要这一传统传给后裔和子孙。(29)而对于住在使徒彼得的教堂[④]旁边的那些乞丐,他下令国库作为永久的定例每年都要提供三千美狄姆诺斯[⑤]的谷物。所有这些乞丐都继续得到这样的抚恤,直到绰号"剪刀"的亚历山大来到意大利的时候[⑥]。(30)因为此人立刻毫不犹豫地决定把这一切全都取消。罗马人的皇帝优斯提尼安得知这一情况之后,便批准了这一行动方针并且对亚历山大表现了比先前更大的尊重。在这一行程期间,亚历山大还对希腊人干了如下的缺德事。

① Silentiarii。参见本书第二卷,第二十一章,第 2 节。

② 参见本书第三卷,第四章,第 7 节。

③ 参见本卷第二十四章,第 15 节及注释。

④ 这个教堂是康(君)士坦丁大帝在今天的圣彼得教堂的地址上修建的。

⑤ 每一美狄姆诺斯约合 52 公升。

⑥ 他以洛哥赛特的身份对士兵进行了残酷的压榨,他号称能剪去金币的边缘而不改变它们的形状。参见本书第七卷,第一章,第 28～30 节。

(31)位于赛尔莫皮拉伊[①]的前哨自早时以来便是由那一地区的农民来照管的,每当人们估计有某些蛮族或别的什么人会到临伯罗奔尼撒时,他们通常便轮流守卫那里的城墙。(32)但是当亚历山大在我提到的那一次来到这里时,他装作是在关心伯罗奔尼撒人的样子而拒绝把那里的前哨交给农民。(33)于是他就把多到两千名的军队派驻在这里并且作出规定,军队的饷银不由帝国国库负担,而要由整个城市公积金和希腊全部城市演出事项公积金[②]的财库来支付,借口则是这些军队要由那里来维持,结果在整个希腊,特别是在雅典本城,不能修复任何公共建筑,也不能干任何其他需要的事情。(34)但是优斯提尼安毫不犹豫地批准了"剪刀"的这些措施。

(35)因此这些事项就像上面所说的那样进行着。现在我们必须进而谈一谈亚历山大里亚的穷人问题。在那里的辩护人当中曾有一个名叫希法伊斯图斯的人负责亚历山大里亚的行政领导工作。虽然他确实结束了民众当中的派别之争,但是他使自己成为各派的害怕的对象,从而给城市的全体居民带来极为不幸之中至极不幸。(36)原来他一下子便对这个城市的所有店铺实行所谓专卖制度,而不允许任何商人从事这一活动,并且在只有他一个人成为零售商之后,由他出售所有各种商品,显然商品的价格是由他的职位给予他的专断权力来规定的。于是亚历山大里亚城由于生活必需品的匮乏几乎要因愤怒而发生暴乱,因为在那个城市,甚至对

① 有人意译为"温泉关"。

② 参见本章第6节。

于极度贫困的人们来说,先前一切物品都是极为便宜的;可是他特别在面包问题上折磨他们。(37)原来向埃及人购买谷物[①]的全部事宜都由他自己一手包办,而不允许任何其他人购买哪怕是只是一斗的谷物,这样便由他随心所欲地来决定面包的大小和价格了。(38)因此在一个短时期里他便为自己搜刮了惊人的财富并且实现了皇帝在这件事上的愿望。(39)一方面,亚历山大里亚的民众由于害怕希法伊斯图斯而在沉默中忍受困苦,另一方面,皇帝出于对源源不断给他送过来的金钱的尊敬,也就极为钟爱此人了。

(40)而这个希法伊斯图斯为了能够更加取得皇帝的欢心,又想出了一个计谋。(41)罗马人先前的一位皇帝狄奥克列提安曾规定,国库每年都要把巨大数量的谷物发放给亚历山大里亚的贫苦居民。(42)首次把这批谷物分发到他们自己中间的民众于是把这一习俗传给他们的后人,甚至直到今天。(43)但是希法伊斯图斯从我说的那个时候起,每年从生活必需品匮乏的人们手中夺走了多达二百万美狄姆诺斯的谷物并把它们存放在国家的仓库里,却写信给皇帝说,这些民众迄今一直得到谷物的做法是错误的,对国家是不利的。(44)于是皇帝批准了这个做法并且对他也更加宠爱,而由于这一不人道的做法,单单指望这一点为生的亚历山大里亚人便更为苦不堪言了。

① 埃及从罗马共和国时期以来便是罗马国家的粮食供应者、生命线。

二十七

(1)优斯提尼安干下的勾当真是太多了，多到永远也说不完。(2)但在这全部勾当当中我只能搜集和记述几个例子，借以清楚地也向后世的人们揭示他的全部品格：即他是一个伪装者，他不关心上帝，不关心神甫，不关心法律，也不关心民众——尽管在表面上他装出喜爱民众的样子——此外，他也不关心任何体面，不关心国家的优势或能以由之产生的任何利益，或者，他的行动也能以找到某种借口，但他却不关心任何其他考虑，而想的干脆只是如何把世界上的全部钱财夺取过来。而我就从这最后一点开始。

(3)皇帝给亚历山大里亚人任命了一位名叫保路斯的主教。而这时治理亚历山大里亚的则是一个名叫若东的腓尼基人。(4)他指示这个人在一切事情上都全力支持保路斯，以便不使他的任何一个命令得不到执行。(5)原来他认为用这种办法他便可以使亚历山大里亚人当中的异教徒相信卡尔凯东宗教会议所作的决定[①]。(6)且说有一个名叫阿尔赛尼乌斯的人，他是巴勒斯坦的本地人，此人曾在一件非常重要的事情上为皇后提奥多腊尽过力，并且由于这一情况而获得了巨大的权力和巨额的钱财，还取得了参加元老院的荣誉，尽管他是一个彻头彻尾的恶棍。(7)这个人其实是一个撒玛利亚人，但是为了不失去他手里的权力，他认为自己应当采用基督教徒的名字[②]。(8)但是这个人的父亲和兄弟却仰仗

① 公元451年召开的第二届卡尔凯东宗教会议对基督的神性的本质作了规定。

② 这样做是出于政治上的考虑。

这个人的权力在斯奇索波利斯[1]继续保持他们古老的信仰,而且在他的指示下,他们对所有的基督教徒干出了无法无天的犯罪活动。(9)因此公民便起来反对他们并用一种最残酷的方式把他们处死,而由于这一原因,巴勒斯坦的民众遭到了很多灾难。(10)不过在当时,无论是优斯提尼安还是皇后都没有对阿尔赛尼乌斯有任何伤害,尽管他曾是造成一切困难的主要原因,不过他们的确曾不许他再到宫廷来;因为,由于这一事件,他们一直在受到基督教徒的紧追不放的困扰。(11)而这个阿尔赛尼乌斯为了取得皇帝的欢心,不久之后便和保路斯一道去了亚历山大里亚,以便帮助他处理其他事务,特别是全力帮助他实现亚历山大里亚人方面的顺从[2]。(12)原来他曾宣称,当他不幸而被排除在宫廷之外时,他并未忽视对于基督教一切教义的研究。(13)但是这却使提奥多腊感到不快;因为在这一点上她是装做同皇帝有不同意见的样子,这一情况我在前面已经说过了[3]。(14)因此当保路斯和阿尔赛尼乌斯到达亚历山大里亚之后,保路斯便把一个名叫普索埃斯的助祭交给若东,要他处死此人,声称只有此人是使他无法贯彻皇帝决定的障碍。(15)若东遵照皇帝的信件里的指示——信件既频繁又极端紧急——决定对此人加以拷问。而此人一经严刑拷问立刻就死去了。(16)当这个消息传到皇帝那里时,在皇后的极力坚持下,皇帝立刻把一切都发动起来反对保路斯和若东以及阿尔赛尼乌斯,好像他把先前给予这些人的指示全都忘记了似的。(17)于是他便任命罗马的

① 今天的贝特西安(Bethsean)。

② 即要他们接受宗教会议的决定。

③ 参见本卷第十章,第15节。

一名贵族利贝里乌斯[1]为亚历山大里亚的长官，他还派了一些显要的神甫去那个城市了解一下情况，其中便有罗马的副主教佩拉吉乌斯，他是按照主教维吉利乌斯的命令前来接替维吉利乌斯的职务的。(18)而当杀害的事情被证实之后，他们立刻撤销了保路斯的教职；而当若东逃到拜占庭之后，皇帝便把他斩首并且把他的全部财产充公归国库，尽管此人拿出了皇帝写给他的十三封信作证，这些信都是要他、恳切地坚持要他并且命令他在一切事情上支持保路斯，无论在任何事情上也不要反对他，以便使他能以贯彻皇帝在宗教信仰方面的决定。(19)利贝里乌斯则按照提奥多腊的意旨用尖木桩刺杀了阿尔赛尼乌斯[2]，而皇帝则认为应当没收他的财产，尽管除了阿尔赛尼乌斯曾同保路斯同居之外并不能对他提出任何罪名。

(20)至于这些事他做得对还是不对，我说不定，但是我所以对这些事加以详述，其理由却是下面我立刻要说的。(21)保路斯稍后来到了拜占庭，向皇帝献上了七肯特那里乌姆的黄金，但是他要求重新得到主教的职位，理由是：免掉他的职务是不合法的。(22)于是优斯提尼安很有礼貌地接受了金钱并且给此人以很高的礼遇；他同意立刻任命保路斯担任亚历山大里亚的主教——尽管已有另一个人担任这一职务——就仿佛他根本不知道他已经把曾经和保路斯一同生活并敢于为他服务的人们亲手杀掉并掠夺了他们的财产似的。(23)于是奥古斯都[3]便十分卖力和热心地处理这

① 参见本书第七卷，第三十六章，第6节。

② 通常是把尖木桩从肛门刺入致死，是一种极残酷的刑罚。

③ 奥古斯都原是罗马帝国第一个皇帝的尊号，这里用它来指优斯提尼安带有挖苦的意味。

一事件,而保路斯总之肯定会重新得到主教的职位了。(24)但是现在已到临现场的维吉利乌斯绝对不同意皇帝的做法,如果皇帝发布了这样的命令的话。因为他说皇帝不可能取消他自己的选择——这里指由佩拉吉乌斯传达的意见。(25)这样看来,这个皇帝除了不断地掠夺别人的钱财之外,别的任何事他都不关心。下面再谈一下发生的另一件事。

(26)有一个生在巴勒斯坦的、名叫法乌斯提努斯的人,此人是个撒玛利亚人,但是在法律的强制之下他起了个基督教徒的名字。(27)这个法乌斯提努斯已经上升到元老的地位并且是地方上的领导人;但是稍后他被免除了这一职务而来到了拜占庭,而在这里一些神甫开始说他的坏话,说他还在执行撒玛利亚人的宗教仪节并且以卑劣的手法虐待居住在巴勒斯坦的基督教徒。(28)看来优斯提尼安所以十分恼怒和深感气愤是基于如下的原因:即在他统治着罗马人的时候,竟然有人会侮辱基督的名字。(29)因此当元老院对这一事件进行调查的时候,他们便在皇帝的坚持之下给法乌斯提努斯以放逐的惩处。(30)但是皇帝却从他那里得到了自己所要的全部钱财,于是立刻又取消了已作出的决定。(31)这样,再次担任他先前的要职的法乌斯提努斯便和皇帝同居了,而当他被任命为皇帝在巴勒斯坦和腓尼基的领地的监督时,他便感到可以更加放手地贯彻同他本身的意愿相一致的所有措施了。(32)至于优斯提尼安认为可以用来为基督教徒的要求进行辩护的方法,虽然我们已经谈过的不多,但仍然足以从中作出一个结论,尽管是一个简短的结论。(33)至于他在看到金钱时如何毫不犹豫地破坏法律,这一点我将十分简短地加以揭露。

二十八

(1)在埃美撒城有一个叫普里斯库斯的人,此人生来便有一种高超本领,即善于模仿别人的手迹,对于这一邪恶的营生他是一个十分聪明的艺术家。(2)原来埃美撒的教堂在很多年以前便成了一位显要人物的继承人①。(3)我们所说的那个人是一个贵族,名叫玛米亚努斯,一个出身名门望族并拥有巨大财富的人。(4)而在优斯提尼安的统治时期,普里斯库斯调查了上述城市所有的家族,而如果他发现有谁既有钱又承受得住金钱方面的巨大损失,他便细心地追溯他们的祖先是什么人,并且在他得以找到他们过去写的信之后,便制造许多目的在于冒充出自他们之手的文书,而在文书里他们则答应支付给玛米亚努斯大笔金钱,依据是:这是他过去存在他们那里的。(5)在这些伪造的文书里所承认的总的金额多达一百肯特那里乌姆以上。(6)普里斯库斯选择了玛米亚努斯在世时期经常在市集有一席地位的某个人的笔迹——这个人一般说来因公正诚实、品德高尚而十分有名,因而经常是由他亲自在每件文书上签字,使公民们的文书得以执行(这样的人罗马人称他为公证人②)——然后对这个人的笔迹进行极为出色的模仿,并把有关文书送到主持埃美撒的教堂事务的人们那里去,而那些人则已答

---

① 普里斯库斯想通过扩大教堂所继承的遗产的办法使教堂致富并且确实(如果普洛科皮乌斯可以相信的话)从皇帝那里搞到了一份正式的决定(参见后面第 9 节)决定准许不是先前的四十年而是一百年来实现提出的要求。在这同时他着手虚构对于产业的要求,这些都是用他灵巧的手进行伪造出来的,从而增加教堂所希望取得的数额并且他自己也从中得到百分之几的好处。但他之被揭露使这一计划未能得逞。

② tabellio。

应从这个来源搞到的钱要分给他一份。(7)但是由于法律在这里起了阻碍作用,因为它规定所有一般的案件它们的时限是三十年,而少数的某些案件,其中包括涉及抵押的案件,才可以把时限延长到四十年,对此他们想出了这样一个变通办法。(8)他们去拜占庭把大笔的金钱付给这个皇帝,然后请求他同他们合作去摧毁那些完全是无辜的公民。(9)而这个皇帝在拿到钱之后便毫不犹豫地公布一项法律,说教堂不是在正规的期限之后,而是在整整一百年之后才被禁止力图实现它们的要求[①],还规定这不仅仅适用于埃美撒一地,而是适用于整个罗马帝国。(10)而为了给埃美撒的民众仲裁这个问题,他任命了一个名叫隆吉努斯的人,这是一个精力旺盛而又十分强壮有力的人,后来此人也担任过拜占庭的市长官。(11)从一开头主持教堂事务的那些人便以上述的文书为依据向一个公民提出了要求支付二肯特那里乌姆的诉讼,并且他们立刻便给这个人定了罪,因为他完全无法为自己作任何辩护——一来是由于时间隔得这样久,二来是由于他对所提到的当时所干的事情一无所知。(12)由于所有的人同样地都受到告发,因此他们全都陷入巨大的悲痛,特别是埃美撒人当中那些最显要的人物。(13)既然这一灾难现在是降临到大多数公民的头上,因此可以说发生了一件体现上帝意旨的事情。情况有如下述。(14)隆吉努斯命令干这件坏事的普里斯库斯把所有的文书都带给他,并且当对方拒绝这样做时便狠狠地揍了他。(15)而经受不住这样一个十分强壮的人的打击的普里斯库斯于是仰面朝天地倒了下去,这时惊

① 法律是优斯提尼安在公元535年制定的(Novella, 9)。

慌不安并在发抖的此人疑心隆吉努斯已了解到了他所作所为的全部真相，便把实情招供出来了。这样，全部罪行便大白于天下而这指控也便告吹了。

(16)优斯提尼安做出的伤害行为还不仅仅是逐日地、经常地破坏罗马人的法律，而且他还处心积虑地取消希伯来人尊重的法律。(17)比如说，如果在不断反复的一年里逾越节[①]轮在基督教徒的节日[②]的前面，他便不允许犹太人在正式的日子里庆祝这个节日，不允许在这个节日里向上帝祭献，也不允许他们举行任何传统的仪式。(18)他们当中的许多人经常因为这时吃羔羊肉而受到当政者的审判，当政者指控他们破坏国家的法律并处以高额的罚款。(19)虽然我清楚地知道优斯提尼安方面其他无数这类的行为，但是我不想再添加任何事例了，因为我的记述必须有个了结。我所说过的话已十分清楚地把这个人的品行揭露出来了。

二十九

(1)下面我立刻要人们看清楚：他是一个不诚实、善于伪装的人。我刚才提到的那个利贝里乌斯[③]被他免去了所担任的职务，而他任命一个姓拉克撒里昂、名叫约翰的埃及人取代利贝里乌斯。(2)当利贝里乌斯的一位十分亲密的朋友佩拉吉乌斯得知这一情况时，他便问皇帝有关拉克撒里昂的传闻是否真实。(3)皇帝立刻

① 逾越节是犹太教的重要节日，是纪念摩西率领以色列人离开埃及时以羔羊血涂于门楣以便天使越门而过的故事。节日要宰杀周岁的羔羊以为献祭。

② 当指复活节。

③ 参见本卷第二十七章，第17节。

否认这一说法,他坚持表示他从没有做过这件事并且要他把一封信转交给利贝里乌斯,指示对方最坚定地在这一职位上继续工作而无论如何不要放弃它。(4)他表示,在当前把利贝里乌斯调离这一职位,这并不是他的意旨。且说约翰在拜占庭有一位叔父名叫埃乌达伊蒙,这是一位已上升为元老级并拥有巨额财富的人物,他有一个时期管理着皇帝个人的产业。(5)这个埃乌达伊蒙听到我们刚才提到的声明之后,也向皇帝打听,他的侄子的职务是不是已经确定了。(6)皇帝于是便否认他写给利贝里乌斯的信,却又给约翰写了一封信,指示他全力坚持对这一职位的权利。他表示,从他这一方面来说,他在这一点上并不打算有任何改变。(7)因这一申明而有了信心的约翰于是命令利贝里乌斯退出官署,因为他已经被免去职务了。(8)但是利贝里乌斯断然拒绝服从他,因为,显而易见,他是按照皇帝来信的意旨才这样做的。(9)于是约翰把他手下的人们武装起来,去攻打利贝里乌斯,另一方面利贝里乌斯和支持他的人们则准备予以抵抗。一场战斗爆发了,结果死了许多人,其中包括前来接替这一职位的约翰本人。(10)在埃乌达伊蒙的强烈要求下,利贝里乌斯于是被召到了拜占庭,而元老院在对这一案件的事实加以确认之后,便赦免了利贝里乌斯,理由是暴乱发生时他不是进攻的一方,他的行动是为了自卫。(11)但是皇帝在暗中还是罚了利贝里乌斯一笔钱才把此事了结。

(12)老实说,优斯提尼安就是这样地理解如何讲真话,讲老实话的!但是我认为在这里不妨再加上同这件事有关的一件事情。这个埃乌达伊蒙不久之后就去世了,而尽管他还有许多在世的亲属,但是他既没有遗嘱处理他的产业,也没有作任何声明。(13)大

约在这同时，有一个名叫埃乌佛腊塔斯[①]，曾担任过宫中宦官的监督的人也去世了，他身后有一个侄子，但是对于他的很大的一笔产业他却没有作任何安排。(14)皇帝专断地使自己成为继承人而夺取了这两份遗产，连一文钱也没有留给任何合法继承人。(15)这便是这个皇帝对法律以及对他的亲信的亲属所表示的尊重！(16)他以同样的方式夺取了去世已久的埃列奈乌斯的财产，尽管他对这笔财产一点权利也没有。

(17)发生在大约同时、同我刚才所提到的那些事件直接有关的一件事，我却不能避而不谈。有一个名叫安那托利乌斯的人，是在阿斯卡隆[②]的元老名册上居于首位的人物。这个人的女儿已经同一个名叫玛米利亚努斯的凯撒列亚人[③]正式地结了婚。玛米利亚努斯出身十分显贵的家族。(18)由于这个女孩子是安那托利乌斯的唯一的子嗣，所以她有继承人的身份。(19)但古代的法律规定，任何城市的一位元老在去世时如果没有男性的子嗣，则这个人的财产的四分之一将要归于市议会，而死者的天然继承人则享有其余部分。但是皇帝在这里也证明了他自己的真正品德如何，因为当时不久之前他正好公布了一项法律，这项法律恰恰是以相反的方式对事情作了安排，就是说，它规定当一位元老去世时没有男性的后人时，他的天然继承人只应得到产业的四分之一，而所有其

① 参见本书第八卷，第三章，第 19 节。

② 在巴勒斯坦。

③ 指巴勒斯坦的凯撒里亚，这里是普洛科皮乌斯的出生地。参见本卷第十一章，第 25 节。

余部分则由国库接管并记入城市元老院的名册[①]。(20)自从有了人类以来,无论国库官或皇帝从来不曾有权分享元老的财产。(21)因此在这项法律有效期间,安那托利乌斯去世了,于是他的女儿便按照法律同国库和市议会分配了产业,而皇帝本人和负责阿斯卡隆的名册的高级官吏都写信给她,使她在这件事上不致受到反诉[②],因为他们已适当地和公正地得到了他们应得的部分。(22)后来曾经是安那托利乌斯的女婿的玛米利亚努斯也去世了,他身后只有一个女儿,并且像人们所设想的那样,她自己一个人得到了她父亲的产业。(23)但是后来她在她母亲还活着的时候也去世了,她曾同一个显要人士结婚,但是既没有生女孩子,也没有生男孩子。(24)而优斯提尼安立刻夺取了她的全部财产,并抛出这样一个令人吃惊的声明,即对现在已是一位老年妇女的安那托利乌斯的女儿来说,靠自己丈夫或自己父亲的钱财致富,这是一件有渎神灵的事情!(25)但是为了使这个女人今后不致沦为乞丐之流,他下令在这个妇女活着的时候每天给她一枚金币,并且在他借以夺取全部钱财的文书里加上这样的话,即他是为了表示虔诚才让出这枚金币的:原来他表示:"要知道,干虔诚和公正的任何事情都是我的习惯。"

(26)但是关于这些事情,写出这些事实已经足够了,这样我的记述才不致过于冗长,因为任何人都不可能把它们全部说完的。(27)现在我还要人们看到,只要一涉及钱的问题,甚至对于被认为

---

① 元老院的正式记录,如罗马的元老名册(album senatorium)。

② 就是国库不会再对她作为继承人因新法律而取得的那¼的产业提出要求。

是他所宠爱的蓝派的任何成员，他也根本不屑一顾。(28)在奇利奇亚有一个名叫玛尔撒尼斯的人，此人是列昂的女婿；而列昂，如前所述[①]，则是担任过人们所说的通报官[②]的那个人。(29)他命令此人制止奇利奇亚的暴力行动。玛尔撒尼斯于是以此为借口，对奇利奇亚的大多数人犯下了无法无天的罪行，并且当他掠夺了他们的钱财之后，他把其中的一些送给暴君，其余的他认为应当用来肥己。(30)虽然所有其余的人默默地忍受他们的不幸遭遇，但是塔尔苏斯的属于蓝派的人们由于受皇帝的宠爱而敢于为所欲为，便在玛尔撒尼斯还没有在公共的市集上出现于他们中间的时候，讲了许多侮辱他的话。(31)而当玛尔撒尼斯得知这一情况之后，他立刻带着一大批士兵于黑夜里来到塔尔苏斯，并在天快亮的时候把他们派到各家去，要他们住在里面。(32)蓝派认为这是一次袭击，便尽力加以反抗。在黑暗中还发生了其他许多不幸事件，但是最严重的是元老院的一名成员达米亚努斯被一箭射死。(33)原来这个达米亚努斯是当地蓝派的保护人。而当这个消息传到拜占庭之后，蓝派大为震怒并在全城掀起了一场十分严重的骚乱，在这件事情上他们使皇帝极为心烦，并且他们严厉地辱骂列昂和玛尔撒尼斯同时又对他们进行最可怕的威胁。(34)对于已发生的事件皇帝装出和他们同样愤怒的样子。于是他立刻写了一封信，下令对玛尔撒尼斯担任公职时的行为进行调查和惩处。(35)但列昂由于给皇帝送去了大量的黄金，结果使他立刻不再生气并放弃了他

① 参见本卷第十四章，第 16 节；第十七章，第 32 节。

② 参见本书第二卷，第二十三章，第 6 节。

对蓝派的宠爱,而且尽管这件事还没有进行调查,但是当玛尔撒尼斯来到拜占庭见了皇帝的时候,皇帝十分友好地接待了他并且对他表示尊重。(36)不过当他从皇帝面前离开时,一直在注视着他的蓝派在皇宫里狠狠地揍了他,并且如果不是他们当中的一些人——他们已经偷偷地接受了列昂的贿赂——从中阻拦的话,列昂是会给打死的。(37)可是,如果一个国家的皇帝接受了贿赂之后,就不去调查贿赂者的罪行,而另一方面,当皇帝还在皇宫里的时候,那些派别分子竟然敢于毫无顾忌地攻打一位高级官吏并对他发动不公正的进攻,对于这样的国家,谁不会说它是最卑鄙可耻的呢?(38)但是,说到惩处,则无论玛尔撒尼斯还是动手打他的那些人,都没有因其罪行而受到惩处。如果有谁愿意的话,就让他根据这些事情对皇帝优斯提尼安的人品作出估价吧。

三十

(1)至于优斯提尼安是否对国家的安泰有过任何考虑的问题,则他对公共的驿站和间谍所做的事情是能以说明问题的。(2)原来先前的罗马皇帝为了作出这样的安排,即一切事情都能迅速地和毫无耽搁地报告给他们——诸如敌人给每一个别地区所造成的损失,在内部斗争或某种无法预见的灾害期间各城市的遭遇以及罗马帝国每一地区高级官吏和所有其他人的行动——此外,还为了使运送每年的租税的人们能以安全地并且没有耽搁和危险地到达首都,他们以如下的方式创建了遍及各处的一种公共的驿站[①]。

① 希罗多德:《历史》,第八卷,第九十八章对类似的波斯的驿站有所记述。

(3)在一个轻装的旅行者每天的行程的距离[①]之内，他们设置有时是八个，有时少一些的驿站，但一般说来不会比五个更少。(4)每一个驿站至少要准备四十匹马。同马匹的数目成比例的马夫都详细地规定给所有的驿站。(5)负担这一任务的人们在途中总是要频繁地更换保证是最优良品种的马匹，他们有时一天里要行十天的路程[②]，并完成我刚才说的所有那些事情。而且，到处的土地所有者和特别如果他们的土地是在内地的话，都由于这一制度而大发其财。(6)因为每年他们都把他们多余的收成卖给政府以供马匹和马夫食用，这样便挣了大钱。(7)而这一切的结果则是：一方面国库定期地把规定给每个人的租税收了进来，而另一方面，缴税的那些人又立刻把他们的钱收了回去[③]，并且还有完成了国家任务这样的好处。

(8)先前情况便是这样。但这个皇帝首先便取消了卡尔凯东直到达奇维扎[④]的驿站，并且迫使信使们——这完全非他们所愿——从拜占庭直接由海路去希列诺波利斯。(9)当他们走这条路时，如果乘坐人们在渡过海峡时通常使用的那种小船，则一旦遇

---

① 约39公里。参见本书第三卷，第一章，第17节。

② 约320公里。美国在有铁路之前的所谓“小马快递”(Pony Express)每日能走320～400公里。

③ 提供口粮时国家要付钱给他们。

④ 今天的盖比泽(Gebize)。

到暴风雨，他们会有很大的危险①。要知道，既然必须做到的快速不断地催促着他们，他们便不可能还要注意好天气并等待随之而来的风平浪静。(10)再说，虽然在通向波斯的道路上他确实允许先前的设施继续保持下去，但是至于东方所有其余的地方直到埃及，每一日的路程他只允许设一处驿站，并且不是用马，而是用骡子，骡子也只有不多几头。(11)因此发生下述情况便没有什么可怪的了：每个地区发生的事情由于难以报告而且又太晚，以致无法及时对它们采取行动，从而落在事情进程的后面，这样对它们根本就无法处理，而土地的所有主的收成则烂在他们手里成为废物，所以一直在失去他们的全部利润。

(12)有关间谍的情况有如下述。从古时以来国家便养活许多这样的人，他们借口出卖什么东西或用别的什么办法进入敌人的国土以及波斯人的王宫，并在彻底调查了一切之后再返回罗马人的土地，这样他们便可以把敌人的全部秘密报告给各位高级长官。(13)而这些人由于事先得到情报而可以及时做出准备，以便使自己不致遭到任何不可预见的事故。而米地亚人自古以来也有这样的做法。据说科斯罗伊斯确实提高了他的间谍的报酬并且由于事先有所防范而得到好处。(14)要知道，[在罗马人那里发生的(任何事情)都逃不过(他)的耳目]②[而另一方面，优斯提尼安由于完

① 新路把从卡尔凯东到达奇维扎这条陆路缩短了大约四十五公里，它取代了一条同样直接但是较慢的水路，而陆上同这条水路衔接的地点则在今天的伊斯米德湾湾口那一面不远的地方。这种做法要多费些时间，而遇到有暴风雨时情况便严重了；因为沿着海岸的道路有南风吹过来，这往往会造成麻烦。另一方面，这一措施节省了大约四个驿站和一百六十四马。

② 方括弧内文字系原编订者郝理据上下文补充，只供参考，但无史料上的依据。

全拒绝在他们身上有任何花费]结果[甚至]连间谍这个名称都从罗马人的土地上给消除了,并且由于这一做法,结果犯了许多错误,拉吉卡被敌人攻占,而罗马人这方面则根本不能发现波斯国王和他的军队到底在什么地方。(15)还有,国家自古以来习惯上便养大量的骆驼,而在罗马军队进攻敌人时,它们便随军行进,运送全部粮食。(16)在当时农民并不是非提供运输劳务不可,而士兵本身也并不觉得自己缺乏任何必需之物;但是优斯提尼安把它们也取消了,实际上是它们的全部。因此到今天,当一支罗马军队前去进攻敌人时,便不能采取任何必要的措施了。

(17)现时国家最重要的事情就是以这种方式糟糕地进行着。我看不妨再说优斯提尼安干的一件荒唐事。(18)在凯撒里亚的演说家[①]里有一个名叫埃凡吉路斯的、相当有名望的人,此人自从交了好运以来,在拥有其他财产之外特别是有了许多土地。(19)而后来他在沿海地带甚至买了一座村庄,村庄的名字叫波尔菲列昂,为此他支付了三肯特那里乌姆的黄金。皇帝优斯提尼安得知这一情况之后立刻没收了他的这个地方,只付了村庄所值的一小部分。他表示像埃凡吉路斯这样一个演说家拥有这样一个市镇,这同他的身份是根本不相称的。(20)但是关于这类事情我不想再说什么了,因为我已经以某种方式说过了。

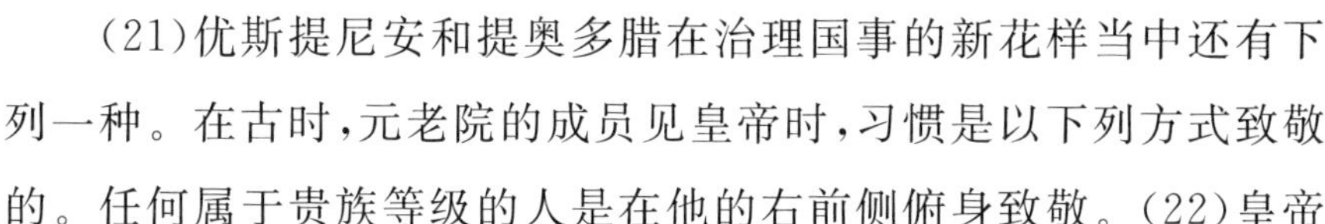

(21)优斯提尼安和提奥多腊在治理国事的新花样当中还有下列一种。在古时,元老院的成员见皇帝时,习惯是以下列方式致敬的。任何属于贵族等级的人是在他的右前侧俯身致敬。(22)皇帝

① 实际上就是辩护士。

则要吻他的头,然后叫他退下;但是所有其余的人先是向皇帝屈右膝,然后退下。(23)但是皇后,习惯上是根本不向她致敬的。不过在优斯提尼安和提奥多腊的情况下,元老院的所有其他成员,还有属于贵族阶级的那些人,每当他们来到皇帝皇后面前时,都要匍匐在地上,两手两脚都伸出得很远,并且吻两个人中每个人的一只脚,然后再起来。(24)要知道,甚至提奥多腊也不打算放弃对她的尊贵地位的这种表示,她的行动就仿佛罗马帝国就在她的脚下,她绝不反对接待甚至波斯人的以及其他蛮族的使节,绝不反对把金钱作为礼物赐给他们,而这事自时间开始以来便从来不曾发生过。(25)先前侍候皇帝的那些人通常只是称他为"皇帝",称他的妻子为"皇后",而对于其他每一位高级官吏通常则是按照他当时的地位来称呼。(26)可是如果有任何人在同这两位之中的一位对话时用"皇帝"或"皇后"而不是称他们为"主人"或"女主人",或者在提到任何一位高级官吏时用任何其他的词而不是用"奴才"的时候,这个人便会被认为既愚蠢而讲话又太放肆,并且他就好像犯了极为严重的错误,对于他绝不应如此对待的人犯了大不敬之罪似地从帝后跟前退下。

(27)在先前,进到皇宫里来的人非常少,也很难进来,可是自从这两个人继承皇位以来,无论高级官吏还是所有其他的人都经常留在皇宫里。(28)而这理由则是:在过去高级长官可以按照他们自己的判断来做公正合法的事情。(29)因此忙于自己的行政事务的高级官吏通常是留在他们自己的住所,而皇帝的臣民,由于他们从未见过和听说过任何暴力行为,因而正如人们所期待的那样,他们很少去麻烦他。(30)但是当前这些头领永远是把所有的事情

包揽到自己的手里以便毁掉自己的臣民,他们迫使每一个人以最卑屈的方式伺候在他们身边;实际上每天人们都可以看到:一方面,所有的法庭大多数都空着,而相反地,在皇帝的宫廷里人们会发现大群的人、横暴无礼的作风和强有力的推搡,而所有的时候除了卑躬屈膝之外什么也没有。(31)而被认为是皇帝与皇后的亲信的那些人则整个白天继续不断地站在那里,而在大部分的夜间也要定时地站在那里,在通常的时刻里既不能睡也不能吃,从而被折磨致死,而他们看来仿佛交上的好运结果却是这个样子!(32)当他们最终从所有这一切解放出来之后,这些可怜的家伙相互又会就罗马人的钱到那里去了这个问题争论起来。(33)一方面,某些人认为它们全都在蛮族手里,而另一方面,某些人又说皇帝把它们锁在许多特殊的房间里。(34)因此,当优斯提尼安,或者,如果他是一个人,结束他的一生的时候,或者,作为恶鬼的头目,放弃他的生命的时候,所有那些有幸存活到那时的人们将会知道真相。

《秘史》附录一

关于君士坦丁堡赛马场中的派别斗争，杜因作为附录还引用了吉本的《罗马帝国衰亡史》(*Gibbon*: *Decline and Fall of the Roman Empire*)里的一段精彩的描述作为对照。经历过所谓“文化大革命”那段最黑暗的日子的人们会发现，一千多年前发生在君士坦丁堡的荒唐而又残暴的事件，一千多年后这种人为挑起的派别斗争在亚洲大陆另一端的北京竟又重演，只是内容和方式有所不同而已。原文系英文，见伯里编订本(Bury's edition)第四卷，第220页以次。

“君士坦丁堡从古罗马那里接受过来的是荒唐的行为，却不是美德；使竞技场动荡不安的那些派别在赛马场以加倍的疯狂兴风作浪。在安那斯塔西乌斯当政时期，民众的这种疯狂是由宗教的热情激发起来的；绿派背信弃义地把石块和匕首藏在水果筐子下面，这样他们便在一次庄严的节日里屠杀了他们的对手蓝派三千人。这种恶行蔓延到东方的行省和城市，而在比赛上两种颜色的划分竟然造成了两个强大的、势不两立的派别，这是动摇了一个不稳固的政府当局的基础的两个派别。民众当中基于最严重的利害关系或宗教要求的分歧也几乎难以同这种荒诞的分歧的顽固性相比：它破坏了家庭的和睦，使朋友和兄弟之间出现不和并且诱使很

少出现在竞技场上的女性站到她们的情人的一面去或者同自己丈夫的意愿发生矛盾。每一项法律，无论是人间的还是神圣的，都受到践踏，而只要是派别能取胜，这一派受到蒙蔽的成员便不把个人的不幸或公众的灾难放在心上。不顾民主体制的自由的胡作非为在安提奥克和君士坦丁堡死灰复燃，而每一个想在政府或教会担任官职的人都必须拥护一个派别。暗中依附安那斯塔西乌斯家族或派别的人们被认为是绿派；蓝派则是正教和优斯提尼安的事业的热心拥护者，他们所感戴的保护人对这一派所造成的动乱包庇了五年多，他们应时掀起的骚动竟使宫廷、元老院和东方的都城看得目瞪口呆！”

《秘史》附录二

基督教的异教各派

普洛科皮乌斯曾打算就基督教的教条以及人们在系统阐述这些教条的过程中所经历的长期和往往又是十分激烈的辩论这个题目写一部著作，对这一点他在《秘史》第十一章第 33 节里曾作过明确的表示。而在他的《战争史》第八卷第二十五章第 13 节里又重复了这一保证。但极为不幸的是，他并未能实现这一保证，因为他的观点是一位开明的自由思想家的观点，而与他同时代的人们在讨论这些问题时的那种认真的态度曾使他感到大惑不解[①]。要知道，整个罗马世界都因神父们的讨论而深为激动不安，并且所有的人，甚至普通人，往往还有妇女，都将有他们勇于维护的明确意见和信仰。甚至皇帝本人以及皇后都认为有义务支持正教的事业，并且他们经常感到必须或是说服，或是迫使所有持不同意见的人们取得一致[②]。

已经发展起来的多种多样的异教派别，它们本身便足以证明基督教在人民的思想意识中所占的重要地位。尼凯亚宗教会议已

① 参见《秘史》，第十一章，第 25 节；《战争史》，第五卷，第三章，第 6 节。

② 参见《秘史》，第十三章，第 7 节。

经明确地把阿里乌斯教派斥为异端(公元 325 年),但是一道敕令并没有把这一教派消灭掉,并且在优斯提尼安时代之后它又持续存在了一个长时期。普洛科皮乌斯提到的另一些次要的异端是埃乌诺米乌斯派、撒巴提乌斯派和蒙塔努斯派。同国家承认的宗教有不同意见的其他集团还有摩尼派教徒,他们是一种独立的宗教的信徒,但他们往往被看成是对基督教的亵渎。拥有比基督教的信条还要古老的信条的撒玛利亚人和多神教信徒也是持有异议的宗教集团。在普洛科皮乌斯看来,信奉希腊和罗马的古老宗教的人们是被算到多神教信徒之内的。

至于教义,阿里乌斯派认为三位一体[①]的三个人,他们的并不属于同一个实体;人事(即基督)的实体确实有似于圣父,但就本质而论并不是同等的。他们的核心的教旨表现在 homoiousion(本体同一)这个希腊词上,与之相对照的则是阿撒那西乌斯派(这一派被尼凯亚信条承认为正统)的教义中的 homoousion 一词。与此类似,埃乌诺米乌斯派也认为只有上帝不是派生出来的。蒙塔努斯派的首领就是蒙塔努斯,他有两个虔诚的妇女做他的助手,这两个妇女自称有预言未来的天赋并且宣称世界末日即将来临,这个信念对她们的自焚行动来说也许是一种安慰[②]。撒巴提乌斯派是诺瓦提尼亚努斯派的一个分支;要知道,无论是信仰的主体还是其他异端教派都另有异端分离出来。这一派是由一次竞选产生出来的,并且只是在他们分离出来之后才发展出自己独自的教义。

① 即圣父、圣子与圣灵。

② 参见《秘史》,第十一章,第 23 节。

摩尼教徒和撒玛利亚人是一神教信徒,但是他们有一套独立于基督教体系的神学理论。当然,多神教信徒并没有任何这样的一套教义。

对于普洛科皮乌斯没有机会阐述的诸如此类的许多异教教派,都有人热情地为之辩护或加以猛烈的抨击。由此产生的辩论在优斯提尼安之前和以后的很多世纪里一直受到文明世界所深切关注。参见海斯汀斯:《宗教与伦理学百科全书》(*Hastings: Encyclopaedia of Religion and Ethics*)或斯密斯与韦斯:《基督教传记辞典》(*Smith and Wace: Dictionary of Christian Biography*)。

《秘史》附录三

多米提安的雕像

(《秘史》,第八章,第13～21节)

普洛科皮乌斯在上述的章节里记述的一位忠心的妻子的可怕的行为是没有根据的而且看来完全不可能是事实。但这里巴西(D. Bassi)在给康帕列提编订的《秘史》(1928年康氏去世后出版)所作的一个注释却为它提供了一个有说服力的证据。下面介绍这个注释的译文供读者参考。

"普洛科皮乌斯乐于传述的显然只是传说性质的细节,它们不见于任何古代史家的记述。这一相当动人的传说是以两个假定的事实为依据的,它们确实既十分悲惨却又荒谬和纯然出于想象,并且二者都完全缺乏历史的连贯性。多米提安并没有被剁成碎块,而是在他的居室里被阴谋者杀害的,他最初是在鼠蹊部被砍了一刀,又在随后的混战中又挨了七刀之后才送了命。他的妻子多米提娅并没有按照自己的身份埋葬了他,而是和阴谋者合谋进行了这次谋杀。担起这一本分任务的是被害人的一个名叫斐利斯的侍女,她在一般人员的协助下私下里处置了尸体,在临拉丁大道的他的一座别庄里为他举行了葬礼,并且在火化了他的尸体之后把他

的骨灰和提图斯的女儿优利娅(她也照料过她)的骨灰一道保存在佛拉维乌斯家族的陵墓里。

对于由最有权威的历史学家,诸如苏埃托尼乌斯、狄奥·卡西乌斯和其他人所记录下的这些事实,人们是不能有任何怀疑的。同样无可争议的是这样一个事实,即在普洛科皮乌斯当时,多米提安的这座青铜像依然存在,它就立在人们从广场上行去朱庇特神殿的坡路的右手;这个皇帝的这座雕像是还立在那里的唯一的一座,因为根据元老院的命令,所有其他雕像都被毁掉了;但抛开这一点不谈,这座雕像还有独一无二的一个特点,这就是,它完全是被人们用许多碎片巧妙地衔接起来的,而且始终仍能被人们容易地看出来。对于这些事实罗马人民当时(离开多米提安被杀害已有四百年多一点)用一个使人动情的小故事加以解释,而普洛科皮乌斯便按照人们讲给他的方式把这个故事巧妙地加以记述,因此,如果考虑到,根据历史学家的叙述,在多米提安被杀后在罗马立刻发生了什么事情,这些事实是应当并且能够合理地给以解释的。苏埃托尼乌斯指出,对于多米提安被杀的消息,老百姓反应冷淡,但军队的反应则不同,他们极为震怒并立刻掀起了一场骚动,要求对被杀害的皇帝应当给以身后的哀荣并且应当追究并严惩凶手。军队的长官好不容易才使军队保持了对他们的忠诚,因此军队终于得到他们想得到的东西。另一方面,一直受多米提安蔑视和虐待的元老院则用一阵突发的欢乐和狂喜来迎接这一消息,因此它突然下令把这个招人憎恨的皇帝的雕像从城墙上搬下来抛到地上,并且所有使人们联想到他的纪念物都应予以除掉、消灭和摧毁。人们立即不折不扣地执行了这些命令,当然,开始时肯定是毁

掉离元老院最近的雕像,就中最大的一座就是俯视广场中心的、著名的巨型的骑马的那一座。斯塔提乌斯便曾描述并赞美过这一雕像。这一巨大的镀金青铜雕像被毁掉并摔成碎片之后便立刻被运走了。广场和朱庇特神殿附近的其他较小的雕像也被取下来毁掉了。一个和多米提安身材大小相同的青铜像必然在他父亲维斯帕西亚努斯的神殿(这神殿也在朱庇特神殿附近的山坡上)的附近占有一席之地。那座像也被推倒并摔成碎片。不过那座像的所有碎片都被忠于他的那些人(多半是士兵)收集到一处并秘密地保存下来。随后,当元老院的愤怒情绪消退的时候,始终在怀念皇帝的军队得到了他们一直在坚持要求的东西,这就是,同暗杀有关联的人们受到拘捕、审讯和惩处,继而他们立即有了这样一个打算:把被毁掉的雕像树立起来,因为雕像的碎片曾被他们诚心诚意地保存下来。他们用强力的黏合剂把雕像重新建立起来,但是并不掩盖那些接合的地方,这样,正像普洛科皮乌斯看到的那样,每个人都可以看到,雕像是由许多碎片黏合而成的。这样黏合起来的雕像便安放在山坡的空地上,人们如果从广场去朱庇特神殿雕像便在右手,离元老院不远,并且雕像立在那里显然是要人们记住元老院所曾发布的摧毁它并且不折不扣地执行了的野蛮命令,而这特别是因为这样黏合而成的雕像是皇帝的许多雕像当中存留下来的唯一的一座,或者,更准确地说,唯一能以重新树立起来的一座。元老院确实不曾后悔发布那些命令,但是它仍然不敢反对强大的近卫军的这一行动,因为近卫军是忠于多米提安的,并且尽管善良的涅尔瓦表示不同意,他们还是亲手杀死了暗杀这一暴君的那些主谋者从而给多米提安报了仇,对此元老院只能无所作为而任凭事

态自行发展,而且它也不能对如下的情况感到不高兴,即为了未来的时代留下了他们就那一声名狼藉的君主的雕像所作出的正义行动的证据。

被人厌恶的多米提安(所有的人都熟悉他的事情)的这唯一的一座雕像由于元老院对它的容忍,便完整地留在了来往的人很多的地点直到普洛科皮乌斯的时代。它被看成是一件文物,但是却又如此不值钱,乃至连蛮族、汪达尔人和哥特人都不屑于去触动它。事实上,那些部族对它表示敬意,必然主要是由于那一出于敬意的传说,这传说一定是老百姓看到雕像破碎后又黏合起来的情况,实际上却又不了解真正的历史事实,而凭想象慢慢创造出来的。他们一点一点地从这雕像身上看到了被愤怒的人民撕成碎片的残暴的多米提安和他那受元老院爱戴和尊敬的未亡人的善良和有道德的行动,元老院授权给她把她丈夫的分裂的肢体收集起来拼到一起并且给这样拼合起来的尸体举行葬礼。当这位了不起的未亡人亲手用这种办法把自己丈夫的尸体拼起来之后,便把工匠们召集起来,要他们完全按照被杀害的君主的样子制造一座由多块碎片拼成的青铜像,然后把它安放在朱庇特神殿前面的山坡上;元老院允许她做这一切并且不拒绝对此予以同意。无可否认的是,这个故事是美丽、动人并且富有教育意义的。这个故事可以出现在罗马懿行录或诸如此类的其他中世纪的劝善故事集里。深深怀念自己的好人或坏人丈夫的未亡人在克服了严重困难之后实现了他的葬礼,这样的女人是各个地区的不同传说和故事的一个引人注目的人物;佩特洛尼乌斯笔下的以弗所的著名的主妇便是许多这样的人物之一。注意到多米提安和优斯提尼安长得很像的普

洛科皮乌斯在记述关于多米提安的唯一存留下来的雕像的故事时却未肯用心研究一下这一报道是历史还是传说。但无论如何，这雕像毫无疑问所表现的是多米提安，而这对他来说就足够了。但他也不会弄错的。在他心目中，优斯提尼安就和长得也像他的多米提安一样，同样应当像故事里所说的那样被屠杀并且被割成碎块。”

要目索引

波斯战争史(战争史第一、二卷)
要目索引

(一、按拼音字母顺序排列。
二、同样的字按四声排列。
三、括弧内汉字号码为卷,罗马数字号码为章,阿拉伯数字号码为节。)

A

B

D

E

F

G

H

J

K

L

M

P

Q

R

S

T

W

X

Y

Z

汪达尔战争史(战争史第三、四卷)要目索引

(一、按拼音字母顺序排列。
二、同样的字按四声排列。
三、括弧内汉字号码为卷,罗马数字号码为章,阿拉伯数字号码为节。)

A

B

D

F

G

H

J

K

L

M

N

O

P

Q

R

S

T

W

X

Y

Z

哥特战争史(战争史第五至八卷)

要目索引

(一、按拼音字母顺序排列。

二、同样的字按四声排列。

三、括弧内汉字号码为卷，

罗马数字号码为章，阿

拉伯数字号码为节。)

A

B

C

D

E

F

G

H

J

K

L

M

N

O

P

Q

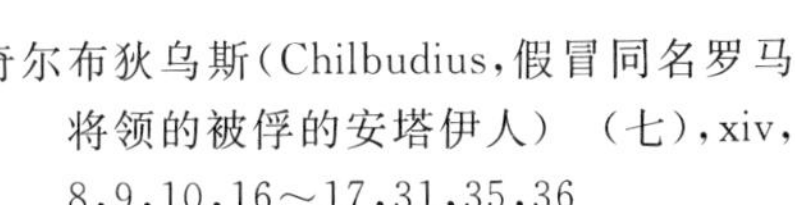

R

S

T

W

X

Y

Z

轶闻或秘史（战争史第九卷）

要目索引

（一、按拼音字母顺序排列。
二、同样的字按四声排列。
三、罗马数字号码为章，阿拉伯数字号码为节。）

A

B

D

F

G

H

J

K

L

M

N

O

P

Q

R

S

T

W

X

Y

Z

图书在版编目(CIP)数据

战争史.全2册/(拜占庭)普洛科皮乌斯著;王以铸,崔妙因译.—北京:商务印书馆,2017
(汉译世界学术名著丛书:120年纪念版:珍藏本)
ISBN 978-7-100-14232-8

Ⅰ.①战… Ⅱ.①普… ②王… ③崔… Ⅲ.①拜占庭帝国—战争史 Ⅳ.①K134

中国版本图书馆CIP数据核字(2017)第138868号

汉译世界学术名著丛书
(120年纪念版·珍藏本)
战 争 史
(全二册)
〔拜占庭〕普洛科皮乌斯 著
王以铸 崔妙因 译

商 务 印 书 馆 出 版
(北京王府井大街36号 邮政编码100710)
商 务 印 书 馆 发 行
北京中科印刷有限公司印刷
ISBN 978-7-100-14232-8

2017年12月第1版 开本710×1000 1/16
2017年12月北京第1次印刷 印张78¾
定价:398.00元